Ferdinand Gregorovius
Geschichte der Stadt Athen im Mittelalter
Von der Zeit Justinians
bis zur türkischen Eroberung

Mit 59 Abbildungen
nach alten Vorlagen

Deutscher Taschenbuch Verlag

Vollständige Ausgabe. Aufgrund der Erstausgabe von 1889 mit allen
Anmerkungen von Gregorovius, einem Verzeichnis der Herrscher
und einem Register neu herausgegeben.
Mit einem Nachwort von Hans-Georg Beck.

Von Ferdinand Gregorovius
ist im Deutschen Taschenbuch Verlag erschienen:
Geschichte der Stadt Rom im Mittelalter
Vollständige Ausgabe in 7 Bänden
Mit 234 Abbildungen nach alten Vorlagen
(5960)

Originalausgabe
November 1980
© 1980 Deutscher Taschenbuch Verlag GmbH & Co. KG,
München
Umschlaggestaltung: Celestino Piatti unter Verwendung
einer Darstellung der Akropolis im Jahr 1687
Gesamtherstellung: C. H. Beck'sche Buchdruckerei,
Nördlingen
Printed in Germany · ISBN 3-423-06114-6

INHALT

VORWORT
S. 17

ERSTES BUCH

Erstes Kapitel

Der Kultus Athens bei den gebildeten Völkern. Verhältnis Athens zu Rom seit Sulla. Die römischen Kaiser als Philhellenen. Der Apostel Paulus in Athen. Heidentum und Christentum. Ansturm der Barbaren gegen Hellas. Gründung Konstantinopels. Die Universität Athen. Julian und das Heidentum. Einbruch Alarichs in Griechenland und Athen. S. 27.

Zweites Kapitel

Folgen des Einbruchs der Goten für Athen. Synesios von Kyrene. Fortdauer des Heidentums. Athenais als griechische Kaiserin. Umwandlung Athens durch das Christentum. Die Jungfrau Maria verdrängt die Pallas Athene. Die christliche Kirche in Athen. Verschwinden der antiken bürgerlichen Einrichtungen. Erlöschen der heidnischen Universität zur Zeit Justinians. Die antiken Monumente. Verwandlung von Tempeln in Kirchen. Das Christentum nimmt Besitz von Athen. Justinianische Befestigung der Stadt. Die Akropolis. S. 53.

Drittes Kapitel

Justinian und das römische Reich. Auftreten und Einwanderung der Slaven in das Reichsgebiet. Die Avaren. Versinken Athens in Geschichtslosigkeit. Der Kaiser Konstans II. kommt nach Athen. Damaliger Zustand der Stadt. Feindliches Verhältnis der Kirche gegen die hellenische Wissenschaft. Der Parthenon als christliche Metropole Athens. Kirchliche Zustände. Der heilige Gislenus. Die bürgerliche und politische Verwaltung der Themen Hellas und Peloponnes. S. 77.

Viertes Kapitel

Hellas und der Bilderstreit. Die Hellenen empören sich gegen den Kaiser Leon III. Ihre Niederlage vor Konstantinopel. Prozeß der Slavisierung Griechenlands. Slavische Stämme im Peloponnes. Die Slavenfrage. In Altgriechenland entsteht kein slavisches Reich. Keine slavischen Kolonien in Attika. Die Athenerin Irene als griechische Kaiserin. Unterwerfung der Slavenstämme in Griechenland. Die Akropolis Athens als Staatsgefängnis. Niederlage der Slaven bei Patras. Die Athenerin Theophano als griechische Kaiserin. S. 91.

Fünftes Kapitel

Bezwingung des Slaventums in Griechenland. Emporblühen des Landes. Die reiche Archontin Danielis. Bekehrung der Slaven zum Christentum. Die kirchliche Mission. Neugründung von Klöstern. Der heilige Nikon in Athen und in Sparta. Mischung der griechischen Nation mit slavischen Elementen. Das Reich der Bulgaren. Das Bistum Athen. Ermordung des Chase in der Parthenonkirche. Der heilige Lukas. Basileios II. vernichtet das Bulgarenreich. Sein Besuch in Athen. Die Parthenonkirche. S. 108.

Sechstes Kapitel

Bessere Zustände in Hellas. Aufstand und Kriegszüge der Bulgaren. Widerlegung des Irrtums über die Eroberung des Piräus durch den Heiden Harald. Die Runenschrift auf dem Piräus-Löwen. Die Pilgerfahrten berühren nicht Athen. Griechische Renaissance in Konstantinopel. Michael Psellos. Sein Verhältnis zu Hellas und Athen. Byzantinische Verwaltung dieses Themas und der Stadt. Der heilige Meletios und seine Klöster. Bedrängnisse des Reichs. Die Seldschuken. Die Normannen. Das Abendland und das Morgenland. Robert Guiscard. Venedig und Byzanz. Europa, das Papsttum und das griechische Reich. Die Komnenen. Die Normannen Siziliens plündern Theben und Korinth. Benjamin von Tudela in Griechenland. Zustand Athens. S. 126.

Siebentes Kapitel

Michael Akominatos. Der byzantinische Klerus. Michael wird Erzbischof Athens. Die athenischen Metropoliten. Chronologische Graffit-Inschriften. Einzug des Akominatos in Athen. Die Parthenonkirche. Antrittsrede des Erzbischofs. Seine Enttäuschung über Athen. Seine Schilderung des Zustandes der Stadt und des Volks. Verfall des geistigen Lebens und der attischen Sprache. Legenden vom Studium der Ausländer in Athen. Der König David von Georgien. Der Dichter Šota Rustawel. Berichte vom Studium der Engländer in Athen. Fortleben des wissenschaftlichen Ruhmes Athens bei den Arabern. Akominatos und die Monumente der Stadt. Sein Klagelied über den Untergang Athens. S. 147.

Achtes Kapitel

Tod des Kaisers Manuel. Tyrannische Regierung des Andronikos. Die Normannen erobern Thessalonike. Mißverwaltung der Strategen von Hellas. Akominatos als Anwalt Athens. Sturz des Andronikos. Lobrede des Akominatos auf Isaak Angelos. Empörung der Serben und Bulgaren. Entthronung des Isaak Angelos. Denkschrift des Akominatos an Alexios III. Bedrückungen Athens durch die kaiserlichen Prätoren. Verzweifelte Lage des Akominatos in Athen. S. 170.

ZWEITES BUCH

Erstes Kapitel

Der lateinische Kreuzzug. Dandolo gibt ihm die Richtung nach Byzanz. Vertrag der Kreuzfahrer mit dem jungen Alexios. Seine und seines Vaters Wiedereinsetzung auf den griechischen Thron. Erstürmung Konstantinopels durch die Lateiner. Verhältnis des Papstes zu diesem Ereignis. Teilung des griechischen Reichs unter die Lateiner. Bonifatius, König von Thessalonike. Entstehung des lateinischen Kaisertums unter Balduin von Flandern. Das Abendland und die griechische Kultur. Zug Bonifatius' nach Hellas. Leon Sguros, Tyrann von Nauplia, Argos und Korinth. Akominatos zwingt ihn zum Abzuge von Athen. Bonifatius in Griechenland. Die Lehen Bodonitsa und Salona. Verleihung Thebens an Otto de la Roche. Einzug der Franken in Athen. Akominatos verläßt Athen. Bonifatius verleiht Athen dem Otto de la Roche. Belagerung des Sguros in Hohenkorinth. S. 185.

Zweites Kapitel

Villehardouin landet in Elis. Seine ersten Eroberungen. Er verbindet sich mit Champlitte. Aufbruch beider nach Morea. Gründung des fränkischen Fürstentums Achaia. Tod Balduins. Die byzantinischen Staaten in Epiros, Trapezunt und Nikaia. Heinrich von Flandern Kaiser. Tod Bonifatius' und Dandolos. Venezianische Inselherrschaften. Otto de la Roche, Sire d'Athènes. Umfang seines Staates. Dessen feudale Einrichtung. Die Erzbistümer Theben und Athen. Bulle Innozenz' II. an den athenischen Erzbischof Berard. Ansiedlung abendländischer Orden. Letzte Schicksale des Michael Akominatos. S. 210.

Drittes Kapitel

Abfall der lombardischen Großen in Thessalonike vom Kaiser. Sie besetzen Theben. Erstes Parlament des Kaisers Heinrich in Ravennika. Sein Zug nach Theben, Athen und Negroponte. Zweiter Reichstag in Ravennika. Kirchliche Zustände. Die griechischen Kirchengüter. Konkordat zu Ravennika. Champlitte verläßt Morea. Villehardouin, Fürst Achaias. Andravida. Eroberung von Korinth, Argos und Nauplia. Otto de la Roche wird mit der Argolis beliehen. Tod des Kaisers Heinrich. Untergang seines Nachfolgers Peter von Courtenay. Dessen Sohn Robert Kaiser. Athen unter Otto de la Roche. Seine Familie. Die St. Omer in Theben. Otto kehrt nach Frankreich zurück. Guy de la Roche erhält von ihm Athen. S. 235.

VIERTES KAPITEL

Theodor von Epiros erobert Thessalonike. Der Bulgarenzar Johann Asen II. Johann von Brienne, Regent für Balduin II. Villehardouin verteidigt Byzanz gegen Johann Asen und Batatzes. Der lateinische Feudaladel in Griechenland. Die Barone in Achaia. Theben, Residenz des Herrn von Athen. Ansiedlung der Genuesen in Theben und Athen. Wilhelm Villehardouin, Fürst Achaias. Er erobert Lakonien und erbaut die Burg Misithra. Verhältnisse Euböas. Die Dreiherren vom Hause dalle Carceri. Venedig erlangt Hoheitsrechte über dieselben. Villehardouin beansprucht Euböa und die Hoheit über Athen. Bund der Venezianer, der Euböoten und der Barone in Hellas gegen diesen Fürsten. S. 247.

FÜNFTES KAPITEL

Krieg um Euböa. Schlacht bei Karydi und Unterwerfung der Verbündeten. Parlament zu Nikli. Ludwig IX., Schiedsrichter im Prozeß des Fürsten von Achaia und des Herrn von Athen. Guido de la Roche am französischen Hofe. Urteil des Königs. Der Titel Herzog von Athen. Bund des Despoten von Epiros mit dem Könige Manfred und mit Villehardouin. Ihr Krieg gegen den Kaiser Michael. Villehardouins Niederlage und Gefangenschaft. Heimkehr Guidos nach Griechenland. Er wird Bail Achaias. Der griechische Kaiser und Genua. Einnahme Konstantinopels. Ende des lateinischen Kaiserreichs. Flucht Balduins. Sein Erscheinen in Athen. Verzicht Villehardouins auf Lakonien. Tod des ersten Herzogs von Athen. Sein Nachfolger Johann. S. 257.

Sechstes Kapitel

Karl von Anjou erwirbt die Hoheitsrechte auf Achaia. Isabella Villehardouin vermählt sich mit dessen Sohne Philipp. Die Angeloi in Arta und Neopaträ. Helena Angela vermählt sich mit Wilhelm de la Roche. Euböa. Die dalle Carceri. Licario und die Byzantiner. Siege des griechischen Kaisers. Johann von Athen wird gefangen nach Konstantinopel geführt. Seine Freilassung. Das Haus Brienne. Vermählung Hugos von Brienne mit Isabella de la Roche. Tod des letzten Villehardouin. Karl von Anjou, Regent Achaias. Tod des Herzogs Johann. Sein Nachfolger Wilhelm. Die sizilianische Vesper und ihre Folgen. Tod des Herzogs Wilhelm von Athen. S. 274.

Siebentes Kapitel

Guido unter der Vormundschaft seiner Mutter Helena. Die St. Omer. Florenz von Avesnes, mit Isabella Villehardouin vermählt, Lehnfürst von Achaia. Helena vermählt sich mit Hugo von Brienne. Streit um die athenische Lehnshoheit. Regierungsantritt Guidos. Bonifatius von Verona. Die Insel Ägina. Tod Hugos von Brienne und des Florenz d'Avesnes. Guido vermählt sich mit dessen Tochter Mathilde; deren Mutter Isabella mit Philipp von Savoyen, Lehnfürst Achaias. Guido wird Regent von Neopaträ. Sein Kriegszug nach Epiros. Bodonitsa und Salona. Parlament in Korinth. Entsetzung Philipps von Savoyen. Guido, Bail Moreas. S. 290.

Achtes Kapitel

Erstes Auftreten der osmanischen Eroberer in Kleinasien. Bedrängnis des griechischen Kaisers. Die katalanische Bande Rogers de Flor tritt in seinen Dienst. Handelsbeziehungen Kataloniens. Taten und Schicksale der Soldbande. Die Ermordung Rogers und ihre Folgen. Verhältnis des Königs Friedrich von Sizilien zur Kompanie. Ferdinand von Mallorca. Seine und Muntaners Festnahme in Negroponte. Rocaforte und der Herzog von Athen. Der Infant von Mallorca in der Kadmeia. Tod Guidos, des letzten Herzogs von Athen aus dem Hause La Roche. S. 304.

Inhalt

DRITTES BUCH

Erstes Kapitel

Walter von Brienne, Herzog von Athen. Mathilde von Hennegau. Zustände Thessaliens. Die Unternehmungen der katalanischen Kompanie. Theobald von Cepoy und Rocaforte. Die Kompanie in Thessalien. Sie tritt in den Dienst des Herzogs Walter. Dessen Krieg in Thessalien und Zerwürfnis mit der Kompanie. Sie lagert am Kopais-See. Testament Walters. Untergang des Herzogs von Athen. S. 319.

Zweites Kapitel

Rückblick auf die Verhältnisse und die Verfassung des französischen Herzogtums Athen. Feudale und städtische Zustände. Die lateinische und die griechische Kirche. Wissenschaft und Literatur. Scheidung der Griechen und Franken. Rechtliche Verhältnisse. Theben und Athen. Bauten. Das Schloß St. Omer auf der Kadmeia. Bauwerke in Athen. Die Abtei Daphni. S. 333.

Drittes Kapitel

Die Katalanen besetzen das Herzogtum Athen. Flucht der Herzogin-Witwe. Bonifatius von Verona lehnt die Führung der Kompanie ab; Roger Deslaur übernimmt dieselbe. Die Katalanen verleihen ihm Salona. Sie bieten Friedrich von Sizilien das Herzogtum Athen an. Vertrag zwischen dem Könige und der Kompanie. Erste Einrichtung des katalanischen Herzogtums. Der Infant Manfred, Herzog von Athen. Berengar Estañol Generalvikar. Die Verfassung des Herzogtums. S. 348.

Viertes Kapitel

Zustände Moreas. Philipp von Tarent und Katharina von Courtenay. Mathilde von Hennegau und Louis von Burgund. Der Infant Ferdinand von Mallorca, Prätendent Achaias. Sein Zug dorthin, sein Kampf mit Louis von Burgund und sein Untergang. Letzte Schicksale Mathildes. Walter von Brienne, Titularherzog und Prätendent Athens. Der Papst und katalanische Kompanie. Die Regierung Estañols. Don Alfonso Fadrique, Generalvikar. Euböa. Bonifatius von Verona. Krieg mit Venedig. Waffenstillstand. S. 359.

Fünftes Kapitel

Unternehmungen des Don Alfonso Fadrique. Neopaträ mit Athen vereinigt. Bodonitsa. Waffenstillstand des Jahres 1321. Rüstungen Walters. Die Ghisi in der Kadmeia. Rücktritt Alfonsos. Waffenstillstand mit Venedig. Erfolgloser Kriegszug Walters. Die Acciajoli in Florenz. Niccolo Acciajoli. Die Kaiserin Katharina. Tod Alfonsos. Das Haus der Fadrique. Wachstum der Osmanen in Kleinasien. Kreuzzug. Humbert von Vienne und die Kompanie. Die sizilianischen Herzöge. Die Generalvikare. Matteo Moncada. Tod Walters von Brienne. Das Despotat Sparta. Roger de Lauria. Niccolo Acciajoli, Herr von Korinth. Tod dieses Großseneschalls. Die Franken und die Griechen. S. 375.

Sechstes Kapitel

Die Familie Acciajoli. Nerio, Kastellan von Korinth. Die Türken in Thrakien. Roger de Lauria nimmt sie in Theben auf. Mißliche Zustände in der Kompanie. Matteo Moncada, Generalvikar. Tyrannei des Peter de Puig. Verwaltung des Roger de Lauria. Die Enghien in der Argolis. Matteo de Peralta, Generalvikar. Die Mächte Europas, der Papst und die Türken. Kongreß in Theben. Nerio Acciajoli erobert Megara. Luis Fadrique, Generalvikar. Das Haus der Fadrique. Nach dem Tode Philipps von Tarent erben die Baux die Ansprüche auf Achaia. S. 399.

Siebentes Kapitel

Tod Friedrichs III. von Sizilien. Die Kompanie erklärt Pedro IV. von Aragon zum Herzoge Athens. Auftreten der navarresischen Soldbande in Griechenland. Sie dringt in Böotien und Attika ein und erobert Theben. Die Katalanen behaupten die Akropolis Athens. Demetrios Rendi. Die Kapitel Athens und die Anerkennung Pedros IV. als

Herzog. Die Kapitel Salonas. Die Lehen des Luis Fadrique. Pedro IV. und die Akropolis Athens. Don Juan Fernandez de Heredia. Don Pedro und die katalanischen Großen im Herzogtum. S. 413.

Achtes Kapitel

Der Visconde Rocaberti, Generalvikar. Abzug der Navarresen nach Elis. Die Lehnsbarone des katalanischen Herzogtums. Tod des letzten Grafen von Salona. Seine Witwe Helena Kantakuzena und Tochter Maria. Rückkehr Rocabertas nach Spanien. Ramon de Vilanova, sein Stellvertreter. Die Navarresen in Morea. Roger und Anton de Lauria, Regenten des Herzogtums. Verfall der katalanischen Kompanie. Nerios Verbindungen und Absichten auf Athen. Er erobert die Stadt. Tod Pedros IV. Die Akropolis ergibt sich Nerio. Ende der katalanischen Herrschaft. S. 426.

VIERTES BUCH

Erstes Kapitel

Florenz und Athen. Umwälzung des Herzogtums Athen durch Nerio. Verschwinden des Feudalismus. Annäherung an die Griechen. Herstellung des griechischen Erzbistums in Athen. Wachsendes Übergewicht der hellenischen Nationalität. Die Medici in Athen. Einwanderung der Albanesen in Hellas. Nerio und Venedig. Seine Verschwägerung mit Theodor von Misithra und mit Carlo Tocco. Venedig erwirbt Argos und Nauplia. Theodor bewältigt Argos. Nerio in der Gewalt der Navarresen. Er kauft sich durch Vertrag los. Nerio und Amadeo VII. von Savoyen. Er wird dem Sultan Bajasid tributpflichtig. Ladislaus von Neapel investiert ihn mit Athen. Theodor überliefert Argos an die Venezianer. Tod des Nerio. S. 439.

Zweites Kapitel

Das Testament Nerios. Er vermacht Athen der Parthenonkirche und ernennt die Republik Venedig zur Beschützerin des Herzogtums.

Carlo Tocco. Die griechische Nationalpartei in Athen. Die Türken besetzen die Stadt. Die Venezianer zwingen sie zum Abzuge. Die Signorie übernimmt die Regierung Athens. Kriegszug der Türken. Neopaträ und Salona. Schlacht bei Nikopolis. Fall von Argos. Verzweifelte Lage des Despoten Theodor. Antonio Acciajoli bemächtigt sich Athens. S. 455.

DRITTES KAPITEL

Einbruch Timurs in Kleinasien. Die Schlacht bei Angora und die Zertrümmerung des Osmanenreichs. Rückkehr des Kaisers Manuel aus dem Abendlande. Bruderkrieg der Söhne Bajasids. Der Sultan Suleiman. Friedensschluß der Levantemächte mit ihm. Venedig anerkennt Antonio Acciajoli im Besitze Athens. Herstellung des osmanischen Reichs. Mehmed I. Zerfall des Fürstentums Achaia. Die Griechen von Misithra erobern ganz Morea. Bodonitsa. Manuel im Peloponnes. Bau des Hexamilion. Misithra. Der dortige Despotenhof. Gemistos Plethon. S. 466.

VIERTES KAPITEL

Tod Mehmeds I. Kriegszug Murads II. nach dem Peloponnes. Antonio Acciajoli und seine Familie. Nerio Acciajoli. Die Florentiner in Athen. Alfonso V. von Aragon. Zustände in Konstantinopel und im Peloponnes. Die Palaiologen in Patras. Eroberung Thessalonikes durch die Türken. Epiros. Das Herzogtum Athen unter der Regierung Antonios. Die Albanesen. Sklaverei und Leibeigenschaft. Die Stadt Athen. Der Frankenturm auf der Akropolis. Das Schloß der Acciajoli in den Propyläen. S. 480.

FÜNFTES KAPITEL

Tod des Antonio Acciajoli. Umwälzung in Athen. Die Herzogin-Witwe und der Archont Chalkokondylas. Der athenische Geschichtsschreiber Chalkokondylas. Die Chronik von Morea. Nerio II., Herzog von Athen. Er wird vertrieben und geht nach Florenz. Das Florentiner Unionskonzil. Rückkehr Nerios II. nach Athen. S. 494.

Sechstes Kapitel

Cyriacus von Ancona. Die Altertumswissenschaft. Die Ruinenwelt Athens. Sammlung von Inschriften, Berichte und Zeichnungen des Cyriacus. Mirabilienhafte Anschauungen von den alten Monumenten. Fragmente athenischer Stadtbeschreibung. S. 505.

Siebentes Kapitel

Konstantin ruft die Hellenen zur Freiheit auf. Murad II. erstürmt das Hexamilion. Die Despoten des Peloponnes unterwerfen sich. Konstantin XI., letzter griechischer Kaiser. Mehmed II., Sultan. Tod Nerios II. Die Herzogin-Witwe und Contarini. Franco, Herzog von Athen. Fall Konstantinopels. Aufstand der Albanesen in Morea. Fall des Herzogtums Athen. Kriegszug Mehmeds II. im Peloponnes. Unterwerfung des Landes. Der Sultan besucht Athen. Aufhören des christlichen Kultus im Parthenon. Ende der letzten Palaiologen in Achaia. Zweiter Besuch Mehmeds in Athen. Tragisches Ende des letzten Herzogs von Athen und seines Hauses. Der Parthenon wird zur Moschee eingerichtet. S. 523.

Achtes Kapitel

Die Mächte Europas und das osmanische Reich. Athen unter der türkischen Herrschaft. Kämpfe Venedigs mit den Türken. Untergang seiner griechischen Kolonien. Größte Machtentfaltung der Sultane. Das Abendland gibt Griechenland auf. Athen sinkt in Geschichtslosigkeit und Vergessenheit zurück. Die humanistische Wissenschaft und Athen. Die französischen Jesuiten und Kapuziner als Begründer der topographischen Erforschung der Stadt. Babin, Guillet, Spon und Wheler. Die Venezianer unter Morosini erobern Athen. Zerstörung des Parthenon. Erforschung der athenischen Altertümer durch die Engländer. Der Philhellenismus des Abendlandes. Die Befreiung Griechenlands. Athen, Hauptstadt des Königreichs der Hellenen. S. 547.

ANHANG

Anmerkungen S. 573.
Bibliographie S. 680.
Verzeichnisse der Herrscher S. 689.
Nachwort S. 695.
Zu dieser Ausgabe S. 708.
Verzeichnis der Abbildungen S. 709.
Register S. 713.

VORWORT

> Ἔρως Ἀθηνῶν τῶν πάλαι
> θρυλουμένων ἔγραψε ταῦτα ...
> Michael Akominatos

Meine Arbeit über Athen ist aus der Geschichte der Stadt Rom im Mittelalter erwachsen. In der Einleitung dieser, dann in jener Stelle des zweiten Bandes, wo ich vom Aufenthalt des Kaisers Konstans II. erst in Athen, hierauf in Rom geredet habe, den beiden damals, im 7. Jahrhundert, schon stark verwandelten Metropolen der antiken Welt, kann der Leser Keime dieser Geschichte Athens im Mittelalter vor sich sehen.

Jahre gingen hin, bis sich dieselben so weit ausbildeten, daß die Möglichkeit einer geschichtlichen Darstellung in mein Bewußtsein trat, was wesentlich durch meinen ersten Besuch Athens im Frühjahr 1880 bewirkt worden ist. Ich schickte zwei Orientierungsschriften voraus: ›Athenais, Geschichte einer byzantinischen Kaiserin‹ und die Abhandlung ›Athen in den dunklen Jahrhunderten‹.

Die merkwürdige Gestalt der heidnischen Philosophentochter, welche Christin wird, um sodann das Diadem der Kaiserin zu tragen, versinnbildlicht eine zwiefache Metamorphose Griechenlands: den Übergang vom Heidentum in das Christentum, vom Hellenentum in das Byzantinertum. Von Athen hinweg wandert das geschichtliche Leben der Griechen nach Byzanz.

Mehrere Gewalten haben, teils mitsammen, teils nacheinander wirksam, die antike Welt der Hellenen aufgelöst: Rom, das Christentum, die Barbareninvasion (Goten, Slaven, Araber, Turanier), endlich Byzanz. Die Stadt Konstantins ist das Siegel, welches die Geschichte auf die Transformation Griechenlands und des hellenischen Orients gedrückt hat. Durch Konstantinopel entsteht ein byzantinisches Hellenentum, in welchem die alte griechische Kultur, das Staatswesen der Römer, das Christentum, die Barbarei verschmolzen sind. Ich stelle mir vor, daß einmal die Geschichte dieser wunderbaren Stadt geschrieben werden wird, und sie dürfte dann die Geschichte des Byzantinismus sein.

Meine zweite Schrift behandelte im Umriß die Schicksale Athens in den dunklen Jahrhunderten. Zu diesen gehört nicht die Zeit der Römerherrschaft in Griechenland. Freilich war schon in ihr ganz Hellas in jenem tiefen Verfall, wie ihn Strabo und Pausanias geschildert haben, aber Athen hat gerade durch die Gunst römischer Kaiser noch eine letzte, zum Teil glanzvolle Renaissance erlebt. Wir besitzen geschätzte Werke, welche die Zustände Griechenlands und mit ihm Athens unter den Römern schildern, von Finlay und Hertzberg. Jene dunklen Jahrhunderte sind byzantinisch. Die Weltstadt am Bosporos hat Athen in Schatten gestellt; die Völkerwoge der Slaven und Bulgaren ist über Griechenland hereingebrochen; die Zeit gekommen, wo Athen geschichtslos wird. Hier ist die Stelle, wo Fallmerayer seine grell lodernde Fackel erhoben hat.

Das Mittelalter Athens beginnt in der Zeit Justinians, in der sich der Untergang des antiken Hellenentums auch in der wissenschaftlichen Schule vollzog; es scheidet sich in die byzantinische und fränkische Epoche. Die lateinischen Eroberer hoben die Verbindung Athens mit Byzanz auf, und ihrer Feudalherrschaft machten die Osmanen ein Ende. Die Grenzlinien meiner Arbeit sind demnach die Zeit Justinians und die türkische Eroberung; was der ersten vorausgeht, ist vorbereitende Einleitung, was der letzten folgt, ein Epilog.

Nun kann niemand mehr als ich empfinden, daß mein Unternehmen, die Geschichte der erlauchten Stadt in jenen beiden Epochen darzustellen, ein äußerst gewagtes ist. Wenn ich die innere Natur Athens mit jener Roms im Mittelalter verglich, mußte ich zweifeln, ob ein solcher Versuch für den Geschichtsschreiber überhaupt ausführbar und ob er so großer Mühen lohnend sei. Die Stadt Rom blieb immer das Haupt des Abendlandes. Sie stieg durch die Macht der Kirche zu einer zweiten Weltherrschaft auf. Neue Daseinsformen, gewaltige Schöpfungen und Bewegungen der Menschheit sind aus ihr entsprungen, oder sie haben sich in dieser ewigen Stadt abgespiegelt. Ihr Leben im Mittelalter bietet den denkbar großartigsten Stoff für ein historisches Epos dar, welches sich mit Gesetzmäßigkeit um drei feststehende Gestalten bewegt: den Papst, den Kaiser, den Senator auf dem Kapitol.

Dagegen hat sich die Stadt Athen in demselben Zeitalter nicht mehr zu neuer geschichtlicher Größe emporgeschwungen. Sie war keine wirkende Kraft mehr in dem Prozeß der westlichen und östlichen

Kultur. Als griechische Provinzialstadt verlor sie sich sogar zeitweise aus dem Bewußtsein der Welt. Nacht deckt ihre Zustände während der Jahrhunderte, wo ihre Geschichte nur einen kaum beachteten Bruchteil jener des byzantinischen Reichs gebildet hat, eines Reichs, welches noch heute zu den am wenigsten durchforschten historischen Gebieten gehört. Unter der Herrschaft der Franken weicht zwar das Dunkel von Athen, allein auch da bewegt sich sein geschichtliches Dasein nur in kleinen, für das Weltganze wenig bedeutenden Verhältnissen.

Die eigene Wesenheit Athens und Griechenlands in den mittleren Zeiten schließt demnach von der Betrachtung des Geschichtsschreibers die großen Probleme der Menschheit und den Weltbezug aus. Wenn sie nun, statt ihn zu hohen Anschauungen zu erheben, seine Schwinge niederhält und ihn der Gefahr aussetzt, zum Kleinmaler in Mosaik, zum Sammler fragmentarischer Kunden zu werden, um sich schließlich in jenem Wirrsal dynastischer Genealogien und zersplitterter Kleinstaaten zu verlieren, welches ganz Hellas im Mittelalter zu einem zweiten Labyrinth Kretas macht: so erschwert ihm hier die Natur der historischen Quellen, dort ihr Mangel sogar die Ergründung der Tatsachen und deren Verknüpfung zu einem lebensvollen Ganzen.

Die byzantinischen Historiographen schweigen von Athen, oder sie berühren dasselbe nur flüchtig. Die Stadt des Thukydides und Xenophon hat im Mittelalter weder eine hellenische noch fränkische Lokalchronik hervorgebracht. Die byzantinischen und griechischen Staatsarchive, die fränkischen Kanzleien sind untergegangen. Nur verstreut haben sich Urkunden erhalten. Besäßen wir noch ein ausreichendes Material dieser Art, so würde es nicht schwierig sein, aus politischen, kirchlichen, rechtlichen Akten zu erweisen, was sich in Athen unter dem Regiment der Byzantiner und der Franken ereignet hat, unter welcher Form das Volk einer Stadt fortgedauert hat, von deren Leben jeder Pulsschlag, auch der leiseste in Zeiten tiefster Versunkenheit, die Teilnahme der gebildeten Welt verdienen muß.

Das Studium des athenischen und griechischen Mittelalters ist von jungem Datum. Ganz wie es in bezug auf Rom der Fall war, wurde dasselbe von der antiquarischen Wissenschaft zurückgedrängt. Es erwachte, sobald Athen als Hauptstadt des befreiten Griechenlands wiedererstand, und die Neuhellenen selbst haben, von den Forschungen des Auslandes angeregt, dies wissenschaftliche Bedürfnis gefühlt. Dionysios Surmelis faßte zuerst den Gedanken einer Geschichte der Stadt Athen und führte ihn in einem Kompendium aus, welches ihre Schicksale von der Römerzeit bis zur Befreiung vom Joch der Türken darstellt. Seither haben die Griechen diesen Gegenstand nicht mehr aus dem Blick verloren. Der größere Teil ihrer neuerstandenen historischen Literatur mußte sich naturgemäß auf den ruhmvollen Befreiungskampf der Hellenen beziehen, allein sie haben auch an der Erforschung der mittleren Geschichte ihres Vaterlandes sich lebhaft zu beteiligen angefangen. Der Leser wird die wichtigsten dieser neugriechischen Arbeiten kennenlernen. Hier bemerke ich nur, daß Konstantin Paparrigopulos in seinem trefflichen Nationalwerk ›Geschichte des hellenischen Volks‹ und in anderen Schriften auch das byzantinische und fränkische Mittelalter behandelt hat. Ein besonderes Verdienst erwarb sich Spiridon Lambros um seine Vaterstadt durch die Herausgabe gesammelter Schriften des athenischen Erzbischofs Michael Akominatos, aus welchen dann seine Abhandlung ›Athen am Ende des 12. Jahrhunderts‹ hervorgegangen ist.

Bedeutend steht Konstantin Sathas da. Mit unermüdlichem Eifer und aufoperndem Patriotismus hat dieser Delphier von Geburt eine lange, noch nicht abgeschlossene Reihe von monumentalen Sammelwerken, Urkunden und Forschungen zur mittleren und neueren Geschichte und Literatur Griechenlands erscheinen lassen, die ihn zum heutigen Repräsentanten der nationalhistorischen Wissenschaft der Hellenen auf jenem Gebiete machen und ihm für immer eine Ehrenstelle unter den Forschern Europas sichern. Ich bedaure es lebhaft, daß das Erscheinen desjenigen Bandes seiner ›Denkmäler der hellenischen Geschichte‹, worin Sathas im besondern Athen zu berücksichtigen versprochen hat, noch in weiter Aussicht steht. Allein der ausgezeichnete Gelehrte hat mir bereitwillig wertvolle Mitteilungen gemacht, und auch Herrn Lambros verdanke ich manchen Bescheid auf meine an ihn gerichteten Fragen.

Seit der Wiedergeburt Griechenlands, wodurch die wichtigste aller Aufgaben der Neuzeit, die Umgestaltung des byzantinischen, dann osmanischen Osteuropas, in eine neue Phase treten mußte, ist die mittelalterliche Geschichte jener klassischen Länder zum Objekt immer lebhafterer Forschungen einzelner Gelehrter und wissenschaftlicher Gesellschaften Europas geworden. Es genügt für meinen Zweck, innerhalb der Grenzen des eigentlichen Griechenlands die Namen Finlay, Buchon, Fallmerayer und Hopf zu nennen. Die Bücher Georg Finlays, eines philosophischen Denkers, der zu den gehaltvollsten Historikern Englands gehört, umfassen die Geschichte Griechenlands von der Römerzeit bis zur Befreiung von den Osmanen. Finlay schrieb ohne archivalisches Material. Den Fortschritt zu solchem hat dann der Franzose Buchon gemacht. Nachdem Du Cange, der große Erforscher des Mittelalters, den Grund zur Geschichte des lateinischen Kaiserreichs Byzanz und der Frankenstaaten in Hellas gelegt hatte, nahm erst Buchon diese Forschungen wieder auf. Seine bleibenden Verdienste sind die Sammlung vieler Urkunden und Quellenschriften, welche die Frankenzeit Griechenlands und damit auch Athens betreffen.

Im Jahre 1830 war Fallmerayer mit seiner Geschichte der Halbinsel Morea während des Mittelalters aufgetreten. Wenn Finlay von der Überzeugung ausging, daß die Geschichte der griechischen Nation auch als eines unterjochten Volkes anziehend und belehrend sein könne, weil die Griechen die einzigen noch übriggebliebenen Repräsentanten der alten Welt sind, so begann Fallmerayer seine Schrift mit dem kühn herausfordernden Ausspruch, daß das Geschlecht der Hellenen in Europa ausgerottet sei. Seine übertriebene Doktrin von der Vernichtung der Griechen durch die Slaven erschreckte die Philhellenen, entrüstete die eben erst wiedererstandene griechische Nation und erregte einen Sturm in den Kreisen der Wissenschaft, aber sie hat den ethnographischen und historischen Untersuchungen über das hellenische Mittelalter mächtige Impulse gegeben.

Dann erschien Karl Hopfs ›Geschichte Griechenlands vom Mittelalter bis auf unsere Zeit‹. Dies Werk riesiger Arbeitskraft, eherner Geduld, besonnenster Kritik, ein Auszug von Bibliotheken und Archiven, bildete alsbald das feste Fundament für alle Arbeiten, die seither auf demselben Gebiet gemacht wurden und die noch künftig irgend entstehen werden. Wie Hertzbergs ›Geschichte Griechenlands seit dem Absterben des antiken Lebens bis zur Gegenwart‹ so steht auch mein Versuch auf diesem Grunde. Hopf hat übrigens fast jeden Blick in das Kulturleben abgelehnt. Er ist wesentlich Erforscher der politischen Tatsache. Die Geschichte der kleinsten Inseldynastie und die Genealogien historischer Familien hat er mit einem Fleiß zusammengebracht, der nirgends seinesgleichen hat. Es gibt keinen größeren Unterschied in der geschichtlichen Behandlung, als der ist zwischen Finlay und ihm. Mangel an Form und stoffliche Überfüllung mit kleinen Dingen, welche nach dem Urteile Voltaires große Werke umbringen – und dies Urteil hat Paparrigopulos auf Hopf angewendet –, haben dessen Werk literarisch ungenießbar gemacht. Es ist deshalb – ich wiederhole ein bekanntes Wort Ellissens – in den Katakomben der Enzyklopädie von Ersch und Gruber bestattet geblieben. Allein einmal wird man es doch daraus hervorziehen und durch eine neue Ausgabe den Verdiensten des hervorragenden Forschers die Ehrenschuld zahlen. Dies würde die Pflicht deutscher Akademien der Wissenschaften sein.

Hopf selbst wollte seinem Werk später eine lesbare Form geben, jedoch er kam nicht mehr dazu. Er führte auch seinen Plan, die Geschichte des Herzogtums Athen zu schreiben, nicht aus. Die Quellen dazu hat er in einer Dissertation zusammengestellt, die er seiner großen Arbeit vorausschickte.

Diese Quellen haben sich seit dem Tode Hopfs durch andere doch vermehrt. Selbst aus dem aragonischen Archiv in Barcelona, das er nicht durchforschen konnte, sind vor kurzem Urkunden veröffentlicht worden, welche die Zustände Athens zur Zeit Pedros IV. aufklären. Muß auch die Hoffnung auf neue große Entdeckungen historischen Materials als eitel erscheinen, so ist doch die Herausgabe des in Archiven schon Bekannten, zumal in Frankreich und Venedig, gefördert worden und manches bisher Unbekannte ans Licht gebracht.

Ich komme zum Schluß meines Vorworts. Meine Geschichte der Stadt Athen im Mittelalter, die erste Darstellung ihrer Schicksale in den Grenzen dieses Zeitraums, faßt die Ergebnisse der bisherigen Forschungen zusammen, aber sie ist die Frucht einer selbständigen Arbeit von mehr als sechs Jahren. Ich schrieb sie in München, wo mir der Reichtum der großen Staatsbibliothek zur Benutzung offenstand. Einiges, was hier fehlte, hat man mir von auswärts bereitwillig zukommen lassen. In der großen Fülle der betreffenden Literatur wird mir dies oder jenes Buch entgangen sein, aber dann war es keines von Wichtigkeit. Ich arbeitete in den Archiven Italiens, die wegen der geschichtlichen Verbindung der Staaten Venedig, Neapel und Sizilien mit Griechenland das meiste diplomatische Material darzubieten haben, und ich wiederholte die Forschungen Hopfs, soweit sie meinen Gegenstand, Athen, betrafen. So bin ich in den Besitz des Wortlautes der Urkunden gelangt.

Ich hielt es für nötig, mein Buch mit manchen Noten zu beschweren sowohl um der Wahrheitsbeweise willen, als um dem Leser den Einblick in alle wesentlichen Quellen zu geben, aus denen heute eine Geschichte der Stadt Athen im Mittelalter geschöpft werden kann.

Dies Werk ist der Versuch einer solchen. Wie mir selbst, als ich es schrieb, wird auch dem Leser die Liebe zu Athen über manche Lükken, Trümmer und Schutthaufen und manche öde Region in der Geschichte der edelsten aller Städte der Menschheit hinüberhelfen.

Ich habe immer die entschiedene Neigung gehabt, die Geschicke von Völkern und Staaten im Rahmen ihrer historischen Städte zu betrachten. Sie werden in diesen plastisch und monumental. Wenn

Städte Kunstprodukte jener sind, so sind sie zugleich die wesenhaften Porträts des Genius der Völker, die sie geschaffen haben. Bedeutende Städte überdauern Nationen und Reiche. Zwar sind viele, einst glanzvolle Städte von der Erde für immer verschwunden, aber andern hat schon bei ihrer Gründung die dämonische Natur den Stempel ewiger Fortdauer aufgedrückt. Die Anlage mancher von ihnen läßt sich wie eine geniale Erfindung des menschlichen Geistes auffassen, die nicht mehr verlorengehen kann. Es ist schwer, sich vorzustellen, daß jemals Städte wie Rom, Konstantinopel, Jerusalem, Damaskus verlassen werden können. Andere Völker werden in fernen Zeiten in ihnen wohnen und fremde Weltgeschicke sich dort vollziehen, aber sie selbst werden, sich verwandelnd und erneuernd, stehen, solange die Welt steht. Quando cadet Roma, cadet et Mundus. Daß auch die Stadt Athen zu den auserwählten Unsterblichen gehört, scheint sie selbst bereits dargetan zu haben, als sie aus der Asche der Jahrhunderte zu neuem historischen Leben auferstand.

Wohlwollende Freunde meiner Geschichte der Stadt Rom im Mittelalter werden, so denke ich, es von vornherein erklärlich finden, daß mich der Wunsch beseelte, auf dieses Werk ein zweites, an Umfang geringeres, folgen zu lassen, welches die Schicksale Athens in demselben Zeitalter zum Gegenstande hat. Sie werden den Trieb dazu als folgerichtig anerkennen und es gutheißen, daß ich die Geschichte des mittelalterlichen Rom wie die eine Seite einer Medaille betrachtete, der noch die andere mit dem Bilde Athens hinzuzufügen war, mochte dieses ähnlich oder nicht, gelungen oder mißlungen sein.

München, Ostern 1889

ERSTES BUCH

Erstes Kapitel

Der Kultus Athens bei den gebildeten Völkern. Verhältnis Athens zu Rom seit Sulla. Die römischen Kaiser als Philhellenen. Der Apostel Paulus in Athen. Heidentum und Christentum. Ansturm der Barbaren gegen Hellas. Gründung Konstantinopels. Die Universität Athen. Julian und das Heidentum. Einbruch Alarichs in Griechenland und Athen.

1. Von Athen, einem Gemeinwesen freier Bürger, klein an territorialem Umfange und gering an staatlicher Macht, sind unermeßliche Wirkungen in das Weltleben ausgegangen. Sie haben sich nicht in der Form großer geschichtlicher Handlungen und Völkerbeziehungen und jener kaum unterbrochenen Reihe von politischen und sozialen Schöpfungen dargestellt, wie sie Rom hervorgebracht hat. Die an der Menschheit bildenden Kräfte der Stadt Athen gehören dem Reich der zeitlosen Ideen an. Denkgesetze, allseitige Welterkenntnis, Wissenschaften, Sprache, Literatur und Kunst, Gesittung, veredelte Humanität: das sind die unsterblichen Taten Athens gewesen.

Das Verhältnis der Menschheit zur Stadt der Pallas – und nur als solche, als die Metropole des hellenischen Heidentums war sie die Quelle alles Schönen und die Mutter der Weisheit, wie man sie selbst noch in den dunklen Jahrhunderten des Mittelalters mit traditioneller Ehrfurcht genannt hat –, dies Verhältnis der Pietät wurde zu einem einzigartigen Kultus von idealer Natur. Er setzte immer das Bewußtsein des unvergänglichen Wertes der attischen Bildung voraus. Man darf sagen: Nur wer die Weihen des Geistes genommen hatte, konnte den Genius Athens verstehen; nur die Aristokratie der Geister hat Athen verehrt. Auch Barbaren konnten die weltbeherrschende Größe und Majestät Roms bewundern, aber was hätte einem Alarich oder Attila die Stadt des Plato und Phidias zu sein vermocht?

Zur Zeit, als sie den Gipfel ihres bürgerlichen Lebens erstiegen hatte, nannte sie Perikles die Schule des ganzen Griechenlands. Isokrates bezeichnete ihre Bedeutung mit diesen Worten: Daß sie durch ihre Weisheit und Beredsamkeit alle anderen Völker übertroffen habe, daß ihre Schüler die Lehrer anderer geworden seien, daß es der Geist sei, der die Griechen kennzeichnet, und daß diese weniger die gemeinsame Abstammung als die athenische Bildung zu Hellenen mache.[1]

Die wahrhaft schöpferische Epoche Athens umfaßte nur einen kleinen Zeitraum, und doch genügte derselbe zur Hervorbringung einer kaum zu übersehenden Fülle von ewig gültigen Meisterwerken der Kultur, die in mancher Richtung kein folgendes Zeitalter mehr zu erreichen vermocht hat.

Nach den großen Befreiungstaten von Marathon und Salamis war die Blüte von Hellas in Athen zur prachtvollen Entfaltung gekommen. Die attische Literatur und Kunst drückte die Summe der intellektuellen Kräfte Griechenlands aus. Die Denker, die Dichter, die Künstler dieses Freistaats erfaßten die höchsten Probleme des Geistes im Reich der Einbildungs- und Erkenntniskraft; sie lösten dieselben durch das vollendete Kunstwerk oder überlieferten sie der Menschheit als ihre ewigen Aufgaben.

Die vollkommne Schönheit, die reine Idealität und allgemeine Menschlichkeit der Schöpfungen des athenischen Genies war es auch, was dieser Stadt schon im Altertum die enge Nationalschranke nahm und sie zum Mittelpunkt des geistigen Kosmos und zur Bildungsstätte für fremde Völker machte, die sich alle dort heimisch fühlten.

Es ist wahr, was Wilhelm von Humboldt bemerkt hat, daß wir die Griechen in dem wundervollen Licht einer idealistischen Verklärung zu sehen gewohnt sind; aber diese schreibt sich nicht erst von den Zeiten Winckelmanns, Wolfs, des Korais, Canova und Schiller her. In solcher Verklärung erschien die Stadt Athen schon den Menschen selbst des mittleren Altertums. Die Liebe zu dem »glanzvollen, vom Lied besungenen Athen, der Säule Griechenlands«, erfaßte seit Alexander dem Großen die ganze hellenisch gebildete Welt.

Nachdem die erlauchte Stadt ihre politische Kraft für immer verloren hatte, wurde sie als das Kleinod des Altertums in den Schutz der edelsten Empfindungen und Bedürfnisse der Menschen gestellt. Als ihr reiches Bürgertum verfallen war, trachteten ausländische Fürsten nach dem Ruhm, Freunde und Wohltäter dieser Republik zu sein, und sie rechneten es sich zur Ehre an, zu ihren Magistraten erwählt zu werden.

Die schönen Bauwerke Athens wehrten fremde Könige schon seit Antigonus und Demetrius. Ptolemaios Philadelphos errichtete ein prachtvolles Gymnasium unweit des Theseustempels. Der Pergamener Attalos I. schmückte die Akropolis mit berühmten Weihgeschenken; Eumenes baute eine bewunderte Stoa, und Antiochos Epiphanes unternahm 360 Jahre nach dem Tyrannen Peisistratos den Fortbau des

Tempels des olympischen Zeus. Die große Reihe der enthusiastischen Verehrer Athens setzte sich auch unter den Machthabern Roms fort, sobald, im Zeitalter der Scipionen, die literarische und künstlerische Bildung Griechenlands in die Tiberstadt eingedrungen war.

Nach langer Belagerung und harter Bedrängnis wurde Athen, die Bundesgenossin Mithridats, am 1. März 86 von Sulla erobert. Dies ist der schwarze Tag in der Geschichte der Stadt, mit welchem ihre Leidenszeit begann. Der furchtbare Sieger wollte sie in der ersten Aufwallung seines Zorns zerstören, dann aber ließ er, der Überredung edler Männer nachgebend, den Ruhm Athens als ein Recht auf die Ehrfurcht der Menschen gelten. Plutarch hat den großen Römer wie einen Hellenen denken lassen, als er sich entschloß, »den vielen um der wenigen, den Lebenden um der Toten willen« zu verzeihen.[3] Und noch später hat Sulla unter die größten Titel seines Glückes dies gezählt: Athen verschont zu haben.

Er hatte freilich die attische Landschaft zur Wüste gemacht, die langen Mauern niederreißen lassen, die Dämme und Festungen, die Schiffswerften und das großartige Arsenal des Piräus geschleift, so daß der berühmte Hafen Athens seither zu einem kleinen Flecken herabsank. Die teilweise Zerstörung des themistokleischen Mauerringes und sicherlich auch der Befestigungen der Akropolis machte fortan die Stadt zu einem widerstandslosen, offenen Platz. Sie entvölkerte sich und verarmte; ihre Seemacht, ihr politisches Leben erlosch, gleich dem des ganzen Hellas. Nur der Glanz jener Ideale, die aus ihr helle Lichtstrahlen über Länder dreier Weltteile verbreitet hatten, blieb auf ihr noch lange ruhen. Sie bezauberte die Römer selbst, die ihr das Verderben gebracht hatten.

Noch zur Zeit Sullas lebte dort, und fast zwanzig Jahre lang, der reiche Pomponius Atticus als gefeierter Wohltäter des athenischen Volks. Schon im Jahre 51 begann Appius Claudius Pulcher mit seinen in Kilikien erbeuteten Reichtümern den Prachtbau der Propyläen des Demetertempels in Eleusis, und Cicero sehnte sich danach, dies glänzende Beispiel des Edelsinns in Athen nachahmen zu können.

Aus den Stürmen der römischen Bürgerkriege um die entstehende Monarchie kam die Stadt der Pallas Athene unversehrt hervor, obwohl ihre Bürger so wenig politischen Scharfblick besaßen, daß sie sich stets für die nachher unterliegende Partei erklärten. So hingen sie nicht Cäsar, sondern dem Pompejus an, welcher in Athen mit den Philosophen verkehrt und der Gemeinde 50 Talente zu Bauten geschenkt hatte. Der Sieger von Pharsalus verzieh den Athenern; er ehrte ihr Land als das Grab der großen Toten, aber er fragte ihre Abgesandten, wie oft sie, die ihren Untergang selbst verschuldeten, noch der Ruhm ihrer Vorfahren retten solle.[4]

Er gab der Stadt reiche Mittel, das Propylaion der Athena Archegetis zu erbauen, und schon zehn Jahre früher hatte ein fremder Philhellene, der König Ariobarzanes II. Philopator von Kappadokien, das im sullanischen Kriege verbrannte Odeon des Perikles wiederhergestellt.[5] Nicht lange nachher errichtete ein reicher Syrier, Andronikos von Kyrrhos, auf einem Platz unweit der Agora den schönen Marmorbau der Sonnenuhr, welcher noch heute als »Turm der Winde« aufrecht steht.

Nachdem Cäsar gefallen war, nahmen die freiheitstrunkenen Athener Brutus jubelnd in ihrer Stadt auf, und sie errichteten ihm und dem Cassius eherne Bildsäulen neben jenen der Tyrannenmörder Harmodios und Aristogeiton. Als sodann Brutus und Cassius bei Philippi ihr Ende gefunden hatten, war Athen aufs neue der Rache der Sieger preisgegeben. Allein Antonius, der nach jener Schlacht mit seinem Heer nach Griechenland kam, verschonte die Stadt. Sie ertränkte seinen Zorn in einer Flut von Schmeicheleien; ihre Schönheit, ihr Geist, ihre Huldigungen berauschten ihn. Hier wurde er zum Griechen. Noch zweimal kam er dorthin, erst mit Octavia, dann mit Kleopatra; den Athenern schenkte er Ägina und andere Inseln. Das knechtische Volk vermählte diesen Vorgänger des Nero als neuen Dionysos mit der Burggöttin Athena Polias; auf der Akropolis stellte es seine und der Kleopatra Götterbildnisse auf. Kein Wunder, daß Antonius von dieser Stadt wie von einer Sirene bezaubert war. Als er von Actium nach Ägypten floh, schickte er Boten an Octavian und erbat sich vom Sieger die Erlaubnis, wenn er nicht mehr am Nil leben dürfe, seine Tage als Privatmann in Athen zu beschließen.[6]

Auch Octavian schonte die Stadt, welche doch die Mörder Cäsars so hoch geehrt hatte. Nur verhielt er sich anfangs kühl zu ihr, entzog ihr Eretria und Ägina und untersagte den mißbräuchlichen Verkauf des Bürgerrechts, welchen einst schon Demosthenes getadelt hatte. Doch ließ er sich in die eleusinischen Mysterien einweihen, und er setzte den Bau der neuen Agora fort. Sein Freund Agrippa errichtete ein Theater im Kerameikos und verschönerte wohl auch mit anderen Werken Athen. Die Athener stellten an der linken Seite des Aufganges zu den Propyläen sein Reiterstandbild auf, dessen kolossales, unförmiges Postament mit der Weihinschrift noch heute fortdauert. Dem Augustus und der Roma aber weihten sie einen Rundtempel östlich vom Parthenon in der Nähe des großen Altars der Athena Polias. Noch sind davon Reste des Architravs erhalten.[7] Dem Kultus

Die Akropolis im 18. Jahrhundert

Die Ilissos-Brücke
(Stich nach einer Zeichnung um 1751)

Athens huldigte in dieser Zeit sogar der schreckliche Judenkönig Herodes, welcher die Stadt als Philhellene oder Philoromäer mit Geschenken und wahrscheinlich auch mit einigen Werken geehrt hat.[8]

2. Unter der neuen Verwaltung, die Augustus Griechenland gab, blieb Athen immer eine freie, Rom verbundene Stadt mit selbständiger Gemeindeverfassung. Allein sie sank von Stufe zu Stufe, gleich allen andern hellenischen Städten, während neue römische Schöpfungen emporblühten, wie die Handelsstadt Korinth, die Kolonie Cäsars, welche der Sitz des römischen Prokonsuls von Hellas oder der Provinz Achaia wurde, und wie Paträ und Nikopolis, die Kolonien des Augustus. Ganz Griechenland war im Verfalle schon zur Zeit des Strabo. Obwohl Athen noch immer als das herrlichste Museum des Altertums und die Schule der hellenischen Wissenschaft berühmt war, nannten es doch schon Ovid und Horaz eine leere Stadt, von der nur der Name übriggeblieben sei. Diese Aussprüche bezeichnen, selbst wenn sie übertrieben waren, die geschichtslose Stille, in welche Athen zu versinken begann.[9]

Da der Handel der Stadt verfallen, ihre militärische Bedeutung dahingeschwunden und sie selbst auf ein kleines Gebiet beschränkt war, so gaben ihr fortan nur ihr Ruhm und ihre Schulen so viel Wert, daß sie, wie ehemals zur Zeit des Cicero und Mark Anton, des Brutus, Horaz und Virgil, noch immer das Pilgerziel der gebildeten Welt blieb. Wenn auch die Monarchie der fiskalischen Ausbeutung Griechenlands nicht durchaus Einhalt tun konnte, so hörte doch das Raubsystem des Verres und Piso auf. Fast alle Kaiser bis zum Ende der Antonine ehrten die Stadt, und nur wenige haben ihre Kunstschätze anzutasten gewagt.

Caligula und Nero plünderten schamlos ganz Griechenland. Den berühmten Eros des Praxiteles ließ jener aus Thespiä nach Rom bringen, und nur ein Wunder rettete den olympischen Zeus des Phidias wie die Hera des Polyklet in Argos vor dem gleichen Schicksal. Nero, welcher aus Delphi allein 500 Bronzestatuen entführen ließ, hat schwerlich Athen ganz verschont; aber es war doch ein Glück für diese Stadt, daß er, der Muttermörder, sie aus Furcht vor den rächenden Eumeniden nicht besuchte.[10]

Nach Nero hörte das Fortführen griechischer Kunstwerke nach Rom auf, wenigstens verlautet davon nichts mehr.[11] Griechenland aber war trotz der fortgesetzten Plünderungen seit Mummius an Kunstschätzen noch so reich, daß Plinius bemerkte, Rhodos besitze noch 3000 Statuen, und für nicht geringer werde die Zahl derer in Athen, Olympia und Delphi gehalten.[12]

Die Raubgier von Prokonsuln zur Zeit der römischen Republik und dann einiger Kaiser konnte den Athenern Götterbildnisse entreißen, aber schwerer fiel es dem Christentum, welches gleichzeitig mit der römischen Monarchie in das Leben der Menschheit eintrat, ihnen den Glauben an die alten olympischen Götter selbst zu nehmen. Keine Erscheinung in Athen irgendeines Sterblichen, in dem sich eine weltbewegende Idee verkörpert hat, ist merkwürdiger als die des Apostels Paulus. Dem großen Denksystem und der strahlenden Kultur des Altertums trat in der unscheinbaren Gestalt dieses Propheten die Zukunft des Menschengeschlechts gegenüber. In den Annalen der christlichen Mission gibt es keine kühnere Handlung als die Predigt des Paulus in Athen, der Akropole des Heidentums, die damals noch vom blendenden Glanz der Künste und Literatur umflossen war. Der apostolische Kundschafter, der Vergötterer Jesu, ergrimmte beim Anblick der Götterbilder, der Meisterwerke Griechenlands, welche die Stadt erfüllten, und der prangenden Tempel, zu deren Marmorhallen die Prozessionen der Priester und des Volkes emporzogen. Er forderte die Götterburg Athen zur Ergebung an Christus auf, aber er erkannte, daß sie für den evangelischen Gedanken noch nicht einnehmbar sei. Die neugierigen Stoiker und Epikureer lächelten über den Fremdling aus Tarsus, der einen neuen Heiland, die Auferstehung und das Weltgericht verkündete und mit scharfsinnigem Geist das Epigramm eines Altars auf den den Griechen noch unbekannten neuen Gott deutete. Aus dem dürftigen Bericht der Apostelgeschichte können wir nur erraten, was der begeisterte Prediger den Philosophen Athens gesagt hat: daß diese schöne Hellenenwelt unrettbar dem Tode verfallen sei, weil sie zu beschränkt und lieblos sei, auf dem Privilegium nur eines Menschenstammes, auf der Sklaverei und der hochmütigen Verachtung der Barbaren beruhe und sich zum höchsten Ideal der Menschheit und ihres Schöpfers nicht erhoben habe, vor dessen Angesicht nicht sind Grieche, Jude, Barbar, Skythe, Sklave und Freier, sondern alle gleich durch einen Geist und zu einem Leibe gemacht. Wer hätte damals zu ahnen vermocht, daß gerade die neue Religion, welche Paulus den Athenern verkündete, nach dem Verlauf vieler Jahrhunderte das einzige Palladium sein sollte, dem die Hellenen die Fortdauer ihrer Nation, ihrer Literatur und Sprache zu verdanken hatten?

Paulus wandte sich von Athen nach der kosmopolitischen Handelsstadt Korinth, wo er ein Jahr lang nachhaltiger wirken konnte. Die Legende des athenischen Ratsherrn Dionysios und der Damaris be-

*Die Propyläen
(Lithographie 19. Jh.)*

*Olympieion und Akropolis
(Lithographie 19. Jh.)*

hauptet freilich, daß er doch einen Keim der christlichen Kirche am Felsen des Areopag eingepflanzt hatte, und dieser bedurfte langer Zeit, um sich lebenskräftig zu entwickeln.

Kein antikes Volk hielt an dem Dienste der Olympier hartnäckiger fest als das athenische. Die Denkmäler, der Stolz und Schmuck der Stadt, die Künste, die Wissenschaften, das gesamte Wesen, Sein und Lebensmark Athens waren durch die alte Religion bedingt, und auch in der römischen Kaiserzeit blieb die Stadt des Sokrates die große Universität des Heidentums. Ihre wissenschaftlichen Schulen blühten seit dem Sturze Neros wieder auf. Der Nachglanz des attischen Geistes unter Hadrian und den Antoninen, den philosophischen Kaisern auf dem Cäsarenthron, ist weltbekannt. Athen erlebte zum letzten Mal auch eine Renaissance monumentaler Pracht wie zur Zeit des Perikles und des Lykurg, des Sohnes des Lykophron, denn Hadrian vollendete den Riesenbau des Olympieion, gründete dort am Ilissos die Neustadt Athen, führte viele andere Tempel und schöne Gebäude auf und beschenkte die Stadtgemeinde mit den Einkünften der Insel Kephallenia. Mit ihm wetteiferte der reiche athenische Sophist Herodes Attikus.[13] Sodann erhoben die Antonine die Schulen der Philosophie und Beredsamkeit zu neuem Glanz, so daß Athen im 2. Jahrhundert die berühmteste griechische Hochschule des Reiches war. Flavius Philostratus hat jenem Zeitalter in seinen Biographien der athenischen Sophisten ein unvergängliches Denkmal gesetzt.

Mit dem Ende der hadrianischen Dynastie war Athen überhaupt an die Grenze seiner Entwicklungsfähigkeit als Stadt gelangt. Sie vereinigte jetzt die Idealschönheit des klassischen Altertums mit den prunkvollen Monumentalformen der römischen Kaiserzeit. Ihre architektonische Gestalt war unter den Antoninen vollendet worden. So sah und beschrieb sie Pausanias, und seine Schilderung lehrt, daß alle ihre berühmten antiken Bauwerke gegen das Ende des 2. Jahrhunderts unversehrt dastanden, während sich auf der Akropolis wie in der Stadt, in Tempeln, Theatern und Odeen, auf Straßen und Plätzen zahllose Werke der bildenden Künste erhalten hatten. Der Sophist Älios Aristides erhob zu derselben Zeit in seiner panathenäischen Lobrede mit schmeichelnder Übertreibung die Herrlichkeit Athens selbst über jene der schönsten Tage der Vergangenheit. Auch Lukian hat die Pracht und sogar die Volkszahl der Stadt angestaunt.[14]

Dieses Lichtbild aus dem 2. Jahrhundert glänzt freilich nur auf dem düsteren Hintergrunde der allgemeinen Versunkenheit Griechenlands mit seinen verödeten Landschaften und den Trümmern seiner berühmten Städte, wie sie Pausanias verzeichnet und Plutarch beklagt hat. Das goldene Zeitalter des Friedens der Menschheit unter den Antoninen hörte mit Mark Aurel auf; barbarische Herrscher oder ehrgeizige Soldaten, den Musen abhold, bestiegen den Cäsarenthron; Bürgerkriege erschütterten das Reich, und vom Norden und Osten her warf die Völkerwanderung schon ihre ersten Wellen an die immer stiller werdenden Gestade Griechenlands. Die Zeit war vorüber, wo die edelste der Städte die Gebieter Roms und die Könige Asiens mit ihrem Zauber umstrickt hatte. Die Kaiser erweiterten und verschönerten die Weltstadt am Tiber und türmten dort ihre Paläste und Thermen auf, aber der mächtige Drang der römischen Welt nach ihrer Verbindung mit dem Geiste der Hellenen war gestillt worden; der erkaltende Philhellenismus verkündete den Bruch zwischen dem Westen und Osten oder die Absonderung des griechischen Orients vom römischen Abendlande.

Früher als dieses wurde jener der Tummelplatz verwüstender Wandervölker. Ihre ersten Stürme erlitt der hellenische Osten in der zweiten Hälfte des 3. Jahrhunderts. Von ihren Sitzen an der Ostsee waren die gotischen Völker in die skythischen Lande am Nordrande des Pontus Euxinus eingewandert, wo sie zur Zeit des Caracalla sichtbar wurden. Von dort erstreckten sich ihre Raubzüge in das illyrische Donau- und Balkangebiet, nach Thrakien und Makedonien, zu den Inseln und Küsten Griechenlands. Sie belagerten im Jahre 253 sogar Thessalonike. Die Bedrängnis dieser festen und großen Stadt, der Metropole Makedoniens, verbreitete so tiefen Schrecken über ganz Griechenland, daß der Kaiser Valerian die im langen Frieden waffenlos gewordenen Städte aufrief, sich durch Milizen und Befestigungen zu schützen. So wurden die Isthmosmauern hergestellt und selbst die seit Sulla verfallenen und vernachlässigten Wälle Athens erneuert.[15] Da beim Neubau der Hadrianstadt die alte Ostmauer niedergelegt worden war, so ist es zweifelhaft, ob die valerianischen Befestigungen den ganzen damaligen Umfang der Stadt umfaßt haben.[16]

Nach dem Untergange jenes Kaisers im Perserkriege warfen sich seit 256 neue Schwärme der Goten und Slaven wiederholt auf Kleinasien, dessen hellenische Kultur sie zerstrümmerten. Die Städte dort wurden verwüstet, oder sie sanken in Asche. Trapezunt, Nikaia, Prusa, Apamea, Ilion, Nikomedia fielen, und die Brandfackel eines gotischen Herostrat vernichtete für immer das Wunderwerk des griechischen Asiens, den Artemistempel zu Ephesos.

Keiner der Einfälle dieser Barbaren hatte bisher das eigentliche Griechenland erreicht. Dies aber geschah auf dem dritten ihrer Raubzüge zur See. Im Jahre 267 drangen Goten und Heruler auf 500 bos-

Erstes Kapitel

poranischen Schiffen durch das schwarze Meer, sich den Eingang in den Hellespont zu erzwingen. Der über sie erkämpfte glänzende Seesieg des römischen Admirals Venerianus blieb fruchtlos. Denn die Barbaren stürzten sich auf Byzanz und Chrysopolis, plünderten Kyzikos, andere Küsten Asiens und den Inselarchipel. Sodann schifften sie weiter und landeten auch in Altgriechenland.[17] Die Städte Argos und Korinth wurden überfallen und ausgeraubt. Vom Piräus her warfen sich die Horden auf Athen. Dies geschah im Jahre 267, als Gallienus, der geistvolle Freund des Philosophen Plotinus, Kaiser war, einer der letzten Beschützer der Stadt Athen unter den Imperatoren, wo er selbst das Bürgerrecht erworben, die Archontenwürde empfangen und die eleusinischen Weihen genommen hatte.[18]

Die wenigen Geschichtsschreiber, welche von diesem Ereignis berichten, gehen so flüchtig darüber hinweg, daß wir nicht wissen, ob die Goten nur die Unterstadt oder auch die Akropolis eroberten.[19]

Die wehrlosen Bürger, die Sophisten und ihre Schüler retteten sich durch eilige Flucht und überließen Athen dem barbarischen Feinde. Die Stadt erlitt eine gründliche Plünderung ihres beweglichen Guts, aber ihre Denkmäler wurden glücklicherweise verschont. Spätere Angaben von Zerstörungen der Tempel, der Olivenhaine und der Säulenhallen des Olympium sind als Fabeln anzusehen.[20]

Aus diesem ersten Einbruch der Barbaren in Athen haben griechische Geschichtsschreiber einen Vorfall erzählt, welcher, auch wenn er erfunden ist, das Verhältnis der Goten zur attischen Kultur treffend bezeichnet. Die Plünderer waren im Begriff, eine zusammengeschleppte Bibliothek den Flammen zu übergeben, als ein alter Hauptmann ihnen zurief: Sie sollten solche unnützen Dinge den Athenern lassen, denn die Beschäftigung mit Büchern mache diese unkriegerisch und für die Goten ungefährlich.[21] Montaigne hat diese Anekdote als vollgültigen Beweis für das Unheil der gelehrten Pedanterie verwertet;[22] Gibbon hat sie als rohen Einfall eines späteren Sophisten verlacht, Finlay aber aus ihr den Schluß gezogen, daß die abstrakte Wissenschaft verweichlicht, wenn sie nicht zur praktischen Tüchtigkeit und Veredlung des tätigen Lebens angewendet wird. Nun aber ist es noch nicht lange her, daß die mit jenen Goten stammverwandte Nation, die man als das Volk der Buchgelehrten und philosophischen Träumer zu verspotten pflegte, die Welt durch große Kriegstaten in Erstaunen gesetzt hat, die nur möglich waren, weil sie auch die Kriegführung zu einer Wissenschaft gemacht hatte.

Im übrigen kann die Anekdote immerhin zum Beweise dienen, daß auch damals noch die Studien in Athen in Blüte standen. Hier lehrten zu jener Zeit namhafte Männer, wie die Sophisten Genethlios und Suetorios Kallinikos, die Rhetoren Paulus und Andromachos und manche andere Hellenen.[23] Aber auch die Waffenehre Athens wurde durch einen hochgebildeten Bürger der Stadt glänzend wiederhergestellt. Dies war Publius Herennius Dexippos von der Phyle Hermon, der Sohn des Ptolemäus, als Redner in seiner Vaterstadt berühmt, wo er hohe Ämter bekleidete. Wenn je sophistische Beredsamkeit eine patriotische Tugend gewesen ist, so konnte sie es in jenen furchtbaren Tagen sein. Aus der feurigen Rede des Dexippos an seine sich ermannenden, von ihm zum Widerstande mit den Waffen gesammelten Landsleute ist uns noch ein Bruchstück erhalten. Der Fall der Stadt dürfe sie, so sagte er ihnen, nicht erschüttern, denn oft seien Städte erobert worden; die kaiserliche Flotte nahe heran; sie sollten zeigen, daß der Geist der Athener stärker sei als ihr Unglück.[24] Mit einer Schar von 2000 Bürgern lagerte sich Dexippos in der Nähe der Stadt und griff die Barbaren in geschickten Streifzügen an, bis diese, durch das Erscheinen der griechischen Flotte unter Kleodamos im Piräus überrascht, Attika verließen.[25]

Das wahre Maß der Verdienste des edlen Atheners um die Befreiung seiner Vaterstadt können wir heute nicht mehr feststellen.[26] Wenn er wirklich der letzte Held war, der in der Stadt des Themistokles noch sichtbar wurde, so war er auch ihr letzter Xenophon; denn den einen Praxagoras, seinen jüngeren Zeitgenossen, ausgenommen, welcher die Geschichte Alexanders und Konstantins schrieb, hat Athen bis zu den Tagen des Laonikos Chalkokondylas im 15. Jahrhundert keinen der Nachwelt bekannten Historiographen mehr hervorgebracht.[27] Dexippos schrieb eine Geschichte der Zeit nach Alexander, eine Weltgeschichte bis auf Claudius Goticus und ein Werk Skythika, worin er die Gotenkriege von Decius bis auf Aurelian behandelte.[28]

Alle seine Werke sind bis auf wenige Fragmente untergegangen. Sein Ruhm lebt nur noch in ein paar Worten des Trebellius Pollio, im Lob des Suidas, des Photios und weniger andrer Schriftsteller und endlich in den Epigrammen seiner Ehrenbildsäule fort. Ihr Postament mit Inschriften in Prosa und Versen hat sich erhalten, und diese bekunden, daß ihm seine eigenen Söhne nach Beschluß des Areopags, der Bule und des Demos von Athen das Standbild gesetzt haben und daß er wegen seiner Verdienste mit den höchsten Würden des Archon Basileus, Eponymos und Agonotheten bei den großen Panathenäen bekleidet worden sei. In sechs elegischen Distichen wird Dexippos nur als Geschichtsschreiber und gelehrter Forscher gepriesen, von seiner Befreiungstat aber nicht geredet.[29]

Die sarkastische Ansicht des rohen Gotenhäuptlings von dem Wert der Gelehrsamkeit für das praktische Leben würde durch die Athener selbst ihre Bestätigung erhalten haben, wenn sich erweisen ließe, daß jene Inschrift erst nach dem Einbruch der Goten verfaßt worden ist. In diesem Falle würde sie im grellen Gegensatz zur Grabinschrift des Aischylos stehen, welche der große Tragiker selbst gedichtet hatte und worin sein Dichterruhm mit keiner Silbe Erwähnung fand, sondern nur gesagt war, daß Aischylos, der Athener, der Sohn des Euphorion, bei Marathon gegen die dunkellockigen Meder tapfer gekämpft hatte. Indes kann die Ehre der Athener des 3. Jahrhunderts n. Chr. durch die zweifellose Annahme gerettet werden, daß sie ihrem verdienten Mitbürger das Standbild schon vor dem Gotensturm errichteten.[30]

3. Nicht lange nach jenem gotischen Einfall ergoß sich eine neue Völkerwoge von Barbaren desselben Stammes, die auf 2000 Schiffen vom Dnjestr hervorbrachen, über das Donaugebiet. Der mannhafte Kaiser Claudius vernichtete diese Horden in der Schlacht bei Naissus in Mösien im Jahre 269 und sicherte dadurch Römern und Griechen für mehr als ein Jahrhundert die Ruhe. Kraftvolle und weise Kaiser hemmten den erneuten Ansturm der Feinde des Reichs. Aurelian, der Restitutor Orbis, schloß mit den Goten Frieden; er siedelte sie als Kolonisten in Dakien an. Sodann gab Diokletian dem Reich eine neue Ordnung, und schon er verlegte dessen Schwerpunkt nach dem griechischen Osten.

Wenn Eunapios, der Fortsetzer der Zeitgeschichte des Dexippos in der zweiten Hälfte des 4. Jahrhunderts, sogar die von den Goten stark heimgesuchten Länder Thrakien, Thessalien und Makedonien wegen ihrer zahlreichen Bevölkerung und ihres Wohlstandes glücklich preisen konnte, so werden sich Hellas und der Peloponnes um so leichter erholt haben, da sie weniger gelitten hatten.[31] Die Städte Thessalonike, Korinth und Athen waren damals noch so angesehen, daß der römische Senat auch an ihre Gemeinderäte die Briefe sandte, in denen er die am 25. September 275 erfolgte Erwählung des Tacitus zum Kaiser kund gab.

Indes, kein einziger geschichtlicher Vorgang von Wichtigkeit ist in den Annalen Athens in jenem Zeitalter zu verzeichnen. Selbst die allgemeinen Christenverfolgungen unter Decius und Diokletian trafen Asien und Afrika empfindlicher als Altgriechenland, wo die Gegensätze beider Religionen nicht durch übermäßigen Fanatismus der Parteien verschärft wurden. Die griechischen Kirchen, auch die größten in Paträ und Korinth, waren im 3. und 4. Jahrhundert nur schwache

Gemeinden. In Athen blühten noch immer die Schulen des Plato, Aristoteles und Chrysippos, und sie gingen keine wahlverwandtschaftliche Verbindung mit den christlichen Ideen ein wie jene in Alexandria und Antiochia, in Karthago und andern Herden der Theologie.

Vielleicht aber war es infolge der Angriffe und Deklamationen der heidnischen Philosophen der Akademie Platos geschehen, daß sich gerade in Athen die ersten Apologeten des Christentums erhoben hatten; zur Zeit Hadrians schrieben solche Verteidigungsschriften der Christ gewordene Philosoph Aristides und Quadratus, nachmaliger Bischof Athens. In demselben 2. Jahrhundert verfaßte auch Athenagoras, ein in Alexandrien lebender Athener, eine Apologie. Die Reihe athenischer Vorkämpfer des Christentums würde sich noch um einen berühmten Mann vermehren, wenn es erwiesen wäre, daß Clemens von Alexandria, der Schüler des Pantainos und Lehrer des Origenes, wirklich in Athen geboren war. Immer ist es merkwürdig, daß sich christliche Athener nur in den ersten Jahrhunderten namhaft gemacht haben, wo die heidnische Philosophenschule noch fortbestand und gegen die neue Glaubenslehre kämpfte. Selbst in alten Katalogen der römischen Bischöfe stehen ein paar Athener verzeichnet, nämlich Anaklet, dem man in der Reihe nach St. Petrus die zweite Stelle gibt, und Yginus, der achte Papst. Auch Xystus II., ein Zeitgenosse des Dexippos, römischer Bischof um 258 und Märtyrer unter Valerian, soll ein »Philosophensohn« aus Athen gewesen sein. Mag nun die Herkunft jener legendären Päpste wahr sein oder nicht, so beweist doch ihre Bezeichnung als Athener, daß die römische Kirche Wert darauf legte, unter ihren ältesten Bischöfen Männer zu zählen, die aus dem feindlichen Lager der Philosophen Athens hergekommen waren.

Erst seit dem Duldungsedikt Konstantins konnte die christliche Mission in der Hauptstadt des Hellenentums schnellere Propaganda machen. In dem heißen Kampfe um die Neugestaltung der römischen Welt, der zwischen diesem großen Manne und Licinius entschieden wurde, hüteten sich die Athener glücklicherweise, die Partei des Schwächeren zu ergreifen. Im Piräus sammelten sich sogar im Jahre 322 die Schiffe, welche die Griechen dem Kaiser stellten. Dies beweist, daß der Stadthafen damals noch eine bevorzugte Station für Kriegsflotten gewesen ist. Bei Adrianopel, sodann im Hellespont, endlich in Byzanz wurde der Gegenkaiser Licinius besiegt und Konstantin Alleinherrscher des Reichs. Er war die Janusgestalt auf der Grenzscheide im Leben der Menschheit.

Er baute Konstantinopel. Seit der Gründung Roms ist keine wichtigere Stadt auf der Erde geschaffen worden. Als er dort unter der Porphyrsäule seines Forum das Palladium Roms vergraben ließ, senkte er das Schicksal der Welt am Bosporus ein, und noch wirkt das Fatum dieser einen Stadt in unermeßliche Fernen der Zukunft fort. Sie war die Marke, an der das heidnische Altertum haltmachte, und zugleich bezeichnete sie die kulturgeschichtliche Trennung des lateinischen Abendlandes vom griechischen Morgenlande. Die Päpste haben dies so aufgefaßt, als sei Konstantin durch göttlichen Ratschluß genötigt worden, sich aus Rom nach dem Bosporus zurückzuziehen, um ihnen selbst und der römischen Kirche das Abendland zu überlassen. Im Grunde haben sie die ungeheuren Folgen der Tatsache richtig erkannt. Die in der Natur der Dinge begründete Scheidung des orbis terrarum in zwei Hälften wurde durch die neue christliche Kaiserstadt besiegelt. Das lateinisch-germanische Abendland erhielt seinen Mittelpunkt in Rom, der hellenistische Osten den seinigen in Byzanz. Für Griechenland selbst hatte die Schöpfung Konstantins diese weder von den damaligen Hellenen noch von ihren Nachkommen in langen Jahrhunderten begriffene Bedeutung, daß durch sie der Fortbestand der griechischen Nation gerettet und ihre Kulturschätze der Menschheit erhalten wurden. Denn ohne Konstantinopel würden Hellas und der Peloponnes von fremden Barbarenvölkern erobert und bevölkert worden sein; ohne diese große und feste Stadt ist das byzantinische Reich ebensowenig denkbar wie die griechische Kirche und wie das Fortleben der in ihren Schutz gestellten humanistischen Wissenschaft.

Mit der Gründung Konstantins entstand freilich nicht nur eine Nebenbuhlerin und Gebieterin Athens, sondern ein dem heidnischen Hellenismus feindliches Prinzip. Der Glanz der antiken Mutter der Weisheit erlosch vor dem neuen Gestirn, welches eine geistige Umwandlung der Menschheit verkündigte, in deren Prozeß die Stadt des Plato keine Stellung mehr finden konnte. Ihre Bedeutung im Leben der Welt beruhte allein auf der klassischen Bildung des Altertums, und sie schwand auch mit dieser dahin. Bald sahen die Byzantiner mit Geringschätzung auf Altgriechenland herab, die Athener aber blickten voll Eifersucht und Haß nach jenem Ort am Bosporus, der ehemals Athen mit Korn versorgt hatte, während jetzt Asien, Syrien und Phönizien nicht mehr ausreichten, den hungrigen Pöbel zu sättigen, welchen Konstantin aus den verwaisten Städten des Reichs nach Byzanz zusammengeschleppt hatte.[32]

Der Kaiser plünderte die Städte der Hellenen, um ihre Kunstschätze nach seiner neuen Hauptstadt zu entführen.[33] Diese setzte das Raubsystem Roms im hellenistischen Orient fort. Die Werke des Alkamenes, Phidias und Praxiteles, des Myron und Lysippos wurden den Christen nicht zur Zerstörung überlassen, sondern zu Zierden Neu-Roms bestimmt. Die Großstadt am Bosporus wurde das reichste Museum der Kunst, während die Schriften der alten Griechen ihre Bibliotheken erfüllten. Aus beiden Schatzkammern übertrug sich eine, wenn auch schwache, Nachwirkung des hellenischen Geistes auf die Malerei und technischen Künste wie auf die Wissenschaften der Byzantiner, ohne daß diese es zu originalen Schöpfungen bringen konnten.

In der alten Sophienkirche versammelten sich wie in einer profanen Galerie 427 Statuen; unter ihnen sah man sogar die Götterbildnisse des Zeus, der Aphrodite, der Artemis und einer Priesterin der Athene.[34] Die Musen vom Helikon, welche Sulla, Caligula, Nero und die Goten verschont hatten, stellte Konstantin in seinem Palast auf; mit der Bildsäule des pythischen Apollo und dem goldenen Dreifuß aus Delphi schmückte er den Hippodrom. Das aber sind die einzigen namhaften Kunstwerke Altgriechenlands, die in den Verzeichnissen byzantinischer Autoren als von Konstantin geraubt angeführt werden. Unter den von ihm aus Athen fortgebrachten Bildwerken befanden sich nicht jene, die noch Pausanias bewundert hatte. Er schonte die dortigen Tempel, nicht allein, weil er dem Kultus der Heiden die Freiheit gewährte, sondern weil er Athen besonders ehrte. Er hielt es noch für eine persönliche Auszeichnung, die Würde des dortigen Strategen zu bekleiden. Als ihm die Athener eine Ehrenstatue errichteten, dankte er ihnen durch jährliche Verteilung von Korn.[35]

Neben Korinth, der Hauptstadt Achaias, war Athen damals der angesehenste Ort Griechenlands, noch immer im Besitz seiner städtischen Autonomie und freien Verfassung. Es wohnten daselbst manche reiche Primatenfamilien, und viele Fremde aus den Provinzen des Reichs machten dort ihre wissenschaftlichen Studien. Eine vollkommene Lehrfreiheit unterstützte die Tätigkeit der heidnischen Sophisten und Philosophen auf den reichlich besoldeten Lehrstühlen. Die seit Severus durch die Gotenkriege unterbrochene oder doch stark geminderte Universität stellte sich fast so glänzend wieder her, wie sie unter den Antoninen gewesen war. Der Kaiser Konstantin selbst begünstigte sie. Seine Verbindung mit dem im Reich mächtig gewordenen Christentum berührte nicht den gebildeten oder heidnischen Menschen in ihm. Er war ein aufrichtiger Freund des Neuplatonikers Sopater, von dem er im Verein mit dem Hierophanten Prätextatus und dem Astrologen Valens bei der Gründung Konstantinopels feierliche Weihen nach heidnischem Ritus vollziehen ließ. Einem Athener, dem Neuplatoniker Nikagoras, welcher das Amt des Daduchen bei den eleusinischen Mysterien bekleidete, gab er die Mittel, um eine Studienreise nach Ägypten zu machen. In den Königsgrüften Thebens hat sich dieser Philosoph durch eine Inschrift verewigt, worin er den Göttern und dem Kaiser dankte, der ihm das gewährt hatte.[36]

Konstantin soll in seiner Hauptstadt eine lange Stoa erbaut haben, in welcher Philosophen aus Theben, Athen und dem übrigen Hellas mit den Gelehrten Konstantinopels disputierten. Wenn bei dieser Gelegenheit gesagt wird, daß die Philosophen Griechenlands in solchen Kämpfen stets Sieger blieben, bis sie zur Zeit des Kaisers Justin unterlagen und dann nicht mehr wiederkamen, so drückt die Legende damit den Fortbestand der heidnischen Wissenschaften Athens bis auf die justinianische Zeit aus.[37]

Auch die Söhne Konstantins erwiesen der Stadt Athen und ihrer Hochschule mehrfache Gunst. Den berühmten Sophisten Proairesios, welchem selbst Rom eine öffentliche Statue errichtete, ehrte der Kaiser Konstans so hoch, daß er aus Liebe zu ihm den Athenern die Einkünfte einiger Inseln schenkte.[38] Um dieselbe Zeit stellten der Prokonsul Carbonius und Ampelius beschädigte Bauwerke der Stadt wieder her. Diese bewahrte in der Mitte des 4. Jahrhunderts mit ihrer architektonischen Pracht noch den vollen Charakter des Heidentums, dessen Seele sich freilich aus den veralteten Götterkulten in die Hörsäle der Philosophen flüchtete. Die letzte, nur noch künstliche Blüte der athenischen Universität reicht bis tief in das 5. Jahrhundert hinab. Sie ist an die Wirksamkeit der Sophisten und Philosophen Julianus, Proairesios und Musonius, Himerios, Aidesios, Priskos, Plutarch und Proklos geknüpft und hat an dem Zeitgenossen Eunapios von Sardes ihren leider sehr ungeschickten Geschichtsschreiber gefunden.[39]

Da die Wissenschaft Athen zu einem internationalen und neutralen Boden machte, vereinigten sich dort die Anhänger der alten und neuen Religion in den Hörsälen der Professoren ohne Glaubenshaß. Die christliche Beredsamkeit ging in die Schule der heidnischen Logik und Rhetorik, und sie zündete ihr eigenes Licht an dem Feuer des Demosthenes und Plato an. Um das Jahr 355 studierten in Athen nebeneinander drei nachher weltberühmte Männer, Gregor von Nazianz, Basileios der Große und der Prinz Julian, zwei künftige Kirchenväter und ein kaiserlicher Apostat.

Die Mirabilien Roms und die Kaiserchronik erzählen, daß ein Götterbild im Tempel des Faunus oder die im Tiber liegende Bildsäule des Merkur den christlich erzogenen Prinzen zum Abfall in das Heidentum verlockt habe.[40] Sie haben nicht so ganz unrecht, nur hätten sie die Szene aus Rom nach Athen verlegen sollen. Denn es sind die schönen Gebilde des Phidias, Praxiteles und Alkamenes, es sind die beredten Deklamationen der heidnischen Sophisten, der strahlende Himmel und die Denkmäler Athens gewesen, welche das Gemüt des schwärmerischen Jünglings bestrickten.

Die Apostasie des Kaisers Julian mag man als eine romantische Verirrung belächeln, aber es würde doch ohne sie etwas in der Geschichte der Menschheit auf ihrem Übergange von einer Kultur zur andern fehlen. Immerhin bleibt der Abfall Julians ein merkwürdiges Zeugnis von der Macht der alten Olympier noch in ihrem Sturz, und er war auch die letzte große, dem schönen hellenischen Heidentum dargebrachte Huldigung und der Abschied von ihm. Sein Zusammenbruch als öffentlicher Staatskultus hatte schon unter dem streng christlich gesinnten Kaiser Konstantios II. begonnen. Durch die Edikte vom 1. Dezember 353 und vom 18. Februar 356 war die Schließung aller Tempel anbefohlen und jeder Opferdienst bei Todesstrafe untersagt worden.[41] Obwohl diese Gebote nur teilweise zur Ausführung kamen, konnten sie doch auch in Griechenland nicht ohne Wirkung bleiben, vielmehr erfuhr das Heidentum selbst in Athen eine tiefe Erschütterung. Julian versuchte es hierauf, dessen Zusammenfall durch eine dem Christentum angepaßte sittliche Reform aufzuhalten.

Als er sich im Jahre 361 gegen Konstantios empörte, richtete er außer an die alten Hellenenstädte Korinth und Sparta auch an Senat und Volk Athens eine Proklamation, die sich glücklich erhalten hat. In den zwei Jahren seiner Herrschaft feierte der Hellenismus nur den flüchtigen Triumph seiner Befreiung vom Druck der Reichsgesetze, während sich seine moralische Wiederherstellung als unmöglich erwies. Die künstlich aufgeregte Flamme des Götterglaubens versank wieder, als dessen großer Beschützer gefallen war. Die Nachfolger Julians, die Kaiser Jovianus, Valens und Valentinian, gaben dem Christentum sein gesetzliches Ansehen und seine Privilegien zurück, ohne jedoch den konstantinischen Grundsatz der Duldung des Heidentums aufzuheben. Selbst noch Gratian achtete diesen, obwohl er zuerst die kaiserliche Würde des Oberpriesters der heidnischen Religion anzunehmen verschmähte, welche dann später die Päpste aus dem Magazin römischer Antiquitäten hervorgezogen haben.

Trotz der Kultusverbote der Reichsregierung wagte es noch im Jahre 375 Nestorius, der greise Hierophant der Demeter in Eleusis, eine Zauberpuppe des Achill unter den Koloß der Parthenos zu stellen, um den Schutz des Halbgottes für Athen zu erflehen, als ein furchtbares Erdbeben viele Städte Griechenlands zertrümmerte. Zosimos, der dies erzählt, bemerkt freilich, daß die Behörden den Hierophanten für irrsinnig erklärten, aber Athen und Attika seien doch durch den Heros Achill gerettet worden, während manche Städte in Hellas, im Peloponnes und auf Kreta zerstört wurden.[42]

Die volle Reaktion gegen das Heidentum trat erst ins Werk, nachdem Theodosios I. im Jahre 379 den Kaiserthron bestiegen hatte, ein fanatischer Spanier, gleich verfolgungssüchtig gegen die nicht orthodoxen Christen wie gegen die altgläubigen Heiden. Kein Kaiser ist vor ihm mit solcher Entschiedenheit für das Christentum eingetreten. Er brach den letzten Widerstand der Heiden in Rom. Die alte Kaiserstadt am Tiber war im 4. Jahrhundert neben Athen die zweite große Burg des Götterkultus, und nur langsam ist auch sie von den Christen erobert worden. Der Kampf um den Altar der Victoria im römischen Senatshause zur Zeit des Kaisers Gratian und des heiligen Ambrosius, endlich die Revolution der Altgläubigen nach der Ermordung Valentinians im Jahre 392 und die Wiederherstellung des heidnischen Kultus als Staatsreligion durch Flavianus zeigten, wie fest der alte Glaube noch unter den Römern wurzelte. Seine Stütze war die Aristokratie des Senats, und deren Kampf wider das Christentum war politischer Natur. In Athen stützte den heidnischen Glauben die Aristokratie der Bildung, und ihr Widerstand gegen das Christentum war philosophischer Natur.

Die Edikte Theodosios' I. unterdrückten den letzten öffentlichen Gottesdienst im Abend- und Morgenlande. Zahllose Heiligtümer wurden zerstört, unter ihnen auch das berühmte Serapeum in Alexandria. Vergebens schrieb Libanius seine Schutzschrift zugunsten der Tempel. Nach Konstantinopel ließ jener Kaiser viele Werke der hellenischen Kunst hinüberführen, wie die samische Hera des Lysippos, die Minerva von Lindos, die Aphrodite des Praxiteles von Knidos und den Zeus des Phidias von Olympia.

Am mindesten litt von diesem Vandalismus Altgriechenland. Athen im besondern wurde verschont. Keiner der großen Göttertempel dort von Ruf ist damals gefallen. Wenn auch die heidnischen Opfer und Prozessionen fortan unterblieben, so hat doch weder Theodosios noch ein anderer Kaiser bis auf Justinian den antiken Glauben der Athener gewaltsam ausgerottet noch die Schulen dort und ihre Lehrfreiheit anzutasten gewagt.

Dasselbe Glück, welches während der Völkerstürme, in denen die antike Welt unterging, Rom behütete, schützte auch die Stadt Athen. Wie sie das Erdbeben jenes Jahres 375 verschont hatte, so gingen auch die erneuerten Einfälle der Goten, welche Hellas und Achaia verwüsteten, schonend an ihr vorüber.

Die große Völkerwanderung hatte seit 375 das Gotenvolk in neuen Aufruhr gebracht; der Kaiser Valens fiel in der mörderischen Schlacht bei Adrianopel im Jahre 378, und die Goten verheerten Thessalien und Epiros. Das eigentliche Hellas aber entging dem Verderben. Seine Rettung scheint das Verdienst des tatkräftigen Präfekten Theodoros von Achaia gewesen zu sein, dem die Athener dafür im Jahre 380 eine Ehrenbildsäule setzten.[43] Damals war Theodosios Kaiser. Er siedelte die Goten als Verbündete des Reichs in Mösien und Thrakien an.

4. Nach seinem Tode am 17. Januar 395 und nach der Thronbesteigung seiner Söhne, des Honorius in Rom und des Arkadios in Byzanz, erhoben die Goten Alarich zu ihrem Heerkönige. Der junge Kriegsfürst führte alsbald sein aufständisches Volk gegen Konstantinopel. Die Spaltung der Regierungen des Ostens und Westens, in welche beide Hälften das Reich zerfallen war, oder die Eifersucht der leitenden Staatsmänner Rufinus und Stilicho bewirkte, daß Alarich, vom byzantinischen Minister zum Abzuge vom Bosporos überredet, sein Kriegsvolk erst nach Illyrien und dann nach Thessalien führte. Stilicho war mit dem Reichsheer von Mailand herbeigekommen und den Goten über den Pindus gefolgt, allein der argwöhnische Kaiser Arkadios befahl ihm, das oströmische Gebiet zu verlassen. Wenn er diesem Gebote nicht gefolgt wäre, so würde er, nach der Ansicht Claudians, die Gotenhaufen am Peneios vernichtet und Griechenland gerettet haben. Die ungeheure Katastrophe, welche jetzt über Hellas hereinbrach, war schwerlich die Folge des Verrats vonseiten des Rufinus, sondern der Unfähigkeit der byzantinischen Staatskunst und der eigenen Wehrlosigkeit der Griechen. Rufinus selbst fiel am 27. November 395 durch das Schwert des Gainas in Konstantinopel, was die Regierungsgewalt augenblicklich lähmte, während Alarich die Thermopylen durchzog, deren Schanzen von Gerontius sowenig verteidigt wurden wie Achaia vom Prokonsul Antiochus, dem Sohne des Musonius.

In Hellas und dem Peloponnes lebte zu jener Zeit noch dasselbe im großen und ganzen unvermischte Griechenvolk, wie es Pausanias und Plutarch gekannt hatten. Die Sprache, die Religion, die Sitten und Gesetze der Vorfahren dauerten in Städten und Landschaften fort, und wenn auch das Christentum zu öffentlicher Macht gelangt und der vom Staat verdammte Götterdienst im Schwinden begriffen war, so trug doch Altgriechenland noch das geistige und monumentale Gepräge des Heidentums.

In diese schöne, verwitternde Hellenenwelt brach jetzt Alarich mit seinen räuberischen Horden ein. Böotien und Attika wurden geplün-

Erstes Kapitel

dert und verheert, die Einwohner erschlagen oder zu Sklaven gemacht. Nur einige Städte, mehr von ihren festen Mauern als von der griechischen Vaterlandsliebe der Bürger verteidigt, konnten widerstehen. Verzweifelnd, die starken Wälle Thebens und der Kadmeia zu erstürmen, oder, wie Zosimos sagt, voll Ungeduld, Athen zu erobern, wälzten sich die Scharen Alarichs weiter nach Eleusis. Diese berühmte Stadt der Mysterien unterstützte nachdrücklich den letzten Kampf der Philosophenschulen gegen die Lehre des Paulus, da der Dienst der großen Göttinnen Demeter und Kore nicht nur der Mittelpunkt der idealsten Vorstellungen der antiken Religion war, sondern auch mit dem Stadtkultus Athens auf das innigste zusammenhing. Allein die Eleusinien teilten das Schicksal mit allen andern griechischen Tempeldiensten. Erst vom Kaiser Julian hergestellt, dann nach seinem Tode von Jovianus wieder unterdrückt, war der alte Mysterienkultus auf die Bitten des hochangesehenen Prokonsuls Achaias Prätextatus von Valentinian zwar nochmals geduldet, aber schließlich durch spätere Reichsgesetze aufgehoben worden.

Der letzte Hohepriester der Demeter vom vermeintlichen Geschlechte der Eumolpiden hatte infolge eines durch die Christen veranlaßten Aufstandes sein Amt niedergelegt, die Altgläubigen aber in Eleusis und Athen benutzten einen günstigen Augenblick, wahrscheinlich den Tod des Kaisers Theodosios, um den Tempeldienst noch einmal aufzurichten. Sie setzten einen fremden Mithraspriester aus Thespiä zum Hierophanten ein, und dieser Eindringling saß auf dem Hohenpriesterstuhle, als Alarich in Eleusis erschien.[44]

Kein Geschichtsschreiber meldet, daß der Barbarenkönig die Brandfackel in das Heiligtum der Demeter geschleudert habe.[45] Aber so viel ist zweifellos, daß der Einbruch der Goten den eleusinischen Mysterien ein Ende machte. Der schöne Tempel selbst mußte schon nach dem Tode des Kaisers Julian und besonders während der Heidenverfolgung unter Theodosios Verwüstungen erlitten haben. Wenn solche damals von den Goten fortgesetzt worden sind, so werden diese doch die völlige Zerstörung der großen Heiligtümer in Eleusis dem Fanatismus der Christen, den Erdbeben und Elementen überlassen haben.

Von Eleusis zog Alarich durch die Pässe des Korydallos nach Athen. Ein dämonisches Verhängnis hat diesen kühnen Gotenkönig als Eroberer in die beiden heiligsten Städte der Menschheit geführt, erst nach Athen und dann nach Rom, und hier wie dort hat ein guter Genius seinen Grimm zu entwaffnen vermocht. Wenn auch die altersschwachen Mauern des Themistokles nicht die Unterstadt Athen schützen konnten, so war doch die Akropolis des Widerstandes fähig. Begeisterte Anhänger des Heidentums erfanden das schöne Märchen, daß der gegen Athen andringende Barbarenkönig den Heros Achill erblickt habe, gepanzert vor den Mauern stehend, und die Athena Promachos in Waffen diese Mauern umschreitend. Da habe Alarich, von solcher Erscheinung erschreckt, mit der erlauchten Stadt einen Vertrag geschlossen und sie friedlich betreten.[46] Das Seitenstück zu dieser Sage des Zosimos ist die berühmte Legende von St. Petrus und Paulus, welche dem schrecklichen Attila erschienen, als er im Begriffe war, gegen Rom zu ziehen. Es ist für beide Hauptstädte der antiken Welt bezeichnend, daß in Athen es die alten Götter und Heroen sind, welche die noch immer heidnische Stadt beschützen, während das christliche, vom Papst geistlich regierte Rom seine Rettung den Apostelfürsten verdankt.

Zosimos hat die dem Alarich erscheinende Athene als »Promachos« bezeichnet. Er sah diese, so erzählt er, die Mauern umschreiten, gewaffnet, wie sie in den Bildwerken zu sehen ist.[47] Man hat deshalb an den Promachos genannten Erzkoloß des Phidias gedacht und aus den Worten des Geschichtsschreibers, welcher in der ersten Hälfte des 5. Jahrhunderts schrieb, geschlossen, daß sich diese Figur noch zu seiner Zeit auf der Akropolis befunden hat. Wenn er aber an dieselbe gedacht hätte, so würde er nicht gesagt haben: wie sie »in den Bildwerken«, sondern wie sie »in ihrem Bildwerk« gesehen wird.[48] Im übrigen ist es unzweifelhaft, daß der Koloß des Phidias noch zur Zeit Alarichs aufrecht stand.

Der Anblick dieser göttlichen Hüterin der Burg hat auf die Einbildungskraft des furchtbaren Kriegers, welcher arianischer Christ war, schwerlich einen so tiefen Eindruck gemacht, wie Zosimos behauptet;[49] doch liegt der von diesem oder von Eunapios erfundenen Fabel eine Tatsache zugrunde, nämlich die Schonung Alarichs, der nach andren Berichten die Stadt wirklich einnahm.[50] So viel ist gewiß, daß sie sich dem Gotenfürsten ergab, nachdem er sie durch Herolde dazu aufgefordert hatte und von beiden Seiten die Bedingungen des Vertrages beschworen waren. Wie ehedem zur Zeit des Sulla, Cäsar und Octavian war der Rest der attischen Redekunst noch stark genug, um das Herz selbst eines nordischen Heerkönigs zu erweichen; doch erkauften die Athener die Schonung ihres Lebens und Eigentums zugleich mit großen Summen Geldes. Immerhin waren sie glücklicher als die Römer, welche fünfzehn Jahre später die Plünderung ihrer Stadt durch denselben Eroberer erleiden sollten. Alarich bequemte sich dazu, Athen nur mit seinem Gefolge zu betreten, und Zosimos erzählt, daß er mit Ehren empfangen wurde, in der Stadt ein Bad nahm und mit den angesehensten Männern tafelte.[59]

Man darf sich vorstellen, daß der Gotenkönig in der Stimmung war, die Sehenswürdigkeiten Athens zu bewundern. Ein damaliger Perieget hatte noch viel zu tun, wenn er einem Fremden die Mirabilien der Stadt auch nur auf der Akropolis zeigte; denn diese waren seit dem Besuche des Pausanias kaum gemindert worden. Die prachtvollen Tempel standen, wenn auch geschlossen und verödet, unversehrt da. Das Dionysos-Theater auf dem Südabhange diente vielleicht noch zu dramatischen Aufführungen, und die Heiligtümer des Asklepios waren noch nicht zerstört. Viele alte Weihgeschenke und Denkmäler des Kultus dauerten auf der Burg fort, denn später sah Himerius daselbst sogar noch den heiligen Ölbaum der Göttin und die Salzquelle des Poseidon, während dreiste Fremdenführer noch das Haus des Demosthenes und die Aula des Sokrates in der Unterstadt den Leichtgläubigen vorwiesen.[52]

Wie sich der Erzkoloß des Phidias erhalten hatte, so mußten auf der Akropolis neben zahllosen Statuen von Marmor auch andre Kunstgebilde von Erz noch aufrecht stehen: dieselben Werke, welche Pausanias bewundert hatte, das Viergespann, die Löwin, das trojanische Pferd, der Perseus von Myron, die Artemis Leukophryne, ein Weihgeschenk der Söhne des Themistokles, der Erechtheus und Eumolpus am Tempel der Athene Polias, der Kylon, die ehernen Statuen der drei großen Tragiker, die Lykurgos, der Sohn des Lykophron, im Theater aufgestellt hatte, und viele andere. Alarich ist nicht auf den frevelhaften Gedanken gekommen, diese Kunstschätze zu rauben.

Athen litt bei der westgotischen Eroberung offenbar minder als zur Zeit des Dexippos. Selbst diejenigen Geschichtsschreiber, die von der Einnahme der Stadt wissen, sagen nichts von ihrer Plünderung. Wenn Claudian Scharen gefesselter Athenerinnen aufführt, so ist das entweder dichterische Vorstellung, oder er dachte an Frauen der attischen Landschaft, welche in die Gefangenschaft der Goten kamen.[53] Denn die Versicherung des Zosimos, daß ganz Attika von der Verwüstung frei geblieben sei, ist nicht glaublich. Bei der Belagerung Athens werden Greueltaten genug geschehen sein. Manche Athener kamen durch die Barbaren um. Eunapios erzählt, daß ein damals berühmter Maler, der Bithynier Hilarius, welcher lange in Athen gelebt hatte, bei Korinth von den Goten mit allen den Seinigen ermordet wurde und daß auch Proterios von Kephallenia das Leben verlor, während dem mehr als neunzigjährigen Philosophen Priskos der Gram um den Untergang der griechischen Heiligtümer das Herz soll gebrochen haben.[54]

In der Tat erging eine furchtbare Katastrophe über Altgriechenland.

Alarich zog von Athen ab, ohne dort eine Besatzung zurückzulassen, aber als Gebieter der Stadt.⁵⁵ Er erstürmte Megara beim ersten Anlauf, und da Gerontius die Isthmusschanzen preisgab, hielten die Goten ihren Einzug in den Peloponnes, dessen Städte das Erdbeben meist entmauert hatte. Korinth, Nemea, Argos wurden geplündert und verwüstet. Sparta schützten nicht die Waffen der entarteten Enkel von Helden. Fast alle Landschaften der Halbinsel, ihre Städte und Dörfer erlitten namenlose Schrecken der Plünderung, Ermordung und Sklaverei ihrer Einwohner.⁵⁶ Unzweifelhaft wurden manche Städte durch Feuer zerstört und dadurch auch die monumentalen Reste des Altertums gemindert. Allein, es ist eine arge Übertreibung, den Goten als Verbündeten fanatischer Christen die absichtliche Zerstörung der Tempel und Heiligentümer, ja selbst der festen Akropolen Altgriechenlands zuzuschreiben und von Alarich den Untergang der Nationalgötter der Hellenen herzuleiten.⁵⁷

Wenn nach der gotischen Verheerung ein zweiter Pausanias Altgriechenland bereist hätte, so würde er neue Ruinen zu verzeichnen gehabt, aber doch mit Genugtuung bemerkt haben, daß manche berühmte Altertümer auch im Peloponnes verschont geblieben waren. Selbst von Olympia kann dies gelten. Denn die Goten haben dort den Zeus des Phidias in seinem Tempel schwerlich mehr vorgefunden; vielmehr scheint derselbe schon im Jahre 394, als Theodosios die olympischen Spiele für immer untersagt hatte, mit andern hellenischen Kunstwerken nach Konstantinopel gebracht worden zu sein, wo er später im Palast des Lausus verbrannt sein soll.⁵⁸ Der olympische Tempel selbst stand noch zur Zeit Theodosios' II. (408–450) aufrecht; unter seiner Regierung soll ihn ein Brand zerstört haben.⁵⁹

Ein ganzes Jahr lang schalteten die Goten im Peloponnes, und Alarich konnte daran denken, sich in Griechenland ein Reich aufzurichten.⁶⁰ Indes, Stilicho eilte als Rächer vom adriatischen Meer herbei, landete im Golf von Korinth, sperrte den Goten den Rückzug über den Isthmus und schloß sie im arkadischen Gebirge Pholoe ein. In welcher Weise hierauf der bedrängte Gotenkönig entrann, ob durch eigene Klugheit oder infolge eines Vertrages, bleibt ungewiß.⁶¹ Er durfte, mit der Beute Griechenlands beladen, nach Epiros abziehen, und der Kaiser Arkadios errötete nicht, den Verderber jener Provinzen sogar zum General und Statthalter Illyriens zu ernennen. Zu dieser großen westlichen Präfektur des Reichs aber gehörten ganz Hellas und der Peloponnes als Diözese Makedonien mit der Hauptstadt Thessalonike, wo der Präfekt residierte, während der Sitz des Prokonsuls von Achaia Korinth war.⁶²

Zweites Kapitel

Folgen des Einbruchs der Goten für Athen. Synesios von Kyrene. Fortdauer des Heidentums. Athenais als griechische Kaiserin. Umwandlung Athens durch das Christentum. Die Jungfrau Maria verdrängt die Pallas Athene. Die christliche Kirche in Athen. Verschwinden der antiken bürgerlichen Einrichtungen. Erlöschen der heidnischen Universität zur Zeit Justinians. Die antiken Monumente. Verwandlung von Tempeln in Kirchen. Das Christentum nimmt Besitz von Athen. Justinianische Befestigung der Stadt. Die Akropolis.

1. Die Folgen der gotischen Invasion mußten für Athen fühlbar genug sein. Wenn auch nach dem Abzuge Alarichs nach Illyrien die geflüchteten Sophisten in ihre Lehrsäle wieder zurückkehrten und die studierende Jugend aus den Provinzen des Reichs fortfuhr, die athenische Hochschule zu besuchen, so war doch der ruhige Bestand der Dinge tief erschüttert worden.

Wenige Jahre nach jener Katastrophe besuchte der berühmte Synesios von Kyrene Athen; er fand die Stadt in einer so üblen Verfassung, daß seine Schilderung ihres Zustandes an das Wort des Horaz »vacuae Athenae« erinnert. Er verglich sie mit dem übriggebliebenen Fell eines geschlachteten Opfertieres. Nichts Merkwürdiges sei mehr dort zu finden als die erlauchten Namen alter Örtlichkeiten. Nicht mehr ihre Weisen, sondern nur ihre Honigkrämer gäben der Stadt noch einigen Ruf.[63] Allein die finstern Farben im Bilde Athens, wie sie der geistvolle Schüler der Hypatia, welcher erst Heide, dann ein gläubiger Bischof in Ptolemais war, aufgetragen hat, sind als übertrieben anzusehen. Weil Synesios in seinen Briefen aus Athen die berühmten Denkmäler der Stadt mit keiner Silbe erwähnt hat, so beweist sein Schweigen zum mindesten dies, daß er dort keine gotischen Zerstörungen zu beklagen hatte. Auch kann der Verfall Athens nach 396 nicht so schnell und allgemein gewesen sein, als man aus den Sarkasmen des Sophisten gefolgert hat, denn eine im Jahre 1881 in der Nähe der alten Metropolis gefundene Inschrift bekundet, daß Severus Antius, der Prokonsul von Hellas, den Kaisern Arkadios und Honorius ein Bauwerk geweiht hatte, und das konnte doch kein ganz geringfügiges sein.[64]

Nicht Alarich hat die schwindende Herrlichkeit Athens zerstört, sondern dies war das Werk der Zeit. Wenn sich auch das wissenschaftliche Leben dort fortsetzte, so erreichte dasselbe doch nicht mehr jene Bedeutung, die es in der ersten Hälfte des 4. Jahrhunderts gehabt hatte. Den Glauben an die olympischen Götter aber hielt die große Mehrheit der Athener, trotz der Goten und der byzantinischen Priester, noch immer hartnäckig fest. Die antike Religion vermochte den Kampf gegen das Christentum noch länger als ein Jahrhundert nach Alarich gerade in Athen fortzusetzen, denn so lange Zeit erhielt sich die platonische Akademie.

Wenige Jahre nach dem Einbruch der Goten muß sich Herculius, welcher zwischen 402 und 412 Präfekt Illyrikums war, ein besonderes Verdienst um diese Akademie erworben haben, denn deren Häupter Plutarch und der Sophist Apronianos errichteten ihm öffentliche Ehrenbildsäulen, von denen eine sogar neben der Promachos aufgestellt wurde; ein sicherer Beweis, daß diese Erzfigur noch aufrecht stand.[65] Als Synesios nach Athen kam, fand er auf dem Lehrstuhle des Priskos jenen Philosophen Plutarch, den Sohn des Nestorios, und die Sophisten Syrianos und Archiadas glänzten durch Ihre Beredsamkeit. Aus den wissenschaftlichen Kreisen der Stadt konnte sogar eine schöne und geistvolle Heidin, nachdem sie zum Christentum übergetreten war, als Kaiserin auf den Thron von Byzanz steigen und so einen unerwarteten Lichtglanz über ihre sinkende Heimat verbreiten.

Das war Athenais, die Tochter des Philosophen Leontios, welcher den gotischen Einbruch erlebt und unversehrt überstanden hatte. Am 7. Juni 421 erhob sie Theodosios II., des Arkadios Sohn, zu seiner Gemahlin, und sie nahm den Namen Eudokia an. Ihre Schicksale bilden eine merkwürdige Episode in der Zeit des fallenden Hellenentums und seines Überganges in die christliche Neugestalt. Die Philosophentochter aus der Stadt Platos stellte in ihrer eigenen Person diese Metamorphose dar, und wahrscheinlich war es nicht ihre bezaubernde Anmut und attische Bildung allein, sondern die Absicht, den Widerstand der Heiden in Athen zu brechen, was Pulcheria bewog, ihren kaiserlichen Bruder mit Athenais zu vermählen. Die mächtig gewordene Athenerin konnte ihren schwachen Gemahl bewegen, die Leiden Athens und Griechenlands durch Steuererlasse zu mildern, aber sie durfte den Verfall der antiken Welt nicht aufhalten, von deren Genius sie selbst sich für immer abgewendet hatte. Wenige Jahre nach seiner Vermählung mit ihr erließ Theodosios II., unter dem Einfluß seiner frommen Schwester, strenge Edikte gegen die heidnischen Kulte, und er gebot, alle Tempel, die noch im Reiche übrig geblieben waren, zu zerstören. Wenn auch diese Befehle nicht nach ihrem ganzen Wortlaut befolgt wurden, zumal in Athen, so konnte sie doch auch hier nicht ohne Wirkung bleiben.

Theodosios selbst scheute sich nicht, athenische Kunstwerke nach

Kaiserin Eudokia (Athenais)

Kaiser Theodosios II.

Zweites Kapitel

Byzanz hinwegzuführen. Durch den Patrizier Proklos ließ er einen Monolith aus Athen im Hippodrom aufstellen, und aus dem athenischen Arestempel soll er Gebilde von Elefanten fortgenommen und an der Porta Aurea in Byzanz aufgestellt haben, was indes sehr zweifelhaft ist.[66] Bald nach dem gotischen Einbruch waren durch einen Prokonsul Achaias, wie Synesios bemerkte, die Gemälde des Polygnot aus der Stoa Poikile gewaltsam entfernt worden.[67] Diese berühmten Kunstwerke hatten trotz ihres Alters noch in der Mitte des 4. Jahrhunderts zu den größten Merkwürdigkeiten der Stadt gehört. Denn der Sophist Himerios, welcher bis 362 den Lehrstuhl der Beredsamkeit in Athen einnahm, machte die ionischen Ankömmlinge ganz besonders auf sie aufmerksam.[68]

Wenn nun jene Malereien solches Schicksal erlitten, so werden auch andre ihm nicht entgangen sein. Die Zeit hatte manche bereits halb zerstört, denn schon Pausanias machte bei den Gemälden in der Pinakothek die Bemerkung, daß sie zum Teil unkenntlich geworden waren. Die herrlichen Bilder, mit welchen Polygnot, Mikon und Euphranor Athen geschmückt hatten, die Gemälde in der Stoa Basileios, im Tempel des Theseus, im Heiligtum der Dioskuren, im Anakeion, in den Tempeln des Dionysos und Asklepios und anderswo fanden ihren spurlosen Untergang. Nur Wandmalereien in Nekropolen, nur die Fresken Pompejis, nur die byzantinischen Musive und neuerdings gefundene Porträts aus der Zeit der ägyptischen Ptolemäer geben uns noch eine schwache Vorstellung von der griechischen Malerkunst.

Nach 429 wurde auch die goldelfenbeinerne Parthenos des Phidias aus dem Tempel der Göttin von den Christen entfernt.[69] Was sodann ihr Schicksal geworden ist, hat niemand zu sagen gewußt.[70]

Die Jungfrau Maria hatte bereits ihren siegreichen Kampf mit der alten Pallas um den Besitz Athens begonnen. Nichts aber ist merkwürdiger als diese Verdrängung der Stadtgöttin aus ihrer tausendjährigen Herrschaft durch die neue Himmelskönigin der Christen. Die schönste Gestalt der christlichen Mythologie und Kunst, die vergötterte Mutter mit dem Kinde auf ihren Armen, war das Sinnbild der Vereinigung der Gottheit und Menschheit und zugleich der ewigen Tragik des Erdenlebens, in welchem der Mensch, »vom Weibe geboren«, Schmerz und Tod erdulden muß, aber von der Liebe zu göttlicher Glorie verklärt wird. Vor der liebevollen Mutter mit dem Kinde legte die streng und schweigend auf die Menschheit blickende Pallas Athene, die Göttin mit dem Medusenhaupt auf ihrer Brust, die Lehrerin der kalten Weisheit, die nicht das Herz erwärmt, ihren Schild und Speer als Überwundene nieder.

Eine Legende erzählt, daß der Evangelist Lukas, als er in Theben starb, ein von ihm selbst gemaltes Bild der Gottesmutter zurückgelassen habe und daß dieses von einem Christen Ananias nach Athen gebracht worden sei. Die Athener bauten eine schöne Kirche und stellten in ihr das Bildnis auf, dem sie den Namen Athenaia gaben. Es blieb daselbst bis auf die Zeit Theodosios' des Großen, wo eines Tages die Jungfrau Maria den athenischen Priestern Basileios und Soterichos offenbarte, daß sie dazu auserwählt seien, ihr zu Ehren ein Kloster auf dem Berge Melas am Pontus zu erbauen, wohin sie ihnen den Weg weisen werde. Das von Engeln getragene Bildnis führte diese Männer durch Griechenland und übers Meer nach Anatolien; dort gründeten sie das berühmte Kloster der Panagia von Sumela in der Nähe der Stadt Trapezunt.

Die Legende spricht demnach von einer christlichen Kirche zu Athen schon im 1. Jahrhundert; sie gibt dem Bildnis der Jungfrau den Namen Athenaia, und diesem begegnet man später in dem der Panagia Atheniotissa wieder, die während des Mittelalters im Parthenontempel verehrt wurde, nachdem derselbe in eine christliche Kirche verwandelt worden war. Doch sagt die Legende nichts von diesem Tempel, sondern nur, daß die Athener das Bild der Jungfrau in einer sehr schönen Kirche aufstellten, die sie nicht weit von der Stadt erbauten.[71]

Welche Veranlassung die himmlische Heilige hatte, zur Zeit des Kaisers Theodosios Athen zu verlassen und nach Trapezunt überzusiedeln, hat die Legende nicht bemerkt. Es sieht fast so aus, als fühlte sich die Gottesmutter unter den Heiden Athens noch nicht behaglich.[72]

Die christliche Kirche machte indes Fortschritte in Griechenland, wenn auch am langsamsten in Athen. Ihr Kampf erst um das Dasein, dann um die Herrschaft in der Metropole der Griechenwelt, wo ihr das Heidentum als Macht der Intelligenz gegenüberstand, würde ein noch reizvolleres Gemälde darbieten als ihr allmähliches Wachstum in der Kaiserstadt Rom. Allein die Geschichte der Entstehung und Ausbreitung des Christentums in Athen ist mit tiefem Dunkel bedeckt. Der Katalog der dortigen Bischöfe ist sehr lückenhaft.[73] Wenn schon auf dem Konzil zu Nikaia zur Zeit Konstantins ein Bischof Athens anwesend war, so ist es wohl nur Zufall, daß ein solcher, wie auch der von Sparta, auf der Synode zu Chalkedon im Jahre 451 nicht bemerkt wird. Denn dort erschienen Bischöfe selbst geringerer Gemeinden wie Troizen, Hermione und Megara, Tegea, Argos und Amphissa, Messene, Elis und Platää, und schon diese Tatsache reicht hin darzutun, daß manche Städte Altgriechenlands die gotische Verheerung überdauert hatten. Von einigen mögen freilich nur die Titel, nicht die bischöflichen Sitze sich erhalten haben.

2. Während das Evangelium den Widerstand der platonischen Philosophenschule und der antiken Gewohnheiten des Volks in Athen immer mehr zu lockern vermochte, schwanden auch die politischen Formen des Altertums, indem sie der gleichförmigen römischen Munizipalverfassung Platz machten. Vor der Mitte des 5. Jahrhunderts bemerkte der Kirchenvater Theodoret, der im Jahre 458 als Bischof von Kyros starb: Nach römischen Gesetzen werden die Städte der Griechen verwaltet; bei den Athenern sind müßig der Areopag, die Heliaia und der alte Gerichtshof des Delphinion, der Rat der Fünfhundert, die Elfmänner und die Thesmotheten; der Polemarch und der Eponym-Archont sind zu Begriffen geworden, welche nur die wenigen kennen, die in den Schriften der Alten bewandert sind.[74] Die Zeit des Aufhörens dieser städtischen Magistrate fällt wahrscheinlich in die Regierung Theodosios' II., wo das große Gesetzbuch, der von ihm genannte Kodex, abgeschlossen worden ist.[75]

Das Kollegium der Archonten ist vielleicht schon unter diesem Kaiser durch eine neue Munizipalbehörde verdrängt worden; allein in der zweiten Hälfte des 5. Jahrhunderts finden sich noch zwei vornehme Athener aus den Kreisen der Wissenschaft, Nikagoras der Jüngere und Theagenes, als die letzten Eponym-Archonten, was immerhin beweist, daß die Athener diese uralte Würde wenigstens als Ehrentitel bis dahin festgehalten haben.[76]

Immer tieferes Dunkel senkte sich auf Athen und Hellas nieder. Glücklicherweise wurde Altgriechenland von den Stürmen der Hunnen und Vandalen, einige Plünderungen der Küsten abgerechnet, verschont. Selbst der Fall des weströmischen Reichs unter die Gewalt der Germanen übte zuerst nur einen günstigen Einfluß auf die althellenischen Länder aus. Die Ostgoten, welche unter ihrem Könige Theoderich Thessalien und Makedonien verheert und die Einfälle Alarichs zu wiederholen gedroht hatten, zogen mit dem Willen des Kaisers Zenon nach Italien, um dieses Land dem Usurpator Odoakar zu entreißen. Die Flut der germanischen Barbaren floß demnach von der Donau nach dem Abendland ab. Als Provinz Ostroms, den Heerstraßen der Wandervölker entrückt, blieb Hellas geraume Zeit von den Streifzügen fremder Horden frei und konnte allmählich seine Verluste ersetzen. Allein das politische Leben war erloschen, und weder Handel noch Industrie gaben den Griechenstädten mehr eine besondere Bedeutung. Außer dem reichen Emporium Thessalonike zeichnete

sich nur noch Korinth als Handelsstadt und Metropole der Eparchie
Hellas-Achaia aus, während Athen nur die Metropole Attikas wie
Theben diejenige Böotiens war.[77]

Obwohl durch die Universitäten in Konstantinopel, in Thessalonike, Antiochia und Alexandria allmählich verdunkelt, glänzten auch
jetzt noch in den Schulen Athens einige Männer, die letzten altgläubigen Philosophen in der »goldenen Kette« Platos. Selbst Ausländer
fuhren noch fort, in Athen ihre Bildung zu vollenden. Der armenische
Geschichtsschreiber Moses von Chorene studierte dort und in Alexandria. Daß Boethius, der letzte Philosoph unter den Römern, als
Jüngling lange Jahre in Athen gelebt und auch den gefeierten Platoniker Proklos gehört habe, ist freilich nur eine Fabel.[78] Die besten Lehrer der Hochschule waren übrigens nicht Einheimische, sondern zugewanderte Hellenen aus der Fremde, wie Syrianos, der Alexandriner,
und sein Schüler Proklos, der Lykier aus Konstantinopel. Doch gab es
in Athen zu jener Zeit auch hochgebildete und reiche Eupatridengeschlechter. Der letzte wissenschaftliche Mäzenat der Stadt des Perikles
ist an die Namen Nikagoras, Archiadas und Theagenes geknüpft.

In welches ärmliche Wesen immer diese Schule eleusinischer
Schwärmer und Geisterseher ausgeartet sein mußte, so war es doch für
die Athener ehrenvoller, ihr städtisches Leben mit dem Parteikampf
um die Besetzung der Professorenstühle und mit ihren platonischen
Träumen auszufüllen, als es für die Römer, Byzantiner und Alexandriner derselben Zeit der wütende Streit um die Faktionen der Rennbahn
sein konnte. Während die Reichsgesetze den Götterkultus unterdrückt hatten, fristete der klassische Hellenismus in den Reflexen der
Philosophie des Pythagoras und Plato noch sein schwindendes Leben
fort, bis auch dieses infolge von gewaltsamen Maßregeln des Kaisers
Justinian erlosch. Der Gesetzgeber des christlichen Römerreichs entsagte dem Grundsatze seiner Vorgänger, die Reste des Heidentums
auf den Lehrstühlen der Wissenschaft und in Staatsämtern zu dulden;
er verhängte gegen sie schonungslose Verfolgungsedikte.[79] Man hat
ihm endlich auch die Schließung der Universität Athen zugeschrieben,
insofern sich diese mit Notwendigkeit aus einem im Jahre 529 erlassenen Verbot ergeben mußte, dort fernerhin Philosophie und die Rechte
zu lehren. Allein der wenig glaubwürdige byzantinische Chronist Malalas, welcher von diesem Edikt redet, scheint sich selbst zu widersprechen, indem er berichtet, daß der Kaiser im Jahre 529 sein neues
Gesetzbuch nach Athen und Berytos schickte. Eine Rechtsschule in
Athen ist freilich nicht bekannt. Prokopios sagt nichts von jenem
Verbot; nur aus seiner Bemerkung, Justinian habe die öffentlichen

Kaiser Justinian I.

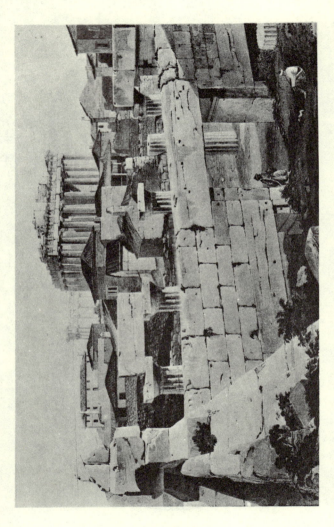

*Der Parthenon
(Zeichnung 1805)*

Zweites Kapitel

Lehrer ihres Unterhaltes beraubt und die Privatstiftungen für wissenschaftliche Zwecke konfisziert, hat man gefolgert, daß sich diese Maßregel vor allem auf die Akademie Athens erstreckt habe, deren uraltes, sehr ansehnliches Stiftungsvermögen vom Kaiser eingezogen worden sei.[80]

Die Aufhebung der Hochschule Athen durch Justinian ist als ein solenner geschichtlicher Akt nicht zu erweisen; doch sprechen alle Gründe der Wahrscheinlichkeit dafür, daß dieser Kaiser den Fortbestand der Akademie unmöglich gemacht hat. Die letzten Philosophen Athens sollen mit ihrem Scholarchen Damaskios an den Hof des Perserkönigs Chosrau ausgewandert sein, um dann, in ihrer Hoffnung, dort ein Asyl für ihre Ideale zu finden, bitter getäuscht zurückzukehren und in Griechenland zu verschwinden.[81] Das ruhmvollste Institut des Hellenentums, dessen letzte geistige Kraft schon mit dem Tode des Proklos am 17. April 485 erstorben war, schwand an eigener Erschöpfung hin und erlosch unbemerkt nach einer Dauer von mehr als acht Jahrhunderten seit Plato. Wenn sich auch in Athen noch private Schulen der Rhetorik und Grammatik fortsetzten, so erlangten sie doch keine wissenschaftliche Wirksamkeit mehr. Die griechische Literatur fand seitdem Schutz und Pflege in byzantinischen Gelehrtenschulen, hauptsächlich in Konstantinopel und zum Teil in Thessalonike.

Eunapios hatte das übertriebene Urteil gefällt, daß Athen schon seit dem Tode des Sokrates nichts Großes mehr vollbracht habe, sondern mit dem ganzen Hellas in Verfall gekommen sei.[82] Seit Justinian aber versiegten tatsächlich die letzten Quellen des athenischen Geisteslebens. Abgesehen von allen andern Vorteilen, welche die Akademie Platos der Stadt Jahrhunderte lang gebracht hatte, war diese Hochschule die Kette gewesen, die sie mit ihrer eigenen großen Vergangenheit, mit Griechenland und der gebildeten Welt verbunden hatte. Gerade der internationale Charakter der Akademie hatte Athen selbst noch in den ersten christlichen Jahrhunderten zur Hauptstadt des Hellenentums gemacht. Als sie aufhörte, dies zu sein, als die lebendigen Traditionen des Altertums mit den Tempeln der Götter, mit den Werken der Kunst und den Gymnasien der Philosophen untergegangen waren, mußte die Stadt der Weisen den Zweck ihres Daseins selbst verlieren. Der stete Traum der Römer noch in ihrer tiefsten Versunkenheit während des Mittelalters war die Wiederherstellung des Imperium romanum, der alten legitimen Weltherrschaft der ewigen Stadt; sie verwirklichten ihn, weniger in der Erneuerung des Kaisertums als in der weltumfassenden Größe des Papsttums. Aber kein Athener hat mehr in den dunklen Jahrhunderten beim Anblick zertrümmerter Bildsäulen des Phidias und der Ruinen der Akademien des Plato und Aristoteles von der Wiederherstellung der Weltherrschaft Athens im Reich der Künste und Wissenschaften zu träumen gewagt. Die edelste der Menschenstädte trat hoffnungslos in ihre dunkelste byzantinische Epoche ein, in welcher sie nichts mehr war als die ausgebrannte Schlacke des idealen Lebens ihrer Vergangenheit. Denn nie mehr fand in ihr eine solche Verbindung von physischen und intellektuellen Kräften statt, welche sie befähigt hätte, in der neuen christlichen Form zu neuer Größe aufzuerstehen.

Die Zeit des Hellenismus überhaupt war abgelaufen, und dieser verwandelte sich in das Byzantinertum. Das zur Weltherrschaft emporgestiegene Neu-Rom am Bosporos blickte daher mit immer größerer Geringschätzung auf die gesunkene Führerin Griechenlands, die kleine Provinzialstadt Athen, welche noch die abgenützte Legitimität ihres klassischen Geistesadels geltend machen wollte. Ein byzantinisches Epigramm unbekannter Zeit vergleicht beide Städte miteinander: Die Erde des Erechtheus habe Athen emporgehoben, aber vom Himmel selbst sei die neue Roma herabgestiegen, deren Schönheit alles Irdische wie der glanzvolle Pol überstrahlt.[83] Ihr Athener, so drückt sich ein anderes Epigramm aus, führt immer die alten Philosophen im Munde, Plato, Sokrates, Xenokrates, Epikur, Pyrrho und Aristoteles; allein nichts ist euch übriggeblieben als der Hymettos und sein Honig, als die Gräber der Toten und die Schatten der Weisen; doch bei uns ist der Glaube und auch die Weisheit zu finden.[84]

Der Begriff »Hellas« konnte immerhin, wegen der mit ihm unzertrennlich verbundenen Erinnerungen an die demokratische Freiheit, für die byzantinische Cäsardespotie abschreckend sein;[85] doch hat ihn wesentlich die griechische Kirche erniedrigt und verhaßt gemacht. Die Götter der Hellenen blieben für dieselbe nicht wesenlose Einbildungen der Phantasie, sondern wirkliche böse Dämonen, die diabolischen Feinde des Christentums; die Hellenen selbst aber waren die Schöpfer und Träger des Götterdienstes, und deshalb fand die Kirche keinen passenderen Ausdruck für Heidentum als den des Hellenentums. Noch lange nach Justinian galten den Byzantinern beide Begriffe als synonym. So gebraucht im 12. Jahrhundert Zonaras, durchaus wie Prokopios, das Wort Hellene für Heide, indem er von dem bilderstürmenden Kaiser Konstantin Kopronymos sagt, daß er weder Christ noch Hellene, noch Jude, sondern ein Gemisch von aller Gottlosigkeit gewesen sei.[86] Statt des verabscheuten Wortes »Hellenen« kam für die christlichen Eingeborenen Altgriechenlands der neue Name der Helladikoi in Gebrauch. Wie zur Zeit der Römer Griechenland seinen glorreichen Namen mit dem Achaias vertauschen mußte, so mußte es ihn unter den Byzantinern dem Christentum zum Opfer bringen, oder es behielt ihn nur als ein Brandmal der Gottlosigkeit.

Die antike Religion war freilich aus den Städten geschwunden, aber sie erhielt sich heimlich in neuplatonischen Sekten. Noch Jahrhunderte hindurch fanden auch die Idole der Griechen ihre Anhänger in unwegsamen Landstrichen und Gebirgen, namentlich im Taygetos. Die heidnische Naturseele pflanzte sich in den christlichen Geschlechtern fort, und noch am heutigen Tage ist die Phantasie des neugriechischen Volks mit zahllosen Vorstellungen aus der antiken Mythologie getränkt.[87]

3. Auch den letzten öffentlichen Raub einiger, doch keineswegs bedeutender Altertümer der Stadt Athen, von dem wir Kunde haben, hat der Kaiser Justinian verübt. Als er für den Prachtbau der neuen Sophienkirche in Konstantinopel Monumente griechischer Städte in Asien und Europa plündern ließ, mußte auch Athen Säulen und Marmorsteine hergeben.[88] In Byzanz gab es übrigens eine Sage, welche die Athener noch jener Zeit, wo sie sich keines Mnesikles und Iktinos mehr rühmen konnten, zu ehren scheint. Justinian war zweifelhaft, ob er die Marmorwände und die Fußböden der Sophienkirche ganz mit Gold überziehen sollte; er fragte deshalb zwei athenische Philosophen und Astronomen, Maximianos und Hierotheios, um Rat, und diese Männer waren verständig genug, so zu urteilen: Es werden in einem entfernten Zeitalter arme Könige kommen und den Sophiendom zerstören, wenn er mit Gold überzogen sein sollte; wenn er aber aus Stein ist, so wird er bis ans Ende der Welt fortdauern. Diesem Rate sei dann der Kaiser gefolgt.[89] So weissagten die scharfsinnigen Philosophen aus Athen die Zeit, wo die lateinischen Kreuzfahrer und später die Türken die Hagia Sophia plünderten und entstellten.

Was die Schicksale der athenischen Denkmäler überhaupt betrifft, so sind diese im großen und ganzen unbekannt geblieben. Der Römer Fea konnte den Versuch einer Geschichte der Ruinen Roms machen, aber so etwas für Athen zu unternehmen, ist ein Ding der Unmöglichkeit. Kirche, Adel und Bürgerschaft haben nach und nach der Stadt Rom neue monumentale Gesichtszüge aufgeprägt, doch solche sind in Athen nicht kenntlich. Das geringe Leben dieser Stadt konnte die Fülle der Denkmäler des Altertums weder in sich aufnehmen noch verbrauchen. Während die Römer seit dem Falle ihrer antiken Welt deren Monumente vielfach zu Burgen, Klöstern und Kirchen und zu

Wohnungen des Volks umgestalteten und ihre Stadt immerfort aus dem alten Material erneuerten, saßen die Athener Jahrhunderte lang geschichtslos im Schatten der Ruinen ihrer großen Vergangenheit. Gerade der Umstand, daß in dem kleinen Athen jene wirksamen Kräfte gefehlt haben, welche Rom von Zeit zu Zeit verwandelten, spricht dafür, daß sich die antike Gestalt der Stadt des Theseus und Hadrian noch lange erhalten hat. Das Christentum selbst trat hier vielleicht schonender auf als anderswo in den Städten des Römerreichs. Einige Zerstörungen von Kunstwerken und Kultusstätten abgerechnet, an denen sich der heidnische Glaube am festesten angeklammert hielt, scheint die siegende Religion friedlich von Athen Besitz genommen zu haben. Die christliche Gemeinde war dort nicht besonders schweren Verfolgungen ausgesetzt gewesen, noch hatte sich der werdende Kultus der Kirche, wie in Rom, zu den Gräbern der Märtyrer in unterirdische Katakomben zu flüchten nötig gehabt. Das Bedürfnis der Kirchen und Klöster endlich konnte hier nicht die massenhaften Ansprüche machen wie in Rom, dem Mittelpunkte der abendländischen Christenheit. Die antiken, in Kirchen verwandelten Tempel Athens, darunter gerade die herrlichsten, zeigen noch heute, wie sehr man ihrer bei der kirchlichen Einrichtung geschont hat. Wenn man das eine Pantheon des Agrippa und ein paar kleinere Heiligtümer ausnimmt, so ist in Rom kein antikes Bauwerk mit solcher Achtung behandelt worden wie die Propyläen, die Tempel der Stadtburg und jener sogenannte des Theseus. Man darf auch glauben, daß die Athener die öffentlichen Zierden ihrer Stadt mit lebhafterem Kunstgefühl und längere Zeit hindurch gehütet haben als die Römer die ihrigen, gegen deren rücksichtslosen Vandalismus schon im 5. Jahrhundert der edle Kaiser Majorianus seine Gesetze und später der Gotenkönig Theoderich seine Reskripte aus der Feder des Cassiodorus zu richten genötigt waren.

Einige schöne alte Bauwerke reizten die Christen auch in Athen, sie zu Kirchen einzurichten. Wann dies zuerst geschehen, wann der erste antike Tempel dort christlich geworden ist, wissen wir nicht. Die Geschichte der athenischen Kirchen überhaupt ist ganz dunkel, während der ›Liber Pontificalis‹ uns jene Roms mit Sorgfalt aufbewahrt hat. In seinen letzten Regierungsjahren hatte schon Konstantin viele angesehene Tempel zerstören und Kirchen erbauen lassen.[90] Allein die Chronisten schweigen, soweit dies Athen betrifft. Zur Zeit Theodosios' des Großen wird solche Verwandlung nicht zu schwierig gewesen sein. Selbst schon der Philosophentochter Athenais will man den Bau von zwölf Kirchen in Athen zuschreiben, unter denen gerade eine

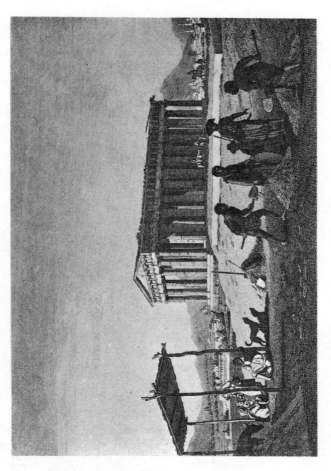

Der Theseus-Tempel
(Stich nach einer Zeichnung um 1751)

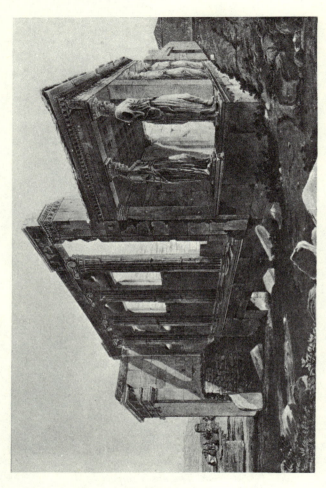

*Das Erechtheion
(Zeichnung 1805)*

der schönsten der Stadt, die seit 1853 von den Russen erneuerte des heiligen Nikodemos im Bezirk des alten Lykeion, für ihre Anlage gehalten wird. Doch gibt es keine Beweise dafür.[91] Christliche Inschriften, die man im Theseustempel gefunden hat, haben sogar die Ansicht veranlaßt, daß dieser schöne Bau schon im 4. Jahrhundert zu einer Kirche, sei es des heiligen Georg oder des Soter, gemacht worden sei.[92]

Manche Tempel in der klassischen Welt haben der Benützung zu christlichen Kultuszwecken ihre Erhaltung zu verdanken gehabt. Athen war hierin sogar glücklicher als Rom, denn die christliche Religion erhielt das große Heiligtum der antiken Stadtgöttin auf der Akropolis fast unversehrt, während der Jupitertempel auf dem Kapitol spurlos verschwand, weil er nicht zu einer Kirche gebraucht worden war.

In der ganzen Geschichte der Transformation antiker Kultusbegriffe und Heiligtümer in christliche gibt es kein Beispiel einer so leichten und vollkommenen Vertauschung als die der Pallas Athene mit der Jungfrau Maria. Wenn Heiden in Arabien, Syrien und Mesopotamien dadurch bekehrt wurden, daß sie in der Gottesgebärerin Maria die Göttermutter Kybele wiederzuerkennen glaubten, so brauchte das Volk der Athener nicht einmal den Namen seiner jungfräulichen Schutzgöttin aufzugeben, denn auch als christliche Gottheit blieb sie die Parthenos.[93]

Daß schon einer der letzten Philosophen der platonischen Akademie der verzweifelte Zeuge des Einzuges der vergötterten Mutter Jesu in das alte Heiligtum der Pallas gewesen sei, kann nicht erwiesen werden. Eine günstige Zeit für diese große Revolution im Leben der Stadt Athen bot sich freilich schon im 5. Jahrhundert dar, nachdem infolge der Verdammung der nestorianischen Lehre Maria als Gottesgebärerin ihre höchste Stelle unter den Heiligen des Himmels erhalten hatte. Es würde endlich nicht gewagt sein zu behaupten, Justinian habe seine Unterdrückung der athenischen Akademie dadurch besiegelt, daß er den Parthenon in eine Kirche verwandeln ließ. Prokopios sagt ausdrücklich von diesem Kaiser, er habe im ganzen römischen Reich der Theotokos so viele und prachtvolle Kirchen errichten lassen, daß man glauben konnte, er sei mit nichts anderem beschäftigt gewesen.[94]

Den Christen Athens mußte alles daran liegen, gerade von der alten Götterburg Besitz zu nehmen. Ehe sie es wagten, die geschlossenen Tempel dort, vor allem den Parthenon und das Erechtheion, in Kirchen zu verwandeln, konnten sie doch zunächst die Altäre und die Götterstatuen, namentlich die der Athene, entfernen. Die letzten Schicksale des Erzkolosses des Phidias und anderer Gebilde desselben Meisters, wie der Pallas im Parthenon selbst, bedeckt dasselbe Dunkel, welches die Hera des Polyklet in Argos und den hadrianischen Zeus im Olympieion Athens den Blicken der Welt entzogen hat.[95]

Auch vom Kapitole Roms verlor sich unbemerkt die Bildsäule des Jupiter, und nur die Legende erzählt, daß sie der große Papst Leo, zum Dank für die Bewahrung der Stadt vor Attila, in die Figur des heiligen Petrus umgewandelt habe. Selbst der Koloß des Nero in Rom fand einen unbemerkten Untergang. Nur das Schicksal des Sonnengottes in Rhodos, des Werkes des Chares von Lindos, welches mehr als ein Jahrhundert jünger war als die Promachos Athens, ist bekannt. Nachdem er schon 60 Jahre nach seiner Aufrichtung durch ein Erdbeben umgestürzt worden war, blieben seine Trümmer bis zum Jahre 653 liegen, wo sie Moawija, der Eroberer von Rhodos, an einen jüdischen Handelsmann verkaufte. Von allen antiken Kolossen aus Marmor hat sich bekanntlich nur der farnesische Herkules erhalten.

Da der Gott Asklepios in der Zeit des untergehenden Heidentums das höchste Ansehen eines Heilardes genoß, so wurde gerade sein berühmtes Heiligtum am Abhange der Akropolis von den Christen zerstört.[96] Wahrscheinlich baute man, noch ehe der Parthenon zu einer Kirche benützt wurde, eine solche auf den Trümmern jenes Tempels. Im April 1876 wurden daselbst Fundamente einer Gruppe von Kirchen mit drei nach Osten gerichteten Apsiden entdeckt. Zu ihrem Material aber hatten zerbrochene Bildwerke gedient, die ihre ursprüngliche asklepische Bestimmung erkennen ließen. Zugleich zeigten sich sehr alte christliche Gräber.[97]

Wenn demnach angenommen werden muß, daß die Heiligtümer des Asklepios, vielleicht auch der Dionysostempel am Theater, infolge der Edikte Theodosios' II. dem Fanatismus der Christen zum Opfer fielen, so kann doch der Untergang des Tempels des olympischen Zeus nicht dem Vandalismus eines byzantinischen Prokonsuls oder dem frommen Eifer eines Bischofs zugeschrieben werden; denn der gebildete Sinn auch der christlichen Athener würde die Zerstörung einer der schönsten Zierden ihrer Stadt ebensowenig geduldet haben als diejenige der Tempel auf der Akropolis. Der riesige Bau des Olympieion aus der Zeit Hadrians, mit seinem Peristyl von 132 Marmorsäulen von 60 Fuß Höhe, kann nur von Naturgewalten zertrümmert worden sein. Manche Tempel gingen durch Erdbeben und erst spät zugrunde wie der berühmte zu Kyzikos nach der Mitte des 11. Jahrhunderts.[98] Aber auch jenes angenommen, ist das fast spurlose Verschwin-

*Das Olympieion und der Ilissos
(Zeichnung 1805)*

*Die Kapelle der Panagia Chrysospeliotissa in der Grotte
über dem Dionysos-Theater
(Stich 1818)*

den der Reste des Olympium ganz rätselhaft. Der gigantische Tempel konnte wegen seines Umfanges nicht gut zu einer Kirche benutzt werden;[99] nur an einer Stelle der Säulenhalle wurde, ungewiß in welcher Zeit, eine Kapelle des heiligen Johannes gebaut, zu deren Material Säulenstümpfe dienten.[100]

Im Mittelalter hausten Einsiedler auf einer der Säulen gleich den Störchen, die im Orient mit Vorliebe auf antiken Trümmern zu nisten pflegen. Da die Säulenheiligen schon dem 5. Jahrhundert angehören, konnte auch in Athen bald nach dem entschiedenen Siege des Christentums ein solcher auf einer Zinne des Zeustempels seine luftige Wohnung nehmen und heidnischen Athenern, die ihn darob verhöhnten, bemerken, daß die Tonne des Diogenes nur ihren Standort verändert habe.

Auch die schönen choregischen Denkmäler in der Straße der Dreifüße luden zur Anlage christlicher Kapellen ein. Nachweislich ist eine solche der Panagia Kandeli in der Nähe des Monuments des Lysikrates.[101]

So ist auch die Kirche des Johannes Prodromos am Eingange der Tripodenstraße und jene der Panagia Gorgopiko (alte Metropolis) aus einem Tempel errichtet worden. Selbst der kleine Niketempel auf der südlichen Brustwehr der Propyläen mußte zu einer Kapelle dienen.[102] In der östlichen Halle der Propyläen wurde über dem Haupteingange ein christliches Heiligtum angelegt. Wenn dasselbe schon in früher Zeit entstand, so wollte sich vielleicht die Geistlichkeit Athens gerade des Ortes bemächtigen, durch welchen die Festprozessionen der Heiden ihren Durchgang nach dem Parthenon genommen hatten. Aus Gemälden der Erzengel Michael und Gabriel, die daselbst im Jahre 1836 entdeckt wurden, hat man geschlossen, daß jene Kapelle den Taxiarchen als neuen Wächtern der Stadtburg geweiht war.[103]

Auch in der Grotte über dem Dionysostheater, wo sich das choregische Denkmal des Thrasyllos lange Zeit erhielt, richtete man eine Kapelle der Panagia Chrysospeliotissa ein, und wahrscheinlich wurde auch die Höhle des Apollo und Pan auf der Nordseite der Burg durch kirchliche Heiligtümer geweiht.[104]

4. Dieselben Beweggründe, welche die zu Christen gewordenen Römer veranlaßten, das Heidentum auf seinen städtischen Hauptsitzen, dem Kapitol und Palatin, auszulöschen, indem sie dort nicht nur Kirchen errichteten, sondern beide Hügel mit solchen umgaben, machten sich auch in Athen geltend. Im Laufe der Zeit wurde die Akropolis nach jeder Seite hin mit Kapellen umringt. Die Erinnerungen an Dio-

nysios, den legendären Schüler St. Pauls und Stifter der Gemeinde Athen, heiligten den neben dem Burghügel liegenden Areopag, auf dessen nördlicher Seite gegen den Theseustempel hin ihm eine Kirche erbaut wurde. Wahrscheinlich befand sich dort an der Stelle, wo das Haus des Heiligen sollte gestanden haben, die älteste Bischofswohnung.[105] Daß auch die Agora, als der lebhafteste Sammelplatz der athenischen Bürgerschaft, schon frühe vom Christentum in Besitz genommen wurde, dürften dortige Kirchen dartun, vor allem die Panagia am Portikus des Hadrian.

Wenn man die großen und kleinen heidnischen Heiligtümer zusammenzählt, welche Athen erfüllten, als Pausanias die Stadt durchwanderte – und er hat keineswegs einen vollständigen Katalog von ihnen gegeben –, so wird man über deren Anzahl nicht erstaunen, da sie der Volksmenge und dem polytheistischen Kultus wohl entsprachen. Aber die Zahl der christlichen Heiligtümer Athens in seinem Verfall steht in auffallendem Mißverhältnis zu den Bedürfnissen der Bürgerschaft, selbst wenn man den Zeitraum ihres Entstehens über viele Jahrhunderte ausdehnt. Die Leidenschaft des Kirchenbaues erscheint bei den Athenern fast so groß wie bei den Römern; und sie kann sowohl aus einem zur Natur gewordenen Triebe des Bausinnes als durch die Tatsache erklärt werden, daß die vielen heidnischen Tempel und Kapellen geringeren Umfanges sich ohne Aufwand in Kirchen umwandeln ließen.

Kirchen und Klöster entstanden am Metroon, am Lykeion, am Kynosarges, am Ilissos und dem Stadium wie überall auch vor den Mauern und Toren, an der Gräberstraße vor dem Dipylon, am Kolonos, im Olivenhain. Alte Tempel der Demen im Landgebiete wurden zu Kirchen umgeschaffen. So hat man in derjenigen des heiligen Demetrios im Olivenwalde, welche antike Reste in sich aufnahm, einen von Pausanias bemerkten Tempel der Demeter erkannt.[106] So verwandelte sich ein Apollotempel im Paß des Korydallos in die Klosterkirche Daphnion, das Heiligtum der Aphrodite auf dem Hymettos in die Theotokos Kaisariani und das Heraklion Marathons in die Kirche St. Georg.[107] So wurde auf den Trümmern des Triptolemos-Tempels in Eleusis die Kirche des Hagios Zacharias erbaut.

Wie in Rom Apostel und Heilige die alten Gottheiten verdrängten oder nur verlarvten, nahmen auch in Athen die Sitze der Götter ein: der Soter und die Panagia, die Apostoli, die Anargyri, die Asomati, der Taxiarchos, Dionysios, Elias, Nikodemos, Nikolaos, Leonides, Irene und andere. Die Anargyren konnten mit einigem Grunde den Asklepios oder die Dioskuren, der neue christliche Meergott konnte den Poseidon, St. Demetrios um des Namens willen die Demeter und der ritterliche Georg den Herakles, Theseus und Mars ersetzen; aber wenn es wahr ist, daß an die Stelle des Altars des Zeus Anchesmios auf dem Lykabettos die Kapelle St. Georgs getreten ist, so ist dessen Beziehung zu Zeus doch ebenso unverständlich wie des St. Johann zum Tempel der brauronischen Artemis oder der Asomati zum Herakles des Kynosarges. Auch der Prophet Elias, welcher als ein Himmelsfahrer sich auf Bergspitzen niederließ und an die Stelle des Helios getreten sein soll, hat doch auf Ägina nicht diesen Gott, sondern den panhellenischen Zeus, auf dem Helikon die Musen, auf dem Menelaion bei Sparta den homerischen Heldenkönig verdrängt.[108]

Die Entstehung athenischer Kirchen aus Tempeln kann heute nur in wenigen Fällen aus der Anpassung der Heiligen an die alten Götter nachgewiesen werden, da die Namen zu sehr gewechselt haben.[109] Im übrigen bedarf es kaum der Bemerkung, daß die Stiftung der Kirchen Athens eine allmähliche war und sich von Jahrhundert zu Jahrhundert fortgesetzt hat. Von keiner aber ist uns die bestimmte Zeit ihrer Errichtung überliefert worden.

Eine Veränderung von städtischer Wichtigkeit hat Athen durch Justinian erfahren, nämlich neue Befestigungen, die der drohende Ansturm der Slaven gegen die Balkanhalbinsel veranlaßte. Die nördlichen Donauslaven und die vom Dnjepr, Slavinen und Anten sowie das turanische Volk der Bulgaren, welches von der Wolga seinen Namen erhalten zu haben scheint, waren schon im Jahre 493 in Thrakien eingedrungen.[110] Seit dieser Zeit drohte die Slavenflut sich über die Balkanhalbinsel und Griechenland so zu ergießen, wie sich die germanische Rasse über das Abendland ergoß. Zum Zweck, das bedrohte Konstantinopel zu schützen, hatte der Kaiser Anastasios I. um 512 die von ihm genannte große Mauer errichtet, welche von Selymbria an der Propontis bis nach Derkon am schwarzen Meere fortging in einer Länge von zwanzig Stadien.[111]

Noch während der Regierung Justinians fielen um 539 und 540 die Bulgaren und Slaven, von den Avaren aus ihren Sitzen fortgedrängt, verheerend in Illyrien, Mösien, Thrakien und Makedonien ein. Sie zogen von dort, ohne irgend namhafte Hindernisse anzutreffen, weiter durch den Paß der Thermopylen und drangen sogar bis zum Isthmus vor. Niemand weiß zu sagen, ob sie damals auch Attika und Athen heimgesucht haben.[112] Dieser furchtbare Slavensturm muß es gewesen sein, was den Kaiser Justinian bewog, der Mauerlinie des Anastasios noch drei andere Befestigungsgürtel hinzuzufügen, sowohl an der Donau als in Epiros, in Makedonien und Thrakien. Sodann deckte er Hellas durch die neue Verschanzung der Thermopylen, den Peloponnes durch die Herstellung der Isthmusmauer, welche seit den Zeiten Valerians dem Verfall überlassen war.

Gleich vielen Städten in Nordgriechenland ließ er auch dort die namhaftesten befestigen, Korinth, Platää nebst anderen Orten Böotiens und Athen, deren Wälle entweder wie jene Korinths durch Erdbeben zerstört oder durch Alter und Vernachlässigung verfallen waren.[113] Justinian stellte demnach die athenischen Stadtmauern wieder her und versah wohl auch die Akropolis mit stärkeren Befestigungen.[114] Neuere Forscher sind der Ansicht, daß die alten, schon seit langem verfallenen Mauern der Unterstadt zur Zeit jenes Kaisers entweder ganz verlassen oder doch auf den sehr kleinen Halbkreis zusammengezogen wurden, welcher vom Eingange der Akropolis 500 Schritte weit nordwärts zur Agora und zum Kerameikos fortging, dann ostwärts bei der Panagia Pyrgiotissa umlenkte, um 600 Schritte in gerader Richtung weiterzugehen und dann bei der Kapelle des Demetrios Katiphori, welche heute nicht mehr vorhanden ist, zur Burg zurückzukehren. Diese Mauer war mit mächtigen Quadern bekleidet und mit mancherlei Material antiker Monumente ausgefüllt, die sie auf ihrem kurzen, aber zerstörenden Laufe angetroffen hatte. Trümmer von Säulen, Architraven, Altären, Inschriftstafeln und Statuen waren dazu verwendet worden, während gewaltige Bauwerke wie die Stoa des Attalos so in die Mauer aufgenommen wurden, wie es in Rom mit der Pyramide des Caius Cestius geschehen ist.[115]

Der Mauerzug überschritt sogar dort, wo er die Akropolis wieder erreichte, das Dionysostheater und scheint auch das Odeion der Regilla benutzt und sich dann an das Kastell des Westeinganges der Stadtburg angelehnt zu haben. Der geringe Umfang der bezeichneten Mauerlinie setzt aber ein Zusammenschrumpfen der Unterstadt Athen voraus, wie es für das Zeitalter Justinians nicht wohl annehmbar ist. Auch konnte die Pietät der Athener für ihre Altertümer noch nicht so tief gesunken sein, um die massenhafte Zerstörung derselben zum Zweck des Mauerbaues zu gestatten.[116]

Die französischen Ausgrabungen im Jahre 1852 haben eine untere Burgmauer an den Tag gebracht, welche 36 Meter von den Propyläen absteht, und ein in der Achse des Mitteleinganges dieser gelegenes, von zwei viereckigen Türmen gedecktes Tor hat. Als Material dieser Schanze sind tumultuarisch zusammengeraffte Bruchstücke antiker Denkmäler verwendet, und selbst von der Dreifußstraße hatte man dazu Marmorblöcke herbeigeschafft.[117] Man hat in diesem unteren Torabschluß der Burg eine Befestigung aus byzantinischer Zeit erkannt, als der Kultus des Heidentums mit seinen panathenaischen Festprozessionen erloschen und die Akropolis zu einem Heiligtum der Jungfrau Maria geworden war.[118] Es konnte immerhin Justinian sein, welcher dieses untere Kastell erbauen ließ.

Die Akropolis diente wohl schon seit dem 3. Jahrhundert als Festung. Wie sie für die Byzantiner eine solche (ein φρούριον) war, so verlor sich mit der Zeit ihr Begriff aus dem Gedächtnis der Menschen, und an seine Stelle trat der Name Kastell Athen oder Athenisborg, wie später die skandinavischen Seefahrer, oder Kastell Setines, wie die Franken sagten.[119]

Drittes Kapitel

Justinian und das römische Reich. Auftreten und Einwanderung der Slaven in das Reichsgebiet. Die Avaren. Versinken Athens in Geschichtslosigkeit. Der Kaiser Konstans II. kommt nach Athen. Damaliger Zustand der Stadt. Feindliches Verhältnis der Kirche gegen die hellenische Wissenschaft. Der Parthenon als christliche Metropole Athens. Kirchliche Zustände. Der heilige Gislenus. Die bürgerliche und politische Verwaltung der Themen Hellas und Peloponnes.

1. Das Zeitalter des Slaven Uprawda aus Bederiana in Illyrikum, welcher in der Geschichte als Kaiser Justinian unsterblich geworden ist, war durch zahllose Völkerstürme und menschenmordende Kriege für das ganze Reich und im besondern auch für das hellenische Land verhängnisvoll. Wiederholte Erdbeben und Seuchen verwüsteten dessen Städte furchtbarer, als Goten und Slaven es tun konnten, während die Kraft des Volks durch Flottendienst, Feldzüge, das Schwert der Barbaren und unerträgliche Steuerlast verzehrt wurde.

Der gewaltige Plan jenes Kaisers, die werdende Welt des Germanentums im Abendlande zu zerstören, den Ostgoten Italien, den Vandalen Afrika, den Westgoten Spanien zu entreißen, die Franken in Gallien und die Sachsenfürsten in England zu unterwerfen und dann vom erhabenen Throne am Bosporos das wieder geeinigte Reich der Römer als orbis terrarum unter gleichen Gesetzen zu beherrschen, kann als die letzte Renaissance des Gedankens der römischen Weltmonarchie aufgefaßt werden. Das grenzenlose Elend, welches die Kriege Justinians in ihrem Gefolge hatten, verführte Prokopios nicht als Geschichtsschreiber, sondern als Pamphletisten dazu, diese kühnen

Unternehmungen dem blutgierigen Sinne des Kaisers zuzuschreiben, der auch Afrika und Italien habe verderben wollen.[120]

Es ist wahr, nur mit tödlicher Überspannung aller ökonomischen und militärischen Kräfte und nur zu einem kleinen Teile konnte jener riesige Plan ausgeführt werden. Das byzantinische Reich, der einzige Kulturstaat, der sich aus dem Altertum in den Formen des Cäsarismus fortsetzte, wurde durch Justinian stark entkräftet. Allein es wäre doch zuviel, dasselbe deshalb schon ein Massengrab der Völker zu nennen, welches der schwer zu begreifende Kaiser mit verschwenderischem Farbenglanz ausgeschmückt hatte. Es bleibt immer ein großartiger Trieb in dem Willen des Mannes sichtbar, von dem ein Selbstgefühl in das Reich eindrang, welches Jahrhunderte lang vorhielt. Auch steht neben dem kirchlichen und imperialen Despotismus das von ihm vollendete Werk der römischen Gesetzgebung da, und dieses diente als feste Grundlage für die Fortdauer der bürgerlichen Kultur. Die Stadt Konstantinopel selbst wurde und blieb die unvergleichliche Königin der Mittelmeer-Welt, auch nachdem die arabischen Kalifen Syrien, Ägypten und Afrika, sodann die Päpste und die Franken Westrom vom Reiche der Romäer abgelöst hatten.

Durch diese schweren Verluste erlitt dasselbe eine Schmälerung seines kosmopolitischen Charakters, aber es gewann eine Stärkung seiner nationalen Basis, welche wesentlich hellenisch war. Der Latinismus, von der griechischen Kirche und Volksgesellschaft schrittweise zurückgedrängt, konnte sich drei Jahrhunderte nach Konstantin dem Großen nicht mehr als das öffentliche Gepräge des oströmischen Reichs behaupten. Derselbe Justinian, welcher dieses durch sein in der Sprache der Römer abgefaßtes Gesetzbuch nochmals zu latinisieren schien, erbaute die Kathedrale Konstantinopels in griechisch-orientalischer Form und weihte dies Wunderwerk unter hellenischem Namen und Begriff der göttlichen Weisheit.

Aus der Zusammenschmelzung des griechischen Geistes mit dem Christentum und den römischen Staatsformen erzeugte sich seit dem 7. Jahrhundert der Byzantinismus in seinem eigenartigen orientalischen Wesen. Das oströmische Reich, seine Kirche, seine halb asiatische Kaiserdespotie, seine Gesetze, Künste und Wissenschaften und seine bewundernswürdige Verwaltungsmaschinerie entfernten sich immer weiter von dem feudal werdenden latino-germanischen Abendlande. Endlich wurde dies Reich durch die unablässig nach dem Bosporos vorstürmenden slavischen und turanischen Völkerschwärme zu einem heroischen Kampf um sein Dasein genötigt, welcher neun Jahrhunderte gedauert hat.

Drittes Kapitel

Die zwanzigjährigen Kriege Justinians mit den Goten um den Besitz Italiens, des Landes, auf dem die Weihe des Römerreiches lag, hatten die antike Welt in den dortigen Städten zugrunde gerichtet. Wie für Griechenland und vorzugsweise für Athen im Zeitalter Justinians das Mittelalter begann, so geschah dies auch in derselben Epoche für Rom und Italien. Die Folge von dessen Verödung durch die Gotenkriege war die Einwanderung und Kolonisation der Langobarden, welche dort germanische Staaten errichteten und die lateinische Nation allmählich durch Vermischung zur italienischen umwandelten. Der Einzug dieses germanischen Volks und seine Ausbreitung von den blühenden Ebenen des Po bis nach Rhegium in Kalabrien fällt in dieselbe Zeit, als die Slaven von der Donau nach Nordgriechenland und weiter vordrangen.

Es war das Glück des römischen Abendlandes, daß es von einer der edelsten arischen Völkerrassen überzogen wurde, welche das Lebensblut der Lateiner erneuerte und zugleich fähig war, den Kulturgedanken Roms fortzusetzen. Nach dem Untergange des römischen Bürgertums und Rechts pflanzten die Germanen in Europa das aristokratische Gesellschaftsprinzip der Feudalität ein, welches auf dem Bewußtsein der Manneskraft und den Begriffen der persönlichen Ehre und Freiheit, aber auch der Pflichttreue gegründet war, vorchristlichen, von Tacitus bewunderten Tugenden, die glücklicherweise nicht durch die Taufe ausgelöscht wurden. Die germanische Staatenbildung konnte im Verein mit dem Einheitsprinzip der christlichen Kirche der westlichen Völkerwanderung bald ein Ende gebieten, so daß unter Karl dem Großen das zweite weströmische Reich aufgerichtet wurde.

Dagegen war es das Unglück des byzantinischen Ostens, daß er die Einwanderung von slavischen, hunnischen und türkischen Steppenvölkern erlitt, und diese Völkerwogen kamen nicht zum Stillstande, sondern sie fluteten unter verheerenden Stürmen das ganze Mittelalter hindurch über den Orient hin. Das Reich der Romäer diente, auf die Westhälfte Kleinasiens, die Inseln und die südliche griechisch-illyrische Halbinsel beschränkt, für ebensolange als Schutzmauer Europas gegen die Einbrüche der Horden Sarmatiens und Hochasiens.

Die Erhaltung Konstantinopels in allen folgenden Bedrängnissen während der dunklen Jahrhunderte erscheint so gut wie jene Roms als ein historisches Gesetz. Die Großstadt am Bosporos haben die Slaven niemals zu erobern vermocht. Ihre unvergleichliche Lage an drei Meeren in Verbindung mit der von den Römern ererbten Kunst des Mauerbaues machte sie für Jahrhunderte zu der stärksten Festung, welche die Geschichte kennt. In dem dreifachen Gürtel ihrer bewundernswürdigen Wälle, die selbst jene Jerusalems und Roms in Schatten stellten, hoffte das stolze Kaiserreich unzerstörbar zu sein. Die Erfindung des griechischen Feuers, die Kunst hellenischer Maschinisten und Ingenieure, die taktische Vervollkommnung geschulter Heere, die Willensstärke und Klugheit vor Staatsmännern und Kaisern, endlich die konservative Widerstandskraft des oströmischen Staatswesens retteten Byzanz aus hundert Gefahren, während die justinianischen Schanzen weder in den Thermopylen noch auf dem Isthmos die Völkerbrandung der Barbaren von Griechenland abzuhalten imstande waren.

Die allmähliche Einwanderung slavischer Stämme in die Balkanländer ist älter als die Zeit Justinians, da sie schon seit dem Ende des 3. Jahrhunderts, wo die Römer Dakien aufgaben, begonnen hatte. Doch wurde sie massenhaft und furchtbar, sobald mit dem Aufhören des Ostgotenreichs in Pannonien und dem Abzuge dieses Volks unter Theoderich nach Italien jenes Bollwerk an der Donau zusammenzufallen begann, welches den Andrang der Slaven vom Don her aufgehalten hatte.

Seit 493 brachen diese in das südliche Donauland ein. Die Anten überschritten den Haimos im Jahre 527 und machten den ersten Einfall in Hellas um 540. Nur die Wälle des Isthmos setzten ihren Raubzügen noch eine Schranke. Während des 6. Jahrhunderts ergoß sich aus dem Skythenlande vom Dnjepr und der Mäotis her und aus dem innern Sarmatien ein unerschöpflicher Strom von Völkern nach Illyrien. Slavinen, Anten und Bulgaren breiteten sich über die Provinzen Mösien, Thrakien und Epirus aus. Sie belagerten im Jahre 551 Thessalonike. Diese große und reiche Stadt, das zweite Konstantinopel für Nordgriechenland, verteidigte sich mit siegreicher Kraft, gleich den Bürgerschaften anderer starker Orte wie Epidamnion, Adrianopel, Sophia, Korinth und Patras. Die Linien der Donau und Save leisteten indes immer schwächeren Widerstand, seitdem die Avaren, die Nachfolger der Hunnen, am Ende der Regierung Justinians auf den Trümmern der Gepidenherrschaft ein Barbarenreich in Pannonien gestiftet hatten. Dies aber wurde ihnen möglich, weil die Langobarden, der letzte Nachtrupp der germanischen Völkerwanderung, aus diesem Lande nach Italien abgezogen waren und so den slavischen und türkischen Stämmen Platz machten. Von Pannonien aus machten die Avaren unter ihrem Häuptling Bajan unablässige Einfälle in das untere Mösien.

Ein ungeheures Heer slavischer Völker scheint um 578, als der edle Tiberios, ein Grieche, im vierten Jahre Cäsar und Mitregent Justi-

Drittes Kapitel

nians II. war, von Thrakien aufgebrochen zu sein und die Pässe der Thermopylen erzwungen zu haben, von denen die griechischen Milizen noch im Jahre 558 den Ansturm hunnischer Horden zurückgewiesen hatten.[121] Tiberios, durch den Perserkrieg gehindert, Hellas zu schützen, suchte die Hilfe des mächtigen Avarenchans Bajan nach, welcher dann in die Sitze der Slaven einfiel, und das scheint auch jene Horden aus dem verwüsteten Griechenland zum Rückzuge genötigt zu haben. Ob damals versprengte Kolonien von ihnen in Hellas zurückgeblieben sind, ist völlig ungewiß und wenig wahrscheinlich.[122]

Der Avarenchan war nur vorübergehend in freundlichem Verhältnis zum byzantinischen Reich, sooft es galt, Slavenstämme zu züchtigen, die ihm selbst den Gehorsam und Tribut zu verweigern wagten. Bajan trachtete nach der Eroberung Konstantinopels, das er wiederholt dem Verderben nahebrachte. Während er mit dem Kaiser Maurikios (582–602) um den Besitz der römischen Save- und Donaulinie, Thrakiens und der Küsten der Propontis kämpfte, stürmten auf seinen Wink slavinische Massen, wahrscheinlich mit avarischen gemischt, nach Griechenland vor. Die byzantinischen Geschichtsschreiber haben die verschiedenen Slavenstämme, welche die Länder südlich von der Donau überzogen, unter die Avaren miteinbegriffen. Bajan reizte die Slaven in den fernsten Bezirken des späteren Rußlands auf, über das griechische Reich herzufallen. So ergoß sich zwischen 588 und 591, während Maurikios gegen die Perser kämpfte, eine avaro-slavische Völkerwoge unter entsetzlichem Verheeren über Makedonien, Thessalien und die hellenischen Länder.

Evagrios aus Epiphania in Cölesyrien, der Zeitgenosse dieser schrecklichen Ereignisse, hat in einer Stelle seiner Kirchengeschichte berichtet, daß die Avaren Singidon, Anchialos und ganz Hellas und andere Städte eroberten und verwüsteten.[123] Das Zusammenwerfen von »ganz Hellas« mit einzelnen Orten hat gerechten Zweifel erweckt, entweder über die Glaubwürdigkeit des Geschichtsschreibers oder über die geographische Ausdehnung des von ihm gebrauchten Begriffes Hellas. Man hat daher diese Eroberungen Bajans auf Dardanien, Mösien, Thessalien und Thrakien beschränken wollen.[124]

Die Verfechter des Slaveneinbruchs in Hellas um 588 oder 589 – und er ist in jedem Falle auch für die Geschichte Athens von Bedeutung – haben ihre Ansicht durch ein gewichtiges Schriftstück zu stützen gesucht, welches erst dem 11. Jahrhundert angehört. Im Jahre 1081 erließ nämlich der byzantinische Patriarch Nikolaus II. ein Synodalschreiben an Alexios Komnenos, worin er sagte, daß vom Kaiser Nikephoros I. (802–811) das Bistum Patras mit Metropolitanrechten über andere Bistümer ausgestattet worden sei, weil jene Stadt durch die wunderbare Hilfe ihres Schutzpatrons Andreas die Avaren siegreich zurückgeschlagen habe. Diese aber hätten den Peloponnes 218 Jahre lang innegehabt und vom byzantinischen Reich so vollkommen losgetrennt, daß kein Romäer dort seinen Fuß habe hinsetzen können.[125]

Da die Belagerung der Stadt Patras durch die Slaven oder Avaren im Jahre 807 stattgefunden hat, so würde der Zeitraum der Slavenherrschaft im Peloponnes von 218 Jahren mit demselben Jahre 589 begonnen haben, in welches der große Barbarensturm zu setzen ist. Der Bericht des Patriarchen, der erst am Ende des 11. Jahrhunderts geschrieben ist, enthält jedoch manche Unrichtigkeiten, denn daß während jenes Zeitraums kein Byzantiner den Peloponnes betreten hat, wird durch Tatsachen widerlegt. Die Barbaren haben niemals Korinth und Patras, Nauplion und Argos, Chalkis, Theben und Athen in Besitz gehabt. Immer behauptete sich dort die byzantinische Regierung und die griechische Nation.[126]

Was die Stadt Athen betrifft, so sind ihre Schicksale in jenem Zeitalter von so undurchdringlicher Nacht bedeckt, daß die ungeheuerliche Ansicht aufgestellt und auch geglaubt werden konnte, sie sei vom 6. bis zum 10. Jahrhundert eine unbewohnte Waldwildnis gewesen und endlich sogar von den Barbaren durch Feuer vernichtet worden.[127] Die Beweise ihres Fortlebens auch in den finstersten Zeiten sind unumstößlich geliefert worden, aber was kann das Verschwinden Athens aus dem historischen Bewußtsein der Welt schlagender bezeichnen als die Tatsache, daß man erst solcher Beweise bedurft hat, nur um darzutun, die ruhmvollste Stadt der geschichtlichen Erde habe überhaupt noch fortgedauert? Der Strom der historischen Kunde von Athen versiegt für lange Zeit, oder er fließt nur so spärlich wie das Wasser des Ilissos in seiner Felsenrinne. Seit Dexippos fand sich entweder kein Athener und Grieche, der es der Mühe für wert gehalten hätte, der Nachwelt einen Bericht von dem Zustande der Stadt des Solon und Perikles zu hinterlassen, oder solche chronistischen Aufzeichnungen sind nicht bis zu uns gelangt. In jenen Jahrhunderten ist überhaupt die byzantinische Geschichtsschreibung höchst dürftig und mangelhaft. Athen selbst war zu einem unwichtigen Orte herabgesunken, in einem Winkel Griechenlands vom geräuschvollen Schauplatz der Völkerkämpfe an der Donau und dem Bosporos weit abgelegen. Nur ihr erlauchter Name, ihre großen Erinnerungen und ihre herrlichen Monumente hätten ihr noch für das Empfinden gebildeter Menschen einigen Wert verleihen können, wenn nicht auch das Bewußtsein von der

Bedeutung jener Denkmäler im Gedächtnis barbarischer Zeitalter erloschen oder doch verdunkelt gewesen wäre.

Den byzantinischen Geschichtsschreibern bot die Stadt Athen nur selten eine Veranlassung dar, um sich mit ihren Angelegenheiten auch nur flüchtig zu beschäftigen. Dies gilt vom Lande der Hellenen überhaupt. Die griechischen Kaiser waren unablässig bemüht, Avaren und Bulgaren, Slavinen, Hunnen und Sarazenen von den Mauern Konstantinopels abzuwehren; in der Zeit, als nicht nur Makedonien ein Slavenland war, sondern auch Hellas und der Peloponnes von Barbarenschwärmen durchzogen und teilweise bevölkert wurden, konnten diese äußersten Provinzen fast als verlorene Glieder am Körper des Reichs betrachtet werden. So geschichtlos wurde Griechenland seit dem 7. Jahrhundert, daß die Namen italienischer Städte wie Ravenna, Benevent und Capua, Tarent, Bari und Syrakus von den Chronisten des Reichs öfter genannt werden als Korinth, Theben, Sparta und Athen. Nun hat aber kein einziger dieser Geschichtsschreiber von einer Eroberung oder Verwüstung Athens durch fremde Völker berichtet; ein solches Ereignis würde doch wohl irgendwo verzeichnet worden sein. Es kann daher höchstens von flüchtigen Streifzügen der Avaren und Slaven nach Attika, niemals von einer Unterjochung und Besitznahme der Stadt Athen durch sie die Rede sein.[128]

2. Im 7. Jahrhundert fällt aus zerstreuten Kunden ein Lichtschein auf Athen und zeigt den Fortbestand der erlauchten Stadt und ihres Volks.[129] Sie erfuhr sogar die Ehre, von einem byzantinischen Kaiser besucht zu werden.

Den Enkel des Herakleios, den mit dem Kainsmal des Brudermordes gebrandmarkten Konstans II., welcher an die Araber im Jahre 653 Zypern und Rhodos verlor, bewogen vielleicht weniger der Haß des Volks und eigene Gewissenspein als politische Absichten zu einer Kriegsfahrt nach dem Abendlande. Er schiffte sich mit einer Flotte in Konstantinopel ein, um zunächst nach Sizilien sich zu begeben und dann die Langobarden aus Süditalien zu vertreiben. Er landete im Hafen Piräus im Winter 662, und bis zum Frühjahr blieb er in Athen.[130] Mit Ausnahme des Isauriers Zenon, der im Jahre 486 nach Hellas und dem Peloponnes und daher wohl auch nach Athen gekommen war, hatte kein Kaiser mehr das vernachlässigte Griechenland besucht. Deshalb war die Reise Konstans' II. dorthin ein geschichtliches Ereignis. Die Gründe, die ihn bewogen, gerade in Athen einen längeren Aufenthalt zu nehmen, können wohl nur darin gesucht werden, daß sich ihm dieser Ort als die geeignetste auf seinem Wege gelegene Station darbot, wo er überwintern konnte. Der Piräus aber, welcher seine Flotte aufnahm, muß zu jener Zeit noch als ein sicherer Kriegshafen benutzt worden sein.

Das Erscheinen des Kaisers Konstans in Athen reizt unsere Vorstellung nicht minder als sein späterer Besuch in Rom. Was war damals von den Denkmälern und Kunstwerken übriggeblieben, die Himerios und Synesios zu ihrer Zeit betrachtet hatten? Welche Gestalt hatte die von Justinian neu befestigte Akropolis, als sie der griechische Kaiser mit seinen Höflingen und Trabanten bestieg, um, vom Bischof und der Geistlichkeit Athens mit knechtischen Ehren empfangen, im Parthenon der Panagia Atheniotissa sein Gebet darzubringen? In welchem Palast hat er seine Residenz aufgeschlagen? Geschah dies auf der Akropolis selbst, in der Wohnung des Burgvogts oder derjenigen des Bischofs? Wir wissen es nicht; denn kein Name von Athenern, keine einheimische Behörde und kein Denkmal der Stadt wird bei dieser Gelegenheit von den Geschichtsschreibern erwähnt und kurz nichts von ihnen gemeldet als die nackte Tatsache der Anwesenheit des Kaisers in Athen. Wir wissen mehr Einzelheiten von dem Besuche, welchen derselbe Konstans ein halbes Jahr später in Rom machte, da das Papstbuch und Paul Diaconus davon berichtet haben.

Das damalige Athen mußte im großen und ganzen den antiken Charakter bewahrt haben. Unter allen berühmten Städten des Altertums war vielleicht keine von den Revolutionen der Natur und Geschichte mit mehr Schonung behandelt worden. Die Zeit war an ihr ohne große Wechselfälle des Glückes vorübergegangen, und wenn das Versiegen der Lebensquellen ihr Volk gemindert hatte, so konnten doch ihre starken Bauwerke von Stein die Jahrhunderte überdauern. Tempel, Gymnasien, Säulenhallen standen noch, wenn auch verlassen und hie und da trümmerhaft, aufrecht, und Standbilder wie Inschriften riefen noch dem Athener, wenn er dies unschätzbare Museum seiner Vergangenheit durchwanderte, Namen und Taten der großen Vorfahren zu, die er selbst schon zum Teil vergessen hatte, wie der Römer die seinigen vergaß.

Da Konstans II. später die Reste antiker Kunstwerke von Erz in Rom, selbst die Platten vom Dache des Pantheon, raubte, so darf man glauben, daß er auch in Athen solche Schätze zusammenraffte. Hier fanden sich davon wahrscheinlich noch mehr Reste vor als in der von Barbaren und den Römern selbst fortdauernd ausgeraubten Kaiserstadt des Abendlandes. Die alten Athener hatten ihre Stadt mit Gebilden von Erz überreich ausgestattet, und diese gehörten zu den köstlichsten Werken der Kunst. Aber die Raubgier der Byzantiner, die

Drittes Kapitel

Feindseligkeit der christlichen Priester und die Not der Bürger mußten in den zwei letzten Jahrhunderten vor Konstans unter diesen Schätzen stark aufgeräumt haben. Es ist daher zu bezweifeln, daß die Agenten des Kaisers noch ansehnliche Gegenstände der Habsucht vorfanden. Wie der Erzkoloß der Pallas von der Burg verschwunden war, so fehlten dort auf ihr viele andere Bronzefiguren; schwerlich waren noch die kunstvollen Dreifüße auf den Monumenten der Tripodenstraße vollständig erhalten, schwerlich dauerten noch der eherne Zeus im Peribolos des Olympieion, die Statuen des Harmodios und Aristogeiton, der Hermes, Solon, Pindar, Ptolemaios, die Tragiker und so viele andere eherne Kunstwerke in der Unterstadt.

Im Jahre 662, mehr als ein Jahrhundert nach Justinian, gab es in Athen keinen offenen Anhänger des Heidentums mehr. Doch dürfen wir dort noch versteckte Nachzügler der neuplatonischen Mystik suchen, die bei den Bücherrollen des Proklos saßen und den alten olympischen Göttern nachblickten. Jener letzte namhafte Philosoph der platonischen Akademie, welcher das Heidentum durch allegorische Deutung der Mythen und eine asketische Tugendlehre der christlichen Religion genähert hatte, blieb unvergessen und der orthodoxen Kirche fortdauernd gefährlich. Die meisten Ketzereien, mit denen diese zu kämpfen hatte, entsprangen überhaupt aus zwei niemals ganz versiegten Quellen, dem Neuplatonismus und dem Manichäismus. Es würde von großem Reize sein, dem geheimen Fortleben des Heidentums in neuplatonischen Doktrinen unter den Athenern während der dunklen Jahrhunderte nachzuspüren. Doch ist dies eine der schwierigsten, kaum lösbaren Aufgaben für den Forscher auf dem Gebiete der Religion und Philosophie.

Die byzantinische Kirche, erst zur Zeit Justinians aus dem heißen Kampfe mit dem Hellenentum als Alleinherrscherin hervorgegangen, hatte trotzdem die tausendjährigen Wurzeln des heidnischen Götterglaubens noch nicht überall auszurotten vermocht, und sie verhielt sich noch entschieden feindlich gegen die alten Dichter und Denker Griechenlands. Sie bezeichnete die Heiden im Reich mit dem Nationalbegriff »Hellenen« und die heidnischen Philosophen im besondern mit dem der »Athener«. Auf dies feindliche Verhältnis wirft der berühmte Mariengesang Licht, welcher ›Hymnos Akatisthos‹ heißt. Der Patriarch Sergios dichtete ihn, nachdem unter der Regierung des Herakleios der furchtbare Sturm der Avaren und Perser im Sommer 626 von den Mauern Konstantinopels siegreich abgeschlagen war. In diesem griechischen Ave Maria wird die christliche Himmelskönigin unter andern auch mit folgenden Versen angerufen:

Sei gegrüßt, die du zeigst, daß die Philosophen unweise sind;
Sei gegrüßt, die du lehrst, daß die Technologen unlogisch sind;
Sei gegrüßt, die du die Gespinste der Athener zertrennst;
Sei gegrüßt, die du die Netze der Fischer voll machst.[131]

Da dies Marienlied, eins der schönsten in der reichen Hymnendichtung der Byzantiner, in der gesamten griechischen Kirche begeisterte Aufnahme fand, so darf man sich vorstellen, daß schon zur Zeit des Kaisers Konstans auch die Gemeinde der Athener in der Parthenonkirche die Nachfolgerin der Pallas pries, weil sie die göttlichen Werke des Genies ihrer Vorfahren als Gewebe verführerischen Trugs der Dämonen zerrissen hatte.

Es mußten noch Jahrhunderte vergehen, bis die griechische Kirche die großen Philosphen und Dichter des Altertums der Ehre würdigte, im Hofgefolge der Gottesmutter eine dienstbare Stelle einzunehmen. So sieht man sie in der Kuppel des Athosklosters Iviron, wo die thronende Jungfrau, neben Engeln, Propheten und Aposteln, auch von Solon, dem »Athener«, von Chiron, Platon und Aristoteles, von Sophokles, Thukydides und Plutarch umgeben ist.[132] Dies war ein Zugeständnis an den unvergänglichen Wert der hellenischen Wissenschaft und ein großer Schritt zu deren Wiedergeburt im Bildungsprozeß der christlichen Welt.

Das Christentum hatte der antiken Physiognomie Athens einige neue Züge hinzugefügt, indem es Tempel zu Kirchen umgeschaffen und zwischen die Monumente des Heidentums zierliche Basiliken mit byzantinischen Kuppeln gestellt hatte. Allein die christlichen Charaktere der Stadt traten in ihr nicht so bedeutend hervor wie in Rom. Dort waren die Dome St. Peters und St. Pauls, St. Johanns im Lateran, der Jungfrau Maria und andere Kirchen neue und zum Teil großartige Bauwerke der christlichen Kunst, aber die Metropole Athens war der tausend Jahre alte Tempel der heidnischen Stadtgöttin.

Konstans II. fand den Parthenon ohne Zweifel schon als christliche Kirche eingerichtet und der neuen Schutzpatronin des athenischen Volks, der Theotokos, geweiht. Daß die Kathedrale Athens ursprünglich der Hagia Sophia oder gar dem »Unbekannten Gotte« gewidmet gewesen sei, ist unverbürgt. Erst im 16. Jahrhundert glaubte man das letztere, aus Erinnerung an den Altar des unbekannten Gottes, von dem der Apostel Paulus geredet hat.[133] Über die Zeit der ersten Einrichtung der Parthenonkirche gibt es nirgends eine beglaubigte Kunde.[134]

Die Architekten, welche die christlichen Athener dazu berufen hat-

Drittes Kapitel 87

ten, die Nachfolger des Iktinos zu sein, sind uns unbekannt. Irgendeine spätere Sage nennt sie Apollon und Eulogios.[135] Sie waren nicht so beneidenswert wie Anthemios von Tralles und Isidoros von Milet, die Erbauer des Sophiendoms. Diese erschufen ein neues Wunderwerk der Kunst, welches den lebendigen Geist und die Größe der griechischen Kirche wie des Reichs der Romäer vollkommen darstellte; jene verunstalteten nur den schönsten Tempel Athens und der Welt. Die Hagia Sophia besiegelte den Gedanken Konstantins: Sie tat dar, daß Konstantinopel die Metropole der neuen christlichen Kultur des Griechentums sei; die Parthenonkirche bewies, daß die Bedeutung, welche das Land der Hellenen oder Helladiken noch besaß, nur in seinem Zusammenhange mit der Tradition des heidnischen Altertums lag.

Die athenischen Baumeister hatten übrigens keine zu schwere Aufgabe gehabt, da es nur darauf ankam, die antike Zelle der Parthenos in ein Gotteshaus der Jungfrau Maria zu verwandeln. Indes zog dies Unternehmen doch einen gewaltsamen Umbau des Innern nach sich. Zunächst wurde die Orientierung des Tempels umgekehrt, indem man den Eingang auf die Westseite verlegte. Der Opisthodomos wurde zum Narthex der Kirche und sein Portal zu deren Eingangstüre. Die Mauer zwischen Opisthodom und Zelle ward durch eine neue große Türe durchbrochen an dem Ort, wo sich die Nische für das goldelfenbeinerne Bildwerk der Göttin befand. Aus der Zelle selbst machte man das Katholikon oder Mittelschiff, so daß auf der Ostseite des Tempels ein erhöhter Chor oder das Hagion Bema mit einer Apsis angelegt wurde. Diese Nische muß schon im 7. Jahrhundert mit dem musivischen Bildnis der Jungfrau oder Panagia Atheniotissa geziert gewesen sein. Den Chor schloß die byzantinische Bilderwand oder Ikonostasis als Allerheiligstes ab, während hinter ihr der Altar unter einem Baldachin stand, welchen vier Porphyrsäulen mit korinthischen Kapitälen von weißem Marmor trugen. Im Halbrund waren marmorne Sitze für die Domherren aufgestellt, und im Mittelschiff befanden sich ein Ambon und der Bischofsstuhl, der ein antiker Marmorsessel vom Dionysostheater gewesen zu sein scheint.[136] Um der Kirche Licht zu geben, brachte man über der Apsis ein Fenster an, wodurch die Mitte des östlichen Frieses gestört wurde.[137]

Dies sind die Grundzüge der christlichen Umwandlung des Parthenon zur Marienkirche, welche dann im Laufe der Zeiten noch manche Veränderung erfuhr. Ihr Ausbau war ohne Zweifel eine der größten künstlerischen Taten der Athener in dem Zeitalter Justinians. Da ihr großes Bürgertum mit der staatlichen Autonomie untergegangen war, konnte nur noch die Kirche Künstler beschäftigen. In ihrem Dienst mochte eine Schule von Meistern der Malerei und Skulptur und von Mosaizisten tätig sein, in deren Werken noch die Tradition der Alten fortlebte. Der letzte Maler von Ruf in Athen, von dem wir Kenntnis haben, war der Bithynier Hilarios gewesen, welcher bei der Goteninvasion Alarichs seinen Tod fand. Seither nennt keine Kunde irgendeinen Nachfolger des Zeuxis und Polygnot. Von den ältesten Gemälden und Mosaiken athenischer Kirchen ist leider nichts auf die Nachwelt gekommen, und auch von der kirchlichen Skulptur jener Epoche des Überganges des antiken Stils in den Byzantinismus haben wir keine wichtigen athenischen Denkmäler.[138]

Da unter allen Kirchen Athens keine andere als die der Jungfrau im Parthenon die Metropole der Stadt sein konnte, so nahmen die Bischöfe ihren Sitz auf der Akropolis. Dort war das Episkopium entweder neu aufgebaut oder in einer der antiken Priesterwohnungen eingerichtet worden. Sogar die Räume des Erechtheion konnten dazu benützt werden, doch wissen wir nichts davon. In ungewisser Zeit wurde auch in diesem herrlichen Tempel eine christliche Kapelle angelegt, zu welchem Zweck man den antiken Boden vertiefte und wie beim Parthenon den Eingang auf der Westseite herstellte.[139]

3. Wer zur Zeit Konstans' II. Bischof der Stadt war, ist unbekannt. Im Jahre 680 wird Johannes von Athen auf dem ökumenischen Konzil in Byzanz bemerkt.[140] Überhaupt entzieht sich die geistliche Wirksamkeit der athenischen Kirche im frühen Mittelalter unserem Urteil. Wie das gesamte Hellas war die Stadt der heidnischen Wissenschaft kein fruchtbarer Boden für die Erzeugung und das Wachstum der dogmatischen Theologie. Die Jungfrau Maria hatte »die Gespinste der Athener« zerstört, und die neue Sophia wob die ihrigen in den Schulen Konstantinopels, Kleinasiens und Alexandrias, den Heimatstätten der alten Sophistik und der neuen Dogmatik, von wo Origenes, Eusebios, die beiden Gregore, Basileios der Große, Chrysostomos, Arius und Athanasios herstammten. Keins der sieben ökumenischen Konzile versammelte sich in einer Stadt Altgriechenlands. Auf diesen Synoden wurden die Grundlehren des Christentums festgestellt und jene Ketten geschmiedet, mit denen die Freiheit des forschenden Gedankens, das höchste Kleinod des Geistes der Hellenen, für alle Zeit gefesselt werden sollte. Auch die Kirche Athens hatte zu jenen Konzilien ihre Bischöfe geschickt, doch keiner von ihnen ist dort als Theologe ersten Ranges namhaft geworden.

Die ganze kirchliche Geschichte der Stadt ist für uns so inhaltsleer und stumm wie ihre bürgerliche. Nur einmal wird erwähnt, daß die Sekte der Tritheiten, eine Ausgeburt der monophysitischen Doktrin im 6. Jahrhundert, zur Zeit des Kaisers Justinus II. (565–578), auch in Athen Eingang fand. Da diese Ketzerei das Dogma der Dreieinigkeit folgerichtig zu einem förmlichen Polytheismus von drei wesenhaften Gottheiten nebeneinander ausgestaltete, so konnte sie vielleicht eben deshalb in Athen Anhänger finden.[141]

Keine Schule von Ruf, weder eine geistliche noch weltliche, ist dort für uns während der dunklen Jahrhunderte irgend sichtbar. Nachdem die athenische Universität mit dem Heidentum selbst ihren geräuschlosen Untergang gefunden hatte, dauerte die Erinnerung an die Mutter der Weisheit nur noch als Sage fort, und diese erhielt sich bei den Völkern des Abendlandes das ganze Mittelalter hindurch. Sie begegnet uns zuerst in der Lebensgeschichte des heiligen Gislenus. Die Legende desselben erzählt, daß dieser in Attika geborene Grieche von vornehmer Abkunft, welcher um 640 als Missionar nach dem fernen Hennegau verschlagen wurde und dort ein berühmtes Kloster stiftete, Philosophie in Athen studiert hatte, »der edelsten Stadt Griechenlands, die den Völkern aller Zungen die Blüte der Beredsamkeit dargeboten hat«.[142] Der Heilige selbst schrieb dem Frankenkönige Dagobert: »Ich bin ein Verbannter und Fremdling, und ich kam in dies entlegene Land aus Athen, der edelsten Stadt der Griechen.«[143]

Wenn man auch glauben darf, daß die wissenschaftliche Natur und Gewohnheit der Athener nicht mit dem Falle der platonischen Akademie erlosch, sondern daß es unter ihnen immer Lehrer der antiken Sprache und Literatur gegeben hat, daß wissensdurstige Laien wie Geistliche mit Aristoteles und Plato, mit Homer und Demosthenes sich zu beschäftigen fortfuhren und Handschriften alter Autoren kopierten, so kann doch aus den fraglichen Studien des Gislenus nicht mit Sicherheit auf die Fortdauer der klassischen Schulen Athens in einer vom Staat anerkannten Form geschlossen werden. Wir haben wenigstens keine tatsächlichen Beweise für sie noch für den Fortbestand öffentlicher Bibliotheken.[144] Dasselbe Dunkel bedeckt die bürgerliche Verfassung der Athener in jener Zeit. Wir wissen nicht einmal, ob die Stadtgemeinde noch von einem Rat regiert wurde oder ob der alte Senat bereits dem byzantinischen Verwaltungssystem Platz gemacht hatte. Vielleicht war dies im 7. Jahrhundert noch nicht geschehen. Denn obwohl die städtischen Kurien Griechenlands unter dem bürokratischen Despotismus des Kaisertums ihre alte Autonomie und Form verloren hatten, so mußten sich doch noch starke Reste davon erhalten haben. Solche dauerten während aller Jahrhunderte der byzantinischen Regierung fort, selbst nachdem der Kaiser Leon VI. (886–912) die Machtbefugnis der griechischen Gemeinden aufgehoben hatte, kraft deren der Stadtrat aus seiner Mitte angesehene Magistrate ernannte; denn alles sollte fortan von der Einsicht und Bestimmung des Monarchen abhängig sein.[145] Die Schwäche des kaiserlichen Regiments in den vom Mittelpunkt des Reichs entfernten Provinzen mußte es mit sich bringen, daß die Gemeinden nicht alle ihre Rechte verloren.

Im übrigen war die politische Verwaltung Griechenlands schon im 7. Jahrhundert nicht mehr die justinianische. Infolge der durch die Slaven bewirkten Revolutionen in den Balkanländern und der Einrichtung der vielen Militärstationen und Festungslinien, welche Justinian zum Schutze der Provinzen geschaffen hatte, wurde unter seinen Nachfolgern, besonders seit Herakleios, die ehemalige Provinz Achaia in Themen eingeteilt. Der Hellenismus siegte jetzt auch in der Provinzialverwaltung über die Formen des Römertums. An die Stelle des Prokonsuls, des Präfekten und Prises traten die Strategen, welche die höchste Militär- und Zivilgewalt in ihrer Person vereinigten. In Europa gab es zwölf, in Asien siebzehn solcher Themen. Ihre Entstehung war eine allmähliche, und ihre geographische Abgrenzung erlitt mit der Zeit so viele Veränderungen, daß sie nicht festgestellt werden kann.[146]

Altgriechenland selbst zerfiel in zwei Themen, den Peloponnes, das sechste, und Hellas, das siebente des Okzidents. Jenes umfaßte die ganze Halbinsel bis zum Isthmos, und Korinth war seine Hauptstadt. Noch durch Handel lebhaft, verdunkelte diese alle übrigen Städte Griechenlands. Sie führte den Titel Metropolis von ganz Hellas oder Achaia, während andere Städte nur Metropolen von Bezirken waren, wie Athen von Attika, Theben von Böotien, Sparta von Lakonien, Elis von Arkadien, Ägion von Ätolien.

Das Thema Hellas begriff das festländische Griechenland vom Isthmos aufwärts bis zum Peneios in Thessalien, und zu ihm gehörten Attika, Böotien, die Inseln Ägina und Euböa, Phokis, Lokris und Teile Thessaliens, soweit diese Provinz nicht zum Thema Thessalonike geschlagen war.[147] So gleichgültig blieb für die Byzantiner das Dasein Athens, daß der gelehrte Kaiser Konstantin Porphyrogennetos unter den sieben Städten, welche allein er in seiner bekannten Schrift im Thema Hellas mit Namen nennt, Athen verschwieg und statt ihrer Eleusis bemerkte.[148] Allein auch Theben nannte er nicht mit Namen, und doch ist es kaum zweifelhaft, daß gerade diese Stadt der Sitz des Strategen von Hellas war.[149] Sie bot die Vorteile des fruchtbaren Böotien und einer vor den unmittelbaren Streifzügen der Piraten geschützten Lage dar, während das feste Chalkis auf Euböa nicht weit entfernt lag. Außerdem war die Kadmeia nicht minder stark als die Akropolis Athens. Die Stadt des Kadmos begann sogar die des Kekrops zu verdunkeln, und vielleicht gab ihr die Seidenindustrie, welche Justinian in Griechenland eingeführt hatte, bereits einige Bedeutung.

Alle sonstigen bürgerlichen Verhältnisse der hellenischen Länder in der Zeit des Kaisers Konstans sind uns unbekannt. Er blieb bis zum Frühling 663 in Athen. Im Jahre 657 hatte er mit den Slavenstämmen im Donaugebiet erfolgreich Krieg geführt. Würde er nicht einen Zug gegen die Slaven in Altgriechenland unternommen haben, wenn diese dort schon damals tief eingedrungen und zur Macht emporgekommen waren? Weil nichts davon verlautet, muß die Slaveneinwanderung in diesen Provinzen zu seiner Zeit noch keine gefährlichen Verhältnisse angenommen haben.

Daß der Kaiser für seinen bevorstehenden Feldzug gegen die Langobarden in Süditalien Griechenland mit Steuern und Massenaushebungen, namentlich für den Flottendienst, belastete, ist nicht zu bezweifeln. Er segelte endlich aus Piräus nach Tarent, bestürmte fruchtlos die Langobarden in Benevent, ging nach Rom, kehrte nach Syrakus zurück und fand dort einen kläglichen Tod von der Hand eines Sklaven, der ihn im Bade erschlug.

Viertes Kapitel

Hellas und der Bilderstreit. Die Hellenen empören sich gegen den Kaiser Leon III. Ihre Niederlage vor Konstantinopel. Prozeß der Slavisierung Griechenlands. Slavische Stämme im Peloponnes. Die Slavenfrage. In Altgriechenland entsteht kein slavisches Reich. Keine slavischen Kolonien in Attika. Die Athenerin Irene als griechische Kaiserin. Unterwerfung der Slavenstämme in Griechenland. Die Akropolis Athens als Staatsgefängnis. Niederlage der Slaven bei Patras. Die Athenerin Theophano als griechische Kaiserin.

1. Nach der flüchtigen Erscheinung des Kaisers Konstans verschwindet Athen für uns wiederum in geschichtslose Nacht. Kein Lichtschimmer fällt während geraumer Zeit auf die vergessene Stadt. Es ist erst infolge des berühmten Bilderstreits unter Leon III., dem Gründer der isaurischen Dynastie, daß Hellas überhaupt für Augenblicke zu eigenem Leben aufgeregt und deshalb wieder sichtbar wird.

In der Geschichte des oströmischen Imperium ist seit der Einführung der christlichen Religion keine Bewegung der Geister an Wichtigkeit jener des Bilderstreits zu vergleichen, welcher länger als ein Jahrhundert den Staat, die Kirche und die Gesellschaft der Byzantiner in Aufruhr hielt. Dieser verzweifelte Kampf der aufgeklärten Despotie mit dem kirchlichen Aberglauben brachte andere Wirkungen hervor, als die Isaurier ahnten; denn mit ihm standen große Umwälzungen Europas im Kausalzusammenhange: die Losreißung des Westens von Byzanz, die Gründung der weltlichen Herrschaft des Papstes und die Schöpfung des neuen Kaiserreichs durch den Frankenkönig Karl.

Wenn der kühne Versuch der isaurischen Kaiser und ihrer Verbündeten in einem Teile des hohen Klerus und im Heer, die Idolatrie aus der Kirche zu entfernen, das Volk auf eine höhere Stufe der Sittlichkeit und des Denkens zu erheben und den Staat von den Polypenarmen des ihn aussaugenden Mönchtums loszumachen, durchgeführt worden wäre, so würde die christliche Republik schon im 8. Jahrhundert eine Reformation erfahren haben, deren Einfluß auf die Völker der gesamten Entwicklung unseres Weltteils eine andere Gestalt hätte geben müssen. Der Kampf des Reformgedankens wider den Paganismus in seiner kirchlichen Gestalt ging übrigens von Kleinasien und Syrien aus, woher die Isaurier stammten. Es ist das geistig regsamere orientalische Hellenentum gewesen, welches ihn erhob, während sich das unphilosophisch gewordene Altgriechenland auf die Seite der orthodoxen Gegner der Reform stellte.[150]

Die Bilderverehrung war die christliche Metamorphose des plastischen und malerischen Götterkultus der Heiden; es ist daher begreiflich, daß gerade die Hellenen mit Hartnäckigkeit an jenem Dienste festhielten, in welchem ihr angeborenes Gefühl für künstlerische Form Befriedigung fand. Die Kirche ersetzte ihnen, was ehemals den Glanz der heidnischen Gesellschaft ausgemacht hatte, Feste, Theater, Musik, Künste und Mysterien. Wenn auch der byzantinische Stil der Bildnisse des Heilandes, der Jungfrau, der Engel und Heiligen von dem tiefen Verfalle der Kunst in die Barbarei Zeugnis gab, so war eben der Geschmack der Griechen gleich tief gesunken. Die Athener des 8. Jahrhunderts betrachteten das musivische Bild der Atheniotissa im Parthenon sicherlich mit derselben Andacht, wie ihre Vorfahren dort das Kunstwerk der Pallas von Phidias betrachtet hatten. Die athenische Kirche war gleich den andern in Altgriechenland strenggläubig orthodox.[151] Sie setzte den kaiserlichen Edikten Widerstand entgegen. Während andere Provinzen sich diesen unterwarfen, trieb das Verbot der heiligen Bildnisse die Hellenen schon im Jahre 727 zur Empörung gegen den Kaiser Leon. Es ist möglich, daß sie außerdem durch schwere Mißhandlungen gereizt waren, die ihre von Byzanz vernachlässigten Städte durch die Regierung habsüchtiger Satrapen erduldeten. Seit Justinian verschärfte sich überhaupt der Gegensatz zwischen den Hellenen und den Byzantinern. Diese hatten schon vor dem 8. Jahrhundert das Römertum und den Latinismus abgestreift, und ihre gesamte kirchliche und politische Gesellschaft war griechisch; allein sie wollten nicht als Hellenen, sondern als Römer gelten. Nichts zeigt vielleicht deutlicher, wie tief das alte Rom seine Gesetze und seinen Staatsgedanken der Welt eingeprägt hatte als die Jahrhunderte hindurch von den Byzantinern festgehaltene Erdichtung, Römer zu sein. Dieser weltgeschichtliche Begriff konnte für sie keine nationale, sondern nur eine politische Bedeutung haben. Er drückte die legitime Fortpflanzung des römischen Imperium in Konstantinopel aus, der neuen Roma, wohin der Sitz der Reichsgewalt aus der alten Cäsarenstadt durch Konstantin übertragen worden war. Nach dem Falle der Ostgoten hatte Byzanz Italien und Rom als Provinzen des unteilbaren Römerreichs regiert, und noch später, nach der Erneuerung des abendländischen Kaisertums durch Karl, fuhren die byzantinischen Herrscher fort, sich als die einzig legitimen Kaiser Roms zu betrachten. Das morgenländische Reich blieb daher das Römerreich, die Romania, und seine Untertanen wurden gesetzmäßig Römer genannt.[152] Für alle byzantinischen Geschichtsschreiber waren die Griechen überhaupt »Römer«. Erst im 15. Jahrhundert nannte sie Laonicus Chalkokondylas, ein Athener von Geburt, wieder Hellenen. In einer bemerkenswerten Stelle hat sich dieser Historiograph über die Übertragung des Römernamens auf Griechenland ausgesprochen: »Nachdem die Römer die Weltherrschaft erlangt hatten, überließen sie die Verwaltung Roms ihrem Oberpriester; sie selbst führte der Kaiser (Konstantin) nach Thrakien hinüber; dort machten sie, in der unmittelbaren Nähe Asiens, die hellenische Stadt Byzanz zu ihrer Metropole, und sie unternahmen den Kampf mit den sie hart bedrängenden Persern. Die Griechen vermischten sich mit den Römern, bewahrten jedoch, weil sie in der Mehrzahl blieben, ihre Sprache und Volksart; nur ihren nationalen Namen veränderten sie; denn die Kaiser von Byzanz wollten aus Ehrfurcht Kaiser der Römer und nicht der Griechen genannt sein.«[153]

Als seit dem Ende des 7. Jahrhunderts und entschiedener mit der isaurischen Dynastie jener kirchliche, staatliche und soziale Prozeß zum Durchbruch kam, in welchem sich der romäische Byzantinismus mit dem jede andere Autonomie aufsaugenden Mittelpunkt Konstantinopel herausbildete, mußte sich der Widerspruch Griechenlands dagegen noch mehr vertiefen.

Es ist sehr merkwürdig, daß in derselben Zeit, wo der vorsichtige Papst Gregor II. die von den Verboten des Bilderkultus aufgeregten byzantinischen Provinzen Italiens davon zurückhielt, Leon III. für abgesetzt zu erklären und einen neuen Kaiser orthodoxen Glaubens aufzustellen, die Ausführung dieses rebellischen Plans von den mißachteten Hellenen wirklich gewagt wurde. Diese waren die Legitimisten im byzantinischen Reich; vom Bewußtsein des alten Adels ihrer Abkunft erfüllt, haßten sie die Byzantiner als ein Bastardgeschlecht von Emporkömmlingen mit einem Kaiser, der selbst ein isaurischer Barbar war. Ohne Zweifel standen sie auch mit Rom in geheimer Verbindung, und nichts konnte dem Papst erwünschter sein als der Sturz seines kaiserlichen Feindes durch die Griechen selbst. Seine Jurisdiktion erstreckte sich noch immer über die Bistümer in Makedonien und Illyrikum mit der Metropole Thessalonike und über das eigentliche Griechenland mit der Hauptstadt Korinth. Erst infolge seines heftigen Widerspruchs gegen die bilderstürmenden Kaiser erlosch die geistliche Oberhoheit Roms in den griechischen Provinzen des Reichs.[154]

Die Vorgänge jener Empörung der Hellenen gegen Leon III. sind uns nicht genau überliefert worden. Nur so viel wissen wir, daß sich die Helladiken, wie die Griechen des Festlandes von den Byzantinern genannt wurden, und die Bewohner der Kykladen zu offenem Widerstande mit den Waffen in der Hand vereinigten.[155] Sie rüsteten eine Flotte aus, stellten an ihre Spitze Stephanos und den Turmarchen Agellianos und segelten nach Konstantinopel, mit sich führend einen ehrgeizigen Mann, Kosmas, sicherlich einen Nationalhellenen, welchen sie dort zum orthodoxen Kaiser erheben wollten. Allein in einer Seeschlacht vor den Mauern der Hauptstadt, am 18. April 727, wurde die Rebellenflotte durch das griechische Feuer vernichtet. Agellianos stürzte sich verzweifelt ins Meer, und die Häupter des Kosmas und Stephanos fielen unter dem Henkerschwert.

Die byzantinischen Geschichtsschreiber haben nicht bemerkt, welche Folgen die Niederwerfung des nationalen Aufstandes für Altgriechenland gehabt hat. Da als eine seiner Ursachen das kaiserliche Verbot des Bilderdienstes angesehen werden muß, und nach der Vernichtung der Empörer Leon III. und dann sein leidenschaftlicher Sohn Konstantin überall im Reiche ihre Edikte unter schweren Verfolgungen des widerspenstigen Klerus in Kraft zu setzen suchten, so wird auch Griechenland mit Trümmern des christlichen Götzendienstes bedeckt worden sein. Man hat daher geglaubt, daß in diesen Bilderstürmen auch die letzten Reste der antiken Kunstwerke in Hellas zugrunde gegangen sind. Doch konnte sich die Zerstörungswut der Ikonoklasten nicht gegen die längst unschädlich gewordenen Kultusbilder der Heiden richten, welche als öffentlicher Schmuck Konstantinopel und andere Städte des Reiches zierten und sich dort noch Jahrhunderte lang erhielten. Wenn Kodinos erzählt, daß Leon, der Isaurier, viele alte Bildwerke (θεάματα ἀρχαῖα) vernichten ließ, so hat er darunter christliche verstanden, denn er bemerkt unter anderm, daß der Kaiser eine von Konstantin dem Großen in der Chalke errichtete Figur des Heilandes umstürzen ließ, welche später die Kaiserin Irene durch ein Musiv ersetzte.[156] Wo es in Kirchen und Klöstern plastische Bildwerke von Heiligen aus Holz, Stein und Metall gab, wurden sie zerstört, allein ihre Zahl mußte gering sein im Verhältnis zu den gemalten Bildnissen, mit denen die Mönche aus ihren Werkstätten und Fabriken die Kirchen versorgten. Der Zorn der Ikonoklasten traf daher wesentlich die genannten Heiligenbilder, und selbst die Mosaiken und Wandgemälde in den Kirchen wurden mit Kalk übertüncht.

Weil die Bibliotheken und Schulen im engsten Zusammenhange mit den Klöstern standen, werden deren manche im Bildersturm vernichtet worden sein. Trotzdem ist es irrig, den Ikonoklasten zum Vorwurf zu machen, daß sie die Künste und Wissenschaften der Byzantiner in Barbarei untergehen ließen. Die Isaurier waren keineswegs rohe und unwissende Männer. Die Kunst erlosch nicht in Byzanz, und aus der geistigen Erschütterung des Bildersturms entstand schon im 9. Jahrhundert eine Wiedergeburt der Wissenschaften in Konstantinopel, als ein musenfreundlicher Mäzen, der Cäsar Bardas, eine neue Akademie im Palast Magnaura stiftete, deren Haupt der Erzbischof Leon von Thessalonike wurde und aus welcher der gelehrte Photios hervorging.

Wieweit sich die Stadt Athen an jener Empörung der Hellenen beteiligt hatte, ist uns unbekannt. Der merkwürdige Aufstand des Jahres 727 erscheint aber wie ein plötzliches Erwachen des altgriechischen Nationalbewußtseins. Er kann zugleich zum Beweise dafür dienen, daß die Hellenen des Festlandes wie der um Samos gruppierten Inseln zu einer verhältnismäßig großen Kraft emporgekommen waren. Denn im ersten Drittel des 8. Jahrhunderts gab es noch griechische Städte, volkreich und wohlhabend genug, um eine Kriegsflotte mit eigenen Mitteln auszurüsten und eine politische Revolution zu unternehmen. Die Slaven konnten demnach in jener Zeit noch nicht das nationale Griechentum zur Ohnmacht herabgebracht oder gar verschlungen haben.

2. Der Prozeß der Slavisierung großer Gebiete in Hellas und dem Peloponnes ist überhaupt geschichtlich nicht begrenzbar, nur scheint er sich hauptsächlich im 8. Jahrhundert unter der Regierung des Konstantin Kopronymos (741–775) vollzogen zu haben. Im 10. verfaßte ein Nachkomme dieses bilderstürmenden Kaisers seine Schrift über die Themen des Reichs, und darin bemerkte er vom Peloponnes, daß das ganze Land slavisch und barbarisch geworden sei, infolge einer allgemeinen Pest. Diese aber hatte Konstantinopel und Griechenland seit 746 in entsetzlicher Weise entvölkert.[157]

Demnach war die Ansicht byzantinischer Ethnographen diese, daß die durch jene furchtbare Seuche in der Bevölkerung des griechischen Festlandes entstandenen Lücken durch eine besonders massenhafte Einwanderung von Slaven ausgefüllt wurden. Es konnte sogar die byzantinische Regierung selbst sein, welche Slavenstämmen von Thessalien her in den veröden Gebieten Ländereien anwies, wo sie dann nicht die Städte, sondern nur das offene Land als Hirten und Ackerbauern besetzten.[158] Auch die Serben und Kroaten hatten im 7. Jahrhundert ihre Sitze unterhalb der Save in Illyrikum keineswegs erobert, sondern mit Erlaubnis des Kaisers Herakleios als Ansiedler besetzt, ohne alte, feste Seestädte an der Adria wie Ragusa, Spalato, Trau und Zara jemals in Besitz zu nehmen.[159]

Derselbe Kaiser Konstantin Kopronymos konnte übrigens das durch die Pest gelichtete Konstantinopel dadurch ergänzen, daß er Menschen aus hellenischen Ländern und Inseln dorthin verpflanzte.[160] Daher kann Griechenland nicht so völlig verödet gewesen sein. Daß sich aber slavinische Stämme dort niedergelassen hatten, ist als sicher anzusehen. Wenn auch wegen der mangelnden geographischen Kenntnisse des Abendlandes kein besonderer Wert darauf zu legen ist, daß in dem von einer Nonne verfaßten Bericht über die Reise Willibalds zwischen 722 und 725 die Küste der Argolis, wo Monembasia liegt, durchaus als terra slavinica bezeichnet wird, so ist doch diese Benennung nicht als durchaus grundlos anzusehen. Eine teilweise Kolonisierung griechischer Landschaften durch Slaven muß vielmehr auf geschichtlich unbemerkte Weise lange vor jener Pest stattgefunden haben; nur nötigt die bestimmt ausgesprochene Ansicht eines gelehrten byzantinischen Kaisers zu der Annahme, daß sie ihren Höhepunkt erst mit der zweiten Hälfte des 8. Jahrhunderts erreicht hat.[161] Im 10. war Altgriechenland von Slavenstämmen überzogen. Ein byzantinischer Scholast, welcher einen Auszug aus Strabo machte, konnte sagen: »Auch jetzt sind fast ganz Epiros und Hellas, der Peloponnes und Makedonien von den Skytho-Slaven bewohnt.«[162] Von Elis redend, bemerkte derselbe Autor: »Jetzt besteht nicht einmal mehr der Name der Pisaten, Kaukonen und Pylier, denn all dies haben die Skythen in Besitz.«[163]

Im Angesicht solcher Zeugnisse der Byzantiner und der Ortsnamen, welche die slavischen Bebauer griechischer Gaue als Denkmäler ihres Daseins dort zurückgelassen haben, muß die Slavisierung althellenischer Länder als geschichtliche Tatsache betrachtet werden. Ihre Wirkung auf das griechische Volk ist so stark übertrieben worden, daß die Gegner der irrigen Doktrin Fallmerayers von der vollständigen Ausmordung der Hellenen durch die Slaven dadurch zu dem heftigsten Widerspruch aufgereizt worden sind. Ein berühmter griechischer Forscher hat schließlich die Ansicht ausgesprochen, daß es geschichtlicherweise keine slavische Frage in Griechenland gibt, weil niemals wirklich Slaven in den Peloponnes eingedrungen sind; vielmehr seien die dort eingewanderten Stämme von den Byzantinern nur aus Haß gegen die Hellenen Slaven genannt worden und als Albanesen anzusehen.[164]

Die Albanesen, welche schon Ptolemaios kannte, werden in der Geschichte als unabhängiges Volk nicht vor dem 11. Jahrhundert bemerkt. Sie hatten in Epiros und Albanien die Stürme der Völkerwanderung überdauert als der einzige altillyrische Stamm, der seine Eigenart erhielt, wenn er auch vielfach mit slavischen Elementen durchsetzt sein mochte. Außer ihnen behaupteten sich die Wlachen, Abkömmlinge römischer Kolonisten, ein Hirtenvolk, welches von den Hochtälern des Rhodope und Pindus in das niedere Thessalien einwanderte, so daß dieses Land Großwlachien genannt wurde. Später, im 14. Jahrhundert, zogen Albanesen massenhaft erst in Thessalien, dann auch in Altgriechenland ein.

Die heutigen Hellenen betrachten dieselben als ihre Stammverwandten, nicht nur wegen ihrer heldenhaften Teilnahme an dem Befreiungskampfe, sondern um ihrer illyrischen Herkunft willen.[165] Allein um diese Kolonisten von durchaus barbarischer Art, die eine den Griechen völlig fremde Sprache redeten, als Stammgenossen anzusehen, hätten die Griechen im Mittelalter doch wohl einiger antiquarischer Studien bedurft, welche sie belehrten, daß für Herodot die Thesproten und Molosser und für Plato die epirotischen Athamanen Hellenen gewesen waren. Dem Strabo galten die Epiroten freilich nicht als solche. In der ganzen Zeit vor dem Befreiungskriege bestand zwischen den skipetarischen Einwanderern und den Bewohnern Altgriechenlands ein durchaus feindseliges Verhältnis. Als sich die Albanesen des Peloponnes im 15. Jahrhundert gegen die griechischen Despoten empörten, nannte sie der Geschichtsschreiber Phrantzes ein ruchloses Menschengeschlecht und ihre Sprache barbarisch.[166]

Die Byzantiner faßten übrigens den ethnologischen Begriff der Slaven und Slavinen in sehr weitem Sinne auf und verbanden ihn mit Hunnen (Avaren) und Skythen. Skythen aber waren für sie alle nördlichen Völker jenseits des Tanaïs. Nach ihrer Ansicht ergossen sich aus jenem unerschöpflichen Völkerbehältnis im Lauf der Jahrhunderte Wanderstämme ostwärts bis zum kaspischen Meer und westwärts bis zum Ozean, und diese ursprünglichen Skythen erhielten verschiedene Namen wie Sarmaten, Massageten, Kelten und sogar Germanen.[167]

Da die nordische Völkerwanderung nach der Donau seit dem 6. Jahrhundert auch turanische, finnische und hunnische Steppenvölker in ihren Strudel zog, so kann die slavische Bevölkerung in Altgriechenland mit solchen Bestandteilen gemischt gewesen sein. Wir kennen Stammnamen der makedonischen und thessalischen Slaven, der Drogubitzen, Sagudeten, Belegitzen oder Veligosten, der Vajuneten und Berziten,[168] aber nicht solche der barbarischen Eindringlinge in Hellas und dem Peloponnes, mit alleiniger Ausnahme der zwei Tribus der Melinger und Ezeriten auf den Abhängen des Pentedaktylos oder Taygetos, von welchen das Gebirgsland Lakoniens den Namen »Slavenland« erhielt.[169] Einer der gründlichsten Kenner des Slaventums ist der Ansicht, daß die Barbaren im Peloponnes Slovenen gewesen sind, die sich in Makedonien und Thrakien niedergelassen und aus deren Verbindung mit der dortigen Bevölkerung die Bulgaren hervorgingen.[170]

Diese Vermutungen können zu keinem ethnographischen Ergebnis führen. Wichtig für die Natur der geschichtlich vollkommen dunklen slavischen Kolonisation Griechenlands ist die Tatsache, daß dort während ihrer langen Dauer kein Slavenreich entstanden ist wie in Kroatien, Serbien und Bulgarien, Ländern, welche durch die Massenhaftigkeit der sie besetzenden Barbaren ihre antiken Namen für immer verloren. Würde nicht ein Slavenstaat in Hellas und dem Peloponnes emporgekommen sein, wenn ein heldenhafter Häuptling sein Volk dorthin als Eroberer geführt hätte und wenn sich dieses Volk seiner stammlichen Einheit bewußt geblieben wäre? Keine Kunde meldet von gewaltsamen Eroberungen oder zerstörenden Kriegen der einwandernden Slaven um den Besitz Griechenlands. Von keiner einzigen Stadt wird erzählt, daß sie von Slavenhorden wie ehedem von den Goten erstürmt und vernichtet worden sei. Kein Führer wie Asparuch oder Bajan oder Zaberchan wird in Hellas namhaft, und keiner hat sich dort zum Stifter und Nationalkönig eines Slavenreiches aufgeworfen.

Ein Groß-Zupan in Patras, Chalkis oder Theben, in Argos oder in Athen würde leicht ein gebietender Dynast geworden sein, und ein solcher in Korinth hätte der Gewaltherrscher nicht nur über alle Slavenkantone, sondern über die Hellenen im ganzen Altgriechenland werden müssen. Doch hat sich während ihrer langen Besitznahme griechischer Länder unter solchen Barbarenstämmen kaum ein ernsthafter politischer Gedanke gezeigt. Da sie ihrer nomadischen Art treu blieben und ungern in Städten lebten, haben sie in dem schönen Lande keinen Staat zu bilden vermocht, wie die Goten und Langobarden in Italien, die Franken in Gallien, die Westgoten in Spanien, die Vandalen in Afrika. Sie blieben für uns geschichtslos, weniger aufgrund ihrer rohen Natur, als weil sie der Widerstand der griechischen Nation hinderte, aus dem Zustande der Hirten und Ackerbauern in einen höheren überzugehen, was sie nur vermocht hätten, wenn sie sich der festen Städte und der Häfen des Landes bemächtigten. Diese Städte aber schützten die Fortdauer des Griechentums, so daß selbst jener Ausspruch des Konstantin Porphyrogennetos als übertrieben angesehen werden muß, denn er hätte nur sagen dürfen, daß der ganze Peloponnes slavisch und barbarisch geworden sei, mit Ausnahme der vielen und ansehnlichen Städte.[171]

Die Leiden und die Verheerungen Griechenlands, die Kämpfe seines Volks mit den eingedrungenen Barbaren, seine Ausrottung in manchen Distrikten, sein Zurückweichen und seine Flucht in die festen Orte und Gebirge oder auf die Inseln hat sich die Phantasie der Geschichtsforscher unserer Zeit ausgemalt, aber kein griechischer oder byzantinischer Gewährsmann geschildert und beglaubigt. Die Slaven nahmen offene Landschaften und kleinere Städte in Besitz und bauten mit der Zeit neue Ansiedlungen. Namen von Orten, Flüssen und Bergen lehren, daß Elis, Arkadien, Messenien und Lakonien ihre massenhafteste Kolonisation erfuhren. Manche griechische Flecken wurden slavisch umgetauft, während aus barbarischen Niederlassungen neue Dörfer entstehen konnten, allein die Geschichte kennt keine einzige große Stadt, welche in Hellas von Slaven neugegründet worden ist. Dagegen konnten noch im 7. Jahrhundert zwei sehr ansehnliche, durchaus von Griechen bewohnte Städte im Peloponnes erbaut werden, Monembasia und Arkadia.

Wenn die slavische Niederlassung im eigentlichen Hellas nördlich vom Isthmos minder zahlreich war, so fehlt es auch hier nicht an Zeugnissen dafür. Wie das lakonische Gebirge Parnon den slavischen

Namen Malevo erhielt, so nahm der böotische Helikon den Namen Zagora an. Auf den Abhängen des Götterberges, wo ehemals das Heiligtum des Apollo und der Musen stand, erhoben sich Hütten slavischer Hirten, welche ihr Vieh aus den Quellen der Aganippe und Hippokrene tränkten. Die Erinnerung an die alte Bedeutung des Berges war erloschen, und das Heiligtum der Musen bedeckte vielleicht schon eine byzantinische Kirche.[172] Neben diesem berühmten Tempel lag das Musentheater ohne Zweifel schon lange in Trümmern; man hat dasselbe in unseren Tagen wiederentdeckt, und noch zeigt ein uralter viereckiger Turm auf dem Gipfel eines Hügels die Stelle an, wo einst Askra stand, die Vaterstadt des Hesiod.

Keine Kunde meldet, daß böotische Städte wie Lebadea, Orchomenos, Chaironea oder Theben von Slaven jemals besetzt worden sind. Die Kadmea, an welcher die Kriegsvölker Alarichs vorbeigezogen waren, hat sich als wahrscheinlicher Sitz des byzantinischen Strategen von Hellas während der slavischen Einwanderung als Griechenstadt behauptet, wie Korinth, der Vorort des Thema Peloponnes, wie Chalkis auf Euböa und Patras in Achaia. Daß aber Slaven am Kopaissee sich niedergelassen hatten, soll dessen von dem Wort topol' (Pappelbaum) abzuleitender neuer Name Topolja beweisen.[173] Plataä vertauschte seinen alten Namen mit Kochla, wie Mykenä mit Chravati und Olympia mit Miraka.

Megara scheint von slavischen Kolonisten frei geblieben zu sein. Was Attika betrifft, so hat selbst Fallmerayer erklärt, daß die Spuren nordischer Ansiedlungen dort nicht in gleichem Maße wie in Böotien und Arkadien und überhaupt gar nicht zu finden sind, die böotische Grenze ausgenommen.[174] Dort sind nicht slavische Ortsnamen entstanden, wie die peloponnesischen Wolgast, Goritsa, Granitsa, Krivitsa, Glogova, wie Podagora, Varsova, Sklabitsa, Kamenitsa, Krakova, Chlemitsa, Nezero, Rachova, Lukaviza, Khlomo usw.

In den Trümmern der alten Mysterienstadt Eleusis will man eine slavische Inschrift gefunden haben, allein diese rohen, fast wie Runen aussehenden Wortzeichen auf einem Marmorblock sind, wenn sie wirklich als slavisch gelten dürfen, das einzige Seitenstück zu einer andern Inschrift geblieben, die an den Grenzen Arkadiens gefunden wurde.[176]

In der Stadt Athen ist weder eine kriegerisch feindliche noch eine friedliche Einwanderung von slavischen Stämmen irgend erweisbar. Man könnte glauben, daß die Athener solchen Barbaren den Einzug in ihre Ebene sperrten, indem sie die Pässe nach Böotien verschlossen; jedoch ist es einfacher, den Mangel barbarischer Niederlassungen im athenischen Gebiet aus der Dürftigkeit des Bodens zu erklären, welche schon im hohen Altertum fremde Ansiedler von diesem Lande entfernt gehalten hatte.[177] Im Pedion Attikas haben sich keine slavischen Ortsbezeichnungen vorgefunden. Niemals ist daselbst der Demos Khephisia mit seinem antiken Namen verschwunden. Selbst das heutige Marusi bewahrt noch in dem seinigen die Erinnerung an den Tempel der Artemis Amarusia und Herakli diejenige an das Heiligtum des Herakles. In der Diakria, der Landschaft jenseits des Hymettos am Meere Euböas, erhielten sich die altgriechischen oder neugriechisch umgestalteten Ortsnamen.

Der Demos Araphen lebt noch heutigen Tags in Raphina fort, Thorikos in Thoriko, Anaphlystos in Anabyso. Der Demos Pentele dauert in dem Klosterort Mendeli fort, wie Apollonia in Paloi und Prasiai in Prasas, wie Gargettos in Garittos und Alopeke in Ampelokipoi.[178] Wenn es auch ungewiß ist, ob das Vorgebirge Sunion, welches die italienischen Seefahrer von dem Rest des Tempels der Athene in ihrer Sprache Capo delle colonne nannten, bei den Griechen noch seinen antiken Namen behalten hatte, so gab es doch keine Zeit, wo diese Marathon und die Bedeutung des dortigen Tumulus vergessen konnten. Wie jener Name noch heute im Dorfe Marathonas weiterlebt, so erinnert noch daselbst Inoi an das verschwindende Oinoe der ionischen Tetrapolis.[179] Freilich hat man behauptet, daß einige fremdartige Namen von Orten auf der Ebene Marathons wie Vrana, Zastuni, Varnabe, Mazi, Tzioura slavisch seien.[180] Selbst wenn dies richtig wäre, was noch nicht erwiesen ist, so bliebe es doch immer Tatsache, daß wenn überhaupt Slaven auch in Attika eingewandert waren, sie hier niemals so massenhafte Niederlassungen gegründet haben wie die Albanesen im 14. und 17. Jahrhundert, welche die ehemaligen Demen Attikas bis nach Athen hin ohne Kampf in Besitz nahmen. Wie diese Albanesen zu ihrer Zeit von den griechischen und fränkischen Fürsten und später auch von den türkischen Machthabern in Hellas und dem Peloponnes bereitwillig als Kolonisten aufgenommen wurden, um verödete Landschaften neu zu bevölkern, ganz so kann man sich in vielen Fällen auch die slavische Einwanderung in Griechenland als eine friedliche vorstellen.[181] Die Athener hielten jedoch ihr Stadtgebiet vom Korydallos bis zum Hymettos und vom Pentelikon bis zum Piräus von den slavischen Gästen frei. Daß dies geschehen ist, daß Athen zu keiner Zeit von jenen Barbaren besetzt gewesen ist, sondern sich als wesentliche Griechenstadt, wenn auch mit manchen fremden Bestandteilen durchsetzt, immer erhalten hat, gleich Thessalonike, Patras und Korinth, ist heute als unumstößliche Tatsache anzusehen.

Wir werden später bemerken, daß sich in dem Register der Kirchengüter des griechischen Erzbistums Athen, welches die Lateiner im Jahre 1205 in der Kanzlei der Metropole vorfanden und das daher viel älter ist als dieses Jahr, unter den Namen der Orte und Klöster Attikas altgriechische und neugriechische Namen, aber keine slavischen Ursprungs vorfinden.

3. Gerade in der Zeit, als sich slavische Stämme durch die griechische Halbinsel verbreiteten, wurde im Jahre 752 Irene geboren, die zweite Athenerin, welche das byzantinische Perlendiadem getragen hat. Das ihr plötzlich zugefallene glänzende Los erinnert, wie ihre wechselvollen Schicksale, vielfach an jene der berühmten Philosophentochter Athenais-Eudokia. Beide Athenerinnen zeichnete seltene Schönheit aus, und daß auch der Verstand Irenes mehr als gewöhnlich war, hat sie durch ihren Ehrgeiz, ihre Willenskraft und Herrschsucht hinlänglich dargetan. Nur das Maß der Bildung dieser Frauen war ungleich. Denn mehr als dreihundert Jahre nach Athenais konnte sich die Erziehung Irenes zu jener ihrer Vorgängerin nur verhalten wie die Klosterschule des barbarisch gewordenen Athen zur Akademie der letzten Platoniker.

Irene war siebzehn Jahre alt und befand sich in Athen, als sie der Kaiser Konstantin (Kopronymos) zur Gemahlin seines Sohnes erwählte. Wenn es nicht ein Zufall war, der dem Monarchen eine Tochter gerade desjenigen Landes zuführte, welches mit Entschiedenheit der Partei der Bilderfreunde angehörte, so konnte ihn leicht die Absicht leiten, die Hellenen durch diese Wahl mit Byzanz zu versöhnen. Er ehrte dieselben zugleich als die altgriechische Nation, die lange Zeit von den Byzantinern zurückgesetzt worden war, und zeichnete im besondern ihre ruhmvolle Metropole Athen aus.

Die Vaterstadt Irenes war denn doch nicht so ganz verschollen und vergessen, daß sie mit der Weltstadt am Bosporos nicht mehr in Verbindung stand, noch war sie in solche Armseligkeit verfallen, daß es in ihr keine angesehenen Familien mehr gab. Wir kennen freilich diejenige Irenes nicht; das Haus der Sarantapechi war mit ihr nahe verwandt, doch mag sie dasselbe erst als Kaiserin großgemacht haben.[182] Sie konnte sogar niedriger Abkunft sein, denn das Vorurteil der Mißheirat war am byzantinischen Hofe unbekannt. Vor ihr waren Frauen aus dem Staube auf den Kaiserthron gestiegen, und nach ihr verdankte im 10. Jahrhundert die Spartanerin Theophano nur ihrer Schönheit das Diadem. Auch geschah es nicht selten, daß in orientalischer Weise Kaiser für sich oder ihre Söhne eine förmliche Brautschau im Reiche hielten, und bei einer solchen kann auch Irene entdeckt worden sein und das große Los gezogen haben.

Sie war elternlos wie Athenais, als sie dasselbe unverhoffte Glück zur Kaiserbraut machte.[183] Unter dem Geleit vieler schön geschmückter Schiffe wurde die Athenerin erst nach dem Palast Hieron auf der asiatischen Seite des Bosporos und dann nach Byzanz geführt, wo sie einen prachtvollen Einzug hielt. Am 3. September 770 feierte sie ihre Vermählung mit dem Kaisersohne Leon, und am 17. Dezember wurde sie im Augusteum als Augusta gekrönt.

Sie fand in Konstantinopel die Partei der Ikonoklasten herrschend, denn der aufgeklärte Kaiser Konstantin, dem die erbitterten Mönche den Schimpfnamen Kopronymos angeheftet haben und welchen Theophanes den Vorläufer des Antichrist nannte, hatte die Bilderverbote seines Vaters Leon III. noch leidenschaftlicher fortgesetzt und ohne Erbarmen das widerstrebende Mönchtum und den Klerus verfolgt. Aber Irene brachte aus ihrer Heimat Athen andere Neigungen mit sich, denn die Stadt der Philosophen verteidigte jetzt die Bildnisse und Figuren der christlichen Mythologie nachdrücklicher gegen die Edikte der isaurischen Kaiser, als sie ein paar Jahrhunderte früher die heidnischen Nationalgötter gegen die Theodosianer hatte verteidigen können.

Wenn wir das Dunkel der Geschichte Athens und anderer griechischer Städte im 8. Jahrhundert aufzuhellen vermöchten, so würden wir daselbst wohl eine mit Rom verbundene mächtige Ikonodulenpartei entdecken, welche von den eifrigen Bischöfen und den Mönchen geführt wurde. Diese Partei hatte die erlittenen Verfolgungen bereits durch den Aufstand unter Kosmas und Agellianos zu rächen versucht, und wahrscheinlich galten die bei den Byzantinern lange Zeit als Heiden angesehenen Athener jetzt im allgemeinen als Ikonodulen. Daher mußte Irene vor ihrem bräutlichen Einzuge in die Hauptstadt den Bilderdienst feierlich abschwören, durchaus wie Athenais vor ihrer Vermählung mit Theodosios II. dem alten Heidenglauben durch die christliche Taufe entsagt hatte. Mit dem römischen Papsttum im Bündnis brach Irene später ihren Eid.

Nachdem Konstantin Kopronymos im Jahre 775 gestorben war, wurde ihr Gemahl Leon IV. Kaiser, ein wohlwollender Fürst, sanft und schwach, wie Theodosios II. es gewesen war, während die Kaiserin Irene den energischen Herrschersinn der Pulcheria zeigte, ohne deren Tugenden zu besitzen. Unter dem Einfluß seiner Gemahlin milderte Leon IV. die strengen Gebote seines leidenschaftlichen Vaters. Er starb schon im Jahre 780, worauf Irene, von der wieder erstarkten Partei der Bilderfreunde unterstützt, die Vormundschaft über ihren Sohn Konstantin erhielt, dessen Mitregentin wurde und eigentlich das Reich regierte.

Als Athenerin hatte sie dieselbe ihr naheliegende Veranlassung, die Wohltäterin ihres vernachlässigten Vaterlandes zu sein, wie Athenais nach der Invasion der Goten Alarichs.

Sicher war es ein Zeugnis ihrer Heimatliebe, daß sie zuerst die Unterwerfung der Slavenstämme in Griechenland unternahm, und weil sie dies tat, mußten jene dort zu großer Kraft emporgekommen sein. Der kaiserliche Schwiegervater Irenes, der tapfere Bezwinger der Araber und Bulgaren, hatte im Jahre 758 die makedonischen Slaven bekriegt; doch es wird nicht gemeldet, daß er auch ihre Stammgenossen weiter unten im eigentlichen Griechenland angegriffen habe.[184] Diese waren wohl zu seiner Zeit der byzantinischen Staatsgewalt noch nicht besonders wichtig oder gefährlich erschienen. Dagegen scheint Altgriechenland 28 Jahre nach dem Tode jenes Kaisers Konstantin Kopronymos durch wiederholtes massenhaftes Nachströmen der Slavinen so ganz in die Gewalt der Barbaren gekommen zu sein, daß diese Provinzen von den Byzantinern wie ein feindliches Land behandelt und erobert werden mußten.

Die slavischen Ansiedlungen breiteten sich über die ganze Halbinsel aus. Immer mehr griechische Orte wurden eingenommen und sogar die Seestädte mit Eroberung bedroht. Heiße Kämpfe mögen zwischen den Griechen und Barbaren stattgefunden haben; denn diese begannen aus Kolonisten zu Gebietern zu werden, und sie drohten mit der Zeit ein Slavenreich aufzurichten. Die steigende Gefahr machte jetzt die kaiserliche Regierung ernstlich besorgt, während der Hilferuf der Hellenen gerade bei der Athenerin Irene bereitwillige Erhörung finden mußte. Sie schickte im Jahre 783 zahlreiche Truppen nach Griechenland unter dem Befehl ihres Kanzlers und Günstlings, des Patriziers Staurakios. Dieser General unterwarf erst die Slavinen in Thessalien und Hellas, zwang sie zum Tribut und zog dann über den Isthmos auch in den Peloponnes. Mit reicher Beute beladen und mit vielen Gefangenen kehrte er von dort wie aus einem eroberten Lande zurück, um im Januar 784 einen Triumphzug durch den Hippodrom Konstantinopels zu halten.[185] Alle genaueren Nachrichten über diesen Kriegszug fehlen. Weder Korinth noch Theben, noch Athen werden bei dieser Gelegenheit genannt.

Die Stadt Athen hat wohl mehrfach die Gunst der Kaiserin erfahren. Wenn der Bau von Kirchen eine Wohltat für sie sein konnte, so werden die Athener sich dessen zu erfreuen gehabt haben. Man schreibt Irene solche zu wie der Athenais.[186] Daß sie immer in Verbindung mit ihrer Vaterstadt blieb und auf deren Ergebenheit rechnen konnte, zeigte sich bei Gelegenheit tragischer Ereignisse in der Familie ihres Schwiegervaters. Ihr Sohn, der Kaiser Konstantin VI., hatte seine Oheime, die fünf Söhne des Konstantin Kopronymos, aus Argwohn, daß sie es auf seinen Thron und sein Leben abgesehen hätten, mit wahrhaft asiatischer Grausamkeit blenden oder verstümmeln lassen. Dann war er selbst, fünf Jahre später, am 19. August 797, von seiner eigenen herrschsüchtigen Mutter mit gleicher Barbarei geblendet worden. Hierauf exilierte die Kaiserin jene unglücklichen Prinzen im November 797 nach Athen.[187] Politische Gefangene verbannte man damals nach verschiedenen Orten des Reichs, nach Thessalonike, Cherson, Epidamnos und nach fernen Inseln. Wenn nun Irene Athen zum Ort des Exils ihrer Schwäger wählte, so tat sie das, weil sie der Treue ihrer Vaterstadt versichert war. Damals scheint ihr Verwandter, der Patrizius Konstantin Sarantapechos, Befehlshaber der Stadt gewesen zu sein.[188] Die fünf Brüder, die letzten legitimen Erben des Hauses der Isaurier – die beiden ältesten waren Nikephoros und Christophoros –, schmachteten in der Akropolis. Trotzdem fanden sie Gelegenheit, heimliche Verbindungen mit Slavenfürsten anzuknüpfen. Diese aber faßten im Einverständnis mit einer Partei unter den Griechen den kühnen Plan, die Verbannten zu befreien und einen von ihnen zum Kaiser auszurufen. An der Spitze der Verschwörung stand Akamir, einer der wenigen Slavenzupane in Griechenland, welche namentlich bekannt geworden sind.[189]

Demnach hatte der Kriegszug des Staurakios die Macht der Slaven keineswegs gebrochen. Akamir herrschte in Belzetia, einer Landschaft im südlichen Thessalien, wo unter den slavischen Stämmen, die im Jahre 676 Thessalonike bedrängt hatten, die Bjelezigen namhaft waren. Sie bauten Velestino beim alten Pherä unweit des pagasäischen Golfs, dem sie den Namen Volo gaben.[190]

Dieser Slavenstamm hatte seine Sitze schwerlich bis nach Böotien und Attika vorgeschoben, wenn auch sein Machteinfluß so weit reichen konnte.[191] Die Absicht der Verschworenen wurde entdeckt und wahrscheinlich von den Anhängern Irenes in Athen der byzantinischen Regierung mitgeteilt. Hierauf schickte die Kaiserin den Spathar Theophylaktos, den Sohn des Sarantapechos, zur Untersuchung nach Athen. Entweder ergab diese, daß die Prinzen auch hier eine Partei gewonnen hatten, oder ihr Verbannungsort erschien jetzt nicht mehr als sicher, denn die Unglücklichen wurden nach Panormos fortgeschafft.[192] Da sie auch dort noch später den Argwohn des Kaisers

Michael erregten, beschlossen sie endlich ihr jammervolles Leben im Kerker zu Aphusia.

Irene selbst büßte ihre Verbrechen durch ein schmachvolles Ende. Eine Revolution erhob am 31. Oktober 802 den Logotheten Nikephoros auf den Thron, und dieser verbannte die Kaiserin erst auf die Prinzeninsel, dann nach Lesbos, wo sie am 9. August 803 starb. Ihre Leidenschaften und Frevel, ihre Herrschsucht, Ränke und wechselvollen Schicksale haben diese Athenerin eines wahrhaft barbarischen Zeitalters zu der hervorragendsten Frauengestalt des byzantinischen Reiches gemacht, um so mehr als der größte Monarch des Abendlandes einen Augenblick daran dachte, sich mit ihr zu vermählen, um dadurch die beiden Hälften des Römerreiches wieder zu vereinigen.

Die dankbare Kirche hat die Mörderin des eigenen Sohnes ohne Scham unter die Heiligen ihres Kalenders aufgenommen; dies war ihr Lohn für die Wiedereinführung des Bilderkultus, welche Irene auf dem siebten ökumenischen Konzil zu Nikaia im Jahre 787 durchsetzte. So hatte eine Athenerin die Reformation des kirchlichen Kultus verhindert und der Idolatrie wieder zum Siege verholfen. Für das griechische Reich war das Erlöschen der isaurischen Dynastie mit Konstantin VI. höchst unheilvoll, denn Palastrevolutionen und wechselnde Regierungen erschütterten dasselbe gerade in der Zeit, wo Italien durch Karl den Großen mit der fränkischen Monarchie vereinigt wurde, wo das weströmische Reich sich für immer von Byzanz trennte, die Bulgaren in der Balkanhalbinsel die Herrschaft erlangten und die Sarazenen von Afrika und Spanien her Kreta in Besitz nahmen.

Auch die Slaven in Griechenland benutzten die Schwächung der Reichsgewalt, nicht nur um sich dort weiter auszubreiten, sondern sich unabhängig zu machen. Ihre Stämme bevölkerten damals große Landstriche in Elis und Messenien, aus denen die Griechen zum Teil gewichen waren. Die dortigen Slavengaue, deren geographische wie politische Einrichtung uns unbekannt geblieben ist, müssen von Zupanen oder Häuptlingen regiert worden sein, die ihre Bestätigung vom Strategen des Peloponnes empfingen und zur Zahlung eines jährlichen Tributs an den kaiserlichen Fiskus wie zur Heeresfolge verpflichtet waren. Ihre wiederholten Bestrebungen, sich den Staatsgesetzen zu entziehen, hatten die Kaiserin Irene zu ihrer Züchtigung genötigt.

Bald nach der Thronbesteigung des Nikephoros erhoben sie sich zu neuem Aufstande. Konstantin Porphyrogennetos, der davon erzählt, spricht nur von den Slaven im Thema Peloponnes; er berichtet, daß sich dieselben empörten und zunächst die Besitzungen ihrer griechischen Nachbarn plünderten.[193] Allein ihr Aufstand nahm größere Verhältnisse an, weil das Ziel desselben die Eroberung des wichtigen Hafens Patras war. Sie belagerten diese Stadt von der Landseite im Jahre 805 oder 807, während sie zur See von einer Flotte der Sarazenen unterstützt wurden, mit denen sie demnach in Verbindung getreten waren. Die Patrenser jedoch verteidigten sich tapfer, ihrem Entsatze durch den Strategen von Korinth entgegen sehend. Einer ihrer verzweifelten Ausfälle zersprengte endlich das Heer der Belagerer, und das plötzliche Erscheinen des griechischen Prätors vollendete den Sieg. So scheiterte der letzte und drohendste Versuch der slavischen Ansiedler in Altgriechenland, ihre Unabhängigkeit zu erringen. Die Befreiung der Seestadt Patras rettete nicht nur den Peloponnes, sondern auch Hellas von der Gefahr, ein slavisches Land zu werden.

Der Kaiser Nikephoros belohnte die Patrenser durch die Erhebung zur Metropolis. Die unterworfenen Rebellen machte er der Kirche des heiligen Andreas, des Schutzpatrons und vermeintlichen Retters der bedrängten Stadt, leibeigen und zinsbar; man hat daher an Slavendistrikte in der Nähe derselben zu denken.

Obwohl wir keine Kunde davon haben, daß jener Sieg einen weiteren Kriegszug gegen die Slavinen in Altgriechenland zur Folge hatte, so ist das doch sehr wahrscheinlich. Als Schauplatz der Kämpfe der Griechen mit diesen im Beginne des 9. Jahrhunderts wird nur der Peloponnes und wesentlich Patras bezeichnet, daher wissen wir nicht, ob auch Hellas davon berührt worden ist. In jedem Falle mußte die Niederlage der Slavenstämme auch dort günstige Wirkungen hervorbringen.

Die Stadt Athen war durch die kaiserliche Größe einer ihrer Töchter der Vergessenheit wieder entrissen worden, und dasselbe Glück erfuhr sie wenige Jahre nach dem Sturze der Kaiserin zum zweiten Mal. Dort waren Verwandte Irenes zurückgeblieben, deren Familien durch sie ein hohes Ansehen erlangt hatten. Es lebte in Athen ihre Nichte Theophano als Gattin eines vornehmen Mannes.[194] Nun fügte es sich, daß Nikephoros für seinen Sohn und Mitkaiser Staurakios eine Gemahlin suchte. Er ließ Brautschau im ganzen Reiche halten, und seine Werber empfahlen ihm Theophano.[195] Sie wurde ohne weiteres von ihrem Gemahl getrennt und am 20. Dezember 807 mit dem Cäsar vermählt. Die brutale Mißhandlung zweier schöner Hoffräulein, welche die Braut aus Athen mit sich gebracht hatte, durch den alten Lüstling Nikephoros störte die Hochzeitsfeste so wenig, daß dieser Frevel vielmehr den Höflingen zur Erheiterung diente.[196]

Weil Theophano eine nahe Verwandte Irenes war, mochte der Kaiser zu ihrer Wahl durch die Absicht bewogen worden sein, mit dieser Verbindung die gestürzte Partei der Isaurier für sich zu gewinnen. Allein der Athenerin Theophano war nicht, wie ihrer Muhme Irene, eine lange und glänzende Herrschaft beschieden, denn wenige Jahre nach ihrer Vermählung fiel ihr Schwiegervater Nikephoros im Bulgarenkriege. Krum, der schreckliche Khan dieses Volks, der im Jahre 809 Sofia zu seiner Hauptstadt gemacht hatte, war von ihm empfindlich geschlagen worden, machte aber noch eine verzweifelte Anstrengung und siegte am 25. Juli 811 in einem nächtlichen Überfall, wo der Kaiser, sein Heer und die Blüte des byzantinischen Adels niedergehauen wurden. Der in Silber eingefaßte Schädel des Herrschers des Ostens diente seither dem rohen Bulgarenfürsten zum Trinkgefäß bei Zechgelagen. Staurakios entrann, zu Tode verwundet, und überdauerte den Fall seines Vaters nur wenige Monate, denn der Gemahl seiner Schwester Prokopia, der Kuropalat Michael Rhangabe, stürzte ihn vom Thron in das Grab. Die Kaiserin Theophano beschloß ihr Leben im Kloster.[197]

So hatten drei Frauen aus Athen das griechische Kaiserdiadem getragen, Athenais, Irene und Theophano, und dadurch ihre Vaterstadt in immer dunkler und barbarischer werdenden Zeiten wieder namhaft gemacht. Dies ist um so merkwürdiger, als kein Athener noch überhaupt ein Altgrieche jemals den Thron in Byzanz bestiegen noch während der Dauer des oströmischen Reichs auf irgendwelchem Gipfel des historischen Lebens geglänzt hat.

FÜNFTES KAPITEL

Bezwingung des Slaventums in Griechenland. Emporblühen des Landes. Die reiche Archontin Danielis. Bekehrung der Slaven zum Christentum. Die kirchliche Mission. Neugründung von Klöstern. Der heilige Nikon in Athen und in Sparta. Mischung der griechischen Nation mit slavischen Elementen. Das Reich der Bulgaren. Das Bistum Athen. Ermordung des Chase in der Parthenonkirche. Der heilige Lukas. Basileios II. vernichtet das Bulgarenreich.
Sein Besuch in Athen. Die Parthenonkirche.

1. Nach dem Sturze der Kaiserin Theophano verschwindet Athen, wie das ganze Hellas, für unsere Kenntnis so völlig vom Schauplatz der Geschichte, daß wir Mühe haben, den Namen der erlauchten Stadt irgendwo im Zusammenhange mit den Ereignissen der Zeit zu entdekken. Nur der Peloponnes, wo sich die Slaven am stärksten abgelagert

hatten, gab den Byzantinern eben aus dieser Ursache hie und da Gelegenheit, sich mit den Angelegenheiten Griechenlands zu beschäftigen.

Die Unterwerfung der dortigen Slavenstämme durch den Sieg bei Patras war keine vollständige gewesen. Denn sie versuchten immer wieder ihre Unabhängigkeit mit den Waffen zu erkämpfen. Sie erhoben sich zur Zeit des letzten bilderstürmenden Kaisers Theophilos (829–842) und seiner Gemahlin Theodora, die als Vormund ihres Sohnes Michael III. von 842 bis 867 das Reich regierte und den Bilderkultus endgültig wiederherstellte. Ihr General, der Stratege des Peloponnes Theoktistos Bryennios, mußte mit einem starken Heer von Thrakern, Makedoniern und anderen Truppen der westlichen Themen im Jahre 850 einen förmlichen Kriegszug nach Altgriechenland unternehmen. Dort unterwarf er alle Slavenkantone mit Ausnahme der Ezeriten und Melinger am Taygetos, welche zwar tributbar wurden, jedoch in ihrem unzugänglichen Berglande zu trotzen fortfuhren, so daß sie sich noch mehrmals empörten.[198]

In den andern altgriechischen Provinzen war aber doch das Slaventum niedergeworfen, die Autorität der kaiserlichen Regierung hergestellt und ein gesetzmäßiger Zustand geschaffen worden. Manche durch Handel lebhafte Städte, vor allem Patras, blühten wieder auf. Wir haben Berichte von den Reichtümern einer vornehmen Matrone Danielis in jener Seestadt, welche an die Märchen aus Tausend und einer Nacht erinnern und nicht erfunden sind. Der Umfang der Güter dieser Witwe eines Archonten kann als der schlagendste Beweis dafür dienen, daß der große Grundbesitz auch in Griechenland an mächtige Familien gekommen war, die über Massen von hörigen Bauern und Sklaven geboten, von denen nicht wenige slavischer Abkunft sein mochten. In den Fabriken der Danielis wurden die kostbarsten Gewänder gefertigt und vielleicht auch Prachtgefäße in Silber und Gold.

Die reiche Frau gründete das Glück Basileios' I., des Stifters der makedonischen Dynastie, welcher als Stallmeister eines byzantinischen Großen zur Zeit des Kaisers Theophilos nach Patras gekommen war, dort erkrankte und im Hause der Danielis sorgsame Pflege fand. Als Mörder Michaels III. bestieg er, ein Mann, schön und stark wie Herkules, den Kaiserthron. Er rief seine Wohltäterin zu sich, und diese legte die weite Reise nach dem Bosporos wie eine Zenobia zurück, in einer Sänfte ruhend, von einem stattlichen Gefolge begleitet, während lange Lastzüge die Geschenke trugen, die sie dem Kaiser mitbrachte: herrliche Geräte jeder Art, Teppiche, Gewänder, deren manche so fein waren, daß sie sich in einem Rohre bergen ließen. Sie schenkte dem Kaiser Hunderte von schönen Sklaven und Eunuchen, auch hundert Künstlerinnen in der Stickerei.[199] Basileios nahm die Matrone fürstlich im Palast Magnaura auf. Sie kam noch einmal nach Byzanz, um seinen Sohn Leon VI. zu besuchen, welcher ihm im Jahre 887 auf dem Throne gefolgt war, und sie setzte diesen zum Erben aller ihrer Güter ein. Das Inventar ergab ein erstaunliches Vermögen an Geld, Kostbarkeiten und Ländereien, so daß der Kaiser 3000 Sklaven der Danielis freilassen konnte, um sie als Kolonisten nach Apulien zu verpflanzen. Die Geschichte der reichen Frau lehrt, daß die besitzende Klasse in Griechenland im 9. Jahrhundert zu großem Wohlstande gekommen war, und dieser konnte nicht auf Patras allein beschränkt sein.

Wie sich dort, in der damals vielleicht lebhaftesten Handelsstadt des Peloponnes, das Griechentum zu neuer Kraft erhob, so geschah es auch in allen andern althellenischen Landschaften. Die einheimische Nation war von den Slaven keineswegs vernichtet worden; sie hatte sich in den festen Städten immer behauptet und erstarkte im 9. Jahrhundert, während das fremde Element verfiel. Zu dessen Zersetzung konnte die Einführung von byzantinischen Soldatenkolonien so gut wirksam sein als die im Reich hergebrachte asiatische Maßregel der Verpflanzung ganzer Volksmassen von einem Lande in das andre. Theophanes verwünschte es als einen Akt fluchwürdiger Barbarei, daß der Kaiser Nikephoros griechische Kolonisten in Sklabinien ansiedelte.[200] Wenn auch unter Sklabinien wesentlich Makedonien und Thrakien zu verstehen sind, so konnte dieselbe Maßregel doch auch in Griechenland ausgeführt, und von dort konnten slavische Massen nach andern Provinzen versetzt werden.

Die byzantinische Militärgewalt und das griechische Gesetzbuch zerstörten den schwachen Organismus der Slavenstämme, und eine noch stärkere Wirkung ging von der christlichen Mission aus. Die orthodoxe Kirche erwarb sich noch in so später Zeit das Verdienst, die große slavische Welt kulturfähig zu machen. Die Skythen verdankten Byzanz die ersten Kenntnisse und Bedürfnisse des Luxus, welche Völker über den rohen Naturzustand erheben; sie empfingen zugleich aus den Schatzkammern der hellenischen Bildung Keime der Wissenschaft, selbst das Alphabet für ihre Nationalsprache. Auch die politische Schöpfung von Staaten wie Serbien, Kroatien, Bulgarien war ohne Byzanz nicht möglich. Rußland, dessen staatliche Keime die normannischen Waräger in der zweiten Hälfte des 9. Jahrhunderts gepflanzt hatten, ist zum Teil das Werk des in der griechischen Kirche fortwirkenden Kulturgedankens. Nachdem die Russen seit dem Jahre 864 bis ins 10. Jahrhundert mehrmals versucht hatten, mit den Flottenschwärmen ihrer unbeholfenen Kähne vom schwarzen Meere aus die große Weltstadt anzugreifen, standen sie von diesen fruchtlosen Unternehmungen ab. Die greise Fürstin Olga nahm im Jahre 956 die christliche Taufe in Konstantinopel; ihr Enkel Wladimir folgte ihrem Beispiel im Jahre 988 und vermählte sich mit der Prinzessin Anna, der Tochter des Kaisers Romanos II. Sogar die ältesten Kunden der Ethnographie und Geschichte der Russen wie der südlichen Slaven stammen zum Teil von den Byzantinern her. Ihre Anfänge würden ohne die Schrift ›De administrando imperio‹ eines gelehrten griechischen Kaisers für uns dunkel geblieben sein.

Die Slaven von der Donau herab bis zum Kap Tänaron waren alle Heiden. Auf den antiken Kultusstätten der Götter Griechenlands verehrten sie die dunklen Wesen ihrer Naturreligion. Erst in der Zeit, wo nach der Überwindung des durch den Bilderstreit hervorgebrachten Zwiespalts die orientalische Kirche neu erstarkt war, konnte sie an die slavische Mission denken. Ihre Apostel waren zwei Brüder aus Thessalonike, Methodios und Kyrillos. Diese großen Heiligen bekehrten die Bulgaren zum Christentum. Der Khan Bogoris zwang seinem Adel und Volk das Evangelium mit dem Säbel auf, nachdem er selbst im Jahre 861 die Taufe empfangen hatte.

Die slavischen Völker des ganzen Gebietes des Haimos und des Ister bis zu den Grenzen des heutigen Niederösterreich, die Serben, Bulgaren, Mähren, Kroaten wurden in den Verband der griechischen oder der römischen Kirche aufgenommen und für die europäische Gesittung gewonnen. Die christliche Religion konnte freilich nicht die Raublust barbarischer Häuptlinge in Menschenliebe verwandeln, doch die kirchlichen Fesseln nötigten sie zur Anerkennung derselben geistlichen Autorität, welche bei den Kulturvölkern Geltung hatte, und sie machten dieselben fähiger für friedliche Verbindung mit den Nachbarn. Slavische Stämme, die noch Heiden blieben, mußten fürchten, ihren früheren Anhalt an mächtigen Völkern ihrer Rasse zu verlieren. Die Bekehrung des wilden Bulgarenvolks, welches ehedem der natürliche Verbündete aller Feinde der byzantinischen Reichsgewalt und Kirche war, mußte auch auf die Slavinen in Griechenland Eindruck machen und diese überreden, ihrem Beispiele zu folgen. Der byzantinische Steuereinnehmer, der Stratege, Turmarch und Dikastes in den beiden Themen Altgriechenlands wurden alsbald vom Missionsprediger, vom Eremiten und Priester unterstützt. Ein Netz neu gegründeter Klöster und Kirchen breitete sich über die griechischen Provinzen aus, zusammengehalten von den Metropolen und Bistümern, deren Wirksamkeit seit dem 9. Jahrhundert sehr groß wurde.[201]

Derselbe Zug der Mystik und Askese, welcher damals die Gesellschaft des Abendlandes ergriffen hatte, die Stiftung des Ordens von Cluny herbeiführte und das Zeitalter der Kreuzzüge wie der päpstlichen Weltherrschaft ankündigte, ist auch im byzantinischen Osten bemerkbar, und hier war dieser Trieb zum Teil die Wirkung der Reaktion der morgenländischen Kirche nach ihren im Bilderstreit erlittenen Verfolgungen. Sie selbst zog aus der Renaissance des Klosterwesens nicht den Gewinn, welcher der römischen Kirche daraus erwuchs, da sie es nicht, wie diese, verstand, das Mönchtum zu organisieren und zu einer die Gesellschaft umbildenden Kraft in ihrem Dienste zu gestalten. Die byzantinischen Klosterstiftungen blieben ohne sittlich reformatorische Grundlage und ohne festen Zusammenhang mit dem Mittelpunkt der kirchlichen Hierarchie. Sie mehrten sich übrigens in so erschreckender Weise, daß Griechenland wie alle andern Provinzen des Reichs mit Schwärmen von Mönchen bedeckt wurde, die ihre größte und niemals ausgerottete Plage blieben. Die Klöster bemächtigten sich der besten Landgüter durch Schenkung und Erschleichung, verderbten die Sitten des Volkes, erstickten die Vaterlandsliebe und entzogen dem Staat einen großen Teil der Männerkraft. Im 10. Jahrhundert versuchte ein erleuchteter Kaiser, Nikephoros Phokas, diesem Unwesen Einhalt zu tun, indem er die Vermehrung der Kirchengüter und der Klöster verbot, doch das fruchtete nichts.[202]

Es haben sich hie und da Kunden von Klosterstiftungen in Hellas und von berühmten Heiligen erhalten. So wurde im Jahre 874 in den Ruinen von Orchomenos in Böotien die Klosterkirche St. Peter und Paul von einem Protospatar Leon erbaut.[203] In Attika sind in derselben Zeit wahrscheinlich manche der Zönobien auf dem Hymettos und Pentelikon gegründet oder erneuert worden. Um die Mitte des 10. Jahrhunderts entstand im Lande Phokis das berühmte Kloster des heiligen Lukas des Jüngeren.

Dieser Thaumaturg stammte von Äginetten ab. Sarazenische Seeräuber aus Kreta überfielen das Eiland, dessen Volk sich nach Athen und Theben, dem Peloponnes und andern Orten flüchtete. Die Großeltern des Lukas retteten sich nach Kastoria in Makedonien. Dort wurde der Heilige am Ende des 9. Jahrhunderts geboren. Mystischen Neigungen folgend, entwich er aus seinem Elternhause; Mönche, die von einer Wallfahrt aus Rom gekommen und bei seiner Mutter eingekehrt waren, begleitete er heimlich nach Athen. Dort betete er mit ihnen in der Parthenonkirche, und sie empfahlen ihn, weiterziehend, dem Higumenos eines athenischen Klosters, welcher ihn in den Orden der Basilianer aufnahm. Allein von seiner Mutter Euphrosyne zurückgefor-

Fünftes Kapitel

dert, mußte Lukas Athen verlassen und heimkehren. Sie starb, und der junge Schwärmer wählte hierauf den einsamen Berg Joannitsa am Meeresstrande von Phokis zu seinem Aufenthalt als Eremit. Sieben Jahre blieb er dort, bis ihn ein furchtbarer Raubzug der Bulgaren, welche der gewaltige Zar Simeon beherrschte, zur Flucht nötigte. Lukas wanderte nach Korinth und weiter in das Gebiet von Patras, wo er zehn Jahre lang einem Säulenheiligen diente. Nach dem Tode des Bulgarenfürsten im Jahr 927 und der Thronbesteigung von dessen friedliebendem Sohne Petrus kehrte er in seine Einsiedelei Joannitsa zurück. Ein räuberischer Einbruch von Sarazenen in Hellas trieb den Eremiten zu neuer Flucht auf das Eiland Ampelos.[204] So schrecklich war diese Invasion der Ungläubigen, daß die hellenischen Flüchtlinge daran verzweifelten, jemals ihr Vaterland von dem Feinde verlassen zu sehen, und daran dachten, nach dem Peloponnes zu ziehen; aber der Heilige tröstete sie und hielt sie von ihrem Vorsatze zurück. Nach einiger Zeit begab er sich nach Sotirion in Phokis, wo er seine Zelle aufschlug und sich andere Einsiedler, seine Gefährten, niederließen. Dort starb Lukas, als der größte Heilige und Wundertäter seiner Zeit verehrt, im Jahre 946, »der Sproß von Hellas, sein Schmuck und Ruhmeskranz«, wie ihn sein zeitgenössischer Biograph genannt hat. Seine Schüler bauten über seinem Grabe die Kirche von Hagia Barbara, die schon im Jahr 942 Krinites, der Stratege von Hellas, auf die Bitten des Eremiten begonnen hatte. Sie gründeten dazu ein Kloster, und so entstand die berühmte Abtei des heiligen Lukas von Sotirion oder Stiris, welche im 11. Jahrhundert zu einer der schönsten byzantinischen Kirchen Griechenlands umgestaltet und mit glänzenden Mosaiken verziert wurde.[205]

Die kirchliche Mission in Griechenland wurde mit besonderem Eifer betrieben, seitdem die makedonische Dynastie unter Basileios I., dem Sohne eines slavischen Bauern, im Jahre 867 den Thron des Reichs bestiegen hatte. Sie behauptete denselben, einige Unterbrechungen ausgenommen, fast zwei Jahrhunderte lang. Ihr entstammten Herrscher, die sich durch staatsmännische Klugheit, kriegerische Kraft und Pflege der Wissenschaften auszeichneten, so daß das oströmische Reich die ihm durch die Araber und Slaven zugefügten Verluste wiederherstellen konnte und in eine neue Epoche des Glanzes und der Macht eintrat. Das Griechentum erlangte nochmals die Herrschaft in manchen ehedem verlorenen Provinzen; selbst in den Inseln Kreta und Zypern und einem Teile Kleinasiens wurde es hergestellt.

In Hellas und dem Peloponnes begegnen wir in der zweiten Hälfte des 10. Jahrhunderts wieder einem heiligen Missionar, welcher dem

Lukas von Sotirion ähnlich, aber an Tatkraft weit überlegen war. Der große Predigerapostel Nikon, ein Armenier, fand dort ein weites Feld für seine Tätigkeit. Er wirkte zuerst auf dem den Arabern wieder entrissenen Kreta, dann in Attika und dem Peloponnes, nicht nur um den Heiden, sondern auch der unbußfertigen griechischen Christen zu predigen. Sein Biograph, welcher freilich erst im 12. Jahrhundert schrieb und hie und da eine wissenschaftlich vermittelte Kenntnis des Altertums kundgibt, erzählt, daß Nikon von Damala, dem alten Epidauros, nach Salamis schiffte, welches er ganz verödet fand, und von dort nach Athen, »der Stadt des Kekrops«, hinüberfuhr, »wo der herrliche Tempel der Gottesmutter steht«. Hier habe er die Athener durch seine Predigten wie mit Sirenengesang bestrickt.[206]

Nikon zog nach Euböa, wanderte weiter nach dem »siebentorigen kadmeischen Theben«, nach Korinth, Argos, Nauplia, nach Amyklai und Lakedaimon oder Sparta. Hier nahm er seinen Sitz und fand daselbst, was bemerkenswert ist, einen Athener Theopemptos als Bischof vor. Sparta wird in dieser Legende als eine ansehnliche Stadt geschildert, wo es einen mächtigen Archontenadel und auch eine betriebsame Kolonie von Juden gab, während italienische Kaufleute aus Aquileja, d. h. Venedig, daselbst Handel trieben. Der Heilige gründete dort ein Kloster mit einer so schönen Kirche, daß sein Biograph versicherte, ihr Schmuck an Marmor und Malerei sei allen Werken des Phidias, Zeuxis und Polygnot gleich zu achten. Nikon hatte in Sparta genug zu tun, nicht nur um die ihm besonders verhaßten Juden auszutreiben, die Slavenstämme der Melingen und Ezeriten am Taygetos, welche ein Dux Antiochos regierte, zu bekehren, sondern auch um die letzten Spuren des antiken Heidentums in dem Berglande des südlichen Lakonien, der Maina, auszurotten. Die Mainoten waren, wie Konstantin Porphyrogennetos bemerkt, nicht Slaven, sondern Abkömmlinge der alten Griechen; doch mußten sie stark mit slavischen Elementen gemischt sein.[207] Zur Zeit Nikons bedrohten die Bulgaren Griechenland; der Stratege Basileios Apokaukos bewachte deshalb von Korinth aus den Isthmos; der Heilige aber versicherte ihn, daß seine Furcht vor jenen Barbaren grundlos sei.

2. Die Unterwerfung und noch mehr die Bekehrung der Slaven bildet einen Abschnitt in der Geschichte Griechenlands, insofern damit die Wiedererhebung der hellenischen Nationalität und endlich deren teilweise Mischung mit slavischem Blut verbunden war. Das Griechentum besaß freilich im Mittelalter nicht mehr jene überwältigende Kraft der Zeit Alexanders und seiner Nachfolger, wo es weite Länder und

fremde Völker von Kleinasien bis nach Ägypten hin zu hellenisieren vermochte. Die Slaven des illyrischen Festlandes, die Serben und Bulgaren, nahmen trotz der byzantinischen Kirche weder griechische Sprache noch Bildung an. Selbst wo sich in den altgriechischen Provinzen Slavenstämme massenhaft vorfanden, dauerten sie auch nach ihrer Bekehrung zum Christentum als solche fort, und es bedurfte einer geraumen Zeit, bis sie vom Hellenentum aufgesogen wurden. Es ist leicht begreiflich, daß in der Mitte des 10. Jahrhunderts dem Kaiser Konstantin Porphyrogennetos Hellas und der Peloponnes als wesentlich barbarisierte Länder erscheinen konnten, aber selbst noch im 13. Jahrhundert fanden die fränkischen Eroberer eine slavische Bevölkerung in Morea vor. Dort wurden sogar noch viel später Slavinen in der Tschakonia von den griechischen Peloponnesiern und den Byzantinern unterschieden.[208] Obwohl die Slaven in Griechenland die Sprache der Kirche annahmen, ging doch ihr nationales Idiom nicht so schnell und gänzlich unter wie das langobardische in Italien. Diese Tatsache beweist weniger, daß die griechischen Slaven in ihren Kantonen gedrängter zusammensaßen, als daß die Kulturmacht der Hellenen nicht so überwiegend war wie jene Italiens mit seinen volkreichen Städten und Bistümern und dem römischen Papsttum. Dieselbe Erscheinung bieten die später in Hellas eingewanderten Albanesen dar, deren Mundart in dem spärlich bevölkerten Lande noch heute nicht verschwunden ist. Wenn nun die Langobarden ihre germanische Sprache mit der italienischen vertauschten, so bewahrten sie dagegen bis zum 12. Jahrhundert ihr nationales Gesetzbuch. Auch hatten sie bis dahin die bürgerlichen und kirchlichen Akten Italiens mit ihren Namen erfüllt. Der langobardische Geschlechteradel, das große Seminar für die geschichtlichen Familien dieses Landes, bleibt noch heute dort als ein feudales oder doch aristokratisches Gerüst sichtbar. Ähnliches ist in Griechenland so wenig der Fall gewesen, daß sich heute kein slavischer Geschlechtsname daselbst entdecken läßt.[209]

Es gibt kein Zeugnis dafür, daß große Slavenfamilien den Grundstock eines neuhellenischen Adels gebildet haben, und dies ist leicht erklärbar. Denn ein mächtiger, aus ererbtem Landbesitz, der fürstlichen Gefolgschaft und der amtlichen Hierarchie entstehender Adel konnte sich unter den Slaven Griechenlands nicht ausbilden. Während ihrer langen Kolonisation dort wird keine namhafte Stadt als Sitz eines ihrer Fürsten oder als Zupanenhof bemerkt. Einige vornehme gräzisierte Slavenfamilien mußte es trotzdem immer gegeben haben. Konstantin Porphyrogennetos erzählt von einem angesehenen Manne, Niketas Rentakios aus dem Peloponnes, welcher sich dem Hause des

Kaisers Romanos Lakapenos verschwägerte und auf seine griechische Abkunft sehr stolz war, daß seine Slavenphysiognomie die Sarkasmen des byzantinischen Grammatikers Euphemios herausforderte, und Niketas war wohl nur eins von vielen Beispielen der Verschmelzung beider Nationen.[210]

Wenn man den heutigen Griechen die entschiedene Ablehnung der Mischung ihrer Ahnen mit den Slaven aus dem Grunde verzeihen kann, weil ihr stolzer Anspruch oder eitler Wunsch, noch als legitime Abkommen vom höchsten Adel des Menschengeschlechts zu gelten, begreiflich ist, so werden sie sich am Ende doch mit dem Schicksal aller geschichtlichen Rassen trösten müssen, die sämtlich eine Kreuzung erlitten und gerade deshalb sich erhalten, weil erneuert haben. Die Mischung mit slavischem Blut, so stark oder schwach sie sein mochte, hat die Griechen so wenig zu Sarmaten gemacht, wie der germanische Zusatz die Italiener und Franzosen zu Deutschen, oder wie diese ihre wendischen Bestandteile zu Wenden gemacht haben. Wir kennen das numerische Verhältnis der Slaven zu den Griechen nicht in der Zeit ihrer stärksten Kolonisation. In Epochen des Verfalles von Staaten und Nationen reicht die bewaffnete Kraft weniger aus, um viele zu unterjochen. Das hat Griechenland noch im 13. Jahrhundert durch die fränkische Eroberung erfahren. Man hat versucht, aus der Zahl slavischer Ortsnamen einen Schluß auf die Stärke der Einwanderung zu ziehen, und gefunden, daß im Peloponnes auf zehn griechische nur ein slavischer kommt.[211]

Die ethnologische Wandlung war dort fühlbarer als in Hellas und stärker auf dem Lande als in den Städten, zumal in den größeren, worin sich die Griechen immer erhalten hatten. Jedoch würde es ebenso vergeblich sein, in Argos und Patras, Korinth, Lakedaimon und Athen, in Monembasia und Theben im 10. Jahrhundert eine ungemischte Bevölkerung von Hellenen zu suchen als um dieselbe Zeit durchaus reine Lateiner in Rom, Florenz, Ravenna und Ancona. Selbst wenn die festesten Griechenstädte von slavischen Zuflüssen sich hätten frei erhalten können, so mußten doch im Lauf der Zeit in jede von ihnen die Wellen jener Völkermischung eindringen, welche dem kosmopolitischen Byzantinertum eigen war. Wurde doch das athenische Volk sogar schon in der Römerzeit als ein Gemisch von Nationen angesehen, und deshalb hatte C. Piso den menschenfreundlichen Germanicus getadelt, weil er die Athener zu gütig behandelte.[212]

Die Kraft, welche das Reich der Romäer an die riesige Aufgabe der Assimilierung ungriechischer Bestandteile setzte, ist wahrhaft bewundernswert; Konstantinopel blieb in dieser Hinsicht nicht hinter dem alten Rom zurück. In das Zentrum des großen kosmopolitischen Reichsorganismus strömten verjüngend und erneuernd die Säfte aus allen Provinzen ein. Slavische, persische, sarazenische Elemente wurden seit Justinian in das Heer, die Verwaltung, die Kirche, die Aristokratie und den Kaiserpalast aufgenommen, wo Armenier, Isaurier, Paphlagonen, Illyrier und Slaven auf den Thron gelangten. Wie aus einem ungeheuren Schmelztiegel kam das gemischte Völkermetall als byzantinisch hervor. Nur der beständigen Umprägung roher, fremder Stoffe verdankte das Reich Konstantins seine Fortdauer; aber dieses unablässige Aufnehmen solcher in den Reichskörper und die stete Berührung mit den Barbaren infizierte denselben zugleich mit Barbarei. Die wilde Grausamkeit der Kriminaljustiz, das Blenden und Verstümmeln, die Eunuchenwirtschaft, die Greuelszenen des Hofes selbst und ähnliches sind nur einzelne Züge der Verwilderung im Byzantinismus aufgrund seiner slavischen und asiatischen Beimischung.

Der Prozeß der Völkerumschmelzung im Romäerreich gelang übrigens nicht in gleicher Weise, wie ihn die Romanen des Abendlandes durchgemacht hatten. Ganze slavische Völkergruppen widerstanden der Byzantinisierung. Die Serben und Bulgaren entzogen sich ihr, indem sie eigene, von innerer Gärung aufgeregte und immer dem Reich feindliche Nationalstaaten bildeten, die nach ihrem natürlichen Schwerpunkt Byzanz gravitierten und den Fortbestand des Reiches gefährdeten. Nur im alten Griechenland vollzog sich die Hellenisierung der Slavenstämme.

Religion, Recht und Sitte, endlich die Kultursprache wurden den durch die physischen Einflüsse der griechischen Natur veredelten und zugleich geschwächten Barbaren von den Hellenen übermittelt. Sie gingen bis auf geringe Bruchteile in das Griechentum auf und wurden zu Neuhellenen. Das slavische Idiom aber wirkte so wenig umbildend auf das Neugriechische ein, daß ein sprachlicher Niederschlag desselben in diesem kaum sichtbar ist, während das Romanische, Türkische und Albanesische darin Spuren zurückgelassen haben. Nur eine kleine Anzahl von slavischen Wörtern ist im Neugriechischen nachzuweisen.[213] In der berühmten Chronik Moreas, welche das authentische Denkmal der Volkssprache der Neugriechen am Ende des 14. Jahrhunderts ist, finden sich wohl mancherlei französische und italienische Ausdrücke, aber kein slavisches Wort.[214]

Die ganze grammatische Revolution, welche das Altgriechische durchmachen mußte, um sich ins Neugriechische zu verwandeln, ist ebensowenig vom Einfluß des Slavischen abhängig gewesen wie die Bildung der neulateinischen Sprache vom Einfluß der Germanen.[215]

Überhaupt erwies sich in dem neugriechischen Idiom die Kraft der antiken Kultursprache so glänzend, daß sie dem Volksdialekt, trotz der grammatischen Verluste, doch nicht erlaubte, sich viel weiter von Homer, Plato und Demosthenes zu entfernen, als sich das Italienische von Virgil und Cicero entfernt hat. Daß überhaupt der griechische Volksstamm aus so vielen und schweren Kämpfen mit den barbarischen Elementen während jener dunklen Jahrhunderte siegreich hervorging und seine nationale Sprache und Eigenart rettete, ist mit Recht als Beweis seiner unvergleichlichen Lebenskraft geltend gemacht worden.[216]

Das rühmliche Werk der nationalen Wiedergeburt Griechenlands wurde der makedonischen Dynastie durch unausgesetzte Kämpfe mit den Arabern und Bulgaren erschwert. Jene konnten im Jahre 904 sogar die reiche, von den Slaven nie erstürmte Handelsstadt Thessalonike überfallen und ausplündern. Ihre Korsaren machten die Meere unsicher und führten Raubzüge nach den Inseln und Küsten bis nach Attika aus.

Noch furchtbarer wurden die Bulgaren. Unter ihrem Khan Simeon, dem Sohne des Boris und ersten Kaiser oder Zaren seines von Natur zur friedlichen Beschäftigung des Hirten und Ackermanns angelegten, aber durch die politischen Verhältnisse kriegerisch gewordenen Volks, waren sie seit 893 zu so gewaltiger Tatkraft gelangt, daß die byzantinischen Kaiser ein ganzes Jahrhundert brauchten, um diesen schrecklichen Feind niederzuwerfen. Bulgarische Massen brachen wiederholt in die Länder südlich von den Thermopylen ein. Simeon verheerte die Provinzen von Hellas und ohne Zweifel auch Attika; nur die festen Städte widerstanden.[217]

Wenn damals die Leiden feindlicher Eroberung über das schwache Athen ergangen wären, so würde sich trotz des barbarischen Zustandes der Geschichtsschreibung in jenem Zeitalter doch wohl eine Kunde davon in irgendeinem Chronisten erhalten haben. Weder Geschichte noch Legende unterbrechen für uns das lange Schweigen, welches die erlauchte Stadt bedeckt. Es ist so tief, daß der Forscher nach Spuren ihres Lebens in jenen Jahrhunderten die Freude des Entdeckers empfindet, wenn er auch nur die geringste solcher wahrnehmen kann, wie im Leben das heiligen Lukas, welcher Athen besuchte, in der Parthenonkirche betete und in einem Kloster Aufnahme fand.

Hie und da erscheinen Namen athenischer Bischöfe zumal in jenem verhängnisvollen Patriarchenstreit zwischen Photios und Ignatius, welcher die Trennung der orientalischen Kirche von Rom herbeiführte. Auf dem achten ökumenischen Konzil verteidigte Niketas von

Athen die Sache des Ignatius. Deren Anhänger waren auch die Bischöfe Sabas und Anastasios.[218] Es geschah während dieses Kirchenstreits im Jahre 887, daß der Kaiser Leon VI. zwei seiner Widersacher, den manichäischen Bischof Theodor Santabarenos und Basileios Epeiktos, einen Verwandten der Kaiserin Zoe, nach Athen verbannte.[219]

Die siegreiche Partei der Ignatianer scheint die Ergebenheit des athenischen Bistums erst durch seine Erhebung zum Erzbistum, dann vor 869 zur Metropole belohnt zu haben. Unter den Bistümern des Reichs nahm Athen die 28. Stelle ein. Der dortige Metropolit führte den Titel Exarch von ganz Hellas, wie der von Korinth Exarch des ganzen Peloponnes war. Er hatte zehn Suffraganbistümer unter sich: Euripos, Oreos, Karystos und Porthmos auf Euböa, ferner Diaulia und Koronea, Aulona und die Inseln Skyros, Andros und Syra. In Attika wird kein einziges Bistum außer Athen mehr genannt; das von Marathon, welches im 6. Jahrhundert bestanden hatte, war erloschen und wohl infolge der Verwüstungen des Küstenlandes durch Barbaren und Meerpiraten.[220]

Wie für das Volk der Römer in jenen Jahrhunderten so konnten auch für die Athener nur die kirchlichen Angelegenheiten Gegenstände der lebhaftesten Teilnahme sein. Die wichtigsten Ereignisse, von denen die Wohlfahrt der Stadt abhing, waren für sie die in Konstantinopel vollzogene Ernennung ihres Erzbischofs und jene des Strategen des Thema Hellas. Der Metropolit war die einflußreichste Person Athens nicht nur als der geistliche Regierer des Volks, sondern auch als der reichste Besitzer des Landes, von dessen Gütern die Kirche sicherlich mehr besaß als die wenigen dort eingesessenen Familien von Eupatriden. Seine Autorität konnte ihn dazu befähigen, die Gemeinde gegen die Willkür des Strategen oder kaiserlichen Prätors zu schirmen, welcher von Theben aus Hellas verwaltete, die Stadtmagistrate ernannte und beaufsichtigte, die Steuern ausschrieb, die Truppen für den Kriegsdienst aushob und auch die oberste Instanz für die Zivilgerichtsbarkeit war. Der Druck, den der Stratege und die Offizialen des Staats, Militäroberste, Richter, Schreiber, Zollpächter und Steuereintreiber auf die Bevölkerung des Landes ausübten, war bisweilen so stark, daß er diese zur Verzweiflung trieb.

Das Schreckliche und Frevelhafte wird, weil es aufregt, aufmerksamer beobachtet und dem Gedächtnis stärker eingeprägt als geräuschlose Handlungen von Tugenden, mögen diese auch noch so erhaben und glänzend sein. Dies ist so wahr, daß es der mörderischen Steinwürfe der zur Wut entflammten Athener bedurfte, um den Griffel mehr als eines byzantinischen Geschichtsschreibers in Bewegung zu setzen und dadurch plötzlich darzutun, daß es im Jahre 915 noch ein athenisches Volk gab, welches ihm zugefügte Unbilden empfand und rächte. Die Szene dieses Ereignisses – es erinnert an den kylonischen Frevel der Alkmaioniden – war wie damals die heiligste Stätte der Athener auf der Akropolis und der tragische Held desselben ein hoher byzantinischer Würdenträger mit Namen Chase, Sohn des Juba.[221] Dieser Große hatte durch seine ausschweifenden Laster und seine tyrannische Gewalttätigkeit nicht nur die Stadt, sondern Hellas empört, denn als Vollstrecker der an ihm ausgeübten Volksjustiz werden ausdrücklich die Bewohner von Hellas und Athen bezeichnet.[222] Er muß daher entweder selbst Stratege des Thema oder doch einer der vornehmsten kaiserlichen Beamten desselben gewesen sein. Vielleicht war er, etwa mit dem Titel eines Archon Athens, der vom Strategen bestellte Präfekt dieser Stadt und der Eparchie Attika, und dann hatte er seinen Sitz auf der athenischen Stadtburg. Denn es geschah dort und in der Parthenonkirche, wo er sich an den Altar geflüchtet haben mochte, daß Chase vom Volk gesteinigt wurde.[223] Das ohne Zweifel schreckliche Nachspiel, welches die byzantinische Regierung auf dies tumultuarische Verfahren über die Athener ergehen ließ, kennen wir nicht.

Theben, und nicht Athen, war der Sitz des Strategen von Hellas. Dies geht aus der Lebensgeschichte des heiligen Lukas hervor, in welcher erzählt wird, daß der berühmte Wundertäter den hellenischen Strategen Krinites in Theben besucht habe. Auch wird in derselben Biographie einmal Pothos dort als solcher genannt.[224] Der Stratege des Thema Peloponnes residierte in Korinth. Diese Stadt erscheint zur Zeit desselben Lukas als ein bedeutender Ort, wo es nicht nur eine theologische Schule gab, sondern auch profane Wissenschaften gelehrt wurden. Denn der Biograph jenes Heiligen preist daselbst einen Theophylaktos sowohl wegen seiner persönlichen Tugenden als wegen seiner weltlichen Gelehrsamkeit.[225]

Die Lebensgeschichte des Thaumaturgen gibt übrigens von den furchtbaren Plagen Zeugnis, welche Hellas und der Peloponnes am Ende des 9. und im 10. Jahrhundert durch die Raubzüge der Sarazenen Kretas und die Bulgaren erlitten, von denen auch Attika arg heimgesucht wurde. Mit den Bulgaren verbanden sich sogar die trotzigen Slavenstämme der Milinger und Ezeriten, so daß sie der Stratege Krinites Arotras um 941 von neuem unterwerfen mußte.[226]

Die heldenhafte Eroberung Kretas durch Nikephoros Phokas im Jahre 961 minderte seither die Bedrängnis vonseiten der Mohammeda-

*Der Parthenon
(Stich 1819)*

Kaiser Basileios II.
(Miniatur Ende 10. Jh.)

ner, allein die andere von Bulgarien her stieg aufs höchste unter dem gewaltigsten aller Fürsten dieses Volks, dem Zaren Samuel aus dem Bojarenhause Šišman in Trnovo, der sich in demselben Jahre 976 zum Herrscher aufwarf, in welchem zum Glücke des bedrohten Reichs sein großer Gegner Basileios II. den byzantinischen Thron bestieg. Samuel erweiterte seine Herrschaft, deren Hauptstadt Achrida in Makedonien wurde, bis zur Küste Albaniens und nach Thessalien hin. Nie war die Gefahr Griechenlands größer als jetzt, wo der gewaltige Zar im Sinne hatte, auch diese Provinzen seinem Reiche einzuverleiben. Schon im Jahre 978 fiel er in Hellas ein. Er wiederholte seine Verheerungen mehrmals. Im Jahre 995 plünderte er Böotien und Attika, ohne die festen Städte zu stürmen, und er drang selbst über den Isthmos in den Peloponnes.[227] Von dem Angriff gegen Korinth schreckte ihn jedoch die Kunde ab, daß der griechische Kaiser mit vielem Kriegsvolk gegen Bulgarien im Anzuge sei. Mit Beute beladen, Tausende von Gefangenen mit sich schleppend, trat Samuel deshalb seinen Rückzug nach Thessalien an, und dort wurde er von dem byzantinischen General Nikephoros Uranos am Sperchios aufs Haupt geschlagen. Mit Not entronnen, kämpfte der Zar mit immer schwächeren Kräften gegen die überlegenen byzantinischen Heere.

3. Was der Gründer der makedonischen Dynastie, Basileios I., begonnen hatte, die Wiedereroberung der slavischen Balkanländer, vollendete der siegreiche Basileios II., ein ausgezeichneter Feldherr und Fürst, der das griechische Kaiserreich aus langer Ohnmacht wieder zur alten Größe emporhob. Der Anblick von 15000 gefangenen bulgarischen Kriegern, die er nach seinem Siege an der Neumitza mit mehr als asiatischer Grausamkeit hatte blenden lassen und dann dem Zaren zurückschickte, brach selbst das in Greueln hart gewordene Herz des Barbaren Samuel; er fiel ohnmächtig zu Boden und starb zwei Tage nachher, am 15. September 1014. Unter Kämpfen verzweifelter Gegenwehr stürzte nach seinem Tode das Reich des Asparuch und Krum zusammen. Basileios eroberte alle festen Städte des bulgarischen Landes bis ans ionische Meer und hielt sodann seinen Einzug in die mit märchenhaften Schätzen erfüllte Hauptstadt Achrida.

So wurde Bulgarien, wie gleichzeitig auch Serbien, als Provinz dem byzantinischen Reiche einverleibt. Zum ersten Mal seit Justinian herrschte der Kaiser Ostroms wieder machtvoll von der Donau bis zum südlichsten Kap des Peloponnes. Von Achrida machte sich Basileios II. auf, das jetzt vor neuen Barbarenstürmen gesicherte griechische Festland zu durchziehen. Er kam nach Zitonion oder Zeitun, dem alten Lamia in der thessalischen Phthiotis, wo einst die Athener den makedonischen Antipater bekämpft hatten; er sah noch auf den Feldern des Sperchios die Gebeine der dort erschlagenen Bulgaren bleichen, besichtigte in den Thermopylen die Schanze Skelos, welche am Berge Rupenas zur Verteidigung von Hellas aufgerichtet worden war, und zog dann durch Böotien nach Athen, im Jahre 1018.[228] Hier wollte er seinen Triumph auf der altersgrauen Akropolis feiern.

Der Besuch des kaiserlichen Helden war eine hohe Auszeichnung für das vergessene Athen. Den furchtbaren »Bulgarentöter« hat schwerlich antiquarische Wißbegierde dorthin geführt, da er selbst, als ein rauher Kriegsmann, Gelehrsamkeit und Wissenschaft mißachtete. Doch war er sich bewußt, daß er durch die Vernichtung des Bulgarenreichs den Sieg des Griechentums über die Slaven entschieden hatte. Die Erinnerung an den alten Ruhm Athens mußte den Kaiser mit Achtung für die Stadt der Marathonkämpfer und der Sieger bei Salamis erfüllt haben. Außerdem war sie noch immer einer der angesehensten Orte Altgriechenlands.

Die wenigen byzantinischen Geschichtsschreiber, welche sich herbeiließen, dies für Athen wichtige Ereignis zu verzeichnen, berichten nur kurz, daß der Kaiser in der Kirche der Gottesmutter Dankgebete für seinen Sieg über die Bulgaren darbrachte und diesen Tempel mit vielen, prachtvollen Weihgeschenken schmückte, worauf er nach Konstantinopel zurückkehrte.[229] Sie sagen nicht ein Wort weder von der Dauer seines Aufenthalts noch von dem, was ihn dort beschäftigt, was er angeordnet und eingerichtet hat. Die alte, ehrwürdige Akropolis wurde zum letzten Mal von dem Glanz des byzantinischen Kaiserhofs umstrahlt, und dort versammelten sich um den sieggekrönten Gebieter des Ostens die Strategen, die Bischöfe, die Richter und Archonten, die Abgesandten der Städte der Griechen. Es fehlten nicht die gekünstelten und schwülstigen Panegyriken, mit denen der Kaiser bei seinem Empfange stilgemäß begrüßt wurde. Könnten wir sie noch in irgendeiner glücklich bewahrten Handschrift lesen, so würden sie uns über die Zustände des damaligen Athen belehren. Wir würden dann vielleicht auch einen halbwissenden athenischen Scholasten im Mönchsgewande erblicken, welcher dem Monarchen die sagenhaft gewordenen Trümmer der Stadt des Themistokles erklärt. Freilich war der Sinn der Byzantiner und auch der Hellenen selbst für die klassischen Denkmäler damals so gut wie erloschen, und wie für die Römer in derselben Zeit so bestand auch für die Athener die Herrlichkeit ihrer Stadt nur in der Menge und Schönheit der Kirchen.

Von allen Monumenten Athens, die bei Gelegenheit der Anwesen-

Fünftes Kapitel

heit des Kaisers Basileios dessen Aufmerksamkeit erregen konnten, hat nur der Parthenon, und zwar als Marienkirche, die Ehre gehabt, erwähnt zu werden. Seine christliche Einrichtung mußte damals im wesentlichen vollendet sein. Die alte Zelle der Parthenos bildete drei Schiffe mit 22 neuen Säulen, die durch Pfeiler verstärkt waren; je 10 in der Reihe standen zu Seiten des Mittelschiffes und zwei an dem durchbrochenen Eingange.[230]

Eine obere Galerie von 23 Säulen diente zum Raum für die andächtigen Frauen. Die flache, bemalte Kassettendecke der Zelle war abgebrochen, gleich dem alten Tempeldach, und man hatte die Kirche überwölbt.[231]

Die äußeren Säulenreihen des Parthenon scheinen durch eine niedrige Mauer verbunden gewesen zu sein, und dort waren Kapellen angelegt. So beklagenswert auch diese barbarischen Umwandlungen für den Bestand des antiken Prachtbaues sein mußten, so blieb derselbe doch in seinem Wesen erhalten. Während der Kaiser Basileios vor dem Altar der Jungfrau betete, glänzten noch die olympischen Götter- und Heldengestalten von den Giebeln und die panathenäischen Festzüge von den Friesen herab. Es war auch nur die monumentale Schönheit der heidnischen Architektur, welche die Marienkirche Athens berühmt machte, und weder die Hagia Sophia Konstantinopels noch die Basiliken des St. Petrus und Paulus in Rom oder des heiligen Markus in Venedig haben ihr die Palme streitig gemacht.

Der Kaiser scheint den Befehl gegeben zu haben, die Kirche mit Gemälden auszuschmücken. Daß diese Freskobilder Szenen seines bulgarischen Krieges darstellten, ist aber doch nicht zu erweisen.[232] Im übrigen lehren noch heute Überreste schöner Malereien auf den Wänden am Opisthodom, daß sie mit Heiligenbildern bedeckt gewesen sind. Ein musivisches Bildnis der Atheniotissa schmückte damals schon die Apsis. Man sieht diese athenische Jungfrau mit dem Kinde auf Siegeln der Bischöfe und byzantinischer Beamten abgebildet mit dem Anruf an die Heilige: »Theotokos, hilf deinem Knechte.«[233] Die griechische Malerei blühte übrigens nicht mehr in Athen und Korinth, sie flüchtete sich nach Konstantinopel und in die berühmte Schule eines Klosters in Thessalonike, welche den Meister Manuel Panselinos hervorbrachte, dessen gepriesene Bilder die Athosklöster schmückten.

Basileios mehrte den athenischen Kirchenschatz durch kostbare Geräte byzantinischer Kunst aus der unermeßlichen bulgarischen Beute von Achrida, und wahrscheinlich stammt ein großer Teil der im Mariendom bewunderten Kleinodien aus seinen Weihgeschenken her.²³⁴ Unter jenen befanden sich eine über dem Altar schwebende goldne Taube, das Symbol des heiligen Geistes, und eine goldne ewige Lampe, die als ein Wunderwerk berühmt war.

Athen war zu jener Zeit mit Kirchen und Kapellen erfüllt, von denen manche durch Alter im Verfalle sein mußten. Einunddreißig Jahre nach dem Besuche des Kaisers erneuerte dort ein frommer Spatharokandidat Nikolaus Kalomalas die Basilika des heiligen Theodor. Dies sagt eine Inschrift, eins der wenigen Epigramme aus dem Mittelalter Athens, welche geschichtliche Tatsachen verzeichnen.²³⁵ Es ist daher irrig, sich die Stadt Athen zu jener Zeit als einen Trümmerhaufen ohne Leben vorzustellen. Der baulustige Gardeoberst ist wahrscheinlich Athener von Geburt gewesen, wie ein anderer hoher Offizier, der ausdrücklich als solcher bezeichnet wird, und im Jahre 1031 in diplomatischen Geschäften zum Sultan von Aleppo geschickt wurde.²³⁶

Sechstes Kapitel

Bessere Zustände in Hellas. Aufstand und Kriegszüge der Bulgaren. Widerlegung des Irrtums über die Eroberung des Piräus durch den Helden Harald. Die Runenschrift auf dem Piräus-Löwen. Die Pilgerfahrten berühren nicht Athen. Griechische Renaissance in Konstantinopel. Michael Psellos. Sein Verhältnis zu Hellas und Athen. Byzantinische Verwaltung dieses Themas und der Stadt. Der heilige Meletios und seine Klöster. Bedrängnisse des Reichs. Die Seldschuken. Die Normannen. Das Abendland und das Morgenland. Robert Guiscard. Venedig und Byzanz. Europa, das Papsttum und das griechische Reich. Die Komnenen. Die Normannen Siziliens plündern Theben und Korinth. Benjamin von Tudela in Griechenland. Zustand Athens.

1. Im Beginne des 11. Jahrhunderts sahen sich, infolge der großen Siege Basileios II., die altgriechischen Länder in eine verhältnismäßig günstige Lage versetzt. Die slavische und die byzantinische Kolonisation trugen ihre Früchte, und Hellas wie der Peloponnes konnten sich unter dem Schutze der erstarkten Reichsgewalt zu neuem Wohlstande entwickeln. Die Landschaften boten wieder Ernten an Korn und Öl dar; die Flotten von den Themen Samos, der Kibyrrheoten in Karien, Lydien und Pamphilien und vom ägäischen Meer schützten die Küsten, oder sie beschränkten doch die Raubzüge der Korsaren. Die Schiffs- und Kriegssteuer mußte freilich als drückende Last empfunden werden. Doch vermochten die Einwohner Griechenlands immer

so viel Summen Geldes aufzubringen, als nötig waren, um sich von der Heeresfolge loszukaufen. Dies hatten sie schon im Jahre 935 gezeigt, als der Kaiser Romanos Lakapenos einen Kriegszug gegen die Lombardei rüstete. Denn damals konnte der Peloponnes 1000 gesattelte Pferde stellen und 7200 Goldstücke zahlen.[237] Auch während der Verwirrungen, die das byzantinische Reich von neuem erfuhr, als Basileios II. im Jahre 1025 gestorben war und seinem schwachen Bruder Konstantin VIII. den Thron hinterlassen hatte, wurde Hellas durch seine entfernte Lage davor geschützt, zum Schauplatz der Völkerkämpfe zu werden, oder es erlitt solche nur als vorübergehende Stürme. Das skythische Volk der Petschenegen in den Landschaften des Dnjepr und am Dnjestr, welches schon einmal im Jahre 970, mit den Russen vereint, Konstantinopel bedrängt hatte und dann in Thrakien eingefallen war, setzte diese Raubzüge bis zu den Thermopylen fort. Auch die Uzen drangen mehrmals über die Donau und machten einmal sogar in Hellas einen Einfall.[238] Furchtbarer war der Aufstand der Serben und die neue Erhebung der Bulgaren, die das byzantinische Joch abwarfen, unter ihrem Haupt Deleanos ihre Unabhängigkeit herstellten, den Kaiser Michael IV. in die Flucht schlugen und die ganze Balkanhalbinsel mit namenlosen Greueln erfüllten.

Ein Bulgarenheer, geführt von Anthimos, konnte im Jahre 1040 sogar durch die Pässe der Thermopylen nach Böotien eindringen, wo Allakasseos, der Stratege des Thema Hellas, ihm bei Theben sich entgegenwarf, aber in einer mörderischen Schlacht unterlag.[239] Die festen Mauern der Kadmea scheinen diese gewerbetreibende Stadt geschützt zu haben, und von einem Einfall der Bulgaren in das benachbarte Attika selbst verlautet nichts. Nun aber hat man geglaubt, daß damals Athen, durch den Steuerdruck des Strategen von Hellas zur Verzweiflung gebracht, sich gegen die Regierung der Kaiserin Zoe empört habe und daß der Piräus entweder vom Bulgarenführer Anthimos eingenommen worden sei oder doch den Athenern zum Stützpunkt ihrer Rebellion gedient habe. Hierauf soll der städtische Hafen von jenem berühmten norwegischen Helden Harald wieder erobert worden sein, welcher zwischen 1033 und 1043 die warägischen Söldner in Byzanz befehligte, dann nach großen Taten im Mittelmeer in sein nordisches Vaterland heimkehrte und im Jahre 1047 den Königsthron Norwegens bestieg.[240] Allein kein Geschichtsschreiber hat davon berichtet, sondern diese Meinung ist nur durch die irrige Auslegung einer Runenschrift veranlaßt worden.

Vor dem Arsenale Venedigs steht, neben zwei andern von den Venetianern entführten athenischen Löwenbildern, der berühmte sitzende Löwenkoloß von Marmor, welchen Francesco Morosini im Jahre 1688 aus dem Piräus als Beute fortgeführt hat. Auf seiner Brust und Flanke ist eine barbarische Zeichenschrift mit dem Meißel eingegraben, und diese hat man als Runenschrift erkannt.[241] Ein Entzifferer derselben vermaß sich mit großer Kühnheit herauszulesen, daß Harald der Lange diese Runen durch Asmund habe eingraben lassen, nachdem er mit einer Normannenschar den Hafen Piräus erobert und das rebellische Griechenvolk bestraft hatte.[242] Indes ein wirklicher Meister in der Runenkunde hat diese Erklärung als ein Spiel der Phantasie bezeichnet.[243] Er behauptet nur dies als sicher, daß die Schriftzeichen auf dem Piräuslöwen wirklich Runen sind, und zwar so schadhaft gewordene, daß kaum mehr als ein einziges Wort lesbar ist. Aus der Art, wie die Inschriften auf kunstreich verschlungenen Bändern in Schlangenform angebracht sind, glaubt er schließen zu dürfen, daß dieselben um die Mitte des 11. Jahrhunderts von einem schwedischen Manne aus Upland eingegraben worden sind.

Die kindische Sitte der Reisenden, ihre Namen und Sinnsprüche auf Monumenten einzuzeichnen, ist so alt wie die menschliche Eitelkeit. Den Memnonkoloß bei Theben in Ägypten haben reisende Griechen und Römer mit Inschriften bedeckt, welche jetzt der Wissenschaft dienstbar sind, und normannische Abenteurer verewigten die Kunde ihrer flüchtigen Anwesenheit im Piräus auf jenem antiken Marmorlöwen in rätselhaften Schriftzeichen, die aus ihm eine Sphinx für die Forschung gemacht haben. Dies aber konnten nicht gewöhnliche Reisende noch Schiffer und Handelsleute gewesen sein, denn die Hafenwache würde ihnen das schwerlich gestattet haben. Die Runen sind sorgsam, kunstvoll und daher mit voller Muße ausgeführt. Dazu aber konnten nordische Männer Zeit finden, als der »Bulgarentöter« Basileios in Athen verweilte. Die kaiserliche Leibwache der Waräger war schon im 10. Jahrhundert in Konstantinopel errichtet worden; es ist daher kein Zweifel, daß der Kaiser Basileios diese normannische Garde mit sich nach Athen gebracht hat. Er selbst schiffte sich im Piräus nach Konstantinopel ein. Es gibt daher keine passendere Gelegenheit für die Entstehung der Runenschrift auf dem antiken Koloß als das Jahr 1018.

Alle Schlüsse, die man aus jener falschen Runenerklärung in bezug auf Athen gezogen hat, sind daher nichtig. Auch die Haraldsage weiß nichts von den Taten dieses Heldensohnes Sigurds und Bruders Olafs des Heiligen im Stadthafen Athens. Sie erzählt nur seine Abenteuer in Miklagard oder Konstantinopel, wo dieser Held zur Zeit der Kaiserin Zoe und ihres letzten Gemahls Konstantin IX. Monomachos als

Haupt der Waräger gedient und die griechischen Meere durchfahren hat.[244] Irrig ist auch die Ansicht, welche man an die Haraldsage geknüpft hat, daß selbst Athens verfallene Größe in den Liedern des Nordens ihren Nachklang gefunden und man auf Island von der »hehren Stadt Athen, der Mutter aller Wissenschaften, der Pflegerin aller Philosophen und der prächtigsten, berühmtesten Stadt Griechenlands« gesprochen habe.[245] Die Stadt Athen wird nirgend so in den Nordlands-Liedern genannt, obwohl altnordische Legenden ihrer erwähnen. Sie nennen sie Athenisborg, und dies beweist, daß für skandinavische Seefahrer die hochragende, feste Akropolis das Merkmal der Stadt gewesen ist, wie sie es später für die Franken als Kastell Setines wurde. Die Dionysiussage spricht von dem Besuche des Apostels Paulus in Athenis oder Athenisborg, die Sage der Maria Magdalena redet von einem Besuch der heiligen Martha ebendaselbst, und in der ›Vita patrum‹ wird von einem jungen Manne erzählt, der in die Schule nach Athen geschickt worden sei, aber der dieser Erzählung beigefügte lateinische Text beweist, daß die Sage nur eine Übersetzung wiedergegeben hat.[246] Dasselbe muß von jeder andern Legende gelten. In der jüngeren Edda wird bei Gelegenheit einer Besprechung der Grammatik des Donatus bemerkt, daß die Redekunst, welche die römischen Weisen zu Athenisborg in Griechenland gelernt und dann ins Lateinische übertragen hatten, dieselbe sei wie die Dichtung, die Odin aus Asien nach dem Norden gebracht habe.[247]

Es ist der Mühe wert, bei dieser Gelegenheit einen Blick auch auf die Reisen namhafter Pilger des Abendlandes nach Syrien zu werfen, und sich dann zu überzeugen, daß wir solchen keine Kunde von den Zuständen Athens zu verdanken haben. Weder in der Pilgerfahrt des gallischen Bischofs Arculf um 700 noch in der Willibalds (722–728) findet sich diese Stadt genannt; der Wallfahrer berührte sie nicht, da er von Syrakus nach Monembasia und weiter über Kos und Samos nach Ephesos segelte.[248] So hatte auch Liudprand von Cremona auf seiner Gesandtschaftsreise nach Konstantinopel im Jahre 968 Athen nicht berührt. Die Pilger schifften in der Regel von Apulien über Korfu nach Lepanto, wo sie dann den Landweg nach Thessalien einschlugen, oder sie zogen von Messina durch den Archipel nach Syrien. Manche gingen auf der Straße des Itinerarium der alten Jerusalemfahrer über Ungarn nach Konstantinopel. Diese Richtung nahmen der Graf Wilhelm von Angoulême und der Abt Richard von Verdun in den Jahren 1026 und 1027, und so bewegte sich auch 1064 der große Pilgerzug des Bischofs Siegfried von Mainz und des Ingulf von Croyland.

Die skandinavischen Pilger benutzten drei Wege, den östlichen durch Rußland, den westlichen an den Küsten Spaniens und Afrikas und den südlichen durch Italien, welcher Sudrvegr oder Romavegr genannt wurde. Das Itinerar des Abts Nikolaus Sämundarson um 1151 ist folgendes: von Aalsborg durch Deutschland und die Schweiz nach Aosta, durch Toskana nach Rom, über Benevent, Bari und Monopoli nach Durazzo, weiter an den Küsten des Peloponnes nach Kos, und so durch die Kykladen nach Syrien.²⁴⁹ Nikolaus hat auf seiner Fahrt Athen sowenig berührt wie viele andre nordländische Pilger, auch wenn sie von Venedig aus Griechenland besuchten. Denn sogar von Säwulf ist es nicht gewiß, ob er Athen gesehen hat. Dieser Reisende begab sich nach Patras, Korinth, Livadostro und Theben und ging von dort nach Negroponte, wo er ein Schiff mietete. In diesem Reisebericht hat er Athens nur flüchtig erwähnt als eines Orts, welcher zwei Tagemärsche von Korinth entfernt sei.²⁵⁰ Die Stadt Athen besaß keine christlichen Reliquien von Weltruf und war außerdem ihrer Lage wegen keine Station für Pilger und Reisende aus dem Westen nach dem Orient. Wir können daher unsre mangelhaften Kenntnisse von ihren Zuständen nicht mit abendländischen Berichten ergänzen.²⁵¹

2. Seit der Mitte des 11. Jahrhunderts fand eine geistige Annäherung der Byzantiner an Griechenland statt, die zu einer Wiedergeburt des Hellenismus zu führen schien. Die Kirche des Ostens vollzog damals ihre Trennung von der lateinischen; sie sammelte ihre Kräfte und fand, daß sie noch über eine bedeutende Summe von Intelligenz zu verfügen hatte. Würdige und gelehrte Männer bestiegen nacheinander den Patriarchenstuhl der Hauptstadt, unterstützt vom Aufschwunge wissenschaftlicher Studien unter Kaisern, welche gebildet genug waren, um zu erkennen, daß nur Schulen und Unterricht dem Reiche Kraft und Glanz verleihen und Konstantinopel dem alten Athen ähnlich machen können, dessen Ruhm zum Himmel emporreiche.²⁵² So urteilte die Kaiserin Eudokia, die Gemahlin erst des Konstantin Dukas, dann des unglücklichen Romanos Diogenes, in der Zuschrift an diesen, womit sie ihr Buch ›Ionia‹ oder ›Veilchenblüten‹ einleitete: ein gelehrtes Lexikon, in dem antike Götter, Heroen und Weise Griechenlands, aber weder Heilige noch Kirchenväter behandelt werden. Freilich ist die Echtheit desselben streitig.²⁵³

Schon unter der Dynastie der Makedonier waren die Studien, infolge der von Photios ausgegangenen Anregung, sehr gefördert worden, wie dies die literarische Tätigkeit Leons VI., des Philosophen, und besonders seines Sohnes Konstantin Porphyrogennetos beweist.

Sechstes Kapitel

Seit dem 11. Jahrhundert entstand sodann ein neuer Aufschwung des wissenschaftlichen Geistes in Konstantinopel oder vielmehr am Kaiserhofe. Der als Herrscher unbedeutende, doch für Bildung empfängliche Konstantin Monomachos erwarb sich das Verdienst, die byzantinische Akademie mit den Disziplinen der Rechtskunde, der Philosophie und Philologie wieder einzurichten. Die Seele derselben ist Michael Psellos gewesen, der um 1018 geboren war, in Byzanz sich heranbildete, ein für seine gesunkene Zeit immerhin staunenswertes Wissen von enzyklopädischem Umfange erwarb, unter fünf Kaisern als vielgewandter Höfling den höchsten Einfluß im Staatsrate besaß und die griechische Gelehrsamkeit im 11. Jahrhundert in sich verkörperte. Er hat auch ein schätzbares Geschichtswerk geschrieben, welches die Regierungen der Kaiser von 976 bis 1077 umfaßt.[254] Die gerühmten biographischen Porträts der Italiener aus der ersten Zeit der Renaissance, selbst diejenigen des Paulus Iovius nicht ausgenommen, erscheinen sehr dürftig im Vergleich mit der attischen Bildung, der Beredsamkeit, scharfsinnigen Beobachtungsgabe und dem staatsmännischen Urteile dieses Byzantiners. Kein Humanist im Abendlande hätte Skizzen von so feiner Psychologie oder von so philosophischer Schulung zu verfassen vermocht, als die Gedächtnisreden des Psellos sind: auf seine Mutter, auf den Grammatiker Niketas und die drei hervorragenden Patriarchen seiner Zeit, Michael Kerullarios, Konstantin Leuchudes und Johannes Xiphilinos.

Psellos war das Haupt der byzantinischen Akademie; der Kaiser Konstantin Monomachos verlieh ihm den prunkvollen Titel des Hypertimos und Fürsten der Philosophen. Seine Begeisterung für Plato, dessen Ideenlehre er eigentlich wieder ans Licht zog, und seine gründliche Kenntnis der antiken Literatur erfüllten Psellos mit leidenschaftlicher Verehrung für das lange mißachtete Griechenland. Um des Kimon und Perikles willen und aus Ehrfurcht vor den alten Philosophen und Rednern bekannte er offen seine Liebe zu den Athenern und Peloponnesiern. Denn man müsse wegen der Väter die Söhne ehren, auch wenn diese die Art jener nicht mehr bewahrt haben.[255] Er beklagte die tiefe Nacht, die sich auf das einst vom Ruhm der Wissenschaften strahlende Hellas gelagert hatte, welches jetzt von umgestürzten Säulen und Trümmern seiner alten Tempel erfüllt sei. Mit Freimut nahm er das Land der Griechen gegen die Vorurteile der Byzantiner in Schutz und rief diesen die Bedeutung des Namens »Hellene« ins Bewußtsein zurück.

Hellas war für die Theologen, die Sophisten und Aristokraten von Byzanz in der Tat zu einem fremden Lande geworden, da es weder mehr die Gelehrten noch die Staatsmänner beschäftigen konnte. Selbst in dem Geschichtswerke des Psellos wird der Name Athen nur ein einziges Mal ausgesprochen und ohne praktischen Bezug auf die Gegenwart. Er bemerkt nur im allgemeinen, daß in seiner Zeit weder Athen noch Nikomedia, noch Alexandria, noch Phönizien, Rom und Konstantinopel in irgendeiner Wissenschaft sich hervortun.[256] Dagegen hat er in seinen Briefen Athens öfters gedacht. Er schrieb einmal an den Oberrichter von Hellas und dem Peloponnes: »Wenn der Steuereinnehmer Athens auf das gepriesene Griechenland kaum einen Blick geworfen hat, so verwünscht er sein Schicksal, als ob er das Skythenland betreten solle.[257] Freilich erfreut ihn dort weder die bunte Stoa mehr noch die neue Akademie, noch der Piräus, sondern es ist der bunte Sinn der Athener, was ihm so viel Kummer macht. Da dieser Mann nicht wie wir den Musen huldigt, so versteht er auch nicht, Hellas zu überreden, ihm die Steuern in den Staatsschatz zu liefern. Überrede du selbst ihn mit Worten oder mit Taten und Drohungen, daß er Griechenland nicht ganz verachte, sondern auch etwas zu seinen Gunsten zu sagen wisse.«[258] Die byzantinischen Großen betrachteten also Altgriechenland als einen Verbannungsort: Sie nannten dasselbe verächtlich einen »äußersten Winkel«.[259]

Die Überschrift jenes Briefes zeigt, daß Hellas und der Peloponnes damals gemeinsam einen Oberrichter (Krites oder Dikastes) hatten, wie das auch in Thrakien und Makedonien üblich war. Die beiden Themen erscheinen im 12. Jahrhundert sogar unter einem Strategen (Prätor oder Proprätor) vereinigt. Denn Psellos schreibt einmal an Nikephoritses als den Prätor von Hellas und dem Peloponnes.[260]

Daß die Dioiketen Athens als oberste Steuerbeamte und wohl auch Zollpächter Männer vom höchsten Einflusse waren, ist begreiflich genug. Es haben sich von solchen einige Amtssiegel glücklich erhalten.[261] Bleisiegel bekunden auch das Dasein von andern Staatsoffizianten in Athen, welche die in der byzantinischen Beamtenhierarchie gebräuchlichen Titel der Vestarchen und Pronoeten (Provisoren) trugen, und diese deuten gleichfalls eine fiskalische Stellung an. Es findet sich sogar das Siegel eines Archon Athens. Da hier nicht an ein munizipales Archontenamt im antiken Sinne gedacht werden kann, so muß der Archon Athens als der unter dem Strategen des Thema Hellas stehende Präfekt der Stadt und attischen Eparchie aufgefaßt werden.[262]

Hellas scheint damals unter dem Willkürregiment der Strategen und Finanzbeamten viel gelitten zu haben. Da diese Offizialen, bisweilen Männer von slavischer Abkunft aus Thrakien und Makedonien, Fremdlinge im Lande waren, so konnten sie für die Leiden Griechenlands kein Mitgefühl besitzen. Ihr einziges Bestreben war, soviel Geld als möglich aus den Provinzen zu erpressen und sich schnell zu bereichern. Wenn Psellos einmal Attika mit einem vom Wintersturm ergriffenen Lande vergleicht, so geschieht das nur, weil die byzantinischen Zöllner dasselbe mit Plagen heimsuchten.[263] Er rief das Erbarmen der Prätoren an und brandmarkte die Raubgier der Steuereintreiber. So gab es noch im 11. Jahrhundert einen Mann, der das alte, einst von Cäsar und Augustus anerkannte Privilegium der Athener, im Schutze ihrer großen Toten zu stehen, wieder zur Geltung brachte. Liest man die Worte des Psellos, mit denen er den Hochmut der byzantinischen Verächter Griechenlands getadelt hat, so glaubt man die Stimme Petrarcas zu hören, welcher die vor dem Aufenthalt in dem veröderen Rom zurückbebenden Kardinäle Avignons zurechtwies, da es lächerlich sei zu denken, daß 20 oder 30 Prälaten nicht in Rom leben könnten, wo so viele Kaiser und Fürsten, so zahllose Bürger und Fremde in Überfluß gelebt hatten.[264] So schreibt Psellos einem ungenannten Prätor: »Da die Landschaften des ruhmvollen Hellas, die viel besungenen, von denen die Marathonkämpfer, die Philipp und Alexander herstammen, nicht zum Unterhalte genügen, was soll dir dann in der Welt genug sein? Sind es denn eitle Lügen, was die vielen Redner und die Weisen über Attika und den Piräus geschrieben haben?«[265] Alles Herrliche, so sagt er, »ist untergegangen. Glanzvoll war einst auch Milet. Meine eigene Glückseligkeit in bezug auf das Wissen ist zu einem geringen Maß herabgeschwunden, und mir erging es wie Athen. Denn auch dort deckt Nacht bis auf die Namen die Akademie, die gemalte Stoa des Chrysippos und das Lykeion. So sind auch für mich die Namen der Wissenschaften und der Ruhm der Philosophie übriggeblieben, doch ihr lebendiges Wesen haben die Verhältnisse hinweggenommen.«[266]

Dieser Ausspruch dürfte hinreichen, um darzutun, daß zur Zeit des Psellos Athen selbst wenn nicht in Unwissenheit begraben lag, so doch keine Schule mehr von Ruf gehabt hat. Wenn nun dieser gelehrteste Byzantiner einmal dem Erzbischof von Korinth zum Vorwurfe macht, daß er weder mehr nach Konstantinopel komme noch ihm schreibe, sondern nur noch für die Muse Athens Sinn habe, so konnte er damit nur das Studium der attischen Literatur überhaupt meinen.[267]

Es ehrt das damalige Haupt der byzantinischen Philosophen, den Anhänger Platos, daß er mitten in der Pedanterie der Schulweisheit seines Zeitalters nicht nur ein Herz für die mißhandelten Hellenen hatte, sondern Griechenland auch mit lebhaftem Sinn für das vergessene Altertum ansah. Er bittet einmal die kaiserlichen Behörden in Hellas, ihm Bildwerke von dort zu schicken. Wenn unter diesen »Agalmata« wirklich Statuen zu verstehen sind, so gab es deren noch solche, die nicht ganz vom Trümmerschutt begraben lagen.[268] Dies war auch an anderen Orten Griechenlands der Fall. So fand der Zeitgenosse des Psellos, der Thaumaturg Christodulos, in Patmos die »kunstvolle« Bildsäule der Göttin Artemis aufrecht stehen, die er dann umstürzte.[269] Psellos beschäftigte sich sogar mit Untersuchungen über die Namen der alten athenischen Gerichtshöfe und erläuterte die griechische Topographie für seine Schüler und Hausgenossen. Die Beschreibung Attikas entwarf er freilich nur aus Strabo und Pausanias. Darum hat er nur die antiken Ortsnamen wie Sunion, Marathon, Trikorythos, Rhamnos, Kephissia, Sphettos, Dekeleia oder die Gebirge Hymettos, Lykabettos, Parnassos und Korydallos wiederholt und keine der damals üblichen neugebildeten lokalen Bezeichnungen bemerkt. Von Athen gibt er nur eine flüchtige Aufzählung der alten Bauwerke, und er sagt einmal: Hier sind die Überreste der alten Akademie, dort der neueren: »Alles atmet den Hauch der Musen und Grazien. Denn die Ruinen der Stadt haben noch mehr Wert als (ganze) unzerstörte Städte.«[270] Man darf nicht zweifeln, daß Psellos Athen mit eigenen Augen gesehen hat.

Seine lebhafte Sympathie für Athen läßt sich aus seiner attischen Bildung leicht erklären, denn die Vermutung, daß er selbst ein Attiker von Geburt gewesen sei, kann durch keine tatsächlichen Erweise gestützt werden. Er schreibt einmal einem ungenannten Mächtigen, daß seine Geburtsstätte in der Nähe des Klosters des Narses liege, in welchem er auch erzogen worden sei; er bittet seinen Freund, ihm in der Sorge für die Wohlfahrt jener Mönche beizustehen, ihr Schiff auf den atlantischen Meereswogen zu bewahren und sicher in den Piräus zu bringen. Indes, diese Phrase ist doch wohl nur als Metapher zu verstehen und kann nicht so gedeutet werden, als bezeichne sie die Lage des Klosters in der Nähe des Piräus selbst.[271]

3. Gerade in der Zeit des Psellos war Attika von dem Rufe eines großen Wundertäters erfüllt, welcher dem schon genug verderblichen Klosterwesen einen neuen Aufschwung gab. Meletios stammte aus dem kleinen Flecken Mutalaska in Kappadokien; er wanderte nach Theben, wo er sich in einem Kloster bei der Kirche St. Georg niederließ. Nachdem er Pilgerfahrten unternommen hatte, nach Rom, zum heiligen Jakobus in Galizien und nach Jerusalem, siedelte er sich an der Grenze Böotiens und Attikas auf dem rauhen Berge Myopolis an.

Dort nahm er seinen Sitz im Kloster Symbulon und stiftete zugleich viele Einsiedlerzellen. Um ihn sammelte sich ein Schwarm von Mönchen, die mit der Zeit das Gebirge und die umliegende Landschaft beherrschten. Der byzantinische Patriarch Nikolaus begünstigte den Heiligen, der Kaiser Alexios, der wütende Verfolger der Manichäer, gab ihm Freibriefe und wies ihm sogar öffentliche Einkünfte aus den Steuern Attikas an.[272]

Wir besitzen die Lebensgeschichte dieses höchst einflußreichen Thaumaturgen sogar in drei Redaktionen.[273] Sie wirft bei Gelegenheit seiner Beziehungen zu Theben und Athen ein leider nur flüchtiges Streiflicht auf diese beiden berühmten Städte. In Theben saß damals der Stratege von Hellas und dem Peloponnes, welchem die Lebensgeschichte den Titel des Prätor, des Anthypatos und sogar des Dux von Theben gibt. Es werden in ihr ein paar Strategen namentlich genannt, Epiphanios Kamateros, Konstantin Choirosphaktos, Hikanatos Bardas, der dreimal jenes Amt verwaltete, und Johannes Xeros. In Athen erscheint ein Athenarch.[274] Dieser Befehlshaber war demnach ein kaiserlicher Offizial, dessen Titel »Archon« wir bereits aus Bleibullen kennengelernt haben. Er muß mit der Verwaltung der Stadt Athen und der Eparchie Attika betraut gewesen sein und die Stellung eines Präfekten gehabt haben, mit polizeilicher und richterlicher Amtsgewalt. Dies zeigt sich bei folgendem Vorfalle. Eines Tages waren Pilger aus Rom auf ihrer Fahrt nach Jerusalem im Golf von Ägina vom Sturm überfallen worden und in den Piräus eingelaufen.[275] Sie begaben sich in die Stadt Athen. Der Athenarch sah diese Fremdlinge mit Mißtrauen, weil sie von Rom und aus einem Lande kamen, welches dem Kaiser feindlich gesinnt war; er hielt sie fest, und wahrscheinlich warf er sie ins Gefängnis. Die anonyme Lebensgeschichte des Meletios erzählt sogar, daß die erbitterten Athener jene Römer mit dem Tode bedrohten. Allein sie fanden Mittel, die Hilfe des berühmten Heiligen anzurufen. Er kam von seinem Berge herab, und sein Einfluß war stark genug, den Archon Athens zu ihrer Freilassung zu bewegen, zumal sie auch einen kaiserlichen Paß vorweisen konnten. Meletios nahm die fremden Pilger gastlich in seinem Kloster auf, und sie dankten ihm später dadurch, daß ihre Landsleute oft herüberschifften, um den Heiligen zu verehren.

Prodromos hat von den Athenern bemerkt, daß sie vor Zeiten dem Götzendienst mit Leidenschaft ergeben waren, aber jetzt im Gegenteil noch glühendere Verehrer der allerheiligsten Gottesmutter seien; allein er scheint sie trotzdem, wie wohl Meletios selbst, nicht für ganz rechtgläubig gehalten zu haben, denn er setzte diese Worte hinzu:

Wenn ihre Verehrung der Himmelskönigin schon ohne Erkenntnis so groß ist, wie groß würde sie erst mit ihr sein!²⁷⁶

Der Heilige mag immerhin in Athen noch manche Ketzer aufgespürt haben, versteckte Anhänger des Manes oder der neuplatonischen Lehre. Die Geheimwissenschaft der Magie, mit welcher freilich auch die Medizin verbunden war, scheint dort einen ihrer Sitze gehabt zu haben, denn es wird von einem Astrologen Katanangis erzählt, daß er zur Zeit des Kaisers Alexics I. von Athen nach Konstantinopel kam, wo sich seine Prophezeiungen als falsch erwiesen.²⁷⁷ Die fanatische Askese des Meletios und seine Leidenschaft, das bestehende Klosterwesen zu reformieren, erregten bei den Basilianern sicherlich Eifersucht und Widerspruch, wie das aus einer Andeutung seiner Beziehung zu dem Kloster Daphni im Paß des Korydallos auf der Straße von Eleusis hervorgeht.²⁷⁸ Er siedelte immer mehr Mönchskolonien auf dem Berge Myopolis an und stiftete Klöster auf dem Helikon, in der Megaris und Argolis und selbst in Elis, welche mit der Zeit zu wirklichen Bergfesten wurden, von denen aus die Mönche das Land wie Klephten unsicher machten.²⁷⁹ Die Stiftungen jenes Schwärmers gingen nicht nach seinem Tode unter, sondern sie vermehrten sich. Das Kloster Symbulon bauten seine Anhänger prächtig aus, und noch am Ende des 12. Jahrhunderts war dasselbe berühmt.²⁸⁰

Einige Jahre nach dem Tode des Thaumaturgen verfaßte der bekannte Theodor Prodromos seine Leichenrede, wenigstens hat seine Biographie eine solche Form. Dieser Byzantiner mit dem Zunamen des Bettlers – auch seine Schriften rechtfertigen denselben – war vielleicht selbst Mönch im Meletioskloster gewesen.²⁸¹ Er spricht von der niedrigen Abstammung des Wundertäters aus einem Dorfe Kappadokiens und richtet diese Apostrophe an seine Zuhörer oder Leser: »Du, Eupatride, lachst, ich weiß es, über Mutalaska, der du mit Bauwerken aus geglättetem Steine und gebranntem Ton, mit gewaltigen Mauern und Türmen und mächtigen Gräben und mit deinen Helden prunkst und von dort her deine Ahnen herleitest und den Adel heftest an große Maße, an die Breite der Straßen, die Höhe der Säulenhallen, die Schönheit der Theater, die Rennbahnen und Gymnasien. Ich aber lache über dein von den Göttern erbautes Troja und das durch den Klang der Leier zusammengefügte Theben, und ich staune mein Mutalaska an.« Dies Bild einer so mächtigen Stadt mit ihrem stolzen Adel, der noch die Schauspiele der Wagenrennen liebte und in den Theatern noch mimische Fabeln des Altertums darstellen sah, kann nicht auf Athen, nur auf Konstantinopel passen.

Meletios hatte dem Mönchtum in Griechenland neue Lebenskraft gegeben, und dieses verdankte überhaupt schon seit lange sein Wachstum der Reaktion gegen die Reform der bilderstürmenden Kaiser, die den sinkenden Staat durch die gewaltsame Ausrottung des Klosterunwesens vergebens zu retten gesucht hatten. Die ersten Komnenen schlossen ein Bündnis mit ihm, um sich selbst auf dem Throne zu befestigen: Sie statteten die Klöster mit Gütern und Privilegien aus und stellten bereitwillig die weltliche Gewalt in den Dienst der Ketzerinquisition. Im 12. Jahrhundert beherrschte das Mönchtum die gesamte byzantinische Gesellschaft, die Kirche und den Staat. Das bürgerliche Leben der Griechen wurde von ihm erstickt. Scharen von raubsüchtigen Klosterbrüdern zu Pferd, mit Keulen und Bogen bewaffnet, von einem wilden Troß ihrer Dienstleute gefolgt, durchzogen brandschatzend das Land. Sie tauften mit Gewalt Ketzer, sie trieben die Dämonen aus den Leibern des Volks und die Besitzer aus ihren Gütern und Äckern. So hat sie noch gegen das Ende des 12. Jahrhunderts der geistvolle Erzbischof Eustathios von Thessalonike in seiner Abhandlung vom Mönchsstande mit vorsichtiger Zurückhaltung und doch mit Freimut geschildert.[282]

4. Unterdes fanden im Westen wie im Osten große Ereignisse statt, welche auf die Schicksale des byzantinischen Reichs und demnach auch Griechenlands einen bestimmenden Einfluß ausübten. Während die althellenischen Provinzen von den Stürmen der Zeit nur mittelbar berührt wurden, erfuhr das Reich der Romäer neue Bedrängnisse und schwere Verluste. Das türkische Nomadenvolk der Seldschuken wälzte die Länder Asiens um vom Kaspischen Meer bis nach Samarkand, von den Grenzen Chinas bis zum Euphrat. Togrulbeg, sein Neffe Alparslan und der dritte dieser großen Völkergebieter, Malik-Schah, stifteten seit 1040 das ungeheure Türkenreich, welches im alten Merw in Chorassan, »der Königin der Welt«, einen seiner Sultansitze hatte.[283] Von Armenien aus stießen die Seldschuken mit den Byzantinern zusammen; Alparslan eroberte dieses Land und Georgien; er überwand im Jahre 1071 den mannhaften Kaiser Romanos Diogenes, den er gefangennahm und dann großmütig entließ. Seither drangen die Türken in das griechische Kleinasien ein, wo sie unter Soliman das Reich Rum (Romania) mit der Hauptstadt Ikonion gründeten.

In derselben Zeit eroberten die Normannen unter Robert Guiscard die byzantinischen Provinzen Apulien und Kalabrien und entrissen im Jahre 1072 die Insel Sizilien den Arabern. Das mit jugendlicher Kraft emporstrebende, durch seine Küstenlage auf die Levante hingewiesene Normannenreich Unteritaliens griff alsbald in die Schicksale Griechenlands und des Orients ein. So entstand für Europa aufs neue jenes große Problem seiner Machtbeziehung auf das griechische Mittelmeer und das westliche Asien, welches mindestens so alt ist wie die Perserkriege der Griechen und trotzdem noch in unserer Gegenwart einen Weltkrieg zu entflammen droht. Der makedonische Alexander hatte dasselbe durch die Eroberung und Hellenisierung des Orients und die größte seiner Taten, die Schöpfung Alexandrias, gelöst. Die Römer hatten sein Erbe angetreten und alle Küstenländer des Mittelmeers beherrscht und kolonisiert. Sodann war durch die Gründung Konstantinopels dies weltgeschichtliche Problem auf das byzantinische Reich übergegangen. Sobald dieses Syrien und den Taurus an die islamitischen Völker verlor und in seinem Bestande erschüttert wurde, mußte die orientalische Frage das Abendland und seine stark werdenden Mächte von neuem beschäftigen. Zuallererst haben sie die Normannen angeregt und die Päpste, als Beweger der Kreuzzüge, zu einer der wichtigsten Aufgaben Europas gemacht.

Die kühnen Absichten Robert Guiscards waren zunächst auf den Besitz von Epiros und der ionischen Inseln gerichtet, von wo er sich den Weg nach Thessalonike und vielleicht weiter nach Konstantinopel zu bahnen hoffte. Als er im Mai 1081 von Brindisi aufbrach, um in Albanien festen Fuß zu fassen und Durazzo, den Schlüssel Illyriens an der Adria, zu bezwingen, fand er an dem Kaiser Alexios I. Komnenos einen keineswegs verächtlichen Gegner.

Das berühmte Geschlecht der Komnenen war schon mit dessen Oheim Isaak I. im Jahre 1057 auf den griechischen Kaiserthron gelangt, dann hatte es diesen zwei Jahre darauf der Familie Dukas überlassen. Alexios führte zum Glücke des sinkenden Reichs sein Haus auf den Thron zurück. Kaum hatte er am 1. April 1081 Konstantinopel eingenommen, den Kaiser Nikephoros Botoneiates zur Abdankung gezwungen und den Purpur angelegt, als er dem Angriff der Normannen begegnen mußte. Die aus den Themen aufgebrachten Regimenter und die buntgemischten Haufen barbarischer Söldner waren jenen nur an Zahl, nicht an Kriegstüchtigkeit überlegen, während die griechische Flotte der feindlichen in keiner Weise gewachsen war. Daß ein Reich wie das byzantinische, mit seinen Küsten, Inseln und herrlichen Häfen, mit seinen seekundigen Völkerschaften, nicht dauernd zur herrschenden See- und Handelsmacht des Mittelmeers zu werden vermochte, ist eine befremdende Tatsache. Im 10. Jahrhundert, zur Zeit des Nikephoros Phokas und des Tzimiskes, war die kaiserliche Marine noch unvergleichlich stark gewesen, und Konstantin Porphyrogennetos konnte von der Thalassokratie des griechischen Kaisers bis zu den

*Kaiser Nikephoros III. Botoneiates und Kaiserin Maria
(Miniatur 11. Jh.)*

*Das Denkmal des Lysikrates
(Stich um 1800)*

Sechstes Kapitel

Säulen des Herkules reden.[284] Der Verfall der Flotte trug seither wesentlich Schuld an der Schwäche des Reichs. Durch die Landkriege erschöpft, vernachlässigte die Regierung die kostspielige Ausrüstung von Schiffen; sie blieb daher unfähig, die Meere von den Piraten zu säubern und den ionischen Kanal, den Hellespont, den Bosporos feindlichen Geschwadern zu verschließen. Dieser Mangel aber erlaubte den aufstrebenden Seestädten des Abendlandes, groß zu werden, ihre Kolonien in Konstantinopel wie in andern Seeplätzen einzupflanzen und den Handel in der Levante den Griechen zu entreißen.

Unter den Seestädten Italiens hatte Venedig angefangen, seine Nebenbuhler Amalfi, Pisa und Genua zu überflügeln. Die wunderbare Lagunenstadt mit dem nach Westen und Osten gewendeten Janusantlitz stand noch seit der Zeit, wo Karl der Große in seinem Friedensvertrage mit dem griechischen Kaiser Nikephoros ihre Zugehörigkeit zum oströmischen Reich anerkannt hatte, zu diesem wenigstens dem Rechtsprinzip gemäß, wenn auch keineswegs mehr tatsächlich, im Verhältnis des Vasallen zum Oberherrn. Sie war ein freier, reicher und mächtiger Handelsstaat geworden, in dessen Schutzhoheit sich am Ende des 10. Jahrhunderts sogar die Seestädte Dalmatiens begeben hatten. Jetzt aber kam die Zeit, wo sich Venedig zu ungeahnter Größe erhob, um dann Jahrhunderte lang die Königin des Mittelmeers zu sein.

Da Alexios I. nicht mit ausreichenden Schiffen den Normannen begegnen konnte, rief er die flottenstarke Republik San Marco nicht vergebens zu seiner Hilfe auf; denn diese begriff, daß ihre eigene Wohlfahrt auf dem Spiele stand. Sie hätte ihre letzte Galeere daransetzen müssen, um die Entstehung einer normannischen Seemacht zu hindern, durch welche sie selbst vom Levantehandel würde verdrängt worden sein. Sie hat damals dem byzantinischen Reich ihre Dienste um den höchsten Preis verkauft. Denn als Lohn ihrer Hilfe im Normannenkriege gewährte ihr Alexios I. ein Privilegium von so unermeßlicher Wichtigkeit, daß man zweifeln muß, was größer gewesen sei, die Blindheit und Schwäche der griechischen Regierung oder die Klugheit und das Glück jenes kleinen Inselstaats.

Im Mai 1082 überlieferte der Kaiser den Venezianern das Handelsmonopol im griechischen Mittelmeer und damit eigentlich schon die Lebensadern seines Reichs.[285] In dieser Goldbulle sicherte er ihnen im allgemeinen den zollfreien Verkehr in allen byzantinischen Ländern. Die ansehnlichsten Städte und Häfen Asiens wie Europas, in denen sie so verkehren durften, wurden namentlich bezeichnet.[286] In Griechenland waren diese neben andern auch Paträ, Korinth, Argos und Nauplia, Euripos, Theben und Athen.[287] Dies ist die erste geschichtlich beglaubigte Beziehung der Republik Venedig zur Stadt Athen, welche neben Theben als der wichtigste Ort in Hellas überhaupt erscheint. Der Piräus mußte demnach noch immer von Kauffahrern besucht sein.

Die Flotte der Venezianer unter dem Befehl des Dogen Domenico Selvo leistete dem griechischen Kaiser die gehofften Dienste trotz des schwankenden Kriegsglückes und einiger Niederlagen. Die purpurgeborene Tochter des Alexios hat diese Kämpfe beschrieben und sogar die Bestandteile angegeben, aus denen das sehr mangelhafte byzantinische Heer zusammengesetzt war; sie nennt die um Achrida in Bulgarien angesiedelten Türken, die Manichäer, d.h. paulikianische Ketzer, welche einst Konstantin Kopronymos aus Asien nach Thrakien verpflanzt hatte, fränkische Söldner, wozu wohl auch die Warangen und Nemitzen (Deutsche) zu zählen sind, und den Heerbann der Makedonen und Thessalier.[288] Es ist auffallend, daß niemals Truppen aus Hellas und dem Peloponnes erwähnt werden. Diese Themen scheinen hauptsächlich mit dem Flottendienst belastet gewesen zu sein.[289]

Die Normannen, welche in ihrem ersten Heldenlauf Apulien und Sizilien hatten bezwingen können, scheiterten in ihren Plänen gegen Griechenland, weil ihnen hier doch ein großes Nationalreich entgegentrat, das zufällig von tatkräftigen Herrschern regiert wurde. Ihre kühnen Unternehmungen hat damals ganz im besondern Venedig gelähmt.

Die Ereignisse in Italien, wo der Papst Gregor VII., der Lehnsherr der Normannen, im Kampfe mit dem Kaiser Heinrich IV. zu unterliegen drohte, nötigten den siegreichen Robert Guiscard, von Epiros heimzukehren. Auch sein Sohn Boemund, aus Thessalien herausgeschlagen, verlor sein Heer und seine Eroberungen und kehrte zu seinem Vater zurück. Noch einmal nahm Guiscard den Kampf mit dem griechischen Kaiser auf, aber der Tod raffte ihn am 17. Juni 1085 in Kephallenia hin, und so wurde Alexios I. von seinem furchtbarsten Feinde befreit.

Zehn Jahre später war es dieser Kaiser selbst, der den Papst Urban II. und die Mächte des Abendlandes zu einem Kreuzzuge gegen die Seldschuken aufrief, welche im Jahre 1078 Jerusalem erobert hatten und von Ikonion aus immer weiter in Kleinasien vordrangen. So begann die erste kriegerische Bewegung Europas nach dem Orient zur Befreiung Jerusalems. Byzanz konnte anfangs aus diesem religiösen Fanatismus des Abendlandes, so gefährlich er auch im Grunde für dasselbe war, wirkliche Gewinnste ziehen, denn die Fortschritte der

Türken wurden durch die Kreuzfahrer tatsächlich gehemmt. Das eroberte Nikaia kam wieder an das griechische Reich. Ritterliche Lehnsstaaten der Lateiner in Jerusalem, Tripolis, Antiochia und Edessa bildeten eine Zeitlang ebenso viele Bollwerke, welche Konstantinopel auf der Seite Asiens deckten. Der oströmische Kaiser vermochte den Türken Lydien und Pamphylien und so kostbare Perlen des Mittelmeers wie Chios und Rhodos wieder zu entreißen. Eine Ausgleichung der zwischen Byzanz und dem Abendlande bestehenden feindseligen Spannung zu dem großen Zweck, die gemeinsame christliche Kultur gegen die Fortschritte des Islam zu schützen, würde eine neue Epoche im Weltleben herbeigeführt haben. Allein die Trennung des griechischen Ostens vom römisch-germanischen Westen war zu tief geworden, als daß sie noch heilbar sein konnte. Die Schöpfung des Reichs Karls des Großen mit dem Zentrum Rom hatte das Abendland von Byzanz politisch geschieden; durch den Streit um das Verhältnis der römischen und griechischen Kirche zueinander war sodann die Trennung religiös und vollständig gemacht worden, zumal seit die Legaten des Papsts Leo IX. im Jahre 1054 es gewagt hatten, den Bannfluch gegen den Patriarchen Michael Kerullarios auf dem Altar der heiligen Sophia niederzulegen. Es fehlte zwar nicht an Bemühungen, diese Kluft durch die Union beider Kirchen zu schließen. Die griechischen Kaiser selbst boten von Zeit zu Zeit den Päpsten die Hand dazu dar, sooft sie in ihrer Bedrängnis durch die Türken die Hilfe des Abendlandes zu gewinnen suchten. Nur mußten leider solche Bestrebungen an dem unversöhnbaren Gegensatz der Kulturen, der Nationalgeister und der hierarchischen Systeme beider Hälften der christlichen Welt scheitern. Die Union konnte für den Papst nur in der Unterwerfung der griechischen Kirche unter seine Suprematie bestehen.

Durch den kunstvollen Staatsmechanismus, in welchem noch die politischen und rechtlichen Traditionen Roms fortlebten wie durch die hellenische Bildung war das gealterte Reich Konstantins dem Abendlande weit überlegen. Dieses konnte jedoch jenem außer der gewaltigen Macht der römischen Papstkirche den jugendlichen Heldenmut seines kriegerischen Adels und Rittertums wie das aufstrebende Bürgertum handeltreibender Republiken entgegenstellen. Die Kreuzzüge gestalteten sich alsbald zu dem Ausdruck des geschichtlichen Triebes Europas, die engen Schranken des Westens wieder aufzuheben und das verlorene Griechenland und den Orient in die abendländische Machtsphäre zurückzunehmen. Wenn das Morgenland die religiösen Gemüter des Westens mit magnetischer Gewalt an sich zog, weil in ihm die Urstätte der Religion lag, so strebte dorthin immer heftiger auch das gesteigerte Handelsbedürfnis der Westvölker, die sich den Straßen und Emporien zu nähern und auch zu bemächtigen suchten, auf denen die Produkte Indiens und Chinas an die Küsten des Mittelmeers gelangten. Der Orient aber war noch immer, wie zur Zeit des altrömischen Kaiserreichs, das große Warenlager der köstlichsten Erzeugnisse der Natur und der Kunstindustrie, deren Märkte für die Europäer meist im byzantinischen Reiche, seinem Vorlande, gelegen waren.

Die Idee der Wiederherstellung der römischen Weltmonarchie erschien in Byzanz nur vorübergehend und nur als Kaisergedanke; sie war dauernd und religiös im Papsttum, welches eben erst aus den Reformen Hildebrands als die leitende Kraft Europas hervorgegangen war. Das aus der dogmatischen Auffassung aller göttlichen und irdischen Verhältnisse, aus der Ansicht vom Gottesstaat entsprungene Prinzip der päpstlichen Weltregierung war so stark geworden, daß weder der byzantinische Cäsarismus noch die griechische Kirche ein Gegengewicht dafür besaßen. Schon Gregor VII. hatte die Wiedervereinigung der Kirche des Ostens mit Rom durch einen Kreuzzug ins Auge gefaßt. Wenn sich nun das zur Universalgewalt aufsteigende Papsttum mit den kriegerischen Leidenschaften des Abendlandes und dem Kolonisationstriebe der westlichen Seestädte verband, so konnte das immer schwächer werdende griechische Reich in den Fluten dieser Strömung begraben werden.

Seinen Fall hielt noch die ungewöhnliche Kraft der Komnenen auf. Die Klugheit Alexios' I., welcher Normannen, Petschenegen, Kumanen und Seldschuken glücklich bekämpft, die Gefahr des ersten Kreuzzuges zu seinem Vorteil abgelenkt und selbst Boemund als Fürsten Antiochias seiner kaiserlichen Hoheit unterworfen hatte, ging nach seinem Tode im August 1118 auf seinen edlen und mannhaften Sohn Kalojohannes über. Diesem aber folgte im April 1143 der noch glänzendere Manuel I., der letzte große Herrscher des Komnenenhauses, der unter unablässigen Kriegen das Reich bis 1180 regierte, selbst den Hohenstaufen gegenüber in Italien eine drohende Stellung einnahm und Konstantinopel wieder zum politischen Mittelpunkt des Morgenlandes machte.[290]

Gerade Manuel erlebte einen der heftigsten Angriffe der Normannen. Denn deren Unternehmungen nahm Roger II. auf, der Neffe Guiscards, seit 1130 König des mit Apulien vereinigten Sizilien. Er benutzte den zweiten Kreuzzug unter Konrad III. von Deutschland und Ludwig VII. von Frankreich zu einer Kriegsfahrt gegen Griechenland, von wo der mißtrauische Kaiser seine Truppen nach Konstantinopel gezogen hatte. Der sizilianische Admiral Georg von Antiochia, ein Grieche von Geburt, überfiel mit einer starken Flotte im Jahre 1146 erst die Insel Korfu, umsegelte dann den Peloponnes, bestürmte fruchtlos das starke Monembasia, plünderte die Küsten Achaias und Ätoliens, fuhr dann in den Golf von Korinth und landete im Hafen Salona. Das normannische Kriegsvolk rückte von dort nach Theben, welches vom Strategen von Hellas verlassen war und nicht verteidigt wurde. Diese wohlhabende Stadt war wie Korinth und Konstantinopel selbst durch ihre Seidenfabriken berühmt, in denen seit Jahrhunderten ein großer Teil der Gewänder von Purpursamt gefertigt wurde, welche der Luxus der Höfe und des Kirchenkultus gebrauchte.[291] Die byzantinische Regierung pflegte diese vornehme Kunstindustrie mit so großer Sorgsamkeit, daß sie die Fischer, die aus Korinth und Nauplion, aus Chalkis, Karystos und Athen zum Sammeln der Purpurmuscheln ausliefen, von der Militärsteuer befreite; und mit Eifersucht hütete sie das Geheimnis der Manufakturen vor dem Auslande.[292] Die Fabrikation der Seide wurde in Griechenland so lebhaft betrieben, daß sie den freilich sehr gefährlichen Wetteifer der arabischen Erzeugnisse Syriens und der persischen auszuhalten imstande war.

Die Normannen plünderten mit barbarischer Roheit Theben aus. Gold und Silber, Seidenstoffe, brokatene Linnengewänder, die Schätze der Kaufhallen und der Kirchen dieser Stadt wurden fortgeschleppt, viele edle Männer und Frauen, auch Seidenweber und Purpurfärber, hinweggeführt.[293] Der König Roger siedelte diese Fremdlinge in Palermo an, um ihre Kunst in Sizilien heimisch zu machen. Das Schicksal Thebens erlitt sogar Korinth, damals in Griechenland das reichste Emporium des Levantehandels nächst Thessalonike. Die normannischen Krieger selber erstaunten, als der feige byzantinische Befehlshaber ihnen die uneinnehmbare Burg Hohenkorinth ohne Widerstand übergab. Unermeßliche Kostbarkeiten fielen auch hier in die Hände der Räuber.

Indem die Normannen Böotien ausplünderten und selbst einen flüchtigen Einfall nach Euböa oder Negroponte wagten, konnte sie wohl auch das nahe gelegene Athen zu einem Raubzuge reizen. Sie scheinen in der Tat in das attische Gebiet eingedrungen zu sein.[294] Nur ein einziger deutscher Geschichtsschreiber behauptet, daß sie auch Athen erreicht und geplündert haben.[295] Allein die Einnahme dieser Stadt würde doch von griechischen und lateinischen Chronisten ebensowenig verschwiegen worden sein wie die Plünderung Thebens und Korinths. Als später der Kaiser Manuel mit dem Könige Roger Frieden schloß und dieser die gefangenen Griechen herausgab, wird ausdrücklich bemerkt, daß er die Korinther und Thebaner geringeren Standes, zumal Seidenweber, behalten durfte; athenischer Gefangener aber wird dabei nicht gedacht.[296] Daher ist es als sicher anzunehmen, daß ein guter Genius Athen auch diesmal verschonte.

Kaum zwei Dezennien später besuchte der Reisende Benjamin von Tudela Griechenland; seine höchst wertvollen Berichte zeigen, daß der Normanneneinfall dort keine ihm auffallenden Spuren mehr zurückgelassen hatte. Der spanische Rabbi reiste zwischen 1160 und 1173 über Südfrankreich, Italien und Griechenland bis tief nach Asien. Da es sein Zweck war, die Zustände der jüdischen Glaubensgenossen zu erforschen, hat er in seinem Reisebericht von Spanien bis nach Persien die Städte angegeben, in denen sich Israeliten befanden.[297] Seit langer Zeit hatten sich ihre fleißigen Gemeinden auch auf dem griechischen Festlande und den Inseln angesiedelt.

Benjamin traf Juden in Patras, in Lepanto, in Krissa, selbst auf dem Götterberge Parnaß, wo sie in Ruhe Landgüter bebauten; ferner in Korinth. Er hat sodann Theben als eine »große Stadt« ausgezeichnet, in welcher er zweitausend Hebräer vorfand, fast so viele als zu Pera in Konstantinopel, und unter ihnen bemerkte er sowohl talmudische Gelehrte als die geschicktesten Seidenweber und Purpurfärber Griechenlands. Demnach hatte sich Theben von der normannischen Plünderung bereits erholt und seine Industrie wiederhergestellt.

Der Rabbi ging weiter nach Negroponte (Egripos), das alte Chalkis in Euböa, ohne, was sehr auffallend ist, für Athen einen Blick oder ein Wort zu haben. Da wir demselben Reisenden einen sehr merkwürdigen Beitrag zu den Mirabilien der Stadt Rom verdanken, so würden wir vielleicht in seinem Itinerarium Ähnliches über Athen lesen, wenn er die berühmteste Stadt Griechenlands wirklich besucht hätte. Es ist wahrscheinlich, daß Benjamin Athen deshalb zur Seite liegen ließ, weil es dort keine Juden gegeben hat. Der Apostel Paulus hatte eine jüdische Gemeinde in Athen gefunden; ihre späteren Schicksale aber kennen wir nicht. Während des Mittelalters und bis auf den heutigen Tag hat die Stadt Athen die Hebräer von sich ferngehalten. Noch Guillet bemerkte im 17. Jahrhundert: »Juden hat man in Athen niemals dulden wollen, obwohl es deren genug in der Nachbarschaft gibt, in Theben und in Negroponte. Im ganzen türkischen Reich haben nur Athen und Trapezunt das Privilegium des ewigen Ausschlusses der Hebräer bewahrt.«[298] Wenn es also in Athen keine oder nur wenige Juden gab, so konnte dort die Seidenweberei und Purpurfärberei nur von geringer Bedeutung sein. Trotzdem gibt es Beweise, daß diese

Industrie daselbst nicht ganz gefehlt hat. Man hat im Odeon des Herodes dicke Lagen von Purpurmuscheln gefunden.[299] Eine athenische Inschrift vom Jahre 1061 bemerkt einen Fischer solcher Muscheln.[300] Selbst das Dasein von Juden in Athen könnte aus einer Inschrift, wenn auch ohne Sicherheit, gefolgert werden.[301]

Man hat behauptet, daß in der Mitte des 12. Jahrhunderts Athen, wie Theben und Korinth und das ganze Griechenland, wieder in hohe Blüte gekommen sei und sich dafür auch auf den berühmten Zeitgenossen Benjamins von Tudela, den in Ceuta geborenen und in Cordoba gebildeten Araber Edrisi berufen. In seinem um 1154 vollendeten und für Roger II. von Sizilien verfaßten Werk zählt dieser Geograph viele Binnenstädte und Hafenorte Griechenlands auf und bemerkt, daß Athen eine von Gärten und Äckern umgebene, volkreiche Stadt sei.[302] Allein die Berichte Edrisis sind nicht immer auf eigener Anschauung begründet, da er der Anordnung des Königs gemäß die verschiedenen Länder von gebildeten Männern bereisen ließ und sich dann ihrer Angaben bediente.

Das Stillschweigen Benjamins von Tudela lehrt wenigstens so viel, daß Athen zu seiner Zeit keine so hervorragende Stellung in Hellas einnahm, daß auch ein gebildeter jüdischer Reisender von ihr notwendig hätte reden müssen. Die Stadt konnte damals nicht mit dem Wohlstande von Negroponte, Patras, Monembasia, Theben und Korinth wetteifern, vielmehr haben ihren tiefen Verfall gerade gegen das Ende des 12. Jahrhunderts die authentischen Berichte eines Griechen dargetan, welcher ihr eigener Erzbischof war.

SIEBENTES KAPITEL

Michael Akominatos. Der byzantinische Klerus. Michael wird Erzbischof Athens. Die athenischen Metropoliten. Chronologische Graffit-Inschriften. Einzug des Akominatos in Athen. Die Parthenonkirche. Antrittsrede des Erzbischofs. Seine Enttäuschung über Athen. Seine Schilderung des Zustandes der Stadt und des Volks. Verfall des geistigen Lebens und der attischen Sprache. Legenden vom Studium der Ausländer in Athen. Der König David von Georgien. Der Dichter Šota Rustawel. Berichte vom Studium der Engländer in Athen. Fortleben des wissenschaftlichen Ruhmes Athens bei den Arabern. Akominatos und die Monumente der Stadt. Sein Klagelied über den Untergang Athens.

1. Ein Lichtstrahl fällt plötzlich in die dunklen Zustände Athens zu der Zeit, wo ein ausgezeichneter Mann jahrelang in ihr lebte und

wirkte, zwar kein Athener von Geburt, sondern ein kleinasiatischer Grieche, welcher aber doch der letzte große Bürger und der letzte Ruhm der Stadt der Weisen gewesen ist. Seine Schicksale, seine Briefe und Schriften, von denen sich viele glücklich erhalten haben, bringen in die Geschichte Athens wieder Züge der Persönlichkeit, welche um so wertvoller sind, als diese im Altertum an historischen Charakteren überreiche Stadt während der nachklassischen Zeiten deren keine mehr aufweisen konnte.

Michael Akominatos, der ältere Bruder des namhaften byzantinischen Geschichtsschreibers und Staatsmannes Niketas, war um 1140 in Chonä oder Kolossä in Phrygien geboren.[303] In seiner Jugend ging er nach Konstantinopel, um sich in den Wissenschaften auszubilden. Die große Weltstadt glänzte damals unter der Regierung Manuels I. noch von Herrscherpracht und Lebensfülle, und in ihr blühten wieder Schulen der Beredsamkeit, der Philosophie und Theologie. Manche Männer erwarben sich dort den Ruhm klassischer Gelehrsamkeit, wie Johannes Xiphilinos, Konstantin Manasse, Theodor Prodromos, die beiden Tzetzes und vor allem der geniale Eustathios, der nachmalige Erzbischof von Thessalonike, welcher Lehrer und Freund des jungen Michael wurde. Sein Haus war der Sammelplatz der Schöngeister und Gelehrten Konstantinopels; mit den Akademien des alten Athen hat es Euthymios, der hochgebildete Metropolit von Neopaträ, zu vergleichen gewagt.[304]

Die Dynastie der Komnenen pflegte und förderte die Wissenschaft. Gerade die ruhmvollsten Herrscher derselben, Alexios I., Kalojohannes und besonders Manuel, waren kenntnisreiche Männer. Die Prinzessin Anna, die Gemahlin des nicht minder hochgebildeten Cäsar Nikephoros Bryennios, dessen Geschichtsbücher sie fortsetzte, konnte ihrem Vater in der Alexias ein biographisches Denkmal errichten, dessen Wert denjenigen mancher Werke byzantinischer Historiographen übertrifft. Die Bildung der Griechen jenes Zeitalters ohne schöpferische Kraft war freilich nur ein prunkvolles Gemisch von antiquarischem Klassizismus und theologischer Gelehrsamkeit und in der rhetorischen Schule so sehr überkünstelt, daß selbst die Schriften der besten Byzantiner, wie des Eustathios und der beiden Brüder Akominatos, durch schwülstige Überladung und das Scheingepränge gezierter Metaphern ermüden; und das sind immer Merkmale einer gesunkenen Literatur.

Während sich Niketas dem Staatsdienste widmete und durch seine Vermählung mit einer Byzantinerin aus dem Geschlecht der Belissarioten mit dem höchsten Adel des Reichs in Verbindung trat, trug sein

Siebentes Kapitel

Bruder Michael das geistliche Gewand. Er wurde Sekretär des Patriarchen Theodosios Boradioktes, dann aber war es sein Schicksal, und kaum ein beneidenswertes, der letzte griechische Erzbischof Athens zu sein, ehe diese Stadt ihrem Zusammenhange mit Byzanz für immer gewaltsam entrissen wurde.

Die hohe griechische Geistlichkeit zählte gerade damals unter ihren Mitgliedern bedeutende Männer, die in der Schule Konstantinopels gebildet waren. Manche Bischöfe in Hellas und dem Peloponnes, meist Freunde und Studiengenossen des Michael Akominatos, machten sich durch ihre klassische Gelehrsamkeit namhaft, so Euthymios von Neopaträ und Gregorios von Korinth, der Verfasser einiger grammatischer und theologischer Werke. Nikolaus von Methone schrieb noch in so später Zeit eine Widerlegung der platonischen Lehren des letzten athenischen Philosophen Proklos, was immerhin beweist, daß die Doktrinen des Neuplatonismus in Griechenland noch nicht ganz erloschen waren.[305] Seit dem Jahre 1160 saß auf dem erzbischöflichen Stuhle Thessalonikes der gefeierte Eustathios, das glänzendste Licht der byzantinischen Gelehrtenwelt seit Michael Psellos. Er wirkte in dieser großen Stadt, als sein talentvoller Schüler Akominatos, vielleicht auf seine eigene Veranlassung, zum Metropoliten Athens ernannt wurde.

Das Jahr, in welchem dies geschah, kann nicht mit völliger Sicherheit festgestellt werden, denn die Reihe der athenischen Erzbischöfe auch des 12. Jahrhunderts ist uns so lückenhaft überliefert worden, daß wir nicht einmal den unmittelbaren Vorgänger Michaels anzugeben wissen. Im Jahre 1156 wird ein Georgios, 1166 Nikolaus Hagiotheodorites als Metropolit Athens genannt. Diesen Erzbischof hat der byzantinische Patriarch Lukas Chrysoberges, bei Gelegenheit des Verbotes von Heiraten in unerlaubtem Verwandtschaftsgrade, in einem Synodalschreiben jenes Jahres als einen Hirten gerühmt, der nicht nur die jetzt in dem »glücklichen« Lande Attika und in Athen Lebenden, sondern auch die Nachkommen durch gesetzliche Ehen zu heiligen bemüht sei.[306] Das glänzende Zeugnis eines beglückten Zustandes, welches hier dem Lande Attika ausgestellt wird, könnte den Forscher nach den Verhältnissen Athens in jener Zeit irreführen, wenn es mehr gewesen wäre als eine gewöhnliche Kanzleiphrase.

So unsicher sind die Daten über die Erzbischöfe der Stadt, daß im Jahre 1182 Georg Xeros als solcher aufgeführt wird, obwohl damals schon Michael Akominatos jenen Sitz eingenommen haben muß.[307] Dies Xeros betreffende Datum findet sich in einer jener mittelalterlichen Parthenoninschriften, welche nebst anderen auf Denkmälern und Kirchen Athens zu einem merkwürdigen Gegenstande wissenschaftlicher Untersuchung geworden sind gleich den Graffitinschriften auf den Wänden der Häuser Pompejis. Zuerst entdeckte der russische Archimandrit Antonios solche unbestreitbar echten Inschriften auf der Mauer der Kirche des heiligen Nikodemos, und Pittakis fand eine Reihe anderer auf den Wänden und Säulen des Theseustempels und des Parthenon.[308] Sie sind von athenischen Priestern in Majuskel- und Minuskelschrift eingekratzt. Die meisten findet man am Haupteingange und an den Seitentüren der Kirchen, zumal solcher, die aus alten Tempeln entstanden sind. Sie sind in der Regel religiöser oder kirchlicher Natur, da sie Gebete an Gott und die Heiligen und im besondern nekrologische Daten enthalten. Nur wenige entdeckte man, die den Bau von Kirchen verzeichnen.[309]

Die athenischen Forscher der Gegenwart haben erwiesen, daß solche christlichen Inschriften mit dem 7. Jahrhundert beginnen, daß die meisten dem 12. angehören und daß sich diese Epigraphik bis in die neueren Zeiten fortgesetzt hat. So hat man auf der Südseite des Theseustempels die Kunde von einer Pest im Jahre 1555 verzeichnet gefunden, welche Tausende vom Volk und von den Kastrioten, d. h. den türkischen Bewohnern der Akropolis, hingerafft habe. Wenige fragliche des 8. und 9. Jahrhunderts ausgenommen, die nach der Geburt Christi zählen, rechnen die Inschriften im allgemeinen, dem byzantinischen Stil gemäß, nach der Erschaffung der Welt, und erst seit 1600 werden die Jahre nach Christus gezählt und mit arabischen Zahlen geschrieben.[310] So setzte das inschriftlustigste aller Völker, das athenische, eine alte Gewohnheit in freilich barbarischer Weise fort.

Die Einflüsse der Zeit und Witterung haben die Entzifferung dieser dürftigen Epigramme sehr schwierig gemacht, und im allgemeinen werfen sie kein Licht auf die Geschichte der Stadt Athen in den christlichen Jahrhunderten. Es läßt sich aber doch nicht denken, daß sich die Athener des Mittelalters mit jener kümmerlichen Epigraphie begnügt haben, denn sicher ist es nur die Zerstörung der Kirchen der Stadt in einigen Katastrophen namentlich während der türkischen Epoche gewesen, was den Untergang zahlreicher inschriftlicher Denkmäler verschuldet hat. Der Forscher über das Mittelalter der Stadt Rom befindet sich in einer günstigeren Lage, denn ihm wird, trotz vieler Verluste, in Kirchen, Klöstern, Katakomben, öffentlichen und bürgerlichen Bauwerken ein großes epigraphisches Material dargeboten, und eine lange Reihe von christlichen Grabmonumenten klärt ihn über die Geschichte und Kultur der ewigen Stadt auf. Diese in Stein gemeißelte Chronik der Toten fehlt ganz in Athen, wie dort auch die Katakomben, die wichtigen Schatzkammern des Christentums in seinen ersten Jahrhunderten, fehlen. Sie bricht ab mit den antiken Grabmälern und Inschriften, die an der Hagia Triada auf dem Wege nach der Akademie wieder ans Licht gekommen sind, wo jetzt der Wandrer mit Bewunderung die schönen Gebilde betrachtet, welche der Erinnerung an Dexileos, Lysanias, Hegeso und andere Athener und Athenerinnen geweiht sind. Sowenig als der Erforscher der Geschichte altchristlicher Kunst Urkunden in Farben und in Marmor zu Athen vorfindet, ist auch die byzantinische dort vertreten.[311] Dasselbe gilt von Kunstwerken des Mittelalters. Wir blicken nicht in Athen, wie in Rom, auf die marmornen Totengestalten von Bischöfen und Äbten, von Senatoren, Magistraten und Bürgern; wenige Grabsteine, ein paar bildlose Sarkophage und Inschriften ausgenommen, hat sich dort nichts dergleichen erhalten.[312]

2. Gewichtige Gründe sprechen dafür, daß Michael Akominatos noch vor dem Jahre 1175 sein bischöfliches Amt in Athen angetreten hat. In seiner Monodie auf den Tod seines Bruders Niketas hat er selbst die Dauer seiner Amtsführung auf mehr als dreißig Jahre bis zu der Zeit angegeben, wo er die Parthenonkirche zu verlassen genötigt wurde, was, wie wir sehen werden, im Jahre 1205 geschah.[313] Daß er um das Jahr 1179 bereits Erzbischof war, scheint aus einem Briefe des Georgios von Korfu an Nektarios, den Abt von Casuli, einem berühmten griechischen Kloster bei Otranto in Apulien, hervorzugehen, welcher auf dem lateranischen Konzil im März jenes Jahres die Dogmen der orientalischen Kirche standhaft verteidigt hatte; in diesem Briefe spricht Georg von seinem früheren Verhältnis zum Bischof Athens, einem »Licht der Welt«, und dieses glänzende Lob kann sich nur auf den geistvollen Michael Akominatos beziehen.[314]

Für den Schüler des Eustathios, den glühenden Enthusiasten der hellenischen Vorzeit, konnte kaum ein bischöflicher Sitz anziehender sein als die Metropole auf der Akropolis Athens, allein seine idealen Vorstellungen traten alsbald zur Wirklichkeit in verzweifelten Widerspruch. Die Athener empfingen ihn, nachdem er im Piräus gelandet war, mit Enthusiasmus; sie jauchzten ihrem neuen Erzbischof zu und feierten seine Ankunft mit festlichen Spielen und Tänzen.[315] Doch der Anblick dieses herabgekommenen Volkes verstimmte ihn. Als er in Prozession das klassische Athen betrat, sah er um sich her zerfallene Mauern und hüttengleiche Häuser in armseligen, kümmervollen Straßenvierteln. Er hat dann selbst Athen fast als einen von verarmten

Menschen bewohnten Schutthaufen geschildert. Dem Ruin der Stadt entsprach die verödete attische Landschaft, deren antiker Name vielleicht aus dem Gebrauche des Volks verschwunden war.[316]

Er nahm seine Wohnung auf der Akropolis, wo schon seit langen Jahrhunderten das Episkopium eingerichtet war.[317] Beim Anblick der Parthenonkirche mußte der neue Metropolit freilich gestehen, daß wenige Bischöfe in der Christenheit eine gleich herrliche Kathedrale besaßen, wenn es auch eines der damaligen Zeit unmöglichen Kunstgefühls bedurft hätte, sie selbst der heiligen Sophia Konstantinopels vorzuziehen, welche die Byzantiner den Himmel auf Erden nannten.[318] Sie war nach dem eigenen Ausdruck Michaels ein »wunderschöner, hellstrahlender Tempel und anmutsvoller Königspalast, die heilige Wohnung des aus der Gottesmutter leuchtenden wahren Lichts«.[319]

Er fand den Dom mit Malereien geschmückt und von kostbaren Weihgeschenken namentlich aus der Zeit des Bulgarentöters Basileios angefüllt. Einst hatten die Athener der Athena Polias auf derselben Burg und in demselben Tempel eine goldene Lampe geweiht, welche nur einmal im Jahr mit Öl versehen zu werden brauchte, da ihr Docht von Asbest war. Dies kunstvolle Werk des Kallimachos hat Pausanias beschrieben. Jetzt war an ihre Stelle im Mariendom eine andere ewige Lampe von Gold getreten. Das unversiegbare Öl der christlichen Parthenos erinnert an die Ölquelle in der Marienkirche zu Trastevere in Rom, und leicht konnten die griechischen Priester eine ähnliche im Parthenon erfunden haben, um die antike Salzquelle des Poseidon im Erechtheion zu ersetzen. Die Parthenonlampe war auch im Abendlande berühmt. Der Isländer Säwulf, der zwischen 1102 und 1103 nach Jerusalem pilgerte, bemerkte in seinem Reisebericht: »Athen, woselbst der Apostel Paulus gepredigt hat, ist zwei Tagereisen von Korinth entfernt. Hier ist eine Kirche der Jungfrau Maria mit einer Lampe, in welcher immerfort unversiegbares Öl brennt.«[320]

In derselben Zeit Säwulfs schrieb der Kompilator des ›Liber Guidonis‹, wahrscheinlich ein Ravennate, folgendes: »Athen war einst die Mutter der Philosophen und Redner, wo sich ein göttliches und unauslöschliches Licht im Tempel befindet, welcher Propilia heißt und vor Zeiten vom Könige Jason der immer jungfräulichen Muttergottes Maria erbaut worden ist, mit bewundernswerter Pracht, aus herrlichem Gestein, wie es dort zu sehen ist.«[321]

»Alles ist groß in dieser Kirche«, so schrieb auch Akominatos an den kaiserlichen Admiral Stryphnos, »nichts ist klein in ihr, wie in den alten Mysterien. Du wirst das heilige Licht erblicken, welches keines

Holzes und keiner Sonne bedarf, und die Klarheit des Geistes in leiblicher Gestalt der goldenen Taube sehen; dort über dem heiligen Altar umschwebt sie in einem goldenen Kranze das angebetete Kreuz, immer im Kreise leise sich fortbewegend.«

Die feierliche Antrittsrede des Erzbischofs vor den im Parthenon versammelten Athenern ist ein historisches Kleinod von unschätzbarem Wert und ein vollkommenes, wenn auch verspätetes Seitenstück zu der berühmten Predigt Gregors des Großen vor den Römern in St. Peter.[322] Alle Kunden Athens verspäten sich für uns, und so trennt beide Patrioten, den Bischof von Rom und den von Athen, ein Zeitraum von sechs Jahrhunderten, obwohl ihre Stellung und Wirksamkeit und die gleich trostlosen Zustände ihrer Städte sie als Zwillingsbrüder erscheinen lassen. Der klassisch gebildete Grieche aus Kleinasien behandelte taktvoll seine Zuhörer als echte eingeborene Erben des Blutes und Geistes ihrer Vorfahren.[323] Er sprach keinen Zweifel an der genealogischen Fortdauer des athenischen Volkes aus; wenn auch jener prachtvolle, mit Blüten und Früchten bedeckte Baum des Altertums verdorrt war, so durfte er doch den Nachwuchs der Enkel als seiner Wurzel entsprossen ansehen.

Er verherrlichte die Stadt als die Mutter der Redekunst und Weisheit und erinnerte ihre Bürger an das schönste der antiken Feste, das des Fackellaufs. Dies daure in der Kirche fort, und sein Kampfrichter sei Christus; ein jeder Gläubige sei zum Wettlauf berufen; aus den Händen seiner Vorgänger habe er selbst die Fackel empfangen, aber er wolle sich nicht eher glücklich preisen, den Bischofssitz des »vielbesungenen goldenen Athen« einzunehmen, als bis auch er den Kranz des Athleten errungen habe. Ich bin, so sagte er, hier noch ein Neuling, und ich weiß noch nicht, ob von dieser Stadt noch mehr übriggeblieben ist als ihr glorreicher Name, wollte mir auch irgendein Perieget deutliche Merkmale von ihr zeigen und mir sagen: dies ist der Peripatos, dies die Stoa, hier die Akropolis, dort die Laterne des Demosthenes; und wollte er so mich überreden zu glauben, daß ich noch die alten Athener vor mir sehe. Allein nicht jenen Denkmälern, sondern nur der Tugend und Weisheit verdanke Athen seinen Ruhm.

Wenn er die Enkel des Perikles mit der Ansicht tröstete, daß die Zeit nicht vermocht habe, das ihrer Natur aufgedrückte Gepräge der Vorfahren auszulöschen, so sprach er freilich nur eine physiologische Lehre von der Unzerstörbarkeit der Arten aus, wie auch Skythen, Ägypter, Kelten, die noch immer verlogenen Kreter, wie selbst Tiere und Pflanzen ihre Artbeschaffenheit forterbten.[324] Darum ermahnte er die Athener, die edlen Sitten ihrer Väter zu bewahren, welche die freigebigsten und menschenfreundlichsten aller Griechen gewesen seien und nichts lieber gehabt hätten als schöne Reden und Musik. So habe Perikles zur Zeit der Pest das murrende Volk durch eine Rede besänftigt, und der Zorn Alexanders sei durch das Flötenspiel des Timotheos beschwichtigt worden. Ob nun sie, die heutigen Bürger Athens, noch von jener goldenen Saat der Alten abstammten, das werde er bald aus ihren Gesinnungen erkennen. Als Christen müßten sie die Tugenden des Aristides, des Ajax, Diogenes, des Perikles und Themistokles und der Marathonkämpfer weit übertreffen. Sie seien veredelte Ölstämme, auf wilde gepfropft, und im Hause des Herrn vom apostolischen Tau getränkt. Einst brannte auf der Akropolis die ewige Lampe der Gottlosigkeit, aber gleich dem Schimmer des Glühwurms sei dies Irrlicht verblaßt, als die Sonne der Wahrheit mit der immer jungfräulichen Kora emporgestiegen sei und die Burg von der Tyrannei der falschen Parthenos erlöst habe.[325] Wie vom Himmel herab strahle von der Akropolis die ewige Lampe, um nicht nur Athen und Attika, sondern die ganze Welt zu erleuchten. Von Begeisterung fortgerissen, verglich der Redner sich selbst mit Moses, und er glaubte nicht mehr auf der Burg Athens, sondern auf dem Berge Horeb, ja auf der Burg des Himmels zu stehen.

In den erhabenen Säulenhallen des Parthenon konnten die Mahnungen an die große Vergangenheit die Gemeinde der Enkel eher niederbeugen, als zu stolzem Bewußtsein erheben. Die Zeiten waren vorbei, wo Perikles und Demosthenes auf der Rednerbühne ihrem hohen Ideenfluge den feinsten attischen Ausdruck geben durften, ohne zu fürchten, dem Volke unverständlich zu sein. Jetzt aber stand ein in der letzten Rhetorschule Konstantinopels verkünstelter Redner vor den Athenern, ihr klassisch gebildeter Bischof, und was er ihnen bot, eine sorgsam ausgearbeitete akademische Rede in prunkvollem Stil, angefüllt mit antiken und biblischen Zitaten und schimmernd von Metaphern und Tropen, überstieg die Fassungskraft seiner Zuhörer. Auch waren diese nur an die griechische Vulgärsprache gewöhnt. Wie die Antiochener einst das Hochgriechische des Chrysostomos nicht verstanden hatten, so verstanden jetzt die Athener nicht die Sprache des Akominatos. Der edle Metropolit bildete sich zwar ein, daß seine Antrittsrede ein Muster von Einfachheit gewesen sei, doch erkannte er, daß er viel zu hoch gegriffen hatte. In einer folgenden Predigt rief er mit Schmerz aus: »O Stadt Athen, du Mutter der Weisheit, bis zu welchem Grade der Unwissenheit bist du herabgesunken! Als ich neulich meine Antrittsrede hielt, die so einfach, kunstlos und anspruchslos war, kam ich mir dennoch vor wie einer, der Unverständliches und in fremder Sprache wie persisch oder skythisch redete.«[326]

3. Die Sorge um das Wohl des gedrückten Volks der Athener zog den edlen Mann aus dem Reich der Ideale in die peinvolle Wirklichkeit herab. Die Stadt war, wie ganz Attika, halb verödet, sein Erzbistum eins der dürftigsten Griechenlands. Kurz vor seiner Ankunft hatte Hungersnot Athen heimgesucht infolge anhaltender Dürre. Michael klagte dem Erzbischof Euthymios (Malakis) von Neopaträ, daß er ein Jammertal zum Sitz erhalten habe, wo nichts Großes mehr übriggeblieben sei als der erlauchte Name. Die attische Erde, vom Sonnenbrande ausgedörrt und felsenhart geworden, verweigert die Frucht; in den Olivenhainen sind die Bäche, in den Gärten die Quellen versiegt. Die Kallirrhoë rinnt nicht mehr; die Bienen haben den Hymettos und die Schafe die Weide verlassen. Marathon hat wie die alten Trophäen so auch seinen Kornbau verloren, und in Eleusis werden jetzt die Bewohner von den Meerpiraten in die Mysterien des Todes eingeweiht.[327] Sein einziger Trost, so sagte er, sei die aus dem Heiligtum der Gottesmutter hervorleuchtende Gnade: Sie werde für ihn, den Vereinsamten, zur Feuersäule, die ihn führe zum Zelt, das ihn schirme, und zur Warte und Akropolis des Himmels.

Die Leiden Athens hat Akominatos in seinen Briefen mit verzweifelter Beredsamkeit geschildert; diese Briefe aber bieten zugleich das einzige authentische Gemälde der Stadt im Mittelalter dar. Gleich in seinem ersten Schreiben von dort an Michael Autorianos, den späteren Patriarchen in Nikaia, hebt er so an: »Mein Brief kommt aus Athen, aber deshalb wird er nicht besser und weiser sein, eher dir willkommener, wenn auch stark bäurisch.«[328] Hier klingen Reminiszenzen an, nämlich an jene Briefe, die einst Synesios von Kyrene aus Athen an seine Freunde geschrieben hatte. Es gibt hier, so sagt Akominatos, keine Männer mehr, die sich mit Philosophie, kaum solche, die sich mit einer banausischen Kunst beschäftigen. Er glaube, in dem von den Babyloniern belagerten Jerusalem zu sein, und wie einem zweiten Jeremias erpresse ihm der Anblick der eingesunkenen Mauern, der öden Straßen und des in Lumpen gehüllten, kaum mit Gerstenbrot genährten Volkes Tränen. Alles sei freilich vergänglich; Geschlechter kommen und gehen, aber die Erde bleibt. Noch ist geblieben die Grazie des attischen Landes, der honigreiche Hymettos, der windstille Piräus, das einst mysterienreiche Eleusis, die rossenährende Ebene Marathons und die Akropolis, aber jenes beredte und philosophische Geschlecht ist verschwunden und ihm ein unmusisches gefolgt, so arm an Geist wie an Leibe. Die einst große berühmte Stadt ist wüste; kaum sieht man hier, so sagt er, an Jeremias erinnernd, eine Erz- oder Messerschmiede.

Das Verkommen der Industrie beklagte Akominatos schon in seinem ersten Briefe. Er erbat sich einmal von dem Bischofe Gardikis die Zusendung von Wagenmachern, weil alle athenische Arbeit, auch die der Werkzeuge des Landbaues, unzureichend sei.[329] Während in Theben und Korinth die Seidenmanufakturen noch immer in Blüte standen, versicherte er, daß es in Athen keinen Weber seidener Gewänder gebe.[330] Wenn er einmal einem seiner Freunde schrieb, daß er ihm Samtstoffe schicken werde, sobald diese gefärbt seien, so geschah das wohl eher in Theben als in Athen,[331] obwohl sich auch athenische Schiffer an dem Aufsuchen der Purpurmuscheln beteiligt zu haben scheinen.[332]

Wenn auch das Bild, welches Akominatos von Athen und Attika entwarf, von rhetorischer Übertreibung nicht ganz frei sein mag, so bleibt doch nach deren Abzuge die geschichtliche Tatsache eines tiefen Verfalles zurück. Seine wirklichen Ursachen waren der Mangel des freien Bauernstandes und der bürgerlichen Gewerbtätigkeit, der Steuerdruck, die öffentliche Unsicherheit und das Piratenwesen, diese furchtbarste Plage Attikas wie aller Küstenstriche Griechenlands. Italienische, griechische, türkische Korsaren machten die Gestade unsicher, wo es keine kaiserlichen Wachtschiffe und in den Hafenplätzen nur sparsame Besatzungen gab, während die Milizkraft der Bürger verfallen war. In vielen Briefen und Reden führte Akominatos über diese Verheerungen Klage; sein eigener Neffe wurde vom Pfeil eines Seeräubers verwundet.[333] Besonders das Athen nahe Ägina diente damals den Meerpiraten als Sammelplatz.[334] Der byzantinische Patriarch bezog gewisse Einkünfte aus dieser Insel und beauftragte den Erzbischof Athens damit, sie einzutreiben, allein derselbe lehnte dies schwierige Geschäft nach einem Jahre ab, weil er niemand nach Ägina schicken könne, da die meisten Einwohner des Eilandes vor den Piraten geflohen seien, die Zurückgebliebenen aber mit diesen gemeinschaftliche Sache gemacht hätten.[335] Auch das kleine, an der attischen Küste gelegene Eiland Makronisi, auf dem ein Kloster des heiligen Georg stand, war ein Seeräubernest. Minder scheint damals Euböa gelitten zu haben, denn in einer Predigt, welche Akominatos in der Hauptkirche zu Chalkis hielt, pries er den Reichtum dieser schon damals Euripos genannten Stadt, ihre Volksmenge und ihre Sicherheit durch die Lage am Sunde, der sie vom Festlande trennt.[336]

Gleich groß wie die materielle Verkommenheit erschien dem gelehrten Erzbischof die geistige Versunkenheit der Athener. Er selbst war vom Bilde des klassischen Volks erfüllt, welches durch Geist und Sitte alle Nationen der Erde übertroffen hatte, und sah jetzt um sich her alles verfallen und verwandelt. Stadt und Volk betrachtete er mit den Augen eines Zeitgenossen Platos, und deshalb erschrak er über die ungeheure Veränderung, auf deren überall in Griechenland vollzogenen geschichtlichen Prozeß er als Idealist keine Rücksicht nahm. Aus der Weltstadt Konstantinopel in die kleine Provinzialstadt verschlagen, glaubte er unter Barbaren geraten zu sein und selbst zum Barbaren zu werden. Er erinnerte sich offenbar an den sarkastischen Ausspruch des Apollonios von Tyana über Hellas, welchen Philostrat mitgeteilt hat, wenn er später an Georg Tessarakontapechis schrieb: »Da ich lange in Athen lebe, bin ich ein Barbar geworden.«[337] Diese von ihm öfters angewendete Phrase war demnach alten Gebrauchs. Ein Epigramm ungewisser Zeit, welches ein hochmütiger Byzantiner verfaßt hat, drückt sich so aus:

Nicht ein Barbarenland, doch Hellas sahst du,
Und wardst Barbar an Sprach und Sitten.[338]

Akominatos fand das heilige Feuer auf dem Altar der Musen so völlig erstorben, daß ihm davon auch kein Funke mehr in Athen fortzuleben schien.[339]

Der heutige Forscher nach dem geistigen Zustande der Athener jener Zeit vermag nicht darzutun, wie weit die Klagen des Bischofs von der Wahrheit entfernt geblieben sind. Wir haben keine Kunde von dem damaligen Verhältnis der Athener zu den Schatzkammern ihres eigenen Altertums. Wir wissen nicht, welche Legende davon sich bei ihnen gestaltet hatte, ob die Wissenschaft, die Dichtung, die Philosophie der Vorfahren ihre Erinnerung noch in irgendwelchen Schulen der Grammatiker abgelagert hatten. Daß solche vollkommen erloschen waren, daß es in Athen niemand mehr gab, der sich mit Homer, Sophokles und Plato beschäftigte, ist doch nicht anzunehmen. In derselben Zeit des Akominatos wurden die homerischen Heldensagen in Thessalonike sogar noch theatralisch dargestellt. Dies zeigt Eustathios in einer Schrift, wo er von der möglichen Kritik irgendeines greisen Zuschauers spricht, welcher den Anwesenden erklären dürfte, daß die Darsteller des Priamus, Odysseus, Ajax und der Atriden nur Possenreißer seien.[340] Freilich war Thessalonike eine große Stadt und Athen tief herabgekommen. Hier konnten weder öffentliche Bibliotheken noch Gelehrtenschulen die Studien des Bischofs unterstützen. Zum

Glück hatte er seine eigene Sammlung von Handschriften aus Byzanz mit sich gebracht, unter ihnen Homer, Aristoteles, Galenos, Euklides, Thukydides, Nikandros und andere Werke der Alten. Aber er erwarb und kopierte doch Schriften auch in Athen, wo er den Bücherbestand vorfand, welcher dem Erzbistum zu eigen gehörte, und dieser scheint im Allerheiligsten der Parthenonkirche aufbewahrt gewesen zu sein. Wenn aber die athenische Metropolitanbibliothek in zwei Schränken am Altar Raum fand, so wird sie nicht gerade reichhaltig gewesen sein.[341]

Was muß ich leiden, so schrieb Michael an den Patriarchen Theodosios, der ich, von aller Weisheit weit entfernt, nur unter einem Schwarm von Barbaren lebe, die aller Philosophie entblößt sind.[342] Er klagte, daß die attische Sprache ein roher Dialekt geworden sei, den er niemals erlernen könne, und wiederholt gebrauchte er in bezug auf ihren Verfall als geistreiches Gleichnis die Fabel von der durch Tereus barbarisch verstümmelten Philomele. Selbst die antiken Lokalnamen fand er im Munde der Athener verwandelt, denn er bemerkte, daß sich nur wenige alte Worte unverfälscht erhalten hatten, wie Piräus, Hymettos, Areopag, Kallirrhoe, Eleusis, Marathon.[343] Mit derselben Hartnäckigkeit, mit der die Romanen in der Schule und Kirche und in allen Akten der Rechtssphäre den Gebrauch des Lateinischen festhielten, behaupteten auch die Griechen die klassische Sprache ihrer Literatur, obwohl dieselbe längst starr und leblos geworden war. Sie verwandelte sich nach ähnlichen Gesetzen und in derselben Zeit wie die Sprache der Römer. Bereits der Kaiser Julian hatte darüber geklagt.[344] Fremdartige Wortformen waren in sie eingedrungen.[345] Der vornehme Sprachsinn des Akominatos sträubte sich dagegen, die Berechtigung des griechischen Vulgär anzuerkennen, während Michael Psellos es nicht verschmäht hatte, sich mit ihm zu beschäftigen.[346] Theodor Prodromos, der ältere Zeitgenosse des Erzbischofs von Athen, gilt als einer der ersten byzantinischen Gelehrten, die sich der Volkssprache bedienten; zwei an den Kaiser Manuel gerichtete Gedichte hat er im griechischen Vulgär verfaßt.[347] Noch älter ist das didaktische Gedicht Spaneas, welches man dem Kaiser Alexios I. hat zuschreiben wollen. Anstelle des klassischen Hexameters war infolge des Verschwindens der Quantität der häßliche prosaähnliche Vers von fünfzehn Silben getreten, welcher in der Literatur den seltsamen Namen »politisch« oder bürgerlich erhalten hat.[348]

Wie sich Akominatos über die Barbarei der attischen Volkssprache zu seiner Zeit beklagte, so galt byzantinischen Gelehrten merkwürdigerweise noch vier Jahrhunderte nach ihm die Sprache der Athener mit oder ohne Grund als einer der unreinsten Dialekte Griechenlands; es ist sonderbar, daß ein ähnliches, wegwerfendes Urteil über die Sprache der Römer seiner Zeit Dante ausgesprochen hat.³⁴⁹ Auch dieser höchste Dichter verhielt sich anfangs abwehrend gegen das italienische Vulgär, allein es war das Glück der Volkssprache Italiens, daß sie durch das schöpferische Genie eines Dante, Petrarca und Boccaccio bald zur edlen Schriftsprache wurde, während das griechische Vulgär, welches erst Korais dazu zu erheben versuchte, dieses Glückes nicht teilhaftig geworden ist.³⁵⁰

Die Zeugnisse des Metropoliten Athens vom Versiegen des dortigen wissenschaftlichen Lebens sind so schwer an Gewicht, daß die bisher geltende Ansicht, diese Stadt sei noch im 12., sogar im 13. Jahrhundert eine Hochschule der Weisheit gewesen, nicht mehr behauptet werden kann. Wenn es daselbst noch Abschreiber von Handschriften gab, wie z.B. einen Konstantin, der im Jahre 1129 den jetzt in Wien befindlichen Kodex des Basileios anfertigte, so darf daraus höchstens auf die Fortdauer der Tätigkeit des Kopierens geschlossen werden.³⁵¹ Aus dem Dunkel der Zeit tritt uns weder ein einheimisches Talent noch überhaupt irgendein Grieche entgegen, der seine wissenschaftliche Bildung der Schule Athens verdankte. Der Äginete Kosmas bestieg im Jahre 1146 den Patriarchenthron in Byzanz, und sein Zuname der »Attiker« würde ihn und sein Heimatland nicht wenig ehren, wenn er denselben durch klassische Studien in Athen selbst erworben hätte. Als einen nicht nur tugendhaften, sondern auch durch Weisheit ausgezeichneten Mann hat ihn der Geschichtsschreiber Niketas gepriesen.³⁵² So rühmte einmal Eustathios von einem seiner Freunde, daß er von den attischen Musen und dem Lande der Weisheit abstamme.³⁵³ Einer der nächsten Nachfolger desselben Eustathios auf dem erzbischöflichen Stuhle Thessalonikes war der Athener Johannes, doch wird auch er seine Studien in Konstantinopel gemacht haben, wohin sich zu ihrer Ausbildung wissensdurstige Männer aus den Provinzen des Reichs zu begeben pflegten.

4. Man hat trotzdem behauptet, daß Athen im 12. Jahrhundert sogar für das transkaukasische Georgien eine Pflanzschule der Wissenschaften gewesen sei. In diesem merkwürdigen Lande Karthali, dem antiken Iberien, welches seit den ältesten Zeiten bis auf seine Einverleibung in Rußland im Jahre 1783 von eigenen Königen beherrscht worden ist, regierte von 1089 bis 1125 der Bagratide David II., der »Erneuerer«. Von ihm, dem Gemahl einer byzantinischen Prinzessin Irene, wird erzählt, daß er jährlich zwanzig junge Georgier nach

Athen geschickt habe, zu dem Zwecke, auf der dortigen Schule zu studieren.³⁵⁴

Die jährliche Unterhaltung so vieler Stipendiaten in Athen auf öffentliche Kosten würde sowohl den wissenschaftlichen Bedürfnissen als der Regierung des kleinen Georgien zum höchsten Ruhme gereicht haben, und sie könnte heute jeden Unterrichtsminister großer Kulturstaaten in Erstaunen setzen, wenn sie nämlich eine beglaubigte Tatsache wäre. Die georgischen Reichsannalen, welche der König Wachtang am Anfange des vorigen Jahrhunderts redigieren ließ, haben jenen Fürsten David mit überschwenglichen Phrasen als einen zweiten Salomo verherrlicht. Sie rühmen seinen Wissensdurst, der so mächtig gewesen sei, daß er sich selbst auf der Jagd von den Büchern nicht trennen konnte; sie preisen ihn als den großartigsten Mäzen, der sogar fremde Klöster in Griechenland fürstlich ausstattete und beschenkte. Sie erzählen, daß er in seinem eigenen Lande ein prachtvolles Kloster der heiligen Jungfrau erbaute, dies mit den kostbarsten Reliquien und Schätzen ausrüstete, unter denen sich auch der goldene Thron der Chosroiden befand, und daß er in dasselbe die auserwähltesten Mönche einsetzte. »Er machte aus diesem Ort das zweite Jerusalem des Orients, das Wunder aller Vollkommenheit, den Mittelpunkt der Gelehrsamkeit, ein neues Athen, welches dem alten weit überlegen war.«³⁵⁵ Dies Kloster könnte demnach das Athen für die Studien der jungen Georgier gewesen sein. Der berühmte armenische Geschichtsschreiber Wardan, welcher dem 13. Jahrhundert angehört, hat übrigens von dem Könige David folgendes berichtet: »Indem er das unwissende Volk der Georgier zu bilden suchte, wählte er vierzig junge Leute aus, die er nach Griechenland schickte, um dort die Sprache zu erlernen, aus ihr Übersetzungen zu machen und diese dann mit sich nach Hause zu bringen, was sie auch wirklich getan haben. Drei unter ihnen, die sich als die fähigsten erwiesen, haben dies rohe Volk geziert.«³⁵⁶ So verwandeln sich die jährlich vom Könige David nach Athen geschickten Stipendiaten in Übersetzer griechischer Werke überhaupt. Die Georgier waren wie die Armenier eifrig bemüht, theologische und philosophische Schriften aus dem Griechischen in ihre Landessprache zu übertragen; so hatte schon der König Georg, ein Vorgänger Davids, den sogenannten Philosophen Janne Petrizi mit der Übersetzung von Werken des Plato und Aristoteles beauftragt.³⁵⁷ Solche Georgier machten also ihre Studien in »Griechenland«, das heißt doch wohl in Thessalonike, in den Athosklöstern und vor allem in Konstantinopel. Wenn sie auch in Athen studiert hätten, so würde Wardan, welcher die Verhältnisse Georgiens sehr gut kannte, von dieser Stadt schwerlich geschwiegen haben, dessen Hochschule einst, im 5. Jahrhundert, sein berühmter Landsmann Moses von Chorene wirklich besucht hatte.

Ein gleicher Bildungseifer und eine noch größere Pflege der Literatur wird der gefeierten Königin Thamar nachgerühmt, die von 1184 bis 1211 als eine zweite Semiramis über Georgien herrschte. An ihrem Hofe lebte der ausgezeichnete Dichter dieses Landes Šota Rustawel, der in einem kleinen Ort Rustawo an den Ufern des Kur, wie man glaubt, um 1172 geboren war. Er verherrlichte die geistvolle und schöne Fürstin in einer Thamariade und verfaßte viele Dichtungen, unter andern ein dem Persischen entlehntes Epos ›Der Mann mit dem Tigerfell‹.[358] Von ihm aber wird erzählt, daß er um das Jahr 1192 nebst anderen jungen Georgiern nach Athen gekommen sei. Dort habe er sich mit den großen Geistern des Altertums vertraut gemacht, die Werke der attischen Philosophen und Geschichtsschreiber gelesen und auch in der Musik sich ausgebildet. Nach einem Aufenthalt von mehreren Jahren sei er zur Königin Thamar zurückgekehrt, deren Bibliothekar er dann wurde.[359] Wenn nun der georgische Dichter in Athen so glänzende und umfassende Studien machte, so mußte das genau zu derselben Zeit geschehen sein, wo Michael Akominatos dort Erzbischof war und sein Schicksal beklagte, welches ihn dazu verdammt hatte, in jener Stadt unter barbarisch gewordenen Menschen zu leben, bei denen nach seinem Urteil keine wissenschaftliche Bildung mehr zu finden war. Die Erzählung von den athenischen Studien Rustawels gehört daher so gut in den Bereich orientalischer Märchen wie jene von den zwanzig Stipendiaten des Königs David. Sollten sich dafür, was nirgends bekannt ist, wirklich Berichte in Schriften georgischer oder armenischer Autoren vorfinden, so haben diese Athen entweder mit dem Athos oder mit Konstantinopel verwechselt, wo seit dem Ende des 11. Jahrhunderts zumal unter der Regierung der Komnenen die byzantinische Akademie wieder in Blüte war und ohne Zweifel auch die christliche Jugend Georgiens und Armeniens an sich zog.[360]

Nun haben aber auch die Engländer am äußersten Thule Athen in derselben Epoche noch als eine Bildungsanstalt für Gelehrte ihres eigenen Landes beansprucht, von denen manche dort ihre Kenntnisse geholt haben sollen wie unter andern ein namhafter Arzt Johannes Ägidius.[361] Sehr merkwürdig ist, was der englische Chronist Matheus Paris von den wissenschaftlichen Zuständen Athens berichtet hat. Er erzählt, daß um 1202, im 3. oder 4. Jahre des Königs Johann, einige griechische Philosophen, ihrem Aussehen nach ernste und ehrwürdige

Männer, aus Athen an den englischen Hof gekommen seien, dort über religiöse Fragen disputiert und Bekehrungsversuche gemacht hätten, bis ihnen der König zu schweigen gebot und sie des Landes verwies.[362] Diese Griechen waren ohne Zweifel Mönche oder Geistliche. Der englische Chronist gab ihnen den traditionellen Titel der Philosophen, und wahrscheinlich deshalb bezeichnete er sie auch als Athener. Aber derselbe Matheus hat noch einen andern Bericht, welcher darzutun scheint, daß Athen in jener Zeit eine Stätte wissenschaftlichen Lebens gewesen ist.

Sein älterer Zeitgenosse, der Archidiakon von Leicester, Johannes Basingestokes, meldete, wie der Chronist erzählt, dem gelehrten Bischof Robert von Lincoln, daß er während seiner Studien in Athen von kundigen griechischen Doktoren mancherlei erfahren habe, was den Lateinern unbekannt geblieben sei.[363] Unter anderm fand er daselbst die Testamente der zwölf Patriarchen, welche die Juden aus Neid versteckt gehalten hatten. Der Bischof Robert ließ diese Schriften aus Griechenland holen und ins Lateinische übersetzen.[364] Basingestokes brachte aus Athen nach England auch die griechischen Zahlfiguren und manche Bücher, die er ins Lateinische übertrug, wie eine ihm von den Athenern mitgeteilte Grammatik.

Noch erstaunlicher ist die Versicherung desselben Archidiakons, daß er, trotz seiner auch in Paris gemachten Studien, sein bestes Wissen einer noch nicht zwanzig Jahre alten Jungfrau Konstantina, der Tochter des Erzbischofs von Athen, verdankte: Sie habe das ganze Trivium und Quadrivium innegehabt und Pest, Gewitterstürme, Sonnenfinsternisse, sogar Erdbeben ihren Zuhörern sicher vorauszusagen gewußt und diese dadurch vor Unglück bewahrt.[365] Da Matthäus Paris behauptet, diese erstaunlichen Mitteilungen von Basingestokes selbst öfters gehört zu haben, so nötigt er uns, mindestens anzunehmen, daß jener englische Magister wirklich in Athen gewesen war und dort das Griechische studiert hatte. Auch kann es immerhin eine Athenerin gegeben haben, die sich gleich der im Purpur geborenen Anna Komnena rühmen durfte, die attische Sprache und Redekunst, die Weisheit des Plato und Aristoteles, nebst allen Disziplinen des Quadrivium gelernt zu haben.[366] Lange bevor im Zeitalter der Renaissance Frauen Italiens durch Geist und Wissen namhaft wurden, glänzten Griechinnen durch ihre klassische Bildung. Am Anfange des 14. Jahrhunderts wurde eine schöne Frau in Thessalonike, die Tochter eines Kanzlers, wie eine zweite Theano und Hypatia bewundert.[367] Die jugendliche Lehrerin des Engländers sieht indes der Papessa Johanna Anglica ähnlich, deren Fabel sich bekanntlich bei einem Chronisten des 13. Jahrhunderts findet.[368] Da Basingestokes nach der Angabe des Matheus im Jahre 1252 starb, so mußte er in Athen zur Zeit studiert haben, als es dort noch einen griechischen Erzbischof gab. Dieser aber konnte kein anderer sein als der letzte orthodoxe Metropolit vor der Frankeninvasion des Jahres 1205, und das war eben Michael Akominatos. Es ist unmöglich zu glauben, daß der englische Scholast in Athen nicht mit diesem großen Hellenisten in Verbindung kam, und deshalb sehr auffällig, daß er seiner nicht erwähnt hat. Seine vermeintliche Lehrmeisterin Konstantina würde aber als Tochter des athenischen Erzbischofs nur Michael Akominatos selbst zum Vater gehabt haben; und das hat man auch wirklich geglaubt.[369] Allein dieser war kinderlos; er selbst hat von sich gesagt: »Wenn ich auch nicht Vater geworden bin, so weiß ich doch, was Liebe zu Kindern ist.«[370]

Die Berichte des Matthäus Paris sind daher übertrieben und zum Teil fabelhaft; entweder hat er sich selbst von seinem Gewährsmann ein Märchen aufbinden lassen oder, was er in seiner Jugend von ihm gehört hatte, durch phantastische Zusätze umgestaltet. Welche Fabeln in jenem leichtgläubigen Zeitalter gerade in England umliefen, zeigt die bekannte Erzählung desselben Chronisten vom ewigen Juden, dessen Sage er zuerst aufgezeichnet hat. Er berichtet ernsthaft, daß im Jahre 1228 ein armenischer Erzbischof nach der Abtei St. Albans gekommen sei und den dortigen Mönchen versichert habe, den Josephus Cartaphilus, jenen Pförtner des Pilatus, von dem der Heiland aus dem Tribunal gestoßen worden sei, persönlich zu kennen, da derselbe oft Armenien besuche und kurz vor seiner eigenen Abreise von dort an seinem Tische mit ihm gespeist habe.[371] Der armenische Bischof versicherte den Engländern auch, daß die Arche Noah noch immer auf dem Ararat stehe.

Während in Athen das Studium der Wissenschaften so gut wie erloschen war, dauerte die Überlieferung von dem Ruhm der Stadt der Weisen im Abendlande fort. Man stellte sich daher vor, daß sie selbst in den dunkelsten Zeiten nicht aufgehört habe, die Hochschule für hervorragende Gräzisten zu sein. Nicht nur die fabelhafte Päpstin Johanna sollte dort im 9. Jahrhundert studiert haben, sondern auch Skotus Eriugena, und doch hatte dieser größte Kenner der griechischen Sprache jenes Zeitalter im Abendlande sein Wissen in irländischen Klosterschulen erworben.[372] Von Irland her hatte schon Karl der Große die Lehrer für seine Schola palatina kommen lassen. Schwache Spuren hellenistischer Schulen und der Erinnerungen an Athen fanden sich auch in Italien. Johann Diaconus, der im 9. Jahrhundert das Leben Gregors des Großen schrieb, bemerkte als einzigen Mangel an diesem Papste seine Unkenntnis der griechischen Sprache, die er mit schwülstigem Ausdruck »facundissima virgo Cecropia« nannte.[373] Auch der lombardische Panegyrist des Kaisers Berengar, der zwischen 916 und 924 sein Lobgedicht verfaßte, erinnerte sich Athens in barbarischen Versen.[374]

Man wird sich nicht wundern, wenn die Sächsische Weltchronik vom römischen Kaiser Claudius berichtet, daß er seine Söhne nach Athen schicken wollte, »wo die beste Schule war«;[375] aber auch im Florisel von Niquea, einer Episode des berühmten Romans ›Amadis de Gaula‹, wird gesagt, daß der ritterliche Agesilaos von Kolchos in Athen studierte.[376] Um die Mitte des 11. Jahrhunderts verteidigte ein Klosterbruder von St. Emmeran bei Regensburg die von den Benediktinern zu St. Denis bestrittene Behauptung, daß die Gebeine des irrtümlich zum Apostel Galliens gemachten Dionysios Areopagites von dort nach Regensburg gebracht worden seien. In einem Briefe an den Abt Raginward richtete er eine Apostrophe an Athen, »die Ernährerin der Beredsamkeit, die Mutter der Philosophen, welche durch Dionys verherrlicht worden sei«.[377]

Schwerlich kannte irgendein Gelehrter im Abendlande aus dem Thukydides die Lobrede des Perikles auf die gefallenen Athener, worin dieser große Staatsmann seine Vaterstadt die »Schule Griechenlands« genannt hat. Doch die christliche Welt wußte, durch die Vermittlung Ciceros wie anderer lateinischer Autoren und der Kirchenväter, von dem Ruhme der Stadt Athen als Mutter aller Wissenschaft. Dies Lob ist feststehend im 12. und 13. Jahrhundert. In seinem ›Speculum rerum‹, einer Genealogie aller Könige und Kaiser, behauptete Gottfried von Viterbo, daß Römer und Deutsche nur verschiedene Zweige der Trojaner seien, daß aber diese selbst von Jupiter abstammten, dem Könige der Athener. Dieser sei als Königssohn in Athen geboren. Von ihm haben die Philosophen ihre Lehre empfangen, und von ihm stamme das Trivium und Quadrivium her. Die Stadt Athen sei von ihm unter dem Namen der Minerva erbaut worden, gleichsam als eine Burg der Weisheit. Niobe, die erste Gemahlin Jupiters, habe zu Athen regiert und die ältesten Rechtsbücher verfaßt. Juno, seine zweite Gemahlin, sei die Mutter des Danaos gewesen, von welchem die Danaer oder Griechen abstammten. Dann sei das geschriebene Recht von Athen nach Rom gekommen. Kurz und gut, alle Künste und Wissenschaften müßten auf Jupiter und Athen zurückgeführt werden.[378]

In den Alexanderromanen wird Aristoteles nur deshalb zu einem geborenen Athener gemacht, weil er ein großer Philosoph war und

»die Welt keine Weisheit mehr besitzt, die dort nicht zu finden gewesen sei«.[379] Wilhelm von Malmsbury wußte den gelehrten Bischof Ralf von Rochester nicht besser zu rühmen, als indem er von ihm sagte, daß er ganz Athen in sich ausgeschöpft habe.[380] In dieser Stadt, so bemerkte Matthäus Paris, haben die griechischen Weisen studiert, und weil die Weisheit unsterblich ist, so hat davon Athen den Namen erhalten. Denn derselbe sei zusammengesetzt aus der Negation A und dem Worte Thanatos.[381] Ein würdiges Seitenstück zu dieser Namenserklärung ist jene, welche Gervasius von Tilbury im 13. Jahrhundert von der Akademie Athens gegeben hat. Dies Wort bedeutet nach ihm Traurigkeit des Volks; denn die Schüler Platos hätten gerade diesen dem Erdbeben ausgesetzten Ort gewählt, damit die beständige Furcht ihre sinnlichen Begierden züge. Derselbe Gervasius erklärte den Namen »Peripatetiker« daraus, daß die Schüler des Aristoteles in gewisser Weise auf dem Boden der Wahrheit einhergingen.[382] Wenn in irgendeiner Stadt des Westens gelehrte Studien blühten, lag es nahe, sie mit Athen zu vergleichen. Alfanus von Montecassino, der Zeitgenosse Gregors VII., rühmte deshalb in einem Gedicht an den Bischof Gosfried Aversa, welches seine Philosophenschulen dem allertrefflichsten Athen ähnlich gemacht habe.[383]

Wie unter den Gelehrten des Abendlandes so lebte sogar bei den wissensdurstigen Arabern, eifrigen Übersetzern philosophischer und medizinischer Werke der Griechen, der gleiche Ruhm Athens fort. Istahri, der um die Mitte des 10. Jahrhunderts ein geographisches Werk verfaßte, erwähnt darin Athens bei Gelegenheit des Umfanges des Mittelmeers, welches nach seiner Ansicht Galicia, Francia und Rom bespült oder dessen Küstenstriche von Konstantinopel bis nach Athinas und Rom reichen. Er sagt, daß Rom und Athen die Sammelpunkte der Rum seien, d. h. der Italiener und Byzantiner, und daß im besondern Athen der Sitz der Weisheit der Jünan, d. h. der alten Griechen, gewesen sei, wo diese ihre Wissenschaft und Philosophie aufbewahrt hätten.[384]

5. Der Verzicht auf seinen jahrelangen Verkehr mit den Redekünstlern und Gelehrten Konstantinopels, seinen geistreichen Freunden, konnte für den Erzbischof Athens nicht einmal durch das Bewußtsein gemildert werden, daß er sich auf der heiligsten Kulturstätte des klassischen Altertums befand. Denn der Anblick dieser Trümmer machte ihn schwermütig. Er klagte, daß von der Heliaia, vom Peripatos und dem Lykeion keine Spur mehr übrig geblieben sei; nur der Areopag strecke seine kahle Felsenfläche empor. Man zeigte noch geringe Reste, vom

Zahn der Zeit zerfressene Bausteine der Stoa Poikile, wo Schafe weiden, wie zu Rom Vieh auf dem Forum und Ziegen auf dem Kapitol.[385]

Nur dies hatten die Athener vor den Römern voraus, daß die berühmtesten Schauplätze ihrer geschichtlichen Vergangenheit, wenn auch trümmerhaft, unkenntlich und sagenhaft geworden, doch nicht so tief herabgewürdigt waren, um ihre vornehmen und klassischen Namen in »Kuhfeld« und »Ziegenberg« zu verändern. Michael Akominatos durfte es den Athenern, wenn auch nicht ohne sie zu beschämen, zum Ruhme anrechnen, daß sie noch die Quelle Kallirrhoe, den Areopag und einige andere Orte mit ihren antiken Namen benannten.[386] Wenn er den Hymettos bestieg, wo noch heute das alte, schöne Kloster Kaisariani aufrecht steht, dessen entzückende Lage er wie ein Dichter geschildert hat, war er erfreut, ganz Attika, die Kykladen und Sporaden »wie auf einer Landkarte« zu übersehen und die Gestade, Ankerplätze und Häfen zu betrachten, die sich dort vor seinen Blicken ausbreiteten. Mit Genugtuung bemerkte er, daß die Eilande Psyttaleia, Salamis, Ägina noch »ihre alte Benennung« trugen.[387] Demnach hatte auch die Insel Salamis noch nicht durchaus ihren Namen verloren, obwohl sie schon längst, vielleicht von ihrer Brezelgestalt, die volkstümliche Bezeichnung Kuluris trug.[388] Selbst der Name der kleinen, aus der Xerxeszeit berühmten Scholle Psyttaleia erhielt sich und dauert noch heute in der Umgestaltung Leipso Kutuli fort; die dort in der Nähe gelegene Felsenklippe Atalante heißt noch jetzt Talanto.[389]

Leider hat Akominatos nur sehr wenige alte Denkmäler Athens namentlich erwähnt und von vielen geschwiegen, die noch zu seiner Zeit mehr oder minder erhalten waren oder noch nicht ganz von Pflanzendickicht und Schutt bedeckt sein konnten; wie das Theater des Dionysos, das Hadrianstor, das Olympieion, der Turm der Winde, das Odeon des Herodes, das Stadion, die Pnyx, das Museion mit dem Philopapposdenkmal, die Tempel, Gymnasien und Hallen an der neuen Agora, die Wasserleitung des Hadrian und Antonin und manche andere Überreste des Altertums, die wir noch heute bewundern. Von solchen Bauwerken, die jetzt spurlos sind, wie das Metroon, Prytaneion, das Rathaus der Fünfhundert, das Pompeion, Eleusinion, die Akademie, die Stoa Eleutherios und Basileios, die antiken Tore, hat er nichts gesagt. An viele Monumente Athens, wie an jene der Kaiserstadt Rom, hatte die Phantasie des Volks Legenden und Dichtungen angeheftet. Wenn der gelehrte Erzbischof in seiner Antrittsrede an die Athener das Denkmal des Lysikrates durchaus als Laterne des Demosthenes (ὁ Δημοσθένους λύχνος) bezeichnete, so sieht das

*Das Hadrianstor
(Stich nach einer Zeichnung von 1751)*

Der Turm der Winde
(Stich nach einer Zeichnung von 1751)

so aus, als habe er selbst an diese fabelhafte Bestimmung jenes choregischen Ehrenmals geglaubt.[390] Vielleicht war es ebendies berühmte Bauwerk, welches die Alexandersage in einen hundert Fuß hohen Pfeiler mitten in Athen verwandelt hat; auf ihm brenne eine Lampe, von der die ganze Stadt erleuchtet werde; das aber sei ein Kunstwerk Platos. So erscheint der unsterbliche Philosoph als ein magischer Schutzherr Athens, wie es der Dichter Virgil für Rom und der weise Apollonios von Tyana für Konstantinopel gewesen sein sollten.[391]

Manche andere Sagen von der Erbauung der Prachtmonumente Athens hatten sich längst ausgebildet. Wenn im ›Liber Guidonis‹ die Propyläen als ein vom alten Heros Jason gegründeter Tempel bezeichnet werden, so läßt das auf einen griechischen Sagenkreis schließen, der für uns untergegangen ist.

Der Anblick der Ruinen Athens regte die dichterische Phantasie des Schülers des Eustathios zu einer jambischen Elegie auf. Sie ist die erste und auch die einzige Klagestimme über den Untergang der alten, erlauchten Stadt, welche auf uns gekommen ist.

Die Liebe zu Athen, des Ruhm einst weit erscholl,
Schrieb dieses nieder, doch mit Wolken spielt sie nur,
Und kühlt an Schatten ihrer Sehnsucht heiße Glut.
Denn nimmer, ach! und nirgend mehr erschaut mein Blick
Hier jene einst im Lied so hochgepriesne Stadt.
In der Äonen Lauf hat ungemeßne Zeit
Sie tief begraben unter Steingeröll und Schutt,
Und so erduld ich hoffnungsloser Sehnsucht Qual.
Wem es versagt ist, mit dem Blick der Gegenwart
In voller Wirklichkeit Geliebtes anzuschaun,
Der lindert etwa doch mit holdem Schein die Glut
Der Liebe, wenn das Bild des Freundes er erblickt.
Doch dem Ixion bin Unseliger ich gleich
So lieb Athen ich auch wie Hera er geliebt,
Und dann ihr glanzvoll Schattenbildnis hat umarmt.
Weh mir! was leid und sag ich, und was schreib ich hier!
Athen bewohn ich und doch schau ich nicht Athen,
Nur öde Herrlichkeit bedeckt mit grausem Schutt.
O Stadt des Jammers, wo sind deine Tempel hin?
Wie ward zunicht hier alles, schwand zur Sage fort
Gericht und Richter, Rednerbühne, Abstimmung,
Gesetze, Volksversammlung und des Redners Kraft,
Der Rat, der Feste heilger Pomp und der Strategen

> Kriegsherrlichkeit im Kampf zu Lande wie zur See,
> Die formenreiche Muse und der Denker Macht.
> Ein Untergang verschlang den ganzen Ruhm Athens,
> Kein Pulsschlag lebt davon, kein kleinstes Merkmal nur.[392]

Parallelen zu diesem Klageliede sind die Elegien, welche Lateiner dem Falle der großen Roma gewidmet haben. Unter diesen ist die ergreifendste jene des gallischen Bischofs Hildebert von Tours, eins der schönsten lateinischen Gedichte des Mittelalters. Hildebert sah und beklagte die zertrümmerte Weltstadt nach ihrer Verheerung durch die Normannen Guiscards im Jahre 1106. Sein Klagegesang beginnt mit den Versen:

> Nichts ist, Roma, dir gleich, selbst jetzt, da du moderst in Trümmern,
> Was in dem Glanze du warst, lehren Ruinen im Staub.
> Deine prangende Größe zerstörte die Zeit, und es liegen
> Kaiserpaläste und auch Tempel der Götter im Sumpf ...

Diese Elegien zweier Bischöfe der lateinischen und griechischen Kirche, welche Glaubensspaltung feindlich getrennt hielt, sind den zwei Hauptstädten der antiken Weltkultur geweiht. Beide gehören, das eine dem Anfange, das andere dem Ende desselben Jahrhunderts an, und beiden gibt derselbe melancholische Gegenstand eine ergreifende Übereinstimmung.

Die Klagestimmen über den Untergang Roms sind durch alle Zeiten fortgesetzt worden, aber die Trümmer Athens haben seit Akominatos keine Elegie eines Griechen mehr hervorgerufen, oder eine solche ist uns unbekannt geblieben. Nur bei einzelnen Dichtern der Renaissance, wie in einer Ode des Markos Musuros auf Platon, ferner im Threnos des Korfioten Antonios Eparchos über Griechenland und in dem Gedichte ›Hellas‹ des Chioten Leon Allatios zur Zeit des Papstes Urban VIII., wird Athens im allgemeinen Untergange des hellenischen Landes gedacht.[393]

Achtes Kapitel

Tod des Kaisers Manuel. Tyrannische Regierung des Andronikos. Die Normannen erobern Thessalonike. Mißverwaltung der Strategen von Hellas. Akominatos als Anwalt Athens. Sturz des Andronikos. Lobrede des Akominatos auf Isaak Angelos. Empörung der Serben und Bulgaren. Entthronung des

Achtes Kapitel

Isaak Angelos. Denkschrift des Akominatos an Alexios III. Bedrückungen Athens durch die kaiserlichen Prätoren. Verzweifelte Lage des Akominatos in Athen.

1. Unterdes war Konstantinopel der Schauplatz schrecklicher Ereignisse geworden, welche an die Zeiten des römischen Tiberius erinnern konnten. Die Lebenskräfte, die das gealterte Reich von den drei großen Komnenen empfangen hatte, waren mit dem am 24. September 1180 gestorbenen Kaiser Manuel versiegt. Beim Hingange dieses bewunderten Herrschers durfte sein Lobredner Eustathios ausrufen, daß die große Kaisersonne versunken sei und die Erde nur noch von dem umflorten Monde beleuchtet werde; denn als dieses Gestirn erschien ihm die schöne Kaiserinwitwe Maria von Antiochia, welche den Schleier nahm. Sie führte trotzdem die Regierung für ihren unmündigen Sohn Alexios mit ihrem Günstlinge, dem Protosebastos gleichen Namens, gestützt auf die in Konstantinopel angesiedelten Lateiner aus Pisa, Genua und Venedig, deren Zahl damals etwa 60000 betrug.[394] Die Gegenpartei rief aus Kleinasien in die Stadt den durch seine Abenteuer und wilden Leidenschaften berühmt gewordenen Komnenen Andronikos, einen Enkel Alexios' I. Er bemächtigte sich der Gewalt im Frühjahr 1182. Es geschah bei dieser Umwälzung, daß seine paphlagonischen Krieger und die Griechen der Hauptstadt, von Nationalhaß gegen die Fremdenkolonien entflammt, ein entsetzliches Blutbad unter ihnen anrichteten. Dieser Haß war begreiflich. Schon Manuel I. hatte die Venezianer einmal aus der Hauptstadt und dem Reiche verbannt, und Cinnamus, der davon berichtet, zeichnet bei dieser Gelegenheit den unerträglichen Hochmut jener ehemaligen »Vagabunden und Bettler, die sich in den Staat der Romäer eingenistet«.[395] Die Franken in Konstantinopel wurden zu Tausenden niedergemetzelt oder zu Sklaven gemacht, ihre Quartiere und Kirchen verbrannt, ihre Güter geplündert. Sie nahmen eine schreckliche Rache, und Eustathios urteilte mit Recht, daß aus diesem Lateinermorde das byzantinische Unglück herstammte.[396] Im September 1184 bestieg Andronikos als Alleinherrscher den Thron, nachdem er die kaiserliche Mutter und ihren Sohn umgebracht hatte: ein frevelvoller, im Blute schwelgender Tyrann, aber großer politischer Ideen fähig, der Cesare Borgia im byzantinischen Reich.

Schon ein Jahr später rächten die Normannen jenes Blutbad, als der König Wilhelm II. von Sizilien, von der Gegenpartei des Andronikos zur Intervention ermuntert, die Absichten seiner Vorfahren auf den Orient wiederaufnahm. Mit zweihundert Schiffen und einem großen

Landheer belagerten die Sizilianer die reiche Handelsstadt Thessalonike, die sie am 24. August 1185 erstürmten, mit mehr als türkischer Barbarei verwüsteten und ausmordeten. Zeuge dieser Schrecken und dann ihr Milderer war der edle Erzbischof Eustathios.[397] Was aber stand dem unseligen Konstantinopel bevor, wenn sich die Rachlust der Lateiner auf dieser Weltstadt selbst entladen konnte!

Griechenland blieb diesmal von der Wut der Normannen verschont, doch war es von Truppenaushebungen, von Schiffssteuern und Erpressungen der kaiserlichen Verwalter tief erschöpft. In den immer größeren Bedrängnissen, beim Sinken der Reichsgewalt und dem wachsenden Willkürregiment der Befehlshaber in den Provinzen, hat Michael Akominatos das Elend Athens zu mildern gesucht. Die Leiden der Bevölkerung waren in allen Teilen des Reichs schon unter Manuel schwer geworden, als dieser Kaiser, um seine Kriege gegen die Serben, Ungarn und Türken zu bestreiten, die Provinzen nicht nur mit Steuern belastete, sondern die verderbliche Einrichtung traf, das Kriegsvolk, welches zuvor seinen Sold aus dem Fiskus empfangen hatte, auf Kosten der Städte und Dörfer erhalten zu lassen. Die Truppen quartierten sich dort ein, durch kaiserliche Freibriefe dazu ermächtigt, und sie entrissen dem Bürger und Landmann die Früchte seiner Arbeit, selbst sein Besitztum, so daß die unglücklichen Bewohner zu ihren Sklaven wurden oder die Flucht ergriffen oder selbst unter die Soldaten sich einreihen ließen.[398]

Die Strategen, Prätoren oder Proprätoren von Hellas und dem Peloponnes – denn diese beiden Themen waren auch in jener Zeit zu einem gemeinschaftlichen Verwaltungsgebiete vereinigt – nahmen dort etwa die gebietende Stellung ein, welche ehedem die Exarchen in Ravenna gehabt hatten. Sie hielten einen Hof von militärischen und zivilen Beamten, die alle von der Provinz ernährt werden mußten.[399] Wenige dieser Gewalthaber erwarben sich die Liebe der Hellenen, wie der milde und gerechte Alexios Bryennios Komnenos, der Sohn des Cäsar Nikephoros und der Prinzessin Anna, welcher nach dem Jahre 1156 die griechischen Städte regierte. Die meisten streuten, nach dem Ausdruck des Erzbischofs Michael, über Griechenland, wie einst die flüchtige Medea über Thessalien, das Gift des Verderbens aus.[400]

Die Landesbischöfe begrüßten solche kaiserlichen Vizekönige beim Antritt ihrer Prätur oder bei ihren Reisen in den Provinzen mit herkömmlichen überschwenglichen Lobreden. Sie hoben ihre Tugenden zu den Sternen empor und nannten einen jeden von ihnen den ersehnten Messias Griechenlands. In seinem Enkomion auf Nikephoros Prosuch, den Prätor von Hellas und dem Peloponnes, welcher nach

Achtes Kapitel

Athen kam, als Andronikos I. noch Mitkaiser des jungen Alexios war, rief ihm Akominatos die schmeichlerischen Worte zu: »Mein Attika und die einst goldene Stadt Athen empfangen dich als ein erflehtes Göttergeschenk.«[401] Dann ließ er Athen in Person den Prätor anreden, in derselben rhetorischen Figur, wie Symmachus und andere römische Oratoren die alternde Roma in der letzten Kaiserzeit hatten reden lassen und noch später der Volkstribun Cola di Rienzo und Petrarca sie als trauernde Witwe vor ihren Gewalthabern auftreten ließen.

»Du siehst«, so sprach im Jahre 1183 das unglückliche Athen, »wie mich, die Gepriesene der Städte, die Zeit vernichtet hat. An die Reste, welche sie mir übrig ließ, haben sich viele Leiden geheftet; ich bin zu einem kleinen und unbewohnten Orte hingeschwunden, der nur noch an seinem Namen und seinen ehrwürdigen Trümmern kenntlich ist. Ich Unselige war einst die Mutter aller Weisheit, die Führerin zu aller Tugend. Ich habe in vielen Schlachten zu Land und See die Perser besiegt, und jetzt überwältigen mich wenige Piratenbarken; alle meine Seegestade werden ausgeraubt. Ich habe aus der Hand des Herrn den Kelch getrunken und verschmachte vor Hunger, Durst und Armut. Jammer drinnen und draußen peinigt mich; mich machen kinderlos das Korsarenschwert und die Furcht vor meinen Steuereinnehmern. Reiche mir, die ich am Boden liege, die Hand, flöße der Sterbenden neues Leben ein, damit ich dich dem Themistokles, dem Miltiades und dem gerechten Aristides beizähle.«

Der geistreiche Bischof hatte den schönen Gedanken, den Strategen daran zu erinnern, daß es im alten Athen einen Altar des Erbarmens (Ἐλέου βωμός) gegeben habe, und er ermahnte ihn, diesen wieder aufzurichten. Er schloß seine Rede mit einem Gebet an die Parthenos Gottesmutter, welche er die Retterin Athens (σώτειρα Ἀθηνῶν) nannte; und als solche galt den Athenern die Jungfrau Maria oder Atheniotissa, wie den Römern im Mittelalter der Apostel Petrus als Retter galt.

Die griechischen Bischöfe nahmen noch immer, wie zur Zeit Justinians, dem Staate gegenüber eine gesetzlich so angesehene Stellung ein, daß sie die berufenen Advokaten ihrer Stadtgemeinden waren. Wenn sich Briefe der Bischöfe von Korinth, Theben und Neopaträ erhalten hätten, so würden sie ähnliche Beschwerden aufweisen. Nach dem Tode des edlen Eustathios hat Akominatos der unglücklichen Stadt Thessalonike die Klage in den Mund gelegt, daß sie fortan die Beute der Steuereinnehmer, dieser menschenfressenden Tiere, sein müsse, da sie ihr großer Hirt nicht mehr beschirme.[402]

Gleiche Klagen richtete der Erzbischof Michael an den neuen Prätor Drimys, als dieser Athen besuchte.⁴⁰³ Er verglich ihn mit dem Stadtgründer Theseus, denn die Bevölkerung war durch Nahrungslosigkeit und ihre Folge, die Auswanderung, so herabgeschwunden, daß sie einer Neugründung durch Kolonisation zu bedürfen schien. Und schon in seinem ersten Briefe aus Athen hatte Michael das hungernde Volk mit den Vögeln verglichen, die von Ort zu Ort wandern, ihr Futter zu suchen.⁴⁰⁴ Die Zeit, so sagte er jetzt jenem Prätor, hat Athen alles geraubt, selbst die Sprache. Sprachlos ist die Mutter der Weisheit geworden, die einst mit dem Ruhme der Stoa und der peripatetischen Schule die Welt erfüllte, wo Perikles der Olympische hieß, wo Demosthenes, Lysias, Xenophon und Isokrates die Grazien und Sirenen besiegt hatten. Er selbst fühle sich in der Wüste Athens unglücklich; auf der Felsenburg sitzend, vernehme er nur die Echo, die ihm den leeren Schall seiner Worte zurückgebe. Von der geschwundenen Herrlichkeit alter Zeiten nicht zu reden, so habe Athen selbst die Form einer Stadt verloren: »Die Mauern liegen nieder, die Häuser sind zerfallen, der Landmann ackert auf den Wohnstätten; wie einst Theben von den Makedoniern, so ist sie von ihren Verwüstern mißhandelt worden. Barbarischer als die Perser hat die Zeit und ihr Bundesgenosse, der Neid, das Glück Athens zerstört.« Er wiederholt die Worte des Propheten über Babylon: »Herden weiden nicht in ihr, nur wilde Tiere; Geister hausen in ihr, Skorpione und Igel wohnen in ihren Hallen.«

Seine Rede geht dann in eine schwülstige Lobpreisung des Kaisers Andronikos über. Dieser gewaltige und furchtbare Mann, ein Proteus von allen Formen, wie ihn Eustathios genannt hat, verdiente in mancher Hinsicht den Dank des Volks. Er schonte dasselbe und züchtigte seine Peiniger, die ränkevollen, raubgierigen Magnaten; er räumte mit blutiger Hand als ein Würgengel unter den Adelsgeschlechtern auf, um dem Bürgertum und Bauernstande Luft zu machen, so daß zu seiner Zeit, nach dem Geständnis des Geschichtsschreibers Niketas, die Städte emporblühten und die Landschaften hundertfache Frucht gaben. Andronikos hätte der Reformator des Reiches werden können, wenn dessen sich zersetzender Organismus überhaupt noch zu heilen war.⁴⁰⁵

Indes fand er, infolge der Verheerung Thessalonikes durch die Normannen, welche dann Konstantinopel selbst bedrohten, in einer Palastrevolution am 12. September 1185 seinen furchtbaren Untergang. Mit ihm endete die ruhmvolle Dynastie der Komnenen in Byzanz, worauf unerwartete Ereignisse folgten, die das wehrlos gewordene Reich zur Beute der Franken machten.

Achtes Kapitel

Wie sich einst der Papst Gregor der Große durch diplomatische Berechnungen seines Vorteils hatte verführen lassen, dem Mörder des Kaisers Maurikios, dem verworfenen Phokas, zu schmeicheln, ganz so verführte jetzt die Not den Erzbischof Michael, den Mörder und Nachfolger des Andronikos, den unwürdigen Isaak Angelos als gottgesandten Rettungsengel und Befreier der Welt in den Himmel zu erheben. Er verglich ihn mit Harmodios und Aristogeiton; so mächtig und dauernd war der Eindruck der Tat jener alten Tyrannenmörder, daß sie selbst noch im 12. Jahrhundert ein heiliger Erzbischof Athens zu feiern wagte. Er suchte jetzt aus der Mythologie und der Bibel alle Schreckensgestalten hervor, um denselben Andronikos, den er zuvor dem Salomo gleichgestellt hatte, als ein Ungeheuer zu brandmarken. Nur mit Scham kann man diese byzantinischen Flecken auf dem sonst reinen Charakter eines edlen Mannes sehen.

Im Anfange des Jahres 1187 ging er selbst als Vertreter Athens nach Konstantinopel, um den neuen Gebieter zu der in Thessalien vollbrachten Besiegung der Normannen zu beglückwünschen, welche übrigens nicht seine Tat, sondern das Werk des tapfern Generals Branas war. So wurde der grause Fall Thessalonikes durch den Untergang des sizilianischen Landheeres gerächt, das von diesem und der Normannenflotte bedrohte Konstantinopel befreit und Isaak Angelos vom Glück mit unverdienten Lorbeeren gekrönt.

Die Sitte, Lobreden auf Kaiser zu halten, hatte sich als ein Teil der antiken Redekunst mit der ganzen Überschwenglichkeit einer gesunkenen Literatur aus dem kaiserlichen Rom auf die Byzantiner vererbt. Wenn uns heute solche Posaunenstöße höfischer Schmeichelei anwidern, so konnten sie keinem Griechen jener Zeit anstößig sein, denn sie waren eine stilgemäße Förmlichkeit.[406]

Die Verherrlichung des Despotismus in offiziellen Ansprachen des Senats durch Hofpoeten und Redner erhielt sich, solange das griechische Reich bestand, als oratorische Blüte der Knechtschaft und jenes prunkvollen orientalischen Zeremoniells, mit dem sich das Kaisertum umgeben hatte. Die schamlose Lobrede, welche Nikephoros Gregoras noch im 14. Jahrhundert an den Kaiser Andronikos II. Paläologos richtete, muß uns heute lächerlich erscheinen, aber jener zu seiner Zeit gefeierte Philosoph nahm dieselbe voll stolzen Selbstgefühls als Muster der Redekunst in sein Geschichtswerk auf.[407] Ebenso schamlos waren die Reden des Michael Psellos auf den Kaiser Konstantin Monomachos, den er gleich vorweg mit dem Anruf »Kaiser Sonne« begrüßte, und andere Enkomien desselben Fürsten der Philosophen auf Romanos Diogenes.[408] Selbst ein ehrwürdiger, wahrheitsliebender

Mann, gleich Eustathios, schlug denselben byzantinischen Ton an, wie seine Rede an Manuel I. beweist, die er verfaßte, als er zum Metropoliten von Myra erwählt worden war. Ohne den Phrasenschwall seiner langatmigen Beredsamkeit würde unter andern die Grabrede dieses berühmten Bischofs von Thessalonike auf denselben Kaiser für uns ein literarisches Meisterstück sein können; sie unterscheidet sich indes in nichts von dem Wortpomp seines Schülers Michael.[409] Dieser hatte übrigens den Freimut, in seiner Ansprache an Isaak Angelos die Klagen über das Elend der Stadt Athen zu wiederholen, die so verarmt sei, daß sie nicht einmal das übliche Huldigungsgeschenk, einen goldenen Kranz, aufzubringen vermöge.[410]

2. Zehn Jahre lang herrschte der Schlemmer Isaak zum Unglück des griechischen Reichs, welches in die alte Kraftlosigkeit und Verderbnis zurücksank. Die feindlichen Völker in der Levante wie im Donaugebiet, welche die Komnenen mit starker Hand daniedergehalten hatten, wuchsen jetzt zu drohender Macht auf. Während die seldschukischen Türken immer weiter nach dem Westen Kleinasiens vordrangen und den Hellespont zu erreichen suchten, erneuerten sich im Balkanlande wiederum zwei kriegerische Slavenstaaten. Die Serben hatte schon um 1160 der Kral Stephan Nemanja zu einem Reiche vereinigt, welches von seiner Hauptstadt Rassa (Novi Pazar) Raszien genannt wurde. Um das Jahr 1186 empörten sich die Bulgaren zwischen der Donau und dem Balkan, durch unerträglichen Steuerdruck zur Verzweiflung gebracht. Sie verbanden sich mit den dakoromanischen Stämmen der Walachen in Thessalien und stellten unter ihrem Könige Asen das Reich des Samuel wieder her. Ihre Hauptstadt wurde Trnovo.

Auf einem Kriegszuge gegen dieses Volk verlor Isaak Angelos im April 1195 die Herrschaft. Sein eigener Bruder wurde an ihm zum Verräter, nahm ihn gefangen, ließ ihn blenden und mit seinem jungen Sohne in Konstantinopel einkerkern, wo er selbst als Alexios III. den Thron bestieg.

Michael Akominatos richtete auch an diesen neuen Kaiser eine Denkschrift zum Schutze Athens.[411] Er verklagte die schamlosen Erpressungen der Prätoren, die mit ihrem Gefolge wie erobernde Feinde Stadt und Land brandschatzten, und die Habgier der Steuereinnehmer, welche, zum Zweck der Indiktionen-Verzeichnisse oder für neue Auflagen, die Äcker nach Spinnefußweite ausmaßen, die Blätter auf den Bäumen und die Haare auf den Köpfen der Athener zählten. Die Folge ihres Drucks werde eine allgemeine Auswanderung sein. Diese Besorgnis war nicht übertrieben; denn manche Städte und Landschaften des Reichs entvölkerten sich durch die Flucht der zur Verzweiflung gebrachten Bewohner. Ganze griechische Gemeinden, so versicherte Niketas, wanderten zu den Barbaren aus, um sich bei diesen anzusiedeln.[412]

Gerade damals waren die griechischen Provinzen mehr als je durch die Schiffssteuer geplagt, welche kaiserliche Offizianten ausschrieben, während doch solche Auflagen gesetzmäßig zu den Befugnissen des Logotheten des Dromos oder Generalpostmeisters des Reichs gehörten. Bürger und Bauern mußten zur Ausrüstung von Kriegsfahrzeugen, die nicht einmal gebaut wurden, willkürlich auferlegte Summen aufbringen. So sollte die Stadt Athen Strafgeld zahlen, als ein Flottenbau verfügt war und trotzdem nirgends Galeeren gebaut wurden, weil die Beamten das Geld in ihre Tasche steckten.[413] Die griechische Regierung betrachtete die Schiffssteuer als Mittel, ihre Finanzen zu verbessern: Sie urteilte, wie nachher Montesquieu, daß große Flotten einen Staat erschöpfen und gleich großen Landheeren in der Regel keinen Erfolg haben.[414] Als Vorwand für solche Erpressungen dienten die Raubzüge der Korsaren, namentlich jene des berüchtigten Genuesen Gaffore, gegen welche die byzantinische Regierung den Kalabresen Giovanni Stirione, einen ehemaligen Seeräuber, in Sold nahm und ausschickte. Auch dieser erzwang von Athen und andern Städten Schiffssteuern.[415]

Später erschien dort auch Sguros, ein in Nauplia zur Tyrannengewalt emporgekommener Archont, in Begleitung des Prätors von Hellas, und sie erpreßten von dem armen Athen eine größere Auflage, als sie das reichere Theben und Euböa zu leisten hatten.[416] Die gesetzlose Ausbeutung des Landes durch die byzantinischen Magnaten war vielleicht empfindlicher als die sonst geregelte Abgabenlast. Wenn die jährliche Schiffssteuer Athens nicht mehr als 8000 Francs betrug und diese Summe das Volk in Verzweiflung brachte, so muß man allerdings urteilen, daß die Stadt, welche im Altertum die größte Finanzmacht Griechenlands gewesen, zu tiefer Armut herabgekommen war.[417]

Die kaiserliche Regierung war bisweilen doch genötigt, die Steuerlast der Städte zu mindern; so scheint Athen nach der Ankunft des Prätors Prosuch diese Vergünstigung erlangt zu haben, ohne daß sie dann tatsächlich ausgeführt wurde.[418] Prosuch war Türke (Perser) von Geburt, aber schon als Kind Christ und Grieche geworden, und hatte sich dann unter Manuel als General im Orient hervorgetan. Er scheint ein wohlwollender Mann gewesen zu sein. Der Erzbischof berief sich übrigens auf alte, durch kaiserliche Chrysobullen verbriefte Rechte, welche, wie er behauptete, dem Prätor den Eintritt in die Stadt verwehrten.[419] Da eine solche Exemtion von der Strategengewalt mit den Tatsachen in Widerspruch steht, so wollte wohl Akominatos nur sagen, daß der Prätor nicht mit einem Heer Athen betreten, seine Soldaten nicht in die Quartiere der Bürger legen, keine willkürlichen Abgaben erheben und in die gesetzliche Gerichtsbarkeit des Richters von Hellas sich nicht einmischen durfte.[420] Gleichwohl war ein Stratege mit heergleichem Gefolge gekommen, welcher das Land aussog, während seine Amtsleute, der Logariastes, Protovestiarios, Protokentarchos und andere, nicht zurückblieben. Die Truppenführer forderten Naturallieferungen, kerkerten Widerstrebende ein, raubten dem Ackermann das Vieh und zwangen ihn, dasselbe zurückzukaufen.[421]

Akominatos schrieb dem Logotheten Demetrios Tornikis, daß außer dem Prätor noch ein Antiprätor nach Athen gekommen sei, und er verlangte, daß jener nur, wenn es not sei und zeitweise, die Stadt besuche, wie das Drimys und Presuch getan hätten.[422] Er wurde nicht müde, die kaiserlichen Offizialen als Verderber zu brandmarken, da sie, barbarischer als dies ehemals Xerxes getan hatte, Athen behandelten, die alte, einst glückliche Stadt, die Tyrannenfeindin, das gemeinsame Vaterland aller gebildeten Menschen, und deren Schutzpatronin die im Parthenon der Akropolis thronende Gottesmutter sei. Zahlloser als einst Jehova Frösche nach Ägypten gesandt habe, schicke Konstantinopel Steuerpächter und Zöllner, Prätoren, Landvermesser und Schiffsgeldeintreiber überall hin, am meisten aber nach Griechenland.[423] Er schrieb dringende Bittgesuche an seine mächtigen Freunde am Hof und vermittelte auch die eigenen Beschwerden der Athener an die Regierung durch seinen getreuen Sekretär Thomas.

Die Verzweiflung des Erzbischofs wurde noch durch die Belastung der Kirchengüter gesteigert. Kolonen und Leibeigene bebauten diese in beständiger Furcht vor den Landungen der Seeräuber, und die von Natur nicht fruchtbaren Äcker Attikas lieferten nur einen sparsamen Ertrag an Wein und Öl.[424] Das Erzbistum zahlte eine Abgabe (Akrostichon) an den Staat; ein Hofbeamter in Konstantinopel, Mystikos betitelt, vertrat dort die Rechte der athenischen Kirche. So bat einmal Akominatos den Kaiser, er möge dem Mystikos befehlen, das vom Kirchengut widerrechtlich Genommene nicht in den Staatsschatz abzuliefern.[425]

Unter dem kraftlosen, von seinen Günstlingen beherrschten Alexios III. erreichte unterdes die byzantinische Verwaltung den äußersten Grad der Zerrüttung. Alle Ämter waren feil: Die verworfensten

Menschen erkauften sich die wichtigsten Stellen; selbst Skythen und Syrier, die ehemals Sklaven gewesen, erlangten für Geld den Titel des Sebastos. Die Verwandten des Kaisers und andere Magnaten, durch den Thronwechsel an jede Art der Räuberei und die Plünderung des Staatsschatzes gewöhnt, häuften Reichtümer auf, indem sie die Provinzen brandschatzten.[426] Als Basileios Kamateros, ein mächtiger Mann, weil er Logothet des Dromos und mit dem Kaiser verschwägert war, nach Athen kam, begrüßte ihn der Erzbischof mit feierlichen Ehren; er rief die Schatten der großen Athener herbei, ihm als ein Chor von Schutzflehenden zu nahen, hoffend, daß auch der stolze Byzantiner als gebildeter Mann nicht verschmähen werde, Athen, die Mutter aller Weisheit, seine eigene Heimat zu nennen. Nach Themistokles und Konon möge er der dritte Gründer der Stadt werden, welche jetzt tot sei und deren Namen sogar verschwinden würde, wenn ihn nicht die den Neid besiegenden Erinnerungen des Altertums erhielten, »diese Akropolis hier und dort der Areopag, der Hymettos und Piräus und was noch sonst an unzerstörbaren Werken der Natur zu nennen ist«.[427]

In Angelegenheiten des Reichs kamen demnach bisweilen große Staatsbeamte nach Athen. So erschien dort ein andrer Verwandter des Kaisers Alexios III., der raubgierige Großadmiral Michael Stryphnos, welcher sich kein Gewissen daraus machte, die Flotte des Reichs verfallen zu lassen, um aus dem Verkauf der Schiffsgeräte Geld zu machen. Er war derselbe Magnat, dessen Ungerechtigkeit den genuesischen Kaufmann Gaffore in Konstantinopel zu solcher Wut entflammt hatte, daß er sich in den furchtbarsten Korsaren der Zeit verwandelte. Als Stryphnos in Begleitung seiner Gemahlin, der Schwester der lasterhaften Kaiserin Euphrosyne, nach der Parthenonkirche kam, dort ein Weihgeschenk darzubringen, richtete der Erzbischof eine prunkvolle Anrede an ihn. Man müsse, so sagte er ihm, sich Athens noch immer erinnern als jener glänzenden und ruhmvollen Stadt, welche einst Pindar die Säule Griechenlands genannt hatte. Ihr einziger Reichtum bestehe jetzt in den Mysterien der Marienkirche, denn alles übrige sei ein Trümmerhaufen.[428]

Stryphnos hatte Handelsschiffe im Piräus gesehen, und dieser war niemals ohne Verkehr, da auch in kaiserlichen Chrysobullen für Venedig Athen durchaus noch als Hafenplatz verzeichnet wurde; doch konnte der Handel dort nur unbeträchtlich sein; er beschränkte sich meist auf griechische Kauffahrer.[429] Im übrigen wird von byzantinischen Autoren immer nur der eine Hafen Piräus genannt, während die anderen von Munichia und Phaleron nicht mehr erwähnt werden.

Vielleicht hatte Stryphnos aus boshafter Ironie Athen wegen jener Handelsschiffe im Stadthafen mit Konstantinopel verglichen, denn der Erzbischof erinnerte später den Admiral in einem Briefe voll Unwillen an jenes Wort und versicherte, daß Athen und sein Gebiet weder Ackerbau noch Viehzucht besitze, daß es keine Seidenfabriken habe; daß es nur an Seepiraten reich sei, welche die Landschaft bis zu den Bergen hinauf verwüsten, so daß dasselbe Meer, welches die Stadt ehedem wohlhabend gemacht hatte, jetzt die Ursache ihres Elendes sei. Er bat den Admiral, den Neidern nicht Glauben zu schenken, welche ihn, den Bischof, und die Athener verleumdeten.[430] Unter diesen mißgünstigen Nachbarn verstand er vielleicht weniger die kaiserlichen Verwalter als die Städte selbst. Denn der Charakter munizipaler Eigenart und Eifersucht, welcher das hellenische Staatsleben im Altertum bedingt hatte, dauerte auch in der byzantinischen Zeit fort. Jede griechische Gemeinde besaß ihre besonderen Gewohnheiten und Privilegien, welche sie sich von den Kaisern bestätigen ließ. Selbst noch damals lag Athen oder dessen Kirche wegen des Besitzes von Oropos mit Theben in Streit.[431]

Leider erfahren wir aus den Schriften des Erzbischofs nichts Bestimmtes über die inneren Zustände und die damalige Verfassung der Stadt. Er nennt niemals weder angesehene Geschlechter unter den Bürgern noch wirkliche Magistrate der Gemeinde, so daß wir nicht einmal wissen, ob Athen am Ende des 12. Jahrhunderts noch einen städtischen Senat besessen hat, wie Thessalonike einen solchen besaß. Die wiederholten Klagen und Bittschriften Michaels an die Minister und Großen des byzantinischen Staats hatten nicht die erwünschte Wirkung, wenn sie auch nicht immer ungehört blieben. Wenigstens konnte er seinem Bruder Niketas nachrühmen, daß derselbe als ein am Kaiserhofe einflußreicher Mann ihm, dem Bischof, und der Stadt Athen manche Wohltat erwiesen habe.[432] Im allgemeinen scheiterte sein edles Bemühen an den unrettbaren Zuständen des Reiches und Griechenlands; er selbst war dem Neide und der Verunglimpfung der Schlechten ausgesetzt.

Um das Jahr 1195 raubte ihm der Tod seinen großen Freund Eustathios, mit dem er von Athen aus einen langen brieflichen Verkehr unterhalten hatte. Er beweinte ihn als »den letzten Rest des goldenen Zeitalters« und setzte ihm in einer enthusiastischen Trauerrede ein Denkmal der Pietät.[433] Seine Vereinsamung in Athen wurde immer peinvoller und seine Verzweiflung größer. Er klagte, daß man ihn dort wie einen Toten vergessen habe. Gleich allen Byzantinern nannte auch er Athen den »äußersten Winkel der Welt«, ja geradezu einen Tartaros, wo er Schattenbilder zu Genossen habe und sein tollkühnes Wagnis büße, als Erzbischof dort hingegangen zu sein.[434] Er bat seine mächtigen Freunde in Konstantinopel, ihm die Hand herabzureichen, um ihn aus diesem Hades wieder an das Licht zu ziehen.

Sein Verlangen, Athen zu verlassen, wurde endlich erfüllt, nachdem er dreißig Jahre lang den Sitz auf der Akropolis eingenommen hatte; dann aber sollte er als ein weit unglücklicherer Mann den Rest seines Lebens im Exil beschließen. Ein furchtbares Verhängnis brach vom Abendlande über das Reich der Komnenen herein, zertrümmerte dieses und unterwarf auch Griechenland dem Schwert lateinischer Eroberer.

ZWEITES BUCH

ERSTES KAPITEL

Der lateinische Kreuzzug. Dandolo gibt ihm die Richtung nach Byzanz. Vertrag der Kreuzfahrer mit dem jungen Alexios. Seine und seines Vaters Wiedereinsetzung auf den griechischen Thron. Erstürmung Konstantinopels durch die Lateiner. Verhältnis des Papsts zu diesem Ereignis. Teilung des griechischen Reichs unter die Lateiner. Bonifatius, König von Thessalonike. Entstehung des lateinischen Kaisertums unter Balduin von Flandern. Das Abendland und die griechische Kultur. Zug Bonifatius' nach Hellas. Leon Sguros, Tyrann von Nauplia, Argos und Korinth. Akominatos zwingt ihn zum Abzuge von Athen. Bonifatius in Griechenland. Die Lehen Bodonitsa und Salona. Verleihung Thebens an Otto de la Roche. Einzug der Franken in Athen. Akominatos verläßt Athen. Bonifatius verleiht Athen dem Otto de la Roche. Belagerung des Sguros in Hohenkorinth.

1. Die Flucht eines byzantinischen Prinzen ins Abendland, ein Kreuzzug und die kühnen Absichten Venedigs auf die Beherrschung des Mittelmeers trafen zusammen, um eins der größten Ereignisse des 13. Jahrhunderts hervorzubringen, den gewaltsamen Umsturz des griechischen Reichs durch lateinische Eroberer.

Diese Tatsache war als solche ein die Welt überraschender Zufall, aber doch die Ausführung eines politischen und kirchlichen Triebes, welcher aus dem schroffen Gegensatz des Okzidents zum griechischen Orient entsprungen, zuerst unter den Normannenherrschern Siziliens, dann während der Kreuzzüge in das geschichtliche Bewußtsein des Abendlandes getreten war. Schon als die ersten Kreuzfahrer unter Gottfried von Bouillon und Boemund nach Konstantinopel kamen, schrieben ihnen die argwöhnischen Griechen die geheime Absicht zu, sich unter dem Vorwande der Befreiung Jerusalems des Reichs zu bemächtigen.[1] Bei den Lateinern hatte der nationale und religiöse Haß gegen Byzanz eine solche Höhe erreicht, daß im Jahre 1147 französische Barone und Bischöfe den kreuzfahrenden König Ludwig VII. von Frankreich zu überreden suchten, sich mit Roger von Sizilien zu verbinden, um Konstantinopel zu erobern und dem Reich der Romäer ein Ende zu machen. Derselbe Gedanke hatte während des dritten Kreuzzuges im Jahre 1190 den Kaiser Friedrich I. und dann auch seinen Sohn Heinrich VI., den Erben des Normannenhauses, beschäftigt.² In Wahrheit war zu dieser Zeit Jerusalem nur ein Vorwand, denn das Ziel bildeten die griechischen Provinzen, nach deren Besitz jeder mächtige Fürst Europas verlangte.³

Die eine verbrecherische Tat Alexios' III., der seinen Bruder entthront und geblendet hatte, gab das Motiv her zu einem Sturm von tragischen Verhängnissen, der über den Osten hereinbrach. Alexios, der junge Sohn des gestürzten Kaisers Isaak Angelos, entrann im Jahre 1201 nach Ancona; er eilte hilfesuchend zum Papst, dann nach Deutschland zum Hohenstaufen Philipp, dem Gemahl seiner Schwester Irene. Der deutsche König faßte den Plan, seinen Schwiegervater auf dem Kaiserthrone wiederherzustellen und sich zu diesem Zwecke des bevorstehenden Kreuzzuges der französischen, flandrischen und lombardischen Ritterschaft zu bedienen. Er wies den Flüchtling an den Markgrafen Bonifatius von Montferrat, einen der glänzendsten Fürsten seiner Zeit. Dieser heroische Mann war der überlebende von fünf Söhnen des Markgrafen Wilhelm des Alten von Montferrat in Oberitalien. Seine Brüder hatten sich im Orient hervorgetan. Der älteste, Guglielmo Lungaspada, war im Jahre 1175 nach Jerusalem gezogen, dort der Gemahl Sibillas, der Schwester und Erbin des Königs Balduin IV., geworden und nahe am Throne 1177 gestorben. Sein Sohn wurde später König Balduin V. Der zweite Bruder Rainer hatte in Konstantinopel seit 1179 eine glänzende Stellung erlangt; als Gemahl der Prinzessin Maria, einer Tochter des Kaisers Manuel, wurde er zum Cäsar, selbst zum Könige von Thessalonike ernannt; aber er und seine Gattin fielen als Opfer jener blutigen Revolution, durch welche Andronikos die Kaiserkrone erlangte. Auch der dritte Bruder Konrad hatte sich in Konstantinopel und dann in Syrien berühmt gemacht, wo er Isabella, die Schwester Sibillas, heiratete, Rechte auf die Königskrone Jerusalems erwarb, aber durch Meuchelmord sein Leben verlor. So war Bonifatius, der letzte der Heldensöhne des alten Guglielmo, durch sein Haus in nahe Beziehungen zu Byzanz und dem Orient gesetzt. Mit den Hohenstaufen befreundet und sogar verwandt, hatte er im Jahre 1194 für den Kaiser Heinrich VI. in Sizilien gekämpft. Sein Ruhm war groß in Italien wie in Frankreich. Nach dem plötzlichen Tode Theobalds III., des Grafen der Champagne, wurde er an dessen Stelle zum Führer der Kreuzfahrer erwählt, die sich in Venedig versammelten.⁴

Der Papst Innozenz III. hatte diesen vierten Kreuzzug, welchen man vorzugsweise den lateinischen nennt, in Bewegung gebracht. Mächtige Vasallen und Ritter, Franzosen, Belgier, Lombarden und

*Jerusalem
(Stich um 1680)*

Der Doge Enrico Dandolo
(Stich 17. Jh.)

einige Deutsche nahmen daran teil, so der junge Graf Balduin von Flandern, der Marschall der Champagne Gottfried von Villehardouin, der Graf Hugo von St. Pol, Ludwig von Blois, Pierre de Bracheux, Kono von Bethune, die beiden Champlitte und viele andere edle Herren. Der Zug sollte, wie es im Plane der Kriegsherren und des Papsts bestimmt war, nach Ägypten, dem Schlüssel Syriens, die Richtung nehmen, allein die Venezianer, die sich unter ihrem großen Dogen den Kreuzfahrern angeschlossen hatten, suchten das Pilgerheer vom Nillande abzulenken, mit dem sie einen gewinnreichen, vom dortigen Sultan Malek-Adel begünstigten Handelsverkehr unterhielten.

Mancherlei Umstände vereinigten sich, dem Kreuzzug den christlichen Charakter zu nehmen und ihn vor den Augen des überraschten Papsts aus einer heiligen in die profanste Unternehmung zu verwandeln, welche je die Welt gesehen hatte. Der neunzigjährige Greis Enrico Dandolo, seit 1192 Doge der Republik, der großartigste Staatsmann seines Zeitalters, war der Beweger dieses erstaunlichen Dramas. Wenn ihn die Begierde reizte, seine tückische Blendung durch einen Hohlspiegel zu rächen, welche er einst als Gesandter Venedigs am Hofe Manuels erlitten hatte, so war ein viel wichtigerer Trieb des Handelns für ihn die Überzeugung, daß die Vertreibung des Venedig entschieden feindlich, den Pisanern aber freundlich gesinnten Alexios III. und die Wiederherstellung der von ihm verdrängten Dynastie für die Republik unermeßliche Gewinnste eintragen müsse.[5] Von ihrer ehemaligen Untertänigkeit, ja selbst von dem freundschaftlichen Verbande zu Byzanz hatte sich die mächtige Lagunenstadt losgelöst und sich den Interessen des Abendlandes zugewendet. Sie verfolgte im Bunde mit diesen ihren eigenen Staatsgedanken.

Dandolo gewann den Markgrafen Bonifatius für seinen heimlichen Plan, die Richtung nach Ägypten oder Syrien mit der nach Konstantinopel zu vertauschen. Gemäß eines neuen Vertrags mit den Kreuzfahrern, welche die volle Summe für die von Venedig gemieteten Überfahrtsschiffe nicht aufbringen konnten, führte der Doge die gewaltige Flotte im Oktober 1202 erst nach Zara, um diese Stadt, die damals die Oberhoheit des Königs von Ungarn anerkannte, für die Republik zu erobern. Dies geschah trotz des ausdrücklichen Verbotes des Papsts, christliche Länder anzugreifen. In Zara überwinterte das Pilgerheer, und hier erschienen Boten des deutschen Königs Philipp und des Prinzen Alexios. Ihr Antrag lautete bestimmt dahin, nach Konstantinopel zu segeln, dort den Thronräuber zu stürzen, den rechtmäßigen Kaiser wieder einzusetzen. Große Gegenleistungen, sogar die Unterwerfung der griechischen Kirche unter die Autorität des

Papsts, wurden zugesagt. So beschloß man, trotz des Widerspruchs mancher gewissenhafter Kreuzfahrer von hohem Ansehen, den Zug nach Konstantinopel. Der Prinz Alexios bestätigte den Vertrag, als er selbst nach Zara kam. Diese Urkunde unausführbarer Verpflichtungen veranlaßte den Untergang des byzantinischen Reichs.

Die Pilgerflotte ging am 24. Mai 1203 von Korfu in See, umschiffte den Peloponnes, rastete in Euböa und erschien zu St. Stefan vor Konstantinopel am 23. Juni. Die große Weltstadt wurde bestürmt, Alexios III. entfloh aus ihr, und die Griechen selbst setzten am 18. Juli den blinden Isaak wieder auf den Thron. Die Franken führten hierauf dem Vater den Sohn zu, welcher am 1. August als Mitkaiser Alexios' IV. gekrönt wurde. So war die gestürzte Dynastie hergestellt, und die auch von Isaak Angelos bestätigten Bedingungen des Vertrags mit den Kreuzfahrern sollten jetzt erfüllt werden, was freilich unmöglich war.

Zerwürfnisse zwischen diesen und den beiden Kaisern, die Wiederaufnahme des Kampfs um Konstantinopel, erbitterte Volksaufstände, endlich eine Palastrevolution, durch welche im Januar 1204 Murtzuphlos sich als Alexios V. des Thrones bemächtigte, während der Kaiser Isaak starb und sein Sohn im Kerker umgebracht wurde, folgten einander, und sie trieben die wutentbrannten Franken zu dem Entschluß, dies verhaßte Byzanz für sich selbst zu erobern. Ihr mit jenen legitimen, von ihnen wieder eingesetzten Kaisern abgeschlossener Vertrag, von diesen nicht ausgeführt, war erloschen, und das Kreuzfahrerheer hätte, wenn es Konstantinopel sich selbst überließ, entweder, an Zahl gemindert, mittellos, von den Griechen nicht unterstützt, die Fahrt nach Syrien fortsetzen oder mit Schimpf und Schande heimkehren müssen. Die eiserne Logik der Tatsachen hielt dasselbe fest. Der Doge nahm die Stunde wahr; im März traf er mit den Kriegsfürsten ein Abkommen über die Teilung des zu erobernden Reichs und die Einsetzung eines lateinischen Kaisers. Dann wurde am 9. April der Sturm auf die Stadt begonnen. Die nie bezwungene Königin der Meere, das Emporium dreier Erdteile, die prachtvolle Kaiserstadt, wurde nach der Flucht des Murtzuphlos am 12. und 13. April 1204 von wenigen tausend Venezianern, Franzosen, Lombarden und Deutschen erstürmt, verbrannt, geplündert und mit namenlosen Greueln erfüllt.

Dies war eine der kühnsten Waffentaten, welche die Geschichte kennt. Das ungeheure Ereignis und was aus ihm folgte, erschien dem staunenden Abendlande als der Gipfel des ritterlichen Ruhms, »seitdem die Welt erschaffen war«. Menschen der damaligen Zeit waren zu solchem Urteil vollkommen berechtigt. Sie hatten ein anderes Sittengesetz und eine andere Rechtsanschauung von internationalen Verhältnissen als wir. Heute aber zwingt uns unsere eigene Philosophie dazu, jene Heldentat der Franken als einen der brutalsten Gewaltakte anzusehen, den jemals das Völkerrecht erlitten hat. Die Geldmacht Venedigs hatte sich mit der Kriegswut und Abenteuerlust des fahrenden Adels Europas verbunden, um diesen Vernichtungsschlag gegen das älteste aller christlichen Reiche auszuführen. Hinter dem ruhmbegierigen Helden stand der gewinnsüchtige Kaufmann, und er trug die besten Vorteile davon. Der einzige rationelle Gedanke, der überhaupt in dem Kreuzzuge der Lateiner entdeckt werden kann, ist der großartige Plan Venedigs, das griechische Mittelmeer mit dem Netz seiner Faktoreien zu umspannen und das Monopol des Welthandels an sich zu ziehen. Dann eilte auch das von der Staatskunst des Dogen überlistete Papsttum, die vollendete Tatsache in das System seiner die Welt umfassenden geistlichen Herrschaft aufzunehmen. Innozenz III. hatte den Kreuzfahrern durchaus verboten, Länder der Christen, ganz im besondern diejenigen der Griechen, anzugreifen; schon gegen die unfolgsamen Eroberer Zaras hatte er den Bann verhängt. Allein die ehrenhaften Zweifel religiöser Natur, welche anfangs das Gewissen dieses großen Papsts beunruhigten, waren am Ende nicht stark genug, noch konnten sie in einer Zeit bestimmend sein, wo der heroische Grundsatz galt, daß die Welt von Rechts wegen demjenigen gehöre, der sie mit dem Schwert zu erobern vermag. Die Raubzüge selbst der Meerpiraten, welche fremde Küsten überfielen, galten damals so wenig für schimpflich wie zur Zeit des Homerischen Odysseus, und jede gewaltsame Eroberung von Fürsten oder Rittern wurde durch die dabei erwiesene Tatkraft in den Augen der Welt als eine heldenhafte Handlung geadelt.

Der lateinische Kreuzzug war durch das von ihm genommene rein politische Ziel in den grellsten Widerspruch zu den mystischen Idealen der kriegerischen Pilgerfahrten getreten. Sein unvorhergesehenes Ergebnis erschreckte den Papst, aber bald mußte ihn die Vorstellung beschwichtigen, daß eine wunderbare Fügung ihm ermögliche, den Orient mit dem Okzident zu einer großen christlichen Republik unter seiner Führung wieder zu vereinigen. So wurde Innozenz erst zum grollenden Dulder, dann zum mächtigen Verbündeten und Mitschuldigen der Eroberer Konstantinopels, und diese selbst erschienen als Werkzeuge einer erhabenen Idee; denn die Hauptsache für das Papsttum war die Unterwerfung der schismatischen griechischen Kirche, der einzigen großen Nationalkirche, welche der geistlichen Monarchie Roms eine Schranke setzte. Wenn sie bezwungen war, konnte der

Traum des Papsttums von Jahrhunderten, so wähnte man, zur Wirklichkeit werden.[6]

Nach dem Falle der Hauptstadt schreckten die Franken nicht vor der ungeheuren Anmaßung zurück, das griechische Reich als ihre rechtmäßige Beute zu behandeln. Statt eine neue einheimische Dynastie in Konstantinopel einzusetzen und dann mit ihr die günstigsten Verträge abzuschließen, erklärten sie dieses ganze Reich zur »terra di conquista«, wie wir heute etwa Afrika so ansehen. Am 9. Mai 1204 wurde, nach dem Willen des gebietenden Dogen, der mittellose Graf Balduin von den fränkischen Wahlherren zum Kaiser Romanias ausgerufen und bald darauf in der Sophienkirche gekrönt. Drei Gruppen bildend, Kaiser, Venedig, das Pilgerheer, teilten die Kriegsfürsten untereinander die griechischen Provinzen Asiens und Europas erst auf dem Papier, und zwar gemäß der schon im März entworfenen Urkunde. Impulse des Eigennutzes von Fürsten und Völkern haben stets die auffallendsten politischen Veränderungen in der Welt hervorgebracht, die Geschichte der Staaten weist deutlicher eine Kette von wirksamen Freveln und Gewalttaten auf als eine solche von schöpferischen Tugenden. Das Wachstum aller Reiche, die irgend zur Macht gekommen sind, beweist diese Wahrheit. Es würde auch nur Heuchelei sein, wenn wir heute die Teilung des Reichs der Komnenen durch die Franken einfach auf die Roheit jenes Jahrhunderts zurückführen wollten, da es noch nicht lange her ist, daß im Zeitalter philosophischer Aufklärung unter Friedrich dem Großen ein ähnliches Verbrechen ungestraft verübt werden konnte. Nur die quantitativen Verhältnisse sind verschieden. Denn im Beginne des 13. Jahrhunderts wurde nicht ein kleines Land, sondern das damals größte und berühmteste Reich der Welt von einem Schwarm kühner Abenteurer zerstückt, auf deren Brust das heilige Zeichen des Erlösers prangte. Der gewaltsame Umsturz eines verderbten Herrscherhauses durch die Franken findet in seinen Ursachen die Erklärung und Rechtfertigung. Die kühne Handlung der Lateiner wurde zum Verbrechen erst durch die barbarische Verwüstung der Weltstadt, dann durch die Knechtung und Teilung des griechischen Reichskörpers. Selbst in bezug auf diese könnte noch das Verdammungsurteil der Nachwelt gemildert werden, wenn die Franken fähig gewesen wären, auf den Trümmern dessen, was sie zerstört hatten, einen neuen lebenskräftigen Staat aufzurichten und mit ihm einen Fortschritt der menschlichen Kultur zu bezeichnen.

Ein Viertel dieses Reichs, nämlich Konstantinopel, Thrakien und einige Inseln, fielen dem Wahlkaiser zu, drei Viertel sollten zwischen Venedig und dem Pilgerheere geteilt werden. Die Republik S. Marco sicherte sich alle Handelsprivilegien, die ihr ehemals byzantinische Kaiser durch Goldbullen verliehen hatten, und dann die Besitzesrechte auf die wichtigsten Häfen, Küsten und Eilande. Der Doge, ein wirklicher Cäsar neben dem ohnmächtigen Kaiser, dem primus inter pares, nannte sich seither Beherrscher eines Viertels und Achtels des gesamten Reichs Romania.

Dem Nebenbuhler Balduins, dem um die Krone Konstantins gekommenen Markgrafen Bonifatius, waren das griechische Asien und die Insel Kreta zugewiesen, deren Besitz ihm bereits der junge Alexios urkundlich verbrieft hatte. Allein da er sich mit Margaretha von Ungarn, der schönen Witwe des Kaisers Isaak Angelos, vermählte, wünschte er sich ein besser gelegenes und minder unsicheres Reich auf der Balkanhalbinsel selbst zu gründen. Er begehrte vom Kaiser Thessalonike, was dieser in richtiger Erkenntnis der Verhältnisse anfangs verweigerte. Ein Krieg zwischen ihm und dem grollenden Markgrafen drohte das erst werdende Frankenreich im Keime zu vernichten, bis der große Doge mit andern Baronen Balduin bewog, nachzugeben und auf Thessalonike zu verzichten. Bonifatius trat ihm dafür Kleinasien ab und empfing jene Hauptstadt der Diözese Illyrien mit Gebieten Makedoniens und Thessaliens und dem noch zu erobernden eigentlichen Griechenland als ein dem Kaiser lehnspflichtiges Königreich. Die Errichtung des Staates Thessalonike, welcher nur im losesten Verbande mit dem lateinischen Byzanz bleiben konnte, war schon an sich das Verderben dieses fränkischen Kaisertums. So wurde nicht nur eine sich absondernde nationale Einheit, die der Lombarden, geschaffen, sondern der Zusammenhang jenes lateinisch-byzantinischen Kaiserreichs mit Hellas und dem Peloponnes unterbrochen.

Es war die Republik Venedig, welche das Kaisertum der Kreuzfahrer schwächte, indem es Bonifatius in Thessalonike einsetzte und die für ihre eigene Meerherrschaft notwendige Insel Kreta von ihm sich abtreten ließ.[7]

2. Also trat das lateinische Feudalreich in Byzanz ins Leben. Sein Ursprung hat ihm den Stempel sowohl der Abenteuerlichkeit als des Frevels aufgedrückt. Wenn sein klägliches Dasein in der kurzen Dauer von wenig mehr als einem halben Jahrhundert nur als ein Sommernachtstraum, eine flüchtige Episode in der Geschichte des romanischen Feudaladels auf dem klassischen Schauplatz des Ostens erscheint, so haben sich doch seine Wirkungen durch lange Zeiten verhängnisvoll fortgesetzt. Weder die staatsmännische Klugheit noch der heroische Waffenglanz, welcher einige Häupter des lateinischen

Kreuzzuges ausgezeichnet hat, wird uns dazu verführen, einen Dandolo, Balduin, Bonifatius von Montferrat und Villehardouin, sehr edle Männer ihres Zeitalters, unter die Helden der Menschheit zu zählen, vielmehr machte sie erst das blinde Ungefähr, dann die Logik der Tatsache zu Zerstörern eines Kulturreichs, welches die einzige lebende Fortsetzung sowohl des Griechentums als des Römertums in ihrer christlichen Form war. Darum können im Verhältnis zu diesem Reich jene lateinischen Eroberer kaum eine höhere Stelle einnehmen als Alarich, Attila und Geiserich in ihrer Zeit im Verhältnis zu West-Rom. Die kunstvolle Verfassung des Staats, das durch umsichtige Kaiser fortgebildete römische Recht, die festgewurzelte Macht der Gesetze, das ehrwürdige Alter und die Bildung der Kirche, die große Summe der Kenntnisse auf jedem Gebiet des Wissens, der Kunst und Industrie, der Wohlstand noch immer blühender Städte und die natürlichen Hilfsquellen der Länder gaben dem byzantinischen Reich noch die erste Stelle unter allen Staaten der damaligen Welt.

Im Angesicht des geringen Maßes der volkswirtschaftlichen Entwicklung, der Bildung und Freiheit, welches Staat, Kirche und Gesellschaft des Abendlandes im Jahr 1204 besaßen, ist es töricht zu urteilen, daß das Reich der Komnenen den Untergang verdient hatte. Der Verfall seiner Regierung war freilich unter den Angeloi so weit vorgeschritten, daß einsichtige Staatsmänner an ihm verzweifelten.[8] Allein dieses Reich war mehrmals durch ähnliche Krisen hindurchgegangen und hatte sich doch unter den Isauriern, den Makedoniern und endlich den Komnenen immer wieder aufzurichten und zu verjüngen gewußt. Wenn dasselbe nichts mehr gewesen wäre als die Schutzmauer des Westens gegen die Völkerfluten Sarmatiens, Turans und Hochasiens, so würde schon deshalb seine Erhaltung eine Pflicht Europas gewesen sein. Daß die Mitte unseres Weltteils nicht von Skythen, daß Italien nicht von Sarazenen überschwemmt wurde, daß der deutsche Kaiser seine Reichstage in Frankfurt, Regensburg und Mainz und der Papst seine Konzile im Lateran abhalten konnte, verdankten sie zum großen Teil dem Fortbestande des griechischen Imperiums. Eine Lebenskraft ohnegleichen konnte diesen gleichsam musivisch zusammengesetzten Reichsorganismus aufrecht halten, trotz zahloser Palastrevolutionen und wechselnder Dynastien ohne verfassungsmäßiges Erbrecht, trotz des Schwankens zwischen Kaisertyrannei und Adelsoligarchie, des Verlustes reicher Provinzen an Araber, Türken und Slaven und des unablässigen Zustandes der Notwehr mit Waffen, Gold und diplomatischer Kunst gegen so viele nach dem Besitze der

Weltstadt Konstantinopel gierige Völker. Ein längeres und heldenhafteres Martyrium eines Staats kennt die Geschichte nicht.

Diese große Festung Europas erstürmten nicht etwa Feinde des Christentums, sondern christliche Kreuzfahrer, deren Glauben mit demjenigen der Griechen in allen wesentlichen Sätzen der Religion vollkommen identisch war. Sie verschuldeten es, daß endlich die Türken durch die zersprengten Pforten des Bosporos in das Abendland eindrangen und die Fahne asiatischer Barbarei auf der heiligen Sophia wie auf dem Parthenon aufpflanzten. Sie zerrissen den staatlichen und kirchlichen Zusammenhang der Länder des Reichs und unterbrachen die Fortentwicklung der hellenischen Bildung, welche mächtig genug gewesen war, ihre Fackel bis zur Wolga zu tragen. Die Kenntnis mancher Werke der griechischen Literatur drang aus den Bibliotheken des Reichs selbst nach Bagdad und Kairouan, von wo sie dem unwissenden Europa zuerst durch die Araber vermittelt wurde. Die Stadt Konstantinopel allein konnte trotz des innern Elends sittlicher Verderbnis und bürgerlicher Verkommenheit, deren schauerliche Mysterien kein Beobachter geschildert hat, im großen und ganzen als Mittelpunkt der Kirche und des Staats, der Wissenschaften, Künste und Industrie der Byzantiner noch immer den Wert und die Summe einer Kulturwelt ausdrücken. Man blieb sich dessen wohl bewußt, daß sie nicht ihresgleichen hatte. Eustathios von Thessalonike, welcher so glücklich war, ihren Fall nicht zu erleben, pries sie als die Großstadt, den Schmuck der Menschheit, das schöne und holde Auge der Erde, die Stadt beredter Tugenden, ohne welche die Welt nicht Welt sein würde, das Paradies, das alle Güter enthält und aus dem sich zahllose Segensströme in die Länder ergießen. Niketas von Chonâ nannte sie die schöne Stadt Konstantins, die allgepriesene, die Wonne der Menschen, und der staunende Villehardouin die reichste aller Städte der Welt und ihre Königin.[9]

Kein Fürst des Abendlandes, außer dem einen hochgebildeten Hohenstaufen Friedrich II., würde im 13. Jahrhundert das Urteil des Kaisers Johannes Batatzes ausgesprochen haben, daß unter allen Menschen den höchsten Ehrennamen tragen der Kaiser und der Philosoph;[10] aber jeder byzantinische Monarch verstand den Sinn dieses Worts. Selbst der furchtbare Tyrann Andronikos erklärte, daß die Philosophie eine himmlische, nicht hoch genug zu schätzende Macht sei.[11] Wenn es das ererbte Glück der Byzantiner war, daß ihre Sprache ihnen die höchsten Geistesschätze der Menschheit überlieferte, so war deren fortdauernde Erhaltung das Verdienst des höheren Klerus, der wissenschaftlichen Schulen und hochgesinnter Kaiser, welche diese pflegten. Das Besitztum der griechischen Literatur machte die Byzantiner schon an sich den Völkern des Abendlandes an Bildung überlegen, wo selbst die dort heimischen klassischen Schriften der Römer teilweise verschollen oder nur wenigen Klerikern und Scholasten zugänglich waren. Eustathios kommentierte Pindar und Homer, deren Dichtungen kaum erst zur Zeit des Salutato und Boccaccio im Abendlande bekannt wurden. Selbst Dante wußte hundert Jahre nach dem lateinischen Kreuzzuge von Homer nur durch Hörensagen, und er stellte ihn naiv genug mit Horaz, Ovid und Lukan zusammen. Statt der ›Ilias‹ las man in Frankreich und Italien die Fabelbücher des Diktys von Kreta und des Dares von Phrygien vom trojanischen Kriege.[12]

Es ist begreiflich, daß die Lateiner, als sie in das byzantinische Reich einbrachen, den Griechen geradeso als Barbaren erschienen wie ihren Vorfahren die Römer des Ämilius Paullus, des Mummius und Sulla. Sie wußten nichts davon, welche Summe, wenn auch scholastisch schwerfälliger, Arbeit das Abendland auf dem Gebiete des Denkens schon geleistet hatte und welche frischen Kulturtriebe dort der Entwicklung harrten. Niketas, der geistvolle Bruder des Erzbischofs von Athen, hat das griechische Urteil über die Franken in diese Worte zusammengefaßt: »Jede Grazie und Muse ist ihnen fremd geblieben; Wildheit ist ihre Natur, und Zorn übermannt bei ihnen die Vernunft.«[13] Die entsetzliche Mißhandlung, welche das eroberte Konstantinopel erfuhr, reichte hin, dies Urteil zu begründen. Denn der unglückliche Staatsmann war Zeuge der dort verübten Greuel. Mit den klassischen Kunstwerken der Weltstadt, von geradezu unschätzbarem Werte, wußten die Franken nichts anderes anzufangen, als sie entweder zu zerschlagen oder einzuschmelzen, um aus ihrem Erze Geld zu prägen. Nur wenige retteten sich als Beutestücke ins Abendland, wie das bronzene Viergespann, welches einst der Kaiser Theodosios II. aus Chios hatte entführen und über den Schranken des Hippodroms aufstellen lassen. Es ziert noch heute die Fassade des Doms S. Marco. Die Feuersbrunst verschlang die Bücherschätze von Byzanz und jene Schriften, welche noch Photios gelesen hatte. Nur kümmerliche Reste konnten sich aus diesem Untergange bis in die Zeit der Renaissance forterhalten.

Es war sicher ein Unglück, daß die Kreuzfahrer nicht von Männern wissenschaftlichen Sinnes begleitet wurden. Denn dieser fehlte keineswegs im Abendlande. Die Bücher Konstantinopels waren dort längst bekannt und gesucht. Einzelne Fälle, von denen wir Kunde haben, beweisen dies. Im 10. Jahrhundert hatte von dort der neapolitanische Erzpriester Leo eine griechische Handschrift leider nicht des Homer oder des Plato, sondern der Alexandersage des Pseudokallisthenes mit sich gebracht, welche dann in seiner lateinischen Bearbeitung die Quelle der Alexanderromane französischer und deutscher Dichter wurde.[14] Im Jahre 1167 hatte auch ein Arzt Guillaume Handschriften aus Byzanz nach Frankreich gebracht.[15] Die Italiener kauften griechische Schriften auf und schleppten schon vor der Eroberung Konstantinopels ganze Schiffsladungen davon fort, wie einmal Michael Akominatos bemerkt hat.[16] In Thessalonike fanden die Normannen gewiß auch italienische Abnehmer für die dortigen Büchersammlungen, welche sie verschleuderten.[17] Wenn die Franken in Konstantinopel die Griechen öffentlich als ein Volk von Schreibern und Pedanten verhöhnten, indem sie Tintenfässer, Griffel und Schriften in Prozession einhertrugen, so galt dieser Spott wahrscheinlich vorzugsweise der byzantinischen Bürokratie. Manche seltene Bücher mögen sich auch aus der damaligen Katastrophe nach dem Abendlande gerettet haben.[18]

Die lichten Seiten, die der wunderbare Kulturstaat der Byzantiner darbietet, machen aber nicht sein ganzes Wesen aus. Wenn die griechische Gesittung in jener Zeit, wo der Westen noch in verhältnismäßigem Dunkel lag, die Völker desselben als halbe Barbaren erscheinen läßt, so würde es doch unwahr sein, wollte man die Unbildung der Franken einzig nur als Folie für die glänzende Außenseite benutzen, die den höheren Schichten der byzantinischen Gesellschaft eine tausendjährige Kultur mit ihren verfeinerten Lebensformen verlieh. Es würde endlich einfach lächerlich sein, den Grad der Lebenskraft und Wohlfahrt von Völkern nach der Summe von akademischen Kenntnissen abzumessen, die sich in Schulen erhalten hatten. Der griechische Kaiserstaat war sicherlich humaner als jeder andere im Abendlande, allein deshalb lebten seine Untertanen unter dem vollkommneren Gesetzbuch der Basiliken nicht glücklicher als diejenigen Europas unter den rohen Feudalgebräuchen. In die Provinzen des Ostreichs, die eigentlichen Hellenen nicht ausgenommen, war überdies aus den geöffneten Schleusen Sarmatiens und Asiens eine unaufhaltsame Flut der Barbarei eingeströmt, welche selbst die höheren Schichten erreichte. Das byzantinische Staatswesen hatte eine tiefe Verderbnis nicht nur in seinen militärischen wie ökonomischen Kräften zerrüttet. Die griechische Kirche war die größte Macht des Reichs, insofern sie die heterogenen Bestandteile desselben zu einer moralischen Einheit des Glaubens zusammenfaßte und dem mit ihr innerlich, man darf sagen theologisch, verbundenen Imperialismus Stärke verlieh, allein sie übte keinen befreienden Einfluß auf die Geister der Griechen aus. Die schlimmste Ausgeburt ihrer Mystik, das Mönchstum, erstickte Volk und Staat. Die byzantinische Theologie hat im Zeitalter der Komnenen keine Wirkungen auf die Fortbildung des wissenschaftlichen Denkens aufzuweisen, wie sie in der Kirche des Abendlandes im 12. Jahrhundert von Männern wie Lanfranc, Anselm von Canterbury, Petrus Lombardus und andern Scholastikern ausgegangen sind. Dieselbe Unfähigkeit, durch den Kampf innerer Gegensätze das geistige Leben zu erhöhen, welches diese orthodoxe Kirche kennzeichnet, ist daher auch im griechischen Staate wahrzunehmen.

In den Annalen des Romäerreichs sind während langer Jahrhunderte seit Justinian, den erfolglosen Reformversuch im Bilderstreit ausgenommen, keine epochemachenden Fortschritte zu verzeichnen. Kein bürgerliches Leben strebte dort wie in den Städten des Abendlandes auf. Die byzantinischen Historiographen haben die Geschichte des Reichs von Zosimos bis zu Phrantzes in einer Reihe von Werken niedergelegt, die ein Jahrtausend umfassen, und eine gleiche Vollständigkeit geschichtlicher Literatur hat kein andrer Kulturstaat außer China aufzuweisen. Aber im ganzen bieten diese Geschichtsschreiber immer dasselbe ermüdende Gemälde dar: des prunkvollen und doch armseligen Kaiserhofs in der Weltstadt, der Palastrevolutionen, der theologischen Händel trivialster Art und endlich der monotonen, chronisch gewordenen Kämpfe mit Slaven und Türken. Mancher einsilbige Chronist eines Klosters in England, Frankreich, Deutschland und Italien berichtet bisweilen auf wenigen kunstlosen Blättern mehr für die Menschheit wichtige Ereignisse und Aufgaben als die weitschweifigsten, in den Pomp ihres rhetorischen Goldbrokats eingehüllten Annalisten des Reichs der Nachfolger Konstantins und Justinians. Das von den Byzantinern als barbarisch verachtete Abendland war eine emporsteigende Welt voll jugendlicher Entwicklungskraft, das griechische Morgenland war im Beginn des 13. Jahrhunderts durch seine langen Kämpfe erschöpft, gealtert und sinkend.

Die byzantinische Regierung machte im Augenblick der Katastrophe die Erfahrung, daß der Fall der Hauptstadt, des Sitzes der gesamten Verwaltungsmaschine, hinreichte, den großen Staat in Atome zu zersprengen, weil in seinen geknechteten Völkern selbst das politische Bewußtsein der Einheit geschwächt und das Gefühl für Ehre, Freiheit und Ruhm, welches Nationen groß macht, geschwunden war. Die Franken aber brachten mit sich das stolze Selbstgefühl des Manneswertes, Heldensinn, Ruhmbegierde, soldatische Disziplin, Kräfte, die zu jeder Zeit die Welt erobern. Mit furchtsamem Staunen hatte einst Anna Komnena die Normannenhelden betrachtet, und wie Riesen

*Die Hagia Sophia in Konstantinopel
(Stich um 1700)*

Die Stadtmauern von Konstantinopel (Adrianopel-Tor)
(Stich um 1820)

erschienen den Griechen die kentaurengleichen Ritter des Balduin und Bonifatius.[19]

Den griechischen Nationalhaß erwiderten die Lateiner mit jener tiefen Verachtung, welche sie seit den Kreuzzügen eingesogen hatten. Ein italienischer Chronist des 13. Jahrhunderts urteilte, daß die Griechen, welche einst in den freien Künsten an der Spitze der Völker gestanden, geistig und sittlich verkommen seien, daß sie Syrien, Ägypten, Kleinasien an die Barbaren verloren hatten und endlich zur Beute der Franken und aller Völker werden mußten.[20]

3. Der Kaiser Balduin übernahm die Aufgabe, erst Thrakien, dann auch das griechische Kleinasien zu erobern, wohin sich die lebensfähigen Reste des byzantinischen Staats unter Theodor Laskaris, dem Schwiegersohne Alexios' III., geflüchtet hatten. Das hellenische Festland vom Othrys bis zum Kap Tänaron sollte der Markgraf und König Bonifatius für das Pilgerheer erobern.

Altgriechenland war seit Jahrhunderten in seinem Zustande provinzieller Abgeschiedenheit festgebannt; erst die Lateiner gaben ihm eine neue Geschichte, und diese war fast so bunt wie im Altertum, aber von dessen Glanz und Geist so weit entfernt wie das Zeitalter der Assisen Jerusalems von jenem der demokratischen Verfassung Athens. Die beiden Themen Hellas und der Peloponnes befanden sich damals sowohl in gesetzloser Anarchie als in völliger Wehrlosigkeit. Der Umsturz der legitimen Reichsgewalt konnte am Ilissos und Alpheos nicht so sehr als ein nationales Unglück empfunden werden wie am Bosporos und Hellespont. Auch erkannte niemand die Tragweite und die Nachhaltigkeit der fränkischen Eroberung. Kein patriotisches Selbstgefühl bewaffnete und vereinigte die Griechen zum Widerstande gegen die Fremdlinge. Ihr Land, namentlich der Peloponnes, besaß noch manche volkreiche und wohlbefestigte Städte, aber der Fall der Zentralgewalt hatte ihren schon von jeher losen Zusammenhang aufgehoben, so daß jede Stadt wie in den ältesten Zeiten für sich selbst stand und für ihr Heil allein zu sorgen hatte. Außerdem trieben Primatengeschlechter, durch höfische Gunst und eigene Kraft groß geworden, ihr Wesen, ein Nachspiel der alten Tyrannis, auf antiken Akropolen und in den Landgebieten.[21]

Seit der Mitte des 12. Jahrhunderts waren dem abendländischen Feudalismus ähnliche Zustände in das byzantinische Reich eingedrungen, wo die Kaiser ganze Landschaften an einflußreiche Große vergaben und ihre Statthalter nach der Unabhängigkeit strebten. So hatte sich in Trapezunt ein fast selbständiges Herzogtum gebildet, so sich der Komnene Isaak seit 1184 in Zypern zum Tyrannen aufgeworfen, bis ihm der englische König und Kreuzfahrer Richard Löwenherz im Jahre 1191 die Insel entriß und sie den Templern verkaufte. Ein wütender Aufstand des griechischen Volks zwang jedoch diese habsüchtigen Mönche in der Ritterrüstung, die Insel aufzugeben; sie verkauften dieselbe im Mai 1192 dem Prätendenten des Königreichs Jerusalem, Guy de Lusignan. Mit Hilfe der Wlachen hatte sich eben erst, im Jahre 1201, sogar ein rebellischer General Manuel Kamytzes zum Herrn Thessaliens zu machen gesucht.

Auf ihren Latifundien lagen die zu erblichen Provinzialdynasten gewordenen Archonten Griechenlands mit der Staatsgewalt und untereinander im Kriege. Die Branas, Kantakuzenoi und Melissenoi schalteten in Achaia und Messenien, die Chamareti in Lakonien; in Ätolien machte sich Michael selbständig, der mannhafte Bastard des Sebastokrators Johannes Komnenos von Epiros. Zu außerordentlicher Größe gelangte damals Leon Sguros, dessen Vater sich zum Archon der festen Stadt Nauplia emporgeschwungen hatte. Der noch kühnere Sohn trachtete danach, in Griechenland ein Reich zu erbeuten, was gerade in der Zeit möglich war, wo Byzanz zusammenbrach.

Die altberühmte Stadt Argos fiel in seine Gewalt, und dann auch Korinth, dessen Erzbischof er verräterisch blenden und vom Burgfelsen herabstürzen ließ. Der unglückliche Metropolit scheint mit Hilfe byzantinischen Kriegsvolks eine Unternehmung gegen Sguros versucht zu haben. Wenn wir mehr von der Geschichte des merkwürdigen griechischen Tyrannen aus der Zeit der ersten Frankeninvasion wüßten, so würden wir vielleicht dartun können, daß er außer von Ehrgeiz und Herrschsucht auch von glühendem Haß gegen die byzantinische Despotie und das Priestertum erfüllt war. Das hinderte ihn freilich nicht, die Heiligen des Himmels zu seinem Schutze anzurufen, wie sein Siegel lehrt, welches sich erhalten hat.[22] Herr des Schlüssels Griechenlands geworden, bedrängte Leon Sguros im Jahre 1204 auch Athen mit Kriegsvolk von der Landseite und mit Schiffen vom Piräus her.[23] Die Unterstadt leistete ihm keinen Widerstand, weil ihre Mauern verfallen waren. Als unbewehrt hatte der Erzbischof Athens die Stadt wenige Jahre zuvor in seiner Anrede an Kamateros bezeichnet.[24] Die komnenischen Kaiser, unter denen besonders Manuel manche Städte und Festungen im Reiche hergestellt hatte, mußten demnach Griechenland in dieser Hinsicht durchaus vernachlässigt haben.[25]

Michael versuchte erst durch friedliche Überredung den Sinn des kühnen Mannes, den er persönlich kannte, umzustimmen, indem er ihm vorstellte, daß es gottlos sei, Landsleute zu überfallen, zumal solche, die nicht, wie der Erzbischof von Korinth, seinen Zorn gereizt hatten. Allein seinen Ermahnungen zum Abzuge entgegnete Sguros, daß jetzt jeder tatkräftige Mann unternehmen dürfe, wozu ihn sein Wille treibe, weil Konstantinopel das Schlimmste erfahren habe.[26] Er verlangte die Auslieferung eines Atheners, der als Unruhestifter berüchtigt und dem Erzbischof selbst lästig geworden war, jedoch der edle Mann weigerte sich, einen athenischen Bürger zu verderben. Mutig beschloß er vielmehr, die Akropolis mit den Waffen zu verteidigen. Wohl weniger die geringen Milizen, die dort lagen, als die noch durch Vaterlandsliebe und Furcht vor den Folgen ihrer Unterwerfung unter den Tyrannen Nauplias ermutigten Bürger retteten die Burg. Sie muß fester gewesen sein, als Sguros geglaubt hatte. Da er keine Verräter fand, die ihm die Tore öffneten, stand er nach einigen fruchtlosen Versuchen vom Sturme ab. Er verbrannte und plünderte die Unterstadt Athen, nahm einen Neffen des Erzbischofs als Geisel mit sich und zog nach Böotien ab. So war der siegreiche Widerstand der Akropolis eine rühmliche Tat der Athener, und Akominatos hätte sich dem Dexippos vergleichen können. Er selbst hielt es für passend, in seinen Schriften von dem Anteil zu schweigen, den er dabei genommen hatte, nur Niketas hat den Ruhm seines Bruders der Nachwelt überliefert.

Theben, wohin sich Sguros zunächst wandte, war noch damals, wenigstens im Verhältnis zu Athen, eine durch Gewerbefleiß wohlhabende und volkreiche Stadt.[27] Sie besaß eine gleich starke und noch größere Festung, die alte Kadmea, welche bisher der Sitz des Strategen des Thema Hellas gewesen war. Wenn sich ein solcher noch daselbst befand, was übrigens sehr zweifelhaft ist, so leistete er nur schwachen Widerstand, denn im ersten Sturm ergab sich die Burg. Von dort aber zog Sguros nordwärts, da er genötigt war, sich den Franken entgegenzuwerfen, welche unter den Fahnen Bonifatius' nach Griechenland herabzuziehen im Begriffe waren. Der Gebieter von Nauplia, Argos, Korinth und Theben hätte jetzt zum Freiheitshelden seines Vaterlandes werden können, wenn er seinen Landsleuten als ein Epaminondas würde erschienen sein und mehr gewesen wäre als ein ehrgeiziger und selbstsüchtiger Abenteurer.

Als er Larissa in Thessalien erreichte, traf er daselbst Alexios III. an. Dieser flüchtige Kaiser, auf dessen Haupt die Schuld des Verderbens seines Reiches lastete, hatte noch einen Anhang von ihm treugebliebenen Griechen um sich; er vereinigte sich mit Sguros, gab ihm seine Tochter Eudokia zum Weibe und hoffte, ihn zum Werkzeuge seiner Wiederherstellung zu machen.[28] Nun aber rückte der König von Thessalonike mit seinem Heer von Lombarden, Franzosen und Deutschen heran. Edle Herren, Guillaume von Champlitte, Otto de la Roche, der Markgraf Guido Pallavicini, Jacques d'Avesnes nebst zwei Brüdern vom Hause St. Omer, ferner die dalle Carceri von Verona, begleiteten ihn, alle begierig, reiche Lehen zu erbeuten, während sich ihnen auch griechische Primaten angeschlossen hatten, Verräter des Vaterlandes, wie sie Niketas mit Recht genannt hat.

Am Ende des September 1204 zog Bonifatius durch das Tal Tempe und besetzte hierauf die Stadt Larissa, welche Sguros und Alexios III. in Eile verlassen hatten. Jener beschloß zwar, den Franken in den Thermopylen standzuhalten, allein der bloße Anblick der geharnischten Ritterscharen trieb die erschreckten Griechen in die Flucht. Rambaud de Vaqueiras aus Orange, ein berühmter Troubadour und tapfrer Waffengefährte Bonifatius', spottete, daß sie ihr Herz in den Fersen hatten, um die Pferde schneller anzutreiben.[29] Sguros entrann in seine Felsenburg Hohenkorinth. Bonifatius aber ließ durch Guido Pallavicini Bodonitsa besetzen und gab ihm diesen durch seine Lage am Paß der Thermopylen wichtigen Ort zum Lehen. So entstand die später berühmt gewordene fränkische Markgrafschaft dieses Namens, welche die Gebiete der epiknemidischen und opuntischen Lokris umfaßte und an Böotien grenzte. Andre Städte, wie Platamona, Larissa, Pydna, Pherä, wurden an begünstigte Ritter zu Lehen gegeben.

Ohne Hindernisse drang Bonifatius in die Landschaften südlich vom Öta ein. Die dortigen Griechen, welche von den Erpressungen des Sguros schwer gelitten hatten, empfingen ihn sogar mit Freuden als ihren Befreier. Damals errichtete der König Thessalonikes aus dem seit den Bulgarenstürmen verlassenen Amphissa der ozolischen Lokrer oberhalb des Golfs von Krisa ein Lehen, welches er dem Ritter Thomas von Stromoncourt gab. Die Franken nannten den Ort Salona oder Sula.[30] Dieses Gebiet war ein echt griechisches Land geblieben, und noch heute redet alles Volk um den Parnaß her nur griechisch.[31] Auf der Akropolis Amphissas von gewaltigen polygonalen Steinmauern erbauten die Franken ihre Feudalburg, deren zersplitterte Türme noch heute ihr Denkmal sind.[32] Zu Salona gehörten Lidoriki, der Hafen Galaxidi (das alte Oianthea) und auch das weltberühmte Delphi, dessen Trümmer südöstlich unter dem Parnaß liegen und heute Kastri genannt werden.[33]

Der Eroberungszug wurde weiter nach Böotien fortgesetzt. Hier nahm Theben den Markgrafen, wie Niketas versichert, so willig auf, als wäre er nach langer Abwesenheit in sein eigenes Haus zurückgekehrt. Gleichwohl behauptet dieser Geschichtsschreiber, daß die Stadt geplündert wurde.[34] Mit Theben und seiner böotischen Landmark belieh Bonifatius einen ihm befreundeten französischen Ritter, welcher auf den Schulbänken in seiner Heimat schwerlich jemals zuvor die klassischen Namen Kadmos, Amphion, Ödipus und Antigone, Epaminondas und Pindar vernommen hatte. Der Glückliche war Otto de la Roche sur Lougnon, Herr von Ray, aus einem der edelsten Häuser Burgunds. Mit vielen Landsleuten hatte er zu Citeaux das Kreuz genommen, sich bei der Bestürmung Konstantinopels durch Tapferkeit hervorgetan und dann den Fahnen des Markgrafen von Montferrat angeschlossen, in dessen Rate er neben Jacques d'Avesnes, Guillaume Champlitte und Hugo von Colemi die einflußreichste Stimme besaß.[35] Die Freundschaft Bonifatius' hatte er durch ihm geleistete gute Dienste erworben, als er im Verein mit Villehardouin den erbitterten Streit zwischen diesem stolzen Markgrafen und dem Kaiser Balduin wegen der Besitzesrechte auf Thessalonike beilegte. Dafür wurde er jetzt mit dem reichen Lande Theben belehnt.[36] Otto ließ vorerst im Schloß der Kadmeia eine Besatzung unter dem burgundischen Ritter Guillaume de Ste. Croix;[37] dann folgte er seinem Lehnsherrn nach Attika.

4. Keine Festung noch ein größerer Ort hielt den Zug der Franken nach Athen auf. Da man annehmen darf, daß sie auf dem heiligen Wege von Eleusis, dem Kloster Daphni vorüber, daherzogen, so rückten sie durch das verfallene thriasische Tor, das Dipylon, in die unverteidigte Stadt ein, deren alte Denkmäler auch jetzt noch ein Schimmer ewiger Jugendschönheit verklärte wie zur Zeit des Plutarch. Einst hatte Thukydides gesagt: Wenn die Stadt Athen jemals verödet dastehen sollte, so würde man aus der Menge ihrer Bauwerke den Schluß ziehen, daß sie doppelt so mächtig gewesen sei, als sie es wirklich war.[38] Diese Zeit war gekommen und das Wort des großen Geschichtsschreibers wahr geworden. Es ist sehr zweifelhaft, ob schon damals nur die Nordseite Athens bewohnt und der West- und Südabhang der Akropolis, das Asty, verlassen waren.[39] Dies mochte noch nicht durchaus geschehen sein. Allein mit dem Verfalle der Häfen und des Handels mußte sich Athen von der Piräusseite zurückgezogen haben und die östliche oder die Hadriansstadt nach dem Ilissos hin am stärksten bevölkert sein. Da Sguros kurz zuvor die Unterstadt verwüstet hatte, so befand sich dieselbe bei dem Einzuge der Lateiner in einem kläglichen Zustande. Die Akropolis war stark genug gewesen, um den Drohungen jenes Archonten trotzen zu können, doch jetzt, wo ganz Hellas bereits die wehrlose Beute der Franken geworden war, mußte Michael Akominatos jeden Gedanken an Widerstand aufgeben.

Auch sein Bruder, der Geschichtsschreiber Niketas, hat dies als klug und notwendig anerkannt, obwohl er der Meinung war, daß ein so heiliger Mann durch sein Gebet die Intervention der Blitze des Himmels wohl hätte herbeiziehen können.

Am Ende des Jahres 1204 hielten zum ersten Male seit Sulla wieder Lateiner als Eroberer ihren Einzug in die Burg des Kekrops. Sie war längst nichts mehr als ein altersgraues byzantinisches Felsenschloß, in dessen Mitte die Kathedrale der Athener lag, der alte Parthenon, zu dem noch immer, wie in der heidnischen Vergangenheit, das Volk in Prozession durch die Propyläen zog, sooft die Feste der himmlischen Nachfolgerin der Pallas Athene gefeiert wurden. Zahllose Marmortrümmer bedeckten die schräge Kalksteinfläche der Burg von 1100 Fuß Länge und 450 Fuß Breite. Fragmente von Säulen und Statuen, leere Postamente, umgestürzte Altäre, zahllose Stelen mit Bildwerk und Weihinschriften, welche einst an den Wegen und Treppen aufgestellt gewesen waren, und vom Pflanzenwuchs umwucherte Schutthaufen bildeten dort ein vielleicht vom Schatzgräber, aber noch niemals vom forschenden Antiquar berührtes Labyrinth, welches melancholischer und reizvoller sein mußte als der Palatin oder das Kapitol Roms in derselben Zeit.[40]

Von den geringeren antiken Heiligtümern der Akropolis lagen wohl schon längst die Tempel der Artemis von Brauron, der Roma und des Augustus in Trümmern, aber die zierliche Kapelle der Nike Apteros dauerte noch unversehrt über der großen Marmortreppe auf dem südlichen Pyrgos der Propyläen. Die Parthenonkirche und das Erechtheion bildeten dort mit den Gebäuden zum Zweck der Priesterwohnung in ihrer Nähe den Mittelpunkt eines geistlichen Quartiers, während vielleicht die Propyläen mit den westlichen und südlichen Abhängen zu Lokalen für den Schloßvogt und die Wachmannschaft eingerichtet waren. Dies Wunderwerk der attischen Baukunst mußte damals mit den Fronten, den Säulenhallen und Toren noch wohl erhalten sein, aber doch manche bauliche Veränderung erfahren haben. Schwerlich sind so große Räume wie diese Portiken und die Pinakothek Jahrhunderte lang unbenutzt geblieben. Ob die Stadtburg damals und überhaupt während der byzantinischen Zeit auch eine bürgerliche Bevölkerung aufgenommen hatte, ist ungewiß. Die Lage Athens schützte die Einwohner vor unmittelbaren Überfällen der Meerpiraten; sie waren daher nicht gezwungen, sich auf der Akropolis anzusiedeln, und der Raum dort war beschränkt. Trotzdem darf man annehmen, daß die Bedürfnisse des kirchlichen Kultus eine kleine bürgerliche Kolonie auf die Burg gezogen hatten.[41]

Daß Michael Akominatos, ehe die Franken einrückten, durch einen Vertrag mit dem Könige Bonifatius das Leben und Eigentum, die Gesetze, Rechte und den Glauben der Athener zu sichern versuchte, ist ungewiß, aber wahrscheinlich. Da er als Erzbischof der legitimste Vertreter seines Volkes war, mußte er, an jeder Gegenwehr verzweifelnd, das Schicksal Athens durch Unterhandlungen mit dem Eroberer zu mildern suchen. Seine Metropole, die Marienkirche, scheint er nur in den Schutz des christlichen Gefühls der Lateiner gestellt zu haben, denn er sah mit Augen die gottlose Schändung dieses ehrwürdigen, zwei Weltaltern und Religionen gleich heiligen Tempels. Die rohen Kriegsknechte aus Frankreich und Italien, bei denen die Achtung vor den Heiligtümern der Religion durch die Plünderung aller Kirchen Konstantinopels ausgelöscht worden war, betrachteten auch die Reliquien und Weihgeschenke im Dom des Parthenon als ihre rechtmäßige Beute. Die metallenen Kirchengefäße wurden eingeschmolzen und zu Gelde gemacht.[42] Selbst die bischöfliche Bibliothek wurde ausgeraubt.[43]

Wenn man die Frevel, welche die christlichen Lateiner an den Kirchen des von ihnen eroberten Griechenlands begingen, mit der Schonung der Tempel vergleicht, die sich einst die alten Römer in demselben Lande zum Gesetz gemacht hatten, so muß man urteilen, daß die heidnische Religiosität auf einer höheren Stufe der Moral stand als die christliche des 13. und noch späterer Jahrhunderte. Der furchtbare Sulla hatte nach der Eroberung Athens aus demselben Parthenon kein einziges Weihgeschenk geraubt, sondern nur vierzig Pfund Gold und sechshundert Pfund Silber an sich genommen. Die Ausplünderung griechischer Tempel, welche Caligula und Nero aus künstlerischer Liebhaberei sich erlaubten, wurde von der öffentlichen Meinung der Römer verurteilt. Claudius gab den von Caligula entführten ehernen Eros des Lysippos den Thespiern zurück, und ein Prokonsul Asiens, Bareas Soranus, schützte die Tempel in Pergamon sogar gegen die Raublust des Nero.[44]

Der unglückliche Erzbischof Athens durchlebte damals, wenn auch nicht so schreckliche Tage wie sein Bruder Niketas nach der Erstürmung Konstantinopels, so doch ein gleich schweres Los. Wenn er dem Beispiele seines Freundes Manuel, des Erzbischofs von Theben, folgte und freiwillig in die Verbannung ging, so tat er das, weil ihm die neuen Gebieter der Stadt seinen erzbischöflichen Sitz entzogen, die Akropolis zur ausschließlichen Frankenburg machten, den griechischen Gottesdienst in der Kathedrale untersagten und diese lateinischen Priestern übergaben. Unfähig, das zu hindern oder sich fortan, wie manche griechische Bischöfe in den eroberten Provinzen, dem römischen Kirchengesetz zu fügen, verließ er die Stadt, um irgendwo ein Asyl aufzusuchen. So schied von ihr der treffliche Mann, in welchem sie für lange Jahre ihren Volkstribun und Beschützer gegen die byzantinischen Satrapen und den beredten Vertreter ihres unverlöschlichen Rechts auf die Ehrfurcht der Menschen gehabt hatte. Seine Schriften, Reden, Gedichte, Briefe, welche er an so viele hervorragende Personen jenes Zeitalters gerichtet hat und von denen ein großer Teil glücklicherweise erhalten worden ist, sind unschätzbare Urkunden der Geschichte des untergehenden Reichs der Komnenen und Angeloi wie die einzigen authentischen Zeugnisse, die wir über die Zustände Athens im Mittelalter besitzen. Auch ihr literarhistorischer Wert kann nicht hoch genug angeschlagen werden, da sie neben den Schriften des Psellos und Eustathios den Charakter der byzantinisch-humanistischen Bildung des 11. und 12. Jahrhunderts auf das klarste abspiegeln. Sie beweisen unter anderm das Fortleben des Hellenismus in der griechischen Kirche. Man kann auf dem Boden Italiens, nicht aber auf jenem Griechenlands von einer Wiedergeburt der Antike reden, denn diese war hier niemals ganz erstorben. Die Lichtstrahlen aus den Werken der Alten erhellten noch die trüben Geister jener Bischöfe von Athen, Thessalonike, Korinth, Neopaträ und Theben, so daß sie bisweilen als Diadochen der heidnischen Weisen im christlichen Gewande erscheinen. Nur der Einbruch der Franken hat die Fortsetzung der hellenischen Kultur plötzlich abgebrochen. Er machte auch der Wirksamkeit des Michael Akominatos in Athen ein jähes Ende und verlöschte hier die Funken des geistigen Lebens, welche ein solcher Mann doch aus der Asche des Altertums mußte erweckt haben.

Die Eparchie Athens nebst der Landschaft Megara war in der byzantinischen Teilungsurkunde der Kreuzfahrer dem Anteil des Pilgerheers zugewiesen worden, deshalb verfügte der Markgraf von Montferrat darüber nach dem Recht der Eroberung.[45] Er verlieh beide Länder demselben Otto de la Roche, welchen er bereits mit Theben ausgestattet hatte. Da Athen zu denjenigen griechischen Hafenplätzen gehörte, in welchen durch Privilegien byzantinischer Kaiser den Venezianern freier Handelsverkehr zugestanden worden war, so hätte die Republik S. Marco daraus mindestens solche Rechte darauf abzuleiten vermocht. Dies scheint auch spätere venezianische Chronisten zu der Erzählung veranlaßt zu haben, daß sich die Athener durch eigene Abgesandte der Signorie Venedigs darboten, aber daß ihre Absicht von Otto de la Roche »nicht ohne Blutvergießen« verhindert wurde.[46] Keine geschichtliche Urkunde bestätigt diese Behauptung, noch wird irgend von einem Einspruch der Republik gegen die Belehnung des La Roche gemeldet. Gleichwohl bleibt es nicht ausgeschlossen, daß die Athener lieber venezianische als burgundische Untertanen werden wollten und daß sie früher oder später den mißglückten Versuch machten, sich unter die Oberhoheit der mächtigen Lagunenstadt zu stellen.

Die Kunde der Besitzergreifung Athens durch die Franken rief im Abendlande Erstaunen hervor, denn der große Name dieser Stadt war dort nicht ganz vergessen; Gelehrte in Schulen und Klöstern wußten noch, was er bedeutete. Alberich von Trois Fontaines verzeichnete in seiner Chronik zum Jahre 1205: Otto de la Roche, der Sohn eines Edelmannes Pons de la Roche in Burgund, wurde durch ein Wunder Herzog von Athen und Theben.[47] Dies Ereignis war freilich staunenswert; denn die Stadt, welche seit Kodros und dem Tyrannen Peisistratos niemals mehr einen eigenen Fürsten gehabt hatte, empfing einen solchen nach einem langen Zeitraum plötzlich in der Person eines burgundischen Edelmannes.

Der neue Gebieter Athens legte Kriegsvolk als Besatzung in die Akropolis, aber er selbst hatte noch keine Zeit, in seinem kleinen Reiche, dem merkwürdigsten, welches je einem abenteuernden Ritter zugefallen war, sich einzurichten, da er seinen Lehnsherrn auf weiteren Eroberungszügen in Griechenland begleiten mußte. Zunächst sollte der Tyrann Leon Sguros vernichtet werden. Aber vergebens belagerte Bonifatius die Felsenburgen Nauplias und Otto de la Roche in Gemeinschaft mit Jacques d'Avesnes, welcher zuvor Chalkis oder Negroponte auf Euböa besetzt hatte, die Festung Korinth. Diese Stadt war noch immer durch Seehandel blühend. Ihre alten Häfen Lechäon und Kenchreä dauerten noch als solche fort: Der eine nahm die Schiffe von Asien, der andere die vom Abendlande auf. Feste Mauern umzogen die Unterstadt, und auf dem unersteigbaren Felsen thronte die Burg Hohenkorinth, wohl versorgt mit Wasser aus geräumigen Zisternen und der klassischen Pirene.[48] Jacques d'Avesnes erzwang die Unterstadt, wo sodann der Markgraf eine Zwingburg Montesquieu errichten ließ, während Otto de la Roche eine andere Schanze aufführte.[49] Tapfer verteidigte Sguros Akrokorinth, so daß die Fortschritte der Franken hier einen Halt fanden. Der mannhafte Archont hielt noch dort, wie in Argos und Nauplia, die Fahne der nationalen Unabhängigkeit Griechenlands aufrecht und hinderte dadurch Bonifatius, über den Isthmos auch in den Peloponnes einzudringen. Allein ein außer aller Berechnung liegender Zufall fügte es, daß die Kreuzfahrer in diese Halbinsel von einer Seite her einbrachen, wo sie niemand erwartet hatte.

Zweites Kapitel

Villehardouin landet in Elis. Seine ersten Eroberungen. Er verbündet sich mit Champlitte. Aufbruch beider nach Morea. Gründung des fränkischen Fürstentums Achaia. Tod Balduins. Die byzantinischen Staaten in Epiros, Trapezunt und Nikaia. Heinrich von Flandern Kaiser. Tod Bonifatius' und Dandolos. Venezianische Inselherrschaften. Otto de la Roche, Sire d'Athènes. Umfang seines Staats. Dessen feudale Einrichtung. Die Erzbistümer Theben und Athen. Bulle Innozenz' III. an den athenischen Erzbischof Berard. Ansiedlung abendländischer Orden. Letzte Schicksale des Michael Akominatos.

1. Die Eroberung Achaias durch eine tollkühne Schar versprengter französischer Glücksritter ist eine der seltsamsten Episoden in der Geschichte des Zusammensturzes des Reichs der Komnenen. Man wird durch die in ihrem Gefolge sich vollziehende Einwanderung der Lateiner in den Peloponnes an die Zeiten erinnert, als dort die Dorier eindrangen und sich die Achäer unterwarfen. Der Held dieses Dramas, welches mit der Zeit auch auf die Schicksale Athens einen großen Einfluß ausübte, war Gottfried von Villehardouin, ein Neffe jenes gleichnamigen Marschalls der Champagne, der als Krieger und Diplomat einer der tatkräftigsten Führer des lateinischen Kreuzzuges war, und diesen hat er selbst in seiner berühmten Chronik beschrieben, dem ersten in einer vulgären Landessprache verfaßten Geschichtswerk des Mittelalters.[50]

Der jüngere Villehardouin war nicht mit den Kreuzfahrern von Venedig nach Konstantinopel gezogen, sondern mit einer andern Schar von Pilgern aus Frankreich geradenwegs nach Syrien geschifft. Dort vernahm er die Kunde von den erstaunlichen Taten und Erfolgen seiner Landsleute. Er eilte, sich mit ihnen in Byzanz zu vereinigen. Ein Sturm verschlug sein Schiff an die Küste des Peloponnes, wo er im Hafen Modon Schutz suchte, dem alten Methone, südwärts von Pylos, der Stadt Nestors. Der Peloponnes, das sechste europäische Thema der byzantinischen Reichsverwaltung, besaß außer Korinth, Argos und Nauplia noch manche andere ansehnliche und zum Teil stark befestigte Städte wie Paträ, Lakedaimon und Nikli, an der Küste von Elis und Messenien Pontikos, Modon und Koron, Arkadia und Kalamata, und an der Ostseite das auf einer Insel gelegene felsenfeste Monembasia. Aber im ganzen Lande herrschte nach dem Aufhören der byzantinischen Reichsgewalt gesetzlose Verwirrung; ehrgeizige Archonten suchten wie Leon Sguros unter den Trümmern des Staates sich zu Gewalthabern aufzuwerfen.

Einer dieser landesverräterischen Magnaten scheute sich nicht, den ihm völlig fremden Villehardouin aufzufordern, sich mit ihm zu gemeinschaftlichen Eroberungen zu vereinigen.[51] Die Verbündeten überwältigten alsbald einen Teil der Westküste von Pylos bis nach Patrā hin. Allein der griechische Archont starb, und sein Sohn weigerte sich, der Helfershelfer eines fränkischen Abenteurers zur Unterjochung seines Landes zu sein; er knüpfte vielmehr Verbindungen an mit Sguros in Korinth wie mit dem Despoten Michael in Arta und rief die Griechen zur Vertreibung der Fremdlinge auf. So geriet Villehardouin in eine verzweifelte Lage. Da vernahm er, daß die Lombarden unter Bonifatius vor Nauplia angekommen seien; er eilte dorthin in einem sechstägigen Ritt durch feindliches Land und forderte vom König von Thessalonike Unterstützung zur Eroberung Achaias. Bonifatius suchte vergebens den tapfern Ritter in seinem Dienste festzuhalten, dann begünstigte er den Plan.

Im Lager vor Nauplia befand sich unter den Fahnen des Königs ein edler Mann aus der Franche Comté, Wilhelm von Champlitte, Vicomte von Dijon, zubenannt Champenois, der vom Erbrechte seines Grafenhauses ausgeschlossene Enkel Hugos I. von der Champagne. Er hatte mit seinem Bruder Eudes II. Konstantinopel erobern helfen, und daselbst war dieser im Jahre 1204 gestorben.[52]

Der junge Villehardouin begrüßte in Champlitte einen Landsmann und Freund, den er zugleich als seinen rechtmäßigen Lehnsherrn anerkannte. Er überredete ihn, mit ihm gemeinsam ein reiches Land zu erobern, welches Morea genannt sei. So war im Beginne des 13. Jahrhunderts für Menschen des Abendlandes der alte Ursitz der Hellenen, das berühmte Land des Pelops, aus der Erinnerung verschwunden und einer fernen Küste gleichgeworden, welche Abenteurer wie durch Zufall entdeckten. Ganz Griechenland samt den Inseln wurde damals im allgemeinen Romania genannt; den volkstümlichen Namen Morea aber scheint ursprünglich die Küste von Elis geführt zu haben, und von dort übertrug man ihn später auf den Peloponnes oder Achaia. Der Begriff Achaia hatte sich seit den Römern erhalten, doch war er mit der Zeit auf jene Halbinsel und den angrenzenden Teil Nordgriechenlands beschränkt worden.[53] Der barbarische Name Morea oder Moreas, den die Italiener zu Amorea verwandelten, wurde zu jener Zeit von den Franken dem Gebrauch der Eingeborenen entlehnt, während sie die ganze griechische Halbinsel »isle de Grèce« zu nennen pflegten.[54] Die Byzantiner gebrauchten immer den antiken Begriff; sie sprachen stets von den Strategen von Hellas und dem Peloponnes; doch findet sich bei Michael Akominatos bisweilen für diesen der

Ausdruck Meson Argos.[55] Erst Pachymeres im 14. Jahrhundert hat den Namen Morea gebraucht und durchaus von Achaia getrennt.[56]

Villehardouin verpflichtete sich, Champlitte als seinem Lehnsherrn zu huldigen und von dem zu erobernden Lande nur so viel zu beanspruchen, als derselbe ihm verleihen werde. Den beiden Abenteurern gestattete endlich der König von Thessalonike als ihr Oberherr, mit hundert Rittern und anderem Kriegsvolk nach dem Peloponnes aufzubrechen.[57] Kein moralischer Zweifel an der Rechtmäßigkeit ihres Unternehmens regte sich irgend in der Seele der tapfern Männer, welche sich anschickten, mit dem Schwert an ihnen fremdes Land zu gewinnen. Denn solche Taten waren ruhmvoll und heldenhaft. In der Chronik von Morea sagen die fränkischen Konquistadoren Griechenlands ganz naiverweise von sich selber: Wir sind Leute, die erobern gehen: »Nous somes gent qui alons pour conqueter.« Champlitte und Villehardouin gründeten unter heroischen Kämpfen in Morea ein Fürstentum, welches den antiken Namen Achaia erhielt und gleich dem Herzogtum Athen das lateinische Kaiserreich in Konstantinopel zweihundert Jahre überdauerte. Schon im November 1205 wurde Champlitte als Fürst Achaias anerkannt.[58] Dies Land trug er von Bonifatius zu Lehen. Da die Republik Venedig der Teilungsurkunde gemäß Ansprüche auf große Gebiete im Peloponnes zu machen hatte, wird sie sich mit jenem darüber verständigt haben. Denn der Markgraf betrachtete sich in seiner Eigenschaft als Haupt des Pilgerheers, welchem Altgriechenland zugeteilt worden war, auch als den Oberherrn des Landes Morea; dies sollte zu ihm in demselben Lehnsverhältnisse stehen wie Bodonitsa, Salona, Athen und Euböa. So war der mächtige Fürst im Begriffe, das nördliche und südliche Griechenland unter seinen Szepter zu vereinigen und von Thessalonike aus ein Königreich aufzurichten, wie es einst Philipp und Alexander von Makedonien beherrscht hatten.[59]

Unterdes hatten die Lombarden die Burgen des Leon Sguros ohne Erfolg bestürmt. Bonifatius selbst sah sich plötzlich genötigt, die Fortsetzung dieser Belagerung seinen Waffengefährten zu überlassen, um nach dem bedrängten Thessalonike zurückzukehren. Denn während seiner Abwesenheit hatten sich die Griechen in Thrakien und Makedonien zu mannhaftem Entschluß aufgerafft, die Waffen ergriffen und mit den Wlacho-Bulgaren ein Bündnis geschlossen. Von ihnen gerufen war der König Joannisa, der schrecklichste Feind der Lateiner, in Thrakien eingebrochen. Das ganze Land befand sich im Aufstande, in Städten und Burgen wurden die fränkischen Ritter überfallen und niedergemacht. Am 15. April 1205 erlagen die schwachen Heerhaufen

Balduins bei Adrianopel; der Kaiser selbst fiel in die Gewalt Joannisas, um dann in dessen Kerker zu Trnovo ein dunkles, sicher gräßliches Ende zu finden. Mit Mühe retteten der Doge und der Marschall Villehardouin die Trümmer des Frankenheers nach Rhaidestos, worauf die bestürzten Barone Balduins Bruder, den Grafen Heinrich, der aus Asien herübergeeilt war, zum Bail des Reichs ernannten. So war dies durch Gewalt entstandene Kaisertum der Lateiner schon ein Jahr nach seiner Errichtung von der rächenden Nemesis erfaßt worden.

Das rätselhafte Glück, welches die fränkischen Kreuzfahrer bisher begleitet hatte, schien sich plötzlich von ihnen zu wenden. Sie hatten das Reich der Komnenen im ersten Anlaufe zersprengt, jedoch den zähen byzantinischen Lebensgeist nicht zugleich vernichten können. Seine Reaktion begann vielmehr in derselben Stunde, wo Byzanz den Franken erlegen war. An der Peripherie des Reichs bildeten sich, getrennt und gruppenweise, aus den Trümmern des alten Staats neue nationale Verbindungen, welche allmählich erstarkend nach dem Wiederbeginn des verlorenen Einheitspunktes Konstantinopel strebten.

Michael I., ein Bastard vom Haus der Angeloi, welcher anfangs dem Könige von Thessalonike gehuldigt hatte und dann von ihm abgefallen war, gründete in Epiros, Ätolien, Akarnanien und der Phthiotis ein Despotenreich mit der Hauptstadt Arta, dem alten Ambrakia. Der Komnene Alexios, ein Enkel des schrecklichen Andronikos, der sich als Kind, beim Sturze dieses seines Großvaters durch die Angeloi im Jahre 1185, nach Kolchis geflüchtet hatte, stiftete im April 1204 das kleine, blühende Kaiserreich Trapezunt, während sein Bruder David das pontische Herakleia und Paphlagonien behauptete. In demselben Anatolien legte zu gleicher Zeit der kühne Theodor Laskaris den festen Grund zu der späteren Herstellung des byzantinischen Reichs. Unter heißen Kämpfen mit den Franken, wobei ihn der Seldschukensultan Kaikosru von Ikonion unterstützte, bemächtigte er sich Bithyniens, und schon im Jahre 1206 ließ er sich zu Nikaia als legitimer Kaiser der Romäer krönen.

Die Franken waren überall von rachlustigen Feinden bedrängt. Wenn der gewaltigste derselben, der jetzt zu furchtbarer Kriegsmacht aufsteigende Bulgarenkönig, sich mit Michael von Epiros, mit Leon Sguros und allen anderen Streitkräften der Griechen zu dauerndem Bunde und demselben Ziele hätte vereinigen können, so würde die Lateinerherrschaft schon damals ihr Ende gefunden haben. Ein Unglücksfall nach dem andern traf dieselbe. Der greise Doge Dandolo, der bewunderte Mann, welcher die byzantinische Welt aus ihren Angeln gehoben hatte, starb auf dem Schauplatz seiner Taten am 1. Juni

1205. Auf der Heldenkraft Bonifatius' beruhte jetzt das Heil der Lateiner. Der Markgraf war vor dem belagerten Nauplia eilig heimgekehrt und hatte mit Mühe seine von Joannisa bedrängte Hauptstadt Thessalonike befreit. Mit seiner Zustimmung bestieg sodann der Graf Heinrich am 20. August 1206 als Nachfolger seines unglücklichen Bruders den Thron des fränkischen Wahlreichs in Konstantinopel. Er vermählte sich am 4. Februar 1207 mit Bonifatius' Tochter Agnes von Montferrat, und für diese Verbindung, die den Bestand der Lateinerherrschaft sichern sollte, indem sie dessen mächtigsten fränkischen Lehnsträger zum Schwiegervater des Kaisers machte, war Otto de la Roche Vermittler und Prokurator gewesen.[60] Bald darauf fiel indes auch der große Markgraf in einem bulgarischen Hinterhalt bei Mosynopolis. Neben dem Agamemnon Dandolo, dessen Staatskunst er hatte weichen müssen, war er der Achill des den Osten umwälzenden Kriegszuges gewesen. Der Troubadour Rambaut de Vaqueiras, der ihn begleitet hatte, pries von ihm, daß er Kaiser und Könige gemacht, ein großes Reich erobert, die Wege und Häfen von Brindisi bis zum Hellespont eröffnet und die Taten Alexanders, Karls und Rolands überboten habe.[61] Es war sicher das Unglück des byzantinischen Frankenreichs, daß nicht, statt des Grafen Balduin, Bonifatius den Kaiserthron Konstantinopels besteigen durfte. Wenn irgendeiner der Kriegsfürsten jenes Kreuzzuges die Schwierigkeiten zu überwinden vermocht hätte, welche sich der Aufrichtung eines lebenskräftigeren Lateinerstaats am Bosporos entgegenstellten, so wäre dazu der Markgraf von Montferrat vor allen andern befähigt gewesen.

Das blutige Haupt des berühmten Helden wurde in das Zelt desselben Joannisa gebracht, welcher den ersten Frankenkaiser hatte töten lassen. Alsbald bestürmten die Bulgaren Thessalonike, wo Margaretha, die Witwe Bonifatius', mit ihrem unmündigen Sohne Demetrios in verzweifelter Lage zurückblieb.[62] Die Stadt verdankte ihre Rettung nur dem Dolch eines kumanischen Empörers, der den wilden Joannisa niederstieß.

Während so das lateinische Byzanz von seinen Feinden, dem Despoten von Arta, den Bulgaren und dem griechischen Kaiser in Nikaia bedroht wurde, konnten sich nur im Süden die fränkischen Schöpfungen befestigen, und diese waren das Fürstentum Achaia, die Lehnsherrschaften in Theben-Athen, in Euböa und auf anderen Inseln Griechenlands, welche sich Genuesen und Venezianer angeeignet hatten. Die Republik S. Marco war nicht imstande, alle ihr zugewiesenen griechischen Gebiete in Besitz zu nehmen. Sie forderte daher ihren Adel auf, dies auf eigene Kosten zu tun und dann die eroberten Länder als

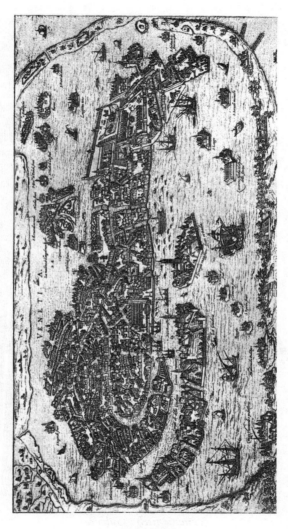

*Venedig
(Stich 1574)*

*Venezianische Galeere
(Holzschnitt 1486)*

erbliche venezianische Lehen zu beherrschen. So segelten abenteuerliche Nobili Venedigs in das griechische Meer, die Argonauten des 13. Jahrhunderts. Die Levante war damals überhaupt für Franzosen und Italiener, was dreihundert Jahre später Amerika für die Spanier wurde. Alsbald entstanden die seltsamen Inselreiche der Ghisi auf Tinos, Mykonos, Skyros, Skopelos, der Giustinian auf Zia und Seriphos, der Navagioso auf Santorin, der Venier auf der Venusinsel Cerigo. Marin Sanudo stiftete das ansehnliche Herzogtum der Kykladen oder des Archipelagos mit dem Mittelpunkte Naxos, während die große Insel Kreta, das Land des Minos, unter vielen Kämpfen von der Republik S. Marco selber besetzt wurde.[63]

2. Otto de la Roche fand jetzt Muße, sich in seinem attischen Staate einzurichten, dessen Besitznahme ihm sehr leicht geworden war. Während Champlitte und Villehardouin als Helden Morea von Stadt zu Stadt erobern mußten, meldet keine Kunde, daß jener irgendeinen Widerstand von seiten der Griechen zu bezwingen hatte. Obwohl ihn der Tod des Königs Bonifatius nicht von dem Lehnsverbande mit Thessalonike rechtlich frei machte, so minderten doch die Folgen desselben seine Verpflichtungen. Dieser große Markgraf hatte seinen Günstling mit Attika und Böotien beliehen, ohne ihn durch einen der feudalen Hierarchie entnommenen Titel besondern Ranges auszuzeichnen. Sein Lehnsmann konnte sich nur Herr von Theben und Athen nennen, durchaus wie Thomas von Stromoncourt sich Herr (αὐθέντης) oder »dominus« Salonas nannte. Es geschah wegen des weltberühmten Namens Athen, daß Otto de la Roche den Titel von dieser erlauchten Stadt annahm. Als »Sire d'Athènes« oder »dominus Athenarum« wurde er in öffentlichen Akten von den Franken und auch vom Papst bezeichnet.[64] Dies einfache Wort Sire oder in ihrer Sprache Kyr scheinen die Griechen zu dem pomphaften Titel Megaskyr (Großherr) gesteigert zu haben. Doch ist es irrig, denselben dadurch zu erklären, daß die ehemaligen byzantinischen Verwalter Athens ihn geführt hatten, denn das läßt sich nicht erweisen.[65]
Das Reich des Sire Athens war im Verhältnis zu den geographischen Raumverhältnissen jener Zeit keineswegs klein an Umfang. Im Vergleich zum antiken Freistaat der Athener konnte es sogar recht ansehnlich genannt werden, denn dieser hatte selbst auf dem Gipfel seiner Macht unter Perikles zwar ein ausgedehntes Insel- und Kolonialgebiet besessen, aber weniger festes Land. Das fränkische Athen umfaßte die Provinzen Attika und Böotien nebst dem opuntischen Lokris, wo der Hafenort Talanti etwa die Stelle des alten Opus ein-

nahm; ferner gehörte zu ihm Megaris. Dies kleine gebirgige Land, welches an Böotien und Attika grenzt, war von nicht geringer Wichtigkeit, sowohl als Schlüssel zum Isthmos als wegen seiner Küsten an beiden Meeren, dem korinthischen und saronischen. Die alte Stadt Megara hatte niemals ihre Lage und ihren Namen verändert. Freilich mußte sie tief herabgekommen und ihr im Altertum stark befestigter Hafen Nisäa längst verfallen sein. Einst hatten diesen die Athener mit Megara durch lange Mauern verbunden, wie sie ihre eigene Stadt mit dem Piräus so in Verbindung setzten.[66]

Im Südwesten gebot über die Marken diesseits und jenseits der korinthischen Landenge noch der griechische Tyrann Leon Sguros, so daß hier die Verbindung des fränkischen Hellas mit dem Peloponnes unterbrochen war. Ein anderer feindlicher, viel mächtigerer Griechenstaat bedrohte die Westgrenze; dies war das Despotat Epiros, welches von Epidamnos oder Durazzo bis Naupaktos reichte, sich über Ätolien gegen Phokis und Lokris verschob und sich nördlich zum Öta, zum Flusse Sperchios und dem Golf von Volo auszubreiten suchte. Nach jener Seite hin schützten jedoch die Grenzen des Megaskyr als Bollwerke zwei Lehnsherrschaften befreundeter Waffenbrüder, Bodonitsa und Salona. Das Haus der Stromoncourt in Salona behauptete sich tapfer gegen die Angriffe von Epiros her, obwohl schon der erste dortige fränkische Gebieter Thomas im Kampf mit dem Despoten Michael gefallen war.[67]

Einige größere Häfen, Livadostro (der Portus Hostae der Franken), der Piräus Athens, Megara und Talanti, vermittelten den Verkehr mit Europa und der Levante. Die fruchtbare Insel Euböa war an die Lombarden gefallen, welche alsbald die Oberhoheit der Republik Venedig anerkannten, aber diese konnte nach dem Wortlaut der Teilungsurkunde die Athen benachbarten klassischen Eilande Ägina und Salamis beanspruchen.[68] Allein wie die Venezianer nicht Kräfte genug hatten, weder Euböa noch Korfu, noch die ihnen zugewiesenen Teile des Peloponnes tatsächlich in Besitz zu nehmen, so meldet auch keine Kunde, daß sie jene beiden Inseln besetzten. Da dieselben später wirklich zum Herzogtum Athen gehörten, so darf man annehmen, daß sie diesem von Venedig überlassen wurden.[69]

Es war für einen über Nacht zum Gebieter Attikas gewordenen Fremdling keine leichte Aufgabe, ein ihm völlig unbekanntes Volk zu regieren, dessen Sprache er nicht einmal verstand und dessen jahrhundertealte Einrichtungen er gewaltsam umstürzte. Die merkwürdige Geschichte der Verfassungen des Freistaates Athen sollte jetzt durch eine neue vermehrt werden und zu Solon, Kleisthenes, Aristides, Perikles und Thrasybulos sich ein unwissender Ritter aus Burgund als Gesetzgeber gesellen. Dies Unternehmen war, so scheint es, schwieriger als das Werk eines jeden jener alten Staatsmänner hatte sein können. Selbst das Genie Solons würde durch das Problem in Verlegenheit gebracht worden sein, zwei einander so widersprechende Elemente zu einem politischen Ganzen zu verbinden, als es die griechische Nation und die französische Ritterschaft waren. Denn in diese beiden Gegensätze zerfiel fortan das eroberte Land. Die herrschende Klasse der Lateiner war allein im Besitze des Frankenrechts, welches die persönliche Freiheit und alle juridischen und staatlichen Rechte in sich schloß; die andere der beherrschten Griechen war zur rechtlichen und staatlichen Unfreiheit herabgesetzt. Der burgundische Gesetzgeber hatte wenigstens diesen Vorteil vor seinen antiken Vorgängern voraus, daß er keinen Widerspruch des Demos und der Demagogen Athens zu fürchten brauchte. Das Volk der Griechen kam bei der Aufrichtung des Frankenstaats erst in zweiter Linie in Betracht; denn die Hauptsache war, diesen selbst zu erschaffen. Für dies rohe Kunstwerk aber war glücklicherweise so etwas wie ein Modell bereit, denn Otto de la Roche konnte zunächst das militärische Lehnsystem aus Burgund, der Champagne oder jeder beliebigen Grafschaft Frankreichs auf das attische Land übertragen und hier eine Timokratie, einen aristokratischen Feudalstaat aufrichten, dem sich die unterjochten Griechen einzufügen hatten. Das Gerüst desselben konnte schnell aufgezimmert werden, sobald nur erst der Megaskyr den Grund und Boden des Landes unter seine Waffengefährten verteilt und diese zum Kriegsdienst und zur Vasallentreue verpflichtet hatte.

Analogien boten die Kreuzfahrerstaaten in Syrien und Zypern dar. Auf dieser gesegneten Insel hatte wenige Jahre vor der Eroberung Athens der erste fränkische König Guy von Lusignan dreihundert Baronien für Ritter mit Goldsporen und zweihundert kleinere Kriegslehen gestiftet. Solche Ansprüche konnten die Paladine des La Roche schwerlich erheben, selbst wenn Attika, Böotien und Megara dafür ausgereicht hätten. Wir kennen nicht die sicherlich geringe Zahl der Krieger, die den Fahnen des ersten Megaskyr folgten, noch die Namen seiner ritterlichen Gefährten und solcher Edlen, die er zur Übersiedlung aus Burgund einladen mochte; überhaupt werden angesehene Barone in seinem Gefolge nicht genannt. Nur ist es wahrscheinlich, daß ihn schon damals die Falkenberg von St. Omer begleiteten, die bald darauf in Theben sichtbar wurden. Schon der erste La Roche hat ohne Zweifel ein Verzeichnis aller fiskalischen und privaten Güter seines Staates anfertigen lassen, wie das die Normannen Englands im Doomsdaybook getan hatten und die Eroberer Achaias es taten.[70] Die athenische Lehnsmatrikel hat sich leider nicht erhalten.

Ein so vielgestaltiges Feudalsystem, wie es sich im fränkischen Peloponnes ausbreitete, konnte in den Gebieten des Megaskyr nicht Platz haben. Denn Morea war ein großes, durch seine Natur für das Lehnswesen besonders geeignetes Land. Mächtige Baronien mit ihren Ritterlehen bildeten sich dort. Noch heute geben die Ruinen der Schlösser (Paläokastra von den Griechen genannt) in Kalavryta, Akova, Karitena, Geraki, Veligosti, Passava, Chalandritza und andere von der reichen Geschichte des Frankenadels in Morea Kunde. In Attika finden sich Trümmer dieser Art, außer fränkischen Warttürmen an den Küsten, keine namhaften, in Böotien derer mehr, aber im Verhältnis zu Morea wenige vor. In diesen Landschaften entstanden nicht Baronien wie Matagrifon (Akova), welches 24, und Karitena, welches 22 Ritterlehen aufweisen konnte. Eine Zuteilung des Landes an Erbherren oder Barone, welche dann wieder Ritter- und Sergeantenlehen vergaben, ist sicherlich auch im athenischen Staate geschehen, denn die gesamte politische Verfassung wie die Rechtspflege und endlich die Wehrkraft des Landes beruhten in jedem großen oder kleinen Frankenstaat auf dem Lehnsverbande und den nach dem Maße des Grundbesitzes sich richtenden militärischen Leistungen.

Indem sich der Megaskyr durch das Recht der Eroberung als Eigentümer des Landes betrachtete, behielt er für sich als Domänen Theben und Athen und alle ehemals dem kaiserlichen Fiskus zustehenden Güter, dann gab er der Kirche und seinen Dienstmannen Ortschaften zu Lehen. Keine Kunden berichten, in welcher Weise diese Verteilung ausgeführt wurde. Wenn in einigen Fällen griechischen Grundherren gewaltsam und unter verschiedenen Vorwänden ihr Eigentum ganz oder teilweise genommen wurde, so vollzog sich doch die Invasion der Franken ohne Kampf. Dies mußte im ganzen ein friedliches Abkommen mit den Eingeborenen zur Folge haben. Auch war die Anzahl der eingedrungenen Ritter und Sergeanten so gering, daß zunächst viele Landgüter den Hellenen verbleiben mußten.

Die Umwälzung der Besitzverhältnisse war im allgemeinen fühlbarer für die griechischen Eigentümer von Latifundien, die Magnaten und die Kirche, als sie es für die Stadtgemeinden und vor allem für die Landbevölkerung sein konnte. Diese befand sich zur Zeit der fränkischen Einwanderung überall in Griechenland, durchaus wie in den Feudalstaaten Europas im Zustande der Unfreiheit. Sie war unter der byzantinischen Regierung in zwei Klassen geschieden gewesen, die

Zweites Kapitel

Freibauern (χωρίται) mit Eigentumsrecht und die Kolonen (πάροικοι) ohne solches. Die Verwaltung des Reichs hatte sich zu verschiedenen Zeiten bemüht, den freien Bauernstand in seinem Landbesitz zu erhalten, da er die Steuerlast trug. Im 9. und 10. Jahrhundert hatten die Kaiser Theophilos und Basileios I. und besonders im Jahre 922 Konstantin Porphyrogennetos und Romanos Lakapenos, sodann auch Nikephoros Phokas, Johannes Tzimiskes und Basileios II. durch Gesetze dem Verfalle dieses Standes Einhalt zu tun gesucht. Allein dies gelang nicht, weil die weltlichen und geistlichen Großen entweder die Wirkung solcher Edikte verhinderten oder deren Aufhebung durch andere, ihnen verpflichtete Kaiser durchzusetzen wußten. Die Mächtigen, das heißt der Geschlechter- und Beamtenadel, die Bischöfe und Äbte, zwangen die Bauern durch Wucher, List und Gewalt, durch trügerische Kauf- und Erbschaftsverträge, ihnen ihre Güter abzutreten. Sie eigneten sich sogar die Soldatenlehen an, welche die byzantinische Regierung in manchen Provinzen eingerichtet hatte, um deren Inhaber zum Kriegsdienst auf der Flotte oder zu Roß im Landheer zu verpflichten.[71] Die übermächtig gewordene Aristokratie der großen Grundherren hatte noch zuletzt Andronikos I. auszurotten versucht, doch hinderte sein Sturz die Ausführung seiner Reformen. Die Latifundien verschlangen den Freibauer. Die Privatgüter waren in den Besitz der zahllosen Kirchen, der steuerfreien Hof- und Provinzialbeamten und der Staatsdomänen gekommen. Zur Zeit der Frankeninvasion mußte das ländliche Gut der Einzelbauern wie der ehemals mit unveräußerlichem Gesamtbesitz ausgestatteten dörflichen Gemeinheiten in Griechenland stark zusammengeschwunden, der Freibauer meist zum Zustande des an die Scholle seines Herrn gebundenen Kolonen herabgekommen sein. Man unterschied zuletzt im byzantinischen Reich nur noch zwei mit gleichem politischen Recht begabte Klassen der Bevölkerung, die Reichen (δυνατοί) und die Armen (πένητες). Diese Peneten aber waren ein Rest der Freibürger und Freibauern, scheinbar noch frei, in Wirklichkeit schon Sklaven des Staats oder ihrer Patrone, und nur ein letzter Schritt trennte sie von dem Stande des Kolonen oder Periöken, der für seinen Herrn fronte.[72]

Der Mangel des freien Bauernstandes, verbunden mit der Knechtung der städtischen Kurien, hatte das weströmische Reich den Germanen preisgegeben, und dieselben Übel bewirkten, daß auch Ostrom erst gegen den Einbruch der Slaven, dann der Franken wehrlos wurde. Die um ihre rechtliche Freiheit gebrachte, vom Fiskus und den Archonten ausgesogene Bevölkerung setzte den fränkischen Eroberern kaum einen Widerstand entgegen; sie betrachtete dieselben vielmehr als ihre Befreier vom Joch des Steuereinnehmers, des Adels und der Kirchen. Im Grunde aber war es ihr gleichgültig, welchem Herrn sie diente. Sie wechselte nur den Gebieter. Sie fuhr fort, dieselben Steuern und Dienste dem Frankenfürsten und den neuen Grundherren zu entrichten, welche sie ehedem der kaiserlichen Regierung und den Archonten gezahlt hatte.[73] Sie gewann sogar dabei, denn die Abgaben flossen nicht mehr in die Kasse des fernen Byzanz, sondern in die des Landesherrn. Die Periöken verwandelten sich ohne weiteres in »villani« und »rustici« der fränkischen Eigentümer; sie wurden das versklavte lebende Inventar der Domänen, der Lehnsvasallen und der lateinischen Kirche.[74]

Die erbarmungslose Maxime des Feudalrechts »nulle terre sans seigneur« kam allmählich in dem eroberten Lande zur Durchführung, so daß auch die letzten Reste des Freibauerngutes, wie ehemals in Syrien und dann in Zypern, verschwanden.

Das Los der Unterjochung traf überall in Griechenland auch die Stadtgemeinden, aber diese doch schonender, wo es deren ansehnliche gab. Denn schon die Klugheit gebot den Eroberern, diesen keine unerträglichen Lasten aufzulegen, sondern ihr Eigentum und ihre hergebrachte Verfassung zu achten. Als der Kaiser Balduin die ihm zugeteilten Länder in Besitz nahm, ließ er die dort herrschenden Gesetze bestehen, und große Städte wie Thessalonike ergaben sich den Franken ausdrücklich auf die Gewähr des Fortbestandes ihrer Rechte und Gebräuche. Champlitte und Villehardouin gewannen Morea durch die gleiche Achtung der einheimischen Gesetze und des Eigentums.[75] Man darf daher annehmen, daß ähnliche Verträge oder Zusicherungen in Böotien und Attika gemacht waren, allein es gab dort, Theben und Athen ausgenommen, keine so bedeutenden Ortschaften wie in Thrakien und Makedonien, in Thessalien und im Peloponnes. In Böotien lagen Orchomenos, Koronea, Leuktra, Thespiä, Plataä, Tanagra in Ruinen, oder sie waren zu elenden Flecken herabgesunken. Nur Lebadea gewann später als wichtige fränkische Festung wieder Bedeutung.

In Attika war Athen seit alten Zeiten die einzige wirkliche Stadt, während alle andern Orte, die ehemaligen ländlichen Demen, verschwunden waren oder sich wie Eleusis nur als kleine Dörfer erhalten hatten. Indes auch dort mußte die Eroberer sowohl ihre eigene geringe Anzahl als die Unkenntnis der Verhältnisse und der Sprache des Landes bei dessen unbestrittener Besitznahme dazu nötigen, den Ortsgemeinden ihren bürgerlichen Organismus und ihre Richter zu lassen, welche nach dem byzantinischen Gesetzbuch der Basiliken Recht sprachen. Sie begnügten sich zunächst damit, ihre Herrschaft zur Anerkennung zu bringen, indem sie den Huldigungseid der Städte empfingen und die Summe derjenigen Abgaben einforderten, welche jene bisher an die byzantinische Regierung gezahlt hatten. Sie selbst brachten ihre feudalen Rechtsgrundsätze mit sich und wandten diese sofort auf ihre eigenen neuen Lehnsverhältnisse an. Diese Gesetze waren im allgemeinen dem berühmten Rechtsbuche der Assisen Jerusalems ähnlich, von welchem die unverbürgte Sage behauptete, daß es schon Gottfried von Bouillon im Jahre 1099 abfassen und in der heiligen Grabkirche niederlegen ließ. Dieser Kodex sollte bei der Einnahme Jerusalems durch Saladin im Jahre 1187 untergegangen sein, und nur die Rechtstradition bis 1192 in St. Jean d'Acre, dem letzten Reste jenes fränkischen Königreichs, sich erhalten haben. So viel ist gewiß, daß nach den Rechtsnormen der Assisen der Feudalstaat der ersten Könige vom Hause Lusignan in Zypern eingerichtet worden ist.[76] Auch im ganzen fränkischen Griechenland bildete sich ein gleichmäßiges Feudalrecht aus, welches mit der Zeit als »Liber consuetudinum imperii Romaniae« eingeführt wurde. Es stimmte in allem Wesentlichen mit den kreuzritterlichen Assisen Jerusalems überein. Da diese Gesetze in der zweiten Hälfte des 13. Jahrhunderts im Peloponnes im Gebrauch waren, werden sie auch im fränkischen Athen Eingang gefunden haben.

Schon bei der ersten Einrichtung seines Feudalstaats wird Otto de la Roche aus den angesehensten seiner ritterlichen Vasallen einen obersten Lehnshof, die »haute cour«, zusammengesetzt haben, welche die wahre souveräne Staatsgewalt darstellte. Die Entstehung des athenischen Staats war freilich die Folge einer einfachen Besitzergreifung von Gebieten, welche der Markgraf Bonifatius dem La Roche zu Lehen gegeben hatte. Nicht wie im Peloponnes, einem durch Krieg eroberten Lande, hatten in Attika und Böotien die Waffengefährten für den Landesherrn ihr Blut vergossen und diesen dadurch verpflichtet, sie mit Baronien auszustatten und ihnen neben sich die Stellung der Pairs einzuräumen, ohne deren Zustimmung keine feudale und politische Angelegenheit entschieden werden durfte. Der Landesherr Athens befand sich daher gegenüber den burgundischen Rittern, die sein Gefolge bildeten, offenbar in einer günstigeren Lage als diejenige Champlittes neben seinen Kriegsgefährten sein konnte. Trotzdem mußte auch er seinen Staat nach denselben Grundsätzen der Lehnsverfassung einrichten und die Staatsgewalt auf eine »haute cour« übertragen. Sie bildete nicht nur den hohen Rat des Landesherrn für alle politischen Dinge, sondern auch den obersten Gerichtshof in ritterlichen Lehnsangelegenheiten.

Neben diesem Tribunal gab es in den Frankenstaaten auch einen bürgerlichen Gerichtshof, die »cour des Bourgeois«, in welcher Abgeordnete städtischer Gemeinden saßen unter dem Vorsitze des Vicomte, des Stellvertreters des Landesherrn. Da dieser selbst den Vicomte ernannte, konnte von einer freien, munizipalen Selbstverwaltung kaum die Rede sein.[78] Das niedere Gericht hatte alle Rechtshändel und Kriminalsachen der nicht ritterlichen Einwohner zu entscheiden und seinen Sitz in dazu bestimmten Städten. Wieweit und ob überhaupt im athenischen Staat dasselbe auf die Griechen angewendet worden ist, wissen wir nicht, da man annehmen darf, daß diese lange Zeit hindurch nach dem byzantinischen Gesetzbuche gerichtet wurden. Erst spät findet sich eine zufällige Spur, welche erkennen läßt, daß der niedere Gerichtshof im Staate Athen bestanden hat.[79] Er aber setzte die Anerkennung munizipaler Körperschaften voraus, wie solche sich mit ihren Räten, den Archonten, Demogeronten oder Vechiaden, unter den Byzantinern erhalten hatten.[80] Auch in Syrien hatte Gottfried von Bouillon den Gemeinden ihre alten Gerichtshöfe gelassen, bis diese allmählich anderen, aus Franken und Eingeborenen zusammengesetzten Tribunalen unter einem Bail Platz machten.[81]

Von Städten wie Theben und Athen ist es durchaus anzunehmen, daß sie anfangs auch unter ihren fränkischen Vögten fortfuhren, die Angelegenheiten ihrer Gemeinde, zumal das Steuerwesen, durch einen Rat zu verwalten, welcher nur aus einheimischen, im Vertrauen der Eroberer stehenden Bürgern gebildet sein konnte. Dies änderte sich freilich mit der Zeit, als die Franken auch die Sprache der Griechen erlernten, als sich immer mehr französische Einwanderer in den Orten niederließen und die Eingeborenen verdrängten. So bildete sich auch in dem fränkischen Hellas ein aus eingewanderten Lateinern zusammengesetztes Bürgertum. Ritter und Barone wurden aber zugleich Feudalherren von Städten, deren Einkünfte, soweit nicht der Fiskus Rechte darauf besaß, sie selbst bezogen. Der Feudalismus stand durch sein Lehnsprinzip im schroffsten Gegensatz zu dem Munizipalwesen. Denn die politischen Rechte waren im Lehnsstaate einzig auf dem Grundbesitz gegründet, der dem Inhaber seine Stellung in ihm gab, und die Lehnspflichten bildeten die Kette, welche dies timokratische System zusammenhielt. Gerade in Griechenland, wo die Städte, wenige ausgenommen, verarmt und herabgekommen waren, mußten die abendländischen Barone als Eroberer ihr Eldorado finden. Dort strebte kein wohlhabendes und selbstbewußtes Bürgertum gegen das kirchliche und weltliche Lehnswesen auf wie in Flandern und Frankreich, in Italien und in Deutschland. Besonders in Attika und den andern hellenischen Provinzen wurde die Erdrückung der griechischen Nation den Franken dadurch erleichtert, daß es dort, schon bei ihrem Einbruch ins Land, kaum noch hervorragende Patrizierfamilien mehr gab. Wenn sich aber damals noch ein Rest solcher vorfand, so verschwand auch dieser mit der Zeit. Daher läßt sich während der ganzen Epoche der Fremdherrschaft weder in Theben noch in Athen auch nur der Name eines griechischen Magnaten oder angesehenen Bürgers entdecken. In diesen beiden Hauptorten des Staates Athen, deren Akropolen ihnen eine besondere militärische Wichtigkeit gaben, setzte schon der erste Megaskyr Vögte mit Gerichtsbarkeit ein. Im Jahre 1212 wird der Kastellan Thebens genannt, welcher in einer Streitsache zwischen den Diözesen Theben und Zaratora im Verein mit thebanischen Domherren und Laien gewaltsam in das Haus des Bischofs von Zaratora eindrang und daraus einen Mann entführte.[82]

Das Fehlen geschichtlicher Urkunden macht übrigens die genaue Kenntnis von der politischen Einrichtung und der Verwaltung des athenischen Feudalstaates für uns unmöglich. Wir wissen nichts von dem dortigen Finanz- und Steuersystem, vom Schatzamt, der Staatskanzlei und den Hofämtern. Unter der Regierung der La Roche werden niemals Großwürdenträger wie der Marschall, Seneschall, Connetable und Kämmerer genannt. Diese Ämter waren im Königreich Jerusalem, im Kaiserreich Konstantinopel, in Zypern und im Fürstentum Achaia eingeführt; sie setzten demnach ein größeres Staatswesen voraus, als es der Hof des Megaskyr in Athen darstellen konnte. Im allgemeinen wurde wie in England und in Sizilien, im fränkischen Syrien und in Zypern auch in Attika der Beweis geliefert, daß der Feudalismus doch stark genug war, einen Staat von verhältnismäßig langer Lebenskraft aufzurichten. Die burgundische Verfassung Athens übertraf an Dauer die demokratischen Gesetzgebungen der antiken Staatsmänner, und sie wurde nicht wie jene durch Reformen erneuert. Die Tatsache, daß der aristokratische Feudalstaat der La Roche in den hundert Jahren seines Bestehens niemals eine jener vielen inneren Revolutionen erfuhr, welche die Demokratie des alten Athen erschüttert hatten, beweist freilich weder seinen politischen Wert noch die Weisheit seiner barbarischen Gründer. Sein Bestand wurde gesichert sowohl durch die Fortdauer des Geschlechts der La Roche, welchem nur tüchtige Herrscher entstammten, als durch die Befriedigung und den gemeinsamen Vorteil der privilegierten Kaste von Rittern und Baronen, endlich vor allem durch die Ohnmacht der geknechteten Hellenen, die so tief war, daß sie niemals den Versuch machten, sich, wie die Eingeborenen Kretas, in Waffen zu erheben und die eisernen Ketten des Lehnssystems abzuwerfen. Die im Peloponnes eingedrungenen fränkschen Gebieter sicherten sich den Besitz des Landes, indem sie sich beeilten, ihre Zwingburgen aufzubauen, wie ähnliches die Normannen nach der Eroberung Englands getan hatten. Die Slavenstämme und die Griechen in Morea erhoben sich jedoch von Zeit zu Zeit gegen diese Fremdlinge, namentlich als der byzantinische Kaiser Lakonien wieder an sich gebracht hatte. In Attika und Böotien baute der burgundische Adel ebenfalls seine Burgen, doch nicht in solcher Zahl wie die Franken im Peloponnes. Die griechische Bevölkerung in Hellas war überhaupt minder kriegstüchtig, dünner und schwächer als diejenige in der gebirgigen Halbinsel. Sie trug murrend, aber ohnmächtig das Joch der lateinischen Eroberer, trotz deren geringer Zahl. Diese Widerstandslosigkeit könnte verächtlich erscheinen; aber Italien hat zur Zeit der Goten und Langobarden ein ähnliches Schauspiel gezeigt, und werden nicht heute 300 Millionen Inder von 150000 Engländern und Europäern regiert?

3. Die einzige Zuflucht für die große hellenische Familie war überall in dem zertrümmerten Reich die orthodoxe Kirche. Das Lebensprinzip dieser erwies sich als unzerstörlicher als dasjenige des Staates Konstantins. Als eine geistige, in drei Erdteilen der Römerwelt eingewurzelte Macht konnte sie nicht wie jenes der rohen Gewalt fremder Eroberer erliegen, obwohl auch ihr Organismus gewaltsam zerrissen wurde. Die planvolle Unterjochung der großen Kirche des Orients schändete das Abendland noch mehr als die Zerstörung des Romäerreichs, und sie ist ein viel dunkleres Kapitel in der Geschichte des gefeierten Papsts Innozenz III. als die mörderische Austilgung der Albigenser im Süden Frankreichs. Dort konnte eine provinzielle Sekte zugunsten der Einheit der Kirche mit Feuer und Schwert vernichtet werden, aber der Verstand auch des geringsten Diakons hätte ausgereicht zu begreifen, daß die Unterwerfung des griechischen Ostens unter das Papsttum unmöglich war.

Nachdem der Doge Dandolo es durchgesetzt hatte, daß ein Venezianer, Francesco Morosini, in der Sophienkirche den Stuhl des Patriarchen einnahm, wurden in den eroberten Provinzen, wo immer es möglich war, die griechischen Bistümer und Kirchen mit lateinischen Geistlichen besetzt, die orthodoxen Bischöfe verjagt oder zur Unterwerfung unter den Papst gezwungen. Scharen von abenteuernden brotlosen Priestern begleiteten die Eroberer auf ihren Kriegsfahrten und suchten Kirchen und Pfründen zu erbeuten.

In Theben und Athen, deren Erzbischöfe ins Exil gegangen waren, wurden die Kathedralen dem lateinischen Klerus übergeben. Der neue Landesherr ließ den griechischen Gemeinden nur so viel Kirchen und Einkünfte, als ihm gut dünkte. Nicht wenige Popen fügten sich aus Furcht oder Klugheit dem fränkischen Kirchensystem ein; denn nur unter dieser Bedingung erlangten die orthodoxen Geistlichen ihre persönliche Freiheit und den Genuß des ihnen ausgesetzten Kirchenguts. In dem Sprengel des lateinischen Erzbischofs durfte fortan kein Grieche zum Priester ordiniert werden ohne Einwilligung jenes und des Herrn des Orts, zu welchem die griechische Kirche gehörte.

Der Franzose Berard wurde von Otto de la Roche, dessen Kaplan er wahrscheinlich war, zum Erzbischof Athens ausersehen und nahm seinen Sitz an der Parthenonkirche. Innozenz III., der ihn im Jahre 1206 in dieser Würde bestätigte, ließ durch den Kardinallegaten Benedikt die Zahl der athenischen Domherren feststellen. Er verlieh dem Erzbischof alle Rechte seiner griechischen Vorgänger in der Kirchenprovinz Athen, gab dieser Metropole die Statuten der Kirche von Paris und stellte sie unter den Schutz St. Peters.[83] Das athenische Domkapitel scheint vom Papst eine regulierte klosterartige Verfassung erhalten zu haben, mit einem Prior an seiner Spitze. Zu seinem Unterhalt wies ihm Innozenz Güter und Kirchen an, unter andern St. Trinitatis in Athen und St. Nikolai de Varvar in Konstantinopel.[84]

Der Erzbischof Berard geriet alsbald in Streit mit dem Megaskyr, weil dieser Kirchengüter einzog und die Geistlichen besteuerte; er eilte deshalb nach Rom zum Papste, der ihm am 13. Februar 1209 einen Freibrief gab, worin er alle dem athenischen Erzbistum zukommenden Besitzungen feststellte. Dies Verzeichnis konnte nur aus der griechischen bischöflichen Kanzlei Athens hervorgegangen sein, und es war nicht immer richtig abgeschrieben. Es erscheinen in ihm Reste antiker Demen und neben neugriechischen Orten altberühmte Namen wie Marathon und Phyle. Es werden die griechischen Kirchen und Klöster Attikas aufgeführt: St. Georg, St. Nikolaus (bei Menidi), St. Nikolaus de Columnis (vielleicht bei Sunion), St. Maria de Blachernis, St. Sirianos (Kaisariani?), St. Dionysios Areopagita und andere.[85]

Der Papst hatte dem Erzbistum Theben die Bischöfe von Kastoria und Zaratora zugewiesen. Die Diözese Athen aber sollte folgende Suffragane umfassen: Negroponte (Chalkis), Thermopylä (Bodonitsa), Daulia, Avalona, Zorkon, Karystos, Koronea, Andros, Skyros, Keos und Megara.[86]

Es ist überaus anziehend, das Bild Athens in der Anschauung Innozenz' III. sich abspiegeln zu sehen und unmittelbar nach der dichterischen Beredsamkeit des Griechen Akominatos die majestätische Prosa

Roms zu vernehmen, in welcher der gewaltigste aller Päpste von Athen geredet hat.[87] Dies ist der Eingang der Bulle an Berard: »Den alten Ruhm der Stadt Athen läßt die neue Gnade Gottes nicht untergehen. Jene hat in ihrer ersten Gründung wie in einem Vorspiel die Figur der modernen Religion aufgestellt; in drei Teile geteilt hat sie zuerst drei falsche Gottheiten verehrt und sodann diesen Kultus unter drei Personen in denjenigen der wahren und unteilbaren Dreieinigkeit verwandelt. Auch das Studium der weltlichen Wissenschaft hat sie mit der Sehnsucht nach der göttlichen Weisheit vertauscht, die Burg der berühmten Pallas zum demutsvollen Sitz der glorreichen Muttergottes gemacht, und jetzt die Kenntnis des wahren Gottes erlangt, nachdem sie lange zuvor dem Unbekannten Gotte einen Altar errichtet hatte. Diese Stadt von erlauchtem Namen und vollkommener Schönheit hat zuvor die philosophische Kunst ausgebildet, sodann im apostolischen Glauben unterwiesen, die Dichter mit Wissenschaft tränkend und selber aus ihr die Propheten erkennend, ist sie die Mutter der Künste und die Stadt der Weisheit genannt worden. Das zu erklären, können wir sie Kiriath Sepher nennen; denn da Othoniel diesen Ort der Herrschaft Kalebs unterwarf, wurde ihm dessen Tochter Axa zum Weibe gegeben.[88] Weil also, in Christo ehrwürdiger Bruder Erzbischof, diese ruhmvolle Stadt Gott unterworfen ist, so hast du dieselbe, um sie in solcher Unterwerfung festzuhalten, dir als geistliche Braut anvermählt, und ich vernehme, wie sie auf deine Mahnung gleich Axa sehnsüchtig begehrt, daß ich ihr Dürsten mit dem Tau des apostolischen Segens zu stillen geruhe. Wir erachten es deshalb für unserem Amt gemäß, jene Stadt durch unsere Schrift in apostolische Obhut zu nehmen, aus deren Schriftwerken einst, wie uns wohl bekannt ist, die Fülle des Wissens fast über den Erdball sich ergossen hat, und darum willfahren wir deinem billigen Gesuch.«

Die Stelle in dem Briefe des Papsts, wo derselbe von den antiken Dreigöttern spricht, ist höchst merkwürdig, denn sie setzt eine philosophische Betrachtung voraus über das Wesen der alten hellenischen Religion und deren vorbildlichen Zusammenhang mit dem Christentum, wie ihn die Apologeten und ältesten Kirchenväter aufgefaßt hatten. Innozenz konnte hier an die drei Hauptgötter der Hellenen denken, an Zeus, Apollo und Athene, welche die heidnische Trinität bildeten. Zeus war der Vater, der Lichtgott Apollo dessen Inkarnation als Sohn und die aus des Zeus Haupt entsprungene Athene der Geist oder die göttliche Weisheit (Sophia). Schwierigkeit macht nur die Beziehung, in welche Innozenz die Dreigötter zu der Dreiteilung der Stadt gebracht hat.[89] Wenn er unter den drei Teilen Athens die Akropolis, den Sitz der Pallas, die Unterstadt, den Sitz des olympischen Zeus, und die Hafenstadt verstanden hat, so würde er sich diese als den Sitz des Poseidon vorgestellt haben. Noch im Jahre 1578 schrieb Symeon Kabasilas an Martin Crusius: »Einst war die Stadt dreiteilig und ganz bewohnt; jetzt aber ist der innerste Teil, die Akropolis mit dem Tempel des Unbekannten Gottes, nur von den Türken bewohnt; der äußere Teil, d. h. der mittlere, ist ganz von Christen bewohnt; der dritte Teil ist (auch) bewohnt.«[90]

Sollte nicht Innozenz III. von Personen, welche, wie der im Jahre 1209 nach Rom gekommene Berard, die Stadt Athen kannten, Berichte über ihre Lage und Beschaffenheit eingeholt haben? Diese Stadt der mythisch gewordenen Weisheit war plötzlich als geschichtliche Tatsache vor das Bewußtsein des Abendlandes getreten und jetzt ein Gegenstand praktischer Teilnahme. Man darf sogar glauben, daß man dem Papst eine topographische Beschreibung, vielleicht sogar einen Stadtplan Athens gebracht hatte. Stadtpläne waren damals nichts Unerhörtes, denn in der Zeit Innozenz' III. gab es solche von Antiochia, Ptolemais und Rom.[91]

Das Lob Athens im Munde des großen Papsts konnte nicht aus seiner eigenen Kenntnis der griechischen Literatur fließen, sondern es stammte aus der allgemeinen Vorstellung des gelehrten Abendlandes von der Stadt der Denker und Weisen. In Europa dachte man nicht daran, einen wissenschaftlichen Gewinn aus der Frankenherrschaft in Athen und dem übrigen Griechenland zu ziehen. Die Verse des Horaz: »Graecia capta ferum victorem cepit, et artes / Intulit agresti Latio« konnten nicht auf die fränkischen Eroberer angewendet werden. Innozenz III. wollte viel mehr die schismatischen Griechen latinisieren, als den katholischen Lateinern die immerhin gefährliche Kenntnis der hellenischen Philosophen und Kirchenlehrer zurückgeben. Er forderte den französischen Klerus, namentlich die Universität Paris, auf, lateinische Bücher und Gelehrte nach Griechenland zu schicken, um dort, im Vaterlande der Wissenschaften, das Studium wiederherzustellen.[92] Der König Philipp August gründete in Paris ein Collegium für den Unterricht junger Griechen in der lateinischen Sprache.[93] Erst die Dominikaner und Franziskaner gelangten aus dem Bedürfnis der Mission zu dem rühmlichen Entschluß, junge Leute nach Hellas zu schicken, um sie in der Sprache und Literatur der Griechen unterrichten zu lassen.

Die Franziskaner breiteten sich nicht lange nach der Stiftung ihres Ordens in Griechenland aus, wo sie auf Euböa, in Theben, Athen, in Patras, in Klarenza, auf Kreta ihre Klöster gründeten.[94] Schon der erste La Roche rief nach Athen die französischen Zisterzienser aus der Abtei Bellevaux in Burgund, wo die Gruftstätte seines Geschlechts sich befand; er übergab denselben das schöne basilianische Kloster am heiligen Wege nach Eleusis, welches mit seinem griechischen Namen Daphni hieß und noch so heißt, von den Franken aber Dalphino oder Dalphinet genannt wurde. Schon im Jahre 1217 wird es als ein lateinisches Kloster von Bedeutung bemerkt, denn der Papst Honorius wandte sich in wichtigen Kirchensachen an den Abt desselben.[95] Wie die Mönchsorden so erhielten auch die Ritterorden der Templer, Johanniter und Deutschen Besitzungen in Griechenland; die Fürsten des Kreuzzuges bevorzugten sie anfangs, weil ihre Niederlassungen zugleich militärische Kolonien waren. Der deutsche Ritterorden faßte namentlich in Morea festen Fuß. Dort hatte zu Andravida Gottfried von Villehardouin das Hospital St. Jakob gegründet, zu dessen Gütern auch ein gleichnamiges Hospital von Makra in der Diözese Athen gehörte.[96]

4. Während die bischöfliche Kirche Athens lateinisch eingerichtet wurde, befand sich ihr orthodoxer Metropolit im Exil. Da das alte byzantinische Reich zertrümmert, das neue der Laskariden in Nikaia noch nicht befestigt war, so mußte Michael Akominatos überall auf die fränkischen Eroberer stoßen. Noch ungewiß, wohin er sich wenden sollte, scheint er sich zuerst nach Theben, sodann nach Aulis begeben zu haben. Er selbst erzählt, daß er nach Thessalonike zum »Kardinal« gegangen war, und dies läßt denn doch auf Unterhandlungen mit dem päpstlichen Legaten Soffred schließen.[97] Wenn diese die kirchlichen Verhältnisse Athens und vielleicht seine Herstellung als Erzbischof und Eigentümer seiner Güter betrafen, so scheiterten sie. Aber der Legat und die Stellvertreter des Königs Bonifatius in Thessalonike gestatteten dem ehrwürdigen Flüchtlinge, seinen Sitz ungekränkt außerhalb Athens zu nehmen.

Er ging nach Euböa, wo er sich einige Zeit lang zu Chalkis und Karystos aufhielt. Die dortigen Bischöfe, seine rechtmäßigen Suffragane, waren ihm befreundet, und er besaß daselbst, wie es scheint, Landgüter.[98] Aber auch die Zustände Euböas wurden durch die dort eingedrungenen Lombarden vom Hause der Carceri Veronas gewaltsam umgewälzt. Der unglückliche Greis entschloß sich deshalb, die Insel Keos zu seinem Asyl zu wählen, deren Bistum ihm gleichfalls untergeben war. Sicherlich bestimmte die Nähe Athens diese Wahl; denn das kleine Eiland, heute Tzia genannt, ist der Südspitze Attikas zugekehrt; von seinen Höhen erblickt man die attische Insel Helena

Zweites Kapitel

und das Küstengelände von Sunion und Thorikos bis zum Hymettos hin, während dem Meere ringsum Euböa und die Kykladen entsteigen. Keos war im Altertum ein Besitztum Athens mit vier Städten, von denen Iulis, der jetzige Hafenort Tzia, die Heimat der Dichter Simonides und Bakchylides, des Peripatetikers Ariston und des Sophisten Prodikos gewesen war. Aristoteles hatte es nicht verschmäht, über die Verfassung des kleinen Inselstaates eine Abhandlung zu schreiben, welche leider verlorenging.[99]

Michael Akominatos kam dorthin im Jahre 1206.[100] Er fand das Eiland noch frei, denn der Megaskyr Athens konnte dasselbe nicht beanspruchen, während die Republik Venedig, welcher es zugewiesen worden war, noch keine Anstalten der Besitzergreifung machte. Mehr als zwei Jahre lang weilte der Flüchtling dort, ohne daß die verhaßten »Italer« das Asyl betraten, in welches er sich aus dem Schiffbruch seines Lebens gerettet hatte.[101] Allein auch auf diesem stillen Strande erschienen bald genug lateinische Abenteurer. Es war die Zeit, wo die Märchen und Sagen wahr wurden, wo irrende Ritter Königskronen im Archipel fischten und auf schönen mythenvollen Eilanden des Griechenmeeres ihre gotischen Schlösser bauten. Verwegene Venezianer aus alten Geschlechtern, Andrea und Geremia Ghisi, Domenico Michiel und Pietro Giustinian, landeten auf Keos und setzten sich seit 1207 dort und auf andern Kykladeninseln fest, für welche sie dann die Lehnshoheit des Sanudo in Naxos anerkannten. Michiel begann sofort in Keos den Bau einer gewaltigen Burg.

Im Kloster des Prodromos hatte der athenische Verbannte seinen Sitz genommen, und hier verfolgten ihn die Franken nicht; allein sie beobachteten ihn voll Argwohn, daß er mit dem Despoten von Epiros in geheimer Verbindung stehe.[102] Er vernahm in seiner Zelle die Kunden von der fortschreitenden Knechtung Griechenlands durch die Lateiner, aber auch von der freiwilligen Unterwerfung vieler Griechen. Selbst Bürger aus Argos, Hermione, Ägina, Korinth, wo Sguros herrschte, flüchteten aus Furcht vor diesem Tyrannen zu den Franken, während das Volk der von diesen besetzten Städte Athen, Theben und Chalkis ruhig in seinem Eigentum verblieb.[103] Er verwünschte Akrokorinth, die »Akropolis der Hölle«, wo jener verhaßte Tyrann saß, der ihm den Neffen entführt und diesen Jüngling dann im Rausch erschlagen hatte. Dann erfuhr er den Tod des Sguros. Unbezwungen von den ihn belagernden Franken starb der Archont im Jahre 1208 in seiner Burg Korinth. Er nahm wenigstens den Ruhm ins Grab, daß er alle Lockungen der fremden Eroberer, sich unter den vorteilhaftesten Bedingungen zu ergeben, verachtet hatte und als ein freier Mann und

Hellene gestorben war. Da er keine Erben zurückgelassen hatte, erhob die griechische Nationalpartei zu ihrem Führer den Dynasten Michael Angelos Dukas, welcher das Reich Epiros gestiftet hatte und von dort aus Hellas den Franken zu entreißen hoffte. Die Städte des Sguros, Korinth, Argos und Nauplia, riefen ihn zu ihrem Herrn aus, und er schickte dorthin seinen Bruder Theodor Dukas, um von jenen Schlüsseln des Peloponnes Besitz zu nehmen.

Mit Genugtuung konnte Michael Akominatos diesen Aufschwung des epirotischen Herrschers betrachten. Aus Keos schrieb er viele Briefe an seine fernen Freunde und Schicksalsgenossen und die bedeutendsten Personen des zerstörten byzantinischen Staates, welcher jetzt in Nikaia langsam wieder erstand.[104] Dem Kaiser Laskaris, dem Gründer einer neuen Zukunft des Romäerreichs, welcher Asien zur Arche der Rettung aus der allgemeinen Sintflut gemacht habe, sprach er die Hoffnung aus, daß er der Befreier von Byzanz sein werde, aber er schlug den Ruf an seinen Hof aus, wie die Einladung des Theodor Dukas nach Arta. Auch lehnte er die Wahl zum Erzbischof von Naxos ab. Ich bin, so schrieb er dem Patriarchen in Nikaia, wie ein altersschwacher Vogel an einer Schnur, welcher vergebens aufzufliegen und ins Vaterland heimzukehren strebt. Er könne nicht nach Bithynien, nicht einmal mehr nach Euböa, Naxos oder Paros reisen.[105]

Mit Hilfe seiner Freunde gelang es ihm, einige Bücher zu erhalten, auch solche aus seiner zerstreuten Bibliothek wieder an sich zu bringen. So bat er den Bischof Theodor von Euripos, ihm eine Handschrift zurückzugeben, welche, wie er vernommen hatte, in dessen Besitz gekommen war und die für ihn selbst um so wertvoller sein mußte, da er sie mit eigner Hand kopiert hatte. »Du weißt«, so schrieb er jenem Bischof, »daß ich vielerlei Bücher von Konstantinopel nach Athen mitgebracht und dort neue erworben hatte. Ich ahnte nicht, für wen ich diesen Schatz sammelte. Denn wie konnte es mir Unglücklichem in den Sinn kommen, daß ich dies nicht für meine Sprachgenossen, sondern für die italienischen Barbaren tun würde. Diese sind weder imstande, die Schriften in der Ursprache zu lesen, noch sie mit Hilfe einer Übersetzung zu verstehen; eher werden Esel die Harmonien der Lyra begreifen und Mistkäfer den Duft der Myrtensalbe genießen, als jene den Zauber der Rede.«[106] Ganz so wegwerfend sprach sich auch sein Bruder Niketas über die Unwissenheit der Barbaren aus, und doch war bereits die Zeit nahe, wo die altfranzösische Ritterromanze selbst die griechische Phantasie eroberte.

In Keos erschien sich der greise Michael als ein aus dem Paradiese Verstoßener. Nachdem er sich früher von dem »Tartaros Athen« hinweggesehnt hatte, blickte er jetzt von den Küsten des Eilandes auf die geweihten Fluren Attikas wie auf ein verlorenes Eden zurück.[107] Er betrachtete mit tiefem Kummer von der hohen Felsenwarte »den panathenäischen Untergang«, aber er fuhr fort, soviel als möglich war, der Seelsorger und Helfer seiner verwaisten Gemeinde zu sein.[108]

Einmal wagte er sogar, nach Athen zurückzukehren. Dies geschah heimlich, vielleicht im Jahre 1217. Doch er verließ die Stadt wieder nach kurzer Zeit. »Wenn ich mich nicht«, so schrieb er an Theodor Dukas, »schnell entfernt hätte, so würde ich ein Bissen für die Zähne der Italiener geworden sein.«[109] Übrigens ist die Tatsache, daß der freiwillig Verbannte es wagen durfte, Athen zu besuchen, immerhin ein Zeugnis der Schonung, die er von den fränkischen Machthabern erfuhr. Freilich konnte diesen und dem lateinischen Erzbischof auf der Akropolis das Erscheinen des alten Metropoliten Athens nicht angenehm sein, da er fortfuhr, der dortigen Umwälzung seine Anerkennung zu versagen. Vielleicht aber hat sich Michael bei seinem flüchtigen Besuche doch mit eigenen Augen überzeugt, daß die Stadt Athen gerade unter diesen lateinischen Barbaren wirklich einem besseren Schicksal entgegenging. Die bisher von den byzantinischen Verwaltern gemißhandelten Athener nahmen die Fremdherrschaft ohne einen Versuch des Widerspruches auf sich. Sogar griechische Priester unterwarfen sich ihr. Akominatos selbst schrieb einmal dem Abt des Klosters Kaisariani auf dem Hymettos, welcher mit den Franken ein Abkommen getroffen hatte, daß man »den gegenwärtigen Herren gehorsam sein müsse«.[110]

Die Fremdherrschaft war in Athen vielleicht milder als auf Euböa, wo der reichste der Archonten, Chalkutzis mit Namen, seine Habe und seine Verwandten verließ, um nach Nikaia zu flüchten. Akominatos empfahl ihn dem Patriarchen Autoreianos.[111] Es waren wohl überall wesentlich die Magnaten, die Besitzer von Latifundien, welche die wenigste Schonung von den Eroberern erfuhren und die meisten Verluste erlitten. Solche großen Grundherren aber gab es schwerlich in Athen. Einer der Freunde Michaels, Demetrios Makrembolitis, war nach der Stadt zurückgekehrt, wo er sich trotz der Franken wohl befand. Er wie andere Athener schickten dem Greise mancherlei Gaben, Wein, Gemüse, gedörrte Fische und Wachs.[112] Die Schar der Schicksalsgefährten, die er anfangs um sich in Keos versammelt hatte, lichtete sich, denn manche gingen nach Athen zurück, um sich mit der Frankenherrschaft auszusöhnen. Dies hatte sogar Michaels ehemaliger Suffragan, der Bischof Theodor von Negroponte, für klug gehalten; denn schon im Jahre 1208 hatte er dem lateinischen Erzbischof Athens die Obedienz geleistet, weshalb der Papst Innozenz dem Metropoliten von Neopaträ, dem Bischof von Davala und dem Abt von S. Luca in Negroponte befahl, Theodor in seinen Sitz wieder herzustellen.[113] Manche griechische Bischöfe trieb die Not zur Unterwerfung unter den Papst; dies hatte auch der Erzbischof von Neopaträ getan. Allein derselbe war wieder abgefallen und zu Sguros nach Korinth entwichen; das Haar hatte er sich wieder als Grieche wachsen lassen, die Waffen ergriffen, ein Jahr lang jenem Freiheitshelden gedient und manchen Lateiner erschlagen.[114]

Georg Bardanes, der Sohn des Bischofs von Karystos, und Michaels eigener Neffe Niketas, welche junge Männer er in den Wissenschaften unterrichtete, zogen nach Athen unter dem Vorwande, dort für ihre leidende Gesundheit zu sorgen. Bitter tadelte deshalb der greise Priester seinen Neffen, daß er sich nach der Stadt begeben, welche nichts mehr von den alten Grazien bewahrt habe, sondern nur eine Hölle des Jammers sei; dort werde er die vaterländische Freiheit vergessen und Sklave der Eroberer sein, ohne nur, gleich den Gefährten des Odysseus, sich mit der Süßigkeit des Lotos entschuldigen zu können, da der Honig des Hymettos durch die italische Tyrannei in Wermut verwandelt worden sei. Ihn selbst aber würden in seiner Verlassenheit noch ein paar Freunde und die Schriften der Weisen trösten.[115]

Den bittersten Schmerz erlitt Michael, als sein Bruder ihm durch den Tod entrissen wurde. Der strenggläubige, nicht von religiösem Fanatismus freie Niketas hatte unter den letzten Komnenen, dann unter den Angeloi hohe Staatsämter bekleidet, den Fall Konstantinopels erlebt und sich endlich mit seiner Familie nach Nikaia geflüchtet, ohne am Hof des Laskaris seine frühere Stellung wiederzuerlangen. In seinen Mußestunden schrieb er sein schwülstig dunkles, oft von Parteihaß gefärbtes, aber wichtiges Geschichtswerk. Er schilderte darin den Sturz seines Vaterlandes unter die Franken und setzte in einigen Blättern seinem Bruder ein Denkmal. Dieser widmete dem Verstorbenen eine Totenklage oder Monodie, welche uns erhalten ist. Trotz des rhetorischen Pathos ist sie ein ergreifender Erguß des tiefsten Gefühls des vereinsamten, den Tod herbeisehnenden Greises.[116] Der edle Mann wurde um das Jahr 1220 von seinem Leiden erlöst; er starb im Kloster des Prodromos, und wohl ist er dort und nicht in Athen bestattet worden.[117]

Drittes Kapitel

Abfall der lombardischen Großen in Thessalonike vom Kaiser. Sie besetzen Theben. Erstes Parlament des Kaisers Heinrich in Ravennika. Sein Zug nach Theben, Athen und Negroponte. Zweiter Reichstag in Ravennika. Kirchliche Zustände. Die griechischen Kirchengüter. Konkordat von Ravennika. Champlitte verläßt Morea. Villehardouin, Fürst Achaias. Andravida. Eroberung von Korinth, Argos und Nauplia. Otto de la Roche wird mit der Argolis beliehen. Tod des Kaisers Heinrich. Untergang seines Nachfolgers Peter von Courtenay. Dessen Sohn Robert, Kaiser. Athen unter Otto de la Roche. Seine Familie. Die St. Omer in Theben. Otto kehrt nach Frankreich zurück. Guy de la Roche erhält von ihm Athen.

1. Das Kaisertum der Lateiner war schon wenige Jahre nach seiner Errichtung durch eine innere Krisis gegangen, welche dartat, wie gering seine Lebensfähigkeit war. Die verschiedenen Nationalgruppen der Franken hatten dort begonnen, sich voneinander zu trennen oder gegen den obersten Lehnsherrn sich gleichgültig zu verhalten. Die Belgier mit ihrem Kaiser besaßen die Hauptstadt und ihr Gebiet, die Venezianer die wichtigsten Häfen und Inseln des Romäerreichs, ihre Kolonie in Konstantinopel mit dem gebieterischen Podesta an ihrer Spitze und das kirchliche Patriarchat. Die Franzosen herrschten im eigentlichen Griechenland, die Lombarden aus der kriegerischen Gefolgschaft des Bonifatius von Montferrat geboten über Makedonien und Thessalien bis zu den Thermopylen und auch über Euböa.

Nach dem Tode des Königs von Thessalonike suchten seine ehemaligen Waffengefährten und Lehnsbarone diesen Staat vom Vasallenverbande mit dem Kaiser loszureißen. Die Häupter der lombardischen Partei waren Oberto von Biandrate, Bail für die Regentin Thessalonikes, die Königin-Witwe Margaretha, und ihren zweijährigen Sohn Demetrios, der Konnetable Amadeo Buffa, Ravano dalle Carceri, Herr von Euböa, Albertino von Canossa, Gebieter im thessalischen Theben, und der Markgraf Pallavicini von Bodonitsa. Diese Großen hatten im Sinne, den kühnen Plan auszuführen, an dessen Verwirklichung Bonifatius durch den Tod auf dem Schlachtfelde verhindert worden war. Sie wollten aus Nordgriechenland, Hellas und dem Peloponnes ein selbständiges Reich bilden, an dessen Spitze sie Wilhelm von Montferrat zu stellen gedachten, den in Italien zurückgebliebenen Erben und Sohn des verstorbenen Helden.

Der Megaskyr Athens, welcher Lehnsmann des Königs von Thessalonike gewesen war, hatte bereits die Gelegenheit wahrgenommen, um sich dieser Fessel zu entledigen und fortan nur den Kaiser in Konstantinopel als seinen Oberherrn anzuerkennen. Da er sich weigerte, auf die Ideen der Lombarden einzugehen, und ihnen wahrscheinlich die Heeresfolge verweigerte, brachen diese mit Kriegsvolk im Jahre 1208 in Böotien ein. Theben, das erste Lehen, welches Otto de la Roche von Bonifatius erhalten hatte, wurde überrumpelt und dem Alberto Pallavicini zugesprochen.[118] Der Megaskyr selbst befand sich nicht dort, sondern entweder in Athen oder auf einem Kriegszuge vor Korinth.

Nun aber brach der Kaiser Heinrich, ein tapferer und zur Tat entschlossener Mann, mit Kriegsvolk nach Thessalonike auf, um den Trotz jener Rebellen zu bändigen. Dies gelang ihm weniger durch Waffen als durch seine Kühnheit und Klugheit. Er ließ am 6. Januar 1208 den Knaben Demetrios als Nachfolger seines Vaters Bonifatius zum Könige krönen und ernannte einen neuen Regentschaftsrat. Sodann versammelte er im Mai ein Parlament auf dem Felde von Ravennika bei Zeitun, um alle Händel beizulegen und die Vasallen des Reichs sich zur Treue zu verpflichten.

Auf diesem Tage fanden sich auch Feudalherren Griechenlands ein, namentlich Gottfried von Villehardouin und Otto de la Roche, etwa sechzig geharnischte Ritter. Sie kamen von der Belagerung Korinths. Villehardouin, damals Bail Achaias für den abwesenden Champlitte, wurde vom Kaiser auf jede Weise ausgezeichnet, zum Seneschall Romaniens ernannt und dadurch über alle Barone Moreas erhoben. Der Megaskyr Athens aber trat als Kläger gegen jene lombardischen Großen auf, die ihm sein Lehen Theben entrissen hatten, und sie waren nicht zu dem Parlament erschienen.[119] Pallavicini, Ravano und Albertino trotzten dem Gebot des Kaisers in der von ihnen besetzten Kadmeia, weshalb dieser sie mit Kriegsgewalt zu unterwerfen beschloß und durch die Thermopylen nach Böotien herabzog. Otto de la Roche begleitete ihn. Heinrich wurde von den Thebanern mit allen Ehren empfangen; der dies erzählende französische Chronist bemerkt unter ihnen ausdrücklich griechische Geistliche und Archonten. Nach einigen mit Tapferkeit abgeschlagenen Stürmen auf die sehr starke Burg ließen sich die rebellischen Barone zu einem Vergleich herbei; sie übergaben dem Kaiser die Kadmeia, und dieser stellte das Lehen Theben dem Megaskyr zurück. Heinrich zog weiter nach Athen, wo ihn La Roche wahrscheinlich auf der Akropolis gastlich aufnahm, und dort verrichtete der Kaiser in der Marienkirche seine Andacht.[120] Zwei Tage blieb er in Athen, worauf er nach Negroponte hinüberging. Ravano, der ihm Treue gelobt hatte, begleitete ihn dorthin mit Otto de la Roche und andern Herren, und er schützte ihn gewissenhaft gegen die Anschläge Blandrates. Der Kaiser verweilte drei Tage auf jener Insel, worauf er über Theben nach dem Norden zurückkehrte, ohne den Peloponnes zu betreten. Mit preiswürdiger Willenskraft hatte er auf seinem Zuge durch Griechenland seine Reichsgewalt wiederhergestellt; selbst der Despot von Epiros huldigte seiner Oberherrlichkeit und gab seine Tochter dem Bruder Heinrichs, Eustache, zur Gemahlin. Seine Milde gegen die Griechen machte ihn auch bei diesen beliebt. Er suchte die Schranken zwischen ihnen und den Lateinern aufzuheben und zog byzantinische Männer in die Verwaltung und das Heer.[121]

Am 2. Mai 1210 versammelte Heinrich seine Großen zum zweiten Mal in Ravennika. Dies geschah in derselben Zeit, als im Abendlande der Welfenkaiser Otto mit dem Papsttum in jenen heftigen Zwiespalt geriet, der erst seinen Bann und hierauf die Erhebung des Hohenstaufen Friedrich II. zur Folge hatte. Zwei katholische Kaisertümer bestanden demnach in derselben Stunde in den beiden Hälften des römischen Weltreichs; ein jedes dieser Oberhäupter war Fremdling in einem unterworfenen und widerstrebenden Lande. Auch der Kaiser Konstantinopels nannte sich, wie jener Roms, von Gottes Gnaden gekrönter Imperator und immer Augustus.[122] Unter den Füßen eines jeden wankte der Boden, aber das germanisch-römische Kaisertum war ein altes, auf der Verfassung des Abendlandes gegründetes Institut, welches noch manche Katastrophe überdauern konnte, während das lateinisch-byzantinische einem wurzellosen Baume glich, den der nächste Sturm zu fällen drohte.

Nicht wie das Kreuzfahrer-Königreich Jerusalem war der Frankenstaat in Byzanz aus geistlichen Trieben hervorgegangen, sondern eine rein weltliche Schöpfung trotz des Papsts. Die Unterwerfung der orientalischen Kirche unter seine Gebote war der Tribut und Preis, welchen die lateinischen Eroberer Konstantinopels dem Papst für seine Anerkennung ihrer dortigen Gewaltherrschaft zahlten, aber sie waren nicht gesonnen, das griechische Reich zu einem römischen Kirchengut werden zu lassen. Vielmehr erkannten sie, daß ihre Herrschaft sich nur erhalten konnte, wenn zahlreiche kriegstüchtige Lehnsherren dieselbe mit dem Schwert verteidigten. Selbst der Widerstand, den die zwar augenblicklich vergewaltigte, aber doch unbezwingliche griechische Kirche, deren legitimer Patriarch jetzt in Nikaia residierte, dem Papsttum entgegenstellte, konnte den lateinischen Gebietern Griechenlands nicht ganz unwillkommen sein. An den Staatsgedanken Venedigs sich anlehnend, welches den Ansprüchen des Papsts mit kluger Festigkeit begegnete, durften sie den Versuch machen, auf den Trümmern Ostroms einen reinen Feudalstaat aufzurichten, in welchem der römischen Kirche nur so viel Macht gelassen wurde, als ihr das Lehnsrecht gestattete. Das Recht der Eroberung und des Schwerts blieb im lateinischen Orient immer stärker als die Ansprüche der römischen Kurie, deren Bannstrahlen die Entfernung abschwächte und der gemeinsame Vorteil der Barone abstumpfte. Diese waren auch über die Ursachen des ewigen Haders der deutschen Kaiser mit dem Papsttum aufgeklärt; sie eigneten sich etwas vom Geist des byzantinischen Cäsarismus an, welcher, statt der Kirche Eingriffe in die weltliche Gewalt zu erlauben, eher für sich selbst das Recht beanspruchte, in die geistlichen Angelegenheiten einzugreifen. Die Republik Venedig, der Frankenkaiser in Konstantinopel und seine Lehnsträger in Griechenland erkannten ganz richtig, daß einer der tiefsten Schäden des griechischen Reichs die Anhäufung des Grundbesitzes der toten Hand gewesen war: ein Übel, welchem vor ihnen manche Kaiser durch Gesetze zu steuern gesucht hatten. Die Lateiner waren alle in dem Vorsatze einig, das griechische Kirchengut zu säkularisieren, was meist überall geschehen war.

Innozenz III. verlangte von Heinrich, daß er das Verbot der Schenkungen an die tote Hand zurücknehme, und er stellte dieselbe Forderung an andere fränkische Dynasten. Weil der Kaiser einige Orte den Templern entzogen hatte, befahl der Papst den Erzbischöfen von Athen und Neopaträ, auf die Rückgabe jener Städte zu dringen.[123] Fortdauernd wurde er von den durch die Barone geschädigten Bischöfen mit Klagen bestürmt. Wie alle lateinischen Feudalherren in Griechenland hatte sich auch der Megaskyr in Athen den Ansprüchen der Geistlichkeit entgegengesetzt, obwohl er eifrig bemüht war, in seinem Lande katholische Kirchen einzurichten. Denn er hatte den Papst ersucht, überall in Orten, wo sich zwölf fränkische Haushaltungen vorfanden, einen Pfarrer anzustellen.[124] Gleich Villehardouin zog er Kirchengüter ein und verbot, dem Edikt des Kaisers gemäß, Schenkungen an die tote Hand. Deshalb kam er mit dem Erzbischof Athens, mit dem lateinischen Patriarchen in Konstantinopel und dem Papst in Streit. Innozenz richtete heftige Breven an ihn, an Ravano von Negroponte, Thomas von Stromoncourt, den Markgrafen von Bodonitsa und andere Lehnsherren Romaniens.[125] Er ermahnte den Megaskyr vom Erzbistum Athen, weder das Akrostichon noch Renten zu erpressen, und suchte in gleicher Weise die Kirche Thebens zu schützen.[126] Der dortige Erzbischof klagte, daß die in seiner Provinz begüterten Johanniter die Herren Thebens (Otto de la Roche und Nikolaus von St. Omer) und das Volk aufreizten, seiner Kirche keine Zehnten zu geben, da sie selbst dieselben an sich rissen. Der Papst befahl den Erzbischöfen von Larissa und Athen und dem Bischof von Zeitun, dagegen einzuschreiten.[127]

Neben den Johannitern besaßen auch die Tempelherren im Lande des Megaskyr Güter. Der Kardinallegat Benedikt hatte ihnen die Kirche St. Lukas (Phote) bei Theben zugewiesen, der dortige Erzbischof ihnen einen Garten geschenkt, und Jacques d'Avesnes und Ravano hatten sie mit Besitzungen in Negroponte ausgestattet.[128] Auch dieser Orden klagte über Vergewaltigung durch die Landesherren. Die Bischöfe aber wehrten sich gegen die Eingriffe derselben durch so häufige und willkürliche Verhängung der Exkommunikation, daß der Papst selbst ihnen dies untersagte.[129] Nicht nur lagen die Bistümer und Klöster in beständigem Zwiespalt mit den weltlichen Gewalten, sondern auch zwischen den Diözesen selbst wurde um die Ausdehnung ihrer Grenzen gestritten.[130]

Die Mißverhältnisse dieses fortgesetzten Haders der Kirche und des Staats in den ehemals byzantinischen Ländern sollten nun im großen und ganzen durch das im Jahre 1210 zu Ravennika abgeschlossene Konkordat beseitigt werden. Dies war notwendig, um dem Chaos des kirchlichen Zustandes ein Ende zu machen und den Papst zufriedenzustellen, da im Grunde doch nur seiner Autorität und Protektion der Frankenkaiser den Fortbestand seines ephemeren Reichs verdankte.[131]

Die glanzvolle Versammlung auf der Ebene Ravennikas konnte an die Parlamente der römischen Kaiser deutscher Nation in Italien erinnern, zumal an jene auf dem ronkalischen Felde. Um das kaiserliche Zelt Heinrichs reihten sich diejenigen der großen Prälaten und Barone des fränkischen Griechenlands. Neben andern Lehnsträgern des Reichs waren dort erschienen der Megaskyr von Athen, die Herren von Salona und Bodonitsa, Nikolaus von St. Omer aus Theben und Ravano von Euböa. Berard, der erste französische Metropolit Athens, mit seinen Suffraganen und andere Erzbischöfe wie die von Larissa, Neopaträ, Herakleia umgaben den lateinischen Patriarchen Konstantinopels. Thomas Morosini schloß als solcher mit dem Kaiser und seinen Lehnsträgern ein Abkommen, wonach dem Klerus alle geistlichen Güter und Rechte von den Grenzen Thessalonikes bis Korinth zurückgegeben wurden als freies, eximiertes Kirchengut, doch mit der Verpflichtung, an die weltliche Macht das von den byzantinischen Gesetzen hergebrachte Akrostichon zu zahlen. Der Papst bestätigte diesen Vertrag.[132]

Seither besserten sich die kirchlichen Verhältnisse im ganzen, obwohl die Folgen der gewaltsamen Umwälzung in den volkswirtschaftlichen Zuständen Griechenlands nicht mehr heilbar sein konnten. Auch brach der Streit mit der Kirche dort immer wieder hervor. Im Jahre 1213 bannte der Erzbischof von Patras im Verein mit denen von Theben und Athen den Fürsten von Achaia und Otto de la Roche als Räuber von Kirchengut, doch hob der Papst diese Maßregel auf.[133] Vielleicht dankte ihm der Megaskyr dafür, indem er im Jahre 1214 das Kastell Levadia, das alte Lebadea in Böotien, dem Kardinallegaten Pelagios als Eigentum der Kirche schenkte, um es dann von dieser als Lehn zurückzunehmen.[134] Der Megaskyr befand sich im Zerwürfnis mit dem Patriarchen von Konstantinopel, welcher selbst nach Theben kam und dort nicht nur Klöster als ihm zugehörig beanspruchte, sondern auch die geistliche Jurisdiktion jenes Erzbistums an sich ziehen wollte. Das thebanische Kapitel klagte beim Papst, und dieser beauftragte den Abt des Klosters Daphni, den Prior der Parthenonkirche und den Dekan von Daulia, solcher Anmaßung entgegenzutreten.[135]

Im Jahre 1218 erlaubte sich der Patriarch Morosini durch seinen Legaten in Andravida gegen Villehardouin und den Megaskyr das Interdikt zu verhängen, was dann der Papst als Eingriff in seine eigenen Rechte tadelte und aufhob. Dasselbe geschah mit der Exkommunikation, die noch im Jahre 1220 der Kardinal Colonna gegen beide Fürsten erlassen hatte.[136]

Im allgemeinen bieten für die kirchlichen Verhältnisse in Attika und Böotien unter der burgundischen Herrschaft die Einrichtungen in Zypern eine sichere Analogie dar. Auf dieser Insel setzte es der Kardinallegat Pelagios im Jahre 1220 durch, daß der König und die Barone den Zehnten von ihren Ländereien zahlten und die kirchlichen Leibeigenen von allen Leistungen an die Krone befreit wurden. Doch erlangten auch die orthodoxen Priester die Freiheit von den persönlichen Servituten unter der Bedingung des Gehorsams gegen den lateinischen Erzbischof. Die griechischen Kirchen behielten die ihnen von den Franken bewilligten Einkünfte, die Rechte der Temporalien abgerechnet, welche der Herr des Orts darauf besaß.[137] Nach denselben Grundsätzen sind wohl diese Angelegenheiten auch im Lande des Megaskyr geregelt worden, und dasselbe geschah in Morea. Gottfried Villehardouin hatte freilich die Bestimmungen des Vertrags von Ravennika für sein Land abgelehnt; erst im Jahre 1222 schloß sein Sohn und Nachfolger mit dem Papst Honorius III. ein Konkordat auf den Grundlagen jenes erstgenannten Verzichts.

2. In Achaia war Villehardouin, der Freund des Megaskyr, durch einen seltsamen Zufall zur fürstlichen Herrschaft gelangt. Er hatte erst

seinem Lehnsherrn Champlitte geholfen, Elis, Messenien und Arkadien zu unterwerfen, und für diese Dienste die großen Baronien Kalamata, das alte Pherä, und Arkadia, das alte Kyparissia, zu Lehn erhalten. Er war schon der mächtigste Feudalherr im Peloponnes, als ein Ereignis eintrat, welches seinem Ehrgeiz jede Schranke entfernte. Champlitte wurde genötigt, nach seiner Heimat Burgund zurückzukehren, um dort sein väterliches Erbe zu übernehmen. Er bestellte zu seinem Statthalter in Achaia seinen Neffen Hugo, schiffte sich im Jahre 1209 nach Apulien ein und starb dort, ehe er Frankreich erreichte. Nun fügte es sich, daß auch der Bail Hugo in demselben Jahre starb, worauf die Barone Achaias dem Villehardouin die Regierung übertrugen, bis ein legitimer Erbe Champlittes dessen Rechte an sich nahm.[138]

Die Chronik von Morea hat diese Vorgänge und die Erhebung Gottfrieds zum Fürsten Achaias in einen Ritterroman verwandelt, welcher zu den besten Partien dieses fränkischen Epos gehört. Nach ihr hatte Champlitte selbst Villehardouin zu seinem Statthalter eingesetzt, aber unter der Bedingung, daß er ein Jahr und einen Tag auf die Ankunft seines Erben warte; erschien dieser nicht vor Ablauf der Frist, so sollte ihm das Fürstentum zufallen. Die Chronik erzählt weiter: Champlitte habe sich in Frankreich erst spät dieses Vertrages erinnert und dann seinen Neffen Robert nach Morea abgeschickt; aber erst habe der von Villehardouin heimlich für seine Absichten gewonnene Doge diesen Ritter lange in Venedig festgehalten, dann sei jener, als der Erbe mit vieler Mühe den Peloponnes wirklich erreicht hatte, im Lande hin und her gezogen, so daß Robert ihn erst auffinden konnte, nachdem der Termin verstrichen war. Die Barone hätten hierauf in einer feierlichen Versammlung die Rechte des Hauses Champlitte für erloschen erklärt und Villehardouin zum Fürsten des Landes ausgerufen, worauf der betrogene Robert nach Frankreich zurückgekehrt sei.[139]

Dies ist Tatsache, daß der kluge Villehardouin die Entfernung und den Tod seines Lehnsherrn benutzte, um die Rechte der Champlitte an sich zu bringen.[140] Er erreichte, was er durch seine Mühen verdiente, da er zuerst die Eroberung des Peloponnes begonnen hatte und keiner seiner Waffenbrüder ihm an Heldenkraft vergleichbar war. Auch bei den Griechen hatte er sich durch Gerechtigkeit und Milde beliebt gemacht. Für die Ansprüche der Champlitte gab es entweder keine geeigneten Erben, oder Villehardouin setzte sich mit der Beistimmung des moreotischen Adels und des Megaskyr Athens über deren Rechte hinweg. Selbst der Kaiser Heinrich unterstützte ihn, den

Neffen des gefeierten Marschalls der Champagne und Seneschalls von Romanien, da nur ein solcher Mann die Eroberung Achaias vollenden konnte. Außerdem war er der Zustimmung der Signorie Venedigs versichert, denn wie Ravano es für Euböa getan hatte, huldigte auch er der Republik für die Landstriche, welche sie in Morea beanspruchte. Er trat ihr die Häfen Koron und Modon ab, und sie anerkannte ihn als Fürsten des Peloponnes.[141]

Im Beginn des Jahres 1210 erscheint Villehardouin mit dem Titel Princeps von Achaia.[142] Sein Fürstentum umfaßte den Peloponnes, mit Ausnahme der Besitzungen der Venezianer, der noch nicht unterworfenen Gebiete Lakoniens, der ehemaligen Festungen des Sguros, welche dessen Nachfolger Theodor von Epiros innehatte, und der starken Griechenstadt Monembasia. Villehardouin erbaute bei Andravida den Hafen Klarenza, der bald als Stapelplatz für den Verkehr mit dem Abendlande Wichtigkeit erhielt.

So wurde der Schwerpunkt des fränkischen Peloponnes nach Andravida in Elis verlegt, wo sich die Verbindung mit dem Westen am leichtesten herstellen ließ. Von den berühmten Städten Griechenlands lebte nur Athen als Haupt eines neuen Staates fort, während Sparta seinen Trümmern überlassen blieb. Die Byzantiner hatten in deren Nähe auf den vier Hügeln am Eurotas die feste Stadt Lakedaimon errichtet und zur Metropolis Lakoniens gemacht, und dieser Ort war auch in der Slavenzeit griechisch geblieben.[143] Schon seit 1206 bestürmte ihn Villehardouin, ohne noch zu seinem Ziele zu gelangen. Aber die Burgen Korinth, Argos und Nauplia fielen in seine Gewalt, wobei er von Otto de la Roche kräftig unterstützt wurde. Nach harter Belagerung zwang Hunger den Despoten Theodor im Jahre 1210, Hohenkorinth dem Fürsten Achaias zu übergeben. Er zog in die Burg Larissa oberhalb Argos ab, mit sich führend die Schätze der Kirche Korinths. Zwei Jahre lang verteidigte sich dort Theodor mannhaft, dann fiel auch diese Festung im Frühling 1212 und mit ihr der korinthische Kirchenschatz in die Hände Villehardouins und Ottos von Athen. Innozenz III., welcher das Erzbistum Korinth lateinisch einrichtete, forderte alsbald jene Kostbarkeiten für dieses unter Androhung des Bannes zurück.[144]

Nachdem auch Nauplia erobert worden war, wurde das Fürstentum Achaia bis zum Isthmos ausgedehnt. Die Hilfe des Megaskyr belohnte Villehardouin reichlich, indem er ihm eine Rente aus den Zöllen Korinths und die Städte Argos und Nauplia zu Lehen gab.[145] Zu ihrem Gebiete gehörten auch das alte Tiryns, die Trümmer Mykenäs und jene des weltberühmten Tempels der Hera. Alle diese klassischen Stätten, die mythischen Sitze achaischer Könige, waren verlassen und verschüttet. Die Sagen des Altertums lebten nicht mehr unter der sparsamen, zum Teil mit Slaven vermischten Bevölkerung der argolischen Landschaft fort. Wenn der Megaskyr und Villehardouin noch das graue Löwentor des goldreichen Mykenä durchschreiten oder die sogenannte Schatzkammer der Atriden betreten konnten, waren sie selbst sich nicht bewußt, daß sie das Glück der Eroberer hier zu Nachfolgern des Danaos und Pelops, des Atreus und Agamemnon gemacht hatte.

Der Herr Athens bekannte sich für Argos und Nauplia als Lehnsmann Villehardouins. Indem dieser seinen Verbündeten so königlich belohnte, zog er ihn zugleich (was für ihn sehr wichtig sein mußte) in seinen Feudalverband, und dies hatte die Folge, daß die Fürsten Achaias ihre Lehnshoheit auch über Theben und Athen auszudehnen suchten. Eine enge Waffenbrüderschaft verband die kraftvollen und klugen Gründer der beiden Frankenstaaten in Hellas und dem Peloponnes, und sie erleichterte die Befestigung ihrer Schöpfungen auf dem fremden Boden.

Dagegen konnte das lateinische Kaisertum in Konstantinopel keine Wurzeln fassen. Zu seinem Unglück starb der milde und gerechte Kaiser Heinrich kinderlos am 11. Juni 1216. Nur mittel- und machtlose Abenteurer, aus Frankreich hergeholt, ohne Kenntnis des Landes, ohne Ansehen bei den Griechen wie den Lateinern, setzten dies schattenhafte Reich fort. Peter von Courtenay, der Gemahl Jolanthas, einer Schwester Heinrichs, am 9. April 1217 als dessen Nachfolger vom Papst in Rom gekrönt, erreichte nicht einmal Konstantinopel, denn auf dem Zuge dorthin fiel er in Albanien in die Gewalt des verräterischen Despoten Theodor von Epiros. Er starb in dessen Kerker.

Unter seinem schwachen Sohne, dem Kaiser Robert von Courtenay (1221–1228), war das Lateinerreich am Bosporos fast schon auf Konstantinopel beschränkt, die Festung und das Gefängnis der Nachfolger Balduins, während die Bulgaren, die Griechen von Nikaia und die Epiroten von Arta immer engere Kreise um die ehemalige Weltstadt zogen. Im Abendlande, dessen Nationalstaaten sich unter unablässigen Kriegen miteinander erst zu gestalten suchten und wo der Kampf zwischen dem Reich und dem Papsttum die halbe Welt in Flammen setzte, gab es keine Macht, welche Flotten und Heere aussenden konnte, um die verunglückte lateinische Kolonie am Bosporos zu erhalten, welche sich das Kaisertum Byzanz nannte. Venedig, dessen großer Doge Dandolo einsichtig genug gewesen war, die griechische Krone auszuschlagen, aber der Republik die gebietende Stellung in

Konstantinopel zu sichern, verfolgte nur seine Handelszwecke und hatte vollauf zu tun, seine Besitzungen in der Levante zu behaupten. So blieb das Reich der Lateiner ohne nachhaltigen Zusammenhang mit Europa, während sein Lehnsverband mit den griechischen Frankenstaaten nur ein abstrakter war. Das feudale System zeigte sich unvermögend, die Stelle der unbeschränkten byzantinischen Monarchie einzunehmen, welche trotz aller Stürme Jahrhunderte lang fähig geblieben war, eine große Ländermasse mit verschiedenen Völkern vom Zentrum Konstantinopel aus zusammenzuhalten. Alle Grundbedingungen dieses Staatsverbandes, die Einheit der Kirche, der Gesetze, der nationalen Regierung, waren von den Franken gewaltsam zerstört worden. Kein organischer Mittelpunkt vereinigte mehr die Glieder dieses zufällig entstandenen und mißgeschaffenen Feudalreichs. Die griechischen Inseln unter ihren fränkischen Dynasten und die Lehnsstaaten des Festlandes trennten daher alsbald ihre eigenen Schicksale von denen des schwindenden Kaisertums in Byzanz.

Nur in den altgriechischen Ländern gelang es der Kraft und auch der Mäßigung der ersten Frankenfürsten, ein lebensfähiges Staatswesen aufzurichten. Auf verhältnismäßig kleinen Gebieten glückte überhaupt der Versuch, die lateinische Kolonisation und Lehnsverfassung einzuführen. Die eingewanderten Barone waren reichlich mit Erbgütern ausgestattet, und da es mit der Zeit für ihren persönlichen Ehrgeiz und ihren Tatendrang dort keinen Raum mehr geben konnte, so verband sie der gemeinsame Vorteil der Erhaltung ihrer Besitzungen enge mit ihren Lehns- und Landesherren. Auch war ein fortgesetzter Zusammenhang mit dem Abendlande für das fränkische Griechenland leichter herzustellen als für das entfernte, stets mit dem Untergange bedrohte Konstantinopel und den von Schulden erdrückten Kaiserhof in den Blachernen. Viele jüngere Söhne des Adels aus der Champagne und Burgund kamen über Meer nach Athen und Andravida, um den freigebigen Fürsten zu dienen. Gottfried hatte, wie Marin Sanudo versichert, an seinem Hof immer achtzig Ritter mit Goldsporen. Priester und Mönche, Kriegsleute, Handwerker und Händler, verschuldete Edle, Glücksjäger, Abenteurer und aus dem Vaterlande Gebannte wanderten nach dem eroberten Griechenland, und so lagerte sich hier, wie in Konstantinopel und Syrien, auch ein zahlreiches Proletariat Europas ab.

3. Während es dem lateinischen Kaisertum zum Verderben gereichte, daß Balduin keine Dynastie begründete, konnten die beiden Fürsten in Athen und Andravida ihre Herrschaft in ihrem eigenen Hause ver-

erben. Als Gottfried Villehardouin am Ende des Jahres 1218 starb, hinterließ er sein Land seinem kraftvollen Sohne Gottfried II., welcher mit Agnes von Courtenay, der Tochter des verunglückten Kaisers Peter, vermählt war.[146]

Der Megaskyr Otto hatte sich am Ende des Jahres 1207 mit Isabella vermählt, der Erbtochter Guys von Ray in Burgund.[147] Vom Hause La Roche waren auf seine Einladung manche Mitglieder aus Burgund nach Theben und Athen herübergezogen. Seine Schwester Sibylle, die Dame de Flagey, Gemahlin des Jacques de Cicons, kam mit ihrem jungen Sohne Otto.[148] Dann erschienen die Söhne seines Bruders Pons von Flagey und deren Schwester Bonne.[149] Diese burgundische Sippschaft brachte neues Leben nach dem Herrenhof in Theben oder Athen, und sie alle wollten durch Güter und Verbindungen in dem fremden Lande reich werden. Der Megaskyr machte schon im Jahre 1211 einen seiner Neffen zum Herrn von halb Theben, da derselbe in jungen Jahren sein Gefährte auf dem Kreuzzuge gewesen war.[150]

Es kam nach Theben auch ein Zweig des Hauses der Kastellane von St. Audemar (St. Omer) und Grafen von Falkenberg in Flandern, welches schon längst im Orient berühmt geworden war. Denn drei Ritter desselben, Wilhelm, Hugo und Gottfried, hatten sich unter den Fahnen Bouillons hervorgetan; Hugo war in Palästina zum Prinzen von Galiläa geworden, und Gottfried gründete im Jahre 1118 mit Hugo Payens den Templerorden in Syrien. Die Macht des in der Geschichte Nordfrankreichs und Flanderns namhaften Geschlechts der St. Omer vermehrte später Wilhelm, der Gemahl Idas, einer Schwester des Jacques d'Avesnes. Seine Söhne Jacques und Nikolaus hatten mit diesem, ihrem Oheim, den Grafen Balduin von Flandern auf dem lateinischen Kreuzzuge begleitet und bei der Erstürmung Konstantinopels tapfer mitgekämpft. Sie waren dann, wie Avesnes selbst, dem Markgrafen von Montferrat auf seiner Kriegsfahrt nach Griechenland gefolgt. Bonifatius gab ihnen Lehen in der alten Doris, namentlich den Ort Gravina, wo sie eine Burg erbauten.[151] Sie gingen mit Jacques d'Avesnes nach Euböa und scheinen auch dort Güter erworben zu haben. Wenigstens war Nikolaus von St. Omer schon im Jahre 1210 ein so angesehener Dynast, daß er das Konkordat von Ravennika mitunterzeichnete. Gleich Ravano, dem Herrn Negropontes, zog er den Templern gehörige Ländereien ein, so daß der Papst Innozenz ein Breve gegen ihn erließ.[152] Die beiden Brüder Nikolaus und Jacques verdankten wohl den größten Teil ihrer Besitzungen der Mitgift ihrer Frauen, und daß sie so erlauchte Verbindungen eingehen konnten, zeugt für ihren ritterlichen Ruhm und persönlichen Wert. Nikolaus vermählte sich mit Margaretha, der Witwe des Königs Bonifatius von Thessalonike, und sein Bruder Jacques mit der Witwe Gottfrieds I. von Achaia. Es war dann dieses Jacques Sohn Abel (Bela), der sich mit dem Hause La Roche verband und das Geschlecht der St. Omer Thebens gründete, die in der Geschichte Athens und Achaias eine sehr glänzende Stellung erhielten.[153]

Ritterliche Verwandte, tapfre Freunde und Lehnsmannen umgaben demnach den Megaskyr, und in seinen beiden heranwachsenden Söhnen Guido und Otto standen ihm die Erben bereit. Um so mehr mußte es überraschen, als er den Entschluß faßte, nach Frankreich heimzukehren, ohne dazu wie Champlitte durch dringende Ursachen genötigt zu sein. Der mannhafte Krieger, welcher Byzanz hatte erobern helfen und dann durch Tatkraft und Glück der Gründer einer Herrschaft mit dem großen Namen Athen geworden war, kehrte im Jahre 1225 mit seiner Gemahlin und seinen Kindern nach Burgund zurück.[154] Da er den Besitz schöner griechischer Länder für den seiner Lehen in Frankreich hingab, so mußten jene keinen zu hohen Wert für ihn haben, oder die Heimatliebe war in ihm stärker als der fürstliche Ehrgeiz. Vielleicht auch war ihm das Leben unter den Griechen gründlich verleidet, deren wenn auch nur passiver Widerstand ihn ermüdete, während der Streit um die Grenzen der weltlichen und geistlichen Gewalt nicht zur Ruhe kam. Der Sire Athens schied mit solcher Mißachtung von seiner eigenen Schöpfung, daß er sie nicht einmal einem seiner Söhne bewahrte, sondern seinem Neffen zum Geschenk machte. Dies war Guy oder Guido de la Roche, der Sohn des Pons.[155]

Otto schiffte sich mit seiner Familie nach Burgund ein, wo manche Verwandte seines Hauses lebten.[156] Dort starb er vor dem Jahre 1234. Sein zweiter Sohn Otto stiftete die angesehene Familie der Herren von Ray, die erst im 17. Jahrhundert erloschen ist. Übrigens blieben die burgundischen La Roche und Ray eine Zeit lang in Verkehr mit Athen, dessen Herrschaft sie hatten entsagen müssen. Mitglieder des Hauses besuchten daselbst ihre fürstlichen Vettern, und ein Urenkel des ersten Megaskyr begnügte sich sogar mit der bescheidenen Stelle eines Praecentors der athenischen Marienkirche.[157]

Viertes Kapitel

Theodor von Epiros erobert Thessalonike. Der Bulgarenzar Johann Asen II. Johann von Brienne, Regent für Balduin II. Villehardouin, verteidigt Byzanz gegen Johann Asen und Batatzes. Der lateinische Feudaladel in Griechenland. Die Barone in Achaia. Theben, Residenz des Herrn von Athen. Ansiedlung der Genuesen in Theben und Athen. Wilhelm Villehardouin, Fürst Achaias. Er erobert Lakonien und erbaut die Burg Misithra. Verhältnisse Euböas. Die Dreiherren vom Hause dalle Carceri. Venedig erlangt Hoheitsrechte über dieselben. Villehardouin beansprucht Euböa und die Hoheit über Athen. Bund der Venezianer, der Euböoten und der Barone in Hellas gegen diesen Fürsten.

1. Noch ehe der Megaskyr Griechenland verlassen hatte, waren jenseits der Thermopylen Ereignisse eingetreten, welche auch für den Staat Athen wichtige Folgen herbeiführten. Das lombardische Königreich Thessalonike, dessen junger Fürst Demetrios, der Sohn Bonifatius', sich mit einer Nichte Ottos de la Roche vermählt hatte, war durch den Despoten von Epiros, Theodor Angelos, im Jahre 1222 vernichtet worden. Damit schwand auch der letzte Schein der Lehensabhängigkeit des athenischen Staats von jenem Königreich. Der Fall Thessalonikes erschreckte die Franken, aber vergebens rief der im Abendlande abwesende Demetrios die Hilfe des Papsts auf.[158] Sein Halbbruder Wilhelm IV., der Markgraf von Montferrat, war entweder zu verständig oder zu machtlos, um sich auf ein überseeisches Abenteuer einzulassen. Er verzichtete auf Thessalonike, das ehemalige Reich seines Vaters, weshalb ihm ein Troubadour zornig zurief, daß er nicht dem Sohne Robert Guiscards gleiche, welcher Antiochia und Mongizart erobert habe, sondern ein Bastard zu sein scheine, würdig, Abt von Citeaux zu werden.[159]

Nachdem Theodor in Thessalonike den Kaisertitel angenommen hatte, schien sich unter seinem Zepter ein nationales Hellenenreich wieder aufzurichten, denn die Herrschaft der Angeloi erstreckte sich jetzt von Durazzo bis nach den Küsten Thessaliens. Dies Reich Epiros unterbrach die Verbindung der Lateiner in Konstantinopel mit den fränkischen Lehnsstaaten in Hellas; wenn dasselbe Bestand behielt, so konnte es auch diese erdrücken. Allein die Gefahr wurde dadurch entfernt, daß der Schwerpunkt aller im Balkanlande sich bildenden slavischen und griechischen Staaten nicht in Hellas, sondern am Bosporos lag, daß ihr Ziel weder Athen noch Korinth, sondern die Weltstadt Konstantinopel war. Auf dasselbe Ziel richtete sich das Streben des Kaisers in Nikaia, wo nach dem Tode des ruhmvollen Laskaris im

Jahre 1222 dessen gleich tatkräftiger Schwiegersohn Johannes Batatzes den Thron bestiegen hatte.

Drei Kaiser standen demnach in jener Zeit auf den Trümmern des alten Reichs der Komnenen: der schwache lateinische am Bosporos und seine zwei starken Gegner, die griechischen Herrscher in Thessalonike und in Nikaia, von denen ein jeder der legitime Erbe Konstantinopels zu werden hoffte. Wenn diese beiden einander zu einem aufrichtigen Bunde die Hände gereicht hätten, so würden sie wohl das Lateinerreich vernichtet haben. Doch Eifersucht trennte sie als Nebenbuhler. Es gab außerdem eine vierte Macht, mit der zu rechnen war. Seit 1218 saß auf dem Bulgarenthron in Trnovo ein großartiger Mann, Johann Asen II., mit kühnen Plänen der Gründung eines illyrischen Reichs beschäftigt, dessen Hauptstadt Konstantinopel sein sollte. Ihr Besitz war der Traum der Slavenfürsten, schon Jahrhunderte vor Peter dem Großen.

Mit gewaltigen Schlägen zertrümmerte der Bulgarenzar Epiros im Jahre 1230. Dem gefangenen und geblendeten Theodor erlaubte er später, den Kaisertitel in Thessalonike fortzuführen, da er selbst sich in dessen Tochter Irene verliebte und sie zum Weibe nahm. Der Kaiser von Nikaia stand jetzt dem Bulgarenherrscher als einem Prätendenten des Reichs gegenüber, aber diese Fürsten verständigten sich doch miteinander zu dem Unternehmen, mit vereinigten Kräften die Lateiner aus Konstantinopel zu verjagen. Dort regierte für Balduin II., den unwürdigen Sohn und Erben des im Jahre 1228 gestorbenen Robert von Courtenay, ein mehr als achtzigjähriger Held, Johann von Brienne, der Titularkönig Jerusalems, Schwiegervater des Hohenstaufen Friedrich II. und zugleich sein Gegner im Dienste des Papsts. Die fränkischen Barone hatten ihn aus Italien zum Vormunde des jungen Prinzen berufen, und Johann von Brienne war im Jahre 1231 nach Konstantinopel gekommen und in der Sophienkirche zum Kaiser gekrönt worden.

Mit Mühe erwehrte er sich der Angriffe seiner starken Feinde, und zwar mehr durch geschickte Unterhandlungen als durch die geringen Streitkräfte des zusammengeschmolzenen Lateinerreichs. Von den Bullen des Papsts unterstützt, rief er alle seine Lehnsmannen zur Verteidigung der bedrängten Hauptstadt auf. Unter diesen war damals sowohl der mächtigste als der bereitwilligste der Fürst von Achaia, Gottfried II. Villehardouin. Er verpflichtete sich zu jährlichen Subsidien von 22000 Goldstücken und rüstete ein Heer. Die Kirchen im Lande des Megaskyr zahlten Kriegszehnten, gemäß dem Gebote des Papsts. Als nun die Scharen des Bulgarenzars und des Kaisers Batatzes im Jahre 1236 Konstantinopel wirklich zu Wasser und zu Lande belagerten, war es der Fürst von Achaia, der die Stadt rettete. Mit seiner Flotte, zu der sich venezianische Galeeren gesellten, drang er in das goldene Horn ein, zerstreute die feindlichen Schiffe und zwang die Belagerer zum Abzuge. Es verlautet nichts davon, daß auch Guido von Athen sich an dieser Waffentat beteiligte.

So war dem wankenden Lateinerreich nochmals eine kleine Lebensfrist gegeben. Nach dem Tode Johanns von Brienne im Jahre 1237 konnte Balduin II., aus dem Abendlande heimkehrend, wohin er sich als Schutzflehender begeben hatte, den byzantinischen Thron besteigen. Zum Glück für ihn löste sich das Bündnis seiner Feinde auf. Johann Asen II. starb im Jahre 1241, und mit seinem Nachfolger Koloman schloß Balduin einen Waffenstillstand, welchem auch Johannes Batatzes beitrat. Die Macht des Bulgarenreichs zerfiel alsbald, und so bewiesen auch unter den Asaniden die Balkanslaven ihre Unfähigkeit, einen dauernden Staat zu bilden. Nur barbarische Impulse, von einzelnen kühnen Männern ausgehend, haben jene Völker stoßweise in Bewegung gesetzt, und eine Zeit lang kriegsgewaltig und furchtbar gemacht. Zu einer festen politischen Gestalt sind sie niemals vorgeschritten.

Die Frankenstaaten im eigentlichen Griechenland hatten demnach, mit den Venezianern vereinigt, durch die Tat gezeigt, daß sie die Erhaltung des lateinischen Kaisertums in Byzanz als eine Pflicht, wenn nicht ihres Lehnsverbandes mit ihm, so doch ihres Vorteils erkannten. Im Grunde aber war ihr eigenes Dasein nicht mehr von dem Schicksale Konstantinopels abhängig; denn von diesem hatten sie sich bereits zu selbständigem politischem Leben abgetrennt. Das lateinische Feudalwesen und die ritterliche Gesellschaft des 13. Jahrhunderts wurzelten sich in den Ländern südlich vom Öta ein, deren Oberfläche ein französisches Gepräge erhielt. Ein neues Frankreich entstand, wie der Papst Honorius III. sagte, an den Ufern des Peneios, Alphios, Eurotas und Ilissos. Diese abendländische Kolonisation war entwicklungsfähig, obwohl sie mitten unter den Griechen eigenartig und abgeschlossen blieb. Wenn die Franzosen und Italiener in Griechenland nicht, wie ehemals die Goten und Langobarden in Italien oder die Franken in Gallien, in dem fremden Volkselement aufgingen, so geschah es nur, weil sie eine stärkere und selbstbewußte Individualität hatten und weiter in der Gesittung vorgeschritten waren als Goten und Langobarden, endlich weil sich ihre Rasse durch den Zufluß von Landsleuten erhielt, während die große lateinische Kirche sie für immer von den Griechen trennte.

Es gab zwischen dem hellenischen Orient und dem Abendlande keine Wahlverwandtschaft und deshalb auch keine Verschmelzung. Die Griechen konnten niemals latinisiert, ihre Sprache, Religion und Bildung konnten niemals ausgetilgt werden. Zu derselben Zeit, als Franzosen und Italiener ihre Staaten in Griechenland aufrichteten, entstand seit 1230 im Nordosten Europas eine Kolonie des deutschen Ritterordens. Auch dieser hatte in Hellas und namentlich in Morea Ländereien erworben. Im Jahre 1209, wo zu Andravida die Lehen der Ritterschaft und des Klerus ausgeteilt wurden, erhielten die deutschen Brüder vier Gebiete in der Kastellanie Kalamata mit Mostenitsa, wo der Komtur von Romania residierte.[160] Glücklicher als die Johanniter und Templer rettete sich der deutsche Orden von dem Zusammensturz der griechischen Frankenstaaten aus dem Orient nach Preußen. Die Marienburg wurde dort, was Andravida im Peloponnes und Athen in Attika waren. In den Wildnissen Preußens und Litauens gelang es diesem Ritterorden, was den Franken im griechischen Kulturlande nicht gelingen konnte, eine politische Schöpfung auszubilden von solcher Lebenskraft, daß sie nach mehr als einem halben Jahrtausend zu einem der wichtigsten Faktoren der Neugestaltung des deutschen Nationalreichs geworden ist.

Die Franken herrschten in Hellas, ohne dasselbe umzubilden, und sie gingen am Ende vorüber, ohne eine bleibende Marke in seiner Kultur zurückzulassen. Wenn auch die Sonne Griechenlands die Sitten dieser Eroberer gemildert hatte, so besaßen sie doch kaum ein Bewußtsein davon, daß sie durch ein ungeheures Schicksal zu Gebietern desjenigen Landes geworden waren, welches glänzendere Werke und Ideen erzeugt hatte als alle anderen Völker der Erde. Dies griechische Blatt der Weltgeschichte war für sie nicht geschrieben oder doch für immer umgeschlagen. Athen, Sparta, Theben und Korinth weckten in ihnen um so weniger ideale Empfindungen, als diese Städte selbst seit lange verfallen und von einem gesunkenen Geschlecht bewohnt waren, welches zum großen Teil seine eigene Vergangenheit vergessen hatte und die klassischen Trümmer Griechenlands aus einem Zeitalter der »Riesen« ableitete.

Es gab nie Menschen, die auf antikem Boden so modern blieben wie die Franken in Hellas. Selbst die rohesten Kriegsknechte unter den Kreuzfahrern in Syrien begriffen die Bedeutung Jerusalems für die Menschheit als Christen, aber für Athen und Sparta besaßen nicht einmal die La Roche und Vilehardouin den Schlüssel des Verständnisses. Um solchen zu haben, hätten sie erst begreifen müssen, was Kunstschönheit und Wissenschaft, was die griechische Sprache sei, was die Namen Homer, Phidias, Sophokles, Pindar und Plato bedeuten. Es mußten erst Jahrhunderte vergehen, Konstantinopel mußte erst türkisch geworden, das Dasein Athens im Abendlande verschollen und dann gleichsam neu entdeckt sein, bis die Urenkel jener Lateiner des 13. Jahrhunderts wieder in Hellas erschienen, um mit schwärmerischer Andacht jeder verschütteten Spur der alten Griechenwelt nachzuforschen und zugleich die Geschichte der dortigen Frankenherrschaft ans Licht zu ziehen, die bis auf ein paar Namen von Städten und Burgen gleichfalls vergessen war.

Die Ruinen vieler Feudalschlösser, zumal im Peloponnes, geben heute allein Zeugnis von der eisernen Tatkraft und dem ritterlichen Prunk des lateinischen Adels. Die Alemann in Patrā, die Rozieres zu Akova oder Mategriffon in Mesarea (Arkadien), die Bruyeres zu Karytena in der alten Gortys (Skorta) ebendaselbst, die Tournay zu Kalavrita in Arkadien, die Charpigny in Vostitsa, die belgischen Valaincourt zu Veligosti und Damala in der Argolis, die Neuilly in Passava erfüllten als Pairs des Fürsten Achaias Burgen mit geräuschvollem Leben.[161] Der Fürstenhof Gottfrieds II. Villehardouin, welchem 700 bis 1000 Ritter dienten, galt selbst im Abendlande als Schule feinster Sitte. Andravida in Elis, von mächtigen gotischen Schlössern verteidigt, war Sitz des Herrschers Achaias, nebst dem nahen Hafen Clarenza am Vorgebirge Chelonatas, Zante gegenüber. Auf diesem Kap stand das von Gottfried II. zum Schutze des Hafens erbaute gewaltige Schloß Chlemutsi oder Clermont, auch Kastell Tornese genannt, weil in ihm seit 1250 die »deniers tournois« geschlagen wurden, die überall in Griechenland verbreitete Scheidemünze Achaias.[162] Auf den Ruinen des alten Elis erhob sich die neue Burg Pontikos oder Belvedere, von wo der Blick die Küsten Ätoliens, die Inseln Zakynthos, Kephallenia und Ithaka und landwärts die grünen Fluren des Peneios übersieht bis zum erymanthischen Bergwalde im Nordosten und zu den Höhenzügen, an denen der Ladon nördlich von Olympia herabfließt.

Minder glänzend als die Residenzen der Villehardouin waren diejenigen des Megaskyr in Theben und Athen. Da Attika ein dürftiges Land und seine Hauptstadt ein abgelegener und nicht zentraler Ort war, so nahm Guido I. seinen Sitz vorzugsweise in Theben.[163] Die Stadt des Kadmos in dem fruchtbaren Böotien bot eine bessere Verbindung mit den Frankenstaaten Euböas, des nördlichen Hellas wie des Fürstentums Achaia dar. Sie war durch ihre Luft gesund und sehr wasserreich, von den viel besungenen Bächen der Dirke und Arethusa, der Epikrene und des Ismenos umströmt. Schon der erste Megaskyr hatte seinem Neffen Guido de la Roche die Hälfte Thebens zu Lehen gegeben, die andere aber hatte er seiner eigenen Schwester Bonne geschenkt, und diese brachte dieselbe als Mitgift ihrem Gemahle Bela, einem Sohne des Jacques von St. Omer, zu. Dies flandrische Geschlecht setzte sich demnach in Theben fest und erhielt die Hälfte der dortigen Herrschaft mit acht Ritterlehen.[164]

Das Schloß auf der Kadmeia, welches früher, wie man mit Sicherheit behaupten darf, der byzantinische Stratege bewohnt hatte, konnte leicht zur Residenz des Megaskyr eingerichtet werden. Dort lagen die alten Tempel des Zeus Hypsistos, der Tyche, der Aphrodite, der Demeter längst in Ruinen, und ihr Material hatte den Byzantinern zum Aufbau neuer Wohnungen und Befestigungen gedient. Nur mußten im 13. Jahrhundert noch mehr Teile der kolossalen alten Burgmauern erhalten sein als am heutigen Tage. Vielleicht waren noch die sieben Tore in der untern Ringmauer kenntlich. Pausanias hatte sie noch gesehen, aber schon zu seiner Zeit war die Unterstadt Theben verlassen und nur die langgestreckte Hügelreihe der Kadmeia bewohnt, unter welcher sich gegen den Kopaissee hin jene fruchtbare Ebene ausdehnt, wo ein rötlicher Felsenberg die Erinnerung an die Sphinx bewahrt.[165]

Theben genoß noch immer Ruf in der Handelswelt durch seine Linnen- und Seidenfabriken, für deren Betrieb der Wasserreichtum der Bäche Ismenos und Dirke eine wesentliche Bedingung war.[166] Diese schöne Industrie wurde dort auch nach der normannischen Plünderung eifrig fortgesetzt. Denn noch im Jahre 1195 forderte der seldschukische Sultan von Ikonion, bei Gelegenheit eines Friedensvertrages mit Alexios III., von diesem als besonders erwünschte Geschenke vierzig seidene Gewänder, wie solche für den Kaiser selbst in Theben gewebt wurden.[167] Die thebanische Judengemeinde fand auch unter den La Roche vollkommene Duldung. Sie war hauptsächlich im Besitze jener Industrie, zählte aber auch, wie die in Rom zu derselben Zeit, zu ihren Mitgliedern talmudische Gelehrte und Dichter.[168]

Genuesische Kaufleute hatten sich in Theben und Athen niedergelassen und die Venezianer vom dortigen Markt zu verdrängen gesucht. Die Handelsbeziehungen Genuas namentlich zu Theben waren auch älter als die fränkische Eroberung.[169] Guido begünstigte sie. Denn am 24. Dezember 1240 gewährte er den Genuesen sichern Aufenthalt in seinen Staaten und sowohl in Theben als in Athen Handelsprivilegien, Abgabenfreiheit, ausgenommen den Ausfuhrzoll für im Lande des Megaskyr gewebte Seidenstoffe, und endlich eine eigene Zivilgerichtsbarkeit. Dieser Freibrief beweist, daß die Genuesen schon vor 1240 Niederlassungen mit einem Konsul im Staat Athen besaßen.[170] Seit dieser Zeit erhielten sie sich in der Stadt; selbst noch nach zwei Jahrhunderten sind solche in Athen sichtbar.[171] Ihre Ansiedlung schloß freilich nicht diejenige anderer Handelsleute des Abendlandes und der Levante aus. Obwohl wir keine Kunde von dem Dasein einer venezianischen Kolonie in Athen haben, so erscheinen doch später Anzeichen davon.[172]

Ein ungestörter Frieden in seinem Lande, wo sich die griechische Bevölkerung in ihr Schicksal gefügt hatte, machte es dem Megaskyr Guido möglich, für die Entwicklung des Handels und Ackerbaues in Böotien und Attika Sorge zu tragen. Er hatte sich nur an Kriegszügen zu beteiligen, welche der rastlose Fürst Achaias unternehmen mußte, da die Eroberung des Peloponnes noch nicht ganz vollendet war. Dort war nach dem Tode Gottfrieds II. im Jahre 1245 dessen Bruder Wilhelm zur Herrschaft gelangt, ein Mann von ritterlichem Sinne und großer Willenskraft. Mit ihm setzte Guido die Waffenbrüderschaft fort, die ihn dem Hause Villehardouin verband, und er selbst vermählte sich mit einer Nichte des Fürsten.[173] Nicht nur als Freund, sondern als sein Lehnsmann für Argos und Nauplia unterstützte er ihn in seiner Unternehmung gegen Monembasia. Diese freie, für uneinnehmbar geltende Griechenstadt, das Gibraltar des Peloponnes, ergab sich endlich nach langer Belagerung im Jahre 1248, und erst jetzt konnte der Fürst Achaias sich Herr der ganzen Halbinsel nennen. Denn alsbald unterwarfen sich ihm auch die Slavenstämme am Taygetos.[174] Wilhelm II. baute auf dem Gebiet des alten Sparta, drei Meilen von dessen Trümmern entfernt, die große Burg Misithra, deren Name griechisch und nicht slavisch zu sein scheint.[175] Die frühere byzantinische Metropole Lakedaimon wurde seither ein Suffraganbistum Korinths.

So große Erfolge entflammten den Ehrgeiz des Fürsten, welcher seine Herrschaft über das gesamte Griechenland auszudehnen suchte in einer Zeit, wo das Königreich Thessalonike erloschen und das lateinische Kaisertum in Konstantinopel zur äußersten Ohnmacht herabgesunken war. Was Bonifatius von Montferrat nicht hatte ausführen können, wollte er jetzt vollbringen. Seine hochstrebenden Ideen hatten dann zwischen ihm und dem Herrn Athens einen Bruch zur Folge, und dieser nahm von den Verhältnissen Euböas seinen Anlaß.

2. Die nächst Kreta größte Insel im ägäischen Meer war während der byzantinischen Zeit kaum ein Gegenstand für die Aufmerksamkeit der Geschichtsschreiber gewesen. Sie hatte ihren antiken Namen mit dem vulgären Egripos vertauscht, der aus dem Wort Euripos entstanden war und dann im Munde der Italiener zu Negroponte wurde.[176]

Von den alten Städten Chalkis, Eretria und Hestiaia, von Ädepsos, Athenä-Diades, Karystos und anderen waren die meisten bis auf wenige Trümmer verschwunden, einige aber dauerten verwandelt fort. Chalkis, die ehemals mächtige Nebenbuhlerin Eretrias, die Gründerin vieler Kolonien in Thrakien und Süditalien, behauptete ihre Stätte am schmalen Sunde, dessen vulgären Namen sie selber annahm.

Wenn der Megaskyr die Geschichte des Altertums gekannt hätte, so würde er sich erinnert haben, daß zur Zeit des Perikles ganz Euböa den Athenern gehört hatte. Die Lage der fruchtbaren, an den Küsten Böotiens und Attikas hingestreckten Insel gab ihr für Athen eine besondere Wichtigkeit. Ihr Besitz würde den Herrn dieser Länder zu einem großen, auch im Archipel gebietenden Fürsten gemacht haben. Allein nur die Bistümer Euböas waren seit alters der athenischen Metropole zugewiesen, während das Inselland an fremde Eroberer gekommen war.

In der byzantinischen Teilungsurkunde hatte sich Venedig ausdrücklich Oreos im Norden und Karystos an der Südküste zusprechen lassen, die bedeutendsten Hafenplätze nächst Chalkis oder Negroponte. Karystos hatte seinen Namen niemals verändert. Seine Akropole dauerte fort, und selbst am heutigen Tage steht noch auf dem Ochaberge über der Stadt ein uralter Bau im Stile der Thesauren.[177] In der römischen Kaiserzeit war Karystos durch seine Brüche grünen Marmors berühmt gewesen und ein lebhafter Handelsplatz.

Die Venezianer nun fanden sich, trotz ihrer verbrieften Ansprüche, nicht imstande, von Euböa Besitz zu nehmen. Sie hatten es dulden müssen, daß ihnen der König Bonifatius zuvorkam. Wahrscheinlich wollte sich dieser hier für das abgetretene Kreta schadlos machen. Gleich nach dem Falle Thebens und Athens eilten die dadurch erschreckten Griechen Euböas, den kriegerischen Mut jenes Eroberers zu besänftigen, indem sie ihm durch Abgesandte ihre Unterwerfung unter sein Gebot ankündigten.[178] Der König-Markgraf übertrug hierauf seinem Freunde, dem flandrischen Ritter Jacques d'Avesnes, die Besitznahme der Insel, und dieser führte dorthin, von seinen Neffen aus dem Hause St. Omer begleitet, eine lombardische Kriegerschar, worunter sich auch tapfre Männer vom Geschlecht dalle Carceri Veronas befanden, Ravano, Pecoraro und Giberto. Avesnes errichtete alsbald ein festes Kastell am Euripos, verließ jedoch bald Euböa, um den Fahnen seines Gebieters Montferrat zu folgen, und er starb schon im Jahre 1209. Die Carceri aber setzten sich dort bleibend fest. Der König von Thessalonike betrachtete demnach die Insel als durch das Recht der Eroberung ihm eigen. Er richtete darin Baronien ein, wie er das in Bodonitsa, Salona und Athen getan hatte. Der geographischen Beschaffenheit Euböas gemäß teilte er das Land in drei Lehen, Oreos, Chalkis und Karystos, woher die von ihm beliehenen Barone dieser Landschaften, Ravano, Pecoraro und Giberto, den Titel Terzieri oder Dreiherren erhielten.

Eine Zeit lang vereinigte Ravano diese Lehen, als Haupt jenes veronesischen Hauses, ein tapfrer Mann, vertrauter Freund Dandolos und der andern Helden des lateinischen Kreuzzuges, in deren Rate er eine einflußreiche Stimme besaß. So hatte der Doge ihn und den Venezianer Sanudo, welcher Naxos erwarb, als Unterhändler zu Bonifatius nach Adrianopel geschickt, um mit dem Markgrafen den wichtigen Vertrag zu vereinbaren, dessen Gegenstand die Abtretung Kretas an Venedig war.[179] Da nun die Venezianer mit Euböa nicht mehr verfahren konnten wie mit jener Insel, so begnügten sie sich vorerst, eine Handelsfaktorei in der Stadt Negroponte einzurichten. Sie verpflanzten dorthin eine Kolonie wie in Konstantinopel und erlangten dann allmählich nicht durch Waffengewalt, sondern durch Verträge die Oberherrlichkeit über die schwachen Inselbarone. Schon Ravano, welcher sich der Empörung der Lombarden Thessalonikes gegen den Kaiser Heinrich angeschlossen hatte, mußte den Schutz der Republik anrufen. Er bekannte sich deshalb im Jahre 1209 zu ihrem Lehnsmanne. Dieser Vertrag war es, welcher die Herrschaft Venedigs über die Insel einleitete.[180]

Nach einiger Zeit schickte die Republik einen ihrer Edlen als Regenten der Faktorei nach Negroponte. Der venezianische Bailo wurde bald genug der einflußreichste Mann auf der Insel, zumal dieselbe nach dem Tode Ravanos im Jahre 1216 wieder in Drittel- und auch Sechstellehen zerfiel, in welche sich die Verwandten desselben als Vasallen der Republik Venedig mit deren Genehmigung teilten.[181]

Während so die venezianische Signorie die tatsächliche Herrlichkeit über die Terzieri Euböas erlangt hatte, beanspruchte auch der Fürst Achaias die Rechte (omaggi) des Lehnsherrn über sie, denn solche sollte schon dem ersten Villehardouin wenn nicht der Markgraf Bonifatius, so doch der Kaiser Heinrich zu Ravennika verliehen haben. Dem Fürsten Gottfried aber war zum Lohn für seine Befreiung Konstantinopels im Jahre 1236 die Oberhoheit über Naxos und Euböa zugeteilt worden. In Wirklichkeit wurden die Terzieri als Pairs des Fürstentums Achaia angesehen.

Wilhelm Villehardouin sah mit Unwillen die Venezianer in Negroponte wie in Kreta schalten. Um dort festen Fuß zu fassen, hatte er sich mit Carintana, der Erbtochter des Dreiherrn Rizzardo dalle Carceri von Oreos, vermählt. Als nun seine Gemahlin im Jahre 1255 gestorben war, verlangte er, obwohl kinderlos, jenes Drittel als ihr Erbe.[182] Damals waren die angesehensten Terzieri der Neffe Rizzardos, Narzotto, und Guglielmo I., der Sohn Gibertos, Dreiherr von Mittel-Euböa, ein hervorragender Mann, welcher sich sogar als Gemahl Helenas, einer Prinzessin von Thessalonike, den Königstitel dieses Landes beigelegt hatte. Da er diese große Würde anzunehmen wagte, muß Helena, deren Vater unbekannt ist, zum Hause des berühmten Bonifatius gehört haben, und vielleicht war sie eine Tochter von dessen Sohne Demetrios.[183]

Die Terzieri widerstrebten dem Plane Villehardouins; sie setzten daher, ohne auf ihn Rücksicht zu nehmen, Grappella dalle Carceri, einen ihrer Verwandten, in den Besitz von Oreos. Dies veranlaßte einen langen Krieg des Fürsten Achaias nicht nur mit den Dreiherren und den Venezianern, sondern auch mit dem Megaskyr und andern Dynasten in Hellas. Es war der erste Bürgerkrieg der Franken, und um so gefährlicher in einer Zeit, wo der Kaiser Johannes Batatzes, der Schwiegersohn des Hohenstaufen Friedrich II., zu großer Macht emporgestiegen war und sich rüsten konnte, solchen Zwiespalt auszubeuten. Deshalb ermahnte der Papst Alexander IV. den Fürsten Wilhelm zum Frieden und forderte außerdem den Bischof von Argos wie die gesamte Geistlichkeit Moreas auf, mit allen Mitteln für die gefährdete Erhaltung Achaias einzutreten.[184]

Fast das gesamte Geschlecht der Carceri verbündete sich mit dem Bailo Euböas, indem es den Schutz Venedigs nachsuchte. Auch Wilhelm la Roche trat nicht nur diesem Bunde bei, sondern er bewog sogar seinen Bruder, den Megaskyr, sich ihm anzuschließen.[185] Wilhelm war Vasall des Villehardouin für die Baronie Veligosti in Lakonien, welche er vom Hause Valaincourt erworben hatte. Trotzdem machte er mit dem Bailo einen Vertrag; er verpflichtete sich, der Republik Venedig im Kriege gegen den Fürsten zu dienen, wofür diese ihn mit Gütern in ihrem Gebiete auszustatten versprach.[186]

Das Bestreben Villehardouins war nach dem großen Ziele gerichtet, alle jene Baronien, die der erste König von Thessalonike in Hellas gestiftet hatte, seiner Oberhoheit zu unterwerfen und die fränkische Macht in ein starkes Reich zu vereinigen. Da die Schwäche aller Frankenstaaten, wie es die Geschichte der Kreuzfahrer in Jerusalem und der Lateiner in Byzanz dargetan hatte, durch das Lehnssystem selbst verschuldet war, so machte er den Versuch, den losen Zusammenhang der Vasallen mit dem Staat monarchisch zu befestigen. Als er nun Hoheitsrechte auch über Theben und Athen beanspruchte, wollten das die La Roche nicht dulden. Der Megaskyr erklärte, daß er so gut wie Gottfried Villehardouin sein Land mit dem Schwert gewonnen habe, zwar Argos und Nauplia von ihm zu Lehen trage, aber ihm Malvasia zu erobern behilflich gewesen sei. Unklare Verhältnisse bei der ersten Besitznahme Griechenlands durch die Franken wurden von dem Fürsten zur Begründung seiner Ansprüche benutzt, indem er behauptete, daß schon der Markgraf Bonifatius dem Champlitte das Homagium Athens, Bodonitsas und der Dreiherren von Negroponte verliehen hatte.[187]

Es war ein kühner und keineswegs verwerflicher Plan des Fürsten Achaias, ganz Griechenland unter seinem Zepter zu vereinigen; seine Ausführung würde vielleicht dieses Land mächtig und gegen seine Feinde für lange Zeit widerstandsfähig gemacht haben. Allein Venedig, die Dreiherren Euböas, die La Roche und andere fränkische Barone setzten sich ihm entgegen. Seit dem Untergange des Königreichs Thessalonike waren die beiden Lehnsherren in Salona und Bodonitsa genötigt worden, sich an den Megaskyr Athens anzulehnen, woraus sich allmählich ein Verhältnis von Oberhoheit desselben über sie ergab. Alle diese Dynasten stellten, vereint mit den Euböoten und dem Herzog von Naxos, über welchen Villehardouin die Lehnshoheit erhalten hatte, eine Konföderation des Landes Hellas von den Thermopylen bis zum Isthmos dar mit dem Vorort Athen. Der Zweck dieses hellenischen Bundes war, sich die Unabhängigkeit vom Fürsten des Peloponnes zu sichern. So brach ein unheilvoller Bürgerkrieg unter den Franken Griechenlands aus.

FÜNFTES KAPITEL

Krieg um Euböa. Schlacht bei Karydi und Unterwerfung der Verbündeten. Parlament zu Nikli. Ludwig IX., Schiedsrichter im Prozeß des Fürsten von Achaia und des Herrn von Athen. Guido de la Roche am französischen Hofe. Urteil des Königs. Der Titel Herzog von Athen. Bund des Despoten von Epiros mit dem Könige Manfred und mit Villehardouin. Ihr Krieg gegen den Kaiser Michael. Villehardouins Niederlage und Gefangenschaft. Heimkehr Guidos nach Griechenland. Er wird Bail Achaias. Der griechische Kaiser und Genua. Einnahme Konstantinopels. Ende des lateinischen Kaiserreichs. Flucht Balduins. Sein Erscheinen in Athen. Verzicht Villehardouins auf Lakonien. Tod des ersten Herzogs von Athen. Sein Nachfolger Johann.

1. In Euböa, wo Otto de Cicons und Leone dalle Carceri zu ihm standen, war Villehardouin anfangs siegreich. Die beiden Terzieri,

Wilhelm von Verona und Narzotto, nahm er mit List gefangen, vertrieb den Bailo aus Negroponte und besetzte fast die ganze Insel. Die Venezianer machten hierauf die größte Anstrengung, jene Stadt wieder zu gewinnen; sie belagerten dieselbe länger als ein Jahr, bis sie Marco Gradenigo mit sieben Galeeren dorthin schickten, der dann Negroponte dem Fürsten wieder entriß.[188]

Schon war Guido von Athen offen als Verbündeter Venedigs aufgetreten; seine Truppen drangen bis Korinth, und die Moreoten streiften bis in die Nähe Athens. Der Fürst Achaias kam einmal sogar in Gefahr, in die Gefangenschaft des Megaskyr zu geraten. Da er Negroponte hatte aufgeben müssen, beschloß er, sich mit aller Macht auf diesen Gegner zu werfen und dann nach seiner Vernichtung den Kampf in Euböa fortzusetzen. Für Guido galt es jetzt darzutun, daß er sein Recht mit den Waffen zu behaupten imstande sei, aber diesen ersten Krieg um seine Unabhängigkeit mußte er gegen Landsleute und alte Waffenbrüder führen.

Auf seine Seite war, zur nicht geringen Überraschung des Fürsten, der tapferste aller seiner Ritter getreten, Gottfried von Bruyeres, das Ideal des lateinischen Adels in Griechenland, der weit und breit gepriesene Herr der arkadischen Baronie Karytena oder Skorta, welche sein Vater Hugo, ein Edler aus der Champagne, erobert und vom ersten Villehardouin zum Eigentum erhalten hatte. Sie galt nicht nur als eines der größten, sondern auch der wichtigsten Lehen in ganz Morea. Ihr hohes, gewaltiges Schloß über dem Alphiostale glänzte als eine Hauptburg des Peloponnes; noch heute beweisen das seine mächtigen Trümmer. Gottfried war der leibliche Neffe seines Fürsten als Sohn von dessen Schwester, und für ihn hatte er gegen die Venezianer auf Euböa wacker gekämpft. Aber er war zugleich der Schwiegersohn Guidos als Gemahl der Isabella la Roche. Die Tränen seines Weibes verführten den ruhelosen und leidenschaftlichen Mann zum Treubruch gegen den Oheim und Landesherrn. Als dieser auf dem Hochgefilde zu Nikli, wo einst das alte Tegea stand, seine Lehnsmannen zum Kampf mit dem hellenischen Bunde versammelte, fehlte der mächtigste seiner Barone, da er bereits zu Guido nach Theben gezogen war.

Dort vereinigte der Megaskyr ein ansehnliches Heer. Mit ihm waren seine Lehnsmannen, die drei Brüder vom Hause St. Omer, Nikolaus II., Otto und Jean, sein eigner Bruder Wilhelm, ferner Thomas II. von Stromoncourt, Herr Salonas, der Markgraf Ubertino Pallavicini von Bodonitsa, Guisbert de Cors, Gemahl Margaretas, einer Tochter des Jean de Neuilly von Passava, und einige Dynasten Euböas.[189] Im Sommer 1258 rückte Villehardouin über den Isthmos durch Megaris, traf seine Gegner bei dem Berge Karydi auf der Straße von Korinth nach Theben und schlug sie in einer blutigen Schlacht.[190] Die Flüchtlinge warfen sich nach Theben. Während nun die Peloponnesier sofort in Attika eindrangen, um dem geschlagenen Megaskyr den Weg nach Athen zu verlegen, erschien der racheflammende Sieger vor der Kadmeia. Allein vom Sturm auf diese Burg hielten ihn seine eigenen Barone und die Ermahnungen des Erzbischofs von Theben zurück. Sie vermittelten eine Übereinkunft zwischen Stammgenossen und alten Freunden, welche ein unseliger Zwist nicht für immer verfeinden durfte.

Die Form der Ausführung und die Bedingungen, die den Besiegten vom Sieger auferlegt wurden, sind für das Wesen des Rittertums jener Zeit sehr bezeichnend. Guido und seine Anhänger unterwarfen sich; sie schworen in die Hände der Mittelspersonen, nie mehr den Fürsten zu bekriegen und diejenige Buße zu vollziehen, die er von ihnen fordern werde. So beugten sich die fränkischen Feudalherren jenseits des Isthmos vor dem gewaltigen Manne. Er kehrte alsbald mit seinem Heerbann nach Nikli zurück, weil es daselbst gutes Weideland für die Reiterei gab, und dorthin entbot er ein Parlament. Sein Sieg hatte ihn augenblicklich zum Haupte Griechenlands gemacht und das Übergewicht des Peloponnes über Athen und das hellenische Festland entschieden wie zur Zeit des spartanischen Lysander.

Zum Tage in Nikli erschien Guido nicht in demütigem Aufzuge des Bußfertigen, sondern mit ritterlichem Glanz.[191] Der aus peloponnesischen Baronen gebildete Gerichtshof, die »haute cour« Achaias, sollte jetzt über den Großherrn Athens den Spruch fällen; aber dieser fiel nicht so aus, wie ihn Wilhelm erwartet hatte. Wenn sich diese seine Lehnsmannen und Pairs die Befugnis absprachen, über den Megaskyr zu richten, so erklärten sie dadurch, daß sie denselben nicht als ihresgleichen, also nicht als Vasallen Achaias betrachteten.[192] Sie schlugen den König von Frankreich, den natürlichen Schirmherrn der Lateiner im Orient, als Urteilssprecher vor, und Wilhelm II. sah sich genötigt, das anzunehmen. Wenn er Guido sein Land entrissen hätte, so würde er augenblicklich sein eigenes Fürstentum ansehnlich erweitert, aber sich auch dem Widerspruch seiner Barone und neuen Bürgerkriegen ausgesetzt haben. Außerdem verhinderte das Feudalsystem an sich die Bildung eines monarchischen Einheitsstaats.

Als Guido vor Villehardouin erschien und seine Vergebung erbat, gewährte er sie ihm, aber er legte ihm die Verpflichtung auf, sich in Person nach Frankreich zu begeben, um dort von dem großen Könige zu erfahren, welche Strafe ein Vasall verwirkt habe, der sich gegen seinen Lehnsherrn mit den Waffen in der Hand erhoben hatte. Darauf kam Bruyeres. Mit dem Strick um den Hals warf er sich vor dem Oheim nieder. Aber zugleich knieten mit ihm viele Barone, den Fürsten anflehend, nicht auf die Schuld, sondern auf den Wert des verirrten Mannes zu sehen. Wilhelm hatte allen Grund, gegen seinen Neffen erbitterter zu sein als gegen den Megaskyr, denn Bruyeres hatte offenbar zwei heilige Pflichten verletzt, die Verwandtenliebe und das Gebot der Vasallentreue, auf welchem als dem festesten Grunde der Lehnsstaat beruhte. Doch er verzieh ihm und gab ihm sogar sein verwirktes Lehen zurück, freilich nur für seine Person. Mit Turnieren wurde das Versöhnungsfest gefeiert, worauf Guido nach Theben zurückkehrte.[193]

Den Winter über rüstete er sich zur Fahrt nach Frankreich. Er ernannte seinen Bruder Otto zum Bail während seiner Abwesenheit, schiffte sich im Hafen Livadostro ein, landete in Brindisi und eilte von dort zu Pferde nach Burgund. Derselbe Sohn des Pons de la Roche, welcher als abenteuernder Jüngling aus der Franche Comté nach Hellas gezogen war, kehrte jetzt als Großherr Athens in sein Vaterland zurück. Dort lebten seine Vettern, die Söhne seines Oheims Otto und andere Verwandte in hohen Stellungen.[194] Er traf damals neben alten Freunden in Frankreich auch den jungen Hugo von Brienne, welcher sich später mit seinem eigenen Hause verschwägern sollte.

Bis zum Frühjahr 1260 blieb der Megaskyr in Burgund. Sein seltsamer Auftrag an den König mußte seine Landsleute in Erstaunen setzen. Damals herrschte über Frankreich Ludwig IX., der mächtigste Mann in Europa, seitdem das deutsche Reich im Kampfe mit dem Papsttum und den Guelfen Italiens erlegen und der große Hohenstaufe Friedrich II. gestorben war. Sein Kreuzzug in Ägypten und Syrien, sein Unglück in der Schlacht bei Mansura, wo er in die Gefangenschaft des ägyptischen Sultans geraten war, seine Tugenden wie seine Regentenkraft woben einen Nimbus um das Haupt dieses frommen, aber kraftvollen Herrschers. Mit Güte empfing er den gedemütigten Herrn Athens und die Boten des stolzen Fürsten Achaias, der ihn als den ersten Ritter Frankreichs und den höchsten Wächter des Feudalrechts ersuchte, über einen Fall den Spruch zu tun, welchen er selbst als Felonie ansah.

Ludwig IX. kannte den Fürsten Wilhelm II. persönlich, denn im Mai 1249 hatte ihn dieser auf Zypern begrüßt, wohin er mit einer Flotte von 24 Schiffen und 400 Rittern gekommen war, den Herzog Hugo IV. von Burgund begleitend, welcher den Winter an seinem

Fünftes Kapitel

Hof zu Andravida zugebracht hatte.[195] Der König hatte ihm damals das Recht verliehen, Geld im Werte der französischen Münze in Clarenza zu prägen.[196] Aber der Fürst von Achaia hatte so wenig kreuzritterliche Leidenschaft gezeigt, daß er nicht an den Kämpfen in Ägypten teilnahm, sondern nach einer flüchtigen Anwesenheit in Damiette nach Hause zurückkehrte. Vielleicht war ihm das vom Könige nicht verziehen worden.

Die vor Ludwig IX. sich stellenden Parteien aus dem fernen Griechenland waren Franzosen, und sie anerkannten noch voll Pietät den Lehnsverband, in dem sie selbst ehemals und um ihrer französischen Güter willen noch jetzt zum Könige standen. Dieser entbot in der Osterzeit 1260 die Streitenden vor ein Parlament, welches er gerade versammelte. Der hohe Gerichtshof Frankreichs entschied hier zugunsten des Sire Athens. Die von Bonifatius, dem Könige von Thessalonike, hergeleiteten Ansprüche des Fürsten von Achaia auf die Oberhoheit über jenen wurden zwar, wie es die Chronik von Morea darstellt, im Prinzip nicht für unbegründet erfunden, allein Guido konnte dartun, daß er dem Fürsten selbst niemals persönlich den Lehnseid geleistet hatte. Der König erkannte demnach, daß der Beklagte, wenn er auch eine Verschuldung auf sich geladen hatte, diese durch die auf des Fürsten Befehl unternommene weite Reise nach Frankreich ausreichend gesühnt habe.[197]

Der beglückte La Roche warf sich seinem Richter zu Füßen und bat ihn, das gnädige Urteil urkundlich ausfertigen zu lassen. Nachdem dies geschehen war, ließ ihn Ludwig zu sich rufen und stellte ihm die Wahl einer Gnade frei. Guido bat um die Verleihung des Titels »Herzog von Athen«, da sein Land von alters her ein Herzogtum gewesen sei.[198] Dies gewährte der König. So ging der Besiegte von Karydi aus seiner Niederlage mit hohen Ehren hervor; seit 1260 nannte er sich Herzog von Athen.[199] Die beiden dort regierenden La Roche hatten bis zu dieser Zeit nur den bescheidenen Titel »dominus« oder »sire d'Athènes« geführt, und Guido selbst hatte sich vor dem Urteilsspruch in Frankreich urkundlich so genannt.[200]

Die Chronik von Morea hat den Herzogtitel Athens aus dem Altertum hergeleitet, und dieselbe auffallende Ansicht findet sich sonst nur bei dem byzantinischen Geschichtsschreiber Nikephoros Gregoras, einem Zeitgenossen jenes Chronisten. Er behauptet, daß Konstantin der Große an seine Magnaten Hoftitel verteilt, den Befehlshaber von Rußland zum Truchseß, den des Peloponnes zum Princeps, den von Böotien und Theben zum Princeps, den von Attika und Athen zum Großherzog, den Siziliens zum Rex ernannt habe. Jetzt, so bemerkt er weiter, werde der Archegos von Attika und Athen statt Großherzog nur Herzog und der von Böotien und Theben irrtümlich Megaskyr genannt. Es ist erstaunlich, daß ein so gelehrter Geschichtsschreiber, wie Nikephoros war, solche Fabeln von Konstantin berichten konnte, und noch mehr, daß er zu seiner Zeit, wo die Katalanen das Herzogtum Athen beherrschten, dieses in zwei selbständige Gebiete trennte.[201]

Wenn ein byzantinischer Beamter in Athen solchen Titel wirklich geführt hätte, so würde es doch auffallend sein, daß seiner nirgends von den griechischen Geschichtsschreibern erwähnt wird. Die Byzantiner hatten das lateinische Wort Dux in ihre amtliche Sprache aufgenommen. Dasselbe war seinem Begriffe nach dem Eparchos und Strategos gleichbedeutend.[202] Es finden sich Befehlshaber mit dem Titel Dux bezeichnet in einigen Provinzen und in Städten wie Antiochia, Trapezunt, Durazzo, Nikaia, Sardika, Attalia. Michael Akominatos im besonderen hätte Gelegenheit gehabt, in seinen offiziellen Anreden und Denkschriften des Dux von Athen zu erwähnen, wenn es diesen zu seiner Zeit gab. Aus Bleisiegeln haben wir erkannt, daß es einen Archon Athens gegeben hat; aber der Rang eines solchen kaiserlichen Militärbeamten konnte keineswegs eine Auszeichnung für Athen sein, da sich auch ein Archon von Euripos vorfindet. Wenn aber den Griechen dieser Begriff gleichgeltend mit Dux war, so hätte sich Guido von Athen höchstens nur auf solche Übereinstimmung beziehen können und sich demnach mit einem byzantinischen General vergleichen müssen.[203]

Da Guido vom französischen Gerichtshof freigesprochen war, so lag es nahe, daß er seine Herrschaft auch durch eine höhere Würde bestätigt zu sehen wünschte. Weil Achaia ein Fürstentum war, konnte sein Ehrgeiz nur nach dem Range des Herzogs streben, wie ihn der Sanudo als Gebieter von Naxos erlangt hatte und ihn der venezianische Regent Kretas führte. So passend erschien übrigens der Herzogtitel für den Gebieter Athens, daß ihn der Chronist von Trois Fontaines schon dem ersten La Roche beigelegt hatte. Dichter des Abendlandes gebrauchten denselben wie einen antiken Begriff sogar für den mythischen Stadtgründer Athens. Gibbon hat bemerkt, daß Boccaccio in der Theseide, Chaucer in einem der Canterbury-Tales und Shakespeare im Sommernachtstraum den alten Theseus Herzog von Athen genannt haben.[204] Schon Dante, der ein Zeitgenosse der La Roche war, läßt im 12. Gesange des Inferno Virgil zum Minotaurus sagen:

> Forse
> Tu credi, che sia 'l duca d'Atene,
> Che su nel mondo la morte ti porse?

Auch Ramon Muntaner, der Geschichtsschreiber der Katalanen, ein Zeitgenosse Dantes, stellte sich den homerischen Menelaos als »Herzog von Athen« vor. Er erzählt nämlich, daß auf dem Kap Artaki in Kleinasien eins der Tore Trojas gestanden habe unweit der Insel Tenedos, zu welcher in einem gewissen Monat des Jahres die edlen Männer und Frauen Romanias zu pilgern pflegten, um ein Götterbild zu verehren. Als nun auch eines Tages Helena, die Gemahlin des Herzogs von Athen, mit hundert Rittern dorthin wallfahrtete, habe sie der trojanische Königssohn Paris erblickt, ihr ganzes Gefolge von hundert Rittern erschlagen und die schöne Herzogin entführt.[205]

Die unerwartete Auszeichnung Guidos durch den Monarchen Frankreichs mußte den Fürsten von Morea tief verwunden, wenn er nicht zugleich durch andere Bestimmungen Ludwigs IX. versöhnt wurde, von denen wir indes nichts wissen. Es ist aber doch wahrscheinlich, daß ihm damals die Lehnshoheit über Theben und Athen zugesichert wurde. Die Erhebung des Megaskyr stand übrigens mit einer Katastrophe in Griechenland im Zusammenhange, welche den Sieger bei Karydi plötzlich vom Gipfel seiner Größe herabstürzte, den Besiegten aber augenblicklich dort zu einem Dynasten von solcher Wichtigkeit machte, daß der König von Frankreich Grund hatte, die Stellung des Gebieters von Athen noch zu verstärken. Die Nachricht von diesem Ereignis mußte Paris lange vor Ostern 1260 erreicht haben, und bald erschienen Boten aus Morea, welche Guido nicht nur zur schleunigen Rückkehr aufforderten, sondern ihm seine Ernennung zum Bail Achaias in Aussicht stellten. Lange genug hatte er in Frankreich verweilt, mancherlei Angelegenheiten mit französischen Großen ordnend, denen er zum Teil verschuldet war. Wenn er sich unter anderm in der unangenehmen Lage befand, vom Herzoge von Burgund die Summe von zweitausend Livres für die Bedürfnisse seines Landes zu leihen, so konnte diese Tatsache dartun, daß ihn überhaupt der Besitz Athens nicht reich gemacht oder daß der Krieg gegen Achaia seine Mittel erschöpft hatte.[206]

2. Während der Abwesenheit Guidos in Frankreich hatte der Fürst Achaias seinen Kampf gegen Venedig zu Wasser und zu Lande eifrig fortgesetzt und außerdem wichtige Verbindungen mit dem neuen Herrscher von Epiros angeknüpft. Dies war Michael II. Angelos, Bastard des ersten Despoten dieses Landes, welcher den von den Bulgaren zertrümmerten epirotischen Staat im Jahre 1237 glücklich hergestellt hatte, in Arta residierte und bis nach Makedonien hinein gewaltig war. Er nannte sich bedeutungsvoll Despot von Hellas. Die Zeit

erschien ihm günstig, weiter um sich zu greifen und Thessalonike an sich zu reißen, welches Johannes Batatzes im Jahre 1246 erobert hatte. Denn gerade jetzt war ein Kind Erbe der kaiserlichen Macht in Nikaia. Da sich nun Michael Angelos von dort am heftigsten bedroht sah, suchte er bei den Franken und selbst in Italien eine Stütze zu gewinnen. Er schloß ein Bündnis mit Manfred, dem Könige beider Sizilien, dem er im Juni 1259 seine Tochter Helena vermählte, sie mit Korfu, Durazzo und Valona ausstattend.

In derselben Zeit gab er seine zweite Tochter Anna Angela dem verwitweten Fürsten von Achaia, dem sie Güter in Thessalien und der Phthiotis mitbrachte. Seine beiden Schwiegersöhne waren, der eine in Süditalien, der andre in Griechenland, die machtvollsten Herrscher. Indem sich dieselben miteinander und dem Despoten von Arta verschwägerten, anerkannten sie, daß der Staat Epiros in dem Balkangebiet ein notwendiges Gegengewicht zu der wachsenden Größe des griechischen Kaisers sei, aber sie selbst sicherten sich die Möglichkeit, dort einzugreifen und Eroberungen zu machen.

Auf den Thron Nikaias hatte sich eben erst der kräftigste der byzantinischen Großen emporgeschwungen, Michael Palaiologos, dessen edle Familie mit den Komnenen verwandt war. Batatzes nämlich war 1254, sein Sohn Theodor II. Laskaris 1258 gestorben, worauf jener Palaiologos die Regentschaft für dessen unmündigen Erben Johann IV. an sich riß und sich am 1. Januar 1259 zum Mitkaiser krönen ließ. Michael VIII. wandte sich zuerst gegen den Despoten von Arta, der ihn als Thronräuber verabscheute und selbst nach dem Kaisertum trachtete. So mußte es jetzt zur Entscheidung kommen, wer die Hauptstadt und Krone Konstantins gewinnen werde, der Gebieter von Epiros oder der Kaiser von Nikaia.

Dieser schickte seinen Bruder, den Sebastokrator Johannes Komnenos, mit einem großen Heer nach Makedonien. Sein Gegner war gut gerüstet und von seinen Söhnen Nikephoros und dem Bastard Johannes beraten und unterstützt. Der König Manfred hatte ihm vierhundert Ritter geschickt, sein andrer Schwiegersohn, der Fürst von Achaia, ihm sogar persönlich seinen Heerbann zugeführt, die Peloponnesier, Kriegsvolk der La Roche aus Theben und Athen und Truppen aus Euböa, Naxos und Bodonitsa.[207] Dies zeigt, daß ihm jetzt keiner seiner ehemaligen Gegner, die er bei Karydi besiegt hatte, die Heeresfolge verweigerte. Villehardouin stand gerade auf dem Gipfel seiner Herrlichkeit; er war Gebieter in Griechenland; kein Wunder, daß ihn der Ehrgeiz trieb, neue Lorbeeren zu gewinnen und zu seinem schönen Reich neue Länder hinzuzufügen. Im Oktober 1259 stießen

Fünftes Kapitel

die feindlichen Heere an der Westgrenze Makedoniens in der Ebene Pelagonia aufeinander. Infolge des Verrats des durch den Übermut der fränkischen Ritter beleidigten Bastards Johannes, von den Epiroten plötzlich im Stich gelassen, stand der tapfere Villehardouin mit seinen Kriegerreihen dem stärkeren Feinde allein gegenüber, und er verlor die Schlacht.[208] Die deutschen Ritter Manfreds fielen nach tapferer Gegenwehr, die moreotischen Edlen wurden niedergemacht oder zersprengt. Der Fürst selbst wurde vom nachsetzenden Feinde aus einem Versteck gezogen, da ihn seine Gesichtsbildung, namentlich ein hervorstehender Zahn, kenntlich machte. Gottfried von Bruyeres, Ancelin de Toucy und viele andere Herren gerieten gleichfalls in die Gewalt der Byzantiner.

Der Tag von Pelagonia zertrümmerte mit einem Schlage das politische Gebäude, welches die gewalttätigen Villehardouin aufgerichtet hatten; er brach den Widerstand der beiden stärksten Gegner des Palaiologos, der vereinigten Mächte von Epiros und dem Peloponnes. Er räumte ihm damit das größte Hindernis zur Wiederherstellung des byzantinischen Reichs in Konstantinopel hinweg. Alsbald eroberte der Sebastokrator Johannes Arta; ein Teil seiner Truppen drang sogar bis ins Herzogtum Athen und belagerte den Bruder und Bail Guidos, Otto la Roche, in Theben.[209] Die siegreichen Byzantiner würden damals die Frankenstaaten in Hellas und selbst Athen überwältigt oder doch in tiefe Verwirrung gebracht haben, wenn nicht ein plötzlicher Umschlag der Gesinnung jenes epirotischen Bastards ihre Fortschritte aufgehalten hätte. Johannes fiel auch von seinem neuen Verbündeten ab, eilte zu seinem Vater zurück und gewann Arta wieder. Dies zwang den Sebastokrator, aus Böotien abzuziehen und heimzukehren.

Er brachte die Kriegsgefangenen zu seinem kaiserlichen Bruder nach Lampsakos. Michael VIII., der sich schon jetzt als den Wiederhersteller des byzantinischen Reichs betrachten konnte, verlangte von dem gedemütigten Fürsten Achaias als Lösegeld die Abtretung des ganzen Peloponnes an ihn, den rechtmäßigen Herrn Griechenlands; aber der Gefangene weigerte sich, seine Freiheit um solchen Preis zu erkaufen. Wenn er den Forderungen des Palaiologos die Verjährung des Besitzes und das Recht der Eroberung entgegenstellte, so konnten solche Gründe seiner Weigerung auf den Kaiser keinen Eindruck machen. Wichtiger war die Auseinandersetzung des Gefangenen vom Wesen des fränkischen Feudalstaates, wonach er als Fürst nur der erste unter seinesgleichen sei und keine Gewalt über die Barone habe, ohne deren Zustimmung er über sein und ihr Land nicht verfügen könne.[210]

Villehardouin blieb in der Gewalt Michaels VIII., welcher nach einem fruchtlosen Angriff auf Konstantinopel nach Asien zurückkehrte.

So war das Strafgericht über die Eroberer Griechenlands hereingebrochen; die Woge der byzantinischen Reaktion drang immer mächtiger von Asien heran, um den armseligen Rest des Reiches Balduins am Bosporos hinwegzuschwemmen.

Der Herzog von Athen, durch diese folgenschweren Ereignisse aus Frankreich zurückgerufen, landete unterdes im Hafen Clarenza. Da sein Streit mit dem Fürsten Achaias durch den Urteilsspruch Ludwigs IX. auf eine für ihn so glänzende Weise ausgeglichen war, gab es neben ihm augenblicklich keinen Dynasten in Griechenland, der ein gleiches Ansehen genoß. Die verzweifelte Lage des Landes zwang die in Andravida versammelten Barone und die Fürstin Anna, den ehemaligen Gegner des unglücklichen Gefangenen sogar zum Bail oder Regenten Achaias zu ernennen.[211]

Guido übernahm seine ehrenvolle Aufgabe an Ort und Stelle, ohne, wie es scheint, vorerst nach Theben und Athen zurückzukehren.[212] Da er vor allem den Frieden zwischen Achaia und der Republik Venedig zu vermitteln suchte, entließ er sofort die von Wilhelm Villehardouin eingekerkerten Dreiherren Euböas, Guglielmo und Narzotto, aus ihrer Haft. Er bemühte sich durch Gesandte, die er an Michael VIII. schickte, die Freilassung des Fürsten um große Summen Lösegeldes zu erwirken, allein solche Anerbietungen fanden bei dem siegreichen Kaiser kein Gehör. Bald traten noch furchtbarere Ereignisse ein, die das ganze fränkische Griechenland erschütterten.

Nur durch einen Waffenstillstand mit dem Palaiologos hatte das schwindsüchtige Dominium der Lateiner in dem bedrohten Konstantinopel eine letzte kurze Lebensfrist erlangt. Der junge Kaiser Balduin II. hatte Westeuropa wiederholt und fruchtlos durchwandert, um die dortigen Herrscher und den Papst zu seiner Rettung aufzurufen. Die kärglichen Mittel, die er selbst zusammenbrachte, waren nur Tropfen für heißen Sand. Von der Masse seiner Schulden erdrückt, veräußerte er, was er noch in Konstantinopel besaß; er verkaufte kostbare Reliquien, selbst das Blei von den Dächern der Paläste machte er zu Geld. Seinen eigenen Sohn Philipp, den ihm Maria, die Tochter Johanns von Brienne, geboren hatte, mußte er sogar venezianischen Kaufleuten, seinen Gläubigern, zum Sicherheitspfande überliefern.

Die einzige Macht im Abendlande, welche die Fortschritte des Palaiologos noch aufhalten konnte und dies zu tun Ursache genug hatte, war die Republik Venedig. Der Krieg mit Villehardouin um Euböa hatte ihre Kräfte jahrelang in Anspruch genommen, und jetzt bemühte sich der Kaiser Michael, sie durch Genua zu schwächen. Die Genuesen, welche wie ihre Feinde, die Pisaner, keinen Anteil am lateinischen Kreuzzuge und der fränkischen Eroberung Griechenlands genommen, aber ihre Handelskommunen in Syrien errichtet hatten, waren die erbitterten Rivalen Venedigs im Mittelmeer. Seit dem Jahre 1255 führten sie mit dieser Republik einen verzweifelten Krieg um Akkon, und eben erst im Juni 1258 hatten sie aus dieser ihrer wichtigsten Kolonie weichen und dieselbe den Venezianern überlassen müssen. Von Haß und Rachlust entflammt, suchten sie jetzt den siegreichen Gegner gerade an dem Zentrum seiner levantischen Handelsmacht tödlich zu treffen, und sie boten sich deshalb dem Palaiologos als Verbündete zur Eroberung Konstantinopels dar. Ihre Bevollmächtigten schlossen mit ihm zu Nymphaion in Lydien am 13. März 1261 einen Vertrag, wodurch Genua sich verpflichtete, die Unternehmung des griechischen Kaisers mit einer Flotte zu unterstützen; dafür wurde der ligurischen Republik volle Handelsfreiheit im Romäerreich und das ausschließliche Niederlassungsrecht in der Hauptstadt zugesichert, sobald dieselbe erobert war. So trat Genua in dasselbe Verhältnis zum byzantinischen Kaiser, welches seit Alexios Komnenos die Venezianer behauptet hatten, und diese sollten fortan von dem Handel in der Levante und dem schwarzen Meer ausgeschlossen werden.[213] Die Ansiedlung der Genuesen in Galata, der Vorstadt Konstantinopels, mußte gerade deshalb einer der schwersten Schläge sein, welche Venedig treffen konnten.

Aber ehe noch die genuesische Hilfsflotte im Hellespont erschien, fiel Konstantinopel durch einen glücklichen Handstreich der Griechen. Der Cäsar Alexios Melissenos Strategopulos, welcher als General des Kaisers Michael in Thrakien eingerückt war, um dann die empörten Epiroten zu bekriegen, überrumpelte, von einem Zufall begünstigt, die schlecht bewachte und augenblicklich fast wehrlose Stadt in der Nacht des 25. Juli 1261 mit nur 800 Mann bithynischer Reiter und einigem Fußvolk. Die Wiedereroberung der Hauptstadt des griechischen Reichs, welche die Helden des lateinischen Kreuzzuges nur nach schrecklichen Kämpfen hatten bezwingen können, war jetzt das Werk weniger Stunden. Bestürzung und die von den Eingedrungenen entfachte Feuersbrunst lähmten den Widerstand der Franken, denen kein Führer Mut einzuflößen imstande war. Der lateinische Kaiser Balduin befand sich jetzt in derselben Lage wie einst der ratlose Alexios III.; an der Gegenwehr verzweifelnd, warf er sich mit einem Schwarm von Flüchtlingen auf eine venezianische Galeere und suchte das Weite.

Eilboten brachten die große Kunde in das Lager des griechischen

Kaisers zu Nymphaion in Lydien; er staunte und zweifelte. Am 15. August zog Michael VIII., ohne Prunk hinter dem Bildnis der heiligen Jungfrau, der »Wegeführerin«, zu Fuß einherschreitend, durch die Porta Aurea in die Stadt Konstantins ein. Sie war während der Lateinerherrschaft gänzlich vernachlässigt, verarmt und entstellt worden. In der Sophienkirche ließ sich der Palaiologos vom orthodoxen Patriarchen feierlich krönen, und er nannte sich fortan den neuen Konstantin.[214]

Das fränkische Kaisertum in Byzanz, die Schöpfung des kreuzfahrenden Adels des Abendlandes, des egoistischen Handelsgeistes der Venezianer und der hierarchischen Idee des Papsttums, war somit nach einem kläglichen Dasein von 57 Jahren erloschen, ohne andere Spuren als die der Zerstörung und die Anarchie zurückzulassen. Weil im Leben der Völker alles, was aus der Tat sich gestaltet, den Wert des Seins von dem Maße der schöpferischen und fortbildenden Kräfte empfängt, so darf man urteilen, daß jener mißgeschaffene ritterliche Feudalstaat der Lateiner zu den wertlosesten Erscheinungen der Geschichte gehört. Die sophistische Maxime des deutschen Philosophen, welcher behauptet hat, daß alles, was ist, vernünftig ist, wird hier einfach zum Absurdum.

Ein großes Verbrechen am Völkerrecht war endlich durch die Wiederherstellung des Reichs der Byzantiner gesühnt worden. Allein die glücklich durchgeführte Restauration vermochte nicht mehr, die zertrennten Glieder dieses Staatskörpers zu vereinigen. Sowenig der zerstückelte Pelias der Mythe in verjüngter Gestalt wiedererstand, so wenig konnte das der byzantinische Staat. Altgriechenland und die Inseln des Archipels blieben im Besitz der Franken, während der Papst und die beteiligten Mächte Europas fortfuhren, die Ansprüche der lateinischen Prätendenten auf Byzanz zu verfechten und das Reich der Palaiologoi hinderten, zu erstarken und sich der Türken zu erwehren. Die Verlegung des Kaisersitzes aus Nikaia nach Konstantinopel entzog dem griechischen Kleinasien die beste Lebenskraft und erleichterte den Türkenstämmen die Eroberung dieses Landes, welches aufhörte, die Vorratskammer und die vorgeschobene Festung des Bosporos und Hellespont auf der Seite Asiens zu sein. Dagegen war die Wiederaufrichtung des byzantinischen Reichs in Konstantinopel immerhin eine reale Bedingung für die Stärkung des Griechentums in Europa. Die Unfähigkeit der Lateiner, sich am Bosporos zu behaupten und in den übrigen hellenischen Ländern sich dauernd zu befestigen, rettete die griechische Nation vor dem Schicksal, aus der Reihe der lebenden Völker zu verschwinden.

*Kaiser Michael VIII. Palaiologos
(Buchminiatur Anfang 14. Jh.)*

Korfu
(Stich um 1700)

3. Nach dem Falle der Hauptstadt war Balduin II., begleitet von Marco Gradenigo, dem venezianischen Podesta, vom Patriarchen Giustinian und vielen andern Flüchtlingen, zunächst nach Euböa entronnen; dann lud ihn der Herzog Guido nach Theben und Athen ein.[215] Der letzte lateinische Kaiser Konstantinopels besuchte wie einst sein Vorgänger Heinrich, aber als armseliger Verbannter, Athen, und hier umgaben ihn seine ehemaligen Vasallen, die La Roche, die Dreiherren Euböas, der venezianische Bailo Negropontes Lorenzo Tiepolo, die Gemahlin des Angelo Sanudo, des Herzogs von Naxos, und viele andere vornehme Franken, welche die Ruinen der Akropolis nur als das Leichengefolge eines erstorbenen Reiches beleben konnten. Der flüchtige Kaiser hatte keine anderen Ehren auszuteilen als den Ritterschlag und keine anderen Schätze mit sich gebracht als einen Rest von Reliquien aus der unermeßlichen, aber von den Lateinern doch fast schon erschöpften byzantinischen Schatzkammer solchen heiligen Plunders. Er war dem Baron von Karystos, Otto de Cicons, 5000 Hyperpern schuldig, wofür er ihm einen der vielen Arme verpfändet hatte, mit denen Johannes der Täufer wie Briareus ausgerüstet war. Er konnte lachen, weil sein Gläubiger gutmütig genug war, diese Knochen jener Summe gleichwertig zu finden, und dafür die Schuld quittierte.[216]

Von Athen ging Balduin weiter nach Achaia, schiffte sich im Hafen Clarenza nach Apulien ein, besuchte den König Manfred, der ihn reich beschenkte, und erschien dann in Frankreich als Prätendent seines verlorenen Reichs, mit dessen Titeln er einen noch vorteilhafteren Handel trieb als mit den Reliquien der griechischen Heiligen. Diese Titel waren zwar tatsächlich wertlos geworden, jedoch fürstliche Käufer von wirklicher Macht konnten sie zu rechtsgültigen Urkunden stempeln und ihnen eine geschichtliche Bedeutung verleihen.

Unterdes befand sich der Fürst von Morea noch immer in der Haft des siegggekrönten Kaisers Michael in den Blachernen oder im Bukoleon. Er überzeugte sich jetzt, daß ihm nach dem Falle Konstantinopels nur die Wahl übrig blieb zwischen der Annahme harter Bedingungen oder hoffnungsloser Gefangenschaft. Da er die ersteren wählte, so konnte er nicht zum Vorbilde jenes standhaften Prinzen von Portugal dienen, welcher den Tod im Kerker seines Feindes der Auslieferung einer einzigen Festung an den Sultan von Marokko vorzog. Nach peinvollem und langem Sträuben nahm Wilhelm II. das ihm gestellte Ultimatum an: sich dem Palaiologos als rechtmäßigem Kaiser des Reichs der Romäer zu unterwerfen, ihm die Festungen Maina, Misithra, Geraki und Monembasia abzutreten und für das ihm noch gelassene Morea zu huldigen. Michael VIII. hatte auch Argos und Nauplion verlangt, aber er stand davon ab, weil ihm Villehardouin vorstellte, daß er den Herzog von Athen nimmer zwingen könne, dieses Besitztum des Hauses La Roche ihm auszuliefern.[217] Da der Fürst die Erfüllung seines Verzichts auf jene lakonischen Städte, die er übrigens selbst erobert hatte und deshalb als seine eigene Domäne ansah, noch von der Zustimmung der Großen Moreas abhängig machte, so wurde Gottfried von Bruyeres aus dem Gefängnis entlassen, um diese einzuholen.

Der Herzog von Athen empfing mit Freuden seinen Schwiegersohn in Theben, aber als Bail Achaias mußte er über die ungeheure Zumutung erschrecken, den Griechen mit den stärksten Festungen des Peloponnes auch das Schicksal der Lateiner zu überliefern. Er berief die Haute Cour der Barone nach Nikli. Die Chronik von Morea bemerkt, daß dies Parlament größtenteils aus Damen bestand, den Frauen oder Witwen der bei Pelagonia verunglückten Edlen, und daß zu ihrem Beistande dienten der Kanzler Achaias Leonardo, ein Italiener aus Veruli in Latium, und der greise Pierre de Vaux, »denn alle Edelleute des Landes waren mit dem Fürsten gefangen worden«. Man wird hier zwar nicht die Abwesenheit, aber doch das Nichthervortreten der Geistlichkeit bemerken und daraus den Schluß ziehen, daß der Einfluß der Kirche auf die Staatsangelegenheiten im Fürstentum Morea nicht groß war.

Das Parlament zu Nikli bot die Kehrseite zu jenem anderen dar, auf welchem wenige Jahre früher dieselben Männer Guido von Athen und Gottfried von Karytena die Gnade ihres Überwinders Villehardouin hatten erflehen müssen. Von ihnen war jetzt der eine der Anwalt seines die Befreiung fordernden Lehnsherrn, der andere der Vertreter des in seinem Bestande gefährdeten Landes Achaia. »Frau Fürstin und ihr andern Herren Prälaten und Ritter«, so sagte der Herzog von Athen, »ich habe zwar zuvor um meiner Rechte willen meinen Herrn, den Fürsten, mit den Waffen bekämpft, aber deshalb darf niemand wähnen, daß ich nicht seine Erlösung sehnlich herbeiwünsche. Nur werde ich niemals für die Herausgabe der drei Festungen an den Kaiser stimmen. Besitzt er dieselben, so wird er darin so viel Kriegsvolk legen, daß er uns aus dem Lande herauswerfen wird. Wenn es sein kann, so biete ich zur Befreiung des Fürsten meine eigene Person dar; ist es aber um Lösegeld zu tun, so will ich mein ganzes Land für ihn verpfänden.«

Guido mußte die Folgen der Auslieferung Lakoniens für sein eigenes Herzogtum fürchten. Wenn der Chronik von Morea zu trauen ist, stellte er sich auf einen heroischen Standpunkt, indem er erklärte, daß es die Pflicht Villehardouins sei, eher wie ein freier Mann und Christ zu sterben, als sein Land den Griechen abzutreten.[218] Das Parlament und mit ihm endlich auch der Herzog von Athen entschieden sich für die Annahme der Bedingungen des Kaisers. Gottfried von Bruyeres nahm, da es augenblicklich für diesen Zweck an angesehenen Männern im Lande fehlte, zwei edle Damen, Margarete, die Tochter des Jean de Neuilly von Passava, des Marschalls Achaias, und mit ihr die Schwester des Großkonnetabel Jean Chaudron, als Geisel nach Konstantinopel. Diese Frauen unterwarfen sich voll Kummer, doch ohne Murren den Lehnsgesetzen, welche den Vasallen zur Pflicht machten, in Zeiten der Not für die Erhaltung ihres Oberherrn mit ihrer eigenen Person einzustehen.

Der Fürst von Achaia beschwor nach der Ankunft der Geiseln den Vertrag und machte einen ewigen Frieden mit dem Kaiser Michael; er huldigte diesem als seinem Oberherrn, empfing von ihm als Lehnsmann die Würde des Großmarschalls Romaniens und übernahm das Patenamt bei der Taufe eines kaiserlichen Sohnes.

Als hierauf Wilhelm II. im Frühling 1262 nach dreijähriger Gefangenschaft in sein Land heimkehrte, war der Stern seines Hauses erblichen. In die ihm ausgelieferten Festungen legte der Kaiser sein Kriegsvolk unter dem Befehl seines eigenen Bruders Konstantin. Misithra, jene von Wilhelm selbst erbaute gewaltige Burg am Taygetos, wurde fortan der Mittelpunkt des wieder national-hellenisch gewordenen Teiles des Peloponnes, von wo, als aus einer sicheren Festung, die Griechen die Wiedereroberung des noch fränkisch gebliebenen Westens der Halbinsel unternehmen konnten. So war der mächtigste Staat der Lateiner in Griechenland zerbrochen; der Verfall dieses zweiten Frankreichs begann gleichzeitig mit dem Untergange des fränkischen Kaisertums in Byzanz.

Villehardouin hatte sich von Konstantinopel zuerst nach der Stadt Negroponte begeben; dort holte ihn sein ehemaliger Gegner als Herzog von Athen ein, gab seine Vollmacht als Bail Achaias in seine Hände zurück und geleitete ihn nach Theben.[219] Daselbst wurde am 14. und 16. Mai 1262 der zuvor von Guido vermittelte Friede mit Venedig endgültig abgeschlossen. Die Republik bewahrte sich ihre Besitzungen, ihre Handelsfreiheiten und Zollrechte auf Euböa, aber sie stand fortan davon ab, sich in die Feudalverhältnisse der dortigen Dreiherren einzumischen. Sie wie diese anerkannten sogar die Oberhoheit des Fürsten Achaias über die Inselbarone.[220] Die aufsteigende Größe des Wiederherstellers des byzantinischen Reichs gebot allen lateinischen Staaten, sich zu mäßigen und miteinander zu vertragen.

Ein Jahr nach diesem Frieden starb der erste Herzog von Athen nach einer langen und rühmlichen Regierung. Von seinen zwei Söhnen Johann und Wilhelm folgte ihm jener, der älteste. Von den drei Töchtern war Isabella mit Gottfried von Karytena vermählt, Katharina die Gemahlin Karls von Lagonessa, des Seneschalls Siziliens, und Alix heiratete Jean II. d'Ibelin, den Herrn von Beirut aus dem Geschlecht Balians I. von Chartres, welcher um die Mitte des 12. Jahrhunderts das Schloß Iblin in Palästina erworben hatte.[221] Diese Burg gab der in der Geschichte Syriens und Zyperns berühmt gewordenen Familie der Grafen von Jaffa und Askalon und Herrn von Beirut und Rama den Zunamen.

Sechstes Kapitel

Karl von Anjou erwirbt die Hoheitsrechte auf Achaia. Isabella Villehardouin vermählt sich mit dessen Sohne Philipp. Die Angeloi in Arta und Neopaträ. Helena Angela vermählt sich mit Wilhelm de la Roche. Euböa. Die dalle Carceri. Licario und die Byzantiner. Siege des griechischen Kaisers. Johann von Athen wird gefangen nach Konstantinopel geführt. Seine Freilassung. Das Haus Brienne. Vermählung Hugos von Brienne mit Isabella de la Roche. Tod des letzten Villehardouin. Karl von Anjou, Regent Achaias. Tod des Herzogs Johann. Sein Nachfolger Wilhelm. Die sizilianische Vesper und ihre Folgen. Tod des Herzogs Wilhelm von Athen.

1. Der Fürst von Achaia war kaum in sein Land zurückgekehrt, als Scham und Reue ihn verleiteten, den mit dem Kaiser Michael geschlossenen Vertrag zu brechen, zumal der Papst Urban IV., ein Franzose, nicht zögerte, seinen Eid als erzwungen zu erklären. Ein langer verheerender Krieg im Peloponnes war die Folge dieses Treubruchs. Die griechische Bevölkerung und die Slavenstämme erhoben sich gegen die verhaßten Franken. Selbst türkische Reiterscharen kämpften in Morea erst im Solde der Byzantiner, dann Wilhelms II. Sie deuteten das zukünftige Schicksal Griechenlands an.

Die Lage Villehardouins verschlimmerte sich, weil Venedig, durch Genua um seine privilegierte Stellung im byzantinischen Reich gebracht, beide durch diplomatische Unterhandlungen mit dem Kaiser wiederzugewinnen suchte. Genuesische Geschlechter, die Embriaci, Gattilusi und Zaccaria, schalteten jetzt auf Lemnos und Metilino, und der ganze Handel des schwarzen Meeres war in den Händen ligurischer Kaufleute. Selbst dem Kaiser wurden die Genuesen verdächtig; aufgrund geheimer Verbindungen ihres Podesta in Konstantinopel mit dem Könige Manfred von Sizilien verwies er sie aus der Hauptstadt. Am 8. Juni 1265 gelang es den Gesandten des Dogen, mit Michael VIII. einen Vertrag abzuschließen, wonach die Republik sich verpflichtete, den Fürsten von Achaia seinem Schicksal zu überlassen und sogar Euböa insoweit aufzugeben, als sie versprach, die Eroberung dieser Insel durch den Kaiser nicht zu hindern. Dafür gewährleistete er ihr den ruhigen Besitz ihrer Kolonien im Peloponnes, in Negroponte und Kreta.[222]

Das Schwanken der venezianischen Politik setzte Villehardouin in nicht geringe Verlegenheit. Um so willkommener war es ihm, daß in Süditalien ein neues französisches Königreich entstand, welches in die Verhältnisse Griechenlands einzugreifen entschlossen war. Karl von Anjou, vom Papste auf den Thron Siziliens berufen, überwand im Februar 1266 den König Manfred in der Entscheidungsschlacht bei Benevent; sodann bemächtigte er sich des Erbes der Hohenstaufen. Nachdem er ein Jahr später Korfu, Durazzo und andre Gebiete Albaniens, die epirotische Mitgift Helenas, der Witwe des erschlagenen Manfred, an sich gebracht hatte, schuf er sich dort die praktische Grundlage für seine kühnen Absichten auf die Herrschaft im Orient. Alsbald konnte er auch legitime Ansprüche auf die Hoheitsrechte über Morea und ganz Griechenland geltend machen, da er sie von dem aus Byzanz vertriebenen lateinischen Kaiser erworben hatte.

Der flüchtige Balduin II. hatte zum Zweck seiner Wiederherstellung in Konstantinopel die Höfe Europas durchwandert, um sie für eine Unternehmung zu seinen Gunsten zu gewinnen. Allein die Kreuzzugsbullen Urbans IV. und seine dringenden Mahnungen an die Mächte des Abendlandes blieben ohne Erfolg. Balduin wandte sich endlich an den neuen König beider Sizilien, den ehrgeizigsten und unternehmendsten Fürsten seiner Zeit. Am 27. Mai 1267 schloß er zu Viterbo mit Karl von Anjou und dem Papste Klemens IV., dem Nachfolger Urbans, einen Vertrag. Der Exkaiser trat dem Könige seine Rechte auf Achaia für immer ab, indem er sich selbst Konstantinopel, eine Reihe von Inseln und ein Drittel aller noch durch die Waffen des Anjou zu machenden Eroberungen vorbehielt.[223] Villehardouin, der bei diesem Akt durch seinen Kanzler Leonardo von Veruli vertreten war, anerkannte notgedrungen seinerseits die Abtretung der Oberhoheit Achaias an einen fremden König, dessen Macht den tief erschütterten griechischen Frankenstaaten nachhaltigen Schutz versprach.

Das Bündnis Balduins mit Karl sollte durch die künftige Vermählung seines Sohnes Philipp mit Beatrice, der jungen Tochter des Königs, besiegelt werden.[224] Die Hoffnungen des Exkaisers, sich oder seinen Sohn auf dem Throne Konstantinopels wiedereingesetzt zu sehen, wurden freilich nicht erfüllt. Die Romfahrt Konradins und die Folgen des wenn auch verunglückten Einbruchs dieses letzten Hohenstaufen in das Königreich Neapel verhinderten den Kriegszug des Anjou nach dem Orient. Die Venezianer, auf deren Bündnis Karl rechnete, zogen es vor, im Jahre 1268 einen Waffenstillstand mit dem byzantinischen Kaiser abzuschließen, der ihnen einen Teil ihrer Handelsmonopole zurückgab und den Besitz ihrer Kolonien in der Levante bestätigte.

Michael VIII. gewann auch den Papst für sich. Als er auf dem Konzil zu Lyon im Jahre 1274 das diplomatische Spiel der kirchlichen Union durch seine Abgesandten geschickt in Szene setzte, war Gregor X. um so williger, die ihm selbst gefährliche Macht des Königs Karl dadurch zu schwächen, daß er seinen Absichten auf den Orient hemmend entgegentrat. Aus dem Traktat zu Viterbo ging jedoch als geschichtliche Tatsache die Lehnshoheit Karls und seines Hauses über Achaia hervor und die Einmischung der Anjou in die Angelegenheiten Griechenlands. Das fränkische Morea huldigte dem mächtigen Beherrscher Neapels und Siziliens, »dessen Sprache und Geschlecht französisch waren, und dessen Reich diesem Lande nahe lag«.[225] Fortan mußte sich auch der Herzog von Athen, wenigstens dem Prinzip gemäß, zu seinem Lehnsmanne bekennen, und zwar nicht bloß für Argos und Nauplia. Unzweifelhaft hat Karl auch die Hoheitsrechte über das athenische Herzogtum, welche die Villehardouin beanspruchten, mit dem Fürstentum Achaia als verbunden angesehen, obwohl in den Verträgen zu Viterbo Athens mit keinem Wort gedacht worden war. Der geographische Begriff Achaia wurde überhaupt auch auf das eigentliche Hellas ausgedehnt.

Villehardouin selbst hatte bereits Gelegenheit gehabt, durch die Tat zu beweisen, daß er ein Vasall des Königs geworden sei, denn er, der Schwager Manfreds und der unglücklichen Helena, war dem Aufgebote Karls gefolgt, als es galt, dem Angriff Konradins zu begegnen. Er hatte ihm geholfen, die Schlacht bei Tagliacozzo zu gewinnen, an welcher er mit 400 moreotischen Rittern teilnahm. Unter diesen befanden sich die Barone Gottfried von Karytena, der Großkonnetabel Jean Chaudron, Geoffroi von Tournay, Herr von Kalavrita, aber die Chronik Moreas nennt dabei weder Johann von Athen noch irgendeinen seiner Lehnsmannen.

Das athenische Herzogtum blieb während langer Zeit von den

Argos
(Stich 1831)

*Nauplia
(Stich 1831)*

Kriegsstürmen, welche den Peloponnes heimsuchten, kaum berührt. Zwar hatte der Fürst von Achaia, als er den Frieden mit dem Kaiser brach, auch den Herzog Guido aufgefordert, ihm Hilfstruppen zu schicken, doch dieser hatte ihm keine Folge geleistet.[226] Die Regierung Johanns, eines zwar gichtbrüchigen, aber tatkräftigen Mannes, dem sein Bruder Wilhelm, der Herr von Levadia, zur Seite stand, war eine sehr glückliche. Wenn uns auch die damaligen Zustände der Stadt Athen nicht bekannt sind, so ist es doch unzweifelhaft, daß sie sich im Vergleich mit ihrer Verkommenheit zur Zeit des Michael Akominatos in einer besseren Lage befand. Sie hieß damals in der Vulgärsprache bereits Satines oder Setines; doch findet sich diese Namensverstümmelung nicht in öffentlichen Urkunden noch auf den herzoglichen Münzen.[227]

Minder vom Glücke begünstigt als das Haus der La Roche war das berühmte und größere der Villehardouin. Wilhelm II. hatte keine männlichen Erben, nur aus seiner Ehe mit Anna Angela zwei Töchter, Isabella und Margarete. Diese jüngere hatte er zur Dame der Baronie Akowa oder Mategriffon gemacht, die er der rechtlichen Erbin Margarete von Neuilly, einer Waise und Witwe, aus Habgier entzog. Auf das ungroßmütigste behandelte er die edle Tochter seines Marschalls, die sich für ihn geopfert hatte. Während ihrer Abwesenheit als Geisel des in Konstantinopel gefangenen Fürsten war ihr durch den Tod ihres Oheims Gautier de Rosieres das Lehen Mategriffon zugefallen; da sie nicht in Person ihr Erbe einfordern konnte, zog es der Fürst nach dem Buchstaben des Lehnsgesetzes ein und überließ ihr davon aus Gnaden nur einen Bruchteil.[228]

Das an Umfang geschmälerte, durch die unablässigen Angriffe der Griechen von Sparta her hart bedrängte Fürstentum Morea mußte mit der Hand der ältesten Tochter Villehardouins auf ein fremdes Herrscherhaus übertragen werden. Der Kaiser Michael hatte ihm den Vorschlag gemacht, Isabella seinem Sohne Andronikos zu vermählen, welcher dann nach dem Tode Wilhelms Achaia beherrschen sollte. Eine solche Verbindung würde den ganzen Peloponnes mit dem griechischen Reiche wieder vereinigt, dieses selbst stärker und lebenskräftiger gemacht und Griechenland viele Verwirrungen erspart haben. Unglücklicherweise kam der treffliche Plan nicht zur Ausführung; die fränkischen Barone Moreas verwarfen ihn, und Karl von Anjou konnte ihn niemals zulassen. Wilhelm hatte auch keine andere Wahl als die Vereinigung seines Landes mit der Krone dieses Königs, welcher auf der Höhe seiner Macht stand, der naturgemäße Protektor der Franken in Griechenland war und den Gedanken nicht aufgab, das zerstörte Lateinerreich in Konstantinopel herzustellen. Da er bereits in Epiros und Korfu festen Fuß gefaßt hatte, so mußte ihm viel daran liegen, sich auch Achaias zu versichern. Der Fürst selbst trug die Hand seiner Tochter dem jungen Sohne Karls, Philipp, an, und der König ging darauf ein, unter der Bedingung, daß Achaia für immer beim Hause Anjou verbleibe. Da die Verlobten noch Kinder waren, wurde ihre Vermählung erst am 28. Mai 1271 zu Trani vollzogen.

In demselben Jahre veranlaßte der Tod des Despoten Michael von Epiros dynastische Veränderungen in Nord-Griechenland, die später für das Herzogtum Athen von großer Wichtigkeit wurden. Die Länder Epiros, Akarnanien, Ätolien und die ionischen Inseln erbte Nikephoros I., der legitime Sohn Michaels, während sich sein Bastard, der Sebastokrator Johannes I. Dukas Angelos, aus Südthessalien oder Großwlachien, der ozolischen Lokris und der Phthiotis zwischen Olymp und Parnaß ein eigenes Fürstentum gründete.[229] Zu seiner Hauptstadt machte er das unter den steilen Felsenwänden des Öta gelegene, stark befestigte Neopaträ (la Patria von den Franken genannt), das alte, durch seine thessalischen Zauberkünste berüchtigte Hypate am Sperchios, wo einst Achill über die Myrmidonen geherrscht hatte.[230]

Da sein Vater Michael erst mit Manfred, seinem Schwiegersohne, innig verbunden gewesen war, dann aber die Oberhoheit des Anjou anerkannt hatte, setzte auch Johannes diese Beziehungen zu Neapel fort. Er schloß Handelsverträge mit dem Könige Karl und lehnte sich überhaupt an die Franken an, besonders an den Herzog von Athen, um sich dadurch dem griechischen Kaiser gegenüber zu stärken, von dem bereits sein Vater bekriegt und dem Untergange nahegebracht worden war. Die epirotische Dynastie gebot über fruchtbare Länder und kriegstüchtige Völker, welche sich stark genug machten, nach politischer Selbständigkeit zu streben. Sie nahm auch einen nationalgriechischen Charakter an, indem sie das heilige Banner der orthodoxen Kirche erhob, von der die Palaiologoi durch ihre Unterwerfung unter den Papst abgefallen waren. Die Despoten von Epiros und Thessalien unterstützten den Widerstand des griechischen Volks und Klerus gegen die vom Kaiser proklamierte Union. Ihre Höfe wurden die Zufluchtsstätten der verfolgten und protestierenden Geistlichkeit.

Michael VIII. sah sich von den Angeloi ernstlich bedroht. Er konnte das Werk der Wiederherstellung des byzantinischen Reichs nicht fortsetzen, ohne den Trotz jener Despoten zu brechen und seiner Machtsphäre ihre Länder zu unterwerfen. Deshalb schickte er im Jahre 1275 seinen eigenen Bruder Johannes und den General Synadenos mit einem ungewöhnlich starken Heer zuerst nach Thessalien. Eine Flotte unter dem Befehl des Admirals Philanthropenos sollte dasselbe zur See unterstützen. Der Sebastokrator wurde hierauf in Neopaträ eingeschlossen. Es gelang ihm indes, nachts in der Verkleidung eines Bauern die Stadt zu verlassen und durch die Linien der Belagerer hindurchzukommen, worauf er ein Kloster erreichte, mit Hilfe des Abts durch die Thermopylen gelangte und weiter nach Theben und Athen eilte. Hier gab er sich dem Herzog zu erkennen und beschwor diesen, ihm zu seiner Rettung Hilfstruppen zu leihen. Johann de la Roche muß ein hohes Vertrauen in das Glück oder Genie des Mannes gesetzt haben, der sich mit so kühnem Wagnis zu ihm begeben hatte, während seine Hauptstadt von Feindesscharen umringt war. Er ging auf die Anträge des Sebastokrators ein. Zwar schlug er selbst, weil krank und leidend, die ihm dargebotene Hand von dessen Tochter Helena aus, aber er bewog seinen Bruder Wilhelm, sie mit einer reichlichen Mitgift thessalischer Städte anzunehmen.[231]

Mit 300 wohlausgerüsteten Rittern, unter denen sich auch die Herren von St. Omer befanden, geleitete der Herzog in Person den Fürsten Thessaliens in sein Land zurück, um das von 30 000 Griechen, Kumanen und Türken umlagerte Neopaträ zu entsetzen.[232] Beim Anblick dieser feindlichen Massen rief er seinem bangenden Schützlinge das Wort eines Alten zu: »Viele Leute, aber wenige Männer.«[233] Er stürzte sich mutig auf das feindliche Lager, zersprengte das große Heer des Palaiologos und gewann den herrlichsten Sieg. Die Stadt Neopaträ wurde entsetzt, der fliehende Feind aber genötigt, aus Thessalien abzuziehen. Der dankbare Johannes Angelos hielt sein Versprechen: Er vermählte Wilhelm de la Roche mit seiner Tochter Helena und übergab ihm als Mitgift die Städte Zeitun, Gravia, Gardiki und Sidirokastron.

So verschwägerte sich, gleich dem Hause Villehardouin, auch die herzogliche Familie Athens mit demselben epirotischen Dynastengeschlecht. Wenn auch diese Verbindung nur durch politische Ursachen veranlaßt war, so bewies sie doch die fortschreitende Annäherung der Franken an die Griechen. Die lateinische Kirche gestattete gemischte Ehen in der Regel nur unter der Bedingung des Übertritts der griechischen Frau zum katholischen Bekenntnis, aber es ist doch nicht glaublich, daß sich die Prinzessin Helena dieser Bedingung unterwarf. Denn auch bei der einige Jahre später vollzogenen Vermählung des Prinzen Philipp von Tarent mit Thamar, der Tochter des Despoten Nikephoros I. von Epiros, des Bruders des Sebastokrators Johannes, sicherte sich die Griechin ausdrücklich ihren Kultus.[234] Im übrigen nahmen die fränkischen Barone in Griechenland, wie Ramon Muntaner einmal bemerkt hat, ihre Frauen vorzugsweise aus Frankreich. Nur aus unrechtlichen Verbindungen von Lateinern und Griechinnen entstammte überall in der Levante ein Mischgeschlecht, welches den Namen der Gasmulen erhielt.

Der glänzende Tag von Neopaträ machte den Herzog von Athen zu einem großen Manne; er dehnte jetzt seinen Machteinfluß bis zum Othrys aus. Und doch erfuhr auch er nur drei Jahre später den Unbestand des Glücks, als er in die Verhältnisse Euböas verflochten wurde.

2. Die Insel Negroponte bot das seltsamste Schauspiel des fränkischen Feudalwesens in Griechenland dar, denn nirgend sonst war dasselbe so verwickelt. Die dortigen Dreiherren, die man wegen ihrer Herkunft noch immer Lombarden zu nennen pflegte, setzten das fruchtbare Geschlecht der Carceri Veronas in mehreren Zweigen fort, während durch Vermählung mit ihren vielbegehrten Töchtern auch fremde Herren vom Festlande und den Inseln euböotische Güter erwarben, wie die Pallavicini, die Morosini, Sanudo, Ghisi, Cicons und die Noyer aus Burgund. So war das Inselland in viele Lehen zersplittert, obwohl die alte Dreiteilung im Prinzip bestehen blieb.[235]

Als gemeinschaftliche Hauptstadt der Terzieri galt Chalkis oder Negroponte, der größte Ort der Insel, eins der lebhaftesten Emporien der Levante, von geschäftigen Griechen, Franken und Juden bevölkert. Das mächtige Kastell schloß den Euripos. Unmittelbar vor ihm führte eine hölzerne Brücke zu dem mit dem Turm bewehrten Felsen, der aus dem schmalen Sunde aufsteigt. Sie setzte sich dann nach dem Ufer Böotiens fort, wo sie durch ein andres Bollwerk gedeckt war. Schon Prokopios, zu dessen Zeit weder Chalkis noch Euböa den antiken Namen verloren hatte, spricht von dieser beweglichen Holzbrücke über den Euripos, welche Euböa zum Kontinent mache, wenn sie über den Sund gelegt wurde, und zur Insel, wenn man sie abnahm.[236]

Die Terzieri hatten in der Stadt ihre Häuser, unter denen man sich freilich keine großartigen Paläste vorstellen darf. Sie übten die städtische Gerichtsbarkeit aus, von welcher die Jurisdiktion des venezianischen Bailo vertragsmäßig geschieden war. Denn die Republik San Marco besaß eine solche nur in dem Quartier ihrer eigenen Handelsgemeinde; stets anerkannte sie die Herrenrechte der Terzieri auf die Stadt Negroponte.[237] Beamte Venedigs erhoben am Euripos von den Handelsschiffen das Comerclum oder den Zoll. In die Mitte dieser feudalen Oligarchie lombardischer Barone hatte sich eine von jedem

Lehnsverbande mit ihnen völlig freie Kolonie oder Kommune venezianischer Kaufleute eingeschoben, welche beide Naturen in sich vereinigte, die aristokratische Venedigs und die bürgerliche aufgrund ihrer Handelszwecke. Die Faktorei war eine durchaus dem venezianischen Staat zugehörige politische Körperschaft, denn ihre Mutterstadt an der Adria verwaltete die ihr zugewiesenen Plätze, Fondaci, Magazine und Kirchen als ihr Eigentum und regierte die Kolonie gleich jener in Tyrus und Byzanz durch einen Bailo mit seinen zwei Räten. Dieser ursprüngliche Konsul Venedigs wurde allmählich der einflußreichste Mann auf der Insel, der bedeutendste Minister der Republik in den Levantekolonien seit dem Falle des Frankenreichs in Konstantinopel.

Kein Trieb nach Einheit war auf der Insel Euböa sichtbar, noch konnte er sich dort bei der Natur des Lehnswesens geltend machen, zumal es in der Politik Venedigs lag, die Macht der dortigen Barone durch Teilung zu schwächen. Allein trotz dieser Zersplitterung der Insel in Drittel- und selbst Sechstellehen behauptete sich das Geschlecht der Carceri, durch Familienverträge in sich zusammengehalten, gegen alle Stürme und Bedrängnisse. Die Herren vom Veroneser Hause des Ravano und Giberto waren auch aus dem Kriege mit dem Fürsten Achaias glücklich hervorgegangen. Sie hatten ihre Besitzungen und Feudalrechte bewahrt, wenn sie auch die Oberlehnshoheit desselben anerkennen mußten. Diese konnten sie sogar als minder lästig oder als ein Gegengewicht der Herrschaft Venedigs vorziehen. Sie hatten Euböa mit Burgen erfüllt, die sie meist auf alten Akropolen der Elloper, Abanten und Dryopen oder aus den byzantinischen Schlössern errichteten. Ihre Ruinen stehen noch heute über einsamen Hafenbuchten und an den Abhängen des Delphi- und Ochagebirges. In den Burgen zu Oreos, Karystos und Larmena, in la Vathia, Vasiliko, Philagra, in Cupä, Klisura, Manducho und Varonda schalteten die Lombarden über ihre Lehnsleute und die Masse griechischer Bauern, ihre Leibeigenen, »villani« oder »pariki« genannt.

Der größere Teil Euböas lag in kulturloser Verwilderung, von Myrtengebüsch, Oleaster und Lentiskus wie heute bedeckt, doch gab es auch Täler und Ebenen, wo Getreide, Wein, Honig und Öl, auch Seide genug erzeugt wurden. Die fruchtreichste der Ebenen, jenes schöne Lelantongefilde, welches im Altertum der Gegenstand des erbitterten Streites zwischen den Gemeinden Eretria und Chalkis gewesen war, erscheint noch mit dem wenig veränderten antiken Namen als Lilando im 13. Jahrhundert, und dort stand ein fränkisches Kastell Filla.[238]

Die wesentliche Quelle des Wohlstandes für die halb verwilderten Inselbarone war nicht der friedliche Ackerbau, sondern der barbarische Seeraub. Die geplünderten Schätze der Küstenstädte des Archipels und Kleinasiens wanderten in ihre Burgen, und ihre Gefangenen wurden auf den Märkten des Orients und Abendlandes als Sklaven verkauft. Die Insel führte den Seeraub in demselben Maße aus, als sie ihn erlitt. Sie war, wie Keos, Samothrake, Samos, Rhodos und Chios, ein Sammelplatz für Meerpiraten aller Nationen, für venezianische Freibeuter, Pisaner und Genuesen, Provençalen, Sizilianer, Sklavonier, welche aus den Häfen und Buchten nach den Inseln und Küsten Asiens Raubzüge unternahmen. Nach der Angabe des Marin Sanudo liefen von Euböa jährlich wohl hundert Korsarenschiffe aus. An diesem furchtbaren Seeraub beteiligten sich auch die La Roche, namentlich von Nauplia her. Nicht minder schrecklich waren die byzantinischen Korsaren, die unter kaiserlicher Flagge die Meere unsicher machten.[239]

Der Hof des reichen Guglielmo I. dalle Carceri von Oreos war der glänzendste Euböas. Dieser Dreiherr hatte sich nach dem Tode seiner ersten Gattin Helena von Thessalonike nochmals vermählt, mit Simona, einer Nichte Wilhelms II. Villehardouin. Durch seine tätige Teilnahme an dem Kriege gegen die Byzantiner in Morea war er diesem Fürsten so wert geworden, daß derselbe die Absicht hatte, ihm die Oberhoheit über ganz Euböa zu verleihen. Marin Sanudo behauptet sogar, daß er ihm die Hoheitsrechte über das Herzogtum Athen geben wollte. Das würden freilich die La Roche bestritten haben, aber diese Bemerkung beweist immerhin, daß die Villehardouin Athen als im Lehnsverbande mit Achaia stehend betrachtet haben.[240]

Guglielmo starb im Jahre 1262; sein Land Oreos erbte sein Sohn Guglielmo II., welcher Erbmarschall Achaias war, als zweiter Gemahl der Margarete de Neuilly von Passava.

Die Insel Negroponte gegen die wiederholten Angriffe der Palaiologoi zu schützen mußte die Sorge aller lateinischen Staaten Griechenlands sein, zumal des benachbarten Herzogs von Athen. Die Unternehmungen des griechischen Kaisers, den Franken Euböa zu entreißen, hatten endlich mehr Erfolg, als er dort unverhofft durch die verräterische Rachlust und das Genie eines Abenteurers unter den Franken selbst unterstützt wurde. Dies war Licario, Vicentiner von Geburt, einer der tatkräftigsten, kühnsten und tapfersten Männer des fränkischen Rittertums in Griechenland. Arm, mißachtet und ehrgeizig, suchte er emporzukommen. Er gewann die Liebe Felisas, der verwitweten Schwester Guglielmos II.; heimlich vermählte er sich mit ihr, und die stolzen Verwandten der Dame verbannten ihn in eine Felsenburg.[241] Licario bot aus Rache dem Kaiser Michael seine Dienste an, ließ griechische Truppen in das Schloß Anemopylä ein und veranlaßte so einen heftigen Krieg der Terzieri mit den Byzantinern. Auf die Kunde des ruhmvollen Sieges des Herzogs von Athen und seines thessalischen Verbündeten bei Neopaträ schickten die Dreiherren, durch diese Waffentat auch ihrerseits zu einem Kriegszuge ermuntert, eine Flotte gegen die Griechen aus. Mit ihr waren auch Schiffe von Kreta vereinigt.[242] Sie brachte dem Admiral Philanthropenos bei Demetrias im Golf von Almyros eine Niederlage bei. Nun aber traf es sich, daß noch während dieser Seeschlacht der von Neopaträ zurückgeworfene Johannes Palaiologos, auf dem Rückzuge begriffen und die Verbindung mit dem Admiral suchend, mit dem Rest seiner Truppen an jenem Golf erschien. Er ließ sofort die dem Lande zu fliehenden griechischen Galeeren mit seinem Kriegsvolk bemannen, erneuerte den Kampf und vernichtete vollkommen die schon siegesgewisse Flotte der Euböoten.[243] In dem mörderischen Handgemenge fiel Guglielmo II. mit mehreren Rittern, während sein Bruder Francesco und andre Barone, auch Mitglieder des Hauses Sanudo, in Gefangenschaft gerieten. Ein zweiter Bruder Guglielmos, Giberto, rettete sich mit Not auf einer Galeere nach Negroponte. Die Kunde dieses Unglücks setzte die Insel in Schrecken; man erwartete hier jeden Augenblick die Landung des Palaiologos Johannes. Der Herzog von Athen schickte daher in Eile Truppen von Böotien hinüber. Zum Glück war der byzantinische Feldherr nicht imstande, seinen Sieg zu verfolgen; vielmehr führte er die Trümmer seines eigenen, bei Neopaträ geschlagenen Heeres mit den gefangenen Lateinern nach Konstantinopel, wo er sich dann aus Mißmut in das Privatleben zurückzog.

Den Krieg in Euböa setzte indes Licario eifrig und mit wachsendem Erfolge fort. In wenigen Jahren entriß er den Franken die Burg Karystos, das Lehen der Cicons, viele andre feste Schlösser und Städte, auch einige Inseln des Archipels, wie namentlich Lemnos, wodurch die Venezianer schwer getroffen wurden. Der griechische Kaiser aber belieh ihn zum Lohn seiner Taten mit Euböa und machte ihn zu seinem Großadmiral. Fast ganz Negroponte war in der Gewalt Licarios, die Hauptstadt ausgenommen, wo die Venezianer zwar ihre Kolonie zu schützen suchten, sonst aber, durch ihren Waffenstillstand mit dem Palaiologos gebunden, sich als ruhige Zuschauer der Ereignisse verhielten. Nur Johann von Athen führte im Jahre 1278 persönlich sein Kriegsvolk hinüber, vereinigte dieses mit den Resten der euböotischen Ritterschaft unter Giberto und warf sich dem griechischen und katalanischen Söldnerheer Licarios bei Varonda entgegen.[244] Er verlor die Schlacht; von einem Pfeil getroffen, sank der gichtbrüchige Herzog vom Pferde; er selbst, der verwundete Giberto und viele andre Barone wurden gefangen.[245]

Die Stadt Negroponte rettete augenblicklich der venezianische Bailo Niccolo Morosini, welcher sich zu ihrer Verteidigung entschloß; auch erschien Jakob de la Roche, Baron von Veligosti und Kapitän von Argos und Nauplia, mit frischen Truppen auf der Insel, wohin ihn Wilhelm, der in Theben zum Stellvertreter seines gefangenen Bruders ernannt worden war, abgeschickt hatte. Die Nachricht von einer großen Niederlage des byzantinischen Generals Johannes Synadenos, welchen der Sebastokrator von Neopaträ bei Pharsalos geschlagen hatte, hielt unterdes Licario von weiteren Angriffen auf Negroponte zurück. Er schiffte mit seinen Gefangenen nach Konstantinopel. Als diese vor den Kaiser geführt wurden, erschütterte der Anblick jenes jetzt mit Sieg und Ehren gekrönten Verräters, seines verhaßten Schwagers, den stolzen Giberto so tief, daß er vom Schlage getroffen tot zusammenstürzte.

Wie einst Villehardouin fand sich jetzt auch Johann von Athen in einem Kerker Konstantinopels, und sein Schicksal lag in den Händen desselben ruhmgekrönten Wiederherstellers des griechischen Reichs. Er hatte indes mehr Glück als der Fürst von Achaia, denn seinen edlen Gefangenen mit Schonung zu behandeln, zwangen Michael VIII. manche Rücksichten: seine Beziehungen zum Papst aufgrund der Kirchenunion; die Furcht vor Karl von Anjou, der sich gerade damals zum Kriegszuge nach Konstantinopel rüstete, endlich jene schwere Niederlage seines Heeres in Thessalien. Dem Herzoge Johann blieb der tragische Seelenkampf erspart, welchem der Fürst von Achaia zum Opfer gefallen war. Statt von ihm die Abtretung auch nur eines Teiles seiner Länder zu fordern – und namentlich hätte die Restitution von Argos und Nauplia an das griechische Reich von höchster Wichtigkeit sein müssen –, sah sich der Kaiser zu dem beschämenden Geständnis genötigt, daß er einem kleineren Frankenherrscher nicht mehr die Bedingungen auferlegen konnte, welchen sich zwanzig Jahre früher der stolze Fürst des Peloponnes hatte unterwerfen müssen. Michael VIII. suchte vielmehr die Freundschaft des Herzogs von Athen, den er persönlich lieb gewann. Er bot ihm die Hand seiner Tochter, welche Johann ablehnte; er begnügte sich mit einem Lösegeld von 30000 Goldsolidi und dem Gelöbnis ewigen Friedens, dann entließ er den Gefangenen und seine Unglücksgefährten mit Ehren.

3. Bald nach der glücklichen Rückkehr in sein Land ging Johann eine verwandtschaftliche Verbindung mit dem französisch-apulischen Hause der Brienne ein, und dieses sollte in der Geschichte Athens eine verhängnisvolle Stelle einnehmen.

Die Brienne gehörten zu den erlauchtesten Pairsgeschlechtern Frankreichs; sie stammten aus derselben Champagne, woher die Eroberer Griechenlands gekommen waren. Der berühmte Johann, ein Sohn des Grafen Erhard und der Agnes von Montbeliard, König von Jerusalem, war Vormund Balduins II. und gekrönter Kaiser in Konstantinopel gewesen. Sein älterer Bruder Walter hatte als Gemahl Albirias, der Tocher des letzten sizilischen Normannenkönigs Tancred, die Grafschaft Lecce in Apulien erworben und im Jahre 1205 im Kampfe mit den deutschen Feudalherren Süditaliens seinen Tod gefunden. Sein Sohn Walter IV. glänzte im Orient durch Waffentaten, gewann mit der Hand Marias von Lusignan reiche Güter in Zypern und endete qualvoll in türkischer Gefangenschaft im Jahre 1251.[246] Der Erbe des Hasses gegen das Hohenstaufengeschlecht, der Waffengefährte Karls von Anjou auf den blutgetränkten Schlachtfeldern bei Benevent und Tagliacozzo, war Walters Sohn Hugo von Brienne. Nach dem Untergange Manfreds gab ihm der siegreiche König die Grafschaft Lecce zurück, womit er die Ansprüche beseitigte, welche die Brienne als Erben der Normannen vielleicht erheben konnten.[247]

Es war dieser Hugo, welcher sich mit den La Roche verschwägerte. Im Jahre 1276 oder 1277 kam er mit einem stattlichen Gefolge aus Lecce nach Andravida an den Hof des ihm befreundeten Fürsten Villehardouin.[248] Es schwebte damals ein Streit um die Baronie Skorta oder Karytena, da der alte Held Gottfried von Bruyeres kinderlos gestorben war. Villehardouin, welcher diesem das große, durch Felonie verwirkte Lehen nur persönlich zurückgegeben hatte, zog nach dem Tode jenes Edlen die Hälfte der Baronie ein und überließ die andre der Witwe Gottfrieds, Isabella de la Roche, der Tochter Guidos I. von Athen und Schwester des Herzogs Johann. Mit ihr aber vermählte sich Hugo, und zwar auf den Wunsch Johanns. Die Hochzeit wurde in Andravida gefeiert, worauf Brienne mit seiner Gemahlin nach Lecce zurückkehrte.[249]

Bald darauf am 1. Mai 1278, starb zu Kalamata der Fürst Wilhelm II., der letzte vom Mannesstamm der Eroberer des Peloponnes. Mit ihm endete das fränkische Heldenepos Moreas. Die Geschichte der Halbinsel bietet seither nur das widerwärtige Schauspiel endloser Verwirrungen dar, da die Ansprüche auf das Erbe der Villehardouin durch Wilhelms Tochter Isabella erst an das Haus Anjou übergingen, dann von Weibern zu Weibern, von Prinzen zu Prinzen weiter fortwanderten. Frauen haben oft genug Gewebe dynastischer Politik gesponnen und die Schicksale von Völkern und Ländern durch ihre eigenen bestimmt und verkettet, aber selten sind sie anderswo von solchem Einfluß gewesen als im fränkischen Griechenland, wo das salische Gesetz nicht Geltung hatte, demnach Stammgüter und politische Rechte auf Erbtöchter übergingen.

Weil Philipp von Anjou im Jahre 1277 gestorben war, seine junge Gattin aber, Isabella Villehardouin, ihr Erbland nicht selbst verwalten konnte, sondern am Hofe Neapels zurückblieb, so übernahm jetzt der König Karl die Regierung des ihm zugefallenen Morea. Er schickte dorthin als seinen Bail Galeran d'Ivry, den Seneschall Siziliens, welchem auch die moreotischen Barone, die Dreiherren Euböas, die Markgräfin von Bodonitsa und der Herzog von Athen für den König als Lehnsvasallen huldigten.

Johann de la Roche selbst starb nicht lange nach Villehardouin, wahrscheinlich im Jahre 1279.[250]

Sein Bruder Wilhelm, Baron von Levadia, bestieg als vierter Herrscher seines Hauses den Herzogsthron. Geduldig fügte er sich in die Lehnshoheit des Königs Karl, welchen er bat, ihm sein persönliches Erscheinen zur Huldigung in Neapel zu erlassen. So waren die glücklichen Zeiten vorüber, wo die burgundischen Herren Athens unter den schwachen Frankenkaisern Konstantinopels eine fast vollkommene politische Unabhängigkeit genossen hatten. Wie jeden andern Lehnsmann nannte Karl von Anjou auch den Herzog von Athen seinen geliebten Ritter und Getreuen.[251]

Als Gemahl der Griechin Helena Angela, die ihm einen Sohn Guido geboren hatte, war Wilhelm mit dem Herrscher von Neopaträ und dem Despoten von Epiros verwandt und befreundet, so daß die Nordgrenze seines Landes geschützt blieb. Er stand in den besten Beziehungen zu Venedig. Nur an den fortgesetzten Kriegen, welche die königlichen Statthalter Moreas wider die Byzantiner und Griechen von Lakonien führten, mußte er sich mit Hilfstruppen beteiligen. Den Friedensvertrag seines Bruders mit dem Kaiser Michael sah er als erzwungen und durch den Tod Johanns erloschen an, so wollte es der König Karl. Böotien und Attika wurden daher durch die Raubzüge Licarios von neuem heimgesucht. Gerade jetzt hatte Karl seine diplomatischen Verbindungen und seine Kriegsmittel weit genug gefördert, um den lange geplanten Zug nach dem Orient auszuführen. Auch der Herzog von Athen sollte dazu bemannte Galeeren stellen. Das Ziel des großen Unternehmens, die Eroberung Konstantinopels und die

Sechstes Kapitel

Wiederaufrichtung des lateinischen Kaisertums unter dem Zepter des Anjou, schien durch das Bündnis gesichert, welches der König am 3. Juli 1281 in Orvieto mit dem Papst Martin IV. und auch mit der Republik Venedig geschlossen hatte. Da trat das folgenschwere Ereignis der sizilianischen Vesper ein.

Michael VIII., der zu dieser Umwälzung seine Hand geboten hatte, sah sich von der drohenden Gefahr plötzlich befreit. Die Revolution Siziliens vernichtete mit einem Schlage die großen Entwürfe Karls; sie brach die Macht des Hauses Anjou von ihrem Gipfel ab und übte auch auf die Verhältnisse Griechenlands eine tiefe Wirkung aus. Denn sie raubte den dortigen Frankenstaaten ihre kräftigste Stütze und trug deshalb viel zu ihrem Verfalle bei.[252]

Die Erhebung des aragonischen Königs Pedro, des Schwiegersohnes Manfreds, auf den Thron in Palermo und ihre Folge, der erbitterte Krieg der beiden Häuser Anjou und Aragon um den Besitz Siziliens, würde den Byzantinern schon damals die Eroberung Griechenlands möglich gemacht haben, wenn Andronikos II., der Sohn und Nachfolger des im Jahre 1282 gestorbenen Kaisers Michael VIII., statt seiner pedantischen Gelehrsamkeit und seines Aberglaubens die Willenskraft und Klugheit des Vaters besessen hätte.

Unter den fränkischen Feudalstaaten befand sich zu jener Zeit das Herzogtum Athen noch immer in der glücklichsten Lage. Während das Haus Villehardouin, wie manches andere Geschlecht der Konquistadoren Moreas, hingeschwunden und die Regierung dieses Fürstentums an wechselnde neapolitanische Vizekönige gekommen war, erhielten sich die La Roche noch ungeschwächt in ihrem legitimen und ererbten Familienbesitz. Gerade das Erlöschen des Fürstenhauses von Achaia mußte das Ansehen des Herzogs von Athen erhöhen, des einzigen größeren Frankenherrschers in Griechenland, der noch dem Stamme der Helden der Eroberung angehörte. Jetzt war dort Wilhelm II. der mächtigste und geehrteste Mann; sein herzoglicher Hof zu Theben oder Athen ersetzte jenen in Andravida. Sein gebietender Einfluß erstreckte sich über Bodonitsa und die Thermopylen bis nach Thessalien hinein. In dem zerrütteten Morea waren sein Rat und seine Stimme von entscheidendem Gewicht. Wie hoch auch der König Karl den Adel des Hauses La Roche hielt, zeigte er dadurch, daß er den Vetter des Herzogs, Jakob von Veligosti, seinen moreotischen Lehnsmann, als einen seiner Kämpen nach Bordo mit sich nahm, wo sein verabredeter Zweikampf mit Peter von Aragon stattfinden sollte.[253] In den Krieg mit den Sizilianern und dem Hause Aragon verwickelt, gab Karl seine orientalische Unternehmung völlig auf, zumal auch Venedig ihn im Stiche ließ. Denn infolge der durch die sizilianische Vesper völlig veränderten Weltlage machte diese Republik einen zehnjährigen Waffenstillstand mit dem byzantinischen Kaiser. Sie verlangte ausdrücklich von Andronikos, daß auch der Herzog von Athen darin eingeschlossen werde.[254]

Karl von Anjou, überwunden und verzweifelnd, starb im Januar 1285. Sein Sohn Karl II. befand sich noch in der Gefangenschaft Aragons, und für ihn war Reichsverweser der Graf von Artois. Dieser aber ernannte den Herzog Wilhelm zum Bail des Fürstentums Achaia, weil die dortigen Großen das verlangten: ein glänzendes Zeugnis des Vertrauens und Ansehns, welches der Herzog von Athen genoß. Er regierte das Land mit Kraft, schützte es gegen die Angriffe der Byzantiner und erbaute in Arkadien eine starke Festung Dimatra. Von allen Franken betrauert, starb der tüchtige Mann schon im Jahre 1287.[255]

Siebentes Kapitel

Guido unter der Vormundschaft seiner Mutter Helena. Die St. Omer. Florenz von Avesnes, mit Isabella Villehardouin vermählt, Lehnfürst von Achaia. Helena vermählt sich mit Hugo von Brienne. Streit um die athenische Lehnshoheit. Regierungsantritt Guidos. Bonifatius von Verona. Die Insel Ägina. Tod Hugos von Brienne und des Florenz d'Avesnes. Guido vermählt sich mit dessen Tochter Mathilde; deren Mutter Isabella mit Philipp von Savoyen, Lehnfürst Achaias. Guido wird Regent von Neopaträ. Sein Kriegszug nach Epiros. Bodonitsa und Salona. Parlament in Korinth. Entsetzung Philipps von Savoyen. Guido, Bail Moreas.

1. Guido, der einzige Sohn Wilhelms, befand sich noch im Alter der Unmündigkeit, weshalb seine Mutter Helena Angela Komnena die Regentschaft übernahm. So stand an der Spitze des fränkischen Herzogtums Athen zum ersten Mal eine Griechin. Da auch das Amt des Bail Achaias vom Grafen von Artois Nikolaus II. von St. Omer, dem Herrn von halb Theben, verliehen wurde, so blieb Athen auch jetzt der führende Staat in Griechenland.[256]

Die drei Brüder vom Hause St. Omer, die Söhne Belas, Nikolaus II., Otto und Jean, standen damals im höchsten Ansehen; sie besaßen Güter und Ehren nicht nur im Herzogtum Athen, sondern in Euböa und Morea. Jean war dort sogar Marschall, da er Margarete, die Erbin des Hauses Neuilly von Passava, geheiratet hatte. Nikolaus II. hatte sich, nach dem Tode seiner reichen Gemahlin Maria von Antiochia,

Siebentes Kapitel

der Tochter Boemunds VI., im Jahre 1280 mit Anna Angela, der Witwe des letzten Villehardouin, vermählt, wodurch er in den Besitz von Kalamata und anderer Lehnsgüter Achaias kam. Als Herr von halb Theben baute er sich auf der Kadmeia ein so prachtvolles Schloß, daß nach dem Urteil der griechischen Chronik von Morea ein Kaiser mit seinem ganzen Hofe darin Raum gehabt hätte. Er führte, obwohl er keine Leibeserben hatte, Burgen auch in Achaia auf, und seine Stellung dort war so einflußreich, daß ihn der König von Neapel nach dem Tode des Herzogs von Athen zum Bail Moreas ernannte.

Die moreotischen Barone duldeten indes nur widerwillig das Regiment von Statthaltern, welche die Krone Neapels einsetzte; sie wünschten die Zeiten zurück, wo ihr Land eine starke, einheimische Regierung besessen hatte. Seitdem Familienverbindungen das Haus Anjou zum Mittelpunkt der griechischen Angelegenheiten gemacht hatten, hingen diese durchaus von dem Hofe in Neapel ab. Dort lebten die Erben des Kaisers Balduin II. Sein Sohn, der Titularkaiser Philipp von Courtenay, war daselbst im Jahre 1285 gestorben, und auf Katharina, seine Tochter aus der Ehe mit Beatrix von Anjou, waren die Prätendentenrechte nebst dem byzantinischen Kaisertitel übergegangen. Das junge Mädchen wurde deshalb der Gegenstand für viele dynastische Spekulationen. Selbst Andronikos II. hatte ihre Hand für seinen Sohn Michael begehrt, um so die Ansprüche der Erben Balduins auf Konstantinopel zu beseitigen, allein dies glückte ihm ebensowenig, als seinem Vater der Plan geglückt war, durch die Hand der Isabella Villehardouin Morea mit seiner Krone zu vereinigen. An demselben Hofe lebte die Erbin ihres Hauses, die junge Witwe Philipps von Anjou, während das Land ihrer Ahnen durch neapolitanische Vizekönige verwaltet wurde. Ein Zufall führte sie als regierende Fürstin dorthin zurück.

Im Jahre 1287 erschien in Neapel Florenz d'Avesnes, der fünfte Bruder des Grafen Jean d'Avesnes von Hennegau, um seinen Degen dem ihm verwandten Hause Anjou darzubieten.[257] Der junge Ritter, mit dem mäßigen Besitz von Braine und Hal ausgestattet, suchte ein besseres Glück zu gewinnen; er leistete im Kriege mit Aragon so gute Dienste, daß ihn der König Karl II. zum Konnetabel Siziliens machte und zu noch höheren Ehren erhob. Denn er gestattete ihm, sich mit der verwitweten »Dame von Morea«, seiner Schwägerin Isabella, zu vermählen, dem ausdrücklichen Wunsche der Barone Achaias willfahrend, namentlich des Großkonnetabel Jean Chaudron und des Geoffroi de Tournay, Herrn von Kalavryta. Auch erkannte er, daß die Angelegenheiten jenes Landes durch eine feste Hand zu ordnen seien.

An dem Hochzeitstage, dem 16. September 1289, belieh Karl Florenz d'Avesnes und seine Gemahlin mit dem Fürstentum Achaia, indem er Isabella verpflichtete, im Falle sie Witwe wurde, keine neue Ehe ohne seinen Willen einzugehen; tat sie das, so sollte sie jenes Fürstentums verlustig sein. Die Vermählten schifften von Brindisi nach Clarenza mit hundert Rittern und einigem Kriegsvolk, nahmen Besitz vom moreotischen Lande und belebten wieder das Schloß Andravida mit einem Schimmer vom alten Glanz der Villehardouin. Die Barone Moreas leisteten mit Freuden den Treueid ihrem neuen ritterlichen Herrn, der mit frischer Kraft zu regieren begann. Helena, die Regentin Athens und Vormund ihres Sohnes Guido, huldigte ihm.

Auch diese Fürstin suchte eine Stütze an einem zweiten Gemahl. Sie ersah dazu ihren Schwager Hugo von Brienne, der durch den Tod der Isabella de la Roche zum Witwer geworden war, und ihre Wahl konnte nicht glücklicher sein. Der Graf von Lecce war Lehnsmann der Krone Neapel, Baron der halben Baronie Skorta oder Karytena, ein in Frankreich, Italien und Griechenland hochangesehener Mann. Er kam nach Theben und vermählte sich mit Helena, wie es scheint am Ende des Jahres 1291.[258] Da er ihr die Hälfte jener moreotischen Baronie als Witwensitz verschrieben hatte, nannte sich Helena seither Dame de Karytena.[259] Hugo, welcher aus der Ehe mit seiner ersten Gattin einen Sohn, Walter genannt, mit sich brachte, wurde jetzt Vormund seines Stiefsohnes Guido de la Roche und als solcher Regent des Herzogtums Athen.

Der ahnenstolze Brienne fand Florenz d'Avesnes als Regenten Achaias für seine Gemahlin Isabella und weigerte sich, ihm für Athen zu huldigen, weil er nach dem Lehnsrechte nur dem Könige Karl als seinem Souverän den Eid der Treue zu leisten habe. Derselbe gefährliche Streit über den feudalen Verband zwischen dem Fürstentum Achaia und dem Staate Athen, welcher ehedem das Haus La Roche mit den Villehardouin entzweit hatte, brach jetzt von neuem aus, ohne glücklicherweise zu einem Kriege zu führen, weil der gemeinsame Lehnsherr beider Parteien dies zu verhindern imstande war. Aber eine lange Zeit hindurch wurde der Prozeß an der Kurie Karls und durch Gesandte fortgesetzt, da keiner der Streitenden zu den vom Könige ausgeschriebenen Terminen sich persönlich stellen mochte. Karl verwarf übrigens die Rechtsgründe Hugos, indem er ihnen den Wortlaut der für Florenz und Isabella ausgefertigten Belehnungsurkunde entgegenhielt, durch welche er diesen das Homagium des Herzogtums Athen ausdrücklich übertragen hatte.[260] Er betrachtete die Gewalt Hugos von Brienne und Helenas über das Herzogtum nur als eine ihnen während der Minderjährigkeit Guidos zugestandene Ballei oder Statthalterschaft; demnach forderte er sie auf, dem Fürsten und der Fürstin Achaias gemäß den Gewohnheiten des Reichs Romania zu huldigen, wenn anders sie jene Vormundschaft noch weiter fortführen wollten.[261] Dieser Streit blieb noch einige Zeit unentschieden.

Unterdes trat der Sohn Helenas in das Alter der Mündigkeit, so daß er zum regierenden Herzog erklärt wurde. Dies Ereignis wurde am Tage St. Johann des Jahres 1294 mit glänzenden Festen in Theben gefeiert, wozu der junge Guido II. alle Edlen seines Landes und selbst Thessaliens eingeladen hatte. Die Schilderung der ritterlichen Feierlichkeiten ist eine der anziehendsten Stellen in der berühmten katalanischen Chronik des Zeitgenossen Ramon Muntaner, welcher versichert, daß der Herzog von Athen nächst den Königen der angesehenste und reichste Herr in ganz Romania war.[262] Es wäre nach seinem Urteil selbst für einen Kaiser eine Ehre gewesen, ihm den Ritterschlag zu erteilen, als er diesen in der Kathedrale Thebens nehmen wollte.

Die hohe Auszeichnung, den Herzog von Athen zum Ritter zu machen, hätte vor allen andern Baronen einem der Mitherren Thebens vom Hause St. Omer gebührt. Der berühmte Nikolaus II., der Bail Achaias, war in demselben Jahre 1294 vor dem Fest gestorben, doch mußte sein Neffe Nikolaus III., der Marschall Moreas, bei dieser Feierlichkeit gegenwärtig sein. Zum Erstaunen des in der Kirche Thebens versammelten Adels übertrug Guido jene Ehre einem noch unberühmten und unbemittelten Ritter in seinem Dienst, welcher alles aufgeboten hatte, um bei dieser festlichen Gelegenheit in prächtigem Aufzuge zu erscheinen. Dieser Günstling des letzten La Roche war Bonifatius von Verona aus dem euböotischen Hause dalle Carceri, Enkel des glänzenden Guglielmo I. und Sohn des Francesco von Verona, eines in der Geschichte Euböas berühmt gewordenen Mannes, der mit dem Vater Guidos befreundet und durch Lehnsverhältnisse verbunden war. Als jüngster von drei Brüdern mit geringem Besitze ausgestattet, hatte Bonifatius schon am Hofe des Vaters Guidos II. sein Glück gesucht, und er fand jetzt ein größeres bei diesem. Denn seinen Ritterschlag belohnte der junge Herzog nicht nur mit einer ansehnlichen jährlichen Rente, mit Gütern in Attika und der Phthiotis, wie Gardiki und Seliziri, sondern auch mit der Hand einer reichen Erbin auf Euböa. Dies war Agnes, die Dame von Karystos, aus dem mit den La Roche verwandten Hause der Cicons, welches die Herrschaft über jene euböotische Burg und die Insel Ägina erlangt hatte. Während die Dreiherren und die Venezianer die Burgen Euböas allmählich den Byzantinern wieder entrissen hatten, befand sich Karystos freilich noch in deren Gewalt. Allein der tapfere Bonifatius eroberte dieses Lehen im Jahre 1296, und seither war er Herr von Karystos, Gardiki, Seliziri und Ägina.²⁶³

Es ist erst um diese Zeit, daß die Äakideninsel Ägina aus einem langen Dunkel wieder hervortritt. Einst die Nebenbuhlerin Athens, reich und blühend durch den Mittelmeerhandel und ausgezeichnet durch ihre Bildhauerschule und Kunstindustrie, war sie und ihre mit Prachtbauten geschmückte Hafenstadt im Laufe der Jahrhunderte geschichtslos geworden. Seit sie ein Lehen Bonifatius' von Verona wurde, erscheint sie wieder in Verbindung mit Athen.

Der neue Herzog hatte sich an den König von Neapel mit dem Gesuche gewandt, ihm Boten zu schicken, in deren Hände er ihm den Huldigungseid schwören wolle, und Karl II. sandte deshalb einen Bischof und Ritter nach Athen.²⁶⁴ Allein er befahl den Lehnsleuten Guidos nicht diesem, sondern zuerst dem Fürsten von Achaia zu huldigen. Als Vasallen des Herzogs von Athen werden in diesem Reskript ausdrücklich genannt Thomas von Salona und Francesco von Verona.²⁶⁵ Erst im Jahre 1296 gehorchte Guido dem Gebote des Königs, indem er den Prokuratoren des Fürsten von Achaia für diesen den Huldigungseid leistete.

2. Sein Stiefvater Hugo von Brienne, in seine Grafschaft Lecce zurückgekehrt, um dem Könige von Neapel im Kriege mit Aragon zu dienen, fand in jenem Jahre das Schicksal der meisten seiner heldenhaften Ahnen, den Tod in der Schlacht. Bald darauf, am 23. Januar 1297, starb auch, zum Unglücke für Achaia, Florenz d'Avesnes in Andravida.

Zum zweiten Mal verwitwet, blieb Isabella Villehardouin als Regentin des Fürstentums zurück. Aus ihrer Ehe mit Florenz hatte sie eine Tochter Mahaut oder Mathilde, die am 30. November 1293 geboren war und als Erbin ihres Vaters dessen Güter im Hennegau, als Erbin der Mutter aber die Rechte des Hauses Villehardouin auf Achaia besaß. Die Großen des Landes drangen in Isabella, schon jetzt den künftigen Gatten für dies Kind zu suchen, und Nikolaus III. von St. Omer, der Marschall Achaias, schlug ihr dazu seinen Vetter, den Herzog von Athen, vor. Die Fürstin stimmte dieser Wahl um so lieber bei, als durch sie der Streit über das Lehnsverhältnis Athens zu Achaia endgültig beigelegt werden konnte.

Boten gingen nach Theben, dem jungen Herzog die Hand des Kindes anzutragen, und Guido folgte bereitwillig ihrer Einladung. Er entbot Thomas von Stromoncourt, »den ehrenwertesten Mann in

*Der Zeus-Tempel auf Ägina
(Zeichnung 1806)*

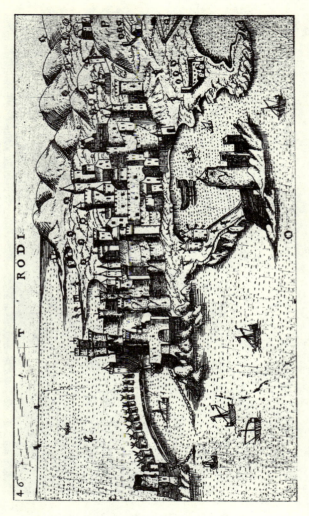

Rhodos
(Stich 1598)

ganz Romanien«, nebst seinen andern Vasallen und machte sich nach Morea auf, wo er (im Frühjahr 1299) die Fürstin Isabella mit ihrem Hofe in Vlisiri fand. Es erregte damals nirgends Anstoß, wenn Prinzessinnen im kindlichen Alter aus Staatsgründen vermählt wurden. Seine sechsjährige Tochter Simonis verhandelte der Kaiser Andronikos II., der Zeitgenosse Guidos, in die Sklaverei einer barbarischen Ehe mit dem fünfundvierzig Jahre alten Serbenkral Milutin, und der Bischof von Achrida segnete ohne Sträuben dessen Vermählung mit dem unglücklichen Kinde ein.[266] Die fünfjährige Prinzessin Mathilde wurde dem jungen Herzog von Athen durch den Bischof von Olenos angetraut. Man feierte glänzende Hochzeitsfeste, worauf Guido seine kindliche Gemahlin nach Theben mit sich führte.

Sie brachte ihm als Mitgift Kalamata, die alte Familienbaronie der Villehardouin, und außerdem die Aussicht auf den möglichen Erwerb Achaias, denn immerhin konnten sich mit der Zeit die politischen Verhältnisse so gestalten, daß ihm diese Verbindung dazu verhalf. Seit dem Vertrage zu Viterbo nahm übrigens der Herzog von Athen die erste Stelle unter den feudalen Pairs jenes Fürstentums ein. Diese aber waren neben ihm: der Herzog von Naxos oder des Archipels, der Herzog von Leukadia, der Markgraf von Bodonitsa, der Graf von Kephallenia, die Herren von Salona, von Arkadia, die Terzieri von Negroponte, der Herr von Chalandritza, der Baron von Patras.[267]

Zur Verbindung Guidos mit Mathilde war weder der Dispens des Papsts noch die Zustimmung des Königs von Neapel eingeholt worden, obwohl Karl II. bei der Belehnung Isabellas und ihres Gemahles Florenz mit Achaia auch diese Bedingung gestellt hatte, daß, im Falle aus ihrer Ehe eine Tochter erwüchse, dieselbe als die rechtmäßige Erbin des Fürstentums nur mit der Einwilligung der Krone Neapels zu verheiraten sei. Demgemäß richtete der König am 3. Juli 1299 ein heftiges Schreiben an den Herzog Guido, worin er ihm befahl, drei Tage nach dem Empfange des Briefes die kleine Prinzessin, mit welcher er außerdem im dritten Grade verwandt sei, der Mutter zurückzugeben; sobald Mathilde das heiratsfähige Alter erreicht habe, werde mit seiner Genehmigung für ihre passende Vermählung gesorgt werden.[268] Es folgten lange Unterhandlungen, bis sich der König Karl doch eines anderen besann und am 18. April 1300 die Ehe genehmigte, wozu auch der Papst Bonifatius VIII. den von ihm erbetenen Dispens erteilte.[269]

Der heimatlichen Umgebung entrissen, auch von ihrer Mutter entfernt, fand sich das zarte Kind an einen fremden Mann gekettet, als dessen Gemahlin es geehrt und noch erzogen wurde. Welche Frauen ihr zur Seite standen, ist unbekannt. Vielleicht hatte sie ihre Tante Marguerite, die Schwester ihrer Mutter, begleitet. Denn diese Dame von Mategriffon war im Jahre 1297, mit dreiundzwanzig Jahren, Witwe des Grafen von Ariano, Isnard de Sabran, geworden und wahrscheinlich aus Apulien nach Achaia zurückgekehrt. Der Hof von Theben blieb leer von edlen Frauen der Verwandtschaft Guidos, welcher keine Schwestern hatte, während von seinen Muhmen, den Schwestern seines Vaters Wilhelm, Isabella de la Roche bereits gestorben war, Alix von Beirut und Katharina von Lagonessa außerhalb Griechenlands lebten. Auch Mathildes künftige Schwiegermutter, die verwitwete Herzogin Helena, scheint mit ihrer jungen Tochter Jeannette von Brienne damals vom Hofe entfernt gewesen zu sein; sie prozessierte sogar vor der Kurie Karls von Neapel mit ihrem Sohne wegen ihres Witwensitzes in der Abtei Stiri und wegen anderer Güter.[270]

Die Mutter Mathildes selbst verließ im Jahre 1300 Griechenland, um zunächst nach Rom zu gehen, nachdem sie auf Befehl Karls II. mit dem byzantinischen Kaiser Frieden geschlossen und den Großmarschall Nikolaus III. von St. Omer zu ihrem Bail eingesetzt hatte.

Nach Rom führte diese Fürstin nicht ausschließlich das fromme Verlangen, dort während des großen, vom Papst Bonifatius VIII. ausgeschriebenen Jubiläums den Ablaß zu nehmen, sondern auch ein minder heiliger Zweck. Denn sie war im Begriffe, einem dritten Gemahl ihre Hand zu reichen. Dazu hatte sie den ältesten Sohn des Grafen Thomas von Savoyen, Philipp von Piemont, ausersehen, welcher gleichfalls nach Rom gekommen war, um diese wichtige Verbindung abzuschließen.[271]

Der König von Neapel hatte eben erst gegen die Ehe der Tochter Protest eingelegt, jetzt tat er das gleiche in bezug auf die ihm nicht genehme Heirat der Mutter. Der zweite Fall war sogar noch bedenklicher, weil hier die Rechte seines Sohnes Philipp von Tarent geschädigt wurden. Denn diesen hatte er im Jahre 1294 mit Thamar, der Tochter des Despoten Nikephoros I. von Epiros, verbunden, welche ihm Ätolien als Mitgift brachte, so daß er sich Despot Romaniens nannte. Einem Vertrage mit Katharina von Courtenay gemäß, belieh er ihn auch mit den Rechten auf Byzanz und Achaia. Allein der König wurde auch diesmal umgestimmt. Unter Verwahrung der Oberlehnshoheit seines Sohnes genehmigte er das Ehebündnis zwischen Isabella und dem Grafen von Savoyen. Dasselbe wurde am 12. Februar 1301 in seiner Gegenwart zu Rom vollzogen.[272] Am 23. belieh Karl im Namen seines Sohnes den Grafen Philipp als Fürsten Achaias mit dem Erbe der Villehardouin.[273] Isabella schenkte ihrem Gemahl die Kastellanie

Korinth, und er selbst verpflichtete sich als Lehnsmann Philipps von
Tarent, mit einem Heer nach Griechenland zu gehen, um den Byzantinern die von ihnen besetzten Teile Moreas wieder zu entreißen. Aber
erst im folgenden Jahre konnte er sich mit seiner Gemahlin und einer
Schar piemontesischer Ritter nach Morea einschiffen, wo ihn die Großen als Fürsten Achaias anerkannten. Auch Guido von Athen folgte
seiner Einladung nach Vostitza und huldigte ihm als Pair des Fürstentums.[274]

3. Der junge Herzog von Athen konnte sein Lehnsverhältnis zu
Achaia als drückend empfinden, soweit es ihn nötigte, sich durch
Hilfstruppen an den fortgesetzten Kriegen zu beteiligen, welche der
dortige Fürst mit den Griechen im Peloponnes zu führen hatte; jedoch
die Stütze, die ihm das damals noch mächtige Haus Anjou bot, war
nicht zu verachten, und außerdem durfte er in voller Unabhängigkeit
sein Land regieren und seinen Machteinfluß ungehindert nach dem
Norden ausdehnen. Durch seine Mutter Helena war er in nahe Verbindung mit dem Dynastenhause der Angeloi in Neopaträ gekommen. Er besaß in Thessalien Zeitun und andere Städte, von denen er
Gardiki, das alte Larissa-Kremaste, die fabelhafte Burg des Achill,
seinem Freunde Bonifatius von Verona zu Lehen gegeben hatte. Nun
aber machte ihn ein Zufall zum Gebieter über das ganze fruchtbare
thessalische Land.

Der damals in Neopaträ herrschende Sebastokrator Konstantin Angelos Dukas, der Bruder Helenas, starb im Jahre 1303. In seinem Testament hatte er den Herzog von Athen zum Vormunde seines Sohnes
Johannes II. Angelos und zum Regenten Thessaliens eingesetzt, voraussehend, daß seine Feinde und Nachbarn, zumal die Angeloi von
Epiros, sich Gelegenheit nehmen würden, über die Länder des Unmündigen herzufallen. Thessalische Archonten gingen deshalb mit
dem Testament nach Theben und luden Guido ein, den Willen seines
Oheims auszuführen. Der Herzog versammelte seine Vasallen, Thomas von Salona, Bonifatius von Verona und andere Barone, sogar aus
Euböa, zog mit diesem Heerbann erst nach Zeitun, wo ihm die Großen Thessaliens huldigten, und dann zum jungen Fürsten nach Neopaträ. Hier ordnete er auf fränkische Weise die Regierung des Landes,
indem er den Städten Befehlshaber gab, einen Marschall Großwlachiens ernannte und als seinen Bail den Ritter Anton le Flamenc,
Herrn von Karditsa in Böotien, einsetzte. Hierauf kehrte er nach
Theben zurück.[275] Die nahen Beziehungen, in welche schon seine
Mutter Thessalien zu Athen gebracht hatte, wurden jetzt so lebhaft,

daß jenes Land sich zu romanisieren begann. Französische Sprache und Sitten drangen in dasselbe ein; es schien sich von seinem alten Zusammenhange mit Byzanz abzulösen.[276]

Die Furcht der Thessalier vor den Absichten der Dynasten von Epiros waren nicht grundlos. Nach dem Tode des Despoten Nikephoros I. im Jahre 1296 regierte dort dessen Witwe, die Despina Anna, die Schwiegermutter Philipps von Tarent, für ihren kleinen Sohn Thomas, ein ruheloses Weib, voll Ehrgeiz und, wie es scheint, auch mit kräftigem Geist begabt. Es lebte in ihr der hellenische Patriotismus der Angeloi fort, trotz ihrer Familienverbindung mit den Anjou, die sich bald genug in Feindschaft und Haß verwandelte. Anna erhob sich alsbald gegen die Einmischung des Herzogs von Athen in die Angelegenheiten Thessaliens. Nachdem sie im Jahre 1304 die dortigen Kastelle Pindos und Phanarion durch ihre Truppen hatte besetzen lassen, entschloß sich deshalb Guido zum Kriege mit ihr. Die Streitmacht, die er zusammenbrachte, bewies, daß er kein verächtlicher Gegner war. Sie zählte 900 auserwählte Ritter, alle Lateiner, wie die französische Chronik von Morea sagt, dazu mehr als 6000 trefflich berittene Thessalioten und bulgarische Söldner, außerdem eine Menge von Kriegsvolk zu Fuß. Wider das ausdrückliche Verbot des Fürsten Philipp von Savoyen folgte den Fahnen des Herzogs auch Nikolaus III. von St. Omer. Dieser mächtige Feudalherr war Erbmarschall Achaias, da schon sein Vater Jean dies hohe Amt von den Neuilly durch seine Heirat mit Margarete von Passava geerbt hatte, aber als Baron von halb Theben war er zugleich Lehnsmann Guidos und ihm zum Kriegsdienst mit acht Ritterbannern verpflichtet. Als er sich mit dem Herzoge vereinigte, führte er ihm 89 wohlgerüstete Herren von Adel zu, unter ihnen 13 Ritter.

Guido ernannte den Marschall zum Oberbefehlshaber des Heeres, rückte in Epiros ein und gelangte bis Joannina, ohne daß ihm der Feind standzuhalten wagte; vielmehr eilte die Despina, um Frieden zu bitten und die ihr gestellten Bedingungen anzunehmen. Der Zweck des Kriegszuges war demnach erreicht, da aber eine so stattliche Kriegsmacht einmal beisammen war, so schien es den kampflustigen Edlen schmachvoll, tatenlos heimzukehren. Auch Guido wurde durch ritterlichen Mut dazu verführt, das Gebiet Thessalonikes anzugreifen, obwohl er mit dem byzantinischen Kaiser im Frieden lebte. In dieser Stadt befand sich damals als freiwillig Verbannte Irene von Montferrat, die Gemahlin Andronikos' II., welche sich mit diesem entzweit hatte, weil sie ihre Stiefkinder, den Mitkaiser Michael und den Despoten Konstantin, haßte und für ihre drei eigenen Söhne die Augustuswürde und andere maßlose Forderungen nicht erlangt hatte.[277] Die erschreckte Kaiserin ließ dem heranziehenden Herzog durch ihre Boten sagen, daß es unredlich sei, den Frieden zu brechen, und unritterlich, eine wehrlose Dame zu bekriegen, worauf Guido sie voll Artigkeit begrüßen ließ, sein Heer zurückzog und seine Vasallen verabschiedete.[278]

Sein erfolgreicher Zug nach Epiros und seine gebietende Stellung in Thessalien steigerten das Ansehen des Herzogs von Athen in ganz Griechenland. Die Chronik von Morea nennt ihn deshalb sogar Großherr der Hellenen.[279] Kein innerer Zwist störte seinen wohlgeordneten Staat. Seine Lehnsvasallen leisteten ihm ohne Widerspruch ihre Dienste. Der Herr von Salona vom Hause Stromoncourt, welcher mehrmals unter seinen Fahnen erscheint, anerkannte seine Oberherrlichkeit.[280] Willig fügte sich derselbe in kirchlichen Angelegenheiten in die Gebote des Erzbischofs von Athen. Als später einmal Minoriten von der strengen Observanz Cölestins, vor den Verfolgungen der anderen Franziskaner flüchtig, von Thomas von Salona eine kleine Insel zum Aufenthaltsort erhielten, mußte dieser sie austreiben, weil der athenische Erzbischof das verlangte.[281]

Weniger klar ist das Verhältnis des Markgrafen von Bodonitza zu Athen. Dieser Dynast, in dessen Hauptstadt der Bischof von Thermopylä seinen Sitz hatte, stand wie der Herzog selbst unter der Oberhoheit des Fürsten Achaias, dessen Pair er war. Da er bei den Kriegszügen Guidos gegen Epiros nicht unter dessen Fahnen erscheint, so ist es zweifelhaft, ob er in wirklichem Lehnsverbande zu Athen stand.[282]

Mit Euböa verbanden den Herzog persönliche Verhältnisse. Der bedeutendste Mann dort, Bonifatius von Verona, welcher den Ruhm des Hauses dalle Carceri auf seiner Herrschaft in Karystos erneuerte, war sein Freund und sein Vasall. Nicht minder treue Dienste leistete ihm Nikolaus III. von St. Omer, der im Herzogtum Athen wie im Fürstentum Achaia gleich großes Ansehen genoß. Es ist auffallend, daß während der ganzen Dauer der Herrschaft der La Roche niemals von einem Zwist zwischen diesen und den St. Omer gehört wird, die mit halb Theben beliehen waren und dort ein prachtvolles Schloß besaßen, während sich der Herzog, ihr Lehnsherr, neben ihnen mit einer bescheidenen Residenz begnügt zu haben scheint, wenn er nicht, was immerhin möglich ist, einen Teil desselben Schlosses bewohnte. Denn auch Guido residierte nicht in Athen, sondern meist in Theben, der volkreicheren Stadt, deren gerühmte Seidenfabriken noch immer in solcher Blüte waren, daß der Herzog dort einmal zwanzig samtene

Gewänder verfertigen ließ, um sie dem Papst Bonifatius VIII. zu schenken.

Die Lage der griechischen Frankenstaaten konnte überhaupt im Beginne des 14. Jahrhunderts eine günstige genannt werden. Auf die Siege des ersten Palaiologen Michael waren in Konstantinopel eine Erschöpfung der Kraft und ein Stillstand des nationalen Fortschrittes eingetreten. Euböa und andere Eilande hatten die Byzantiner an die Lateiner wieder verloren. Die Republik Venedig gebot von Kreta aufwärts fast über das ganze Inselmeer. Die Macht des Hauses Anjou, welches Korfu, Teile von Epiros und Albanien, endlich Morea besaß, war durch die Vesperkriege erschüttert worden, aber noch keineswegs gebrochen. Unter seinem Schutz behauptete sich noch immer die westliche Hälfte des Peloponnes, das eigentliche Morea, gegen die fortgesetzten Angriffe der Byzantiner von Lakonien her. So schienen sich die Lateiner in Griechenland noch einmal ganz sicher zu fühlen; sie entfalteten dort sogar ein glänzendes Ritterleben. Ein Zeugnis davon ist das große Parlament, welches Philipp von Savoyen im Mai 1305 nach der Stadt Korinth entbot. Mit reichem Gefolge erschienen daselbst die Pairs dieses Fürsten, der Herzog von Athen, der Markgraf von Bodonitsa, die Herren von Euböa, der Herzog von Naxos, der Graf von Kephalenia, der Marschall von St. Omer und andere Feudalherren Achaias. Auf dem Isthmos, wo im Altertum an den heiligen Fichtenhainen die Spiele zu Ehren des Poseidon gehalten wurden, brachen jetzt Ritter zu Ehren schöner Frauen ihre Lanzen. Guido von Athen versuchte sich mit Guillaume Brouchart, der für den besten Kämpfer aus dem Abendlande galt; doch unterlag er, da sich in die Brust seines Rosses der stahlbewehrte Kopf des Pferdes seines Gegners einbohrte, so daß er niederstürzte. Mehr als tausend Edle kämpften auf dem Plan, und das geräuschvolle Fest dauerte zwanzig Tage lang.[283] Ehrgeiz und Ruhmsucht, sodann die Absicht, die Barone in ganz Griechenland sich zu verpflichten und auf den Hof in Neapel Eindruck zu machen, waren die Beweggründe, welche den Grafen von Savoyen zur Versammlung dieses Parlaments veranlaßt hatten. Es sollte das letzte großartige Schauspiel feudaler Herrlichkeit der Franken in Griechenland sein.

Die Tage Philipps von Savoyen selbst waren dort gezählt. Zwar ein tatkräftiger Mann, aber aus Mittellosigkeit habsüchtig, hatte er sich durch Erpressungen viele Barone verfeindet, während seine auf Unabhängigkeit gerichteten Absichten den König von Neapel mißtrauisch machten. Bald nach jenem Fest in Korinth begab er sich mit seiner Gemahlin an den Hof Karls II., diesen für sich zu stimmen und die

Siebentes Kapitel 303

erbliche Belehnung mit Achaia zu erlangen, doch er täuschte sich. Karl warf ihm unter anderen Vergehen auch dieses vor, daß er im Kriege gegen Anna von Epiros seine Lehnspflicht nicht erfüllt hatte. Die Despina nämlich war in Zwiespalt mit ihrem Schwiegersohne Philipp von Tarent geraten, suchte die Anjou aus ihren epirotischen Besitzungen zu vertreiben und schloß ein Bündnis mit dem griechischen Kaiser, was einen wiederholten Krieg zwischen ihr und Neapel zur Folge hatte. Der König entsetzte endlich am 5. Juni 1306 den Grafen von Savoyen von der Regierung des Fürstentums Achaia und übertrug dieselbe seinem Sohne Philipp von Tarent, der in seiner Person die Ansprüche des Hauses Anjou auf Byzanz vereinigte. Philipp rüstete jetzt ein Heer aus, sowohl um von Morea Besitz zu nehmen als die Despina Anna zu unterwerfen. Der Graf von Savoyen und Isabella fügten sich in die Notwendigkeit. Sie traten am 11. Mai 1307 ihre Rechte auf Morea dem Könige Karl oder seinem Sohne für immer ab und erhielten zur Entschädigung dafür die marsische Grafschaft Alba am Fucinersee als ein Fürstentum.[284]

Nun landete der Fürst von Tarent im Jahre 1307 in Clarenza, worauf ihm die moreotischen Barone und auch Guido von Athen den Huldigungseid leisteten. Er blieb indes nicht lange in Griechenland, denn nach einem durchaus erfolglosen Kriegszuge gegen seine Schwiegermutter Anna von Epiros, bei welchem ihn der Herzog von Athen mit Truppen unterstützt hatte, kehrte er nach Neapel zurück. Es war keine geringe Auszeichnung für Guido, daß ihn Philipp zum Bail Moreas einsetzte. So wurde der Herzog von Athen nochmals Regent dieses Landes, welches eben erst den fruchtlosen Versuch gemacht hatte, seine Autonomie durch den dritten Gemahl der Tochter Villehardouins herzustellen. Guido regierte dasselbe von Kalamata aus, wo er abwechselnd seinen Sitz nahm. Seinem Hof, dem Mittelpunkt für die Angelegenheiten Griechenlands, konnte seine junge Gemahlin jetzt als wirkliche Herzogin mehr Glanz und Leben verleihen. Denn die Tochter Isabellas und des Florenz d'Avesnes war am 30. November 1305 zwölf Jahre alt und demnach mündig geworden. Mit prächtigen Festen war dies Ereignis gefeiert worden. Damals befand sich Mathildes Tante Margarete von Mategriffon in Theben, als Witwe ihres zweiten Gemahls, des im Jahre 1304 gestorbenen Grafen Richard von Kephallenia.[285] Wie schnell das Glück seines Hauses erbleichen sollte, konnte Guido nicht ahnen, obwohl schon ein dunkles Gewölk im Osten heraufstieg und immer näher heranzog.

ACHTES KAPITEL

Erstes Auftreten der osmanischen Eroberer in Kleinasien. Bedrängnis des griechischen Kaisers. Die katalanische Bande Rogers de Flor tritt in seinen Dienst. Handelsbeziehungen Kataloniens. Taten und Schicksale der Soldbande. Die Ermordung Rogers und ihre Folgen. Verhältnis des Königs Friedrich von Sizilien zur Kompanie. Ferdinand von Mallorca. Seine und Muntaners Festnahme in Negroponte. Rocaforte und der Herzog von Athen. Der Infant von Mallorca in der Kadmeia. Tod Guidos, des letzten Herzogs von Athen aus dem Hause La Roche.

1. Das Zeitalter der Konquistadoren war noch nicht durchaus vorüber. Derselbe nach Abenteuern verlangende Trieb und jener eine Welt voll Feinden bezwingende Heldengeist der fahrenden Ritter, welcher vor hundert Jahren das griechische Reich zu Fall gebracht hatte, lebte noch in den Lateinern fort, selbst nachdem mit dem Verlust Palästinas am Ende des 13. Jahrhunderts das Heroenalter der Kreuzzüge geschlossen war. Die ritterliche Aristokratie großen Stils hatten gerade jene Kreuzzüge massenhaft verschlungen; sie verlor mit dem Aufhören derselben den wesentlichen Schauplatz ihrer Tatenlust im Osten, während ihre Macht im Abendlande durch das erstarkte Bürgertum freier Städte und den monarchisch werdenden Staat gebrochen wurde. An die Stelle des Rittertums traten andre Erscheinungen kriegerischer Kraft, die wandernden Söldnerkompanien, die zu einem nicht geringen Teil das Proletariat der Ritterschaft waren: die schrecklichste Geißel Spaniens, Frankreichs, Italiens. Der ältesten und auch berühmtesten dieser »großen Kompanien« fiel das glänzende Los zu, in Griechenland erobernd aufzutreten, dort einen Militärstaat aufzurichten und ihren Namen in der Geschichte Athens unsterblich zu machen. Die Veranlassung zu diesem Ereignis boten die Eroberungen eines neuen Türkenstamms im byzantinischen Kleinasien dar.

Am Anfange des 13. Jahrhunderts war eine türkische Nomadenhorde, die der Wanderinstinkt der patriarchalischen Völker Asiens in die Landschaft Khorasan getrieben hatte, aus ihren dortigen Sitzen von den Mongolen des Dschingis-Khan westwärts nach Hocharmenien gedrängt worden.[286] Suleiman führte sie nach dem Euphrat, in dessen Fluten er ertrank, worauf sein Sohn Ertogrul die Wanderung nach dem Westen fortsetzte. Wie die Heroensage der Türken berichtet, zählte sein Horde nur fünfhundert Zelte. Ertogrul wurde vom Seldschuken-Sultan Alaeddin Kaikubad bereitwillig aufgenommen und durfte sich in der Landschaft Angora niederlassen. Er diente seinem

Lehnsherrn im Kriege wider die Mongolen und die Griechen Nikaias, machte den Türkennamen furchtbar, dehnte seine Herrschaft als Vasall bis zum Sangaris aus und starb als neunzigjähriger Held im Jahre 1288. Aus solchen kleinen Anfängen ging die Macht der Türken in Anatolien hervor. Ihr großer Gründer aber war Osman, des Ertogrul gewaltiger Sohn. Dieser machte sich, um 1299, als das Reich der Seldschuken unter seinem letzten Sultan Alaeddin zerfiel und sich in verschiedene Emirate oder Kleinfürstentümer auflöste, zum Herrn des Gebietes am Olymp Bithyniens. Er war es, der seinem Stamm den Namen der Osmanen gab, welcher Jahrhunderte lang der Schrecken dreier Weltteile sein sollte.

Die trostlosen Zustände Kleinasiens, dessen von dem ohnmächtigen Kaiser fast schon preisgegebene Landschaften vom Taurus bis zum Mittelmeer Horden von Türken und Tartaren verwüsteten, während die hilflosen Bewohner nach den Küsten Europas flüchteten und selbst in den Mauern Konstantinopels Schutz suchten, hat Pachymeres beredt geschildert. Die schwachen, ungelöhnten griechischen Truppen waren zersprengt oder aufgerieben. Kaum vermochte noch Andronikos' II. Sohn und Mitregent Michael die festen Städte Pergamon und Kyzikos zu halten, bis er, von den Anstrengungen übermannt, zu Pegä in eine tödliche Krankheit fiel.

In seiner Bedrängnis bot sich dem griechischen Kaiser eine Soldbande dar von Kataloniern, Aragonesen und Sizilianern, die im Dienste der Vesperkönige gestanden hatte und brotlos geworden war, nachdem Friedrich II. von Sizilien mit seinem Feinde Karl II. von Neapel am 31. August 1302 den Frieden zu Caltabellota geschlossen hatte. Dies zuchtlose, an Kampf und Raub gewöhnte Söldnervolk wollte Friedrich loswerden; er bot dasselbe sogar dem Bruder Philipps des Schönen von Frankreich an, Karl von Valois, welcher sich am 18. Januar 1301 mit Katharina von Courtenay vermählt hatte und sich rüstete, die Rechte seiner Gemahlin auf Byzanz durch einen Kriegszug nach Konstantinopel geltend zu machen. Friedrich aber hatte sich infolge jenes Vertrags verpflichtet, den Valois mit Galeeren und Truppen zu unterstützen. Das Unternehmen dieses Prinzen kam indes nicht zur Ausführung. Da geschah es, daß ein genialer Kriegsmann jenes Königs von Sizilien die verzweifelten Söldner an sich zog und in den Dienst desselben Kaisers Andronikos brachte, welchen sie unter den Fahnen des Valois hätten bekriegen sollen.

Roger de Flor, ihr Führer, war von deutscher Abkunft und in Brindisi geboren als Sohn eines Jägermeisters des großen Kaisers Friedrich II., mit Namen Richard, welcher als Ghibelline und Anhänger

Konradins in der Schlacht bei Tagliacozzo tapfer gekämpft und den Tod gefunden hatte. In seinem abenteuerlichen Leben hatte sich der junge Roger als Seemann, Tempelritter, dann als Flüchtling aus dem Orden, als Korsar, endlich als Vizeadmiral des Königs von Sizilien glänzend hervorgetan. Zum Lohn für seine Dienste gegen die Anjou hatte ihn dieser nach dem Frieden zu Caltabellota mit den Einkünften von Tripi und Licata und der Insel Malta beliehen. Er erinnerte in seiner bisherigen Laufbahn durchaus an den berühmten Seehelden Margaritone, der aus derselben Hafenstadt Brindisi herstammte, am Ende des 12. Jahrhunderts im Dienste der letzten Normannenherrscher Siziliens Graf von Malta geworden war und sich dann zum Herrn der ionischen Inseln aufgeworfen hatte.

Roger erkannte, daß der König Friedrich nicht imstande sei, jene trotzigen Söldner hinreichend zu belohnen, auch mochte er noch seine Auslieferung an den Großmeister des Tempels oder den Papst fürchten. Er faßte daher den Gedanken, für die brotlose Soldbande einen neuen Schauplatz im byzantinischen Reich zu finden, was der König gern unterstützte.

Als er Andronikos II. durch seine Boten die Dienste derselben antrug, ging der Kaiser bereitwillig darauf ein; denn die Bedrängnis durch die Türken stieg auf das höchste, und dieses unerwartete Anerbieten war unverdächtig, da es von Sizilien herkam, in dessen aragonischer Dynastie der griechische Kaiser seit der Vesper eine ihm sympathische und zu demselben Kampf mit dem Hause Anjou verbündete Macht gefunden hatte. Er genehmigte die Forderungen Rogers, das Kriegsvolk reichlich zu besolden; ihn selbst zum Großadmiral zu ernennen und mit einer Prinzessin seines eigenen Hauses zu vermählen. Der König Friedrich rüstete die Söldner mit Fahrzeugen, Waffen, Proviant und Geld aus; wahrscheinlich machte er auch mit Roger, seinem Lehnsmann, einen geheimen Vertrag, wodurch er sich die Oberhoheit über dieses Heer sicherte. In jedem Falle gedachte er, den Absichten des Valois im Orient Hindernisse in den Weg zu stellen.[287]

Die Soldbande Rogers de Flor zählte 1500 geharnischte Reiter und 5000 Almugavaren, die furchtbarste Infanterie jener Zeit, die während der Vesperkriege auf den blutigen Schlachtfeldern Kalabriens und Siziliens berühmt geworden war.[288] Obwohl dies Kriegsvolk schon im Beginne seiner merkwürdigen Laufbahn aus verschiedenen Nationen gemischt war, so bestand es doch der Mehrzahl nach aus Katalanen und Aragoniern, und namentlich gehörten diesen die Hauptleute an. Deshalb wurde es im allgemeinen die katalanische Kompanie genannt. Tapfre Männer schlossen sich Roger an, so Fernan Ximenes d'Arenos,

Fernand d'Aones, Corbaran de Lehet, Ramon Muntaner, Martino de Logran. Zwei vornehme Herren, Berengar d'Entenza, ein Schwager des großen Admirals Roger de Lauria, und Berengar de Rocaforte, wollten später nachfolgen. Im September 1302 führte Roger die Kompanie von Messina nach dem Bosporos.[289]

Die Katalanen waren keine Fremdlinge mehr im byzantinischen Reich. Nachdem der Graf von Barcelona, Berengar IV., im Jahre 1162 Aragonien mit Katalonien vereinigt und der gewaltige Jayme I. zwischen 1229 und 1238 Valencia, Mallorca und Minorca den Mauren entrissen hatte, strebten die spanischen Seestädte mächtig auf. Katalanische Korsaren schwärmten in den Meeren, und Handelsschiffe besuchten die Küsten Afrikas und der Levante. Schon im Jahre 1268 hatte Jayme I. von Aragon der von ihm auf jede Weise begünstigten Kaufmannschaft Barcelonas das Recht erteilt, eigene Konsuln in den Häfen Romanias zu ernennen.[290] Aus dieser reichen Handelsstadt ging der erste Kodex der merkantilen Gesetze hervor, welche im Mittelmeer zur Geltung kamen, selbst von Venedig, Pisa und Genua angenommen wurden und die Grundlage der konsularen Gerichtsbarkeit wurden.[291] Bereits vor 1290 gab es eine katalanische Kolonie mit einem Konsul in Konstantinopel. Denn die erbitterten Kriege des Hauses Aragon gegen die Anjou Neapels, die Prätendenten des byzantinischen Throns, hatten die Folge, daß die Palaiologoi die Freundschaft der Spanier und Sizilianer zu gewinnen suchten; sie nahmen katalanische Kaufleute bereitwillig in ihrem Reiche auf. Zur Zeit, als Roger seine Soldbande nach Byzanz führte, befanden sich katalanische Kaufleute nicht nur dort, sondern in Zypern und Rhodos, in Alexandria, in Beirut und Damaskus, und Händler von Barcelona, Valencia und Tortosa besuchten die Märkte in Syrien und Kleinarmenien, selbst in Tana am Pontus Euxinus.[292]

Die Katalanen wurden die gefürchteten Nebenbuhler der Italiener im Mittelmeer. Ihre Seeleute konnten es mit ihnen in nautischer Erfahrung aufnehmen. Schon vor 1286 besaßen sie Landkarten; sie wetteiferten darin mit den Genuesen, deren Kosmograph Pietro Visconte im Jahre 1318 einen berühmten Portolan verfertigte. Die Schule der katalanischen Kosmographen erlangte mit der Zeit solchen Ruf, daß Karl V. von Frankreich in Jahre 1375 von ihr eine Karte machen ließ, die als das katalanische Weltgemälde bekannt geworden ist und einen Fortschritt über die arabischen Karten des Edrisi und die venezianischen des Marin Sanudo darstellt.[293]

Der Vorgänger Rogers de Flor in den griechischen Meeren war übrigens der berühmte Admiral Roger Loria gewesen, welcher im

Jahre 1292 mit katalanischem Kriegsvolk auf 30 Galeeren einen Raubzug gegen die Staaten der Anjou in Morea unternommen und unter diesem Vorwande die Küsten und Inseln Griechenlands geplündert hatte.[294]

2. Als das furchtbare Kriegsvolk Rogers im byzantinischen Meer erschien, mußte es die Erinnerung an die lateinischen Kreuzfahrer wachrufen, die gerade vor einem Jahrhundert als vertragsmäßige Verbündete eines Kaisers Konstantinopel erobert hatten. Die alte ehrwürdige Königin der Meere thronte noch über dem Bosporos, aber der Glanz ihres Kaiserdiadems war erblichen, und sie blickte voll Verzweiflung auf die an Slaven und Lateiner verlorenen Provinzen des europäischen Festlandes und das von namenlosem Elend erfüllte, fast schon verlorene Kleinasien. Wenn jetzt, nach dem Erscheinen der spanischen Söldner, keine gleiche Katastrophe erfolgte wie im Jahre 1204, so sollten doch auch diese Söldner dem griechischen Reich tödliche Wunden schlagen. Es wiederholte sich dasselbe Schauspiel von Ohnmacht, Feigheit und Arglist, von finanzieller Not auf der einen und von Übermut, Raubgier und Gewaltsamkeit auf der andern Seite.

Der Kaiser Andronikos ernannte Roger de Flor zum Mega Dux oder Großadmiral und vermählte ihn mit seiner Nichte Maria, der Tochter seiner Schwester Irene und des Bulgarenfürsten Johann Asen. Die Kompanie, lange Zeit in der Nähe Konstantinopels lagernd, geriet in einen blutigen Kampf mit den Genuesen Galatas, welche die Venezianer seit einigen Jahrzehnten vom Bosporos verdrängt hatten, in den Spaniern werdende Rivalen haßten und die Byzantiner mit Argwohn gegen deren Absichten erfüllten. Dann schiffte die Soldbande nach Kyzikos in Anatolien hinüber, bekämpfte im folgenden Frühjahr siegreich die Türken und entsetzte Philadelphia; sie durchzog die Landschaften am Hermos und Mäander bis nach Phrygien hin, überall die Heere der Ungläubigen vernichtend. Roger de Flor konnte als Gemahl einer kaiserlichen Prinzessin den Plan fassen, mit den Schwertern seiner Krieger sich ein Fürstentum in Anatolien aufzurichten, und vielleicht würden diese tapferen Spanier die Osmanen lange Zeit von Europa ferngehalten haben, wenn sie Ionien und Pamphylien, Karien, Lydien und Phrygien bleibend in Besitz genommen hätten.

Vom argwöhnischen Kaiser wurde Roger bald aus Kleinasien zurückberufen, um in den Balkanländern die Bulgaren zu bekämpfen. Er führte die Kompanie zunächst in die Winterquartiere auf den thrakischen Chersones, und hier bei Madytos erschien Berengar d'Entenza, welcher mit neun Schiffen von Sizilien nach Konstantinopel gekommen war, um gleichfalls in die Dienste des Kaisers zu treten, ohne von diesem dazu berufen zu sein. Mit begründetem Mißtrauen wurde überhaupt das fremde Kriegsvolk der Katalanen von den Griechen angesehen. Die Küsten Asiens und Europas waren von ihm schonungslos gebrandschatzt und ausgeraubt worden; der Kaiser aber sah sich außerstande, die Geldforderungen der Spanier zu befriedigen, welche überdies stärker an Zahl waren, als er sie gewünscht hatte. Sie drohten aus Söldnern zu Gebietern im Reiche zu werden, wo sie allein eine geschlossene Heeresmacht bildeten. Aus ihrem verschanzten Lager in Gallipoli konnten sie zu jeder Stunde vom Kaiser abfallen und als Feinde vor den Mauern Konstantinopels erscheinen. Andronikos suchte deshalb die Kapitäne der Kompanie durch Ehren und Geschenke für sich zu gewinnen; er ernannte Entenza auf den Rat Rogers zum Großadmiral, diesem selbst aber verlieh er sogar die Würde des Cäsar, mit dem Versprechen, ihm die Statthalterschaft über Kleinasien zu geben, einige große Städte ausgenommen.[295] Denn dorthin sollte Roger die Soldbande nochmals hinüberführen, um sie aus Europa zu entfernen und die Türken zu bekämpfen, welche Philadelphia wiederum belagerten. Allein es kam nicht mehr dazu. Als der neue Cäsar es wagte, mit geringer Begleitung Michael IX., den Sohn des Andronikos, in Adrianopel zu besuchen, wurde er auf dessen heimlichen Befehl im kaiserlichen Palast von der alanischen Leibwache verräterisch ermordet, am 28. März 1305.

Diese tückische Tat hatte ein entsetzliches Strafgericht zur Folge; das Verbrechen des Herrschers büßten die schuldlosen Völker des Reichs jahrelang durch namenlose Leiden. Voll Wut erhoben sich die Katalanen zum Rachekrieg gegen das falsche Byzanz, und nie wurde eine schrecklichere Blutrache vollzogen. Berengar d'Entenza führte jetzt den Oberbefehl über die Soldbande in Gallipoli. Der kriegserfahrene spanische Edelmann betrachtete sich fortan als ihr selbständiges Oberhaupt; er nannte sich von Gottes Gnaden Großadmiral des Reichs Romania und Herr Anatoliens wie der Inseln desselben Reichs.[296] Seit dieser Zeit wurde die Kompanie Rogers de Flor eine frei wandernde Militärrepublik, »das glückliche Heer der Franken in Romania«, wie sie sich nannte. Sie erinnerte an die gemischten Kriegshaufen des Odoakar, welche einst Italien erobert hatten, und an die Normannen des 11. Jahrhunderts, die aus Söldnern im Dienste des byzantinischen Reichs zu Gebietern Apuliens und Siziliens geworden waren.

Die von Haß und Not zur Verzweiflung gebrachten Krieger streiften mordend und verheerend bis vor die Tore Konstantinopels. Vergebens machte der Kaiser Friedensverträge. Er rief die Genuesen zu Hilfe, denen er im März 1304 ein neues Handelsprivilegium verliehen und die Niederlassung in Galata bestätigt hatte.²⁹⁷ In der Propontis, im Angesichte Konstantinopels, wurde die katalanische Flotte von den Genuesen unter Eduard Doria vernichtet, Entenza selbst gefangengenommen und sodann nach Genua hinweggeführt. Aber das stark befestigte Gallipoli behauptete der neue Kapitän der Bande, Berengar de Rocaforte. Bei Apros wurde sogar Michael IX. aufs Haupt geschlagen, so daß er nur mit Mühe nach Didimoteichos entrinnen konnte.

Das Schicksal Rogers de Flor und seine Folge, der wütende Rachekrieg der großen Kompanie mit Byzanz, ihre Heldentaten, ihre beispiellosen Kämpfe und Bedrängnisse in dem feindlichen Lande, welche fast den Ruhm der Kriegszüge der lateinischen Kreuzfahrer Balduins und Bonifatius' erreichten, begannen unterdes die Aufmerksamkeit der Welt auf sich zu ziehen. Der König Friedrich II. von Sizilien hatte nie seine Autorität über die katalanische Soldbande aufgegeben. Er war mit dieser in Verbindung geblieben; in ihrer Not hatte sie sich mehrmals an ihn um Hilfe gewendet, zumal nach der Ermordung Rogers de Flor dessen Sekretär Jakobus zu ihm geschickt, welcher dann mit Briefen des Königs nach Gallipoli zurückkehrte, aber bei Tenedos in die Gefangenschaft der Byzantiner geriet.²⁹⁸ Statt, wie er dem Papst versprochen, die Absichten Karls von Valois und der Anjou auf Konstantinopel zu unterstützen, mußte dem König Friedrich viel daran liegen, die furchtbaren Krieger zu Werkzeugen seiner eigenen Politik im griechischen Orient zu machen. Sie selbst aber bedurften eines Rückhaltes an einer starken Macht; sie unterhandelten mit den Agenten des Königs und erboten sich, in seinen Sold und Dienst zu treten.

Nach Sizilien war damals Friedrichs Vetter gekommen, der junge ruhmbegierige Infant Ferdinand, der dritte Sohn des Königs Jakob von Mallorca, der schönsten der balearischen Inseln, welche, seitdem sie Jayme von Aragon den Mauren entrissen hatte, ein eigenes Königreich unter aragonischen Herrschern bildete. Friedrich II. machte mit dem Infanten am 10. März 1306 zu Melazzo einen Vertrag, wodurch er ihn zu seinem Stellvertreter als Führer der fortan in seinem Dienst stehenden Kompanie ernannte, und als solcher leistete ihm der Prinz den Treueid.²⁹⁹ Mit Kriegsvolk und vier Galeeren ausgerüstet, ging dieser von Messina in See nach Gallipoli.

Als er dort landete, die Patente des Königs in der Hand, fand er in dem Kriegslager nur den Intendanten der katalanischen Bande, Ramon Muntaner, während die andern Kapitäne getrennt im Felde standen. Ein heftiger Zwiespalt entzweite sie. Entenza war durch die Fürsprache Jaymes von Aragon aus seiner genuesischen Haft befreit worden und mit frischen Truppen von Barcelona zur Kompanie zurückgekehrt. Er hatte sich alsbald mit dem herrschsüchtigen Rocaforte überworfen. Er, wie Muntaner, Ximenes d' Arenos und andere Hauptleute wollten den König von Sizilien als ihren Oberherrn und den Infanten Ferdinand als seinen Leutnant anerkennen, doch Rocaforte überredete seinen Anhang, den Prinzen nur für seine Person und nicht als Stellvertreter des Königs anzunehmen; er wußte wohl, daß der Infant nicht darauf eingehen werde.[300] Dieser ließ sich indes bewegen, die Kompanie, welche das verwüstete Thrakien verließ, von Gallipoli nach Makedonien zu begleiten. Die beiden erbitterten Parteien setzten ihren Marsch durch das südliche Küstenland Thrakiens in getrennten Zügen fort, stießen aber unglücklicherweise aufeinander. Entenza wurde von den Verwandten Rocafortes niedergehauen, worauf Ximenes d'Arenos mit andern Katalanen die Kompanie verließ und zu den Griechen in die Burg Xantheia flüchtete. Auch der erschreckte Infant trennte sich, für sein eignes Leben fürchtend, von der wildaufgeregten Soldbande. Seine vier Galeeren lagen an der Küste gegenüber der Insel Thasos; er schiffte sich auf ihnen ein, um nach Sizilien heimzukehren. Mit ihm ging auch Ramon Muntaner, der Geschichtsschreiber dieses katalanischen Heldenepos. Nachdem derselbe alle seine amtlichen Verpflichtungen gegen die Kompanie redlich erfüllt hatte, bestieg er das Schiff Spagnola, mit sich führend Beuteschätze, 25 000 Unzen oder 100 000 Goldflorene an Wert.

Der Infant hielt es nicht unter seiner Würde, aus Rache wegen einer erlittenen Beleidigung unterwegs Halmyros am Golf von Volo zu überfallen und zu plündern, eine lebhafte Hafenstadt, die schon Edrisi als bedeutend hervorgehoben und Benjamin von Tudela von zahlreichen Kaufleuten des Abendlandes besucht gefunden hatte. Sie aber stand damals als thessalischer Ort unter der Verwaltung des Herzogs von Athen. Der Infant segelte hierauf sorglos weiter nach Negroponte, wo er zuvor auf seiner Hinfahrt nach Gallipoli freundlich aufgenommen worden war. Dort befand sich gerade der französische Admiral Theobald von Cepoy als Bevollmächtigter jenes Karl von Valois, welcher seit Jahren mit der Ausrüstung eines Kriegszuges gegen Byzanz beschäftigt war, wozu Frankreich, der Papst Clemens V. und Venedig ihm ihre Unterstützung bewilligt hatten. Die Republik von S. Marco hatte die alten Verträge mit Karl von Anjou zugunsten des Valois erneuert, hoffend, durch eine mögliche Restauration des lateinischen Kaisertums ihre frühere Machtstellung in der Levante wiederzugewinnen. Mit jenem Minister des Valois hatte sie deshalb am 19. Dezember 1306 einen Bundesvertrag zur Eroberung Konstantinopels abgeschlossen.[301] Allein die große Unternehmung wurde zum Verdruß der Venezianer von Termin zu Termin aufgeschoben und verlief endlich im Sande.

Cepoy, der mit venezianischen Galeeren von Brindisi nach Negroponte gekommen war, suchte damals Hilfsmittel und Bundesgenossen in Griechenland und hatte auch den Auftrag, die katalanische Bande, wenn es möglich war, dem Könige von Sizilien abwendig zu machen und in den Dienst des Valois zu ziehen. Dies gelang ihm durch einen Vertrag, den er mit Rocaforte in Kassandreia machte. Er befand sich wieder in Negroponte mit venezianischen Galeeren unter seinem Befehl, als der Infant im Juli 1307 daselbst erschien.[302] Dessen Einfluß auf die Kompanie fürchtend, bewog Cepoy die venezianischen Schiffskapitäne, den Prinzen zu überfallen und festzunehmen, obwohl diesem zuvor von ihm selbst, vom Bailo Negropontes und einigen Dreiherrn vollkommene Sicherheit zugesagt worden war. Zugleich wurden die Schätze Muntaners geplündert. Man übergab den Infanten den Baronen Euböas, Jean de Noyer, Herrn von Maisy, und Bonifatius von Verona. In dem Hause des letzteren sah damals Muntaner dessen achtjährige Tochter Marulla, die ein Jahrzehnt später in der Geschichte der Kompanie eine wichtige Figur werden sollte.[303] Die Dreiherren brachten alsbald den Infanten mit ritterlicher Bedeckung zum Herzog von Athen.

Guido II., durch die Plünderung des Hafens Halmyros schwer beleidigt und von Cepoy für die Sache Karls von Valois bereits gewonnen, übernahm den Gefangenen im Namen des Königs von Frankreich und schloß ihn in die Kadmeia ein.

3. Der Herzog von Athen war seit einiger Zeit zur katalanischen Kompanie in Beziehung gekommen, da ihr Waffengewicht einen moralischen Druck selbst bis nach Attika hin ausübte. Einer ihrer Kapitäne, Fernan Ximenes d' Arenos, war mit einer Schar seiner Krieger schon im Frühling 1304 in seinen Dienst getreten, dann aber zu seinen Landsleuten zurückgekehrt.[304] Endlich hatte Rocaforte mit Guido selbst wichtige Unterhandlungen angeknüpft. Dieser gewaltige Krieger war nach der Ermordung Entenzas unter rastlosen Kämpfen nach Makedonien abgezogen und hatte zu seinem Hauptquartier Kassandreia gemacht, das alte Potidäa, einst die größte Stadt des makedonischen Königreichs seit ihrem Wiederaufbau durch Kassander, die aber

Achtes Kapitel

damals, nach dem Zeugnis des Nikephoros, in Ruinen verödet lag. Von dort aus brandschatzte Rocaforte die Landschaften und plünderte selbst die Athosklöster. Mit dem kühnen Plan beschäftigt, für sich ein Königreich Thessalonike aufzurichten, Großwlachien zu gewinnen und seine Herrschaft weiter südwärts auszudehnen, suchte er eine Verschwägerung mit dem kinderlosen letzten La Roche anzuknüpfen. Er bewarb sich um die Hand der Jeannette von Brienne, der Tochter Hugos und Helenas und Stiefschwester Guidos II. Diese junge Dame hatte die Kaiserin Irene zur Gemahlin ihres Sohnes Theodor begehrt, wobei sie dem Herzog von Athen den Vorschlag machte, ihr Thessalien erobern zu helfen, welches Land sodann Theodor als selbständiges Fürstentum erhalten sollte.[305]

Ein unheilbarem Siechtum verfallener Mann, wie der Herzog von Athen war, konnte schwerlich den Plan fassen, sich mit Rocaforte zu verbinden und mit seiner Hilfe Nordgriechenland oder gar Achaia zu erobern, weil er der Gemahl Mathildes war.[306] Vielmehr mußte er sich sagen, daß der katalanische Marschall die Verschwägerung mit dem Hause La Roche-Brienne suchte, um daraus später Rechte auf Athen abzuleiten. Doch so drohend war die Macht Rocafortes, daß Guido seine Werbung nicht zurückzuweisen wagte, sondern die Miene machte, sie anzunehmen, dessen sicher, daß weder Venedig noch Karl von Valois diese Heirat zulassen konnte. Auch Cepoy gab sich, um Rocaforte in dem Dienste seines Gebieters festzuhalten, den Anschein, seinen Wunsch beim Herzoge zu unterstützen. Boten gingen hin und her zwischen Kassandreia und Athen; zwei herzogliche Minstrels, die »wegen dieser Heirat zu ihm kamen«, beschenkte Cepoy.[307]

Während der Infant in der Kadmeia eingeschlossen saß, schickte der französische Admiral die gefangenen Katalanen Ramon Muntaner und Garcia Gomes Palacin von Negroponte nach Kassandreia zu Rocaforte, um diesem durch die Auslieferung seiner von ihm abtrünnig gewordenen Gefährten einen besonderen Dienst zu erweisen. Garcia wurde sofort, noch auf dem Schiff enthauptet, Muntaner aber mit Freudebezeugungen von seinen Kriegsgenossen bewillkommnet und dann ehrenvoll entlassen. Der Geschichtsschreiber der Katalanen konnte auf einer venezianischen Galeere nach Negroponte zurückkehren und von dort nach Theben eilen, um seinen eingekerkerten Herrn zu sehen und zu trösten. Er hat seinen Besuch selbst geschildert. »Ich fand«, so erzählt er, »den Herzog krank; er empfing mich voll Güte, bedauerte meinen Verlust und versprach, mir nach Kräften förderlich zu sein. Ich dankte ihm und erwiderte, daß die größte Wohltat, die er mir erweisen könnte, die ehrenvolle Behandlung des

Infanten sein würde. Er entgegnete, daß der Prinz diese genieße und daß er selbst die Lage bedaure, in der sich derselbe befinde. Als ich ihn um Erlaubnis bat, ihn sehen zu dürfen, erklärte er mir, daß ich ihm Gesellschaft leisten solle; solange ich hier sei, dürfe jeder Mann Zutritt zu ihm haben, und ihm selbst stehe es frei auszureiten. Alsbald ließ er die Pforten des Kastells St. Omer, wo der Infant gefangen saß, aufschließen, und ich ging, ihn zu sehen.[308] Fragt mich nicht, welchen Schmerz ich empfand, als ich ihn in der Gewalt fremder Menschen erblickte. Aber in seiner Güte sprach er mir noch Trost zu. Zwei Tage blieb ich bei ihm. Auf meine Frage, ob ich den Herzog von Athen um die Erlaubnis bitten solle, bei ihm zu bleiben, hielt er das nicht für nötig, sondern sagte mir, daß ich nach Sizilien zurückkehren müsse. Er wolle mir Briefe an den König mitgeben, sonst aber an niemand. Darauf ließ er das Schreiben ausfertigen und gab mir an, welche Botschaft ich überbringen solle; denn er wußte wohl, daß niemand besser als ich die von ihm in Romanien erlebten Schicksale kannte.«

Muntaner, vom Herzog ehrenvoll entlassen und mit Kleinodien beschenkt, verabschiedete sich vom Infanten, ließ dessen Koch schwören, ihm nichts Schädliches in die Speisen zu mischen, und reiste nach Messina ab. Da er dort beim Könige Friedrich gegen die Venezianer Klage erhob, wandte sich dieser an den Dogen Pietro Gradenigo, die Republik beschuldigend, daß sie den Infanten treulos überfallen und sein und Muntaners Gut geraubt habe.[309] Der Doge rechtfertigte sich bei ihm und dem Könige von Mallorca, indem er erklärte, daß Cepoy, der Vikar Karls und Befehlshaber jener venezianischen Galeeren, allein für das Vorgefallene verantwortlich sei.[310] Muntaner führte einen langen Prozeß wegen des Schadenersatzes, und erst nach seinem Tode erhielten seine Erben von Venedig Entschädigung.

Die Beschwerden der Aragonen machten indes auf Karl von Valois so viel Eindruck, daß er den gefangenen Infanten aus Theben nach Neapel bringen ließ. Hier blieb derselbe noch ein Jahr lang in Haft, welche schon deshalb milde und rücksichtsvoll sein mußte, weil seine eigene Schwester Sancia die Gemahlin Roberts von Kalabrien war. Der König Friedrich schickte alsbald Muntaner nach Neapel ab, um die Freiheit des Gefangenen zu erwirken, allein der alte Katalanenführer wurde dort voll Argwohn und als Feind behandelt.[311] Erst auf die Verwendung des Königs von Frankreich erhielt der Infant von Mallorca die Freiheit, nachdem Robert im August den Thron Neapels bestiegen hatte.

Muntaner hatte zu jener Zeit, als er von Theben heimkehrte, den Herzog von Athen krank verlassen. Kein Arzt vermochte ihn zu heilen, auch nicht der in der medizinischen Wissenschaft wohl erfahrene Patriarch Athanasios von Alexandrien. Dieser Mann, ein heftiger Gegner des gleichnamigen byzantinischen Patriarchen, war vom Kaiser aus Konstantinopel ausgewiesen worden; auf seiner Fahrt nach Alexandria wurde er nach Euböa verschlagen und hier von den fanatischen Minoriten sogar mit dem Feuertode bedroht. Er flüchtete nach Theben, wo ihn Guido festnahm und von ihm ein Lösegeld von 2000 Byzantinern verlangte. Statt dessen gab ihm der Erzbischof ein Rezept, und dann durfte er sich ungehindert nach Halmyros einschiffen.[312] Am 5. Oktober 1308 starb der Herzog, und zwar in Athen; denn schon am folgenden Tage wurde seine Leiche im Kloster Daphni bei dieser Stadt beigesetzt.[313] Mit Guido II. endete das ruhmvolle Haus La Roche, welches hundert Jahre lang ohne Unterbrechung über Athen geherrscht hatte.[314]

Seine Gemahlin Mathilde war erst fünfzehn Jahre alt, als sie Witwe wurde. Wenn sie beim Tode des Herzogs in Athen gegenwärtig gewesen war, was sehr wahrscheinlich ist, so kehrte sie alsbald nach Theben zurück. Denn hier stellte sie am 22. Oktober eine französische Urkunde aus, worin sie als Herzogin von Athen und Dame von Kalamata erklärte, daß sie ihrer Mutter Isabella, der Fürstin von Achaia, die Verwaltung ihrer Güter in Hainaut auf Lebenszeit übertragen habe.[315] Sie blieb vereinsamt auf ihrem Witwensitz in Theben, während dem Testamente Guidos gemäß der beste Freund des Verstorbenen, Bonifatius von Verona, als Bail die Regierung des Herzogtums für so lange übernahm, bis der rechtmäßige Erbe erschienen war.[316]

ডিRITTES BUCH

Erstes Kapitel

Walter von Brienne, Herzog von Athen. Mathilde von Hennegau. Zustände Thessaliens. Die Unternehmungen der katalanischen Kompanie. Theobald von Cepoy und Rocaforte. Die Kompanie in Thessalien. Sie tritt in den Dienst des Herzogs Walter. Dessen Krieg in Thessalien und Zerwürfnis mit der Kompanie. Sie lagert am Kopais-See. Testament Walters. Untergang des Herzogs von Athen.

1. Nach dem Tode Guidos II. von Athen dauerte das Haus der La Roche in Griechenland zwar noch im Nebenzweige der Herren von Veligosti und Damala fort, doch es verlautet nicht, daß Renaud, der damalige Gebieter dieses Lehens, irgend Ansprüche auf die Nachfolge erhoben hat. Vielmehr wurde als nächster Erbe des verstorbenen Herzogs der Sohn seiner Muhme Isabella de la Roche und des Hugo von Brienne anerkannt, nämlich Walter V., Graf von Brienne und Lecce.

Dieser ritterliche Mann hatte, nach dem Tode seines Vaters, für die Krone Neapel gegen das Haus Aragon in vielen Schlachten tapfer gekämpft. Im Frühjahr 1300 war er bei Gagliano in Sizilien von dem Katalanen Blasco de Alagona in einem Hinterhalt nach heroischer Gegenwehr gefangen worden, und erst der Friede zu Caltabellota hatte ihm die Freiheit zurückgegeben.[1] Im Jahre 1306 hatte sich Walter in Frankreich mit Johanna von Chatillon vermählt, der Tochter des Konnetabel Galcher von Saint Pol-Porcien, dessen Mutter, Isabell de Villehardouin, die Tochter des berühmten Marschalls der Champagne gewesen war.[2] Jetzt rief ihn der Tod Guidos auf den Herzogsthron Athens, und Anrechte von Nebenbuhlern hatte er kaum zu fürchten. Die französische Chronik von Morea berichtet freilich von einer Prätendentin, die ihre Ansprüche auf das Herzogtum vor dem Baronalhof Achaias in Clarenza geltend zu machen suchte, aber damit abgewiesen wurde. Dies war Eschive, Dame von Baruth, die Tochter jener Alice de la Roche, welche sich mit Jean d'Ibelin vermählt hatte.[3] Da diese von Geburt älter gewesen war als ihre Schwester Isabella, die Mutter Walters von Brienne, so glaubte Eschive daraus ihr Vorrecht erweisen zu können.[4] Die Rechte eines andern Verwandten des Hauses La Roche waren mit Carlo Lagonessa, dem Seneschall Siziliens, erloschen. Dieser neapolitanische Edle, ein Sohn des Filippo Lagonessa, welcher von 1280 bis 1282 Bail Moreas gewesen war, hatte sich mit Katharina vermählt, der zweiten Schwester Alices, aber er war schon im Jahre 1304, und bald nach ihm war auch sein Sohn Giovanni gestorben.[5]

Walter von Brienne landete im Beginne des Sommers 1309 mit zwei Galeeren in Clarenza, mit sich bringend Briefe des Königs und Philipps von Tarent, die dem Bail Moreas, Bertin Visconte, befahlen, ihn als Herrn Athens anzuerkennen und in den Besitz dieses Landes zu setzen.[6] Ungehindert trat er die Regierung des Herzogtums an. Er fand die junge Witwe seines Vorgängers als Verlobte eines ihr unbekannten neapolitanischen Prinzen, Karls von Tarent, des ältesten Sohnes Philipps. Zu dieser Verbindung hatten die Anjou Mathilde genötigt, um ihre Rechte auf Achaia an ihr eigenes Haus zu bringen. Das Verlöbnis war am 2. April 1309 durch den Erzbischof Heinrich von Athen feierlich in Theben vollzogen worden. Den abwesenden Prinzen hatte der Bail Achaias vertreten, während die ersten Würdenträger des Fürstentums Morea wie des Herzogtums Athen dem Akt als Zeugen beiwohnten. Eine so glänzende Versammlung der fränkischen Aristokratie hatte die Stadt Theben selten gesehen. Niemand konnte damals ahnen, daß nur zwei Jahre später die blutigen Leichname mancher dieser stolzen Herren in den Sümpfen des Kephissos hingestreckt liegen würden.[7] Zur Vermählung Mathildes mit Karl kam es jedoch nicht. Der junge Prinz erschien nicht in Griechenland; sechs Jahre später fiel er, am 5. August 1315, in der berühmten Ghibellinenschlacht bei Montecatino.

Mit Philipp von Tarent verband den Herzog Walter eine alte Waffenbrüderschaft von Sizilien her. Wie sein Vorgänger Guido scheint er sogar mit dem Amt des Bail Achaias betraut worden zu sein, denn der Doge Pietro Gradenigo wandte sich einmal ausdrücklich an ihn, um die Freilassung und Entschädigung venezianischer Kaufleute zu erlangen, die in Clarenza, in Korfu und andern dem Fürstentum zugehörigen Orten waren beraubt und gefangen worden.[8] Schwierigkeiten machte dem neuen Herzog nur die von seinem Vorgänger übernommene Beziehung zu Thessalien. Aus diesem Lande, welches unter den letzten La Roche gleichsam eine Provinz Athens geworden war, suchte der griechische Kaiser die Franken zu verdrängen. Schon dem Herzog Guido hatte die Kaiserin Irene, wie wir bemerkt haben, den Vorschlag gemacht, seine Stiefschwester Jeannette von Brienne mit ihrem Sohne Theodor zu vermählen und mit ihr gemeinschaftlich für diesen Großwlachien zu erobern.[9]

Erstes Kapitel

Der junge, kränkliche Sebastokrator Johannes II. von Neopaträ war nach dem Tode seines Vormundes Guido für selbständig erklärt worden, und der Kaiser Andronikos hatte sich beeilt, den Ansprüchen des Herzogs von Athen dadurch ein Ende zu machen, daß er jenen Fürsten mit seiner natürlichen Tochter vermählte.[10] So entstanden Verwicklungen, welche den Herzog Walter mit der katalanischen Kompanie in Verbindung brachten und endlich sein Verderben herbeiführten.

Dies »glückliche Heer der Franken in Romania« lagerte damals noch in den Ruinen Kassandreias. Es stand dem Namen und Recht nach unter dem Befehle des Theobald de Cepoy, dem es für den Prinzen Karl von Valois gehuldigt hatte, aber tatsächlich war General dieser Bande der Marschall Berengar de Rocaforte. Der kühne spanische Edelmann verfolgte hochfliegende Pläne, die zunächst auf die Eroberung Thessalonikes gerichtet waren. Dort lebten damals zwei griechische Kaiserinnen, Irene, die Gemahlin des Andronikos II., und Maria, die Gemahlin von dessen Sohne und Mitkaiser Michael IX. Aber die Unternehmungen Rocafortes scheiterten, was sein Ansehen minderte. Der Kompanie nicht nur als Mörder Entenzas, sondern überhaupt durch seine gewaltsamen Ausschweifungen und seine tyrannische Art verhaßt geworden, mit Cepoy tief verfeindet, fiel er endlich als Opfer einer Verschwörung, welche der französische Admiral mit den Unzufriedenen im Söldnerheer angezettelt hatte. Durch die Ankunft von sechs Galeeren stark geworden, die ihm sein eigener Sohn aus Venedig zugeführt hatte, nahm Cepoy eines Tages in einem Aufstande des Lagers den Marschall und seinen Bruder gefangen, er ließ sie in ein Schiff setzen und sofort nach Neapel hinwegführen. Beide tapfre Männer starben auf den Befehl des Königs Robert den Hungertod im Kerker zu Aversa. Dies war das Ende Berengars de Rocaforte, eines der großartigsten Kapitäne Spaniens, des letzten Führers der Kompanie aus der Heldenschar Rogers de Flor.

Cepoy, jetzt der unbestrittene Oberbefehlshaber der Katalanen für Karl von Valois, hatte demnach ein kriegstüchtiges Heer zu seiner Verfügung, mit dem er die Hauptstadt Konstantinopel ernstlich bedrohen konnte. Allein, statt sich von Kassandreia aus nordwärts nach dem Bosporos zu wenden, zwangen ihn die Verhältnisse die Richtung nach dem Süden zu nehmen. Die Verbindungen, die er mit den Venezianern auf Euböa, mit dem Herzoge von Athen, den Türken, selbst mit dem Könige von Armenien anzuknüpfen versuchte, führten zu keinem Ergebnis. Die ratlose, durch äußersten Mangel zur Verzweiflung gebrachte Soldbande verließ daher Kassandreia und durchzog

Makedonien, von den feindlichen Heeren der Griechen hart bedrängt, welche unter der Führung des kriegstüchtigen Generals Chandrenos jene mit Glück bekämpften und rastlos verfolgten.[11] Um ihr den Rückzug nach Thrakien und den Weg zum Bosporos abzuschneiden, hatten die Griechen den Paß bei Christopolis vom Gebirge bis zum Meer durch eine Mauer abgesperrt. Daher sah sich die Kompanie in die Notwendigkeit versetzt, die Straße nach Thessalien einzuschlagen. Dort wollte sie sich zunächst in den reichen Ebenen erholen und dann ihr Glück weiter südwärts suchen. Sie war damals mit Fußvolk und Reiterei mehr als 8000 Mann stark, ein Gemisch von Menschen aus mehreren Nationen. Nachdem sie am Peneios, zwischen dem Olymp und Ossa, überwintert und ein Teil ihrer türkischen Verbündeten sich von ihr getrennt hatte, rückte sie im Frühling 1309 in das südliche Thessalien ein. Johannes Angelos, der schwache Fürst Großwlachiens, der ehemalige Schützling des Herzogs Guido von Athen, mußte notgedrungen mit dem räuberischen Kriegsvolk einen Soldvertrag abschließen, wozu die Großen seines eigenen Landes in ihrer Verlegenheit rieten, und dies Bündnis bewog den General Chandrenos, von der Verfolgung der Bande abzustehen.[12]

Cepoy schickte von dort Boten an den Bail und die Dreiherren Euböas, um sie für ein freundliches Verhältnis mit der Kompanie zu gewinnen; sie antworteten ihm ausweichend, daß sie abwarten wollten, was der Herzog von Athen, der Dreiherr Georg Ghisi und der Markgraf von Bodonitsa zu tun gedächten, welche bei diesen Angelegenheiten am meisten beteiligt seien. Sie meldeten davon dem Dogen, und daß der Herzog in heimlicher Unterhandlung mit der Kompanie und den Griechen sei. Venedig war daher um die Sicherheit Euböas besorgt.[13]

Cepoy war unterdes seines abenteuernden Lebens unter der verwilderten Kompanie überdrüssig geworden, welche trotz ihres Vertrages mit dem Landesfürsten Thessaliens rücksichtslos ausraubte und brandschatzte. Auch konnte er für Karl von Valois im Orient nicht mehr tätig sein, weil dessen Gemahlin, die Kaiserin Katharina von Courtenay, im Januar 1308 gestorben war, der Prinz aber seine Rechte an Philipp von Tarent abgetreten hatte. Der französische Admiral muß sich in einer verzweifelten Lage befunden haben, denn er verließ wie ein Flüchtling heimlich das Lager der Söldner am 9. September 1309, schiffte sich auf seinen Galeeren in einem Hafen Thessaliens ein und kehrte nach Frankreich zurück.[14]

Der verräterische Fortgang des Generals, welchem sie ihren letzten großen Führer aufgeopfert hatte, versetzte die Bande der Katalanen in solche Wut, daß sie vierzehn Kapitäne ermordete, die sich am Aufstande gegen Berengar de Rocaforte ganz besonders beteiligt hatten. Da ihre alten Feldherren gefallen oder wie Ximenes d' Arenos und Ramon Muntaner hinweggezogen waren, so befand sie sich in einem ähnlichen Zustande wie einst die zehntausend griechischen Söldner des jüngeren Kyros nach der verräterischen Ermordung ihrer Hauptleute. Sie veränderte jetzt ihre Verfassung; sie setzte ein mehr demokratisches Regiment ein, indem sie aus ihrer Mitte zwei Kavaliere, einen Aldalid und einen Almugavaren, zu ihrem Vorstande wählte, neben dem hergebrachten Rat der Zwölfmänner.[15] Dies aus Spaniern, Sizilianern, Griechen und Türken zusammengesetzte Lager bildete fortan entschiedener als je zuvor eine unabhängige wandernde Militärrepublik, die neben der gewohnten Disziplin von der Not zusammengehalten wurde. Sie nannte sich nach wie vor das glückliche Heer der Franken in Romanien und führte in ihrem Siegel und Wappen das Bild des heiligen Ritters Georg, ihres Schutzpatrons. Die katalanische Kompanie wurde das Muster der in Italien entstehenden Soldbanden des Hawkwood, Landau, Albert Sterz und anderer Kapitäne von Ruf.

Ein ganzes Jahr lang, so berichtet Nikephoros, blieb dieses furchtbare Kriegsvolk in Thessalien, da es hier Sold, reichliche Nahrung und Beute fand, die nach wie vor in den geplünderten offenen Landschaften gemacht wurde. Endlich gelang es doch dem verzweifelten Sebastokrator, die Katalanen zum Abzuge aus seinem Gebiet zu bewegen, indem er ihre Hauptleute mit Geschenken gewann und ihnen Führer mitzugeben versprach, um sie »nach Achaia und Böotien« sicher zu geleiten. Die Kompanie brach im Frühjahr 1310 auf, schlug sich mit vieler Not durch Wlachien durch, das stärkste Land der Welt, wie es Muntaner genannt hat, von einem Volk bewohnt, dessen unzähmbare Wildheit schon Benjamin von Tudela bemerkt hatte.[16] Sodann wandte sie sich weiter nach den Ländern Lokris und Phokis. Wenn eine erst im 18. Jahrhundert verfaßte Chronik berichtet, daß der Kaiser Andronikos die Mannschaften von Naupaktos, Galaxidi und Lidoriki aufbot, die Katalanen zu bekämpfen, daß diesen indes die Uneinigkeit der Griechen die Eroberung Salonas möglich machte, so können sich solche Angaben nur auf eine spätere Zeit beziehen.[17]

2. Der Zug der Soldbande nach Lokris war nicht durchaus die Folge ihres Abkommens mit dem thessalischen Fürsten, sondern er geschah mit dem Willen und sogar im Dienste des Herzogs von Athen. Walter von Brienne machte Rechte auf Teile der Phthiotis und Thessaliens geltend, um so mehr, als der dortige Dynast kinderlos war und mit

seinem Tode die Linie der Angeloi Neopaträs erlöschen mußte. Aber der Kaiser Andronikos, sein Schwiegersohn Johannes und die Fürstin Anna von Epiros waren solchen Ansprüchen bereits entgegengetreten. Es ist wahrscheinlich, daß diese Verbündeten nach dem Tode Guidos die ehemals von den La Roche gewonnenen thessalischen Orte besetzt hatten. So in Krieg mit den Griechen verwickelt, war Walter auf den ihm naheliegenden Gedanken gekommen, die herrenlose Kompanie in seinen Sold zu nehmen, mit welcher überdies schon sein Vorgänger Unterhandlungen angeknüpft hatte.[18] Er selbst war, wie Ramon Muntaner erzählt, den Katalanen nicht unbekannt und sogar bei ihnen beliebt; er verstand ihre Sprache, da er mit ihnen verkehrt hatte, als er in seiner Kindheit als Geisel seines Vaters lange in der Burg Agosta in Sizilien hatte leben müssen. Das furchtbarste Kriegsvolk der Zeit, welches schon seit Jahren der Schrecken Griechenlands war, Städte bezwungen, feindliche Heere zersprengt, ganze Provinzen verwüstet, in wilden Lagertumulten seine Kapitäne erschlagen hatte, stand dennoch unbesiegt und mächtig da, wie in den Tagen Rogers de Flor. Der Herzog Walter aber betrachtete dasselbe nur als einen Söldnerhaufen, der jedem neuen Brotherrn feil stand, seitdem das Verhältnis zu Karl von Valois durch die Flucht Cepoys gelöst war.

Sein Unterhändler Roger Deslaur, ein Ritter aus Roussillon, der in seine oder schon in Guidos Dienste getreten war, schloß mit der Kompanie einen Vertrag, wonach sie für sechs Monate dem Herzog zu dienen hatte. Der ungewöhnlich hohe Sold, den sie forderte und erhielt, bewies sowohl das stolze Bewußtsein ihres Werts als den Reichtum des Herzogs von Athen. Denn jeder schwere Reiter sollte monatlich 4 Goldunzen, jeder leichte Reiter 2, jeder Mann zu Fuß eine Unze erhalten. Wenn man die Stärke der Kompanie nur zu 7000 Mann berechnet, so betrug die monatliche Ausgabe Walters 12000 Unzen oder 2900000 Francs.[19]

Es war nach dem Abschluß dieses Soldvertrages, daß die Kompanie sich mit den Truppen des Herzogs vereinigte. Wo dies geschah, wissen wir nicht. Muntaner spricht nur im allgemeinen von der Ankunft der Katalanen im Herzogtum Athen, wo sie Walter mit Freuden empfangen und ihnen sofort den Sold für zwei Monate ausgezahlt habe.[20] Viele Gründe sprechen dafür, daß der Herzog diesem zügellosen Kriegsvolk nicht gestattete, mitten in das Herz seines Landes und in seine Hauptstadt Theben einzuziehen, sondern daß er es für passend hielt, sich an den Nordgrenzen seines Staates, in der Nähe des eigentlichen Kriegsschauplatzes, mit ihm zu vereinigen. In demselben Frühjahr und Sommer 1310 begann er sodann den Krieg gegen den Kaiser

Andronikos und die mit ihm verbündeten Thessalier und Epiroten. Im Monat Juni lag er vor Zeitun.[21]

Mit Hilfe der Kompanie eroberte er in der Phthiotis mehr als dreißig feste Orte, so daß er sich zum Herrn der pagasäischen Küsten machte.[22] Der Krieg muß sich tief nach Thessalien hineingezogen haben und verheerend genug gewesen sein, denn der Zeitgenosse Marin Sanudo bemerkte später, daß Wlachien an Getreide und allen andern Bedürfnissen reich sei und davon aus den Häfen Halmyros, Demetrias und Lade genug ausführen könnte, wenn es jenen Wohlstand wiedererlangen würde, den es besaß, ehe derselbe vom Grafen von Brienne zerstört wurde, als er die katalanische Bande in seinem Dienste hatte.[23]

Der siegreiche Feldzug Walters dauerte sechs Monate lang. Ein vorteilhafter Friede, wozu sich der Kaiser und seine Verbündeten bequemen mußten, sicherte ihm alle seine in Thessalien gemachten Eroberungen. Sobald nun der Herzog von Athen, schneller und glücklicher, als er selbst es erwarten konnte, den Zweck seines Vertrages mit den Katalanen erreicht hatte, suchte er die Kompanie auf byzantinische Weise los zu werden. Den Sold für vier Monate blieb er ihr schuldig. Er wähnte sich seiner Verpflichtungen zu entledigen, wenn er die tüchtigsten und angesehensten dieser Krieger, zweihundert Panzerreiter und dreihundert Almugavaren, aus der Mitte der Bande auswählte, sie bezahlte und ihnen als Eigentum Landgüter anwies, um sie fortan in seinem Dienste festzuhalten. Allen übrigen befahl er, das Herzogtum zu verlassen.[24] Die mit so schmählichem Undank behandelte Kompanie weigerte sich, ihr gefahrvolles Wanderleben fortzusetzen und sich von neuem mittellos und aussichtslos nordwärts durch feindliche Länder hindurchzuschlagen. So kam es zum Bruch. Dies ist die Darstellung Muntaners. Allein ein so gewaltsames, rechtloses und zugleich unkluges Verfahren des Herzogs ist doch schwer begreiflich; darum verdient der Bericht der aragonischen Chronik Glauben, welcher auf die erbitterte und übereilte Stimmung Walters ein Licht wirft. Die Kompanie nämlich hatte in Südthessalien mehrere von ihr eroberte Kastelle besetzt, deren Auslieferung der Herzog verlangte, die Katalanen aber forderten diese Orte von ihm zu Lehen, um fortan als seine Dienstmannen im Lande zu bleiben, da sie sonst nicht wüßten, wohin sie sich wenden sollten. Weil es feststeht, daß Walter seiner Verpflichtung in bezug auf den Sold nicht nachgekommen war, so konnte auch nichts natürlicher sein, als daß die Katalanen die von ihnen besetzten Kastelle als Pfänder festhielten. Der Herzog schlug ihren Antrag entschieden ab und drohte, sie mit Gewalt zu seinem Willen zu zwingen.[25]

Hierauf beschlossen die Spanier, ihr Recht als freie Männer mit dem Schwert zu behaupten. Das verhängnisvolle Zerwürfnis ist demnach in der eroberten Phthiotis ausgebrochen. Denn schwerlich konnte der Herzog so unklug sein, dies gefährliche Kriegsvolk nach dem Friedensschluß mit dem Kaiser in sein eigenes Land zu führen, um sich erst hier seiner zu entledigen.[26]

Da er selbst augenblicklich nicht stark genug war, die Kompanie aus Thessalien zu vertreiben, so kehrte er zunächst nach Theben zurück, und beide Teile rüsteten sich im Herbst und Winter des Jahres 1310 zum Kampfe miteinander.[27]

Walter von Brienne versammelte seinen Heerbann. Alle seine Lehnsträger, selbst euböotische Barone, sogar Feudalherren Achaias und kampflustige Ritter aus Neapel, folgten bereitwillig seinem Ruf, da die Vernichtung der großen Kompanie als eine gemeinschaftliche Aufgabe des fränkischen Griechenlands erscheinen mußte. Auch der Republik Venedig konnte sie nur willkommen sein. Diese Signorie hatte ihre Verbindung mit den Katalanen ganz aufgegeben und mit dem Kaiser Andronikos einen zwölfjährigen Waffenstillstand gemacht, da die geplante Unternehmung Karls von Valois nicht zur Ausführung gekommen war.[28] Allen ihren Rektoren und Untertanen hatte sie den Verkehr mit solchen griechischen Orten untersagt, in denen sich die Katalanen befanden.

Man darf annehmen, daß Walter von Philipp von Tarent, dem Gebieter Achaias, die Einwilligung erhielt, die ritterlichen Vasallen auch dieses Landes zum Kriege mit der Kompanie aufzubieten, und zu den lehnspflichtigen Baronen des Fürstentums gehörten außer ihm selber, dem Herrn von Athen, der Herzog des Archipels, der Herzog von Leukadia, der Graf von Kephallenia, der Markgraf von Bodonitsa, der Herr von Salona, die Terzieri Negropontes. Siebenhundert französische Ritter folgten der Fahne Walters, und sein Aufgebot von Franken und Griechen ergab im ganzen eine Truppenmasse von 6400 Reitern und mehr als 8000 Mann Fußvolks.[29] Mit diesem für jene Zeit gewaltigen Heer bildete sich der stolze Brienne ein, nicht nur die Spanier niederzuschlagen, sondern alles Land bis Konstantinopel einzunehmen.[30]

Die Kompanie war schwächer an streitbarem Kriegsvolk; sie zählte etwa 8000 Mann zu Roß und zu Fuß, worunter sich Thessalier und türkische Reiter befanden.[31] Ihren Kern bildeten die in hundert Kämpfen gestählten Veteranen, die Almugavaren, welche den taktischen Wert der Infanterie in die Kriegskunst eingeführt hatten, mehr als hundert Jahre vor den Schweizern. Während berühmte Ritter und

Salona (Amphissa)
(Stich 1806)

Der Kopaissee
(Stich 1819)

Feudalherren im Heere Walters glänzten, wird kein einziger Hauptmann mit Namen unter den Katalanen genannt, da sie alle ihre großen Kapitäne verloren hatten. Die Erfahrung ersetzte den Verlust, und das Bewußtsein, daß sie siegen oder sterben mußten, flößte ihnen den Mut der Verzweiflung ein. Mit Freude begrüßten sie den Zuzug jener Fünfhundert, welche der Herzog in seinem Dienst behalten hatte, jetzt aber mit ritterlicher Geringschätzung fortziehen ließ, weil sie voll edlen Sinnes sich weigerten, gegen ihre Brüder zu streiten.

3. Statt den Heranzug ihrer Gegner zu erwarten, brach die Kompanie mit kühnem Entschluß aus ihren Lagern in der Phthiotis auf und rückte durch Lokris feindlich in das Herzogtum ein, vielleicht nur um sich hier den Durchzug weiter nach dem Süden zu erkämpfen. Sie überschritt den Kephissos in der böotischen Kopais und stellte sich an dem rechten Ufer jenes Flusses auf. Nordwestlich von Theben liegt eine Tiefebene, wo sich im Winter und Frühling ein System von flachen Seen bildete, welches von dem alten Kopä (dem heutigen Topolia) den Namen Kopaissee erhielt.[32] Der Kephissos führte ihm die Wasser von Doris und Phokis zu; der Melas und Wildbäche des Helikon ergossen sich dort. Lange natürliche Höhlengänge im Kalkgebirge, die sogenannten Katabothren, gaben diesen Wasserbecken Abfluß zur Bucht von Larymna. Schon die alten Minyer von Orchomenos hatten der Überflutung durch Dämme und andere künstliche Werke Schranken zu setzen gesucht, und noch der makedonische Alexander ließ durch seinen Ingenieur Krates aus Chalkis die Katabothren reinigen. Sein Plan der Trockenlegung des Sees kam aber nicht zur Ausführung.

Zur Zeit Strabos waren die fruchtbaren Ebenen von den Wassern überflutet, und von den alten berühmten Städten im Umkreise hatten nur Tanagra und Thespiä einige Bedeutung bewahrt; denn verödet und in Ruinen lagen Orchomenos, Chaironea, Lebadeia, Haliartos, Leuktra, Platää, Orte, auf deren Ebenen mehrmals die Geschicke Griechenlands durch große Schlachten waren entschieden worden. Böotien überhaupt erhob sich auch in der byzantinischen Zeit, das eine Theben ausgenommen, nicht mehr zur Blüte. Mehr scheinen die Frankenherzöge Athens für das Land getan zu haben. Neuere Untersuchungen erwiesen, daß während ihrer Herrschaft die Kopaisebene wasserfreier war als später und bis auf unsere Zeit. Noch dauert eine fränkische Brücke von fünf Bogen über dem Kephissos neben einer antiken, welche zerstört ist. Ein mittelalterlicher Turm bei Tegyra, ein Damm bei Topolia zeigen, daß zur Frankenzeit Verkehrsstraßen durch das Seegebiet führten. Ein fränkisches Kastell (Gla genannt), aus großen Steinblöcken mit Kalk aufgemauert, steht noch oberhalb Topolias.[33]

Die Herzöge Athens oder ihre Vasallen benutzten nicht mehr die Akropolis von Orchomenos beim heutigen Skripu, wo das prachtvolle, von Pausanias bewunderte Schatzhaus des Minyas längst verfallen war.[34] Doch ein Baron des Hauses La Roche gebot in dem festen Lebadeia, und in dem neugriechischen Karditsa, auf den Ruinen des alten Akrephia, saß als Lehnsmann des Herzogs von Athen der Ritter Antonio de Flamenc. Heute hat die kopaische Landschaft ihren historischen Charakter für immer eingebüßt; denn im Juni 1886 ist der berühmte See nach einer Dauer von Jahrtausenden bis auf wenige Reste verschwunden. Eine Gesellschaft von französischen Kapitalisten hat den Plan Alexanders des Großen wieder aufgenommen und die Kopaisgewässer durch einen Abzugskanal bei Karditsa in den Landsee von Hylike und durch ihn in das euböotische Meer fortgeleitet und so 25 000 Hektar Landes für den Ackerbau gewonnen.[35]

Mit großem Geschick nahmen die Katalanen eine solche Aufstellung am Kephissos, daß der Fluß und die Nähe des Sees sie vor einer Umgehung sicherten. Das Schlachtfeld selbst wird nirgends nach diesem See benannt, sondern nach dem Kephissos oder »nach einer schönen Ebene bei Theben« oder nach dem Ort Almiros.[36]

Da die Kompanie, deren wesentliche Stärke im Fußvolk der Almugavaren bestand, ganz besonders die schwere Reiterei des Feindes zu fürchten hatte, suchte sie sich gegen dieselbe durch die sumpfige Beschaffenheit des Ortes zu decken. Außerdem lockerte sie die Ebene auf, leitete Gräben aus dem Kephissos ab und stellte so eine unwegsame Fläche dar, deren verräterische Moore das Frühlingsgrün verschleierte.[37]

Der Herzog von Athen lagerte unterdes bei Zeitun. Obwohl er von stolzem Selbstgefühl erfüllt war, wußte er doch sehr wohl, daß er mit einem furchtbaren Feinde zu kämpfen hatte. Der Tod auf dem Schlachtfelde war das tragische Los und das ehrenvolle Privilegium des Hauses der Brienne, und so etwas wie Todesahnung scheint auch den tapferen Walter ergriffen zu haben. Denn er machte in Voraussicht der nahen Schlacht sein Testament. Er entledigte sich aller seiner Verpflichtungen gegen seine nahen Verwandten, die Herzogin Mathilde, die Witwe seines Stiefbruders und Vorgängers Guido, gegen seine eigene Schwester Jeannette und viele Personen seines Hofs, die ihm aus Frankreich nach Hellas gefolgt waren. Er vermachte der Parthenonkirche (Notre-Dame) und den Minoriten in Athen, der Notre-

Erstes Kapitel

Dame in Theben und in Negroponte, den großen Kirchen in Korinth und Argos je 200 Hyperpern und je 100 dem heiligen Georg in Lebadeia wie den Kirchen in Davalia und Bodonitsa.[38] Seiner Gemahlin Jeanne de Chatillon trug er auf, dem S. Leonardo in Lecce zu seinem und seiner Ahnen Seelenheil eine Kirche zu stiften. Er ernannte sie zum Vormund seiner Kinder Isabella und Gautier in allen seinen griechischen, apulischen und französischen Besitzungen. Er übertrug ihr neben andern Vertrauenspersonen, worunter auch der Bischof von Davalia war, die Vollziehung des Testaments. In der Abtei zu Daphni bei Athen, der Familiengruft seiner Vorgänger vom Hause La Roche, sollte seine Leiche beigesetzt werden.[39] Zeugen des Akts waren der Bail von Achaia Gilles de la Planche und die euböotischen Barone Jean de Maisy und Bonifatius von Verona.[40] Die Urkunde ist fünf Tage vor der Schlacht, am Mittwoch, dem 10. März 1311, in Zeitun ausgestellt.[41] Demnach war Walter mit seinem Heer von Theben dorthingerückt, um die Katalanen zu treffen. Da er sie nicht mehr in Thessalien fand, brach er südwärts zu ihrer Verfolgung auf. Trotz des Spercheios und der Ausläufer des Öta, die er zu überschreiten hatte, konnte er die Entfernung von Zeitun bis zum Kopaissee sehr gut in wenigen Tagen zurücklegen. Die Schlacht am Kephissos aber fand am Montag, dem 15. März 1311, statt.[42]

Die Almugavaren erwarteten in fester Ordnung das anrückende feindliche Heer, aber ihre türkischen Bundesgenossen stellten sich voll Mißtrauen in einiger Entfernung auf, weil sie, wie Muntaner sagt, argwöhnten, daß der Kampf zwischen dem Herzog und der Kompanie nur ein Schein und es auf ihre eigene Vernichtung abgesehen sei. Sie wiederholten hier dasselbe listige Verfahren, welches sie in der Schlacht bei Apros beobachtet hatten. Voll Ungeduld stürzte sich der Herzog an der Spitze von 200 auserlesenen Rittern mit goldenen Sporen auf die spanische Phalanx. Aber die gepanzerten Rosse sinken alsbald in den moorigen Grund; vergebens strengen sich die Ritter an, sie emporzureißen: Wie Statuen bleiben manche, so erzählt Nikephoros, auf den Pferden sitzen. Der Knäul von Menschen und Tieren wird von den Wurfgeschossen der Spanier überschüttet; das Löwenbanner der Brienne sinkt; der Herzog stürzt. Die nachdringenden Heerhaufen verwickeln sich in dasselbe Labyrinth; jetzt vollenden auch die Türken die Blutarbeit der Katalanen. Panischer Schrecken erfaßt die Reihen des schönsten Heeres, welches das fränkische Hellas jemals gesehen hat. Was dem Gemetzel entrinnen kann, flieht auf der Straße nach Theben fort.

An den Ufern des Kephissos wiederholte sich das Schicksal des mithridatischen Heeres, welches Sulla dort in die Sümpfe geworfen hatte.[43] In denselben Sümpfen versank das burgundische Herzogtum Athen mit dem stolzen Herzog selbst, der durch seine eigene Schuld erschlagen wurde.[44] Sein Haupt trugen die Spanier im Triumph auf einer Lanze umher. Mit vollem Recht darf man die Schlacht am Kopaissee das Azincourt der Franzosen in Hellas nennen. Denn an diesem einen Tage wurde die Blüte des lateinischen Adels in Griechenland, die Nachkommenschaft der großen Konquistadoren niedergemacht, und die furchtbare Vernichtung der Franken durch Franken erfüllte die erstaunten Griechen mit Genugtuung.[45]

Nach dem Bericht Muntaners blieben von den 700 Rittern im Heere Walters wie durch ein Wunder nur zwei am Leben, Roger Deslaur und Bonifatius von Verona. Beide waren bei den Katalanen beliebt; sie wurden daher geschont, zwar zu Gefangenen gemacht, aber ehrenvoll behandelt. Die Angaben Muntaners sind indes ungenau, denn unter den Lebenden befand sich auch Nikolaus Sanudo, der Sohn des Herzogs Guglielmo I. von Naxos.[46] Man darf sogar annehmen, daß auch andere große Herren deshalb geschont wurden, weil sie reich genug waren, um ihre Freiheit mit beträchtlichen Summen zu erkaufen. Getötet waren Alberto Pallavicini, der Markgraf von Bodonitsa und Sechsherr auf Negroponte; Georg Ghisi, durch seine Vermählung mit Alice dalle Carceri Terziere auf derselben Insel und Herr von Tinos und Mykonos; Thomas, Herr von Salona und Marschall Achaias.[47] Da Rainald de la Roche, der Sohn Jakobs von Damala und Veligosti, fortan aus der Geschichte verschwand, so mochte auch er am Kephissos gefallen sein. Mit ihm aber erlosch die Manneslinie des griechischen Hauses der La Roche, denn er hinterließ nur eine Tochter Jacqueline, die sich später mit Martino Zaccaria, dem Gebieter von Chios und Phokäa, vermählte.

Giovanni Villani, der Zeitgenosse dieser erstaunlichen Katastrophe, in welcher das Würfelspiel des Glücks auf einem einzigen Schlachtfelde einer verzweifelten Söldnerbande ein Reich mit dem unsterblichen Namen Athen vor die Füße warf, bemerkte dazu: »So wurden durch das zügellose Volk der Katalanen jene Wonnen der Lateiner zerstört, in deren Genuß einst die Franzosen gekommen waren, und diese hatten dort in größerem Wohlstand und Luxus gelebt als in jedem andern Lande der Welt.«[48]

Zweites Kapitel

Rückblick auf die Verhältnisse und die Verfassung des französischen Herzogtums Athen. Feudale und städtische Zustände. Die lateinische und die griechische Kirche. Wissenschaft und Literatur. Scheidung der Griechen und Franken. Rechtliche Verhältnisse. Theben und Athen. Bauten. Das Schloß St. Omer auf der Kadmeia. Bauwerke in Athen. Die Abtei Daphni.

1. Wir haben keinen Grund, das Urteil des florentinischen Chronisten für übertrieben zu halten, da es vom Katalanen Ramon Muntaner durchaus bestätigt wird. Von allen fränkischen Feudalstaaten Griechenlands war das Herzogtum Athen in so günstiger Lage gewesen, daß es unter ihnen ein hohes Ansehen genoß.[49] Das Haus seiner burgundischen Herrscher erhielt sich ein volles Jahrhundert lang im Besitze des schönen Landes, und alle Fürsten desselben erscheinen, im Gegensatz zu den gewalttätigen Villehardouin, als milde und friedliche Regenten, die sich nicht durch Ehrgeiz zu abenteuerlichen Entwürfen der Vergrößerung ihrer Macht verleiten ließen. Erst als der letzte ihres Stammes in die dynastischen Angelegenheiten Thessaliens verflochten war, wurde diese Verbindung unter dem unbesonnenen Brienne die Ursache des Unterganges.

Der athenische Frankenstaat besaß mehr innere Einheit als das Königreich Thessalonike, als die Insel Euböa, selbst als das Fürstentum Achaia. Seine Begründer hatten dort weder große Archontengeschlechter vorgefunden, noch bildete sich in der folgenden Zeit in Attika, Böotien und Megara ein mächtiger französischer Lehnsadel aus. Die einzige geschichtlich hervorragende Familie neben den La Roche war jene der Barone von St. Omer, ihrer Vettern und aufrichtigen Freunde, gleich den Lehnsherren von Salona und von Bodonitsa, die in den Feudalverband zu Athen gekommen waren. In der letzten Zeit wurde nur noch das sonst unbekannte Haus der Flamenc in Karditsa angesehen. Die wichtigsten Städte, Athen und Theben, dessen Hälfte freilich an die St. Omer verliehen war, blieben Domänen des Landesherrn, gleich Argos und Nauplia, wo Mitglieder des herzoglichen Hauses als Vögte saßen, und auch Damala, das alte Troizen, war im Besitz eines Zweiges desselben. Wenn demnach irgendwo in Griechenland der fränkische Lehnsstaat fast die Züge einer monarchischen Verfassung annahm, so war das im Staate der Familie La Roche der Fall.

Ein dauernder oder doch selten gestörter Friede mußte dessen natürliche Hilfsquellen vermehren. Weder Revolutionen im Innern noch auswärtige Unternehmungen belasteten das Land mit drückenden Steuern.

Die friedfertigen Herzöge Athens machten nicht einmal den Versuch, eine Seemacht aufzustellen; sie besaßen keine Kriegsschiffe weder im Piräus noch in Nauplia und Livadostro, aus welchen Häfen sie nur Korsaren auf Seeraub auslaufen ließen. Schon die Eifersucht der Venezianer würde die Erschaffung einer athenischen Marine so wenig geduldet haben, wie sie eine solche der Fürsten Achaias erlaubte. Im allgemeinen blieben die Franken selbst im Peloponnes, trotz so vieler Küsten und Häfen, als echte Landbarone an ihre Güter und Schlösser gebannt und dem Seewesen abgeneigt. Der Grund der Tatsache, daß die Franzosen während des Mittelalters, selbst nicht einmal Marseille in der Provence ausgenommen, nicht mit den Spaniern und Portugiesen, mit den Normannen und Italienern in nautischen Unternehmungen gewetteifert haben, darf in den geographischen Verhältnissen und auch im Feudalsystem Frankreichs gesucht werden.

Man kann den La Roche freilich den Vorwurf machen, daß sie die Küstenlage ihres Staates nicht zu einem einträglichen Seehandel benutzten; wenigstens sind uns keine Kunden davon übermittelt, und nirgends haben wir athenische Kaufleute und Faktoreien in den Häfen der Levante entdeckt. Den Piräus scheinen die La Roche für Handelsfahrzeuge ausgebessert zu haben Im 14. Jahrhundert hieß derselbe Porto Leone von dem dort am innern Ufer stehenden antiken Marmorlöwen in dreimaliger Lebensgröße. Weil der Hafen Athens schon auf der im Jahre 1318 zu Venedig gefertigten Seekarte des Genuesen Pietro Visconte so genannt wird, hat man geglaubt, daß der Marmorlöwe vom Herzog Guido II. dort aufgestellt worden sei.[50] Allein es ist mehr als wahrscheinlich, daß dieser Koloß schon im Altertum errichtet worden war und immer auf seinem Platze stehen geblieben ist.[51]

Friedlich hatten sich die kirchlichen Verhältnisse im Herzogtum gestaltet, nachdem die Grenzmarken zwischen den geistlichen und weltlichen Besitzungen gezogen waren. Die lateinische Kirche blieb überall in Griechenland schwach und auf diesem fremden, ihr widerstrebenden Boden wie im Exil. Sie fand sich der großen, festgeordneten griechischen Kirche mit ihrer reichen Literatur, ihren uralten Traditionen und Heiligtümern gegenüber, und die Versuche der Propaganda, welche sie machte, blieben daher ohne Erfolg. Hellas war kein Land für das Gedeihen der Mönchsorden des Okzidents, aus welchem Schwärme armer und unwissender Geistlicher als Glücksjäger eingewandert waren, und diese gehörten nur in den wenigsten Fällen dem Adel Frankreichs an. Kein religiöser Enthusiasmus lebte unter den Franken Griechenlands; nie hat ein dortiger Fürst oder Baron aus Bußfertigkeit und mystischer Neigung die Kutte angelegt. Der weltliche und militärische Geist der Eroberung beherrschte die fränkische Gesellschaft ausschließlich. Im Herzogtum Athen wird nichts von einem Einfluß des Klerus auf den Staat gehört. Die Erzbischöfe von Theben und Athen haben dort niemals Baronalrechte gehabt. In keinem Feldzuge der Franken in Griechenland überhaupt ist, wie in Syrien und in Europa, ein Bischof oder Abt in Waffenrüstung an der Spitze seiner Mannen gesehen worden.

Die griechische Kirche ihrerseits hatte sich in ihre Verluste fügen, ihre alten Diözesen an die Lateiner abtreten müssen. Gleichwohl bewahrte sie ihren Kultus, ihre Verwaltung und einen starken Rest ihres Gutes. Nach der endgültigen Einrichtung des athenischen Staats wurden dort schwerlich noch ansehnliche griechische Kirchen gewaltsam geschlossen wie in Konstantinopel unter dem fanatischen Kardinal Pelagios. Selbst die Päpste schützten bisweilen die Rechte oder die Güter der griechischen Geistlichkeit und ermahnten die nach ihnen begierigen Barone zur Mäßigung. In Attika bestanden alte Klöster der Basilianer ungeschmälert fort. Eine griechische Inschrift aus dem Jahre 1238 bekundet, daß ein Mönch Neophytos eine Straße nach dem Hymettos angelegt hat.[52] Diese führte wahrscheinlich durch das öde Gelände der Mesogäa zu den Abhängen jenes Gebirges, und sie stand wohl mit dem Hymettoskloster Kaisariani in Verbindung, wo die griechischen Mönche fortdauernd die klassische Bienenzucht betrieben.[53] Da solche Basilianer die Anlage einer Landstraße ausführen konnten, mußten ihre Klöster immerhin noch wohlhabend gewesen sein.

In den griechischen Abteien konnte sich trotz des Drucks der Fremdherrschaft, welcher den Nationalgeist lähmte, noch ein schwacher Rest hellenischer Wissenschaft erhalten haben. Allein wir wissen nichts, weder von griechischen noch von lateinischen Gelehrtenschulen in Theben und Athen. Der Doge Pietro Gradenigo ersuchte im Jahre 1309 den thebanischen Erzbischof Ysnard, den Venezianer Petrus, welcher in Theben eine Domherrnstelle erhalten hatte, diese genießen zu lassen, während er seine Studien (in Venedig) vollendete. Theben also bot ihm keine Gelegenheit dar, sie fortzusetzen.[54] Die Erinnerung an den wissenschaftlichen Ruhm der Stadt der Weisen und an die Zeiten der platonischen Akademie hat keinen der Herzöge Athens auf den Gedanken gebracht, dort eine Hochschule zu gründen und dadurch seinem Lande neuen Glanz zu verleihen. Selbst wenn der aufgeklärteste unter ihnen einer so frühreifen Idee fähig gewesen wäre, so hätte doch ihre Ausführung unmöglich sein müssen. Für eine Hochschule in Athen im 13. Jahrhundert würden sowohl die Lehrer als die Schüler gefehlt haben. Außerdem hätte sie nur eine griechische Anstalt sein können und als solche eine gefährliche Waffe in der Hand der unterdrückten hellenischen Nation und Kirche werden müssen.

Die lateinische Geistlichkeit in Griechenland machte ihrerseits schwerlich ihrem Stande durch Bildung Ehre; sie fand sich dort außer dem Zusammenhange mit den Universitäten und Klosterschulen des Abendlandes, wenn auch immer in der Lage, etwas vom Sprachschatze der griechischen Literatur aus den Quellen zu schöpfen.

Das Studium derselben hatte im Westen während des 13. Jahrhunderts nicht aufgehört. Unter den Franziskanern und Dominikanern, die, wie wir bemerkt haben, auch in Griechenland eigene Klöster besaßen, gab es einige eifrige Hellenisten. Bonaccursio glänzte als solcher in Bologna, Roger Bacon in England, Michael Scotus am Hofe Friedrichs II., und Jean von Jandun kommentierte später den Aristoteles. Das Kapitel der Dominikaner schickte öfters Zöglinge nach Griechenland, um sie in der Sprache der Hellenen auszubilden.[55] Solche Scholasten konnten immerhin selbst nach Theben und Athen wandern, wenn ihnen auch Thessalonike, der Athos, Patras und Korinth mehr Hilfsmittel darboten. In Korinth war der gelehrte Dominikaner Wilhelm von Meerbeke in den Jahren 1280 und 1281 und wohl noch länger Erzbischof; hier vervollkommnete er sich im Griechischen; er übersetzte Schriften des Hippokrates und Galenos, des Aristoteles und Proklos ins Lateinische.[56]

Für Athen lag die Zeit noch sehr ferne, wo französische Kapuziner am Denkmal des Lysikrates den Grund zur topographischen Wissenschaft dieser Stadt legten. Nur dies darf man behaupten, daß auch dort mit der griechischen Sprache die Elemente antiker Bildung fortgedauert haben.

Man kann sich sehr gut denken, daß irgendeiner der athenischen, im Lande selbst erzogenen Herzöge griechische Bücher neben französischen in seiner Bibliothek gehabt hat. Die von uns bemerkte Phrase aus dem Herodot im Munde Guidos II. wirft immerhin ein Streiflicht auf die dunklen Studien dieses Herzogs in der klassischen Literatur. Freilich wird auch der leselustigste La Roche seine geistige Nahrung vorzugsweise aus den Romans und Contes und den Chansons de geste gezogen haben.

Die fränkischen Eroberer brachten ihre heimische Liederkunst mit

*Das Denkmal des Lysikrates mit dem Kapuzinerkloster
(Stich nach einer Zeichnung von 1751)*

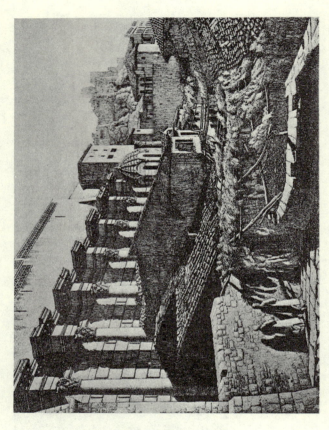

Die Bibliothek des Hadrian
(Stich 1819)

sich nach Hellas. Von manchen dieser ritterlichen Helden, wie von Gottfried Villehardouin, Conon von Bethune, Robert von Blois, Hugo von St. Quentin sind Chansons erhalten.[57] Schon der Markgraf von Montferrat war von einem namhaften Troubadour begleitet worden, und Minstrels fanden sich an allen Höfen und Edelsitzen der Franken. An dem Hof des Herzogs Guido II. von Athen sind sie bei Gelegenheit seiner Unterhandlungen mit Theobald de Cepoy bemerkt worden. Die Literatur der Troubadours, die Ritterepen des Robert Wace, des Chretiens von Troyes, das trojanische Epos des Benoit de St. More, die Sagenstoffe der Alexandreis, Theseis und Thebais waren auch in Griechenland die Unterhaltung der fränkischen Ritter. Nur fehlt jedes Zeugnis dafür, daß diese französische Dichtkunst im Lande der Hellenen eine neue Stätte ihrer Fortentwicklung gefunden hat wie in dem von den Normannen eroberten sächsischen England, welches für lange Zeit geradezu der Sitz und schöpferische Herd der altfranzösischen Dichtung geworden war. Zu Griechenland mangelten alle Bedingungen dafür. Die Höfe der Fürsten und Ritter waren klein, in einem fremden Volk isoliert, ohne große Verbindungen mit dem Auslande, ohne gewaltige Ereignisse und weltbewegende Ideen und ohne den Glanz hervorragender Frauengestalten.

Die geringe Kenntnis der hellenischen Sprache hinderte ihrerseits die fränkischen Eroberer daran, die einheimischen Dichtungen der Griechen kennenzulernen. Der schwache Strom der byzantinischen Literatur mußte freilich unter dem Druck der Fremdherrschaft immer mehr versiegen; ein Epos, gleich dem Digenis Akritas, dessen Stoff noch dem 10. Jahrhundert angehört und welches in unserer Zeit ans Licht gekommen ist, ist wohl kaum im 13. Jahrhundert entstanden.[58]

Dagegen wurde die Einbildungskraft der Griechen von den romantischen Dichtungen des Abendlandes beeinflußt. Hellenische Dichter gaben den antikisierenden Stil und die Nachahmung der Sophisten- und Professorenromane des Iamblichos, Heliodor und Tatios auf und nahmen französische Romanzen zum Muster. Selbst in den Sagenstoff des Achill drang fränkisches Wesen ein.[59] So entstanden in griechischer Vulgärsprache das dem Kreise der Arthursage angehörige Epos ›Der alte Ritter‹, der trojanische Krieg, Flor und Blancheflore, Belthandros und Chrysantsa, Libystos und Rhodamne und andere Dichtungen, mochten sie aus wirklichen französischen Quellen geflossen sein oder nicht.[60] Sie sind der Niederschlag des fremden zur Herrschaft gelangten Ritterideals in einer sich neu bildenden volkstümlichen Poesie der Hellenen, einer gasmulisch zu nennenden Bastardliteratur aus der Zeit, wo die byzantinischen Herrscher durch die Frankendynastien, die Helden der Ilias durch die Ritter der Tafelrunde verdrängt waren, wo gotische Burgen auf antiken Akropolen standen, das griechische Volk in Nikli, Andravida, Theben und Korinth und vielleicht auch in Athen Turnieren zuschaute; kurz, wo Faust mit Helena sein Vermählungsfest beging.

Die Stätten solcher Verschmelzung der französischen Romantik mit der neugriechischen Dichtung mögen eher in Morea als im eigentlichen Hellas und namentlich auf Zypern und Rhodos zu suchen sein.[61] Was Athen betrifft, so entzieht sich die Teilnahme dieser Stadt an jenem Literaturprozeß unserer Kenntnis. Es ist auffallend, daß dieselbe in den griechischen Romanen nicht als Szene für Erlebnisse und Taten der sagenhaften Helden dient.[62] Im Abendlande lebte noch die Erinnerung an die Bedeutung der Stadt aller Weisheit bei Dichtern fort; so wird im Sagenkreise des Amadis erzählt, daß Agesilaos von Kolchos in Athen seine Studien machte und die ritterlichen Künste mit seinem Gefährten, einem Spanier, erlernte.[63]

Wenn nun auf einem neutral zu nennenden, sehr kleinen Gebiet literarischen Phantasielebens eine Verbindung der beiden Nationalgeister stattfinden konnte, so blieb diese doch aus der kirchlichen, staatlichen und bürgerlichen Sphäre ausgeschlossen. Ramon Muntaner hat einmal bemerkt, daß in dem fränkischen Griechenland ein so gutes Französisch geredet wurde wie in Paris; allein dies Urteil ist sicherlich eine Übertreibung des katalanischen Geschichtsschreibers. Es konnte auch niemals auf die eingeborenen Griechen, sondern nur auf den Hof und die vornehme fränkische Gesellschaft bezogen werden. Und selbst in dieser mußte mit der Zeit die französische Sprache so verwildern wie in dem normannisch gewordenen England. Chaucer läßt in den Canterbury-Geschichten die Priorin französisch sprechen, wie man es zu Stratford in den Schulen lernte, aber »Französisch von Paris verstand sie nicht«.

Das hellenische Volk als solches hat niemals die Sprache seiner Eroberer erlernt, mochten diese die Römer des Sulla und Augustus oder die Franken des Villehardouin und La Roche, endlich die osmanischen Türken sein. Nur drangen immer mehr französische und italienische Worte in den täglichen Gebrauch der griechischen Vulgärsprache. Dagegen waren die Lateiner in Hellas, wo sie fortdauernd in entschiedener Minderzahl blieben, gezwungen, die Sprache ihrer Untertanen sich anzueignen. Schon unter den letzten La Roche, zumal infolge ihrer Verschwägerung mit dem Hause der Angeloi, gewann der Hellenismus immer mehr Einfluß. Der Hof in Theben und Athen war sicher zweisprachig, wenn auch die amtliche Sprache des Staats noch immer die französische blieb. Da die Kanzlei der Herzöge untergegangen ist, so können wir nicht mehr dartun, daß schon in ihrer Zeit Aktenstücke auch griechisch abgefaßt wurden. Fränkische Barone aber hielten es doch bereits für passend oder nötig, ihre Bauwerke mit griechischen Inschriften zu versehen. So tat dies Anton le Flamenc, als er im Jahre 1311 zu Karditsa dem heiligen Georg eine Kirche erbaute. Ihre griechische Inschrift läßt fränkische Orthographie erkennen.[64]

Die aus Burgund und der Champagne eingewanderten Fremdlinge trennte im allgemeinen eine unausfüllbare Kluft der Religion, Kultur und Sitte von den Griechen. Sie blieben eine eigenartige Kolonie von Rittern, Kriegern und Priestern, so unfähig, sich der hellenischen Volksart anzupassen, als es diese war, sich zu latinisieren. Die fragmentarische Geschichte des fränkischen Athen ist für uns überhaupt nur diejenige seiner Fürsten, Ritter und Hommes d'armes. Sie erscheint vollkommen als eine Übertragung der altfranzösischen Romanzen, der Chansons de geste, aus der Dichtung in die Wirklichkeit. Wie in diesen nur Könige, Helden und Ritter, aber keine Bürger und kein Volk zu finden sind, so lassen sich solche auch nicht in den historischen Überlieferungen Athens unter den Franken entdecken. Während des vollen Jahrhunderts des burgundischen Regiments schweigt für uns jede Kunde vom Leben der Hellenen in Attika und Böotien; nirgends wird berichtet, daß es dort noch ein nationales Bewußtsein gab, nirgends von einem Versuch des Widerstandes oder der Erhebung der Griechen gegen die Fremden berichtet. Das hellenische Volk ist aus der Geschichte des attischen Landes so völlig verschwunden, daß für uns weder Spuren seines Gemeindelebens in den Städten noch Denkmäler seiner fortlebenden Literatur sichtbar sind, noch auch nur der Name eines griechischen Bürgers in irgendeiner angesehenen Stellung am Hof, im Staat oder im Heer der Franken erscheint. Für den herzoglichen Heerbann wurden auch die Griechen aus den Städten und vom Lande ausgehoben, aber nur zum Kriegsdienst als Masse. Auch wurde das Söldnerwesen selbst für den athenischen Staat ein Bedürfnis; in dem Kriegszuge Guidos gegen die Herrscherin von Epiros dienten unter seinen Fahnen neben den Thessalioten auch Wlachen und Bulgaren, und Walter von Brienne war schließlich genötigt, die Katalanen in Sold zu nehmen.

Aus diesen Zuständen ist durchaus der Schluß zu ziehen, daß jenes System der gewaltsamen Herabsetzung des griechischen Volks in den Stand rechtloser Unterwürfigkeit, wie es die Invasion mit sich gebracht hatte, trotz der mildernden Zeit im großen und ganzen fortgesetzt wurde. Wie in Zypern unter den Lusignan mußten auch in Hellas der einheimische Adel und das größere Bürgertum verschwunden oder in eine untergeordnete Stellung geraten sein. Paröken, an die Scholle gebunden, zinspflichtige Kolonen, Handwerker und Kaufleute bildeten die große Mehrzahl des Griechenvolks. Die volle persönliche Freiheit gab nur das Frankenrecht, und dieses erlangten wohl mit der Zeit immer mehr Griechen durch herzogliche Freibriefe. In einem Zeitalter unentwickelter Volkswirtschaft konnten die Eingeborenen für die Verdrängung aus dem Staatsleben nicht einmal durch die Vorteile des Handels und der Industrie entschädigt werden. Denn von Theben abgesehen, wo die Erzeugung kostbarer Seidenstoffe immer von Griechen und Juden fortgesetzt wurde, haben wir von keiner Blüte der Kunstgewerbe Kunde.

Das schon unter den Byzantinern verfallene griechische Bürgertum ist auch nicht durch ein fränkisches hinreichend ersetzt worden, weil die ritterliche und militärische Einwanderung aus dem Abendlande immer zahlreicher war als die der Kaufleute und Handwerker. Daher erklärt es sich auch, daß die La Roche während ihrer hundertjährigen Herrschaft weder neue Städte gegründet noch alte erneuert haben, obwohl sie die Ruinen so vieler Orte in Attika und Böotien einladen konnten, Gemeinden von Bürgern und Bauern anzusiedeln und die vernachlässigte Bodenkultur neu zu beleben. Das Herzogtum Athen blieb immer ein militärischer Feudalstaat, und sein beschränktes Prinzip erwies sich unfähig zur Kolonisation. Belebend und schöpferisch hat dasselbe auch unter dem milden Regiment der Burgunder nicht auf Griechenland zu wirken vermocht.

2. Die beiden Hauptstädte Theben und Athen werden unter der französischen Regierung manche Veränderung durch Neubauten erfahren haben. Indes, die La Roche waren nicht baulustige Fürsten, sei es, weil sie überhaupt solche Leidenschaft nicht besaßen oder weil sie nicht reich genug waren, ihr zu huldigen. Die Villehardouin und ihre Barone in Achaia haben mehr Denkmäler ihrer Herrschaft zurückgelassen als die La Roche, aber auch sie konnten in dem fremden Lande nichts wahrhaft Großes und Schönes ausführen, nichts, was sich mit den Bauwerken der Normannen und Hohenstaufen in Apulien und Sizilien vergleichen ließe. Ihre unablässigen Kriege, die kurze Blüte ihres Hauses und im ganzen auch der Mangel an Mitteln erklären es hinreichend, daß diese Frankenfürsten auf dem Boden der klassischen Schönheit nicht die Künste Griechenlands wieder zum Leben erweckten. Die Renaissance dieser fand erst in einem späteren Zeitalter und nicht mehr in dem abgestorbenen Hellas, sondern in Italien statt.

In allen ihren griechischen Ländern war die eifrigste Tätigkeit der lateinischen Barone auf die Erbauung von Burgen gerichtet, für deren Architektur und Befestigung wahrscheinlich die Frankenschlösser Palästinas zum Vorbilde dienten. Die zahlreichen Ruinen dieser gotischen Burgen sind nicht durch bauliche Schönheit ausgezeichnet; denn die fränkischen Lehnsherren errichteten sie in Hast und nur zum Zweck des Krieges, so daß es scheint, als seien sie sich der Flüchtigkeit ihrer Herrschaft in Griechenland bewußt gewesen.[65]

Im Herzogtum Athen wird nur ein einziges Frankenschloß als Prachtbau genannt, nämlich jenes auf der Kadmeia, welches der reiche Marschall Nikolaus von St. Omer ausführen ließ. Da dasselbe zerstört ist, so haben wir von seiner Architektur keine Vorstellung mehr. Ramon Muntaner, der es bei seinem Besuche des Infanten von Mallorca kennenlernte, hat nichts von ihm gesagt, nur die griechische Chronik von Morea hat es mit ein paar Worten als eines Kaisers würdig gerühmt. Freskengemälde, die ritterlichen Taten der Franken, vielleicht der Ahnen des St. Omer, im heiligen Lande darstellend, scheinen dort die Säle geschmückt zu haben.[66] Dies erinnert an die Burg des Helden im griechischen Epos, Digenis Akritas, der zum Andenken an seine Kämpfe mit den Sarazenen die Wände seines Schlosses mit Mosaiken bedecken läßt, welche biblische Szenen, aber auch die Taten des Bellerophon und des romanhaften Alexander abbildeten.[67]

Es ist freilich auffallend, daß der prachtliebende Nikolaus von St. Omer für jene Fresken nicht Stoffe aus der Eroberung Griechenlands selber wählte. Das Muster für seinen Bau konnte er den Frankenburgen im Peloponnes oder auch in Syrien entlehnen, wo unter andern das hohe Schloß der Ibelin in Beirut über dem Meer mit Mosaikfußböden, mit marmornem Getäfel und mit Deckengemälden versehen war, die auf azurblauem Grunde den Zephyr, das Jahr und die Monate versinnbildlichten.[68] Die Sitte der Byzantiner, ihre Paläste mit Malereien zu zieren, war sehr alt, und sie erhielt sich Jahrhunderte lang. Justinian hatte in seinem neuen Kaiserschloß seine oder Belisars Siege über die Vandalen und Goten in figurenreichen Mosaiken darstellen lassen.[69] Und noch der prachtliebende Manuel Komnenos ließ die Säle, die er in den beiden Kaiserpalästen erbaute, mit Gemälden schmücken, die seine Taten verherrlichten.[70]

Athen selbst mußte sich unter der guten Regierung der Burgunder emporgehoben haben. Weil aber die La Roche häufiger in Theben residierten als dort, so konnte das nicht ohne Folgen für die eigentliche, doch in Wirklichkeit zurückgesetzte Hauptstadt des Herzogtums sein.[71] Weder auf den schattigen Abhängen des Hymettos noch im wasserreichen Kephissia, wo einst Herodes Attikus wie in Marathon köstliche Villen besessen hatte, haben die Herzöge Athens Lustschlösser gebaut. Sie setzten die antiken Marmorbrüche des Pentelikon nicht mehr in Betrieb, noch boten ihnen die schon im Altertum erschöpften oder verlassenen Silberminen Laurions Mittel für ihren Luxus dar.[72]

Die klassischen Bauwerke Athens, so viele deren sich erhalten hatten, entgingen dem Schicksal der Zerstörung schon deshalb, weil das Bedürfnis großer Neubauten nicht vorhanden war. Selbst von Befestigungen der Akropolis hat man keine Anzeichen entdeckt, die mit Sicherheit den La Roche könnten zugeschrieben werden.[73] Dennoch müssen dort und in der Unterstadt solche im Laufe eines Jahrhunderts entstanden sein. Sogar die Anlage des Frankenturms auf dem Pyrgos des Niketempels kann der Zeit der letzten burgundischen Herzöge angehört haben. Nichts hindert uns ferner anzunehmen, daß schon diese Fürsten die Gründer eines Palasts auf der Akropolis gewesen sind. Glücklicherweise kamen sie nicht auf den ungeheuerlichen Gedanken, dort eine ganz neue Residenz aufzurichten, was noch im Jahre 1836 Otto, der erste König der Hellenen, nach Schinkels Plan im Sinne hatte, aber nicht ausführte. Es war minder beschwerlich und minder kostspielig, die leeren Räume der Propyläen zu einer fürstlichen Wohnung einzurichten. Daß schon die La Roche dies getan haben und die erste anspruchslose Anlage eines Propyläenpalasts ihnen angehört, ist sehr wahrscheinlich, wenn auch durch keine Urkunde zu erweisen.[74]

Was die Kirchen Athens betrifft, so ist keine mit Gewißheit als ein Werk der Burgunder anzusehen, zumal bei dem Wiederaufbau der Stadt nach der Befreiung Griechenlands von den Türken viele verwüstete Basiliken mit andern Denkmälern der fränkischen Zeit abgetragen worden sind. Die La Roche haben überhaupt keine prachtvollen Kirchen und Klöster gebaut; denn zu solchem Aufwande fehlte nicht nur das Geld, sondern auch das Bedürfnis selbst. Die lateinische Geistlichkeit bildete im Herzogtum Athen nur eine von der Masse des griechischen Volks feindlich getrennte Kolonie; sie war weder reich noch mächtig; sie begnügte sich mit den übrigens sehr zahlreichen griechischen Kirchen, welche sie für den katholischen Kultus umgestaltete. Die merkwürdigste der athenischen Kirchen byzantinischen Stils ist das Katholikon, die Panagia Gorgopiko, ein kleiner Kuppelbau aus weißem Marmor, auf Wänden und Friesen aller vier Seiten mit byzantinischen Bildwerken und vielerlei alten Skulpturfragmenten bedeckt, unter denen der Festkalender über dem Hauptportal archäolo-

Theben
(Stich 1806)

Das Kloster Daphni
(Lithographie 1845)

Zweites Kapitel

gische Berühmtheit erlangt hat.[75] Kunstforscher behaupten, daß diese Kirche entweder die fränkische Erneuerung eines altbyzantinischen Baues oder geradezu ein Neubau der französischen Herzöge sei.[76] Allein der unbefangene Betrachter wird das Katholikon für eine der altbyzantinischen Kirchen Athens halten, welche die Zeit der Herzöge so gut überdauert hat wie die Kapnikareia, St. Theodoros und Taxiarchos.

Selbst die berühmte Klosterkirche Daphni, in welcher die La Roche ihre Gruftkapelle hatten, ist zwar von ihnen teilweise umgestaltet und mit einem Glockenturm und Toren gotischen Stils versehen worden, aber dies Kleinod christlicher Baukunst war ursprünglich eine byzantinische Anlage der Basilianer.[77] Schon der erste La Roche hatte dort Zisterzienser aus der Abtei Bellevaux in Burgund eingesetzt, mit welcher auch seine Nachfolger in steter Verbindung blieben, da sie dieselbe mit Privilegien von Athen aus beschenkten.[78] Die Kolonie der Zisterzienser in dem attischen Kloster überdauerte alle anderen von Franken gestifteten Abteien desselben Ordens in Romanien. Im Jahre 1276 war nur noch sie in griechischen Landen erhalten; das Generalkapitel der Zisterzienser stellte dieselbe unter den Abt von Bellevaux.[79]

Daphni steht noch heute verlassen und halb zerfallen wenig mehr als eine Stunde weit von Athen am heiligen Wege, der nach Eleusis führt. Da diese Straße Attika mit Böotien und Phokis, mit Megara und dem Peloponnes verband, so mußte sie auch zur Frankenzeit eine große Verkehrsader sein. Sie lief vom alten thriasischen Tore, dem Dipylon, aus, durchzog den äußeren Kerameikos, von herrlichen Grabmonumenten zu den Seiten begleitet, und ging dann durch den Flecken Skiron und den breiten Gürtel des Olivenhaines weiter. Hier traf sie den Demos Lakiades, zog über die Brücke des Kephissos fort und stieg dann zu den Abhängen des Korydallos auf, welcher die Ebene Athens von der eleusinischen trennt.[80] Sie erreichte daselbst den Bergpaß, senkte sich abwärts und führte an den Rheiti oder Salzseen vorbei durch die thriasische Ebene nach Eleusis. Jener Bergpaß war, wie noch heute Mauerreste zeigen, im Altertum stark verschanzt. Dort stand als Grenzmarke der Städte Athen und Eleusis das Pythion, ein kleiner ionischer Apollotempel. Aus seinen Trümmern und denen des nahen Heiligtums der Aphrodite erbauten in byzantinischer Zeit die Basilianer ein Kloster mit einer Kuppelkirche.[81] Sie gaben ihm den Namen Daphne, vielleicht weil der Ort selbst so hieß, da er im Altertum dem Apollo geweiht gewesen war. Als Meergott hatte dieser in Gestalt eines Delphins eine kretische Kolonie nach Delphi geführt, und als Delphinios wurde er in Athen, Knossos, Didyme und Massilia verehrt.[82]

Die Abtei war zum Schutz gegen die Meerpiraten schon in byzantinischer Zeit mit festen Mauern umgeben worden, so daß Daphni ein Kastell bildete, ähnlich dem griechischen Kloster Grottaferrata im Albanergebirge bei Rom. Die Zisterzienser fügten einige gotische Anbauten hinzu. Heute ist noch die byzantinische Kirche übriggeblieben, mit ihrer mosaizierten Kuppel, die auf vier Pfeilern ruht. In einem Vorbau des Klosters sieht man eine antike Säule eingemauert; drei andere hat Lord Elgin ausbrechen und entführen lassen.[83]

Wie den Villehardouin die Kirche St. Jacques zu Andravida als Familiengruft diente, so hatten die La Roche Daphni für sich dazu bestimmt. Der letzte ihres Hauses war daselbst am 6. Oktober 1308 bestattet worden, und auch Walter von Brienne hatte dasselbe Kloster zu seinem Begräbnisort ausersehen. Bonifatius von Verona war Zeuge seines Testaments gewesen; demnach hat er unzweifelhaft die Bestimmung des Herzogs ausgeführt und seine Reste dort bestattet, was die Katalanen ihm aus Achtung seiner Person nicht versagen konnten. Das Haupt Walters wurde im Jahre 1347 durch seine Erben von der Kompanie ausgelöst, nach Lecce gebracht und dort in der Kathedrale bestattet. Später ließ daselbst Maria von Enghien, die Gemahlin des Königs Ladislaus von Neapel, die von Isabella, der Tochter Walters, abstammte, ihrem unglücklichen Ahn ein Marmordenkmal errichten, welches, wie ihr eigenes, beim Umbau jener Kathedrale im Jahre 1544 zerstört worden ist.[84]

Drittes Kapitel

Die Katalanen besetzen das Herzogtum Athen. Flucht der Herzogin-Witwe. Bonifatius von Verona lehnt die Führung der Kompanie ab; Roger Deslaur übernimmt dieselbe. Die Katalanen verleihen ihm Salona. Sie bieten Friedrich von Sizilien das Herzogtum Athen an. Vertrag zwischen dem Könige und der Kompanie. Erste Einrichtung des katalanischen Herzogtums. Der Infant Manfred, Herzog von Athen. Berengar Estañol, Generalvikar. Verfassung des Herzogtums.

1. Nach ihrem Siege am Kephissos betrachteten die Katalanen das Herzogtum Athen mit demselben Recht als »terra di conquista«, welches sich ehemals hier ihre französischen Vorgänger angemaßt hatten. Durch den Untergang Walters und seines Heers war das ganze Land

wehrlos geworden; es zeigte sich, daß die Herrschaft der Burgunder trotz eines Jahrhunderts ihrer Dauer in der griechischen Nation völlig wurzellos und ein Regiment von nur geduldeten Fremden geblieben war.

Kein Widerstand hielt die Fortschritte der Sieger auf. Aus Theben und anderen Städten entflohen die Bürger massenhaft nach dem benachbarten Negroponte.[85] Die Kastelle Böotiens ergaben sich; nur in dem entfernten Peloponnes hielt Gautier von Foucherolles Argos und Nauplia für das Haus Brienne. Um Gnade flehend, zogen den Spaniern die erschreckten Bewohner der Flecken entgegen, und sie empfingen im günstigsten Falle die Zusicherung ihres Lebens und Eigentums. Die feste Burg Levadia kapitulierte, nachdem die Kompanie den griechischen Einwohnern alle Rechte der Franken zugesagt und dies Privilegium urkundlich verbrieft hatte.[86]

Theben versuchte, wie es scheint, keine Gegenwehr, wurde aber trotzdem samt den Schätzen der Kadmeia ausgeplündert.[87] Das Schloß der St. Omer erlitt in der ersten Furie der katalanischen Eroberung eine so vollständige Verwüstung und wahrscheinlich auch eine so gründliche Zerstörung durch Feuer, daß es später in seiner alten Pracht nicht mehr wiederherstellbar war.

Wo sich damals der Herr des Burgpalasts, der Marschall Nikolaus von St. Omer, befand, sagt keine Kunde. Er scheint an der Katalanenschlacht nicht persönlich teilgenommen zu haben, sondern in Achaia geblieben zu sein. Dort baute er sich in Elis an den Ufern des Peneios zwischen Kaloskopi und Andravida eine neue Burg, die er gleichfalls St. Omer nannte. Noch heute dauern die Ruinen derselben unter dem Namen Santameri fort.[88] Nikolaus III. starb am 30. Januar 1314, ohne von seiner Gemahlin Guillerma, der Tochter des Grafen Richard von Kephallenia, Erben zu hinterlassen. So endete mit ihm das berühmte Geschlecht der St. Omer in Griechenland.

Die Witwe des erschlagenen Herzogs hatte mit ihren beiden Kindern nicht in Theben, sondern in der Akropolis Athens ihre erste Zuflucht gesucht. Wenn dem vereinzelten Bericht eines späteren Chronisten zu trauen ist, verteidigte sie sich daselbst einige Zeit gegen die Stürme des Feindes, bis sie, am ferneren Widerstande verzweifelnd, nach Achaia und weiter nach Frankreich entfloh.[89] Man hat die Katalanen beschuldigt, die Stadt Athen verwüstet, unter anderm auch die Olivenhaine am Kolonos zerstört zu haben; selbst die Vernichtung des Stadtviertels auf dem Südabhange der Burg und der dort an Stelle des Asklepiostempels erbauten christlichen Kirche hat man ihrem Vandalismus zugeschrieben.[90] Jedoch niemand weiß zu sagen, ob im

Beginne des 14. Jahrhunderts jener Abhang der Akropolis überhaupt noch bewohnt gewesen ist. Daß sonst die Katalanen in jedem von ihnen eroberten Lande die ärgsten Frevel verübt haben, pflegt man aus der Tatsache zu erweisen, daß noch heute das Wort Katilano in Athen, auf Euböa, in Tripolitsa, selbst in Akarnanien als Schimpf- und Schreckwort gebraucht wird.[9] Solche Eindrücke hatte nicht nur die große Kompanie in ihren jahrelangen Wanderungen zurückgelassen, sondern sie sind auch den wiederholten Plünderungen der Küstenländer durch katalanische Seeräuber zuzuschreiben.

In kurzer Zeit war das ganze Herzogtum Athen in der Gewalt des glücklichen Heeres der Franken in Romania. Nach jahrelangem Umherschweifen unter beispiellosen Kämpfen und gleich schrecklichen Entbehrungen vertauschte die Soldbande das Wanderlager mit dem Besitz eines reichen Landes, in welchem sie zur Ruhe kam.[92] Ihr unverhofftes Glück war für diese Krieger selbst so überraschend, daß sie dadurch in Verlegenheit kamen. Sie konnten einen wohlgeordneten Staat mit Waffengewalt erobern, aber ihn nicht wieder aufrichten und regieren, indem sie an die Stelle seiner zerstörten Verfassung einfach die rohen Gebräuche ihres Soldatenlagers setzten. Ihre Feldherren und die angesehensten Kavaliere von Adel waren im Kriege oder in Lagertumulten umgekommen; und jetzt rächten sich die Ermordung Entenzas und der Sturz Rocafortes; denn lebte noch einer dieser kühnen Männer, so würde er sich ohne weiteres zum Herzog von Athen gemacht und seine Anerkennung als solcher errungen haben. Da nun die Wahl irgendeines der namenlosen Kapitäne zu ihrem Oberhaupt unmöglich war, so beschloß die Kompanie, dieses nicht in ihrer eigenen Mitte zu suchen. Nichts beweist ihre Ratlosigkeit mehr als die Tatsache, daß sie dem erlauchtesten ihrer Gefangenen aus der Kephissosschlacht den Oberbefehl und die Regierung des Herzogtums anbot. Allein Bonifatius von Verona war nicht ehrgeizig genug, um sich an die Spitze einer Soldbande zu stellen, die eben erst seinen Lehnsherrn und seine edlen Freunde erschlagen hatte. Er lehnte mit dem Antrage die gefährliche Aufgabe ab, sich durch Hilfe der Katalanen zum Nachfolger Walters von Brienne aufzuwerfen und womöglich mit dem Herzogtum Athen auch Euböa zu vereinigen, was nicht ohne heiße Kämpfe mit der Republik Venedig und andern Mächten geschehen konnte. Roger Deslaur, an welchen sich hierauf die Kompanie wandte, hegte nicht die ehrenhaften Zweifel seines Unglücksgefährten: Er übernahm die Führung der Kompanie und die provisorische Regierung des Herzogtums.

Die Spanier richteten sich jetzt in dem eroberten Lande ein. Sie

Drittes Kapitel

überzogen dasselbe als ein buntgemischter Kriegshaufe, in welchem freilich die katalanische Nationalität die vorherrschende blieb. Es war dies eine durchaus militärische Invasion, aber doch zahlreicher und stärker als jene erste der Burgunder unter Otto de la Roche. Wenn man die nicht großen Verluste der Soldbande in der Kephissosschlacht mit in Rechnung zieht, so mußten es immer mehr als 6000 Krieger sein, welche mit ihren Weibern, Kindern und ihrem anderen Troß das Herzogtum Athen besetzten. Sie fanden daselbst zwei nationale Bevölkerungsschichten vor, die einheimischen Griechen und die bisher herrschenden Franzosen. Sie selbst warfen diese aus ihren Ämtern, Besitzungen und Lehen. Kein französischer Adel, kein burgundisches Geschlecht von Bedeutung wird seither im Herzogtum irgend mehr sichtbar. Die früheren Gebieter waren tot, oder sie verließen Griechenland, oder sie verschwanden hier in Dunkelheit.

Die Sieger teilten unter sich die Schlösser und Güter und selbst die Frauen und Töchter der am Kephissos Erschlagenen.[93] Der Raub der Sabinerinnen fand in Attika und Böotien sein Nachspiel, oder vielmehr die Katalanen wiederholten das Verfahren der Normannen nach der Eroberung Englands, wo die Witwen der bei Hastings gefallenen sächsischen Edlen ihre Person und ihre Güter den Siegern überliefern mußten.[94] Je nach dem Range des Söldners wurde ihm ein Weib zugeteilt; mancher erhielt ein solches von so hohem Adel, »daß er kaum würdig war, ihm das Handwasser zu reichen«. So gestaltete sich, sagt Muntaner, die Kompanie ihr Leben aufs beste, und sie konnte sich dort mit Ehren für immer behaupten, wenn sie mit Klugheit zu Werke ging. Sie war aber doch nicht zahlreich genug, um das eroberte Land ganz auszufüllen; daher forderte sie sogar ihre Bundesgenossen, die Türken, auf, sich als Kolonisten im Herzogtum anzusiedeln. Diese lehnten das ab. Sie schieden, alle reich geworden, von den Spaniern in Freundschaft, um zu ihren Stammesgenossen nach Kleinasien zurückzukehren, und bald darauf fanden sie durch die Byzantiner und Genuesen ihren Untergang.[95]

Roger Deslaur zögerte nicht, als General der Kompanie für sich selbst den möglich größten Vorteil aus dem Zusammensturz des Frankenstaats zu ziehen. Die Katalanen gaben ihm, wie Muntaner ohne weitere Bemerkung berichtet, die Witwe des letzten Stromoncourt, der am Kephissos gefallen war, und mit ihr das große Lehen Salona in Phokis. Wenn der ehrgeizige Ritter aus Roussillon nach einem noch höheren Ziele strebte, so erreichte er das nicht. Denn trotz ihrer ungeheuren Erfolge befand sich die Kompanie in einer nicht minder schwierigen Lage als zur Zeit des Entenza und Rocaforte. Alle Staaten im Osten und Westen, der Fürst von Achaia, welcher als solcher Oberlehnsherr des Herzogtums Athen war, die Angeloi in Thessalien und Epiros, der griechische Kaiser, die Könige von Frankreich und Neapel, die im nahen Euböa gebietende Republik Venedig konnten die Eroberer Thebens und Athens nur als eine Räuberbande ansehen, die außer dem Völkerrecht stand. An den Hof der Anjou war die Witwe des erschlagenen Brienne entflohen, und sie forderte vom Könige Neapels und vom Papst, ihr zum Wiederbesitz des Herzogtums Athen, des Erbes ihres Sohnes Walter, zu verhelfen. Ihr Vogt Foucherolles behauptete für diesen die Burgen Argos und Nauplia.

2. Die Kompanie erkannte, daß sie ihre Eroberung nicht ohne den Schutz eines mächtigen Monarchen behaupten könne. Die Not zwang sie, ihre alte Verbindung mit dem Hause Aragon wieder aufzunehmen und sich unter die Autorität Friedrichs von Sizilien zu stellen, aus dessen Dienste sie ursprünglich nach der Levante ausgezogen war. Auch hatte sie schon einmal seine Oberhoheit anerkannt und dann sich dieser nur infolge des Trotzes Rocafortes und einer Lagerrevolution entzogen. Freilich nahm dies an Unabhängigkeit jahrelang gewöhnte Kriegsvolk nur mit Widerstreben das Joch eines Königs auf sich.[96] Boten der Kompanie segelten von Athen nach Messina, um Friedrich II. das eroberte hellenische Land anzutragen. Einem seiner Söhne wollte dieselbe als ihrem Befehlshaber und Herzoge huldigen und alle Festungen Attikas und Böotiens überliefern. Der König, welcher die Krone Siziliens gegen das Haus Anjou und den Papst siegreich behauptet hatte, sah sich plötzlich in die Lage versetzt, die alten Pläne seiner normannischen Vorgänger in Griechenland zu verwirklichen. Dunkle Vorstellungen möglicher Vorteile, die er gefaßt hatte, als er vor neun Jahren Roger de Flor nach Byzanz ziehen ließ, nahmen jetzt die Gestalt von Tatsachen an.

Die Söldnerbande hatte schließlich für ihn selbst ein großes griechisches Land erobert, zu welchem er wie zu einer überseeischen Kolonie in das Verhältnis des Oberherrn trat. Dies Besitztum konnte augenblicklich das Ansehen, wenn auch nicht gerade die Macht Siziliens vermehren, da es voraussichtlich starker Anstrengungen bedurfte, um dasselbe gegen die Angriffe so vieler Feinde zu behaupten. Es konnte aber immer als Grundlage für das beginnende Auftreten Siziliens im Orient dem Hause Anjou gegenüber dienen und größere Handelsverbindungen mit der Levante herbeiführen. Der König nahm mit Freuden den Antrag der Katalanen an, welchen er sicher erwartete, da er ihn wohl selbst durch seine Agenten veranlaßt hatte.

Drittes Kapitel

Die Kompanie unterhandelte mit ihm durchaus als eine politische Macht, als tatsächliche Besitzerin des Herzogtums durch das Recht der Eroberung. Sie sicherte sich vorweg nicht nur diesen ihren Besitz, sondern auch ihren Fortbestand als autonome, nach ihren eigenen Statuten sich regierende Soldatenrepublik. Ihre Prokuratoren schlossen mit dem Könige einen rechtlichen Vertrag, welcher das Verhältnis beider Teile zueinander regelte und die Grundzüge der Verfassung des katalanisch-sizilischen Herzogtums Athen feststellte.[97]

Friedrich II. wurde demnach als Oberhaupt der Kompanie und zugleich als Landesherr des Herzogtums anerkannt. Er vereinigte fortan dieses mit seiner Krone als Sekundogenitur des sizilianischen Hauses Aragon, indem er die Hoheitsrechte einem Mitgliede desselben mit dem Titel Herzog übertrug. Er ernannte alle höchsten Stellen in der Verwaltung wie im Heer. Seine Einkünfte flossen aus fiskalischen Renten, aus Abgaben der Städte und Orte (»rendita regia« in Sizilien), aus Lehnsgefällen (»relevia«) und den Domänen, die vor der Eroberung dem französischen Herzoge gehört hatten.[98] Der König duldete es nicht, daß sich katalanische Kapitäne in den großen Städten Theben und Athen oder in andern wichtigen Landesfestungen zu Feudalherren aufwarfen.

Im allgemeinen wurde die gewaltsame Verteilung der alten Lehngüter des Herzogtums unter die Konquistadoren vom Könige bestätigt. Die katalanischen Besitzer traten deshalb als erblich gewordene Grundherren zu ihrem neuen Oberhaupt in dasselbe Feudalverhältnis, welches zuvor die burgundischen Edlen zu den La Roche gehabt hatten. Die Regelung dieser augenblicklich durch die spanische Invasion tumultuarisch gewordenen Besitzverhältnisse konnte nur durch ein neues Lehnsregister bewerkstelligt werden, und ein solches mußte daher früher oder später im Herzogtum Athen entworfen werden.[99]

Die Kompanie blieb die rechtmäßige Besitzerin des Landes und ihre militärische Verfassung die Grundlage des neuen Staats. Sie nannte sich nach wie vor die Sozietät des glücklichen Heeres der Franken in Romania oder im Herzogtum Athen, und auch von den Königen Siziliens wurde sie fortdauernd so genannt.[100] Sie übte ihre Rechte als politische Körperschaft aus, beteiligte sich mit und neben der herzoglichen Regierung an Staatshandlungen, faßte Beschlüsse in ihren Parlamenten und erließ von ihren Mitgliedern gezeichnete Urkunden, die sie mit ihrem gewohnten Siegel neben dem königlichen versah.[101] Auch ihre alte soldatische Einrichtung aus der Zeit des kriegerischen Wanderlagers blieb bestehen. Die herkömmlichen vier Räte, der Notar und Kanzler, Schreiber, Richter, Anwälte, Syndici bildeten nach wie vor die zivilen Bestandteile ihrer Genossenschaft. Das wichtige Amt des Kanzlers des Herzogtums Athen wurde zwar vom Könige bestellt, aber er empfahl diesen Offizialen der Kompanie, die ihn auf die Evangelien vereidigte. Alle zivilen Ämter überhaupt wurden im Grunde als Befugnisse der Kompanie angesehen, obgleich sie dem Könige oder Herzoge ihre Ernennung oder Bestätigung übertragen hatte.

Dasselbe Verhältnis sollte im Heere stattfinden, auf welchem die Macht und Selbständigkeit der Genossenschaft wie die Behauptung des eroberten Landes beruhte. Die höchsten militärischen Stellen wurden aus den Reihen der Katalanen besetzt, aber der Herzog hatte auch hier das Recht der Bestätigung und bald der Ernennung überhaupt. Das Amt des Marschalls des Herzogtums sollte die gesamte militärische Kraft und zugleich die politischen Rechte der Kompanie darstellen.[102] Obwohl der Herzog dasselbe bestätigte, so gestatteten doch die Katalanen nicht, daß er einen Fremden damit bekleide. Es wurde vielmehr in der Familie der Novelles erblich, einem der ältesten Kapitanengeschlechter der Soldbande. In der einflußreichen Stellung des Marschalls lag demnach ein Keim des Dualismus zwischen der Kompanie und der herzoglichen Regierung.

Diese selbst hatte der Herzog in Person zu führen oder, wenn dies nicht möglich war, sein bevollmächtigter Vizekönig oder Generalvikar (vicarius generalis, viceregens), welcher auf Zeit (nach beneplacitum) ernannt wurde.[103]

Vor seinem Abgange nach Griechenland sollte der Vikar den Eid der Treue in die Hände des Herzogs ablegen und dann, sei es in Theben oder Athen, vor den versammelten Syndici der Kompanie und den Abgeordneten der Städte mit gleich feierlichem Eide geloben, sein Amt gerecht und gewissenhaft zu verwalten.[104] Als alter Ego des Herzogs hatte er für diesen die Hoheitsrechte, die oberste Gewalt in allen Zweigen der Verwaltung und Gerichtsbarkeit auszuüben, die Verteidigung des Landes zu ordnen, über alle dazu nötigen Mittel, Steuern und Auflagen zu verfügen und eingezogene Güter zum Fiskus zu schlagen; über Krieg und Frieden zu entscheiden und sogar Bündnisse mit fremden Mächten abzuschließen. Ein Hofstaat mit einem Majordomus sollte ihm beigegeben sein.[105]

Dies waren die Grundzüge des Vertrags, welcher zwischen den Bevollmächtigten der Kompanie und Friedrich von Sizilien entworfen und von beiden Teilen beschworen wurde. Sodann huldigten die katalanischen Boten dem Könige für seinen zweitgeborenen Sohn Manfred, den er zum Herzoge Athens ernannt hatte. Er war ein Kind von fünf Jahren. Wenn es auch die Folge zufälliger Verhältnisse war, daß seither der Reihe nach unmündige Infanten des sizilischen Hauses mit dem Herzogtum Athen beliehen wurden, so entsprach doch diese Tatsache durchaus den Absichten des Königs, welcher der wirkliche Regent des griechischen Kronlandes blieb. Zum Generalvikar des Infanten Manfred ernannte Friedrich einen ausgezeichneten Mann, den Ritter Don Berengar Estañol von Ampurias.

3. Das Jahr, welches von der Eroberung Athens bis zur Ankunft dieses Vizekönigs verfloß, muß voll von Schrecken wildester Anarchie gewesen sein. Wenn irgend die Herrschaft der Katalanen in Attika und Böotien ein Räuberregiment genannt werden durfte, so hat sie diesen Namen nur damals verdient, wo alle bürgerlichen Ordnungen des Landes plötzlich umgewälzt wurden und von der Willkür einer Soldbande die Gewalten des Staats, die Gesetze, die Gerichte, die Verwaltung und die Kirche abhängig geworden waren. Estañol landete im Jahre 1312 im Piräus mit fünf Galeeren. Er empfing die Huldigung der Kompanie, und Roger Deslaur legte sein provisorisches Amt nieder, um sich in sein Besitztum Salona zurückzuziehen.

Die Aufgabe des ersten Vizekönigs im katalanischen Herzogtum Athen war eine der schwierigsten, die sich denken läßt. Er hatte ein zerstörtes Staatswesen aufzurichten, auf dessen Trümmern eine verwilderte Soldbande lagerte, mit der Beute der Eroberung beladen, das Kriegsschwert in der Hand, um die Angriffe der nahen Feinde abzuwehren. Sie aber war zugleich eine selbständig organisierte, vom Könige Siziliens anerkannte Militärrepublik, die man, ohne die Übertragung der Landeshoheit an diesen Monarchen, mit dem Staat der Johanniter auf Rhodos vergleichen konnte. Es galt jetzt, den trotzigen Geist der an Unabhängigkeit gewöhnten Krieger mit dem neuen Zustande der Untertänigkeit auszusöhnen und ihre soldatische Verfassung mit den Gesetzen der feudalen Monarchie in Einklang zu bringen. Glücklicherweise bot sich auch diesmal, wie zur Zeit des ersten La Roche, als Mittel zu solchem Zweck das Lehnswesen selber dar, denn dieses drang naturgemäß in die ihm ursprünglich feindliche Demokratie der katalanischen Bande mit dem Augenblick ein, als diese seßhaft wurde und ihre Kapitäne sich in Grundbesitzer verwandelten. Das soldatische Raubsystem, welches sich an die Stelle des burgundischen Lehnsadels gesetzt hatte, nahm dessen Züge an. Die Transformation eines Söldnerlagers in eine feudale Staatsgesellschaft, die der Grundbesitz konservativ machte, vollzog sich auf demselben klassischen Boden in ähnlicher Weise, wie das bei der ersten Frankeninvasion geschehen war. Die mit den eroberten Gütern ausgestatteten Kapitäne wurden alsbald den Ricos hombres oder Barones in Katalonien ähnlich. Ihr Besitz konnte eben nur durch die Bestätigung des Herzogs die Rechtsgültigkeit erlangen, dem sie je nach dem Maß ihrer Lehen zum Kriegsdienst verpflichtet waren.

Die gesamte Verwaltung des Landes wurde nach spanischem oder sizilianischem Muster eingerichtet. An die Stelle der Assisen Romanias traten die Gewohnheiten Barcelonas, welche die Grundlage der Zivilkonstitution Kataloniens bildeten und von der Kompanie im Herzogtum Athen als öffentliches und Privatrecht eingeführt und stets mit Eifersucht aufrecht gehalten wurden.[106] Die Haute cour der französischen Barone verwandelte sich in den Gerichtshof oder die Kurie des Generalvikars unter der Leitung des Oberrichters, vielleicht eines Magister justiciarius für das Herzogtum, welcher seinen Sitz in Theben erhielt.[107] Die Lehnbesitzer, die Städte, die Geistlichen, die Burgvögte besaßen zugleich eine beschränkte Jurisdiktion in ihren Kreisen, doch wurde von allen diesen Rechtssphären an die Magna Curia des Königs in Sizilien appelliert, da sich Friedrich II., als er das Herzogtum Athen übernahm, dies Kronrecht höchster Jurisdiktion durchaus vorbehielt.[108] Der Herzog ernannte die Befehlshaber in den ansehnlichsten Städten, die Vikare, Kapitäne und Kastellane.[109]

Schon die Tatsache, daß der Vizekönig beim Antritt seiner Regierung von städtischen Vertretern vereidigt wurde, zeigt das Bestehen munizipaler Körperschaften, welche die Katalanen im Herzogtum Athen vorfanden und achteten, da sie den Einrichtungen in ihrer eigenen Heimat entsprachen. Die Städte Kataloniens und Aragons bildeten schon seit langem selbständige Gemeinden mit einem Rat der Jurados. Die Prohombres in Barcelona versammelten sich zu Parlamenten. Dieser blühenden Handelsstadt hatte der König Jayme im Jahre 1253 eine demokratische Verwaltung mit einem Senat bewilligt, welcher jährlich von den Bürgern erwählt wurde.[110] Gemäß der berühmten Konstitution, die Pedro III. der Große im Jahre 1282 in Barcelona erlassen hatte, besaßen die Städte und Flecken Sitz und Stimme in den Cortes. Auch in Sizilien waren schon von dem Hohenstaufenkaiser Friedrich II. Städteboten zu den Parlamenten zugezogen worden, sodann hatte sich dort gerade unter dem Könige Friedrich, dem ersten Herrscher des Herzogtums Athen, das Munizipalwesen als ein Bollwerk gegen die feudale Aristokratie kräftiger entwickelt. Die Gemeinden wählten ihre Bajuli, Giurati und Consiglieri, welche die städtischen Güter verwalteten, und Syndici vertraten die Kommunen bei den öffentlichen Versammlungen.[111] Dieselben Einrichtungen hat der König auf das Herzogtum Athen übertragen; denn spätere Urkunden weisen dort Syndici, Richter, Räte und Bajuli der Städte auf, von denen freilich keine einzige mit Palermo, Messina, Trapani und Catania an Bedeutung wetteifern konnte.[112] Wie die Vikare hatten auch die Stadtgemeinden ihre Kanzler und Notare, welche durchaus von denen der herzoglichen Regierung zu trennen sind. Als moralische Körperschaften führten die Gemeinden ihr eigenes Siegel. Dasjenige Thebens war unter der spanischen Herrschaft das Bild des heiligen Georg, und dies erscheint als eine Bevorzugung Thebens vor allen anderen Städten des Herzogtums, weil sich die Kompanie der Katalanen desselben Wappens bediente.

Im Besitze der munizipalen Rechte waren und blieben nur die Franken. Die spanischen Eroberer fanden in den Städten eine gemischte Bevölkerung vor, ein französisches, nach und nach eingewandertes Bürgertum und das griechische, aus Handwerkern und Gewerbetreibenden bestehende, welches von jenem auf eine niedere Stufe des rechtlichen Daseins herabgedrückt worden war, aber doch unter der milden Regierung der La Roche und durch den Einfluß langer Verbindungen mit der herrschenden Klasse sich wieder gehoben haben mußte. Nun aber vollzog sich dieselbe Revolution der städtischen Verhältnisse wie bei der ersten Einwanderung der Franken; denn die Folge der katalanischen Besitznahme des Landes war die Verdrängung der Franzosen auch aus ihren bürgerlichen Stellungen und die allmähliche Hispanisierung der Gemeinden durch Nachzug aus Katalonien und Sizilien.

Das gleiche fand in bezug auf die Kirche und ihre Güter statt, welche die Katalanen zum Teil in Besitz nahmen. Die vom Papst eingeführte Ordnung der Diözesen wurde freilich nicht angetastet, und die lateinischen Erzbischöfe von Theben und Athen erlitten diesmal nicht das Schicksal, welches ihre griechischen Vorgänger zur Zeit Ottos de la Roche erfahren hatten. Erst in der Folge wurden ihre Stühle durch Spanier besetzt. Das Recht der Ernennung der Bischöfe im Herzogtum aber kam an den König von Sizilien, welcher die erfolgte Wahl der betreffenden Gemeinde und dem Generalvikar in derselben offiziellen Weise kundgab, wie er das bei der Ernennung von Zivil- und Militärbeamten zu tun pflegte.[113] Was die griechische Kirche betrifft, so blieb sie in ihrer tiefen Erniedrigung als geduldete Sekte von Schismatikern der Gnade des Siegers überlassen, welchen nur der eigene Vorteil zur Schonung nötigte.

Das Verhältnis der jetzt herrschenden Spanier zu der hellenischen Bevölkerung wurde um so schroffer, als sich die Katalanen in ihren langen, verzweifelten Kämpfen mit den Griechen daran gewöhnt hatten, diese überhaupt nur als ihre Todfeinde und als eine untergeordnete Menschenklasse anzusehen. Gleich dem an die Scholle gebundenen Ackerbauer war auch der in der Stadt wohnende griechische Eingesessene, der Kaufmann, Handwerker und Schreiber, vom Frankenrecht, d. h. von der bürgerlichen Freiheit, ausgeschlossen. Selbst zu Ansehen und Wohlstand gelangte griechische Bürger befanden sich den Spaniern gegenüber in derselben Lage wie Leibeigene ähnlicher Stellung bis auf unsere Zeit in Rußland. Kein Grieche durfte über sein Hab und Gut nach seinem Gutdünken, zugunsten seiner Familie oder anderer Personen verfügen noch im Herzogtum Athen bewegliche oder unbewegliche Güter erwerben und verkaufen, ohne ausdrücklich das Frankenrecht erlangt zu haben.[114]

Die Statuten der Kompanie untersagten ausdrücklich, katholische Frauen mit Griechen zu verheiraten.[115] Das Verbot gemischter Ehen war übrigens eine Schutzmaßregel, welche auch die Venezianer auf Kreta anwendeten. Denn dort durfte kein lateinischer Lehnsmann oder Bürger sich mit einer Griechen verschwägern; tat er dies, so verlor er Lehen und Bürgerrecht und mußte die Insel verlassen.[116] In den Städten Modon und Koron durfte kein griechischer Bauer ohne Erlaubnis der Regierung seine Tochter mit einem Franken verheiraten und kein Grieche Grundbesitz erwerben.[117]

Demnach folgten die Katalanen im Herzogtum Athen nur dem Beispiele der Franken überhaupt, wenn sie sich durch solche Verbote als gebietende Klasse von den Hellenen schieden und die Gleichstellung dieser nur von dem Privilegium des Frankenrechts abhängig machten. Solche Freibriefe wurden sparsam erteilt und nicht selten durch die Willkür der Behörden wieder in Frage gestellt. So mußte ein Bürger von Levadia, obwohl die Bewohner dieser Stadt infolge ihrer Kapitulation den Franken gleichgestellt worden waren, noch 50 Jahre später diese Vergünstigung geltend machen und sich das Recht bestätigen lassen, seine Kinder mit Franken zu verheiraten.[118]

Im allgemeinen blieben die Griechen im Herzogtum Athen in demselben Zustande der bürgerlichen Rechtsungleichheit, wie sie es dem Prinzip nach unter den La Roche gewesen waren; oder dieser Druck wurde im Anfange noch verstärkt.[119] Nur mit der fortschreitenden Zeit siegten das Naturrecht und der Vorteil über diese engherzigen Gesetze. Freibriefe milderten sie, und dem Verbot der gemischten Ehe zum Trotz verbanden sich manche Katalanen mit griechischen Erbtöchtern, wovon wir bald mehrere Beispiele sehen werden.

Der jähe Wechsel der Herrschaft brachte zunächst den Griechen

Attikas und Böotiens alle Schrecken der Eroberung zurück. Der Kolone und der Bürger sanken aus einem durch Zeit und Gewohnheit erträglich gewordenen Zustande in neues Elend herab, um so mehr, als ihr neuer Gebieter ein raubsüchtiger Soldat war, der seine Beute nur durch Krieg behaupten konnte. Die unglücklichen Hellenen mußten denselben Prozeß fremder Einwanderung und ihrer Folgen wiederholen, zu dem sie vor hundert Jahren verdammt gewesen waren. Die feineren Sitten und Gebräuche der französischen Ritterschaft machten dem rohen Wesen einer verwilderten Kriegerkaste Platz. Die französische Sprache, mit der sich, wenn auch nicht das Volk, so doch manche Griechen vertraut gemacht hatten, weil dieselbe, seit der Aufrichtung der Kreuzfahrerstaaten in Syrien, dort und überhaupt in der Levante zur internationalen Verkehrssprache geworden war, wurde plötzlich durch die fremden Akzente der Lengua catalana oder limosina verdrängt. Die rauhe Sprache Jaymes I. von Aragon und Ramon Muntaners hatte an sich damals nicht geringeren Wert als die des Gottfried Villehardouin. Sie war übrigens kein der hispanischen Sprachfamilie angehörender Dialekt, sondern galloromanisch, ein Zweig des Provençalischen und durch die Troubadours auch als Dichtersprache geadelt. Man sprach katalanisch in ganz Südfrankreich wie im östlichen Spanien, am Königshofe Mallorcas und auch Siziliens. Siebzig Jahre lang sollte man dieses Idiom der Troubadours und der Almugavaren auf der Akropolis Athens, der Kadmeia Thebens, in Salona und selbst in Südthessalien reden hören.[120]

Viertes Kapitel

Zustände Moreas. Philipp von Tarent und Katharina von Courtenay. Mathilde von Hennegau und Louis von Burgund. Der Infant Ferdinand von Mallorca, Prätendent Achaias. Sein Zug dorthin, sein Kampf mit Louis von Burgund und sein Untergang. Letzte Schicksale Mathildes. Walter von Brienne, Titularherzog und Prätendent Athens. Der Papst und die katalanische Kompanie. Die Regierung Estañols. Don Alfonso Fadrique, Generalvikar. Euböa. Bonifatius von Verona. Krieg mit Venedig. Waffenstillstand.

1. In einer durchaus ähnlichen Lage wie das Herzogtum Athen befand sich zu jener Zeit das tief herabgekommene fränkische Morea. Denn auch dort führten Statthalter die Regierung im Namen eines fremden Herrscherhauses. Philipp von Tarent war Fürst Achaias. Nachdem er sich von seiner epirotischen Gemahlin Thamar geschieden hatte, ver-

mählte er sich am 30. Juli 1313 mit der jungen Katharina, der Tochter Karls von Valois und jener Kaiserin Katharina von Courtenay, die im Januar 1308 gestorben war. Diese Verbindung, durch welche die Ansprüche der Courtenay-Valois auf das byzantinische Kaisertum an die Anjou Neapels übergingen, geschah infolge eines zu Paris im April 1313 geschlossenen Familienvertrages, wodurch, unter der Autorität des Königs von Frankreich und des Papsts Clemens V., Ehegelöbnisse und Länder vertauscht und verhandelt wurden. Katharina von Valois war bereits als Kind mit dem Herzoge Hugo V. von Burgund verlobt worden; dieser verzichtete jetzt, nach getroffener Übereinkunft, auf die Hand der erst dreizehn Jahre alten Erbin der griechischen Kaiserrechte zugunsten Philipps von Tarent, welcher seinerseits dem Prinzen Louis, dem Bruder jenes Herzogs, Achaia als Lehnsfürstentum abtrat, indem er ihm zugleich die Hand Mathildes von Hennegau zusagte.

Die jugendliche Witwe Guidos II. von Athen besaß die Baronie Kalamata als Familiensitz, aber sie lebte nach ihrem Verlöbnis mit dem Prinzen Karl, dem Sohne Philipps von Tarent, längere Zeit in Theben, von wo sie wahrscheinlich erst durch den drohenden Einbruch der katalanischen Kompanie vertrieben wurde. Ihrer Mutter Isabella hatte sie die von ihrem Vater Florenz ererbten flandrischen Güter abgetreten, während sie ihre Erbrechte auf das Fürstentum Achaia behielt, mit Ausnahme der Baronie Karytena und der Schlösser Beauvoir und Beauregard, die ihrer Stiefschwester Margarete, der Tochter Isabellas aus ihrer Ehe mit Philipp von Savoyen, zugewiesen waren.[121] Nachdem ihre Mutter, die berühmteste Frau jenes Zeitalters im fränkischen Griechenland, auf ihren Besitzungen im Hennegau im Jahre 1311 gestorben war, nahm sie den Titel Fürstin von Achaia an. Als inhaltlose Erinnerung dauerte derselbe Titel auch im Hause Savoyen bei den Nachkommen Philipps aus einer zweiten Ehe fort.[122]

Mathilde blieb einige Zeit lang in Gesellschaft ihrer Tante Margarete auf ihren Gütern in Morea, wo sie den Schutz des ritterlichen Marschalls Nikolaus III., des letzten vom Hause St. Omer, genießen konnte. Dann begab sie sich nach Frankreich. Ihr einige Jahre zuvor mit dem jungen Prinzen Karl von Tarent geschlossenes Verlöbnis wurde aus Staatsgründen aufgehoben, und sie mußte darein willigen, sich mit Louis von Burgund zu verbinden, indem sie zugleich ihre Rechte auf Achaia dem Hause desselben abtrat und gelobte, im Falle sie Witwe wurde, keine neue Ehe ohne die ausdrückliche Erlaubnis Philipps von Tarent einzugehen.[23] Am 31. Juli 1313 fand zu Fontainebleau ihre Vermählung mit jenem Prinzen statt, welcher sich König

Viertes Kapitel 361

von Thessalonike nannte, weil der Exkaiser Balduin seine Rechte auf dieses Land an Burgund verkauft hatte.

Durch diese Verträge war der ehemaligen Herzogin von Athen und ihrem zweiten Gemahl der Lehnsbesitz Moreas zuerkannt worden, aber ein unerwarteter Prätendent machte ihnen das Fürstentum streitig. Dies war Ferdinand von Mallorca, derselbe aragonische Infant, welcher Jahre zuvor seine persönlichen Schicksale mit denen der katalanischen Kompanie verflochten hatte. Nach seiner Befreiung aus der Haft in Neapel war der ruhelose Prinz in sein Vaterland zurückgekehrt, wo er den verbündeten Königen von Aragon und Kastilien im Maurenkriege gedient und vor Almeria durch heroische Tapferkeit geglänzt hatte.[124] Von Mallorca, dessen Herrscher Sancho sein eigener Bruder war, wandte er sich nochmals nach Sizilien, um seinem Vetter Friedrich II in dem neu ausgebrochenen Kriege mit Neapel zu dienen. Der König belieh ihn mit der Stadt Catania und ließ ihn alsbald eine Verbindung eingehen, kraft deren der Infant die Rechte des Hauses Villehardouin auf Achaia den Anjou gegenüber beanspruchen konnte. Mit Staunen vernahm Ferdinand, welch grenzenloses Glück seinen ehemaligen Waffengefährten, den Katalanen, im Herzogtum Athen zugefallen war, und dieses Land hatte Friedrich II. an seine Krone gebracht. Ihm selbst aber bot sich eine unverhoffte Gelegenheit dar, zum zweiten Mal auf den griechischen Schauplatz, und zwar in Morea, zurückzukehren.

Dort lebte auf ihrem Besitztum Akowa oder Mategriffon Margarete, die zweite Tochter des letzten Villehardouin, die Tante Mathildes. Sie war erst mit Isnard von Sabran vermählt gewesen, einem der großen Barone Neapels, Herrn von Ariano und Großjustiziar des Königreichs.[125] Seit 1297 verwitwet, hatte sie den alten Grafen Riccardo von Kephallenia geheiratet, und auch dieser Gemahl war ihr im Jahre 1304 durch den Tod entrissen worden.[126]

Als ihre Schwester Isabella gestorben war und sie selbst ihre väterlichen Rechte auf Achaia zur Geltung bringen wollte, setzte sie sich in Widerspruch zu den Absichten der Anjou und den Bestimmungen des Pariser Vertrages, denen gemäß jenes Fürstentum als ein Lehen Philipps von Tarent an Louis von Burgund, den Gemahl ihrer Nichte, gegeben war.

Margarete wurde von ihren persönlichen Feinden in Morea heftig bedrängt, namentlich von ihrem Stiefsohn Johann von Kephallenia, mit dem sie wegen ihres seinem Vater Richard zugebrachten Vermögens im Streit lag.[127] Edelmütig hatte sie bisher der Marschall Nikolaus III. von St. Omer geschützt. Nach dessen Tode knüpfte sie aus Haß gegen die Partei der Anjou Verbindungen mit dem sizilianischen Hofe an. Sie konnte mit Grund auf die Billigung und selbst auf die nachhaltige Unterstützung ihrer Absichten durch den König Friedrich II., den Gebieter Athens, rechnen, wenn sie seinem Vetter und Günstling, dem Infanten von Mallorca, die Hand ihrer Tochter Isabella von Sabran darbot. Ihr Vorschlag wurde angenommen, und Margarete schiffte sich mit dem jungen Mädchen nach Messina ein.[128]

Der König Friedrich eilte, diese Verbindung zum Abschluß zu bringen, da sich aus ihr die Möglichkeit ergab, das Haus Anjou aus Morea zu verdrängen und auch dieses Land wie Athen für Aragon zu erwerben. Isabella war erst vierzehn Jahre alt, nach dem Urteil Muntaners das schönste Geschöpf, welches irgend Menschen gesehen hatten, rosenrot und weiß und über ihr Alter klug. Ihre Vermählung mit dem Infanten fand im Februar 1314 statt.[129] Margarete verbriefte ihrem Eidam als Mitgift seiner Gattin die Baronie Akowa nebst ihren Ansprüchen auf den fünften Teil Achaias, und Ferdinand von Mallorca verpflichtete sich, das Erbe der Villehardouin mit den Waffen zu erobern. So sollte sich der große Kampf zwischen den Häusern Anjou und Aragon auch nach dem Peloponnes hinüberziehen.

Die Kunde jener Verbindung versetzte die ganze französische Partei Moreas in Bestürzung und Wut. Die dortigen Barone anerkannten den Pariser Vertrag und die aus ihm fließenden Rechte der Herzogin Mathilde und ihres burgundischen Gemahls; sie sahen jetzt sich und ihr Land von Sizilien her durch die Kriegsrüstung eines tapfern aragonischen Prinzen bedroht, während sich bereits die Katalanen des Herzogtums Athen bemächtigt hatten und von dort feindliche Einfälle nach Morea unternahmen. Als nun Margarete es wagte, mit ihrem geringen Gefolge im Juni 1314 von Messina nach Morea zurückzukehren, wurde sie von den Häuptern der angiovinischen Partei, ihrem Stiefsohn Johann, dem Bischof Jakob von Olenos und Nicole le Noir, dem Herrn Arkadias, als Verräterin und Verbündete der Katalanen mit Verwünschungen empfangen, ihrer Güter beraubt und festgesetzt.

Nach Griechenland aufzubrechen hinderten den Infanten der gegen Sizilien gerichtete Angriff des Königs Robert und der zwischen beiden Dynastien Anjou und Aragon mit Erbitterung fortgesetzte Krieg. Erst als dieser im Dezember 1314 durch einen Waffenstillstand beendigt war, konnte Ferdinand Schiffe und Kriegsvolk zusammenbringen. Er erfuhr unterdes, daß seine Schwiegermutter drüben in Morea, von ihren Feinden unablässig gequält, im März 1315 in ihrem Schloß Akowa gestorben war.[130] Dies verschwieg er seiner Gemahlin, die ihrer Entbindung entgegensah. Isabella gebar am 5. April einen Sohn und starb zwei Tage darauf, nachdem sie ihre Ansprüche auf Achaia diesem Kinde testamentarisch zugesprochen hatte.

Der verzweifelte Infant übergab den kleinen Jayme seinem alten Waffenbruder Ramon Muntaner, der zu ihm nach Sizilien gekommen war, und trug ihm auf, denselben nach Katalonien in Sicherheit zu bringen. Der berühmte Geschichtsschreiber der Katalanen hat selbst anziehend erzählt, unter welchen Gefahren er sich seines Auftrages entledigte, wie er dies Kind, den nachmaligen unglücklichen Jayme II., den letzten König von Mallorca, über See fortbrachte und endlich zu Perpignan in die Arme der alten Königin-Witwe Esclaramonde de Foix, der Mutter des Infanten, legte.

Nach demselben Griechenland, wo er einst als Leutnant des Königs Friedrich die Führung der großen Kompanie hatte übernehmen wollen und dann in der Kadmeia gefangensaß, riefen jetzt den Infanten solche Aufgaben und Pflichten, wie sie nur je die romantische Phantasie eines Spaniers und fahrenden Kavaliers erhitzen konnten. Der Schmerz um den Verlust des jungen schönen Weibes vereinigte sich mit der Begierde, den Tod seiner Schwiegermutter, der letzten Villehardouin, zu rächen und das Erbe seines entfernten Kindes mit dem Schwert des Helden zu erstreiten. Der König von Sizilien unterstützte ihn bereitwillig; er empfahl sein rechtmäßiges Unternehmen in einem Briefe an den Dogen Giovanni Superanzo der Republik Venedig, versichernd, daß sich der Infant eidlich verpflichtet habe, ihre Besitzungen in keiner Weise zu beschädigen.[131]

Mit einem Kriegshaufen tapferer Sizilianer, Katalanen und Aragonier landete Ferdinand im Juni 1315 kühn bei Clarenza. Er eroberte diese berühmte Stadt und das Schloß Belvedere, pflanzte seine Fahne auf andern Burgen auf und nötigte sogar die feindlichen Barone des ganz in Anarchie aufgelösten Fürstentums, ihm persönlich zu huldigen. Bei diesen glänzenden Erfolgen scheinen ihn die Katalanen Athens unterstützt zu haben.[132]

So gelang es einem Prinzen des kleinen handeltreibenden Eilands Mallorca, sich zum Herrn des fränkischen Morea aufzuwerfen. Trotz seines frischen Schmerzes um den Tod der jungen, von ihm heiß geliebten Gattin vermählte er sich aus Politik schon im Herbst 1315 mit der Kusine des Königs Heinrich II. von Zypern, der Tochter des Seneschalls Philipp aus dem berühmten Hause Ibelin. Auch sie hieß Isabella, und auch sie war erst fünfzehn Jahre alt.[133]

Nun aber erschien von Venedig her, und durch diese Republik mit Schiffen versehen, im Frühjahr 1316 auch Louis von Burgund auf dem griechischen Schauplatz, mit starker Kriegsmacht und begleitet von seiner Gemahlin Mathilde.[134] Der Kampf der beiden ritterlichen Prätendenten um den Besitz Moreas ist eine wahrhaft tragische Episode in der Geschichte des fränkischen Peloponnes. Beide waren tapfre Abenteurer, die ihre Rechte aus ihrer Vermählung mit jungen, einander blutsverwandten Frauen ableiteten. Von ihnen war die eine, Isabella von Sabran, eben gestorben, die andere, Mathilde von Athen, das Opfer des Hauses Anjou, die gezwungene Gefährtin des Louis von Burgund.

Dieser rückte von Patras gegen Clarenza, und alsbald erhob sich zu seinen Gunsten der Haß der angiovinischen Partei. Die Gegner Aragons eilten zu den Fahnen Burgunds; sogar die Sanudo von Naxos hatten sich als Vasallen des Fürstentums Achaia ihnen angeschlossen. Die Truppenmacht Ferdinands war gering, da die von Mallorca und Sizilien erwartete Hilfe nicht erschien. Ein einziges Gefecht entschied daher das Schicksal des Infanten, der sich mit tollkühnem Mut den überlegenen Burgundern entgegenwarf und dann auf der Flucht von den wutentbrannten Feinden ergriffen und niedergemacht wurde. Der Anblick seines abgeschlagenen Hauptes bewog den erschreckten Kapitän Clarenzas, diese Stadt dem Prinzen Louis zu übergeben.[135]

Einen Tag vor dieser Katastrophe waren die Katalanen aus dem Herzogtum Athen, welche Ferdinand zur Hilfe gerufen hatte, bis Vostiza vorgerückt. Als sie hier seinen Fall erfuhren, kehrten sie um.[136] So endete am 5. Juli 1316 der berühmte Infant von Mallorca, einer der tapfersten Ritter Spaniens.[137]

Louis von Burgund war jetzt unbestrittener Herr Moreas; allein auch er starb, wie man argwöhnte, durch den Grafen von Kephallenia vergiftet, schon im Sommer desselben Jahres 1316. Seine Gemahlin Mathilde, im Alter von 23 Jahren zum zweiten Male verwitwet, sah sich jetzt ohne Freunde neuen Verhängnissen schutzlos preisgegeben. Sie blieb zunächst in Andravida als Regentin des Fürstentums.

In der Geschichte des fränkischen Griechenlands, ja selbst jener Zeit überhaupt, gibt es nach Helena, der Witwe des edlen Königs Manfred, keine Frauengestalt, deren tragische Schicksale eine gleich große Teilnahme einflößen können. Diese unselige Fürstin war seit ihrer Kindheit das Opfer der in ihrer Person verkörperten Rechte des Hauses Villehardouin, welche sie zum willenlosen Gegenstande fürstlicher Spekulation und der Dynastenpolitik machten. Nachdem ihr Gemahl Louis von Burgund gestorben war, wollte der König Robert diese Rechte für immer an das Haus Anjou bringen; er befahl daher Mathilde, sich nach Neapel zu begeben, wo er über ihre Hand verfügen wollte. Er schickte im Mai 1317 seine Bevollmächtigten mit Briefen an die Vasallen Moreas nach Andravida;[138] worauf sein Minister Spinula die Fürstin mit Gewalt von Clarenza nach Neapel brachte.[139]

Zum Gemahl hatte ihr der König seinen Bruder Johann, den Grafen von Gravina, bestimmt. Die Unterhandlungen, auch mit dem willigen Papst, wegen dieser Ehe waren schon vor der Ankunft Mathildes in Neapel im Gange, da Robert am 19. Mai 1317 dem Ritter Ricardo de Menania eine jährliche Pension auswarf, um den Eifer zu belohnen, mit welchem er diese Angelegenheit betrieben hatte.[140] Johann XXII. erteilte den Dispens.[141] Mathilde wurde sodann dem Grafen von Gravina gewaltsam angetraut und gezwungen, ihm und dem Könige das Fürstentum Achaia abzutreten. Sie protestierte gegen diese Ehe, welche sie nie vollziehen wollte, bei der Signorie Venedigs und dem Papst.[142] Hierauf führte sie Robert im Jahre 1322 nach Avignon vor das päpstliche Tribunal, und Mathilde erklärte dort, daß sie keine neue Ehe eingehen dürfe, weil sie bereits mit dem burgundischen Ritter Hugo de la Palisse heimlich vermählt sei. Nichts konnte dem Könige willkommener sein als das Geständnis einer solchen Verbindung, die ihm früheren Verträgen gemäß erlaubte, die Fürstin ihrer Rechte auf Achaia für verlustig zu erklären. Voll Arglist wurde sie sogar der Mitwisserschaft eines Mordplanes beschuldigt, welchen Palisse gegen den König Robert gefaßt haben sollte.[143] Dann brachte man sie von Avignon nach Neapel, wo sie im Kastell dell' Ovo ihr tragisches Leben als Staatsgefangene jenes herzlosen Tyrannen beschließen mußte, welchen der eitle Petrarca mit einer falschen Glorie bekleidet hat. Die ehemalige Herzogin von Athen erlitt das Schicksal der Witwe Manfreds, die im Kerker zu Nocera hatte sterben müssen, und der Kinder desselben Königs. Denn Manfreds Tochter Beatrice hatte in jenem Kastell dell' Ovo bis zum Jahre 1289 geschmachtet, wo der siegreiche Seeheld Roger de Lauria ihre Auslieferung erzwang. Ihre Brüder aber waren nach langen Kerkerqualen im Kastell dell' Monte im Jahre 1299 nach derselben Burg Neapels gebracht worden und hier im Elend gestorben.

Die Inselscholle, auf welcher dies berühmte Schloß stand, war damals größer als heute; sie enthielt sogar Lustgärten. Denn das Kastell dell' Ovo diente nicht bloß zum Kerker für Staatsgefangene hohen Ranges, sondern es war auch ein beliebter Sitz der Anjou. Als Isabella, die junge Erbtochter Villehardouins, nach Neapel kam, um sich mit dem Prinzen Philipp zu verbinden, wurde ihr dort eine fürstliche Wohnung angewiesen. Eine elementare Revolution soll im Jahre 1343 den Umfang der Insel verringert haben.[144]

Die Fürstin Achaias erhielt zu ihrem und ihrer Dienerinnen Unterhalt die monatliche Summe von drei Unzen, welche unter den Anjou der gewöhnliche Betrag zur Verpflegung erlauchter Staatsgefangener war. Denn auch die Königin Helena hatte jährlich 40 Unzen erhalten.[145]

Für die Befreiung Mathildes bemühten sich fruchtlos der Graf von Hennegau, ihr Verwandter, und der Kardinal Napoleon Orsini.[146] Da ihr nicht gestattet wurde, ihren Willen in einem gerichtlichen Testament niederzulegen, so erklärte sie mündlich vor mehreren Personen, daß sie alle ihre Rechte in Griechenland auf den König Jayme von Mallorca, den Sohn des Infanten Ferdinand, übertrage. Sie schien damit den Untergang sühnen zu wollen, welchen dieser einst durch ihr und ihres Gemahls Louis von Burgund Waffen bei Clarenza gefunden hatte. Sie selbst war kinderlos geblieben.[147] Sie starb im Kastell dell' Ovo im Jahre 1331.[148] Es war nur ein Hohn, wenn sie der König feierlich im Dom Neapels in der Kapelle seiner Familie bestatten ließ. Wir lesen noch die Rechnung der königlichen Kammer über die Kosten dieser Exequien.[149]

2. Eine andere, vom Schicksal schwer getroffene Fürstin aus dem fränkischen Hellas, die Witwe Walters von Brienne, lebte unterdes am Hofe des Königs Robert oder auf ihrem Lehen in Lecce. Ihren Vater, den Konnetabel Gauthier de Chatillon, hatte sie zum Vormunde ihrer beiden Kinder ernannt.[150] Sie wurde nicht müde, die Könige Frankreichs und Neapels und den Papst mit Aufforderungen zu bestürmen, ihren Sohn Walter, den legitimen Herzog von Athen, durch einen Kriegszug gegen die Katalanen in sein väterliches Erbe wiedereinzusetzen. Clemens V. zeigte eine gewisse Zurückhaltung, welche seine eigenen Mißverhältnisse in Avignon begreiflich machten, wo Philipp von Frankreich ihn festhielt. Der König nahm von der Verdammung des Papsts Bonifatius VIII. als Ketzer nur Abstand, um von Clemens die Verurteilung des Tempelordens zu erreichen, was im März 1312 auf dem Konzil zu Vienne geschah. Die Schwächung des Hauses Anjou und die Stärkung Aragons konnten dem Papst augenblicklich nicht unwillkommen sein.

Er mußte freilich gegen die Katalanen auftreten. Den Bitten der Herzogin-Witwe und den dringenden Vorstellungen Philipps von Tarent entsprechend, forderte er am 2. Mai 1312 den Großmeister der Johanniter Fulco von Villaret auf, sich mit dem Fürsten Achaias zu vereinigen, um die Usurpatoren aus dem Herzogtum Athen mit Kriegsgewalt zu vertreiben.[151] Fulco befand sich gerade in einer Lage, die jener der Kompanie in mancher Hinsicht vergleichbar war. Denn der Orden der Johanniter, welcher, nachdem Ptolemais und ganz Syrien im Jahre 1291 unter die Gewalt des Sultans Ägyptens gefallen waren, zu Limasol in Zypern ein vorläufiges Asyl gefunden, hatte seit 1309 Rhodos den karamanischen Türken und den Byzantinern entrissen und dort seinen Sitz genommen. Die herrliche Insel konnte unter dem Regiment dieser Ritterschaft der Schlüssel zu Ägypten und Syrien, zum Archipel und zu Griechenland werden. Aber die Einrichtung des neuen Ordensstaats und seine Unternehmungen zur Besitzergreifung anderer Inseln, wie Skarpanto, Kos, Nysiros, Kalymnos und von Halykarnassos an der Küste Asiens, mußten den Großmeister hindern, sich mit den Katalanen und dem Hause Aragon in Krieg zu verwickeln.

Da Friedrich von Sizilien die Kompanie nicht nur in der Herrschaft über das Land Athen anerkannt, sondern dasselbe sogar als Herzogtum mit seiner Krone verbunden hatte, so blieb dieser König allen Vorstellungen und Mahnungen des Papstes wie andrer Mächte unzugänglich. Auch die Hoffnung der Anjou auf den in der Osterzeit 1313 geplanten Kreuzzug des Königs Philipp des Schönen von Frankreich, der Könige Luis von Navarra und Eduard von England, als könne bei dieser Gelegenheit die katalanische Soldbande aus Attika verjagt werden, erwies sich als eitel.[152]

Der Papst wandte sich endlich, und auffallend spät, an den König Jayme von Aragon, den Bruder Friedrichs von Sizilien. In einem Breve vom 14. Januar 1314 schilderte er ihm die Freveltaten der Katalanen, welche den Herzog Walter erschlagen, dessen Witwe und Kinder vertrieben, die Kirchen geplündert, die Güter der Geistlichkeit und des Adels an sich gerissen hatten und nicht aufhörten, den Dukat Athen zu verwüsten. Als natürlicher Landesherr dieser seiner ehemaligen Untertanen möge der König jenen Räubern gebieten, den rechtmäßigen Erben ihr Eigentum zurückzugeben und das Herzogtum zu verlassen.[153] An demselben Tage schrieb der Papst an Nikolaus, den lateinischen Patriarchen Konstantinopels, welchem zum Unterhalt das Bistum Negroponte übergeben war: Von dem Kapitän des Herzogtums, den der Konnetabel Frankreichs eingesetzt habe – und dies war der in Argos befehlende Foucherolles –, sei er um Hilfe gegen die fortdauernde Bedrängnis durch die Katalanen gebeten worden; deshalb solle der Patriarch die Häupter der Kompanie unter Androhung des Bannes ermahnen, den Raub herauszugeben und das Herzogtum zu räumen.[154]

Der König von Aragon hielt wie sein Bruder in Sizilien seine Blicke nach dem Orient gerichtet, da ihm Konstanze, die Witwe des Kaisers

Johannes Batatzes, ihre Rechte auf Konstantinopel übertragen hatte.[155] Er antwortete dem Papst, daß er keine Macht über die katalanische Kompanie besitze, daß es nicht wohl angehe, siegreiche Eroberer der Früchte ihrer Mühen zu berauben; der Herzog Walter von Brienne habe seinen Untergang durch eigene Treulosigkeit verschuldet;[156] endlich seien die Katalanen katholische Christen, welche der römischen Kirche im Kampf gegen die schismatischen Griechen wesentliche Dienste leisten könnten.[157]

Nun starb Clemens V. am 20. April, und es blieb seinem Nachfolger auf dem heiligen Stuhle überlassen, zugunsten des jungen Prätendenten Walter die fruchtlosen Bemühungen der Kurie gegen die Eroberer Athens fortzusetzen, welche der kraftvolle Herrscher Siziliens schützte, der König von Aragon begünstigte und bald auch die Republik Venedig anerkennen mußte, während sich der Frankenstaat in Morea in kraftloser Zerrüttung befand. Dagegen lebte in dem katalanischen Staat Athen der heldenhafte Sinn der Kompanie fort, die sich nur durch dasselbe Mittel erhalten konnte, mit dem sie das Herzogtum erobert hatte.

Es war ein Triumph für diese Katalanen, daß dem Papst und den Anjou zum Trotz sogar ein Großer Frankreichs es wagte, ihnen seinen Degen anzubieten. Guy, Baron von Montauban, der dritte Sohn jenes Dauphin Humbert I. von Vienne, mit welchem das Haus der Grafen La Tour du Pin in der Dauphinée zur Herrschaft gelangt war, schickte im Jahre 1314 seinen Boten Raymbaud d'Alans nach Theben, um hier mit der Kompanie einen Vertrag zu schließen. Sie besaß die Kühnheit, sich als Herrin des ehemaligen Königreichs Thessalonike zu betrachten, nach dessen Besitz einst Rocaforte gestrebt hatte. Dies Reich lag freilich für sie so gut wie im Monde, da es den Byzantinern gehörte und außerdem vom vertriebenen Kaiser Balduin an den Herzog Hugo von Burgund wenigstens auf dem Papier verkauft worden war. Allein die Kompanie scheint damals Teile davon, vielleicht Pharsala und Domokos in Thessalien, besetzt gehalten zu haben. Sie machte am 26. März 1314 jenem nach Abenteuern in Griechenland begierigen Guy mit Thessalonike eine förmliche Schenkung, indem sie seinem Prokurator einen silbernen Stab in die Hand legte, unter Vorbehalt ihrer eigenen Rechte und ihrer Treue gegen den König Friedrich. Der katalanische Kanzler Jakob de Sarriano fertigte darüber eine Urkunde aus, die erhalten ist.[158]

An dem gleichen Tage belieh die Kompanie denselben Guy de la Tour mit dem Schloß St. Omer in Theben, soweit dessen Zugehörigkeiten noch nicht irgendeinem ihrer Mitglieder erteilt seien. Dies

Schloß hatte bei der katalanischen Einnahme Thebens eine arge Verwüstung erlitten, aber die Belehnungsurkunde des Jahres 1314 zeigt, daß es wiederhergestellt worden war.[159] Der Sohn des Dauphin kam indes nicht nach Griechenland; denn trotz seiner Verbindung mit den Katalanen, den Feinden des Hauses Anjou, nahm er die Anerbietungen des Königs Robert von Neapel an, der ihn am 22. Februar 1314 zu seinem Generalkapitän in der Lombardei ernannte. Guido de la Tour starb schon im Jahre 1317.[160]

Mit soldatischer Gewalt behauptete sich das glückliche Heer der Franken im eroberten Herzogtum. Der Vizekönig Berengar Estañol, ein Mann von preiswürdiger Tatkraft, vermochte den Venezianern auf Euböa zu widerstehen und kriegerische Unternehmungen gegen die Angeloi von Thessalien und Arta wie nach der Argolis und Morea auszuführen. In seiner kurzen Regierung legte er, immer die Waffen in der Hand, die ersten sichern Grundlagen für den Ausbau des merkwürdigen Katalanenstaats Athen. Er starb wahrscheinlich in Theben, dem Sitze des Statthalters, im Jahre 1316, worauf die Kompanie, ehe der neue Generalvikar ernannt war, einen tapfern Mann aus ihrer Mitte, Guillelmus Thomasii, zu ihrem vorläufigen Kapitän und Regenten des Landes erwählte. Sie zeigte dies dem Könige von Sizilien an, welcher die eigenmächtige Wahl bestätigte. Denn jenem Hauptmanne und der Kompanie empfahl er am 8. Oktober 1316 den Messinesen Petrus de Ardoino, den er zum Kanzler des Herzogtums auf unbestimmte Zeit ernannt hatte.[161]

3. Zum Nachfolger Estañols als Statthalter des unmündigen Infanten Manfred bestimmte der König Friedrich seinen eigenen natürlichen Sohn Don Alfonso Fadrique von Aragona, der sich bisher am Hofe seines Oheims Jayme II. in Spanien befunden hatte. Mit zehn Galeeren und einer zahlreichen Schar von Rittern, Hidalgos, Almugavaren und ohne Zweifel auch von Auswanderern, die, von der sizilianischen Regierung begünstigt, ihr Glück im Herzogtum suchten, landete Don Alfonso im Hafen Piräus. Die Häupter der Kompanie geleiteten ihn nach Athen und huldigten ihm hier mit großer Freude, da sie sich von der Regierung eines jungen, ruhmbegierigen Prinzen des königlichen Hauses neue Siege und Eroberungen versprechen durften.

Der ritterliche Bastard nannte sich voll Stolz von Gottesgnaden »Königssohn« und Präses des glücklichen Heers der Franken im Herzogtum Athen.[162] Er nahm seinen Sitz vorerst in dieser Stadt, ohne Frage auf der Akropolis. Kaum hatte er sein Regiment angetreten, als er das Machtgebiet des jungen Katalanenstaats so weit als möglich auszudehnen beschloß. Zunächst richtete er seine Blicke auf Euböa, wo derselbe Bonifatius von Verona, welcher nach dem Sturze des französischen Herzogtums die Führung der Kompanie aus ritterlichem Ehrgefühl abgelehnt hatte, Herr von Karystos und einer der größten Barone der Insel war. Auf die Verhältnisse derselben hatte die katalanische Eroberung Athens einen tiefen Eindruck gemacht; in der Kephissosschlacht waren Giorgio Ghisi und Alberto Pallavicini, welche beide dort Lehen besaßen, gefallen; die euböotischen Besitzungen des letztern aber hatte seine Witwe Maria dalle Carceri mit ihrer Hand an den Venezianer Andrea vom berühmten Hause Cornaro gebracht, der im Jahre 1306 Herr der Insel Skarpanto, der alten Karpathos, geworden war und jetzt auch in Euböa wie in Bodonitsa gebietend auftrat. Als nun Bonifatius erkannte, daß die Katalanen infolge ihrer Verbindung mit der Krone Siziliens sich dauernd im Herzogtum befestigen würden, trat er zu ihnen in freundliche Beziehungen und in Opposition gegen die Venezianer und die von der Republik abhängigen Terzieri.[163] Sein Bündnis mit der Kompanie besiegelte die Vermählung seiner jungen Tochter Marulla mit Alfonso Fadrique von Aragon.[164] Zugunsten dieser verkürzte er sogar seinen eigenen Sohn Thomas um sein Erbe, so daß Marulla ihrem Gemahl als Mitgift die Rechte auf Larmena und Karystos in Negroponte, auf Zeitun, Gardiki, die Insel Ägina und alle Lehen mitbrachte, welche ihr Vater einst von dem Herzoge Guido von Athen erhalten hatte.

Ein heftiger Krieg der Katalanen um den Besitz Euböas mit Venedig und den Dreiherren war die Folge dieser Verbindung. Für Negroponte fürchtend, gaben die Venezianer dem Papst willig Gehör, als er ihnen den Vorschlag machte, zur Vertreibung der Spanier einen Bund zwischen den Anjou Neapels, dem Konnetabel Frankreichs und den Johannitern zustande zu bringen.[165] Dazu kam es freilich nicht, doch der Krieg entbrannte diesseits wie jenseits des Euripos. Venezianische Galeeren drangen sogar in den Piräus und brachten katalanische Schiffe auf.[166] Allein die Truppen der Republik wurden auf Euböa selbst überrascht und geschlagen. Andrea Cornaro geriet in so große Bedrängnis, daß er, um seine Besitzungen zu retten, mit Alfonso einen Separatvertrag machte, worauf auch der venezianische Bailo Michele Morosini sich gezwungen sah, mit der Kompanie einen Waffenstillstand abzuschließen. Danach sollte zwischen ihr und Venedig Friede bestehen; nur solche venezianischen Untertanen, die vom Fürstentum Achaia Lehen besaßen, sollten davon ausgeschlossen sein.[167]

Ungehindert zog Alfonso Fadrique mit 2000 Katalanen von Böotien her über die Brücke des Euripos und nahm die Stadt Negroponte

Viertes Kapitel

in Besitz. Boten der Dreiherren meldeten dies nach Andravida, wo zu jener Zeit noch Mathilde, die Witwe des Louis von Burgund, als Regentin Achaias residierte. Nach altem Recht aber standen die Terzieri im Lehnsverbande zu diesem Fürstentum. Mathilde schrieb am 28. März 1317 klagend an den Dogen Giovanni Superanzo und forderte ihn auf, dem Bailo Euböas jeden Friedensschluß mit den Katalanen zu verbieten, den Vertrag Cornaros aufzuheben, Truppen nach der Insel zu schicken und mit ihr selbst gemeinsam die Eindringlinge zu vertreiben, in deren Gewalt ganz Euböa zu fallen drohe.[168]

Unterdes starb Bonifatius von Verona, der reichste, weiseste und ritterlichste Mann seiner Zeit, wie ihn Muntaner gerühmt hat, worauf sein Schwiegersohn Alfonso Karystos und andere Lehen als Mitgift seiner Gemahlin besetzte und jetzt Herr eines großen Teils der Insel war. Die Venezianer aber schickten Paolo Morosini mit zwanzig Galeeren ab, die Stadt Negroponte wiederzugewinnen; dazu hatten sie sogar die ausdrückliche Zustimmung des Königs Friedrich von Sizilien erlangt, welcher aus Furcht vor einer gegen ihn sich bildenden Koalition mit dem Dogen eine Übereinkunft geschlossen hatte und seinem kühnen Sohne gebot, Negroponte der Republik zurückzugeben. Dies geschah durch einen Vertrag, welcher den ersten Waffenstillstand mit der Kompanie erneuerte. Alfonso zog von Negroponte ab, blieb aber im Besitz von Karystos, was die venezianische Signorie stillschweigend hinnahm, doch nicht rechtlich anerkannte. Sie hatte Andrea Barbaro als Bail nach Negroponte geschickt mit einer Aufforderung an den Sechsherrn Jean de Maisy, den Dreiherrn Bartolommeo Ghisi und andere Dynasten, wodurch sie dieselben ermahnte, miteinander sich zu vertragen und einig zu sein, und sie beanspruchte die Besetzung des Kastells und der Stadt Negroponte, da sie mit großem Kostenaufwand jene Barone von den Katalanen befreit habe.[169]

Der König von Sizilien bemühte sich, Venedig zu beschwichtigen und von einer Verbindung mit seinen Gegnern zurückzuhalten. Robert von Neapel und seine Brüder Philipp von Tarent und der Fürst Achaias, Johann von Gravina, protestierten beim Papst wie beim Dogen Giovanni Superanzo gegen die Eingriffe Alfonsos in Euböa, und dasselbe tat Thomas, der Sohn des Bonifatius. Sie behaupteten, daß Alfonso dadurch den zwischen Neapel und Friedrich bestehenden Waffenstillstand verletzt habe. Der Doge antwortete ausweichend, daß er dieser Verhältnisse wegen Gesandte an den König Siziliens geschickt habe.[170]

Am 8. Mai 1318 schrieb Johann XXII. den Venezianern, er habe gehofft, daß die Kompanie entweder gewaltsam zersprengt oder durch eigene Uneinigkeit zerfallen sei, aber Alfonso, der Bastard Friedrichs, habe sich zu ihr gesellt, sich mit der Tochter des Bonifatius von Verona vermählt, ihren Bruder aus seinem rechtmäßigen Erbe verdrängt, und er stehe im Begriff, ganz Euböa an sich zu reißen, wozu er selbst die Türken herbeigezogen habe. Der Papst ermahnte deshalb den Dogen, die Katalanen sowohl von dort als aus den andern von ihnen besetzten Orten zu vertreiben.[171] Ähnliche Aufforderungen richtete er an Gauthier de Foucherolles in Argos und die Bewohner des Herzogtums Athen.[172]

Auch die Herzogin-Witwe und ihr Vater forderten im Namen der Kinder Walters von Brienne die Signorie Venedigs durch Gesandte auf, ihre bevorstehende Unternehmung gegen die Katalanen zu unterstützen. Sie begehrten die Bewilligung eines Anlehens und Schiffe zur Überfahrt von Truppen nach Negroponte oder Nauplia. Im Falle der Wiedereroberung des Herzogtums verhießen sie der Republik Handelsprivilegien und selbst den Besitz der ganzen Insel Euböa.[173] Der Doge entgegnete, es seien ihm Depeschen vom Bailo Negropontes zugekommen des Inhalts, daß die Lehnsleute (feudati) in Argos und Nauplia sich mit den Katalanen im Einverständnis befänden, weshalb ein Kriegszug dorthin nur nutzlose Kosten verursachen würde.[174]

Der Bastard von Aragon wuchs an Größe und Ansehen; er begann in dem griechischen Lande eine selbständige Haltung anzunehmen, was ihm der Umstand erleichterte, daß sein königlicher Vater nach dem am 9. November 1317 erfolgten Tode des Infanten Manfred das Herzogtum Athen wiederum einem Kinde, seinem Sohne Wilhelm, verliehen hatte. Der Waffenstillstand mit dem Bailo Negropontes und die nachdrücklichen Gebote des Königs Friedrich, der um eine gütliche Auseinandersetzung mit Venedig unablässig bemüht war, hielten Alfonso Fadrique freilich von weiteren Angriffen auf die Insel ab, obwohl jeden Augenblick ein neuer Krieg auszubrechen drohte. Die Kompanie stellte bereits eine Marine auf. Der Piräus, damals Hafen Sithines genannt, wurde ein lebhafter Handelsplatz für die Kauffahrer Barcelonas und Messinas.[175] Katalanische Händler siedelten sich, wie in Theben, so in Athen an.[176] Von hier und von Livadostro aus machten Piraten Kataloniens die Meere unsicher. Sie griffen einmal venezianische Ritter auf, was den Bailo Francesco Dandolo in Wut versetzte. Auf seinen heftigen Drohbrief antwortete Alfonso, er sei schuldlos an dem Vorgange, habe die Ritter freizulassen befohlen, wolle den Frieden mit Venedig halten, aber jeden Angriff zurückweisen.[177] Der Bailo schrieb dem Dogen am 26. Juni 1318, daß zu Athen ein Schiff ausgerüstet werde, welches bis zu 1500 Söldner aus türkischen Landen zu holen bestimmt sei. Ein Ruderschiff werde armiert, um Gesandte Alfonsos zum griechischen Kaiser zu führen. Denn eine katalanische Flotte habe bei Kassandreia eine Landung gemacht, um zu plündern, und der Sohn des Kaisers sei mit tausend Reitern gegen die Spanier ausgezogen.[178]

Der Bailo ließ katalanische Kreuzer ohne weiteres aufbringen und verbrennen. Doch kam es deshalb nicht zum offenen Kriege. Venedig schützte durch Schiffe und Truppen Negroponte, argwöhnend, daß Alfonso die, wie es hieß, mit ihm verbündeten Türken zu einem Angriff gegen die Insel aufreize. In Wirklichkeit setzte die Kompanie ihre alte Verbindung mit diesen fort; sie scheute sich nicht, türkisches Kriegsvolk aus Kleinasien in ihren Dienst zu ziehen, wo die Emirs von Aidin und Mentesche fortdauernd Korsarenfahrten im Archipel unternahmen.

Unter der Regierung Alfonsos von Aragon erhob sich der Katalanenstaat Athen zu einer kriegerischen Kraft, welche alle Nachbarn in Schrecken setzte. Er machte Streifzüge nach der Argolis und Achaia, nach Epiros und Thessalien. Er versuchte auch Bodonitsa mit Athen zu vereinigen; jedoch dies gelang nicht in der Weise, wie es mit Salona gelungen war. Denn Maria von Verona, die Witwe des letzten in der Kopaisschlacht gefallenen Markgrafen von Bodonitsa aus dem Hause der Pallavicini, hatte sich im Jahre 1312 mit Andrea Cornaro vermählt und so in den Schutz Venedigs gestellt. Die Kompanie griff auch die genuesischen Dynasten von Chios an. Bartolommeo, der Sohn des dort gebietenden Martino Zaccaria, geriet in ihre Gefangenschaft, worauf ihn Alfonso nach Sizilien schickte. Der Papst aber forderte und erhielt seine Befreiung vom Könige Friedrich.[179]

Die Angriffe der Katalanen richteten sich im besondern gegen die Sanudo von Naxos, Guglielmo I. und seinen Sohn Niccolo. Diese Herren der klassischen Eilande des Ägäischen Meeres oder des Archipels oder Hagiopelagos, wie man jenen Namen verdorben hatte, waren zwar Untertanen und Bürger der Republik Venedig, aber sie standen seit langer Zeit unter der prinzipiellen Lehnshoheit des Fürstentums Achaia. Die Kompanie war aus diesem Grunde vollkommen in ihrem Recht, wenn sie jene Inseldynasten feindlich behandelte, denn aus dem Vertrage zwischen ihr und dem Bailo Euböas waren nicht nur alle diejenigen ausgeschlossen worden, welche zu irgendeiner Zeit Gegner der Katalanen gewesen, sondern ausdrücklich auch solche Venezianer, die vom Fürstentum Achaia Länder zu Lehen trugen.[180]

Nun hatte gerade Niccolo Sanudo unter den Fahnen Walters von Brienne in der Kephissosschlacht mitgekämpft; er war dort verwundet in die Gefangenschaft der Sieger geraten und dann ausgelöst worden. Als Vasall der Fürstin Mathilde von Achaia hatte er sich später auch an jenem mörderischen Gefechte bei Clarenza beteiligt, in welchem der Infant von Mallorca sein Leben verlor.[181]

Die Flotte Alfonsos führte demnach ohne Rücksicht auf die Venezianer Raubzüge nach den Inseln des Archipels aus; namentlich wurde Melos überfallen und geplündert, von wo die Katalanen siebenhundert Einwohner in die Gefangenschaft fortschleppten. Menschenraub und Sklavenhandel war das alte Handwerk nicht bloß der katalanischen, sondern aller andern Freibeuter auf den griechischen Meeren. Ihren eigenen Untertanen mußte die Republik Venedig verbieten, Sklaven auf den Markt des Sultans von Ägypten zu bringen.[182] Als im Jahre 1310 ein sizilianisches, mit Sklaven befrachtetes Schiff diese in Negroponte ans Land zu setzen gewagt hatte, erhob sich dort das Volk in Wut und befreite die Unglücklichen.[183]

Die Korsarenzüge der Katalanen und alle anderen Feindseligkeiten hinderten trotzdem nicht den Abschluß eines Vertrages zwischen Venedig und dem Könige Friedrich II., dem Oberherrn des Herzogtums Athen. Dieser rechtfertigte seinen Sohn und die Kompanie gegen die Klagen des Dogen, welcher für die seinen Untertanen zugefügten Beschädigungen Ersatz forderte und vor allem die Besitznahme von Karystos und Larmena durch Alfonso Fadrique als rechtlos erklärte. Die Furcht vor einem Bündnis aller Feinde der Kompanie mit der Republik, welches auch sein Land Sizilien großen Gefahren würde ausgesetzt haben, nötigte den König, auf die Bedingungen des Dogen einzugehen. Er schickte an diesen im September 1318 Bevollmächtigte, worauf der Senat den Bailo Negropontes anwies, mit Alfonso ein neues Abkommen zu treffen. Die Republik Venedig hütete sich, den durch die katalanische Eroberung Athens und die Besetzung einiger Gebiete Euböas neugeschaffenen Zustand förmlich und rechtskräftig anzuerkennen, wenn sie auch mit der Tatsache selbst rechnen mußte; sie machte deshalb mit der Kompanie niemals einen dauernden Frieden, sondern nur zeitweise Waffenstillstand auf Kündigung oder Erneuerung.

Am 9. Juni 1319 wurde der frühere, noch als fortdauernd angesehene Vertrag mit Alfonso Fadrique bis zu Weihnachten verlängert. Um der Seeräuberei eine Schranke zu setzen und zugleich die entstehende katalanische Marine im Keime zu ersticken, verpflichtete die Republik die Kompanie dazu, fortan keine Korsaren in ihren Häfen aufzunehmen, ihrerseits keine Piratenschiffe auszurüsten, auch »im ganzen Meere Athens«, in allen andern Negroponte nahen Gewässern und wo immer die Katalanen augenblicklich Gebieter waren, keine neuen Schiffe aufzustellen, die schon vorhandenen aber abzutakeln und die Geräte derselben auf die Stadtburg Athens zu bringen. Nur die Schiffe im Hafen Livadostro sollten dort verbleiben, doch unbemannt. Das seltsame und höchst lästige Gebot, Schiffsausrüstungen nach den Waffenmagazinen der Akropolis fortzuschaffen, dürfte, wenn es nicht überhaupt eine den Gebrauch erschwerende Maßregel war, dartun, daß es damals keine Schiffsarsenale mehr in Piräus gab.[184]

Diesen Waffenstillstand beschworen der Bailo Negropontes mit seinen Räten, die Inseldynasten Johannes de Noyer, Herr von Maisy, Pietro dalle Carceri, Andrea Cornaro und Bartolommeo Ghisi; endlich Alfonso mit den Räten und Syndici der Kompanie. Auch die Sanudo wurden in den Frieden mit eingeschlossen.[185]

Der Vertrag des Jahres 1319 war die erste ernstliche Auseinandersetzung der Republik Venedig mit dem Katalanenstaat Athen. Zwar mußte dieselbe dem Königssohn Alfonso die Burg Karystos stillschweigend überlassen, allein sie beherrschte fortan die Insel Negroponte so vollkommen, daß die dortigen Dreiherren von dem Bailo ganz abhängig wurden.

Fünftes Kapitel

Unternehmungen des Don Alfonso Fadrique. Neopaträ mit Athen vereinigt. Bodonitsa. Waffenstillstand des Jahres 1321. Rüstungen Walters. Die Ghisi in der Kadmeia. Rücktritt Alfonsos. Waffenstillstand mit Venedig. Erfolgloser Kriegszug Walters. Die Acciajoli in Florenz. Niccolo Acciajoli. Die Kaiserin Katharina. Tod Alfonsos. Das Haus Fadrique. Wachstum der Osmanen in Kleinasien. Kreuzzug. Humbert von Vienne und die Kompanie. Die sizilianischen Herzöge. Die Generalvikare. Matteo Moncada. Tod Walters von Brienne. Das Despotat Sparta. Roger de Lauria. Niccolo Acciajoli, Herr von Korinth. Tod dieses Großseneschalls. Die Franken und die Griechen.

1. Der Friede mit Venedig erlaubte jetzt Alfonso Fadrique, sich an größere Unternehmungen jenseits der Thermopylen zu wagen. Ohne Hindernis besetzte er die thessalischen Lehen seines Schwiegervaters; sodann machte ihm der Tod des Sebastokrators und Herrn Großwlachiens auch die Erwerbung dieses Fürstentums möglich. Dort hatte der kranke Johannes Angelos Dukas die katalanische Eroberung nicht anerkannt, sondern sich als Verwandter der letzten Herzöge La Roche sogar Herrn von Athen genannt.[186]

Nachdem er im Jahre 1318 kinderlos gestorben war, wurde dies thessalische Reich der Angeloi in Stücke zerteilt; denn einige Gebiete kamen an den griechischen Kaiser, den Schwiegervater des letzten dortigen Dynasten, andere an einheimische Magnaten, die besten Teile aber rissen die Katalanen an sich.[187] Don Alfonso nahm die Phthiotis in Besitz. Neopaträ, Lidoriki, Sidirokastron, Zeitun, Gardiki, Domokos, Pharsala und andere Orte wurden als Herzogtum Neopaträ mit jenem Athens vereinigt.[188] Manche Landschaften Thessaliens verblieben griechischen Archonten, den Lehnsherren des byzantinischen Kaisers. Ein in Lykonia mächtiger Grieche vom Hause der Melissenoi schloß mit der Kompanie eine nahe Verbindung, indem er ihrem Marschall, wahrscheinlich Odo de Novelles, seine Schwester zum Weibe gab.[189] Den thessalischen Hafen Pteleon am Golf von Volo, welcher sich in den Schutz der Republik Venedig gestellt hatte, trat der griechische Kaiser dieser ab, damit derselbe nicht in die Gewalt der Katalanen falle, und Alfonso Fadrique mußte darin einwilligen.[190]

Was Bodonitsa betrifft, so scheint damals Alfonso die Erben des letzten Pallavicini genötigt zu haben, den Lehnsverband dieser Markgrafschaft mit dem Herzogtum Athen anzuerkennen, indem er selbst die Rechte jener achtete. Denn Guglielma, die Tochter Marias, jener Witwe des Alberto Pallavicini, die sich mit Andrea Cornaro vermählt hatte, konnte er nicht hindern, nach dem Tode dieses Mannes als rechtmäßige Erbin Bodonitsas eine Ehe mit Bartolommeo Zaccaria von Castri einzugehen, dem Sohne Martins, des genuesischen Dynasten von Chios und Titularkönigs von Kleinasien. Dieselbe Guglielma vermählte sich später, im Jahre 1335, zum zweiten Mal und sogar mit einem venezianischen Edlen Nicola aus dem Hause der Giorgi (Zorzi). Sie brachte so Bodonitsa an dies Geschlecht.[191]

Die katalanische Kompanie befand sich einige Jahre nach der Kephissosschlacht bereits im Besitze des ganzen Länderumfanges, welches das Herzogtum Athen zur Zeit seiner höchsten Blüte unter den La Roche gehabt hatte, die Argolis ausgenommen, aus welcher sich die Burgvögte der Brienne nicht hatten vertreiben lassen. Selbst in Morea dachten die dortigen Grundherren, von den Griechen und den Katalanen bedrängt, an dem Schutze der Anjou Neapels verzweifelnd und der Regierung fremder Statthalter überdrüssig, daran, entweder der Kompanie oder der venezianischen Republik zu huldigen. Sie luden endlich den Dogen ein, den Rest des Fürstentums Achaia in Besitz zu nehmen, doch wollte sich die Signorie in dieses Abenteuer nicht einlassen.[192]

Ein venezianischer Freund des Marin Sanudo betrachtete es für ein

Glück, daß sich damals die räuberischen Albanesen in Wlachien niederließen und durch wiederholte Einfälle die Kompanie beunruhigten, denn ohne dies würde dieselbe zu reich und mächtig werden.[193]

Sie erneuerte den Waffenstillstand mit Venedig am 11. Mai 1321 unter Bedingungen, welche im ganzen die Artikel des Jahres 1319 wiederholten. Die Kompanie gelobte wie damals keine neuen Schiffe auszurüsten, die vorhandenen abzutakeln und sich jeder Verbindung mit den Türken zu enthalten. Alfonso wurde als Herr von Karystos geduldet; er verpflichtete sich, im dortigen Gebiet keine neuen Burgen zu bauen, während der Bailo seinerseits keine solchen zwischen Larmena und Karystos zu errichten versprach. Der Vertrag wurde von Ludovico Morosini, dem Bailo und Generalkapitän Negropontes für Venedig, und von Don Alfonso Fadrique und der Kompanie abgeschlossen Die lateinische Urkunde unterzeichneten ihre Consiliarii und Syndici und 56 Mitglieder der Genossenschaft.[194]

Durch diesen Waffenstillstand gebunden, konnte die Republik Venedig nicht geneigt sein, auf die Forderungen des Papsts Johann XXII. einzugehen, welcher, dem Könige Robert von Neapel zu gefallen, von ihr verlangte, der Tyrannei der Katalanen ein Ende zu machen, die nicht aufhörten, Achaia und andre benachbarte Länder mit Raubzügen heimzusuchen, und sich nicht scheuten, Christen an die Türken zu verkaufen.[195] Immer schrecklicher drohten die kommenden Eroberer Griechenlands von Asien her. Türkische Piraten entvölkerten durch Menschenraub die Inseln und die Küsten des Festlandes. Im Jahre 1329 plünderten sie Euböa und die Gestade Attikas.[196] Diese Flotten von Seeräubern scheinen hauptsächlich im Dienst der anatolischen Kleinfürsten gestanden zu haben, welche auf den Trümmern des Seldschukenreichs mehrere Staaten aufgerichtet hatten und dieselben länger als ein Jahrhundert auch gegen die Osmanen behaupteten. Ionien beherrschte damals Umurbeg; von Smyrna und Ephesos schickte er wiederholt seine Raubgeschwader in den Archipel und an die Küsten Thrakiens und Griechenlands.

Die steigende Türkengefahr mußte doch am Ende die Päpste und die Mächte des Abendlandes zu dem Urteil nötigen, daß die kriegstüchtige Kompanie der Katalanen im Herzogtum Athen ein Bollwerk gegen die Feinde des Christentums aufgerichtet habe. Zunächst aber hatte dieselbe noch zu beweisen, daß sie imstande sei, ihre Eroberung gegen die Kriegsstürme zu verteidigen, welche ihr von Italien her drohten. Die vom Fürsten Johann von Achaia im Jahre 1325 nach den ionischen Inseln, nach Epiros und Morea ausgeführte Unternehmung war erfolglos vorübergegangen, ohne der Kompanie gefährlich zu sein; allein jetzt rüstete sich der Sohn des erschlagenen Herzogs Walter zu seinem Rachezuge nach Athen.

Der junge Walter von Brienne war unter der Vormundschaft seines mütterlichen Großvaters, des Konnetabel Gauthier von Porcien, zum Jünglinge herangewachsen. Als Graf von Lecce, als Besitzer reicher Lehen in der Champagne und vieler von seinen Ahnen ererbter Ortschaften in Zypern, als Herr der festen Städte Argos und Nauplion in Griechenland, endlich als legitimer Rechtsnachfolger seines Vaters im Herzogtum Athen zählte er zu den angesehensten Großen in Frankreich und Italien. Seine Mutter Johanna hatte, zum Zweck, einen Kriegszug gegen die Katalanen zustande zu bringen, die Güter der Familie mit Schulden belastet, so daß der Sohn sich genötigt sah, gegen sie einen Prozeß zu erheben. Doch nichts hatte Johanna erreicht, nur die Burgen der Argolis hatte sie mit Truppen verstärken können, was kostspielig genug war.

Nachdem Walter mündig geworden, stellte er seine Ansprüche an das verlorene Herzogtum Athen in den Schutz einer großen Familienverbindung. Im Jahre 1325 vermählte er sich mit Margarete, der Tochter des Titularkaisers Philipp von Tarent aus dessen Ehe mit der Epirotin Thamar. Seine Schwester Isabella hatte sich einige Jahre zuvor mit Gauthier von Enghien verheiratet.[197] Durch die Hilfe der Herrscher Frankreichs und Neapels hoffte er das Ziel seines Lebens zu erreichen, den Vater zu rächen und in Athen einzuziehen, dessen rechtmäßigen Herzog er sich nannte. Diese Hoffnung nährte das trotz erneuerter Waffenstillstände fortdauernde Zerwürfnis Alfonsos Fadrique mit Venedig wegen der euböotischen Burg Karystos, welche die Republik immer im Auge behielt und vergebens auf friedlichem Wege durch Kauf von jenem zu erlangen suchte. Der Wiederausbruch des endlosen Krieges zwischen Sizilien und Neapel und die verworrenen Zustände Italiens, wo sich Walter von Brienne im Jahre 1326 als Vikar des Prinzen Karl von Kalabrien in Florenz zuerst namhaft machte, verzögerten die Ausführung seiner griechischen Unternehmung. Erst nachdem sich die durch die Romfahrt Ludwigs des Bayern hervorgerufene Aufregung in Italien gelegt hatte, dieser Kaiser im Dezember 1329 nach Deutschland zurückgekehrt und die Ghibellinenpartei unterlegen war, konnten die Anjou und Walter daran denken, den Kampf mit dem Hause Aragon auch in Griechenland aufzunehmen.

Am 14. Juni 1330 forderte Johann XXII., den Bitten des Prätendenten willfahrend, alle Gläubigen auf, den legitimen Herzog von Athen bei der Wiedereroberung seines griechischen Erblandes in Person oder durch Geldbeiträge ein Jahr lang zu unterstützen, wofür er ihnen vollkommenen Ablaß versprach. Der Patriarch von Konstantinopel und der Erzbischof von Korinth sollten bestimmen, von welcher Zeit das Jahr zu rechnen sei. Der Papst bezeichnete in diesem Aufruf die gesamte Kompanie der Katalanen unter der Regierung des sizilianischen Vizekönigs einfach nur als »einige Schismatiker, Kinder der Verdammnis und Nachfolger der Ruchlosigkeit«, welche den Dukat Athen, das alte Familienerbe des Herzogs Walter, in Besitz genommen hätten, während sie Kirchen und Klerus und alle übrigen getreuen Bewohner des Landes verfolgten, weshalb Walter zur Befreiung desselben von allen Seiten her Schiffe zusammenbringe.[198] Johann XXII. schickte dieses Schreiben an die Könige des Abendlandes, auch an den Kaiser Ludwig den Bayer.[199] Zugleich gebot er dem lateinischen Patriarchen und den Erzbischöfen von Patras und Otranto, die Katalanen unter Androhung der Exkommunikation zu ermahnen, binnen sechs Monaten das Herzogtum Athen seinem rechtmäßigen Herrn zurückzugeben.[200] Sodann befahl er am 1. Juli denselben Prälaten und dem Erzbischof von Korinth, den Kreuzzug gegen die tyrannische Rotte der Schismatiker zu predigen.

Walter von Brienne rüstete sich mit Macht. Ihm hilfreich zu sein gebot auch der König Robert allen seinen Lehnsmannen. Der Prätendent veräußerte manche seiner französischen Güter, um Geld zu schaffen, Söldner zu werben, eine Flotte von Transport- und Kriegsschiffen in Brindisi zusammenzubringen. Zu seinen Fahnen eilten glänzende Edle Frankreichs und Apuliens, selbst Guelfen Toskanas. Die Unternehmung war diesmal ernst gemeint.

Auf die Kunde so großer Vorbereitungen rüstete sich auch die Kompanie ihrerseits zur Gegenwehr. Sie besaß in Attika und Böotien mindestens drei starke Festungen, Athen, Theben und Levadia. Die Kadmeia hatte sie erst dem Sohne des Dauphin von Vienne zu Lehen gegeben, welcher dann, ohne in Griechenland persönlich erschienen zu sein, gestorben war. Dann verlieh sie diese Burg mit allen an ihr haftenden Rechten einem der euböotischen Dynasten vom venezianischen Hause der Ghisi, welche die Inseln Tinos und Mykonos besaßen und durch Heirat ein Drittel Negropontes erworben hatten.[201]

Der Grund dieser auffallenden Verleihung der wichtigen Burg Thebens an einen venezianischen Edlen Euböas war die Verbindung, welche Alfonso Fadrique aus politischen Absichten mit den Ghisi schloß; er verlobte nämlich seine junge Tochter Simona mit Giorgio Ghisi, dem jugendlichen Sohne Bartolommeos II., trotz des Widerspruchs der Venezianer.[202] Die Kadmeia wurde demnach den Ghisi als Lehnsleuten der Kompanie übergeben. Der Vater Giorgios, welcher seit 1320 Großkonnetabel Moreas war, hat dort wirklich residiert.[203]

Eine an den falschen Ort geschobene oder vielmehr eingeschaltete Stelle der französischen Chronix von Morea hat zu dem irrigen Glauben Veranlassung gegeben, daß Alfonso Fadrique jenes Schloß St. Omer niederreißen ließ, aus Furcht, der nahende Prätendent Walter könne sich desselben bemächtigen und dadurch auch das Herzogtum Athen zurückerobern.[204] Es ist nicht daran zu zweifeln, daß sich Alfonso, wahrscheinlich wegen des Argwohns der Katalanen, genötigt sah, den Ghisi jene Burg wieder zu entziehen; man darf sogar annehmen, daß bei dieser Gelegenheit das Schloß geplündert und verwüstet wurde. Aber es wäre doch ganz widersinnig zu glauben, ein so großartiger Mann habe, aus Furcht vor Verrat, die Burg zerstören lassen.[205] Wollte man sich gar vorstellen, daß Alfonso Fadrique die stärkste Festung des Herzogtums, die Kadmeia, schleifen ließ, um ihre Einnahme durch einen erst drohenden Feind zu verhindern, so wäre das eine nicht nur klägliche Handlung der Feigheit, sondern des Wahnsinns gewesen. Wir haben bereits gezeigt, daß der Palast des Hauses St. Omer auf der Kadmeia gleich nach der Kephissosschlacht verwüstet, aber nicht völlig zerstört wurde.

Auch die Erhebung eines Venezianers, Nicola Salomono, zum Erzbischof Athens bewies, wieviel es Alfonso daran lag, sich die Republik San Marco versöhnlich zu stimmen.[206] Er bemühte sich, den Waffenstillstand mit ihr zu einem dauernden Frieden zu machen, und unterhandelte deshalb mit dem Bailo Negropontes. Denn vor allem kam es jetzt darauf an, dem Prätendenten Walter jede Hoffnung auf die tätige Unterstützung von seiten Venedigs zu nehmen. Um so auffallender ist es, daß Alfonso Fadrique gerade in dieser Zeit, im Beginne des Jahres 1331, von seinem Amt als Statthalter des Herzogs Wilhelm zurücktrat, nachdem er dasselbe dreizehn Jahre lang mit so großem Ruhm verwaltet hatte. Die Gründe seines Rücktritts sind unbekannt; vielleicht regte sich am sizilianischen Hofe Argwohn und Eifersucht gegen die ungewöhnliche Machtstellung, welche der königliche Bastard erlangt hatte. Er wurde indes keineswegs nach Sizilien zurückgerufen, sondern er blieb der mächtigste Feudalherr des Herzogtums Athen und der einflußreichste Mann in der katalanischen Kompanie.[207]

Dies beweist der am 5. April 1331 zwischen der Kompanie und Venedig zu Theben abgeschlossene Waffenstillstand, welchen auf der einen Seite zeichneten Nikolaus Lancia, Herr von Giarratana, als neuer Generalvikar, Alfonso Fadrique, der Marschall Odo de Novelles und eine Reihe katalanischer Räte und Syndici, auf der andern

Fünftes Kapitel

Filippo Belegno, Kapitän und Bailo Negropontes nebst seinen Räten Paolo Dandolo und Giannotto Contarini, ferner die euböotischen Dreiherren Bartolommeo Ghisi und Pietro dalle Carceri.[208] Der Waffenstillstand sollte vom 1. Mai ab zwei Jahre lang gültig sein. Seinem wesentlichen Inhalt nach war er die Wiederholung des Vertrages von 1321. Neu war in ihm die Verpflichtung der Kompanie, den Hafen Pteleon mit seinem Distrikt Nikopolita als venezianisches Eigentum zu behandeln. In den Vertrag wurden der Herzog Niccolo Sanudo von Naxos, Bartolommeo Ghisi und alle anderen Getreuen Venedigs mit ihren Inseln und Besitzungen eingeschlossen.[209]

Von welcher Wichtigkeit der Abschluß des Friedens mit Venedig für die Katalanen war, sollte sich alsbald zeigen. Am Ende des August 1331 segelte der Prätendent Walter mit einem stattlichen Heere, worunter sich nicht weniger als achthundert Ritter Frankreichs befanden, von Brindisi ab, um seinen Zug gegen die Kompanie auszuführen. Statt indes seine Richtung sofort gegen die Küsten Attikas zu nehmen, landete er in Epiros; denn sein Schwiegervater Philipp von Tarent und dessen Gemahlin Katharina hatten ihn dazu verpflichtet, seine eigene Wiederherstellung in Athen zunächst mit dem Plane nicht nur der Unterwerfung jenes Landes, sondern der Eroberung des byzantinischen Reiches zu verbinden. Walter wiederholte demnach als Generalvikar der Kaiserin Katharina den Kriegszug, welchen sechs Jahre früher Johann von Achaia nach demselben Epiros ohne Erfolg unternommen hatte. Er eroberte freilich Arta und zwang den damaligen Despoten des Landes, den Grafen Johannes von Kephallenia, zur Anerkennung der Oberhoheit des Königs von Neapel.[210]

Am 28. Februar 1332 verhängte der Erzbischof Wilhelm von Patras in der dortigen Kirche der Minoriten feierlich den Bann über die Katalanen. Jedoch die Versuche, welche Walter gegen Böotien und Attika machte, erst von Epiros, dann von Patras her, schlugen vollkommen fehl, weil Venedig an dem Vertrage mit der Kompanie festhielt. Der Prätendent schickte vergebens Boten an Marin Zeno, den Bailo Negropontes, um seine Unterstützung und die Aufnahme seines Kriegsvolks in den Häfen Euböas zu erlangen. Der venezianische Senat bestätigte die abschlägige Antwort des Bailo.[211] Er wies demselben Geld und zweihundert Bogenschützen zu, um die Stadt Negroponte besser zu schützen.[212] Den nach Venedig gekommenen Unterhändlern Walters erklärte die Signorie, sie wünsche ihm Glück zu seiner Ankunft in Romanien und den besten Erfolg seiner Bemühungen, allein sie könne seinen Anträgen nicht Gehör geben, da sie gewohnt sei, abgeschlossene Verträge zu halten, und der mit der

Kompanie der Katalanen gemachte Waffenstillstand noch nicht abgelaufen sei.[213]

Der florentinische Geschichtsschreiber Giovanni Villani hat behauptet, daß Walter von Brienne mit seiner Reiterei, die den Griechen und Lateinern überlegen war, die Katalanen in einer Feldschlacht leicht würde besiegt haben; diese jedoch waren vorsichtig genug, sich nicht darauf einzulassen, sondern sie gaben dem Feinde das offene Land preis, während sie sich in ihren Festungen eingeschlossen hielten.[214] Wie weit das französische Kriegsvolk in das Herzogtum selbst einzudringen vermochte, ist unbekannt. Wenn der Prätendent dort noch auf Anhänger des Hauses La Roche oder Brienne gezählt hatte, so täuschte er sich in seinen Hoffnungen; denn seine Ansprüche wurden von der einheimischen Bevölkerung in keiner Weise unterstützt. Vielmehr hatten die Griechen Attikas und Böotiens allen Grund, eine neue gewaltsame Umwälzung ihres Landes durch die Anjou, die erbitterten Feinde des byzantinischen Kaisers, zu fürchten, während sich die Herrschaft der Katalanen nach schon zwanzig Jahren ihres Bestehens als befestigt erwies. Noch lebte in der Kompanie derselbe Heldengeist der Eroberung, welcher sie zu Gebietern des Herzogtums gemacht hatte. Nach fruchtloser Anstrengungen, die ihn »einen großen Schatz« gekostet hatten, und nach dem Verlust seines einzigen Sohnes, der ihn begleitete, erkrankte und starb, gab Walter im Laufe des Jahres 1332 sein Unternehmen auf, um ohne Ruhm nach Lecce zurückzukehren.

Die dynastischen Verhältnisse Griechenlands hatten unterdes durch den am 26. Dezember 1331 erfolgten Tod des Titularkaisers Philipp von Tarent eine Veränderung erlitten. Seine Witwe, die Kaiserin Katharina, forderte jetzt von Johann von Achaia das Fürstentum zurück. Sie hatte drei Söhne, Robert, Louis und Philipp, und zwei Töchter, Margarete und Maria. Dem Erstgeborenen, auf welchen nach ihrem eigenen Tode der Kaisertitel übergehen sollte, trat Johann für eine Geldsumme und für das Herzogtum Durazzo Achaia ab.[215] Diese Verhandlungen leitete ein genialer Florentiner, Niccolo Acciajoli, der berühmte Stifter eines Hauses, welches später auch in die Schicksale Athens gewaltsam eingreifen sollte.

2. In derselben Zeit, als die Seerepubliken Italiens mit kaufmännischem Unternehmungsgeist in den Orient eindrangen, als sich Venedig zur Herrscherin des vierten Teils des Romäerreichs machte und sodann mit Genua um das Monopol des Levantehandels stritt, konnte sich das vom Meer abgeschnittene Florenz an jenem nur durch

fremde, gemietete Schiffe und durch die Macht des Kapitals beteiligen. Die Florentiner breiteten ihre Wechselgeschäfte über Italien, Frankreich und England, über Ägypten, Griechenland und Kleinasien aus. Die Banken der Bardi, Peruzzi und Acciajoli und viele andere, etwa achtzig an Zahl, beherrschten allmählich den Geldmarkt der damaligen Welt. Schon in der zweiten Hälfte des 13. Jahrhunderts konnte sich Florenz rühmen, zweihundert Fabriken zu besitzen, welche 80000 Stücke Zeug im Werte von 1200000 Gulden hervorbrachten und 30000 Arbeiter beschäftigten. Die gewerbtätige Stadt der spekulierenden, mit allen politischen Schwankungen rechnenden Bankiers wurde zugleich ein Hauptsitz der Künste und Wissenschaften, was die andern, auf überseeische Kolonisation und Eroberung gerichteten Republiken, wie Amalfi, Pisa, Genua und Venedig, nicht werden konnten. Erst dadurch, daß sie ihre Geldmacht mit dem geistigen Mäzenat vereinigten, machten sich später die Medici zu Gebietern des Florentiner Staats.

Hundert Jahre vor diesen konnten die Acciajoli, trotz ihres Reichtums und ihrer diplomatischen Geschicklichkeit, nicht zu solcher Stellung gelangen, sowohl weil die Vereinigung jener Kräfte damals noch nicht möglich war, als weil sie ihre persönliche und geschäftliche Verbindung mit dem Hause Anjou erst nach Neapel und dann weiter nach Griechenland hinüberzog. Ihr Popolanengeschlecht stammte von Gugliarello einem Guelfen Brescias, der sich in der Mitte des 12. Jahrhunderts in Florenz niederließ und hier eine Stahlfabrik gegründet haben soll.[216] Am Ende des 13. Jahrhunderts besaßen die Acciajoli in Florenz ein blühendes Bankgeschäft. Sie bekleideten dort seit 1282, wo ihre Familie zur Magistratur zugelassen wurde, ansehnliche Ämter in der Republik.[217] Am Anfange des 14. Jahrhunderts, zur Zeit als die Partei der Guelfen Siegerin über die Ghibellinen geworden war, begann die nähere Verbindung jenes Bankhauses mit dem Hofe Neapels. Der König Robert ernannte im Jahre 1323 ein Mitglied desselben mit Namen Acciajoli zu seinem Rat und Familiar. Der einzige Sohn dieses Florentiners, der am 10. September 1310 geborene Niccolo, begründete sodann die Größe des Hauses. Er vermählte sich im Jahre 1328 mit Margarita degli Spini, und drei Jahre später schickte ihn sein Vater nach Neapel, hier die Angelegenheit der Bank wahrzunehmen. Mit ihren Geldern hatte diese im Jahre 1325 den Bruder Roberts, Johann von Achaia, zu seinem Zuge nach Griechenland ausgerüstet und dafür Güter in Morea erhalten, so daß sie bereits festen Fuß im Peloponnes gefaßt hatte. Der junge Niccolo, ein Mann von schöner Erscheinung und von heiterem Temperament, erlangte bald die Gunst des neapolitanischen Hofes. Auch seine Schwester Andrea kam dorthin als Gemahlin des Carlotto Arto, Grafen von Monte Oderisio; es ist dieselbe Frau, welcher Boccaccio sein Buch ›Donne illustri‹ gewidmet hat.[218]

Niccolo wurde der Rat und Kammerherr, wahrscheinlich auch der Geliebte der ehrgeizigen und energischen Kaiserin Katharina von Valois, einer Virago unter den Frauen Italiens jener Zeit.[219] Während sonst Fürstenhöfe ein schlüpfriger Boden für Günstlinge sind und Liebschaften mit königlichen Frauen ihnen Verderben bringen, diente ein solches Verhältnis dem geschmeidigen Acciajoli als sichere Leiter zum Glück. Nachdem der Gemahl Katharinas, der Titularkaiser Philipp von Tarent, am Ende des Jahres 1331 gestorben war, übernahm Niccolo mit Genehmigung des Königs Robert die Verwaltung des Vermögens der kaiserlichen Kinder Robert, Louis und Philipp, deren Hofmeister er wurde.[220] Mit staatsmännischer Klugheit sicherte er die Rechte des Erstgeborenen auf das Fürstentum Achaia, indem er Johann von Gravina bewog, Morea mit Durazzo zu vertauschen und außerdem als Entschädigung eine Geldsumme anzunehmen, welche die Bank Acciajoli hergab. Infolge dieses Vertrages wurde der junge Robert als Despot Romanias und Fürst Achaias anerkannt.

An dies Fürstenhaus, dem er mit seinen Talenten und Geldern diente, knüpfte seither Niccolo sein eigenes Glück. Schon im Jahre 1334 ließ er sich von der Bank Acciajoli alle Güter übertragen, welche diese in Morea von Johann von Gravina erhalten hatte. Er kaufte andre Besitzungen, und Katharina belieh ihn mit moreotischen Ländereien, mit Armiro, Kalivia, Andravilla, Prinitsa; sie nahm ihn sogar in die Reihe der Lehnsvasallen Achaias auf.[221] Dort erschien der mächtige Günstling mit fürstlichem Glanz, als er im Oktober 1338 jene Kaiserin und ihren Sohn Louis nach Clarenza begleitete. Drei Jahre blieb er als Bail in Morea.[222] Die Erhaltung dieses Landes im Besitze des Hauses Anjou-Tarent war bereits zu einem Finanzgeschäft der Acciajoli geworden, die ihre Wechselbanken in Clarenza, auf Rhodos, in Famagusta, selbst in Tunis eingerichtet hatten. Der kluge und tatkräftige Emporkömmling vermochte den anarchischen Zuständen Moreas Einhalt zu tun, die widerspenstigen Barone, deren manche Jayme II. von Mallorca, den Sohn Ferdinands und der Isabella von Sabran, als Prätendenten aufstellten, zu ihrer Pflicht zurückzurufen und den Angriffen der Griechen von Misithra, der türkischen Piraten und der Katalanen standzuhalten.

Katharina belohnte ihn für diese Dienste mit Lehen in der Baronie Kalamata. Sodann führte er die Kaiserin im Sommer 1340 nach Apulien zurück, kam aber selbst als ihr Bail wieder nach Morea und verwaltete dies unruhige Land etwa bis zum Juli 1341. Daß er bald darauf nach Neapel heimgekehrt war, zeigt der von Boccaccio aus Florenz am 28. August 1341 an ihn gerichtete Brief, worin der berühmte Dichter seine Freude über die Rückkehr Acciajolis in übertriebenen Phrasen ausgesprochen hat.²²³

Das Haus Niccolos war auch in Florenz reich begütert und zu hohem Einfluß gelangt, denn sein Vetter Angelo wurde dort im Jahre 1342 Erzbischof. In die große Finanzkrisis, welche seit 1340 den Sturz mehrerer Florentiner Banken zufolge hatte und sich unter dem tyrannischen Regiment Walters von Brienne, des Titularherzogs von Athen, noch schrecklicher wiederholte, waren auch die Acciajoli verwickelt, doch richteten sie sich bald wieder auf.²²⁴ Niccolo selbst scheint seine Angelegenheiten voll Klugheit sichergestellt zu haben. Nach Griechenland ist er nicht mehr zurückgekehrt, wenn er auch fortan seine Dienste den Anjou von Neapel und Tarent widmete. Nach dem Tode des Königs Robert im Jahre 1343 bestieg den Thron dessen Enkelin Johanna, die Tochter Karls von Kalabrien. Im Oktober 1346 starb auch Katharina, worauf ihr ältester Sohn Robert, der Fürst Achaias, Titularkaiser von Konstantinopel wurde und sich mit Maria von Bourbon, der Witwe des Königs Guy von Lusignan, vermählte. Der zweite Sohn Katharinas, Louis von Tarent, erlangte die Krone Neapels, da er sich nach der frevelvollen Ermordung des jungen Andreas von Ungarn, des Gemahls Johannas, im Jahr 1346, mit dieser vermählte. Es war Niccolo Acciajoli, der diese Verbindung zustande brachte und seinem Mündel zur Krone verhalf. Als sich sodann nach dem Einbruche des Bluträchers Ludwig von Ungarn in Neapel, im Jahre 1348, die schuldbeladene Königin Johanna von allen verlassen sah, glänzte Niccolo durch die treuen Dienste, die er ihr leistete. Er folgte ihr und ihrem Gemahle Louis auf der Flucht nach Avignon.²²⁵ Er führte dort ihre Sache und bemühte sich um ihre Freisprechung durch das päpstliche Tribunal. Er bahnte ihr auch die Wege zur Rückkehr auf den Thron Neapels. So wichtige Dienste belohnten Johanna und Louis reichlich; Niccolo wurde zum Großseneschall des Königreichs Sizilien erhoben und nach und nach mit den schönsten Grafschaften, mit Terlizzi, Melfi, sogar mit Malta und Gozzo beliehen. Endlich sollte ein grenzenloses Glück sein Haus auch in Korinth und in Athen zu fürstlicher Macht erheben.

3. Die Herrschaft der Katalanen in Athen war seit dem mißglückten Kriegszuge des Prätendenten von keiner ähnlichen Gefahr mehr bedroht worden. Walter von Brienne zu Gefallen ließ freilich der Papst

die Kompanie nochmals, am 29. Dezember 1335, durch den Erzbischof Guillaume von Patras in den Bann tun. In diesem Akt wurden die angesehensten Großen mit Namen aufgeführt, zuerst die zwei Söhne des Königs Friedrich, der Herzog Wilhelm II. von Athen und Don Alfonso Fadrique, sodann der Generalvikar Nikolaus Lancia, der Erbmarschall Odo Novelles, Estañol, Guillelm Fuster und andere.[226]

Die Kompanie wurde auch später nochmals exkommuniziert; allein die römische Kurie begann einzusehen, daß die Spanier aus Attika nicht mehr vertrieben werden konnten. Sie hatten hier Wurzeln gefaßt, und ihr Verhältnis zu Sizilien schützte sie. Als dort der ruhmvolle König Friedrich II. im Jahre 1337 starb, bestieg sein Erstgeborener Pietro II. den Thron, während der Infant Wilhelm fortfuhr, Herzog Athens zu sein. Er starb am 22. August 1338 kinderlos;[227] worauf seinem Testament gemäß die herzogliche Würde auf seinen Bruder Johann II., den Markgrafen von Randazzo, überging.[228]

In demselben Jahre starb Don Alfonso Fadrique in Griechenland. Dieser glückliche aller Führer der katalanischen Kompanie hatte in seiner Ehe mit Marulla von Verona ein blühendes Haus gegründet, welches seinen königlichen Familiennamen Aragona behielt und sich zugleich von Alfonsos väterlichem Zunamen Frederici mit katalanischer Umformung desselben »Fadrique« nannte.[229] Sein ältester Sohn Don Pedro, Herr von Lidoriki, wurde Gebieter von Salona, welches Land ihm wahrscheinlich die Erbtochter des Roger Deslaur als Mitgift zubrachte. Als Pedro starb, erbte Salona und Lidoriki sein zweiter Bruder Jayme, während ein dritter, Bonifatius, Karystos auf Euböa, Zeitun und die Insel Ägina besaß.[230] Dies königliche Bastardgeschlecht der Aragona behielt während eines halben Jahrhunderts den herrschenden Einfluß über die Kompanie der Katalanen; neben ihm vermochten nur die Familien der Novelles und der Lauria zu einer bedeutenden Machtstellung im Herzogtum Athen sich aufzuschwingen.

Sowohl die Fortschritte der Griechen im Peloponnes als die der Türken in Anatolien überzeugten endlich den Papst und die Mächte Europas, daß die kriegerische Kraft des Katalanenstaats den Lateinern in Hellas nur förderlich sein könne. Zumal stieg mit jedem Jahre die Gefahr, mit der die Türken Griechenland bedrohten. Zufolge der Bürger- und Thronkriege zwischen dem schwachen, unglücklichen Kaiser Andronikos II. und seinem gleichnamigen Enkel seit 1321, welche das byzantinische Reich völlig erschöpften, hatte der Sultan Orchan seine Eroberungen bis an die Propontis ausgedehnt, die großen Städte Nikomedeia und Nikaia, den ehemaligen Kaisersitz der Palaiologen, an sich gerissen und seine eigene Residenz in Brussa am bithynischen Olymp genommen. Nur der Hellespont, die schmale Grenze zwischen Asien und Europa, trennte noch die Osmanen von Romanien, dem Lande ihrer Sehnsucht, auf welches sie, wie ehedem die Lateiner, verlangende Blicke warfen. Es erschien ihnen als ein Eldorado, reich an Gold und Silber, besetzt mit blühenden Städten, worin es schöne Frauen und gebildete Männer gab. Tag und Nacht flehte Orchan Allah an, er möge ihm die Mittel gewähren, Griechenland zu erobern.[231]

Das unaufhaltsame Vordringen der türkischen Eroberer zu den griechischen Meeren nahm bereits die Gestalt einer geschichtlichen Gegenströmung Asiens nach Europa an, und diese war um so drohender, als das Wesen der Türken keine Ähnlichkeit mit der orkangleich einherstürmenden Übergewalt mongolischer Horden hatte. Denn auf den Trümmern der griechischen, seldschukischen und tatarischen Staaten Kleinasiens bildete sich die Herrschaft der Osmanen zu einer gesetzmäßig geordneten, erblichen Monarchie aus. In diesem türkischen Staat lag infolge seiner Entstehung und Zusammensetzung aus fremden, anders gesitteten Provinzen der Stoff zu einem neuen Weltreich. Eroberungslust und wilde Tapferkeit sind zu gewöhnliche Eigenschaften urwüchsiger Barbarenstämme, als daß sie genügen können, große Reiche zu stiften. Das werdende der Osmanen verdankte sein sicheres Wachstum dem allmählichen planvollen Vorschreiten von einer eroberten Station zur andern. Der Zerfall der seldschukischen Monarchie in Anatolien, das Aufhören der Kreuzzüge, der Niedergang und die Zersplitterung der griechischen wie fränkischen Macht diesseits des Hellesponts sind die äußeren Bedingungen für die Entstehung des Türkenreichs gewesen, dessen Gründer in kaum unterbrochener Reihenfolge nicht nur gewaltige Krieger, sondern auch scharfsichtige Staatsmänner waren. Eine früh begonnene, von Orchan vervollkommnete Disziplin der Militärkraft verlieh den Türken mit der Zeit die Überlegenheit über die zusammengerafften Söldnerheere der Griechen. Ihr durch eine Heldentradition gehobenes Stammgefühl gab ihnen Einheit und aristokratisches Selbstbewußtsein, während der einfache Glaubensinhalt des Koran ihrer asiatischen Natur vollkommen entsprach. Der reine Monotheismus des Islam ließ den Türken das mit unbegreiflichen Dogmen beschwerte, von phantastischen Auswüchsen des Heiligenkultus entstellte Christentum nur als Götzendienst und Vielgötterei erscheinen. Obwohl die Osmanen überall in den eroberten Griechenstädten Kleinasiens die schönsten Kathedralen und Kirchen in Moscheen verwandelten und in den Klöstern ihre Schulen oder Medrese einrichteten, zeigten sie sich dennoch den Christen gegenüber duldsamer, als es Lateiner und Griechen gegen Ungläubige und Ketzer waren. Ihr Christenhaß und mohammedanischer Fanatismus wurde durch Klugheit und das Bedürfnis gezügelt, die unterjochten Griechen zu schonen. Ihr fatalistischer Glaube endlich war ganz dazu geeignet, sie mit Todesverachtung zu erfüllen und die begeisterten Verehrer des Propheten ebensogut zu Helden zu machen, wie der fromme Christenglaube die Kreuzfahrer in deren Blütezeit dazu gemacht hatte.

Der Papst Benedikt XII. bemühte sich, eine große Liga der Mächte gegen die Türken zu vereinigen, und es war bei dieser Gelegenheit, daß die römische Kurie zum ersten Mal mit den Katalanen im Herzogtum Athen in freundliche Beziehungen trat. Als Vermittler derselben diente der in Negroponte residierende lateinische Patriarch Heinrich. Bei seiner Rückkehr von Rom über Theben oder Athen richtete die Kompanie das Ersuchen an ihn, sie mit dem heiligen Stuhle auszusöhnen. Er meldete dies dem Papst, welcher ihm antwortete, daß er die Boten der Katalanen gerne empfangen werde.[232] Nach dem Tode Benedikts trug Clemens VI. dem Patriarchen auf, zwischen Walter von Brienne und den Katalanen Frieden zu stiften, da ihre Feindseligkeiten gegeneinander nur den Türken zum Vorteil gereichten. Wider diese aber brachte der Papst den ersten großen Bund der Seemächte Europas zustande; er vereinigte Venedig, Zypern, Rhodos und Genua glücklich zu einem Kreuzzuge.[233] Die griechischen Meere sollten von den türkischen Piraten befreit, die seldschukischen Fürsten in ihren eigenen Seeplätzen bekämpft werden.

Zum neuen Generalkapitän der Flotte machte der Papst im Mai 1345 den Dauphin Humbert II. von Vienne auf dessen eigenes Ersuchen. Er zeigte diese Ernennung auch den Erzbischöfen von Athen und Theben an, die er zu seinem Beistande aufforderte. Humbert kam mit einigen Galeeren nach Negroponte, wo sich die Verbündeten vereinigen sollten, und alsbald trugen ihm die Katalanen ihre Dienste an. Sie hatten es nicht vergessen, daß ihnen, den beim Papst und so vielen andern Mächten verfemten Eroberern Athens, Guy de la Tour, der Oheim dieses Dauphin, seinen Degen angeboten hatte und daß sie selbst ihm damals das Königreich Thessalonike wenigstens auf dem Pergament zum Geschenk gemacht. Die Urkunde mußte sich noch im Staatsarchiv der Kompanie vorfinden. Der Dauphin von Vienne hoffte, von den tapfern Katalanen in seinem Kreuzzuge unterstützt zu werden, was nicht geschehen konnte, ehe sie der Papst vom Kirchenbanne lossprach. Er schrieb deshalb an ihn und bat ihn, das zu tun, da auch Walter von Brienne keinen Einwand dagegen erheben werde.

Clemens VI. ging auf seine Vorstellungen ein; er absolvierte die Kompanie für drei Jahre.[234] Obwohl diese kirchliche Vergünstigung nur zeitweise Geltung haben sollte, konnte sie doch als ein Akt der Versöhnung des Papsttums mit den Usurpatoren Athens betrachtet werden. Der Kreuzzug selbst hatte wenig Erfolg, wenngleich die Verbündeten Smyrna erobert und die türkische Flotte im dortigen Hafen verbrannt hatten. Schon im Jahre 1347 kehrte der Dauphin nach Frankreich zurück.

Da die Beziehungen der Kompanie zu Venedig durch den von Zeit zu Zeit erneuerten Waffenstillstand geregelt waren, so befanden sich die Katalanen im Frieden mit dem Bailo Euböas. Der athenische Erzbischof regierte nach wie vor die ihm untergebenen Sprengel der Insel und vollzog dort bisweilen kirchliche Handlungen. So weihte der Metropolit Nikolaus am 14. August 1345 in der Hauptkirche Negropontes den Bolognesen Johannes zum Bischof von Andros.[235] Die Zustände des athenischen Staats erfuhren im ganzen keine anderen Veränderungen als durch den Wechsel der Vikare und der Herzöge selbst. Den tapfern und kriegerischen Johann von Randazzo raffte der schwarze Tod am 3. April 1348 dahin, worauf sein Sohn Friedrich, ein Kind, unter der Vormundschaft des berühmten Blasco von Alagona das Herzogtum erbte. Mit großen Festlichkeiten erteilte ihm der junge König Ludwig, der Nachfolger Peters II., das Fahnenlehn.[236] Auch er starb an der Pest, zu Messina am 11. Juli 1355. Es folgte ihm als Herzog der vierzehnjährige Friedrich, Peters Sohn, welcher schon im November nach dem Tode seines Bruders Ludwig König von Sizilien wurde. Die Herzogtümer Athen und Neopaträ waren bisher der Sekundogeritur seines Hauses zugewiesen; er hob diesen Zustand auf und vereinigte sie mit der Krone Siziliens.[237]

4. Friedrichs III. erster Statthalter in Griechenland war noch von der früheren Regierung her Ramon Bernardi, welcher sich so unfähig zeigte, daß die dortigen Städte den König ersuchten, ihn durch einen andern, womöglich im Herzogtum eingeborenen Großen zu ersetzen. Sie bezeichneten als ihnen besonders erwünscht einen der Brüder Jayme und Juan Fadrique oder Orlando de Aragona, einen Bastard Friedrichs II. von Sizilien.[238] Das Regiment fremder, mit den Verhältnissen des Landes unbekannter Vikare erwies sich überhaupt als unheilvoll, zumal der wachsende Trotz und Ehrgeiz der großen katalanischen Lehnsherren ihre Regierung hemmte. Attika und Böotien, wo das Los der Griechen eine fortgesetzte Knechtschaft war, verwilderten wie Morea unter den angiovinischen Statthaltern.[239]

Der König Friedrich willfahrte den Vorstellungen der Städteboten, indem er Jayme Fadrique von Aragona, den Sohn Alfonsos, zum Generalvikar ernannte, und dieser verwaltete das Amt von 1356 bis 1359. Übrigens mußte der Besitz des Herzogtums in der Wertschätzung des sizilianischen Monarchen schon tief gesunken sein, wenn es wahr ist, was der Annalist der Krone Aragon berichtet, daß Friedrich, in seinem Lande von den Neapolitanern und der Faktion der Chiaramonti hart bedrängt, die Hilfe Pedros von Aragon nachsuchte und dafür Athen und Neopaträ seiner mit diesem vermählten Schwester Leonora abzutreten gesonnen war. Dies Vorhaben unterblieb, weil der König von Aragon keine Hilfe leisten konnte.[240]

Der Nachfolger Jaymes wurde für kurze Zeit Gonsalvo Ximenes de Arenos.[241] Sodann schickte Friedrich als Vikar nach dem Herzogtum den Seneschall Matteo Moncada, Grafen von Aderno und Agosta, einen der angesehensten Barone Siziliens. Die Moncada waren ein altes Geschlecht Kataloniens, welches von der Burg Montecateno bei Barcelona seinen Namen führte. Sie glänzten in der Geschichte dieses Landes seit dem 11. Jahrhundert; in ihrem Hause war das Amt des Seneschalls erblich geworden. Guillermo Ramon war mit Pedro von Aragon nach Sizilien gekommen, wo er Lehen erhalten und die sizilianische Familie der Moncada gegründet hatte.[242] Dieser gehörte Matteo an. Der neue Vizekönig trat mit Entschiedenheit für die Wahrung der Rechte der Kompanie ein.[243] Friedrich belieh ihn sogar mit Argos und Korinth, wenn er diese Länder würde erobert haben.

Die Argolis befand sich noch immer im Besitze der Brienne oder seit 1356 ihrer Erben. Denn auch den letzten dieses berühmten Heldengeschlechts hatte das Schicksal seines Hauses, der Tod auf dem Schlachtfelde, ereilt. Walter, welcher sich nicht als Herzog von Athen, sondern als Tyrann von Florenz einen unsterblichen Namen zweifelhaften Ruhms erworben hatte, fiel als Konnetabel Frankreichs in der mörderischen Schlacht bei Poitiers am 19. September 1356.[244] Zwei Jahre früher war seine Mutter, die letzte Herzogin Athens aus französischem Hause, zu Troyes gestorben, wo sich ihr Grabmal in der Kirche der Jakobiner erhalten hat.[245] Da der einzige Sohn Walters aus seiner ersten Ehe schon lange gestorben und auch die zweite Ehe mit Jeanne, der Tochter des Grafen Raoul von Eu, kinderlos geblieben war, so gingen seine Erbrechte auf die Enghien von Lecce-Brienne über, die Söhne seiner Schwester Isabella, die sich im Jahre 1320 mit Walter III. von Enghien in der Grafschaft Hennegau vermählt hatte. Durch das Testament Walters war dieselbe zur Universalerbin aller seiner Güter in Frankreich, Apulien, Zypern und Romanien ernannt

Misithra (Mistra)
(Stich 1831)

Johannes VI. Kantakuzenos als Kaiser und als Mönch
(Miniatur 1375)

Fünftes Kapitel

worden.[246] Von den Söhnen Isabellas führte zuerst Sohier den Titel des Herzogs von Athen.

Die einzigen griechischen Besitzungen, in welchen die Erben Walters von Brienne fortdauernd Herren bleiben konnten, waren die Burgen Argos und Nauplia. Die katalanische Kompanie hatte wiederholt, aber erfolglos Versuche gemacht, diese starken Festungen zu erobern, und auch den Isthmos von Korinth hatte sie nicht in ihre Gewalt zu bringen vermocht. Ihre Unternehmungen gegen den Peloponnes wurden sowohl durch die Anjou als die Griechen in Misithra gehemmt.

Hier aber, im alten Sparta, war seit 1349 ein byzantinisches Despotat entstanden, unter einem Prinzen des edlen Hauses der Kantakuzenen, welches infolge der Zerrüttung des Staats durch Parteiwut und Palastränke den Kaiserpurpur erlangte und sich für einige Jahre in die Reihe der Palaiologen eindrängte, ohne diese Dynastie zu stürzen. Dem Großdomestikus Johannes Kantakuzenos hatte der lasterhafte Andronikos der Jüngere während seiner Kämpfe mit seinem Großvater, den er dann im Elend als Mönch sterben ließ, den Sieg und den Kaiserthron zu verdanken gehabt. Er bot dem treuen Anhänger die Würde des Augustus, doch Kantakuzenos lehnte diese ab, übernahm aber, als Andronikos im Jahre 1341 gestorben war, die Regierung des Reichs für dessen erst neunjährigen Erben Johannes Palaiologos, den Sohn der Anna von Savoyen. Seine Feinde, der Patriarch Konstantinopels und der Großadmiral Apokaukos, bewirkten seinen Sturz am Hofe der argwöhnischen Kaiserin, und Byzanz spaltete sich in die beiden Parteien der Kantakuzenen und Palaiologen. Ein fünfjähriger Bürgerkrieg, an welchem die damals gewaltigsten Feinde des griechischen Reichs, der Sultan Orchan und der Serbenkral Stephan Dušan, als herbeigerufene Parteigänger teilnahmen, zerrüttete die Provinzen. Nach dem eigenen Geständnis des Kantakuzenos überlebte das Reich diesen entsetzlichen Krieg nur als schwache Schattengestalt.[247]

Nachdem er im Jahre 1341 in Didymoteichos den Purpur genommen, gelang es ihm mit Hilfe des Türkensultans, welchem er seine Tochter Theodora vermählt hatte, die Gegner zu besiegen und im Februar 1347 in Konstantinopel einzuziehen. Johannes Kantakuzenos, als Kaiser anerkannt, machte mit Anna von Savoyen einen Vertrag, wodurch deren Sohn Johannes V. sein Eidam und Mitkaiser wurde, er selbst aber für zehn Jahre die Alleinregierung übernahm. Unter allen Palastrevolutionen in Byzanz gibt es keine, in der ein siegreicher Rebell – und Kantakuzenos wurde dazu nur durch den Zwang der Verhältnisse – gleiche Mäßigung und gleichen Edelsinn gezeigt hätte. Er folgte nicht dem Beispiele des Gründers der Palaiologendynastie, welcher den jungen Laskariden durch Blendung unschädlich gemacht hatte. Seinem zweiten Sohne Manuel verlieh er Lakonien oder Misithra als Despotat. Dies byzantinische Fürstentum umfaßte bereits den größten Teil des Peloponnes mit Ausnahme der Besitzungen der Lateiner in Elis und Messenien; denn schon im Jahre 1320 waren die einst mächtigen Baronien Karytena und Akowa in die Gewalt der Griechen gefallen. Die unausgesetzten Bedrängnisse durch die Türken und die innere Anarchie brachten die Städte in Morea sogar zu dem Entschluß, dem Kaiser Kantakuzenos das Regiment anzutragen. Er wäre mit Freuden diesem Rufe gefolgt, da er hoffen durfte, nach der Herstellung der griechischen Herrschaft in Morea auch die Katalanen in Attika und Böotien zur Unterwerfung zu zwingen. Allein dazu kam es nicht.[248] In Misithra aber hat Manuel bis 1380 mit Weisheit und Kraft regiert. Er zwang die moreotischen Franken, mit ihm Frieden und ein Bündnis zu schließen; er half ihnen Türken und Katalanen abwehren und machte mit den Lateinern vereint sogar einen Streifzug nach Böotien, wo Roger de Lauria bis vor den Mauern Thebens bekämpft wurde.[249]

Dieser katalanische Große vom Hause des in den ersten Vesperkriegen unsterblich gewordenen Admirals war Marschall des Herzogtums Athen und Nachfolger Moncadas geworden, dessen Dienste der König Friedrich in Sizilien nötig hatte. Die Katalanen wurden übrigens in den heftigen Krieg hineingezogen, welcher seit 1350 zwischen Genua und Venedig um die Herrschaft im Mittelmeer entbrannt war. Auf der Seite Venedigs standen der Kaiser Kantakuzenos und der König von Aragon. Katalanische Truppen aus dem Herzogtum Athen vereinigten sich, wohl als Mietlinge, mit den Venezianern und Aragoniern, und sie bekämpften die Genuesen, als diese Oreos und Negroponte angriffen. Demnach war das Verhältnis der Republik von S. Marco zu dem Katalanenstaat damals, wenn auch nur vorübergehend, ein freundliches geworden.[250]

In derselben Zeit erwuchs den Katalanen ein neuer Feind in Korinth. Die unausgesetzten Raubzüge der türkischen Korsaren aus Anatolien, der Griechen des Peloponnes sowie der Spanier Athens wurden für jene handeltreibende Stadt und das Isthmosgebiet so verderblich, daß der dortige Erzbischof und der Burgvogt an ihrer Erhaltung verzweifelten. Die Korinther schickten deshalb im Februar 1358 Abgesandte an ihren Landesherrn Robert, den Titularkaiser von Konstantinopel und Fürsten Achaias, mit dem dringenden Gesuch, ihren Bedrängnissen endlich abzuhelfen. Diesem Fürsten erschien kein anderer Mann geeigneter, die Stadt zu schützen, als der reiche Großsene-

*Korinth und Akrokorinth
(Zeichnung 1803)*

Niccolo Acciajoli
(Fresko 15. Jh.)

schall Niccolò Acciajoli, welcher in Morea große Ländereien besaß und seit 1357 auch Graf von Malta und Gozzo war. Robert belieh ihn und seine Nachkommen am 23. April 1358 zu Bari mit der Kastellanei Korinth als erblicher Baronie.[251] Sie umfaßte die Gebiete des alten Pallene und Phlios sowie Teile der Argolis bis nach Troizen hin.[252]

In der Belehnungsurkunde wird zwar gesagt, daß die Kastellanei an den Grenzen verschiedener Feinde, der Katalanen, Türken und Griechen, gelegen und deshalb großen Gefahren ausgesetzt sei, aber in dem Hilfegesuch der Korinther selbst ist nur von den Raubzügen der Türken die Rede, wodurch das einstmals blühende Land in das tiefste Elend versetzt werde. So trat die Geldmacht des florentinischen Bankiers als Retterin Korinths ein; das Haus Acciajoli erlangte hier zuerst eine politische Stellung, welche dann auch auf die Verhältnisse des Katalanenstaats Athen von wichtigem Einfluß wurde.[253]

Der Großseneschall hatte mit dem Besitze Korinths die höchste Stufe seines Glücks erstiegen. Der bedeutendste Staatsmann der Dynastie Anjou, welcher er in guten und bösen Tagen unermeßliche Dienste geleistet, selbst einen Teil Siziliens wiedergewonnen und den Besitz Moreas erhalten hatte, starb, 55 Jahre alt, am 8. November 1365 in Neapel. In seiner Vaterstadt Florenz, wo der demokratische Geist der Gleichheit noch keine Tyrannen emporkommen ließ, ist die Certosa San Lorenzo vor der Porta Romana sein glänzendes Denkmal. Dieser gotische Prachtbau kann zugleich als das erste Monument der geschichtlichen Beziehungen zwischen Florenz und Griechenland betrachtet werden; denn zu seiner seit 1338 begonnenen Errichtung hatte Niccolo ausdrücklich die Einkünfte seiner griechischen Besitzungen bestimmt. Er folgte darin dem Beispiel der Pisaner, die zum Ausbau ihres Domes ihre Renten aus Konstantinopel verwendet hatten.[254] In einer unterirdischen Kapelle der Certosa sieht man noch heute das stattliche Grabmal des Großseneschalls und anderer Mitglieder seines Hauses.[255]

Die merkwürdige Gestalt dieses schon ganz modernen Menschen von tätiger Welterfahrung ist ohne Beispiel in seinem Jahrhundert, wo er der Zeitgenosse des Cola di Rienzo, des Kardinals Albornoz, des Giotto und der ersten Humanisten Italiens war. Als Bankier und Staatsmann konnte er die Ereignisse der damaligen Welt mitbestimmen und einen Einfluß erlangen, der von Avignon bis nach Sizilien und Griechenland reichte. Nur insofern gehört er zur Geschichte Athens, als er der Gründer des später dort herrschenden Hauses Acciajoli war. Eine andere Frage, welche das kulturgeschichtliche Verhältnis Athens zum Abendlande auch nur nebenbei streift, würde diese sein, ob der Großseneschall, der Freund Boccaccios und Verehrer Petrarcas, durch seine Stellung in Griechenland dazu beigetragen hat, den Geist des hellenischen Altertums in den Umbildungsprozeß Italiens hinüberzuleiten. Ganz ohne Wirkung in dieser Richtung kann seine fürstengleiche Macht in Achaia nicht gewesen sein. Er zog einen Schwarm dienstbeflissener Griechen mit sich nach Neapel und an seinen Hof im Schloß Lettere bei Nocera. Schon Boccaccio nannte diese Parasiten verächtlich Gräculi.[256] Allein nicht Hellenen aus Achaia, sondern kalabrische Griechen erscheinen als erste Lehrer der italienischen Humanisten. Petrarca versuchte von einem solchen, dem Mönch Barlaam, Griechisch zu lernen, und Boccaccio ließ den Homer von dem Kalabresen Leontio Pilato ins Lateinische übersetzen. Dieser unwissende Mann wurde durch ihn im Jahre 1360 als erster Professor des Griechischen in Florenz angestellt.

Von Athen läßt sich nicht nachweisen, daß der Verkehr der Franken mit dieser Stadt im Zeitalter der Frührenaissance irgendeinen geistigen Einfluß auf Italien ausgeübt hat. Die Besitznahme durch die Kompanie der Katalanen und das sizilianische Haus Aragon, welches den Anjou und dem Papst feindlich war, unterbrach geradezu die Verbindung Athens mit Italien. Während der spanischen Epoche gab es weder dort noch in Theben einen Fürstenhof; vielmehr hatten beide Städte die hervorragende Stellung eingebüßt, welche sie zur Zeit der La Roche gehabt hatten. Die Kunden, die von daher zu den Italienern drangen, konnten daher nur mittelbar und sehr sparsam sein.

Wie wenig die klassische Ruinenwelt Athens die Vorstellung der höchst gebildeten Geister Italiens beschäftigte, lehrt derselbe Boccaccio, welcher nebst Petrarca den glühendsten Trieb für die dem Abendlande noch mit sieben Siegeln verschlossene Literatur der Hellenen besaß. Er hat zweimal Athen als Szene für seine Dichtungen benutzt; in der siebenten Novelle des zweiten Tages des Decamerone und in der Theseide. Allein weder hier noch dort bedeutete die für jeden Dichter reizvollste Stadt des Altertums mehr für ihn als einen Namen und einen Ort. Die Theseide, das erste italienische Epos, welches den großen Dichtern Ariost und Tasso die Form der Oktave überlieferte, ist durch seinen Stoff merkwürdig. Da Boccaccio ihn in seiner neapolitanischen Lebenszeit behandelte, so konnten es die Beziehungen der Anjou zu Griechenland sein, die ihm die Bearbeitung eines hellenischen Gegenstandes nahelegten, mochte er diesen, was nicht mehr ermittelt werden kann, aus einer französischen oder griechischen Quelle geschöpft haben. In der Theseide nun, einer heute kaum noch genießbaren barocken Travestie des griechischen Altertums in die

Formen des fränkischen Ritterwesens, gibt es auch nicht eine Stelle, wo sich der Dichter zu einer begeisterten Erinnerung an die ideale Vergangenheit Athens fortreißen ließ. Nicht eines der damals dort noch dauernden Denkmäler des Altertums, nicht einmal die Akropolis mit dem Parthenon, selbst nicht der Name Pallas Athene diente ihm dazu, seiner athenischen Szenerie eine glänzende Lokalfarbe und erhöhten Wert zu geben. Kurz, für Boccaccio und alle seine Zeitgenossen in Italien blieb Athen ein Ort, von dem ihnen keine Anschauung übermittelt worden war.

Dieselbe Gleichgültigkeit der Franken gegen das klassische oder monumentale Altertum Griechenlands zeigen die Verfasser der griechischen und französischen Chronik Moreas, welche Zeitgenossen Boccaccios waren. Auch sie haben auf die Vergangenheit des Peloponnes und die Denkmäler seiner berühmten Städte keine Rücksicht genommen. Die antiken Orte waren mit ihren Namen meist verschwunden oder doch verwandelt, und dem barbarischen Geschlecht der eingeborenen Nachkommen wie den unwissenden Franken erschienen die sparsamen Überreste altgriechischer Tempel und Mauern als Werke verschollener Heiden und Giganten.[257]

Sechstes Kapitel

Die Familie Acciajoli. Nerio, Kastellan von Korinth. Die Türken in Thrakien. Roger de Lauria nimmt sie in Theben auf. Mißliche Zustände in der Kompanie. Matteo Moncada, Generalvikar. Tyrannei des Peter de Puig. Verwaltung des Roger de Lauria. Die Enghien in der Argolis. Matteo de Peralta, Generalvikar. Die Mächte Europas, der Papst und die Türken. Kongreß in Theben. Nerio Acciajoli erobert Megara. Luis Fadrique, Generalvikar. Das Haus der Fadrique. Nach dem Tode Philipps von Tarent erben die Baux die Ansprüche auf Achaia.

1. Niccolo Acciajoli hatte in seinem am 30. September 1358 zu Neapel verfaßten Testament, einem Aktenstück, so fürstlich an Umfang wie an Stil, alle seine Güter unter seine vielen Erben verteilt. Von seinen Söhnen Angelo, Benedetto und Lorenzo erhielt der älteste neben den Grafschaften Melfi und Malta und andern Besitzungen in Süditalien die Kastellanei Korinth wie einen großen Teil der Ländereien in Achaia. Auf Angelo ging auch die Würde des Großseneschalls Siziliens über.[258]

Die leibliche Nachkommenschaft des großen Emporkömmlings

blieb übrigens in Neapel, wo sie bald verfiel. Dagegen fügte es der Zufall, daß ein Nebenzweig des Hauses Acciajoli in Griechenland zu neuer Blüte kam. Das Haupt dieser Linie war der Vetter des Großseneschalls, Giacomo, aus dessen Ehe mit der Florentinerin Bartolommea Ricasoli drei Söhne stammten, Donato, Nerio und Giovanni, und diese fanden alle in Hellas ihr Glück. Noch kurz vor seinem Tode hatte Niccolo den Donato zum Leutnant seiner Länder in Achaia und zum Kastellan Korinths gemacht.[259] Durch seinen Einfluß war dessen Bruder Giovanni im Jahre 1360 Metropolit von Patras geworden, dem größten Erzbistum Moreas, welches sich zu einem selbständigen geistlichen Fürstentum unter der Autorität des Papsts ausgebildet hatte. Der dritte Sohn Giacomos, Nerio Acciajoli, trat schon im Jahre 1363 mit kühnen Plänen in Griechenland auf; dann nach dem Tode Giovannis I. Sanudo, des Herzogs von Naxos, bewarb er sich um die Hand von dessen vielbegehrter Erbtochter Fiorenza, aber Venedig verhinderte diese Verbindung.[260]

Nachdem der Titularkaiser Robert von Tarent am 16. September 1364 ohne Erben gestorben war, begleitete der junge Nerio dessen Witwe, die Kaiserin Maria von Bourbon, als sie nebst ihrem Sohne Hugo von Galiläa aus ihrer ersten Ehe mit Guy von Lusignan, dem Bruder des Königs Peter I. von Zypern, den Versuch machte, Morea für jenen zu gewinnen. Durchaus wie der Großseneschall verdankte auch Nerio der Gunst einer Titularkaiserin von Byzanz sein Glück. Er kaufte von ihr Vostitsa, das alte Ägion, und Nivelet, die ehemalige Baronie des Hauses Charpigny.[261] Sodann machte er sich zum Herrn Korinths.

Angelo, der älteste Sohn des Großseneschalls, war von dem neuen Titularkaiser Konstantinopels, Philipp II. von Anjou-Tarent, dem Bruder Roberts, im Besitze dieser Kastellanei bestätigt worden;[262] da nun Donato, der dortige Statthalter, abberufen wurde und nach Italien zurückkehrte, schickte Angelo dessen Bruder Nerio als Kastellan nach Korinth, und er verlieh ihm Schulden halber diese Stadt nebst Sikyon oder Basilika als hypothekarisches Pfand. So begann Nerio Acciajoli in Morea aufzutreten; er gründete sich daselbst eine Herrschaft zu einer Zeit, wo die Zustände Griechenlands sich immer tiefer verwirrten.

Die endlosen Fehden der dortigen Machthaber miteinander und der Bürgerkrieg, welcher zwischen dem Kaiser Kantakuzenos und seinem Eidam Johannes V. von neuem entbrannt war, bahnten den Osmanen die Wege nach Europa. Suleiman, Orchans kühner Sohn, setzte im Jahre 1354, wie die Sage erzählt, von nur siebzig tapfern Kriegern

Sechstes Kapitel

begleitet, in einer Nacht über den Hellespont und überrumpelte die Burg Tzympe bei Gallipoli. Hier zuerst faßten die Türken auf europäischem Boden festen Fuß. Die Byzantiner haben diese Horde von Eroberern mit den Persern verglichen und auch mit deren Namen benannt. Die Osmanen aber waren furchtbarer und glücklicher als das Volk des Darius und Xerxes. Wenn es den Persern, nach der Bemerkung des Polybios, stets zum Verderben gereichte, sooft sie die Grenzen Asiens überschritten, wurden die Türken erst mächtig und groß, sobald sie die Erde Europas betraten.

Da der Kaiser Kantakuzenos die Hilfe des Sultans, seines eigenen Schwiegersohnes, benötigte, mußte er sich mit kraftlosen Protesten gegen die von Suleiman vollzogene Besitznahme thrakischer Städte begnügen. In der gleichen Lage befand sich Johann V. Palaiologos. Diesem gelang es im Jahre 1355, sich Konstantinopels zu bemächtigen und seine Gegner zu beseitigen. Der Kaiser Kantakuzenos legte die Krone nieder, um sein stürmisches Leben als beschaulicher Mönch in Sparta zu beschließen, wo sein geistvoller Sohn Manuel, einem Vertrage mit dem Palaiologen gemäß, als Despot weiter regieren durfte. Die Byzantiner aber beschäftigte fast mehr die Theologie als die Türkengefahr. Ihre Patriarchen und Kaiser untersuchten in Synoden, Disputationen und Schriften das Wesen der Lichtvision auf dem Berge Tabor. Wie einst den gallischen Bischof Salvianus die Schauspielwut der untergehenden Römer zu dem Ausspruche veranlaßt hatte, daß sie, gleichsam vom sardonischen Kraut gesättigt, lachend sterben wollten, so hätte ein besonnener Philosoph von den damaligen Byzantinern sagen können, daß sie als theologische Sophisten sterben wollten.

Nichts hemmte mehr das Vordringen der Osmanen im Balkanlande, zumal dort seit dem Tode des gewaltigen Serbenherrschers Stephan Dušan im Jahre 1355 diese große Slavenmacht unter seinem Sohne Uroš V., dem letzten der Dynastie Nemanja, in mehrere Stücke zu zerfallen begann. Als auch Gallipoli, die bedeutendste aller Seestädte Thrakiens und damals noch ein großes Emporium des Handels zwischen Europa und Asien, in die Gewalt der Türken kam, waren dieselben Herren des ganzen Chersones. Von dieser Basis aus konnte Murad I., der Sohn des im Jahre 1359 gestorbenen Orchan, die Eroberungen des Vaters glücklicher fortsetzen. Die berühmte Metropole Thrakiens, Adrianopel, die er bestürmte und bezwang, machte er seit 1365 anstelle des asiatischen Brussa zum Sultanssitz und zum europäischen Mittelpunkt des Osmanenreichs für so lange, als das noch nicht die Weltstadt Konstantinopel geworden war, auf deren Gebiet der griechische Kaiser sich bereits beschränkt sah.

Von Thrakien drang Murad westwärts bis zu den Balkanpässen vor und südwärts in die schönen Landschaften Thessaliens. Kein Widerstand feindlicher Heere hielt den Zug der türkischen Kriegsscharen auf, als sie weiter durch die Thermopylen rückten und sich Böotien und Attika näherten. Hier war die Macht der sizilianischen Regierung durch innere Unruhen und unter den katalanischen Großen ausgebrochene Streitigkeiten gelähmt, während sie schon seit geraumer Zeit nicht nur die Streifzüge der Albanesen und Türken abzuwehren hatte, sondern auch mit dem griechischen Despoten Misithras, mit Guido von Enghien in Argos, und den Venezianern in Krieg verwickelt war. Die Familie der Lauria hatte damals die Fadrique von Aragon in den Hintergrund gedrängt, sie war mächtig in Theben, wo sie Lehnsgüter besaß und das Amt des Stadtvikars in ihren Besitz gekommen war.[263] Roger de Lauria stand in jener Zeit an der Spitze des Herzogtums als Statthalter des Königs Friedrich III. Von einer Gegenpartei und zugleich vom Bailo Negropontes bedrängt, machte er sich kein Gewissen daraus, die herannahenden Türken zu seiner Hilfe herbeizurufen. Als seine Bundesgenossen zogen sie sogar in die Stadt Theben ein, den Sitz der Regierung und den ansehnlichsten Ort des Herzogtums Athen.[264]

Dies Ereignis bewies, daß auch die Spanier und Sizilianer Fremdlinge in Griechenland geblieben waren, mit dem sie kein Heimatgefühl verband. Die Kunde davon verbreitete Schrecken selbst im fernen Abendlande. Urban V. rief die Herren Euböas, den Erzbischof von Patras und andre Prälaten und Machthaber zur Abwehr der Gefahr auf, die Achaia bedrohte.[265]

Den ritterlichen König Zyperns, Peter I. von Lusignan, welcher seit dem Jahre 1362 die Höfe des Abendlandes bereiste, um eine Liga wider die Türken zustande zu bringen, ermahnte er, in sein Land heimzukehren, da auch dieses einen Einfall der Ungläubigen zu erwarten habe.

Peter hatte am 1. April 1363 zu Avignon mit Johann von Frankreich und Amadeo VI. von Savoyen den Kreuzzug gelobt.[266] Von den Mächten Europas nicht ausreichend unterstützt, kehrte er nach Zypern zurück und unternahm dann eine Kriegsfahrt nach Ägypten, welche kein anderes Ergebnis hatte als die Eroberung und vorübergehende Besetzung Alexandrias am 10. Oktober 1365.

Unterdes waren der Erzbischof Paulus von Theben, der Ritter Bartolommeo de Valeriis, Nikolaus de Ardoyno und Guillelm Bassani als Boten der flüchtigen Thebaner und anderer Gemeinden des Herzogtums Athen an den Hof Friedrichs von Sizilien gekommen, welchem sie die Besetzung jener Stadt durch die Türken und die verzweifelte

Lage des Landes meldeten. Der König ernannte hierauf im August 1363 Matteo de Moncada nochmals zum Generalvikar auf Lebenszeit, mit der ausgedehnten Vollmacht, selbst Majestätsverbrecher zu amnestieren und nach Gutdünken Kastellane und Kapitäne in den Burgen einzusetzen. Da er seine Ernennung nicht nur der Stadt Theben, sondern sogar dem Marschall Roger de Lauria anzeigte, so geht daraus hervor, daß dieser einflußreiche Mann weder unter Prozeß gestellt noch irgend gestraft werden konnte.[267]

Vielmehr fuhr er fort, das Herzogtum Athen nach wie vor zu verwalten, während Moncada im Dienst des Königs in Sizilien zurückgehalten wurde. Im Juli 1365 unterhandelte Roger mit der Republik Venedig wegen der Bestätigung des zwanzigjährigen Friedens, welchen die Kompanie ehedem mit Niccola Pisani, dem Kapitän des Golfs, gemacht hatte. Allein die venezianische Signorie wollte nur den kürzlich zwischen jener und dem Bailo Negropontes, Domenico Michiel, abgeschlossenen zweijährigen Waffenstillstand anerkennen. Sie wies auch die Forderung Rogers zurück, daß es der Kompanie gestattet werde, auf ihre Kosten eine Flotte zur Bekämpfung ihrer Feinde auszurüsten. Demnach hielt Venedig hartnäckig an jenen Bedingungen fest, welche die Katalanen in Athen verhinderten, eine Seemacht zu werden.[268]

Es ist unbekannt, in welcher Zeit Matteo de Moncada im Herzogtum erschien. Es gelang ihm, Theben von der türkischen Invasion zu befreien, doch nicht die Ordnung im Lande herzustellen, wo das feste politische Gefüge der Kompanie aus den Fugen zu gehen drohte. Die Willkür der Großen war an die Stelle des Gesetzes getreten. Ein vornehmer Katalane, Peter de Puig, oder Puigparadines, Herr der Burgen Karditsa und Kalandri und, wie es scheint, eine Zeitlang während der Abwesenheit Moncadas dessen Stellvertreter als Vikar, konnte sich in Theben zum Tyrannen aufwerfen. Dort verdrängte er nicht nur die Lauria aus ihrem Einfluß, sondern er entriß auch, während eines Krieges mit den Albanesen, den Brüdern vom Hause Aragona, Bonifatius, Juan und Jayme, die Burgen Salona, Lidoriki und Vitrinitsa.[269] Endlich bildete sich in Theben eine Verschwörung gegen den Usurpator, deren Haupt Roger de Lauria war. Peter de Puig, sein Weib Angelina und mehrere seiner namhaftesten Anhänger wurden in einem Aufstande erschlagen und die Truppen der Regierung zusammengehauen. Moncada selbst war damals nicht in Theben, wo Roger und seine Partei sich der Gewalt bemächtigten. Sie schickten an den König Friedrich als ihren Syndikus und Boten Franziskus von Cremona, welchem am 2. Januar 1367 auch Abgeordnete der Städte in Theben

Vollmacht gegeben hatten, um sich wegen jener Exzesse zu rechtfertigen, und Friedrich III. begnadigte notgedrungen alle Schuldigen.²⁷⁰

2. Die Partei Rogers war jetzt wieder im Besitze der öffentlichen Gewalt und der königliche Einfluß im Herzogtum bereits so schwach geworden, daß Friedrich III. jenem Großen nicht nur alle Güter bestätigte, die derselbe von früheren Herzögen erhalten hatte, sondern ihn auch am 14. Mai 1367 anstelle Moncadas zum Generalvikar ernannte.²⁷¹

Vier Jahre lang verwaltete Roger de Lauria sein Amt, jetzt mit so viel Umsicht und Kraft, daß er den Frieden mit Venedig erhalten, die Angriffe der Türken abweisen und die feindlichen Unternehmungen der Enghien verhindern konnte.

Dieses schnell verblühende Haus, dessen Erbe in der Argolis bald die Republik Venedig werden sollte, machte damals noch eine Anstrengung, das Herzogtum Athen wieder zu erobern. Aus der Ehe Gauthiers von Enghien und der Isabella von Brienne stammten vier Söhne, von denen Sohier die Rechte auf Athen geerbt hatte, während Jean Graf von Lecce, Louis Graf von Conversano, endlich Guido Herr von Argos und Nauplia waren. Sohier starb im Jahre 1366 auf dem Blutgerüst, da ihn Albert von Bayern, der Sohn des Kaisers Ludwig, als Regent von Hennegau enthaupten ließ.²⁷² Seine Ansprüche auf Athen kamen mit dem Herzogstitel an seinen Sohn Walter von Enghien.²⁷³ Die Zerrüttung der Verhältnisse der Kompanie reizte jene Brüder zu dem Plan eines Kriegszuges gegen Athen, dessen Führer der Graf von Lecce sein sollte. Da sie in das venezianische Bürgerrecht aufgenommen waren, hoffen sie auf Unterstützung durch die Republik.²⁷⁴ Jean von Enghien und seine Brüder schrieben im Februar 1370 dem Dogen; sie erinnerten ihn an die alte freundliche Verbindung Venedigs mit dem Hause Brienne, namentlich mit dem Herzoge von Athen, welchem die gottlose Kompanie der Katalanen sein Erbland entrissen, nachdem sie seinen Vater erschlagen hatte. Die Prozesse der römischen Kurie und der vom Papst Johann XXII. über diese Räuber verhängte Bann stünden noch immer in Kraft, wenn sie auch zeitweise aufgehoben worden seien. Demnach ersuchten die Enghien den Dogen, ihnen seinen Beistand zu leihen, da sie sich entschlossen hätten, mit Hilfe ihrer Oberlehnsherren und Freunde das Erbteil ihrer Vorfahren zurückzuerobern. Sie begehrten die Überlassung einer großen Kriegsgaleere, die Erlaubnis, Munition in Negroponte niederzulegen und von dort Proviant zu beziehen; auch sollten der Herzog von Naxos, die Terzieri Euböas, andre Vasallen des Fürstentums Achaia und Zugehörige des Dukats Athen, die sich in Negroponte aufhielten, nicht gehindert werden, in den Waffendienst der Enghien zu treten.[275]

Die venezianische Signorie lehnte diese Gesuche mit trockener Höflichkeit ab, indem sie dem Grafen von Lecce bemerkte, daß sie mit den Gebieten im Herzogtum Athen in Frieden sei.[276] Sie erbot sich dagegen, durch Vermittlung des Bailo Euböas die Streitigkeiten zwischen Guido von Enghien und der Kompanie beizulegen, was dann auch geschah, da die kriegslustigen Brüder die Nichtigkeit ihrer Träume einsahen.[277]

Die Zerwürfnisse unter den katalanischen Lehnsherren im Herzogtum dauerten indes fort, und sie drohten von neuem den Charakter eines wilden Parteikrieges anzunehmen, nachdem Roger de Lauria im Beginne des Jahres 1371 gestorben war. Dies lehrt ein Schreiben des Königs von Sizilien an Guillelm Almenara, dem er die Kastellanei Levadia auf Lebenszeit versprach, wenn er die nach dem Tode Rogers in Zwiespalt gekommenen Barone miteinander versöhnen könne.[278] Am 31. Mai 1371 hatte Friedrich Don Matteo de Peralta zum Generalvikar der Herzogtümer ernannt, »sowohl weil Roger, der dieses Amt lebenslänglich besessen habe, gestorben, als weil Matteo de Moncada davon entfernt worden sei«.[279]

Die Peralta vom Hause Wilhelms, des Grafen von Caltabellota, welcher sich mit Donna Leonor, einer Tochter des Infanten Juan, Herzogs von Athen, vermählt hatte, gehörten zu den angesehensten Baronalfamilien Siziliens. Sie kamen jetzt auch in Griechenland empor. Dort war Calzerano de Peralta Kapitän und Kastellan Athens.[280] Nur bei Gelegenheit dieses Amtes wird die erlauchte Stadt bisweilen wieder genannt; die Akropolis, auf welcher die katalanischen oder sizilianischen Burgvögte wohnten, führt dann immer nur die Bezeichnung »castrum civitatis Athenarum«. Sie besaß eigene Güter, deren Einkünfte zu Zwecken ihrer Erhaltung und Verteidigung bestimmt waren.[281]

Die Vigers und Kapitäne der Städte und die Kastellane der Burgen wurden vom Könige in der Regel auf Zeit, bisweilen lebenslänglich ernannt. Da sie meist nicht aus der Mitte der Kompanie selbst genommen, sondern von Sizilien geschickt wurden, erregte das bei den Großen des Herzogtums Widerspruch. Diese beriefen sich auf die alten Statuten der Genossenschaft, wonach jene Ämter nur dreijährig und mit Einheimischen besetzt sein sollten.[282] Infolge eines heftigen Streites darüber in der Kompanie und einer Reklamation Thebens mußte der König nachgeben. Er enthob Calzerano seines Amtes in Athen und übertrug dieser Gemeinde die Wahl seines Nachfolgers, die er dann nach vorausgegangener Prüfung der Person bestätigen wollte.[283]

Die Aufregung innerhalb der Kompanie wiederholte sich bei ähnlichen Veranlassungen; auch der Generalvikar Matteo de Peralta schickte Boten an den König, die ihm Bericht über jene Unruhen abstatteten und, wie es scheint, den Rat gaben, den Forderungen der Katalanen nachzugeben. Deshalb wurde auch der bisherige Viger Levadias, Guillelm de Almenara, abberufen.[284] Der König machte zu gleicher Zeit Guillelm en Puyal zum Kastellan und Bernard de Viki (Vich) zum Kapitän Athens, in Levadia aber Francesco Lunelli von Theben zum Kastellan und Gilbert Vitol zum Viger.[285] Levadia war damals die stärkste Festung des Herzogtums, daher der dortige Posten des Kastellans von großer Wichtigkeit sein mußte. Schon früher hatte ihn Almenara bekleidet und dann am 16. September 1366 an Guillelm Fadrique von Aragon abgeben müssen.[286]

Wie in Athen waren auch dort bisher die Ämter des Kapitäns oder Kriminalrichters der Stadt und des Viger und Kastellan der Burg vereinigt gewesen, und auch dies veranlaßte Unzufriedenheit unter den Katalanen, weshalb der König jene Würden fortan trennte. Die Befugnisse dieser drei Offizialen sind nicht scharf abgegrenzt; der Viger einer Stadt scheint ihr Generalgouverneur, der Kastellan der eigentliche Burgvogt gewesen zu sein, während dem Kapitän fast immer die Kriminalgerichtsbarkeit mit Beiziehung eines Richters, Assessors und Notars zugewiesen wird.[287] Bisweilen erscheinen jene drei Ämter getrennt, öfters aber zwei, sogar alle drei in einer und derselben Person vereinigt, was zu Klagen der Gemeinden Veranlassung gab.[288] Die Kompanie suchte zu verhindern, daß diese einflußreichen Stellen, welche der katalanische Feudaladel als ihm selbst zukommend betrachtete, an nicht einheimische Höflinge des Königs vergeben wurden, doch dieser bewahrte sich das Kronrecht der Ernennung jener Ämter, und es war nur aufgrund besonders dringender Verhältnisse, daß er den Gemeinden gestattete, ihre lokalen Vikare, Kapitäne und Kastellane mit dem Vorbehalt seiner eigenen Bestätigung zu wählen. Im übrigen verkehrten die Städte des Herzogtums durch ihre Prokuratoren mit dem Hofe des Königs oder Herzogs, sooft sie Beschwerden oder Wünsche vorzutragen hatten. Wenn ihre Gewohnheiten, Rechte und Privilegien durch irgendwelche Eingriffe des Generalvikars oder anderer königlicher Amtleute verletzt wurden, schickten sie ihre Nuntien nach Sizilien, und sie erlangten dann die Bestätigung ihrer verbrieften Rechte. Dies geschah wahrscheinlich mehr als einmal in Theben, der volkreichsten Stadt des Herzogtums.[289] Die Gemeinden durf-

Sultan Murad I.
(Miniatur 16. Jh.)

Konstantinopel
(Zeichnung 1559)

ten überhaupt zusammentreten, um ihre bevollmächtigten Boten zu wählen, wenn es eine besonders wichtige allgemeine Landesangelegenheit betraf.[290]

3. Die Eroberungen Murads I. hatten unterdes den griechischen Kaiser Johannes V. in die äußerste Not gebracht, während die Fürsten Europas tatenlose Zuschauer seiner Bedrängnisse blieben. Nur der ruhmvolle Kriegszug des Grafen Amadeus VI. von Savoyen nach der Levante im Jahre 1366 bewies, wieviel ein heldenhafter Mann auch mit geringen Streitkräften auszurichten vermochte. Durch ihn wurde damals der Kaiser aus der Gewalt des bulgarischen Zaren Šišman in Trnovo befreit und die Stadt Konstantinopel selbst gerettet. Johann V., bereits dem Sultan tributpflichtig geworden, entschloß sich endlich, als Schutzflehender nach dem Abendlande zu gehen, um die dortigen Herrscher zu seiner Unterstützung zu bewegen. Venedig wies ihn mit leeren Worten ab; das gleiche tat der König Karl V. von Frankreich. Für die Zusage einer kärglichen Hilfsleistung mit einigen Galeeren und wenigem Kriegsvolk von seiten des Papsts legte der unglückliche Palaiologe am 18. Oktober 1369 zu Rom in die Hände Urbans V. das Gelübde der Kirchenunion ab. Darauf kehrte er, aus dem Schuldgefängnis seiner Gläubiger in Venedig durch seinen jüngeren Sohn Manuel mit Mühe frei gemacht, hoffnungslos nach Konstantinopel zurück.

Ein Kreuzzug wurde indes im Abendlande in Aussicht gestellt. Urbans Nachfolger, Gregor XI., ein Limosiner von Geburt, noch in kräftigem Alter und edeln Sinnes, hoffte alle an den Angelegenheiten des Orients beteiligten Fürsten zu einer großen Liga zu vereinigen. Er berief deshalb den griechischen Kaiser in Konstantinopel, den lateinischen Titularkaiser Philipp von Tarent, die Seemächte Venedig und Genua, die Ritter von Rhodos, den Vikar des Herzogtums Athen, die Könige von Zypern, von Ungarn und Sizilien zu einem Kongreß, welcher sich am 1. Oktober 1373 in der Stadt Theben versammeln sollte.[291] Er schrieb auch an Nerio Acciajoli, den Pfandherrn und Kastellan Korinths, daß ihm der Erzbischof Franziskus von Neopaträ persönlich das grenzenlose Elend geschildert habe, in welches das Fürstentum Achaia und der Dukat Athen durch die Raubzüge der Türken versetzt seien; er möge sich daher mit den anderen Fürsten in Theben zu dem Zweck des Kreuzzuges vereinigen.[292] Nerio war demnach zu jener Zeit als rechtmäßiger Besitzer Korinths anerkannt, und so erscheint derselbe zum ersten Mal unter den selbständigen Dynasten Griechenlands. Die Republik Venedig blieb ihm durchaus freundlich gesinnt; am 16. Februar 1369 hatte der Doge Andrea Contarini ihm und seinem Bruder Donato das venezianische Bürgerrecht erteilt.²⁹³

Die Wahl der Stadt Theben zum Ort eines so großen Fürstenkongresses war vielleicht durch ihre günstige zentrale Lage in Griechenland veranlaßt worden; aber weil der Papst den Regierungssitz des katalanischen Herzogtums dazu ausersah, bewies er dadurch, daß die feindselige Haltung der römischen Kurie zur Kompanie aufgehört hatte. Nicht einmal zur Zeit des Epaminondas hatte Theben so viele Bevollmächtigte von Staaten in seinen Mauern gesehen als jetzt, wo dieses Parlament den Zweck hatte, Griechenland vor dem drohenden Untergange durch die furchtbaren Türken zu retten, welche man die neuen Teukrer oder Perser nannte. Wenn es auch nicht wahrscheinlich ist, daß sich dort der griechische Kaiser, die Könige Ludwig von Ungarn und Peter II. von Zypern, der Doge Andrea Contarini in Person einfanden, so kamen doch ihre und die Boten anderer Mächte. Persönlich erschienen Leonardo Tocco, der Pfalzgraf von Leukadia, der Markgraf Francesco Giorgio von Bodonitsa, Matteo Peralta, der Generalvikar des Herzogtums Athen, Nerio von Korinth, Francesco Gattilusio, Herr von Lesbos, der Bailo Negropontes Bartolommeo Quirini, der Dreiherr Nicola dalle Carceri und viele Erzbischöfe und Prälaten Griechenlands.²⁹⁴ Den Vorsitz des Kongresses führte der Erzbischof von Neopaträ.

Diese Versammlung lateinischer Dynasten des hellenischen Festlandes und der Inseln stellte nur die dort in Trümmer gehende Frankenherrschaft dar, und selbst ihre Reste trennte kleinliche Eifersucht, so daß jedes einmütige Handeln unmöglich wurde. Der Zustand Griechenlands war seit dem Falle des Hauses Villehardouin jenem im Altertum vergleichbar, als sich das hellenische Land in kleine, einander feindliche Lokalstaaten zersplittert hatte; nur lebte unter den fränkischen Machthabern des 14. Jahrhunderts nicht einmal mehr die Kraft der Menschen aus der Zeit des Nabis, Aratos und Philopoimen. Die Liga wider die Osmanen kam nicht zustande. Nerio Acciajoli, der unternehmendste und glücklichste unter den damaligen Tyrannen Griechenlands, spottete vielmehr der Zwecke jenes Kongresses, indem er im Jahre 1374 die Aufnahme aus Korinth flüchtiger Untertanen in den Staaten der Kompanie als Vorwand benutzte, um gegen diese Krieg zu erheben. Von den Venezianern auf Euböa nicht gehindert, drang er in Megara ein, entriß diesen starken Schlüssel Attikas den Katalanen und nahm nicht wenige ihrer Edelleute gefangen. Die Festung ergab sich ihm nicht ohne lebhaften Widerstand. Unter ihren Verteidigern zeichnete sich besonders ein athenischer Grieche aus, der

Notar Demetrios Rendi, welcher noch später als bedeutende Persönlichkeit zu Ansehen gelangte.²⁹⁵

Die Eroberung Megaras war ein großer Schritt Nerios vorwärts auf der Straße nach Athen. Er scheint im Herzogtum selbst einflußreiche Personen für sich gewonnen zu haben, denn der Abfall des Notars Francesco de Cremona von der Kompanie und sein Tod als Rebell im Exil standen wohl mit seinen Unternehmungen im Zusammenhange.²⁹⁶

Unterdes starb der Generalvikar Matteo de Peralta im Jahre 1375. Die Verwirrung und der Aufruhr im Herzogtum waren so groß, daß die Städte sich zu einem Landesparlament vereinigten und aus eigenem Entschluß Luis Fadrique von Salona zum Statthalter erwählten.²⁹⁷

Das Haus der Fadrique von Aragona war eine Zeitlang von den Lauria in Schatten gestellt worden, erlangte aber jetzt seine alte Bedeutung wieder. Luis, der Enkel des berühmten Alfonso, war damals der einflußreichste Magnat im Herzogtum und Herr von Salona. Diese große Baronie hatte Pedro, der älteste Sohn Alfonsos, von Roger Deslaur erhalten und nach seinem Tode im Jahre 1356 seinem zweiten Bruder Jayme zurückgelassen, welcher damals Generalvikar war. Als Jayme 1355 starb, kam Salona in den Besitz seines Sohnes Luis, der sich mit Helena Kantakuzena, einer Enkelin des Kaisers Johannes VI., vermählt hatte. Die ehemalige Lehnsherrschaft der Stromoncourt umfaßte das phokische Land bis zum krisäischen Meerbusen, der heutigen Bai von Salona; zu ihr gehörten der Hafen Galaxidi, die Burg Vitrinitsa und das Kastell Lidoriki. Jayme hatte auch Sidirokastron erworben, das mit gewaltigen Frankentürmen bewehrte eiserne Schloß, welches auch Kastri oder Arakowa hieß. Es war im Jahre 1318 an den griechischen Dynasten Stephan Melissenos gekommen, den Herrn von Demetrias, dessen Schwester dasselbe dem katalanischen Marschall Odo de Novelles als Mitgift zubrachte.

Da die Fadrique auch Zeitun und Gardiki in der Phthiotis besaßen, so war unter den Katalanen kein anderes Geschlecht mächtiger. Nur in Euböa hatte es seinen ehemaligen Einfluß eingebüßt; denn der Republik Venedig war es im Jahre 1366 nach langen Bemühungen gelungen, Jaymes Bruder Bonifazio Fadrique zu bewegen, ihr die Burg Karystos zu verkaufen, während er die Insel Ägina behielt.²⁹⁸

Die Städte des Herzogtums schickten Francesco Lunelli, einen Bürger Thebens, welcher eine Zeitlang in Megara Gefangener des Nerio Acciajoli gewesen war, als Bevollmächtigten an den König Siziliens, um die Bestätigung ihrer Wahl zu erlangen. Friedrich III. erteilte diese unter Anerkennung aller Akte des Don Luis Fadrique, zu Catania am 9. April 1376; er sandte hierauf den Boten nach dem Herzogtum zurück und befahl ihm wie den Syndici der Gemeinden, den neuen Generalvikar zu vereidigen.[299] Da sich Theben und andere Städte über Eingriffe in ihre Rechte und Freiheiten beschwert hatten, wurden diese vom Könige neu bestätigt.[300] Francesco Lunelli scheint die besondere Gunst Friedrichs III. gewonnen zu haben, denn zum Lohn seiner Verdienste und zur Entschädigung der in Megara erlittenen Haft setzte er ihm und seinen Erben eine jährliche Rente von 15 Unzen aus, welche zum Teil aus den Gefällen fließen sollte, die von den in Theben wohnenden Armeniern an die dortige Kurie gezahlt wurden. Demnach hatte sich dort auch eine Kolonie von Kaufleuten dieser Nation angesiedelt.[301] Die Armenier hatten vielleicht die Genuesen und Venezianer von den Handelsmärkten des Herzogtums verdrängt, sobald dieses in die Gewalt der Katalanen gekommen war, doch konnte ihre Ansiedlung schon einer älteren Zeit angehören.

Der Fall Megaras in die Gewalt Nerios zeigte, daß die alte kriegerische Kraft der Katalanen erloschen und der Militärstaat der Kompanie durch das Parteiwesen der Auflösung nahegebracht war. Die Macht der Franken in Griechenland überhaupt war schon so tief gesunken, daß Hellas und der Peloponnes nur deshalb von den Eroberungszügen der Türken verschont blieben, weil der Sultan Murad, um seinem großen Ziele Byzanz näher zu kommen, erst die Sklavenreiche in den Balkanländern zu vernichten hatte, ehe er sich südwärts nach dem für ihn minder wichtigen Altgriechenland wendete. Die Serben und Bulgaren, die Wlachen und die Stämme Albaniens bildeten damals noch das letzte Bollwerk, welches den Westen vor dem Einbruch der Osmanen schirmte. Wenn jene tapfern und kriegerischen Völker sich unter einer gemeinsamen Leitung vereinigt und mit dem bedrängten griechischen Kaiser verbunden hätten, so würden die Türken sich nicht in Europa behauptet haben. Die Sultane bedurften langer Zeit und riesiger Kämpfe, um den zersplitterten, aber heldenhaften Widerstand der Slaven und Albanesen zu überwinden.

Unglücklicherweise war damals die Republik Venedig durch ihren kostspieligen, verzweifelten Krieg mit Genua in Italien wie in der Levante gelähmt, der Verfall der Monarchie Neapels aber unter der Regierung der von ihren Günstlingen beherrschten Königin Johanna entzog dem Rest des Frankenstaats Achaia jeden Halt, so daß er zu einem fast schon herrenlosen Gegenstande für den Ehrgeiz von Prätendenten oder Abenteurern wurde. Dies erleichterte die Fortschritte der Türken und wirkte dann auch auf die Verhältnisse des Herzogtums Athen ein.

Philipp von Tarent, der Fürst Moreas und Titularkaiser Konstantinopels, war im Jahre 1373 gestorben, kinderlos wie sein Bruder Robert. Die Rechte auf Achaia und Byzanz hatte er dem Giacomo von Baux vererbt, dem Sohne seiner Schwester Margarete und des Francesco von Baux, Herzog von Andria in Apulien, eines der größten Feudalherren Neapels. Allein die moreotischen Barone wollten nichts davon wissen, sondern sie erklärten sich fast einstimmig für die Königin Johanna.[302] Es war dieser bereits gelungen, Francesco von Baux mit Waffengewalt aus Apulien zu vertreiben. Der Herzog von Andria war nach Avignon geflüchtet, sein Sohn Jakob nach Griechenland hinüber gegangen, wo er sich rüstete, seine Rechte zur Geltung zu bringen.[303] Die Königin Johanna aber belieh im Jahre 1376 ihren vierten Gemahl Otto von Braunschweig mit Achaia. So wertlos und unsicher war damals der Besitz des einst glänzendsten Frankenstaats in Griechenland geworden, daß Otto ihn nur als eine augenblickliche Geldquelle ansah. Mit Zustimmung der Königin verpachtete er das Fürstentum auf fünf Jahre dem Großmeister der Johanniter. Diesen unternehmungslustigen Orden hatte schon früher Innozenz VI. eingeladen, seine Residenz von dem engen Rhodos nach dem griechischen Festlande zu verlegen, der Verwirrung in Morea ein Ende zu machen und das Land in Besitz zu nehmen. Im Jahre 1374 wurde derselbe Orden vom Papst Gregor XI. aufgefordert, sich in Smyrna festzusetzen; auch sollte ein Kriegszug mit 500 Rittern und ebensoviel Servienten nach Morea unternommen werden. Seit dem August 1377 war Großmeister des Hospitals ein genialer Mann, Juan Fernandez de Heredia, der als Diplomat und Krieger weitberühmte Kastellan von Amposta in Aragonien. Mit den Venezianern und dem Erzbischof Paul Foscari von Patras vereinigt, unternahm derselbe bald darauf die Ausführung des »Passagium« nach Achaia.[304] Dies war die Lage der Dinge in Griechenland, als das Ausgehen des Königshauses Siziliens vom Geschlecht Aragon im katalanischen Herzogtum Athen neue Verwirrungen und Umwälzungen hervorrief.

SIEBENTES KAPITEL

Tod Friedrichs III. von Sizilien. Die Kompanie erklärt Don Pedro IV. von Aragon zum Herzoge Athens. Auftreten der navarresischen Soldbande in Griechenland. Sie dringt in Böotien und Attika ein und erobert Theben. Die Katalanen behaupten die Akropolis Athens. Demetrios Rendi. Die Kapitel

Athens und die Anerkennung Pedros IV. als Herzog. Die Kapitel Salonas. Die Lehen des Luis Fadrique. Pedro IV. und die Akropolis Athens. Don Juan Fernandez de Heredia. Don Pedro und die katalanischen Großen im Herzogtum.

1. Am 27. Juli 1377 starb der schwache, von seinen Baronen tyrannisierte Friedrich III., der König von Sizilien und Herzog von Athen und Neopaträ, ohne andre Erben zu hinterlassen als den Bastard Guglielmo, Grafen von Gozzo und Malta, und die fünfzehnjährige Tochter Maria aus seiner ersten Ehe mit Constanza von Aragon.[305] Diese sollte, seinem Testament gemäß, sowohl Sizilien als die griechischen Herzogtümer erhalten; wenn sie ohne Erben starb, Guglielmo ihr nachfolgen; starb auch dieser kinderlos, so sollten jene Länder an die Krone Aragoniens fallen. Dort war damals König Don Pedro IV. el Ceremonioso, der mächtigste Herrscher in Spanien und der ruhmreichste Fürst seines Hauses, unter dessen langer Regierung Aragon emporblühte. Er hatte Mallorca, Roussillon und Cerdagne mit Waffengewalt Jayme III. entrissen, dem Sohne des unglücklichen Infanten Ferdinand und der Isabella von Sabran, und dieser letzte König Mallorcas war am 25. Oktober 1349 im Kampfe um sein Land gefallen. Er erfuhr dasselbe Los seines Vaters; vom Pferde herabgestürzt, wurde er gefangen; ein Soldat enthauptete ihn.[306] Pedro IV. bestritt sofort die Rechte Marias, indem er sich auf das Testament Friedrichs II. von Sizilien berief, welcher die Frauen seines Hauses von der Erbfolge ausgeschlossen hatte. Außerdem war er der Schwager des verstorbenen Königs als Gemahl von dessen Schwester Leonor.[307] In Sizilien wie im Dukat Athen bildete sich eine Partei zugunsten der Ansprüche des Königs von Aragon, der diese Bestrebungen durch seine Agenten hervorrief und eifrig unterstützte.[308]

Ein großer Teil der katalanischen Barone, denen sich auch der hohe Klerus anschloß, weigerte sich, das Erbrecht einer jungen Prinzessin anzuerkennen. Es ist wichtig, die Führer dieser Partei zu kennen, weil sie die angesehensten Feudalgeschlechter des Herzogtums in der Zeit des Unterganges der spanischen Herrschaft bezeichnen. Dies waren die Erzbischöfe Antonio Ballester von Athen, Simon von Theben, Matteo von Neopaträ, Juan Boyl, Bischof des von Nerio Acciajoli eroberten Megara; ferner der Generalvikar Luis Fadrique mit einem Teil seines Hauses; Anton und Roger, die Söhne des ehemaligen Marschalls Roger de Lauria, und ihre Sippschaft; die Peralta, von denen Calzerano Kastellan Athens war, die Almenara (Guillelm war Kastellan von Levadia), die Ballester (Pedro, des athenischen Erzbischofs

Bruder, war Herr der Burgen Kabrena und Parikia); Guillelm Fuster und Guillelm de Vita, die Zarrovira aus Salona, Andreas Zavall, Kastellan von Neopaträ, Novelles, Herr von Estañol, die beiden Puigparadines, Herren von Karditsa und Talanti, der Graf von Mitra oder Demetrias und andre Ritter und Barone.[309]

Diese Großen und die mit ihnen übereinstimmenden Gemeinden der angesehnsten Städte riefen auf einem Parlament Pedro IV. zum Herzoge Athens und Neopaträs aus. Der Generalvikar Luis Fadrique zog das Banner Aragons auf der Kadmeia auf; seinem Beispiele folgten die Akropolis Athens und andere Burgen. Bevollmächtigte des Landes gingen nach Spanien, um den König einzuladen, vom Herzogtum Besitz zu nehmen und einen neuen Statthalter zu ernennen. Pedro IV. nahm diesen Antrag mit Freuden an; er schickte einen der Boten, Berengar Ballester, mit Briefen nach Griechenland zurück, worin er Luis Fadrique befahl, in seinem Amte zu bleiben, bis sein Nachfolger eingetroffen sei.[310] Zugleich verlangte er die Absendung neuer Bevollmächtigter, die ihm die Huldigung leisten sollten. Zu seinem Vizekönig aber ernannte er einen seiner angesehensten Lehnsleute, Philipp Delmau, Visconde von Rocaberti, welcher zu geeigneter Zeit nach Griechenland abgehen sollte.[311]

Indes fand die aragonische Partei doch ihre Gegner an einem Bruchteile des Adels, welcher konservativ blieb und die Rechte Marias als legitim anerkannte. Ihr Haupt scheint der Markgraf Francesco Giorgio von Bodonitsa gewesen zu sein, der Sohn der Guglielma Pallavicini und des Venezianers Nikolaus Giorgio.[312] Die Giorgio bekannten sich nur mit Widerwillen als Vasallen des Herzogs von Athen, obwohl sie diesem zu keinem weiteren Dienste verpflichtet waren, als dem Generalvikar jährlich vier gewappnete Reiter zu stellen.[313] Auch ein Zweig der Fadrique von Aragon war dem Könige Pedro feindlich gesinnt, nämlich jener des Bonifatius von Ägina, welcher Karystos im Jahre 1366 an die Venezianer verkauft hatte. Seine Witwe Donna Dulce und seine Söhne Pedro und Juan lagen im Streit mit Luis Fadrique, der den ersten als Rebellen in Ägina mit Waffengewalt bezwang und gefangennahm und sich dieses Eilandes bemächtigte. Dasselbe war zuvor von Jayme Fadrique, dem Vater des Don Luis, an Bonifatius d'Aragona unter gewissem Vorbehalt abgetreten worden und von diesem auf seinen Sohn Pedro übergegangen, dem dann Don Luis Ägina entriß, als er das Amt des Vikars führte.[314]

Das Erlöschen des sizilianischen Hauses, der dadurch hervorgebrachte Zwiespalt in der Kompanie und die Zerrüttung aller öffentlichen Verhältnisse reizten Jakob von Baux, der den Titel des Kaisers von Konstantinopel angenommen hatte, einen Versuch gegen das Herzogtum Athen zu wagen, auf das er selbst als Erbe des Fürstentums Achaia Ansprüche machte. Zur Ausführung seines Planes bediente er sich einer neu entstandenen Soldbande, die man die Navarresen nannte. Ihr Ursprung ist zweifelhaft; doch scheint dieselbe in dem Kriege zwischen Karl V. von Frankreich und Karl II. von Navarra entstanden zu sein. Nach dem Friedensschlusse diente sie dem Infanten Don Luis von Evreux, einem Sohne Philipps IV. von Navarra und Bruder des dortigen Königs Karl. Derselbe hatte sich im Jahre 1366 mit Johanna von Sizilien, der Erbtochter Karls von Durazzo, vermählt und leitete aus dieser Verbindung Rechte auf den Besitz Albaniens ab. Er sammelte Kriegsvolk aus Navarra und Südfrankreich und vereinigte dasselbe in Neapel, um von dort aus jenes Land dem Albanesenhäuptling Karl Topia zu entreißen. Seine weiteren Schicksale sind unbekannt. Als er um das Jahr 1376 gestorben war, trat jene Soldbande, ein Gemisch von Spaniern, Gascognern und Franzosen, in die Dienste des Jakob von Baux. Der Schauplatz ihrer kriegerischen Abenteuer wurde statt Albanien Griechenland, dessen Zerrüttung ihr erlaubte, das Soldatenglück der Katalanen in einem minder großartigen Nachspiele zu wiederholen.

Die plötzliche Umwälzung der neapolitanischen Dynastie verwirrte vollends die Verhältnisse Achaias in derselben Zeit, wo sich das Herzogtum Athen ohne feste Regierung befand. Im Jahre 1378 war die große Kirchenspaltung ausgebrochen; die Königin Johanna hatte sich für den französischen Papst Clemens VII. erklärt; Urban VI. entsetzte sie des Throns und verlieh diesen dem Prinzen Karl von Durazzo, welcher mit Heeresgewalt gegen Neapel heranzog. Die Bedrängnisse der Königin, deren Gegner, der Herzog von Andria, zu ihrer Entsetzung durch Urban wesentlich mitgewirkt hatte, machten es Jakob von Baux möglich, aus Griechenland nach Italien zurückzukehren, wo er sich Tarents und seiner andern apulischen Staaten wieder bemächtigte. Die Navarresen in seinem Solde hatten bereits eine erfolgreiche Unternehmung gegen Korfu ausgeführt und Baux sie hierauf nach Morea geschickt. Sie hatten einen großen Teil dieses Landes besetzt, unter der Führung ihres Kapitäns Mahiot de Coquerel, eines Edlen, der von Baux zu seinem Bail ernannt wurde, während er selbst in Apulien abwesend war.

Jetzt wirklicher Fürst Achaias und als Erbe des Hauses Courtenay-Tarent auch Titularkaiser Konstantinopels, träumte der ehrgeizige Magnat von der Wiederherstellung des fränkischen Kaisertums im Orient. Zunächst wollte er das Herzogtum Athen erobern und mit

Morea vereinigen. Der erste Einfall der Navarresen dort muß schon während des Jahres 1379 geschehen sein. Es scheint der Markgraf von Bodonitsa gewesen zu sein, der ihnen die Wege nach der Phthiotis und Böotien öffnete. Überhaupt fand die Soldbande im Dienste des Baux ihre Helfer und Verbündete an den Gegnern des Königs von Aragon, sowohl unter den Katalanen als den Griechen. Auch Nicola dalle Carceri, Dreiherr Euböas und Herzog des Archipels, der im Sinn hatte, sich von Venedig unabhängig zu machen, begünstigte die navarresische Invasion.[315] Selbst die Kriegsknechte des unternehmungslustigen Großmeisters Heredia, dessen Kriegszug in Albanien und dem Peloponnes übrigens vollständig gescheitert war, nahmen die Gelegenheit wahr, um Raubzüge in das Herzogtum auszuführen, worüber sich der König von Aragon bitter beschwerte.[316] Es verlautet nichts davon, wie sich Nerio Acciajoli, der Herr von Korinth und Megara, bei diesen Ereignissen verhalten hat. Er schützte wahrscheinlich abwartend seine Staaten, während der Einfall der Navarresen ihm insofern willkommen sein konnte, als der Bestand der katalanischen Herrschaft durch ihn noch tiefer erschüttert wurde.

Die schnelle Eroberung Böotiens und Attikas durch jene heimatlose und verwegene Soldbande zeigte, bis zu welchem Grade hier die einst so furchtbare Kraft der Spanier verfallen war. Feste Plätze wurden mit Sturm genommen, oder sie fielen durch Verrat. Die Navarresen drangen gleichzeitig in beide Provinzen ein. Auch in Salona versuchten sie ihr Glück, doch ohne Erfolg, weil Luis Fadrique und der Graf von Mitra diesen Ort beschirmten. Die erschreckten Einwohner Böotiens suchten sich scharenweise durch die Flucht nach dem nahen Euböa zu retten. Eine Zeitlang verteidigten der Kastellan Guillelm Almenara und der Barcelonese Jayme Ferrer tapfer die Burg Levadia; allein der Kastellan fiel beim Sturm, und das heimliche Einverständnis mit Griechen verhalf dem Feinde zur Bezwingung auch dieser starken Festung.[317]

Theben erlitt dasselbe Schicksal. Dort waren die Lauria, wie ehedem die St. Omer, reich begütert und gewaltig. Schon seit 1378 befand sich übrigens Juan de Lauria, Rogers Sohn, in der Gefangenschaft des Grafen Louis von Conversano. Da dieser ein Oheim Walters III. war, des damaligen Titularherzogs von Athen, so suchten, nach dem Tode Friedrichs III., auch die Enghien von Argos die Verwirrung im Herzogtum zu ihrem Vorteil auszubeuten. Der Graf von Conversano war noch vom Kaiser Philipp von Tarent als Statthalter nach Morea geschickt worden; er hatte hierauf einen Kriegszug gegen Athen unternommen, die Unterstadt wirklich besetzt, aber die Burg nicht bezwingen können; vielmehr war er selbst erkrankt und wieder nach Morea heimgekehrt.[318] Wahrscheinlich ist damals Juan de Lauria in seine Gewalt geraten.[319]

Die Kadmeia wurde von zwei dem Hause Aragon ergebenen Griechen Dimitre und Mitro mannhaft verteidigt, bis andre das Kastell verrieten. So kam auch die Hauptstadt des Herzogtums, wie Lebadeia und mehrere andre Orte Böotiens, in die Hände der navarresischen Bande, welche sie sogar jahrelang behaupten konnte.[320]

Die politische und militärische Verfassung des katalanischen Staats war damals in so völliger Auflösung, daß jeder Ort und jedes Kastell für sich selbst zu sorgen hatten. Seit dem Tode Rogers I. de Lauria im Jahre 1371 geschieht in den sparsamen Kunden der Zeit keine Erwähnung des Marschalls des Herzogtums mehr. Selbst der Generalvikar Luis Fadrique wird nicht sichtbar, weder als es Theben noch als es Athen zu verteidigen galt. Er muß sich damals in seiner Grafschaft Salona befunden haben, die er mit Hilfe des Grafen von Mitra zu schützen wußte. Dieser aber wird in Urkunden Pedros IV. ohne andern Namen als ein großer Dynast bezeichnet, welcher 1500 albanesische Reiter im Solde hatte. Seine Grafschaft Mitra muß das Gebiet von Demetrias am Golf von Volo in Thessalien gewesen sein, und er selbst gehörte wohl zum Hause der Melissenoi.[321] Die katalanische Kompanie vermochte demnach noch immer ihr Dominium in jenen Landschaften jenseits des Othrys zu behaupten, und sie bewahrte auch Neopaträ in der Phthiotis wie Zeitun und Gardiki in Thessalien und Kalandri (Atalante) in der opuntischen Lokris, wo die Puigparadines Gebieter waren.

2. Nachhaltiger als die Widerstandskraft von Levadia und Theben erwies sich jene der Burg Athens, welche während der langen Herrschaft der Spanier durch neue Bollwerke am Westeingange verstärkt sein mußte. Viger der Stadt war Calceran de Peralta und Kastellan der Akropolis Romeo de Belarbre. Als nun die Navarresen im Sommer 1379 vor Athen erschienen, warf sich ihnen Calceran entgegen; er wurde geschlagen und gefangengenommen.[322] Die flüchtigen Katalanen nahm die Akropolis auf. Während der Feind die Stadt besetzte und wohl auch plünderte, schlug Romeo de Belarbre nicht nur mannhaft die Stürme von der Burg ab, sondern er vereitelte auch die Bemühungen solcher Verräter, die mit den Rebellen Thebens in Verbindung standen und die Akropolis Athens den Navarresen zu überliefern suchten.[323] Neben ihm zeichnete sich durch Mut und Eifer der Grieche Demetrios Rendi aus, welcher Notar in Athen war; der letzte

Siebentes Kapitel 419

König-Herzog Friedrich III. hatte ihm im Jahre 1366 das Frankenrecht bestätigt.[324] Wie er sich beim Überfall Megaras durch Nerio im Dienst der Kompanie hervorgetan hatte, war er auch jetzt einer der treuesten Anhänger des Hauses Aragon.

Den König Pedro IV. hielten dringende Angelegenheiten in Sizilien und Sardinien davon ab, Rocaberti mit Kriegsvolk nach dem bedrängten Herzogtum abzuschicken. Hier behaupteten der Graf von Mitra und Luis Fadrique Salona, die Phthiotis und Neopaträ, und ihre kräftige Haltung stärkte den Widerstand der Burg Athen. Schon vor dem 20. Mai 1380 sahen sich die Navarresen genötigt, Attika aufzugeben, denn an diesem Tage konnte sich ein Parlament in Athen versammeln, während elf Tage später ein gleiches in Salona zusammentrat. Der Einbruch jener Soldbande hatte nämlich das Herzogtum in diese zwei Gruppen getrennt: in Attika und Böotien nebst Salona. Es zeigte sich hier ein gespanntes Verhältnis Athens zu Theben, und die munizipale Eifersucht der ersten Stadt muß einen schon älteren Ursprung gehabt haben; denn als noch Calceran dort Viger war, machten dieser katalanische Befehlshaber und die Prokuratoren Athens einen Vergleich mit Luis Fadrique und den Gemeinden Theben und Levadia, wodurch den Athenern gewisse Vorrechte gesichert wurden. Diese sind nicht bezeichnet, deuten aber immer eine autonome Stellung des Verwaltungsbezirks Athen und seines Vigers an.[325]

Die dortigen Syndici und Stadträte vereinigten sich am 20. Mai 1380 unter dem Vorsitze Romeos zur Wahl von Bevollmächtigten, die nach Aragonien hinüberschiffen sollten, um Pedro IV. eine Reihe von Artikeln vorzulegen, nach deren Bestätigung sie ihm als Herzog die Huldigung zu leisten hatten. Diese »Kapitel Athens« wurden in katalanischer Sprache niedergeschrieben und von den beiden Boten Juan Boyl Bischof von Megara und Gerald Rodonells dem Könige überbracht.[326] Es ist auffallend, daß die Forderungen der Athener an ihren neuen Landesherrn hauptsächlich nur äußerliche Verhältnisse und Privilegien einzelner Personen betrafen; denn daß dieselben Prokuratoren noch mit einer andern Instruktion versehen waren, geht wenigstens aus diesem Aktenstück nicht hervor. Männer, die sich während der Parteikämpfe und der navarresischen Invasion um die Krone Aragon verdient gemacht hatten, eilten, ihren Lohn vom Könige zu fordern und sicherzustellen, nämlich die Ausstattung mit konfiszierten Gütern und mit Ämtern. Nur eine Körperschaft beanspruchte als solche neue Rechte. Die lateinische Geistlichkeit des Herzogtums verlangte die Aufhebung des Verbots, Landgüter, Kolonen und Sklaven an Kirchen und Klöster zu vererben oder Kolonen von den Servituten zu befreien. Dies Verbot hatte unter der Herrschaft der Kompanie stets Geltung gehabt; für die Stadt Athen im besondern bestand das Gesetz, daß Güter, die dort der Kirche vermacht wurden, dem Kastell Setines, d. h. der Akropolis, anheimfallen sollten.[327]

Pedro schlug das Gesuch der Geistlichkeit ab, indem er erklärte, die bestehenden Gesetze, welche auch im Königreich Valencia und in Mallorca gültig seien, nicht aufheben zu dürfen, weil die Zahl der zum Kriegsdienst verpflichteten Lateiner ohnedies in den Herzogtümern gering sei und noch mehr zusammenschwinden würde, wenn ihre Güter an die Kirche kämen, während die Geistlichen weder Kriegsdienste zu leisten hätten noch überhaupt unter der königlichen Jurisdiktion ständen. Es müßte demnach in den Herzogtümern beim alten bleiben, doch werde der neue Vizekönig den Vorteil auch der Kirche wahrnehmen.

Die Athener baten um einen mit hinlänglicher Gewalt ausgerüsteten Statthalter, der dem geplagten Lande Ordnung und Sicherheit wiedergebe, und Pedro erklärte, daß der Visconde Rocaberti dazu ernannt sei. Auf ihren Wunsch, ihnen Romeo de Belarbre als Befehlshaber zu lassen, weil derselbe die Verhältnisse, die Armut und Not ihrer Stadt genau kenne, bestätigte ihn der König auf Lebenszeit als Kastellan, indem er ihn zugleich mit Gütern der Rebellen ausstattete. Romeo hatte von seiner griechischen Sklavin Zoe aus Megara natürliche Kinder; auf das Gesuch der Athener erlangte er für die Mutter das Frankenrecht. Eine Forderung Athens war bedenklich, denn sie betraf die Anerkennung jenes Vertrags zwischen Calceran und dem bisherigen Generalvikar Luis Fadrique, wodurch der Stadt und ihrem Kastellan der Regierungsgewalt in Theben gegenüber Sonderrechte waren eingeräumt worden. Der König lehnte dies ab, erklärend, daß alle Gemeinden, Barone und Ritter der Herzogtümer ein Staatsganzes ausmachten, demnach jede Spaltung und Sonderung aufzuhören habe; was davon noch fortbestehe, werde das Tribunal des Visconde beseitigen.

Der Empfehlung der Athener willfahrend, erneuerte Pedro dem Notar Demetrios Rendi das ihm von Friedrich III. erteilte Frankenrecht, so daß er an allen Freiheiten, Ehren und Ämtern teilhaben dürfe wie die andern »Konquistadoren« in Athen.[328] Er bestätigte ihm die Güter des Konstantin Kalonichi, die ihm Friedrich in der Stadt geschenkt hatte, und die Befreiung aller seiner Besitzungen von jeder Art Abgaben und Servituten.[329] Endlich gewährte der König demselben Rendi und seinen Erben das Kanzleramt Athens, womit eine Rente von 40 Golddenaren verbunden war, lösbar aus den Handelsgefällen und Zöllen der Stadt. Die Ämter des städtischen Kanzlers, des Notars und Schreibers scheinen überhaupt die einzigen gewesen zu sein, welche nicht nur im Herzogtum Athen, sondern in andern griechischen Frankenstaaten an Eingeborene verliehen wurden. So gaben die Venezianer noch im Jahre 1420 für Euböa das Gesetz, daß Griechen nur beim Notariat (scribania) anzustellen seien.[330] Hieraus darf geschlossen werden, daß die griechische Sprache zu amtlicher Anwendung gekommen war.

Die Athener verlangten, was sehr auffallend ist, für den Katalanen Pedro Valter, welcher mit Calceran Peralta gefangen worden war, die Einkünfte aus allen Schreiberoffizien beider Herzogtümer; der König begnügte sich damit, ihm eins derselben zuzuweisen.[331] Valter mußte demnach seine Freiheit erlangt haben, während Calceran noch in navarresischer Haft verblieb, weil das beträchtliche Lösegeld für ihn nicht aufgetrieben werden konnte. Pedro versprach, daß Rocaberti für die endliche Befreiung des verdienten Mannes Sorge tragen werde.

Den Schluß der Kapitel Athens bildete die Forderung der feierlichen Zusage des Königs, daß er diese Stadt niemals einem andern Fürsten abtreten oder sie vertauschen werde, sondern daß sie stets bei der Krone Aragon verbleiben solle.[332]

Nachdem Pedro diese Kapitulation artikelweise bestätigt oder durch seine Bestimmungen verändert hatte, beschwor er öffentlich, sie zu halten, worauf die beiden Prokuratoren ihn zum Herzoge Athens erklärten und ihm den Vasalleneid leisteten. Dies Verfahren war durch den Rechtsgebrauch der Feudalgesetze vorgeschrieben; denn auch in den Assisen Romanias bestimmen die beiden ersten Artikel, daß zunächst der Fürst den Baronen, Vasallen und Untertanen die Achtung ihrer Rechte eidlich zu geloben habe, worauf dann die Barone den Huldigungseid zu leisten hatten. Der König ließ am 1. September 1380 eine Urkunde ausfertigen, welcher jene Kapitel eingefügt wurden.[333]

3. Die Vertreter Thebens, der Hauptstadt des Herzogtums, von wo viele Bürger nach Euböa entflohen waren, während sich die Stadtburg noch in der Gewalt der Navarresen befand, hatten sich nur in Salona vereinigen können und dort am 22. Mai 1380 Bernardo Ballester zu ihrem Bevollmächtigten gewählt. Da auch Levadia noch von jener Bande besetzt war, so konnten es nur Flüchtlinge dieses Orts sein, welche am 1. Juni in demselben Salona den gleichen Mann zu ihrem Boten wählten, nachdem ihn auch Luis Fadrique zu seinem eigenen Prokurator ernannt hatte. So waren es Theben und Levadia und der Graf von Salona, die ihrerseits Forderungen an den König Pedro stell-

ten. Anderer Magnaten und Gemeinden, wie Neopaträ, Bodonitsa, Demetrias, geschieht keine Erwähnung, was freilich nicht ausschließt, daß auch sie ihren Vertrag mit der Krone Aragon machten. Die Kapitulationen lehren, daß »die glückliche Genossenschaft des Heeres der Franken« nicht mehr in ihrem alten politischen Organismus fortbestand. Pedro IV. schloß nur Verträge mit fast selbständig gewordenen Feudalherren und einigen Städten, ohne der Kompanie weiter zu gedenken.

Ballester überbrachte die Artikel von Salona dem Könige, welcher sie gleichzeitig mit den Kapiteln Athens bestätigte und beschwor. Diese Urkunde ist in Sprache und Form der athenischen so vollkommen gleich, daß ihre Übereinstimmung eine Verständigung der beiden Führer der Partei Aragon, Luis Fadrique und Romeo Belarbre, voraussetzt. In den Kapiteln Salonas ist übrigens weder von Theben noch von Levadia irgend die Rede; vielmehr beziehen sie sich durchaus nur auf Luis Fadrique. Es ist daher wahrscheinlich, daß die sehr kurze Urkunde nicht vollständig wiedergegeben ist.

Der mächtige Generalvikar des letzten Herzogs Athens aus dem sizilianischen Hause Aragon war nicht verlegen, sich seine Dienste von dem neuen Herrscher bezahlen zu lassen. Seine Forderungen zeigen, daß die Triebfeder alles Handelns in dem sich auflösenden Katalanenstaat der Egoismus der Großen geworden war. Luis Fadrique verlangte für sich die Grafschaft Malta, die den Novelles entrissene Burg Sidirokastron, die Insel Ägina und den Besitz solcher Kastelle, die er noch von Rebellen erobern würde, ehe der neue Vizekönig angelangt sei. Der König war durch die außerordentlichen Dienste seines Blutsverwandten zu dem Bekenntnisse genötigt, daß er ihm die Herrschaft in den Herzogtümern zu verdanken habe;[334] er bewilligte daher alle seine Forderungen, und nachdem er dies beschworen hatte, leistete ihm der Prokurator Ballester die Huldigung.[335]

Am 11. September 1380 kündigte der neue Landesherr dem Kastellan und Rate Athens an, daß er ihren Treueid empfangen und ihre Wünsche genehmigt habe. Indem er sie aufforderte, in ihren guten Diensten zur Verteidigung des Landes fortzufahren, meldete er ihnen, daß Rocaberti demnächst mit Kriegsvolk kommen werde, um die Herzogtümer gegen die Feinde sicherzustellen.[336] Mit diesem Schreiben sollte der Bischof von Megara nach Athen zurückkehren. Boyl hatte den König gebeten, ihm eine Verstärkung der Besatzung der Stadtburg mitzugeben, und dieser ließ zu solchem Zweck zwölf Bogenschützen ausrüsten. Man wird daraus erkennen, wie geringe in jener Zeit vor der Anwendung der Kanonen die Bemannungen von

Burgen gewesen sind. So war die bretonische Besatzung der Engelsburg, welche ein Jahr lang (1378–1379) die Stadt Rom auf das heftigste bedrängte, nur 75 Mann stark.

In seinem Befehl an den Schatzmeister bemerkte Pedro, daß er die Verstärkung für notwendig halte, weil das Kastell Setines der reichste Edelstein der Welt sei und von solcher Art, daß alle Könige der Christenheit nicht seinesgleichen erschaffen könnten.[337]

Das Wort und der Begriff »Akropolis« waren den damaligen Menschen unbekannt. So preist der Dichter Lambert le Tors in seiner Alexandreide Athen als sehr fest, weil es über dem Meere gelegen sei; doch der Akropolis gedenkt er dabei so wenig als Boccaccio in der Theseide, weil weder er noch dieser den antiken Namen in seinen Quellen vorgefunden hatte.[338] Die Spanier, wie alle Franken, nannten die Stadtburg Athens das Kastell Setines. Das überschwengliche Lob derselben im Munde eines aragonischen Königs ist nach langen Jahrhunderten das erste Zeugnis davon, daß man im Abendlande wieder ein Bewußtsein von ihrer unvergleichlichen Schönheit hatte. Denn jenes Urteil Pedros ist ein durchaus ästhetisches; es sind die damals noch wohlerhaltenen antiken Monumente der Burg gewesen, welche diesen Eindruck auf die Spanier machten. Sicherlich waren es die Abgesandten Athens gewesen, die dem Könige dieselbe geschildert, vielleicht ihm Zeichnungen von ihr mitgebracht hatten. Der katalanische Forscher, welchem wir die Herausgabe dieser und anderer Urkunden über Pedro IV. als Herzog von Athen verdanken, hat aus jenem Ausspruch des Königs mit Recht den Schluß gezogen, daß die Katalanen in Athen keineswegs so jedes Gefühls für das Schöne beraubte Barbaren gewesen sind, als man sie darzustellen pflegt. Pedro IV. selbst war ein gebildeter Mann, ein Astrolog und Alchimist und ein trefflicher Troubadour. Wie sein Großvater Jayme I. hat auch er in katalanischer Sprache eine Chronik seiner Regierung verfaßt.[339] Da er sich zur Zeit, als er jene Worte diktierte, in Lerida befand, so darf man voraussetzen, daß dortige Gelehrte einigen Anteil an der Ansicht des Königs hatten, welche wie ein plötzlicher Lichtstrahl der beginnenden Renaissance erscheint. Lerida besaß seit 1300 die älteste vom König Jayme II. gestiftete, sodann vom Papst Bonifatius VIII. mit Privilegien ausgestattete Universität Kataloniens, auf welcher Philosophie und liberale Künste neben dem Recht und der Medizin gelehrt wurden. Freilich wissen wir nichts davon, daß katalanische Magister jemals Studienreisen nach Athen gemacht hatten, und wir können nicht nachweisen, auf welchen versteckten Wegen eine Vermittlung der Kunde des hellenischen Altertums von dort nach Spanien gedrungen ist. Gerade unter

Pedro IV. blühten die Wissenschaften und die Dichtkunst in Katalonien und Aragon.

Es ist bemerkenswert, daß der Aragone Juan Fernandez de Heredia, der Zeitgenosse der Katalanenherrschaft in Athen, als einer der ersten Förderer der humanistischen Bildung geglänzt hat. Dieser berühmte Großmeister des Ordens der Johanniter war ein Freund Pedros IV., den er im Bürgerkriege gegen die aragonische Union kräftig unterstützt hatte. So flüchtig auch Heredias Aufenthalt in Rhodos und Griechenland gewesen war, so muß er doch dort einige Kenntnis der hellenischen Literatur erworben haben. Durch einen rhodischen Grammatiker, Dimitri Talodiki, ließ er die Biographien Plutarchs erst ins Neugriechische übersetzen, woraus sie dann ein Dominikaner, der Bischof von Tudernopolis, ins Aragonische übertrug.[340] Seine Beziehungen zum Peloponnes veranlaßten Heredia, die französische Chronik Moreas in aragonischer Sprache bearbeiten zu lassen. Er sammelte eine Bibliothek von Handschriften in seinem Palast zu Avignon. Seine humanistische Bildung und seine Leidenschaft für die Wiederbelebung der klassischen Studien machten diesen Spanier zu einem der hervorragendsten Vertreter der Frührenaissance neben Petrarca, Boccaccio und Coluccio Salutato. Mit diesem gefeierten Staatskanzler von Florenz seit 1375 hatte sich Heredia schon zuvor in Avignon befreundet.[341]

Pedro IV. zeichnete die Prokuratoren Athens durch Gnaden aus; er begünstigte besonders den Bischof von Megara, welchem er Güter schenkte, die Besitzungen des Rebellen Oliveri Domingo in Theben verlieh und eine Rente aus den Einkünften der Kapelle des heiligen Bartholomäus zuwies, die im Palast der Stadtburg Athens eingerichtet war. Dies ist die erste geschichtliche Erwähnung eines herzoglichen Palasts auf der Akropolis und der daselbst befindlichen Kapelle.[342] Der König schlug Boyl außerdem dem Papste als Erzbischof Thebens vor. Auf sein Gesuch nahm er einen Priester Scordiolo unter die Zahl der zwölf Domherren der Kirche Athens auf.[343] Es mochte auch durch die Verwendung Boyls geschehen, daß Pedro dem gesamten Klerus der Herzogtümer und dessen fränkischen und griechischen Einsassen alle Rechte und Freiheiten gab, welche die aragonische Geistlichkeit genoß.[344] Er befahl zugleich seinem Vizekönige, dafür zu sorgen, daß den Kirchen die ihnen rechtswidrig entzogenen Güter zurückgegeben würden.[345] Da jenes Privilegium auf die Griechen ausgedehnt wurde, so mußte deren Kirche wieder zu erstarken begonnen haben.

Überhaupt suchte der König von Aragon als neuer Landesherr des Herzogtums Athen ein besseres Verhältnis zu den Griechen, unter

Siebentes Kapitel

denen er manche tapfre und treue Anhänger zählte. Zu seiner Zeit gab es in beiden Herzogtümern drei Erzbistümer: Athen mit vierzehn Suffraganen, von denen vier im Dukat selber lagen, nämlich Megara, Daulis, Salona und Bodonitsa; das Erzbistum Theben, welches ohne Suffragane war, und das von Neopaträ mit dem Bistum Zeitun.[346] Die Diözese Athen hatte nach der Einrichtung durch Innozenz III. elf Suffraganbistümer gehabt; es waren demnach später drei hinzugekommen, während die ehemaligen Suffragane Thebens von Kastoria und Zaratora nicht mehr genannt werden.

Pedro belohnte noch andre verdiente Anhänger, sowohl Griechen als Franken, mit Privilegien und Gütern. So wurde Bernardo Ballester im Besitz des Kastells Stiri in Böotien bestätigt und Jakob Ferrer, der bei der Eroberung Levadias sein Eigentum verloren hatte, mit den dortigen Besitzungen eines Rebellen ausgestattet. Den Bürgern Thebens und Levadias bewies der König seine Erkenntlichkeit für ihre mannhafte, wenn auch unglückliche Verteidigung. Da sich der größte Teil derselben zu Negroponte befand, behandelte er diese Flüchtlinge als die Bürgerschaften jener Städte im Exil. Er zeigte ihnen die Ernennung Rocabertis zum Generalvikar und gebot ihnen, demselben zu gehorsamen. Weil dieser Erlaß vom letzten April 1381 datiert, so waren Levadia und Theben damals noch von den Navarresen besetzt.[347]

Levadia war die erste Eroberung der Katalanen in Böotien gewesen und von ihnen mit dem Frankenrecht begabt worden. Vielleicht bestand deshalb in keiner andern griechischen Stadt ein so gutes Verhältnis zwischen ihnen und den Eingeborenen. Die Bürger derselben hatten es auch vorgezogen, auszuwandern, statt den Navarresen zu gehorchen. Zum Lohn bestätigte ihnen Pedro alle ihnen von seinen Vorgängern erteilten Privilegien.[348] Zu Levadia, wie in Theben, befand sich eine Kirche des Sankt Georg, welcher seit den byzantinischen Zeiten in Böotien und Attika einer der verehrtesten Heiligen war. Als kostbarste Reliquie wurde sein Haupt in jener Kirche Levadias verwahrt. Der König Pedro setzte deshalb dort eine Kommende der Ritterschaft St. Georgs ein.[349] Dieser militärische Orden lag ihm sehr am Herzen. Seine Vorgänger auf dem Throne Aragons hatten ihn zu Alfama im Bistum Tortosa gestiftet, und auf seine eigene Bitte war er durch eine Bulle Gregors XI. am 15. Mai 1372 neu bestätigt worden.[350] Pedro belieh mit den Insignien desselben, dem weißen Mantel und roten Kreuz, Don Luis Fadrique, Juan Aragona von Ägina und Jofre Zarrovira.[351]

Achtes Kapitel

Der Visconde Rocaberti, Generalvikar. Abzug der Navarresen nach Elis. Die Lehnsbarone des katalanischen Herzogtums. Tod des letzten Grafen von Salona. Seine Witwe Helena Kantakuzena und Tochter Maria. Rückkehr Rocabertis nach Spanien. Ramon de Vilanova, sein Stellvertreter. Die Navarresen in Morea. Roger und Anton de Lauria, Regenten des Herzogtums. Verfall der katalanischen Kompanie. Nerios Verbindungen und Absichten auf Athen. Er erobert die Stadt. Tod Pedros IV. Die Akropolis ergibt sich Nerio. Ende der katalanischen Herrschaft.

1. Die Abreise Rocabertis nach Griechenland verzögerte sich, sowohl weil dieser bedeutende Staatsmann in Spanien nicht leicht entbehrt werden konnte, als weil die kostspielige Ausrüstung seiner Galeeren mit Nachlässigkeit betrieben wurde. Die Boten Athens und Salonas waren bereits heimgekehrt, aber noch im Frühjahr 1381 befand sich Rocaberti in Katalonien. Pedro kündigte die baldige Ankunft des Vizekönigs den hervorragendsten Großen und Gemeinden an, den Syndici Neopaträs, den Kastellanen Salonas, dem Grafen von Mitra und den Albanesen in seinem Dienst, dem Jofre Zarrovira, dem Luis Fadrique, welchem er befahl, die Burg Neopaträ an Rocaberti zu übergeben und dessen Kriegsvolk in seine Kastelle aufzunehmen.

Die Aufgabe, welche der Visconde in dem fremden Lande durchzuführen übernahm, war schwer genug: Er sollte dort das ganz zerrüttete Herzogtum unter der neuen aragonischen Dynastie wiederherstellen und die Navarresen vertreiben, welche zwar Attika verlassen hatten, aber noch die festen Plätze Böotiens behaupteten. Der König Pedro befahl ihm, das Land durch eine Generalamnestie zu beruhigen, die er allen Einwohnern desselben bewilligen sollte. Auch der rebellische Zweig der Fadrique in Ägina sollte in seine Güter wieder eingesetzt werden, dem Luis Fadrique aber jene Insel auf Lebenszeit verbleiben.[352]

Zum Zweck, die Navarresen zu überwinden, bewarb sich Pedro um die Freundschaft aller einflußreichen großen und kleinen Mächte. Er war selbst in Verbindung mit dem ehemaligen griechischen Kaiser Matthaios Kantakuzenos, dem Despoten Misithras, getreten, welchem er den Schutz seines Herzogtums empfohlen hatte.[353] Er trug Rocaberti auf, mit Nerio Acciajoli und dessen Schwiegervater Saraceno in Euböa, mit dem venezianischen Bailo Negropontes, mit Magdalena Bondelmonti, der Witwe Leonardos I. Tocco von Kephallenia, mit dem Erzbischof Paolo Foscari von Patras und dem Großmeister Heredia in Morea freundliche Beziehungen anzuknüpfen.[354] Alle diese Dynasten hatten in der navarresischen Bande denselben Feind zu fürchten, die Republik Venedig im besonderen konnte ihre Festsetzung in Böotien nicht dulden, von wo sie schon nach ihren ersten Eroberungen Euböa anzugreifen Miene gemacht hatten. Es war nur die Schuld des gewaltigen Krieges, welchen die Venezianer gerade in jener Zeit mit Genua führen mußten, daß sie nicht kräftig gegen jene Söldner einschritten. Pedro IV. forderte den Bailo Pantaleone Barbo von Negroponte auf, seinem Vikar Rocaberti Hilfe zu leisten, und den Markgrafen von Bodonitsa, den Herzog des Archipels und andere Vasallen Venedigs an der Verbindung mit den Navarresen zu hindern.[355] Dies erreichte er auch. Seine kräftigste Stütze aber war der damals noch in Morea gebietende Großmeister Heredia. Wenn sich der König noch im September 1380 bei diesem beklagt hatte, daß die Johanniter im Herzogtum Gewalttaten verübten, so konnte er ihn jetzt zur Hilfe gegen den gemeinsamen Feind aufrufen.[356]

Der Visconde segelte endlich mit vier Galeeren von Spanien ab und gelangte im Sommer oder im Herbst 1381 nach Athen, wo er mit allen Ehren empfangen wurde. Er fand hier als Kastellan der Akropolis Romeo de Belarbre und den ehemaligen Viger Calceran de Peralta, welcher aus seiner Gefangenschaft freigeworden war und jetzt, wie ihm der König geboten hatte, die Burg und Stadt dem neuen Regidor übergab.[357] So wurde Athen wieder die Hauptstadt des Herzogtums, während sich Theben noch immer in der Gewalt der Navarresen befand. Diese Soldbande behauptete auch Levadia und andere böotische Plätze noch eine Zeitlang, obwohl sie, an der Eroberung des Herzogtums für den Titularkaiser Baux verzweifelnd, wie es scheint, noch vor der Ankunft Rocabertis mit ihrer Hauptmasse unter Majotto de Coquerel nach Morea gezogen war, um dies Land für ihren Brotherrn zu erobern. Hier zwangen die Navarresen alsbald den Großmeister Heredia und seine Ritter zum Abzuge. Sie selbst richteten, dem Beispiele der Katalanen folgend, einen Militärstaat in Elis ein. Ihr Hauptsitz wurde der Hafen Zonklon in der Nähe des alten Pylos mit der festen Burg Navarinon.[358]

Die Truppen, welche Rocaberti mit sich geführt hatte, reichten nicht hin, die noch in Theben und Levadia zurückgebliebenen navarresischen Besatzungen zu überwältigen.[359]

Die Kräfte des Herzogtums waren völlig erschöpft, Attika und Böotien so verheert und entvölkert worden, daß der König befahl, dort Griechen und Albanesen anzusiedeln unter Gewähr zweijähriger Abgabenfreiheit für solche Kolonisten.[360] Die Besitzverhältnisse befanden sich infolge der Invasion der Navarresen, der Flucht der Einwohner und der Parteikämpfe in gänzlicher Zerrüttung. Alles mußte demnach durch das neue Regiment geordnet werden. Wenn dieses auch die bisherigen Einrichtungen und Gesetze nur wieder aufzunehmen hatte, so war doch der katalanische Staat überhaupt in größere und kleinere Feudalherrschaften zersplittert, mit welchen die Krone Aragon zum Teil Sonderverträge hatte abschließen müssen.

Ein Lehnsregister aus der Kanzlei Pedros IV. hat die angesehensten Edlen des untergehenden spanischen Herzogtums Athen namentlich verzeichnet.

Diese waren:

»Don Luis Fadrique von Aragon, Graf von Sola und Herr von Zeitun.

Der Graf von Mitra, welcher 1500 albanesische Reiter im Dienst hat und als Vasall Aragons das königliche Banner führt.

Der Markgraf von Bodonitsa, der jährlich dem Generalvikar vier gerüstete Ritter stellt.

Der Ritter Jofre von Zarrovira.

Andrea Zaval, Kapitän von Neopaträ.

Thomas Despou, Schwiegersohn des Roger Lauria.

Misili (d. i. Melissenos) de Novelles, Herr des Kastells Estañol.[361]

Calzeran Puigparadines und sein Bruder Francesco, Herren von Karditsa und Kalandri (Atalante).[362]

Antonio de Lauria und sein Bruder Roger.

Roger de Lauria und sein Bruder Nikolaus, Söhne des Juan de Lauria.

Guillelm Fuster.

Guillelm de Vita.

Pedro de Ballester, Herr von Kabrena und Patricia.[363]

Berengar de Rodaja und andere hochgeehrte Herren in der Stadt Athen.

Petruzo Juanes, Sohn des Ritters Gonsalvo Juanes.

Der Ritter Andrea ...«[364]

Außer dem Markgrafen von Bodonitsa vom venezianischen Hause der Giorgi, dem zweifelhaftesten aller Vasallen Aragons, und dem Grafen von Mitra sind in diesem Register nur zwei alte katalanische Familien von wirklicher Bedeutung verzeichnet, die Fadrique und die Lauria. Alle übrigen waren Herren kleinerer Burgen oder deren Kastellane.

Luis Fadrique hatte das Amt des Generalvikars in die Hände des Visconde niedergelegt und sich in seine Grafschaft Salona zurückge-

Achtes Kapitel

zogen. Daselbst starb er in der zweiten Hälfte des Jahres 1382.[365] Mit ihm verschwand auch der letzte Mann von Ansehen im katalanischen Staat Athen, und sein berühmtes Geschlecht erlosch. Denn von seiner Gemahlin Helena Kantakuzena hatte er nur eine Tochter Maria, die Erbin Salonas und Zeituns. Das Schicksal der Grafschaft, des wichtigsten Lehns im Herzogtum, hing demnach von der Hand dieses Mädchens ab. Der Visconde Rocaberti begehrte Salona an sein eignes Haus zu bringen und so eine Familienherrschaft zu begründen, wie das die Fadrique vermocht hatten. Noch zu Lebzeiten des Don Luis hatte er für seinen Sohn Bernaduch um Maria geworben, und das Verlöbnis war mit der Zustimmung des Königs Pedro wirklich abgeschlossen worden. Als nun Helena diesem den Tod ihres Gemahls anzeigte und ihm den Schutz ihres Landes wie der Rechte ihrer Tochter anempfahl, versprach er ihr diesen; er bestätigte der Erbin auch das Kastell Sidirokastron, aber unter der Bedingung, daß sie sich mit jenem Sohne Rocabertis wirklich vermähle.[366]

Der Visconde selbst befand sich damals nicht mehr in Griechenland. Dieselbe Fahrlässigkeit in bezug auf die Statthalterschaft der Herzogtümer, welche früher durch die öftere Abberufung Moncadas so unheilvoll gewesen war, wiederholte sich auch jetzt. Pedro IV. hatte die Dienste Rocabertis in Spanien und auf der von Parteien zerspaltenen Insel Sizilien nötig, deren Verwaltung er im Jahre 1380 seinem zweiten Sohne Martin, dem Grafen von Exerica und Luna, übergeben hatte. Dort aber war die Infantin Maria, die Erbtochter Friedrichs III., der Gegenstand der Eifersucht der Großen und fremder Fürsten, ihrer Bewerber, geworden. Der jungen Prinzessin, der legitimen Königin Siziliens und Herzogin Athens, drohte das Schicksal der unglücklichen Mathilde von Hennegau. Sie war ursprünglich der Obhut des Großjustitiars Don Artale de Alagona, Grafen von Mistretta, anvertraut worden, welchen Friedrich III. in seinem Testament zum Generalvikar Siziliens und zu ihrem Vormunde bestellt hatte.[367] Allein, im Jahre 1379 hatte sich Guglielmo Ramon Moncada, Graf von Agosta, ein Anhänger Pedros, der Infantin bemächtigt und sie in jene Burg entführt, welche hierauf Artale belagerte.

Rocaberti verließ Athen vor dem Sommer 1382, nachdem er dort dem Ritter Ramon de Vilanova seine Stellvertretung übertragen hatte. Mit seinen vier Galeeren schiffte er zuerst nach Syrakus, verstärkte sich in Sardinien und kehrte nach Sizilien zurück. Hier zwang er Artale, die Belagerung des Kastells Agosta aufzuheben, aus welchem er die Infantin mit sich nahm und nach Cagliari brachte.[368] Später vermählte sie der König Pedro seinem Enkel Martin.

Nach dem Abgange des Visconde scheint Ramon de Vilanova die Beruhigung des Herzogtums Athen und seine Befreiung von den letzten Resten des Feindes glücklich durchgeführt zu haben. Indem die Navarresen Theben und Levadia räumten, vereinigten sie alle ihre Kräfte zur Aufrichtung ihres Militärstaats in Elis. Dazu war die Zeit günstig genug. Denn die Zerrüttung der neapolitanischen Monarchie machte ihnen die Eroberung eines großen Teiles Achaias möglich. Die Königin Johanna war am 2. Mai 1382 auf Befehl Karls III. von Durazzo umgebracht worden, und dieser neue König Neapels hatte Wichtigeres zu tun, als jene Bande von Kriegern aus Morea zu vertreiben. Im Juli 1383 starb auch Jakob de Baux, der letzte fränkische Fürst, welcher den griechischen Kaisertitel getragen hat. Zu seinem Erben hatte er Louis d'Anjou vom Hause Valois eingesetzt;[369] aber auch dieser Prinz starb bald darauf, so daß sich Morea für immer der französischen Herrschaft entzog.

Jetzt hatte Majotto de Cocquerel, der bisherige Bail des Baux', keinen Oberherrn mehr anzuerkennen; er nahm daher mit seinen Kriegern von dem fremden Lande in derselben Weise Besitz, wie es vorher die katalanische Kompanie in Böotien und Attika getan hatte. Wie diese ihr Ursprung an die Verbindung mit dem königlichen Hause Aragon gewiesen hatte, so hätten auch jene Söldner an dem Könige von Navarra einen Rückhalt finden können, wenn derselbe ein machtvoller Herrscher gewesen wäre. Sie hatten sich indes von dem Bezuge auf ihre Heimat abgelöst; ihr Oberhaupt Majotto fuhr fort, die von ihm usurpierte Gewalt in Morea durch seinen bisherigen Titel zu legitimieren: Er nannte sich kaiserlicher Bail des Fürstentums Achaia und der Stadt Lepanto, während die nach ihm angesehensten Hauptleute Pietro Bordo von St. Superan und Berardo Varvassa sich den Titel kaiserlicher Kapitän desselben Fürstentums beilegten.[370] So nahmen die Navarresen die Stelle des ehemaligen französischen Lehnsadels ein, und sie bemächtigten sich auch der Güter der Acciajoli in Achaia.

Venedig mußte jetzt um seine eigenen Kolonien im Peloponnes besorgt sein; es suchte daher mit dieser Söldnerbande ein friedliches Verhältnis, indem es dieselbe im Besitz der von ihr eingenommenen Gebiete anerkannte, kraft eines Vertrages, welchen die navarresischen Kapitäne am 18. Januar 1382 mit den Rektoren von Koron und Modon abschlossen.[371] Der König Pedro seinerseits konnte froh sein, seine Feinde in Achaia entfernt und beschäftigt zu sehen. Er bewarb sich um ihre Freundschaft; er rühmte sie, daß sie ihm gegen Griechen und Türken, welche Raubzüge ins Herzogtum machten, bereitwillig

Hilfe leisteten, und so konnte im Jahre 1385, wo er dies schrieb, kein Platz in Böotien mehr in der Gewalt jener Soldbande sein.³⁷²

Zu seiner Zeit war auch Ramon de Vilanova von Athen nach Spanien zurückgekehrt, nachdem er die Regierung den beiden Brüdern Roger und Anton Lauria, den Söhnen Rogers I., anvertraut und Andrea Zaval zum Kapitän Neopaträs ernannt hatte. Der König rief ihn ab, seiner Dienste bedürftig, da er sich mit seinem eigenen Sohne, dem Infanten Juan, in einem das ganze Land Aragon aufregenden Streite befand, und zwar infolge des Hasses, welchen seine zweite Gemahlin, Sibilla, gegen diesen ihren Stiefsohn gefaßt hatte. Rocaberti gehörte zu den entschiedensten Anhängern des Infanten, was Pedro gegen ihn aufbrachte. Als nun Vilanova an seinen Hof kam, verlangte der König vom Visconde, daß er jener aller Eide und Verpflichtungen entlasse, die er ihm als sein Stellvertreter im Herzogtum Athen geschworen hatte, wogegen Rocaberti Geldforderungen erhob.³⁷³ Der Visconde mußte sich fügen; der König nahm ihm das Generalvikariat; er überließ die Verwaltung des Herzogtums vorläufig den Brüdern Lauria, und erst nach einer langen Säumnis, welche, wie er den navarresischen Kapitänen schrieb, durch seine Beschäftigung mit großen heimischen Aufgaben verursacht war, ernannte er zum neuen Statthalter der Herzogtümer Athen und Neopaträ Bernardo de Corella.³⁷⁴

2. Die Lebenskraft der Spanier in Hellas hatte sich erschöpft; wie alle Frankenkolonien in Griechenland, welche nicht gleich denjenigen Venedigs in unmittelbarer Verbindung mit dem Volk und der Regierung ihres Mutterlandes blieben, waren auch sie entartet. Die Invasion der Navarresen hatte sich mit dem Ausgange des sizilianischen Königshauses und dem Parteiwesen, welches die Folge davon war, vereinigt, um die soldatische Verfassung der Kompanie aufzulösen. Der neue Herrscher aber aus dem Hause Aragon, in seinem fernen Lande von den Angelegenheiten Siziliens wie Sardiniens in Anspruch genommen, besaß weder hinreichende Mittel noch Willenskraft genug, um sich im Herzogtum Athen zu befestigen, was er nur mit dem Aufwande großer Mittel durch ein zahlreiches Kriegsvolk unter tüchtigen Kapitänen vermocht hätte.

Der kühne Mann, welcher die Katalanen endlich aus dem schönen Lande vertreiben sollte, stand dazu gerüstet und bereit. Er war kein Kriegsheld, sondern ein kluger Spekulant und Kaufmann, der Erbe des Glücks wie eines Teiles der Reichtümer seines Adoptivvaters Niccolo Acciajoli. Nerio hatte von Korinth und Megara aus den Verfall des Katalanenstaats mit steigender Genugtuung beobachtet und eine

Zeitlang der dortigen dynastischen Umwälzung durch Pedro IV. ruhig zugesehen, weil auch ihm viel daran lag, die Navarresen nicht im Herzogtum sich festsetzen zu lassen. Als aber diese aus dem Lande gewichen waren, wo der König von Aragon ihm nicht furchtbar sein konnte, nahm er seine Stunde wahr.

Die Venezianer legten ihm keine Schwierigkeiten in den Weg. Auf Euböa selbst besaß er mächtige Freunde. Dort war damals das Haus der Saraceni angesehen, welches aus Siena stammen mochte, wo noch ein schöner Palast dieser Familie steht. Dem Haupt der Familie Saraceno de Saraceni hatte die Republik Venedig im Jahre 1370 ihr Bürgerrecht erteilt.[375]

Die Gemahlin Nerios, Agnes Saraceno, scheint die Tochter dieses Mannes gewesen zu sein. Durch ihn gewann er die Unterstützung des Bailo Negropontes, welchen er, unter dem Vorwande, mit den Venezianern vereint die türkischen Korsaren von den Küsten Euböas und Korinths abzuhalten, bewog, ihm eine bemannte Galeere zu vermieten.[376] Obwohl Herr des Hafens Korinth, aus welchem er Piraten auslaufen ließ, besaß Nerio doch keine eigenen Kriegsschiffe: Denn diese zu bemannen würden ihm die Venezianer nicht gestattet haben. Auch seine Truppenmacht konnte nur unbedeutend sein; sie bestand hauptsächlich aus Albanesen und Türken in seinem Solde. Nichts ist daher kläglicher als der Untergang der einst so furchtbaren Katalanenherrschaft durch die geringen Mittel, die er dazu verwendete.

Uneinigkeit unter den Großen der Kompanie während der Abwesenheit Rocabertis und der Streit um die Erbtochter des Luis Fadrique erleichterten das Unternehmen Nerios. Auch dieser warb um die junge Maria für seinen eigenen Schwager Pietro Saraceno. Ihre stolze Mutter Helena verachtete den Emporkömmling und verlobte das Mädchen mit Stephan Dukas, einem serbischen Kleinfürsten in Thessalien, was alle Franken und Griechen, zumal die Despoten in Misithra und Thessalonike, gegen sie aufbrachte.[377] Deshalb bekriegte sie der beleidigte Nerio, indem er zugleich ihre Verbündeten, die Katalanen, angriff.

Im Jahre 1385 rückte er mit einem Heerhaufen von Megara in Attika ein. Da sich kein Vizekönig mehr im Herzogtum befand, lag die Regierung desselben noch in den Händen der Brüder Roger und Anton Lauria. Sie warfen sich dem Feinde entgegen, erlagen aber im Kampf, und Nerio zog ungehindert in die Unterstadt Athen ein. Dies geschah in der ersten Hälfte des Jahres 1385, worauf er den Titel Herr von Korinth und dem Herzogtum annahm.[378] Nur in der Akropolis, welche sich wenige Jahre zuvor gegen die Navarresen siegreich behauptet hatte, setzten die Spanier einen verzweifelten Widerstand fort; sie schickten eilende Boten an den Hof des Königs, ihn zu schleuniger Hilfe aufzurufen.

Pedro IV. erkannte jetzt den großen Irrtum, den er begangen hatte, als er das Herzogtum Athen ohne Generalvikar und ohne Truppen ließ. Er sah sich vergebens nach Verbündeten um. In jenem Briefe, welchen er am 17. Juli 1385 an die Häupter der navarresischen Bande in Morea schrieb, bezeichnete er als gemeinschaftliche Feinde im Herzogtum nur die Griechen und Türken, so daß es scheint, er habe damals noch keine Kunde von der Eroberung Athens durch Nerio gehabt. Aber es ist ebenso auffallend, daß er dieses Ereignisses auch nicht ein Jahr später gedachte, als er am 17. August 1386 denselben Navarresen ankündigte, daß er im nächsten Frühling Bernardo de Corella mit starker Kriegsmacht nach dem Herzogtum absenden werde.[379] Er dankte dem Majotto und Superan für die guten Dienste, die sie ihm dort leisteten, und versicherte, daß sein Vizekönig mit ihnen ein Herz und eine Seele sein werde, dies um so mehr, als zwischen ihm selbst und dem Könige von Navarra der engste Freundschaftsbund bestehe.[380]

Pedro glaubte schon deshalb die Navarresen für sich gewinnen zu können, weil sie selbst von Nerio als Feinde angesehen wurden, da sie sich der Besitzungen des Hauses Acciajoli in Morea bemächtigt hatten. Indes, es verlautet nichts davon, daß sie dem Könige tatsächlich Hilfe geleistet haben. Seit der Abberufung Rocabertis hatte er seine griechischen Länder mit so großer Nachlässigkeit behandelt, daß es scheint, er selbst habe ihr Besitztum für wertlos oder für unhaltbar angesehen. Statt des neuen Vizekönigs Corella schickte der König dorthin nur geringes Kriegsvolk unter Don Pedro de Pau. Diesem letzten spanischen Kapitän Athens gelang es, im Piräus zu landen und sich in die Akropolis zu werfen, die er länger als ein Jahr tapfer verteidigte.[381]

Pedro IV. starb am 5. Januar 1387. Sein Nachfolger auf dem Throne Aragons war sein Sohn Juan, und dieser ernannte seinen Freund Rocaberti nochmals zum Generalvikar im Herzogtum, wohin er mit einer Flotte abgehen sollte. Seine Ernennung meldete er dem Kapitän Achaias, Bordo von St. Superan, aus Barcelona am 17. April 1387.[382]

Am aragonischen Hofe befand sich zu jener Zeit Gerald Rodonells, von Pedro de Pau aus der Akropolis Athens als sein Bote abgesendet. Diese Burg war trotz ihrer Einschließung durch die Truppen Nerios noch immer imstande, mit Spanien zu verkehren. Gerald sollte dem neuen Könige im Namen jenes Kapitäns für alle diejenigen Kastelle huldigen, die er noch behauptete, und Juan befahl ihm, diese Huldigung dem Visconde zu leisten.[383]

Demnach mußten noch einige Festungen, namentlich in Böotien, die Fahne Aragons aufrechthalten. Nerio aber konnte ungehindert die Belagerung der Akropolis fortsetzen lassen und in derselben Zeit, mit dem Bailo Negropontes vereint, den türkischen Piraten eine empfindliche Niederlage zufügen, wozu ihm die Signorie Venedigs Glück wünschte.[384] Wenn Rocaberti mit einer Flotte wirklich nach dem Piräus gelangte, so kam er zu spät.[385] Durch die äußerste Not gedrängt, an der Hoffnung auf Entsatz von Spanien her verzweifelnd, übergab der mannhafte Kapitän Pedro de Pau endlich die Akropolis. Das Datum dieses Ereignisses ist unbekannt, doch muß es im Jahre 1387 geschehen sein. So zog der Neffe des Großseneschalls Niccolo Acciajoli als Herr in die Stadtburg ein, und der Katalanenstaat Athen erreichte sein Ende.

Die Umwälzung des politischen Regiments des Herzogtums durch den florentinischen Eroberer vollzog sich mit überraschender Schnelligkeit. Von dem Könige Aragons preisgegeben und ihrem Schicksale überlassen, wagten die katalanischen Großen nirgends mehr einen Widerstand. So ruhmvoll einst der Einzug ihrer Väter in Hellas gewesen war, so ruhmlos war jetzt ihr eigener Abzug aus diesem Lande, in dessen Volke sie keine Wurzeln gefaßt hatten, sondern stets nur eine Kolonie von Fremdlingen geblieben waren. Sie erlitten dasselbe Los, welches ihre Vorfahren den Burgundern bereitet hatten. Aus allen ihren Lehen und Besitzungen weichend, kehrten die Spanier nach Sizilien und Aragon zurück. Weder die Zeit noch die Art ihres Fortganges hat irgendein Geschichtsschreiber bemerkt. Die Lauria, die Novelles, Puigparadines, Fuster, Ballester verschwanden in Attika so völlig, daß die sorgsamste Forschung heute keine Spur dort von ihnen entdecken kann.[386] Manche Katalanen geringeren Standes nahmen Dienste als Söldner bei verschiedenen Fürsten.[387] Nur an wenigen Orten behaupteten sich noch spanische Geschlechter eine kurze Zeit, wie in Salona und auch in Ägina, wo eine Nebenlinie der Fadrique fortdauerte. Diese Insel war nach dem Tode des Don Luis an Juan, den Sohn Bonifatius' von Aragona, zurückgegeben worden; als dieser im Jahre 1385 starb, folgte ihm daselbst eine Erbtochter, deren Name unbekannt ist. Nerio aber scheint diese letzte Fadrique von Ägina, wie man annehmen darf, infolge eines Vertrages nicht belästigt zu haben. Sie vermählte sich im Jahre 1394 mit Antonello Caopena, vielleicht einem Spanier von Geschlecht, dessen Haus die Insel noch eine Weile besitzen durfte.[388]

Achtes Kapitel

Die Tatsache, daß eine Kompanie von tapferen Söldnern siebzig Jahre lang das edelste Land der Hellenen so vielen Feinden zum Trotz beherrschen und sich in der Geschichte Athens unsterblich machen konnte, ist immer bewundernswert. Unter den vielen Soldgenossenschaften, welche in Europa namhaft und furchtbar geworden sind, hat keine den Ruhm der Katalanen erreicht. Allein auch sie sind nur eine unorganische Erscheinung im Leben Griechenlands, nur fremdartige Schmarotzergewächse, die ein unberechenbarer Zufall auf den klassischen Boden verpflanzt hatte. Die vielgepriesenen, heroischen Kämpfe dieser Kriegerkaste waren für die menschliche Kultur entweder nutzlos oder verderblich, und sie bilden nur eine denkwürdige Episode in dem blutigen Epos des abendländischen Soldatentums im Mittelalter.

Weder in Athen noch sonstwo in Griechenland haben die Katalanen Denkmäler ihrer Herrschaft zurückgelassen, oder solche sind spurlos untergegangen. Selbst auf der Akropolis, wo sie sicherlich manche Veränderungen, besonders durch Anlage von Befestigungen, hervorbrachten, ist kein Überrest davon entdeckt worden.[389] Münzen der Kompanie sind nicht bekannt. Solche wurden überhaupt weder von dieser noch von den sizilianischen Herzögen Athens für dieses Land eigens geprägt. Die Münzen Friedrichs II. von Sizilien und seiner Nachfolger sind auch mit dem Titel »Dux Athenarum et Neopatriae« bezeichnet.

VIERTES BUCH

ERSTES KAPITEL

Florenz und Athen. Umwälzung des Herzogtums Athen durch Nerio. Verschwinden des Feudalismus. Annäherung an die Griechen. Herstellung des griechischen Erzbistums in Athen. Wachsendes Übergewicht der hellenischen Nationalität. Die Medici in Athen. Einwanderung der Albanesen in Hellas. Nerio und Venedig. Seine Verschwägerung mit Theodor von Misithra und mit Carlo Tocco. Venedig erwirbt Argos und Nauplia. Theodor bewältigt Argos. Nerio in der Gewalt der Navarresen. Er kauft sich durch Vertrag los. Nerio und Amadeo VII. von Savoyen. Er wird dem Sultan Bajasid tributpflichtig. Ladislaus von Neapel investiert ihn mit Athen. Theodor überliefert Argos an die Venezianer. Tod des Nerio.

1. Die Republik am Arno war schon im Jahre 1345 dadurch zu dem entfernten Athen in eine flüchtige Beziehung gesetzt worden, daß Walter von Brienne, ihr Oberhaupt für kurze Zeit, den Titel des Herzogs von jener Stadt führte. Vierzig Jahre später konnten es die Florentiner als eine Ehre betrachten, daß einer ihrer Bürger denselben Herrschersitz auf der Akropolis einnahm, welchen die La Roche, die Brienne und die Aragonier innegehabt hatten. Die florentinische Geldmacht war dem Rittertum der Kreuzzüge und dem Militärstaat der spanischen Konquistadoren im Besitze Athens gefolgt.

Im Jahre 1387 würde nicht einmal der gebildetste Florentiner auf den Gedanken gekommen sein, zwischen seiner blühenden Vaterstadt und dem antiken Athen einen Vergleich anzustellen, die geistigen Werte beider abzuwägen und daraus den Schluß zu ziehen, daß Florenz würdiger war als jeder andere Ort, der Stadt der griechischen Weisen und Staatsmänner einen Gebieter zu geben. Wir aber vermögen dies zu tun und nachzuweisen, daß Florenz bereits während des 14. Jahrhunderts im Abendlande eine Stellung einnahm, welche sich derjenigen Athens in seinen besten Zeiten näherte.

Die Geschichte der Florentiner Republik zeigt neben jener des aristokratischen Venedig das merkwürdigste Beispiel einer Stadt, die sich zum Staate entfaltet von solcher kulturgeschichtlichen Wichtigkeit, daß ihr Einfluß im Leben der Menschheit sich verewigt hat. Seit dem alten Athen hat in Wahrheit keine andere Stadt eine gleiche Fülle von

Geist, Anmut und Schönheit ausgeströmt als Florenz. Schon am Ende des 14. Jahrhunderts war sie unter vielen Kämpfen mit den toskanischen Nachbarstaaten zu Wohlhabenheit und Ansehen emporgekommen. Voll Klugheit hatte sie zwischen den beiden Machtpolen Italiens, dem Papst und dem Kaiser, ihre Unabhängigkeit zu bewahren gewußt und trotz der wildesten Parteikämpfe der Guelfen und Ghibellinen, des Adels und der Popolanen in ihren Mauern die Tyrannis von sich abgewehrt. Freiheitssinn, Vaterlandsliebe, edler Ehrgeiz, rastlose Übung und Anspannung der Bürgerkraft im privaten wie öffentlichen Haushalt erhoben die Arnostadt zum ersten Range unter allen andern Gemeinden Mittelitaliens. Das Florentiner Volk war, wie der Demos Athens, von allen Leidenschaften und Schwankungen der Politik fieberhaft bewegt, immer unzufrieden und neuerungssüchtig, aber im Grunde von scharfem Verstande und für die Probleme der Staatskunst vorzugsweise geschickt. Eine kunstvolle demokratische Verfassung hatte die Ungleichheit der Stände gemindert oder ausgetilgt und einen freien Staat geschaffen, in welchem jeder tüchtige Bürger zu den höchsten Ehrenstellen berechtigt war. Doch war der Florentiner Staat in der Humanität weiter vorgeschritten als der von Pausanias für die beste Demokratie erklärte des alten Athen. Denn er hatte nicht wie dieser die Sklaverei zu seiner Grundlage. Während in Athen die Arbeit als unwürdig des freien Bürgers galt und selbst von den größten Denkern Griechenlands so angesehen wurde, bildete sie das Lebensprinzip der Florentiner Republik, in welcher die militärisch eingerichteten Zünfte der Handwerker zur Regierung gelangt waren.

Eine hochentwickelte Industrie und weite Handelsbeziehungen machten das Bürgertum reich und genußfähig. Der offene Sinn für die Welt und die Freude an allem, was das Leben schmückt und veredelt, verhalfen den Florentinern zu einer Bildung, welche diejenige aller andern Städte des damaligen Europa übertraf. Die toskanische Bildung aber verhielt sich ungefähr zu Italien, wie die attische sich zu Griechenland verhalten hatte. Man konnte Florenz seit dem 14. Jahrhundert dreist die Seele Italiens nennen, dies schon deshalb, weil die Arnostadt die am meisten italienische war. Venedig, Genua und Pisa hatten sich tief in die politischen und kolonialen Angelegenheiten Griechenlands und des Orients verflochten und von Italien abgewendet; das Papsttum lebte in derselben Zeit draußen im Exil zu Avignon und hatte Rom seinen Trümmern und Träumen von der alten Weltherrschaft überlassen. So pulsierte damals das nationale Leben Italiens wesentlich in Florenz.

Die moderne Kultur Europas nahm dort ihren ersten Sitz, und die

Erstes Kapitel

Hauptquellen der Renaissance versammelten sich in dieser Werkstätte des Humanismus, an welcher bald auch eingewanderte Hellenen tätig wurden. Die Grazien, die seit dem Untergange der Griechenwelt von dem christlich und barbarisch gewordenen Menschengeschlecht den Abschied genommen hatten, erschienen zuallererst in der heiteren Stadt Florenz wieder; selbst die Sprache und Beredsamkeit der Italiener bildete hier, wie einst die der Griechen in Athen, ihren melodischen Zauber aus. In dem florentinisch-toskanischen Geiste lag etwas dem attischen Verwandtes; in ihm vollzog sich auch am ehesten die intellektuelle Verbindung der Antike mit dem Christentum.

Zur Zeit als Nerio Acciajoli zum Tyrannen Athens wurde, stand Florenz schon im vollen Licht der Frührenaissance. Arnolfo, Giotto, Andrea Pisano und Orcagna hatten diese Stadt mit ihren Werken geschmückt. Das Genie Dantes allein, des großen Bürgers, welcher wie der Athener Aristides die Verbannung aus seiner Vaterstadt erlitten hatte, würde hingereicht haben, dieser neben Athen ewigen Ruhm zu sichern. Der Dichter der göttlichen Komödie konnte sich in dem Schattenreich des Limbus den großen Geistern der Hellenen, Homer, Orpheus, Sokrates, Plato, Diogenes und Thales, dreist als ein Ebenbürtiger nahen. Nach Dante war Petrarca aufgetreten, der größte Lyriker Italiens, ein glänzender, wenn auch nicht originaler Geist von staunenswerter Beziehungskraft auf das gesamte Reich des Wissens und der Humanität. Auch Boccaccio, der Freund des Großseneschalls Acciajoli, hatte schon seine ruhmvolle Laufbahn als Dichter und Vermittler der antiken Wissenschaft vollendet. Er war am 21. Dezember 1375 gestorben, zehn Jahre bevor Nerio sich Athens bemächtigte. Dino Compagni und Villani endlich hatten schon die große staunenswerte Reihe der patriotischen Geschichtsschreiber von Florenz eröffnet, die nur ein Gemeindewesen von solcher politischen Beweglichkeit und von so viel staatsmännischem Genie erzeugen konnte.

Die lange Verbindung Italiens mit Griechenland durch die Anjou und die Größe, welche Niccolo Acciajoli infolge seines Verhältnisses zum Hofe Neapels erlangt hatte, waren die Voraussetzungen für die merkwürdige Tatsache, daß ein Florentiner am Ende des 14. Jahrhunderts zum Herrscher Athens wurde. Sie ist ein geschichtlicher Zufall, aber im Zeitalter, wo das in der Bildung mächtig vorgeschrittene lateinische Abendland seinen Zusammenhang mit dem hellenischen Geiste wieder herstellte, nimmt diese Tatsache doch die Züge einer kulturgeschichtlichen Gesetzmäßigkeit an.

Seit den Kreuzzügen hatten die Lateiner jenen Zusammenhang erst durch Handelsverbindungen, dann durch die rohe Gewalt der Eroberung zu erzwingen gesucht. Jedoch das Urteil des Marin Sanudo bestätigte sich. Dieser mit dem Orient wohl vertraute Venezianer sprach in seiner Schrift ›Secreta fidelium crucis‹, die er dem Papst Johann XXII. widmete, die Überzeugung aus, daß die Mächte des Westens das griechische Reich wohl zertrümmern konnten, aber zu behaupten nicht Kraft besaßen, daß die Vereinigung der orientalischen und römischen Kirche nicht durch Gewalt durchzusetzen sei, denn dies zeigten Zypern, Kreta, Achaia, Athen, Negroponte und andre Länder, wo nur die fremden Gebieter, aber nicht das eingeborene Volk dem römischen Glauben anhingen.[1] Die Verbindung des Abendlandes mit der hellenischen Kultur wurde in der Tat nicht durch die Eroberungen des Schwerts noch durch die Gebote des Papsts vollzogen, sondern sie war das Ergebnis eines großen Bildungsprozesses in einem gereiften Zeitalter, welches die Denkmäler der antiken Literatur und Kunst wieder ans Licht zog und sie zu verstehen fähig geworden war. In dem Zeitraum von beinahe zwei Jahrhunderten, die seit dem lateinischen Kreuzzuge verflossen waren, hatte das Abendland, vor allem Italien, in demselben Maße sich geistig fortentwickelt, als der griechische Osten zurückgegangen war.

Nerio Acciajoli hat schwerlich ein Bewußtsein von der Wichtigkeit Griechenlands für die menschliche Bildung gehabt; doch begann durch ihn ein lebhafterer Verkehr der Italiener mit der Stadt Athen. Diese selbst trat in eine neue Phase ihrer Geschichte, die letzte ihres selbständigen Lebens unter fränkischen Fürsten. Man darf sie die florentinische Epoche nennen. Italiener und besonders Florentiner lösten jetzt die beiden andern romanischen Nationen, die Franzosen und Spanier, in der Herrschaft über Attika ab. Sie traten in ein näheres Verhältnis zu den Griechen, als jenes ihrer Vorgänger gewesen war.

Das mit so geringer Anstrengung von Nerio eroberte Herzogtum Athen umfaßte, soweit es in seinen Besitz gekommen war, Megara, Attika und Böotien, und selbst in dieses letztere Land waren die Türken eingedrungen, da sie, wahrscheinlich als ihm augenblicklich verbündet oder als seine Söldner, Levadia besetzt hatten.[2] Salona und Bodonitsa blieben außer dem Bereiche der Macht Nerios gleich der den Enghien gehörenden Argolis. So erlitten nur Attika und Böotien eine Revolution aller Besitzesverhältnisse. Der Feudalismus brach dort mit dem spanischen Regiment zusammen, indem er einem bisher ungewohnten Zustande Platz machte. Die früheren Erbherren verschwanden; an ihre Stelle trat ein reicher Kaufmann, als dessen Latifundien die von ihm gewonnenen Länder anzusehen waren. Er konnte diese unter seine Freunde und Dienstmannen verteilen, allein zu Baronen machte er dieselben nicht. Denn Nerio hatte weder einen Schwarm nach Lehen begierigen Adels in seinem Gefolge noch überhaupt eine erobernde Kriegerkaste ins Land geführt, sondern sich desselben als Herr Korinths durch einen gemischten Haufen von Söldnern bemächtigt, die er aus seiner Kasse bezahlte und nach Gutdünken entlassen konnte.

Daß seine Eroberung mit keiner Invasion verbunden war, konnte der griechischen Bevölkerung nur zum Vorteil gereichen. Die lange Fremdherrschaft hatte ihr Nationalgefühl geschwächt; sie blieb eine tatenlose, wenn nicht gleichgültige Zuschauerin so des Falles der Katalanen wie des Einzugs ihres neuen Florentiner Gebieters. Wenn aber Nerio irgend Widerstand von seiten der Griechen gefürchtet hatte, so darf man voraussetzen, daß er die Böotier und Athener schon vor seinem Einfalle in Attika durch geheime Verbindungen und Zusagen für sich zu gewinnen bemüht gewesen war.

Um sich als Eindringling, dem jede rechtliche Voraussetzung fehlte, in dem fremden Lande zu behaupten, mußte er den Griechen dartun, daß sie den harten Druck des katalanischen Adels mit der milderen Regierung eines reichen und gebildeten Florentiners vertauschten. Die Spanier hatten die griechische Nationalität unterdrückt, Nerio erhob sie wieder, indem er ihr ein großes Zugeständnis machte. Er gestattete die Einsetzung eines griechischen Erzbischofs in Athen, wo seit Michael Akominatos kein solcher mehr geduldet worden war. Nur gleichsam in partibus bestand das orthodoxe athenische Erzbistum in der byzantinischen Hierarchie fort.[3] Der Metropolit Athens führte in dieser noch immer den Titel des Exarchen von Hellas, und seiner Verwaltung waren die Sprengel Theben, Neopaträ, Ägina, auch Euripos zugewiesen.[4]

Nerio nun ließ in Athen die lateinische Kirchenverwaltung unverändert; der katholische Erzbischof fuhr fort, am Parthenon zu residieren. Dies war noch Felix de Pujadell, der letzte Spanier auf dem Sitze Athens, der von Nerio unbelästigt erst im Jahre 1390 starb. Aber unbekümmert um den Widerspruch des lateinischen Klerus und der römischen Kurie nahm er Dorotheos als griechischen Metropoliten der Stadt auf, und diesen schickte die heilige Synode dorthin von Thessalonike.[5] Er richtete seinen Sitz in der Unterstadt ein, wahrscheinlich neben der Kirche des heiligen Dionysios am Areopag. Dort wohnte der griechische Erzbischof auch während der Türkenzeit in einem Hause, welches auf der Stelle stand, wo der legendäre Stifter der athenischen Gemeinde sollte gewohnt haben.[6]

Weil das Nationalbewußtsein der Griechen nur noch in ihrer Kirche den festen Mittelpunkt besaß, so war die offizielle Wiederherstellung ihres Erzbistums für die Athener von unermeßlichem Wert. Bessere Zeiten schienen für sie heranzunahen. Auch wurde ihre Stadt jetzt erst wieder der Vorort des Landes, denn Nerio nahm seine Wohnung auf der Akropolis. Wahrscheinlich erhielten Griechen auch im athenischen Stadtrat Aufnahme.[7] Zwei Bürger hellenischer Nation, Demetrios Rendi und Nikolaus Makri, waren die öffentlichen Notare, deren sich Nerio in der Folge bei Staatsakten bediente.[8]

Einzelne Beispiele zeigten alsbald die wachsende Kraft des Griechentums in Athen. Italiener hellenisierten sich. Ein dort schon zur Zeit der Katalanen eingewanderter Zweig der Florentiner Medici hielt es für vornehm oder nützlich, seinen Familiennamen in Iatros umzuwandeln. Als erster dieses Hauses erscheint der ausdrücklich Athener genannte Piero de' Medici, welcher auffallenderweise im Jahre 1357 Bail und Generalkapitän Walters von Brienne in Argos und Nauplia gewesen war.[9]

Obwohl Piero im Staatsdienst der Brienne Ämter bekleidet hatte, findet sich doch sein Sohn Niccolo mit dem griechischen Namen Iatros – und diesen scheint schon sein Vater angenommen zu haben – im Jahre 1387 in Athen. Denn am 15. Januar desselben stellte Nerio zu seinen Gunsten ein Diplom aus, und zwar in griechischer Sprache, welche demnach, wie in Argos und Nauplia und im venezianischen Korfu, zur amtlichen Geltung gekommen war.[10] Das Geschlecht der Medici Athens erhielt sich dort lange Zeit. In venezianischen Urkunden wird noch im Jahre 1542 ein Polo de Medicis von Athen genannt.[11]

Während der Aufschwung des griechischen Nationalelements überall in Hellas bemerkbar war, wurde doch in derselben Zeit in Attika und Böotien wie im Peloponnes die griechisch redende Bevölkerung mit einem fremden Volkswesen neu durchsetzt. Die infolge so vieler Kriege und Raubfahrten veröderten Landschaften Griechenlands nahmen immer massenhafter albanische Kolonisten auf. Ihre Einwanderung hatte begonnen, als die Volksstämme der Skipetaren, Abkömmlinge der alten Illyrier aus den Tagen der Olympias und des Pyrrhos, in der ersten Hälfte des 14. Jahrhunderts von ihren Bergen aufgebrochen waren, um ostwärts und südwärts neue Wohnsitze zu suchen.

Nach dem Zerfalle des mächtigen Serbenreichs des Dušan hatten die Albanesen der Despotenherrschaft der Angeloi in Epiros ein Ende gemacht, waren sodann in Thessalien eingedrungen, im steten Kampf mit den Katalanen, bis zum Spercheios sich ausbreitend. Wir sahen sie bereits im Solde des Grafen von Demetrias. Die fränkischen wie die byzantinischen Fürsten diesseits und jenseits des Isthmos nahmen dieses Volk von Hirten und Kriegern bereitwillig in ihre entvölkerten Gebiete auf. Im Peloponnes gab ihnen zuerst der Despot Manuel Kantakuzenos und dann sein Nachfolger Theodor Wohnsitze. Nerio selbst hatte sie in der Kastellanei Korinth angesiedelt und der König Pedro IV. seinem Statthalter Rocaberti befohlen, sie im Herzogtum Athen aufzunehmen. Sie drangen selbst nach Euböa hinüber; sie besiedelten allmählich Salamis und Ägina, Hydra, Poros, Spezia und andere Inseln, welche noch heute so albanesisch sind wie Eleusis und Marathon und wie ganz Attika bis zu den Toren Athens.[12]

2. Rainerio oder Nerio Acciajoli, Herr des Kastells Korinth und fortan auch des Herzogtums Athen und seines Zubehörs, wie er sich offiziellerweise nannte, wurde als solcher von den Mächten stillschweigend anerkannt. Die Republik Venedig mußte über den Untergang der katalanisch-aragonischen Herrschaft in Athen Befriedigung empfinden, und sie begünstigte einen Usurpator, welcher Italiener war und in seinem Staat die in Euböa und allen andern Frankenländern Griechenlands bestehenden Assisen Romanias wieder einführte.

Kaum Gebieter Athens geworden, suchte sich Nerio durch einflußreiche Verbindungen zu stärken. Den byzantinischen Kaiser und die gesamte Nationalpartei der Hellenen hatte er bereits durch die Wiederherstellung der orthodoxen Kirche in Athen für sich gewonnen; nun vermählte er im Jahre 1388 seine Tochter Bartolommea, die schönste Frau ihrer Zeit, wie sie Chalkokondylas genannt hat, mit dem griechischen Dynasten des Peloponnes, Theodor Palaiologos, welchen sein Vater, der Kaiser Johann V., nach dem Tode des Demetrios Kantakuzenos zum Despoten von Misithra ernannt hatte. Diesem brachte sie als Mitgift den künftigen Besitz Korinths.[13] Seine zweite Tochter Francesca gab er dem Carlo Tocco I. zum Weibe, dem Pfalzgrafen von Kephallenia und Zakynthos und Herzog von Leukadia, welcher einer der größten Dynasten im westlichen Griechenland war.

Die Familie der Tocco stammte aus Benevent. Der Gründer ihres Glückes – dieses erinnert an die Acciajoli und die Sanudo von Naxos – war Guglielmo, welcher mit andern Süditalienern im Dienste des Titularkaisers Robert stand und um 1330 dessen Kapitän auf Korfu wurde. Er vermählte sich mit Margareta Orsini, der Erbin des Pfalzgrafen Johannes I. von Zante, und so gingen auch Kephallenia und Leukadia als Besitzungen der Orsini auf die Tocco über. Denn Guglielmos Sohn Leonardo I. wurde von Robert im Jahre 1357 zum ersten Grafen von

Kephallenia und Zante erhoben. Er nannte sich auch Herzog von Leukadia.[14] Dessen Sohn aber war Carlo I., ein hervorragender Fürst, der auf jenen ionischen Eilanden das Reich des Odysseus aufzurichten schien und eine Zeitlang machtvoll über Epiros, Ätolien und Akarnanien gebot, auch bis Achaia hinein geherrscht hat, ein in Waffen starker Mann, den Musen hold wie seine Gemahlin Francesca.

Das Bündnis mit Tocco konnte den neuen Gebieter Athens gegen seine schlimmsten Feinde in Morea sichern, die dort angesiedelte navarresische Kompanie. Nach dem Tode Cocquerels im Jahre 1386 hatte diese den Kapitän Pierre de St. Exupery (Bordo von St. Superan) zu ihrem Haupt ernannt, während mehrere Prätendenten ihre Ansprüche auf den Besitz des unglücklichen, durch die Streifzüge der Türken verheerten Landes Achaia geltend machten: Maria, die Witwe Louis I. von Anjou, welchem Jakob von Baux durch Testament seine Rechte vererbt hatte; Ludwig von Bourbon als Erbe des Titularkaisers Robert und Amadeus, der Enkel Philipps I. von Savoyen-Achaia.

Das Verschwinden sowohl der Macht des Hauses Anjou im Peloponnes wie derjenigen Siziliens und Aragons in Hellas, endlich der Schutz der Venezianer erlaubten dem florentinischen Emporkömmling, groß zu werden. Die Republik S. Marco hatte damals ihre Herrschaft in den griechischen Meeren wiedererlangt, welche dreitausend venezianische Handelsschiffe durchsegelten. Im Jahre 1386 war sie sogar in den Besitz der Insel Korfu gekommen, und Negroponte konnte seit dem Aussterben des Geschlechts der Carceri von Verona im Jahre 1383 und der Ghisi im Jahre 1390 als ihr ausschließliches Eigentum angesehen werden. Wenn sie nicht der lange und schwere Krieg mit Genua, aus welchem sie endlich nach heißen Kämpfen als Siegerin hervorgegangen war, stark erschöpft hätte, so würde sich die Republik vielleicht entschlossen haben, den Türken zuvorzukommen und das Erbe des lateinischen Kreuzzuges und der Staatskunst ihres großen Dogen Enrico Dandolo an sich zu nehmen, indem sie sich des rettungslos zerfallenen Restes des Romäerreichs zu bemächtigen suchte. Dazu hatte der Bailo Konstantinopels den Dogen schon im Jahre 1355 allen Ernstes ermahnt. Auf dem griechischen Festlande erwarben die Venezianer ohne jede Anstrengung die Häfen Argos und Nauplia. Dort nämlich endete das Haus Enghien mit Guido, der nur eine einzige Tochter Maria hinterließ. Diese war, als noch der Katalanenstaat Athen bestand, von ihrem Vater dem Juan de Lauria zur Gattin bestimmt worden.[15] Die Staatskunst der Signorie hatte diese Ehe verhindert und dann nach dem Tode Guidos von Enghien im Jahre 1377 die Vermählung Marias mit dem venezianischen Edlen

Erstes Kapitel

Pietro Cornaro zustande gebracht. Immer waren es Frauen, die im fränkischen Griechenland dynastische Umwälzungen veranlaßten. Dasselbe Haus der Corner sollte später Zypern, das Kleinod der Meere, durch eine Heirat an Venedig bringen, jetzt brachte es der Republik Argos und Nauplia zu. Denn als Pietro im Jahre 1388 kinderlos gestorben war, lud die Signorie die Witwe ein, nach Venedig zu kommen, und sie bewog dieselbe, ihr jene Länder für eine geringe Rente abzutreten.[16]

Die Argolis war seit dem ersten La Roche ein Lehen der Herzöge von Athen gewesen und dann von den Brienne und ihren Erben nach der katalanischen Eroberung behauptet worden. Nerio sah daher mit Widerwillen dies Land den Venezianern zufallen, und er besaß keine andern Mittel, sie daran zu hindern, als Schleichwege. Die Republik aber hatte bereits Grund zu klagen, daß er die von ihr empfangenen Wohltaten mit Undank belohne, indem er heimlich die Türken begünstige und sogar zu Landungen im venezianischen Gebiet aufreize. Sie ermahnte ihn, davon abzustehen, und ihre Geduld oder Großmut mußte als Schwäche erscheinen.[17]

Die Venezianer besetzten Nauplia, aber in Argos kam ihnen Theodor, der Despot von Misithra, zuvor. Von seinem Schwiegersohne Nerio dazu in der Stille ermuntert, überrumpelte er die feste Stadt.[18] Die Schwierigkeit, eine hinreichende Flotte aus ihren Stationen zusammenzubringen, und das Bedenken, Griechenland durch Krieg aufzuregen, welcher nur der Vorteil der Türken geworden wäre, bewogen die Signorie Venedigs, statt zu den Waffen zu den Mitteln der diplomatischen Kunst zu greifen. Sie schickte wiederholt Gesandte an den Despoten, ihn auffordernd, Argos herauszugeben; er aber erklärte, daß er das nicht ohne die Zustimmung des Sultans tun dürfe. Da die Venezianer Nerio als wesentlichen Urheber des Handstreiches seines Schwiegervaters ansahen, verlangten sie von ihm, daß er diesen zum Abzuge von dort bewege; er versprach es, doch das waren nur Worte.[19]

Tief erbittert befahl die Signorie ihren Bevollmächtigten, wenn Argos nicht herausgegeben würde, die Brücke von Negroponte aufzuziehen und den Verkehr der Untertanen Nerios mit der Insel zu verbieten. Die Ausfuhrartikel des Herzogtums Athen nach Venedig und den Besitzungen der Republik waren hauptsächlich Feigen und Rosinen, während Eisen und Pflugscharen als die dort besonders von Modon und Koron eingeführten Gegenstände bezeichnet werden. Dieser Handel wurde untersagt.[20]

Um Argos wieder zu erhalten, trat Venedig sogar mit der Kompanie der Navarresen in Verbindung, welche aus Haß gegen den Usurpator Athens der Republik ihre Dienste gegen denselben antrug, und dasselbe tat der Erzbischof von Patras.²¹ Ein Zufall aber kam den Venezianern zu Hilfe. Nerio selbst geriet in die Gefangenschaft der navarresischen Kapitäne. Man muß erstaunen, daß ein so schlauer Mann in die ihm gestellte Falle ging.

Der Einladung St. Superans folgend, durch eine persönliche Zusammenkunft im Peloponnes den Streit um Argos beizulegen, fand sich Nerio, mit einem Geleitbriefe versehen, bei seinen verräterischen Feinden ein. Sie nahmen ihn fest, und Asan Zaccaria, der Großkonnetabel Moreas, führte ihn in die Burg Listrena ab. Superan konnte dessen sicher sein, daß seine treulose Handlung in Venedig keinen Widerspruch finden werde.

Die Gemahlin des Gefangenen befand sich damals in Korinth, wo der Gebieter Athens öfters seinen Aufenthalt nahm, weil er dort als großer Kaufherr Handelsgeschäfte trieb und Warenmagazine besaß. Agnes Saraceno konnte keinen Versuch machen, die Untertanen des Herzogtums zur Befreiung ihres Herrn aufzubieten, welcher ihnen neu war und gleichgültig sein mußte. Aber Tocco und Theodor forderten durch Gesandte die Freilassung ihres Schwiegervaters von der Republik Venedig, worauf diese erklärte, daß sie nichts dafür tun könne, ehe ihr nicht Argos ausgeliefert sei. Die Brüder Nerios in Italien, Donato, ehemals Statthalter in Korinth und jetzt Gonfaloniere der Republik Florenz, und Angelo Acciajoli, der dortige Kardinal-Erzbischof, bestürmten die Signorie ihrer Vaterstadt, für ihren Bürger einzutreten. Hierauf gingen florentinische Gesandte nach Venedig und selbst zum Papst nach Rom. Donato bot für die von Nerio nach seiner Befreiung zu erfüllenden Bedingungen sogar die Städte Athen und Theben, Megara und Orte der Baronie Korinth zu Pfändern dar; er verpflichtete sich, mit venezianischen Schiffen in Person nach Griechenland zu gehen und dahin zu wirken, daß Argos in den Besitz der Republik gelange, da diese Stadt durchaus ohne den Willen seines Bruders vom Despoten Misithras besetzt worden sei. Den Bevollmächtigten des Dogen sollten die Warenlager Nerios in Korinth, etwa 15000 Dukaten an Wert betragend, überliefert werden; endlich wollte man das Lösegeld aufbringen, von dem sich die Brüder die beste Wirkung versprachen. Sie wandten sich auch an die Republik Genua, die Nebenbuhlerin Venedigs, und riefen ihre Hilfe an.²²

Der venezianische Senat blieb anfangs taub gegen diese Bitten und Anerbietungen, dann aber wurde er doch durch die kriegerischen Rüstungen des Despoten Theodor wie durch das Erscheinen genuesischer Kreuzer im Golf von Korinth bewogen, auf einen Vertrag einzugehen. Bei Vostitsa, welcher Ort ehemals dem Nerio gehört hatte und ihm von den Navarresen war entrissen worden, hielten am 22. Mai 1390 die an dieser Angelegenheit Beteiligten eine Zusammenkunft:[23] nämlich Filippo Pisani, Kastellan von Modon und Koron, Michele Contarini und Gabriel Emo, die Proveditoren Romaniens, als Bevollmächtigte des Dogen Antonio Venier; endlich Nerio selbst und der Großkonnetabel Moreas Asan Zaccaria.[24]

Um seine Befreiung zu erlangen, gelobte Nerio seine von ihm besonders geliebte Tochter, die Basilissa Francesca, den Venezianern als Geisel zu übergeben; sie sollte in Negroponte so lange festgehalten werden, bis Argos der Republik ausgeliefert sei und Nerio seine Verpflichtungen gegen die Navarresen erfüllt habe; dafür wurde der Termin eines Jahres festgestellt. Nerio versprach, vor seiner Befreiung Megara der Republik zum Pfande zu geben, bis sie Argos erhalten habe; ferner sollte diese sein Warenlager in Korinth verkaufen und den Erlös daraus gleichfalls als Sicherheit bewahren. Wenn der Despot Theodor die Auslieferung von Argos verweigerte, so verpflichtete sich Nerio, auf das Geheiß Venedigs ihn mit Kriegsgewalt dazu zu zwingen. Nach der venezianischen Besitznahme der Argolis sollte er in alle Renten und Güter wieder eingesetzt werden, die er dort und in Nauplia zur Zeit des Pietro Cornaro besessen hatte. Endlich versprach er, dahin zu wirken, daß sein Schwiegervater Sarasin de Sarasini einen seiner Söhne nach Negroponte als Geisel stelle; weigerte er sich dessen, so sollte seine Tochter Francesca zum Sicherheitspfande dienen.[25]

Die Navarresen selbst forderten ein beträchtliches Lösegeld. Um dies aufzubringen, legte Nerio Beschlag auf viele Kirchenschätze seines Landes; er beraubte selbst die Parthenonkirche ihrer Kleinodien und der Silberplatten ihres Portals. Nachdem die Burg Megara den Venezianern übergeben war, erhielt er seine Freiheit und kehrte am Ende des Jahres nach Korinth zurück.[26]

Die Auslieferung von Argos an die Venezianer machte indes große Schwierigkeiten, da der Despot von Misithra sie nicht vollzog. Theodor war im griechischen Peloponnes ein unabhängiger Fürst, um so mehr, als nach dem Tode seines Vaters Johann V. im Februar 1391 sein Bruder Manuel II. den byzantinischen Thron bestieg. Die lange Regierung Johanns V. aber war nur eine Kette von Unglücksfällen und Demütigungen gewesen; er hatte wiederholt die Rebellion seines Sohnes Andronikos und seines Enkels Johannes, Entthronung und Kerkerhaft erlitten, die Türken in Thrakien ihr Reich aufrichten sehen, im Abendlande als Bettler an die Pforten des Papstes und der Könige gepocht; und er war mißehrt und mißhandelt als türkischer Vasall gestorben. Manuel II., der talentvollste der Söhne Johanns V., erkaufte sich eine Ruhepause in den Bedrängnissen seines sterbenden Reichs, ohne freilich die Ketten abzustreifen, in welche der türkische Sultan ihn gefesselt hielt. Denn auch die Slavenstaaten in den Balkanländern, die damals noch als Schutzmauern gegen die unaufhaltsam nach der Donau vordringenden Osmanen angesehen werden konnten, waren bereits überwältigt worden. Vergebens hatten sich der Bulgarenfürst Šišman und der Kral der Serben Lazar angestrengt, der Türken sich zu erwehren. Im Jahre 1382 nahm Murad nach langer Belagerung das feste Sofia, den wichtigsten Waffenplatz, welcher zu Bulgarien, Makedonien und Thrakien den Schlüssel bildet. Durch die Engpässe des Balkan brachen die Osmanen bereits in Bosnien ein. In der furchtbaren Schlacht auf dem Amselfelde bei Kosovo am 15. Juni 1389, wo der Fürst Lazar und der Sultan selbst den Tod fanden, wurde hierauf die Unterwerfung Serbiens und der Donauländer entschieden. Der neue Sultan Bajasid konnte sich daher auch zur Eroberung Griechenlands rüsten.

3. Nach seiner Befreiung suchte Nerio Acciajoli mit diplomatischer Kunst, sich einen Weg durch das Labyrinth der Zeitverhältnisse zu bahnen. Venedig begünstigte damals die Ansprüche des Grafen Amadeus VII. von Savoyen auf Achaia und schloß mit ihm sogar ein förmliches Bündnis.[27] Dieser Fürst hatte nämlich den Plan gefaßt, sich in Besitz Moreas zu setzen, welches ihm die navarresische Kompanie zu verkaufen gesonnen war. Dafür sollte er Argos dem Despoten Theodor entreißen und den Venezianern übergeben.[28] Die moreotischen Barone und die Häupter jener Kompanie trugen dem savoyischen Grafen im Jahre 1391 das Fürstentum wirklich an, wobei sie Nerio den Besitz Korinths gewährleisteten, ohne Athens zu gedenken, welches fortdauernd als eine Baronie Achaias angesehen wurde. In dieser Eigenschaft findet sich Athen in einer für Amadeus im Jahre 1391 entworfenen Liste der Lehen Moreas verzeichnet. Als lehnspflichtige weltliche Herren sind darin aufgeführt: die Herzöge von Athen, vom Archipelagos, von Leukadia, der Markgraf von Bodonitsa, der Graf von Kephallenia, die Gräfin von Sola, der Herr von Arkadia, der Baron von Patras. Als geistliche Herren: die Bischöfe von Modon, Koron und Olenos; als Ritterorden die Deutschen und die Rhodiser.[29]

Obwohl Amadeo in solche Verbindungen mit den Navarresen getreten war, ließ er sich doch auch mit Nerio, ihrem erbitterten Feinde, in Unterhandlungen ein, deren Zweck gegen jene gerichtet war. An

Theodor I. Palaiologos

Francesco Acciajoli
(Stich 1707)

den Angelegenheiten Achaias war der Acciajoli rechtmäßig beteiligt, nicht nur als Herr Korinths und Athens, sondern weil er von Ladislaus, dem Könige Neapels und Vertreter der Ansprüche des Hauses Anjou, am 21. Mai 1391 zu seinem Bail in Morea ernannt worden war.[30] Um nun den Kapitänen Navarras einen Strich durch ihre Rechnung zu machen, bot er selbst dem Grafen von Savoyen ein Bündnis an. Die Boten Amadeos, Albertino Provana und Umberto Fabri, kamen nach Athen und schlossen hier am 29. Dezember 1391 mit Nerio ein Übereinkommen folgenden Inhalts: Dieser anerkannte den Grafen von Savoyen als Fürsten Achaias und deshalb als Oberlehnsherrn Athens; er gelobte ihm, zur Besitznahme Moreas und zur Vertreibung der Navarresen von dort in jeder Weise beizustehen, von diesen aber und anderen Gegnern Amadeos niemand in seinen Staaten aufzunehmen. Er versprach, seinen Schwiegersohn Theodor zur Teilnahme an dem Bündnisse zu bewegen, nur sollte dadurch der Vertrag mit Venedig nicht beschädigt werden, wonach sich Nerio verpflichtet hatte, die Herausgabe von Argos selbst mit den Waffen durchzusetzen. Dagegen gelobte Amadeo, wenn er Herr Achaias geworden sei, die von der navarresischen Soldbande besetzten Güter des Großseneschalls und auch Vostitsa dem Acciajoli zurückzugeben. Der Vertrag wurde in der Kapelle des herzoglichen Palasts vollzogen, ohne Zweifel in jener, die zur Zeit der Katalanen als dem hl. Bartholomäus geweiht namhaft geworden war. Nerio nannte sich in der lateinisch geschriebenen Urkunde Herr von Korinth, des Herzogtums Athen und Neopaträs.[31] Allein dies Übereinkommen blieb auf dem Papier, und auch die Verbindung Amadeos mit Venedig löste sich auf; der Graf von Savoyen stand endlich von seinem aussichtslosen Unternehmen ab.[32]

Dagegen riefen die Navarresen die Türken nach Griechenland. Der Sultan Bajasid, welcher nach der Unterwerfung Serbiens den Kaiser Manuel erst hart bedrängt und dann mit ihm Frieden geschlossen hatte, schickte am Ende 1392 seinen General Evrenosbeg mit einem Heer aus Thessalien nach dem Süden, während er selbst in Bulgarien beschäftigt war. Der türkische Pascha verwüstete auf einem Streifzuge Böotien und Attika, ohne ernstlich Athen zu bedrohen, sodann drang er weiter über den Isthmos in Achaia ein. Nerio forderte die Venezianer fruchtlos zu seiner Hilfe auf und rettete sich alsbald dadurch, daß er sich zu Tribut und Vasallendienst verpflichtete. Seit diesem Augenblick war das Verhängnis Athens nur eine Frage der Zeit.

Hier beschuldigte man den griechischen Erzbischof Demetrios, daß er die Türken aus Nationalhaß gegen die Lateiner herbeigerufen und so die Wohltat, die der neue Gebieter Athens der orthodoxen Kirche erwiesen hatte, mit Verrat belohnt habe. Der Metropolit flüchtete nach Konstantinopel, wo er sich der heiligen Synode stellte und deren Schutz anrief. Nerio aber verlangte vom byzantinischen Patriarchen die Entsetzung des Verräters und Ketzers von seinem Sitze in Athen. Die Synode sprach Demetrios zwar von den ihm gemachten Beschuldigungen frei, allein sie gab so weit nach, daß sie an seiner Stelle Makarios zum athenischen Metropoliten ernannte.[33]

Trotz der schwierigen Verhältnisse, in denen er sich befand, gelang es Nerio Acciajoli, sich nicht nur im Besitze seiner Länder zu behaupten, sondern sogar von dem Lehnsverbande mit Achaia frei zu machen. Er warf sich in die Arme seines Gönners Ladislaus von Neapel. Bei diesem kriegerischen Könige, von dessen Ruf Italien erfüllt war, hoffte er Schutz gegen die Navarresen und die Türken zu finden, zumal Ladislaus der großen Kreuzzugsliga Frankreichs, Venedigs, Genuas und des Papsts beigetreten war. Er erlangte vom Könige die Investitur mit dem athenischen Herzogtum. Sein Gesandter, der lateinische Erzbischof Athens, Ludovico Alliotto, der von ihm eingesetzte Nachfolger des letzten spanischen Metropoliten Pujadell, entledigte sich mit Erfolg seines Auftrages in Neapel, denn am 11. Januar 1394 ernannte Ladislaus Nerio zum erblichen Herzoge Athens, und zwar wegen seiner Verdienste um seinen Vater Karl III. durch die Befreiung Athens von den Katalanen. Fortan sollte der neue Herzog keinen andern Oberherrn über sich haben als den König Neapels. Nicht persönlich, sondern durch seinen Bevollmächtigten leistete er zunächst seinem Lehnsherrn den Treueid als Vasall.

Da Nerio keine legitimen Söhne hatte, übertrug Ladislaus das Recht der Erbfolge in Athen auf dessen Bruder Donato und seine männlichen Nachkommen. Der andere Bruder desselben, der Erzbischof von Florenz und Kardinallegat Angelo Acciajoli, wurde Metropolit von Patras; der König ernannte ihn zum Bail in Achaia und trug ihm auf, Nerio durch einen goldenen Ring zu investieren.[34]

Ein florentinisches Bankhaus besetzte demnach mit einem seiner Mitglieder rechtskräftig den Herzogsthron Athens in derselben Zeit als ein zweites Bankhaus, das der Medici, die Grundlagen zu seiner späteren Herrschaft in Florenz legte, denn Giovanni Medici war im Jahre 1394 schon ein angesehener Mann, und von seinen nachher berühmten Söhnen war Cosimo 1383, Lorenzo 1394 geboren.

Die fürstlichen Ehren, die sich Nerio erteilen ließ, waren indes nur ein glänzender Schein, welcher auf die Türken keinen Eindruck machte. Die Mahnung des Papsts zum Kreuzzuge blieb ohne die gehoffte Wirkung, vielmehr rief Superan die Osmanen gegen Theodor und Nerio zur Hilfe auf. Dies aber hatte zur Folge, daß der Herzog von Athen sich ernstlich bemühte, sein und seines Schwiegersohnes Zerwürfnis mit der Republik Venedig endlich beizulegen. Er bewog den Despoten Theodor, Argos den Venezianern auszuliefern, und empfing selbst von ihnen Megara zurück. Am 2. Juli 1394 übergab der venezianische Kapitän Grisoni dies Kastell dem Bischof Jakob von Argos, dem Bevollmächtigten Nerios.[35]

Bald darauf, im September 1394, starb Nerio, der erste Herzog Athens aus dem Hause der Acciajoli, ein feiner Florentiner, so glücklich wie klug, in allen Künsten des Staatsmannes Meister, der unter den schwierigsten Umständen aus abenteuerlichen Anfängen emporgestiegen und zu einem hohen Ziele gelangt war. Wenn Machiavelli seine Lebensgeschichte gekannt hätte, so würde sie ihm ein lesenswertes Kapitel zu seinem ›Fürsten‹ geliefert haben.[36]

ZWEITES KAPITEL

Das Testament Nerios. Er vermacht Athen der Parthenonkirche und ernennt die Republik Venedig zur Beschützerin des Herzogtums. Carlo Tocco. Die griechische Nationalpartei in Athen. Die Türken besetzen die Stadt. Die Venezianer zwingen sie zum Abzuge. Die Signorie übernimmt die Regierung Athens. Kriegszug der Türken. Neopaträ und Salona. Schlacht bei Nikopolis. Fall von Argos. Verzweifelte Lage des Despoten Theodor. Antonio Acciajoli bemächtigt sich Athens.

1. Obwohl das Herzogtum Athen kraft der Bestimmung des Königs Ladislaus an Donato Acciajoli und dessen Haus fallen sollte, hatte doch Nerio erkannt, daß dies auszuführen nicht möglich sei, und danach sein Testament eingerichtet.[37] Er verfügte über alle seine Besitzungen zugunsten seiner Familie, empfahl aber das ganze Land dem Schutze der Republik Venedig.[38]

Seine Geliebte, Maria Rendi, war eine Tochter des berühmten Notars Demetrios; da er in seinem Testament befahl, daß sie frei sein und alle ihre Güter behalten sollte, so war diese Frau von dem Frankenrecht ihres Vaters ausgeschlossen. Nerio hatte von ihr einen Bastard Antonio. Er vermachte diesem das Kastell Levadia und die Regierung Thebens. Seine älteste Tochter Bartolommea, die Gemahlin des Despoten Theodor, erachtete er als hinreichend versorgt und fand sie mit einer Schuldforderung von 9700 Dukaten ab. Francesca, die Gemahlin des Carlo Tocco, setzte er zu seiner Universalerbin ein. Sie sollte Megara und Basilika nebst allen andern ihm gehörigen Ländern erhalten, soweit dieselben nicht schon testamentarisch vergabt waren, und zwar im Falle sie einen Erben erhielt oder auch ohnedies innerhalb drei Jahren. Korinth aber sollte sie an den damaligen Großseneschall Siziliens vom Hause Acciajoli zurückgeben, wenn dieser die schuldige Pfandsumme auszahlen wolle. Denn rechtmäßiger Herr und Palatin dieser Kastellanei war, nach dem Tode des Angelo Acciajoli im Jahre 1391, dessen Sohn Giacomo, ein geistesschwacher Mann, während sein Bruder Robert, Graf von Malta und Melfi und Großseneschall Siziliens, durch die Bürgerkriege und Thronstreitigkeiten Neapels verhindert wurde, Korinth einzulösen.[39]

Nerio stiftete Legate für andere Verwandte, setzte Summen zum Zweck frommer Stiftungen aus, gab solche Kirchen, die zum Fiskus gekommen waren, ihren Kapiteln zurück und bedachte vor allem mit überschwenglicher Pietät die Parthenonkirche (Santa Maria von Athen), wo er selbst begraben sein wollte. Er vermachte ihr ein Kapital zur Unterhaltung von zwanzig Priestern, welche Messen für sein Seelenheil lesen sollten. Er wies ihr seinen reichlich versehenen Marstall zu.[40] Alle Geräte und Kleinodien, die ihr zu seinem Notbedarf, d.h. zum Zweck seiner Befreiung aus der Gefangenschaft der Navarresen, genommen waren, sollten ihr zurückgegeben, ihre Eingangspforten neu versilbert, ihre Erhaltung und Herstellung überhaupt aus Renten der Stadt Athen bestritten werden. Ja, diese Stadt selbst vermachte er der Parthenonkirche als Eigentum, indem er alle derselben verliehenen Rechte unter den Schutz der Republik Venedig stellte.[41]

Wenn Nerio den ungeheuerlichen Gedanken fassen konnte, die Stadt Athen in ein Besitztum der lateinischen Priester des Parthenon zu verwandeln, so darf man daraus schließen, daß sie damals weder groß noch reich, noch eine selbständige Gemeinde gewesen ist. Als der sterbende Herzog die Jungfrau Maria zur Eigentümerin der erlauchtesten Stadt der geschichtlichen Erde machte, erinnerte er sich kaum daran, daß einst die Parthenos desselben Tempels auf der Akropolis die Herrin Athens gewesen war. Die Stadt des Theseus trat wiederum in ein Schutzverhältnis zu einer göttlichen Jungfrau, und immerhin war es für sie ehrenvoller, einer von der ganzen christlichen Welt vergötterten Heiligen des Himmels zu eigen zu sein, welche schon seit acht Jahrhunderten ihre heidnische Vorgängerin Pallas Athene aus dem Parthenon verdrängt hatte, als, wie es später geschah, die Domäne des Kislar Aga oder Oberhaupts der schwarzen Eunuchen im Serail zu Stambul zu werden.

Zweites Kapitel

Nach dem Wortlaute der Schenkung Nerios hätte demnach die Stadt Athen in ein Verhältnis zum Erzbischof und dem Domkapitel der Parthenonkirche treten müssen, wie es etwa die Stadt Rom zum Papst und zu Sankt Petrus besaß. Sie sollte fortan als ein eximiertes Kirchengut zu einer geistlichen Baronie werden, was damals Patras, die Metropole Achaias, wirklich war.[42] Da jedoch der Herzog nicht nur die neuen Rechte des Mariendoms, sondern sein ganzes Land dem Schutze Venedigs testamentarisch empfohlen hatte und diese sehr wichtige Bestimmung nebst allen andern praktischen Beziehungen die Ausführung der Schenkung des athenischen Pipin unmöglich machen mußte, so hat das Testament Nerios nur eine psychologische Bedeutung als rätselhafter Vorgang im Kopfe eines wahrscheinlich von vieler Sündenschuld bedrückten und zum frommen Manne gewordenen Abenteurers. Der Undank, welchen er vom griechischen Erzbischof erfahren hatte, konnte leicht seinen Entschluß beeinflußt haben. Aber die Zumutung an die Griechen Athens, ihr städtisches Vermögen durch ihnen verhaßte lateinische Priester verwalten zu lassen und fortan vom katholischen Erzbischof ihre Rektoren und Richter und die Kastellane der Akropolis zu empfangen, war so ungeheuerlich, daß sie auch ein schwaches Volk zum Aufstande hätte treiben müssen, wenn das Domkapitel den Willen des Herzogs durchzuführen unternehmen sollte.

Der Doge Antonio Venier schickte am 4. Dezember 1394 eine Abschrift des Testaments an die Signorie der Stadt Florenz. Hier aber ließ sich Donato, der rechtmäßige Nachfolger seines Bruders auf dem Herzogsthron Athens, nicht herbei, diesen zu beanspruchen, entweder weil er es vorzog, Gonfaloniere der Florentiner zu sein, oder weil unvorhergesehene Ereignisse ihn hinderten, seine Rechte auf das ferne Land wahrzunehmen. Denn die Willensbestimmung Nerios wurde alsbald der Gegenstand des Haders der Nächstberechtigten. Drei Prätendenten standen bereit, diese zu ihren Gunsten auszulegen oder gar umzustoßen: der kluge Bastard Antonio, wirklicher Herr Böotiens, der mächtige Herzog und Pfalzgraf Carlo Tocco, der dem Willen seines Schwiegervaters eine sehr weite Ausdehnung geben konnte, endlich die Republik Venedig, welcher der Schutz des ganzen Landes Nerios übertragen war und deren Bailo in dem nahen Negroponte die Dinge beobachtete.[43]

Tocco besetzte zuerst Megara, kam im November 1394 nach Korinth und verlangte von den Exekutoren des Testaments die Auslieferung dieser Stadt, welche ihm Nerio als Mitgift seiner Tochter versprochen hatte. Sie willigten darein, nachdem der Pfalzgraf eine schriftliche Erklärung gegeben hatte, die Bestimmungen Nerios genau auszuführen zu wollen. Er ging von dort mit jenen nach Kephallenia, und hier verlangte er sein Schriftstück zurück. Als sie erklärten, daß sie dasselbe nach Florenz an Donato geschickt hätten, zwang er sie unter Todesdrohungen, ihm urkundlich zu bestätigen, daß er das Testament ausgeführt habe. Die Exekutoren eilten nach Venedig und Florenz, wo sie gegen die erlittene Gewalt protestierten.[44]

Unterdes sah sich Venedig genötigt, sein ihm verbrieftes Schutzrecht über Athen geltend zu machen und der steigenden Verwirrung im attischen Lande Einhalt zu tun, welches die Beute der Türken zu werden drohte. Denn Nerio selbst war Vasall des Sultans gewesen, dem er sich zu jährlichem Tribut verpflichtet hatte. Die ganze östliche Welt der Hellenen anerkannte den schrecklichen Bajasid als ihren Schiedsrichter. Nichts konnte mehr ohne seine Genehmigung geschehen; jeder Dynast stand, gleich dem byzantinischen Kaiser selbst, im Vasallenverhältnis zu ihm; jeder erkaufte seine Gunst durch Tribut und rief zu seiner Selbsterhaltung oder Vergrößerung die Intervention der Osmanen an. Der türkische Großherr hatte jetzt den Griechen und Lateinern in der Levante gegenüber die Stellung der alten römischen Imperatoren erlangt. Die griechischen Fürsten drängten sich an seinen Hof in Adrianopel; unter seinen Fahnen dienten sogar die Söhne des Kaisers. Seine furchtbare Janitscharenlegion bildete er aus ehemaligen Christenknaben, welche, der Heimat entrissen, mohammedanisch erzogen wurden. Die Kühnheit und Großartigkeit dieses werdenden Weltmonarchen und seine Staatskünste nötigten der ganzen erschreckten Christenheit Achtung und Bewunderung ab.

Im Bunde mit den Türken war selbst Carlo Tocco, welcher nach dem Besitz der unlängst venezianisch gewordenen Argolis strebte und dorthin kriegerische Streifzüge unternahm, während er sich von seinem Schwager Theodor überreden ließ, ihm Korinth abzutreten. Dort zog griechische Besatzung ein, und so wurde der Isthmos nach fast zwei Jahrhunderten mit dem Peloponnes wieder vereinigt.

2. In Athen regte sich die lange unterdrückte Nationalpartei. Eine solche erschien hier zum ersten Mal in der Geschichte der Stadt unter fränkischer Herrschaft. Einheimische Archontengeschlechter waren demnach dort wieder emporgekommen, und sie schlossen sich an das griechische Erzbistum an. Der Metropolit Makarios mußte durch die Schenkung Athens an die lateinische Kirche in Wut versetzt sein; von Nationalhaß verblendet, unterhandelte er heimlich mit den Türken, und einige Monate nach dem Tode Nerios rückte der Pascha Timur-

Zweites Kapitel

tasch von Thessalien mit einem Heerhaufen in Attika ein. Er besetzte ohne Widerstand die Unterstadt Athen. Nur die von den Spaniern während ihrer Herrschaft durch Schanzen verstärkte Akropolis hielt der tapfere Burgvogt Matteo de Montona, einer der Exekutoren des Testaments Nerios.[45]

In seiner Bedrängnis schickte er Boten nach Negroponte und trug dem dortigen venezianischen Bailo Andrea Bembo an, ihn durch einen Entsatz zu befreien und die Burg wie die Stadt Athen für die Republik in Besitz zu nehmen, unter Bedingungen, welche die Freiheiten und Rechte der Athener gewährleisteten. Bembo genehmigte diesen Antrag mit dem Vorbehalt der Bestätigung des Dogen. Er schickte von Euböa Kriegsvolk hinüber, welches die Türken zum Abzuge aus Athen und aus Attika nötigte. Montona öffnete hierauf den Venezianern die Akropolis, und am Ende des Jahres 1394 wurde das Löwenbanner von S. Marco zum ersten Mal auf den Zinnen der Burg des Kekrops aufgezogen.[46]

Andrea Bembo meldete das wichtige Ereignis dem Dogen, und Matteo de Montona schickte zu diesem als seinen eigenen Bevollmächtigten Leonardo von Bologna, um die Republik aufzufordern, die vollendete Tatsache der Besitznahme Athens anzuerkennen und die vertragsmäßigen Zusagen des Bailo zu bestätigen. Die Signorie Venedigs konnte die kühne Tat ihres ersten Ministers in der Levante nur mit Genugtuung aufnehmen, wenn auch die Folgen derselben vielerlei Bedenken erregen mußten; denn der Erwerb Athens und Attikas mußte bei allen Feinden der Republik auf heftigen Widerspruch stoßen, bei dem Sultan, den Byzantinern im Peloponnes und den Erben Nerios. Allein Venedig hatte das unbestrittene Recht und die Pflicht, Athen zu schützen und zu retten. Am 18. März 1395 faßte der Senat den Beschluß, den Besitz der Stadt zu behaupten.[47]

In diesem Akt erklärte er, daß es unstatthaft sei, diese aufzugeben, weil sie sonst in die Gewalt der Türken fallen müsse, wodurch die benachbarten Besitzungen, die der Republik so teuer seien wie die Pupille des Auges, dem Untergange ausgesetzt sein würden. Venedig übernahm die Stadt Athen mit der ausdrücklichen Anerkennung aller ihrer Rechte, Freiheiten und Privilegien und althergebrachten Gewohnheiten, deren Aufrechterhaltung bereits der Bailo Negropontes dem Matteo de Montona in seinem mit ihm gemachten Vertrage eidlich zugesagt hatte. Zum Lohn für die Dienste dieses tapferen Kapitäns, »welcher der wesentliche Urheber der Übergabe Athens an Venedig sei«, wurde ihm aus den Einkünften der Stadt eine jährliche Rente von 400 Hyperpern ausgesetzt; eine geringere erhielten Leonardo von Bologna und zwei andere Athener, Giacopo Columbino und der Notar Makri, ein Grieche, welche gleichfalls für die Venezianer bemüht gewesen waren.

Die Neuordnung der Verhältnisse Athens behielt sich die Republik für die Zeit vor, wo sie über den Betrag der Einkünfte der Stadt genügend werde aufgeklärt sein. In dem Beschluß des Rates wurde ausdrücklich auf das Testament Nerios Bezug genommen, kraft dessen die Republik die Herrschaft Athens zu übernehmen habe.[48] Die Schenkung der Stadt an die Kirche wurde mit Schweigen übergangen. Da der Marstall des verstorbenen Herzogs, aus welchem die Marienkirche ihre wesentlichen Einkünfte beziehen sollte, durch Diebstahl der Pferde geschmälert worden war, die Beschützung Athens aber gerade jetzt größere Kosten verursachte, so wurde bestimmt, daß die Zahl der Domherren vorläufig auf acht herabzusetzen sei. Der künftige venezianische Rektor sollte mit zwei Bevollmächtigten oder Prokuratoren der Marienkirche die Einkünfte und den Unterhalt des Kapitels regeln.

Die Besitznahme Athens durch die Republik Venedig machte großes Aufsehen in den benachbarten Staaten Griechenlands. Gleich nachdem sie geschehen war, unternahm Carlo Tocco feindliche Streifzüge nach Argos und selbst nach Attika.[49] Auch waren Unruhen von seiten der mit den Türken verbundenen griechischen Nationalpartei zu fürchten. Der Bailo Negropontes versicherte sich deshalb vor allem des Führers dieser; er ließ Makarios festnehmen und schickte ihn nach Venedig. Hier blieb der Erzbischof eingekerkert; da man ihm auch dort Schuld gab, mit den Türken zu unterhandeln, befahl der Papst Bonifatius IX. am 27. Mai 1396 dem Bischof Gilbert von Cittanuova, ihn unter Prozeß zu stellen.[50]

Die Regierung Athens übergab die Republik einem ihrer Edlen mit dem Titel des Podesta und Kapitäns, wie auch Nauplia und Argos von einem solchen verwaltet wurden.[51] Allein, so wenig reizten das damalige Athen und die geringe Besoldung des Amts die stolzen Nobili, dasselbe zu übernehmen, daß der Doge Antonio Venier anfangs manche Weigerung erfuhr. Der erste Venezianer, welcher sich mit dem Titel des Podesta Athens schmückte, war Albano Contarini. Er wurde dazu am 27. Juli 1395 auf zwei Jahre ernannt, mit einem Gehalt von 70 Pfund, wovon er einen Notar, einen venezianischen Gehilfen (socius), vier Diener, zwei Knechte und vier Pferde zu unterhalten hatte.[52] Zugleich wurden für die Akropolis zwei Schützenhauptleute mit sechs Dukaten monatlichen Soldes eingesetzt; von ihnen mußte einer am Tage, zur Nachtzeit aber mußten beide sich im Kastell befin-

Zweites Kapitel

den.⁵³ Da die Besatzungen von Burgen in jener Zeit äußerst geringe waren, so schien es der Republik ausreichend, wenn Contarini jene der Akropolis mit zwanzig Ballistarii verstärkte. Im Falle des größeren Bedürfnisses von Kriegsvolk und Geldern zur Beschützung der Stadt wurde der Podesta angewiesen, sich an die Kastellane von Modon und Koron oder an den Bailo Negropontes um Unterstützung zu wenden.⁵⁴

Im Sommer 1395 langte Contarini in Athen an, wo er im Palast der Acciajoli auf der Akropolis seine Residenz nahm. Wahrscheinlich empfand die Stadt, deren Rechte und Gemeindeverfassung keine Änderung erfuhren, bald die Wohltaten der venezianischen Regierung, allein sie und Attika waren in solche Armut versunken, daß Contarini im folgenden Jahre von der Republik eine Anleihe von 3000 Dukaten begehrte, die diese auch auf zwei Jahre bewilligte.⁵⁵

Das Herzogtum Athen konnte jetzt als erloschen angesehen werden; Korinth, welches nur durch Nerio mit ihm verbunden worden war, gehörte dem Despoten Theodor von Misithra, die Megaris dem Tocco, Böotien dem Antonio Acciajoli; nur Attika war gleich der Landschaft Argolis in der Gewalt Venedigs. Aber auch andre Gebiete, ehemalige Provinzen oder Baronien des Herzogs von Athen, wurden in dieser Zeit von der Flut der türkischen Invasion hinweggerissen.

Bajasid hatte im Jahre 1393 Widdin, Nikopolis und Silistria eingenommen, den letzten Bulgarenkönig Šišman beseitigt und dessen Land seinem Reiche einverleibt. Er hatte sodann die noch dem Kaiser gehörigen Städte am schwarzen Meer und das Küstenland Makedoniens an sich gebracht, während er Konstantinopel durch ein vor den Mauern gelagertes Heer von der Außenwelt abgesperrt hielt. In Serres versammelte er an seinem Hof die ihm tributpflichtigen Fürsten Griechenlands, unter denen sich auch der Despot Theodor, Manuels Bruder, befand. Ihrer ohnmächtigen Ränke überdrüssig, beschloß er, endlich an die Eroberung der hellenischen Provinzen zu gehen. Er schickte seine Kriegsscharen über den Othrys; sie nahmen Larissa, Pharsala und Zeitun, stiegen in das Tal des Spercheios hinab, besetzten das ehemals mit dem Herzogtum Athen verbundene Neopaträ und brachen sodann durch die unverteidigten Thermopylen in Phokis und Lokris ein.⁵⁶

In Salona herrschte damals noch Helena Kantakuzena, die Witwe des letzten Fadrique, oder vielmehr es schaltete dort als verhaßter Tyrann ihr Geliebter, ein Priester. Ein Teil der Griechen stand mit den Türken im Bunde; der Erzbischof von Phokis, Seraphim, soll der Verräter seines Landes gewesen sein und den Sultan in diese schönen

Jagdgründe herbeigerufen haben. Kaum erschienen die Türken, so öffnete Helena ihnen die Tore der Stadt. Sie wurde von Bajasid in anständiger Haft gehalten, während ihre Tochter Maria in seinen Harem hinüberwanderte. So endete das Haus der Grafen von Salona; diese Stadt wie die Landschaft Phokis wurden türkisch.[57] Noch heute erinnern dort, in dem alten Amphissa der Lokrer, die starken Türme der Akropolis und eine fränkische Kirche an die Zeiten der Stromoncourt und der Katalanen.

3. Wie weit damals die Türken auch in Böotien und Attika eindrangen, ist unbekannt. Sie streiften schon bis zum Isthmos hin, hinter welchem sich der Despot von Misithra voll Bestürzung zum Widerstande rüstete. Aber die Triumphe der Osmanen hemmte plötzlich die Kunde, daß Sigismund, der König von Ungarn, welchen der Kaiser Manuel zu seiner Rettung aufgerufen hatte, und die mit ihm vereinigten Streitkräfte Frankreichs und Deutschlands, ein gewaltiges, vom Adel der abendländischen Ritterschaft glänzendes Heer, die Donau überschritten hatten. Dieser Strom war jetzt die Verteidigungslinie Europas gegen die Türken, und nach dem Falle des Serben- und Bulgarenreichs bildeten Polen, Ungarn und Österreich die Schanzen des bedrohten Abendlandes. Bajasid rif seine Scharen eilig aus Griechenland zurück und wandte sich von Gallipoli nach dem Norden, um sich dem Christenheer entgegenzuwerfen. Sein blutiger Sieg bei Nikopolis am 28. September 1396, wo die edelsten Ritter Ungarns, Deutschlands und Frankreichs niedergehauen oder gefangen wurden, entschied das Übergewicht der türkischen Waffen über die Armeen des Abendlandes und machte den Großherrn zum unbestrittenen Gebieter der Länder unterhalb der Donau.

Die Folge der Schlacht bei Nikopolis war ein Streifzug der Türken nordwärts dieses Stromes, aber statt Ungarn zu erobern, beschloß der Sultan Bajasid, zunächst dem schattenhaften Rest des byzantinischen Reichs ein Ende zu machen und zugleich die abgebrochene Unternehmung gegen Altgriechenland fortzusetzen. Während er selbst Konstantinopel belagerte, schickte er seinen Feldherrn Jakub, den Pascha von Europa, und Evrenosbeg mit 50000 Mann nach dem Peloponnes.[58] Es war das erste Mal, daß osmanische Heere über den Isthmos in das hellenische Land eindrangen. Argos ergab sich am 3. Juni 1397; die Stadt wurde geplündert, das unglückliche Volk in die Sklaverei fortgeschleppt. Nur auf dem festen Palamedes Naupliàs konnten sich die Venezianer behaupten.[59]

Das fränkische Morea gehorchte damals dem navarresischen Vikar

Zweites Kapitel

Superan, als rechtmäßigem Fürsten Achaias. Denn dazu hatte ihn der König Ladislaus im Jahre 1396 durch ein Diplom ernannt, wie er früher Nerio Acciajoli zum Herzoge Athens gemacht hatte. Superan wich dem Sturme aus, indem er den Türken tributbar wurde.

Auch Sparta entging dem drohenden Schicksal. Hier wie in andern festen Plätzen konnte sich der Despot Theodor noch halten; denn die Kräfte der Türken reichten doch nicht aus, Lakonien zu unterwerfen. Mit Beute beladen, zog der Feind endlich über den Isthmos zurück. Trotzdem war die Lage Theodors, welcher übrigens dem Sultan Tribut zu zahlen gelobt hatte, so verzweifelt, daß er sich im Jahre 1400 entschloß, Korinth den Rhodesiern zu verkaufen, um so die »starke, schöne und große Stadt« vor den Ungläubigen zu retten.[60] Er schiffte sich zu diesem Zweck mit seinen Schätzen auf einer Galeere ein, die ihn nach Rhodos brachte. Der Orden der Johanniter hatte damals eine innere Krisis glücklich überstanden, denn auch er war durch das große Kirchenschisma in zwei einander bestreitende Hälften zerspalten worden. Der berühmte Heredia starb im Jahre 1396 im Exil zu Avignon, worauf Philibert von Naillac, sein Nachfolger auf dem Stuhl des Großmeisters, die Brüderschaft der Johanniter wieder vereinigte. Während das Königreich Zypern nach der Ermordung Peters I. durch seine rebellischen Großen im Jahre 1369 und infolge der Eroberung Famagustas durch die Genuesen im Jahre 1373 unter den letzten Lusignan in Verfall geriet, glänzte der Orden des Hospitals noch immer als eine selbst den Türken furchtbare Soldatenrepublik. In dieser Zeit des Niederganges der Lateiner und Griechen in der Levante nahmen die Ritter von Rhodos ihre kühnen Absichten auf den Peloponnes wieder auf. Sie besetzten das von ihnen erkaufte Korinth, und der verzweifelte Despot Theodor trat ihnen sogar Sparta für eine Geldsumme ab.[61]

Wie Misithra war glücklicherweise auch Athen in jenem Kriegssturm der Türken verschont geblieben. Zwar sprechen osmanische Geschichtsschreiber von einer Einnahme der Stadt im letzten Jahre des 8. Jahrhunderts der Hedschra (1397 nach Christi Geburt), allein die abendländischen Chronisten schweigen davon.[62]

Die Venezianer regierten unterdes Attika durch ihre Podestaten und Kapitäne. Auf Albano Contarini war dort im Jahre 1397 Lorenzo Venier, diesem 1399 Ermolao Contarini gefolgt; im Jahre 1400 war Kapitän Athens Niccolo Vetturi.[63] Die Republik behandelte übrigens den Besitz Athens nicht als etwas für ihre Staatsinteressen besonders Wichtiges, wenn sie auch die Gefahr erkennen mußte, die ihr dort drohte. Denn wie einst sein Vater in Korinth getan hatte, so wartete in

Böotien der Bastard Antonio Acciajoli auf die passende Gelegenheit, die ihn nach Athen zurückführen konnte. Er sammelte Kriegsvolk in Levadia, dem stärksten Ort jenes Landes. Die Türken, mit denen er im Einverständnis war und an deren Raubzügen gegen die Venezianer, seine ärgsten Feinde, er sich beteiligte, reizte er auf, die Küsten Euböas und Attikas zu überfallen. So kläglich aber war, trotz des venezianischen Regiments, die Lage Athens, daß diese Gemeinde am Ende des Jahres 1396 Gesandte an den Dogen schickte, um bei ihm Hilfe zu suchen. Der Bastard Nerios und andre Freibeuter, so klagten diese Boten, durchstreiften das Land mit fünfzig bis sechzig Reitern, gegen welche die Athener machtlos seien, da ihre Stadt durch diese fortgesetzten Angriffe verödet und verlassen sei. Sie verlangten eine Verstärkung von mindestens 50 Pferden und 25 Bogenschützen, und so klein waren die militärischen Verhältnisse jener Zeit, daß der venezianische Senat es für ausreichend hielt, den Athenern dreißig Reiter zu bewilligen.[64]

Im Jahre 1399 gingen nochmals Boten des Podesta und der Stadt nach Venedig mit dringenden Bitten um Abhilfe ihrer Not.[65] Die Akropolis war damals mit 26 Armbrustschützen bewehrt; der Senat befahl, sie durch dreißig andre zu verstärken und den 30 Reitern, welche der Kapitän hielt, noch 25 neu im Lande auszuhebende beizufügen. Später wurde dem Nachfolger Contarinis, Niccolo Vetturi, die Summe von 200 Hyperpern zugewiesen, um die Mauern und Zinnen wieder herzustellen.[66] Es geschah wohl auch aus dem Bedürfnis, mit ihrem Regiment Unzufriedene zu beruhigen, wenn die Signorie demselben Podesta gebot, öffentlich in Athen ausrufen zu lassen, daß jeder, der sich über die venezianischen Rektoren zu beklagen habe, seine Beschwerde vor den Syndici in Negroponte oder in Nauplia vorbringen dürfe.

Ein Anhang des Hauses Acciajoli mußte in Athen zurückgeblieben sein, und mit diesem konnte sich Antonio verständigen. Am Ende des Mai 1402 gelang es ihm, auf einem neuen Streifzuge nach Attika die Stadt in Besitz zu nehmen, worauf er die Akropolis belagerte. Der überraschte Podesta Vetturi und derselbe Matteo de Montona, welcher diese Burg ehedem gegen die Türken mit Erfolg verteidigt hatte, forderten schleunigen Entsatz von Venedig. Die Kunde des Ereignisses gelangte dorthin, als der große Rat eben Rainerio Venier zum neuen Podesta Athens ernannt hatte; er hielt denselben jetzt von seiner Abreise zurück.[67] Am 22. August 1402 erklärte der Senat Antonio als Feind des christlichen Glaubens in die Acht und befahl dem Bailo Negropontes, einen Preis von 8000 Hyperpern auf seinen Kopf zu

Zweites Kapitel

setzen.[68] Da vom Golfkapitän und von Negroponte dringende Mahnungen eingegangen waren, daß Athen auf jede Weise wiederzuerobern sei, damit nicht Euböa und andre Besitzungen Venedigs in Gefahr kämen, so befahl die Signorie demselben Bailo, Söldner anzuwerben, die Akropolis mit Kriegsvolk, Munition und Proviant zu versehen und die Stadt mit Gewalt dem Feinde zu entreißen. So maßlos war die Aufregung der venezianischen Regierung, daß sie demselben Bailo gebot, Theben in einen Trümmerhaufen zu verwandeln, wenn dasselbe bei dieser Gelegenheit von ihm erobert werden sollte.[69]

Während nun Antonio die Stadtburg Athens eingeschlossen hielt und ohne Erfolg bedrängte, da sie von der kleinen Zahl ihrer Bogenschützen hartnäckig verteidigt wurde, rüstete sich der Bailo Francesco Bembo, ihr Entsatz zu bringen. Er hatte eine Truppenmacht von 6000 Mann zusammengebracht, und mit diesem Heer zog er über die Brücke des Euripos nach Böotien, um sich Thebens zu bemächtigen. Aber der gewandte Bastard verstand es, die venezianischen Kriegshaufen, noch ehe sie diese Stadt erreicht hatten, in einen Hinterhalt zu locken, wo er ihnen eine vollständige Niederlage beibrachte. Der Bailo selbst geriet nebst andern Kapitänen in die Gefangenschaft des Siegers. Dann kehrte Antonio nach Attika zurück und setzte die Belagerung der Stadtburg fort.[70]

Das Glück des verwegenen Bastards erschreckte und beschämte die stolze Republik, zumal sich das Gerücht verbreitete, daß nicht nur der Bailo mit seinem ganzen Heere gefangen, sondern auch Negroponte von Antonio eingenommen worden sei. Am 7. Oktober beschloß die Signorie, Niccolo Foscolo als Provisor und Bailo nach Negroponte abzusenden, wohin ihn der Kapitän des Golfs mit Schiffen von Modon bringen sollte. Am 8. kam jedoch die verbürgte Nachricht, daß Negroponte nicht gefallen sei, daß vielmehr die dortigen Räte diese Stadt mit Umsicht schützten und der Herzog von Kreta ihnen Kriegsvolk zur Hilfe geschickt habe.[71] Der Doge sandte hierauf nach Euböa als Proveditore Tommaso Mocenigo mit dem Auftrage, von Antonio die Rückgabe der Gefangenen und der Stadt Athen zu verlangen. In allen Meeren und auf der Terra ferma beschäftigt, machte Venedig keine ernstlichen Anstrengungen, um zur Eroberung Attikas eine Kriegsflotte auszurüsten, sondern es begnügte sich vorerst, Euböa zu sichern und mit diplomatischen Mitteln den Verlust einzubringen. Der Bastard aber setzte mit aller Kraft die Belagerung der Akropolis fort. Ohne jede Unterstützung verteidigte diese der Podesta Vetturi siebzehn Monate lang mit Heldenmut. Als das letzte Pferd und das letzte Kraut auf der Felsenburg verzehrt waren, ergab sich der venezianische Kapitän.[72] So zog ein zweiter Acciajoli triumphierend in das Propyläenschloß der Herzöge Athens ein. Er verdiente sein Glück, denn er war ein ausgezeichneter Mann.

Drittes Kapitel

Einbruch Timurs in Kleinasien. Die Schlacht bei Angora und die Zertrümmerung des Osmanenreichs. Rückkehr des Kaisers Manuel aus dem Abendlande. Bruderkrieg der Söhne Bajasids. Der Sultan Suleiman. Friedensschluß der Levantemächte mit ihm. Venedig anerkennt Antonio Acciajoli im Besitze Athens. Herstellung des osmanischen Reichs. Mehmed I. Zerfall des Fürstentums Achaia. Die Griechen von Misithra erobern ganz Morea. Bodonitsa. Manuel im Peloponnes. Bau des Hexamilion. Misithra. Der dortige Despotenhof. Gemistos Plethon.

1. Die Eroberung Athens war dem Sohne Nerios durch eine ungeheure Katastrophe erleichtert worden, welche gerade damals die Macht der Türken mit einem Schlage niedergeworfen hatte und alle Staaten des Abendlandes in fieberhafter Aufregung hielt. Einer jener großen Völkerstürme, welche seit Jahrhunderten von Zeit zu Zeit das Innere Asiens durchtobten, war dort mit der Naturgewalt eines Zyklon aufgestiegen und hatte die Mitte des Weltteils vom Indus und Ganges bis über die Grenzen Chinas, nach Persien und zur Wolga hin mit seinen Wirbeln aufgewühlt. Das furchtbare Haupt dieser Umwälzung war Timur, der hinkende Sohn eines Mongolenhäuptlings; dem Dschingis-Khan vergleichbar, Gebieter eines neuen Weltreichs, zu dessen Mittelpunkt er Samarkand gemacht hatte. Als er seine Eroberungen über Syrien nach Armenien und Kleinasien ausdehnte, stieß er dort mit dem Sultanreich der Osmanen zusammen, der einzigen asiatischen Macht, die ihm eine Schranke zu setzen fähig war. Bajasid rüstete gerade einen neuen Zug nach dem Peloponnes, während er im Plane hatte, auch Konstantinopel anzugreifen, wo Johannes Palaiologos für seinen Oheim, den Kaiser Manuel, die Regierung führte, nachdem dieser im Dezember 1399 als Schutzflehender an die Höfe Europas gegangen war. Da nötigte der Einbruch Timurs in Anatolien den Sultan, vom Bosporos abzuziehen, um sich dort den Mongolen entgegenzuwerfen.

Der Kampf der beiden gewaltigsten Völkergebieter jener Zeit um den Besitz Vorderasiens und die mögliche Weltherrschaft wurde am 20. Juli 1402 in der mörderischen Schlacht bei Angora entschieden.

Drittes Kapitel 467

Das trefflich gerüstete und disziplinierte Heer Bajasids wurde von der Sturmflut der mongolischen Völker zermalmt, der stolze Sultan selbst als Gefangener in das Zelt Timurs gebracht. Das türkische Reich lag augenblicklich zerschmettert vor den Füßen des großen Kaisers von Samarkand. Die ganze Christenheit fühlte sich plötzlich erlöst und atmete freier auf; zumal dem bedrängten Konstantinopel wie allen Staaten in Griechenland war wie durch ein Wunder eine neue Lebensfrist gesichert. Zwar konnten Franken und Griechen bei dem Gedanken zittern, daß der furchtbare Herrscher Asiens, wie einst Darius und Xerxes, sein Weltreich über ganz Europa auszudehnen im Sinne habe;[73] woher der byzantinische Reichsverweser eilte, die ihm gestellte Forderung jährlichen Tributs zu bewilligen. Timur hatte Brussa eingenommen und dort unermeßliche Schätze erbeutet; er hatte das kleine blühende Kaisertum Trapezunt zur Vasallenschaft genötigt und die Hafenstadt Smyrna zerstört; allein er machte an den Toren des Hellespont halt, da er, außer 22 trapezuntischen Schiffen, keine Flotte besaß, die seine Horden nach Europa hätte hinüberführen können. Nachdem er das Reich der Osmanen in Kleinasien zerschlagen und die erst von Murad, dann von Bajasid unterjochten seldschukischen Fürsten von Mentesche, Kermian, Aidin und Karaman als seine Vasallen wieder eingesetzt hatte, verließ er noch im Jahre 1403 Vorderasien, um nach Samarkand zurückzukehren.

Der Sultan Bajasid war um diese Zeit als sein Gefangener gestorben: eins der am meisten tragischen Beispiele von der Unbeständigkeit des Glücks, welches die Geschichte der Eroberer bis auf die beiden Napoleon verzeichnet hat. Seine dem Blutbade zu Angora entronnenen Söhne kämpften alsbald miteinander um den väterlichen Thron, der noch in Adrianopel aufrecht stand und auch in Brussa wieder aufgerichtet werden konnte. Kein Augenblick war daher für die Fürsten und Völker des Abendlandes günstiger, um die Türken aus Europa nach Asien zurückzutreiben. Allein, dieser große, unwiederbringliche Zeitpunkt ging ungenutzt vorüber, weil alle Staaten des Abendlandes mit ihren inneren Revolutionen und Kriegen beschäftigt waren, während das vom Schisma gespaltene Papsttum die moralische Führung der Welt verloren hatte. Die Lebenskraft der durch jene Katastrophe zu heroischer Erhebung aufgeforderten Romäer erwies sich als erstorben, die des osmanischen Staats dagegen als so stark, daß er die tödliche Krisis zu überstehen vermochte.

Der Kaiser Manuel hatte die Kunde der gewaltigen Ereignisse am Hofe Karls VI. in Paris vernommen, wo ihn Boten aus Konstantinopel zurückriefen und ihm sogar ein Bündnis mit Timur in Aussicht stellten. Ehe er nun im Abendlande Mittel und Kriegsvolk zur Heimkehr zusammenbringen konnte, war Suleiman, der älteste der Söhne Bajasids, in Adrianopel zum Nachfolger seines Vaters ausgerufen worden. Nichts zeigte deutlicher die Ohnmacht, die Zersplitterung und die engherzige Selbstsucht aller damaligen Staaten und Gebieter im Osten als ihre Anerkennung der dominierenden Stellung des neuen Sultans selbst in dieser Stunde, wo die Kraft des türkischen Reichs gelähmt und durch innern Zwiespalt gebrochen war. Die griechischen Fürsten beeilten sich, ihr altes Vasallenverhältnis zur hohen Pforte wieder herzustellen. Antonio Acciajoli suchte von Suleiman, an dessen Hof in Adrianopel er sich persönlich begab, die Bestätigung als Herr Athens zu erlangen, und sogar die Republik Venedig betrachtete ohne weiteres den türkischen Sultan als rechtmäßigen Oberherrn Attikas. Sie schämte sich nicht, ihn dringend aufzufordern, durch seine Autorität dahin zu wirken, daß ihr der Usurpator die euböotischen Gefangenen und die Stadt Athen herausgebe.

Als venezianischer Bevollmächtigter begab sich Pietro Zeno, der Herr von Andros, dessen geschickte Dienste die Signorie schon in der Angelegenheit der Argolis gebraucht hatte, nach Adrianopel, wo ihm am türkischen Hofe ein Gesandter Antonios entgegenwirkte. Zeno setzte dann seine Unterhandlungen in Gallipoli fort.[74] Seine eigene schwierige Lage in Europa wie in Kleinasien, wo der seldschukische Fürst von Karaman und andre Dynasten ihm feindlich waren, nötigte den Sultan, zunächst alle Verwicklungen mit den Levantemächten friedlich beizulegen. Wenn er auch keinen Kreuzzug von Frankreich, Italien, Deutschland und England zu fürchten hatte, so stand ihm doch eine keineswegs gering zu achtende Liga entgegen, welche die Venezianer und Genuesen, die Johanniter von Rhodos, der Herzog von Naxos aus dem Hause Crispi und der Reichsverweser Johannes miteinander vereinbart hatten. Er gewährte diesen verbündeten Feinden den Erlaß bisher gezahlter Tribute, Handelserleichterungen und andre große Zugeständnisse. Dem griechischen Kaiser gab er sogar das wichtige Thessalonike mit Gebieten Makedoniens, die Inseln Skopelos, Skiathos, Skyros, ganz Thessalien, die Landschaften im Peloponnes und selbst die festen Städte am schwarzen Meer zurück. Den Rhodesiern trat er Salona ab; der Republik Venedig versprach er den Wiederbesitz Athens und eine Landschaft von fünf Millien Ausdehnung auf dem griechischen Festlande am Euripos, Negroponte gegenüber.[75] So bedeutend war denn doch der Eindruck, welchen der Bund dieser Staaten auf den Sultan machte; und was wäre damals nicht erreicht worden, wenn sich das Abendland entschlossen hätte, ein

*Sultan Bajasid I.
(Stich um 1600)*

Sultan Suleiman I.
(Stich 1596)

Kriegsheer über die Donau in das Balkanland einbrechen zu lassen, um die Niederlage bei Nikopolis zu rächen!

Die in jenem Friedensvertrage bedingte Herausgabe Athens konnte die venezianische Signorie von Antonio nicht erlangen. Sie mußte vielmehr eine gute Miene zum bösen Spiele machen, und schon seit dem Herbst 1402 hatte sie mit dem Usurpator wegen eines Abkommens unterhandelt.[76]

Der Papst Innozenz VII., der König Ladislaus von Neapel und der einflußreiche Kardinal Angelo Acciajoli verwendeten sich eifrig zu seinen Gunsten, während Antonio selbst dringende Gesuche an den Dogen richtete, ihn als Lehnsmann in den Staatsverband der Republik aufzunehmen. Indem diese die Kosten und Anstrengungen, welche ihr die gewaltsame Vertreibung Antonios aus Athen verursachen mußte, mit dem wirklichen Nutzen ihres direkten Dominiums dort abwog, kam sie zu dem Entschluß, auf den tatsächlichen Besitz Attikas zu verzichten und dies Land dem Sohne Nerios als ihrem Vasallen zu überlassen. Der Vertrag wurde am 31. März 1405 zu Venedig abgeschlossen.[77] Die Republik nahm aus Rücksicht auf jene großen Fürsprecher Antonio zu Gnaden als ihren Sohn an; sie genehmigte, daß er Land, Burg und Stadt Athen, die in »moderner Zeit Sythines genannt werde«, mit allen ihren Gerechtsamen und Zubehör als ihr Lehnsmann besitze.[78] Zu dessen Zeugnis, so wurde festgesetzt, sollen er und seine Erben fortan der Kirche San Marco in Venedig jährlich am Weihnachtstage ein seidenes Pallium darreichen, 1000 Dukaten an Wert. Er soll Freund der Freunde, Feind der Feinde Venedigs sein; keinem Gegner der Republik Durchzug durch sein Land gestatten, solchen aber ihren Kriegsvölkern nebst dem Markt von Lebensmitteln gewähren. Wenn venezianische Besitzungen angegriffen werden, soll er Hilfe leisten. Der Handelsverkehr zwischen seinem Staate und Venedig wird durchaus freigegeben; eine wechselseitige Auslieferung flüchtiger Kolonen wird festgestellt. Das Eigentum der während des Krieges beschädigten venezianischen Untertanen hat Antonio zu ersetzen, wie auch alle Munition, die bei der Einnahme Athens in seine Gewalt gekommen war. Die Güter des ehemaligen, schon verstorbenen Rektors Athens, des tapfern Vetturi, hat er den Erben zurückzugeben. Ausdrücklich verlangte die Republik von Antonio, daß er den Erzbischof Makarios als Feind und Verräter der Christenheit aus allen seinen Landen verbanne und ihn nach Venedig ausliefere, wenn er seiner habhaft würde.[79] Alle früheren Verträge, wie sie seit alter Zeit zwischen dem Herzogtum Athen und Negroponte bestanden hatten, wurden durch diesen Frieden erneuert und in denselben auch der

Markgraf von Bodonitsa als Bürger und Freund Venedigs eingeschlossen.

Es war im Grunde eine empfindliche Niederlage der Republik S. Marco, daß sie vor dem Glücke eines entschlossenen Abenteurers die Waffen niederlegte, diesen unter ihre Bürger aufnahm und als Gebieter Athens anerkannte. Ihr Rückzug aus Attika geschah in einer Zeit, wo ihr Dominium in der Levante wieder im Steigen und ihr maritimes Übergewicht noch vollkommen unbestritten war. Sie gebot damals über Kreta und die ganze Insel Euböa; sie besaß im ionischen Meere Korfu, in Dalmatien und Albanien Durazzo und eine Reihe anderer Seeplätze und Inseln; sie erwarb die Stadt Lepanto im Jahre 1407 und bald darauf sogar Patras mit seinem Gebiet.[80] Im Peloponnes gehörten ihr Modon und Koron, Argos und Nauplia. Ihr Kolonialbesitz war demnach so groß, daß sie unter der Regierung des Dogen Tommaso Mocenigo den Gipfel ihrer Herrschaft auf dem Meere und ihre größte Handelsblüte erreicht hatte, während die Seemacht ihrer Nebenbuhlerin Genua bereits untergegangen war.[81] Dann ermattete Venedig in dem immer schwierigeren Kampfe gegen die unaufhaltsam vordringenden Osmanen, die alle bisherigen Machtverhältnisse in der Levante veränderten, und schon unter dem Dogen Francesco Foscari suchte die vorsichtige Republik in dem Erwerb der italienischen Terraferma die festen Grundlagen ihres nationalen Staates zu gewinnen.

2. Die Kriege, welche die von Eifersucht und Haß gegeneinander entbrannten vier Söhne Bajasids um den Sultansthron führten, dauerten mit wechselndem Erfolge zehn Jahre lang. Es war ein Glück für das sich wiederherstellende Türkenreich, daß es nicht zu einer Teilung desselben unter die streitenden Brüder kam, sondern das Grundprinzip des osmanischen Hauses, die dynastische Einheit, bestehen blieb. Suleiman wurde im Jahre 1410 durch seinen Bruder Musa in Adrianopel gestürzt und umgebracht; diesem nahm sodann Mehmed I., der dritte und glücklichste der feindlichen Brüder, im Jahre 1413 den Thron und das Leben. Er restaurierte das osmanische Reich, während die Folgen des Thronstreites Griechenland eine Ruhepause verstatteten.

Der Despot Theodor hatte nach Misithra zurückkehren können. Diese Stadt war von ihm den Rhodesiern verkauft worden, aber der Landesbischof und die Bürger hatten die sich einfindenden Ritter mannhaft zurückgewiesen. Das beleidigte Volk der Lakonier bewahrte noch etwas von dem Männerstolz der Vorfahren; es wollte nicht unter das Joch der Johanniter fallen. Nur unter demütigenden

Drittes Kapitel

Bedingungen nahm es den griechischen Despoten wieder als Herrscher auf. Auch die Baronie Korinth hatte Theodor von den Rittern zurückgekauft.[82]

Im fränkischen Morea waren in dieser Zeit wichtige dynastische Veränderungen eingetreten. Bordo de Sankt Superan starb im Jahre 1402 und ließ das sogenannte Fürstentum Achaia seinen Kindern aus der Ehe mit Maria vom Hause der Zaccaria zurück. Dieses berühmte genuesische Geschlecht hatte in der zweiten Hälfte des 13. Jahrhunderts durch Genie, Heldenkraft und Handelsspekulationen, erst vom Kaiser Michael Palaiologos und dann von Philipp von Tarent begünstigt, Phokäa mit den unerschöpflichen Alaungruben, die Insel Chios mit ihren Mastixwäldern und andere Eilande erlangt und war dadurch zu Reichtum und fürstlicher Größe emporgestiegen.[83] Im Jahre 1329 vom Kaiser Andronikos III. aus Chios vertrieben, waren die Zaccaria als Barone im Peloponnes aufgetreten, wo Martino durch seine Heirat mit Jacqueline de la Roche Veligosti, Damala und Chalandritza erworben hatte. Die Enkelin Martinos aber war jene Maria, die Tochter des Centurione I. von Damala und Chalandritza. Sie führte die Regentschaft für ihre und Superans unmündige Kinder, bis ihr Neffe, der gewalttätige Baron von Arkadia, Centurione II., der Sohn ihres Bruders Andronico Asan, sie und ihre Kinder aus dem Erbe verdrängte und sich selbst zum Fürsten Moreas aufwarf. Der König Ladislaus anerkannte im Jahre 1404 auch diese Usurpation. Der Zerfall des letzten Restes des Fürstentums Achaia war demnach so weit vorgeschritten, daß den Byzantinern von Misithra aus die Eroberung des ganzen noch fränkischen Morea möglich wurde. Sie hatten nach diesem Ziele ein und ein halbes Jahrhundert lang gestrebt, und sie erreichten dasselbe seltsamerweise erst, als ihre eigene letzte Stunde nahe war. Der Despot Theodor schickte sich an, Centurione mit Waffengewalt aus Achaia hinauszuwerfen, da starb er mitten in seinen Rüstungen im Jahre 1407 zu Misithra, ohne Erben zu hinterlassen; denn seine Ehe mit Bartolommea Acciajoli war unfruchtbar geblieben. Manuel II. ernannte hierauf seinen Sohn Theodor zum Nachfolger jenes Despoten.

Schon seit langer Zeit hatte kein griechischer Kaiser ein so friedliches Verhältnis zu seinem türkischen Erbfeinde gehabt. Von Manuel selbst war Mehmed I. in seinem Kriege mit Musa gefördert worden, und das vergalt ihm jetzt der Sultan. Wenn jener nach seiner Rückkehr aus dem Abendlande so günstige Umstände als ein Mann von Kraft und politischem Genie auszunutzen verstanden hätte, so würde er vielleicht in der Reihe der byzantinischen Herrscher als Wiederhersteller eines gesunkenen Reiches geglänzt haben. Allein Manuel war tatenlos geblieben und hatte sich mit den Zugeständnissen erst des Sultans Suleiman und dann Mehmeds I. begnügt, der ihm und dem Despoten von Misithra den Frieden bewilligte. Den Großherrn, einen von Natur wohlwollenden und gemäßigten Mann, zwang sein eigener Vorteil, diesen Frieden ernstlich zu halten und jeden Zusammenstoß mit den Mächten des Abendlandes zu vermeiden. Gleichwohl zeigte auch er, daß er auf die Fortsetzung der Eroberungen seines Vaters nicht verzichtet habe. Im Juni 1414 ließ er Bodonitsa besetzen. Diese alte, durch die Nähe der Thermopylenpässe noch immer wichtige, fränkische Markgrafschaft der Pallavicini war durch Guglielma, die Erbtochter des Hauses, in ihrer zweiten Ehe an den edlen Venezianer Niccolo Giorgio gekommen, und dessen Nachkommen entriß der Sultan Bodonitsa trotz der Proteste Venedigs.[84]

Durch den Frieden mit dem Sultan gesichert, konnte der griechische Kaiser die armseligen Trümmer des Reiches Konstantins besuchen, ein ganzes Jahr in Thessalonike, dem Besitztum seines Sohnes Andronikos, verweilen und dann im Jahre 1415 für ebenso lange nach Misithra gehen, wo er seinem andern Sohne, dem Despoten Theodor II., die widerstrebenden Toparchen des Peloponnes unterwerfen und diese ganze Halbinsel ihm untertänig machen wollte. Er betrieb zugleich mit Eifer den Aufbau des Hexamilion oder der Isthmosmauer, welchen schon Theodor I. mit dem Beistande der Venezianer begonnen hatte.[85] Denn die Griechen bildeten sich ein, daß, wie zur Zeit der Perser, ein solcher Wall den Peloponnes für ihre Feinde unnahbar machen werde. Manuel bot Tausende von Arbeitern zu dem großen Werke auf. Am 13. März 1415 war er nach Kenchreä gekommen, wo ihn Gesandte der venezianischen Rektoren von Modon und Koron begrüßten; am 8. April wurde der Anfang gemacht und in 26 Tagen von Meer zu Meer eine gewaltige Mauer mit tiefen Gräben aufgeführt, die zwei große Kastelle und 153 feste Türme erhielt. Der Kaiser datierte am 26. Juni vom Hexamilion einen Brief an den Dogen Tommaso Mocenigo, worin er ihm Kunde von der Vollendung der Schanzen gab, und die Venezianer beglückwünschten ihn.[86] Die Zeitgenossen staunten dies Bollwerk an, als wäre es den berühmten Wällen Hadrians vergleichbar, doch sie sollten bald belehrt werden, daß es für Janitscharen nicht unersteigbar war.[87]

Gerade in dieser Zeit, wo Nordhellas an die Türken verlorenging und die Wolke der Vernichtung über Byzanz schwebte, sammelte sich das letzte nationale Bewußtsein der Griechen nicht in Attika, sondern im Peloponnes. Manuel II. vermochte seine kaiserliche Oberhoheit dort auch im fränkischen Morea geltend zu machen, wo Centurione

Kaiser Manuel II. Palaiologos mit seiner Familie (Miniatur 15. Jh.)

Peribleptoskloster in Misithra (Mistra)
(Zeichnung 1895)

ihm huldigte. So war der Schwerpunkt des griechischen Reichs, nachdem dasselbe fast alle seine andern Glieder verloren hatte, in seine ältesten Ursprünge, in das Land des Pelops, verlegt worden, welches den Angriffen der Türken noch am wenigsten ausgesetzt war. Misithra oder Sparta erschien zu jener Zeit als die politische und geistige Hauptstadt des Hellenentums. Dort lagen die Gräber der Despoten Manuel und seines Bruders Matthaios, ihres Vaters, des Kaisers Kantakuzenos, und des Despoten Theodor I. Diesem seinem ruhmlosen Bruder hielt jetzt Manuel II. eine Lobrede, die wir noch besitzen. So überladen sie auch ist, so dient sie doch als geschichtliche Urkunde der Zeit, und sie macht dem Talent des merkwürdigen Kaisers Ehre, welcher durch seine Bildung, Beredsamkeit und fürstliche Sitte die Höfe von Paris und London bezaubert hatte.

Die Stadt Misithra, die Residenz des Despoten, drei Millien weit von Lakedaimon gelegen, verdunkelte damals sowohl Thessalonike als Athen. Sie verdient daher, daß ihr in der mittelalterlichen Geschichte ihrer alten Nebenbuhlerin ein paar Zeilen gewidmet werden. Das neue Sparta der Palaiologen war ein kleiner Ort, vom Weltverkehr abgeschieden und in steter Berührung mit den trotzigen Stämmen des Taygetos. Ihren Unabhängigkeitssinn hatten die Lakedaimonier eben erst durch die entschlossene Zurückweisung der rhodesischen Ritter dargetan. Den Byzantinern freilich galt die Bevölkerung Lakoniens als roh und barbarisch. Was einst Michael Akominatos von Athen gesagt hatte, das sagte auch Mazaris, der Verfasser eines satirischen Totengesprächs, von dem damaligen Sparta: daß hier zu leben der Gefahr aussetze, zum Barbaren zu werden.[88] Der Rhetor Demetrios Kydones aus Thessalonike, welcher am byzantinischen Hofe sein Glück fand, wunderte sich, daß der in jener Zeit gebildetste Grieche Plethon seinen Sitz in Sparta nehmen konnte, und schrieb darüber: »Was du für die Insel der Seligen hältst, ist nur der Schatten des alten Peloponnes; dort sind die Städte und die Gesetze verschwunden, und die Tugend ist zum Spott geworden. Aber du, ein eingefleischter Philhellene, bildest dir ein, daß der bloße Anblick des Bodens von Sparta dir Lykurg wiederbringt, wie er seine weisen Gesetze diktiert. Die Täuschung wird bald verschwinden, und du wirst dem Manne gleich sein, der, um den Übeln des Krieges zu entrinnen, zu den Massageten floh, welche die Waffen gegen ihre eigenen Verwandten erheben.«[89]

Die Ruinen des spartanischen Altertums gaben noch eine schwache Kunde von den Zeiten des Lykurg und Leonidas, des Pausanias, Lysander und Agesilaos. Der berühmte Reisende Cyriacus von Ancona besuchte Sparta später, im Jahre 1437; er fand ein Volk vor sich, dessen physische Stärke an die Vorfahren erinnerte; er bewunderte die herkulische Kraft eines spartanischen Jünglings, welcher einen Eurotas-Eber lebend gefangen hatte. Die schönen Gefilde sah er mit großen Resten von Bauwerken und mit Bruchstücken von Statuen bedeckt. Der Anblick dieser melancholischen Trümmerwelt begeisterte ihn dazu, griechische Verse zu Ehren Spartas in italienische zu verwandeln.[90] Gerade in jener Zeit regte sich dort der lange entschlafene Geist griechischer Wissenschaft. Der Fürstenhof, der sich in Misithra gebildet hatte, seitdem daselbst ein Despotat als byzantinisches Sekundogenitur-Lehen entstanden war, blieb im regsten Verkehr mit Konstantinopel, von wo er die Bedürfnisse des Luxus und der Bildung wie auch die Talente bezog. Er wurde eine Filiale des byzantinischen Geistes selbst und ein Sammelplatz für gebildete Hellenen, für Gelehrte und Sophisten, Bürokraten und Höflinge, welche daselbst ihr Glück zu machen suchten. Der Schmuck der Wissenschaften galt den dortigen Despoten für etwas so Unentbehrliches als den byzantinischen Kaisern selbst. Es gibt schon im 14. Jahrhundert Beweise, daß in Sparta eine Schule von Abschreibern alter Handschriften bestand.[91]

Man könnte den Hof Misithras dreist mit manchen Fürstenhöfen der italienischen Renaissance vergleichen, wie der Montefeltre Urbinos und der Gonzaga in Mantua. In der Tat erscheint er als der Herd einer griechischen Renaissance, auf einem Boden, wo die Funken des klassischen Heidentums im Glauben und Wähnen des lakonischen Volks wahrscheinlich noch immer heimlich fortglühten. Die dort entstehende akademische Richtung der Geister konnte demnach eine gewisse Originalität des Ursprunges beanspruchen.

Am Hofe Theodors II. lebte der berühmte Byzantiner Georgios Gemistos (Plethon), ein wiedererstandener antiker Hellene, ein nachgeborener Neuplatoniker aus der Schule des Proklos und ein schwärmerischer Verehrer der alten Götter, wie es bald nachher zum Teil die Humanisten Italiens unter der Führung des Pomponius Laetus wurden. Es ist begreiflich, daß ein Grieche von glühendem Vaterlandsgefühl, ein geistvoller Schüler der klassischen Philosophie, von der damaligen christlichen Kirche so gut Roms wie des orthodoxen Orients angewidert wurde, während ihn zugleich die staatliche und nationale Verkommenheit seines Volkes zur Verzweiflung brachte. Allein es grenzte doch an Wahnsinn, wenn er noch tausend Jahre nach Julianus Apostata sich einbildete, den Zeiger der Weltenuhr zurückschieben zu können, indem er den Kultus der Götter und Dämonen in einem neu ausgeklügelten allegorischen Mysteriendienst wieder auffrischte und die christliche Religion mit einem phantastischen Gemisch von Lehren des Zoroaster, der indischen Brahmanen, des Plato, Porphyrios und Proklos ersetzen zu können glaubte. Gemistos scheint eine Akademie oder Sekte dieses Sinnes gestiftet zu haben. Zu seinen Schülern, wenn auch nicht Adepten seiner mystischen Religionsphilosophie, sollen übrigens als Platoniker große Männer wie Manuel Chrysoloras und Bessarion gehört haben.

Später, zur Zeit des Unionskonzils in Florenz, trug er das heilige Feuer des Heidentums in diese Stadt; er verkündete wenigstens dort zuerst den Ruhm und die Größe Platos und wirkte, wie Ficinus behauptet hat, auf Cosimo dei Medici und die italienischen Sophisten insofern ein, als besonders seiner Anregung die Idee der Stiftung einer platonischen Akademie in Florenz zu verdanken war. Die Schrift Plethons ›Über den Unterschied der platonischen und aristotelischen Philosophie‹ gab das Zeichen zu einem langen literarischen Streit um die Geltung dieser beiden großen Denksysteme. Die Alleinherrschaft der auf dem entstellten und falsch verstandenen Aristoteles im Mittelalter gegründeten Scholastik wurde dadurch zum Wanken gebracht.

In jenem Jahre 1415, wo der Kaiser Manuel II. die Oberhoheit über Achaia gewann, widmete Plethon ihm und seinem Sohne, dem Despoten Theodor, zwei patriotische Staatsschriften, in denen er diese Fürsten ermahnte, dem Peloponnes mit sozialen Reformen ein neues Leben zu verleihen. Denn durch die entsetzliche Wirtschaft der Archonten und Latifundienbesitzer, durch die Leibeigenschaft, die Mönchsschwärme und die Sittenverderbnis war, nach seiner Ansicht, dies edle Mutterland der Hellenen so tief zerrüttet worden.[92]

In diesen theoretischen Abhandlungen, wonach der Peloponnes eine gründliche soziale Reform etwa im Sinne der Gesetze des Lykurg erhalten sollte, warf Plethon merkwürdigerweise zuerst die wichtige ethnographische Frage von der Abstammung der Neugriechen auf, indem er behauptete, daß der Peloponnes, das alte Stammhaus der edelsten Griechengeschlechter seit Menschengedenken, immer nur von Autochthonen, den reinen Hellenen, bewohnt gewesen sei. Hier nahm er keine Rücksicht auf Slaven und Franken;[93] aber sein Zeitgenosse und Gegner, der Byzantiner Mazaris, hob es hervor, daß im Peloponnes Völker mit verschiedener Sprache wohnten, und von diesen bezeichnete er sieben Stämme als Lakedaimonier, Italiener, Peloponnesier, Slavinen, Illyrier, Ägypter (Zigeuner) und Juden.[94]

Viertes Kapitel

Tod Mehmeds I. Kriegszug Murads II. nach dem Peloponnes. Antonio Acciajoli und seine Familie. Nerio Acciajoli. Die Florentiner in Athen. Alfonso V. von Aragon. Zustände in Konstantinopel und im Peloponnes. Die Palaiologen in Patras. Eroberung Thessalonikes durch die Türken. Epiros. Das Herzogtum Athen unter der Regierung Antonios. Die Albanesen. Sklaverei und Leibeigenschaft. Die Stadt Athen. Der Frankenturm auf der Akropolis. Das Schloß der Acciajoli in den Propyläen.

1. Solche Gestalt hatten die Zustände Griechenlands angenommen, als Antonio Acciajoli die Reste des Herzogtums Athen regierte, rings von drohenden Feinden, den Türken und den Byzantinern im Peloponnes, umgeben. Ein ernsthaftes Unternehmen gegen Athen würde die Osmanen so gut zu Herren dieser Stadt gemacht haben, wie sie das von Neopaträ, Salona und Bodonitsa geworden waren. Denn Antonio hätte sich nicht mit seinem geringen Kriegsvolk erfolgreich verteidigen können. Seine wirksamsten Waffen waren Geld und diplomatische Klugheit, die er in hohem Maße besaß.[95] Sehr vorteilhaft waren für ihn der Schutzvertrag mit Venedig und der Friede, welchen die Pforte mit dieser Republik schließen mußte, nachdem der Admiral Loredano die türkische Flotte im Jahre 1416 bei Gallipoli vernichtet hatte. Er hatte sich freilich anfangs gesträubt, seinen Verpflichtungen nachzukommen, so daß ihn die Signorie daran mahnte. Vergebens hatte er versucht, das Stück Land am Euripos zu behalten, welches von ihm nach dem Willen des Sultans an Venedig abgetreten worden war. Die Signorie drohte, ihm den Besitz Athens wieder zu entziehen; sie schloß endlich mit ihm ein Abkommen, wonach alle Festungen in dem »Fünf-Millienlande« dem Antonio verbleiben sollten, doch durfte er dort keine neuen bauen.[96]

Der Sultan duldete die griechischen Kleinfürsten in einem Lande, welches durch seine Lage und Beschaffenheit für ihn minder wichtig war, als die Insel Euböa oder der Peloponnes es hätten sein müssen; aber er ließ doch im Jahre 1416 Attika durch ein Heer verwüsten und zwang Antonio, der zum Vasallen Venedigs geworden war, sich wieder als seinen tributbaren Dienstmann zu bekennen.

Mehmed I. starb im Jahre 1421. Er vererbte sein Reich seinem großen kriegerischen Sohne Murad II. Der Kaiser Manuel war unklug genug, den falschen Mustafa, der sich für einen Sohn Bajasids ausgab, gegen den rechtmäßigen Thronfolger als Prätendenten aufzustellen, und dies hatte erst die Belagerung Konstantinopels, dann einen türkischen Kriegszug nach dem Peloponnes zur Folge. Hier suchte der Despot Theodor den Schutz der Venezianer nach, die er aufforderte, die Verteidigung des Hexamilion zu übernehmen. Sie erklärten sich dazu bereit, doch nur unter der Bedingung, daß ihnen Korinth überliefert werde.[97]

So erstarkt war jetzt wieder das türkische Reich, daß Murad beschloß, die Unternehmungen seiner Vorgänger zur Unterwerfung Griechenlands fortzusetzen. Er schickte im Mai 1423 den Pascha Turachan aus Thessalien mit einem starken Heere ab, um Theodor II. und die Venezianer aus ihren Besitzungen in Morea zu vertreiben. Als Vasall der Pforte mußte Antonio den türkischen Fahnen auf diesem Kriegszuge folgen. Das große Werk Manuels, die Isthmosmauer, wurde von den Janitscharen im Sturm genommen und dann zerstört.[98] Der Pascha drang hierauf in das Innere der Halbinsel; doch war auch dieser Krieg am Ende nur ein Streifzug; nach schrecklichen Verwüstungen kehrten die Türken über den Isthmos zurück.[99] Ein Friede mit dem griechischen Kaiser folgte, wodurch der Despot von Misithra zum Tribut an den Sultan und zur Aufgabe des Hexamilion verpflichtet wurde.

Athen war von diesen Stürmen nicht getroffen worden. Hier konnte Antonio lange Jahre hindurch in verhältnismäßiger Ruhe sein Land regieren. Als ein milder und freigebiger Fürst wußte er sich sogar die Liebe des Volks zu erwerben.[100] Er war mit einer schönen Thebanerin, der Tochter eines griechischen Priesters, vermählt, die er auf einem Hochzeitsfeste beim Tanze kennengelernt und dann ihrem Manne entführt hatte. Nach ihrem Tode schloß er eine zweite Ehe, mit Maria, der Tochter des Sebastokrators Leon, des Herrn von Ithome und einem nicht geringen Teile Messeniens, der vom alten Hause der Melissenoi abstammte, dessen Größe der Cäsar Alexios Melissenos, der Befreier Konstantinopels aus der Gewalt der Lateiner, begründet hatte. Sie brachte ihm viele Orte im Peloponnes als Mitgift.[101] Schon seine Verbindungen mit hellenischen Frauen zeigen, wie sehr damals das Griechentum neben der fränkischen Nationalität an Gewicht gewachsen war.

Familienunfruchtbarkeit war übrigens das Unglück der Acciajoli in Athen; sie vererbten ihre Herrschaft nicht auf legitime Söhne. Antonio adoptierte zwei Töchter eines ihm befreundeten oder verschwägerten Edlen Protimo in Euböa; von diesen vermählte er Benvenuta an Niccolo Giorgio, den Herrn von Karystos, der auch nach der Besitznahme Bodonitsas durch die Türken sich noch immer Markgraf dieses Landes nannte. Die andere, deren Taufname unbekannt ist, verheiratete er mit Antonello Caopena, dem Sohne Aliotos, des Herrn der Insel Ägina.[102]

Dies Eiland, von den Venezianern Leyena genannt, hatte das, wie es scheint, katalanische Geschlecht der Caopena vom Hause der Fadrique d'Aragona ererbt. Fortdauernde Bedrängnisse durch die türkischen Meerpiraten bewogen aber nach kurzer Zeit Alioto und seinen Bruder Arna, sich unter die Hoheit Venedigs zu begeben. Am 3. März 1425 genehmigte der Senat ihr Gesuch: Ägina sollte den Caopena für ihre Lebenszeit verbleiben, nach dem Aussterben des Hauses aber in den Besitz Venedigs übergehen. Die fruchtbare Insel der Äakiden, vor Zeiten eine der blühendsten Seemächte Griechenlands, mit einem herrlichen Hafen ausgestattet, mußte schon durch ihre Lage zwischen Attika und der Argolis den Venezianern wichtig sein. Sie erzeugte viel Getreide; in dem Vertrage mit der Republik verpflichteten sich die Caopena, den venezianischen Besitzungen Negroponte, Nauplia und Thessalonike von Zeit zu Zeit zu billigem Preise Korn zu liefern.[103] In den Schutz Venedigs wurde auch Antonello, der Bastard Aliotos und Gemahl der Protimo, aufgenommen. Fruchtlos protestierte der Herzog Antonio gegen diese venezianischen Erwerbungen.

Es ist selbstverständlich, daß weder Niccolo Giorgio noch Caopena aus ihrer Verschwägerung mit dem Herrn Athens irgendeinen Anspruch auf die Nachfolge im Herzogtum herleiten konnten. Denn diese gehörte den nächsten Verwandten Antonios, den Söhnen seines Onkels Donato, dem der König Ladislaus das Erbrecht übertragen hatte. Donato selbst war im Jahre 1400 in Florenz gestorben und hatte drei Töchter und fünf Söhne zurückgelassen. Unter diesen wurde Francesco von Antonio bevorzugt; er kam nach Athen, erhielt von ihm die Burg Sykaminon bei Oropos und diente ihm in diplomatischen Geschäften.[104] Francesco starb jedoch im Jahre 1419, und seine Kinder blieben mit ihrer Mutter Margareta Malpigli unter dem Schutze Antonios in Griechenland.[105]

Von den Brüdern Francescos war der junge Nerio di Donato schon 1413 nach Athen gekommen, ohne hier seinen Wohnsitz zu nehmen.[106] Er war nach Florenz zurückgekehrt, blieb aber mit seinen griechischen Verwandten in Verbindung. Im Jahre 1423 reiste er nach S. Maura zum Besuche des Herzogs Carlo Tocco, dessen Gemahlin Francesca Acciajoli, eine ehrgeizige, kluge, mächtige Fürstin, die hervorragendste Frauengestalt im damaligen Griechenland war. Der Herzog von Leukas stand zu jener Zeit auf dem Gipfel seiner Größe, denn er beherrschte außer seinen Inseln auch Akarnanien, Ätolien und Epiros, welche Länder er von den Slaven und Albanesen mit Kriegsgewalt erobert hatte. Er nannte sich Despot von Romania wie seine Gemahlin Königin oder Basilissa der Romäer. An seinem glänzenden Hofe verkehrten die angesehensten Griechen und Italiener.

Dringend wurde Nerio di Donato auch vom Herzoge Antonio nach Athen eingeladen, wo das Propyläenschloß viele Gäste beherbergte. Es waren die letzten Stunden des Glanzes auf der Akropolis und auch des Glückes oder doch eines ruhigen Zustandes für die Stadt Athen. Antonio hatte sich der Pest wegen nach Megara begeben, von wo er dem Nerio am 25. September 1423 meldete, daß Athen von der Krankheit frei sei, die nur noch in Theben fortdauere.[107] Er riet ihm, diese Stadt nicht zu betreten, seine Reise aber, des Kriegs mit Morea wegen, nur mit bewaffneter Bedeckung zu machen, in Livadostro zu landen und von dort nach Athen zu kommen.[108] Demnach war der Herzog nicht mehr persönlich als türkischer Vasall auf dem Kriegsschauplatz im Peloponnes anwesend; der Kriegszug der Türken überhaupt mochte damals schon beendigt sein, und es waren nur seine Nachwehen, welche sich weit und breit fühlbar machten.

Nerio folgte der Einladung nach Athen um so bereitwilliger, als sein eigener Bruder Antonio dort lebte; im Jahre 1427 erhielt derselbe durch die Gunst seiner Verwandten das Bistum Kephallenia. Ein zweiter Bruder Giovanni war in derselben Zeit Erzbischof von Theben.[109]

So blühte das Glück der Acciajoli vom Hause Donatos in dem vom Osmanenschwert schon getroffenen und immer wieder bedrohten Griechenland. Die Stadt Athen selbst mußte schon seit Nerio I. eine starke Einwanderung von Italienern erfahren haben. Diese machten sich daselbst heimisch, und manche überdauerten dort sogar den Fall der Acciajoli, denn noch im 17. Jahrhundert wurden unter den vornehmsten Familien der Stadt neben den griechischen der Chalkokondylas und Palaiologen ein paar italienische Geschlechter gezählt.[110] Besonders suchten Florentiner und Toskaner ihr Fortkommen am athenischen Hofe. Wir entdecken unter diesen Italienern freilich keinen, der das Land der Griechen mit der Begeisterung eines Pilgers für die klassischen Stätten des Altertums betreten hätte. Ein Uberto aus Arezzo bat jenen Nerio um seine Verwendung bei Carlo Tocco oder beim Herzoge Athens für eine Stelle als Lehrer im Recht, in der Logik, der natürlichen und moralischen Philosophie oder in der Medizin, welche Wissenschaften samt und sonders dieser Beneidenswerte sehr eifrig betrieben hatte.[111] Ein Zweig der Medici war, wie wir bemerkt haben, schon seit längerer Zeit in Athen, wo er sich Iatros nannte. Nun fand sich auch ein Machiavelli ein, Niccolo, ein Verwandter desselben Nerio, da seine Mutter Laudamia die Tochter des Donato Acciajoli war. Dieser Florentiner, der einen hundert Jahre später berühmt gewordenen Namen trug, war an den athenischen Hof gekommen und hatte von hier auch im Auftrage des Herzogs dem Nerio di Donato nach Santa Maura geschrieben, ihn zum Besuche Athens einzuladen. Er schloß seinen Brief mit den bemerkenswerten Worten: »Du hast noch nie ein so schönes Land als dieses gesehen und keine so schöne Burg (die Akropolis).«[112]

Florenz war überhaupt niemals in so lebhaftem Verkehre mit Athen und Griechenland als zur Zeit Antonios. Die schöne Guelfenstadt am Arno stand damals auf der Höhe ihres Glücks; sie hatte im Jahre 1406 Pisa, ihre alte Nebenbuhlerin um die Herrschaft in Toskana, bezwungen, die Häfen Porto Venere und Livorno im Jahre 1421 an sich gebracht, und noch in den letzten Stunden Griechenlands wollte sie neben Genua und Venedig zur See auftreten, ihre Schiffe nach Afrika, Syrien und Romanien aussenden und die Kolonien Pisas als deren Erbin an sich nehmen. Sie schmeichelte sich in der Tat mit der eitlen Hoffnung, eine Mittelmeer-Macht zu werden; sie richtete einen Magistrat der »consoli di mare« ein und schickte solche, kraft eines Vertrages mit dem Sultan Ägyptens, nach Alexandria wie nach andern Levantestädten.[113] Das Aufstreben der Stadt Florenz, deren Bankhäuser das Netz ihrer Filialen über die ganze Handelswelt ausbreiteten, erregte noch am Ende des 15. Jahrhunderts den eifersüchtigen Haß der Venezianer.[114]

Auf die Einladung des Herzogs von Athen schloß die florentinische Signorie am 7. August 1422 durch ihren Gesandten Tommaso Alderotti mit jenem, »ihrem guten Freunde und Mitbürger, wie das immer seine Vorfahren gewesen waren«, einen Vertrag, wonach den Florentinern freier Verkehr in allen seinen Häfen gestattet wurde. Antonio betrachtete sich so ganz als einen hellenischen Fürsten, daß er diese Urkunde in griechischer Sprache ausfertigen ließ.[115] So suchte er, da sein Zusammenhang mit dem verfallenen Hause Anjou keinen Wert mehr hatte, an dem aufsteigenden Florenz einen Rückhalt, und die ehemaligen Beziehungen der Acciajoli zu Neapel verwandelten sich in ein Bündnis mit ihrer Vaterstadt, aus welcher dies Geschlecht großer Bankiers seinen Ausgang genommen hatte.

2. Alle an den Verhältnissen Griechenlands beteiligten Mächte anerkannten den klugen Antonio, mit Ausnahme Alfonsos V. von Aragonien und Sizilien. Dieser großartige Fürst, der sich seit 1421 in Neapel befand, wo ihn die Königin Johanna II. adoptiert hatte, erinnerte sich

mitten in seinen kühnen Entwürfen, das Königreich Neapel an sein Haus zu bringen und mit Sizilien wieder zu vereinigen, auch der Rechte Aragons auf das Herzogtum Athen.[116] Entweder war es ein bloßes Gerücht oder eine wirkliche Tatsache, was dem Herzoge gemeldet wurde, daß Alfonso einen Katalanen Thomas Beraldo mit Athen beliehen hatte. Dies machte ihn ernstlich besorgt; er gab daher dem Erzbischof Johannes von Theben, welcher gerade nach Rom reiste, den Auftrag, der venezianischen Signorie die Gefahren vorzustellen, die von den Kataloniern drohten, und sie um Unterstützung durch den Bailo Negropontes zu bitten.[117] Die Signorie beruhigte Antonio, indem sie ihn versicherte, daß die Katalanen, wie allgemein bekannt sei, viel Lärmen um Nichts zu machen pflegten.

Venedig blieb Antonio wohlgesinnt, und sein Verhältnis zum Bailo Negropontes war durchaus freundlicher Art. Den durch die Natur gebotenen Wechselverkehr zwischen Attika-Böotien und der benachbarten Insel hatten schon ältere Handels- und Zollverträge noch in der Zeit der Katalanen, wenn nicht schon der La Roche, vielfach erleichtert. Diese Verträge waren verbrieft und lagen in der Kanzlei des Bailo zu Negroponte.[118] Auf das Weideland Euböas durfte Antonio seine auserlesenen Rassepferde schicken, und oft flüchteten dorthin bei Türkengefahr Eingesessene des Herzogtums mit ihren Herden und ihrer Habe.[119] So dauerte ein hergebrachter Zustand durch die Jahrhunderte fort; denn schon im Altertum war Euböa ein solcher Zufluchtsort gewesen: Im peloponnesischen Kriege hatten die Athener ihre Herden dort hinübergebracht, als Perikles sie bewog, aus ihren attischen Landgütern in die Stadt zu ziehen. Wie die Untertanen des Herzogs von Athen hatte Venedig auch den Einwohnern der Markgrafschaft Bodonitsa erlaubt, in Zeiten der Not mit Hab und Gut nach Negroponte zu flüchten.

Mit seinem Golde und seiner diplomatischen Kunst suchte sich Antonio vor allem die Freundschaft des türkischen Hofes zu erhalten. Er zahlte dem Sultan gewissenhaft Tribut, begab sich wiederholt in Person nach Adrianopel und spielte den Vasallen des Großherrn wahrscheinlich aufrichtiger als mancher andere Dynast. Er wußte wohl, daß seine Erhaltung einzig von der Laune des Sultans abhing. Seit ihrem Kriegszuge in Achaia im Jahre 1423 blieben die Türken vorerst ruhige Zuschauer der dortigen Umwälzungen, des Sturzes des letzten fränkischen Fürsten Centurione und der Aufrichtung byzantinischer Despotenherrschaften durch die Brüder des Kaisers Johann VI., der nach dem Tode seines Vaters Manuel II. den morschen Thron Konstantinopels bestiegen hatte.

Von den Brüdern Johanns war Theodor II. Despot in Misithra, Konstantin Dragases Herr in Clarenza und Messenien, Thomas mit Ländern in Arkadien ausgestattet. Der kräftigste der sechs Söhne Manuels war Konstantin; er strebte danach, den ganzen Peloponnes, auch auf Kosten seiner Brüder, zu beherrschen.[120] Im Mai 1429 eroberte er Patras, dessen Erzbischof und geistlicher Fürst Pandolfo Malatesta gerade im Abendlande abwesend war. So wurde diese Metropole des fränkischen Achaia wieder byzantinisch. Auch Centurione mußte aus allen seinen Besitzungen weichen. Thomas zwang ihn, in Chalandritza seinem Fürstentum zu entsagen und ihm seine Tochter Katharina zu vermählen. Als Centurione im Jahre 1432 starb, erlosch mit ihm der letzte Schatten des ehemaligen fränkischen Fürstentums der Villehardouin. Der gesamte Peloponnes kehrte jetzt, mit Ausnahme der Kolonien der Venezianer in Messenien und der Argolis, wieder unter die Herrschaft der Griechen zurück, nachdem die Franken dort seit Champlitte 225 Jahre lang Gebieter gewesen waren.

Während so der schwindende Lebensgeist des byzantinischen Reichs im Peloponnes noch einmal aufzuflammen schien, ging Thessalonike an die Türken verloren. Diese große Handelsstadt war zuletzt in den Händen der Venezianer gewesen, denen sie der geistesschwache Despot Andronikos, Manuels Sohn, im Jahre 1423 für die geringe Summe von 50000 Goldstücken verkauft hatte.[121] Auf jede Weise wollte der Sultan gerade diese Stadt, die übrigens schon früher vorübergehend von den Türken besetzt gewesen war, seinem Reiche einverleiben. Vergebens schickten die Venezianer Gesandte zu ihm und boten ihm große Summen für den Verzicht auf dieselbe an.[122] Murad verachtete ihr Anerbieten; am 29. März 1430 bezwang er die alte Hauptstadt des Königreichs der Lombarden, von wo aus vor mehr als zweihundert Jahren Hellas von den Franken war erobert worden. Ihre schreckliche Katastrophe unter Blutströmen, Flammen und Trümmern vollendete die Knechtung des nördlichen Griechenlands.[123] Der verzweifelte Kaiser Johannes eilte ins Abendland, um seine Rettung in der Unterwerfung unter die römische Kirche durch die Glaubensunion zu suchen.

Nach dem Falle Thessalonikes schickte der Sultan seinen Pascha Sinan zur Unterjochung von Epiros aus. Dort war Antonios Schwager, der berühmte Carlo Tocco, am 4. Juli 1429 zu Joannina ohne leibliche Erben gestorben. Sein schönes Reich, welches außer Albanien und Akarnanien die klassischen Inseln Ithaka, Zakynthos, Kephallenia und Leukas umfaßte, kam an seinen Neffen Carlo II., den Sohn seines Bruders Leonardo.[124] Die Türken aber verbündeten sich mit Memnon,

Viertes Kapitel

einem ehrgeizigen Bastard des verstorbenen Despoten, und nach langer Belagerung zwangen sie Joannina am 9. Oktober 1430 zur Ergebung. Karl II. wurde hierauf dem Sultan für Epiros und Akarnanien tributbar.[125]

Nach allen diesen Umwälzungen und solchen Fortschritten der Osmanen im westlichen Illyrien waren die Zustände Griechenlands so beschaffen, daß Antonio Acciajoli neben Venedig der einzige Frankenfürst war, der, obwohl Vasall des Sultans, noch einen eigenen, aus der lateinischen Eroberung herstammenden Staat regierte. Wenn sich dieser auch in keiner glänzenden Verfassung befand, so hatte er doch durch Verheerungen des Kriegs weniger gelitten als andere hellenische Länder. Auf dem finstern Hintergrunde des Elends jener konnte Athen noch als eine Oase in der Wüste erscheinen. Es bedurfte freilich für Antonio keiner großen Anstrengung der Urteilskraft, um einzusehen, daß der Fall des Herzogtums Athen unter das osmanische Schwert nur eine Frage kurzer Zeit sei. Allein er schloß die Augen vor der Zukunft und nutzte die Stunden aus.

Der griechische Geschichtsschreiber Chalkokondylas, Athener von Geburt, dessen einflußreicher Vater zum Hofe Antonios in engen Beziehungen gestanden hatte, hat diesen Acciajoli für einen glücklichen Fürsten erklärt und so über ihn geurteilt: »Er lebte in Wohlfahrt, da er seine Regierung in allen innern und äußern Verhältnissen vortrefflich einzurichten verstand. Sein Vertrag mit den Venezianern sicherte ihm die Ruhe; seiner Besonnenheit verdankte er ein langes und glückliches Leben. Er erwarb Reichtümer, weil er seinen Staat weise verwaltete. Auch die Stadt Athen hat er auf das schönste ausgeschmückt.«[126]

Dies Porträt, welches wahr sein muß, zeigt einen Fürsten von seltenen Eigenschaften, einen vollendeten Staatsmann und Regenten, der sich selbst unter den schwierigsten Verhältnissen der Zeit glücklich zu fühlen vermochte. Sein Vater Nerio hatte das nicht gekonnt; an der Fortdauer seines Staats in seinem Hause verzweifelnd, hatte er sterbend, und wie mit Geringschätzung, das weltberühmte Athen den Priestern der Parthenonkirche zum Geschenk gemacht. Aber der Sohn fand dies Besitztum noch edler Mühen wert; er erwarb es mit den Waffen und behauptete dasselbe mit diplomatischer Kunst.

Leider hat Chalkokondylas keinen Blick auf die innern Angelegenheiten der Stadt und Attikas geworfen und uns nicht gezeigt, ob auch die Athener unter der Regierung Antonios mehr als das negative Glück eines friedlichen Zustandes empfunden haben. Dies dürfte doch zweifelhaft sein, da die Kluft zwischen Griechen und Franken trotz mancher an jene gemachten Zugeständnisse keineswegs geschlossen war. Nichts zeigt uns, daß die hellenische Bevölkerung der Stadt Athen unter der Regierung Antonios einen wirklichen Fortschritt zu nationaler Entwicklung gemacht hatte.

Die Acciajoli waren aus der freiesten Demokratie Italiens hervorgegangen, aber sie hatten im Dienste der Anjou Neapels ihren bürgerlichen Ursprung abgestreift und waren selbstsüchtige Geldspekulanten und dann Despoten geworden wie alle andern fränkischen Tyrannen Griechenlands. Auch sie waren Fremdlinge, deren Regiment im Grunde dieselbe Unterdrückung des hellenischen Volkstums voraussetzte wie zu den Zeiten der La Roche und der Katalanen, wenn sie auch genötigt waren, den Griechen, zumal ihrer nationalen Kirche, mehr Rechte einzuräumen.

Die ländliche Bevölkerung des Herzogtums kann sich fortdauernd nur in einer bedrückten Lage befunden haben. Feindliche Überfälle hatten doch auch Böotien und Attika mehrmals heimgesucht, Erdbeben und Seuchen die Landschaften entvölkert, aus denen viele Einwohner von den Türken fortgeschleppt worden waren.[127] Manche Gegenden veröden. In Attika und Böotien wanderten wie im Peloponnes albanesische und wlachische Hirten mit ihren Herden umher. Sie wurden als Kolonisten mit Freuden aufgenommen, auch von den Venezianern in Euböa. Als einst 300 albanesische Familien, mit ihren Sitzen im Lande Antonios unzufrieden, nach jener Insel auswanderten, gestattete dies der venezianische Senat, weil sich aber der Herzog darüber beschwerte, erlaubte jener ihre Rückkehr in seinen Staat, doch wurde dem Bailo Negropontes befohlen, alle solche Albanesen festzuhalten, welche schon früher aus dem Gebiet Levadias und aus Thessalien nach der Insel eingewandert waren und sich hier als nützlich erwiesen hatten.[128]

Am Anfange des 15. Jahrhunderts drohte übrigens auch die Insel Euböa sich zu entvölkern. Viele Landgüter und Bauern kamen dort in den Besitz der Juden. Als einmal tausend Familien hinweggezogen waren, hob Venedig im Jahre 1401 die drückende Steuer von 50 Soldi für jede Feuerstelle auf, aber sie führte dieselbe bald wieder ein, weil mit ihr die Erhaltung des Wachtschiffs in Negroponte bestritten wurde.[129]

Die agrarischen Verhältnisse im allgemeinen hatten nirgends eine Reform erfahren, aus der ein freier oder doch besser gestellter Bauernstand hätte hervorgehen können. Die Leibeigenschaft blieb nach wie vor der Fluch des Landvolks. Die Servi bildeten damals überall in Griechenland, und überhaupt in Europa, das Hauptbesitztum der großen Landeigentümer wie im Altertum. Als im Jahre 1358 die Einwohner Korinths sich an den Kaiser Robert, den Fürsten Achaias, um Schutz gegen den Türken wandten, sagten sie ausdrücklich, daß solche Korinther jetzt zur Dienstbarkeit herabgekommen seien, die bisher gewohnt gewesen waren, an Leibeigenen und Reichtümern Überfluß zu haben.[130] Die inventarischen Register des Grundherrn verzeichneten mit Genauigkeit den Hausbestand eines jeden seiner Kolonen, wobei die Bauernfamilie einfach mit der Kopfzahl des Viehs zusammengestellt wurde. Gerade aus den griechischen Landgütern der Acciajoli haben sich solche Inventare erhalten.[131] Diese Dynasten wandten, wie alle anderen Großgrundbesitzer jener Zeit, auf ihre Kolonen nicht das humane Prinzip der Republik Florenz an, die im Jahre 1284 die Sklaverei der Scholle grundsätzlich abgeschafft hatte.

Neben der Leibeigenschaft der Landbauern bestand zugleich das alte Institut der Hausklaverei fort. Der mohammedanische Orient teilte das Bedürfnis derselben dem Abendlande mit; denn die griechischen Kaiser und die Frankenherrscher in der Levante mußten dem Sklavenbedarf der Türken und Mongolen Rechnung tragen, und die lange Berührung mit den Sitten des Orients stumpfte auch bei den dort Handel treibenden Völkern Europas das ohnehin schwache Gefühl für Menschenwürde ab. Die großen Sklavenmärkte in Zaffa und Tana versorgten mit jungen Tataren und Kaukasiern nicht nur die Mameluckensultane Ägyptens und andre Mohammedaner, sondern auch das Abendland. Kein Vornehmer in Konstantinopel und Griechenland und kein reicher Bürger einer italienischen Seestadt fand es unchristlich, Haussklaven zu besitzen. Venezianische und genuesische Schiffe brachten junge Sklavinnen massenhaft auf den Markt ihrer Städte. Noch am Ende des 15. Jahrhunderts zählte man in Venedig allein 3000 Sklaven aus Nordafrika und der Tatarei. Auf 10000 Köpfe berechnete man jährlich die Sklavenausfuhr Venedigs; sie warf dem Staat zur Zeit des Dogen Tommaso Mocenigo (1413–1423) eine Rente von 50000 Dukaten ab.[132] Selbst die Republik Florenz erlaubte durch Beschluß ihres Rates vom 8. März 1363 die Einführung von Sklaven und Sklavinnen, wenn solche nicht Christen waren.[133] Mit Sklaven machte man einander Geschenke. So verehrte die Basilissa Francesca, die Gemahlin Toccos, dem jungen Nerio di Donato eine Sklavin Eudokia, was sie urkundlich verbriefte.[134] Zu ihrem oder ihrer Vorfahren Seelenheil schenkten bisweilen Eigentümer ihren Leibeigenen mit dem Frankenrecht die Freiheit. Der Herzog Nerio II. von Athen bestätigte ein Privilegium Antonios für Georgios Chamaches und gab zum Seelenheil seines Vaters Franco jenem Griechen und seinen Nachkommen die Freiheit.[135]

Durchaus wie zur Zeit der Katalanen lebten demnach auch unter den Acciajoli selbst angesehene Griechen außerhalb des Frankenrechts. Einen auffallenden Beweis dafür liefert die bemerkte Tatsache, daß Nerio I. seiner Geliebten Maria Rendi, der Mutter seines eigenen Sohnes Antonio, die Freiheit und das Recht der Verfügung über ihr Eigentum erst durch sein Testament zuerkannt hatte.[136] Und doch war der Vater dieser Athenerin der um die Franken hochverdiente Notar Demetrios gewesen, welcher noch während des Regiments der Katalanen das Privilegium erhalten hatte, seine Kinder an Lateiner zu verheiraten und frei über sein Gut zu verfügen. Es ist daher wahrscheinlich, daß Maria selbst nicht sein legitimes Kind war.

3. Antonio hielt Hof auf der Akropolis, denn Athen war wieder zur Hauptstadt des geschmälerten Herzogtums geworden.[137] Theben, welches unter der katalanischen Herrschaft der Regierungssitz gewesen war, hatte diesen Rang verloren; doch muß die Kadmeia mit ihrem Schloß wieder in wohnlichem Zustande gewesen sein, so daß sie zeitweise zur Residenz der Acciajoli dienen konnte. Denn ausdrücklich erwähnte Cyriacus von Ancona im Jahre 1436 der »aula regia« Thebens, wo er alte Inschriften abschrieb.

Es würde von nicht geringem Interesse sein, zu wissen, welches Leben der Hof des Fürsten auf der alten Stadtburg führte, womit man sich dort außer der Politik beschäftigte, und endlich, wie Athen selbst zu jener Zeit beschaffen war. Allein kein reisender Beobachter hat eine Schilderung davon zurückgelassen. Chalkokondylas hat besonders von Antonio gerühmt, daß er Athen ausgeschmückt habe. Nach seiner Versicherung war der Herzog im Besitze großer Reichtümer, und deshalb konnte er während seiner langen Regierung vollenden, was möglicherweise schon sein Vater Nerio begonnen hatte. Auch dieser soll in Athen schöne Gebäude aufgeführt haben.[138]

Alle solche Angaben sind indes wertlos, da wir keinen Stadtplan Athens aus dem 15. Jahrhundert noch irgend bestimmte Nachrichten über athenische Anlagen der Acciajoli besitzen. Der vornehmste Gegenstand für ihre Baulust konnte nur die Akropolis sein. Die Geschichte dieser stärksten Burg Attikas, welche bis auf die Türkenzeit in Dunkel begraben ist, würde für uns auch nur so weit Wichtigkeit haben, als durch die mittelalterlichen Bauten die dortigen Altertümer Veränderungen oder Zerstörungen erlitten. Sie war das Kastell Setines der Franken und blieb immer eine Festung bis zum Abzuge ihrer

Viertes Kapitel

letzten griechischen Besatzung im Jahre 1836. Das Lob, welches ihr Niccolo Machiavelli erteilte, daß sie die schönste Burg der Welt sei, enthält zwar kein so entschieden ästhetisches Urteil, als es Pedro IV. von Aragon ausgesprochen hatte, aber sicherlich dachte auch jener Florentiner nicht an die Stärke der Mauern und Bastionen, sondern eher an die herrliche Lage des Kastells und seine prachtvollen antiken Denkmäler.

Daß die Acciajoli die Akropolis stärker befestigten und zu einem militärischen Platze ersten Ranges zu machen suchten, darf freilich nicht bezweifelt werden. Schon die La Roche und dann die Spanier mußten die Burg Athens mit neuen Verschanzungen versehen haben. Fränkische Bastionen hielten bis 1821 die Wasseradern der Klepsydra beim Paneion versteckt, welche also in die Festung hineingezogen waren.[139] Allein so dunkel sind für uns die Neubauten und Restaurationen der Stadtburg unter der Regierung aller Frankenherzöge, daß wir selbst den Ursprung des sogenannten Frankenturms ebensowenig kennen als die Zeit der Aufführung jener »valerianischen Mauer«, die ein kleines Stadtgebiet mit der Akropolis verband.

Der Frankenturm, welcher schwerlich ohne Grund vom Volk der Athener diesen Namen erhalten hatte, stand auf dem Stylobat des südlichen Flügels der Propyläen, dem Tempel der Nike Apteros gegenüber, ein roher, viereckiger, unverjüngter Bau mit einem einzigen Eingange im Westen und einer hölzernen Treppe im Innern. Er war 26 m hoch, fast 8 m breit und durchaus den Frankentürmen in Böotien ähnlich.[140] Quadern von Piräusstein und einzelne Blöcke von pentelischem Marmor bildeten sein Material. Bei seiner Errichtung hatte man den Niketempel unversehrt gelassen, aber einen Teil des Propyläenflügels zerstört oder eingebaut und Marmorsteine daraus verwendet. Seine Bauweise lehrte, daß er vor dem Gebrauch der Kanonen in Griechenland aufgerichtet worden war.[141]

Der plumpe Turmkoloß, von dessen Plattform der Blick des Wächters das Meer und die Straßen Attikas umfassen konnte, blieb jahrhundertelang das fernhin sichtbare Wahrzeichen der mittelalterlichen Stadt Athen, deren barbarisches Zeitalter er darstellte, wie ehedem der eherne Athenekoloß des Phidias die klassische Zeit dargestellt hatte. Er wurde im Jahre 1874 abgetragen und fiel so als Opfer des modernen Purismus der Athener, wie im Jahre 1887 der schöne Turm Pauls III. auf dem Kapitole Roms gefallen ist, um dem Nationaldenkmal des Gründers der italienischen Einheit Platz zu machen. Wenn jenes Prinzip der Reinigung antiker Monumente von den als barbarisch angesehenen Zutaten des Mittelalters, welches in unseren Tagen eben auch in

Rom zur Anwendung kommt, irgendwo entschuldigt werden kann, so darf dies in Hinsicht auf die Akropolis Athens der Fall sein. Freilich ist ein solches Verfahren an sich stets mit Verlusten für die historische Kenntnis verbunden; denn die Denkmäler einer geschichtlichen Epoche werden dadurch zugunsten einer andern vernichtet, und die Verbindung der Zeiten und Schicksale, welche Städte ehrwürdig macht, die Geschichte aber erst zum Bewußtsein des Weltzusammenhanges erhebt, wird für immer zerstört. Die Befreiung der Akropolis Athens von allen ungriechischen Zutaten wurde schon im Jahr 1835, in der ersten Begeisterung für das wiedererstandene Hellenentum, begonnen. Man brach damals auch den Palast der Acciajoli ab, nur den Turm ließ man stehen.[142]

Mit völliger Sicherheit ist den beiden ersten Acciajoli der Ausbau ihres Propyläen-Schlosses zuzuschreiben. Die ursprüngliche Anlage eines Palasts auf der Stadtburg muß freilich älter sein als die Frankenherrschaft: Sie gehörte wahrscheinlich schon der byzantinischen Zeit an. So viel ist jetzt urkundlich sicher, daß schon vor den Acciajoli, und bestimmt während der katalanischen Herrschaft, der »Palast der Burg Sethines« bestanden hat.[143] Dort zog demnach Nerio I. ein, als er sich der Akropolis bemächtigt hatte. Da nun die Herzöge vom Hause der Acciajoli ihren bleibenden Sitz in Athen nahmen, so erneuerten und vollendeten sie den von ihnen vorgefundenen Burgpalast in solcher Weise, daß sie daraus ein florentinisches Schloß machten. Die Grundbestandteile und zugleich der architektonische Schmuck desselben gehörten den Propyläen an. Diese prachtvollen Kolonnaden aus pentelischem Marmor mit ihren fünf Eingängen, den Giebelfronten und der schönen gefelderten Decke standen zum größten Teil noch unversehrt, denn erst im Jahre 1656 hat sie eine Pulverexplosion auseinandergesprengt, und auch dann verhinderte die Festigkeit des Baues dessen gänzlichen Untergang.

Die Acciajoli, wenn nicht schon ihre Vorgänger, verfuhren bei der Einrichtung des Schlosses mit diesem herrlichen Monument im ganzen so glimpflich, wie die Athener mit dem zur Kirche eingerichteten Parthenon verfahren waren.[144] Sie gestalteten die Propyläen durch Einmauerung der westlichen Kolonnaden zu einem länglichen Viereck um, aus dessen Wänden auf beiden Außenseiten die dorischen Säulen heraustraten. Das Viereck war durch den mittleren Durchgang in zwei Hälften geteilt, deren jede zwei herrliche Säle nebeneinander enthielt. Um noch mehr Wohnungsräume für den herzoglichen Hof zu schaffen, wurde der Nordflügel erhöht, und man führte den Neubau bis gegen das Erechtheion fort.

Die schöne, einst mit den Gemälden des Polygnot und Zeuxis geschmückte Aula, die sogenannte Pinakothek, auf dem linken Vorsprunge der Propyläen, hatte zwei antike Fenster und eine Vorhalle von drei Säulen. Ein Stockwerk wurde ihr aufgesetzt; Zinnen krönten dieses; so schloßartig ist die Pinakothek auf Abbildungen der Akropolis noch im Jahre 1831 dargestellt.[145] Die Aula selbst war zu einer Kapelle benutzt worden, deren Gewölbebogen auf einer Säule in der Mitte ansetzten.[146] Es ist immerhin wahrscheinlich, daß diese Kapelle schon in byzantinischen Zeiten dort eingebaut worden ist. Urkundlich wird sie erst im Jahre 1380 erwähnt; sie war damals dem hl. Bartholomäus geweiht. Elf Jahre später vollzog in ihr der Herzog Nerio einen Vertrag mit den Boten des Fürsten Amadeo von Savoyen, und in dieser Urkunde heißt sie nur schlichtweg »Kapelle des Palasts der Stadt Athen«.[147] Als würdiger Aufgang diente dem Schloß der Acciajoli die große Marmortreppe, deren damaliger Zustand uns freilich unbekannt ist. Man hat sogar, doch ohne Grund, behauptet, daß sie erst von Nerio angelegt worden sei.[148]

Die Verbindung des Modernen mit dem Antiken mußte dem Palaste der Herzöge Athens einen seltsamen Charakter geben, welcher an das mittelalterliche Senatshaus der Römer über dem Tabularium auf dem Kapitol erinnern konnte. Keine Urkunde hat uns die Namen der Architekten aufbewahrt, die es gewagt haben, die berühmtesten Werke des Altertums zu einem Neubau umzugestalten. Wenn sie Florentiner waren, so bauten sie das Herzogschloß in Athen vielleicht in derselben Zeit, als Filippo Brunelleschi, der erste Baumeister der Renaissance, die Kuppel des Florentiner Doms und dann den Palast Pitti errichtete. Von den Monumenten der Akropolis gelangte damals schwerlich eine bestimmte Kunde zu Brunelleschi. Er und seine großen Zeitgenossen, Michelozzo und Leon Battista Alberti, hatten ihre Inspirationen zu dem neuitalienischen Baustil wesentlich aus den Ruinen Roms und dem Vitruv geschöpft; vielleicht würde sich dieser florentinische Renaissancestil noch in andern Formen ausgesprochen haben, wenn jene Meister Griechenland gesehen hätten.

Schon die Hofhaltung des Herzogs mußte, neben den Bedürfnissen der militärischen Besatzung und des Erzbistums, die Bevölkerung auf der Stadtburg bedeutend vermehrt haben. Man darf daher annehmen, daß sich die ganze Felsfläche derselben, wo immer Platz dazu war, mit Häusern bedeckte. Auf den Stadtplänen, die von den französischen Kapuzinern Athens, von Spon und dem Ingenieur Verneda im 17. Jahrhundert angefertigt worden sind, zeigt sich der Raum zwischen dem Parthenon und den Burgmauern von kleinen Häusern angefüllt. Obwohl diese Pläne die Akropolis als türkische Festung darstellen, so mußte der Anbau von Wohnungen dort doch schon der Frankenzeit angehören.

Worin sonst die Neubauten und Verschönerungen Athens bestanden, welche Chalkokondylas dem Antonio Acciajoli zugeschrieben hat, entzieht sich unserer Kenntnis. Wahrscheinlich hat der Geschichtsschreiber hier nur eine Phrase gebraucht oder wesentlich den Burgpalast im Sinne gehabt; denn wo er von dem späteren Besuche des Eroberers in Athen erzählt weiß er doch nur zu sagen, daß dieser Sultan die »alte Herrlichkeit« der Stadt bewundert habe. Die letzten Herzöge Athens benutzten Gartenanlagen in der Unterstadt; namentlich scheinen sie an der Enneakrounos oder der Kallirrhoe Bäder und eine Villa erbaut zu haben.[149] In jenem Bezirk am Ilissos lag eine aus einem kleinen ionischen Heratempel errichtete Kirche, welche den Titel der Panagia vom Stein trug (εἰς τὴν Πέτραν), und eine andre Kapelle in der Nähe wurde vom Volk Hagios Phrankos genannt, vielleicht weil sie von den Acciajoli erbaut worden war.[150] Im Jahre 1674 sah man an der Ilissosbrücke eine zerstörte Kirche mit dem Wappen dieses Geschlechts.[151] Wegen der lebhaft gewordenen Handelsverbindung mit Florenz darf man wohl den ersten Acciajoli auch die Ausbesserung des Hafens Piräus zuschreiben, wenn auch die Ansicht, daß Antonio dort die Marmorlöwen aufgestellt hatte, ein Irrtum ist.[152]

FÜNFTES KAPITEL

Tod des Antonio Acciajoli. Umwälzung in Athen. Die Herzogin-Witwe und der Archont Chalkokondylas. Der athenische Geschichtsschreiber Chalkokondylas. Die Chroniken von Morea. Nerio II., Herzog von Athen. Er wird vertrieben und geht nach Florenz. Das Florentiner Unionskonzil. Rückkehr Nerios II. nach Athen.

1. Nach einer Regierung von 32 Jahren, der längsten, die ein Frankenherzog Athens überhaupt erreicht hat, starb der kinderlose Antonio Acciajoli im Sommer 1435, plötzlich durch einen Schlaganfall hinweggerafft.[153] Mit ihm endete die letzte Pause zweifelhafter Wohlfahrt, welche die Athener genossen hatten. Attika konnte jetzt in die Gewalt der Türken oder der Byzantiner im Peloponnes fallen. Auch die Republik Venedig mußte sich daran erinnern, daß sie die Stadt Athen besessen und dann an Antonio verloren hatte; allein sie war mutlos

Fünftes Kapitel

geworden und wagte nichts mehr. Sie befahl dem Bailo Negropontes, wenn die Türken oder die Erben Antonios Athen besetzen sollten, das nicht zu hindern, aber andre davon abzuhalten und womöglich die Stadt selbst in Besitz zu nehmen.[154]

Die nächsten berechtigten Erben des Verstorbenen waren die Söhne seines Vetters Franco, Nerio und Antonio Acciajoli, die er selbst mit den Töchtern des in Venedig hoch angesehenen Niccolo Giorgio, Herrn von Karystos, vermählt hatte, und dieser war als Gemahl der Benvenuta Protimo mit dem Herzog Antonio verschwägert gewesen. Nerio hatte Chiara, Antonio Maria geheiratet, der erste dieser Brüder aber war vom Herzoge zu seinem Nachfolger ausersehen worden. Jedoch diese Willensbestimmung wurde von seiner eigenen Witwe Maria Melissena und einer mit ihr verbündeten Griechenpartei bestritten.

Erst gegen das Ende des Frankenregiments regte sich, wie wir bemerkt haben, eine solche Partei in Athen. Seit der Invasion der Lateiner, die den einheimischen Archontenadel entweder ausgetilgt oder doch in ein geschichtsloses Dunkel zurückgedrängt hatten, haben wir, und das erst im 14. Jahrhundert, nur in dem Stande der Notare wieder eingeborene Athener namhaft werden sehen.[155] Das griechische Nationalelement wuchs nach dem Sturze des Katalanenstaates in Attika zu immer größerer Kraft auf. Während die spanische Kompanie stets einen politischen und nationalen Zusammenhang mit Sizilien und Aragon gehabt hatte, entbehrten die Acciajoli solches Rückhaltes; sie mußten daher dem Griechentum immer mehr Zugeständnisse machen. Dies hatte in dem hergestellten Erzbistum Athen seinen festen Halt gefunden; zugleich aber mußte auf dasselbe die Restauration des Hellenismus in dem endlich wieder griechisch gewordenen Peloponnes mächtig einwirken. Es ist auch kaum gewagt zu behaupten, daß jene hellenistische Renaissance, welche Plethon in Sparta unternahm, in Athen ein Echo fand. Dieser Patriot, der das griechische Volk sittlich und politisch reformieren wollte, konnte unmöglich ohne Verbindung mit Athen und Hellas geblieben sein.

Das damalige Haupt der athenischen Nationalpartei war Chalkokondylas, ein naher Verwandter der verwitweten Herzogin, dessen Familienursprung sonst unbekannt ist. Der Name seines Geschlechts wird auch zu Chalkondyles zusammengezogen, und später findet sich in Athen die Form Charkondyles.[156] Der Fürstin selbst, einer Griechin aus erlauchtem peloponnesischem Hause, widerstrebte es, die Herrschaft über die Länder ihres Gatten an ihr gleichgültige Verwandte desselben gelangen zu sehen. Der löbliche Plan, den sie mit ihrem

Vetter machte, Athen den Franken zu entziehen und endlich den Griechen zurückzugeben, konnte freilich nicht ohne die Zustimmung des türkischen Oberlehnsherrn, des allmächtigen Schiedsrichters Griechenlands, ausgeführt werden. Sie schickte deshalb, gleich nach dem Tode Antonios, jenen Chalkokondylas mit großen Geldsummen an den Hof in Adrianopel, um Murad zu bestimmen, ihr und ihrem Vetter die Regierung des Herzogtums zu verleihen.[157] Allein der Großherr verachtete das ihm gemachte Anerbieten von 30000 Goldstücken Tributs, weil er selbst nach seinem Gefallen über Attika verfügen wollte. Der athenische Archont wurde ins Gefängnis gesetzt, konnte aber nach Konstantinopel entrinnen, wo er sich nach dem Peloponnes einschiffte. Auf dieser Fahrt wurde er von griechischen Korsaren festgenommen und in Ketten zum Sultan zurückgebracht, der ihm verzieh.

So scheiterte der Versuch eines athenischen Magnaten, sich zum Tyrannen seiner Vaterstadt aufzuwerfen: Er war, soviel wir wissen, der erste und letzte dieser Art, welchen die griechische Nationalpartei während des Bestandes des fränkischen Herzogtums gewagt hat. Wenn es demnach Chalkokondylas nicht gelang, seinen Namen in das Register der Kleinfürsten seines Vaterlandes einzutragen, so hat ihn wenigstens sein in Athen geborener und erzogener Sohn in der Geschichte der Literatur unsterblich gemacht. Überhaupt geschah es erst kurz vor dem Falle Griechenlands in die osmanische Knechtschaft, daß dort wieder einige namhafte Männer der Wissenschaft erschienen. Gemistos Plethon erleuchtete mit seinem Talent das kleine Sparta; gleichzeitig machte sich Georg Phrantzes, ein Monembasiote, als Staatsmann bemerkbar, derselbe, welcher später im Exil zu Korfu zum Geschichtsschreiber des Falles seines Vaterlandes unter die Gewalt der Türken geworden ist. In derselben Zeit brachte auch Athen einen Nachfolger des Dexippos hervor, Laonikos Chalkokondylas, den Sohn jenes Archonten.

Es ist eine sehr merkwürdige Tatsache, daß Anfang und Schluß der unvergleichlichen Geschichtsschreibung der Griechen durch dieselben nationalen Ursachen veranlaßt worden sind. Wie einst die Perser den wesentlichen Anstoß zur griechischen Historiographie gegeben hatten, so taten dies jetzt die Türken. Aber Chalkokondylas und Phrantzes, die Nachahmer des Herodot und Xenophon, waren unglücklicherweise vom Schicksal dazu verurteilt, die Unterjochung ihres Vaterlandes durch die neuen Perser darzustellen. Es bedurfte für Laonikos einer nicht geringen Selbstverleugnung, um die Geschichte seiner Nation von 1297 bis 1463 zu schreiben, da sie unter seinen Händen zu derjenigen der aufsteigenden Größe und des blutigen Triumphs der Osmanen werden mußte. Sein Werk ist das Erzeugnis einer wüsten und ungeordneten Gelehrsamkeit, doch dient es, gleich andern byzantinischen Geschichtsbüchern jener Zeit, als hauptsächliche Quelle für die Kenntnis des Todeskampfes Griechenlands.[158] Laonikos starb in Italien im Jahre 1490. Ein zweiter Chalkokondylas, mit Namen Demetrios, welcher zu Athen im Jahre 1424 geboren war, scheint ein leiblicher Bruder des Geschichtsschreibers gewesen zu sein.[159] Er nahm in der Reihe der Griechenlehrer Italiens, neben Georg von Trapezunt, Argyropulos, Theodor Gaza, Laskaris und Musuros, eine hohe Stelle ein; er lehrte in Perugia, Florenz und Mailand, wo er im Jahre 1511 starb. Er hatte die ersten Mailänder Drucke des Homer, Isokrates und Suidas besorgt und eine griechische Grammatik, Erotemata genannt, verfaßt. Auch sein Sohn Basileios machte sich in Italien als Philologe berühmt.

Die Ursachen der moralischen Unfruchtbarkeit, zu welcher sonst die Stadt des Plato während des ganzen Mittelalters verdammt blieb, bedürfen übrigens kaum einer Erklärung. Die Quellen des Geistes sind nicht wie Flüsse an denselben Gebirgsstock desselben Landes für immer gebunden, sondern sie versiegen hier und brechen dort hervor, je nachdem sich die Elemente der Menschlichkeit auf einem Punkte erschöpfen oder sammeln. Wenn die Flamme der Wissenschaft in Athen nicht erloschen wäre, so würden Italien, Frankreich, Deutschland und England wahrscheinlich zu langer Finsternis verurteilt geblieben sein. Man darf das schöne Gleichnis von dem Fackellaufe in der athenischen Festprozession auf das Wandern der Wissenschaft anwenden. Schon im Mittelalter stellte man die Ansicht auf, daß es sich mit dieser ganz so verhalte wie mit der politischen Weltmonarchie. Auch das Studium der Wissenschaften wurde als eine geistige Monarchie aufgefaßt, die von Nation zu Nation fortgewandert sei. Alberich von Trois Fontaines behauptete in seiner bis 1241 reichenden Chronik: »Wie die Weltmonarchie von den Assyrern durch verschiedene Reiche zu den Ostfranken, d.h. den Deutschen, gelangt ist, so ist die Philosophie oder Weisheit von den Chaldäern durch mehrere Völker zu den Galliern oder Westfranken gekommen, und zwar auf diese Weise: Abraham kam aus Chaldäa und lehrte zuerst in Ägypten Astrologie und Arithmetik; aus Ägypten kam die Weisheit zu den Griechen, besonders in der Zeit der Philosophen; von dort wanderte sie zu den Römern unter den Scipionen, wo sie Cato und Cicero besessen haben, und unter den Cäsaren, wo Virgil, Horaz, Ovid, Seneca und Lukan in ihrem Besitze gewesen sind. Von Rom ist sie nach

Spanien, neuerdings aber nach Frankreich gekommen, seit den Tagen der berühmten Männer Berengar, Lanfranc und Anselmus.«[160] Bei Vincenz von Beauvais ist es der gelehrte Alkuin, der das Studium von Rom nach Paris gebracht hat, nachdem es die Römer von den Griechen herübergenommen hatten. Im ›Livre de Clergie‹ oder ›Imagène del monde‹ preist ein französischer Dichter die Einführung der Wissenschaften in Frankreich, wo sie jetzt zu Paris in Blüte stünden, wie vor Zeiten in Athen, einer Stadt von großem Adel.[161] In einem Schauspiel von der Geburt des Herrn tritt der König Ägyptens mit seinem Gefolge auf, und dieses singt Verse zum Lobe der Philosophen, worin es heißt, daß ihre Sekten von Athen aus ganz Griechenland mit der Quelle der Weisheit getränkt haben, welche dann nach Hesperien hingeflossen sei.[162] Um die Mitte des 14. Jahrhunderts stellte der Philosoph und Geschichtsschreiber Nikephoros Gregoras dieselbe Ansicht vom Fortwandern der Wissenschaft auf, die aus Ägypten nach Persien und Chaldäa und weiter nach Athen gekommen sei; auch von dort sei sie ausgewandert und jetzt einem Vogel gleich, der, aus seinem Nest vertrieben, umherschweife.[163] Ähnlich hat sich noch am Ende des 16. Jahrhunderts Martin Crusius zu Tübingen in seiner Germano-Gräzia über die Wanderung der Wissenschaft aus Ägypten nach Persien und Chaldäa, dann nach Athen und in das Abendland ausgesprochen.

Der Kulturforscher, welcher aus Liebe zu Athen in dem barbarischen Zeitalter nach einigen fortglimmenden Lichtfunken auf dem antiken Musenaltar sucht, muß sich schon begnügen, wenn er aus irgendeiner versteckten Nachricht die Kunde gewinnt, daß es dort im 14. und 15. Jahrhundert noch Menschen gab, welche wertvolle Handschriften besaßen oder kopierten.[164]

Sehr empfindlich, aber begreiflicher als alles andere ist der völlige Mangel eingeborner städtischer Geschichtsschreiber in Athen und in Hellas überhaupt. Da die byzantinischen Chronographen es verschmähten, sich mit dem geschichtlichen Fortleben der Hellenen zu beschäftigen, so hätte die Nachwelt solche Kunden nur von diesen selbst zu schöpfen vermocht. Man hat zwar behauptet, daß jede griechische Stadt im Mittelalter ihre Lokalchroniken besessen habe, in denen, wie in den Akten der Heiligen, die geschichtlichen Traditionen niedergelegt worden seien, und daß diese Chroniken, die sich nur in Zypern erhalten haben, durch die Türken vernichtet worden seien.[165] Dies ist möglich, allein es ändert leider nicht die Tatsache, daß wir nichts von dem Dasein solcher Geschichtswerke in Athen und andern Hellenenstädten wissen.

Fünftes Kapitel

Nur Morea zeichnete sich durch eine nationale Chronik aus, die sich glücklicherweise durch Abschriften in ein paar Bibliotheken des Abendlandes hinübergerettet hat. Während uns die Geschichte Athens unter den fränkischen Herzögen durch keine Schrift überliefert ist, besitzen wir die griechische und französische Chronik der Eroberung des Peloponnes durch die Franken: kostbare Denkmäler beider daselbst während des 14. Jahrhunderts geredeter Sprachen, und trotz der Fabeln und Irrtümer, welche sie enthalten, auch von historischem Wert; denn diese Chroniken sind wesentlich Geschichtsbücher. Die griechische hat die Form eines vulgären Heldengedichts, welches sich von der Prosa nur durch das politische Versmaß unterscheidet. Da sie breiter und voller angelegt und origineller ist als die französische in Prosa, so hat dies die Ansicht begründet, daß die letztere nur eine ihrer Versionen sei. Sie wurde auch ins Italienische übersetzt und im Auftrage des berühmten Heredia selbst in katalanischer Sprache bearbeitet.[166]

Der glückliche Gedanke, die Eroberung Moreas durch die fränkischen Helden in einem volkstümlichen Werke darzustellen und ihre Taten wie die Schicksale ihrer Abkommen während des ganzen 13. Jahrhunderts der Nachwelt zu überliefern, entstand naturgemäß in der Zeit, wo das Fürstentum der Franken im Peloponnes wenn auch noch nicht im Erlöschen, so doch schon im tiefen Sinken war. Der Plan zu einem solchen Buche konnte nur von einem Franken Moreas gefaßt werden; und vielleicht ist die Anregung dazu durch einen Fürsten oder großen Lehnsträger gegeben worden. Man hat hier an Bartolommeo Ghisi gedacht, weil auf der Handschrift der französischen Chronik verzeichnet steht, daß derselbe das Buch der Eroberung in seinem Schlosse zu Theben besessen habe. Allein, obwohl Ghisi mit der Würde des Konnetabel Achaias bekleidet war, so war er doch nicht Moreote, sondern Venezianer von Stamm, und deshalb konnte er von keiner so lebhaften Begeisterung für die Geschichte des Hauses Villehardouin und Moreas beseelt sein, als ein solcher Auftrag voraussetzt. Dies ist sicher, daß der Verfasser des griechischen Epos ein von fränkischem Nationalgefühl tief durchdrungener Mann gewesen ist; er verherrlicht nicht nur das Frankentum, sondern er gibt seiner Geringschätzung der Griechen und ihrer Kirche den rücksichtslosesten Ausdruck. Sein Werk konnte daher kaum auf griechische Leser oder Zuhörer, vielmehr wesentlich nur auf Franken, und zwar nicht im Abendlande, sondern in Griechenland selbst berechnet sein. Zugleich aber zeigt sich der Chronist mit allen griechischen Verhältnissen vollkommen vertraut; während er geschichtliche und geographische Namen Moreas, soweit sie französisch sind, verstümmelt oder volkstümlich umformt, begeht er keinen Irrtum, wenn solche griechisch sind, und er schreibt in dem Vulgär des Landes. Man hat daher in ihm einen Gräko-Franken oder Gasmulen erkennen wollen.

Immerhin ist diese Verschronik eine bedeutende Erscheinung in der Kulturgeschichte des fränkischen Griechenlands. Sie beweist das Überwiegen des hellenischen Sprachelements dort in solchem Grade, daß auch die Franken sich dasselbe anzueignen genötigt waren. In demselben 14. Jahrhundert verließen die Normannen in England den ausschließlichen literarischen Gebrauch des Französischen und Lateinischen, und nach dem Vorgange von Richard Rolle und Laurence Minot trat Chaucer als der Schöpfer der englischen Dichtersprache auf. Da wir keine sprachlichen Seitenstücke zur griechischen Verschronik aus Theben, Athen und Sparta besitzen, so berechtigt sie uns freilich nicht dazu, sie als Beweis für einen ähnlichen Prozeß unter den Franken in Griechenland geltend zu machen, wie er in der Literatur Englands sich vollzogen hat.

Die Sprachverschmelzung ist in Britannien viel weiter gegangen als im fränkischen Hellas. Obwohl das Englische durchaus ein germanisches Idiom blieb, da es die angelsächsische Flexion festhielt, so wurde dasselbe doch durch die massenhafte Aufnahme französischer Wörter zu jenem Gemisch des Romanischen und Germanischen, welches auf dem gesamten Sprachgebiete einzig dasteht. Diese Gegensätze hat das Englische durch die germanische Umformung und Aussprache der französischen Laute zu verwischen gesucht, aber gerade dies hat dasselbe zu einer der lautlich häßlichsten Sprachen gemacht, und doch schrieb in ihr der größte Dichter aller Zeiten seine unsterblichen Werke, während ihre wunderbare Einfachheit sie mehr als jede andere zur internationalen Weltsprache befähigt.

Die Umbildung des Griechischen ins Neuhellenische durch grammatischen Verfall, durch das Schwinden der Kasusflexionen, den Verlust der Modi und des Infinitivs hat dagegen nichts mit der sprachlichen Einwirkung des Lateinischen und Romanischen zu tun. Die Verbindung der Griechen mit fremden, zumal über sie herrschenden Völkern veranlaßte die Aufnahme von Fremdwörtern in den vaterländischen Sprachschatz; mit Ausdrücken aus der Sprache des Gesetzes und der Verwaltung der Römer wurde schon das amtliche und literarische Griechisch der Byzantiner durchsetzt, und das Neugriechische der Frankenzeit ist angefüllt mit französischen und italienischen Lehnwörtern nicht nur für Begriffe feudaler und militärischer Eigenschaft. Dieselbe Entlehnung ausländischer Wörter zeigt mehr oder weniger jede lebende Sprache, in auffallender Weise die deutsche, besonders in der Epoche ihrer Verwilderung nach dem dreißigjährigen Kriege; und selbst noch am heutigen Tage bedarf es einer nicht geringen Anstrengung, sie von unnötigen französischen Wörtern zu reinigen.[167]

Im ganzen war der Genius der hellenischen Kultursprache trotz ihres Verfalles doch zu mächtig, als daß er sich mehr hätte gefallen lassen als das Eindringen von nicht griechischen Worten ins Lexikon. Trotz der langen Herrschaft der Venezianer ist weder in Kreta noch in Korfu, noch Negroponte und in den Kolonien des Peloponnes ein gasmulischer Mischdialekt entstanden. Nur ist die Überfüllung der Sprache der Chronik von Morea mit Fremdwörtern immerhin sehr groß. Leider sind wir nicht imstande, hier einen Vergleich mit der attischen Volkssprache des 14. Jahrhunderts anzustellen. Wir besitzen keine schriftlichen Überlieferungen von ihr, denn die wenigen griechisch geschriebenen Akten, die aus der Kanzlei der Acciajoli zu uns gelangt sind, zeigen, daß ihre Verfasser, herzogliche Notare, sich eines reineren Griechisch amtlich bedient haben.

2. Der nationalen Partei stand in Athen eine fränkische gegenüber, diejenige der Anhänger des Hauses Acciajoli. Zu ihr gehörten nicht nur die Italiener, Hofleute, Beamte und Kapitäne des verstorbenen Herzogs, sondern auch manche eingeborene Griechen, die dem Hause des Chalkokondylas feindlich gesinnt waren.[168] Sie erhoben sich, sobald derselbe an den Hof des Sultans gegangen war. Mit List entfernten sie die Herzogin aus dem Palast der Akropolis; wie es scheint, täuschten sie dieselbe durch das Versprechen, ihren Adoptivsohn Acciajoli mit einer ihrer Verwandten zu vermählen. Dann aber verjagten sie das Geschlecht der Chalkokondylas aus der Stadt, besetzten die Burg und riefen Nerio II. zum Herrn Athens aus.[169]

Durch seine Erhebung und das schnelle Erscheinen einer türkischen Truppenmacht unter Turahan in Böotien wurden die Absichten eines dritten Prätendenten auf Athen vereitelt. Nichts war natürlicher, als daß der Palaiologe Konstantin, der Despot von Sparta, die Gelegenheit wahrzunehmen suchte, um Hellas endlich mit dem griechisch gewordenen Peloponnes wieder zu vereinigen. Noch ehe der Herzog Antonio gestorben war, hatte er seinen vertrauten Rat Phrantzes, den späteren Geschichtsschreiber, nach Athen geschickt, um Maria Melissena einen Vergleich anzubieten; sie sollte ihm Athen und Theben abtreten und dafür Ländereien in Lakonien, in der Nähe ihrer väterlichen Erbgüter, erhalten.[170] Phrantzes erzählt, daß er auf das ausdrückliche Ersuchen der Herzogin diese Unterhandlungen mit ihr fortsetzte, und es ist wahrscheinlich, daß Maria in ihrer ersten Ratlosigkeit nach dem Tode des Gemahls die Vorschläge des Despoten annehmbar fand. Der Abgesandte Konstantins machte sich, von einer Truppenschar begleitet, zum zweiten Male auf, um mit der besiegelten Vertragsurkunde in der Hand Athen und Theben in Empfang zu nehmen. Jedoch nicht allein hatte sich Nerio II. bereits der Gewalt bemächtigt, sondern Phrantzes vernahm auch, daß Turahan in Böotien eingerückt sei und Theben belagere, welches sich ihm nach einigen Tagen ergab. Er kehrte deshalb am Isthmos um und zu seinem Fürsten nach Stylari zurück, welcher gerade venezianische Handelsschiffe erwartete, um mit ihnen nach Konstantinopel zu segeln.[171] Von Negroponte schickte jetzt Konstantin seinen Vertrauten nach Theben zu Turahan, um wegen Athens mit ihm zu unterhandeln, doch richtete derselbe nichts aus, sondern er kehrte nach Euböa und von dort nach Konstantinopel zurück.

Der türkische Sultan hätte schon damals ohne große Anstrengung dem Frankenstaat in Athen ein Ende machen können; aber er hielt es für besser, das Gesuch des jungen Nerio zu genehmigen, indem er ihm die Regierung über Attika und Böotien als seinem tributbaren Vasallen verlieh. Hierauf zog Turahan aus Böotien ab.

Der neue Herzog von Athen war nach dem Zeugnis des Chalkokondylas ein kraftloser und weichlicher Mann und deshalb unfähig, unter so schwierigen Verhältnissen seinen Staat zu regieren. Derselbe Geschichtsschreiber erzählt, daß Nerio II. von seinem eigenen Bruder Antonio vertrieben wurde, nach Florenz ging und erst nach dessen Tode wieder nach Athen zurückkehrte.[172] Die Zeit seiner Vertreibung kann nicht genau festgestellt werden.[173] Sie fand statt zwischen den Jahren 1437 und 1441. Denn in jenem befand sich Nerio noch in Athen, während er im Februar und März 1441 als Herr von Theben und Athen in Florenz Urkunden erließ.[174]

Nerio II. ist der einzige unter den florentinischen Gebietern Athens gewesen, der seine Vaterstadt wiedergesehen hat. Sie war zu jener Zeit von einem großen Ereignis aufgeregt. Der Papst Eugen IV. hatte seine heißen Kämpfe mit dem Basler Konzil siegreich durchgeführt und dieses am 10. Januar 1439 nach Florenz verlegt. Dorthin war ihm der unglückliche griechische Kaiser Johannes VIII. gefolgt, welcher ins Abendland gekommen war, um den Papst und die Fürsten Europas zur Rettung Konstantinopels aufzurufen. Jetzt mußte er aus dem alten trügerischen Spiel seiner Vorgänger mit der Kirchenunion verzweifelten Ernst machen. Am 6. Juni 1439 legten der Kaiser und die ihn begleitenden byzantinischen Bischöfe im Dom zu Florenz das katholische Glaubensbekenntnis ab. Diese Union brachte dem bedrängten Konstantinopel keinen Gewinn, sie beschleunigte vielmehr nur seinen Sturz, wie Phrantzes geurteilt hat.[175]

Wenn sich Nerio II. damals dort befand – und das ist sehr wahrscheinlich –, so konnte er Zeuge dieser pomphaften Szene sein. Von den beiden Flüchtlingen aus Griechenland war Johannes VIII. der Repräsentant des untergehenden legitimen Reiches Konstantins, und Nerio Acciajoli der Vertreter des Restes jener fränkischen Feudalherrschaften auf dem griechischen Festlande, die aus dem verhängnisvollen lateinischen Kreuzzuge hervorgegangen waren. Die Florentiner Republik erlangte damals von dem ohnmächtigen Kaiser der Romäer ein Privilegium, wodurch sie alle Rechte erhielt, die ehedem Pisa in Konstantinopel und Romanien besessen hatte.[176]

Da Florenz von Griechen erfüllt war, begegnete der Herzog von Athen hier berühmten Männern dieser Nation, wie Gemistos Plethon, Theodor Gaza, dem gelehrten Bischof Markos von Ephesos, dem nachmals berühmten Bessarion von Nikaia und andern Byzantinern, die im Laufe der Zeit in Italien eine zweite Heimat fanden. Nachdem die Franken Griechenland mißhandelt und ausgebeutet, kirchlich und politisch vernichtet hatten, um dasselbe zuletzt der türkischen Barbarei zu überlassen, war der bleibende Gewinn, den das Abendland aus dieser Gewalttat zog, die Besitznahme der griechischen Literatur als des unvergänglichen Schatzes menschlicher Bildung.

Seit Boccaccio im Jahre 1360 den Kalabresen Leontius Pilatus am Florentiner Studium als ersten griechischen Lehrer angestellt hatte, war dort die Pflege der hellenischen Wissenschaft mit rühmlichem Eifer gefördert worden. Es gab jetzt Florentiner, welche Plato, Aristoteles und Homer in der Ursprache zu lesen imstande waren. Manuel Chrysoloras hatte in Florenz seit 1397 gelehrt und manche Schüler herangebildet, wie Bruni, Nicoli, Manetti, Poggio und Traversari. Die Strozzi und die Medici, vor allem Cosimo, waren Philhellenen; sie unterstützten mit ihren Reichtümern nicht den fallenden byzantinischen Thron, aber das Studium der griechischen Literatur. In den Kreisen dieser Florentiner mußte der flüchtige Herzog von Athen besonders deshalb eine sehr anziehende Figur sein, weil er aus der Stadt des Plato als ein Nachfolger des Theseus hergekommen war. Bald faßt Cosimo den Plan, die platonische Akademie am Arno wieder herzustellen.

Nerio II. traf in Florenz auch die dort heimischen Mitglieder des Hauses Acciajoli, unter andern einen Enkel des Donato, den später berühmt gewordenen Staatsmann Angelo. Die Achtherren der Balia hatten ihn im Jahre 1433 als Anhänger des verbannten Cosimo de' Medici erst gefoltert, dann nach Kephallenia verbannt, von wo er ein Jahr darauf zurückgekehrt war, nachdem Cosimo infolge des Sturzes der Partei des Rinaldo Albizzi im Triumph nach Florenz hatte heimkehren dürfen.[177] Ein Bruder dieses Angelo, Donato mit Namen, später Schüler des Argyropulos, wurde ein ausgezeichneter Hellenist und einer der größten Staatsmänner der Florentiner Republik.[178]

Die Acciajoli gehörten durchaus zum Anhange der Medici. Der Herzog von Athen mußte demnach bei Cosimo die freundlichste Aufnahme finden, und er konnte wahrnehmen, daß dies Bankhaus im Begriffe war, die Gewalt über Florenz zu gewinnen, während die Herrlichkeit der Acciajoli im fernen Griechenland zugrunde ging.

Nerio II. scheint noch im Jahre 1441 nach Athen zurückgekehrt zu sein, nachdem dort sein Bruder gestorben war.[179] Er ahmte also nicht das Beispiel Ottos de la Roche nach, des Gründers des Frankenstaats Athen, noch dasjenige Champlittes, des Stifters des Fürstentums Achaia, die ihrem hellenischen Dominium den bescheidenen Besitz der heimischen Güter vorgezogen hatten. Kaum ist anderswo so klar gezeigt worden, welchen Zauber das Herrschen auf Menschen ausübt, als im damaligen Griechenland. Denn im unrettbaren Zusammensturz der dortigen Staaten, unter den gezückten Schwertern der Janitscharen, klammerten sich die fränkischen und byzantinischen Dynasten an die letzten Fetzen ihrer Macht. Einander nahestehende Verwandte, selbst Brüder, wie jene des Kaisers Johannes VIII., führten um sie erbitterte Kriege. Sie erinnerten an jenes Wort des griechischen Höflings Heloris, der einst den Tyrannen Dionys bewogen hatte, von der Thronentsagung abzustehen, da doch der Purpur ein schönes Sterbekleid sei.[180]

Als Vasall des Sultans vermochte Nerio II. seine Regierung wenigstens ohne gewaltsame Katastrophe zu beschließen. Er wird uns auf der Akropolis noch im Jahre 1447 sichtbar, neben seinem Gast Cyriacus von Ancona, dem ersten Franken, der die Stadt Athen mit dem Blick des Altertumsforschers betrachtet und, kurz vor dem Aufhören ihrer politischen Verbindung mit Italien und Europa, ihre Ruinenwelt in dauernden Bezug zur Wissenschaft des Abendlandes gesetzt hat. Er verdient deshalb einen Ehrenplatz in der Geschichte Athens.

Sechstes Kapitel

Cyriacus von Ancona. Die Altertumswissenschaft. Die Ruinenwelt Athens. Sammlung von Inschriften, Berichte und Zeichnungen des Cyriacus. Mirabilienhafte Anschauungen von den alten Monumenten. Fragmente athenischer Stadtbeschreibung.

1. Cyriacus de' Pizzicolli war um das Jahr 1391 in Ancona geboren, jener lebhaften Handelsstadt, die eine lange Verbindung mit dem byzantinischen Reiche besaß und sich fortdauernd neben Venedig, Genua, Barcelona und Marseille am Levantehandel beteiligte. Ursprünglich zum Kaufmanne bestimmt, wurde er von der humanistischen Geistesströmung seiner Zeit erfaßt, und mit dem angeborenen Triebe, die Welt zu sehen, vereinigte sich in ihm die Begeisterung für das klassische Altertum.

Seine Zeitgenossen unter den Führern der Renaissance, für deren Tätigkeit die Höfe Eugens IV. und dann Nikolaus' V., des Federigo von Urbino, des Cosimo Medici und der Gonzaga in Mantua die Mittelpunkte bildeten, Männer wie Poggio, Traversari, Manetti, Nicoli, wie Leonardo Aretino, Guarino von Verona, Flavio Biondo waren ihm an Wissenschaft überlegen. Aber während diese Philologen und Antiquare griechische Handschriften entdeckten, abschrieben und übersetzten und vor allem die Grundlagen der römischen Altertumswissenschaft legten, während große Meister, wie Leon Battista Alberti, durch die Anschauung der Ruinen Roms und die Kenntnis der Regeln des Vitruv die Prinzipien der antiken Baukunst wieder einführten, erschloß der enthusiastische Forscher Cyriacus der abendländischen Wissenschaft auch die monumentalen Gebiete des Orients. Er besuchte wiederholt Griechenland und den Inselarchipel, Kleinasien und Syrien, selbst Ägypten.[181]

In diesem außerordentlichen Manne schien der Reisende Pausanias wiedererstanden zu sein, welcher im 2. Jahrhundert die alten Kulturländer aus wissenschaftlichem Triebe durchwandert hatte und dem die Nachwelt ihre wesentliche Kunde von der Topographie, den Denkmälern und Kunstschätzen der griechischen Städte verdankt. Ihm ähnlich an Leidenschaft, wenn auch ein Barbar an Wissen im Vergleich zu ihm, durchzog dreizehn Jahrhunderte später die längst verwüsteten Provinzen des hellenischen Ostens der Kaufmannssohn der Handelsstadt Ancona, der einzigen griechischen Kolonie Mittelitaliens, die einst die Syrakuser gegründet hatten.

Man würde Cyriacus zu hoch stellen, wollte man glauben, daß es Enthusiasmus für das Land der Hellenen als die Heimat des Geistes und der Schönheit gewesen ist, was ihn dorthin getrieben hat. Es war vielmehr die Leidenschaft des Antiquars, die ihn erfüllte. Er sammelte Medaillen, Kunstwerke und Bücher, zeichnete Denkmäler ab und scheute keine Mühe, antike Inschriften an ihrem Ort abzuschreiben. Dadurch wurde er der Begründer der epigraphischen Wissenschaft. Seine Sammlung von Epigrammen, welcher er den Titel Commentaria des Altertums gab, war der hauptsächliche Gewinn seines rastlosen Wanderlebens. Seine Reisen umfaßten den Zeitraum von 25 Jahren, da er sie 1412 mit Ägypten, Rhodos und Kleinasien begonnen hatte und um 1447 mit Asien und Griechenland beschlossen zu haben scheint.[182]

Cyriacus hatte seinen Blick an den Monumenten Roms geübt, wohin er zum ersten Mal am 3. Dezember 1424 gekommen war und im Jahre 1432 zurückkehrte, nachdem sein venezianischer Freund Gabriel Condulmer als Eugen IV. den heiligen Stuhl bestiegen hatte. Am Ende des Jahres 1435 machte er sich zu neuen Reisen nach Griechenland auf. Er war im Dezember in Korfu, ging im Januar nach Epiros, besuchte Dodona, dann Ätolien, kam am 26. Februar nach Patras, am 21. März nach Delphi, der erste Abendländer, der dort Epigramme abschrieb. Sodann durchzog er Böotien, sammelte Inschriften in Levadia, Orchomenos, Theben und Euböa.

Athen erreichte er am 7. April 1436, als Nerio II. dort regierte, und verweilte hier im Hause seines Gastfreundes Antonio Balduino bis zum 22. April.[183] Er beschränkte seine Forschungen auf das Stadtgebiet, ohne weiter vorzudringen als bis Eleusis, wo er nichts als große Trümmer, darunter diejenigen einer Wasserleitung, bemerkte. Den Piräus fand er ganz verfallen, mit ungeheuern Fundamenten von Mauern, den Resten zweier Rundtürme, und den großen Marmorlöwen am Hafen.[184] Von Athen ging er weiter nach Megara, dann nach dem Isthmos, dessen von Kaiser Manuel hergestellte Mauer er von den Türken zerstört fand, sodann nach Korinth, nach Sikyon und über Patras zum Herzog Carlo II. in Leukas. Er besuchte Korfu, bereiste Epiros und Dalmatien und kehrte von dort nach Italien zurück.

Den Herzog Nerio traf er später nach dessen Vertreibung aus Athen, wahrscheinlich in Florenz, wieder, wohin er selbst im Jahre 1439 gekommen war, um mit den vielen bedeutenden Männern persönlich zu verkehren, die das Unionskonzil dort versammelte. Dann führten ihn seine Reisen noch einmal nach Athen zurück, im Jahre 1447. Er schrieb von diesem Besuche einem Freunde: »Als ich mich zum Florentiner Nerio Acciajoli, dem gegenwärtigen Fürsten Athens, begab, in Gesellschaft seines leiblichen Vetters Nerio, fanden wir ihn auf der Akropolis, der hohen Burg der Stadt.« So gebrauchte Cyriacus für das »Kastell Sethines« den antiken Begriff.[185] Da er in diesem Briefe Nerio mit keinem jener im Munde schmeichelnder Humanisten gewöhnlichen Fürstenprädikate geehrt hat, wie »humanissimus, liberalissimus, literarum cultor amantissimus« und dergleichen, so mag er entweder von jenem Acciajoli nicht viel Aufmerksamkeit erfahren oder in ihm keinen hochgebildeten Mann gefunden haben.

Die Acciajoli konnten übrigens als Herren der alten Musenstadt Athen nicht ganz außer Zusammenhang mit der humanistischen Richtung ihrer Zeit geblieben sein. Sie hatten einen Vorzug vor den großen Mäzenen ihres Vaterlandes Italien, nämlich diesen, der griechischen Sprache mächtig und durch sie möglicherweise mit manchen Resten der hellenischen Literatur bekannt zu sein. Die Tatsache freilich, daß sich die italienischen Entdecker antiker Handschriften, soviel uns bekannt ist, nicht nach Athen als einem Fundorte solcher gewendet haben, beweist, auch wenn manche Beziehungen dieser Art verschwiegen geblieben sind, zum mindesten, daß die Stadt der Philosophen im Abendlande nicht als besonderer Büchermarkt gegolten hat. Viele Kodizes sind von andern Orten Griechenlands nach Europa gebracht worden, wie aus dem Peloponnes, aus Modon, Nauplia, Monembasia; vom Athos und von Konstantinopel nicht zu reden; und treffliche Kalligraphen hat die Insel Kreta geliefert.[186] Als Janos Laskaris in den Jahren 1491 und 1492 für die Florentiner Bibliothek der Medici in Griechenland und der Levante Forschungsreisen machte, erwarb er Kodizes in Korfu, Arta, Thessalonike, auf Kreta und im Peloponnes, in den Athosklöstern und in Konstantinopel.[187] Unter den von ihm nach Florenz gebrachten Handschriften befand sich auch die einzige vom Kommentar des Proklos zur Republik Platos, und dieser schöne Kodex des 10. Jahrhunderts hatte nach einer Notiz auf seinem ersten Blatte dem Athener Harmonios angehört. Ob die Handschrift deshalb von Laskaris in Athen selbst erworben wurde, bleibt indes zweifelhaft.[188]

Wenn die Acciajoli in ihrem eigenen Palast auf der Akropolis eine Sammlung seltner griechischer Bücher angelegt hätten, so würde ein solcher Schatz dem forschenden Blicke des Cyriacus schwerlich entgangen sein, und er hätte dann irgendwo eine Bemerkung darüber gemacht.[189] So versäumte er nicht aufzuzeichnen, daß er in Kalabryta bei dem klassisch gebildeten Georg Kantakuzenos eine ansehnliche Büchersammlung vorfand und aus ihr den Herodot und manche andre Schriften erhielt.[190] Auch in Korfu brachte er Kodizes an sich.[191]

Man darf sich immerhin vorstellen, daß schon die Acciajoli in ihrem Propyläenpalast eine Sammlung von klassischen Kunstwerken besaßen, wie Jahrhunderte später der französische Konsul Fauvel in seinem Hause zu Athen.[192] Wenigstens läßt sich eine Leidenschaft solcher Art bei den Herzögen Athens zu einer Zeit voraussetzen, wo in Italien die ersten Museen entstanden, wo Päpste und Kardinäle in Rom Statuen, Medaillen und Gemmen sammelten, wo die Medici und Rucellai in Florenz Antikenkabinette anlegten und man anfing, in Griechenland nach Kunstwerken zu forschen. Wenn es sich auch nicht nachweisen läßt, daß in der Frührenaissance Italiens, als der Ruhm der alten griechischen Autoren wieder auflebte, aber die Namen Phidias, Praxiteles und Myron dort nur noch sagenhaft waren, plastische Bildwerke ersten Ranges aus Hellas nach dem Abendlande gebracht wurden, so mußte doch manche Antiquität durch die Vermittlung der Seefahrer und Kaufleute dort hingelangen. Mancher köstliche Marmor wird die Begierde der Venezianer und Genuesen gereizt haben.

Der Westfale Ludolf oder Ludwig von Sudheim, der von 1336 bis 1341 den Orient bereiste, bemerkte folgendes: »Nicht weit von Patras liegt die Stadt Athen, wo einst das Studium der Griechen blühte. Sie war vor Zeiten die edelste aller Städte, doch jetzt ist sie fast verlassen. Denn es gibt in Genua keine Marmorsäule noch irgendein gutes Werk aus bearbeitetem Stein, welches nicht von Athen hergebracht worden wäre. Ganz Genua ist aus Athen aufgebaut, wie Venedig mit den Steinen Trojas erbaut ist.«[193] Diese seltsame Ansicht Ludolfs von der Entstehung der Prachtbauten Genuas und Venedigs stützt sich auf die Gründungssagen der beiden herrlichen Städte; aber sie kann auch versteckte Tatsachen andeuten, nämlich diese, daß jene Seerepubliken während ihrer langen Herrschaft in den griechischen Meeren Altertümer und köstliches Material massenhaft in ihre Heimat fortgeschleppt haben. Was Athen selbst betrifft, so haben die Venezianer solche Plünderungen bis zum Jahre 1688 fortgesetzt.

Der Trieb der Italiener, Antiquitäten zu sammeln, richtete sich naturgemäß nach Griechenland. Griechische Medaillen bewunderte man in Venedig; den berühmten Traversari entzückte dort eine Goldmünze der Berenike, und Cyriacus zeigte demselben Humanisten im Jahre 1432 zu Bologna goldene und silberne Münzen des Lysimachos, Philippos und Alexander.[194] Die Florentiner blieben in diesem Eifer nicht zurück, und gerade sie standen durch ihre eigenen Landsleute, die Acciajoli, in lebhaftem Verkehr mit Athen. Doch wissen wir nicht, ob sie von dorther Kunstwerke entführt haben. Poggio, der in seinem

Athen
(Stich von P. Babin, 1674)

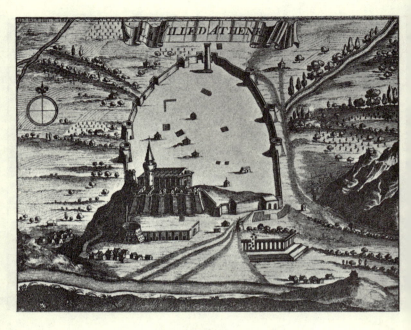

Athen
(Stich um 1700, nach dem Plan von Spon)

Landhause im Val d'Arno Antiken sammelte, gab einem im Orient reisenden Minoriten den Auftrag, ihm Bildsäulen der Minerva, der Juno, des Dionysos und ähnliches aus Chios mitzubringen, wo in einer Grotte mehr als hundert Statuen entdeckt worden seien.[195]

So waren die hellenischen Länder in den Ruf gekommen, Fundgruben schöner Werke des Altertums zu sein, und das Abendland würde sie reichlich ausgebeutet haben, wenn nicht mitten in derselben Zeit, wo die Leidenschaft und das Verständnis für die antike Kunst in Italien lebhafter wurden, die Türken die Schatzkammern Griechenlands wieder verschlossen hätten.

Athen war gleich Rom und fast jeder andern Stadt antiken Ursprungs mit zahllosen Fragmenten des Altertums überstreut, die entweder vernachlässigt im Staube lagen oder für das gemeine Bedürfnis verwendet wurden. Herrliche Vasen und Sarkophage dienten als Tröge oder Wasserbehälter, Marmorplatten aus Theatern und Odeen als Türschwellen oder als Werktische der Handwerker; Skulpturen jeder Art waren von verständigen Priestern in Kirchen oder von Bürgern in ihre Wohnungen eingemauert. Als der französische Forscher Spon im Jahre 1675 Athen besuchte, sah er hier viele Häuser, über deren Türen Statuetten oder Bruchstücke von Reliefs eingefügt waren, und er bemerkte, daß sich in den meisten Kirchen wie auch in Privatwohnungen antike Inschriften befanden.[196] Die Sitte, Häuser mit solchen Resten zu zieren, war sicher sowohl in Athen wie in Rom so alt wie der Untergang des Heidentums. Der Jesuit Babin beschrieb in derselben Zeit Spons Athen als eine Stadt mit engen Straßen ohne Pflaster, mit ärmlichen Häusern, nicht von Holz wie die Konstantinopels, sondern von Stein, und aus dem Material antiker Trümmer erbaut.[197] Das Aussehen Athens im 17. Jahrhundert konnte aber von dem Bilde der Stadt im 15. nicht zu sehr verschieden sein.

Zur Zeit der Acciajoli war dieselbe, die wenigen großen Ruinen und die in Kirchen verwandelten Tempel abgerechnet, mit ihren Kunstschätzen so gut unter die Oberfläche der neuen Stadt herabgesunken wie das alte Rom. Schuttmassen und Gärten bedeckten die Agora, den Kerameikos, die Ufergelände des Ilissos, die Südabhänge der Burg und die Stätte des Olympieion. Die bewundernswürdigen Grabmäler vor dem Dipylon und auf der Straße der Akademie, welche erst zu unserer Zeit teilweise wieder ans Licht getreten sind, lagen unter der Erde, denn da sich in der Reihe der athenischen, von Cyriacus kopierten Inschriften keine von jenen Denkmälern vorfinden, so mußten dieselben schon im Schutt verborgen gewesen sein. Zahllose Kunstwerke waren auf der Akropolis begraben, wo Trümmer und Häuser den alten Boden bedeckten. Der Zufall mußte hier oft genug manches klassische Bildwerk an den Tag bringen, und jeder Spatenstich eines Nachgräbers würde auf der Stadtburg wie im ganzen Gebiete Athens zu kostbaren Entdeckungen geführt haben. Allein weder der künstlerische noch der dilettantische Trieb dazu, noch die Altertumswissenschaft waren schon so weit vorgeschritten, daß irgendein halbwissender Antiquar unter den Athenern oder einer der Herzöge selbst auf den Gedanken gekommen wäre, topographische Untersuchungen und Ausgrabungen zu machen. Denn daß solche von dem baulustigen Antonio Acciajoli wirklich angestellt worden seien, ist nur eine Vermutung, die sich durch kein Zeugnis bestätigen läßt.[198] Das Aufhören der periegetischen Wissenschaft in Athen selbst wird durch die lange Herrschaft der unwissenden Franken hinreichend erklärt, unter deren Fürsten kein einziger den Ehrentitel eines Mäzen erworben hat. Auch hat kein abendländischer Reisender, soviel uns bekannt ist, vor Cyriacus in Athen antiquarische Studien gemacht. Der Presbyter Cristoforo Buondelmonte, der seit 1413 die Küsten und Inseln Griechenlands besuchte und von 1417 bis 1421 sein Isolarium verfaßte, hielt es, obwohl er selbst Florentiner war, doch nicht der Mühe wert, sich mit Athen zu beschäftigen.[199]

Erst Cyriacus brachte den Sinn der Renaissance dorthin. Wenn er auch neben seiner Kenntnis der griechischen Sprache, die er aus Liebe zum Homer in Konstantinopel erlernt haben soll, nicht hinreichende Gelehrsamkeit besaß, so war doch sein Auge durch eifrige Forschung auf langen Reisen geübt, während er mit den Begründern der Altertumswissenschaft in Italien in persönlichem Verkehre stand.[200]

2. Den allgemeinen Eindruck, den Athen bei seinem ersten Besuche auf ihn machte, sprach Cyriacus in diesen Worten aus: »Am 7. April kam ich nach Athen. Hier erblickte ich zuerst die ungeheuren, überall vom Alter zerfallenen Mauern und in der Stadt wie auf den Feldern unglaubliche Marmorbauten, Häuser und heilige Tempel, vielerlei Bildwerke von Dingen, durch bewundernswerte Kunst ausgezeichnet, aber all dies zu großen Trümmermassen zerstört. Das Merkwürdigste ist oben auf der Stadtburg der großartige, staunenswürdige Marmortempel der Göttin Pallas, das göttliche Werk des Phidias mit 58 herrlichen Säulen so groß, daß sie 7 Palm im Durchmesser haben. Er ist überall mit den edelsten Skulpturen geschmückt, welche die höchste Kunst des Bildhauers auf beiden Giebeln, den Wänden, den Gesimsen und Epistilien ausgemeißelt hat.«[201] Leider ist Cyriacus nicht der Pausanias des zertrümmerten Athen im 15. Jahrhundert geworden. Er

Sechstes Kapitel

hat keine Periegese der damaligen Stadt zusammengetragen noch seine dortigen Beobachtungen und Erlebnisse aufgezeichnet.[202]

Sein Zweck war, Monumente zu betrachten und vor allem Epigramme abzuschreiben. So wurde er der Vorläufer des Spon und Wheler, des Chandler, Stuart und Fourmont. Seine Sammlung athenischer Inschriften ist als erste dieser Art eine bewundernswürdige Leistung. Wenn diese Abschriften auch hie und da nicht vollkommen korrekt sind, so ist doch ihre Treue im ganzen von den Nachfolgern bestätigt worden.[203] Sooft er Inschriften in sein Notizbuch eintrug, versah er sie mit den Angaben des Orts und Monuments und fügte bisweilen noch kurze Reisedaten hinzu. Doch lassen diese Notizen manche Lokale dunkel. Wenn Cyriacus mehrmals notiert: »am Tor der neuen Stadt«, oder »neben den neuen Stadtmauern«, so darf man daraus schließen, sowohl daß ein neuer Mauerbau, und wahrscheinlich von den Acciajoli, aufgeführt worden war, als daß ein Bezirk die »Neustadt« genannt wurde. Allein es bleibt ungewiß, wo dieser lag, ob damit der Umfang der sogenannten valerianischen Mauer oder das Gebiet des Olympieion bezeichnet wurde.[204]

Kein anderer Ort in Athen konnte dem Sammler von Inschriften wie dem Zeichner von Monumenten eine größere Ausbeute geben als die Akropolis. Cyriacus schrieb von ihrem Tor eine Inschrift ab und eine andere von dem Vorhof, in welchen man aus jenem eintrat.[205] Allein die Zahl der von ihm aus der Stadtburg entnommenen Epigramme ist keineswegs beträchtlich.

Er kopierte ein paar Inschriften aus der nächsten Nähe des Parthenon oder in diesem selbst. Im Vestibulum, dem östlichen Eingange der Marienkirche, von welcher als solcher er übrigens nicht die geringste Notiz nahm, schrieb er die Inschrift des Architravs des Tempels der Roma und des Augustus ab.[206] Eine andre fand er an einer Säule, die in der Kirche neu errichtet war, also wohl dem Zweck einer Restauration diente.[207]

Auch die vom Südabhange der Burg entnommenen Epigramme sind sehr spärlich; darunter befinden sich diejenigen der choregischen Denkmäler des Thrasyllos und seines Sohnes Thrasykles vor der Grotte der Panagia Chrysospeliotissa.[208] Cyriacus scheint dies Denkmal für einen Theatersitz gehalten zu haben, wie auch das Monument des Lysikrates.[209] Im übrigen konnte die Tradition vom Theater des Dionysos nicht erloschen sein, wenn auch dasselbe, gleich den von den Christen des 5. Jahrhunderts zerstörten Heiligtümern des Asklepios, größtenteils vom Schutte bedeckt war; denn ohne dies würde Cyriacus wohl einige Inschriften von dort, namentlich von den Marmorsesseln, abgeschrieben haben.[210] Auch die große Weihinschrift der Basis der Statue des Kaisers Hadrian, welche die Phylen Athens diesem Wohltäter der Stadt im Theater aufgerichtet hatten, ist ihm unsichtbar gewesen.

Andre von Cyriacus gesammelte Inschriften zu Ehren Hadrians bilden einen so unverhältnismäßig bedeutenden Teil seiner athenischen Sylloge, daß sie allein hinreichen würden, darzutun, wie groß die Liebe des Kaisers zu Athen gewesen ist. Es ist merkwürdig, daß Cyriacus in den Trümmern des Olympieion, von dem damals noch 21 Säulen mit ihrem Gebälke übriggeblieben waren, noch eine Reihe von Postamenten vorfand, auf denen einst im Peribolos des Heiligtums die Statuen standen, welche griechische Städte dem Olympier Hadrian bei Gelegenheit der Einweihung des von ihm vollendeten Prachttempels errichtet hatten. Er schrieb von manchen die Weihinschriften ab.[211]

Die Aufzeichnungen des Reisenden von Ancona haben für die Geschichte der Stadt Athen nur soweit Bedeutung, als sie eine Übersicht über die damals noch vorhandenen antiken Denkmäler derselben möglich machen. Wenn wir zu den genannten inschriftlich durch ihn beglaubigten Monumenten noch andere von ihm gesehene hinzufügen, wie den Areopag, den noch mit seinen 30 Säulen wohlerhaltenen Theseus-Tempel, welchen er nach Mars benannte, die Agora (Forum), die von ihm als Tempel des Äolus bezeichnete Sonnenuhr des Andronikos Kyrrhestes, das Philopappos-Denkmal und ungenannte Gymnasien: so stellt dies ein monumentales Inventarium der Stadt dar, welches zwar geringer ist als das unsrige der Gegenwart, aber doch alles Wesentliche der heutigen Ruinenwelt Athens umfaßt.

Leider sind die Bemerkungen des Cyriacus sehr flüchtig; von seinem zweiten Besuche Athens zumal sind keine Notizen vorhanden als der aus Chios am 29. März 1447 geschriebene Brief, worin er mit etwas mehr Ausführlichkeit von den Wunderwerken der Akropolis, doch nicht von allen, gesprochen hat. Er sah die Stadtburg, elf Jahre bevor sie die Türken besetzten; eine Schilderung ihres damaligen Zustandes würde demnach heute von unschätzbarem Werte sein. In jenem Briefe sagt er kein Wort über die Mauern und Befestigungen der Akropolis, über den Aufgang zu ihr, über die auf der Fläche verteilten Häusergruppen, noch beschreibt er den herzoglichen Palast.

Er hat nur zwei antike Bauwerke dort hervorgehoben, die Propyläen und den Parthenontempel. Die ersteren hat er nicht mit ihrem Namen genannt, und ebensowenig findet sich in seinen Aufzeichnungen derjenige des Erechtheion und des Niketempels; aber da Leonardo Aretino in einem Briefe an ihn von seiner Zeichnung der »Propyläen« spricht, so muß auch Cyriacus diesen antiken Begriff gekannt haben. Er selbst nannte das große Bauwerk des Mnesikles »Aula« und beschrieb dasselbe als eine prachtvolle Halle, aus welcher zunächst ein viersäuliger Portikus hervortrat, während in ihr selbst zwei Reihen von sechs Säulen das glänzende antike Marmorgetäfel der Decke trugen. Der Verlust seiner Abbildung der Propyläen ist bedauerlich, weil dieses Blatt eine wenn auch entstellte Ansicht des Schlosses der Acciajoli enthalten mußte.[212] Im übrigen verschmähte Cyriacus falsche antiquarische Bezeichnungen, wie Arsenal des Lykurg und Kanzlei.[213] Obwohl er nicht mit baren Worten sagt, daß jene Aula ein Teil des herzoglichen Palasts geworden war, muß doch dieser darunter verstanden werden.[214]

Daß die Marienkirche auf der Burg der alte Tempel der Parthenos, die »aedes Palladis«, war, wußte Cyriacus so gut wie jedes Kind in Athen. Für ihn aber, den Altertumsforscher im Zeitalter der heidnischen Renaissance, hatten die dortigen Reliquien und Gemälde keinen Wert mehr. Er erwähnte mit keinem Wort der Kirche, sondern bewunderte nur den edelsten Tempel der göttlichen Pallas, »von dem Aristoteles dem Könige Alexander, unser Plinius und viele andere vornehme Autoren bezeugt haben, daß er das marmorne Wunderwerk des Phidias sei«.

Er zählte die 58 Säulen des Tempels, 12 in jeder Fronte und je 17 auf den Seiten; er bemerkte flüchtig die Skulpturen der Metopen und Giebelfelder und hielt diejenigen des Cellafrieses für eine Darstellung der Siege Athens zur Zeit des Perikles. Seinen Brief schloß er mit der Bemerkung, daß er die Gestalt des herrlichen Bauwerkes in den Kommentaren zu seiner griechischen Reise niedergelegt habe.[215]

Diese Kommentare sind nicht auf uns gekommen. Nach dem Zeugnis des Petrus Rassanus, eines Freundes des Cyriacus, hatte dieser seine Notizen, Zeichnungen und Inschriften in drei großen Bänden vereinigt.[216] Sie sind nach seinem Tode verlorengegangen oder nur in Bruchstücken erhalten.[217] Solche Schätze erregten das Erstaunen der Humanisten Italiens, denn nie zuvor war von ihnen Ähnliches gesehen worden.

Ein Skizzenbuch des römischen Architekten San Gallo des Älteren aus dem Jahre 1465 enthält, nach Zeichnungen des Cyriacus, eine Reihe willkürlicher Abbilder von Denkmälern, wie des Turms der Winde, des Monuments des Thrasyllos, des Philopappos, des Portals der Wasserleitung Hadrians, eine Ansicht des Piräus mit den Löwen und zwei Rundtürmen und des Parthenon.[218]

Selbst nach Deutschland verloren sich Bruchstücke der Tagebücher des großen Reisenden. Dürer erhielt Zeichnungen athenischer Bauwerke durch Vermittlung des Nürnberger Arztes Hartmann Schedel, welcher solche aus einem Exemplar der Kommentare in Padua kopierte.[219]

3. Bei seinen Forschungen in Athen war Cyriacus ohne Zweifel von einheimischen, mit den Altertümern vertrauten Männern begleitet worden, denn ohne deren Hilfe hätte er sich in den Trümmern der Stadt nicht zurechtgefunden. Solche Antiquare, vielleicht sogar Fremdenführer, mußte es im Beginne des 15. Jahrhunderts dort wieder geben, weil der Verkehr des Aberdlandes mit Athen lebhafter geworden war, als er es zur Zeit der katalanischen Herrschaft hatte sein können. Die vielen gebildeten Italiener zumal, die den Hof der Acciajoli besuchten, bedurften der Ciceroni; das alte Institut der athenischen Fremdenführer, welches noch zur Zeit des Pausanias in Blüte stand, konnte daher in einer sehr bescheidenen Form wieder aufgelebt sein. Die Reste des klassischen Altertums machten den einzigen Stolz der Athener aus, und sie forderten diese immer wieder zum Kampf mit der Unwissenheit heraus, welche die Werke ihrer Vorfahren bedeckt hielt. In den Schulen, die, so kümmerlich sie auch sein mochten, nicht durchaus fehlen konnten, warf der Grammatikus noch ein spärliches Licht der Erinnerung auf die Ruinen Athens. Weder die Namen der alten Götter noch ihre mythologische Fabel hatte die Kirche ganz aus dem Bewußtsein des Volkes vertilgt; sie lebten in christlicher Verwandlung als Sage und selbst in volkstümlichen Gebräuchen fort. Zugleich war das Gedächtnis an die großen Menschen des Altertums, wenn auch durch Jahrhunderte der Barbarei stark getrübt, immer noch ein unveräußerlicher Schatz der Überlieferung.

Da nun im Laufe der Zeit die ursprüngliche Bestimmung der meisten antiken Bauwerke Athens, so viele deren sich noch in Ruinen erhalten hatten, größtenteils vergessen worden war, so bemühte sich die Phantasie der Antiquare und des Volks, sie mit hervorragenden Persönlichkeiten der Vergangenheit in Verbindung zu setzen. Für manche große Trümmermassen hatte sich in Athen der Begriff »Königsburg« (βασίλεια, βασιλικά) oder Palateion festgesetzt. Wenn der erste an das römische und byzantinische Kaisertum erinnerte und wesentlich griechisch war, so erscheint der letzte von den Lateinern übertragen zu sein. Man nannte in Athen die Propyläen »Palation megiston«, die Reste des Olympieion ebenso Palateion oder Basileia, denn daß dieselben dem einst weltberühmten Tempel des olympischen Zeus angehörten, wußte man nicht mehr. Schon Michael Akominatos hat seiner nicht mehr erwähnt; Cyriacus aber nannte diese noch gewaltigen Tempeltrümmer mit den riesigen Säulen das Haus oder den Palast Hadrians, weil sie ihm so von den Athenern bezeichnet wurden. Die dortigen Weihinschriften der Statuen dieses Kaisers hatten diese Auffassung hervorgerufen, und sie mußten den Glauben daran bei dem Forscher bestärken, welcher sie kopierte.[220] Noch im Jahre 1672 wußte Babin nicht, wo er den Zeustempel in Athen suchen sollte, denn er zweifelte, ob nicht der Palast des Themistokles (das sogenannte Gymnasium Hadrians) jener weltberühmte Tempel gewesen sei. Ein paar Jahre nach ihm befand sich der gelehrte Reisende Spon in derselben Verlegenheit.[221]

Die Tradition weniger des Volks als der städtischen Antiquare heftete die Namen großer Athener an manche Ruinen: So sah man entweder in der Pyle der Agora oder in den Trümmern der Stoa Hadrians die Paläste des Themistokles oder auch des Perikles; in den Mauern des Odeon des Herodes Attikus den Palast des Miltiades, in andern unbestimmbaren Ruinen die Häuser des Solon, Thukydides und Alkmaion. Noch im Jahre 1674 bezeichnete man dem französischen Marquis Nointel in Athen antike Trümmer als den Palast des Perikles, und in ihrer Nähe galt der Turm der Winde als Grab des Sokrates.[222] Die Erinnerung an Demosthenes wurde an das Denkmal des Lysikrates geheftet, jenen noch heute erhaltenen schönen Rundbau von sechs korinthischen Säulen, dessen krönende Marmorblume einst den Dreifuß getragen hatte. Dies choregische Monument, welches neben vielen andern gleicher Bestimmung die Straße der Dreifüße geziert hatte, wurde schon im hohen Mittelalter, wie Michael Akominatos gezeigt hat, die Laterne des Demosthenes genannt. Man fabelte, daß der große Redner daselbst gewohnt oder sich zum Studieren zurückgezogen und seinen Göttern Lampen angezündet habe, von deren Rauch dann der Marmor geschwärzt worden sei.[223] Auch andere choregische Denkmäler in jener Straße wurden von der Sage als Wohnungen dieses oder jenes berühmten Atheners bezeichnet.[224]

Die alten Philosophen, welche den Ruhm der Stadt der Weisheit selbst bei den Arabern und Türken lebendig erhalten hatten, konnten niemals aus dem Bewußtsein des athenischen Volkes verschwinden. Der Begriff ihrer Schulen oder Didaskaleia dauerte fort und wurde auf verschiedene Trümmergruppen übertragen, nachdem, wie schon Akominatos geklagt hatte, die Akademie, das Lykeion, die Stoa und die Gärten des Epikur spurlos geworden waren. Zur Zeit des Cyriacus verlegte man die Akademie in eine für uns örtlich nicht mehr bestimmbare Gruppe von Basiliken oder großen Ruinen.[225] Man zeigte auch ein Didaskaleion Platos im »Garten«, womit ein Turm in den Gärten von Ampelokipi, dem alten Alopeke, gemeint zu sein scheint. Man versetzte dorthin übrigens auch eine Eleatische Schule, während auf dem Hymettos von Schulen eines Polyzelos und Diodoros gefabelt wurde. Es ist möglich, daß man darunter das Kloster Kaisariani auf jenem Berge verstanden hat. Die griechischen Mönche überhaupt legten sich den Titel »Philosoph« bei.[226]

Das Lykeion oder Didaskaleion des Aristoteles suchte man in Ruinen am Dionysostheater unter den beiden Säulen des choregischen Denkmals des Thrasyllos.[227] Cyriacus schrieb von diesem die griechische Inschrift ab, ohne jenes großen Philosophen zu erwähnen, vielmehr bemerkte er, daß die Reste der Wasserleitung des Hadrian vom athenischen Volk das »Studium des Aristoteles« genannt wurden.[228] Die Stoa und die Schule des Epikur verlegte man sogar auf die Akropolis in große Bauwerke, die einen Teil der Propyläen bilden mochten, und man sah, wie es scheint, in dem Niketempel die Musikschule des Pythagoras. Westlich von der Stadtburg zeigte man die Schule der Kyniker, neben welcher wunderbarerweise auch die der Tragiker ihren Sitz bekommen hatte.[229] Eine Szene des Aristophanes wurde in gewisse Trümmer an der Kallirrhoe verlegt.[230]

Cyriacus war vermutlich der gebildetste oder doch wissensdurstigste Mann des Abendlandes, welchen irgend die Stadt Athen während der Frankenherrschaft in ihren Mauern beherbergt hatte; er war zum mindesten der Repräsentant der Renaissancebildung Italiens, der Günstling jenes Papsts Eugen IV., der die griechische Kirche mit der römischen wieder verbunden zu haben glaubte; außerdem war er der Freund vieler bedeutender Hellenen wie der namhaftesten Fürsten und geistigen Größen unter den Italienern.[231] Daher mußte er auch in Athen mit denjenigen Griechen in Verbindung kommen, welche sich durch wissenschaftliche Kenntnisse auszeichneten. Wir kennen freilich die Namen solcher Athener nicht und wissen auch nicht, ob sich einer der Chalkokondylas damals in der Stadt befand. Der unermüdliche Eifer, mit dem der Fremdling Denkmäler vermaß und zeichnete und Inschriften von ihnen abschrieb, mußte auf die Athener selbst einen nachhaltigen Eindruck machen. Man darf zweifeln, ob vor Cyriacus irgendein Grieche daran gedacht hatte, eine Sammlung von städtischen Epigrammen anzulegen. Ein solcher Gedanke konnte eher in der Stadt Rom entstehen, sowohl wegen des lebhaften Anteils, den das Abendland an dem Sitz der Kaiser und Päpste nahm, als weil das politische Bewußtsein der römischen Bürgerschaft gerade durch die Zeugnisse des Altertums erhoben wurde. So gehört schon dem Zeital-

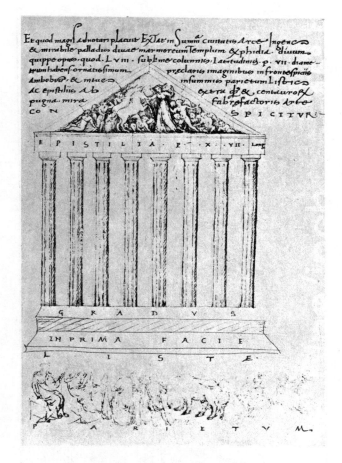

Der Parthenon
(Zeichnung des Cyriacus von Ancona 14. Jh.)

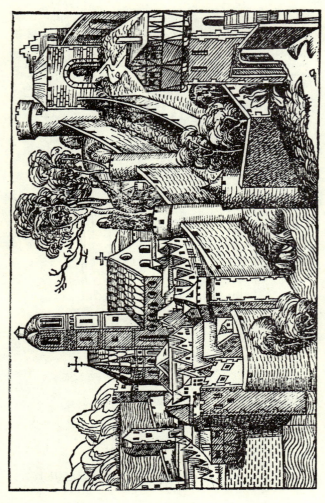

Athen
(Holzschnitt aus der Schedelschen Weltchronik 1493)

ter Karls des Großen die Sammlung von Inschriften des Anonymus von Einsiedeln an. Vor der Mitte des 14. Jahrhunderts entstand jene des Volkstribun Cola di Rienzo, während schon früher die römische Stadtbeschreibung, die weitverbreitete Schrift der ›Mirabilia Romae‹, verfaßt worden war. In Athen hätte ein ähnliches Bedürfnis immerhin der Vaterlandsliebe entspringen können, aber es würde doch wesentlich aus der wissenschaftlichen Schule hervorgegangen sein. Daß Männer wie die Philhellenen Michael Psellos und Akominatos athenische Inschriften gesammelt haben, ist uns nicht bekannt.

Obwohl nun der Besuch des Cyriacus in Athen nur ein kurzer war, reichte er doch hin, hier eine geistige Spur zurückzulassen. Aus seiner Anregung können zwei griechische Fragmente von Schriften athenischer Topographie hervorgegangen sein. Man darf dieselben die freilich sehr fragmentarischen Mirabilien Athens nennen, da sie den Charakter jener Roms aus dem 12. Jahrhundert tragen, welche noch in der Zeit des Cyriacus der antiquarische Wegweiser für die ewige Stadt waren und das selbst noch blieben, nachdem Flavius Blondus die ersten Versuche einer wissenschaftlichen Stadtbeschreibung gemacht hatte. Es ist die gleiche volkstümliche und sagenhafte Weise der Anschauung des Altertums und seiner Denkmäler in den dunklen Jahrhunderten, die der antiquarischen Auffassung in Rom und Athen eine verwandte Physiognomie aufgedrückt hat.[232]

Jene dürftigen Fragmente sind wohl eher von Athenern als von andern Griechen verfaßt. Sie tun dar, daß man sich seit der zweiten Hälfte des 15. Jahrhunderts mit solchen Studien in Athen abgab. Wenn denselben auch kaum ein wissenschaftlicher Wert beigelegt werden kann, so besitzen wir doch in ihnen die einzigen griechischen Schriften dieser Natur seit dem Pausanias. Immerhin sind sie als ein Inventar der damaligen klassischen Ruinenwelt der Stadt anzusehen; denn auf die christlichen Monumente derselben haben die Verfasser keinen Blick geworfen.[233]

Es würde eine zu starke Zumutung an die Griechen und die Liebhaber des hellenischen Altertums in jenem Zeitalter sein, wenn man ihnen es zum Vorwurfe machen wollte, daß sie die Nachwelt weder mit einer topographischen Karte Attikas noch mit einem Stadtplan Athens beschenkt haben. Wenn solche schwierigen Versuche überhaupt gemacht worden sind, so sind sie für uns verlorengegangen, oder sie harren noch des Entdeckers in irgendwelchen Bibliotheken. Wir haben die Möglichkeit angedeutet, daß eine Beschreibung, vielleicht auch eine Zeichnung der Akropolis Athens für Innozenz III. gemacht worden und daß auch an Pedro IV. von Aragon Ähnliches gelangt sei; doch ist das nur Hypothese. Da wir von der Weltstadt Konstantinopel im Mittelalter keine Karten und Panoramen besitzen, so ist es um so begreiflicher, daß solche von dem kleinen Athen fehlen. Selbst von der Stadt Rom jener Zeiten gibt es für uns nur wenige Pläne und Ikonographien. Außer dem bekannten römischen Stadtplan aus der Epoche Innozenz' III. und dem symbolischen Abbilde Roms auf einer Goldbulle des Kaisers Ludwig des Bayern gehören sie der Frührenaissance an.[234]

In demselben 15. Jahrhundert zeigte sich im Abendlande auch der Sinn für ähnliche bildliche Vorstellungen Athens, wenn auch nur in ganz unwissenschaftlicher und wertloser Form und zu dem Zwecke, Bücher, in denen von Griechenland geredet wurde, mit Miniaturen und Zeichnungen zu verzieren. Handschriften der Kosmographie des Ptolemaius wie das Isolarium des Bondelmonte enthalten symbolische Figuren Athens, in der Gestalt einer Burg mit krenelierten Mauern und Türmen.[235] In der Chronik des Jean de Courcey ist Athen in dem phantastischen Bilde einer flandrischen Stadt und in der bekannten Weltchronik des Nürnbergers Hartmann Schedel mit deutscher Architektur dargestellt.[236] Dies letztere Panorama trägt die Aufschrift »Athene vel Minerva«; es stellt in ganz willkürlicher Weise Gruppen von Häusern und eine Kirche mit gotischen Giebeln zusammen, nahe am Meer. Ein gewölbtes Burgtor auf einer Höhe, mit Rundturm und Mauern, soll an die Akropolis erinnern. Diesem Bilde liegt keine Anschauung der Wirklichkeit, also auch keine Zeichnung des Cyriacus zugrunde, denn nirgends ist eine Ruine des Altertums auch nur angedeutet. Es ist eine Schablone, die in derselben Weltchronik sogar nochmals gebraucht wird, um Alexandria vorzustellen, wie auch der mit Sophokles bezeichnete Holzschnitt dienen muß, um Xenokrates, sogar um den römischen Geschichtsschreiber Platina vorzustellen. Nichts zeigt den Abstand der Zeiten und Ideale voneinander so grell als ein Vergleich des lächerlichen Nürnberger Porträts mit der Statue des Tragikers im Museum des Lateran. Gleichwohl sind in der Chronik Schedels diese Holzschnitte als Werke Wohlgemuts bezeichnet.[237] Auf der in schönen Miniaturbildern ohne Text vom Mailänder Leonardo da Besozzo im 15. Jahrhundert gemalten Weltchronik ist Athen ganz übergangen, obwohl in diesem merkwürdigen Bilderbuche nicht nur Theseus und Kodros und die berühmtesten Philosophen und Dichter Athens, sondern auch ein paar alte Städte wie Troja, Karthago und Rom figürlich dargestellt sind.[238]

Siebentes Kapitel

Konstantin ruft die Hellenen zur Freiheit auf. Murad II. erstürmt das Hexamilion. Die Despoten des Peloponnes unterwerfen sich. Konstantin XI., letzter griechischer Kaiser. Mehmed II., Sultan. Tod Nerios II. Die Herzogin-Witwe und Contarini. Franco, Herzog von Athen. Fall Konstantinopels. Aufstand der Albanesen in Morea. Fall des Herzogtums Athen. Kriegszug Mehmeds II. im Peloponnes. Unterwerfung des Landes. Der Sultan besucht Athen. Aufhören des christlichen Kultus im Parthenon. Ende der letzten Palaiologen in Achaia. Zweiter Besuch Mehmeds in Athen. Tragisches Ende des letzten Herzogs von Athen und seines Hauses. Der Parthenon wird zur Moschee eingerichtet.

1. Nerio II. war nach Athen zurückgekehrt, nur um neuen Stürmen entgegenzugehen. Denn Konstantin, der älteste der Brüder des Kaisers Johannes, hatte sich zum Herrn des größten Teiles des Peloponnes gemacht und seinen Sitz in Misithra genommen, dessen Fürstentum ihm von seinem Bruder Theodor II. im Jahre 1443 abgetreten worden war. In dem aufreibenden Kampf mit Verrat, Feigheit und allen Lastern der sinkenden Griechenwelt war er selbst von dieser Verderbnis nicht unberührt geblieben, aber es lebten doch in ihm ein höherer Sinn und das Bewußtsein der ehemaligen Größe seines Vaterlandes. Er war des Gedankens fähig, das untergehende Byzanz im Peloponnes wieder aufzurichten. Vielleicht wäre ihm das geglückt, wenn er nicht dort die Herrschaft mit seinen elenden Brüdern hätte teilen müssen, was alsbald zu endlosem Hader führte.

Konstantin benutzte die Zeit, wo der Sultan Murad in den Donauländern, zumal durch den gewaltigen Aufstand der Albanesen unter Georg Kastriota, beschäftigt war, um die Griechen auch in Hellas zur Freiheit aufzurufen, womöglich dieses Land mit dem Peloponnes zu vereinigen und so einen griechischen Nationalstaat zu erschaffen. Der Papst, Venedig und Ungarn forderten den kühnen Palaiologen nicht vergebens auf, ihrem Bunde gegen die Osmanen beizutreten, denn Eugen IV. hatte im Herbst 1443 die Polen und Ungarn zu einem Kreuzzuge in Bewegung gesetzt, dessen Führer der junge Polen- und Ungarnkönig Vladislav III., der Sohn Jagellos, und der magyarische Held Hunyadi waren. Im November 1443 wurde Murad bei Nissa geschlagen, und nur der strenge Winter in den Eisfeldern des Haimos nötigte die Sieger zum Rückzuge über die Donau.

Nachdem Konstantin das Hexamilion auf dem Isthmos wiederhergestellt hatte, wendete er sich im Verein mit seinem Bruder Thomas zunächst gegen Nerio, den Vasallen der Türken. Er brach im Frühjahr 1444 in Böotien ein, besetzte Theben und Levadia, bedrohte von dort aus selbst Athen und nötigte den Herzog, seine Oberhoheit anzuerkennen, sich zur Zahlung jährlichen Tributs zu verpflichten und ihm Truppen zu stellen. Sodann zog er weiter nordwärts nach dem Pindos, ermunterte die Wlachen und Albanesen in den Landschaften Thessaliens, das Joch der Ungläubigen abzuwerfen, und besetzte Zeitun, Lidoriki und andre Orte.[239] Diese glücklichen Erfolge machte die augenblickliche Schwächung des Sultans möglich, welcher im Sommer 1444 den Frieden zu Szegedin hatte schließen müssen, wodurch er Serbien, die Herzegowina und die Walachei verlor. Unglücklicherweise ließ sich, infolge der Kunde eines Aufstandes des Emirs von Karaman in Kleinasien, der König Vladislav durch den Kardinal Julian Cesarini zum Bruch des Friedens verleiten; seine furchtbare Niederlage und sein Tod in der Schlacht bei Varna am 10. November waren die Folge jener Treulosigkeit, und dieser Unglückstag entschied auch das Los Griechenlands.

Nerio, welcher damals wenig mehr als Athen besaß, hatte keinen Sinn für die Freiheitsbestrebungen der Griechen, die ihn, wenn sie verwirklicht wurden, um sein Herzogtum würden gebracht haben. Er war nur notgedrungen Verbündeter und Vasall Konstantins geworden; dies aber hatte den Sultan so sehr aufgebracht, daß er dem Pascha Omar, einem Sohne Turahans, befahl, mit der thessalischen Streitmacht in Böotien und Attika einzufallen. Omar verwüstete diese Landschaften und kehrte dann mit Beute beladen nach dem Norden zurück. Nach der Schlacht bei Varna beeilte sich Nerio, durch Gesandte die Verzeihung des Großherrn zu erlangen; er gelobte ihm, in sein altes Lehnsverhältnis zurückzukehren und den hergebrachten Tribut zu zahlen, worauf ihn der Sultan zu Gnaden annahm und ihn in seinen Ländern wiederherzustellen versprach.

Den Abfall Nerios von der Sache der Griechen bestrafte jetzt Konstantin durch einen Kriegszug gegen Athen, welches er besetzte; doch zog er aus Attika ab, da die drohende Bewegung Turahans in Thessalien ihn dazu nötigte.[240] Der Sultan forderte von ihm die Herausgabe aller von ihm eingenommenen Städte; Konstantin verweigerte sie, und so blieben die Dinge unentschieden, bis im Frühjahr 1446 Murad Ernst machte.

Von Turahan und Nerio dringend zu einem Zuge nach dem Peloponnes aufgefordert, vereinigte er bei Serres große Heeresmassen zu dieser entscheidenden Unternehmung. Der griechische Despot schickte zwar Friedensboten an ihn, aber er hatte den Mut, den Isthmos und das nördlich davon gelegene Hellas für sich zu beanspruchen, worauf der Sultan die Abgesandten, unter denen sich auch der Geschichtsschreiber Chalkokondylas befand, ins Gefängnis werfen ließ und nach dem Süden aufbrach.[241] Kein Feind stellte sich ihm an den Thermopylen entgegen, da sich die Griechen hinter das befestigte Hexamilion zurückgezogen hatten. Er zog in Theben ein, und hier stieß sein Lehnsmann Nerio mit einer Kriegerschar zu seinen Fahnen.

Mit gewaltigen Streitkräften und dem Troß seiner Wagen und Kamele bewegte sich Murad nach dem Isthmos, wo er bei Mingiä haltmachte. Die Wälle des Hexamilion trennten die Lager der Osmanen von denen der Griechen, welche Konstantin und sein Bruder Thomas aus der ganzen Halbinsel aufgeboten hatten.[242] Es war die letzte große Kraftanstrengung der Hellenen, und es war das barbarische Asien, welches, wie ehemals zur Zeit des Xerxes, im Begriffe stand, sich auf den Peloponnes zu stürzen. Die Türken hatten sich bereits die furchtbarste Erfindung des Abendlandes, die Artillerie, dienstbar gemacht, und diese war im Jahre 1446 so vervollkommnet, daß die Mauern der griechischen Städte ihr keinen Widerstand mehr leisten konnten.

Drei Tage hindurch rissen Kanonen und Minen Breschen in die Schanzen des Isthmos, worauf am 10. Dezember der Sturm begann. Das letzte Bollwerk der Freiheit Griechenlands fiel nach einem verzweifelten Kampf am 14. in die Gewalt der Janitscharen und Serben.[243] Der verzweifelnde Konstantin sah seine Scharen fliehen, versuchte sie vergebens wieder zu sammeln und warf sich dann, da Korinth nicht hinreichend zum Widerstande gerüstet war, in das Innere Lakoniens. Dreihundert Griechen, die auf einen Hügel bei Kenchreä geflohen waren, ließ der Sultan niederhauen; 600 Gefangene kaufte er von den Janitscharen los, um sie dann den Manen seines Vaters als grausiges Schlachtopfer darzubringen. Dem flüchtigen Despoten schickte er einen Heerhaufen unter Turahan nach, während er selbst sich westwärts nach Achaia wandte.

Er nahm und verwüstete Korinth, verbrannte das von den Einwohnern verlassene Sikyon (Basilika) und Vostitsa und rückte dann vor Patras. Die Bürger dieser Handelsstadt hatten sich nach Lepanto und andern venezianischen Plätzen auf der Küste Ätoliens geflüchtet, nur 4000 Männer und Frauen waren zurückgeblieben, welche alle von den Türken zu Sklaven gemacht wurden.[244] Doch die feste Burg verteidigte sich mit so großem Heldenmut, daß der Sultan ihre Belagerung aufzuheben beschloß. Da die Despoten des Peloponnes, am fernern Widerstande verzweifelnd, mit ihm um Frieden unterhandelten, zog er nach Theben zurück, mit sich schleppend die Beute verheerter

Städte und 60000 Kriegssklaven. Das von seinen flüchtigen Bewohnern fast verlassene und ausgeplünderte Theben sah jetzt zum ersten Mal das orientalische Gepränge des Sultanhofs und unter den siegestrunkenen Paschas und Würdenträgern der Pforte auch die klägliche Gestalt des Herzogs von Athen, des dienstbaren Schützlings des Großherrn.

Nach Theben, welches fortan als dem türkischen Reiche zugehörig betrachtet wurde, schickten Konstantin und Thomas ihre Bevollmächtigten; sie erkauften den zweifelhaften Fortbestand ihrer peloponnesischen Herrschaft als türkische Vasallen durch die Verpflichtung einer von ihren Ländern zu zahlenden Kopfsteuer. Seit diesem Augenblick wurde, so urteilte der Geschichtsschreiber Chalkokondylas, der Peloponnes, ein Land, welches vorher frei gewesen war, dem Sultan untertänig. Indes schon lange zuvor hatten die dortigen Dynasten dem Großherrn Tribut gezahlt.

Ein Jahr nach diesem Frieden starb, am 13. Oktober 1448, der Kaiser Johannes VIII. nach einer unseligen Regierung von dreiundzwanzig Jahren. Er hinterließ als Erben seine drei Brüder Konstantin, Thomas und Demetrios. Schon am Rande des Abgrundes stehend, welcher ganz Hellas verschlingen sollte, hatte Demetrios den Ehrgeiz, seinem ältesten Bruder die Purpurfetzen des byzantinischen Reiches streitig zu machen. Allein die Großen der Hauptstadt schickten ihre Abgeordneten nach dem Peloponnes; auf den Trümmern des alten Sparta wurde am 6. Januar 1449 Konstantin XI., der letzte Nachfolger Konstantins des Großen, zum Kaiser der Romäer ausgerufen und gekrönt.[245]

Dies geschah freilich mit der demütigenden Erlaubnis des türkischen Sultans, zu welchem er am Anfange des Dezember seinen Rat Phrantzes als Unterhändler geschickt hatte. Konstantin segelte dann auf katalanischen Schiffen am 12. März nach Byzanz. Murad II., dessen Siegen und Staatsklugheit das Türkenreich ein neues glänzendes Zeitalter seiner Entwicklung zur ersten Macht auch in Europa verdankte, starb am 5. Februar 1451, worauf sein gewaltiger Sohn, der erst 21 Jahre alte Mehmed II., den Thron der Osmanen bestieg.

In demselben Jahre starb auch Nerio II., der Herzog von Athen. Der Stamm der griechischen Acciajoli war damals auf zwei Mitglieder herabgekommen, den kleinen Sohn Nerios, Francesco, und den Sohn des Herzogs Antonio, Franco mit Namen, welcher am türkischen Hofe in Adrianopel als Geisel und zugleich als Günstling des Sultans ein ehrloses Leben führte. Die Witwe Nerios, Chiara, die Tochter des Niccolo II. Giorgio, des Herrn von Karystos und titula-

Kaiser Johannes VIII. Palaiologos

*Sultan Mehmed II.
(Bronzemedaille 1481)*

ren Markgrafen von Bodonitsa, schickte alsbald Gesandte an die Pforte mit dem Gesuch, ihr als Vormund des Sohnes das Herzogtum Athen zu überlassen, was sie auch durch Zahlung großer Geldsummen erreichte. Sie würde fortan als Schutzbefohlene des Sultans ihre Tage im Propyläenpalast ruhig beschlossen haben, wenn sie nicht das Opfer einer rasenden Leidenschaft geworden wäre, und an diese hat sich dann der tragische Untergang des Hauses der Acciajoli wie des Herzogtums Athen geknüpft.

Das schöne, noch junge Weib entbrannte in Liebe zu einem edlen Venezianer, Bartolommeo vom Hause der Contarini, dessen Vater Priamo Kastellan von Nauplia gewesen war.[246] Er selbst war in Handelsgeschäften nach Athen gekommen, wo ihn die Herzogin kennenlernte. Da Contarini bereits mit der Tochter eines venezianischen Senators vermählt war, sannen die Liebenden auf Mittel, dies Hindernis ihrer Verbindung hinwegzuräumen; Chiara aber wollte den Venezianer als ihren rechtmäßigen Gemahl auf den Herzogstuhl Athens erheben, und sie war es, die ihn zum Verbrechen verführte.[247] Der Verblendete eilte nach seiner Vaterstadt, wo seine Gattin zurückgeblieben war, tötete diese durch Gift, kehrte dann nach Athen zurück und vermählte sich mit der Herzogin. Zur Ehre des lateinischen Metropoliten der Stadt wollen wir annehmen, daß derselbe über die Freveltat Contarinis nicht aufgeklärt war. Erzbischof aber scheint damals Nikolaus Protimo gewesen zu sein, ein Angehöriger des mit den Acciajoli verschwägerten Hauses dieses Namens in Euböa. Er war in derselben Zeit an der Redaktion der Assisen Romanias beteiligt, welche die Signorie Venedigs dem Bailo der Insel und einer Kommission von Euböoten im Jahre 1421 übertragen hatte. Aus der Vergleichung der dortigen und der venezianischen Handschriften der Assisen ging dann das vom Senat der Republik im Jahre 1452 anerkannte Gesetzbuch hervor.[248]

Das hochfahrende Wesen Contarinis beleidigte unterdes die Athener, und die Anhänger des Hauses Acciajoli fürchteten mit Grund ein zweites Verbrechen, die Beseitigung des jungen Francesco, des Erben Nerios, durch den frechen Eindringling. Als sie beim Sultan Klage erhoben, suchte der Usurpator diesen und jene zu besänftigen, indem er öffentlich erklärte, daß er nur die Vormundschaft über den rechtmäßigen Erben Athens bis zu dessen Großjährigkeit zu führen beabsichtige. Da diese Beteuerung den Unwillen des athenischen Volkes nicht beschwichtigte, ging er selbst mit dem Knaben nach Adrianopel, um sich beim Sultan zu rechtfertigen und, wie er hoffte, die Bestätigung der Vormundschaft zu erlangen. Er begegnete am türkischen

Hofe jenem Sohne des Herzogs Antonio, Franco, welcher nur die Gelegenheit abwartete, um selbst zur Gewalt in Athen zu gelangen, und diese bot sich ihm jetzt dar. Mehmed II. war nicht gesonnen, Attika in die Hände der Venezianer kommen zu lassen, die im Sommer 1451 die Insel Ägina in Besitz genommen hatten, sowohl gemäß des mit den Caopena gemachten Vertrages als des Testaments Antonellos, welcher kinderlos gestorben war. Die Ägineten selbst überlieferten ihre Insel mit Freuden der Republik.[249]

Der Sultan schickte Franco als Herzog nach Athen, wo er vom Volk mit allen Ehren aufgenommen wurde. Er bezog den Palast auf der Akropolis, nahm hier sofort die Fürstin Chiara fest und ließ sie in das Schloß Megara abführen. Dies geschah im Jahre 1455. Jenes erbärmliche Trauerspiel verbrecherischer Leidenschaften und des Kampfes nichtsbedeutender Menschen um eine Minute fürstlichen Daseins konnte noch in Athen aufgeführt werden, obwohl sich eben erst das ungeheure Schicksal am Bosporos vollzogen hatte. Denn am 29. Mai 1453 war Konstantinopel in die Gewalt Mehmeds II. gefallen, und der letzte der Konstantine hatte auf den Trümmern des Reichs den Heldentod gefunden.

Die Eroberung der großen Weltstadt, die ein Jahrtausend lang der Geschichte des Ostens ihren Namen und Charakter gegeben, die antike Bildung mit dem Christentum verbunden und der griechischen Kirche Beistand und Einheit verliehen hatte, besiegelte die Knechtschaft der hellenischen Hälfte des alten Römerreichs. Diese versank jetzt, vom lateinisch-germanischen Europa abgerissen, in die Barbarei des Türkentums. Der gewaltsame Versuch, den das Abendland seit den Kreuzzügen gemacht hatte, den griechischen Orient mit dem Westen wieder zu vereinigen, hatte nur die Folge gehabt, das Reich Konstantins in Stücke zu zerschlagen und um so leichter zur Beute der Osmanen zu machen. Der Orient, einst blühend unter den Hellenen, den Römern, den Byzantinern, wurde unter der türkischen Herrschaft nur das Leichenfeld seiner ehemaligen Kultur. Die Mächte Europas, durch dynastische Kriege miteinander beschäftigt, zertrennt und gelähmt, waren, wenige erfolglose Anstrengungen abgerechnet, tatenlose Zuschauer erst des planvollen Vorschreitens, dann des Triumphs der osmanischen Eroberer geblieben. Der erschütternde Fall Konstantinopels erweckte nur das eitle Klagegeschrei der abendländischen Humanisten und die wirkungslosen Aufrufe des Papsts zu einem neuen Kreuzzuge. Da jeder große und kleine Unglücksfall die darunter leidenden Menschen aufreizt, seine Ursachen zu erforschen, die eigene Schuld zu leugnen und auf andre Schultern abzuwälzen, so betrachteten die Griechen die Eroberung der Hauptstadt des Reichs als ein Strafgericht, welches Gott über die Palaiologen wegen der kirchlichen Union verhängt habe. Der Papst aber und das ganze von Haß gegen die Byzantiner erfüllte Abendland behaupteten, daß die schreckliche Katastrophe die verdiente Strafe für das kirchliche Schisma sei.[250] Der unglückliche Geschichtsschreiber Phrantzes hat diese Urteile in einer langen Auseinandersetzung zu widerlegen gesucht und sich schließlich mit einer prophetischen Überzeugung getröstet. Denn wie das Reich der Assyrer von den Babyloniern, das babylonische von den Persern, das persische von den Makedoniern, das makedonische von den Römern, das römische von den Osmanen zerstört worden sei, so werde auch dieses zur bestimmten Zeit untergehen. Seine Berechnung, oder vielmehr diejenige des Astrologen Stephanos von Alexandria, daß das Reich der Sultane 365 Jahre bestehen werde, hat sich freilich nicht als richtig erwiesen. Die Osmanenherrschaft in Konstantinopel dauert schon 435 Jahre; sie befindet sich heute fast schon in demselben Zustande der Auflösung, in welchem sich das griechische Reich unter den letzten Palaiologen befunden hatte, und die Stunde seines Sturzes wird vielleicht der Anbruch einer neuen Epoche im Leben der Menschheit sein.

2. Die Aufrichtung des Thrones der Sultane in Konstantinopel wirkte niederschmetternd auf Venedig, und die fränkischen wie griechischen Dynasten des hellenischen Festlandes und Archipels. Der beredte Doge Francesco Foscari suchte vergebens den Rat der Pregadi zu dem heroischen Entschluß zu entflammen, mit Waffengewalt die Ehre Venedigs wiederherzustellen. Die niedergebeugten Kaufherren eilten vielmehr, durch Gesandte an den Sultan die vollendete Tatsache anzuerkennen und die Handelsprivilegien, die Faktoreien und Kolonien der Republik durch einen demütigen Vertrag mit Mehmed II. zu retten. Die Despoten im Peloponnes, Thomas und Demetrios, von denen keiner es wagte, nach dem Tode des Bruders den Kaisertitel anzunehmen, erkauften vom Sultan eine letzte Frist ihrer Herrschaft in Patras und Misithra. Selbst jetzt noch spotteten diese Tyrannen jenes Eides, sich als Brüder zu lieben, welchen sie einst in die Hände ihrer alten frommen Mutter Irene, ihres kaiserlichen Bruders Konstantin und des byzantinischen Senats geschworen hatten; sie lagen vielmehr miteinander im Krieg, und sie mißhandelten ihre Untertanen mit schamlosem Übermut. Phrantzes, der nach dem Untergange Konstantinopels Minister des Fürsten Thomas wurde, hat ihre Bruderkriege ausführlich beschrieben; sie bilden das trostloseste Kapitel in der Geschichte

des Peloponnes. Dort erhober sich im Jahre 1453 gegen jene Despoten die Albanesen, die einzigen Stämme Moreas, die noch die Waffen und die Freiheit liebten. Dreißigtausend Krieger an Zahl versuchten sie, erst unter der Führung des Peter Bua, dann des ehrgeizigen griechischen Archonten Manuel Kantakuzenos, was ihre heldenhaften Stammgenossen Georg Balsch, Johann Spata, Arianites und der große Skanderbeg in Albanien erreicht hatten, nämlich ein unabhängiges Skipetarenreich in der Halbinsel aufzurichten. Sie bewarben sich um den Schutz der Republik Venedig, deren Oberhoheit sie anerkennen wollten. Für ihre Besitzungen Modon und Koron fürchtend und argwöhnend, daß sich die Genuesen oder Katalanen Moreas bemächtigen könnten, schickte die Signorie im Juli 1454 Vettore Capello zu den Despoten Thomas und Demetrios mit dem Auftrage, ihnen die Trauer Venedigs um den Fall des Kaisers und Konstantinopels auszusprechen und beide zum Frieden mit den Albanesen zu ermahnen. Capello begab sich sodann auch zu den Häuptern der Aufständischen.[251] Allein seine Vermittlung hatte keinen Erfolg. Die in Patras und Sparta belagerten Palaiologen riefen vielmehr die Türken zu ihrer Rettung herbei, worauf es dem Pascha Turahan nach blutigen Kämpfen gelang, die Albanesen unter billigen Bedingungen zur Unterwerfung zu nötigen.

In Athen herrschte zu dieser Zeit Franco als türkischer Vasall. Haß und Furcht verleiteten ihn zu einer gewaltsamen Handlung, die dann seinen Sturz zur Folge hatte. Er ließ die Herzogin Chiara im Schloß Megara umbringen, wie Chalkokondylas behauptet, wegen ihrer verbrecherischen Verbindung mit jenem venezianischen Contarini. Da er diesen als Prätendenten fürchtete, hoffte er ihn durch die Ermordung seiner Gattin fortan unschädlich zu machen. Contarini war mit dem kleinen Sohne Nerios II. am Hofe Mehmeds in Adrianopel geblieben oder dort festgehalten, und jetzt trat er als Kläger gegen Franco auf, dem er durch seine eigenen Frevel den Weg nach Athen gebahnt hatte.

Mehmed II., der Ränke dieser Abenteurer überdrüssig geworden, befahl alsbald dem Sohne Turahans, das Herzogtum Athen zu einer türkischen Provinz zu machen. Eine schreckliche Hungersnot wütete in Hellas, und die Gemüter des abergläubischen Volks erschreckte die Erscheinung eines Kometen. Omar Pascha rückte in Attika ein, das Land verheerend und viele Einwohner zu Sklaven machend. Im Gebiete Athens wurde damals der Ort Sepolia zerstört. Dies war der alte Demos Sypalettos in der Nähe der Akademie und des Turms des Timon.[252] Es gab unter den Athenern eine Partei, die aus Haß gegen die Franken die Osmanen als ihre Befreier willkommen hieß, zumal

Siebentes Kapitel

sie sich mit der Hoffnung schmeichelte, von dem türkischen Regiment nicht nur die vollkommene Duldung, sondern auch die Herstellung der griechischen Kirche in ihre alten Rechte und Besitzungen zu erlangen.[253] Die Unterstadt, die sich ohne Kampf dem Feinde ergab, erfuhr jedoch alle Greuel barbarischer Eroberung schon deshalb, weil der hartnäckige Widerstand der Akropolis die Janitscharen in Wut versetzte.[254]

Franco, der sich in diese geworfen hatte, wies die Stürme Omars tapfer zurück; demnach mußte die Burg durch neue Verteidigungswerke selbst gegen die Geschütze der Türken haltbar gemacht worden sein. Zwei Jahre lang vermochten die letzten Franken und die Schar ihnen treu gebliebener Athener die Akropolis gegen die Angriffe der neuen »Perser« zu behaupten. Ihr Mut war um so ehrenvoller, als ihnen nirgends Aussicht auf Entsatz geboten wurde. Das Schicksal der unbedeutenden Stadt Athen hatte für das Abendland keine Wichtigkeit, seitdem Konstantinopel gefallen war. Die verzweifelten Rufe um Rettung, die aus der bedrängten Burg dorthin gelangten, wurden nicht beachtet.[255]

Vergebens beschwor Franco den venezianischen Bailo im nahen Negroponte, einen Entsatz zu wagen. Der Konnetabel Athens und namhafte Bürger boten der Republik, durch die Vermittlung des Ritters Francesco vom Hause der Giorgi, die Akropolis an. Auch andre Dynasten in Griechenland ermahnten den Dogen, dem Sultan zuvorzukommen, und sie eilten, ihre nicht mehr zu rettenden Besitzungen den Venezianern für Geld anzutragen. Allein die vorsichtige Signorie konnte nichts mehr tun, als den Rektoren Negropontes befehlen, alle Inseln und Häfen, die venezianisch werden wollten, in diesem Vorsatz zu bestärken.[256] Da gerade damals eine päpstliche Flotte unter dem Befehl des Kardinals Scarampo im Archipel erscheinen sollte, so gebot der argwöhnische Doge dem Bailo, bei der Landung dieses Kriegsvolkes in Euböa alle nötigen Vorsichtsmaßregeln zu treffen.

Unterdes suchte der Pascha Omar um jeden Preis Herr der Akropolis zu werden und sich mit diesem Erfolge zu schmücken, während der Sultan selbst seinen grausigen Triumphzug durch Morea hielt. Er bot Franco die mildesten Bedingungen. »Sohn des Antonio«, so ließ ihm der türkische General sagen, »du bist mit dem Hofe des Großherrn wohl bekannt, welcher dir die Herrschaft über diese Stadt für einige Zeit verliehen hat; da er nun ihre Herausgabe verlangt, so weiß ich nicht, wie du dieselbe gegen seinen Willen wirst behaupten können; dein Widerstand kann nur kurz sein. Suche die Gnade des Sultans zu gewinnen, dann wird er dir Theben und Böotien geben und dir gestatten, mit allen deinen Schätzen ungekränkt aus der Stadtburg abzuziehen.«[257] Der hoffnungslose Franco überzeugte sich, daß ihm keine andere Wahl übrigbleibe; er nahm die Bedingungen Omars an, verlangte aber die feierliche Bestätigung seiner Zusagen durch den Sultan selbst. Nachdem sie ihm eidlich verbürgt worden waren, übergab er den Türken die Akropolis.

Der Fall der Stadtburg Athens ereignete sich im Juni 1458, als noch der Papst Kalixt III. regierte, der am 6. August starb.[258] Dem Vertrage gemäß verließ der letzte Acciajoli, begleitet von seiner griechischen Gemahlin, einer Tochter des moreotischen Dynasten Demetrios Asen, von seinen drei Kindern und einem armseligen Gefolge von Dienern, die Akropolis und zog nach Theben ab, dessen Lehnsbesitz ihm Mehmed in Gnaden zugewiesen hatte.

Obwohl der fränkische Staat in Attika zwei und ein halbes Jahrhundert gedauert hatte, erweckt doch der traurige Abzug des letzten Herzogs von Athen kaum eine Regung des Mitgefühls, während der Abzug des letzten Maurenkönigs aus Granada, welcher 35 Jahre später erfolgte, noch heute ein tragischer Gegenstand selbst für die Empfindung von Christen ist. Die Frankenherrschaft in Athen erlosch in der Stille, ohne daß ihr Fall das Gemüt der Mitlebenden erschütterte; denn schon damals begann die in keiner Beziehung mehr wichtige Stadt in Vergessenheit zurückzusinken. Und was bedeutete ihr Los gegen den Untergang der Weltstadt Byzanz? Das Abendland erscholl von den Elegien der Rhetoren, welche Fürsten und Völker zum Kreuzzuge gegen die Türken aufriefen; allein weder in den prunkvollen Reden und Bullen Pius' II. noch in den hochtrabenden Deklamationen der Dichter und Gelehrten, selbst nicht in den Reden Bessarions wird der unglücklichen Stadt gedacht. Auch die damaligen byzantinischen Geschichtsschreiber bemerken ihren Untergang nur flüchtig und ohne ihm eine Klage zu weihen. Auf Phrantzes machten der Freiheitssinn, der Heldenmut und Unternehmungsgeist der Bürger Malvasias solchen Eindruck, daß er dem Ruhme derselben ein paar Seiten widmete, doch von Athen spricht er kaum. Daß aber das Schicksal der ruhmvollsten aller Städte unter ihren griechischen Bürgern doch einen Weheruf erweckte, beweist die Elegie eines ungenannten Zeitgenossen dieses Ereignisses, welcher ein Athener gewesen sein muß. Sein Threnos reiht sich den vielen Klagestimmen um den Fall Konstantinopels an.[259] Er ist ein barbarisches Schmerzgeschrei nicht nur der als »Athena« personifizierten Stadt, sondern auch der von Verzweiflung sinnlos gewordenen Muse der Hellenen. Der Abfall von den klassischen Distichen des Michael Akominatos zu diesen unartikulierten Lauten erscheint so groß, daß man davor erschrickt.[260] Dies Gedicht von 69 politischen Versen in verderbtester Volkssprache und schlechtestem Stil muß gleich nach der türkischen Einnahme Athens verfaßt worden sein. Der Autor war sicher ein Geistlicher; er rühmt Athen namentlich als Lehrerin der drei großen Kirchenväter Gregor von Nazianz, Basileios und Chrysostomos. Am Schluß wendet er sich an die Jungfrau als künftige Retterin.[261]

3. Mehmed II. befand sich damals noch im Peloponnes, wohin er auf die Kunde, daß der Despot Thomas den Tribut verweigert und die Waffen ergriffen habe, mit großen Streitkräften gezogen war. Er wollte jetzt dem unsinnigen Treiben der feindlichen Brüder wie der grenzenlosen Verwirrung ein Ende machen, in welcher das Land Morea durch den frevelvollen Ehrgeiz dieser Fürsten, durch die Tyrannei der Archonten und die Raublust der Albanesen fortdauernd festgehalten wurde.

Am 15. Mai 1458 lagerte der Sultan vor Korinth, welches zu jener Zeit dem Despoten Demetrios Palaiologos zugehörte und eine unzureichende Besatzung unter dem Befehle seines Schwagers Matthaios Asen und des spartanischen Stratioten Nikephoros Lukanes hatte.[262] Er ließ eine Belagerungstruppe vor Hohenkorinth, dann zog er selbst weiter in den Peloponnes. Die Türken hatten bisher, unter ihren ausgezeichneten Generalen Evrenos und Turahan, wiederholt mörderische Raubzüge durch dieses Land unternommen, aber dessen völlige Unterwerfung nicht ernstlich versucht. Auch jetzt noch mußte ihnen die Bezwingung desselben trotz der Zersplitterung der griechischen Kräfte nicht geringe Schwierigkeiten verursachen, weil die Halbinsel noch manche feste Städte und mehr als 150 fränkische Burgen besaß, während ihre Gebirgsnatur den Bandenkrieg begünstigte. Wenn sich unter den Peloponnesiern auch kein Held erhob wie Georg Kastriota von Kruja, der in dieser Zeit des Unterganges der griechischen Nation sein eigenes Vaterland Albanien gegen die Türkenhorden mit bewundernswerter Kraft verteidigte, so wehrten sich doch die letzten Freiheitskämpfer Moreas, Griechen wie Albanesen, mit dem Mute der Verzweiflung.

Phlios, Akowa, Ätos, viele andre Städte und ehemals in der Geschichte der fränkischen Barone berühmt gewordene Burgen in Arkadien und Messenien wurden von den Osmanen erstürmt, die Bewohner ausgemordet oder in die Sklaverei fortgeschleppt. Nach hartnäckiger Gegenwehr übergab Demetrios Asen, der Schwiegervater des Herzogs Franco, seine Stadt Muchlion, das frühere aus der Zeit der Villehardouin bekannte Nikli, im Lande der Tegeaten. Aber Mehmed wagte es doch nicht, den Despoten Thomas in dem festen Monembasia anzugreifen noch in das unwegsame, von trotzigen Stämmen bewohnte Lakonien vorzudringen, sondern er kehrte nach Korinth um. Die Pforten dieser starken Festung, des Hauptes des Peloponnes, wie sie Phrantzes noch damals nannte, öffneten ihm die feigen Befehlshaber am 6. August 1458. Dies erschreckte den Despoten Thomas so sehr, daß er Unterhändler an den Sultan schickte, und dieser bewilligte ihm Frieden um den Preis der Auslieferung von Ägion, Kalavrita, Patras und andern benachbarten Landschaften, welche ihm auch wirklich übergeben wurden.[263]

Mehmed vereinigte die eroberten Gebiete Moreas mit Thessalien, übergab ihre Verwaltung dem Omar und kehrte mit der Beute und den Gefangenen nach dem Norden zurück. Es war auf diesem Marsch, daß er der Einladung seines Paschas folgte, das ihm unterworfene Athen mit seinem Besuche zu ehren. Er kam über Megara mit tausend Reitern und seinem glänzenden Gefolge von Höflingen und Würdenträgern. Der Eroberer Konstantinopels, der Vernichter Griechenlands, noch bedeckt mit dem frischen Blut der hingeschlachteten Peloponnesier, hielt seinen Einzug in die unglückliche Stadt in der letzten Woche des August 1458.[264] Er brachte ihr eine Knechtschaft von fast vier Jahrhunderten.

So unmenschlich und erbarmungslos dieser furchtbare Kriegsfürst auch sein konnte, so war er doch, zum Glücke für Athen, kein Xerxes oder Mardonios, sondern einer der gebildetsten Herrscher des Orients und selbst den Empfindungen für das Große und Schöne im Leben der Menschheit nicht unzugänglich. Er hatte Sinn für architektonische Pracht, wie er das in Konstantinopel bewies, wo er die Verwüstung des Sophiendoms verhinderte und später großartige Bauwerke aufführen ließ. Der Geschichtsschreiber Phrantzes, der ihn persönlich kannte, hat von ihm gerühmt, daß er, außer seiner eigenen Sprache, Griechisch, Lateinisch, Arabisch, Chaldäisch und Persisch verstand, die Lebensgeschichten Alexanders, Konstantins und des Theodosios las und diese großen Männer zu übertreffen bestrebt war.[265] Es ist daher begreiflich, daß sogar ein solcher Völkerzermalmer einige Ehrfurcht vor Athen empfand, welches auch türkische Geschichtsschreiber als die Vaterstadt der Philosophen bezeichneten.[266] Der Höfling und Lobredner Mehmeds II., Kritobulos, ein Inselgrieche, der unter dem Regiment der Osmanen die Verwaltung von Imbros erhielt, schrieb, von der Größe dieses Sultans begeistert, dessen Geschichte. So unwichtig war das politische Dasein der alten Metropole Griechenlands geworden, daß er in seinem Werk des Unterganges des athenischen Herzogtums mit keiner Silbe Erwähnung tat. Aber er hat von dem Besuche Mehmeds in Athen berichtet und bei dieser Gelegenheit den schrecklichen Barbaren so dargestellt, als gehörte er in die Reihe jener römischen Imperatoren, die einst den lebenden Athenern um der Toten willen ihre Fehler verziehen hatten. Mehmed hegte, so behauptet Kritobulos, eine große Liebe zu dieser Stadt und ihren Sehenswürdigkeiten; weil er viel Schönes vernommen hatte von der Weisheit und Tugend der alten Athener und den staunenswürdigen Werken, womit sie sich ehemals vor Griechen und Barbaren hervorgetan, wollte er die Stadt, die Beschaffenheit ihres Landes, ihr Meer und ihre Häfen kennenlernen. All dies bewunderte er, zumal die Akropolis. Als ein Weiser und Philhellene und großer König besichtigte er alles dasjenige, was dort von Altertümern erhalten war.[267] Auch Chalkokondylas erzählt, daß Mehmed den Piräus und die Häfen, die Stadt und die Burg durchwanderte, die alte Pracht Athens mit Erstaunen betrachtete und ausrief, daß er dem Omar Pascha für solchen Gewinn zu großem Danke verpflichtet sei.[268] Wenn etwas von jenem unwiderstehlichen Zauber, mit dem Athen im Altertum so viele fremde Könige umstrickt hatte, noch zu so später Zeit auch in die Seele des osmanischen Weltgebieters einzudringen vermochte, so hat die Stadt der Pallas Athene gerade in ihrem tiefsten Falle den größten Triumph gefeiert. Infolge des Versiegens des Handels und aller anderen Erwerbsquellen während der Kriegszüge der Türken in Griechenland, namentlich durch die Verheerungen Omars, war sie damals an Einwohnerzahl stark verringert und in jenen Zustand zurückgesunken, welchen Michael Akominatos am Ende des 12. Jahrhunderts geschildert hatte. Pius II. Piccolomini hat vielleicht mit einiger Übertreibung, aber gewiß nach Berichten von Augenzeugen geurteilt, daß Athen kaum noch die Gestalt eines kleinen Kastells besaß und seinen Ruhm in ganz Griechenland nur der festen Akropolis und dem auf ihr stehenden großartigen Tempel der Minerva zu verdanken hatte.[269] Schwerlich konnte die Stadt damals, wie man behauptet hat, noch 50000 Einwohner zählen.[270]

Der Sultan behandelte die Athener mit Güte, indem er ihre Wünsche erfüllte.[271] Er bestätigte die Freiheiten, welche Omar Pascha ihnen bereits zugestanden hatte. Die Stadtgemeinde behielt das Recht der Vertretung durch eine Gerusia oder den Rat der Vecchiades unter der Aufsicht des türkischen Befehlshabers. Manche athenische Geschlechter erlangten Patente, wodurch sie von der Kopfsteuer, dem Karadsch, befreit wurden.

Mit besonderer Genugtuung erfüllte die griechische Bevölkerung der Stadt der Zusammenbruch der bisher herrschenden lateinischen Kirche und Priesterschaft. Diese verlor ihre bevorzugte Stellung in dem Augenblick, wo das Frankenregiment überhaupt sein Ende nahm und der letzte Herzog Athens nach Theben verbannt wurde. Dorthin folgten ihm ohne Zweifel nicht nur die meisten seiner Staatsbeamten, sondern auch viele andre lateinische Bürger. Die orthodoxen Priester beeilten sich, die Verluste ihrer Kirche herzustellen und von der Gnade des Sultans Privilegien zu erlangen. Bei seinem Einzuge in Athen war es auch ein griechischer Abt gewesen, der von Kaisariani, welcher ihm die Schlüssel der Stadt überreicht hatte, wofür dann dies basilianische Kloster die Befreiung vom Karadsch erhielt.[272]

Um die Athener für sich zu gewinnen, gewährte Mehmed ihrem Kultus vollkommene Duldung, ohne diese jedoch dem katholischen zu entziehen. Der lateinische Erzbischof Nikolaus Protimo durfte ruhig in der Stadt verbleiben und seine Gemeinde verwalten, bis er im Jahre 1483 starb.[273] Freilich hatte er nach dem Einzuge der Türken in die Akropolis die Parthenonkirche verlassen müssen, und mit seinem Tode hörte auch das römisch-katholische Erzbistum auf, weil die Zahl der Franken so zusammenschmolz, daß sie keine Gemeinde mehr bilden konnten. Man hat geglaubt, daß der Mariendom nach der Übergabe der Stadtburg im Jahre 1458 von Omar Pascha zuerst dem orthodoxen Kultus der Griechen zurückgegeben worden sei.[274] Dies wollte man aus einer Stelle im größeren Fragment der athenischen Stadtbeschreibung schließen, wo vom Herzoge Athens im Imperfektum gesprochen und von der Parthenonkirche als vom Tempel der Theotokos geredet wird.[275] Sie war also, so scheint es, noch nicht zur türkischen Moschee eingerichtet, als der unbekannte Schreiber seinen Traktat verfaßte, oder er behandelte sie ohne weiteres als die hergebrachte, uralte Kathedrale der Atheniotissa. Er sagt indes nichts davon, daß dieselbe dem griechischen Gottesdienst von den türkischen Eroberern zurückgegeben war, während er doch von einem Heratempel an der Kallirrhoe, den der Herzog ehedem zur Gebetkapelle zu benutzen pflegte, zu rühmen weiß, daß er jetzt von den »Gottesfürchtigen«, das heißt den orthodoxen Griechen, wieder zur Kirche der allerheiligsten Theotokos gemacht worden sei.[276] Wäre die Metropole der Athener im Parthenon zur Zeit, als jener Unbekannte seine Abhandlung schrieb, dem griechischen Erzbischof wirklich übergeben gewesen, so würde wohl der Schreiber des Fragments ein so bedeutendes Ereignis mit um so größerer Genugtuung bemerkt haben. Nichts war indes natürlicher, als daß die Türken, sobald sie im Jahre 1458 in

Franco Acciajoli
(Stich 1707)

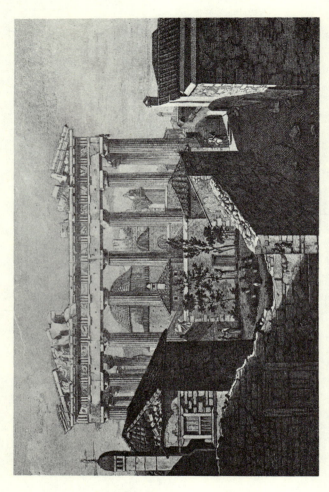

*Der Parthenon mit eingebauter Moschee
(Stich nach einem Aquarell von 1765)*

die Akropolis eingezogen waren, sowohl den Griechen wie den Lateinern den Zutritt in diese Festung nicht mehr gestatteten. Die dortigen christlichen Kultusstätten wurden ohne Zweifel geschlossen und konnten als solche in keiner Weise mehr fortbestehen.

Omar hatte seinen Sitz im Propyläenschloß der Acciajoli genommen, der Sultan jedoch mochte es vorgezogen haben, seine purpurnen Zelte im Olivenhain, an der Akademie oder an den Ufern des Ilyssos aufzuschlagen. Eine Tradition erzählt, daß er bei seinem Besuche Athens in den Gärten verweilte, wo heute der schöne Ort Patisia liegt, und daß dieser von ihm, dem Padischah, den Namen erhielt.[277] Mehmed II. war übrigens der einzige Sultan, den die Stadt Athen beherbergt hat. Vier Tage blieb er daselbst.[278] Dann zog er fort nach Böotien, wo er als Freund der Geschichte das alte Plataä und Theben besuchte. In der Kadmeia empfing ihn demutsvoll als sein dort exilierter und noch in Gnaden geduldeter Dienstmann Franco Acciajoli, der letzte Herzog von Athen. Mehmed war neugierig, das nahe Euböa zu sehen, dessen Besitz er den Venezianern im Friedensschluß des April 1454 zugesichert hatte. Die vielumkämpfte Insel, auf welcher fast zwei Jahrhunderte lang die lombardischen Dreiherren in ihren Schlössern geherrscht hatten, war seit geraumer Zeit das ausschließliche Eigentum der Republik San Marco und zumal seit dem Falle Konstantinopels ihr Kleinod in dem griechischen Meer und noch ihre bedeutendste Handelsstation. Der Großherr kündigte dem Bailo Paolo Barberigo seinen Besuch an. Die Euböoten waren anfangs erschreckt, dann kamen sie dem Sultan mit Palmenzweigen und Geschenken entgegen, als er am 2. September mit tausend Reitern über die Brücke des Euripos zog. Er sprach freundlich zu den Bürgern, durchschritt sogar die Stadt Negroponte und betrachtete sie als Kundschafter mit forschendem Blick von der sie überragenden Höhe. Es sollten noch zwölf Jahre verfließen, ehe er mit 12000 Kriegern und mehr als 100 Galeeren am Euripos wieder erschien und dann über den Leichen der heldenmütigen Venezianer in das zertrümmerte Negroponte seinen Einzug halten konnte. Nach jenem kurzen Besuch kehrte Mehmed II. nach Theben zurück, um weiter nordwärts fortzuziehn.[279]

4. Der Herzog Franco blieb zunächst unangefochten in seinem Lehen Theben, während auch den beiden Palaiologen Thomas und Demetrios noch ein Rest ihrer Besitzungen in Morea gelassen war. Ihr alter wahnsinniger Haß entzweite sie aufs neue; denn kaum hatte sich der Sultan entfernt, so fiel der eine über des andern Städte her, und der Bruderkrieg dieser kleinen Tyrannen regte wieder das unglückliche

Land auf. In Thomas lebte das stolze byzantinische Bewußtsein seiner Abkunft von Kaisern; er verschmerzte es nicht, fortan von der Gnade des barbarischen Sultans abhängig zu sein. Seine eitlen Hoffnungen, das eiserne Joch dieser Knechtschaft abzuwerfen, wurden durch den rhetorischen Enthusiasmus des Papsts Pius II. genährt, welcher die Machthaber Europas zum Kreuzzuge wider den Erbfeind der Christenheit aufrief, während der kühne Georg Kastriota, der einzige Held in dem Untergange des gesamten Griechenlands, den Türken in Albanien empfindliche Niederlagen beibrachte. Die feindlichen Brüder versöhnten sich sogar miteinander und wagten es, nochmals zu den Waffen zu greifen. Diese letzte, verzweifelte Erhebung des Peloponnes ehrte den Freiheitssinn der Skipetaren und der Griechen, aber sie endete mit schrecklichem Verderben.

Nachdem der Sultan, noch im Jahre 1459, seine Generale Hamsa und Saganos Pascha mit Kriegsvölkern in Morea hatte einrücken lassen und dort der Vernichtungskampf entbrannt war, zog er selbst im folgenden Jahre über Korinth noch einmal nach dem beklagenswerten Lande, um dieses dann in einen rauchenden Schutthaufen zu verwandeln. Städte und Burgen wurden erstürmt, die Einwohner zu Tausenden niedergemetzelt. Der entmutigte Despot Demetrios, welchen sein Bruder Thomas treulos verlassen hatte, ergab sich zuerst in Misithra im Mai 1460. Er lieferte seine Gattin und Tochter in den Harem des Sultans ab, um fortan seine Tage als Pensionär der Pforte zu beschließen. Die Städte des Peloponnes, die alten Lehnburgen der ausgestorbenen Frankengeschlechter, fielen eine nach der andern in die Gewalt der unmenschlichen Sieger, bis auch der letzte Palaiologe, Thomas, sein Land für immer verließ. Im Juli 1460 schiffte er sich im Hafen von Pylos nach Korfu ein.[280]

So war der ganze Peloponnes den türkischen Waffen unterworfen, bis auf die venezianischen Kolonien Koron und Modon und das durch seine feste Lage geschützte Monembasia (Napoli di Malvasia). Diese berühmte Stadt hatte noch unter dem Regiment der byzantinischen Despoten ihre durch kaiserliche Freibriefe gesicherte Autonomie bewahrt; sie suchte ihre Unabhängigkeit selbst noch in dieser Stunde zu retten, allein der Untergang Moreas erschütterte auch ihren Heldenmut. Erst nahm sie einen katalanischen Korsaren, Lupo de Bertagne, als Tyrannen auf, verjagte ihn jedoch bald wieder; sodann landete dort ein Abenteurer Zanoni mit einer Schar ursprünglich päpstlicher Kreuzzugssöldner. Auf seinen Rat stellten sich die Monembasioten unter die Schutzherrschaft des Papstes, der ihnen einen Kommandanten mit einer kleinen Kriegerschar schickte.[281]

Siebentes Kapitel 543

Mehmed II. konnte den zermalmten Peloponnes wieder verlassen, wo er den illyrischen Renegaten Saganos Pascha zum Befehlshaber einsetzte und ihm befahl, auch die letzten noch glimmenden Funken des griechischen Lebens auszutreten.[282] Er nahm seinen Rückweg wiederum über Athen. Da diese Stadt von seiner Heerstraße weit abgelegen war, er selbst aber seine Neugierde, sie zu sehen, bereits befriedigt hatte, so mußten es dringende Ursachen sein, die ihn zu einem zweiten Besuch bewogen. Von seinem Befehlshaber auf der Akropolis war ihm gemeldet worden, daß auch Franco in Theben während des Kampfes in Achaia auf Abfall gesonnen habe. Es ist ungewiß, ob die Verschwörung mit Anhängern des alten Regiments der Florentiner in Athen, deren der Herzog beschuldigt wurde, tatsächlich begründet oder nur von den Türken erdichtet war, um auch diesem letzten Überrest der Frankenherrschaft für immer ein Ende zu machen.[283] Wenn die Athener in den Augen des Großherrn wirklich für schuldig galten, mit ihrem ehemaligen Gebieter die Überrumpelung der Akropolis geplant zu haben, so hätte er sich doch wohl nicht damit begnügt, zehn angesehene Bürger der Stadt nach Konstantinopel abführen zu lassen. Franco diente damals im türkischen Heer mit böotischer Reiterei und sollte gerade gegen Leonardo Tocco ins Feld ziehen.[284] Es scheint, daß er sich nach Athen begeben hatte, um dem Sultan persönlich zu huldigen und seine Befehle zu empfangen. Mehmed schickte ihn nach Theben zurück, wo damals Sagan mit Kriegsvölkern stand, und diesem gab er den Befehl, Franco zu töten. Der Pascha lud den Herzog in sein Zelt; freundlich unterredete er sich mit ihm bis zur Nacht; nachdem er ihn entlassen hatte, umringten den Arglosen die türkischen Leibwächter, und der letzte Herzog Athens vom Hause der Acciajoli erbat sich als eine letzte Gunst, den Todesstreich in seinem eignen Zelte empfangen zu dürfen.[285]

Francos drei kleine Kinder Matteo, Jacopo und Gabriele schickte der Pascha mit ihrer Mutter nach Konstantinopel, wo sie als Türken erzogen wurden und unter den Janitscharen verschwanden. Seine Witwe, noch jung und von hoher Schönheit, entflammte in Stambul die Begierde des ehemaligen Protovestiarius Georg Amirutzes, des Verräters an dem Kaiser von Trapezunt David, welcher im Jahre 1461 sein kleines Reich an Mehmed verloren hatte. Die letzte Herzogin Athens wurde durch Ränke des Serails gezwungen, die Gattin jenes niedrigen Menschen zu werden.[286] Der übrigens durch Bildung und Talent ausgezeichnete Trapezuntiner kann zum Typus des verknechteten, heuchlerischen Rajah dienen. In einem Briefe an Bessarion hatte er den Fall Trapezunts bitter beklagt, aber er selbst schwor seinen

Glauben ab; er verherrlichte den Sultan als neuen Achill und Alexander, als Sohn der griechischen Muse und richtete an ihn Gedichte im Stil der christlichen Marienhymnen.[287]

So tragisch endeten in Griechenland die Acciajoli vom Geschlecht des berühmten Großseneschalls. Vielleicht ist es nur eine Sage, daß sich verkommene Nachkommen dieses Herzogshauses noch lange in Athen erhalten haben. Der französische Konsul Fauvel zeigte dort dem Reisenden Pouqueville einen Eseltreiber als Abkömmling Nerios.[288]

Wenn die Parthenonkirche nicht schon im Jahre 1458 zur Hauptmoschee des türkisch gewordenen Athen eingerichtet worden war, so wird der erzürnte Sultan im Jahre 1460 den Befehl dazu gegeben haben.[289] Der Prachttempel der Pallas Athene erlitt demnach seine zweite geschichtliche Verwandlung. Wie vor neun Jahrhunderten die Christen dort den Altar der Parthenos und ihr heiliges Kultusbild vernichtet hatten, so stürzten jetzt den Altar der Jungfrau Maria die Bekenner jener zweiten semitischen Religion um, welche die Fahne Mohammeds schon längst auf der Tempelkirche in Jerusalem und eben erst auf der Kuppel der heiligen Sophia aufgepflanzt hatten. Der Mariendom Athens wurde zur Moschee.[290] Der Altar, die Ikonostasis verschwanden, die christlichen Malereien wurden mit Tünche zugedeckt. Im innern Raum der Kirche wurde der Mirbar, die mohammedanische Kanzel, aufgestellt und die nach dem heiligen Mekka gekehrte Gebetnische Mihrab eingerichtet. Bald erhob sich auch in der südwestlichen Ecke des Tempels, in der ehemaligen Schatzhalle der Pallas Athene, ein schlankes Minarett, welches höher als die eherne Pallas in alter Zeit und als der Frankenturm, das weithin sichtbare Wahrzeichen der Türkenherrschaft war. Auf einem aus antiken Werkstücken erbauten Treppenhause stieg seither der Muezzin zu den Galerien dieses Minaretts empor, um über die in das dumpfe Schweigen der Knechtschaft versunkene Stadt des Solon und Plato hinzurufen, daß Allah der alleinige Gott und Mohammed sein wahrer Prophet sei.

Der Parthenon war erst das Heiligtum der heidnischen Religion in ihrer geistig am höchsten entwickelten hellenischen Gestalt; dann nacheinander die schöne Kathedrale für jede der beiden großen Kultusformen, in die sich das Christentum auseinandergelegt hatte; endlich eine Moschee der über Länder und Völker Asiens, Afrikas und des Ostrandes Europas verbreiteten Religion Mohammeds. Weder in der Basilika St. Peters in Rom noch in der Hagia Sophia, welche beide Dome nicht aus Heidentempeln entstanden sind, noch in irgendwelchem Heiligtum der Erde haben Menschen so vieler Jahrhunderte und

Die Akropolis im Jahr 1670
(Zeichnung)

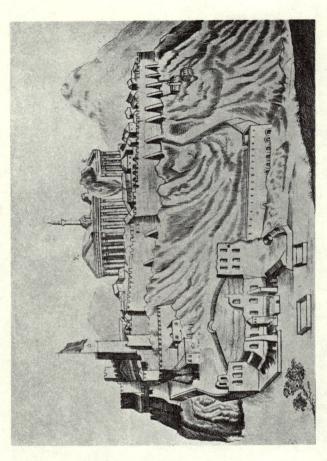

*Die Akropolis im 17. Jahrhundert
nach der Pulverexplosion
(Zeichnung 1687)*

so verschieden voneinander durch Sprachen, Sitten, Kulturen, Volksstämme, Zeitalter ihre Gebete dem vielnamigen, doch ewig gleichen, unbekannten Gott dargebracht als in dieser Zelle der Pallas Athene. Dies fügt zum Zauber der Kunst und der Ehrwürdigkeit noch eine kulturgeschichtliche Weihe hinzu. So nahm dies prachtvolle Tempelgefäß die wechselnden Gebilde des sich ewig erneuernden Erdenlebens in sich auf, und der Parthenon wurde zu einem Sinnbilde der Metamorphosen nicht nur der Stadt Athen und Griechenlands, sondern eines großen Teils der Menschenwelt.

Achtes Kapitel

Die Mächte Europas und das osmanische Reich. Athen unter der türkischen Herrschaft. Kämpfe Venedigs mit den Türken. Untergang seiner griechischen Kolonien. Größte Machtentfaltung der Sultane. Das Abendland gibt Griechenland auf. Athen sinkt in Geschichtslosigkeit und Vergessenheit zurück. Die humanistische Wissenschaft und Athen. Die französischen Jesuiten und Kapuziner als Begründer der topographischen Erforschung der Stadt. Babin, Guillet, Spon und Wheler. Die Venezianer unter Morosini erobern Athen. Zerstörung des Parthenon. Erforschung der athenischen Altertümer durch die Engländer. Der Philhellenismus des Abendlandes. Die Befreiung Griechenlands. Athen, Hauptstadt des Königreichs der Hellenen.

1. Der Leser dieser Bücher würde von der Geschichte Athens wahrscheinlich in sehr pessimistischer Stimmung Abschied nehmen, wenn er mit seinen melancholischen Betrachtungen an dem Punkte haltmachte, wo die erlauchte Stadt in die Knechtschaft der Osmanen fiel und die sie nicht entehrende Fremdherrschaft der Franken mit dem denkbar niedrigsten Zustande ihres historischen Daseins vertauschte. Glücklicherweise hat sie, obwohl mehrmals mit Vernichtung bedroht, auch diese Katastrophe überdauert, und die edelste aller Städte der Menschheit ist nicht von der Erde verschwunden. Statt eine von Ginster und Asphodelen bedeckte Wildnis, gleich jenen Stätten, aufzusuchen, wo ehemals Ephesos und Milet in Herrlichkeit geprangt hatten, statt sich ein paar Säulenstümpfe auf der Akropolis und einige Trümmer am Ilissos als Überreste Athens zeigen zu lassen, kann der Leser heute die Stadt des Perikles als aufblühende Metropole des Königreichs der freien Hellenen bewundern. Daher wird ihm zum Schluß eine kurze Übersicht ihrer Schicksale von der türkischen Besitznahme bis zu ihrer Erlösung willkommen sein.

Nach der Eroberung Konstantinopels und Griechenlands durch Mehmed II., wodurch der Untergang der antiken Welt in Europa vollzogen wurde, nahm der feindliche Gegensatz des Orients zum Okzident die furchtbarste Gestalt an, die er überhaupt in der Geschichte gehabt hat. Die moderne orientalische Frage trat zuerst in der Form einer erdrückenden Tatsache auf, nämlich der Überwältigung Osteuropas durch die Waffenkraft eines mohammedanischen Volks, welches nicht wie die Mongolen nur vorüberstürmte, sondern fähig war, einen großen politischen Reichskörper für die Dauer aufzurichten. Der türkische Sultan gründete auf den Trümmern des byzantinischen Staats und über den Gräbern einst blühender Kulturvölker ein neues islamitisches Weltreich. Da dieses durch kriegerische Eroberung entstanden war und nur durch fortwährenden Krieg lebensfähig blieb, so mußte es dem Triebe weiterer Ausdehnung nach dem Westen folgen. Nicht nur der politische Bestand Europas, sondern das Christentum selbst und die abendländische Bildung kamen in die äußerste Gefahr. Im Besitze einer militärischen Macht ersten Ranges konnte Konstantinopel wieder zum Schlüssel der Herrschaft über drei Weltteile werden, und dies zu verhindern war fortan die wichtigste Aufgabe des christlichen Abendlandes. Das praktischer gewordene Zeitalter zeigte sich für den religiösen Enthusiasmus der Kreuzzüge unempfindlich; diese konnten sich nur in Türkerkriege verwandeln, aber die Zustände der moralisch erschöpften römischen Kirche wie der Staaten des für hohe Entschlüsse unfähig gewordenen, von dynastischen Interessen zersplitterten Abendlandes erschwerten die dazu nötigen Mächtebündnisse.

Der Papst zunächst mußte, als Oberhaupt der christlichen Republik, die unermeßlichen Folgen erwägen, mit denen die Katastrophe Konstantinopels die Kirche bedrohte. Die jahrhundertelangen Bemühungen der römischen Kurie, den hellenischen Orient ihren Geboten zu unterwerfen, hatten jetzt dies Ende mit Schrecken genommen; der Halbmond konnte aber noch weiter in das Herz Europas, selbst nach Italien, getragen werden. Die verzweifelte Lage des Papsttums dem orientalischen oder türkischen Problem gegenüber wird durch drei Akte im Leben Pius' II. gekennzeichnet: durch seine gefühlsselige Mahnung an den Sultan Mehmed, zum Christentum überzutreten und dann als legitimierter Nachfolger Konstantins das Ostreich zu beherrschen; durch seinen fruchtlosen Kongreß in Mantua und endlich durch seinen Tod in Ancona, mitten unter kläglichen Enttäuschungen in bezug auf sein höchstes Streben, den Kreuzzug zur Wiedereroberung Griechenlands.

Seit dem Untergange von Hellas gab es eine zwiefache Geschichte der Griechen: im Exil und in ihrer geknechteten Heimat. Wie die Juden nach dem Falle Jerusalems, wanderten sie massenhaft in die Fremde. Sie fanden gastliche Aufnahme im Abendlande; ihre waffenfähigen Männer dienten fortan in den Heeren Europas als Stradioten.[291] Ihre geistige Aristokratie flüchtete in die Hauptstädte und an die Gymnasien zunächst Italiens. Sie brachte die Literatur Griechenlands zum zweiten Mal dorthin. Durchaus wie ihre Vorfahren in altrömischer Zeit erzeugten diese wandernden Griechen in der gebildeten Gesellschaft des Westens eine neue Epoche des Philhellenismus, und dieser wurde zu einer wichtigen moralischen Voraussetzung für die spätere Befreiung von Hellas. Die Bessarion, Chalkokondylas, Laskaris, Argyropulos, Gaza und hundert andere Missionare des Griechentums wirkten ihren Teil dazu, die großen Werkstätten in Italien aufzurichten, aus denen die moderne Bildung Europas hervorging. Die Einwirkung der hellenischen Literatur auf den Geist des Abendlandes hat unleugbar stattgefunden, aber sie war eine späte und keineswegs so eindringende, als die heutigen Griechen behaupten. Der italienische Humanismus und die gesamte geistige Revolution des Westens entsprangen aus heimischen eigenen Quellen, aus der lateinischen Literatur und der Arbeit des Gedankens innerhalb der abendländischen Kirche und Schule. Dante, Petrarca und Boccaccio verdankten ihre Größe nicht erst ihrer flüchtigen Berührung mit dem Griechentum, und Pomponius Laetus verstand kein griechisches Wort. Die beiden großen Kulturwelten, die hellenische und die lateinische, hatten sich im Lauf der Jahrhunderte viel zu weit voneinander getrennt, als daß ihre Vermittlung über Nacht geschehen konnte.

Während sich der schwierige Prozeß der Aufnahme der antiken Wissenschaft in Europa entwickelte, legte sich das Joch der türkischen Barbarei als vollzogenes Schicksal auf das verödete Griechenland. Wenn die Austilgung des raubsüchtigen Archontenadels durch die Osmanen augenblicklich eher eine Wohltat als ein Verlust für die hellenische Nation war, so wurde diese doch durch die Zerstörung der höheren Gesellschaftsklassen überhaupt, durch die Auswanderung ihrer Männerkraft und ihrer Intelligenz um alle die Elemente gebracht, aus denen das edlere Nationalbewußtsein entspringt. In dem nivellierten Griechenland blieb nur eine gleichförmige Masse von Sklaven zurück.

Wenigstens der Anarchie dort hatte das Schwert der Janitscharen ein Ziel gesetzt. Das unglückliche Land empfand die Befreiung von seinen großen und kleinen Tyrannen zunächst als eine Erlösung. Es war Jahrhunderte hindurch der Schauplatz mörderischer Raubzüge, dynastischer Ränke und Kriege gewesen und dadurch so tief erschöpft, daß es die Grabesstille jenen Leiden vorzog. Im ganzen zeigte sich auch das Regiment der Türken für die Hellenen minder hart, als diese es erwartet hatten. Mit der mohammedanischen Eroberung verband sich keine Einwanderung asiatischer Horden. Das neue Weltreich der Nachkommen Osmans, für dessen Entstehung ein Nomadenzelt am Oxus die Zelle gewesen war, ist schon deshalb so merkwürdig, weil es nicht auf der elementaren Kraft einer großen Nation, sondern auf einer Dynastie gewaltiger Herrscher, auf einer Kriegerkaste, auf dem von den Seldschuken entliehenen militärisch-feudalen System, auf der Sklaverei und endlich auf dem religiösen Gesetzbuch beruhte. Die Grundlage der furchtbaren Türkenmacht war, ähnlich wie jene Roms unter den alleinherrschenden Cäsaren, die Verschmelzung des Staats mit dem Palast des Großherrn, dessen Untertanen alle seine Sklaven waren, und die Organisation der Militärkraft in dem stehenden Janitscharenheer.

Der Sultan beherrschte das Erbe des ersten und letzten Konstantin, indem er die ungleichartigen Provinzen gleichförmig durch Paschas oder Statthalter verwalten ließ, die ihre Tribute einzogen und die verachteten Rajahs durch Strenge und Grausamkeit an den Gehorsam gewöhnten. Aber selbst der wildeste Tyrann wird genötigt, geknechteten Völkern, wenn er sie nicht ausrotten kann, noch einige Rechte zu lassen, an denen sich, wie an dem Eigentum, der Familie, der Gemeinde und Religion, das persönliche und volkstümliche Dasein festgeklammert hält. Die Türken mußten die Hellenen um so mehr schonen, als diese ein ihnen überlegenes Volk alter Kultur waren, sie selbst aber sich ihnen gegenüber in der Minderzahl befanden. Zwar hörten alle politischen Rechte der Griechen auf; ihr Staatswesen verschwand, doch die Gemeinden blieben. Wenn sich der Großherr auch als Eigentümer alles Grundes und Bodens betrachtete und die besten Landgüter überall an den türkischen erblosen Militäradel, die Timarioten, vergab, so blieben doch den vom Kriegsdienst ausgeschlossenen Griechen, neben manchem Besitztum an Ländereien, das Meer und sein Geschäft, der Handel. Den Städten in Hellas blieb ein Rest der Selbstverwaltung, dem Volk die Freiheit des Kultus, der Kirche ihre hergebrachte Verfassung.

Nicht wie die lateinischen Eroberer und der Papst haben Mehmed II. und seine Nachfolger die griechische Nationalkirche gewaltsam unterdrückt. Die Sultane waren duldsam in Hinsicht der Religion; sie begünstigten aus Klugheit den Patriarchen und den Klerus, um sie von

Achtes Kapitel

der kirchlichen Vereinigung mit Rom abzuhalten und zugleich als Werkzeuge des knechtischen Gehorsams der Griechen zu gebrauchen. Die Religion Mohammeds machte freilich durch die Triebfedern des Schreckens und Eigennutzes massenhafte Proselyten in Kleinasien, den slavischen Balkanländern und Albanien. Der türkische Staat setzte in Konstantinopel mit geringeren Mitteln und weniger Erfolg denselben Prozeß der Völkerumwandlung fort, welchen Byzanz durchgeführt hatte; er suchte die Christen zu Mohammedanern zu machen. Ganze Clans in Epiros fielen von der Kirche ab. In Kreta und Euböa nahmen später nicht wenige Griechen den Koran an; selbst unter den letzten Palaiologen hatte man Manuel als Renegaten in Byzanz gesehen. Diesem schimpflichen Beispiele ist unter den Griechen im alten Hellas doch nur ein sehr geringer Bruchteil und vereinzelt gefolgt. Das Bestreben der türkischen Regierung, die Hellenen zum Islam zu bekehren, mißlang; die Kirche schützte mit dem Christentum auch die Nation. Die niemals zu vermittelnde Kluft der Rasse, des Glaubens und der Gesittung rettete das Dasein des griechischen Volks. Seine Sprache erhielt sich. Man darf sogar behaupten, daß gerade die türkische Eroberung dazu beitrug, denn erst sie machte dem Prozeß der Romanisierung des Neugriechischen ein Ende.

Was Athen betrifft, so waltete über dieser Stadt auch damals ein schirmender Genius. Mehmed II. kam nicht auf den Gedanken, auch dorthin, wie nach dem verödeten Byzanz, neue Ansiedler hinüberzuführen. Die Akropolis nahm eine osmanische Besatzung auf, während in der Unterstadt auch in der Folgezeit die Türken so gering an Zahl blieben, daß sich aus ihnen niemals ein wohlhabender Bürgerstand neben den Athenern gebildet hat. Ein türkischer Oberst (Disdar) befehligte auf der Burg, ein Woiwod verwaltete die städtischen Angelegenheiten, ein Kadi sprach das Recht. Doch behielt die griechische Bürgerschaft einen Munizipalrat von Geronten, die zugleich, mit dem Bischofe Athens, in Streitigkeiten der Eingeborenen ein Friedensgericht bildeten. Die Kopfsteuer, der Karadsch, war von mäßigem Betrage.

Solche bescheidenen Vorteile, verbunden mit der unschätzbaren Freiheit des Glaubens, haben neugriechische Geschichtsschreiber zu dem Urteil bewogen, daß die Lage der Athener in der türkischen Knechtschaft jener unter der Regierung der christlichen Franken vorzuziehen war. Allein die kühne Behauptung wird schon durch diese eine Tatsache widerlegt, daß dem türkischen Regiment jeder sittliche Begriff des Rechts gefehlt hat; statt seiner gab es nur die schrankenlose Laune des Despoten. Der grausame Knabentribut, welcher den Athenern wie allen andern geknechteten Christen im Reich der Sultane auferlegt wurde, genügt, um die unmenschliche Tyrannei zu kennzeichnen, die ihr Los geworden war. In jedem fünften Jahre hielten türkische Agas Musterung über die griechische Jugend, von der sie den fünften Teil, die schönsten und tüchtigsten Knaben, ihren Familien entrissen, um sie nach Stambul abzuführen. Dort wurden dieselben in den Sklaveninstituten des Serail zu fanatischen Osmanen erzogen. Aus dieser christlichen Jugend der eroberten Provinzen gingen nicht nur die Janitscharen, sondern oftmals die besten Diener und höchsten Minister des Sultans hervor. Ein berühmter englischer Philhellene hat voll edlen Unwillens bemerkt, daß in der langen Erniedrigung der griechischen Nation nichts so schrecklich sei als die Apathie, mit der sich dieselbe jenem Tribut unterworfen hat.[292] In dem unglücklichen Athen fand sich freilich kein Theseus mehr, der den Minotauros zu erlegen imstande war. Erst im letzten Drittel des 17. Jahrhunderts hat der Kindertribut für immer aufgehört.

So schwer wiegt in den Schalen, in denen das Wohl der einzelnen und Völker gewogen wird, der materielle Vorteil, daß selbst die tiefste Entwürdigung Athens nach diesem beurteilt worden ist. Es kam die Zeit, wo die Vaterstadt der Marathonkämpfer es für eine besondere Auszeichnung und ein hohes Glück ansehen mußte, die Domäne des Oberhaupts der schwarzen Eunuchen im Serail zu Stambul geworden zu sein. Dieser mächtige Kislar-Aga nahm jetzt die Stelle der großen Philhellenen Athens im Altertum ein; er empfing huldvoll die Beschwerden der Stadt, erleichterte ihre Lasten und schützte sie vor den Mißhandlungen der türkischen Befehlshaber.[293] In dieses widerliche Zerrbild hatte sich der Kultus Athens unter den Osmanen verwandelt.

2. Im allgemeinen hat der Geschichtsschreiber Athens und Griechenlands während der Türkenherrschaft eine so schwierige wie unerfreuliche Aufgabe zu lösen.[294] Er sieht vor sich eine Wüste, in welcher er nach Gestalten und Zeichen des Lebens späht, an denen sein Auge noch hoffnungsvoll haften kann. Sein Ziel ist immer auf die endliche Befreiung des edlen Landes gerichtet, und er lauscht auf jedes Lied eines Klephten und Palikaren, um sich zu überzeugen, daß sich noch die Muse von Hellas in ihrem Sarkophage regt und der Freiheitsgedanke noch das Herz des entwürdigten Griechen klopfen macht. Die Stadt Athen selbst gleicht einer in die Barbarei verkauften Sklavin, die verschwunden oder verschollen ist. Aus ihrer lethargisch gewordenen Versunkenheit, aus der abstumpfenden Gewöhnung an Elend und Niedrigkeit wurde sie bisweilen durch Kriegslärm in den Meeren

Griechenlands aufgerüttelt, und so hoffnungslos war ihr Zustand, daß sie von der Annäherung der Feinde ihres Zwingherrn eher Verschlimmerung ihres Loses als Errettung erwartete.

Den Kampf mit den Türken haben wesentlich zunächst Ungarn, Polen und Österreich auf der Landseite und Venedig auf dem Meere übernehmen müssen. Die glanzvolle Republik stieg in dem Augenblicke abwärts, wo der Sultan in Byzanz einzog, und zu ihrem Sinken vereinigten sich bald andere Weltverhältnisse. Ihre Größe war wesentlich durch Griechenland, die Kolonien und den Handel im Ostmeer bedingt. Die Quellen ihres Reichtums und ihrer Macht strömten dort. In ihrem Niedergange hat sie vielleicht heroischer geglänzt als in ihrem Aufsteigen seit dem 13. Jahrhundert. Die Türken hat sie doch von der Adria abgewehrt und die Propyläen der Levante, die ionischen Inseln, zu verteidigen vermocht. Der Löwe von San Marco schützte drei Jahrhunderte lang Europa vor dem Einbruch der asiatischen Barbarei.

Die Venezianer erhoben sich wiederholt zum Kampfe gegen den Sultan. Sie drangen sogar im Juli 1464 unter ihrem Generalkapitän Vettore Capello in Athen ein, welches sie ehedem, zur Zeit der Acciajoli, regiert hatten. Leider schändeten damals ihre Söldner die Ehre des venezianischen Namens durch die rücksichtslose Mißhandlung der Stadt, die sie überfielen, plünderten und schnell verließen, ohne einen Versuch gegen die wohlbefestigte Akropolis zu wagen. In demselben Jahre wurde auch Sparta von den Venezianern für einige Tage besetzt. Ihr Condottiere Sismondo Malatesta ließ die Reste Plethons, welcher dort um 1450 gestorben war, nach Rimini hinüberbringen und in dem berühmten Dom bestatten.[295]

Die griechischen Kolonien Venedigs wie Genuas gerieten eine nach der andern in die türkische Gewalt. Die Insel Euböa fiel nach heroischer Gegenwehr der Venezianer; am 12. Juli 1470 zog Mehmed II. in den rauchenden Trümmerhaufen Negroponte ein. So verlor Venedig sein lange gehütetes Besitztum im ägäischen Meer. Dreißig Jahre später eroberten die Türken auch die moreotischen Kolonien Modon und Koron, dann Ägina, im Jahre 1522 das den Johannitern gehörende Rhodos, 1540 Napoli di Romania und Monembasia.

Das osmanische Reich erlangte unter Suleiman I. (1519–1560), einem Herrscher, welcher an Genie und Kraft keinem andern im großen Zeitalter Karls V. nachstand, seine höchste Machtentfaltung; es umfaßte den Südosten Europas, die schönsten Länder Vorderasiens, den Norden Afrikas vom Roten Meer bis nach Algier. Es dehnte sich auch jenseits der Donau aus. Da der Sultan die Hälfte Ungarns an sich riß und bereits Wien bedrohte, wurde der Schauplatz des Kampfs zwischen Asien und Europa von der Balkanhalbinsel in das mittlere Donaugebiet verlegt. Gerade in dieser Zeit beschäftigten die wichtigsten Aufgaben und innere Krisen das Abendland. Die Renaissance der Bildung, die Reformation der veralteten Kirche, die Entstehung der Monarchie Karls V., eines neuen Weltreichs, welches zur rechten Stunde dem osmanischen sich entgegenstellte, die Kämpfe zwischen Spanien-Österreich und Frankreich um die Hegemonie in Europa, alle diese Vorgänge zogen die Teilnahme des Westens von den Schicksalen Griechenlands ab.

Nachdem die Fahne des Propheten auf der Hagia Sophia Konstantinopels und dem Parthenon Athens aufgepflanzt worden war, erhob sich das Kreuz der Christen auf der Alhambra Granadas. Die Verluste Europas im Osten an die Mohammedaner wurden durch die Vernichtung der Maurenherrschaft in Spanien wenn nicht ersetzt, so doch gemindert. Die Entdeckung und Kolonisierung Amerikas eröffnete der Menschheit unermeßliche Perspektiven in eine neue Welt und Zukunft jenseits des Ozeans, während die Auffindung des Seewegs nach Indien den alten Handelsstraßen des Mittelmeers zum Orient ihre ausschließliche Bedeutung nahm: eine Ursache mehr zum Sinken Venedigs, aber auch zu dem des osmanischen Reichs. In der gesamten Geschichte der Erde ist kein Punkt sichtbar, auf welchem sich, wie damals, tatsächlich so viele und so große Lebensströme vereinigt hätten, um die Völker mit neuem Geist zu erfüllen, sie aus den engen Schranken der dynastischen Interessenpolitik und des banalen Pfahlbürgertums zum Bewußtsein des Weltganzen zu erheben. Das veraltete System der Griechen vom Stillstande des Erdkörpers hatte Kopernikus zerstört.

Man durfte im 15. Jahrhundert Europa anklagen, daß es in mattherziger Ohnmacht, nur von den kleinlichsten Trieben der Politik beherrscht, nicht die Stunde wahrnahm, um sich zum gemeinsamen Kampf gegen den Koloß des Türkenreichs zu erheben, sondern Griechenland ruhig preisgab, aber im 16. war es begreiflich, wenn das Abendland sich mit der vollendeten Tatsache abfand, Hellas als verloren betrachtete und so gut wie vergaß. Athen verschwand aus dem Gesichtskreise Europas. Schon im Jahre 1493 begnügte sich ein deutscher Humanist in seiner Chronik zu verzeichnen: »Die Stadt Athen war die herrlichste im Gebiet Attika; von ihr sind noch einige wenige Spuren übrig.«[296] Wir sahen bereits, daß Schedel Athen in dem Bilde einer deutschen Stadt darstellte.

Laborde hat die vereinzelten Kunden des Abendlandes von dem

Schicksal Athens im 16. Jahrhundert zusammengesucht und gezeigt, wie dürftig sie gewesen sind. Jehan de Vega, der auf einer französischen Flotte im Jahre 1537 nach der Levante kam, bemerkte in seinem Reisebericht, daß er in Porto Leone, dem Hafen Athens, einen großen Löwen von Stein gesehen habe; die Stadt aber betrat er nicht. Am Kap Sunion ließ er sich von dem Piloten erzählen, daß über den Säulen des Tempels dort ein Gebäude stand, worin Aristoteles Philosophie gelehrt habe, wie es auch in Athen noch Säulen gebe, auf denen das Rathaus des Areopags erbaut gewesen sei. Wilhelm Postel, welcher zwischen 1537 und 1549 Griechenland, Konstantinopel und Kleinasien bereiste und ein gelehrtes Werk über die Republik der Athener schrieb, scheint es nicht der Mühe für wert gehalten zu haben, Athen zu sehen. Der Franzose Andrée Thevet, der Verfasser einer Kosmographie der Levante, behauptete, im Jahre 1550 dort gewesen zu sein, aber sein Bericht von Athen enthält nichts mehr als diese Lächerlichkeiten: Im Hause eines Renegaten habe er eine schöne Statue von Marmor, sonst nichts Merkwürdiges in der Stadt gesehen. »Es ist freilich wahr, daß es dort einige Säulen und Obelisken gibt, doch fallen sie alle in Trümmer; so gibt es auch einige Spuren von Kollegien, wo, nach dem allgemeinen Glauben der Einwohner, Plato Vorlesungen gehalten hat. Sie haben die Form des römischen Kolosseums. Jetzt ist diese vormals so berühmte Stadt von Türken, Griechen und Juden bewohnt, die wenig Achtung für solche merkwürdigen Altertümer haben.«[297]

Die lange und heroische Verteidigung Famagustas, ihr und Zyperns grausiger Fall, dann der am 7. Oktober desselben Jahres 1571 bei Lepanto gewonnene große Seesieg der vereinigten Mächte Spanien, Österreich und Rom unter Don Juan d'Austria wendeten aber doch die Aufmerksamkeit des Abendlandes wieder dem eigentlichen Hellas zu. Athen selbst wurde mit dem gebildeten Europa durch den von der Renaissance gesponnenen Faden der klassischen Wissenschaft verknüpft. Das gelehrte Bedürfnis, eine bestimmte Kenntnis von dem Schicksal der ruhmvollen Stadt zu erlangen, machte sich in der Frage geltend, ob dieselbe überhaupt noch fortbestehe. Ein deutscher Philhellene, Martin Kraus, Professor der klassischen Literatur in Tübingen, hat diese Frage gestellt. Sie machte ihn unsterblich, wie die Auffindung der Laokoongruppe einem namenlosen Römer den Nachruhm gesichert hat. Martin Crusius entdeckte gleichsam Athen wieder.

Im Jahre 1573 wandte er sich mit einem Briefe an Theodosios Zygomalas, den Kanzler des Patriarchen in Konstantinopel, um von ihm zu erfahren, ob es wahr sei, was die deutschen Geschichtsschreiber behaupteten, daß die Mutter aller Wissenschaft nicht mehr bestehe, daß sie bis auf einige Fischerhütten vom Erdboden verschwunden sei. Die Antwort des gebildeten Byzantiners und ein späterer Brief des Akarnanen Symeon Kabasylas, eines Geistlichen an demselben Patriarchat, brachten dem deutschen Gelehrten die erste sichere Kunde von der Fortdauer der Stadt, und sie warfen zuerst wieder einen leisen Lichtschein auf den Zustand ihrer Monumente und ihres fortvegetierenden Volks.[298]

So hatte es gerade mitten in der hellsten Aufklärung und der genialsten Kunstproduktion Europas eine Zeit gegeben, wo das Fortleben der Stadt Athen tatsächlich unbekannter und zweifelhafter war als während jener Epoche ihrer byzantinischen Geschichtslosigkeit, die einen deutschen Gelehrten noch im Jahre 1835 zu der Ansicht verleiten konnte, daß sie nach Justinian vier Jahrhunderte lang eine unbewohnte Waldwildnis gewesen sei. Es war zunächst die Wissenschaft, welche Athen für das Bewußtsein des gebildeten Abendlandes wiedereroberte, und diese Eroberung wurde noch im 16. Jahrhundert durch die Türkenkriege und die Unsicherheit des Reisens nach dem verschlossenen Attika sehr erschwert.

Im Verhältnis zur Erforschung der Stadt Rom verspätete sich die Altertumskunde Athens um ein paar Jahrhunderte. Denn der erste große Fortschritt von den Mirabilien Roms im Mittelalter zur wirklichen Stadtbeschreibung wurde schon im 15. Jahrhundert durch Blondus Flavius gemacht, worauf sich im folgenden die römische Altertumswissenschaft mächtig entwickelte. Von den Athenern selbst konnte keine Tätigkeit dieser Art in bezug auf ihre Stadt erwartet werden. Die Griechen in Kreta und Korfu, jene andern gelehrten Hellenisten, die sich um Aldus Manutius in Venedig sammelten, die an den griechischen Gymnasien Mantuas, Paduas, Roms, in Paris, Genf, Heidelberg und anderswo tätig waren, widmeten ihre Kräfte der philologischen Kritik.

Seit dem Beginne des 17. Jahrhunderts legte der Holländer Jean de Meurs durch seine zahlreichen Studien von ehernem Fleiß und staunenswerter Belesenheit den Grund zur athenischen Altertumskunde. Dieser Sammlung in zwölf Folianten gehört auch eine Schrift an, welche die Geschichte Athens bis zum Falle unter die Türken übersichtlich darstellt.[299]

Wie gering im Abendlande selbst damals die Kenntnis vom Zustande der Stadt war, zeigt das lateinische Werk des Rostockers Lauremberg: ›Genaue und sorgsame Beschreibung des alten und neuen

Griechenlands.‹ Hier wiederholte der Verfasser noch die alte Fabel, indem er behauptete: Von Athen, welches die Wohnung der Musen genannt wurde, ist heute nichts mehr übrig als geringe elende Hütten und Weiler, und es wird jetzt Setine genannt.[300] Gleichwohl kannte Lauremberg die ›Turcograecia‹ des Crusius, denn in seiner geschichtlichen Übersicht Attikas bezog er sich auf den Brief des Kabasylas. Auf seiner attischen Karte hat er Athen in Miniatur als eine kreisrunde Stadt bezeichnet, in deren Mitte sich ein hoher kegelförmiger Berg erhebt, mit zwei gotisch zugespitzten Türmen gekrönt.

3. Nur wirkliche Anschauung konnte die hartnäckig fortdauernde Meinung, daß Athen zerstört sei, beseitigen, und dies war das Verdienst französischer Jesuiten und Kapuziner. Jene hatten im Jahre 1645 Aufnahme in Athen gefunden; als sie von hier nach Negroponte fortzogen, nahmen die andern ihre Stelle ein. Die Kapuziner kauften von den Türken im Jahre 1658 das Denkmal des Lysikrates, die sogenannte Laterne des Demosthenes, und bauten daneben ihr Kloster. Dies anmutige Monument des theatralischen Kultus der alten Athener wurde der Ausgangspunkt für die Wissenschaft von der Topographie und den Altertümern Athens. Die französischen Mönche entwarfen die ersten Pläne der Stadt. So leisteten jetzt Franzosen der Wissenschaft Dienste, welche ihre Stammgenossen zur Zeit der burgundischen Herzöge ihr schuldig geblieben waren. Sogar Gesandte Frankreichs besuchten Athen von Konstantinopel aus. Wenn der dortige Botschafter Ludwigs XIII., Louis de Hayes, bei seinem Besuche im Jahre 1630 nur einen flüchtigen Blick der Neugierde auf die wunderbare Stadt warf, so hatte der Aufenthalt des Marquis de Nointel im Winter von 1674 zu 1675 wichtige Folgen. Jacques Carrey zeichnete für ihn die Skulpturen des Parthenon, und der Italiener Cornelio Magni verfaßte einen Reisebericht. Noch vor dem Besuche Nointels veröffentlichte in demselben Jahre 1674 der gelehrte Arzt Spon zu Lyon eine Schilderung Athens, die vom Jesuiten Babin, der dort lange gelebt hatte, für Abbé Pécoil, den Hausgenossen des Marquis in Konstantinopel, aufgesetzt worden war. Sein aus Smyrna am 8. Oktober 1672 datierter Bericht gab den wesentlichen Anstoß zur genaueren Erforschung der Stadt. Im Jahre 1675 erschien Guillets Buch über das alte und neue Athen. Dieser Franzose war niemals dort gewesen, aber er hatte Babins Brief benutzt und andre Mitteilungen wie auch den Stadtplan von den Kapuzinern erhalten, was sein Werk höchst wertvoll machte.[301] Sodann trat Spon selbst auf. Von dem Engländer Sir Georg Wheler begleitet, kam er nach Athen im Januar 1676. Seine

Forschungen begründeten die moderne Wissenschaft der athenischen Altertumskunde.

Es ist der Bemerkung wert, daß die Reisenden jener Zeit keine Franken mehr in Athen vorfanden. Cornelio Magni sah daselbst von solchen nur den französischen Konsul Chataignier und den englischen Konsul Giraud, gebildete Männer, die allen wißbegierigen Besuchern als Führer dienten. Unter den städtischen Familien ersten Ranges zeichnete er die Chalkokondyli, Palaiologen, Beninzeloi, Limbona, Preuloi und Cavaraoi aus, von denen einige lateinischen Klanges sind.[302] Die Beninzeloi scheinen italienischer Abkunft gewesen zu sein. Aus ihrem Hause stammte Johannes, ein gelehrter Athener des 18. Jahrhunderts. Die Chalkokondyli gehörten der geschichtlich bekannten Familie an; ihr Name aber hatte sich in der Aussprache des Volks zu Charkondyli verändert. In der Stoa des Gymnasiums Hadrians, wo die Kirche der Taxiarchen stand, bezeichnen Graffitinschriften des 16. Jahrhunderts eine Louize und einen Michael Charkondyle. Aus der Frankenzeit erhielten sich überhaupt noch manche Taufnamen in Athen, wie Guliermos, Phinterikos, Benardes, Linardis, Nerutzos (Nerio).[303]

In demselben letzten Drittel des 17. Jahrhunderts, wo gelehrte Reisende, Franzosen und Engländer, das Abendland über die noch vorhandenen antiken Reste Athens aufklärten, ereignete es sich auch, daß die ehrwürdige Stadt durch Kriegsgewalt den Türken plötzlich entrissen wurde. Das Reich der Sultane, so lange der Schrecken Europas, begann sich dem Verfalle zuzuneigen. Das Grundgesetz des Koran, wonach es nur zwei Menschenklassen gab, Mohammedaner und Ungläubige, wie es für die antiken Griechen nur Hellenen und Barbaren, für die Juden nur Anhänger Jehovas und Heiden gegeben hatte, dies mit den modernen Weltverhältnissen unvereinbare Dogma war das Todesurteil des osmanischen Sklavenstaats. Er verdammte sich dadurch zu ewiger Barbarei. Er vermochte nicht, über den Zustand roher Unterdrückung der unterjochten Völker hinauszukommen. Aus den herrlichsten Ländern der Erde, aus denen die türkische Herrschaft durch Eroberung zusammengesetzt war, konnte dieselbe kein Kulturreich gestalten, wie es ehemals jenes Alexanders und dann das byzantinische gewesen war. Der Staat der Asiaten blieb eine feindliche Anomalie in Europa, in dessen System er sich nicht einfügte, an dessen volkswirtschaftlicher und geistiger Entwicklung die Türkei aus Stumpfsinn und religiösem Fanatismus keinen Anteil nahm. Sie war nur furchtbar solange, als der stürmische Eroberungstrieb in den Osmanen vorhielt, durch die politische Beschaffenheit des Okzidents

Nahrung fand und von den militärischen Einrichtungen Orchans, Mehmeds und Suleimans getragen wurde. Sie verdankte schließlich ihre Fortdauer nur dem Umstande, daß der Besitz Konstantinopels zu einer unlösbaren Frage wurde, die den unermeßlich wichtigen Gegenstand für die Furcht und die Eifersucht der christlichen Mächte abgab. Die Lösung zu vertagen blieb daher deren ängstliches Bemühen, und noch in unserer Zeit durfte ein Alexander dem Namen nach, dessen siegreiche Heere zu S. Stefano an den Toren von Byzanz lagerten, nicht den Mut fassen, diesen gordischen Knoten der modernen Politik mit dem Schwert zu durchhauen, wie das ehemals der kühne Doge Dandolo gewagt und getan hatte.

Durch den dreißigjährigen Krieg und seine Wirkungen waren den Sultanen die letzten Eroberungen möglich geworden. Wallensteins kühner Plan der Teilung der europäischen Türkei konnte nicht ausgeführt werden. Die christlichen Mächte ließen es zu, daß der Großwesir Ahmed Köprili im Jahre 1669 den Venezianern die Insel Kreta entriß. Erst das Jahr 1683 brachte mit dem Entsatze Wiens eine Wendung herbei: die Rückflut der Türkenmacht nach dem Süden. Nicht nur mußte der Sultan Ungarn aufgeben, er verlor auch Morea. Die vom Mittelmeer ausgeschlossene Republik Venedig machte, im Verein mit dem Mächtebunde, eine verzweifelte Anstrengung, ihre alte Stellung in der Levante wiederzugewinnen. Die Befreiung Griechenlands, der unablässige platonische Traum der Philhellenen Europas und die Sehnsucht der geknechteten Griechen war seit dem Falle Konstantinopels und Athens der Verwirklichung niemals so nahegekommen, als in dem Türkenkriege Venedigs seit 1685.

Nach dem Siege bei Patras riefen Abgesandte der Athener den Generalkapitän Francesco Morosini zur Befreiung ihrer Vaterstadt herbei. Die Flotte der Republik lief am 21. September 1687 in den Piräus ein. Zum dritten Male besetzten die Venezianer Athen. Königsmark belagerte die Akropolis. Am 26. zertrümmerte der unglückliche Wurf einer Bombe die Hälfte des Parthenon, der bisher die Stürme von mehr als zweitausend Jahren überdauert hatte. Die türkische Besatzung der Burg ergab sich und zog, nebst 2500 mohammedanischen Einwohnern der Stadt, nach Kleinasien ab. Allein der Freiheitsrausch der Athener währte nur bis zum 9. April 1688, wo Morosini, eben erst zum Dogen ernannt, das unhaltbare Athen wieder aufgab. Die Aushebung der Bildsäulen vom Westgiebel des Parthenon, die er als Trophäen mit sich nehmen wollte, mißlang; die Figur des Neptun, der Wagen der Siegesgöttin mit beiden Rossen und andere Gebilde von Marmor stürzten herab und zerstäubten. Morosini entführte nur unversehrt die athenischen Löwen, die noch heute vor dem Arsenal Venedigs stehen, Denkmäler der verunglückten Befreiung Griechenlands und der Plünderung der Kunstwerke Athens, Seitenstücke zu den bronzenen Rossen über dem Portal S. Marcos, den Denkmälern der Plünderung Konstantinopels im Jahre 1204. Die um ihre Hoffnungen betrogenen Athener retteten sich auf venezianischen Schiffen vor dem Grimm der wiederkehrenden Türken, indem sie in Salamis, Ägina und auf den Kykladen, welche die Republik erobert hatte, Zuflucht fanden. Drei Jahre lang blieb die Stadt verlassen, bis der Sultan infolge der Verwendung des byzantinischen Patriarchen im Jahre 1690 den Athenern Amnestie gab und ihnen die Rückkehr in ihre verbrannte und halbzerstörte Heimat gestattete.[304]

Der Friede von Karlowitz am 26. Januar 1699 sicherte der Republik Venedig den Besitz Moreas, doch nur kurze Zeit konnte sie die Halbinsel behaupten. Das zwar innerlich zerrüttete, aber noch immer kriegstüchtige Türkenreich zog aus den Umwälzungen Europas im Beginne des 18. Jahrhunderts neue Frist und sogar neuen Gewinn. Ahmed III., der Überwinder Peters des Großen, entriß den Venezianern Morea wieder im Jahre 1715, und obwohl durch die Siege des Prinzen Eugen zu großen Verlusten an Österreich genötigt, behielt er doch im Frieden zu Passarowitz am 21. Juli 1718 den Peloponnes. Die Artikel dieses Friedens gewährten den Griechen die persönliche Freiheit.

Die flüchtige Besitznahme Athens durch die Venezianer hatte den Altertümern der Stadt unersetzliche Beschädigung zugefügt und dem Volke neues Elend gebracht. Nur die Wissenschaft verdankte dem Kriegszuge Morosinis manchen Vorteil. Die venezianischen Ingenieure Verneda und San Felice entwarfen damals einen genaueren Plan der Akropolis und der Stadt; Fanelli veröffentlichte ihn in seinem Buche ›Das attische Athen‹. In diesem behandelte er auch mit einigen Zügen die Zeit der fränkischen Herzöge.[305]

Die Schicksale Griechenlands während der Frankenherrschaft hatte schon im Jahre 1657 Du Cange, der unsterbliche Begründer unserer Kenntnis vom byzantinischen Mittelalter, durch seine ›Geschichte des Reichs von Konstantinopel unter den französischen Kaisern‹ aufgeklärt. Es ist merkwürdig, daß die Franzosen hierauf das Feld dieser Studien, und besonders die Erforschung Athens, für geraume Zeit andern Nationen, zunächst den Engländern, überließen. Seit den Tagen Buckinghams und Arundels war in England der Enthusiasmus für Sammlungen hellenischer Kunstwerke lebhaft geworden; eine Leidenschaft, die noch in den ersten Jahren des 19. Jahrhunderts die Plünderungen Elgins verschuldete. Reiche Lords schickten ihre Agenten nach Griechenland und dem Orient, oder sie unternahmen selbst dorthin Reisen, wie Lord Claremont, für den Richard Dalton im Jahre 1749 Zeichnungen von athenischen Monumenten und Bildwerken machte.

Die Frucht der Mühen ausgezeichneter Künstler, Stuarts und Revetts, die seit 1751 die Stadt durchforschten, war ihr großartiges Werk ›Die Altertümer Athens‹. Es schlossen sich daran andre durch die seit 1734 zu London gegründete Gesellschaft der Dilettanten veranlaßte Untersuchungen, die im Jahre 1776 in Chandlers ›Reisen in Griechenland‹ niedergelegt wurden. Die Forschungen der Engländer setzten sich dann bis ins 19. Jahrhundert eifrig fort. Griechenland, welches dem Genius Lord Byrons einen dankbaren Kultus widmet, wird auch die Verdienste von Männern wie Martin Leake und Georg Finlay nicht so bald vergessen.

So erwachte die Liebe des Menschengeschlechts zu Athen wieder durch die zur Macht gewordene Wissenschaft. Diese enthüllte vor den Blicken aller für das Ideale Empfänglichen das Gemälde der ehemaligen Herrlichkeit der Stadt, welcher die Welt ihre feinste Bildung zu verdanken hatte; und sie verbreitete in allen gesitteten Ländern eine zweite Renaissance des Hellenismus, die der wirklichen Befreiung Griechenlands wie eine Morgenröte voraufging.

4. Seit der Rückkehr der Athener aus ihrer Zerstreuung im Jahre 1690 verging aber noch eine lange Zeit, ehe die ersehnte Stunde der Erlösung schlug. Die Stadt war auf die Zahl von acht- bis neuntausend Einwohnern herabgekommen, doch bemerken die neugriechischen Geschichtsschreiber, daß sie sich allmählich erholte und an der geistigen Wiedergeburt der Hellenen ihren lebhaften Anteil nahm.

In den Stürmen, die seit 1770 der Versuch Rußlands zur Befreiung Moreas über Griechenland brachte und wo die von den Türken herbeigerufenen Albanesen Hellas und den Peloponnes auf unmenschliche Weise verwüsteten, wurde Athen glücklich verschont. Das Reich Peters des Großen, ein neu entstehender Koloß byzantinischen Cäsarentums in slavischer Form, begann unter Katharina II. sein Gewicht in die Weltverhältnisse zu legen und seine Stellung zur orientalischen Frage zu nehmen. Sie konnte seither nicht mehr ohne Rußland gelöst werden. Die Hoffnungen der Hellenen wandten sich dieser Macht zu, der Todfeindin der Türkei und der Beschützerin der griechischen Nationalität schon aufgrund der gleichen Religion. Rußland gewann in jenem Kriege Teile der Krim und die freie Schiffahrt in den türkischen Meeren, aber es überlieferte doch im Frieden zu Kütschük-Kainardschi im Jahre 1774 die Griechen wieder dem Joche der osmanischen Barbaren. Nur wurde dieses in dem Maße leichter, als die Staatskraft der Pforte schwächer wurde. Die Hellenen bereicherten sich durch Handel; die Segel der Kauffahrerschiffe, die ihre Inseln aussandten, bedeckten das Mittelmeer.

Im 18. Jahrhundert erwachte der Nationalgeist Griechenlands. Zahlreiche Schulen im In- und Auslande nährten sein einheitliches Bewußtsein. In Athen selbst entstand im Jahre 1812 die patriotische Gesellschaft der Musenfreunde, von den Türken geduldet, die ihre Bedeutung nicht verstanden. So widerlegten die Athener, ohne es selbst zu wissen, die Vorstellung Beethovens, der in demselben Jahre in seinem Festspiel ›Die Ruinen von Athen‹ die vom zweitausendjährigen Schlaf erwachte Minerva aus ihrer zertrümmerten, von den Türken geknechteten Stadt mit Entsetzen entfliehen ließ, um die ausgewanderten Musen in Ungarn, Germanien und Gallien aufzusuchen.[306]

Die Freiheitsideen der amerikanischen Unabhängigkeit und der französischen Revolution, dann die Umwälzung der veralteten despotischen Verfassung Europas durch Napoleon, die Reaktion der von diesem Eroberer bezwungenen, seinem cäsarischen Weltreich einverleibten Nationen, endlich der patriotische Geheimbund der Hetärie rüsteten die Elemente zur Erhebung Griechenlands im Frühjahr 1821.

Welches Urteil immer man über die unausbleiblichen Wirkungen fällen mag, welche die Erniedrigung durch lange Knechtschaft auf den moralischen Charakter eines Volkes ausüben muß, so wird man doch anerkennen, daß der Befreiungskampf der Hellenen der überraschten Welt ein Schauspiel von wahrhaftem Heroismus dargeboten hat. Mit Opfern und Taten der Vaterlandsliebe, gleich groß wie jene antiken im Kampf gegen die Perser, eroberten sich die Griechen die Achtung Europas und das Recht zurück als freies Volk die Geschichte von Hellas fortzusetzen.

In diesen heißen Kämpfen schützte nochmals ein guter Stern Athen, obwohl die Stadt gerade damals der Gefahr am nächsten kam, von der Erde zu verschwinden. Am 10. Juni 1822 hatten die empörten Athener die Türken zur Ergebung gezwungen. Nach 366 Jahren kam die Burg des Kekrops wieder in die Gewalt der Griechen. Doch die Türken kehrten in dem verhängnisvollen Jahre 1827 zurück, nachdem auch Missolunghi gefallen war, und die griechische Besatzung ergab sich ihnen am 5. Juni. Athen war zu jener Zeit so verlassen wie nach dem Abzuge der Venezianer Morosinis. Als sodann der blutgierige Ägypter Ibrahim Pascha durch die Mächte gezwungen wurde, aus dem verwüsteten Griechenland zu weichen, und die zerstreuten Athener

Achtes Kapitel

seit 1830 wieder heimkehrten, war ihre Stadt fast vernichtet. Erst am 31. März 1833 verließ die türkische Besatzung für immer die Akropolis.

Es leben heute noch Männer in Athen, welche Zeugen dieses geschichtlichen Ereignisses gewesen sind. Der Anblick des damals noch erhaltenen Propyläenschlosses der Acciajoli hätte sie oder jeden mit der Vergangenheit vertrauten Griechen dazu anregen können, sich den Abzug des letzten Frankenherzogs von der Akropolis zu vergegenwärtigen, jenen mit diesem letzten Abzuge der Türken zu vergleichen und ein Urteil über die eine und die andre Fremdherrschaft auszusprechen. Im Jahre 1833, wo die Athener ihre Vaterstadt aus dem Besitz der Mohammedaner nur als Schutthaufen zurücknahmen, würde ihr Urteil ohne Zweifel zugunsten der Franken ausgefallen sein. Später hat sich die Ansicht geändert.

Die heutigen Hellenen dürfen es beklagen, daß ihrem Vaterlande die beiden Fremdherrschaften auferlegt gewesen sind, und gerne würden sie jede Erinnerung daran auslöschen. Allein die fränkische wie die türkische Okkupation sind Daseinsformen im Leben Griechenlands, deren historische Tatsache sich nicht mehr aus der Geschichte von Hellas austilgen läßt wie der Frankenturm, das Schloß der Acciajoli und das Minarett auf der Akropolis.

Jeder besonnene Richter wird urteilen, daß den politischen Schöpfungen der Franken in Hellas kein großer Kulturwert zugemessen werden kann, aber auch, daß die heutigen Griechen ungerecht sind, wenn sie in den Lateinern nur ihre Tyrannen sehen. Sie vergessen, daß die Franken Athen und Hellas einer langen Geschichtslosigkeit entrissen und teilweise wieder zum Wohlstande gebracht hatten; vielleicht waren gerade sie es, die Griechenland davor schützten, zur Provinz eines Barbarenreiches, sei es der Bulgaren oder der Albanesen, herabzusinken. In jedem Falle brachten sie dasselbe in Bezug und Verkehr mit dem Abendlande, und die griechische Herrschaft der Franzosen und Italiener im Mittelalter darf zum mindesten als eine Voraussetzung des Wiedereintritts der Hellenen in das europäische Kultursystem betrachtet werden.

Dies ist wahr, daß die Franken Griechenland zerstückelten und die Schwächung des hellenischen Gesamtbewußtseins verschuldeten. Die Neugriechen sind daher im Recht, wenn sie behaupten, daß dagegen die Herrschaft der Türken trotz ihrer Barbarei für die Hellenen von einem wirklichen nationalen Gewinn begleitet war. Denn erst sie gab ihnen, wenn auch unter allgemeiner Knechtschaft, die Einheit zurück und machte deshalb ihre spätere Wiedergeburt als Nation möglich.

Die neugriechischen Geschichtsschreiber blicken aus diesem Grunde auf die türkische Epoche mit minderem Haß zurück als auf die Zeit der Lateiner. Während diese, ihre Verwandten durch Stamm, Religion und Bildung, in das innerste Leben ihrer Gesellschaft und Kirche hemmend und zerstörend eingegriffen hatten, war den Hellenen von den fremden Asiaten nur das gemeine Unglück wehrloser Völker zuteil geworden: die Unterwerfung durch das Schwert. Wenn die Osmanen in Griechenland Denkmäler einer eigenartigen orientalischen Bildung erschaffen hätten wie die Araber in Spanien, so würden sie die Geschichte von Hellas um ein anziehendes Kulturgemälde reicher gemacht haben, und die Türkenzeit dort hätte sympathische Darsteller gefunden, wie die Herrschaft der Mauren in jenem Lande sie gefunden hat. Da sie als ein geistloses, jeder höheren Entwicklung unfähiges Volk keine andren Erinnerungen in Hellas als die der Sklaverei zurückgelassen haben, so darf das mildeste Urteil über sie als Gebieter Griechenlands nur im eingeschränkten und negativen Sinne, etwa in die Sentenz zusammengefaßt werden, welche Cassiodorus den Goten in Italien als Nachruf gewidmet hat.[307]

Ein Verdienst wird den Türken so gut wie den Franken in Athen bleiben: Sie haben die Denkmäler des Altertums verschont. Ihre gewaltsamsten Veränderungen dort beschränkten sich auf die Umformung der Parthenonkirche zur Moschee, auf den Bau von Bastionen der Burg, welchem im Jahre 1687 der Niketempel zum Opfer fiel;[308] auf die Ummauerung der Stadt durch den Woiwoden Chaseke im Jahre 1778, die das Abtragen einiger Altertümer wie des Portals der Wasserleitung Hadrians und der Ilissosbrücke veranlaßte. Vorher hatte Athen keine Stadtmauern gehabt; die Reisenden Wheler und Spon fanden keine solchen vor.

Schon Mehmed II. hatte die Denkmäler Athens in den Schutz seiner eigenen Empfindung, wenn auch nicht für den Wert der hellenischen Kulturwelt, so doch für schöne Architektur überhaupt gestellt. Wenn ein solcher Sinn bei seinen Nachfolgern, welche die erlauchte Stadt niemals besuchten und kaum von ihrem Dasein Kenntnis nahmen, nicht vorausgesetzt werden kann, so wurden doch ihre Monumente durch andere Verhältnisse geschützt. Die osmanischen Türken in Athen hatten als ein Barbarenvolk keine Beziehung zur Geschichte Griechenlands und kein Verständnis für die Denkmäler der edelsten Blüte der Menschheit; allein die Schönheit der noch erhaltenen Tempel und Ruinen nötigte immerhin auch sie zur Achtung und Schonung. Weder die geringe Zahl der mohammedanischen Bewohner noch die schnell wechselnden Agas konnten das Bedürfnis haben,

Achtes Kapitel

große neue Bauwerke in Athen aufzuführen und deshalb die alten als Material für solche zu verwenden. Nicht einmal um die Verbesserung ihres bürgerlichen Zustandes haben sie sich ernstlich bemüht. Lamartine hat gesagt: »Die Osmanen in Griechenland haben nichts zerstört, nichts wiederhergestellt, nichts gebaut.« Diese Tatsache, ein Glück für die Monumente Athens, kann wesentlich aus der indolenten Natur der Türken erklärt werden, welche sie so sehr von den Arabern unterscheidet. Linné hat unter den Merkmalen des asiatischen Türken dieses entweder übersehen oder in dem Begriff des melancholischen Temperaments zusammengefaßt.[309]

Am 18. September 1834 wurde Athen zum Sitz der griechischen Regierung erklärt. Die Wahl hatte auch zwischen Nauplia und Korinth geschwankt. Man hat die Entscheidung für Athen getadelt, sogar als antiquarische Laune verspottet; jedoch sie war so wenig ein Zufall, als dies in unserer Zeit die Wahl Roms zur Hauptstadt des ersten Königs der geeinigten Italiener gewesen ist. Der geheiligte Name und Begriff Athens machte sie notwendig, trotzdem daß sich die alte hellenische Welt vollkommen ausgelebt hatte. Die Erinnerungen, die Ruinen, die antike Götterburg der Akropolis forderten sie selbst von dem neuen Geschlecht. Man darf sagen: Pallas Athene hat ihre Stadt zur Metropole des neuen Griechenlands gemacht. Nur weil ihr Parthenon erhalten war, weil so viele andere und mehr Denkmäler als in jeder andern Stadt Griechenlands noch als Zeugen der großen Vergangenheit die Jahrhunderte überdauerten, konnte sie zu neuer geschichtlicher Bedeutung auferstehen. Es ist das Verdienst des letzten großen Philhellenen Ludwigs von Bayern, eines neuen Hadrian, daß er die Stimme des Genius Athens verstanden hat.[310]

Sechs Jahrhunderte waren hingegangen, seit der erste Frankenherzog seinen Einzug in Athen gehalten hatte; jetzt hielt, am 1. Januar 1835, den seinen ein deutscher Fürst, welcher denselben Namen Otto trug.[311] Er kam nicht als Eroberer, sondern als erwählter erster König der Hellenen. Die Stadt fand er in Trümmern. Niemals zuvor, weder zur Zeit des Synesios noch des Michael Akominatos, nicht einmal im Jahre 1690, war sie so tief herabgesunken. Ein armes Volk, aus dem Exil heimgekehrte Bürger und andre Griechen wohnten dort zwischen den Schutthaufen von Kirchen, Häusern und Straßen und den Ruinen des Altertums, in Hütten von Lehm.[312]

Die Auferstehung des Griechenvolks aus seinem geschichtlichen Grabe war ein Schauspiel ohne Beispiel im Leben der Nationen. Die Hellenen glichen den plötzlich erwachten Schläfern von Ephesos, die sich in der veränderten Kulturwelt nicht mehr zurechtfanden.[313]

Das Abendland wurde ihr Lehrer und Führer in diesem neuen Dasein.

Im Verhältnis zu der grenzenlosen Erschöpfung Griechenlands war der Prozeß seiner Zivilisierung ein überraschend schneller. Das hat vor allem Athen dargetan, neben Rom heute die älteste und in ihrer Regeneration zugleich die jüngste Hauptstadt, die ein Volk besitzt. Nur 53 Jahre sind seit dem Einzuge des Königs Otto verflossen, und schon gegenwärtig ist Athen, was es niemals mehr seit den Römerzeiten war, eine Stadt von 100000 Einwohnern, die größte und schönste Griechenlands, welche zwar weder Sophokles noch Pindar, aber sicherlich jeder Byzantiner als glücklich und volkreich (εὐδαίμονα καὶ πολυάνθρωπον) würde gepriesen haben. Sie dehnt sich mit weiten Plätzen, Straßen und manchen Palästen aus pentelischem Marmor bis zum Fuß des Lykabettos und über den Ilissos und Kephissos aus, während ihr Hafen zu einer zweiten, lebhaften Piräusstadt geworden ist.

An die Stelle asiatischer Barbarei sind die Gesetze, die Sitten und Kenntnisse Europas auf den alten mütterlichen Boden der Bildung wieder verpflanzt worden. In den Museen Athens sammeln sich wie in denen Roms die kostbaren Überreste der antiken Kunst. Die heimischen Gelehrten durchforschen das Altertum und lehren in öffentlichen Schulen, den Stiftungen des Staats und der opferbereiten Vaterlandsliebe von Privatpersonen, jede wissenschaftliche Disziplin. Das Abendland gab Athen und den Hellenen reichlich zurück, was es dem antiken Lande zu verdanken gehabt hatte. Auf den Universitäten Europas sind die Neugriechen in die Mysterien der modernen Wissenschaft eingeweiht und zu dem Berufe ausgerüstet worden, ihr Vaterland von der Barbarei zu reinigen und auf immer höhere Stufen der Gesittung zu erheben.

Die Scheidewand zwischen Hellenen und Franken ist gefallen; diese sind Bundesgenossen und Freunde des Landes, welches ihre ritterlichen Vorfahren im Mittelalter erobert und beherrscht hatten. Athen ist ein internationales Zentrum für das antiquarische Studium der griechischen Welt geworden, wie Rom es für dasjenige der Lateinerwelt ist. Wenn noch im 18. Jahrhundert und bis auf die Befreiung Griechenlands Forscher nur mit Mühe die Erlaubnis eines flüchtigen Besuchs der Stadt und ihrer Burg erhielten, so haben jetzt fremde Regierungen gelehrte Institute in Athen eingerichtet. Die Franzosen setzen dort ihre großen wissenschaftlichen Traditionen eifrig fort; die Deutschen, sogar die Amerikaner seit 1882, besitzen daselbst ähnliche Anstalten.

Achtes Kapitel

Der Einfluß der deutschen, für das Verständnis der antiken Idealwelt mit innerstem Sinn begabten Nation auf die Geschichte Neugriechenlands ist erst ein halbes Jahrhundert alt, da er wesentlich eine Folge der Berufung Ottos von Bayern auf den hellenischen Thron war.

Das moderne Griechenland hat seine erste bürgerliche Gesetzgebung und die Stadt Athen die Gründung der Universität den Deutschen zu verdanken. Wenn sich diese, von Martin Crusius abgesehen, später als die Franzosen, die Italiener und Engländer an der wissenschaftlichen Erforschung von Athen und Hellas beteiligen konnten, so erreichen doch auch ihre Arbeiten auf diesem Gebiet schon den Umfang einer Bibliothek. Die Griechen haben schließlich durch eine nationale Reaktion das deutsche Element aus ihrem Staate wieder ausgeschieden, aber ein seltsamer Zufall hat es gefügt, daß auch ihr zweiter König einem germanischen Volke und jenem Lande der Waräger angehört, dessen meerdurchfahrende Helden einst ihre Anwesenheit in Athen mit Runenschrift auf dem Piräuslöwen verewigt hatten.

Die Stadt Athen würde schon glücklich zu preisen sein, wenn sie aus den Jahrhunderten des Verfalles und der Sklaverei nur als die Schatzkammer heimischer Wissenschaft hervorgekommen wäre. Allein sie hat noch eine ehrenvollere Stellung und eine größere Aufgabe erhalten als diese, das Museum Griechenlands zu sein. Sie ist das politische, nationale und geistige Haupt aller Hellenen geworden, die sich zum ersten Mal, solange ihre Geschichte dauert, in einem Königreiche vereinigt haben. Dies Reich wurde zwar durch die Mißgunst der Mächte geographisch karg bemessen, und doch ist sein Umfang im Verhältnis zu den Staaten des antiken Griechenlands groß zu nennen. Die Regierung Athens umfaßt als ein einiges Gebiet beinahe das gesamte europäische Hellas. In die Grenzen des Nationalstaats sind erst vor wenigen Jahren Thessalien, ein Teil von Epiros und die ionischen Inseln eingeschlossen worden. Andere Erweiterungen können nur eine Frage der Zeit sein.

Hellas hat sich demnach die ehemaligen griechischen Kolonien Venedigs zum größten Teile einverleibt. Die unsterbliche Republik der Venezianer, die einst das Romäerreich gestürzt und ihren Namen auf jedem Blatte der mittelalterlichen Geschichte der Griechen eingezeichnet hatte, ist vom Schauplatz der Weltbegebenheiten abgetreten. Nach der Vollendung ihrer letzten großen Mission, der Abwehr des vorschreitenden Türkenreichs, ist sie in Italien aufgegangen. Zwei andre italienische Staaten, welche ehedem in die Geschicke Griechenlands tief eingegriffen hatten, Neapel und Sizilien, sind gleichfalls als

Provinzen in ihr Gesamtvaterland zurückgetreten. Neue Mächte, die während des Mittelalters in den Beziehungen des Okzidents zum Orient kaum oder gar nicht sichtbar waren, sind im Lauf der letzten Jahrhunderte dort gewaltig aufgetreten. Rußland hat sich vom Norden her in die türkischen Gebiete eingeschoben und umfaßt beinahe schon den Pontus Euxinus. England ist zu einem maritimen Weltreich von nie gesehener Größe emporgestiegen. Es besitzt im Mittelmeer Malta und Zypern, das ehemalige Königreich der Lusignan; es hat seine Hand auf Ägypten gelegt, wo der Suezkanal, die späteste und wichtigste Schöpfung der Franken im Osten, die Meerengen des Bosporos und Hellespont bis nach Indien fortsetzt. Österreich ist der Erbe der südwestlichen Slavenländer Illyriens; zum Besitze Kroatiens, Slavoniens und Dalmatiens hat es Bosnien hinzugefügt.

Die sich vollziehende Neugestaltung der Balkan- und Donauvölker, deren tumultuarische Nationalstaaten man ihrem Ursprunge nach den geschichtlichen Niederschlag der großen slavischen Völkerwanderung nennen kann, gehört zu den bedeutendsten Schöpfungen unserer Zeit. Das türkische Reich ist dadurch um große europäische Gebiete verringert und dem Zustande von Ohnmacht nahegebracht worden, in dem sich Byzanz unter den letzten Palaiologen befunden hatte. Jene Völkermauer der Slaven und Wlachen, welche die Sultane im 14. und 15. Jahrhundert erst unter gewaltigen Kämpfen durchbrechen mußten, um zur Donau zu gelangen, hat sich vor unsern Augen wieder aufgerichtet. Die Rumänier, die Bulgaren und Serben, einst dem griechischen Reiche so furchtbar, haben sich von der türkischen Vasallenschaft befreit, und sie versuchen sich zu selbständigen Staaten herauszubilden, die mit den Interessen und der Bildung des Abendlandes enge verbunden sind. Sie versperren heute das untere Donaugebiet nicht nur gegen die Türkei, sondern sie bilden für den ganzen illyrisch-griechischen Kontinent und selbst für Konstantinopel einen Verteidigungsgürtel zum Schutze gegen das Vordringen Rußlands. Sie sind aber zugleich ein Wall, an dem die mögliche Ausdehnung des neugriechischen Staats nach dem Norden eine Schranke findet. Die Tatsache, daß es den Byzantinern nicht gelungen war, die Balkan- und Donauslaven, ferner Makedonien und Thrakien zu hellenisieren, ist heute auf die Fortentwicklung des griechischen Nationalstaates insofern von Einfluß, als sein Verhältnis zu Konstantinopel dadurch bedingt wird.

Seit der Entstehung des Reiches der Romäer war Griechenland eine byzantinische Provinz gewesen. Erst die Franken hatten dasselbe von Byzanz abgetrennt. Es war sodann unter den Palaiologen mit Kon-

*Die Hagia Sophia in Konstantinopel
(Stich nach einem Aquarell von 1867)*

stantinopel wieder politisch verbunden worden, das eigentliche Hellas ausgenommen, wo der fränkische Staat Athen und einige andre Länder bis auf die türkische Eroberung außer dem Zusammenhange mit Byzanz blieben. Die Türken stellten diesen wieder her. Durch die Befreiung Griechenlands wurde endlich die alte staatliche Verbindung der Hellenen mit der Hauptstadt am Bosporos nochmals gelöst.

Es entsteht die Frage, ob diese Trennung eine bleibende sein wird, oder mit klaren Worten, ob die Wiederherstellung des byzantinischen Reichs durch die Griechen jemals möglich ist. Diese Frage kann Theoretiker beschäftigen, aber sie liegt außer dem Bereich der historischen Tatsachen, und sie hat auch für uns nur Wert, soweit sie dazu dient, die gegenwärtige Bedeutung Athens in dem neuen Prozeß der Geschichte der Hellenen festzustellen.

Wie Rom in der Gegenwart als die vaterländische Hauptstadt der Italiener das Zurückweichen der großen kosmopolitischen Ideen vor den nationalen bezeichnet, so ist auch die Stadt Athen das Haupt und die Seele des eigentlichen Landes der Hellenen. Ihr Schicksal hat diese natürliche Lösung gefunden, während dasjenige Konstantinopels noch ungelöst ist. In der byzantinischen Zeit, selbst noch unter der Herrschaft der Sultane, pulsierte das Leben der großen griechischen Familie wesentlich in den Adern der Weltstadt Konstantins. Jetzt ist dasselbe von dort hinweggeströmt, um sich wesentlich in Athen zu sammeln, dem alten legitimen Gefäß der griechischen Kultur. Die Stadt der Pallas und der Musen wird dies wohl geraume Zeit bleiben und in dem Maße, als Hellas wieder zu neuer Kraft gelangt, eine immer reichere Entwicklung haben.

Allein es droht ihr nochmals eine Gefahr von Byzanz her, derjenigen Stadt, die sich nicht in nationale Schranken verweisen läßt. Der am Horizont der Geschichte neu aufsteigende Stern Athens kann wiederum durch Konstantinopel verdunkelt werden, wenn nach dem Abzuge der Osmanen vom Bosporos das griechische Kreuz auf der Hagia Sophia wieder erscheint und ein neues hellenisches Kulturreich mit dem Mittelpunkt Byzanz entsteht, welcher dann die Lebensgeister Griechenlands mit magnetischer Zugkraft an sich ziehen würde.

So gibt es heute keine Frage, die mehr aufregt als diese nach der Zukunft Konstantinopels, der gegenwärtig geheimnisvollsten und wichtigsten aller Städte der Erde, von deren dämonischem Fatum nicht nur das Schicksal Athens und Griechenlands, sondern vielleicht die künftige Gestaltung zweier Weltteile abhängig ist.

ANHANG

ANMERKUNGEN

ERSTES BUCH

1 Panegyricus, c. 13.
2 Λιπαραὶ καὶ ἰοστέφανοι καὶ ἀοίδιμοι, Ἑλλάδος ἔρεισμα, κλειναὶ Ἀθᾶναι. Pindar.
3 Sulla, c. 14.
4 Cäsar begnadigte die Stadt mit den Worten oder Gedanken des Sulla: τοσοῦτον μόνον εἰπῶν, ὅτι πολλὰ ἁμαρτάνοντες ὑπὸ τῶν νεκρῶν σώζοιντο. Appianus, De bello civ. II, c. 88. Dio Cassius, ed. Reim., p. 314.
5 Die Reihe der Inschriften des dankbaren Athen zu Ehren solcher fremden Wohltäter beginnt mit diesem Ariobartzanes. C. J. Att. III, n. 541 ff.
6 Plutarch, Antonius c. 72.
7 Im Sommer 1887 entdeckte man die Fundamente dieses Tempels; ein kleiner Bau von weißem Marmor, nur 7 Meter im Durchmesser mit 9 Säulen ionischen Stils.
8 Die Athener errichteten ihm auf der Akropolis ein Standbild, dessen Basis und Inschrift erhalten ist: ὁ δῆμος βασιλέα Ἡρώδην φιλορωμαῖον εὐεργεσίας ἕνεκεν, καὶ εὐνοίας τῆς εἰς ἑαυτόν. C. J. Att. III, n. 550. Nur im allgemeinen erwähnt Josephus, De bello Jud. c. 21, der Weihgeschenke des Herodes für Athen, Lakedaimon, Nikopolis und Pergamon.
9 »Quid Pandioniae restant nisi nomen Athenae.« Ovid, Metam. XV, 428. – »Vacuas Athenas«, Horat., Ep. II, 2. 81. Dazu Wachsmuth, Stadt Athen I, 665, Note 4, gegen die Auffassung dieser Stellen bei Ellissen, Zur Gesch. Athens nach dem Verlust seiner Selbständigkeit, Göttinger Stud. I, S. 790, u. gegen Burckhardt, Konstantin, S. 497.
10 Sein Agent Secundus Carinas (Tacit., Ann. XV, 95) entraffte von der Akropolis sicherlich Statuen, doch nicht die größten und heiligsten.
11 Sickler, Gesch. der Wegnahme vorzügl. Kunstwerke, Gotha 1803. Petersen, Allg. Einl. in das Studium der Archäologie, deutsch von Friedrichsen, 1829.
12 »Nec pauciora Athenis ...«, H. N. XXXIV, c. 17.
13 Ich verweise auf die betreffenden Abschnitte in Hertzberg, Gesch. Griechenl. unter der Herrschaft der Römer, und meines Buchs: Der Kaiser Hadrian, Gemälde der römisch-hellen. Welt zu seiner Zeit.
14 Skythes, c. 9.
15 Zosimos I, 29; Zonaras XII, 23.
16 Die sogenannte valerianische Mauer bildet eine Streitfrage in der Topogra-

phie Athens. Wahrscheinlich war der Bau dieses Kaisers nur eine Wiederherstellung der alten Stadtmauern. Die Ansicht Leakes, daß sich die Mauer Valerians an die Linie der alten gehalten hat, ist von Finlay (Griechenl. unter den Römern, p. 83) bestätigt, und auch von Curtius und andern angenommen worden.

17 Wietersheim, Gesch. der Völkerwanderung II, welcher nebst Gibbon diese entsetzlichen Goteninvasionen am eingehendsten geschildert hat, nennt dieselben bloße Raubfahrten von Gefolgsheeren und den mißlungensten den von 267. Doch die Verheerung Griechenlands mißlang ihnen leider nicht.

18 Trebellius Pollio, Gallienus c. 11. Zosimos setzt die Einnahme Athens in die Zeit des Gallienus; Kedrenos und Zonaras in das erste Jahr des Kaisers Claudius II.

19 Sogar die Eroberung Athens ist überhaupt, doch ohne Grund, bezweifelt worden: Hermann, Griech. Staatsaltert., 4. Aufl., S. 565. Hertzberg, Gesch. Griechenlands unter der Herrsch. der Römer III, S. 170.

20 Sievers, Leben des Libanius, S. 44, und Wachsmuth, Stadt Athen, S. 708, bezweifeln die Angabe des Synkellos, p. 382, welcher allein von der Verbrennung Athens, Korinths und Spartas spricht. Was Fallmerayer (Welchen Einfluß hatte die Besetzung Griechenlands durch die Slaven auf die Schicksale der Stadt Athen, S. 21) aus der sogenannten Chronik des Klosters der Anargyri entlehnte, haben bereits Finlay, L. Roß, Ellissen, Hopf abgewiesen. Hertzberg III, S. 171, läßt nur als Vermutung gelten, daß bei dieser Gelegenheit das Odeon des Herodes Attikus durch Feuer verwüstet worden sei.

21 Zonaras XII, p. 26. – Anon. bei Müller, Fragm. Hist. Graec. IV, p. 196, und bei A. Mai, Coll. V. Script. II, p. 248. Der Anon. bemerkt dazu, daß die Ansicht der Barbaren durch Römer und Griechen widerlegt wurde, welche zugleich in Krieg und Wissenschaften groß gewesen seien.

22 Essays I, c. 24.

23 Hertzberg III, 202.

24 Aus den Skythika des Dexippos, ed. Bonn, I, 27. Τὸ τῆς πόλεως πταῖσμα ... ὡς καὶ ἐν ταῖς συμφοραῖς τὸ φρόνημα τῶν Ἀθηναίων οὐχ ἥττηται. Beweise für die Einnahme Athens. Siehe dazu die Einleitung Niebuhrs.

25 Nur Trebellius Pollio (Gallienus c. 13) sagt: »Ab Atheniensibus duce Dexippo scriptore hor. temporum victi sunt.«

26 Sie machte auf die byzantinischen Chronisten so wenig Eindruck, daß Zosimos, Kedrenos, der Fortsetzer des Dion, und Synkellos davon schweigen. Zonaras XII, c. 26, sagt nur, daß Kleodamos, der Athener, die Barbaren vertrieb, und er erwähnt Dexippos gar nicht.

27 Über Praxagoras, Photios, 62. C. Müller, Fragm. Hist. Graec. IV, am Anfange.

28 Die Geschichte des Dexippos setzte Eunapios aus Sardes im 4. Jh. fort: Χρονικὴ ἱστορία μετὰ Δέξιππον; Bruchstücke, ediert von Becker und Niebuhr, Bonn 1829; Dindorf, Hist. Graec. min. I.

Erstes Buch

29 C. J. Att. III, 1., n. 716. Die Inschrift entdeckte Spon im Jahr 1676 in einem Brunnen.
30 Dies erweist gegen Niebuhr (Script. Hist. Byz. I, p. XIV) W. Dittenberger, Die attische Panathenaidenära, Comment. in honor. Momms., S. 246. Er bemerkt die Ehreninschrift eines hochgebildeten eleusinischen Kultusbeamten, die durchaus auf seine rühmliche Teilnahme an der Befreiung Athens unter Dexippos zu verstehen ist (C. J. Att. III, 713).
31 Eunapios, ed. Bonn, I, 51.
32 Eunapios im ›Aedesius‹, p. 462.
33 Athen, Kyzikos, Cäsarea, Tralles, Sardes, Satalia, Antiochia, Zypern, Kreta: Anon. bei Banduri, Imp. Or. pars II, p. 40. Kodinos, De Signis, p. 53. Finlay, a. a. O., S. 152, glaubt, daß Konst. die griechischen Tempel besonders an Orten plünderte, wo das Christentum vorherrschend war.
34 Erst Justinian entfernte sie beim Neubau und verteilte sie in der Stadt. Banduri I, 14.
35 Von seinem Staatsamt und seiner Wohltat spricht Julianus, Orat. I. in laudem Constantini, ed. Spanheim, p. 8.
36 Καὶ χαρὶν ἔσχον τοῖς θεοῖς, καὶ τῷ εὐσεβεστάτῳ βασιλεῖ Κωνσταντίνῳ τῷ τοῦτο μοὶ παρασχόντι. Böckh, n. 4770. Dazu Burckhardt, Die Zeit Konstantins des Großen, 2. Aufl., S. 218. 360.
37 Kodinos, De Aedificiis CP., ed. Bonn, p. 85.
38 Eunapios, Vita Proairesii, ed. Boissonade, p. 90.
39 Die Verhältnisse der Universität Athen sind in bekannten Schriften behandelt worden: von C. G. Zumpt, Über den Bestand der philosophischen Schulen in Athen; von Weber, De acad. Litter. Athen.; C. Ullmann, Gregorius von Nazianz; Sievers, Leben des Libanius; Zeller, Zinkeisen und Hertzberg, Bernhardy (Grundriß der griech. Literaturgesch.), Carl Wachsmuth, Über die Hochschule Athen; Burckhardt, R. Nicolai (Griech. Literaturgesch.) usw.
40 »Ad S. Mariam in Fontana fuit templum Fauni, quod simulacrum locutum est Juliano et decepit eum.« Mirabilia, Massmann, Kaiserchronik III, S. 574.
41 Lasaulx, Untergang des Hellenismus, S. 55.
42 Zosimos IV, c. 18. Als Gewährsmann der Anekdote führt er den Philosophen Syrianos und dessen Hymnus auf Achill an. Die Tatsache wird wahr sein, zumal jene Zeremonie ebenso heimlich vollzogen werden konnte wie das Gebet des Philosophen Proklos im Tempel des Asklepios. Marin., Vita Procli, c. 29.
43 C. J. Att., 636.
44 Eunapios hat die Katastrophe unter Alarich sogar als Strafgericht der durch diese ungesetzliche Hierophantenwahl beleidigten Götter aufgefaßt. Ich habe diese Vorgänge ausführlich dargestellt in der Abhandlung: Hat Alarich die Nationalgötter Griechenlands zerstört? (Kleine Schriften zur Geschichte und Kultur, Bd. I).
45 Wie Fallmerayer mit vieler Emphase behauptet hat: Gegen seine Ansicht

über die Zerstörung der Götterkulte ist die genannte Abhandlung gerichtet.
46 Auch die alten Griechen glaubten, wie später die Christen, an die Erscheinung rettender Heroen. Pausanias sah in der Poikile Theseus, Athene und Herakles gemalt, wie sie den Griechen in der Perserschlacht beistanden. Wyttenbach, Annot. zu Eunapios' ›Vita Prisci‹, ed. Boissonade, p. 67, bemerkt, daß die Erscheinung der Minerva beim Zosimos an jene der Belagerung Pellenes durch die Ätoler erinnert. – Später verteidigte die hl. Jungfrau in Person die Mauern Konstantinopels gegen die Avaren. Chron. Paschale z. Jahr 626 (I, 716ff.).
47 ἑώρα περινοστοῦσαν τὴν πρόμαχον Ἀθηνᾶν, ὡς ἔστιν αὐτὴν ὁρᾶν ἐν τοῖς ἀγάλμασιν, ὡπλισμένην ... Lib. V, c. 6.
48 Man behauptet, daß bei Zosimos an den Typus der Athena Polias zu denken sei, welchen Münzen und Bildwerke wiedergeben. Curtius, Zur Periegese der Akropolis von Michaelis (Mitteil. des Deutsch. Instituts in Athen II, 2, 1877, S. 87ff.). Nach Curtius ist der Name Promachos für den Koloß keine volkstümliche Benennung älterer Zeit, sondern erst spät entstanden. Eine Nachbildung der Pallas mit der Nike auf der Hand fand man am Barbakeion zu Athen im Jan. 1881. Ich darf Kenner nicht an die berühmte athenische Münze erinnern, welche den Erzkoloß zwischen dem Parthenon und den Propyläen darstellt (Leake, Topogr. Athens, Tafel I, Fig. I.).
49 Leake, Topogr. Athens, deutsch von Baiter u. Sauppe, p. 251, glaubt daran.
50 Zosimos V, 6, verschleiert diese Einnahme: δῶρα λαβὼν, ἀνεχώρει τήν τε πόλιν ἀβλαβῆ καὶ τὴν Ἀττικὴν πᾶσαν καταλιπών. Leider ist das von ihm benutzte Geschichtswerk des Eunapios verlorengegangen. Dagegen sagt Philostorgios XII, 2: Ἀλαρίκος τὰς Ἀθήνας εἷλεν. Schon Meursius, De Fortuna Athenar., p. 107, bezweifelte, wie Corsini, die Angaben des Zosimos und berief sich auf Hieron., Ep. 60 an Heliodoros, und auf Claudian., In Rufinum.
51 Tillemont (Hist. des Emp. V, art. 7) stellt die geistreiche Vermutung auf, daß diese freundliche Aufnahme Alarichs erst stattfand, als derselbe Griechenland verließ in der Eigenschaft als General Illyriens. Allein um diese Hypothese zu halten, müßte man den Zusammenhang der Dinge beim Zosimos zerstören. Was aber hatte Alarich auf seinem Abzuge aus dem Peloponnes in Athen zu tun gehabt? Sein Rückzug führte ihn sicher aus dem Golf von Korinth nach Akarnanien.
52 Himerius, Oratio XVIII (Dübner).
53 In Rufin. II, v. 186ff., sagt er: Wenn Stilicho nicht in Thessalien dem kaiserlichen Befehl abzuziehen gefolgt wäre, so würden die griechischen Städte gerettet worden sein; »nec fera Cecropias traxissent vincula matres«.
54 Eunap., Vita Prisci, p. 67. Wyttenbach, Annot. zu dieser Stelle bemerkt, daß Eun. nicht sagt, wo Priskos seine Schule hatte, und er glaubt, derselbe

sei nicht in jener Katastrophe umgekommen, überhaupt Athen 396 nicht erobert worden. Das ἔξω τῶν Ἀθηνῶν des Eunap. beweise, daß alle, die in Athen blieben, verschont wurden. Dagegen sieht Sievers (Studien, S. 347) das ἔξω als Gegensatz zu dem Ort des Proterios an und glaubt diesen in Athen getötet. Corsini, Fast. Att. IV, p. 198, will aus Eunapios gegen Meursius herauslesen, daß alle anderen Athener das gleiche gotische Verderben erlitten, da nicht einmal Hilarius, obwohl außerhalb sich befindend, davon frei blieb. Allein die κοινὴ συμφορά des Eunapios ist doch auf Griechenland, nicht auf Athen zu beziehen.

55 Hieron., Ad Heliodorum, nennt Athen dem Alarich untertan wie Korinth und Sparta.

56 Zosimos V, 6. Claudian., In Rufinum lib. II, v. 186 ff., redet in Hyperbeln:
Oppida semoto Pelopeia marte vigerent,
Starent Arcadiae, starent Lacedemonis agri,
Non mare fumasset geminum flagrante Corintho,
Nec fera Cecropiae traxissent vincula matres.

Das »starent«, zumal in Verbindung mit »agri«, sagt nur: sie würden nicht von den Goten bewältigt worden sein. Nur an dieser Stelle bezieht sich Claudian auf Athen. Er schweigt von dieser Stadt an andern für die Verheerung Griechenlands bedeutenden Stellen wie De Cons. Honorii IV, v. 471 ff., in Eutropium lib. II, v. 199 ff., De Cons. Stil. I, v. 180 ff.

57 Siehe meine Abhandlung: Hat Alarich die Nationalgötter Griechenlands zerstört?

58 Kedrenos I, 364. Zum letzten Mal wird er im Jahr 384 bemerkt. Lasaulx, S. 110. In seiner bekannten Monographie über den Untergang des Hellenismus hat Lasaulx der Goten nicht mit einer Silbe gedacht.

59 Lasaulx, S. 110.

60 Daß ganz Griechenland in seiner Gewalt war, sagt Hieron., Ad Heliodorum, Epitaphium Nepotiani: »Romanus orbis ruit et tamen cervix nostra erecta non flectitur. Quid putas nunc animi habere Corinthios, Athenienses, Lacedemonios, Arcadas, cunctamq. Graeciam, quibus imparant Barbari?« Hieron. (Migne) Ep. I, 60, p. 600. Der Brief ist 396 oder 397 geschrieben.

61 Orosius VII, 37, läßt ihn mit Zustimmung des Stilicho entkommen. Siehe dazu Pallmann, Völkerwanderung, S. 217; Wietersheim, S. 188; Carl Simonis, Versuch einer Gesch. des Alarich, Göttingen 1858, S. 22.

62 Wenn der Brief des Hieronymus I, 60, 397 geschrieben ist, so würde damals auch Griechenland unter dem Befehle Alarichs gestanden haben. Die Schmach des Reichs, den Verwüster der illyrischen Lande dort zum Generalissimus zu machen, hat Claudian empfunden in Eutrop. II, 214 f. De Bello Pollentino, v. 535 f.

63 Synesios, Ep. 136. Siehe meine Schrift: Athenais, p. 16.

64 Die ergänzte dreizeilige Inschrift veröffentlichte zuerst Kumanudis im Aion, 2. Okt. 1881, dann Swoboda in Mitteil. d. Deutsch. Arch. Instit. in

Athen 1881, S. 312f. Swoboda weist nach, daß sie spätestens 401 verfaßt worden ist.

65 ... στῆσε παρὰ προμάχῳ Παλλάδι Κεκροπίης. Diese Inschrift wurde im Gymnasium des Ptolemaios gefunden. Eustratiadis in der Arch. Ephimeris, 15. Febr. 1873, Heft 16, n. 432, p. 443.

66 Kodinos, De Sign., ed. Bonn, p. 47. Siehe meine Schrift: Athenais, S. 87.

67 Synesios, Ep. 136.

68 δείξω μὲν ὑμῖν τὸν Μαραθῶνα ἐν τῇ γραφῇ ... Himer. X.

69 Marinus, Vita Procli, c. 30. Die Göttin verkündete dem Philosophen, daß sie fortan bei ihm wohnen wolle, und Proklos war 429 nach Athen gekommen, wo er um 450 den Lehrstuhl der Akademie innehatte.

70 Nach der Angabe des Erzb. Arethas von Cäsarea (um 900) soll die Parthenos vor dem Senatshause in Konstantinopel gestanden und als Statue der Ge gegolten haben. Michaelis, der dies anführt (Parthenon, S. 270), bezweifelt es und glaubt an Verwechslung (S. 45).

71 Ναὸν οἱ Ἰθαγενεῖς περικαλλῆ οὐ μακρὰν τῆς πόλεως ἀνεγείραντες, ἀνεστήλωσαν ἐν αὐτῷ τὴν ἁγίαν Εἰκόνα.

72 Die Legende ist ausführlich erzählt in der Ἱστορία τῆς ἱερᾶς Μονῆς Παναγίας τοῦ Σουμελᾶ, welche beigegeben ist dem Buch Ἡ Θεία καὶ Ἱερὰ Ἀκολουθία τῶν ὁσίων ... Πατέρων ... Βαρνάβα καὶ Σωφρονίου τῶν ἐξ Ἀθηνῶν, καὶ τοῦ ἱεροῦ Χριστοφόρου, τῶν ἐν Μελᾷ ὄρει ἀσκησάντων, Leipzig 1775.

73 Er zählt als die drei ersten legendären Bischöfe auf: Dionysios Areopagites, Publius, Quadratus; dann folgt Pistos. Lequien, Oriens christianus II.

74 καὶ ἀργεῖ μὲν παρ' Ἀθηναίοις ὁ Ἄρεος πάγος ... Theodoreti IX. De Legibus, Migne IV, 1339.

75 Hertzberg, Gesch. Griech. unter den Römern III, S. 425ff. Beutler, De Athenar. Fatis, p. 37, setzt für das Erlöschen des Areopags im allgemeinen das 5. Jh. an.

76 Corsini, Fasti Attici IV, 199. 201. Nach seiner Ansicht erlosch der Name des Eponym-Archonten in Athen um 500.

77 Im Synekdemos des Hierokles aus dem 6. Jh. heißt es: Θῆβαι μητρόπολις Βοιωτίας ... Ἀθῆναι μητρόπ. Ἀττικῆς ... Κόρινθος μητρόπ. πάσης Ἑλλάδος. Metropolis ist hier politischer Begriff. Sparta war Metropolis Lakoniens.

78 Corsini, Fasti Att. IV, 201, rechnet aus, daß er 485, im Todesjahre des Proklos, nach Rom zurückgekehrt sei. Allein seine Rechnung ist mehr als zweifelhaft. Auch Gibbon V, c. 39, glaubt an das Studium des Boethius in Athen, jedoch die Stelle im Cassiodor., Var. I., ep. 45: »Sic enim Atheniensium scholas longe positas introisti« sagt eher das Gegenteil. »Introisti« wird gleich darauf im Sinne des Kennenlernens überhaupt gebraucht: »In preclaram artem ... per quadrifarias mathesis januas introisti.«

79 Joh. Malalas XVIII, 449. Prokop., Hist. Arc. III, c. 11.

80 Prokop., Hist. Arc., c. 26. Er sagt nichts von Athen. Alle neueren Forscher über die Schicksale der platon. Akademie haben die Schließung der-

selben infolge der Einziehung des Stiftungsvermögens angenommen; doch hat sich Lasaulx begnügt zu sagen: Das Stiftungsvermögen der platon. Akad. blieb, wie es scheint, konfisziert. Den entschiedensten Zweifel an der Vernichtung der athen. Universität durch Justinian hat Paparrigopulos ausgesprochen: Gesch. des hellen. Volks III, 1872, S. 202 ff.

81 Agathias, Hist. II, 30, nennt sie mit Namen: Damaskios, Simplikios, Eulalios, Priskianos, Hermias, Diogenes und Isidoros. Ihre pythagoreisch-mystische Siebenzahl ist etwas bedenklich.

82 Im Aedesius, p. 462.

83 Cramer, Anecdota graeca Parisiensia IV, p. 315.

84 Πολεῖ παρ' ἡμῖν πίστις, καὶ σοφοὶ λόγοι. Ibid. Carl Neumann, Griech. Geschichtsschreiber und Geschichtsquellen im 12. Jh., Leipzig 1888, S. 39.

85 S. Zampelios, Ἄσματα δημοτικὰ τῆς Ἑλλάδος, Korfu 1858, p. 81.

86 οὐ γὰρ χριστιανός, οὐχ Ἕλλην, οὐκ Ἰουδαῖος ἐτύγχανεν ὤν – Epitome Histor., ed. Dindorf, III, p. 344. Ἑλληνικὸν ἱερόν ist gleichbedeutend mit »Heidentempel«.

87 Bernhard Schmidt, Das Volksleben der Neugriechen und das hellen. Altertum, Leipzig 1871.

88 Kodinos, De S. Sophia, ed. Bonn, p. 132: κίονας ... καὶ ἀπὸ Ἀθηνῶν οἱ ἄρχοντες βασιλέως ἔπεμπον.

89 Kodinos, p. 141: φιλόσοφοι ὄντες καὶ ἀστρονόμοι ... Die Mirabilien Roms nennen bei Gelegenheit der »Caballi Marmorei« in Rom Phidias und Praxiteles junge »Philosophen«; beide Meister galten in Byzanz als Zauberer (Sathas, Légende de Phidias, im Annuaire ... des Études gr., Paris 1882, p. 143). In der ›Passio SS. IV. Coronatorum‹ werden neben »artifices« fünf »philosophi« als Techniker genannt (O. Benndorf, Archäol. Bemerk. zu jener ›Passio‹ in Büdingers Untersuch. zur Röm. Kaisergesch. III, S. 343). Der Begriff »Philosoph« scheint mir daher auch hier bei Kodinos ähnlichen Sinn zu haben.

90 Eunapios im ›Aedesius‹ (p. 461, ed. Paris): τά τε τῶν ἱερῶν εὐφανέστατα καταστρέφων καὶ τὰ τῶν χριστιανῶν ἀνεγείρων οἰκήματα. – Theophan., Chron. I, 34.

91 Surmelis, Κατάστασις συνοπτ. τῆς πόλ. Ἀθηνῶν, p. 25, bemerkt, daß die fraglichen Kirchen alle späteren Ursprungs sind; nur die des Nikodemos sei älter als alle übrigen. Dort wurde (1852) eine Krypta ausgegraben. A. Mommsen, Ath. christ., n. 68, 69, zu dieser Kirche, u. n. 152 zur Kirche Hag. Georgios Karystis, welche auch der Athenais-Eudokia zugeschrieben wird.

92 Pittakis, Ephim., p. 939, n. 1599, 1600. A. Mommsen, n. 116.

93 κόρα ἀεὶ παρθένος.

94 De aedificiis I, c. 3.

95 Niketas im ›Isaacius Angelus‹ (ed. Bonn, p. 738f.) erwähnt eines 30 Fuß hohen, auf einer Säule im Forum Konstantins aufgestellten Erzbildes der Athene, welches das byzantin. Volk in einem Aufstande zerschlug. Willkürlich hält J. H. Krause (Die Byzantiner des Mittelalters, S. 43) dies

Kunstwerk für die ehemalige Athene Promachos. Wie hätte dieser Koloß auf einer Säule (ἐπὶ στήλης) stehen können? Dieselbe Säule traf am 3. Okt. 1065 der Blitz, ohne das Erzbild zu zerstören. Michael Attaliota, p. 310, welcher sagt, daß man es ἀνήλιος (schattig) nannte.

96 Marinus, Vita Procli, c. 29, weiß von dieser Zerstörung, welche vor dem Tode des Proklos (485) geschehen sein muß.
97 Plan des ›État actuel du versant méridional de l'Acropole‹ von Marcel Lambert, 27. Febr. 1877 im Bulletin de Corresp. hellénique I, p. 121. Paul Girard, L'asclépieion d'Athènes, Paris 1882. – Mitteil. des Deut. Arch. Instituts in Athen, 1877: Der Südabhang der Akropolis nach den Ausgrab. der Arch. Ges., von Ulrich Köhler. Der Verf. bemerkt, daß von der an Stelle des Asklepiostempels errichteten Kirche keine Traditionen übrig sind.
98 Mich. Attaliota, p. 90.
99 Surmelis, Katastasis, p. 28, behauptet zwar, daß das Olympieion zu einer Kirche des Soter Christos eingerichtet worden sei, aber er beweist es nicht.
100 Ἅγ. Ἰωάννης εἰς τὰς κολόνες, zu unterscheiden von Hag. Joannes Kolona, einer im nördlichen Athen gelegenen Kapelle, welche um eine antike Säule gebaut ist. Spon (Voyage de Grèce II, 159) sah jene Kirche im Jahr 1675 und beschrieb sie als »un amas presque sans chaux de pièces de colonnes«. Leake, Topogr. Athens (deutsche Ausg., S. 43), bemerkt, daß Carrey in der großen Säulengruppe des Olympieion die Kirche des St. Johannes dargestellt hat, und schließt aus dem Umstande, daß sie mit keinem Teil des alten Gebäudes zusammenhing, auf den Zusammenfall desselben in früher Zeit. Da Stuart im 18. Jh. die Kirche nicht mehr erwähnt, glaubt man sie im Jahr 1760 zerstört, als der türkische Gouverneur mehrere Säulen des Tempels fortnahm, um eine neue Moschee im Basar zu bauen. P. de Juleville, Recherches sur l'emplacement et le vocable des églises chrétiennes en Grèce (Arch. d. miss. scient. V, p. 481).
101 Juleville, p. 482.
102 C. Bötticher, Berichte über die Untersuchungen auf der Akropolis im Frühjahr 1862, S. 15.
103 Pittakis, Ephim., p. 438; er versetzt sie erst ins 10. Jh.
104 Man versetzt auf diese Stelle die Kirchen des hl. Anastasios und der Apostel. A. Mommsen, Athenae christ., n. 40.
105 Zur türkischen Zeit residierte daselbst der griechische Erzbischof. Babins Brief an Pecoil. Spon, Voyage II, p. 200. – A. Mommsen, n. 42.
106 Juleville, p. 492, nach Leake u. Lenormant.
107 Bursian, Geogr. Griechenl. I, S. 339.
108 L. Roß, Königsreisen II, S. 212.
109 Außer A. Mommsen und den Notizen in Pittakis' ›Anciennes Athènes‹ verweise ich auf Rangabé, Athènes, la ville ancienne dans la ville moderne (Mem. dell' Inst. di Corr. Arch., Leipzig 1865) u. Julevilles Abhandl. Die Resultate dieser Untersuchungen sind wertlos für die Geschichte und wenig wert für die Topographie Athens. Wie ist z. B. die Ansicht von Ran-

gabé und Pittakis zu erweisen, daß die Kirche der 12 Apostel den Platz des Altars der 12 Götter einnahm oder daß Hag. Lykodemos aus dem Tempel des Apollo Lykaios entstanden ist (Ephim., p. 937)? Namenspielerei ist auch die Vermutung Lenormants (Voie Eleusienne, p. 19), daß Hagia Paraskeue die Stelle des Pompeion einnehme, wo sich die Mysten zu ihrer Prozession rüsteten: ἐς παρασκευὴν τῶν πομπῶν. – Die meisten athen. Kirchen sind im Befreiungskriege zerstört und dann nicht mehr aufgebaut worden.

110 Joseph Jirecek, Geschichte der Bulgaren, Prag 1876, S. 81.

111 Als ein Wunderwerk, das Homer würde angestaunt haben, pries sie der Redner Priskos von Gaza in seinem Panegyrikos (ed. Bonn, p. 510).

112 Von diesem Einfall der Hunnen (Bulgaren) im 13. Jahre Justinians: Prokopios, De bello Persico II, 4, p. 168: οὕτω τε σχεδὸν ἅπαντας Ἕλληνας, πλὴν Πελοποννησίων, διεργασάμενοι ἀπεχώρησαν.

113 Prokopios, De Aedificiis IV, c. 2 ff.

114 Es ist ein Irrtum, wenn Zinkeisen I, S. 645, behauptet, daß nach Alarich Achaia ein nutzloser, unbeachteter Teil der Statthalterschaft Illyrien geblieben sei.

115 Curtius, Attische Studien I, S. 77, und erläuternder Text zu den 7 Karten zur Topographie Athens, S. 57. Wachsmuth, Stadt Athen, S. 705, S. 723, wo man die Literatur über diese Frage findet, die für die Geschichte Athens keine Wichtigkeit beanspruchen kann.

116 Curtius glaubt diesen Mauerring, welchen man den valerianischen zu nennen pflegt, entstanden nach dem Verfalle der attischen Gymnasien, die durch Justinian geschlossen wurden. W. Vischer, Kleine Schriften II, S. 385, verwirft entschieden die valerianische Benennung des Kumanudis (Jahresber. der Archäol. Gesellsch., Juni 1861) und schreibt die Mauer erst den fränkischen Herzögen zu, wie Wachsmuth, Stadt Athen, S. 705, S. 724, und Hertzberg, Gesch. Griechenlands unter den Römern III, S. 15!.

117 Beulé, L'Acropole d'Athènes, Paris 1853, I, p. 107.

118 Curtius, Der Aufgang der Akropolis, Archäol. Zeit., 1854, S. 198 ff. Der Treppenbau beginnt innerhalb dieser Befestigung. – Der Eingang der Akropolis war immer unter dem Pyrgos der Nike, und hier nimmt Burnouf, La ville et l'acropole d'Athènes, p. 119, den Stützpunkt der Befestigung Justinians an. Bursian (Geogr. Griechenl. I, S. 360; Rhein. Mus. N. Folge, X, S. 485 ff.) schreibt das Beulésche Kastelltor Justinian zu. Wachsmuth, S. 721, versetzt die Befestigung schon in die Zeit, wo das Asklepieion zerstört wurde (nach 485).

119 In die Zeit der Antonine oder des Septimius Severus versetzt man eine in der Burg gefundene Inschrift, wonach sich ein Ungenannter um das Kastell Athens durch Bauten verdient machte: κόσμον τῷ φρουρίῳ ... οἰκείοις ἀναλώμασιν κατεσκεύασεν. C. J. Att. II, 1, n. 826. – Bursian, Berichte der Sächs. Gesell. der Wiss. 1860, S. 215.

120 Hist. Arcana, c. 6. In den offiziellen Geschichtsbüchern nennt Prok. denselben Justinian οἰκτιστὴς τῆς οἰκουμένης (De Aed. IV, I).
121 Menandri Historia (Bonn), p 327:100000 Slaven sammeln sich in Thrakien, plündern dies καὶ τὰ ἄλλα πολλά; p. 404: κεραϊζομένης τῆς Ἑλλάδος ὑπὸ Σκλαβηνῶν. – Joh. von Ephesos VI, c. 30ff.
122 Zinkeisen glaubt, daß sich die ersten slavischen Ansiedlungen im allgemeinen von jener Zeit herschreiben; Hopf leugnet es. Fallmerayer I, S. 171, datiert von jener Zeit den Beginn der »Ausmordung« und ethnographischen Umwandlung Griechenlands.
123 Hist. Eccl. VI, 10 ... καὶ τὴν Ἑλλάδα πᾶσαν.
124 Zinkeisen S. 697ff. beruft sich mit Recht darauf, daß weder Theophylakt Simokattes noch Theophanes Confessor, noch Kedrenos und Zonaras etwas von dem Eindringen der Avaren und Slaven in Hellas vor 591 wissen. Dasselbe lehnt Paparrigopulos ab in seiner gegen Fallmerayer gerichteten Schrift περὶ τῆς ἐποικήσεως Σλαβικῶν τινων φύλων εἰς τὴν Πελοπόννησον, Athen 1843. Dazu die Auseinandersetzung Hopfs, Gesch. Griechenl. I, S. 103ff.
125 Johis. Leunclavii Jur. Graeco-rom. I, 278.
126 Fallmerayer behauptete, daß die Avaro-Slaven seit 588 Altgriechenland ausgemordet haben, und bediente sich dafür jenes Synodalschreibens. Seine Ansicht bestritt zuerst Zinkeisen (S. 702ff.); dieser wagte nicht, den Aussagen des Patriarchen jeden Glauben zu verweigern, mäßigte aber ihr Gewicht und leugnete die völlige Unterjochung von Hellas 589. Paparrigopulos, a.a.O., wies nach, daß jener Bericht aus Evagrios geflossen sei. Hopf I, 105, bezweifelt die Angaben des Synodalschreibens. Seine Meinung, daß die Slaven nur von 750 bis 807 Griechenland in Besitz gehabt, verwirft Gutschmidt (Literar. Zentralblatt 1868, S. 641ff.), da dieselben um 623 Kreta und die übrigen Inseln heimsuchten.
127 Das schauerliche Phantasiebild, zu dem sich der hochverdiente Fallmerayer (Welchen Einfluß etc.) durch die Fragmente aus dem athenischen Kloster der Anargyri, einer modernen Kompilation aus der sogenannten Stadtchronik des Anthimos (verfaßt nach 1800), verführen ließ, ist durch L. Roß (Archäol. Aufsätze, 2. Samml., S. 113f.), durch Paparrigopulos, durch Pittakis selbst (Arch. Ephim., 1853, p. 940), schließlich durch Hopf zerstört worden. Über diese Chroniken neuerdings Demetr. Kampuroglu im ersten Heft seiner ›Turkokratia‹ (Gesch. der Athener), Athen 1889.
128 Sehr gut hat von Athen der alte Meursius gesagt (De Fortuna Athenarum, p. 109): »Ab hoc tempore (Justiniani) annis circiter septingentis, seu deliquium est historiae seu fortunae lassae quies, omnino non fecere quicquam, neque passae; certe nihil literarum monumentis consignatum invenitur.«
129 Die von den Phantasien Fallmerayers erschreckten Retter der Stadt sind mit der Laterne in der Hand umhergegangen, diese zu suchen, und haben denn auch Spuren ihres Lebens aufgefunden; so in einer phrasenhaften Stelle des Theophylaktos Simokattes VIII, 12, wo nach dem Tode des Kai-

sers Maurikios (602) die Griechen zur Trauer aufgerufen werden: Die Musen mögen jetzt schweigen und Athen das weiße Gewand ablegen, ἀποκειράσθωσαν τὸν λευκὸν Ἀθῆναι τριβώνιον.

130 Johis. Diacon., Chron. Venet., Mon. Germ. IX, 8. Paul. Diacon., De gestis Langob. V, c. 6. Anastasios, Vitae Pont., p. 141 (Muratori III).

131 χαῖρε φιλοσόφους ἀσόφους δεικνύουσα·
χαῖρε τεχνολόγους ἀλόγους ἐλέγχουσα·
χαῖρε τῶν Ἀθηναίων τὰς πλοκὰς διασπῶσα·
Die Technologen sind Rhetoren, Redekünstler. Auf die Feueranbeter zielt der Vers: χαῖρε, πυρὸς προσκύνησιν παύσασα; auf den Götzenkultus im allgemeinen: τῶν εἰδόλων τὸν δόλον ἐλέγξασα. Der Mariengesang ist abgedruckt von W. Christ u. Paranikas, Anthol. Graeca Carmin. Christianor., Leipzig 1871, p. 140ff. Siehe dazu den Prolog LIIff. Dieser schöne Hymnus wird in den griechischen Kirchen noch heute am Freitag der 5. Fastenwoche gesungen.

132 W. Unger, Byzant. Kunst (Allg. Enzyk. von Ersch u. Gruber, Separatausgabe VII, 7).

133 Ἐπ' ὀνόματι Ἀγνώστου θεοῦ, Wiener Anon., Abdruck bei Wachsmuth, Stadt Athen, S. 739. Ebenso Kabasilas im Brief an Crusius (Turcograecia VII, 18). Man wollte sogar die bezügliche Inschrift auf dem Parthenon selbst gelesen haben, was Spon, Voyage en Grèce VII, p. 151, als irrig erwiesen hat. Siehe Michaelis, Parthenon, S. 56. – Die Ansicht, daß der Parthenon der hl. Sophia geweiht war, hat Juleville in der angeführten Abhandlung wieder aufgenommen, aber nicht begründen können (Arch. d. miss. scient. V, p. 470ff.).

134 Die Inschrift, welche das Jahr 630 als Datum des Neubaues angibt und Pittakis vor dem griechischen Befreiungskriege auf der südlichen Tempelmauer des Parthenon wollte gelesen haben, gehört vielleicht zu anderen »somnia fide ulla digna« dieses Atheners. C. I. G. IV, ed. Curtius u. Kirchhoff, n. 8660. Für erdichtet hält sie auch Bursian, N.-Rhein. Mus., 1856, S. 478ff. A. Mommsen, S. 34, hat bemerkt, daß die Griechen des 7. Jh. die Jahre nur nach Erschaffung der Welt zählen konnten.

135 περὶ δέ γε τοῦ ναοῦ τῆς Θεομήτορος ὃν ᾠκοδόμησαν Ἀπολλὼς καὶ Εὐλόγιος ἐπ' ὀνόματι Ἀγνώστου θεοῦ, Wiener Anon.

136 Er wurde 1836 von L. Roß aus dem Schutt der Kirche ausgegraben. (Dessen Arch. Aufsätze I, 118.) Ad. Bötticher, Die Akropolis von Athen, Berlin 1888, S. 15.

137 Die Mittelplatte desselben mit der Figur der Athene fand sich sorgsam hinter der Tür der Kirche verwahrt, wie sie dort Babin sah (Brief an Pecoil). Über die Transformation des Parthenon, Michaelis, a.a.O., S. 46ff. Ussing, Über Plan und Einrichtung des Parthenon, in: Griech. Reisen u. Studien, 1857, S. 198. Ad. Bötticher, a.a.O.

138 Fr. Lenormant, La Grande Grèce II, p. 255, u. Ch. Bayet, L'art Byzantin, p. 82, bemerken ein kleines athenisches Basrelief (im Zentral-Museum),

die betende Jungfrau darstellend, welches einem sehr frühen Jahrhundert anzugehören scheint.
139 Aus einer Wandinschrift des Erechtheion hat man schließen wollen, daß hier eine Kirche der Theotokos geweiht war. Ephim., n. 3467, p. 1809, und bei P. de Juleville, Rech. sur .'emplacem, a. a. O., p. 469.
140 Von athenischen Kirchensiegeln, die sich erhalten haben, scheint dasjenige eines Bischofs dieses Namens das älteste zu sein. Es hat die Umschrift ΘΕΟΤΟΚΕ ΒΟΗΘΕΙ ΙΩΑΝΝΗ ΕΠΙΣΚΟΠΩ ΑΘΗΝΩΝ. Mordtmann, Rev. Arch., 1877, II, S. 55; Schlumberger, Sigillographie byzantine, p. 172.
141 Es ist der erste syrische Kirchenhistoriker, Johannes von Ephesos, welcher erzählt, daß die Häupter jener Sekte, Konon und Eugenios, Bischöfe weihten, die dann in Rom, Athen und Afrika Gemeinden gründeten. Die Kirchengesch. des Johannes von Ephesos aus dem Syrischen übersetzt von J. M. Schönfelder, München 1362, S. 197.
142 Gesta Episcop. Cameracens. lib. I, p. 409 (Mon. Germ. VII).
143 Acta SS. Oct. IV, 1030: »Exsul et peregrinus sum et has in partes de terra longinqua veni, h. e. de Athenis, nobilissima Graecorum urbe.«
144 Hopf, der auf die Legende des Gislenus aufmerksam gemacht hat (I, 113), glaubt an Überreste der alten Schulen und daß Athen selbst zur Zeit des Herakleios gewissermaßen ein Zentralpunkt weltlicher Bildung gewesen sei. Er legt freilich kein Gewicht darauf, daß im 7. Jh. der Arzt Stephanos, ein Athener von Geburt, medizinische Schriften verfaßte, da es nicht gewiß ist, ob er in Athen studiert hatte. Derselbe lebte in Alexandria. Fabricius, Bibl. Graec. XII, p. 693. A. Corlieu, Les médecins grecs depuis la mort de Galien jusqu'à la chute de l'empire d'Orient, Paris 1885, p. 139.
145 ὅτι ... πρὸς μόνην τὴν βασίλειαν πρόνοιάν τε καὶ διοίκησιν ἀνήρτηται πάντα. Nov. 56. 57 Leonis VI. Zachariä von Lingenthal, Jus Graeco-Roman. III, p. 138 ff.
146 Finlay, Hist. of the byzantine and greek empires I, p. 13 ff., setzt die Einrichtung der Themen in die Zeit des Herakleios; Montreuil, Hist. du Droit Byzant. II, p. 16, in die Zeit seiner Nachfolger. Die Schrift des Konstant. Porphyrogennetos, De Thematibus, ist unvollständig, und sie hält sich durchaus an Hierokles, der nur die Eparchien und noch nicht die Themen kannte. Tafel, Const. Porphyr. de Provinciis Regni Byz., 1846. Rambaud, L'Emp. grec au Xme siècle, p. 164 ff.
147 Das Thema Hellas wird von den Byzantinern selten erwähnt. Tafel, De Provinciis, p. XXXIV, hält für wahrscheinlich, daß es in zwei kleinere geteilt war.
148 Skraphia, Eleusis, Daulion, Chaironea, Naupaktos, Delphi, Amphissa und die übrigen. Dies nach Hierokles.
149 Tafel, De Provin., p. XXXV, und Rambaud, welcher eine Ethnographie der Themen Europas versucht hat, beklagen das Schweigen über die Residenz des Strategen von Hellas, da es ungewiß bleibe, ob die Larissa, Chalkis, Athen, Theben oder Levadia gewesen sei.

Erstes Buch 585

150 Paparrigopulos, Hist. de la civilisation hellénique, Paris 1878, c. IV, hat diese Gegensätze hervorgehoben.
151 Bei Sathas, Bibl. graeca M. Aevi, IV, p. XXVII, eine darauf bezügliche Bemerkung aus einer Schrift des Michael Psellos, wie es scheint des Älteren.
152 ʿΡωμαῖοι. Zum Unterschiede von dem abendländischen Reich des Mittelalters hat man das byzantinische willkürlich das Romäerreich, seine Untertanen nicht Römer, sondern »Romäer« genannt. Der Name »Romania« (italien. Romagna) wanderte von Byzanz selbst nach dem Exarchat von Ravenna, um dies den griechischen Kaisern übriggebliebene Land Italiens von den langobardischen Provinzen dort zu unterscheiden. Auch bei den Franken kam für Griechenland die Bezeichnung »Romania« auf. Die Türken nannten das byzantinische Reich das der »Rûm«, und sie hielten den Begriff »Rumeli« fest.
153 Chalkokond., De reb. Turcicis, ed. Bonn, L. I, p. 6.
154 Der Papst Bonifatius setzte 422 den Bischof von Thessalonike ein. Leo I. ernannte denselben zu seinem Vikar und gebot allen Metropoliten Illyrikums, ihm zu gehorchen. Gregor I. richtete Befehle an die Bischöfe Illyriens und Achaias. Martin I. exkommunizierte 649 den Bischof von Thessalonike. Jaffé, Reg. Pontif.
155 Theopan. I, p. 623: Ἑλλαδικοί τε καὶ τῶν Κυκλάδων νήσων, und der pfäffische Chronist sagt, daß diese Rebellen von göttlichem Eifer, nämlich der Bilderverehrung, erfüllt waren. Kedrenos I, p. 796.
156 De Signis, p. 61. De Aedificiis Cp., p. 77.
157 In der 14. u. 15. Indiktion, d. i. 746, 747. Theophanes, p. 651. Ἐσθλαβώθη δὲ πᾶσα ἡ χώρα καὶ γέγονε βάρβαρος, ὅτε ὁ λοιμικὸς θάνατος πᾶσαν ἐβόσκετο τὴν οἰκουμένην: Konst. Porphyr., De Thematibus II, p. 53.
158 Der Ausdruck Χώρα des Konstant. Porphyr. bedeutet nach Paparrigopulos das offene Land.
159 Gfrörer, Byzant. Geschichten II, S. 16ff. Benjamin von Kállay, Gesch. der Serben, deutsch von Schwicker, Budapest 1878, I, S. 6ff.
160 Theophanes, p. 662: ἐκ τῶν νήσων καὶ Ἑλλάδος καὶ τῶν κατωτικῶν μερῶν. Dazu die Bemerkung Zinkeisens I, S. 741ff. Als derselbe Kaiser die Wasserleitung des Valens in Byzanz herstellte, ließ er aus den verschiedensten Provinzen Werkleute kommen, aus Asien und Pontos 1000 Maurer, aus Hellas und den Inseln 500 Töpfer; Theoph., p. 680.
161 Schafarik, Slav. Altert., deutsch von Wuttke II, S. 192, setzt die Ausbreitung der Slaven im Peloponnes zwischen 746 u. 799. Erst vom 8. Jh. überhaupt datiert Zinkeisen I, S. 732, die Slavisierung Griechenlands.
162 καὶ νῦν δὲ πᾶσαν Ἤπειρον καὶ Ἑλλάδα σχέδον, καὶ Πελοπόννησον καὶ Μακεδονίαν Σκύθαι Σκλάβοι νέμονται: Strabo, ed. Almeloven, Amsterdam 1707, lib. VII, p. 1251.
163 Lib. VIII, p. 1261: ἅπαντα γὰρ ταῦτα Σκύθαι νέμονται.
164 »Il n'y a pas historiquement une question slave, jamais des Slaves tels que l'éthnologie moderne les conçoit, n'ayant pénétré dans le Péloponnèse«,

K. Sathas, Mon. Hist. Hell. I Paris 1880, p. XXVIII. Derselbe: La tradition hellénique et la légende de Phidias. (Ann. de l'Assoc. pour l'encourag. des études grecques en France, Paris, XVI. année, 1882, p. 122ff.) So gewichtig das Urteil dieses gelehrten Griechen auch ist, so muß ich doch meinen hochgeschätzten Freund um Verzeihung bitten, wenn ich mich demselben nicht unterwerfe. Auch Gustav Mayer hat in seiner Abhandlung ›Konst. Sathas und die Slavenfrage in Griechenland‹ (Essays und Studien zur Sprachgesch. und Volkskunde, Berlin 1885, S. 117ff.) geurteilt, daß die Ansicht von Sathas an den slavischen Ortsnamen Moreas scheitere.
165 Paparrigopulos, Epilog zu seiner Geschichte des hellen. Volks (1877), p. 386, u. Hist. de la civil. hell., p. 395ff.
166 Lib. IV, 16, p. 391: τὸ κάκιστον καὶ ἀνωφελέστατον τῶν Ἀλβανιτῶν γένος ... τὴν αὐτῶν γλῶσσαν τὴν βαρβαρίζουσαν. – Chalkokon. I, p. 27, ist in Verlegenheit über ihre Abkunft und ihr Verhältnis zu den Illyriern. Sathas unterstützt seine Doktrin dadurch, daß Konst. Porphyr. nicht schreibt: ἐσκλαβώθη, sondern ἐσθλαβώθη, und Tafel, De Prov., p. IX, bemerkt, ἐσθλαβώθη bedeute »in servitutem redacta«. Anna Komnena, Alex. I, c. 16, bezeichnet Borilas und Germanos als Σκύθαι, u. II, c. 1, als Σθλαβογενεῖς. In der Note dazu übersetzt Du Cange (Anna Kom., ed. Bonn, II, p. 444) das Wort mit »servilis condicionis«, aber er sagt zugleich, daß die »Slavi seu Slavini« der Lateiner bei den Griechen Σθλάβοι und Σθλαβίνοι heißen. Die griechische Form σθλάβος findet sich in vielen slavischen Eigennamen, wie Σφενδοσθλάβος (Svetoslav), Βλαδισθλάβος (Wladislav) usw. Die Griechen selbst gebrauchten übrigens auch die Form Σκλάβος. Der Excerptor Strabonis spricht von Σκυθοί Σκλάβοι, und auch Konst. Porphyr. von Σκλάβοι im Peloponnes. So schreiben auch Prokopios, Menander, Theophylaktos, Theophanes, Nikephoros Σκλαβηνοί, welche die Σθλαβίνοι des Kedrenos und noch des Mazaris oder die Σθλαβησιάνοι des Theophanes (Contin.) sind. Auch die Chronik von Morea hat die Form Σκλάβοι für die fremden Stämme im Peloponnes.
167 Niephor. Gregoras II, c. 4. Die Bulgaren nennt Michael Psellos (Sathas, Bibl. M. A. IV, p. 71) ausdrücklich Skythen, – Οὖνοι καὶ Σθλαβῖνοι in Thrakien, beim Kedrenos I, p. 677.
168 Zeuß, Die Deutschen und die Nachbarstämme, S. 630.
169 τὰ Σλαβικὰ der Chronik von Morea, p. 113. »Montaignes des Esclavons«; »Esclavons de la Chacoignie et de Cardalevo«: Liv. d. la Conq. 100, 155. Von diesen Stämmen sind die Mainoten und Tzakonen zu unterscheiden, Abkömmlinge der alten Hellenen, doch mit Slaven gemischt. Noch in Venez. Urkunden des 15. Jh. ist die Zachonia, worin Monembasia liegt, gleichbedeutend mit Sklavonia. »Ad partes Zachonie vel Slavonia«: Sathas, Mon. H. H. I, 298. Dieser Forscher hält freilich die Tzakonen für Albanesen, die sich Myrmidonen nannten und aus Thessalien in den Peloponnes kamen. Nach ihm sind die Milinger Myrmidonen, da μηλιγγόνι im Tzakonischen und Albanesischen so viel ist wie μύρμηξ. Nikeph. Gregoras IV, p. 5, hält aber das Wort Tzakones einfach für den vulgären Namen

der Lakones. Für die von Kopitar als slavisch erklärte Sprache der Tzakonen hat Thiersch in seiner Abhandl. über diese den dorischen oder pelasgischen Ursprung zu erweisen gesucht.

170 Miklosich, Die slav. Elem. im Neugriechischen, Sitzungsber. der k. k. Akademie der Wiss., Wien 1869, LXIII, Heft I, S. 531. Er bestreitet die Meinung Fallmerayers, welcher eine Einwanderung aus Rußland behauptet. Thrakien und Makedonien wurden wesentlich Slavinia genannt. Theophanes, p. 663, spricht von τὰς κατὰ Μακεδονίαν Σκλαβινίας.

171 Rambaud, L'Empire Grec au Xme siècle, 1870, p. 212, hat dies bemerkt.

172 P. Dechambre, Notice sur les ruines de l'Hiéron des Muses dans l'Helicon, Arch. d. miss. scient. IV, 1867, p. 169.

173 Zeuß, S. 633.

174 Fallmerayer, Geschichte von Morea, und desselben Abhandlung »Welchen Einfluß« etc.

175 Fallmerayer, a. a. O., und J. H. Krause, Geogr. Griechenlands in der Enzykl. von Ersch und Gruber, Bd. 83, S. 296. Die slavische Herkunft mancher Namen läßt jedoch starke Zweifel zu. Prasto z. B. kann mit Leake aus Proasteion erklärt werden (Peloponnesiaca, p. 327). Die Finalen »itsa« und »ova« hat Sathas (Mon. H. H. XLIXf.) nicht als slavisch anerkannt. Nach ihm ist οβα altgriechisch und albanisch; »bitsa« leitet er von »vicus« ab. Das häufige »itsa« soll ein gräko-illyrisches Diminutiv sein. Schon J. von Ow, Die Abstammung der Griechen und die Irrtümer und Täuschungen des Dr. Ph. Fallmerayer, 1847, hat sich ähnlich über jene Endungen ausgesprochen.

176 Die Inschr. von Eleusis wie die von Asprokampu edierte zuerst Rhangabe, Inscriptions slaves, p. 138, bei Lenormant, Rech. Arch. à Eleusis, p. 404. Übrigens hat auch aus Thrakien Albert Dumont nur zwei slavische Inschriften verzeichnen können.

177 Kiepert, Lehrb. der alten Geogr., p. 283, bemerkt: Ein Beweis für die dem geringen Bodenwert Attikas entsprechende Erhaltung eines namhaften Teils der alten Bevölkerung ist die auffallend große Zahl alter Ortsnamen, welche fast die des gesamten Mittelgriechenlands übersteigt.

178 Siehe dazu Surmelis, Ἀττικὰ ἢ περὶ τῶν Δήμων Ἀττικῆς, Athen 1854.

179 Bursian, Geogr. I, S. 339.

180 Lenormant, a. a. O., p. 411. Rambaud, a. a. O., p. 228. Vráona soll slavische (?) Umgestaltung des alten Brauron sein.

181 Kopitar, Jahrb. der Literatur, Wien 1830 (Slavisierung Griechenlands), ist für die friedliche Einwanderung.

182 Es kann richtig sein, was Lebeau, Hist. du Bas-Empire XII, L. XVI, p. 377, mutmaßt, daß Sarantapechos ein Bruder Irenes war; dies scheint aus Theophanes, p. 734, hervorzugehen. Joakim Phoropulos, Εἰρήνη ἡ Ἀθηναῖα αὐτοκρ., Leipzig 1887, hat nichts über diese Familie zu ergründen vermocht.

183 Theoph., p. 741. Aus Zonaras III, p. 353, darf man schließen, daß erst der Kaiser Konstantin ihr den Namen Irene gab.

184 Theophanes, p. 663: τὰς κατὰ Μακεδονίαν Σκλαβινίας ᾐχμαλώτευσεν, καὶ τοὺς λοιποὺς ὑποχειρίους ἐποίησεν, was sehr allgemein ist.
185 Theophanes, p. 707: καὶ κατελθὼν ἐπὶ Θεσσαλονίκην καὶ Ἑλλάδα ὑπέταξε πάντας καὶ ὑποφόρους ἐποίησε τῇ βασιλείᾳ.
186 Finlay I, p. 90, p. 102. Die Behauptung des Surmelis, daß die Kaiserin Athen zu neuem Wohlstande gebracht habe, stützt sich nur auf Fanellis ›Atene Attica‹.
187 Theophanes, p. 733: ἐξώρισεν αὐτοὺς εἰς Ἀθήνας.
188 Theophanes, p. 734.
189 Nach Theophanes sollte das Unternehmen im März 799 ausgeführt werden. Zonaras XV, 13, p. 367: τινὲς τῶν τῆς Ἑλλάδος προσῆλθον τῷ ἄρχοντι τῶν Σθλαβικῶν ἐθνῶν. –
190 Tafel, De Thessal., p. LXXVIII, u. Symbolar. criticar., p. 131. Schafarik, Slav. Altert. II, S. 193, glaubt, daß Belzetia eine Landschaft in Makedonien gewesen sei.
191 Die Annahme Hilferdings (p. 4), daß die Belziten sogar Athen besetzt hatten, ist vollkommen grundlos.
192 Lebeau sucht diesen Ort nicht in Sizilien, sondern in Chalkidike. Theophanes, p. 773 ff. Kedrenos behauptet sogar, daß die Prinzen von den Athenern geliebt wurden.
193 καὶ οὗτοι ἐν τῷ θέματι ὄντες Πελοποννήσου ἀπόστασιν ἐννοήσαντες πρῶτον μὲν τὰς τῶν γειτόνων οἰκίας τῶν Γραικῶν ἐξεπόρθουν. De admin. Imperio, c. 49.
194 Zonaras III, p. 370.
195 Eine Brautschau wurde auch 830 gehalten, als sich der Kaiser Theophilos mit Theodora vermählte, der Tochter eines Turmarchen Marinos. Muralt, p. 412.
196 Theophanes, p. 750.
197 Zonaras III, lib. XV, p. 374.
198 Konst. Porphyr., De adm. imp., c. 50, p. 221 ff. Diese beiden Stämme saßen nach ihm ὑπὸ τὴν Λακεδαιμονίαν καὶ τὸ Ἕλος, zu beiden Seiten des Taygetos. Helos nahm den Namen Ezéro an und war die Hauptfestung der Ezeriten. L. Heuzey, Le Mont Olympe et l'Acarnanie, Paris 1860, bemerkt ein Nezéro oder Ezéro als See und Ort am thessalischen Unterolymp und hält das Wort für bulgarisch.
199 Theophanes, Contin., lib. V, p. 318, nennt diese γυναῖκος σκιάστριαι. Obwohl Pariset (Hist. de la Soie II, p. 29) und nach ihm Heyd (Gesch. d. Levantehandels I, S. 62) Recht haben, zu behaupten, daß Theophanes nur von linnenen Gewändern redet, so kann doch Danielis auch Fabriken in Seide besessen haben. Von ihr erzählen auch Kedrenos II, p. 236, Zonaras XVI, p. 10.
200 Theophan., p. 755: χριστιανοὺς ἀποικίας ἐκ παντὸς θέματος ἐπὶ τὴν Σκλαβινίαν γένεσθαι προσέταξεν.
201 Ein Beispiel davon liefert das Leben des hl. Athanasios, Bischofs von Mo-

thone, der ein vor den Sarazenen aus Catania geflüchteter sizilianischer Grieche war. Acta SS. Jan. II, p. 1128 ff.
202 Spangenberg, Constit. imp., p. 777, nov. 3 u. 4 jenes Kaisers.
203 Schliemann, Orchomenos, S. 48.
204 Die Vita nennt diese Korsaren uneigentlich Türken: τοῦ ἐθνοῦς τῶν Τούρκων τὴν Ἑλλάδα κατατρεχόντων.
205 Charles Diehl, L'église et les mosaïques du Couvent de S. Luc en Phocide (Bibl. des écoles françaises d'Athènes et de Rome, fasc. 55, Paris 1889). Das merkwürdige Leben des Heiligen schrieb einer seiner Schüler; Acta Sanctor., Febr. II, fol. 83 ff. Griechischer Text als Auszug im Bd. CXI der ›Patrol. gr.‹ des Migne, p. 442 ff. Die neueste Ausgabe besorgte auf Kosten des Klosters S. Lukas Kremos, Προσκυνητάριον τῆς ἐν τῇ Φωκίδι μονῆς τοῦ ὁσίου Λοῦκα, Athen 1874. – Siehe auch Hopf I, S. 134 ff.
206 Vita S. Niconis, Martene et Durand VI, p. 838 ff.: »Quare a navale urbis, ubi praeclarum Dei matris templum situm est, proficiscens poenitentiamque intonans ...« So die Übersetzung Sirmonds, welche fehlerhaft ist; der Tempel der Gottesmutter hat nichts mit dem Piräus zu tun. Der Biograph war ein Lakedämonier, Abt des Klosters St. Nikon in Sparta, und schrieb 1142.
207 ἐκ τῶν παλαιοτέρων Ῥωμαίων: De adm. Imp., c. 50, p. 224. Schafarik, Slav. Altert. II, S. 229, hält sie für ein slav.-griech. Mischvolk.
208 Mazaris, Totengespräch, n. 22 (Ellissen, Anal. IV, S. 239).
209 Sathas hat das aus Wahllisten des Peloponnes nachgewiesen (Mon. Hist. Hell. IV, p. XLIII ff.) und daraus zugunsten seiner Theorie geschlossen, daß außer Wlachen und Albanesen nie ein fremdes Volk in Hellas sich niedergelassen habe. Allein auch die fränkischen Geschlechter sind im eigentlichen Griechenland spurlos verschwunden.
210 De Thematib. II, p. 53: γαρασδοειδὴς ὄψις ἐσθλαβωμένη. Sathas; welcher die Slavenfrage für Griechenland leugnet, will γαρασδοειδὴς so erklären: »c'est-à-dire au visage d'un adorateur de Zoroastre (Ζαράσδας)«. Mon. Hist. Hell. VI, 1888, p. XVI.
211 Leake, Peloponnesiaca, p. 326.
212 »Quod contra decus Romani nominis non Athenienses, tot cladibus extinctos, sed colluviem illam nationum comitate nimia coluisset« (Tacit., Annal. II, 55). Die Stelle bei Fallmerayer, Welchen Einfluß etc., p. 113. In der byzantin. Zeit mußte sich diese Umschmelzung rastlos fortsetzen. Selbst die attische Sprache erschien byzantinischen Gelehrten im 12. Jh. als ein barbarischer Dialekt.
213 Miklosich (Die slav. Elemente im Neugriech.) hat deren 129 zusammengestellt. Er entdeckt keine slav. Einwirkung in der Konjugation und Deklination. Der neugriechische Infinitiv mit einer Konjunktion und dem Finitum ist dem Neugriechischen mit dem Bulgarischen und Albanesischen gemein. Miklosich vergleicht das Slavische in Griechenland mit dem Keltischen im Verhältnis zum Französischen und Englischen. Die Sprache der Inselgriechen ist fast ganz frei von Slavismen.

214 Sathas, Mon. Hist. Hell. I, Einl. p. X, bezieht sich auf ein zu Pontikos in Elis im Jahre 1111 geschriebenes Glossarium (Mskr. im Brit. Mus.), welches einen rein griech. Wörterschatz enthalte.
215 Egger, L'hellénisme en France I, p. 417.
216 Demetrios Bikélas, Die Griechen des Mittelalters, deutsch von W. Wagner, 1878, S. 31.
217 Das geht aus der Vita des hl. Lukas hervor. Im Bd. XCI der Patrol. gr., ed. Migne, befindet sich eine Reihe von merkwürdigen Briefen des Patriarchen Nikolaus von Konstant. an Simeon. N. wurde Patriarch im Jahre 895, vier Jahre nach dem Tode des Photios, und starb 924.
218 Le Quien II. Die Pittakis-Inschriften vom Parthenon verzeichnen den Tod des Niketas 881 (Böckh, n. 9357); des Sabas 914 (n. 9358). Allein der Patriarch Nikolaus nennt in einem Briefe an Niketas (Νικήτα ᾿Αθηνῶν) Sabas ausdrücklich dessen Vorgänger. Patrol. gr. CXI, p. 329. Schlumberger, p. 172, schreibt diesem Sabas das schöne Kirchensiegel zu: ΘΕΟΤΟΚΕ ΒΟΗΘΕΙ ΤΩ ΣΩ ΔΟΥΛΩ ΣΑΒΑ ΜΗΤΡΟΠΟΛΙΤΗ ΑΘΗΝΩΝ; Avers, Bildnis der Panagia mit dem Kinde, Bull. d. Corr. Hell. II, 1876, p. 558, pl. XXII, n. 5.
219 Theophanes, Cont. VI, p. 356, p. 363. Georg Monachos, p. 851. Zonaras, Epist. XVI, c. 12. Muralt, p. 463.
220 Le Quien II, p. 167. – Notitia Episc. 3 bei Parthey, Hieroclis Synekd., p. 118. In der ›Notitia Patriarch.‹ des Neilos Doxopatres aus dem 12. Jh. (ibid., p. 300) hat Athen elf Suffragane, denn zu Syra (und Seriphos) kommt Keos und Thermon. Die Parthenoninschrift C. I. Gr., n. 9378) verzeichnet 919 den Tod des Germanos, gewesenen Bischofs Diaulias. In der Reihe der athen. Erzbischöfe wird 997 Theodegios, 1023 Michael aufgeführt. Nach C. I. Gr., n. 9363, starb Theodegios im Sept. 1007; Michael im Aug. 1030 (n. 9364). Ein Siegel des Theodegios bei Schlumberger, Sigill. Byz., p. 173.
221 Die Namen Juba und Chase sind semitisch. Konst. Porphyr., De adm. imp., c. 50, p. 230, erzählt von einem Protospatar Chases, welcher von Sarazenen abstammte und nach dem Tode Leos VI. (912) bei dem neuen Kaiser Alexander in Gunst stand.
222 Οἰκήτορες τῆς ῾Ελλάδος καὶ τῶν ᾿Αθηνῶν.
223 ἔνδοθεν τοῦ θυσιαστηρίου τοῦ ἐν ᾿Αθήναις ναοῦ. Theophan., Cont. VI, p. 388. Georg Hamartolos, Chron., ed. Muralt, p. 806. Symeon Magister, p. 723.
224 Πόθος ... ὃς καὶ τὴν τῆς ῾Ελλάδος ἀρχὴν οἷα στρατηγὸς ἔτυχε πιστευθείς· οὗτος ἐν Θήβαις τὰς διατριβὰς ἔχων. Vita bei Migne, a. a. O., p. 463. Irrig lateinisch übersetzt mit »Atticae praefectura«; p. 465 von Krinites: αὐτὸς γὰρ ὁμοίως τὴν τῆς ῾Ελλάδος ἀρχὴν πιστευθείς. Krinites war um 941 Stratege vom Peloponnes und erhielt dann die Verwaltung von Hellas.
225 ὁ σοφός, ὃς τῆς θύραθεν σοφίας διδάσκαλος ὤν – Vita, p. 459.
226 Konst. Porphyr., De admin. imp., p. 222.

227 Kedrenos II, p. 449.
228 Kedrenos II, p. 475.
229 Kedrenos II, p. 475. Glykas IV, p. 578. Zonaras, Lib. 17, c. 9.
230 Ad. Bötticher, Die Akropolis von Athen, S. 15.
231 Die den Schiffen entsprechenden Tonnengewölbe bemerkte Babin (Brief an Pecoil). Eine Ansicht der Akropolis von 1670 deutet noch diese Gewölbe an. F. v. Duhn, Mitteil. d. D. Arch. Instituts in Athen, II. Jahrg., 2. Heft (1877), S. 38–47.
232 Hertzberg, Athen, 1855, S. 221.
233 Nach Lambros und Schlumberger (Sigill. Byz., p. 174ff.) war der ältere Typus auf solchen Siegeln jener der Blacherniotissa (vierge en buste, de face, avec le médaillon du Christ sur la poitrine, entre les sigles $\overline{MP}$ $\overline{\Theta Y}$), und erst nach dem Besuche des Basileios soll jener durch die Panagia Atheniotissa ersetzt worden sein, welche einen Perlenkranz ums Haupt trägt, im linken Arm das Kind, die rechte Hand auf ihre Brust gelegt. Spir. Lambros, Athen am Ende des 12. Jh., S. 36ff., und Siegel 2 am Ende.
234 Kedrenos II, p. 475, sagt von ihm: τὰ τῆς νίκης εὐχαριστήρια τῇ θεοτόκῳ δούς, καὶ ἀναδήμασι πολλοῖς λαμπροῖς κοσμήσας τὸν ναόν. ...
235 C. I. Gr., n. 8803, und App., p. 593. Jahr 1050. Spir. Lambros (Parnassos II, Jan. 1878, p. 70). Hopf I, S. 115, hat den Namen Kolomalas ergänzt.
236 Ἀθηναῖος ... Glykas, Annal., p. 583. Kedrenos II, p. 498.
237 Konst. Porph., De admin. imp., c. 51. 52. Von Hellas spricht er nicht.
238 In der ersten Zeit des Kaisers Konstantin Dukas (1059–1067): Mich. Attaliota, Hist., p. 83: ἄχρι Θεσσαλονίκης καὶ αὐτῆς Ἑλλάδος ...
239 καὶ συμμίξας ἐν Θήβαις, τρέπεται καὶ ἀναιρεῖται πλῆθος τῶν Θηβαίων πολύ. Kedrenos II, p. 529.
240 Diese fabelhafte Einnahme des Piräus durch Harald bei Hopf, S. 147, bei Hertzberg, S. 307, und Paparrigopulos IV, p. 295.
241 Zuerst machte Akerblad darauf aufmerksam; Laborde, Athènes II, p. 242ff.
242 Rafn, Runeninskrift i Piraeus, Inscription Runique du Pirée, Kopenhagen 1856.
243 Sophus Bugge, Monatsschrift der schwed. Ak. d. W., 1875, S. 97–101. Seine Ansicht bestätigt Wilh. Thomsen in Kopenhagen, The relations between ancient Russia and Scandinavia, 1877, p. 109.
244 Sage von Haraldus Severus, Scripta Hist. Islandor. de reb. gestis veter. Borealium ... Hafniae 1835, VI. Weder sie noch Saxo Grammaticus hat ein Wort von Athen.
245 So sagt Hopf I, S. 148, der das aus der Runenerklärung Rafns ableitet.
246 Unger, Heiligen Manna Sägur I, S. 312, S. 513; II, S. 576.
247 Jüngere Edda, Málskrudsfraedi II, c. 10, p. 94 (ed. Arnamagn). Ich verdanke alle diese Aufschlüsse Herrn Conrad. v. Maurer, dem gelehrten Kenner der altnordischen Literatur, und seine Ansicht über jene Runenschrift wie über das Fortleben Athens in Island hat Herr Sophus Bugge bestätigt.

248 Descript. Terrae Sanctae ex seculo VIII von Tit. Tobler, Leipzig 1874. Hier auch das Itiner. Bernardi (um 856); derselbe geht über Bari nach Tarent, weiter nach Jerusalem.
249 Paul Riant, Expédit. et Pèlerin. des Scandinaves en T. S. au temps des Croisades, p. 81 ff.
250 Relatio de Peregrin. Saewulfi, Rec. de voyages et de mémoires IV, p. 834.
251 Der berühmte Reisende Mandeville (1322) sagt einmal, daß Seefahrer von Kreta nach Rhodos schiffen, sodann nach Zypern, nach Athen, nach Konstantinopel. Early Travels in Palestine, ed. Th. Wright, Lond. 1848, p. 156. In den deutsch. Pilgerreisen nach dem hl. Lande von 1346 ab (ed. Röricht u. Meißner, 1880) entdeckte ich nur einen einzigen Pilger, der Athen berührt hat, Jakob Breuning, und zwar erst 1579.
252 τὰς πάλαι κλεινὰς Ἀθήνας, ὧν τὸ κλέος οὐρανομῆκες ...
253 Eudociae Augustae Violarium rec. Joann. Flach, Leipz. 1880. Sathas hält an der Echtheit fest, schreibt aber die Widmung der Feder des Psellos zu.
254 Ediert von Sathas, Bibl. Graec. M. A. IV, und mit einer gelehrten Einleitung versehen. In Bd. V hat er Briefe des Psellos gesammelt und dadurch neues Licht über jenes Zeitalter verbreitet. Wichtig für die Zeit des Psellos sind die ›Studien zur byz. Gesch des 11. Jh.‹ von William Fischer (Plauen 1883); dazu desselben ›Beiträge zur histor. Kritik des Leon Diakonus und Michael Psellos‹ (Mitteil. des Inst. für österr. Geschichtsforschung VII, B. 3).
255 Ep. 20, p. 258. Ep. 103, bei Sathas, a. a. O., V.
256 Bei Sathas IV, p. 123. Auch Psellos gebraucht, wie alle Byzantiner, das Wort »Römer« für Griechen. So nennt er Phokion Ῥωμαῖος, V, p. 522.
257 ὁ τῶν Ἀθηνῶν διοικητής. Die Dioiketen waren »collectores tributorum et vectigalium« (Ducange). Im allgem. hießen die Steuereinnehmer φορολόγοι oder im Vulgär σεκρετικοί: Mich. Attaliota, Hist., p. 50, wo er von den Gewalttaten des Fiskus unter Konst. Monomachos redet.
258 Ep. 33, p. 268: τῷ κριτῇ Πελοποννήσου καὶ Ἑλλάδος. Ob das Amt des Krites oder Dikastes auch mit dem Titel Prätor verbunden war, ist nicht klar. Bisweilen scheint der Krites auch die Provinzialabgaben eingefordert zu haben. So der von Hellas bei Konst. Porphyr., De Caerimon., p. 657; dazu Reiskes Kom. II, p. 778.
259 Niket. de Man., Kom. I, c. 3, schreibt von Joh. Hagiotheodorites, den der Kaiser dort zum Prätor machte: ὡς εἰς χῶρον ἐκσφενδονᾷ μυχαίτατον τὴν πραιτωρίαν ἀρχὴν τῆς Ἑλλάδος καὶ τοῦ Πέλοπος.
260 Ep. 103. Es ist wohl der von Mich Attaliota, p. 180ff., erwähnte ränkevolle Nikephoros vom Hause der Bucellarii, den er Dikastes beider Themen nennt. Er war dies noch 1068. Nikeph. Bryennios, Kom., p. 56, bemerkt den Eunuchen Nikephoros (Nikephoritzes) als Logotheten des Dromos unter dem Kaiser Michael (1067–1068); wohl dieselbe Person.
261 ΘΕΟΤΟΚΕ ΒΟΗΘΕΙ als Monogramm. ΣΤΕΦΑΝΩ ΔΙΟΙΚΗΤ ΑΘΗΝΩΝ. Ein anderes gehört einem Christophoros an. Schlumberger (Sig. Byz., p. 170) setzt das erste ins 8.–9. Jh., das zweite ins 11. Jh.

262 Schlumberger, p. 170, und Lambros, a. a. O., p. 25: ΚΕ͞ ΒΟΗΘΙ ΑΝΑΡ (γυρον) ΑΡΧΟΝΤΑ ΑΘΙΝΩΝ. Es gab einen Archon von Euripos (Konst. Porphyr., De adm. imp., p. 657). Der Ἄρχων θεματικὸς Χαλκούτζης in Euripos (Mich. Akominatos, Op. ed. Sp. Lambros II, p. 277) dürfte ein solcher Beamter gewesen sein.

263 Ep. 34.

264 Gesch. der Stadt Rom im Mitt., VI³, S. 408.

265 Ep. 26.

266 Ep. 186: οὕτω γὰρ κα᾽ μοί, τὰ μὲν ὀνόματα τῶν ἐπιστημῶν ἐμμεμένηκε, καὶ τὸ τῆς φιλοσοφίας ἐξαίρετον, τὰ δ᾽ ἐφ᾽ οἷς ταῦτα, αἱ περιστάσεις ἀφείλοντο. Eine gekünstelte und dunkle Stelle.

267 ἀλλὰ τὰς Ἀθήνας μόνος ἀπολαβὼν καὶ πρὸς τῆς αὐτόθι μοῦσαν τὴν ἀκοὴν ἐκκρεμάσας, τὰς ἐμὰς παραπλέει σειρῆνας. Ep. 64.

268 Ep. 141.

269 ἐσύντριψεν ἕνα εἴδωλον ὁποῦ εἴχασι, ἐκεῖ με τέχνην πολλὴν, εἰς τὸ ὄνομα τῆς Ἀρτέμιδος. Akol. des hl. Thaum. Chrystod., Vened. 1735, p. 39.

270 πάντα μουσῶν πνεῖ, πάντα χαρίτων. τὰ γὰρ ἐν τῇ πόλει ἐρείπια τῶν ἀποῤῥήτων ἔτι περιφανέστερα πόλεων. De Operatione Daemon., ed. Boissonade, 1838, p. 46. Der ausgezeichnete Kenner der byzantinischen Literatur, Herr Dr. Krumbacher, schlug mir vor, ἀποῤῥήτων in ἀπορθήτων zu verbessern.

271 Ep. 135, p. 379: καὶ τὴν ναῦν αὐτῶν ἀκύμαντον ἐπὶ ἀτλαντικοῦ πελάγους διατήρησον, καὶ ἐλλιμένισον τῷ Πειραιεῖ, εἴ που μετὰ τοῦ ὀνόματος σώζοις τὴν ἀξίωσιν. Ein berühmter griechischer Forscher hat mich auf diese Stelle aufmerksam gemacht und die Meinung ausgesprochen, daß die Abtei des Narses das Kloster Daphni bei Athen sein könne. Ich kenne in Attika kein Narseskloster. Ein solches von Ruf aber gab es in Konstantinopel. Theophan. I, p. 376. Banduri, Imp. Or. I, Anon., pars III, p. 48; II, p. 686. Wenn sich Psellos (Ep. 9, p. 239) Ἀττικὸς nennt, so lehrt der Zusatz εἰ βούλει, daß hier nur an die geistige Herkunft zu denken ist. So wurde auch der Erzbischof Georg von Korfu im 13. Jh. aus demselben Grunde »Attiker« genannt: Mustoxidi, Delle cose Corciresi, p. 427, u. App., p. L.

272 Meletios begnügte sich mit der jährlichen Rente von 422 Goldstücken παρὰ τῶν τῆς Ἀττικῆς δασμολόγων, wie sein Lebensbeschreiber Theod. Prodromos versichert.

273 Vom Zeitgenossen Theodor Prodromos und von Nikolaus, Bischof von Methone, welcher 36 Jahre nach dem Tode des Meletios seine Biographie schrieb. Beide hat die Russ. Palästinagesellschaft 1885 ediert; eine dritte, neugriechisch bearbeitete, im Νέος Παράδεισος des Kreters Agapias abgedruckt, Vened. 1641, 1644, 1872. Alle drei Lebensbeschreibungen, übrigens Machwerke voll erbärmlicher Nichtigkeiten, verdanke ich der Güte des Herrn Sathas. Er hat sich über Meletios in der Einl. zum Bd. VII seiner »Mon. Hist. Hell.« ausgesprochen.

274 ὁ τηνικαῦτα ἀθήναρχος.
275 εἰς Πειρεᾶ λιμένα τῶν Ἀθηνῶν ...; der Name dauerte demnach bei den Griechen fort.
276 Ἀθήνας, τὰς θερμὰς μὲν πάλαι τὴν εἰδωλολατρίαν, ἥπερ τις ἄλλη τῶν πόλεων, θερμοτέρας δὲ ἄρτι κατὰ διάμετρον τὴν εἰς τὴν ὑπέραγνον ἡμῶν βασιλίδα καὶ θεοτόκον εὐσέβειαν ἧς γὰρ ὁ μὴ κατ' ἐπίγνωσιν ζῆλος τοσοῦτος, πόσον οἴεσθε ταύτης εἶναι τὸν κατ' ἐπιγνωσιν. p. 43. Ich bemerke die Erwähnung eines damals namhaften Arztes in Athen, Theodosios.
277 Anna Komnene, Al. VI, 7, 243.
278 Μονὴ τοῦ Δαφνίου: die erste mir bekannte Erwähnung dieser berühmten Abtei.
279 Sathas, a.a.O., p. XXII, behauptet, daß Meletios in der Stadt Margai in Elis, von welcher dieser Forscher den Namen Morea ableitet, ein Kloster Myopolis gründete, das Pontikokastron des Mittelalters.
280 Michael Akominatos, der Erzb. Athens zu jener Zeit, hat mehrere Briefe an den Kategumenen dieses Klosters τοῦ κῦρ Μελετίου gerichtet. Op. des Akom., gesammelt von Sp. Lambros, Bd. II.
281 χθὲς γὰρ καὶ τρίτην ἡμέραν μεθ' ἡμῶν διῆτατο καὶ τὰ τῆς Ἀττικῆς περιενόστει χωρία. Das »vorgestern« ist freilich nicht wörtlich zu nehmen.
282 Abgedr. von Tafel, Eustathii Opuscula, und von ihm ins Deutsche übersetzt, Berlin 1847. – Bei Migne, Patrol. CXXXV, p. 729 ff.
283 Die Nachfolger der Seldschuken in Merw sind jetzt die Russen, die in derselben Weise wie jene Innerasien umwälzen und heute vor den Toren Indiens wie vor denen Konstantinopels stehen. In Merw oder Meru waren Alparslan († 1072) und sein Sohn Malek-Schah († 1092) in prachtvollen Mausoleen bestattet. Die byzantinischen Geschichtsschreiber nennen auch die Seldschuken »Perser«.
284 De Themat., p. 58.
285 Tafel u. Thomas, Urk. z. älteren Handels- u. Staatengesch. der R. Venedig I, S. 36 ff. Das Privilegium wurde erneuert im Okt. 1148, Febr. 1187, Nov. 1198. Das erste, noch bescheidene gehört schon dem Jahr 992 an.
286 Noch genauer ist die Aufzählung in dem letzten venez. Privilegium des Kaisers Alexios III. vom Nov. 1198, erläutert von Tafel, a.a.O.
287 Ὅριον Ἀθηνῶν; ὅριον ist »ager« oder Landschaft und wird so gebraucht von Niketas und Michael Akominatos.
288 Alexiad. IV, c. 4.
289 Anna Komnena XI, c. 10, nennt als ausgezeichneten Flottenführer den Peloponnesier Perichytan.
290 Als solchen schildert die Stadt Eustathios in seiner Grabrede auf diesen Kaiser, c. 21.
291 Die Seidenindustrie blühte in Griechenland seit dem Ende des 10. Jh. und ihre Mittelpunkte waren lange Zeit hindurch Konstantinopel und Theben. Pariset, Hist. de la Soie II, p. 19, p. 54.

292 Auch die Pergamentfabrikanten waren steuerfrei: κογχυλευταί, χαρτοποιοί, Konst. Porphyr., De adm. imp., c. 51. Michael Akominatos, Op. ed. Lambros, II, p. 275, spricht von Fischern der Purpurmuscheln, die nach Keos kamen.

293 Niketas von Chonä, lib. I, p. 99, nennt ausdrücklich χρυσούφεὶς ὀθόνας, Leinenzeuge mit Goldbrokat, und Frauen schön und reich καὶ τὴν ἱστουργικὴν κομψότητα καλῶς ἐπισταμέναι.

294 Annal. Palidenses, M. Germ. XVI, p. 83: »Atheniensium namque fines invadens idem Rogerius multa cum eis conseruit praelia, quorum anceps ... victoria.«

295 Otto v. Freising, De gest. Frid. I, c. 33: »Inde ad interiora Graeciae progressi, Corinthum, Thebas, Athenas, antiqua nobilitate celebres, expugnant.« – Chron. Andreae Danduli, p. 282, nennt nur »Corinth., Theb., Negropontem et alia loca.« Die Annal. Cavens. (M. Germ. III, p. 192): »Estivam et Corinthum omnemq. illam maritimam usq. ad Malvasiam cepit.« Siegbert, M. Germ. VI, p. 483: »Corinthum ...« Romuald, M. Germ. XIX, p. 424: »Corinthum vero et Stipham ceperunt.« – Auch Cinnamus (lib. III, p. 92, 119), der zur Zeit Manuels I. schrieb, nennt als geplündert nur Korinth, Euböa und Theben.

296 Niketas, De M. Comneno II, c. 8.

297 Cormoly, Notice historique sur Benjamin de Tudèle, nouv. éd., Bruxelles 1852, p. 10ff.

298 Athènes ancienne et nouvelle, 1676. – Dies bestätigt Spon, Voyage II, p. 235. – Die ›Ephimeris‹ vom 13. Nov. 1882 hat als Kuriosum mitgeteilt, daß der erste Israelit (aus Korfu) an der Universität Athen immatrikuliert wurde.

299 Finlay, Hist. of Greece IV, p. 56. Otto v. Freising, De gestis Frid. I, p. 33, erwähnt der Seidenfabrikation in Athen neben der in Theben und Korinth.

300 Johannes κογχαλάριος. Pittakis, Ephim., n. 1582, p. 937. Aus demselben 11. Jh. werfen n. 1582 u. 1589 ein Dämmerlicht auf den athen. Beamtenstand: Joh. asecretis Grammateus; Stephanos Protocritor.

301 Ephimer., n. 271 (Böckh I, n. 9900), und besser ediert von Kumanudis (Att. Epigr., n. 3573). Hier werden Jakob und Leontios, die Söhne eines Jakob von Cäsarea, genannt. Doch bleibt es zweifelhaft, ob sie Juden waren. Lambros, Athen am Ende des 12. Jh., p. 31.

302 Geographie d'Edrisi, ed. Amédée Jaubert, Paris 1846, p. 295: »Athènes est une ville populeuse ...« Edrisi schreibt »Athina« und nennt Theben »Astibas«, das »Estiva« der Annal. Cavenses.

303 Sein Leben hat zuerst Ellissen monographisch behandelt (Michael Akominatos von Chonä, Erzb. von Athen, 1852). Von seinen auf uns gekommenen Schriften sind einige von P. Morelli, von Tafel und Ellissen ediert worden. Es ist das große Verdienst des Atheners Spiridon Lambros, die zerstreuten Reste der Werke Michaels aus den Bibliotheken Europas, namentlich in Florenz und Oxford, ans Licht gezogen zu haben. Μιχαὴλ Ἀκομινάτου τοῦ Χονιάτου τὰ σωζόμενα, 2 Bde., Athen 1879–1880.

304 Monodie des Euthymios, bei Tafel, De Thessal., p. 399.
305 Hertzberg, Griechenl. unter den Römern III, p. 528; und Gesch. Griechenlands seit dem Absterben des antiken Lebens I, S. 376. – Auch Nikaia glänzte durch seinen Metropoliten, den Aristoteliker Eustratios. J. Sakkelion, im Athenaion IV, 1875.
306 Leunclavius, Jus graeco-rom., p. 218. Die von Fallmerayer (Welchen Einfluß, p. 39) in seinem Sinne gemachte Erklärung der Worte τοὺς ἔτι περιόντας τῇ πανευδαίμονι χώρᾳ τῆς Ἀττικῆς καὶ τρεφομένους Ἀθήναζε hat Hopf I, S. 162, abgewiesen.
307 Ephim. Arch., 1856, p. 1437, n. 2950. Da n. 2949 sogar den Febr. 1190 als Todesdatum des athen. Metropoliten Georg Burtzes verzeichnet, wo doch Michael zweifellos Erzb. Athens war, so zeigt dies, wie unzuverlässig die Parthenoninschriften des Pittakis sind. Von diesem Burtzes, dessen Epoche heute nicht bestimmbar ist, ist eine Predigt erhalten, ediert von Basilios Georgiades, Athen 1882. Das bischöfl. Siegel ΦΡΑΓΙΣ ΑΘΗΝΩΝ ΠΟΙΜΕΝΟΣ ΓΕΩΡΓΙΟΥ schreibt Sp. Lambros (Athen am Ende des 12. Jh., p. 36) dem Xeros zu.
308 Er edierte diese wie jene in der Arch. Ephim., die von ihm gefundenen n. 2914–2993; besser geordnet im C. I. Gr. I, n. 9321 ff. Die Zweifel an ihrer Echtheit (Hopf I, S. 114 ff.) gründen sich heute weniger auf die Annahme absichtlicher Fälschung, als auf die Richtigkeit der schwierigen Entzifferung. Spir. Lambros (Athen am Ende des 12. Jh., p. 21, und Über die Quellen der athen. Gesch., Parnassos 1881, p. 240) hält sie, wie August Mommsen, für echt, trotz der vielen Abweichungen der Bischofsdaten von denen Le Quiens. Siehe dazu den Katalog der Bischöfe Athens vom Archimandriten Panaretos Konstantinides (Soter, Juni 1878).
309 Neben der fraglichen Inschrift des Pittakis, den Bau der Parthenonkirche 630 betreffend, ist wohl eine der ältesten die aus der nach 1834 zerstörten Kirche des Johannes Prodromos Mankutes, welche besagt, daß sie 871 von Konstantin u. Anastaso u. ihrem Sohne, dem Drungarius Johannes, gegründet wurde. Sakkelion im Deltion der hist. u. ethnol. Gesell. II., p. 29 ff.
310 Konstantin Zesios, χαράγματα ἐπιγραφικὰ ἐπὶ ἀρχαίων μνημείων καὶ χριστιανικῶν ναῶν τῆς Ἀττικῆς im Deltion der histor. u. ethnol. Gesell. Griechenlands, Bd. II., Athen 1885, p. 20 ff. Herr Zesios verspricht diese schwierigen Untersuchungen fortzusetzen und über Attika auszudehnen. Siehe desselben χριστιανικαὶ ἀρχαιότητες Ἀθηνῶν, Ibid., I, p. 517 ff.; und J. Sakkelion, Ἐπιγραφὴ Ἀθηνῶν χριστιανική, Ibid., II, p. 29 ff.
311 Die wenigen Fragmente von christlichen Reliefs in den Museen Athens hat L. v. Sybel aufgezählt (Katalog der Skulpturen zu Athen, 1881, Einl. p. VII). Byzantin. christl. Skulpturen sind überhaupt selten. Ch. Bayet, Rech. pour servir à l'hist. de la peint. et de la sculp. chrétiennes en Orient, 1879.
312 Ich bemerke vorübergehend, daß im Sept. 1881 am Lykabettos das Grab

eines bisher unbekannten Bischofs Klematios entdeckt worden ist. Ephimeris vom Sept.

313 ἐμὲ δὲ τὸν ἐκεῖσε πεφυτευμένον τὰ πρῶτα πρὸ δεκάδων ἐτῶν τριῶν καὶ ὑπερέκεινα ἐκ τῆς αὐλῆς κυρίου ἀποσπώμενον ... Monodie, p. 357. Ich teile nicht die Ansicht meines gelehrten Freundes Spir. Lambros, des verdienten Herausgebers der Schriften des Akominatos, welcher jene 30 Jahre nicht durch die Vertreibung des Bischofs aus Athen im Jahr 1205, sondern durch den, nur mutmaßlich auf 1214 oder 1215 angesetzten Tod des Niketas begrenzt und die Ankunft des Akominatos ins Jahr 1182 setzt (Athen am Ende des 12. Jh., p. 20ff.).

314 Baronius, Ann. 1179, n. XII: »Cum ego legatione fungebar pro Athenar. Episcopo, orbis scilicet lumine, ejus vices sustinens.« Mustoxidi, Delle Cose Corciresi, p. 417ff., hält den Schreiber des Briefes mit vollem Recht für Georgios Cufará, den Erzbischof von Korfu; dagegen Lambros (Op. Acom. II, p. 625ff.) für Georg Bardanes, der von 1228 bis 1236 Metropolit Kerkyras war. Allein der Abt Nektarios war schon 1181 gestorben. (Fabricii Bibl. gr. IX, p. 311, cur. Harles.) Aus den genannten Gründen entscheide ich mich für die Zeit vor 1175, etwa das Jahr 1174, als Beginn des Bistums des Akominatos. Für 1175 sind auch Ellissen, Paparrigopulos, Hopf, Hertzberg und Uspenkis (in einer mir unzugänglichen russ. Monographie über Mich. Akom., Petersb. 1874).

315 Er selbst spricht von πομπικωτέρας ὑπαντιάσεως καὶ φαιδροτάτης ὑποδοχῆς καὶ τοῦ οἷον ἐνθεαστικοῦ καὶ χαρμοσύνου σκιρτήματος. Am Anfang der Antrittsrede.

316 Τὸ ὅριον Ἀθηνῶν, Eparchie oder Landmark: häufiger Ausdruck in den Schriften des Akominatos, der freilich auch den Namen Attika gebrauct. Er spricht auch vom ὅριον Thebens und des Euripos. Hypomnestikon an den Kaiser Alexios. Op. ed. Lambros I, p. 308.

317 Daß er dort residierte, ist zweifellos; er selbst schreibt an Michael Autorianos (II, 12) von der Akropolis: ἐφ᾽ ἧς ἐγὼ νῦν καθήμενος αὐτὴν δοκῶ πατεῖν τὴν ἄκραν τοῦ οὐρανοῦ – Wir besitzen sein Metropolitensiegel: ΜΗΡ ΘΥ ΑΘΗΝΙΟ. R) ΜΗΤΗΡ ΘΥ ΒΟΗΘΙ ΜΟΙ ΤΩ ΣΩ ΔΟΥΛΩ ΜΙΧΑΗΛ ΤΩ ΜΗΤΡΟΠΟΛΙΤΗ ΑΘΗΝΩΝ.

318 ὁ περὶ γῆν οὐρανός: Psellos, Leichenrede auf Mich. Kerullarios, Sathas, Bibl. gr. IV, p. 326. Ἔργον ἀμίμητον καὶ ἀντίκρυς ἐπὶ γῆς οὐράνιον σφαίρωμα: Niketas im ›Alexius Manuelis‹, c. 8, p. 314.

319 Op. I, p. 105.

320 »In qua est oleum in lampade semper ardens, sed nunquam deficiens«: Rel. de Peregrin. Saewulfi ad Hierosol., in: Receuil de Voyages et de Mémoires T. IV, Paris 1839, p. 834.

321 »Divinum lumen atque inextinguibile in templo quod Propilie olim a Jasone rege Dei genetrici semperque virgini Marie conditum ...«, Bock, Lettres à M. Bethmann sur un Mscr. de la Bibl. de Bourgogne intitulé Liber Guidonis, Bruxelles 1850, p. 136. Hier zeigt sich schon ein Gefühl für die architektonische Schönheit des Parthenon; auch wird nach dem

Ursprunge des Bauwerks gefragt, und dieses den Argonauten zugeschrieben und mit den Propyläen verwechselt.

322 Εἰςβατήριος I, p. 93 ff.

323 Ἀθηναίοις οὖσι καὶ ἐξ Ἀθηναίων αὐθογενῶν. Dieses Zeugnis würde Fallmerayer in einige Verlegenheit gebracht haben.

324 Diese darwinistische Stelle I, p. 99 ff.

325 ἐκ τῆς ἀειπαρθένου κόρης –

326 I, p. 124. In der Vorrede zu seinen Schriften (I, p. 4) nennt Michael die Athener schläfrige und ungelehrige Zuhörer und erinnert sogar an das Sprichwort vom Esel und der Lyra. Verständlicher war seine Festrede in der vorstädtischen Kirche des heiligen Leonides, der im 3. Jh. als Bischof Athens den Martertod in Korinth erlitten hatte. I, p. 150 ff.

327 II, p. 26 ff.

328 εἰ μὴ καὶ λίαν ἀγροικωτέραν ... II, p. 11.

329 Lambros, Athen am Ende etc., p. 29.

330 οὐχ ἱστουργὸς ὑφασμάτων σηρικῶν: an Stryphnos. – Τὰς ἀμπεχόνας ὑμῖν ἱστουργοῦσι Θηβαῖοι: an Drimys II, p. 83.

331 II, p. 137.

332 πλωτικοὶ πολλοῖς κογχυλευτικοῖς πορθμείοις διαπεροῦνται πρὸς ἡμᾶς ἔκ τε Χαλκίδος καὶ Ἀθήνηθεν. Späterer Brief aus Keos, II, p. 275. Im Altertum fischte man die Muscheln besonders bei Gytheion, Kythera, Hermione, Nisyros, Kos, Gyaros. Curtius, Gesch. Griech., I[4], S. 625, Note 14.

333 II, p. 168.

334 τῆς Αἰγίνης, τοῦ κοινοῦ καταγωγίου τῶν κατὰ θάλατταν πειρατῶν. II, p. 43.

335 An den Patriarchen Leontios II, p. 175.

336 I, p. 180.

337 βεβαρβάρωμαι χρόνιος ὢν ἐν Ἀθήναις, II, p. 42. – Ἐβαρβαρώθην οὐ χρόνιος ὢν ἀφ' Ἑλλάδος, ἀλλὰ χρόνιος ὢν ἐν Ἑλλάδι, Philostr., ed. Kayser, Apollon. Ep. I, p. 352.

338 Εἴς τινα κατελθόντα εἰς Ἑλλάδα καὶ ἀγροισθέντα.
Οὐ βαρβάρων γῆν, ἀλλ' ἰδὼν τὴν Ἑλλάδα,
ἐβαρβαρώθης καὶ λόγον καὶ τὸν τρόπον.
Cramer, Anecd. Graeca Parisiensia, Oxonii 1841, IV, p. 285.

339 Οὕτω Μοῦσαι μὲν καὶ Χάριτες αὐτῇ φιλοσοφίᾳ καὶ αὐτῇ σοφιστικῇ τῆς Ἀττικῆς ἐξαπέπτησαν, ἀγροικία δὲ (καὶ) βάρβαρος φωνὴ ταυτὴν κατεκληρώσαντο. An Drimys, I, p. 160.

340 ἡρωικὰ σκηνοβατούμενα πρόσωπα βλέπων: adv. implacabilitatis accusationem, Opuscula, ed. Tafel, p. 81, 106.

341 Über diese zwei θῆκαι, Michaelis, Parthenon, S. 47. Über die Bibl. des Akominatos, Sp. Lambros im Athenäum 1878, VI, S. 354 ff.

342 II, p. 41.

343 II, p. 142. οἱ πάλαι ἀττικισταὶ νῦν βαρβαρισταί.

344 Ep. 55: οὕτως ἐσμὲν βεβαρβαρωμένοι διὰ τὰ χωρία. Mullach, Griech. Sprache, Ersch u. Gruber, Separatausg. II, S. 27.
345 Lambros hat aus den Schriften des Akominatos selbst 350 im Thesaurus des Stephanus fehlende Worte gesammelt.
346 Sathas, Bibl. Graec. M. A., V, p. 525 ff.
347 Legrand, Bibl. grecque vulg., Paris, I. Über die Evolution der griech. Sprache, das Werk von Jean Psichari, Essais de grammaire hist. néo-grecque, Paris 1866.
348 Georgilas im 15. Jh. fügte ihm den Reim hinzu. Mullach, Grammatik der griech. Vulgärsprache, Berlin 1856, S. 79.
349 Urteil des Kabasylas bei M. Crusius, Turcograecia, p. 99, 216, 461. Urteil Dantes, De vulgari eloquentia. Dagegen bezeichnet Theodor Zygomalas in seinem Briefe an denselben Tübinger Gelehrten die Athener als εὐφώνους. Laborde, Athènes I, p. 59, sagt dazu: »On a parlé et on parle meilleur grec à Athènes que partout ailleurs.«
350 Dies beklagt Sathas, Le Roman d'Achille (Annuaire de l'Assoc. des études grecq. XIII, 1879, p. 129). Er behauptet freilich, daß Griechenland im Mittelalter nicht so barbarisch gewesen sei, als man glaube, da es seine eigene volksmäßige Dichtung besaß.
351 Gardthausen, Griech. Paläographie, Leipzig 1879, S. 412.
352 De Manuele Comneno II, c. 3.
353 Γρηγόριος, καὶ ταῦτα Μουσῶν Ἀττικῶν ἔκγονος ὢν καὶ γῆς, ἐξ ἧς οἱ λόγοι. Epist., p. 337, 3 (Opuscula, ed. Tafel).
354 Friedr. Bodenstedt, Tausend und Ein Tag im Orient (Gesamm. Schriften III, S. 31 ff.), ohne Angabe der Quelle dieser Nachricht.
355 Une autre Athènes, bien supérieure à la première: Histoire de la Géorgie depuis l'antiquité jusqu'au XIXe siècle, traduite par M. Brosset, I, partie, St. Petersb. 1849, p. 357. Brosset (Note) hält das Kloster für Génath oder Gélath.
356 Brosset, Additions et éclaircissements à l'hist. de la Géorgie (Petersb. 1851, p. 233), hat diese Stelle aus Wardan, p. 93, 94 ausgezogen.
357 Klaproth, Reise in den Kaukasus und nach Georgien II, S. 173.
358 De la poésie géorgienne par Brosset jeune, Paris 1830.
359 Bodenstedt, a. a. O., und ausführlich M. J. Mourier, Chota Rousthavéli, poète géorgien du XIIe siècle, sa vie et son oeuvre, im Journal asiatique, 8. Série, T. IX, 1887, p. 520 ff.
360 Herr Mourier beruft sich für die Behauptung von den Studien der Georgier in Athen nur auf Wardan als Quelle. Allein in den von Brosset übersetzten Stellen steht nichts davon, und der gründlichste deutsche Kenner der armenischen Literatur, Herr Heinrich Hübschmann in Straßburg, hat mich versichert, daß Wardan (Venez. Textausgabe 1862) weder vom mittelalterlichen Athen noch von Rustawel ein Wort gesagt habe.
361 Leyser, Hist. poetar. et poemat. M. Aevi, p. 499. Die Person des Ägidius ist jedoch zweifelhaft, und Leysers Angabe beruht nur auf Fabricius, der jenen Arzt ins 12. Jh. setzt.

362 »Quidam philosophi Graeci, vultu et gestu severi et venerabiles ... ab Athenis venientes.« Hist. Anglor. (Minor), ed. Madden, London 1869, III, p. 64.
363 »Quod, quando studuit Athenis, viderat et audierat ab peritis Graecor. doctoribus quaedam Latinis incognita.« Chronica Majora, ed. Luard, London, 1880, V, p. 285.
364 Durch Nikolaus von St. Albans. Robert selbst übersetzte die Ethik des Aristoteles. Jourdain, Rech. crit. sur l'âge et l'origine des traductions latines d'Aristote, Paris 1843, p. 59.
365 Math., a.a.O., p. 286: »Quaedam puella, filia archiepiscopi Atheniensis, nomine Constantina –«.
366 Alexias, Vorwort p. 4.
367 Nikephoros Gregoras VIII, 3, p. 293.
368 Flores Tempor. (Mon. Germ. XXIV, p. 243). Döllinger, Papstfabeln: Die Päpstin Johanna.
369 Hopf I, S. 177.
370 Sp. Lambros beruft sich auf diese Aussage (Op. II, p. 244, 22) in seiner Abhandl. ›Athen am Ende des 12. Jh.‹ und in der Einleitung zu den Schriften des Erzbischofs, und er verwirft die Glaubwürdigkeit aller solcher Berichte. Paparrigopulos (III, p. 603) nimmt zwar im allgemeinen das Fortbestehen der athenischen Hochschule an, beschränkt aber doch deren Wirkung auf die Athener durch die Klagen des Akominatos über ihre Unwissenheit. Auf die Angaben des Paris bezieht sich Lelandus, Comment. de scriptor. Britannicis, Oxoniae 1709, I, p. 266, bemerkend, daß nur sehr wenige Engländer Studierens halber nach Athen gegangen seien; von solchen will er nur aus Gottfried Monensis von einem Könige Bladud und aus Platina von der Johanna Anglika (der Papessa) wissen.
371 Chronica Majora III, p. 161 ff. Nach seiner Erzählung wurde Cartaphilus von Ananias getauft; er wandere aber auf der Erde bis zur Wiederkunft Christi umher, indem er sich nach je 100 Jahren zu einem dreißigjährigen Manne verjünge.
372 Dies aus Lesläus u. Buleus bei H. J. Floß, Ausgabe des Erigena, Patrol. des Migne T. 122, Einl. p. XXVI ff. Dazu Christlieb, Leben u. Lehre des Joh. Scotus Erigena, Gotha 1860, S. 22.
373 Joh. Diaconus II, c. 14.
374 »Daedaleis Grajas sequitur laudare loquellis; Stoicus hic noster cluibus quia pollet Athenis.« Mon. Germ. IV, p. 209.
375 Mon. Germ. II, p. 43. Dazu Maßmann, Kaiserchronik I, S. 118.
376 Dunlop, Hist. of fiction, deutsch von Liebrecht, S. 157.
377 »Floreat ergo Athene, fandi et eloquentiae nutrix, philosophorum genitrix«. Chron. Ratisbon. Transl. S. Dion. (Mon. Germ. XI, p. 351).
378 Mon. Germ. XXII, p. 38 ff., ed. Waitz.
379 »Qu'el mont n'a sapience, qui là ne fust trouvée ...« Li Romans d'Alexandre par Lambert li Tors et Alex. de Bernay, ed. H. Michelant, Stuttg. 1846, p. 46.

380 »Totas hausit Athenas ...« Mon. de gestis Pont. Anglor., ed. Hamilton, London 1870, p. 126.
381 Chron. Majora V, p. 286.
382 Aus den ›Otia Imperialia‹, angeführt von Egger, L'hellénisme en France, Paris 1869, I, p. 54; welcher jene Erklärung der Akademie aus ἄχος δήμου entstanden glaubt.
383 Ughelli, Italia sacra X, p. 75, bei O. Hartwig, Die Übersetzungsliteratur Unteritaliens in der normann.-staufisch. Epoche, S. 11.
384 Text Istahris ediert von De Goeje in Leiden 1870. Michele Amari belehrt mich, daß Istahri außer Edrîsi der einzige arab. Geograph ist, der Athens erwähnt; da eine Stelle bei Ibn-Haukal nur die Übersetzung jener Istahris sei. Sie findet sich auch bei Abulseda (1. Hälfte des 14. Jh.). Er beruft sich auf Ibn-Haukal und nennt Athen Itschanijah, die Stadt der griech. Weisen. Abulfedae opus geogr., in Buschings Magazin V, p. 362: »Itschanijah est ut ait Ol Canun, urbs sapientium graecorum.« – Auch in den philosophischen Schriften der Araber wird Athen in derselben Weise gepriesen; so im Fihrist des Mohamed ibn-Ishâg. Aug. Müller, Die griech. Philosophen in der arab. Überlieferung, Halle 1873, S. 2. Von den Arabern hat sich dann der Ruhm Athens den späteren türkischen Chronisten Seadeddin und Hadschi Chalfa mitgeteilt.
385 τῆς ποικίλης Στοᾶς μικρὸν λείψανον μηλόβοτον καὶ αὐτὸ καὶ τοῖς ὁδοῦσι τοῦ χρόνου τὰς πλίνθους παρατρωγόμενον. Rede an Drimys I, p. 160.
386 Die Kallirrhoe nennt er mehrmals II, p. 26, 44, 400. Auch den Kerameikos II, p. 238. In seinen Schriften sind die Berge des Pedion Athens außer dem Hymettos nicht bezeichnet; selbst der Lykabettos oder Anchesmos ist nicht genannt.
387 νήσους ὧν καὶ παρὰ τοῖς παλαιοῖς ὀνόματα. Vom Hymettoskloster II, p. 13, 14. Dies Gebirge, neugriechisch Trellobuni, nannten die Italiener Monte Matto; J. P. Rangabé, Τὰ Ἑλληνικά, Athen 1853, I, p. 160. Ovid, Ars am. II, 687 ff., hat den Abhängen des Hymettos ein paar Verse gewidmet.
388 So in der fränkischen ›Partitio regni graeci‹ von 1204, Tafel u. Thomas I, p. 469; in der Note 5 wird der Scholiast zum Ptolem. 3, 16, 23 angezogen: Σαλαμίς, ἡ Κουλούρι.
389 Bursian I, p. 365 f.
390 Das Bestehen dieses Vulgärnamens schon im 12. Jh. beweist, wie irrig Fallmerayer ihn und andere den eingewanderten Albanesen zugeschrieben hat. (Welchen Einfluß etc., S. 51.)
391 En milieu de la ville ont drecié un piler,
 C. pies avoit de haut, Platons le fist lever;
 Deser ot une lampe, en sou i calender.
Li Romans d'Alexandre par Lambert li Tors ..., ed. H. Michelant, p. 46.
392 Den Threnos veröffentlichte zuerst Boissonade, Anec. Gr. V, p. 374; dann Ellissen, Monographie über M. Ak.; Lambros II, p. 397. Er erscheint wie

die dichterische Einleitung zu einer vielleicht antiquarischen Schrift über die Monumente Athens, die nicht ausgeführt worden ist. Akominatos schickte die Verse an seine Freunde, so an Georg Tornikis, den Metropoliten von Ephesos, der ihm dafür dankte (II, p. 412).

393 Die Verse des Musuros bei C. Sathas, Neohell. Philol., p. 89. Ibid., p. 165, der Threnos des Eparchos. Die Verse des Allatios in: Natales Delphini Gallici, Rom 1692. Ein Fragment einer Klage über Athen schickte Theod. Zygomalas an Crusius 1581 (Turcograecia, p. 95).

394 Eustathios, De Thessalonica urbe a Latinis capta, c. 29.

395 Als Schmarotzer oder Trichinen, wie er sich heute wahrscheinlich ausdrücken würde (lib. V, p. 283 ff.).

396 C. 28, a. a. O.

397 Er hat diese Ereignisse (in seinem Berichte ›De Thessalonica ... capta‹) genau beschrieben; daraus schöpfte Niketas seine Darstellung (in den ersten Kapiteln der Regierung des Andronikos). Die in Thessalonike von den Normannen begangenen Greuel wiederholten sich Szene für Szene im »Sacco di Roma«.

398 Niketas, De Manuele Comneno VII, c. 5.

399 Rambaud, a. a. O., p. 199 ff. Bleisiegel solcher Proprätoren von Hellas und dem Peloponnes bei Lambros, Athen am Ende des 12. Jh., p. 25.

400 Akominatos I, p. 177. Sein Lob des Bryennios I, p. 336. Leider wissen wir nicht, wodurch dieser Prätor der Wohltäter Athens geworden war. Schon im elften Jahrhundert war ein Bryennios Stratege von Theben, Zeitgenosse des hl. Meletios (Neos Paradeisos, Ven. 1872, p. 12).

401 I, p. 146.

402 I, p. 300.

403 I, p. 157. Die Bedrückungen der byz. Beamten widerlegen die Ansicht, daß Athen dem Erzb. Michael »en propre fief« gehört habe, was Sathas aus der ganz allgemeinen Phrase οἰκεῖον λάχος seines Bruders Niketas folgert. Mon. Hist. Hell. VII, p. LV. Als später Sguros Athen besetzte, sagte ihm der Erzb., daß er nur mit geistlichen Dingen zu tun habe: τὰ δὲ πρὸς τὸν ἱερέα τῆς πόλεως οὐδὲν ὅτι μὴ τὰ πάντα θεοφιλῆ καὶ πνευματικά ... urbs capta, p. 801.

404 Über diese Entvölkerung II, p. 12; II, p. 42, u. Hypomn. an Alexios III., I, p. 307: τὸ ὅριον τῶν Ἀθηνῶν, πάλαι τοῦ πλήθους τῶν ἐποίκων αὐτοῦ διὰ τὰς ἀλλεπαλλήλους ἐπηρείας ἐκκενούμενον ἀεί, νῦν κινδυνεύει καὶ εἰς αὐτὴν περιστῆναι τὴν ... ἐρημίαν σκυθικήν. –

405 Selbst Niketas, der die Grausamkeit und Lasterhaftigkeit des Andronikos mit den Farben Suetons geschildert hat, rühmte ihn als Befreier des gepeinigten Volks (lib. II, c. 3 ff.). Seine Ehrenrettung hat zuerst Fallmerayer versucht, Geschichte des Kaisertums Trapezunt, S. 25 ff.

406 Es ist daher nicht vollkommen richtig, was Paparrigopulos über M. Akominatos gesagt hat, l'archevêque d'Athènes faiblissait moralement dès qu'il se trouvait en présence du pouvoir impérial ...« Bulletin de Corresp. hellén. II, 1878, p. 345.

407 Hist. Byz. VIII, c. 8.
408 Lobrede des Psellos in Bd. V der Bibl. Gr. des Sathas. ῏Ω βασιλεῦ ἥλιε! Es ist der »Roi Soleil«, wie sich Ludwig XIV. nennen ließ. – William Fischer bemerkt sehr richtig, daß der Begriff »Byzantinismus«, mit dem wir uns gewöhnt haben, den höfischen Knechtssinn zu bezeichnen, überall angetroffen worden ist, vorzüglich auch an den deutschen Höfen des 18. Jahrhunderts (Ein Wort über den Byzantinismus, Cottasche Zeitschr. für Gesch. u. Politik V, 1888).
409 Die zuerst bezeichnete Rede des Eustathios bei Tafel, De Thessal., p. 401 ff.; die ›laudatio funebris‹ in Tafels ›Eustathii opuscula‹, p. 196 ff., verdeutscht in desselben ›Komnenen und Normannen‹. Eine bisher unedierte Lobrede auf den Kaiser Manuel von Niketas Akomin. im Rec. des Histor. des Croisades (Paris 1881): Histor. grecs, II, p. 737 ff.
410 I, p. 211. Ellissen und nach ihm Hopf sahen in diesem Kranz den ganzen Steuerbetrag des verarmten Athen; allein er war nur ein seit alters hergebrachtes Ehrengeschenk. Lambros, Athen am Ende etc.
411 Hypomnestikon I, p. 307.
412 ὡς τὴν παρὰ βαρβάροις ἀποικίαν πόλεις ὅλας Ἑλληνίδας ἑλέσθαι καὶ τῆς πατρίδος ἀσμένως ἀλλάξασθαι. De Alexio, lib. II, c. 5. Dies ist freilich hier vom griechischen Kleinasien zu verstehen.
413 Hypomnest. I, p. 308. Ich wage nicht, daraus zu schließen, daß es damals noch Schiffswerften im Piräus gab. Zur kaiserlichen Flotte stellte das Thema Hellas, als Leo VI. einen Kriegszug gegen Kreta rüstete, 10 Dromonen mit 3000 Mann. Konst. Porph., De Caerim., p. 653.
414 Montesquieu (›Considérations‹ bei Gelegenheit der Eroberungen Justinians) würde eine Note hinzugefügt haben, wenn er die Erfolge der großen deutschen Heere 1870 erlebt, und eine andre, wenn er die Militärlasten gekannt hätte, welche heute alle Nationen Europas erschöpfen.
415 II, p. 105, an die Belissarioten.
416 πάλιν ὑπὲρ πλωΐμων τῷ Σγουρῷ καὶ τῷ πραίτωρι νομισμάτων δεδώκαμεν. Hypomn. I, p. 308. Erste Erwähnung des Sguros, entweder Leos oder seines Vaters.
417 Lambros, Athen am Ende des 12. Jh., p. 95.
418 II, p. 53.
419 I, p. 308: καθότι προσκυνητὸν χρυσόβουλλον καὶ αὐτὴν ἀπείργει τὴν εἰς Ἀθήνας αὐτῷ πάροδον. p. 311 beruft er sich auf Vergünstigungen wegen neuer Auflagen.
420 Lambros, Athen am Ende etc., p. 63 ff. Leider fällt nur ein zweifelhaftes Licht aus diesem Schreiben des Erzbischofs auf die Verwaltung Athens.
421 Von alters her erhielten nur die Strategen des Orients Besoldung, während die des Okzidents von ihren Themen sich bezahlt machten. Konst. Porphyr., De Caerim., p. 697.
422 II, p. 66.
423 An Theodor Irenikos II, p. 103; an Georg Padyatis, p. 105. Irenikos, welchen Niketas (De Alexio II, c. 4) rühmt, war an Stelle des Konstantin

Mesopotamites erster und alles vermögender Minister des Kaisers geworden.
424 Akominatos sendet einmal einem Freunde aus Athen einen Schlauch Öl und Seife (II, p. 137).
425 Hypomnest., p. 310.
426 Niketas, De Alexio Isaacii Angeli Fratre II, c. 2.
427 I, p. 311.
428 I, p. 324ff.
429 Akominatos bemerkt einmal in Piräus Handelsschiffe von Monembasia, II, p. 137.
430 II, p. 83ff.
431 II, p. 131.
432 Ἐκείνου μὲν γὰρ πολλὰ καὶ μεγάλα πολλάκις ἐγώ τε καὶ 'Αθῆναι οἴδαμεν ἀπονάμενοι. Monodie auf Niketas, I, p. 348.
433 Diese Monodie ist trotzdem ein verkünsteltes, phrasenhaftes Produkt.
434 An den Patriarchen Theodosios Xiphilinos, II, p. 101, u. sonst öfters.

ZWEITES BUCH

1 Anna Komnena, Alexiad., lib. X, c. 5 ff.
2 L. Streit, Venedig und die Wendung des vierten Kreuzzuges gegen Konstantinopel, 1877, S. 18ff.
3 Le Bret, Staatsgesch. der Rep. Ven. I, S. 400. Dies sagt übrigens ausdrücklich Cinnamus, ed. Bonn, p. 67.
4 C. Desimoni, Il Marchese di Montferrat Guglielmo il Vecchio e la sua famiglia (Giornale Ligustico di Archeologia, 1885, p. 321ff.).
5 Niketas, De Alexio, lib. II, c. 9
6 Briefe Innozenz' III. an Balduin Nov. 1204, an die Bischöfe im Pilgerheer, 13. Nov. (Brequigny II, lib. VII, p. 153, 201). Die Byzantiner leiteten den Sturz Konstantinopels durch die Lateiner einfach aus dem kirchlichen Schisma ab. Chalkokond., lib. I, p. 7.
7 Refutatio Cretis 1205, Archiv Venedig, Pacta II, fol. 139, öfters abgedruckt.
8 Die spätere Apostrophe des Niketas an das Reich, welches einst in herrlicher Majestät vor den Völkern geglänzt habe und jetzt das entstellte Antlitz einer allen Tyrannen feiler Hetäre trage (De Alexio, lib. II, c. 5, p. 661), erinnert an die berühmte Dithyrambe Sordellos bei Dante.
9 Eustathios, De emenda vita monachica, c. 84: Μεγαλόπολις, τὸ τοῦ κόσμου κάλλος ... ἢν εἴ τις ἐξέλοι τοῦ κόσμου, μήποτε οὐκ ἂν ἔτι οὐδὲ κόσμον αὐτὸν εἶναι ἀφήσοι. Niketas, Urbs capta, p. 774. Villehardouin, ed. N. de Wailly, p. 72: »Que de totes les autres ere souveraine.«
10 Μόνοι γὰρ ἁπάντων ἀνθρώπων ὀνομαστότατοι βασιλεὺς καὶ φιλόσοφος; Georg Akropolita, ed. Bonn, p. 531. Man vergleiche das Lob der Bildung Manuels I. in der Grabrede des Eustathios.

11 φιλοσοφίαν οὐρανοβάμονα μέγα τι χρῆμα ... καὶ πλείστου τιμώμενον. Niketas, De Andronico Comneno II, c. 5.
12 Der erste griechische Text des Homer mit der Rezension des Atheners Demetrios Chalkokondylas erschien zu Florenz 1488.
13 Urbs capta, p. 791.
14 J. Zacher, Pseudokallisthenes, Halle 1867, S. 108. ›Vita Alexandri Magni‹ des Archipresb. Leo, ediert von G. Landgraf, Erlangen 1885.
15 Jourdain, Rech., p. 46.
16 I, p. 17.
17 Eustathios, Bericht von der Eroberung Thessalonikes, c. 135.
18 Nur nicht in solcher Masse, wie Dorotheos von Monembasia (Venedig 1814, p. 395) angibt, indem er glaubt, daß die Eroberer Konstantinopels an sich nahmen: ὅλα τὰ βιβλία ἀπὸ πᾶσαν γλῶσσαν γεγραμμένα.
19 Ἄνδρες γενναῖοι γίγαντες ὑπῆρχον οὗτοι πάντες. Gedicht bei J. Müller, Byzant. Analekten, p. 33.
20 »Merito vilissimi et abjecti a cunctis fere gentibus reputantur.« Monachus Patav. (Muratori VIII, p. 118). Ein Urteil, welches kirchlicher Haß mitbestimmt hat.
21 κακοδαίμονας τυραννίδας περιεβάλοντο – Niketas, Urbs capta, p. 841.
22 Es zeigt die Figur des hl. Theodor mit der metrischen Legende ΣΕΒΑΣΤΟΥΠΕΡΤΑΤΟΝ, ΜΑΡΤΥΣ, ΜΕ ΣΚΕΠΟΙΣ ΛΕΟΝΤΑ ΣΓΟΥΡΟΝ ΕΚ ΓΕΝΟΥΣ ΚΑΤΗΓΜΕΝΟΝ. Spir. Lambros, Athen am Ende, p. 99. Schlumberger, Sig. Byz., p. 698.
23 Michael Akominatos bezieht sich auf die Athen durch Sguros drohenden Gefahren in einem Briefe an Konstantin Tornikis, den Logotheten des Dromos, II, p. 124.
24 ἀθλίας Ἀθήνας ... ἀπείργοντος οὐδενὸς ἐρύματος, I, p. 316.
25 Eustathios, Lobrede auf Manuel, c. 53.
26 Niketas, Urbs capta, p. 802: τὰ τῶν ὅλων πασχούσης χείριστα. Aus dieser Bemerkung darf ich schließen, daß Sguros Athen nach der letzten Eroberung der Hauptstadt durch die Franken angegriffen hat.
27 τὸ πολυανδρούμενον τῆς Καδμείας, sagt Michael Akom. I, p. 315.
28 Wahrscheinlich war es Alexios III., der seinem Schwiegersohn den Titel Sebastohypertatos beilegte, eine ungewöhnliche Form für Panhypersebastos, welche sich bei Kodinos, De Officiis, nicht findet.
29 Buchon, Hist. des conquêtes et de l'établiss. des Français ..., I, p. 32.
30 Die Chron. v. Galaxidi, ed. Sathas, Athen 1865, p. 201, behauptet, daß Salona den Namen vom Könige von Thessalonike erhielt, was indes wenig wahrscheinlich ist.
31 Ulrichs, Reisen u. Forsch. in Griechenland I, S. 123.
32 Roß, Königsreisen I, S. 70.
33 Daß Salona nicht Delphi ist, zeigt Spon, Voyage de Grèce II, p. 48ff. Cyriacus verzeichnete eine Inschrift: »in Achaja apud Saloneum Phocidis oppidum, prope Delphos« (Comm. Nova Fragm., n. 65).
34 Urbs capta, p. 805, 806.

35 Villehardouin, p. 169.
36 Der Stifter des Herrenhauses Ray war Otto de la Roche sur Lougnon, Vater des Ponce. Dieses letzteren Sohn war der erste Herr Thebens. Über sein Haus Dunod, Mém. pour servir à l'hist. du comté de Bourgogne, Besançon 1740, p. 103 ff. Guillaume, Hist. générale des Sires de Salins, Besançon 1757, I, p. 65 ff. (mit manchen Irrtümern).
37 Guillaume, a. a. O., p. 65.
38 Thukyd. I, c. 10.
39 Daß dies der Fall gewesen sei, will Leake, Topography of Athens, Einl., p. LXXIII, aus dem Angriff des Sguros auf die Akropolis schließen, obwohl Niketas nichts davon sagt, wie Ellissen, Mich. Akom., p. 23, richtig bemerkt hat. Über die Altstadt: Curtius, Das Asty von Athen, Mitteil. d. D. Arch. Instit. in Athen, 1877. Im Januar 1885 entdeckte man im Süden der Akropolis eine Inschrift, welche beweist, daß dort ein Tempel des Kodros stand.
40 Die auf der Akropolis zerstreuten Stelen u. Votivtafeln: in R. Schöne ›Griechische Reliefs aus Athen schen Sammlungen‹, Leipzig 1872.
41 Während der Türkenherrschaft war gerade die Akropolis von den Mohammedanern bewohnt und mit ihren Häusern besetzt.
42 Akom. II, p. 178. Niketas erwähnt des athenischen Kirchenraubes nicht. An jener Stelle, wo er von der Plünderung Thebens spricht, setzt er nur hinzu: καὶ χειρούμενον ᾿Αθήνας ...
43 Akominatos, Monodie auf seinen Bruder, Op. I, p. 357.
44 Tacitus, Annal. XVI, 23. Angeführt von Leake, Topographie Athens, deutsch von Sauppe, S. 30.
45 »Orium Athenarum cum pertinentia Megaron«: Partitio Regni Greci, Tafel u. Thomas I, p. 488, 493. Theben wird gar nicht erwähnt.
46 Chron. Andreae Danduli (Muratori XII, p. 335). Laurentius de Monacis, Chron. de rebus Venetis (ed. Ven. 1758), lib. VIII, p. 143. Dieselbe Ansicht in handschriftl. Chroniken Venedigs, z. B. in den ›Annali Veneti‹ des Stefano Magno, t. II, v. 98 (Bibl Marciana).
47 Mon. Germ. XXIII, p. 885: »dux Athenarum atque Thebarum«. Der Herzogtitel ist freilich unrichtig.
48 Beschreibung Korinths bei Niketas, lib. II, p. 100.
49 Der ›Livre de la conqueste‹ nennt diese nicht mit Namen; die Aragonische Bearbeitung der Chronik von Morea (ediert von Alfred Morel Fatio, Publicat. de la Société de l'Orient latin, Genève 1885) nennt sie Malvezmo.
50 Die ›Chronique de Geoffroy de Villehardouin‹, eins der ältesten Stücke franz. Prosa, reicht bis zum Tode Bonifatius'. Ihre schwächere Fortsetzung ist die ›Chronique‹ des Henri de Valenciennes. Beide in Buchons ›Coll. de Chron. nationales‹ III, 1828. Neueste treffliche Ausgabe von Natalis de Wailly, Paris 1872.
51 »Biax sire, li Franc ont conquis Constantinoble, et fait empereor; se tu te volvies à moi acompaingnier, je te porteroie mult bone foi, et conquerriens assez de ceste terre.« Villehardouin, ed. Wailly, p. 192.

Zweites Buch

52 Über die Familie D'Arbois de Jubainville: Hist. des Ducs et des Comtes de Champagne, Paris 1860, II, p. 146 ff. Erneste Petit, Hist. des Ducs de Bourgogne de la race capétienne, Paris 1888, T. II, p. 463 ff.
53 E. Kuhn, Städtische Verfassung des Röm. Reichs, II, S. 72, 76.
54 So Villehard., n. 258.
55 Z. B. πᾶσα μὲν Ἑλλὰς καὶ μέσον Ἄργος, I, p. 146 ... τοὺς κατοικοῦντας Ἑλλάδα καὶ μέσον Ἄργος I, p. 175 usw.
56 Ἀχάϊαν πᾶσαν καὶ τὸν Μορέαν. De Mich. Palaeol. I, p. 84. Villehard. hat zuerst das Wort Morea. Sein Ursprung ist noch immer dunkel. Die Erklärung Fallmerayers aus dem slav. More (Seeland) bestritten Zinkeisen und Kopitar (Slavisierung Griechenl., Jahrb. der Lit., Wien 1830). Hopf I, S. 267, hält nach dem Vorgange Porcacchis Morea für Metathesis von Romäa. Zuletzt hat Sathas mit Scharfsinn behauptet, daß eine verschwundene Seestadt zwischen Pontikos und Olenos in Elis (Muria, Morea, Moraias) den Namen veranlaßt habe. (Mon. Hist. Hell., 1880, I, p. XXXI ff.) G. Meyer (Essays u. Studien zur Sprachgeschichte, S. 137) hat diese Erklärung die erste wissenschaftliche unter anderen genannt. Dagegen glaubt Paparrigopulos, daß damit das Rätsel nicht gelöst sei, da eine Stadt Morea in Elis unbekannt ist. (Bull. de Corr. hellén. École Franç. d'Athènes, 1881, p. 145 ff.) Zachariä v. Lingenthal (Deut. Literaturzeit., 1880, p. 196) hält Amorea für ein Adjektiv und gleich κοίλη (also das tiefe Elis).
57 Die Behauptung Buchons, Éclairciss. sur la Morée française, p. 77, daß Bonifatius dem Champlitte damals die Hoheit über Athen, Bodonitsa und Negroponte gegeben habe, stützt sich wesentlich auf die Aussage des Liv. d., l. conq., p. 102, welche geschichtlich unbegründet ist.
58 »Gulielmus Campaniensis Princeps totius Achajae«; so nennt ihn Innoz. III. am 19. Nov. 1205, Ep. VIII, p. 153.
59 In diesem Sinne der Oberhoheit Bonifatius' sagt Niketas, Urbs capta, p. 841, daß er die Tribute von Hellas und dem Peloponnes empfing.
60 »Lors vint en l'ost uns bers de pars le marchis Boniface de Monferrat, qui Othes de la Roche avoit nom; et parla d'un mariage ...« Villehardouin, p. 268.
61   Drum mehrt sich unsers Glaubens Macht,
    Denn Kaiser haben wir gemacht,
    Herzoge, Kön'ge, manchen Turm
    Den Türken abgekämpft im Sturm,
    Und Straß' und Paß von Brindis an
    Bis Sankt Georgs Arm aufgetan.
   Diez, Leben u. Werke der Troubadours, S. 295.
62 Von seiner ersten Gemahlin Eleonore von Savoyen hatte Bonifatius zwei Kinder, Wilhelm, der die Markgrafschaft Montferrat erbte, und Agnes, die Gemahlin Heinrichs.
63 Andr. Dandolo (Muratori XII), p. 334. Laurentius de Monacis VIII, p. 143. Romanin, Stor. doc. di Ven. II, p. 183.
64 In päpstl. Briefen wird immer gesagt: »dominus Athenarum«, nicht min-

der auf den ersten Münzen der La Roche. – »Nos Guis de la Roche, Sire d'Athènes«, Urk. von 1259, davon später.

65 Buchon, Éclairciss., p. 316, nimmt das willkürlich an. Μέγας κύρ ist kein byzant. Titel. So nennt den fränkischen Herrn Athens die griech. Chronik von Morea (v. 223 u. öfters). Nur »Sire«, nie »Grand Sire« nannten sich die La Roche, ehe sie Herzöge wurden. Du Cange, Hist. de Cp., I, p. 379, irrt, wenn er glaubt, daß sie als Großadmirale (Mega Dux) den Titel »Grand Sire« von den Frankenkaisern erhielten; wäre das der Fall gewesen, so hätten sie ihn sicherlich gebraucht.

66 Leake, Travels in Northern Greece, II, Megaris.

67 Nach Überlieferungen in der Chronik von Galaxidi, ed. Sathas, p. 201.

68 »Egina et Culuris: Partitio R. G., pars secunda domini ducis et communis Venetiarum.«

69 Es fehlt an einer Karte des Herzogtums Athen, da die von Spruner-Menke (Handatlas für die Gesch. des Mittelalt., 3. Aufl. 1880, n. 86) nicht ausreicht.

70 In der griech. Chronik von Morea wird mehrmals von solchem Lehnsregister (ῥιτζίστρο) gesprochen: v. 637, 641, 749, 6337.

71 Edikte der Kaiser zum Schutz der Bauerngüter und Soldatenlehen: Leunclavius, Jus graeco-roman. II, p. 139ff. – Zach. v. Lingenthal, Jus graecoroman. II, p. 234ff. – Gfrörer, Byzant. Geschichten III, c. 1.

72 Über diese Verhältnisse: Montreuil, Histoire du Droit byzantin III. J. Rambaud, L'Empire grec au Xme siècle. Zach. v. Lingenthal, Gesch. des griech.-röm. Privatrechts, Leipzig 1864. Der Begriff πάροικοι ging in das fränk. Recht über, wo die Kolonen »vilani de angaria oder rustici und parigi« hießen. »Aggiunte alle assise di Romania« in Hopf, Chron. Gréco-Romanes, p. 222.

73 Griech. Chron. von Morea, ed. Buchon, p. 92ff.: »Et que le peuple payaissent et servicent ainsi come il estaient usé à la signorie de l'empereur de Csple.« Livre de la Conq., p. 39. Was von Morea gilt, gilt auch von Hellas.

74 Innozenz III. schrieb dem Erzbischof von Patras, er solle dem Konvent der regulierten Kleriker dort zuteilen »villanos et rusticos, qui sine mercede vel expensis eorum in domo sua labores exerceant universos«. (Lib. XIII, ep. 159, vol. II, Baluze.)

75 Dies ist mehrmals in der Chronik von Morea bemerkt.

76 Sathas, Bibl. graeca VI, 1877, Einleitung. In diesem Bande hat der verdiente Gelehrte die griechischen Assisen Zyperns veröffentlicht. Beugnot, Einleitung zu den ›Assises de la haute cour‹, I. (Rec. des ouvr. de Jurispr. composés pend. le XIIIe s. dans les royaumes de Jérus. et de Cypre, Paris 1841, p. XIVff.) weist nach, daß nicht die Assisen Jerusalems (Lettres du S. Sépulcre) nach Zypern, Morea und Konstant. kamen, sondern nur ihre in Acre gesammelten und dann aufgeschriebenen Rechtsgrundsätze. Zypern brachte am Ende des 12. Jh. den ersten berühmten Juristen, Philipp von Navarra, hervor, dessen Arbeiten Jean d'Ibelin fortsetzte. – K. E. Schmidt, Hermes, Bd. 30.

77 Es gibt keine franz. Redaktion der Gesetze Romanias. Erst 1421 ließ die Regierung Venedigs sie für Negroponte im venez. Dialekt redigieren; Canciani, Barbaror. leges antiquae, Vened. 1785, III, p. 493 ff.

78 Einl. Beugnots II, Assises de la Cour des Bourgeois.

79 Im ›Livre de la Conq.‹, v. 409, wird gesagt, daß der Herzog Guido von Athen 1301 einen Edeln, »que on appellait viscomity«, als Marschall in Wlachien einsetzte; offenbar einen Mann, der im Herzogtum Athen »vicomte« der »cour inférieure« gewesen war.

80 Montreuil II, p. 17; III, p. 75.

81 Heimbach, Griech.-röm. Recht, Ersch u. Gruber, Bd. 87, S. 16 ff.

82 G. de S. Cruce castellanus Thebanus, Ep. Innoc. III. XV, 30, V. Id. April. anno XV.

83 Ep. lib. XI, p. 113. S. Germano II. Id. Jul. ann. XI (1208). Ep. 238, Lateran. X. Kal. Febr. a. XI.

84 Potthast, n. 3620: Am 22. Jan. 1209 nimmt Innozenz den Abbas und die »Canonici Dominici Templi (Atheniensis)« in Protektion. Der Prior »Dominici Templi Athen.« wird genannt 14. Febr. 1217 (Potthast, Addit., n. 5459 a.).

85 Ep. XI, p. 256: Casalia Procovenico, Vertipos, Triclini, Platan, Felin, Curiomonaster, Cassas, Menidi, Ducheleos, Calixtes, Perseconar, Catraperseta, Clazazundas, Chandebride, Alianastasis, Potamo, Pirgo, Hu, Mareton, Oargite, Laconite, Vatia, Literne, Mortar ... Unter diesen Namen ist schwerlich einer slavisch. Eine Abtei St. Georg im Kerameikos wird von Akominates angeführt (II, p. 238). Tafel, De Thessal., p. 460, glaubt in Ducheloo das antike Heiligtum τοῦ Ἀχελώου zu erkennen. Allein es könnte eher Dekeleia sein, welches die Franken »De Cella« nannten; Surmelis, Attika, p. 18. Die Namen sind vom latein. Abschreiber verderbt. Ist Literne vielleicht Eleutherä? Lacomite Leukonoe? Cassas ist das heutige Kastia unweit Phyle (Felin). Menidi dauert noch fort. Potamo, alter Demos, südlich von Marathon; Surmelis, p. 55. Ich bemerke, daß in der unechten ›Cessio Donationum Ecclesiae Roman. Leonis VIII.‹ aus d. Zeit Heinr. IV. u. V. die alten der Kirche von Pipin und Karl geschenkten Güter dem Kaiser Otto zurückgegeben werden, darunter auch die »civitas Athenarum«, nebst »Pateranensi, Merathensi, Cathensi, Athenis« (M. Germ. IV, p. 169, Leg. II).

86 Daulia hält Phrantzes (lib. IV, c. 1, p. 317) ganz irrig für Delphi. Es ist Daulis in Phokis, am Ostabhange des Parnaß, von wo der Weg nach Arachova und Delphi führt. Handbook for Travellers in Greece, Murray, London 1872, p. 224. Meletius, Geogr. antiqua et moderna, Ven. 1807, II, p. 314: Daulis, neugr. Dauleias u. Diauleias, Suffraganbist. Athens. Hopf I, S. 233, sucht Daulia oder Davolia irrig bei Gravia in Südthessalien, Avlona aber wie Zorkon (Oreos?) in Euböa. Die örtliche Bestimmung der beiden letzteren ist unsicher. Nur als Hypothese bemerke ich, daß Zorkon in Zarka nördl. von Styra auf Euböa und Avalona ebendaselbst in Avalonari südl. von Kumi gesucht wird (John B. Bury, The Lombards and

Venetians in Euboia, Journal of Hell. Stud. VII, 1886, p. 319). Unter Avalona dürfte man doch Salona verstehen, wenn dieser von den Franken gebrauchte Name nach neugriech. Analogien aus der Verbindung von εἰς mit Avlona entstanden ist. Sathas (Chron. Galaxidi, p. 102) hält Aulon oder Avlona für das böotische Aulis. Unter welche Diözese ist aber dann das Bistum Salona unterzubringen?

87 »Berardo Atheniensi Archiep. ejusq. successorib. canonice substituendis in perpet. Antiquam Athenensis gloriam civitatis...«, Ep. Inno. III, Baluze II, p. 256.

88 Othoniel – vielleicht spielte hier der Papst auf Otto de la Roche an. Siehe Buch der Richter I, 13.

89 »Cultum quem tribus distincta partibus, tribus falsis numinibus impendebat«. Michaelis (Parthenon, S. 52) liest »distinctum« und läßt daher in der Wiedergabe der Stelle das »tribus« vor »falsis« fort.

90 M. Crusius, Turcograecia, p. 461: παλαὶ μὲν τὸ τῶν Ἀθηνῶν ἄστυ τρίπλοκον ἦν. Das bestätigt die Richtigkeit des »tribus distincta partibus« der Bulle. Unter dem dritten Teil scheint Kabasilas die Hadriansstadt zu verstehen, worin er das Olympieion mit dem vulgären Begriff »Basileia« bezeichnet hat. Crusius unterscheidet in der Note zum Brief des Kabasilas nach Thukydides ἄστυ, μακρὸν τεῖχος und λιμένες.

91 Den röm. Plan aus demselben Cod. Vat. 1960, welcher die beiden andern enthält, edierte De Rossi in den ›Piante Iconografiche di Roma‹.

92 Brequingy, Dipl. II, p. 712ff.

93 Wilken, Gesch. der Kreuzzüge V, S. 342ff. A. Jourdain, Recherches critiques zur l'âge... de traductions latines d'Aristote, nouv. éd., 1843, p. 49.

94 Wadding, Annal. Min., I. p. 202. Ihre griech. Provinz Romania umfaßte um 1260 die Sprengel Negroponte, Theben und Clarenza (IV, p. 133). Athen wird hier nicht genannt, allein die Minoriten gründeten auch dort ein Kloster. Walther von Brienne bedachte dasselbe in seinem Testament, wovon ich weiter unten rede werde.

95 Breve Lateran, 14. Febr. 1217, »Abbati de Dalphano (richtiger Dalphino) Atheniensis dioecesis et priori Dominici templi Atheniensis et decano Devaliensi«: Card. Pitra, Analecta novissima Spicil. Solesmensis altera Continuatio, Paris 1885, I, p. 558. – Im Leben des Meletios (2. Hälfte des 11. Jh.) wird das Kloster τοῦ Δαφνίου genannt als benachbart dem Bergkloster des Heiligen.

96 Hospitale S. Jacobi de Macra Atheniensis dioecesis: Bestätigung der Güter des Hospitals S. Jacobi de Andrevilla durch den Kardinalleg. Pelagios, 4. Febr. 1214. E. Strehlke, Tabulae ordinis Theutonici, Berlin 1869, p. 129. Die Stiftung in Andravida wurde 1237 mit dem deutschen Orden vereinigt.

97 ὅτε δὲ τῶν Ἀθηνῶν ἐξῄειμεν... ἐκαναπλεύσαντες εἰς Θεσσαλονίκην παρὰ τὸν καρδινάριν: II, p. 312.

98 Brief an den Sohn des Bisch. Demetrios von Karystos, II, p. 210.

99 Über Keos im Altertum: Bröndsted, De l'île de Céos, in: Voyages et

recherch. dans la Grèce, Paris 1826. – Tournefort, Rélat. d'un voyage du Levant, Paris 1717. Ant. Meliarakis, ʽγπονήματα περιγραφικὰ τῶν Κυκλάδων νήσων – – Athen 1880. Akominatos nennt die Vierstädte und die berühmten Männer von Julis, unter ihnen auch den Arzt Erasistratos, in seinem auf Keos verfaßten Gedichte ›Theano‹, Op. II, p. 387.
100 In dem von dort geschriebenen Brief (II, p. 312) zählt er ein Jahr des Wanderns, seit er Athen verlassen hatte.
101 An Basilios Kamateros, Oheim des Kaisers Laskaris, II, p. 257.
102 Brief an Theodor Dukas, II, p. 326ff.
103 II, p. 170. Die Insel Ägina scheint demnach in der Gewalt des Sguros gewesen zu sein.
104 Gerade die Sammlung seiner Briefe aus Keos ist stark ausgefallen; 91 gegen die 90 übrigen. Darunter sind solche an den Kaiser Laskaris, an Theodor Dukas, die Erzb. und Bischöfe von Theben, Neopaträ, Euripos, Karystos, Naupaktos, an die Patriarchen Autoreianos u. Euthymios Tornikis, an Geistliche, Staatsmänner, Ärzte usw.
105 II, p. 154.
106 An Theodor von Euripos, II, p. 295. Die Handschrift war, wie Lambros gezeigt hat, die Exegese der Paulin. Briefe vom bulgarischen Bischof Theophylaktos aus dem 11. Jh.
107 ὡς Ἐδὲμ ἄλλης, II, p. 257.
108 An Theodor Dukas, II, p. 326.
109 II, p. 327: τοῖς ἰταλικοῖς ὁδοῦσιν ἂν ἐγεγόνειν κατάβρομα. Die fremden Gebieter Athens nennt er immer Italiker, da ihm Burgund unbekannt war, und er wußte, daß der Oberlehnsherr Ottos de la Roche der Lombarde Bonifatius war. In diesem Briefe sagt er, daß er schon das 12. Jahr in Keos sei und sich im vorigen Jahre nach Athen gewagt habe.
110 II, p. 311. In diesem Briefe rechtfertigt er sich gegen die Anschuldigung, bei seinem Abzuge aus Athen Schätze mit sich genommen zu haben. Nur soviel habe er bei sich gehabt, als für seine Flucht nötig gewesen, und das in Jahresfrist ausgegeben.
111 II, p. 277, 280.
112 Schöner Brief an Makrembolitis, II, p. 301.
113 Potthast, n. 3553.
114 Potthast, n. 4299. Der Papst trägt am 21. Aug. 1211 dem Bischof von Zaratora, dem Dekan von Theben und dem Kantor von Davala den Prozeß wider jenen Abtrünnigen auf.
115 An seinen Neffen Niketas, II, p. 267ff.
116 Εἰς τὸν ἀδελφὸν αὐτοῦ ... I, p. 345ff. Ellissen, Mich. Akominatos, p. 145, gibt die Distichen des Morellus auf diese Elegie.
117 Das Kloster, welches mit der Metropole verbunden war, ist untergegangen; Meliaraki entdeckte die Überreste davon in der jetzigen Volksschule, die darüber gebaut worden ist, a.a.O., p. 2: 5.
118 Henri de Valenciennes, Hist. de l'Empereur Henri, ed. Wailly, p. 366, nennt Aubertin Sire d'Estives.

119 »Lombart defaillirent dou parlement, ke il n'i vinrent point.« Henri de Valenciennes, p. 406.
120 Henri de Val., p. 412, nennt sie »maistre eglyse d'Athaines ... c'on dist de Nostre Dame«.
121 Sein Lob deshalb bei Georg Akropolita, p. 31.
122 »Hen. d. gr. fedel. in Ch. Constantinopolitanus Imp., a Deo coronatus, Romaniae moderator, et semper Augustus.« Brief an Innoz. III., II, 207. So nannte sich schon Balduin. – »In Christo Deo fedelis Imp. et moderator Romeorum et semper Aug.« nannte sich auch Theodor Laskaris, der griechische Nationalkaiser in Nikaia.
123 Raynald, 1210, n. 29.
124 Innoz. III., ep. XIII, 16, p. 413.
125 Lib. XI, ep. 244, p. 261. Wegen des Verbots der Schenkungen: »Quod nobilis vir Otto de Roccâ dom. Athenarum et alii barones et milites ipsius imperii ... inhibuerint, ne quis de possessionib. suis in vita sua conferat ... ecclesiis.« Lib. XIII, 110, p. 455, Lateran. VI. Id. Julii (1210). An den Kaiser, ibid., Ep. 99.
126 Lib. XI, 121, 116. Als Berard aus Menschenfurcht dem Megaskyr, der sich eben vermählt hatte, die Einkünfte des kirchlichen Schatzamtes abtrat, verbot das der Papst.
127 Lib. XI, 153, dat. Ferentini VI. Id. Oct. a. XI.
128 Lib. XIII, 143, 146, 147.
129 So verbot er dem Erzb. von Athen ohne Grund, Ravano zu bannen, lib. XV, 100.
130 Lib. XV, 29. Streit zwischen dem Erzbischof von Theben und dem Suffragan von Zaratora.
131 Heinrich schrieb an Innozenz im Sept. 1209: »Quia nisi patrocinio vestro terra et imperium nostrum totius Romaniae regatur.« Baluze II, ep. 207.
132 Akt von Ravennika vom 2. Mai 1210, einverleibt einer Bulle Honorius' III.; Innoz. III., Ep. II, p. 836. Bestätigung des Papstes Ep. XIII, p. 192, n. 21. Dez. 1210. Die »resignatio« galt »a confinio Thessalonicensis regni usque Corinthum«.
133 Ep. XVI, p. 98.
134 »Donatio castri Livadiae, quam fecit Otto de Rocca princeps Athenarum«, und Belehnung durch Pelagios, XI. Kal. Julii 1314, bei Muratori, Antiq. V, p. 834, n. 835; Bestätigung des Papsts, Laterani VIII. Id. Jan. a. XVIII.
135 Lateran, 14. Febr. 1217. Pitra, Anal. noviss. I, p. 535 ff.
136 Raynald, 1218, n. 27; 1222, n. 11; 1223, n. 13 (Villehardouin betreffend).
137 Akt vom Okt. 1220, Limassol, bei Mas Latrie III, p. 612 ff., ratifiziert durch Pelagios, 14. Sept. 1222 in Famagusta.
138 Daß Hugo de Cham (Champlitte) als Bail zurückblieb und bald starb, sagt Innoz. III, lib. XIII, 170, 5. Nov. 1210. Champlitte hatte von seiner Gemahlin Elisabeth de Mont S. Jean zwei unmündige Söhne, Guillaume und Eudes, welche die Vicomté Dijon und andere Lehen in Burgund erbten. Arbois de Jubainville, a. a. O., II, p. 149.

139 Buchon (Établ. des Français) hat diese Erzählung des ›Livre de la Conq.‹ und der griech. Chronik von Morea noch als geschichtlich gelten lassen, aber Hopf hat sie mit Recht als eine Sage behandelt.
140 Von dieser Usurpation wird in den Assisen Romanias geredet (Beugnot, Rec. des hist. des croisades II, p. 401).
141 Urkunde vom Juli 1209, Tafel u. Thomas II, p. CCVII. Chron. Andreae Danduli (Mur. XII, p. 336).
142 Innoz. III. nennt ihn am 24. März 1210 »fil. nob. Princeps Achaiae« (lib. XIII, ep. 25). Irrig wird geglaubt, daß erst sein Sohn diesen Titel geführt hat; denn in einer Urk. von 1210, Du Cange, Hist. de Cp. I, p. 425, nennt er sich »Ego Gaufridus de Villa Arduini princeps Achaye, et totius imperii Romanie senescallus«, und ebenso 1216: Arbois de Jubainville, Voyage paléogr. dans le dép. de l'Aube, p. 343.
143 Λακεδαίμων μητρόπολις τῆς Λακωνικῆς ἡ πρὶν Σπάρτη. Hierocl. Synek., ed. Parthey, p. 9. Die griech. Chronik von Morea (p. 51) nennt die Stadt Λακεδαιμονίαϑ μεγάλη χώρα –.
144 In einem Brief an den Erzb. von Theben, 25. Mai 1212 (Ep. XV, 77), worin es heißt: »Cum Theodorus quond. dominus Corinthi castrum de Argos nuper tradiderit.« Erzbischof von Korinth wurde ein Franzose Gualter.
145 Marin Sanudo Torsello, Istor. del Regno di Romania, p. 100 (in den Chron. Gréco-Romanes des Carl Hopf).
146 Gottfried I. hatte von seiner Gemahlin Elisabeth de Chappes die Söhne Gottfried II., Wilhelm II. und eine Tochter, die mit Hugo von Karytena vermählt war. Stammtafel der Fürsten Achaias bei Hopf (Chron. Gréco-Romanes, p. 469).
147 »Qui uxoratus est«, sagte von ihm Innoz. III. in einem Brief an den Erzb. von Larissa, 20. Febr. 1208, lib. XI, ep. 244.
148 Guillaume, Hist. des Sires de Salins, p. 65.
149 In einem Spruch des deutschen Kaisers Heinrich VI. zugunsten des Herzogs Eudes III. von Burgund, Frankf. 27. April 1193, ist unter den Zeugen Poncius de Roche. Plancher, Hist. de Bourgogne I. Preuves, n. 138. Du Cange, Hist. de Cp., I, p. 53.
150 Guillaume, p. 83.
151 Louis Moland, Saint-Omer dans la Morée, Esquisse de la Domination française dans la Grèce, au Moyen-Age, Paris 1855, p. 53. Diese kleine Schrift entbehrt leider der wissenschaftlichen Grundlage.
152 Raynald 1210, n. 29. Er heißt in diesem Breve »N ... de Sancto Amiro«.
153 Über die St. Omer: Chron. Balduini Aveniensis Toparchi Bellimontis sive hist. gen. Comit. Hannoniae, ed. Jacob Baro le Roy, Brüssel 1722, p. 43 ff. Danach Buchon, Rech. hist. II, 495 ff. Besser die Stammtafel bei Hopf, Chron. Gréc.-R., p. 477. A. Giry, Les Chatelains de St. Omer (Bibl. de l'école des chartes, vol. 35 u. 36, 1874, 1875).
154 Urkunden zeigen, daß der Megaskyr nicht schon 1223 Griechenland verließ. Im Sept. 1223 absolviert der Papst Otto de Rocca und Gottfried Villehardouin. Am 5. Dez. 1224 schreibt der Papst dem Otto de Rocca,

»domino Athenarum«, wegen der dem bedrängten Konstantinopel zu leistenden Hilfe. Pitra, Anal. noviss. I, p. 224 ff., p. 229.

155 Nach Dunod, a.a.O., p. 104 trat derselbe seinem Oheim dafür seine Güter in Burgund ab.

156 Ich bemerke vorübergehend Fr. Oliverius de Rupe, »praeceptor domorum miliciae Templi in Francia«. Akt v. Juli 1228, Archives de l'Orient latin, 1884, II, p. 1, p. 162.

157 Guillaume, p. 72, bemerkt das von Gauthier de Ray 1282. Hopf I, S. 275, führt Enkel des Megaskyr Otto an, welche nach Griechenland kamen.

158 Der Papst erließ am 12. Febr. 1225 eine Ermahnung an die gesamte Geistlichkeit Romaniens: »Ne capta Thessalonica desperent.« Pitra, Analecta novissima, I, p. 230.

159 Elias Cairel, Mahn, die Werke der Troubadours III, 1. Lief., S. 93. Diez, Leben u. Werke der Tr., p. 559. Der Dichter hält die Eroberung Thessalonikes für so leicht, daß der Markgraf dazu nicht Steinschleuder noch Wurfgeschoß brauche.

160 Hopf, Veneto-Byzantin. Analekten, S. 7.

161 Buchon und Hopf haben diese Baronien zusammengestellt, und sogar eine Dame hat dies neuerdings versucht: Diane de Guldencrone, L'Achaïe féodale, Paris 1886. – Siehe auch Ch. A. Leving, La Principauté d'Achaïe et de Morée, Brüssel 1879.

162 Schlumberger, Numismatique de l'Orient latin, Paris 1878, p. 130. Leake, Peloponnesiaca, p. 210.

163 Die Chroniken von Morea bezeichnen mehrmals Theben als seine Residenz.

164 Moland, Saint-Omer dans la Morée, p. 81.

165 Dodwell, Reise durch Griechenl., übersetzt von Sickler, I, 2. Ab., S. 35 ff. Bursian, Geogr. Griech., I, 225.

166 Dies sagt Tzetzes (ed. Kiesling), Histor. Var. chil. X, v. 389 ff.

Φύσει τῶν σφῶν ὑδάτων
Διαύγειαν καὶ στίλψιν δὲ καί γε πολὺ τὸ λεῖον
Δωροῦνται τοῖς ὑφάσμασι τοῖς ἐν Θηβῶν τῇ χώρᾳ.

167 Niketas, De Alexio, p. 609: ἅπερ ἐκ Θηβῶν ἑπταπύλων βασιλεῖ κεχορήγηται. Man darf daraus schließen, daß, wie in Konstantinopel, so auch in Theben dem Fiskus solche Fabriken zu eigen waren.

168 Der jüdische Makamendichter Charisi aus Andalusien, welcher um 1218 Theben besuchte, hat den dortigen hebräischen Dichtern freilich kein günstiges Zeugnis ausgestellt. Hopf I, S. 164.

169 Um 1169 wird in einer Instruktion für den genuesischen Gesandten an den byz. Kaiser gesagt, daß er von diesem Handelsfreiheit im ganzen Reiche solle zu erlangen suchen und im besondern die Erlaubnis des Seidengeschäfts »apud Stivam sicut Veneti soliti erant«; Giornale Ligustico di Arch., Stor. etc., Genua 1874, I, p. 156.

170 Urkunde n. DCCLVII im Liber jurium Rep. Genuensis, Turin 1854;

Zweites Buch 615

Datum Thebis 23 die Dec. 1240. Als genuesischer Konsul präsidiert Riccius de Sancto Donato.

171 Auf der siebenten Säule des Theseustempels hat man die Grabinschrift gefunden: Vit. Conzadus Spinula 1453 die 20 yanuazyo. Konst. Zesios (Deltion der hist. u. ethnol. Gesell. II, 1885, p. 23) hat wohl zweimal z für r gelesen und hält Spinula irrig für einen Spanier.

172 1278 reklamiert die Republik Venedig Schadenersatz für Georgio Delfino, welcher vom byzant. Admiral ausgeraubt worden war, als er mit seiner Barke von Athen nach Negroponte fuhr. Dieser Venezianer aber wird bezeichnet als »habitator Setine« (Athen). Tafel und Thomas III, p. 178.

173 Nach Marin Sanudo Torsello, Istoria del Regno di Romania, p. 101, ließ Wilhelm drei Nichten aus der Champagne zu sich kommen; ihre Männer wurden Guido von Athen, Thomas II. von Salona und Gulielmo da Verona, Terziere Euböas.

174 τὰ Σκλαβικά, griech. Chron. von Morea, p. 113.

175 Kopitar, Jahrb. der Lit. Wien, 1830, p. 118. Der griechische Name ist Μιζιθρᾶ (griech. Chron. v. Morea).

176 Ed. A. Freeman, The historical geography of Europe, London 1881, I, p. 409. Es ist pars pro toto, wie auch ganz Kreta von einem Orte Candia genannt wurde. Schon Konstantin Porphyrogennetos, De Caerimoniis, II, p. 657, gebraucht Χρήπου (besser Ἐγρίπου), auch Mich. Akominatos nennt die Insel bisweilen Euripos. Innozenz III. sagt abwechselnd Ägripons und Negroponte. Benjamin von Tudela hat die Form Egripu. Die griech. Chronik von Morea gebraucht nur Εὔριπος.

177 Ulrichs, Reisen u. Forsch. in Griechenland, II, S. 152.

178 Niketas, Urbs capta, p. 805 ff.

179 Sanudo, Vite dei Duchi di Venezia, ed. Muratori, XXII, p. 553.

180 Privilegium Ravani a. 1209 m. Martii Ind. XII, Rivoalte. Bei Tafel u. Thomas II, p. CCIVff.

181 Concessio tercie partis Nigropontis facta Marino et Rizardo fratribus et filiis nob. viri Rodondelli de Carcere, 14. Nov. 1216, Nigropontis. Archiv Venedig, Lib. albus fol. 100; und Vertrag mit Guilelmus, dem Sohne des Giberto, fol. 102. Tafel u. Thomas II, p. 241 ff.

182 Du Cange, Hist. de Cp., I, p. 275 ff. In die verworrene Geschichte der Dynastien Euböas hat erst Hopf Licht gebracht durch seine Monographie über Karystos und dann durch sein großes Geschichtswerk. Eine auf ihn gestützte Übersicht dieser Verhältnisse machte John Bury, The Lombards and Venetians in Euboea, Bd. 7 u. 8 des Journal of Hellenic Studies (1880 ff.).

183 C. Desimoni, Il Marchese di Monferrato Guglielmo il Vechio e la sua famiglia, Giornale Ligustico, 1886, p. 343.

184 Buchon, Éclaircissements sur la Morée française, p. 167.

185 Verträge des Guillelmus de Verona, »dominus tercie partis ...«, und des Narzotto mit dem Bailo, Negroponte 7. Jan. 1256; bestätigt daselbst 6. Aug. 1258. Unter den Zeugen Guillelmus de Rocha, dns. Villegordi.

Tafel und Thomas III, am Anfange. Diese Verhältnisse erzählt Marin Sanudo, Hist. del R. di R., p. 103. Navagero, Stor. Ven. (Muratori XXIII, p. 997).

186 Der Doge Rainerio Zeno ratifizierte den Vertrag am 1. Sept. 1259. Tafel u. Thomas III, p. 342. Nach Marin Sanudo, p. 104, sollte Wilhelm eine Rente von 11000 Solidi erhalten, falls er seine Besitzungen in Morea verlor.

187 Griech. Chron. Moreas, v. 221 ff., v. 1851 ff. Daraus schöpfte Dorotheos von Monembasia, p. 461. Gleicher Ansicht ist Sathas (Chron. Galaxidi, p. 65). Buchon (Rech. hist. I, p. LXX) begreift Athen als erste der 12 Baronien Achaias, er stützt sich dabei nur auf einen Akt von 1301 bei Guichenon, Preuves, p. 127. Das ist richtig, aber nur für jene Zeit. Aus einem Briefe Innoz. III. (Baluze II, ep. 557) folgert Buchon, daß Otto la Roche Vasall Achaias war; weil darin von geistlichen Renten Thebens geredet wird, die dem Gaufridus »princeps Ach.« gehörten, »ratione feudi«. Aber auch der Megaskyr bezog Renten aus Korinth; obwohl Marin Sanudo behauptet, daß der Kaiser Robert Gottfried II. Rechte auf die Länder der La Roche und auf Bodonitsa verlieh, so beschränkt er doch jene selbst auf Argos und Nauplia und auf Zölle in Korinth (p. 100).

188 Marin Sanudo, p. 104. Chron. Andrea Dandolo (Muratori XII, p. 364). Laurentius de Monacis VIII, p. 144.

189 Griech. Chron. von Morea, v. 121 ff.

190 »Passo di Moscro detto Caricdi«, Marin Sanudo, p. 105. Berg Akra oder Karydi, 3 Stunden von Megara entfernt; Buchon, Grèce continentale, p. 556. In der Schlacht fielen Guisbert de Cors und einige ungenannte Barone.

191 Griech. Chron. von Morea, v. 1999. »Et vint, le plus noblement qu'il pot, tout droit à Nicles.« (Liv. d. L Conq., p. 110).

192 »Rispose ro, che essi non erano pari, si chè dovessero judicarlo.« M. Sanudo, Ist. d. R. i. R., p. 105.

193 Aus einer Münze des Fürsten Achaias: G. PRINCEPS ... THEBE, hat man schließen wollen, daß sie Wilhelm II. damals in Theben schlagen ließ. De Saulcy, Numism. de Croisades, p. 143. Schlumberger, Num. de l'Orient latin pl. XII, 14, hält sie für ungeschickten Nachdruck und Kombination eines Tournois von Clarenza mit einer Münze der Herzöge Athens.

194 Um 1266 war Amaury de la Roche Komtur der Templer in Frankreich. Mas Latrie, Hist. de Cypre II, p. 1, p. 71.

195 Mas Latrie I, p. 351.

196 Marin Sanudo, p. 102. Die bekannten Tournoisen mit dem Glockenturm des St. Martin zu Tours und der Aufschrift D CLARENZA.

197 Griech. Chron. von Morea.

198 Chronik von Morea, v. 2131.

199 Die Franken gebrauchten für Herzogtum das Wort »ducheaume«, und die Griechen bildeten daraus δουκιάμος.

200 »Nos Guis de la Roche, sire d'Athènes«. Zwei Urk. v. Febr. 1260, Buchon, Rech. hist. II, p. 385 ff. Auch auf seinen Münzen steht DNS.

Zweites Buch 617

ATHEN. um ein Portal, auf dem Revers: THEB. CIVI um ein Kreuz. Schlumberger, p. 337, pl. XII, 30, 31. Die von de Saulcy, Num. de Crois. pl. XVII, 3, 4, dem Guy I. zugeschriebenen Münzen mit »Guiot Dux Athen«. schreibt Schlumberger Guido II. zu. Es gibt keine Münzen von dem ersten Megaskyr.

201 Hist. Byz. VII, 5, p. 239. Du Cange (in der Note dazu) verlacht das als unsinnig. Surmelis, Katastasis Synopt., p. 18, hat aber diese Fabel angenommen, wie lange vor ihm Meursius, De Fortuna Athen., p. 106, und später andere.
202 Tafel, De Thessalon., p. 161. Du Cange zum Wort δούξ.
203 Prokopios, De Aedificiis, III, 3, p. 252, sagt von Justinian: στρατιωτικοὺς καταλόγους τῇδε ἱδρύσατο, οἷς δὴ ἄρχοντα ἐς ἀεὶ ἐφεστάναι διώρισεν, ὅνπερ δοῦκα Ῥωμαῖοι τῇ Λατίνων καλοῦσι φωνῇ. Das bezieht sich auf den Befehlshaber der Grenzfestung Artaleson in Armenien. In der Biographie des hl. Meletios (zweite Hälfte des 11. Jh.) kommt der Archon Athens vor (Ἀθηνάρχης), was Sathas (Mon. Hist. Hell. VII, p. XXI) mit »duc d'Athènes« übersetzt. In derselben Heiligengeschichte finde ich aber auch den Δούκας τῶν Θηβῶν, unter dem doch der Stratege oder Prätor von Hellas zu verstehen ist.
204 Gibbon, c. LXII, p. 25, Pariser Ausgabe von 1840.
205 Muntaner, c. 214. Er nennt Helena »Arena muller del duch de Tenes«.
206 »Por les besoignes de notre terre«: Buchon, Rech. II, p. 384. Du Cange, Hist. de Cp. I, p. 436ff. Pariser Kaufleute forderten von ihm Ersatz für Schädigung durch Korsaren von Nauplia, und dies wirft Licht auf die Handelsbeziehungen von Paris zu Griechenland.
207 Die aragon. Chronik von Morea, p. 61, nennt unter den Befehlshabern Otto de la Roche, Bruder und Bail Guidos. Siehe auch Liv. de l. Conq., p. 119.
208 Pachymeres I, p. 83 ff. Georg Akropolita, p. 180.
209 G. Akropolita, p. 183.
210 Chronik von Morea, p. 156ff.
211 Marin Sanudo, p. 107. Die aragon. Chronik von Morea, p. 66, sagt ausdrücklich, daß der Herzog nach seiner Rückkehr aus Frankreich vom Rat der Barone zum »bayle et governador« des Fürstentums gemacht wurde.
212 Eine Münze GVI. DVX. ATENES, Revers: DE CLARENTIA, die einzige hier geschlagene eines Herzogs von Athen, scheint Guido als Bail Achaias geprägt zu haben. De Saulcy, a.a.O.
213 Liber jurium I, 1350, Akt vom 13. März 1261 (apud Niffum); bestätigt in Genua, 10. Juli 1261.
214 In Urkunden: »Michael in Chr. Deo fid. Imp. et moderator Romanorum Ducas Angelus Comninus Paleologus, novus Constantinus«. Mit dem Titel und dem Gewande Konstantins ließ der Patriarch Germanos den Kaiser Michael auf einem Teppich darstellen, welcher zwischen zwei Porphyrsäulen in der Hagia Sophia ausgespannt wurde. Pachymeres VII, p. 614.

215 Marin Sanudo, p. 115, nennt nur Theben, aber eine Urkunde, die ich angeben werde, zeigt, daß Balduin auch nach Athen ging.
216 Urkunde aus d'Achery III, 642, Oct. 1261 Athenarum, bei Riant, Exuviae sacrae Constantinopolitanae II, p. 144. Die Reliquie, die übrigens in einem kostbaren Schrein mit griechischer Inschrift lag, schenkte dann Cicons der Abtei Citeaux; ibid., p. 145 ff. Du Cange, Hist. de Cp. I, p. 367.
217 So ist Pachymeres I, p. 188, zu verstehen: Ἀνάπλιον δὲ καὶ ῎Αργος ἐν ἀμφιβόλοις ἐτίθει. Nach dem Liv. d. l. Cq. verlangte der Kaiser die Abtretung von Malvasia, Misthra und Maina; die aragon. Chronik, p. 67, fügt sogar noch Korinth hinzu, welches indes der Kastellan nicht herausgab. Der spätere Phrantzes lib. I, p. 17, sagt: Μονεμβασίαν καὶ τὰ Λεῦκτρα Μαΐνης, ἡ καὶ Ταιναρία πάλαι ἄκρα ἐκαλεῖτο παρ᾽ ῞Ελλησι, καὶ τὴν Λακωνικὴν Σπάρτην. Des hat Phrantzes aus Nikephoros Gregoras IV, c. 1, entlehnt, der im 14. Jh. schrieb.
218 »Si feroit comme frans sires et comme Jhesus Christ fist pour racheter son peuple, pour ce qu'il voudroit mieux morir ung home que cent mille.« Livre d. l. Cq., p. 152; Chron. v. Morea, p. 164. Hopf I, S. 285, bezieht sich dagegen auf den Bericht des Marin Sanudo, wonach die Barone den Antrag Bruyeres zurückwiesen und Guido für ihn stimmte »accio non fosse tenuto traditore in corte del re di Francia«. Ähnlich behauptet die aragon. Chronik von Morea, daß Guido dafür stimmte, um nicht glauben zu machen, daß er aus Rache den Fürsten in der Gefangenschaft lassen wolle.
219 Dies weiß die aragon. Chronik von Morea, und daß Guido den Fürsten nach Nikli begleitete.
220 Tafel u. Thomas III, n. 348, 349. Actum Thebis in domo et presentia ven. patris Eri, archiep. Thebar. 16. Mai, Ind. V.
221 Assises de Jérusalem, ed. Beugnot, II, Les Lignages d'outremer, p. 449: »Jehan espousa Aalis la fille dou duc d'Atènes«.
222 Treuga Michaelis Paleologi Imp. cum Raynerio Geno duce Venet. a. D. 1265, die 8. m. Junii. Tafel u. Thomas III, 62 ff. Der Doge bestätigte jedoch diese Artikel nicht; erst drei Jahre später schloß Venedig einen nicht sehr günstigen Waffenstillstand mit dem Kaiser.
223 Urkunden bei Du Cange, Hist. de Cp. I, p. 455 ff.
224 Sie wurde erst am 15. Okt. 1273 in Foggia vollzogen, und bald darauf starb Balduin II.
225 Livre d. l. Cq., p. 269.
226 Griech. Chronik von Morea, p. 168.
227 Dem ersten offiziellen Gebrauch des Vulgärnamens begegne ich in den ›Judicum Venetorum Decisiones in causis piratarum‹ 1278, Tafel u. Thomas III, p. 178: »item Georgio Dalphino habitatori Satines«. Es ist bekannt, daß dieser Name aus εἰς Ἀθήνας zusammengezogen ist.
228 Sie vermählte sich nach dem Tode ihres ersten Gemahls Guisbert de Cors mit Wilhelm II. von Verona, Dreherrn Euböas, dann um 1276 mit Johann von St. Omer, dem sie als Erbtochter des Marschalls von Achaia diese

Zweites Buch

Würde mitbrachte. Den merkwürdigen Lehnsprozeß erzählt ausführlich die Chronik von Morea.

229 Nikephoros Gregoras IV, c. 9, gibt den Umfang beider Gebiete an.
230 Pachymeres lib. I, p. 83. Die barbarische Bearbeitung der Ilias von Konstantin Hermoniakis im 12. Jh. scheint thessalischen Ursprungs zu sein. Sathas, Le Roman d'Achille, Annuaire de l'Assoc. des études grecques, XIII, 1879, p. 435.
231 Pachymeres lib. IV, p. 328.
232 Nikephoros Gregoras IV, c. 9, p. 119, erzählt, daß der Herzog dem Sebastokrator 500 Mann gab, alle auserlesene Athener. Die byzant. Geschichtsschreiber sagen nichts davon, daß der Herzog mitzog, doch dies weiß Marin Sanudo.
233 πολὺς λαός ὀλίγοι ἄνθρωποι: Marin Sanudo, Ist. d. R., p. 121. Ich glaube, daß dies Wort dem Herodot VII, c. 210, entlehnt ist, wo sich Xerxes vor den Thermopylen überzeugt, daß seine Scharen πολλοὶ μὲν ἄνθρωποι εἶεν, ὀλίγοι δὲ ἄνδρες. Doch konnte sich dieser Ausspruch des Herzogs einfach aus der Lage der Dinge selbst ergeben.
234 Pachymeres lib. V, p. 450.
235 Noch heute zerfällt die Nomarchie Euböa in drei Eparchien; Oreos heißt jetzt Xerochori.
236 De Aedif. IV, 3. – Spon, Voyage II, p. 320. Lacroix, Iles de la Grèce, Paris 1881, p. 386.
237 Dies zeigt ein merkwürdiger Brief des Dogen Pietro Gradenigo an Friedrich III. von Sizilien, Venedig, 28. März 1280: »Civitas Nigropontis non est tota nostrae juridictioni supposita, sed solum quaedam pars ejus, quae est super mare, propter quam ex forma pactorum quae cum dominis Lombardis habemus a venientibus per mare commerclum possumus accipi facere.« Archiv Venedig, Lettere di Collegio, fol. 93.
238 Marin Sanudo, Ist. d. R., p. 127: »Castello della Filla, che guarda sopra Lilando.« Die oben genannten Namen entnahm ich ebenfalls dem Sanudo. Philagra an der Ostküste wird bisweilen in venez. Urkunden genannt. Eine mittelalterliche Chorographie Euböas ist sehr zu wünschen. Weder Bursian noch A. Baumeister (Topogr. Skizze der Insel Euböa, 1864), noch Ulrichs (Reisen u. Forschg. II), noch Leake, Travels in northern Greece, geben darüber Aufschluß.
239 Einen Einblick in das Treiben der Seeräuber geben die ›Judicum venetor. in causis piraticis contra Graecos depositiones‹ 1278. Tafel u. Thomas III, p. 159–381. Unter den byzantinischen Korsaren finden sich Menschen verschiedener Länder, wie Johes Sanzaraxon, Saladin, Johes de Cavo und Andrea Gaffore.
240 »A dargli omaggio del ducato di Atene e de Terzieri di Negroponte«, p. 116.
241 Marin Sanudo, p. 119ff.
242 Nikeph. Gregoras IV, c. 10, p. 117ff.
243 Pachymeres IV, p. 333. Marin Sanudo, p. 121ff. Nikeph. Gregoras, a. a. O.

244 Sanudo, p. 125, sagt, daß Licario mit sich führte »gente d'armi spagnola e catalana, e del reame di Sicilia, ch'era stata del re Manfredi«; dies ist das erste Auftreten katalanischer Söldner in Griechenland.
245 Pachymeres lib. V, p. 411.
246 Anselme, Hist. généalog. et chronolog. de la maison royale de France, Paris 1730, I, p. 129.
247 Über die Brienne, deren Geschichte noch fehlt: Arbois de Jubainville, Catalogue d'actes des Comtes de Brienne, 950–1356, in: Bibl. de l'école des chartes XXIII, 1872. Carl Hopf, Walther VI. von Brienne, Herzog von Athen und Graf von Lecce (Raumers Hist. Taschenb., 1854). Ferdin. de Sassenay, Les Brienne de Lecce et d'Athènes, Paris 1869. Reumont, Der Herzog von Athen (Histor. Zeitschr., 1871, XXV, mit einer Stammtafel).
248 Ein Reskript des Königs Karl an Symon de Bellovidere, St. Erasmus 11. April, ohne Jahresdatum, erlaubt Hugo aus dem Königreich 150 Pferde und Maultiere zu ziehen, da er sich nach Achaia begebe. Der Regestenband im Archiv Neapel trägt die Ziffer 1277.
249 Griech. Chronik von Morea, p. 260ff. Livre de la Conq., p. 237ff., wo der Herzog von Athen irrig Guido genannt wird. Aragon. Chronik von Morea, p. 92. Während Hopf in der genannten Abhandlung, gleich Buchon, die Vermählung ins Jahr 1280 setzt, gibt er in seiner Gesch. Griechenl. I, S. 294, dafür 1277 an.
250 Pachymeres V, p. 413. Marin Sanudo, p. 136. Das Todesdatum 1275 bei Buchon und Finlay IV, p. 141, ist irrig; Hopf I, S. 307, hat dafür 1280 angenommen. Münzen Johanns sind bis jetzt unbekannt geblieben. Schlumberger, p. 337.
251 »Dilectus miles et familiaris noster.« Reskript aus Melfi an die Portulane Apuliens, dem »nob. vir Guillelmus de Rocca dux Athenarum« zu erlauben, daß er 50 Pferde aus dem Königreich ausführe (Archiv Neapel, Reg. Ang., 35, 1279, B. fol. 22ʳ).
252 Eine richtige Bemerkung des Konsuls Fauvel in Athen, bei Pouqueville, Voyage dans la Grèce IV, p. 90
253 Marin Sanudo, p. 152.
254 »Quod egregius vir Guillelmus della Rocca et insula Negropontis sint in dicta treugua«. (Arch. Venedig, Maggior Consil., Luna. fol. 100. 20. Juni 1284) – Zehnjährige Treugua zwischen dem Kaiser Andronikos und dem Dogen Giov. Dandolo, Konstantinopel 15. Juni 1285 (Tafel u. Thomas III, n. 378).
255 Griech. Chronik von Morea, v. 5617ff. »De quoy fu grans domages, pour ce que il fu vaillans homes, et maintenoit bien son pays.« (Liv. d. l. Cq., p. 268). Ich folge der Chronologie Hopfs. Die Münzen Wilhelms: DVX ATENES und THEBE CIVIS mit den Varianten: TEBES, TEBANI CIVIS, bei Schlumberger, p. 338.
256 Georg Konstantinides, Ἱστορία τῶν Ἀθηνῶν, p. 367.
257 Über die Grafen von Hainaut aus dem Hause Avesnes, Anselme, Hist. généal. et chronol. de la maison royale de France, II, p. 778.

258 Karl II. spricht in einem Schreiben an Nikolaus von St. Omer, Tarascon, 14. Sept. Ind. V, von der Heirat Hugos als einer erst zu schließenden; »ut cum ipse cum nobili muliere Elena Athenarum ducissa de ipsa in uxorem ducenda noviter duxerit contrahendum ...« (Reg. Ang. vol. 57, 1291. 1292. A. fol. 1).
259 Als solcher schreibt ihr P. Lambros eine Münze zu: HELENA DI GRA CARICIA S F (Semis Feudi); Rev. Num. T. XIV, 192.
260 »Revolventes quod prefate concessionis tempore nostre intensionis extitit dicti ducis homagium et servicia nostre curie debita pro dicto ducatu simul cum juribus aliis principatus ejusd. dictis principisse et principi fuisse concesse.« Dat. Sulmone, 25. Julii, VII. Ind. (1294) R. N. a. X. – Reg. Ang. n. 70, 1294. M. fol. 65ᵗ.
261 »Ut si ducatus Athenarum intendunt ulterius gere Baliatum ...« Sulmona, 25. Juli 1294. Ibid., n. 69, 1294, J. fol. 220ᵗ. Im gleichen Sinne dem eben mündig gewordenen »nobili viro Guidotto de Rocca duci Athenar.«, fol. 261.
262 Cap. 244 (Ausgabe von Lanz, Stuttg. 1844): »Veritat es quel duch de Tenes era hu dels nobles homens qui sien en limperi de Romania apres rey, e dels pus richs.« Er nennt Athen »Tenes« und Theben »Destives«.
263 »Dominator Caristi et Gardichie et Selizerii et Egne«: Arch. Ven., Pacta III, fol. 79ᵗ. – Hopf, Geschichtl. Überblick über Karystos, p. 567, und die vermehrte italien. Übersetzung dieser Schrift von Sardagna, p. 35. Gardiki (später Gardaki), schon von Benjamin von Tudela so genannt und als »Castrum Cardicense« und Bischofssitz in Briefen Innozenz' III. erwähnt, lag bei Zeitun. Wo aber Seliziri?
264 Reg. Ang., n. 69, 1294, J. fol. 257ᵗ, Dat. Melphie IX. Julii VII, Ind.
265 Befehl an diese, 25. Juli 1294. Reg. Ang., n. 63, A. fol. 195ᵗ. – N. 68, 1294, F. fol. 98ᵗ.
266 Pachymeres II, lib. IV, p. 285. Der Kral behandelte das Kind zu frühe als Gattin, weshalb die Ehe unfruchtbar blieb. Nikephor. Gregoras VII, 5, p. 243.
267 Akt vom Jahre 1301, bei Guichenon, Preuves IV, p. 127. Buchon, Einleit. zum Liv. d. l. Cq., p. 70.
268 Reg. Ang., n. 98, 1299, B. fol. 161. – N. 96, 1299, A. fol. 1: 0ᵗ, »Guidoni de Rocca, duci Athenarum, Neapoli 3. Julii XII. Ind. ... nobisque inconsultis per principissam ipsam predicta filia cum adhuc in annis agat infantie ... tibi assignata est et in tua nutritur custodia.«
269 Reg. Ang., n. 97, 1299, B. fol. 121. – N. 101, 1299–1300, C. fol. 256, an die Fürstin Isabella. – An den Herzog Guido, 20. April, XIII, Ind. n. 97, 1299, B. fol. 221.
270 Hopf I, S. 350.
271 Über Philipp von Savoyen: Datta, Storia dei Principi di Savoia del ramo d'Acaja; Stammtafel I, XV.
272 Datta I, p. 33 ff. Saraceno, Regesto dei Principi di casa d'Acaja (Miscell. di Stor. Italiana, Turin 1882, p. 428). Es hat sich sogar der Küchenzettel des

Hochzeitsmahls erhalten, Journal de la depense de l'Hôtel du prince Philippe de Savoye, faitte par clerc Guichart, abgedr. bei Hopf, Chron. Gréco-Rom., p. 231.
273 Guichenon I, p. 317 und Preuves IV, 1, p. 103.
274 »Tan pour son douchame quart pour la chastellaine de Calamate et pour la cité d'Argues et le noble chastel de Naples (Nauplion).« (Liv. d. l. Cq., p. 405). – Am Ende 1302 gebar Isabella im Schlosse Beauvoir ihre zweite Tochter, Margarete. Mas Latrie, Princes de Morée, p. 11.
275 Liv. d. l. Cq., p. 405 ff.
276 Während seiner Regentschaft ließ Guido in Neopaträ Tournoisen schlagen mit dem Namen seines Mündels und mit lateinischer Legende. ANGELVS SAB' C. (Sebastokrator Comnenus) NEOPATRIE. Varianten: DELLA PATRIA oder PATRIA. Schlumberger, p. 382.
277 Nik. Gregoras VII, p. 5. Von ihren drei Söhnen Johannes, Theodor und Demetrius erbte der zweite die Markgrafschaft Montferrat, wohin er im Nov. 1310 ging. Dies Palaiologenhaus dauerte daselbst bis 1533. Du Cange, Fam. Aug. Byz., p. 202.
278 Liv. d. l. Cq., p. 420ff.
279 Μέγαν κυρὴν τὸν ἔλεγαν, τὸ ἐπίκλην τῶν Ἑλλήνων, v. 6712.
280 Es ist zweifelhaft, ob die französischen Herren Salonas den Grafentitel führten; in einer Liste der fränkischen Dynasten Romanias (Arch. Venedig, Pacta lib. III, fol. 79ᵗ) heißt es nur: »Thomas de la Sola dominus Salone«. Von diesem letzten seines Hauses gibt es eine Münze: THOMAS R.) DEL: LA SOLA. Schlumberger, p. 349.
281 Wadding, Annal. Minor. ad a. 1302, n. 7.
282 Münzen der Markgrafen von Bodonitsa sind unbekannt.
283 »Car il y ot plus de mil a jouster à ceaux dedens.« Mit diesen Worten bricht die franz. Chronik von Morea ab; ihre Quelle versiegt für uns, soweit sie eben geschichtlichen Wert hat.
284 Du Cange, Hist. de Cp. II, p. 124ff.
285 Am 5. Dez. 1305 erklären zu Theben Erre (Heinrich), Erzb. von Athen, Margarete, Dame von Mategriflon, Nikolaus von St. Omer, Großmarschall von Achaia, Engelbert von Lüdekerke, Großkonnetabel von Achaia, daß Mahaut, die Herzogin von Athen, am Tage St. Andreas (30. Nov.) zwölf Jahre erreicht habe. Akt aus dem Archiv Mons bei St. Genois, Droits primitifs, p. 336. – An demselben Tage bevollmächtigen Mathilde und Guido die Ritter Jean Sausset und Jean de Chyvigni, in ihrem Namen dem Grafen Wilhelm von Hainaut für die flandrischen Güter zu huldigen, die sie von Florenz besaßen. Unter den Zeugen: Erre, Erzbischof von Athen, Nichole, Erzbischof von Theben, Thomas, Bischof von Davalia, die Barone Thomas von Salona, Engelbert von Lüdekerke, Bonifatius von Verona, Herr von Karystos und Gardiki.
286 Zinkeisen, Gesch. des osman. Reichs in Europa I, S. 68.
287 J. Delaville le Roux, La France en Orient au XIVᵉ siècle, Paris 1886, p. 43.
288 Almugavari, d. i. »scorridori«, ein arabisches Wort. Amari, Vespro sicil. I⁹,

235. Ihr Wesen hat Bernard d'Esclot geschildert. – Im franz. Heer hießen sie »bidauz«: G. Köhler, Die Entwickl. des Kriegswesens ... III, 1. Abt., Breslau 1887, S. 102.

289 Die Fahrten und Taten der katalan. Kompanie sind von Ramon Muntaner selbst, dann von Francesco Moncada, Conde de Osona (Expedicion de los Catalanes y Aragones contre Turcos y Griegos, Barcelona 1653, Madrid 1805) beschrieben worden. – F. W. Barthold, Geschichte des Templers von Brindisi Rogers de Flor, Berlin 1840 (in A. v. Reumonts Italia). Finlay, Hist. of Greece, III, p. 388 ff. Epaminond. Stamatiadis von Samos, οἱ Καταλανοὶ ἐν τῇ Ἀνατολῇ, Athen 1869. – Bozzo, Note storiche del sec. XIV, Palermo 1883, c. III. A. Rubio y Lluch, La expedicion y dominacion de los Catalanes en Oriente juzgadas por los Griegos, Barcelona 1883.

290 Capmany, Memor. hist. sobre la Marina de Barcelona II, p. 34.

291 Capmany I, 6, I, 2, p. 70. Romanin, Stor. docum. di Venezia, II, p. 185.

292 Schon Benjamin von Tudela weiß von aragon. Kaufleuten in Alexandria. Über den katalan. Handel in der Levante passim bei W. Heyd, Gesch. des Levantehandels. – Katalanen in Famagusta auf Zypern im Jahre 1300: Archives de l'Orient latin, II, 1884, p. I, 89 ff.

293 J. Lelewel, Geogr. du Moyen-âge, Breslau 1852, Carte Catalane II, p. 37 ff. Buchon, Notice sur un atlas en langue catalan de l'an 1374. Facsimile del Planisferio del mondo conosciuto in lingua catalana del XV sec. illustr. da Teobaldo Fischer. Vened. 1881, n. XIII der Racolta di mappamondi e carte nautiche del XIII. al XVI. sec.

294 Amari, Vespro Sicil. II, p. 243.

295 Mutaner, c. 212, ruft verwundert aus, daß es seit 400 Jahren keinen Cäsar mehr im Reiche gegeben habe. Doch das ist irrig. Im Jahre 1179 hatte Rainer von Montferrat als Gemahl Marias, der Tochter Manuels I., den Cäsartitel erhalten. Seit Alexios Komnenos gab es 6 große Hoftitel: Despot, Sebastokrator, Cäsar, Großdomestikus (Marschall des Landheeres), Panhypersebastos, Protovestiarius (Kodinos, De Off., c. 2).

296 Am 10. Mai 1305 schrieb er aus Gallipoli dem Dogen Pietro Gradeniga: »Amico suo karissimo tamq. patri plurimum diligendo, Berengarius de Entenza eadem gr. (dei) magnus dux predicti Imperii Romanie, ac dominus Natolii ac Insularum ejusdem Imperii salutem ...« Archiv Venedig, Commem. I, fol. 81.

297 Zachariä v. Lingenthal, Jus Graeco-Rom. II, p. 623.

298 Pachymeres VII, p. 563.

299 Buchon, N. R. II, p. 385. Testa, Vita di Federico II, p. 138. Bozzo, Note storiche, p. 163 ff. In diesem Akt wird die Kompanie durchaus bezeichnet als »gens, quam dictus dominus rex habet in partibus Romaniae«.

300 Diese Ränke sind gut dargestellt von Moncada, c. L.

301 Thomas, Diplomat. Veneto-Levantin., p. 48 ff. Weiterhin andre Dokumente diese Angelegenheit betreffend. Die Mission Cepoys im Dienste des Valois dauerte vom Sept. 1306, wo er Paris verlassen hatte, bis April 1310,

wo er nach Mons zurückgekehrt war. Auszug aus der Rechnungsablage desselben, Du Cange, Hist. de Const. II, p. 352 ff.

302 Elf Galeeren und ein Schiff unter Giov. Quirini und Marco Negrotto: Reklamation Friedrichs II. an den Dogen, infolge der Beschwerde Muntaners, präsentiert zu Venedig, 5. Aug. 1308, Arch. Ven. Commem. I, 128^t bei Predelli, Reg., n. 374. Das Datum des Ereignisses ist »infra mens. Julii proximi preteriti Indict. V«.

303 Muntaner, c. 243.

304 Muntaner, c. 222: »Era sen andat al duch d'Atenes, que li feu molta donor.« Pachymeres II, p. 399, weiß von dieser Trennung des Ximenes, ohne seines Verhältnisses zum Herzog zu erwähnen.

305 Nikephor. Greg. VII, 5, p. 237, welcher Jeannette nicht mit Namen nennt.

306 Griech. Chron. von Morea, v. 5935 ff. Arag. Chr., n. 536.

307 »A deux minestreus du duc d'Athènes qui vindrent pour le mariage de Roquefort ... Extraits d'un rouleau de la chambre des comptes de Paris« (1309). Bei Du Cange, Hist. de Cp. Recueil, II, p. 355. Ebendaselbst werden Ausgaben Cepoys notiert für katalan. Kapitäne und andre Boten an den Herzog von Athen, um Pferde und Getreide für die Kompanie zu haben.

308 Nach Ramon Muntaner war also der Infant in der Burg St. Omer eingeschlossen. Hier scheint demnach auch der Herzog gewohnt zu haben. Des eigentlichen Besitzers derselben Nikolaus' III., wird bei dieser Gelegenheit nicht gedacht. Der Begriff »Kastell St. Omer« konnte freilich auf die ganze Kadmeia übergegangen sein.

309 Arch. Venedig, Commem., I, 128^t.

310 »Sed vir nob. Tibaldus de Cepoi vicar, dni Karoli qui erat dominus et rector galearum, cum quibus dictam detentionem exercuit, ipsum Infantem invitis nostris Venetiis penitus voluit facere detineri.« Brief an Pedro de Pulcro Castro, Leutnant Mallorcas, dat. Mai (1309, da vorher Ind. VII bezeichnet ist).

311 Nicol. Specialis, Hist. Sicil. VII, p. 22.

312 Pachymeres II, S. 579, 595. Die Zeit ist nicht angegeben.

313 Todesdatum und Begräbnis am 6. Okt. in »Dalphinet der Abtei vom Orden der Zisterzienser in der Diözese Athen« beglaubigt ein Totenschein für »Guillaume Comte de Hainaut«, dessen Schutz für die Witwe angerufen wird. Die Aussteller des Aktes sind Eris, Erzbischof von Athen, Dekan Petros, Kantor Gille, Laurenz, Schatzmeister der Kirche Athen, Jacques, Abt von Dalfinet, Andre Gefors (der ehemalige furchtbare Pirat, der jetzt in Athen lebte), Ritter Nikol. de Lille, Guill. de Vaites und Ysambert de Plaisance; Athen, 30. Okt. 1308. Aus dem Archiv Mons, von St. Genois (Mon. anciens, droit primitif des anciennes terres de Haynaut, Paris 1782, p. 338) leider nicht mit lat. Wortlaut wiedergegeben. Buchon, Rech. Hist., I, p. 473. – Den Tod des Herzogs am 5. Okt. meldeten die Räte des Bailo von Negroponte, Andrea Dandolo und Enrico Morosini, dem Dogen am 13. Okt.: »Dn. dux Atheniensis die veneris V. octubris de hoc mundo

migravit ad Christum, et propter hoc nulle novitates fiunt nec fieri credimus«. (Arch. Venedig, Commem. I, fol. 135ʳ).

314 Seine Münzen bei Schlumberger, p. 339. Die ersten sind namenlos während der Regentschaft Helenas: DVX ACTENAR. TEBAR. CIVIS – DVX ATENES. THEBE CIVIS – GVIOT. DVX ATH'. THEBE CIVIS. Dies nach P. Lambros in Sallets Zeitschr. für Numism. I, 1874, p. 190 ff., und Taf. VI. Nach 1294 GVI. DVX ATENES. TEBE CIVIS. Die Münzen Guidos II. sind die letzten beglaubigten der Herzöge Athens, die wir besitzen.

315 St. Genois, a.a.O. Dieser Akt wiederholt oder bestätigt die von Guido und Mahaut am 10. Mai 1308 erteilte Vollmacht. Ibid.

316 Die griech. Chronik von Morea (v. 6714) macht die dunkle, sonst nirgends bestätigte Bemerkung, daß Gott dem Herzog Guido keine Erben gab, weil er in Lasterhaftigkeit (πονηρία) verfallen war.

DRITTES BUCH

1 Amari, Vespro, c. 17.
2 Anselme, Hist. généalog. et chronolog. de la maison royale de France, p. 109.
3 Lignages d'outremer, p. 449. Eschive verband sich mit Antfroy de Montfort.
4 »Et la dicha siniora de Barut dicia que su madre era mas primogenita que la madre del duche conte de Brenna ...« Aragon. Chronik von Morea, p. 118 ff.
5 Fragmente einer Urkunde bei Minieri Riccio, Stud. stor., p. 54. Dazu Bozzo, Note stor., p. 272. Nach Hopf I, S. 360, starb Carlo Lagonessa 1304; nach Minieri, Fasc. Angiov., p. 72, vor dem 13. Okt. 1304. Im Reg. Ang., vol. 143, Carolus II., 1304–1305 F. fol. 145, bestätigt der König den Johes de Lagonessa als dessen Erben: »Karolo de Lagonessa milite olim Regni nostri Sicilie Senescallo nuper humanis rebus abducto ...« Dat. Averse die 23. Sept. III. Ind.
6 Am 24. April 1309 war Walter noch in Brienne; Akt in ›Bibl. de l'école des chartes‹, XXIII, p. 181. Am 11. Aug. 1309 empfahl ihm bereits der Doge den Venezianer Petrus, den Sohn des Kanzlers Tanto, als Domherrn in Theben; ebenso dem Patriarchen Nikolaus von Konstantinopel (in Negroponte), dem Thomas von Salona, Marschall Achaias, und dem Ritter Antonio Flamingo. Arch. Venedig, Lettere, fol. 91.
7 Verlobungsakt bei St. Génois, a.a.O., p. CCXV. Unter den Zeugen Lire (Enric), Erzbischof von Athen, Jacques, Bischof von Olenos, Thomas von Salona, Nikolaus von St. Omer, Boniface de Verona, Antoine und Jean de Flamenc, Renaut de la Roche von Damala.
8 Brief an Walter, 23. Okt., 8. Ind. (1310), Arch. Venedig, Lettere di Colle-

gio (1308–1310), fol. 60; Abschrift davon in Miscell. V., Decreti e Documenti Veneti Class. XIV, Cod. XXI, p. 79 (Bibl. S. Marco).
9 Nikephor. Gregor. VII, 5, p. 237. Die Prinzessin nennt er unrichtig eine Tochter des Herzogs von Athen. Dazu Hopf I, S. 387.
10 Nikephor. Gregor. VII, 7, p. 249.
11 Nikephor. VII, 6, p. 246. Das Lob des Chandrenos von Theodulos in seinem Presbeutikos (Boissonade, Anecd. Graeca II, p. 188 ff.).
12 Theodulos, p. 200.
13 Pietro Gradenigo an den Bailo Negropontes, Lettere di Collegio, fol. 63ʳ: »Intelleximus litteras vras nuper nobis missas inter cetera continentes, qualiter dominus Gibaldus qui est in Vlachia cum compagna misit suos nuncios ad vos et dominos de intus requirendo pacem –« Gibaldus kann nur Theobald de Cepoy sein, aber das Datum des Briefs, 29. Nov., VIII. Ind. (1310), stimmt nicht zu den Ereignissen, weil damals Cepoy nicht mehr in Wlachien war. Seinen Fortgang mußte man in Venedig wissen. Es ist daher Ind. VII (1309) zu schreiben.
14 Muntaner, c. 239. Das Datum der Flucht Cepoys ist wichtig für die Chronologie dieser und der folgenden Ereignisse. Es ergibt sich aus der Rechnungsablage über die Kosten der Mission Cepoys in Romanien, die vom Sept. 1306, wo er Paris verlassen hatte, bis zum 29. April 1310 dauerte, wo er wieder nach Mons zurückgekehrt war. Seine letzte Epoche umfaßt die Zeit vom 9. Sept. 1309 bis 29. April 1310. Du Cange, Hist. d. Cp. II, n. XXX.
15 Addellili, ein arabisches Wort, bezeichnet Führer. So hießen die Hauptleute der Almugavaren. Amari, Vespro, I, p. 235.
16 Er nennt das Land Walachia und sagt, daß seine Grenze bei Zeitun sei.
17 Chron. von Galaxidi, ed. Sathas, p. 204.
18 Muntaner spricht sogar von einem mit den Katalanen in Kassandreia abgeschlossenen Soldvertrage, was so ungenau ist, wie die Angabe der Aragon. Chronik, n. 536, welche dies Bündnis noch zwischen Guido und Rocaforte abschließen läßt.
19 Sassenay, Les Briennes, p. 180.
20 Hopf I, S. 389, läßt sie durch die Thermopylen und Lokris nach Böotien ziehen und vorläufig in Theben Quartier nehmen, was so unwahrscheinlich wie unerweisbar ist.
21 Nach einer Urkunde, datiert »sotto la Gyrona«, 6. Juni 1310, VIII. Ind., schenkte er dem Venezianer Zuan Quirin Land im Wert von 1000 Hyperpern und verpfändete ihm dafür die Abtei Cochinta. Seine Schenkung bestätigte später sein berühmter Sohn Walter als Titularherzog von Athen, Vened. 5. Nov. 1336. Lunzi, Della condizione politica delle isole Jonie sotto il dominio Veneto, Ven. 1858, p. 124. Hopf versteht unter Gyrona einfach Zeitun. Vielleicht ist im Text Gytona zu lesen; denn die fränkische Form für Zituni ist Giton oder Gipton (Liv. de la Cq.).
22 Muntaner, c. 240.
23 »Si ad statum reduceretur pristinum, eo quod ipsa consumta fuit a comite

Brenensi, dum societatis Catelanorum dominium obtinebat.« Secreta fidelium crucis, lib. II, pars 4, p. 68 (ed. Bongars).

24 Muntaner, c. 240.

25 Aragon. Chronik von Morea, n. 546, 547: »Respondieron que non querian render los castiellos et las predas que avian ganado, por que no sabian do yr, mas ellos lo pregavan que éll los dexase estar en pas, et que ellos querian fer homenage de aquellos castiellos et iurarle de nunqua fer danayo en aquella terra ne en ninguna suya.« Die Chronik verlegt freilich den Krieg irrig in die Zeit Guidos. Übrigens weiß auch die griech. Chronik von Morea, v. 5946, daß die Eroberung von Domokos durch die Katalanen den Grund des Bruchs mit dem Herzoge abgab.

26 Ich verwerfe diese Ansicht Hopfs (I, S. 391).

27 Nikephoros Gregoras VII, 7, p. 252. Dieser Geschichtsschreiber sagt nichts, weder von dem Soldvertrage der Katalanen mit dem Herzog noch von dem siegreichen Kriege desselben mit dem Kaiser.

28 Treugua, in den Blachernen, 11. Nov. 1310. Thomas, Diplom. Veneto-Levant., n. 46. Der Tod hat meinen um die Erforschung der Beziehungen Venedigs zu Griechenland hochverdienten Freund Thomas verhindert, den Druck des 2. Bandes seines Diplomatars zu besorgen. Es ist dringend zu wünschen, daß die Gesellschaft vaterl. Geschichte Venedigs die ihr überlieferten Manuskripte bald herausgibt.

29 Nikephor. VII, 7, p. 252, 253. Muntaner, c. 240, zählt 700 französische Ritter und sogar 24000 Mann Fußvolks.

30 Nikephor., a. a. O., Theodulos, p. 200.

31 Nikephor. rechnet 3500 Reiter, 4000 Fußvolk. Er läßt die Türken des Melik und Chalil sich schon in Makedonien von den Katalanen trennen, aber ein Teil davon blieb bei ihnen, und sowohl Muntaner als Theodulos wissen, daß sie am Kephissos gefochten haben.

32 Über das kopaische Böotien, Bursian, Geogr. I, S. 194. Forschhammer, Hellenika I, S. 159. Buchon, Grèce continentale. K. O. Müller, Orchomenos und die Minyer I, c. 2 u. 3. Ulrichs, Reisen u. Forschungen I, S. 205. L. Roß, Königsreisen, Bd. I. E. Burnouf, Le Lac Copaïs, Archives d. miss. scient. I, p. 133 ff.

33 Ulrichs, Reis. u. Forsch. I, S. 205 ff.

34 Über den Zustand von Orchomenos, Schliemann, Exploration of the Boeotian Orchomenos, Journal of Hellenic studies II. 1881, und deutsch, Leipzig 1881.

35 Rottmanns Gemälde des Kopaissees in der Münchener Pinakothek hat jetzt eine historisch-monumentale Bedeutung.

36 Nikephoros: διαβάντες ... τὸν Κηφισσὸν κατεστρατοπέδευσαν περὶ τὴν Βοιωτίαν οὐ πόῤῥω τοῦ ποταμοῦ. Muntaner: »en un bel pla prop Estives«. Sanudo (Brief an Louis von Bourbon von 1334, bei Kunstmann, Studien über M. Sanudo, S. 810) und ›Secreta fidel.‹ (p. 68) schreibt Almiro, und in ›Istor. di Romania‹ (p. 117): Valmiro. Griech. Chron. von Morea, v. 5934: εἰς τὴν ῾Αλμηρόν. Liv. d. l. Cq., p. 474: »en la Ramiro«.

Arag. Chron., n. 549: »à un luguar, que se clama el Almiro«. An das südthessalische Halmyros am Golf von Volo, welches Innozenz III. (Ep. 15, 69 »Armiro, quae Valestino dicitur«) und Henry de Valenciennes (p. 663) »Amiro« nennen, ist hier nicht zu denken. Zwar heißen Quellen bei Talanti am Meeresufer Armyrá (Ulrichs, Reisen u. Forsch. I, S. 198, S. 207), aber Talanti konnte nicht das Schlachtfeld sein. Es muß demnach damals einen Ort Almiro am Kephissos gegeben haben. Daß der Fluß selbst, wie Hopf will, im Volksmunde so hieß, ist unerwiesen. Finlay, H. of Greece IV, p. 144, verlegt das Schlachtfeld bei Skripu, und ihm folgte Hertzberg. Allein Skripu liegt auf der linken Seite des Kephissos, den doch die Katalanen überschritten hatten. Daher muß das Schlachtfeld rechts, etwa in der Richtung auf Levadia zu suchen sein.
37 Nikephoros VII, 7, p. 252.
38 Der Herausgeber des Testaments liest irrig Escines, was er für Egine hält, statt Estives (Theben).
39 »Après nous élisons nostre sepulture aux Daufenins.«
40 Der erstgenannte ist bezeichnet als »bail de la princé d'Achaye«. Er fehlt im Katalog Hopfs, welcher als Bail Moreas für Philipp II. von Tarent von 1309–1313 aufführt Thomas von Marzano (Chron. Gréco-Rom., p. 471). »Et nous Gilles de la Plainche dessusdiz, Jehanz de Maisy et Bonifaces de Varonne dessus dit avons mis nous séauls pandanz en ce présent testemant avec lou sien et à sa requeste.« So erklären die Genannten im Testament.
41 Das Tagesdatum ist richtig; nur im Jahre 1311 fiel der 10. März auf den Mittwoch. Das Original des Testaments auf Pergament (in Troyes) hat noch zwei hängende Siegel in Wachs, von denen das eine die Legende trägt »sigillum Bonifacii de Verona«. Es beginnt: »L'an de grâce mil trois cenz et once, lou macredi à dis jourz de mars, nous Gautiers, dux d'Atheinnes, cuens de Brienne et de Liche ...«, und schließt: »donné et fait au Gitom l'an et lou jours dessus dit«. Abgedr. von H. d'Arbois de Jubainville, Voyage paléogr. dans le département de l'Aube, Troyes et Paris 1855, p. 332 ff.
42 Tag und Monat verzeichnen nur die griech. u. franz. Chron. von Morea (v. 5957; p. 474). Ihr Jahresdatum ist unrichtig. Der Montag fällt nur 1311 auf den 15. März. Dies Datum für die Schlacht hat Hopf I, S. 391, überzeugend festgestellt.
43 Plutarch, Sulla XXI. Noch zu seiner Zeit fand man dort Waffen und Schädel aus der Schlacht von Orchomenos. 1840 entdeckte man in der Burg Negroponte viele Rüstungen, welche Buchon für solche der am Kopais Gefallenen und, wie er annahm, von Bonifatius von Verona in Negroponte bestatteten Ritter erklärte (Grèce contin., p. 134 ff., und ›Sur les armures trouvées à Negrop.‹). Man hat diese Rüstungen 1886 in einem Magazin des Patisia-Museums wiederentdeckt und im Museum der histor. Gesellschaft zu Athen aufgestellt.
44 »Et là fu occis par sa coulpe.«, Liv. d. l. Cq.
45 τὴν καλλίστην καὶ θαυμαστὴν ἐκείνην κατὰ τῶν προσχώρων Ἰταλῶν

Drittes Buch

ἀνείλοντο νίκην, sagt Theodulos, p. 201, behauptend, daß alle erschlagen wurden, so daß nicht ein Feueranzünder (πυρφόρος) übrigblieb. Nach der Schlacht bei Zorndorf schrieb Friedrich d. Große an Voltaire, sie sei einer jener Schaudertragödien ähnlich gewesen, wo keiner am Leben bleibe als der Lampenputzer. Muntaner sagt, alle Ritter seien erschlagen und etwa 20000 Mann Fußvolks.

46 Arch. Ven., Commem. II, p. 38.

47 Dies geht hervor aus einer Liste von Dynasten mit der Aufschrift »De Romania« (Arch. Ven., Pacta lib. III, fol. 79ʳ): »Albertus Palavicinus comes Bondenice et dns. sexterii Nigropontis (decessit). Georgius Gisi tercie partis ins. Nigropontis, Tynarum et Michollarum dominator fedelis (decessit). Thomas de la Sola dns. Salone et principatus Achaye marescalchus (mortuus).« Am Ende steht »Antonius Flamengo milex«, ohne diesen Zusatz, weshalb es fraglich ist, ob auch er in der Schlacht fiel. Die Liste ist vor 1311 geschrieben; das »decessit« und »mortuus« nach 1311 zugesetzt. Hopf (Chron. Graec.-Rom., Einl., p. XXIV) entnahm diese Notiz der Kopie des Bandes Patti in Wien; ich schrieb sie vom Originalbande in Venedig ab.

48 »E cosi le delizie de' Latini acquistate anticamente per gli Franceschi ... furono distrutte« (VIII, 51). Die Schlacht hat Villani nicht nach ihrem Ort benannt.

49 Finlay konnte zu seiner Zeit mit vollem Recht urteilen, daß es einen höheren Rang in Europa einnahm als das von den Mächten wiederhergestellte Königreich Griechenland (Hist. of Greece IV, p. 143, Oxforder Edition 1877).

50 Hopf I, S. 368.

51 Bursian, Geogr. Griech. I, S. 265. Die Stelle des Löwen gibt Babin an (Brief an Pécoil): »à l'extrémité du cote de la ville«. Ebenso Spon, Voyage II, p. 231: »sur le rivage au font du Port«. Auf einer Karte des Piräus (Port Lion), welche französische Ingenieure 1685 gemacht hatten, ist die Löwenfigur eingezeichnet: Laborde, Athènes, p. 61. Morosini entführte bekanntlich 1688 nach Venedig den Piräuslöwen, eine Löwin und ein drittes athenisches Löwenbild, das auf dem Wege unweit des Theseion aufgestellt war, wo es Spon gesehen hatte. Antonio Arrighi, De vita et reb. gest. F. Mauroceni, Patavii 1749. Im übrigen habe ich in venezian. Akten und Autoren des 14. und 15. Jh. den Namen Porto Leone nicht gefunden; im 17. Jh. kennt ihn Meletius (Geogr. antiqua et moderna, II, p. 354) nebst dem zweiten Namen Porto Draco. So auch Coronelli, Mem. istoriograf. de' regni della Morea, p. 195.

52 Νεόφυτος τοὔνομα λάτρης κυρίου ..., auf einer Stele in der Nähe des Hymettos gefunden. C. I. Gr. IV, n. 8752.

53 Noch unter der Herrschaft der Osmanen wurde der Harem des Sultans von dort und aus dem Kloster Penteli mit Honig versorgt. Dieses hatte bis 5000 Bienenkörbe und schickte jährlich als Karasch 6000 Pf. Honig an die Sultanin. Spon II, p. 223, 310. Babin (Brief an Pécoil) sagt 1674 von den

Kräutern des Berges: »D'où vient que le miel du mont Hymette passe encore pour le plus excellent qui soit au monde.«

54 »Rogamus, quatenus ... intuitu ... spei fructus de sua scientia secuturi eidem licentiam contribuere dignemini, quod in dicto studio valeat permanere.« Arch. Ven., Lettere di Collegio, fol. 26ʳ.

55 Hist. Littér. de la France, T. XXI, p. 144. – Schon der heil. Dominicus hatte seine Mönche ausgeschickt, um Arab., Griechisch und Hebräisch zu lernen: Litera magistri ordinis frat. Humberti, Mediol. in capitulo a. 1255 (Martene, Thes. N. A. IV, 1708).

56 Freilich hat Roger Bacon diese Übersetzungen als fehlerhaft getadelt. Ch. Gidel, Nouvelles Études sur la littér. grecque moderne, Paris 1878, p. 265.

57 Abgedr. von Buchon, Éclaircissem., p. 419 ff.

58 Les exploits de Digénis Akritas, épopée byzantine du Xme siècle, Paris 1875, ediert von Sathas und Legrand.

59 Le Roman d'Achille, griech. Gedicht aus dem 13. Jh., aufgefunden von Sathas (Annuaire de l'assoc. des études gr. XIII, 1879). Achill kämpft sogar mit einem franz. Ritter.

60 Ch. Gidel, Études sur la litt. gr. mod., Paris 1866, und Nouvelles études ..., 1878. Siehe auch Ellissen, Anal. der mittel- und neugr. Lit. V. Vieles dieser Art steckt noch in Bibliotheken, wie Joh. Müller, Byz. Analekten, S. 12, im Jahre 1852 bemerkt hat. Aber vieles ist seither ans Licht gezogen. Ich verweise auf die bekannten Schriften und Sammlungen von W. Wagner, Legrand, Sathas, Zampelios, Maurophrydes, Spir. Lambros usw.

61 Sp. Lambros, Collection de romans Grecs en langue vulgaire et en vers, Paris 1880, Einl., p. XXXIII.

62 Die Handlung des Gedichtes Erotokritos spielt zum Teil am Hofe des Königs Herakles von Athen; aber dieser weitverbreitete Roman ist erst im 16. Jh. von dem Gräzovenezianer Vincent Kornaros in Kreta verfaßt. Gidel, Nouv. Études sur la littér. grecque moderne, p. 477 ff.

63 Florisell von Nichea, Sohn des Amadis von Griechenland.

64 Buchon, Note zu p. 409 des ›Livre d. l. Cq.‹.

65 So urteilt ein französischer Forscher bei Gelegenheit der Burg Misithra: Bertrand, Fragm. d'un voyage dans le Péloponnèse 1850 (Arch. d. miss. scient. III, p. 412). Die griech. Frankenburgen verdienen aber doch wohl eine Untersuchung in Bezug auf ihre militärische Anlage. A. Bötticher hat sich mit Recht beklagt, daß sie von der Forschung bisher ganz vernachlässigt sind. (Die fränk. Burgen in Morea, Allg. Zeit., Beil. n. 21, 1885). Auch in dem neuen wichtigen Werk von G. Köhler, Die Entwicklung des Kriegswesens und der Kriegführung in der Ritterzeit, sind sie kaum berücksichtigt. Die franz. Karte Griechenlands (1854) zählt deren als Paläokastra etwa 150 auf.

66 καὶ ἐκατιστόρησεν τὸ [τὸ πῶς ἐκουγκέστησαν οἱ Φράγκοι τὴν Συρίαν]. Griech. Chron. von Morea, v. 6747. Der ›Liv. d. l. Cq.‹ sagt nichts davon,

nur die italien. Bearbeitung der griech. Chronik hat deren Notiz wiedergegeben.
67 Sathas, Le Roman d'Achille, p. 140.
68 Prutz, Kulturgesch. der Kreuzzüge, S. 418 ff.
69 Prokopios, De Aedificiis I, c. 10.
70 Niketas, De Manuele Comneno lib. VII, p. 269.
71 Es ist sehr übertrieben, was Fallmerayer (Welchen Einfluß etc., S. 45) sagt: »Die Stadt wurde groß, reich, üppig, mit schönen Gebäuden geschmückt (mit welchen?) und stark bevölkert.«
72 Es gibt keine Spur von Betrieb der Minen dort während des Mittelalters, doch muß es noch spät Bleiminen gegeben haben, da sich Spon (Voyage II, p. 265) sagen ließ, daß sie aus Furcht vor den Türken eingegangen seien.
73 Burnouf, La ville et l'acropole d'Athènes, p. 56.
74 Buchon (Grèce contin., p. 67, 115, 127) will in den Resten des späteren Schlosses der Acciajoli noch Wappen der lateinisch-byzant. Kaiser, der Villehardouin und der La Roche gesehen haben, und dies ist eine Täuschung. Die Hypothese des Surmelis (Katastas. synopt., p. 36), daß sich die La Roche in der Unterstadt einen Palast erbaut hatten, und zwar in der Nähe der neuen Metropolis, ist unerweisbar.
75 Carl Bötticher, Athenischer Festkalender in Bildern, Philolog. XXII (1865).
76 Abbildung bei Buchon, Atlas des nouv. rech. hist. sur la principauté franç. de Morée ..., pl. II; und J. Gailhabaud, Mon. anciens et mod. II (Text von M. A. Lenoir). Aus vermeintlichen Wappenkreuzen der Villehardouin und anderen, die er dort zu sehen glaubte, schloß Buchon (Grèce contin., p. 129), das Katholikon sei nach 1218 von Villehardouin erbaut als Denkmal des geschlichteten Streites um die griech. Kirchengüter. Aber was hatte der Fürst von Achaia in Athen zu bauen? F. W. Unger (Griech. Kunst, Ersch u. Gruber LXXXV, S. 25) hat ohne weiteres die Ansicht Buchons angenommen.
77 C. Bötticher, Untersuchungen auf der Akropolis Athens, 1862 (S. 16), fällt das übertriebene Urteil, daß diese Klosterkirche eine Würde und Pracht zeige, von der keine einzige Kathedrale Europas außerhalb Griechenlands ein wetteiferndes Beispiel zu geben hat.
78 Guillaume, Hist. des sires de Salins, p. 66.
79 Martene und Durand, Thes. Nov. IV, 1453, n. 11. Einige Äbte in der zweiten Hälfte des 13. Jahrhunderts weist Hopf nach (I, S. 296).
80 Die Feststellung der Namen des Gebirges dort und seiner beiden Gruppen (Korydallos, Ägaleos, Poikile) ist streitig. L. Roß, Königsreisen II, S. 94, nennt das ganze Gebirge vom Fuß des Parnes bis zur Meerenge von Salamis Ägaleos. Nach Fr. Lenormant, Voie Eleusinienne (Paris 1864), ist die Hauptmasse der Korydallos, südlich davon der Ägaleos, nördlich Poikile.
81 Nach Surmelis, Attika, p. 149, errichteten schon Honorius und Arkadios, als sie in Athen studierten, aus dem Apollotempel eine Kirche. Doch das ist nicht zu erweisen. Marmorfragmente des kleinen Aphroditetempels

sahen nach Leake, Dodwell und Roß. Milchhöfer, Erläuternder Text zu den Karten von Attika, Heft II, S. 47.
82 Lenormant, Voie Eleusinienne, p. 512. W. Vischer (Erinner. aus Griechenland, Basel 1857, S. 93) leitet den Namen des Klosters von dem Lorbeer Apollos ab. Siehe auch Roß, Königsreisen II, S. 95. Durch Roß wurde Buchon darauf geführt, daß die in der Urkunde aus Mons vom 5. Okt. 1308 bezeichnete Gruftstätte der La Roche »dans le Monastère de Dalfinète« im Herzogtum Athen das Kloster Daphni sei. Im Testament Walters von Brienne wird gesagt »aux Daufenins«.
83 Pouqueville IV, p. 111. Pläne von Daphni bei Buchon, Atlas etc.
84 Antonello Coniger (in: Raccolta di varie chroniche appartenenti alla storia di Napoli) berichtet die Überführung nach Lecce zum Jahr 1347. – Antonius Galateus, De situ Japygiae, Basel 1558, p. 92. Summonte, Storia di Napoli III, p. 248.
85 Arag. Chronik v. Morea, p. 121.
86 Diese Tatsache beglaubigt ein späteres Patent des Königs Friedrich III. von Sizilien und Herzogs von Athen für den Levadesen Nicolachio de Mauro, worin gesagt wird: »Cum a tempore acquisitionis ... castri ... Livadie acquisiti per fel. societ. Francorum ... ceterreque persone alie quae tunc in dicti castri forcilio morabantur et se dicte societati spontaneo tradiderunt ac castrum ... assignaverunt ... in Francorum numero aggregati vigore scil. concessionis ... sollemnis facte eis per principales societ. prefate sicut in patentib. literis eorum sub sigillo b. Georgii quo tunc dicta soc. generaliter utebatur exprimitur.« Archiv Palermo, Reg. Cancell. 1364–65, n. 8, fol. 27. 28.
87 In einem Erlaß des venez. Senats vom 27. Jan. 1340 wird dem Nicol. Tibertino das Bürgerrecht Venedigs erneuert, weil sein Vater, ein Euböote, aber in Theben lebend, dasselbe verloren hatte, »quando per Catellanos dictus locus Thebarum captus extitit ... vix cum persona aufugit« (Misti XIX, fol. 22). – Die Plünderung Thebens bemerkt Chalkokond., lib. I, p. 19.
88 Moland, a.a.O., p. 145.
89 »Alli si defendió por un tiempo« (aragon. Chronik Moreas, n. 552, 553). Allein die Flucht aus der belagerten Stadtburg wäre doch zu schwierig gewesen; daher hat wohl die Herzogin das Erscheinen der Feinde nicht abgewartet.
90 Ulrich Köhler, Mitteil. des Deutsch. Arch. Inst. in Athen, 1877, p. 235. Die Sage von der Zerstörung des Olivenhains, bei Fallmerayer, Gesch. Moreas II, S. 182. Chalkokondylas, ein Athener, a.a.O., nennt nur Theben geplündert und schweigt von Athen.
91 Epamin. Stamatiadis οἱ Καταλανοί, p. 223. Eine patriotische Verteidigung der Katalanen versuchte Antonio Rubio y Lluch in seiner Schrift ›La expedicion y dominacion de los Catalanos en Oriente juzgadas por los Griegos‹ (Memor. de la R. Acad. de buenas Letras de Barcelona T. IV, 1883). Niemand wird den Heldenmut dieser Krieger bezweifeln; aber die

Drittes Buch 633

auf ihren langjährigen Kriegsfahrten in Griechenland von ihnen verübten Greuel, welche die Zeitgenossen Pachymeres, Theodulos und Nikephoros Gregoras (Brief an den Philosophen Joseph, Boissonade, Anal. Gr. II, p. 213) geschildert haben, lassen sich ebenso wenig beschönigen als die Frevel der Spanier und Landsknechte im Sacco di Roma.

92 τῆς τε μακρᾶς πλάνης ἀπήλλαξαν ἑαυτούς (Nikeph. Gregoras).
93 Theodulos, a. a. O., p. 201. Muntaner, c. 240.
94 Thierry II, lib. IV, p. 18.
95 Muntaner, c. 231, spricht mit Achtung und Sympathie von ihnen.
96 Marin Sanudo, Secret. fid. crucis, ep. 16, Jahr 1326, p. 305, sagt ausdrücklich: »Propter molestiam quam illi de Negropontis insula inferebant illis de compagna ducatus Athenarum acceperunt dominium regis Friderici, de quo nullam habebant voluntatem.« Dazu F. Kunstmann, Studien über Marino Sanudo den Älteren, S. 46.
97 Diese wichtige Urkunde fehlt leider im Archiv Palermo, welches heute nur noch kümmerliche Reste von Akten bewahrt, die sich auf das Herzogtum Athen beziehen. Sie gehören meist den letzten Dezennien der Herrschaft der sizilischen Aragonen an und betreffen die Verwaltung, namentlich die Ernennung der Gouverneurs im Herzogtum. Das Archiv Palermo bietet keine Aktenstücke diplomatischer Natur für Athen dar.
98 In Urkunden des Archivs Palermo wird von solchen Domänen geredet. Als Friedrich III. später dem Generalvikar des Herzogtums Matteo Moncada das noch zu erobernde Bodonitsa schenkte, nahm er aus: »Civitates aut terrae, quae ad regiam et ducalem dignitatem sive demanium pertinent, illi nostro culmini reserventur.« Proton. del Regno I, 1349–63, fol. 109^r.
99 Für Sizilien hat der König Friedrich neue Lehnskataster zusammentragen lassen. Gregorio Rosario, Consider. IV, p. 108, und Bibl. Sic. II, p. 464ff., descriptio Feudorum sub rege Frederico II. um 1296. Andere Listen der Feuda vom Jahr 1343 (p. 470ff.) und vom König Martin 1408 (p. 486ff.). Nur aus der Zeit Pedros IV. haben wir eine flüchtige Baronalliste des Herzogtums, davon weiter unten.
100 In Urkunden 1314 und noch viel später: »Universitas felicis Francorum exercitus in partibus imperii Romaniae existentis«; oder: »Societas fel. exercitus Francor. in Athenarum ducatu morantium ...« Noch 1367 nannte sie so Friedrich III. in einem Privilegium (Arch. Palermo, Reg. Cancell., n. 13, 1371, fol. 123).
101 »Praesens publ. instrum. jussimus sigillari bullis nostris pendentibus assuetis b. Georgii et regali« (Akt vom 26. März 1314, davon weiter unten). In den Friedensinstrumenten mit Venedig unterhandeln der herzogliche Vikar, der Marschall des Herzogtums usw. »pro se ipsis et tota compagna«. In einer Urkunde von 1314 belehnt die Kompanie allein den Dauphin Guy mit Thessalonike.
102 »Mariscalcus ducatus ... mariscalcus exercitus ducatuum« (Athen und Neopaträ).
103 Die Formel seiner Bestallung ist die aller anderen Beamten; sie beginnt

immer mit der Phrase: »De strenuitate fide sufficientia et virtutibus vestris plenarie confidentes vos in vicarium nostrum ... nominamus.«

104 »Ita quod vos in manibus dicti Francisci pro parte nostri culminis nec non sindicorum et nunciorum universitatum civitatum terrarum et locorum ducatuum predictorum prestitis simile juramentum.« Spätere Bestallung für Luis Fadrique (Arch. Palermo, davon weiter unten).

105 Am 11. Mai 1321 wird genannt »Alvenus Dies majordomus« des Vizekönigs. Die Summe der Rechte des Vikars ist allgemein in der Formel ausgedrückt: »Cum omnibus juribus, rationibus, justiciis, procurationibus, jurisdictionibus, dignitatibus, honoribus et prerogativis ad ipsum officium spectantibus.« Seine Besoldung wird ebenso allgemein ausgedrückt »sub solitis salariis, provisionibus et honorariis« (Patente im Archiv Palermo).

106 Über diese »usages de Catalonia« Capmany, Memor. historicas sobre la Marina de Barcelona II, App. n. IV. Schäfer, Gesch. von Spanien III, c. 8 (Gesetzgebung Kataloniens).

107 Schon am 11. Mai 1321 findet sich »Guillelmus de S. Stephano procurator generalis (Staatsanwalt) curie domini Alfonsi«, des damaligen Generalvikars. In einer Urkunde (Arch. Palermo, Reg. Cancell., 1346, n. 4, fol. 127^r) wird gesagt: »vertente olim in curia civitatis Thebarum lite«, und darunter ist eben der oberste Gerichtshof des Herzogtums zu verstehen.

108 Als Friedrich III. dem Johann Bonaccolsi die Kapitanie von Levadia übertrug, erklärte er: »Appellaciones vero faciendas per quoscumque litigantes coram te, a sentenciis per te proferendis, quorum cognicionem et decisionem magnae nostrae curiae reservamus.« (Reg. Cancell., 1365. 1366, n. 9, fol. 19^r).

109 Ich finde zuerst als »castellanus et vicarius Athenarum« genannt: Guillelmus de Planis, als »vicarius Thebarum« Berengarius de Teradis, Urk. vom 11. Mai 1321.

110 Capmany II, n. 25, p. 67 ff. E. A. Schmidt, Gesch. Aragoniens im Mittelalter, S. 387. H. Schäfer, a. a. O., Gesetzgeb. Kataloniens.

111 Gregorio, Consid., in den betreffenden Abschnitten.

112 In Briefen, griech. Städte betreffend, finde ich die Formel: »Scriptum est per patentes consilio, sindicis et universis hominibus civitatis Thebarum fidelibus suis« (Reg. Canc., 1365–1366, n. 9, fol. 89^r). – »Script. est sindicis probis hominibus consiliariies et universitati Thebar.« (R. Canc., 1371, n. 13, fol. 124^r) In einer Kommission für den zum Generalvikar ernannten Roger de Lauria sagt der König Friedrich, daß er seine Ernennung angezeigt habe »capitaneis, sive vigeriis, bajulis, judicibus, syndicis, procuratoribus et consilio, aliisque officialibus et personis civitatum terrarum et locorum ducatuum eorumdem fidelib. nostris« (Gregorio, a. a. O., App. p. 69). »Giurati« habe ich in diesen Formeln nicht entdeckt.

113 So zeigte später Friedrich III. der Gemeinde Theben die Ernennung Simons zu ihrem Metropoliten an, in derselben Form, wie er sie dem Generalvikar kund tat (Reg. Cancell., a. 1365. 1366, n. 9, fol. 89^r).

114 Friedrich III. bestätigte 1366 dem Notar Demetrios Rendi aus Athen das

Frankenprivilegium: »Quod idem D. ejusque heredes et successores ... possint licite emere, vendere, donare, alienare et permutare quascunque res et bona mobilia et stabilia tamquam franci habitatores civitatis prefate ad ejus libitum voluntatis.« (Arch. Palermo, Reg. Cancell., 1364. 1368, n. 8, fol. 29).

115 »Quod in capitulis editis per dict. societatem inter alia continentur, quod nulla de catholicis cristianis detur in uxorem alicui greco.« (Reg. Cancell., 1364–1368, n. 8, fol. 28).

116 »Quod aliquis latinus Pheudatarius sive habens Burghesiam non possit facere parentelam cum aliquo Greco.« (Libro d'oro II, fol. 137); Beschluß des Maggior Consiglio vom 5. Mai 1293 (Bibl. Marc. Class. XIV, Cod. latin. 283).

117 Sathas, Mon. Hist. Hell. IV, p. 20, 72. Um sich von den Griechen zu unterscheiden, mußte sogar jeder venezianische Söldner sich den Bart scheren.

118 »Licitum sit ei pro se, filiis et filiabus suis quamcunque voluerit uxorem francam ducere.« (Reg. Cancell., 1364, 1368, n. 8, fol. 28) Dies Privilegium schloß auch das Recht ein, in der gemischten Ehe bei der griechischen Religion zu bleiben. »Ita quod unusquisque contrahentium matrimonium ipsum in ea fede quam tenet permaneat.« Infolge ihrer Ehe geschah es, daß Griechinnen katholisch wurden; traten sie wieder zu ihrem alten Glauben zurück, so wurden sie ihrer Güter verlustig erklärt (Reg. Cancell., 1346, n. 4, fol. 140^r).

119 δουλοπάροικοι nennt sie Konstantinidis, a.a.O., p. 426.

120 Noch heute wird die »lengua catalana« gesprochen auf der Ostküste Spaniens, den Balearen, zu Alghero in Sardinien, in Kuba und der argentin. Republik. In Frankreich redet man sie in Roussillon, Cerdagne und anderen Strichen der Ostpyrenäen. – ›Das Katalanische‹ von Alfr. Morel-Fatio (Grundriß der roman. Philol. I, herausgegeb. von G. Gröber, Straßb. 1886–88, S. 669 ff.).

121 St. Genois, a.a.O., p. 338, Accord zwischen Guillaume, Graf von Hainault, und Isabella, Fürstin von Morea, »Valenciennes, jeudi après la S. Marc. 1311«.

122 Philipp von Savoyen starb 1334. Seine Tochter Margareta (von Isabella) vermählte sich 1324 mit Rainaud, Graf von Forez, und starb kinderlos nach 1371.

123 Am 6. April 1313 übertrug Philipp im Louvre seine Rechte auf Achaia an Mathilde in Gegenwart des Königs von Frankreich. Sie schenkte dann diese Rechte an ihren Verlobten Louis, welcher sie wiederum Philipp abtrat. Du Cange, Hist. de Cp., II, p. 162, und ders., Recueil, p. 364 ff. Buchon, Rech., p. 238 ff. Mas Latrie, Les Princes de Morée, p. 14.

124 Muntaner, c. 247.

125 C. Minieri Riccio, Studj storici su' fascicoli angioini, p. 43 ff.

126 Riccardo war der Sohn des Maio Orsini, des ersten Herrn von Kephallenia und Zante. Dies Haus der Pfalzgrafen Orsini stammte aus Rom und war

unter den Anjou mächtig geworden. Riccardo selbst war Graf von Gravina und 1286-89 Generalkapitän in Korfu für den König Robert.
127 Livre d. l. Cq., p. 434 ff.
128 Es ist möglich, daß sie den Infanten persönlich kennengelernt hatte, als er im Jahre 1308 in der Kadmeia gefangen saß; dies vermutet eine geistreiche Dame, Diane de Guldencrone, L'Achaïe féodale, p. 252.
129 Contrat de mariage, Buchon, L. v. d. l. Conq., p. 439 ff., und Nouv. Rech. II, p. 390.
130 Muntaner, c. 264.
131 28. April XIII. Ind.; Kopie in Miscellanea, T. IV. Decreti e Docum. Veneti, Cod. lat. XL, Class. XIV, p. 19, Bibl. Marciana.
132 Zurita, Annal. II, p. 25.
133 Heiratsakt durch Prokura, 14. Okt. 1315 zu Nikosia, Du Cange, Hist. de Cp II, p. 371. Mas Latrie, Hist. de Cypre II, p. I, p. 179.
134 Nach der aragon. Chronik v. Morea, p. 128, war Mathilde schon vor ihrem Gemahl Louis mit 1000 Burgundern in Porto Junco gelandet, dann in Kalamata mit Ehren empfangen, von wo sie die französische Faktion in Bewegung setzte. Erst später kam Louis von Kephallenia her mit dem Grafen Nikolaus.
135 »Declaratio summaria super facto de morte D. infantis Ferrandi de Majorca«, Du Cange, Hist. de Const., II, p. 383 ff.
136 Aragon. Chronik v. Morea, p. 136.
137 »Vir magnanimus, armorum laudis et gloriae appetitor« nennt ihn Nicol. Specialis, Hist. Sicula VI, c. 22. Seine zweite Gemahlin Isabella von Zypern gebar kurz nach seinem Tode einen Sohn Ferdinand und vermählte sich später mit Hugo von Ibelin, Graf von Jaffa und Ascalon.
138 Nämlich Berengar Spinula von Genua und Poncius de Cabanel: »Cum pro reformatione regionis principatus Achayae, tum pro honore egregie mulieris Mathildis principisse dicti principatus.« (Reg. Ang., 1317, 1318 A. n. 214, fol. 127).
139 »Violenter cum quibusdam galeis duxerunt eam ad dictam civitatem Neapolitanam« (Extrait d'un Mémoire ... 1316, bei Du Cange, Hist. de Cp. II, p. 375). Aragon. Chronik v. Morea, p. 138. Im Dez. 1317 war sie noch nicht in Neapel (Reg. Ang., 1317-1318, A. n. 214, fol. 109).
140 Reg. Ang., n. 208, 1316, B. fol. 56.
141 Raynald 1318, n. 34, wo statt Isabella Mathilde zu lesen ist.
142 Am 26. Okt. 1318 ermahnt sie der Papst, die Ehe zu vollziehen. Mas Latrie, Les Princes de Morée, p. 15. 1319 wird von einem Pakt zwischen ihr und dem Könige Robert geredet, Riccio, Studj stor. su fasc. ang., p. 1. Infolgedessen hatte sie ihre Rechte auf Achaia dem Könige abgetreten. Reg. Ang., n. 233, 1320. 21. A. fol. 140^t; Erlaß seines Sohnes Karl, Capua 18. Juni 1321. Schon 18. März 1318 nannte sich Johannes »princeps Achaye ...« (Brief an den Dogen, Commem. II, fol. 25).
143 Giov. Villani IX, c. 173.
144 Syllab. membr. ad. Reg. Sicl. pertin., Neapel 1832, I, p. 35. Die Insel-

scholle hieß im Altertum Megaris, im Mittelalter St. Salvator von einem Kloster. Ich besichtigte das Innere des Kastells dell' Ovo im Frühjahr 1886 und fand ein Labyrinth von finstern Galerien und Kammern, unter denen sich eine Kapelle wie eine Lästerung der Gottheit ausnimmt.

145 »Domne Mathilde de Agnonia (Haynaut) Principisse Achaie detentae de mandato regio in Castro Ovi un. tres per mensem pro expensis suis et familie sue.« Reg. Ang., 1326, A. n. 262, fol. 245 (C. Minieri Riccio, Stud. stor. sopra 84 registri Angionini, p. 31). Eine Unze ist gleich 5 Goldfloren.

146 »Procuration et promisse pour la délivrance de noble dame Mahaut de Hainaut, Princesse d'Achaye, Valenciennes a. 1323, Avignon a. 1324.« (St. Genois, a. a. O., p. 340).

147 Du Cange II, p. 376. Die Ansicht Buchons (Einl. zum Liv. d. l. Cq., p. XLI), daß Mathilde den Titel des Herzogs von Clarence ihrer Verwandten Philippine de Hainault, der Mutter des englischen Prinzen Lionel vermacht habe, widerlegt Leake, Peloponnesiaca, p. 212. Nach ihm erhielt Lionel den Titel 1362 als Erbe Gilberts, des Earl von Clare in Suffolk.

148 Nicht in Aversa, wie Hopf glaubt; richtig gibt Bozzo (p. 435) Neapel an. Daß sie im Kastell dell' Ovo starb, sagt das ›Mémoire‹ bei Du Cange und geht auch aus den Exequien hervor.

149 Einem Apotheker für 1503 Pfund Wachskerzen »pro exequiis quond. Mathilde de Annonia olim Principisse Achaie ac quond. filie Despine Romanie neptis nostre, unc. 31. tar 7. gr. 16.« Einem Zimmermann für den hölzernen Katafalk »3 (?) tari«. Für einen Marmorsarg »1 unc. tar. 12 (?)«. 4 Unzen für ein Tuch von Goldbrokat; für das Läuten der Glocken »16 tari«. C. M. Riccio, wie oben, p. 29.

150 Neapel, 22. Nov. 1312 – ihr Bevollmächtigter war Humbert, Erzbischof dieser Stadt. Du Chesne, Hist. de la maison de Chatillon, Paris 1621, Preuves p. 212.

151 S. Pauli Cod. Dipl. del S. Milit. Ord. Gerosol. II, 395. Die Kompanie wird in diesem Breve genannt »societas Cathalanorum commorantium in partibus Romaniae«. Der Begriff »morari« oder »commorari« ist bezeichnend für das Wandern der Katalanen; er wurde übrigens offiziell auch von der Kompanie selbst und vom Könige Siziliens gebraucht.

152 Zurita II, p. 16.

153 Dat. Montiliis Carpentorat. Dioc. XIX. Kal. Febr. Pont. a. IX. Indices rer. ab Arag. regib. gestar., vol. III der Hisp. III., Frkf. 1606. Der Papst nennt den erschlagenen Walter »tamquam Christi verus Athleta et fidelis pugil Ecclesiae«, eine Phrase, welche einer seiner Vorgänger auch von Karl von Anjou gebraucht hatte.

154 »Ab olim clamor validus ... querelarum de partibus ducatuum Athenarum provenientes apostolicum pulsarunt auditum«; diese Klagen dauerten schon mehrere Jahre fort, »jam pluribus annis praeteritis continuata«, was der Chronologie wegen zu bemerken ist. Raynald, ad a. 1314, n. 9.

155 Valenza, 16. Aug. 1306. Isidoro Carini, Gli Archivi e le Bibl. di Spagna, Palermo 1884, P. II, fasc. I, p. 189.

156 So sagt auch die Chronik von Morea: »et là fu occis par sa coulpe«.
157 Pedro Abarca, Annales histor. de los reys de Aragon. II, lib. XXII, c. 6, n. 9.
158 »Idcirco gratis et ex certa scientia pura et mera liberalitate damus, concedimus ... in quant. tamen de nobis est et ad nos dignoscitur spectare, regnum Salonicense, quod nunc a Graecis scismaticis injuste detinetur ... Dat. Thebis ... Sept. Kal. April. A. D. 1314«. Abgedr. aus der Pariser Nationalbibl. von Mas Latrie, Mélanges Histor. Choix de Doc., T. III, Commerce etc., p. 27 ff. Man vergleiche damit den Akt vom Oktober 1314 aus S. Denis, worin Phil. d. Schöne erklärt, daß Phil. von Valois, Kaiser von Konstantin., und Hugo von Burgund dem Louis von Burgund alle Rechte auf Salonike abgetreten bei Gelegenheit seiner Heirat mit Mathilde (ibid., p. 29 ff.).
159 Urkunde, ausgefertigt vom Kanzler Jacobus de Sausano, wie hier der Name irrig für Sarriano geschrieben ist. Im Text steht »castrum nostrum vocatum Sanctus Adamanus«. Abgedr. in Hist. de Dauphiné (Genève 1722), Preuv. II, n. 24, p. 151.
160 Ibid. n. 23, n. 27.
161 Königliche Kommission aus Messina für P. de Ardoyno als »Cancellarius fel. exerc. Francor. in ducatu Athenar. morancium ... ad nostrum vel incliti Infantis Manfredi karissimi filii nostri domini Societatis predicti beneplacitum«, und »Transumptum literar. Dni. Regis missarum Guillelmo Thomasii Capitaneo Societ. fel. Exercitus Francor ... et eidem exercitui fidelibus suis« (Kommunalbibl. Palermo, Ms. Qq. G, 2. fol. 20; Abschriften, von mir dort eingesehen; schon ediert von Buchon, Nouv. Rech. II, p. 394 ff.). In der Rechnungsablage Cepoys (Du Cange II, p. 355) wird genannt »notaire Pierre de Meschine«, und dieser damalige Notar der Kompanie ist wohl identisch mit Petrus de Ardoyno von Messina. Das Datum der Kommission ist »VIII. Oct. Ind. XV«. Das Jahr dieses Monats ist 1316.
162 »Alfonsus Frederici dei gr. seren. Regis Sicilie filius et felici Francor. exercitui existenti in ducatu Athenarum et in aliis partibus Imp. Romanie presidens.« (In Akten und Briefen).
163 Schon im Jahre 1313 verweigerte er, eine Schiffssteuer zu entrichten (Reg. Commem. I, n. 593).
164 Muntaner, c. 243, nennt sie »la millior dona e la pus savia« Griechenlands, »e segurament es de les pus belles christianes del mon«. Er kannte sie als Kind von 8 Jahren, als er im Hause ihres Vaters mit dem Infanten Ferdinand von Mallorca gefangen saß.
165 Der venez. Senat beauftragte seine Gesandten, dem Papst zu erklären, »quod hoc subsidium videretur opportunum ad expellendam societatem Catellanorum, scil. quod dom. dux Robertus et fratres, dom. de Castillione et Hospitales ponant equites in terra«. Arch. Ven., Indice fol. 12 (zu Misti V, 67); undatiert, aber am Anfang des Blattes steht das Jahr 1317.
166 Commem. IV, fol. 70.

167 Auf diesen Vertrag vom März 1317 bezieht sich König Friedrich von Sizilien in seinen Verhandlungen mit Venedig. Thomas, Diplomat. Veneto-Levantinum, p. 112.
168 Französischer Brief, »escrites ay Andreville, a XXVIII jours de Mars«; Commem. II, fol. 4, abgedruckt von Mas Latrie, Mélanges hist. Choix de doc. I, III; Commerce etc., Paris 1880, p. 32 ff. »Li diz messire Andries a fait paix et acort à la compaigne de Castellains qui sunt en ducaume de Staines et les ha mis dedans la cité de Negropont tous ceuz de la compaigne à cheval et a pié, plus de II^m – Laquelle chose si est moult grans damages à la vostre – hautesse et à nous aussi.«
169 »Che havendo essa Signoria nostra con sue gran spese liberati loro dalli Catelani«. – Marco Barbaro, Decreti dell' aggregazione delle Famiglie alla nobiltà Ven. dell' a. 1301 all' a. 1406, c. 119. Lettera Ducale, 6. Dez. 1317, Bibl. Marciana.
170 Brief Roberts an den Dogen, Neapel 18. März. Ind. I (Commem. II, fol. 24^t, in den Regesten Predellis n. 90, und dieser nimmt das Jahr 1318 an): »quod nob. Alfonsus natus dni Frederici de Aragonia ... pretextu quorundam matrimonialium contract. manum ponens illicitam in messem alienam, in insula Negropontis aliqua occupavit« – ähnlich Philipp von Tarent u. Joh. von Gravina (fol. 24^t, 25). Antwort des Dogen, Venedig 13. April, Ind. I (fol. 25).
171 Dat. Aven. VIII. Id. Maji Pont. nr. a. II. Commem. II, fol. 31. Am 4. Sept. schrieb auch der Kardinal Nikolaus v. Ostia an den Dogen, daß man aus Romanien dem Papst gemeldet habe, »quod illa gentium dissimilitudo que compagna vocatur plurimum invalescit«. Er möge daher Boten an die Kurie schicken, die Verteidigung jener Lande zu vereinbaren (ibid. fol. 35).
172 Du Cange, Hist. d. Cp. II, p. 152.
173 Als Bevollmächtigte gingen nach Venedig die Ritter Johannes de Vallibus u. Albertus de Lando (Commem. II, fol. 25^t, a. D. 1318 m. Aprilis).
174 »Quia frustra facerent expensas, se et suos fatigando, quum sui fideles non essent sicuri«. (Ibid. fol. 26).
175 Portus de Sithines: Commem. IV, fol. 70.
176 In dem Akt vom 11. Mai 1321 unterzeichnete sich neben den ersten Männern der Kompanie auch ein »Petrus Gueraldi mercator«.
177 Commem. II, fol. 32. Datum in Athenis, XVIII. Junii Ind. I (1318).
178 »Armata dni Alfonsi (vorher: qui est Athenis) descenderat a Cassandria, et ibat derobando ... Dat. XXVI. Junii (1318).« (Commem. II, fol. 31^t).
179 Raynald 1318, n. 34, führt den Brief des Papstes an vom 26. Juli 1318.
180 »Omnes illi Venetici, cujuscunque conditionis et status existant, qui tenent feuda et prestant homagia principatui Achaye.«
181 Dies erklärten die Boten Friedrichs an den Dogen, im Sept. 1318: »In conflictu proelii inter dictum comitem (Brenne) et ipsam societ. dictus Nicolaus fuit percussus duob. ictib. in facie et in manu ac ... captus.« Weiter: »Personaliter interfuit prelio inito inter ... Fernandum ... tunc

principem Achaye, in quo ... Fernandus extitit interfectus.« Die Boten bewiesen, daß die Sanudo Vasallen des der Kompanie feindlichen Fürstentums Achaia seien. Ambaxiata dom. Frederici reg. Sicil., Commem. II, 38, bei Thomas, Dipl. Ven.-Levant., n. 64.

182 »Super paganis et sclavis non portandis per nostros fideles ad terram soldani.« (Libro d'Oro II, 122^t, 29. Mai 1292).

183 Der Doge Pietro Gradenigo an König Friedrich 28. März, 8. Ind. (Lettere di Coll. fol. 93): »Insonante fama vel infamia potius, quod dictus Henricus (der Schiffscapitän) dictos sclavos volebat in Egyptum traducere populus civitatis ... sclavos ipsos sub quodam furioso impetu liberavit.«

184 »Que in continenti debent facere trahi in terram et de eis accipi et trahi unam tabulam de subtus et corredi lignorum ipsorum debeant collocari in castro Athenarum.«

185 Treuga facta cum Catellanis de Compagna, 9. Juni 1319, Nigropontis, Commem. II, 55; Thomas, Diplom. Veneto-Lev., n. 70. Mas Latrie, Mélang. histor., Commerce III. Die Unterschriften fehlen.

186 In einem Brief an den Dogen, Mai 1317, sind seine Titel Herzog von Großwlachien und Kastoria, Herr von Athen und Patras (Neopaträ). Reg. Commem. I, lib. II, n. 41.

187 Nikophor. Gregoras VII, 13, p. 279.

188 Über die Besitznahme dieser Städte, Marin Sanudo, Ep. III, p. 293, ed. Bongars; der Brief ist 1325 geschrieben. Neopaträ war Sitz eines Metropoliten, und unter ihm stand das Bistum Zeitun (Zurita II, p. 397).

189 Marin Sanudo, a. a. O.

190 Marin Sanudo, a. a. O., Hopf II, S. 422.

191 Hopf, Artikel Giorgi (Ersch u. Gruber).

192 Johes de Vallibus, Großmeister der Johanniter, Bail in Achaia, der Bischof Jakob von Olenos, der Kanzler Benjamin, die Barone und Ritter an den Dogen, Chiarenza, 11. Juni 1321; und in ihrem Namen ihr Prokurator Fra Pietro Gradenigo an denselben (Reg. Commem. I, lib. II, n. 277, 278; vollständig in Mél. Hist. III, 54ff., n. XII und XIII).

193 »Nimis efficerentur divites in gravamen et taedium vicinorum.« Marin Sanudo, Ep. III, p. 294, v. Jahr 1325.

194 Der Ort ist nicht genannt. Die Urkunde (abgedr. in Mél. Hist. III, 49, n. XI) verglich ich mit der Kopie im Cod. Trevisan. Cl. X. fol. 133 (Bibl. Marciana); ich gebe nach dieser die Namen der Katalanen, welche geschichtlich wichtig sind. Jacobus de S. Superano, Jacob. Bajuli, Guillelmus Thomas miles, Sanctius Artisii, Sanct. Balduini, Raim. Rubei, Guillelm. de S. Martiali, Bertran. de Artenis, Dominicus de Fontibus, Nicolaus Cavallerii, Petrus Gueraldi mercator, Petrus de Villafranca, Bern. de Cari, Bern. Cruciani, Raim. Peregrini, Bern. de Ventitrono, Guillelmus Baldomarii, Petrus Martinus de Algesira, Garzia Viagnes, Ruggerius Leporis, Raim. Guillelmi de Roda, Joh. de Arana, Jacob. Magistri, Petrus Joannis, Guillelm. de Lumizana, Bereng. de Podio Viridi, Andreas de Rivopalo, Arnaldus Sabaterii, Petrus Palatii, Jacobus de Palatiolo, Joh. de Lachon al.

vocatus Brusselus, Gerardus Bramondius. Guillelm. Bassada cancellarius, Raim. Arnaldi de S. Lucerio, Pedaolus de Queralti, Petrus Rapacie, Guil. Gueraldi, Petrus de Barbastro Layus, Franc. Cassis, Alvenus Dies majordomus dicti D. Alphonsi Federici, Petrus Giordani, Romeus de Cesse, Guill. de Planis, castellanus et vicarius Athenarum, Petrus Maurocenus, Guill. de Almenario, Bernardus Olerii notarius, Petrus de Roma, Petrus de castro Gaudio, Bern. de Pombiano, Guill. de S. Stephano procurator gener. Curie dicti D. Alphonsi, Berengar de Teradis, vicarius Thebanus, nobilis Odo de Novelles miles et marescalchus ducatus Athenarum, et Petrus Costa pro se et tota compagna. Wir werden manche dieser Namen später geschichtlich wiederfinden. Nur zwei haben die Ritterwürde, nämlich Guillelm. Thomas und Odo de Novelles.

195 An den Patriarchen von Konstant. und den Erzbisch. von Patras, Avignon 1. Okt. 1322 (Raynaldus, n. 49).

196 »Concurrerunt in contratas Athenarum«, wobei vielleicht sogar an das Stadtgebiet zu denken ist. Marin Sanudo, Ep. XXIII, p. 315.

197 De Chesne, Hist. de la maison de Chatillon, Preuves p. 214. D'Arbois de Jubainville in: Bibl. de l'école des chartes XXIII, 1872, p. 183.

198 »Quod nonnulli scismatici, perdicionis filii et iniquitatis alumpni ... ducatum Athenarum, qui est antiqua et patrimonialis hereditas dicti ducis ... occuparunt et detinent.«

199 Dat. Avin. 18. Kal. Julii a. 14. Bulle, eingefügt einem Erlaß des Königs Robert an Thomas von S. Severino, Kapitän der Terra di Lavoro, v. 12. Okt. 1330 (Reg. Ang., n. 281, 1330, A. fol. 119^r).

200 Der latein. Patriarch übte von Negroponte aus Jurisdiktion selbst in Theben aus. Notarakt v. Juni 1334, als Autograph ausgestellt im Vorsaal des Archivs zu Palermo.

201 Marco gründete das Haus um 1170. Sein Sohn Andrea eroberte um 1207 Skopelos, Tinos, Mykonos, Skiathos und andere Eilande. Dann erwarb Giorgio I. Ghisi mit der Hand der Alix, einer Tochter Narzottos dalle Carceri, ein Drittel Euböas. Alessandro Capellari, Il Campidoglio Veneto, Manuskript in der Bibl. Marciana, Vol. II, Artikel ›Ghisi‹; und Hopf, ›Ghisi‹ in Ersch und Gruber.

202 Archiv Ven., Indice fol. 204^r, zu Vol. XI der Misti.

203 Ich entnehme das aus der Notiz auf dem ersten Blatte des Brüsseler Manuskripts des ›Livre de la Conqueste‹ (ediert von Buchon), welche sagt, daß dasselbe im Besitze des Großkonnetabel Bartolommeo Ghisi gewesen sei, »le quel livre il avait en son chastel d'Estives«.

204 »Mais li Catellens de la Compagnie l'abatirent puis que il orent la seignorie: pour doute que li dux d'Athenes ne le preist en aucune manière, et recouvrast le ducheaume par cel chastel«, p. 274 ff. Ebenso die griech. Chron. v. Morea, v. 6749 ff., welche jenen »dux Galtieres« nennt. Allerdings zeigt der Zusammenhang der Vorgänge, daß hier an den Prätendenten gedacht ist. Der Chronist hat die Zeiten und Personen verwechselt; er war sich aber doch bewußt, daß die Katalanen das Schloß zerstörten,

»nachdem sie die Herrschaft erlangt hatten«, also nach der Kopaisschlacht, denn zwanzig Jahre später konnte nicht von ihnen gesagt werden: »puis que il orent la seignorie«.
205 Dies glaubt Hopf I, S. 426. Das schwere Verbrechen verübten nach der ausdrücklichen Bemerkung des Chronisten, welcher es beklagt, die Katalanen, und er nennt dabei Alfonso nicht.
206 Hopf I, S. 426.
207 Nur vorübergehend kehrte er nach Sizilien zurück, wo er im Mai 1332 sichtbar ist. Bozzo, Note stor., p. 67.
208 »Exemplum treugae Nigropontis facte cum Catelanis tempore domini Ph. Belegno«, abgedr. von Thomas, Diplomatar. Veneto-Levantin., n. 108, p. 214ff. Ich gebe die Namen der katalanischen Syndici nach meiner eigenen Abschrift von n. 89, Pergameni sciolti des Archivs Venedig: »Guillelmus de Podio vigerius Thebanus, Guill. de Sancto Stephano, dom. comes de Perula, Sanchius de Astada, Franciscus de Canpis, Petrus Moraton, Raynaldus de Natalis, Nerglopis de Jassa, Bernardus ... ller, Periconius de Algis, Bernardus ... literius, Joh. Sardina, Raym. Rubeus, Guill. Fortis, Guill. Inbaldamar, Garsia Yuagnes, Periconus Stagnolus, Armangaldus de Novellis«.
209 Unter den Dreiherren Euböas hatte damals Pietro dalle Carceri großes Ansehen. Er starb vor dem 24. Dez. 1341, an welchem Tage seine Witwe Balsana den Todesfall der Signorie Venedigs anzeigte (Misti XIX, fol. 62^t).
210 Die Verhältnisse in Epiros hatten sich so gestaltet: Thomas, der Sohn der Despina Anna, der letzte der dortigen Angeloi, war von seinem Neffen Nikolaus Orsini im Jahre 1318 ermordet worden, worauf dieser Despot von Epiros wurde. Im Jahre 1323 ermordete ihn sein Bruder Johann Orsini und bemächtigte sich der Herrschaft. Johann wurde später, 1335, von seinem eigenen Weibe Anna vergiftet.
211 »Servando inviolabiliter treugam eis (Catellanis)« (Misti XV, fol. 17^t vom 13. Juni 1332).
212 Ibid. und Sindicati I, 24, Ermächtigung vom 15. Juli zu einer Anleihe zur Verteidigung Negropontes.
213 »Et propterea velit nos habere rationabiliter excusatos.« (7. Juli 1322, ibid. fol. 21).
214 Villani X, c. 5, p. 188. Silvano Razzi, Vite di quattro uomini illustri, Florenz 1580, p. 81.
215 Von den Söhnen Philipps und Katharinas wurden Robert und dann Louis Titularkaiser; Louis wurde, als Gemahl Johannas I., König von Neapel. Die Tochter Margarete vermählte sich erst mit dem Könige Robert von Schottland, dann mit Francesco del Balzo (Baux), dem Herzog von Andria.
216 Hauptwerk über diese Familie ist die von Donato Acciajoli übersetzte Vita des Niccolo Acciajoli von Matteo Palmieri (Anhang zu Ubaldinis ›Istoria della casa degli Ubaldini‹, Flor. 1588). Hinter dieser Vita die ›Origine della fam. degli Acciajoli, e degli homini famosi in essa‹. Einiges bei den Villani,

in den ›Elogia hist.‹ des Gaddi, Flor. 1637, im ›Discorso delle fam. estinte di Napoli‹ von Ferrante della Marra, Neap. 1641. ›Familie Fiorentine‹ des Scipione Ammirato, vol. II. Brauchbares hat Fanelli in seiner ›Atene Attica‹. Die wichtigsten urkundlichen Forschungen über die A. machte Buchon, N. Rech. I und II, mit Benutzung des Archivs des jenem Geschlecht verwandten Hauses Ricasoli, welches Leopoldo Tanfani für seine Biographie des Niccolo Acciajoli, Flor. 1863, nicht benutzen konnte. Die Genealogie bei Litta.

217 S. L. Peruzzi, Storia del Commercio e dei Banchieri di Firenze, Fir. 1868, p. 144.

218 Buchon, N. R. I, p. 48.

219 Palmieri (Muratori XIII, p. 1206) sagt von ihr: »viro longe magis ac mulieri persimilis«. Matteo Villani, Le Vite d'uom. ill. Fior. (ed. Dragomanni), p. 52, lehnt dies Liebesverhältnis ab, Giov. Villani, lib. XII, c. 75, läßt es unentschieden. Litta glaubt daran.

220 Brief des N. an Angelo vom Jahre 1364, welcher einen Überblick seiner Laufbahn enthält (bei Tanfani, p. 211 ff.).

221 Akt vom 1. Febr. 1336, Buchon, N. R. II, 65, n. V.

222 Genannter Brief bei Tanfani, p. 228.

223 Buchon, N. R. II, 114.

224 Villani XII, c. 55. Peruzzi, Storia del Commerc. di Firenze, p. 145, 457.

225 Genannter Brief bei Tanfani, p. 244. Noch nach dem Tode des Acciajoli erinnerte die Signorie von Florenz die Königin Johanna an jene Zeit, wo Niccolo ihr »fidus Acates« gewesen war (p. 236).

226 Du Cange, Hist. de Cp. II, p. 204, wo die Namen unkorrekt wiedergegeben sind.

227 Rocchi Pirri, Chronol. Reg. Siciliae, im ›Thesaurus Graevii‹ X, vol. V, p. 70.

228 Michael Platiensis, Hist. Sicula, c. 14, bei Rosario Gregorio, Bibl. Script. I, 543. In Urkunden nennt er sich »Johannes Infans dei gr. dux ducatuum Athenarum et Neopatrie, Marchio Randacii« (Archiv Palermo, Reg. Cancell. 1343 a 1357, Vol. III).

229 Den Zunamen Fredericus führte auch ein anderer Bastard des Königs Friedrich II., Orlandus, welcher in Sizilien eine Familie gründete (Rocchi Pirri, p. 73).

230 Pedro heißt »primogenitus«, Jayme »secundogenitus« des Alfonso; Urkunde bei Gregorio, Consider. IV, App. 72. Außer ihnen werden als Brüder genannt Bonifatius de Aragonia und Johannes (Archiv Palermo, Reg. Canc. a. 1346, n. 4, fol. 127); ferner Jayme und Guillelmus. Alfonsos Tochter Simona hatte sich mit dem Dreiherrn Georgio Ghisi vermählt. – Von dieser Familie Hopf, Gesch. Überblick über die Schicksale von Karystos (Sitzungsber. der Wien. Akad. 1854, S. 557 ff.) und die vermehrte ital. Übersetzung derselben Schrift von G. B. de Sardagna, Vened. 1850.

231 Der türkische Historiograph Seadeddin, italienisch übersetzt von Vin-

cenzo Bratutti, Chronica de l' origine e progressi della casa Ottomana, Wien 1649, p. 55 ff.
232 Raynaldus 1341, n. 30.
233 Raynaldus 1343.
234 Breve, Villanova, 17. Kal. Julii 1346, abgedr. in Hist. de Dauphinée II, n. 232, p. 553: »Illos de magna societate Catalanorum in ducatu Athenarum existentium.«
235 Specul. Carmelitan. sive Hist. Eliani ordinis de Monte Carmelo, Antverp. 1680, Vol. II, lib. 3, n. 3268: »Legitur ... electum fuisse in civitate Negropontensi in Episc. et a Nicolao Athen. Metropol. consecrationis manus accepisse in majori Eccl. civ. Negropont.« – Siehe dazu P. Lambros, Bulle inédite de Jean, évêque latin d'Andros, Bulletin de corr. hellén. II, 1878, p. 36.
236 Mich. Platiensis, c. 30.
237 Den Katalog der Herzöge Athens hat D. Francesco Serio, doch mit manchen Irrtümern, zusammengestellt: Dissert. istor. del ducato di Atene e di Neopatria unito alla corona di Sicilia, Vol. II der Opuscoli di autori Siciliani, Palermo 1759. Die Tafel der aragon. Herzöge Athens bei Hopf, Chron. Gréco-Romanes, p. 475.
238 Friedrich III. an seinen Justitiar Artalus de Aragona, Messina, 27. Jan. IX. Ind. (1355), bei Gregorio IV, App. p. 64.
239 Ἀθηναῖοι γε μὴν καὶ Θηβαῖοι καὶ οἱ κατοικοῦντες τὴν Πέλοπος ... τῆς παλαιᾶς εὐδαιμονίας τὴν ἀγροικίαν ἠλλάξαντο ... δουλείαν τὴν ἐσχάτην ὑφισταμένους ... Athanasios Lepanthrenos an den Geschichtsschreiber Nikephor. Gregoras (I, XCIV).
240 Zurita, lib. IX, p. 287.
241 Hopf II, S. 13.
242 Über dies Geschlecht (in Urkunden des Archivs Palermo stets Montecateno genannt): Lengueglia Ritratti della prosapia et Heroi Moncadi, Valenza 1657 (von mir in der Nationalbibl. Palermos benutzt). A. Rubio y Lluch, Don Guilierno Ramón Moncada, gran senescal de Cataluña, Barcelona 1886, mit Benutzung eines handschr. Werks: Genealogia y sucesion de las familias de el Lignage de Moncada im Archiv der R. Acad. de Buenas Letras in Barcelona.
243 Er erscheint als »vicar. general. ducatus Athenarum et Neopatrie« persönlich in einem Akt zu Theben am 1. Jan. 1360 (Commem. VI, fol. 104^r).
244 Der Haß der Florentiner verfolgte ihn noch nach dem Tode. Boccaccio, De casibus viror. ill. (Augsburg 1595, c. 23, p. 268), schildert ihn wie Villani als Feigling und fabelt, daß er schimpflich fliehend von einem florentinischen Söldner umgebracht worden sei.
245 »Cy gist madame Jeanne de Chastillon Duchesse d'Athènes, Comtesse de Brene et de Liche, qui fut fille de Mons. Gaucher seigneur de Chastillon Comte de Porcien, jadis connetable de France, la quelle trepassa l'an de grace M.CCC. LIIII le XVI. Janvier. Priez pour l'ame de ly.« Du Cange,

Hist. de Cp. II, p. 152. – Walters Grabschrift in der Abtei Beaulieu, ibid., p. 207.
246 Testament aus Hesdin, 18. Juli 1347 (Arch. stor. Ital. 1872, p. 39 ff.). Walter wollte begraben sein in der Abtei Beaulieu in seiner Grafschaft Brienne; er erweiterte die von seinem Vater gemachte Stiftung der Kirche S. Leonard zu Lecce, beschenkte Kirchen und Klöster auch in Argos und Nauplia und die dortigen Burgvögte und Sergeants.
247 Cantacuzeni Hist. III, p. 12. Der merkwürdige Mann schrieb am Ende seines Lebens als Mönch Joasaph im Kloster seine Memoiren, eine geschickte Selbstapologie. Trotz der Weitschweifigkeit, namentlich der Reden, gehört sie zu den besten und einfachsten Geschichtswerken der Byzantiner. Die Angaben des Kaisers bestätigt vielfach der Zeitgenosse Nikephoros Gregoras.
248 Cantacuz. Lib. III, c. 11, p. 74, c. 12, p. 80.
249 Cantacuz. Lib. IV, c. 13, p. 90.
250 Über diese Beteiligung der »Lateiner in Athen und Theben« am Kriege wider Genua: Nikeph. Gregoras XXV, p. 47 ff.
251 Akt, bei Buchon N R. II, p. 143 ff.
252 Fallmerayer, Gesch. Moreas II, S. 259.
253 Niccolo nannte sich seither urkundlich »Melfie et palatinus comes magnus senescallus regni Sicilie, nobilis civitatis Corinthi dominus«. Zur Kastellanei gehörten außer der Stadt 9 Kastelle; sie sind als Besitzungen der Maria von Bourbon, der Witwe des Kaisers Robert, aufgezählt in den ›Tables de fiefs des la Morée‹ von 1364, bei Hopf, Chron. Gréco-Rom., p. 229.
254 Bestimmung vom 18. März 1160; G. Müller, Docum. sulle relazioni delle città Toscane coll' oriente, Florenz 1879, p. 8. – Am 15. Juli 1338 bewilligte die Kaiserin Katharina in Neapel dem Niccolo Acciajoli im Falle seines Todes und während der Minorität seiner Kinder die Verwendung der Einkünfte seiner Länder in Achaia zum Bau der Certosa (Buchon, N. R. II, p. 104).
255 Abbildung der Grabmäler im Atlas Buchons, pl. XXXVI ff., und besser in Littas Genealogie der Acciajoli. Hier auch das Bildnis des Großseneschalls von Empoli, ehemals in der Certosa befindlich, jetzt in der florent. Akademie.
256 Brief an Francesco Nelli (Op. volg., Flor. 1834, XVII, p. 37 ff.). Gegen die Echtheit desselben haben sich erklärt Hortis, Studj sulle opere latine di Boccaccio, p. 21, und M. Landau, Giov. Bocc., sein Leben und seine Werke, S. 253. Für die Echtheit sind Buchon, Hopf, Georg Voigt, Körting.
257 »L'ovre de Jaians« heißt im ›Livre de la Cq.‹, p. 44, die Burg von Arkadia, dem alten Kyparissia in Messenien. In der griechischen metrischen Chronik sind aber doch diese Riesen »Hellenen«, das heißt Heiden. – Tozer, The Franks in the Peloponnese (Journal of Hellenic studies, London 1883, IV, p. 196).
258 Gemäß der vom König Louis von Neapel und der Königin Johanna erteil-

ten Erlaubnis; Akt vom 8. Sept. 1354, Buchon, N. R. I, p. 83. Unter den Zeugen desselben befand sich auch Walter von Brienne, der Titularherzog von Athen, nicht ahnend, daß die Acciajoli einst das Erbe seines Vaters gewinnen sollten.

259 Buchon, N. R. II, p. 198, n. XXXI.
260 Hopf, Geschichte der Insel Andros.
261 Buchon, N. R. I, p. 126.
262 Akt in Neapel, 7. Nov. 1366 (Buchon, N. R. II, p. 204ff., n. XXXIII). Durch Diplom, Brindisi, 26. Febr. 1371, ernannte dann derselbe Philipp II. den Angelo Acciajoli zum Pfalzgrafen (palatinus) Korinths; ibid., p. 208, n. XXXV.
263 Als »hon. vigerius Thebarum« bezeugt Johannes de Lauria einen Akt am 13. Okt. 1359 (Commem. VI, fol. 103^t).
264 »Civitas nostra Thebarum, quae in ipsis ducatibus quasi caput est et magistra«, heißt es in einem Erlaß des Königs Friedrich III. (Archiv Palermo, Reg. Protonot. I, a. 1349–93, fol. 108^t).
265 Avignon, 5. Kal. Julii a. II (1364), bei Raynald n. 26. »Cum nuper audivimus, quod in civitate Thebarum et aliis circumstantibus partibus infidelium Turcorum profana multitudo moretur, ac terras fidelium principatus Achajae impugnare moleatur.«
266 Datta, Spedizione in Oriente di Amadeo VI ..., p. 12.
267 Patent für Moncada, Syrakus 16. Aug. I. Ind. (1363); bei Ros. Gregorio, App. 65. Ich fand diese Urkunde im Archiv Palermo, Reg. Prot. I, a. 1349–63, fol. 108^t, und zwar datiert 20. Aug. ohne Jahr und Indiktion. Da aber auf fol. 109^t die Verleihung der Markgrafschaft Bodonitsa, wenn sie erobert war, an denselben Moncada am 16. Aug. in Syrakus datiert ist und vorher eine andere Urkunde mit Ind. I bezeichnet ist, so ist das Jahr 1363 sicher.
268 »Quod suis expensis posset in mari armare contra suos inimicos.« – Venedig lehnt das ab, »quia nostrae intentionis est quod treugam predictam nuper factam per dictum nostrum bajulum in universitate inviolabiliter observetur« (Misti XXXI, fol. 108^t, die 25. Julii 1365). Antwort an den Boten Rogers, welcher in diesem Akt heißt »marescalchus et vicarius generalis universitatis ducatus Athenarum«.
269 Arch. Palermo, Reg. Cancell. a. 1346, n. 4, fol. 127. 3. Aug. apud Messanam (1365). In diesem Akt wird Petrus de Putheo (Puig) ausdrücklich genannt »vicarius dictor. ducatuum«, wobei der fehlende Zusatz »generalis« nicht maßgebend ist. Das Haus der Puig war wohl identisch mit den Puigparadines. Siehe den Artikel Die Lehen der Herzogtümer Athen und Neopaträ am Ende der catalanischen Herrschaft, Deltion der histor. und ethnolog. Gesellschaft Griechenlands, Athen, Mai 1887.
270 Privilegium Friedrichs undatiert, Arch. Palermo, Reg. Cancell. n. 13, a. 1371, fol. 123ff. Darin wird gesagt, daß die Vollmacht für Franziskus ausgestellt sei »anno D. Incarn. 1366 secundo Jan. V. Ind.« Demnach ist es das Jahr 1367. Als Anhänger Rogers sind in diesem Patent bezeichnet

Wilh. de Almenara, Antonius de Lauria (Sohn Rogers), Albertus de Bonacolsis von Mantua, Jakobus Guardia, Alfonsus Cavalerius, Bernardus Balestarius usw.

271 Messina 14. Mai (V. Ind.); Reg. Cancell., n. 1363–66, n. 9, fol. 104: »amoto inde nobili Matheo de Montecatheno ... olim ibid. vicario.« – Fol. 105: Befehl an alle Offizialen des Herzogtums, ihm zu gehorchen. – Erneuerte Bestätigung der Güter, 16. Mai ap. Messanam Reg. Cancell., a. 1371, n. 13, fol. 122^t, 124. Am 18. Mai bestätigt der König Roger im Besitz der Burg Le Stiri (Estiri in Phokis), welche dieser von Ermangol de Novellis gekauft hatte. Hopf (Chron. Gréc.-Rom., p. 536) führt diesen Ermangol, der 1365 starb, als Marschall der Herzogtümer an; allein noch zu seinen Lebzeiten war das schon Roger. Denn im Reg. Proton. I, fol. 309^t zeigt Friedrich die Ernennung Moncadas (24. Febr., III. Ind. 1365) an: »Nobili Rogerio de L. marescalco ducatuum et nobili Armingero de Novellis.« Es ist daher nicht richtig, was Hopf behauptet, daß erst seit dem Aussterben der Novelle mit Ermangol das Erbmarschallamt an die Lauria kam.

272 St. Genois, Droits primitifs, p. XXXVII.

273 Derselbe starb 1381, worauf sein Oheim Louis von Conversano den Titel Herzog von Athen annahm. Er starb 1394 ohne männliche Erben. Seine älteste Tochter Marguerite, duchesse d'Athènes, heiratete Pietro del Balzo (Baux), Herzog von Tarent (St. Genois, p. XXXIX).

274 Schon Walter von Brienne, der Titularherzog Athens, hatte auch für seine Erben das venezianische Bürgerrecht erhalten; gleichwohl wurde dies noch am 22. Juli 1362 persönlich an Guido von Enghien verliehen, der in diesem Diplom heißt: »Argos et Neapolis de Romania dux, et nepos quond. domini ducis Athenarum.« (Arch. Ven., Commem. VI, fol. 144).

275 Brief des Grafen von Lecce vom 9. Febr. 1370 (Misti XXIII, fol. 91).

276 »Quod sicut ipsi domino comiti et fratribus potest esse manifestum, nos sumus in treugua cum illis de ducatu.« Deliberation des Senats vom 22. April 1370 (Misti XXXIII, fol. 32^t).

277 Misti ibid., fol. 133: Reskript an den Bailo, 23. Sept. 1371, »super facto pacis ... inter D. Guidonem de Engino ex una parte et vicarium ducatus Athenarum ac illos de compagna ex altera«. Dabei verhandelte Venedig über die Besetzung Megaras, die es forderte. – Bisweilen wird Roger de Lauria in venezian. Akten schlechthin genannt »vicarius universitatis Athenarum«. So in Misti XXIII, fol. 25^t, 5. Juli 1369.

278 Reg. Cancell., n. 4, fol. 207, 29. Oct. apud Messanam.

279 Reg. Cancell. 1347–70, n. 6, fol. 150ff., ultimo madio ap. Messanam. Es folgen Formulare von Empfehlungsbriefen an die Offizialen und Bewohner Thebens, Athens, Neopaträs und anderer nicht mit Namen genannter Gemeinden.

280 Der König bestätigte ihn in dem ›officium vigerie seu capitanie cum cognitione causar. criminalium civitatis Athenarum‹ am 7. Jan. ap. Messan. Die Indiktion ist nicht angegeben. Ich halte das Jahr für 1371 (Reg. Canc. a. 1371, n. 13, fol. 209). Neue Bestätigung desselben als »castellanus castri

civitatis Athenarum«, also Burgvogt; 24. Jan. ap. Messanam (Reg. Cancell. 1347, 1370, n. 6, fol. 32).
281 Ein Teil davon war durch Schenkung früherer Herzöge an den Katalanen Jayme Siplanes und seine Erben verliehen worden; Friedrich III. hob die Schenkung auf, weil diese Grundstücke jenem Zweck dienen sollten; »quod dudum certae possessiones et bona stabilia ad castrum civitatis Athenar. spectantia et ad ejusd. castri tutelam, defensionem et custodiam deputata ...« (Reg. Canc. 1371, n. 13, fol. 209^t).
282 So heißt es in einem Erlaß an die Athener, 4. Okt. 1374: »Volentes etiam capitula dictor. Ducatuum observare, quae dictant expresse vigerios seu capitaneos ipsor. ducat. per triennium in eod. officio duraturos.« (Gregorio, App. p. 63).
283 Reg. Canc. a. 1369-73, n. 12, fol. 111, 4. Okt. XII. Ind. (1373), Messana. »Calzeranum de Peralta ... propter lapsum dicti triennii ... ex nunc duximus amovendum.«
284 Reg. Cancell. 1347-79 (jetzt mit n. 6 bezeichnet), fol. 62^t, Brief aus Messina an Guill. de Almenara vom 19. Jan. XII. (1374).
285 Reg. Cancell. ibid., fol. 63^t. Calzeranum de Peralta castellanum et vigerium seu capitaneum castri et civitatis Athenarum ab eisdem officiis amoveri et Guillelmum Impuyal castellane et Bernardum de Viki vigerie seu capitanie predictis subrogari nostra serenitas consueta deliberatione decrevit.« Ibid., fol. 71, 20. Jan., Kundgebung dieser Ernennung an Calzerano.
286 Reg. Cancell. a. 1365-66, n. 9, fol. 65. Im März 1366 war Johes de Bonacolsis von Mantua dort Kastellan (ibid., fol. 19). In diesem Erlaß heißt es, daß demselben das »castrum« zu übergeben sei »cum victualibus, armis, ingeniis et rebus aliis«.
287 In Urkunden Palermos: »officium vigerie seu capitanie cum cognitione causarum criminalium civitatis Athenarum« (Reg. Cancell. a. 1371, n. 13, fol. 209). Ebenso vom »capitaneus Livadiae«. Der Kastellan und Kapitän von Sidirokastron, R. Cancell. a. 1346, n. 4, fol. 127^t.
288 So findet sich in einer Person der »vigerius et capitan.« von Theben (Reg. Canc. a. 1365, 1366, n. 9, fol. 109); der »vig. et cast.« von Levadia (R. Canc. 1347-70, n. 6, fol. 62^t); ebendaselbst der »castell. et capit.« (Reg. Canc. a. 1346, n. 4, fol. 207); der »castell. et capit.« von Sidirokastron (ibid., fol. 127^t). 1366 erhält Guill. Fadrique das »offic. castellanie castri, vigerie et capitanie« in Levadia (Reg. Canc. a. 1365, 1366, n. 9, fol. 104); ebendaselbst ist Guill. de Almenara Viger Kapitän und Kastellan (Reg. Canc. 1369, 1373, n. 12, fol. 112); Calzeranus de Peralta heißt »capitan. viger. et castell.« Athens (Reg. C. a. 1365, 1366, n. 9, fol. 111). - Getrennt wiederum sind Viger und Kastell. in Levadia (Reg. C. 1347-70, n. 6, fol. 63^t). Dann findet sich bisweilen nur eine Person als Kastellan in Levadia, als Viger in Athen, als Kastellan in Athen, als Viger in Theben vor.
289 Auf ihre Beschwerde bestätigte ihr der König die »privilegia libertatis atque franchicias et consuetudines« (R. Canc. a. 1371, n. 13, fol. 176).
290 Königl. Brief vom 27. Jan. 1371 an den »Magister justitiarius« Artal de

Alagona: »Pridie per speciales nuncios et ambaxiatores ducatuum Athenarum et Neopatriae ... pro parte universitatum eorundem ducatuum exstitit supplicatum.« (Gregorio IV, App. p. 69).
291 Bulle, 13. Nov. 1372, Raynald, n. 29.
292 »Dilecto nobili viro, Raynerio de Aziaiolis, militi Florentino, domino civitatis Corinthiensis ...dat. Aven. Idib. Nov. A. 2« (Buchon, N. R. II, p. 218).
293 Commem. VII, fol. 136ᵗ. In dieser »littera civilitatis« heißt er noch nicht »dominus civitatis Corinthi«, sondern nur »egregius vir Rayn. de Az. miles qui fuit de Florentia, nunc habitator« (der Raum für den Ort ist weiß gelassen und zweifellos Korinth).
294 Die Liste der Anwesenden bei Dom. Jauna, Hist. générale des royaumes de Chypre, de Jérus. etc. II, p. 882, ist unbeglaubigt.
295 Der Verdienste Rendis in Megara gedachte noch im Jahre 1380 der König Pedro von Aragon mit den Worten: »Come lo dit notari Dimitri Rendi haja sostengut treball e afany en lo castell de la Maguara pres por los enemichs«, Urkunde aus dem Archiv Barcelona, bei Rubio y Lluch, Los Navarros en Grecia, Barcelona 1886, p. 244.
296 Der König Friedrich III. ernannte am 2. April (13. Ind. 1375) an seiner Stelle zum Notar der Kompanie Matteo de Juvenio von Termini (Arch. Palermo, Reg. Protonot. I, fol. 139ᵗ).
297 Dies sagt der König selbst in einem Patent an das Land, Catania 9. April 1376: »Licet olim insurgentib. et subsecutis ... scissionibus ... ex quibus cultus justitiae statusque pacificus ... populor. nostrorum ... diversimodo turbabatur ...« Hierauf sei »nob. Aloysius Friderici« einmütig als Vikar gewählt worden »ad instantiam universitatum civitatum terrar. et locor. ducatuum predictor. ipsum ad id univoce elegantium ... salva nostra conscientia majestatis« (Reg. Cancell. 3. Ind. 1364, 1368, nr. 8, fol. 130). Gleichzeitig wurde zum Viger Thebens ernannt Nicolachio de Ardoyno (ibid., vol. 13, a. 1371, fol. 177).
298 Über diese Unterhandlungen Hopf in seiner Geschichte von Karystos. In den betreffenden Urkunden, z. B. Pacta V, fol. 91, 6. Nov. 1365, wird Bonifazio de Aragona genannt »quond. clare mem. domini Dom. Alfonsii de Aragona dominus castri et insule Ligene«. Karystos verlieh die Republik erst an die Giustinian, dann 1406 an Niccolo Zorzi.
299 Patent für Aloysius Federici, Catania, 9. April (Reg. Canc. 3. Ind. 1364, 1368, n. 8, fol. 129). Hopf (II, S. 22) zitiert nach n. 7, welche jetzt 8 ist, und gibt den 7. April an. Dagegen datiert die Ernennung im Reg. Proton. I, a. 1349–63 vom 6. April. Die Indiktion fehlt, sie ist aber XIII (1376), da sich vorher auf fol. 126 die Angabe der Ind. und des Jahres findet. Von demselb. Datum die Kundgabe des Königs an alle Untertanen der Herzogtümer, daß er Luis zum Vikar ernannt habe, fol. 129ᵗ.
300 Mont. S. Albanum, 7. Juni (nicht 5. Januar, wie bei Hopf); Reg. Canc. a. 1371, n. 13, fol. 176.
301 »Ex juribus censualium debitis exsolvi consuetorum tam per Armenios

degentes in civitate Thebarum ... quam per quoscumque alios habitantes.« (Reg. Canc. 1364, 1368, n. 8, fol. 18).

302 Misti XXXIV, fol. 102ᵗ, 16. April 1374: Wahlakt ihrer Abgeordneten, um der Königin das Fürstentum zu übertragen.

303 Angelo Costanzo, Storia del regno di Napoli II, lib. 7, p. 21.

304 Bosio, Storia della milizia di Jerus. II, p. 84 ff. Karl Herquet, Juan Fernandez de Heredia, Großmeister der Johanniter, Mühlhausen 1878.

305 Isidoro la Lumia, Studi di storia Siciliana I, p. 509 ff.

306 Dameto, Hist. Gen. del Reyno Balearico, Majorca 1632, II, p. 213 ff. Er hinterließ einen Sohn Jayme, der bis 1362 zu Barcelona in Haft blieb, dann nach Neapel entfloh und sich dort mit der Königin Johanna I. vermählte. Er kämpfte sodann um den Wiedererwerb von Mallorca und Roussillon und starb 1375 bei dieser Unternehmung ohne Erben. Seine Schwester Isabella heiratete Johann Palaiologos II., Markgrafen von Montferrat (Buchon, Éclairciss., p. 275).

307 Cronica del rey de Aragon Don Pedro IV., ed. A. de Bofarull, Barcelona 1860, p. 388.

308 Antonio de Bofarull, Hist. critica de Cataluña, 1876, IV, p. 597.

309 Die Liste bei Zurita, Anal. II, lib. X, n. 30, p. 377 ff., wird vervollständigt durch Urkunden aus dem Archiv der Krone Aragon in Barcelona. Es ist das Verdienst des Don Anton o Rubio y Lluch, diese bisher unbekannten Dokumente ediert zu haben, wodurch die Geschichte Athens in den letzten Jahren des Katalanenstaats neues Licht empfangen hat: Los Navarros en Grecia y el ducado Catalan de Atenas en la epoca de su invasion, Barcelona 1886 (siehe p. 45 und den Anhang).

310 Barcelona 30. Sept. 1379; Rubio, n. 16. Ähnlich am selben Tage an Calceran de Peralta, Kastellan, Viger und Kapitän der Burg und Stadt Athen, n. 17. – Die ersten Boten des Herzogtums sind nach Spanien ohne Zweifel schon vor 1379 abgegangen. In diesem Jahre aber befanden sich am Hofe des Königs Berengar Ballester von Theben und Francesco Ferrer, bevollmächtigt von Luis Fadrique und von Calceran de Peralta, dem Viger Athens. Urkunde bei Rubio, p. 224 ff.

311 Patent für Rocaberti, Rubio, p. 235. Pedro gibt dessen Ernennung kund den Universitäten Theben, Sidirokastron, Levadia, Neopaträ und Athen, 13. Sept. 1379, p. 226, n. 13. Er befiehlt dem Romeo de Belarbre, Kastellan Athens, und dem dortigen Viger Calceran de Peralta, Kastell und Stadt dem Rocaberti zu übergeben. Barcelona, 7. u. 8. Sept. 1379; n. 14 u. 15.

312 Rubio, p. 46, nennt außerdem Thomas Pou, Nicolas und Pedro Dardini und Francesco de Lunda.

313 »Lo marques de la Bondonica qui es tengut cascun any de presentar al vicari del ducam IIII cavalls armats.« Feudalliste aus der Zeit Pedros IV., bei Rubio, p. 262.

314 Rubio, p. 65, und Akt von Salona. In der Stammtafel der Aragon bei Hopf, Chron. G. Rom., p. 474, fehlt Pedro als Sohn Bonifatius'. »Don

Bonifaci d'Aragon quond. pari de Don Pedro d'Aragon« (Akt von Salona).
315 Sowohl der Markgraf als der Herzog des Archipels werden als Verbündete der Navarresen bezeichnet in einem Brief Pedros IV. an den Bailo von Negroponte (Archiv Barcelona; bei Rubio, p. 216).
316 Brief Pedros an Heredia, Lerida 10. Sept. 1380 (Rubio, p. 252).
317 Am 8. Mai 1381 befahl Pedro IV. in Saragossa dem Vicomte Rocaberti, die Güter des Almenara seinen Söhnen und seiner Witwe Francula, einer Tochter des Petrus de Puigparadines, zu übergeben, und er sagte von ihm: »qui proditorie fuit in nostro servicio intus dictum castrum per inimicos nostros interfectus« (Rubio, p. 223). »Jacobus Ferreri de la Sola oriundus civitatis Barchinone«, der sich mit Not rettete, wird mit den Gütern des verräterischen Griechen Gasco von Durazzo ausgestattet. Saragossa, 8. Mai 1381 (ibid., p. 265).
318 Aragon. Chronik, p. 155.
319 Von der Gefangenschaft des Johannes de Lauria durch den Comes de Conversa spricht Pedro IV. in einem Erlaß an Rocaberti, Saragossa 8. Mai 1381 (Rubio, Anhang n. II, p. 217).
320 Der Fall der Stadt Theben fand vor dem 10. Sept. 1380 statt. Erlaß dieses Datums von Pedro in Lerida, worin er von einem Verräter spricht »per obra del qual la ciutat de Estives se perde« (Rubio, p. 254). Noch am letzten April 1380 hatte der König Dimitre und Mitro belobt, daß sie Stadt und Kastell Theben zu halten vermocht; er werde Rocaberti abschicken; sie sollten ihn aufnehmen »en lo castell et loch de Estive« (Rubio, n. 5, p. 219). – Mit demselben Datum an die Flüchtlinge Thebens in Negroponte, denen er die baldige Ankuft Rocabertis anzeigt (n. 3, p. 218). – Am 18. Sept. 1380 dankt er Dimitre und Mitro, sie Kastellane Salonas nennend, daß sie »lo castell del Estives« verteidigten (Rubio, n. 23, p. 235). Wenn nun Pedro am 8. Mai 1381 an Rocaberti aus Saragossa schreibt, »informati quod antiqua civitas destives nuper fuisset per navarros ... expugnata et capta«, so muß er damit auch das Kastell gemeint haben.
321 Am 31. (?) April 1380 belobt Pedro IV. in Saragossa, »le comte Mitra et tots altres Albaneses habitants en lo terme de la Allada« wegen der Verteidigung der Länder des Don Luis (Rubio, n. 6, p. 220). In einer Feudalliste heißt es: »lo comte de Mitra qui pot haver be M. D. homens a caball Albaneses« (ibid., p. 262).
322 Davon spricht König Pedro schon am 30. Sept. 1379 (Rubio, n. 16). – Am 20. Mai 1380 schreibt derselbe: »el noble en Galceran de Peralta ... lo qual es estat pres e encativat ell e sos Companyons et familia defenent lo dit pahis regal et ducal« (Rubio, p. 248).
323 Am 10. Sept. 1380 sagt Pedro, daß Oliveri Domingo, durch dessen Verrat Theben verlorengegangen sei, sich bemühte, auch Stadt und Kastell Cetines zur Rebellion zu bringen (Rubio, n. 36, p. 254). Als Empörer in Athen werden bezeichnet Jaime Conomines, Pedro Colomer und Alberto von Mantua (p. 93, p. 243 ff.).

Anmerkungen

324 Reg. Canc. 1364. 1368, fol. 29: »Pro parte Demitrii Rendi notarii de Atenis fidelis nostri.« Er war wahrscheinlich aus Athen selbst, wo eine Familie seines Namens noch heute besteht.

325 »Convinences ... entro lo magnifich Don Loys d'Arago vicari e universitats Destives e de la Livadia duna part e ... ab lo noble En Galceran de Peralta olim regidor de Cetines e ensemps ab la dita universitat de Cetines de la altra part ...« Kapitel Athens vom 20. Mai 1380 (bei Rubio, n. 32).

326 Die Urkunde hat sich in der aragon. Kanzlei glücklich erhalten. Rubio, der sie veröffentlicht hat, sagt von ihr: »Los capitulos de Atenas son de valor impreciabile filologico, politico é historico.«

327 »Item si alcun lexara alguns vilans en possesions en lasgleia que dejen tornar en lo castell de Cetines ...« Kapitel Athens.

328 »Com tots altres conquistadores de la dita ciutat de Cetines.« So lebte der Begriff »conquistadores« noch zu jener Zeit in der Rechtssprache fort.

329 Als solche werden genannt »cumerxus, coltes, cavalcades, guardes e manifests e de tot altre embarch molestia ni empatx«. Das Privilegium ist den Kapiteln Athens eingefügt. Noch später schenkte Pedro dem Rendi Güter, welche Guillelm Almenara in Athen und Pedro Ibañez in Theben besessen hatten. Dertusa 18. April 1383 (Rubio, n. 52, p. 270).

330 Sathas, Mon. Hist., Hell. III, p. 215. So war in Levadia Notar Nikolaus de Mauro Nichola; ein Notar Cosma von Durazzo (Rubio, p. 84, Note).

331 »Totes les escrivanies dels dits ducats d'Atenes et de la Patria.«

332 Am Ende des Akts: »Romeu de Belarbre per los manaments Regals et Ducals Castella e Capita de la universitat de Cetines sindichs prohomens e consell dela dita universitat, que tots genolls ficats en terra humilment nos comanam en gracia dela Regal et Ducal majestat vestra. Dades en la Ciutat de Cetines XX° die m. Madii a. D. MCCCLXXX° III. Indicionis.«

333 »Signum Petri dei gr. Regis Aragonum, Valencie, Maiorice, Sardinie et Corsice, Comitis etiam Barchinone, Ducis Athenarum et Neopatrie, Comitis etiam Rossillionis et Ceritanie Qui hec laudamus concedim. firmam. et juramus.« Folgen die Unterschriften beider Prokuratoren. Unter den Zeugen der Infant Martin, Pedro, Graf von Urgel und mehrere Edelleute des Hofs.

334 »E havets induits les gents dels ducats que sien sots nostra senorya«, Lerida 18. Sept. 1380 (Rubio, n. 24).

335 Die Formel ist wie im Akt der Athener: »Idcirco de mandato ipsor. principalium meorum ... eligo et recipio vos dictum dom. Regem sicut jam de facto dicti principales mei vos elegerunt et receperunt in meum et eorum Regem et princip. Ducem et Dom. vostrosque successores Reges Aragoniae et Comites Barchinone« – Ilerda 1. Sept. 1380. Zeugen wie im Instrument Athens.

336 »Als amats e feels nostres los Castellans sindichs promens e consell dela universitat de Cetines.« (Rubio, n. 19).

337 »Con lo dit castell sia la pus richa joya qui al mont sia e tal que entre tots

los Reys de cristians envides lo porien far semblant, havem ordonat quel dit bisbe sen mene los dits homens« – Lerida 11. Sept. 1380 (Rubio, n. 20).
338 »Mult por est forte Ataines, car ele siet sor mer.« (Alexandr., p. 46).
339 Cronica del rey de Aragona D. Pedro IV. el Ceremonioso, ed. Antonio de Bofarull. Barcel. 1860. Über ihn D. Prospero Bofarull, Los condes de Barcelona, Barcelona 1836, II, p. 271 ff.
340 Mehus, Vita Ambrosii Traversarii, p. 294.
341 Heredia ließ den Reisebericht Marco Polos ins Spanische übersetzen und die großen Chroniken ›De Espanya‹ und ›De los conquiridores‹ zusammentragen, deren Handschriften der Escorial bewahrt; Karl Herquet, Der Johannitergroßmeister Heredia, in der Zeitschr. für Allg. Gesch., Cotta, Stuttgart, Jahrg. 1887, S. 789.
342 »Per rao de la capella de Sant Barthomeu del palau del castell de Cetines ...« Erlaß an Rocaberti, Lerida 10. Sept. 1380 (Rubio, n. 34).
343 Ecclesie Sedis de Cetines (ibid.).
344 Lerida, 10. Sept. 1380 (n. 37, p. 254).
345 N. 37, p. 254.
346 Liste aus dem Archiv Aragon (Rubio, n. 42). Sie hat dem Annalisten Zurita vorgelegen (II, lib. 10, n. 30).
347 N. 3, p. 218 in Saragossa. Die folgenden Urkunden desselben Datums zeigen, daß das Jahr 1380 (statt 1381) bei Rubio ein Versehen ist.
348 Saragossa, 9. Mai 1381 (Rubio, n. 45). Unter den Zeugen des Akts: »Ffelipus Dalmatii vicecomes Rochabertini«.
349 Rubio, n. 28.
350 Antonio de Bofarull, Hist. critica de Cataluña, Barcel. 1876, IV, p. 636.
359 18. Mai 1381 (n. 51). Doch wollte der König die Reliquie besitzen; er befahl Rocaberti, dieselbe auf passende Weise an sich zu nehmen; 24. Juli 1381 (n. 29).
352 Befehl an Rocaberti, Donna Dulce und ihren Sohn Juan wiederherzustellen; Saragossa 8. Mai 1381 (n. 46, p. 266). Am 18. Mai Befehl, Juan d'Aragona unter die Ritter von St. Georg aufzunehmen (n. 51, p. 269). In den Kapiteln von Salona war Pedro, nicht sein Bruder Juan, als Herr Äginas genannt worden, seiner wird hier nicht mehr erwähnt.
353 Lerida, 8. Sept. 1380 (Rubio, n. 21, p. 233).
354 Rubio, p. 110.
355 Rubio, n. 1, p. 216.
356 Saragossa, 8. Mai 1381 (Rubio, n. 50, p. 268; Zurita II, lib. 10, c. 30).
357 Pedro an Calceran, Saragossa, 8. Mai 1381 (n. 49, p. 268): »E com hajam entes que sots exit de la prisó en que erets en poder dels dits Navarros, de que havem haut gran placer.« Die aus Zurita II, p. 377, gezogene Angabe Hopfs, daß Calceran aus seiner Haft entkommen, die Akropolis wacker verteidigt und die Navarresen aus Athen geworfen habe, ist unerweislich.
358 Der Name Navarin (bei Edrisi Irouda) soll nach Hopf I, S. 24, von den Navarresen abzuleiten sein. Allein schon vorher lag bei Zonklon ein Ort Abarinon. Die Notitia 4. graec. episcop. (Hieroclis Synecdem., ed. Par-

they, p. 312) sagt von Pylos: »nunc vocatur Abarinus«. Dort hatte Nikol. von St. Omer ein Schloß gebaut, »le chastel de port de Junch« (Liv. d. l. Conq., p. 275), oder κάστρον τοῦ Ἀβαρίνου (Griech. Chron. v. Morea). Buchon erklärt Navarinon wohl richtig mit Neo-Avarinon, im Gegensatz zu Palaeo-Avarino. Um dasselbe als Ort der spanischen Einwandrer zu bezeichnen, nannten es die Griechen Spanochori und nicht Navarino. Leake, Travels in the Morea I, p. 411, glaubt den Namen Navarino entstanden aus εἰς τὸν Ἀβαρίνον.

359 Zurita, Indices, p. 355, schreibt die Befreiung Levadias und anderer Festungen dem Rocaberti zu. Allein noch im Frühjahr 1383 war Theben in der Gewalt des Feindes, denn in einem am 10. April dieses Jahres zu Tortosa erlassenen Privilegium für Demetrios Rendi sagt der König: »Si et quando civitas et vicaria destives ad dominium et obedientiam nostram venire contingat.«

360 »A nos es suplicat que volguessem atorgar a tot grech et albanes, qui vulla venir en lo ducat de Athenes, que sia franch por II anys.« Ulldecona, 31. Dez. 1382 (n. 30, p. 240).

361 Der Name dieser Burg erinnert an den ersten Vikar des sizilianischen Herzogs von Athen, aber ihre Lage ist unbekannt.

362 Rubio (τιμάρια τῶν δουκάτων τῶν Ἀθηνῶν ... Zeitschrift der histor. Gesellschaft Griechenlands, II, Mai 1887, p. 460), hält diese Puigparadines für die Söhne des im Jahre 1367 ermordeten Pedro de Puig.

363 Kabrena gilt als Chaironea.

364 Rubio, n. 42, p. 262. Die Liste stimmt fast durchaus mit der bei Zurita II, lib. 10, c. 30.

365 Dies authentische Datum zerstört alle Fabeln über den tragischen Tod des letzten Grafen von Salona. Am 18. Nov. 1382 schreibt Pedro IV. an die Witwe: »Havem gran desplaer de la mort del noble En Lois Frederich d'Arago cosi nostre e marit vostre.«

366 »Que la dita filla vostra faça ce fet e complisca lo matrimoni lo qual es fermat entre lo noble en Bernaduch fill de mossen Dalmau Vesconte de Rochaberti vicari general per nos en los ducats d'Athenes e de la Patria.« Der König an Helene, Tortosa, 18. Nov. 1382 (Rubio, n. 31, p. 341). Hopf (I, S. 25), welcher den Sohn Rocabertis Antonio nennt, irrt demnach, wenn er behauptet, daß dieses Verlöbnis wider den Willen des Königs geschehen sei.

367 Zurita II, lib. 10, p. 373.

368 Indices, p. 355. Cronica del rey Pedro IV. am Schluß. La Lumia, Studi di stor. Sicil. I, p. 553.

369 Sein Testament, Tarent, 15. Juli 1383: Bibl. de l'école des chartes 45, 1884, p. 189.

370 Pedro IV. schreibt: »nobilib. dil. ac devotis nostris Mayoto de Cocharellis militi baiulo, et Petro de S° Superano capitaneo principatus de la Morea« (Rubio, n. 41, p. 261). Die vollständige Titulatur in der folgenden Note.

371 Commem. VIII, p. 114. Darin sind angeführt »Dn. Maiottus de Coctarello

hon. bail. imp. princ. Achaye et civit. Neopanti ... egreg. et nob. vir Petrus dictus Burdus de Sco. Superano hon. capitanaus dicti principatus – Berardus de Varvassa hon. cap. imp. in dicto princ. Datum Drusii (Andrussa).« Das Datum dieser Urkunde widerlegt die Angabe Hopfs, daß Pedro Bordo de S. Superano erst 1385 nach Griechenland gekommen sei (Monatsberichte der K. Preuß. Akademie der Wissenschaften, 1863, S. 485).

372 Vilanova, 17. Juli 1385.

373 So ist die Stelle bei Zurita, lib. X, n. 38, p. 387, zu verstehen; es sind Forderungen Rocabertis, nicht Vilanovas, wie Hopf glaubt (II, S. 25).

374 Zurita behauptet, daß der König aus Haß gegen Rocaberti damals die schon vereinbarte Ehe zwischen dessen Sohne und Maria Fadrique vereitelte (dexò de casar). Von einer Beschuldigung, welche Vilanova dem ehrgeizigen Rocaberti aus dieser beabsichtigten Vermählung gemacht habe, sagt Zurita nichts.

375 »Vir circumspectus et prudens Saracenus de Saracenis quond. Guillelmacii ejusd. nostre civitatis Negropontis burgensis originarius civis prefatae civitatis ...« 25. Aug. 1370 (Commem. VII, fol. 139ʳ). Der Name lautet in Urkunden Pedros IV. Sarrasi de Sarrasi.

376 Nach den ›Estratti degli Annali Veneti di Stefano Magno‹ (Chron. Gréco-Romanes, p. 183) geschah das schon 1383. In Misti XXXVIII, fol. 10, steht ein Beschluß des venez. Staatsrats vom 20. Febr. 1382, welcher dem »Duca di Creta« befiehlt, die Galeeren für Nerio auf ein Jahr zu armieren.

377 Zurita II, p. 387, und Indices, p. 360, wo er sagt, daß diese Verbindung den Sturz der Katalanen nach sich zog.

378 So schon in einer Urkunde vom 5. Juli 1385, nach Hopf, S. 26.

379 Wenn das Stillschweigen Pedros rätselhaft erscheint, so ist der Nationalstolz Zuritas lächerlich; dieser Annalist Aragons sagt kein Wort von der Eroberung erst der Stadt und dann der Burg Athen durch Nerio.

380 An Bordo S. Superan, Kapitän des Kriegsvolks in Morea, und Majotto de Cocarell, Bailo von Morea, Barcelona, 17. Aug. 1386 (Rubio, n. 40, p. 259).

381 Zurita, p. 391.

382 Rubio, n. 53, p. 271.

383 Zurita, p. 391, a. 1387.

384 »Memorandam victoriam obtentam per ... dominum Raynerium contra Turcos vostro etiam auxilio mediante«, an den Bailo (Misti XL, fol. 17ʳ, Febr. 1386). Um so mehr ging der Senat auf das Gesuch Nerios ein, ihm zur Verfolgung der Piraten eine Galeere zu stellen, deren Ausrüstung er bezahlen wollte. Der Herzog von Kreta wurde angewiesen, sie zu armieren und dann für 8 Monate in den Dienst Nerios zu stellen, unter dem Befehl des Supracomes Giovanni Soranzo (Misti XL, 6. Febr. Ind. IX). Noch am 10. Aug. 1386 war die Galeere nicht ausgerüstet (ibid., fol. 37).

385 Zurita (Indices, p. 363 zum Jahr 1387) verzeichnet, daß der Visconde am

18. März aus Barcelona nach dem Peloponnes in See ging. Die Überlieferung aller dieser Tatsachen ist sehr mangelhaft.
386 Rubio, a. a. O., Anhang p. 113. Zurita, p. 403, zeigt im Jahre 1392 die Brüder Roger und Nikolaus Lauria unter den Baronen Siziliens. Chalkokond., L. II, p. 69, sagt, daß die Spanier teils nach Italien zurückkehrten, teils bis an ihren Tod in Griechenland blieben, unter diesen Don Luis von Sula.
387 Epam. Stamatiadis, p. 248. Es ist ganz irrig, was der meist aus Abarca schöpfende Peña y Farel (Annal. de Cataluña, Barcel. 1709, II, p. 159) behauptet, daß die Nachkommen der Katalanen bis 1452 in Griechenland fortdauerten »en su antiguo splendor«.
388 Stammtafel bei Hopf, Chron. Gréco-Romanes, p. 475.
389 Bournouf, La ville d'Athènes, p. 59.

VIERTES BUCH

1 Der Brief bei Kunstmann, Studien über Marino Sanudo den Älteren, S. 43.
2 Chalkokond. IV, p. 213.
3 1365 zeichnet der ungenannte Erzb. von Athen einen byzant. Synodalakt (Acta et Dipl. graeca medii aevi, ed. Miklosich und Müller, Wien 1863, I, n. 195).
4 Ibid., n. 307, p. 564, Akt vom Mai 1371.
5 Ibid., II, p. 165.
6 Spon, Voyage en Grèce II, 200. Über diese Kirche Aug. Mommsen, Athenae Christ., p. 42.
7 In einem Threnos auf den Fall Athens unter die Türken (davon weiter unten) heißt es, daß diese mißhandelten τοὺς γέροντας τοὺς φρονίμους των καὶ τὴν βουλήν των ὅλην
8 »Ambobus notariis et civibus Athenarum«, Akt aus Athen vom 29. Dez. 1391, im Archiv Turin, davon weiter unten.
9 Im April 1357 stellte er zu Nauplia eine griech. Urkunde aus, zugunsten eines dortigen messinesischen Kaufmanns Gregorio de Michele Catello. Er nennt sich darin μπαίλος ται καθολικὸς καπετάνιος᾽ Ἄργου, Ναυπλίου καὶ τῆς διακρατήσεως αὐτῶν καὶ φυλάκτωρ τῆς βουλῆς τοῦ μπαίλου. Das Diplom trägt das Siegel und die Umschrift des GAVTIER DVC DE ATHENES CONTE DE BRENE ET DE LICCE SIGNOR DE FLORACE. Dazu 1342; ebenso Siegel und Umschrift des PIERRE DE MEDICIS DE ATHENIS BIAVLVS ET GNAL. CAP° DE ARGOS ET DE NEAPOLI DE ROMA(NIA). Unten 1342. Das Wappen zeigt einen goldenen Schild, darin ein Mohrenkopf mit weißer Binde und sechs rote Kugeln. Ich fand dies Pergament, eine Abschrift aus dem 15. Jh., im Archiv Florenz: R° Acq° Caprini 20 marzo 1204 – 19. April 1418. Provenienze Arch. Mediceo.

10 Buchon, Nouv. R. I, p. 131, und Griech. Text II, p. 220. Eine Belehnung mit Gütern. Ἡμεῖς Νέριος δὲ Ἀτζαϊώλης, αὐθέντης καστελανίας Κορίνθου, δουκιάμου τῶν Ἀθηνῶν καὶ τῶν περὶ αὐτούς... Die Datierung des Jahres (1695) ist griechisch. Von Piero, dem verstorbenen Vater des Niccolo, wird gesagt: μισὲρ Πέρου δὲ Ἀτέναις λεγομένου Ἰατροῦ. – Über den offiziellen Gebrauch der griech. Sprache: Joann. Romanos, Gratianos Zorzes, p. 62 ff.

11 Sathas, Mon. Hist. Hell. VIII, 1888, p. 370, 451.

12 Fallmerayer II, S. 253 ff., und ›Welchen Einfluß‹, S. 48 ff. Diese Einwanderung setzte sich lange fort. Am 22. Mai 1425 befahl die Republik Venedig den Kastellanen von Koron und Modon, zwei albanesische Häuptlinge mit 5000 und 500 Pferden in den Gebieten Zonklon, St. Elia, Molendinorum usw. aufzunehmen. Sathas, Mon. Hist. Hell. I, p. 176. Venedig forderte die Albanesen auf, Euböa zu kolonisieren unter Gewähr voller Freiheit: »Provisio facta pro apopulando Insulam Negropontis«, 20. April 1402 (Sathas, a. a. O., II, p. 79).

13 Chalkokondylas, lib. IV, p. 208.

14 Lunzi, Delle condizioni delle isole Jonie, p. 119 ff. Buchon, N. R. I, p. 307 ff. Joh. Romanos, Gratianos Zorzes, p. 287 ff. Stammtafel bei Hopf, Chron. Gréco-Rom., p. 341, 530. Erasmo Ricca, La nobiltà delle due Sicilie, Neap. 1865, pars I, vol. III, p. 272 ff.

15 Traktat zwischen Guido und dem Vikar und der Universität Athen um 1370 (Reg. Commem. III, lib. VII, n. 606).

16 Chron. Andreae Danduli (Muratori XII, p. 482 ff.) Instrum. Emptionis Argos et Neapolis, Ven. 12. Dez. 1388 (Commem. VIII, fol. 134). Am 24. Febr. 1389 wurde zu Venedig Perazzo Malipiero beauftragt, »pro intrando et recipiendo tenutam de Argos et Napoli, que vendidit Dominio Venetiar. egregia D. Maria de Engino filia qd. D. Guidonis et relicta Petri Cornaro« (Sindicati I, fol. 398). Dazu Misti XL, fol. 157.

17 »Sicut a certo novimus, in anno elapso fuistis potissima causa faciendi descendere Turcos et alias gentes ad damnum locor. nostror. ... ymo quod cedit ad maiorem turbationem nostram persensimus, quod in presenti tempore conamini favere Turchis, qui asseruntur descendere ad damna locor. nostrorum.« An Raynerio, Venedig, 24. Juli 1388 (Misti XL, f. 125ᵗ). Eine Ursache der Beschwerden Venedigs war diese, daß Nerio das Schiffsvolk und die Auslagen der Republik für die ihm von Kreta gestellte Galeere nicht bezahlt hatte. Davon handelt eine Reihe von Aktenstücken.

18 Das Chronicon Breve (hinter dem Dukas) verzeichnet das zum Jahr 1389.

19 »Raynerius de Azaiolis socer dicti despoti esse dicitur factura et causa principalis omnium predictorum.« Instruktion an die Gesandten, 1389, Ind. XII, 31. Mai (Misti XLI, fol. 6ᵗ).

20 »Ficus neque uva passa que nascatur in terris ... predicti D. Nerii Romanie basse et ducaminis nullo possint conduci ... ad civitatem Venetiar. vel ad alias nras terras –. Scribatur – castellanis nris Coroni et Mothoni quod

prohibitio facta per ipsos – de ferro et vomeriis non portandis ad partes predictor. nobis placet ...« (Misti XLI, fol. 16ʳ, 22. Juni 1389).

21 Misti LX, fol. 157. XLI, fol. 55ʳ, 82ʳ.

22 Die betreffenden Aktenstücke bei Buchon, N. Rec. II, p. 238 ff.

23 »Penes castrum Avosticie longe ab ipso per miliaria duo vel circha.«

24 Zeugen: der Generalvikar des Fürstentums Morea Petro von S. Superan (im Akt geschrieben »de san Souriano«), Emoyno de Polay, Zian Cotie de Speleta, Beltraneto de Salachia und »Rodies de ha aviro«. So steht dieser Name in der Kopie des Akts (Commem. VIII, fol. 178); Predelli hat in seinen Regesten der Commem. (III, lib. VIII, n. 342) »Errodies de Erro« geschrieben. Der Vertrag ist italienisch abgefaßt.

25 Im Akt heißt Nerio nicht Herr Athens, als welchen ihn die Navarresen nicht anerkannten, sondern Korinths. So beglaubigt er selbst: »Io Neri Azayoli signor de Coranto ... confermo et prometo tutto quello che di sopra e scripto, et per magiore confirmatione o bollato la presente de una bolla, et fato sacramento sora dicio ... Io Asani Zacharia gran conestabile de la Morea prometo e confermo ...«

26 Hopf II, S. 52. Noch am 28. Juni 1390 saß N. in der Burg Listrina (Commem., a. a. O., n. 348). Ganz irrig setzt Buchon diese Vorgänge in das Jahr 1394.

27 Am 24. Sept. 1390 wurden Leonardo Dandolo, Pietro Mocenigo, Pietro Cornaro und Benedetto Superanzo beauftragt, »ad tractandam legam cum magn. D. Amadeo de Sabaudia principe Achaje« (Sindicati I, 401ʳ).

28 Reg. Commem. III, lib. VIII, n. 352; Traktat vom 26. Sept. 1390, Venedig.

29 Guichenon, Hist. de Savoie I, preuv. p. 127 ff. Hopf, Chron. Gréco-Rom., p. 229. Ebendaselbst, p. 227, die moreotische Lehnliste von 1364, redigiert für die Kaiserin Maria von Bourbon, Witwe Roberts von Anjou. – Man vergleiche damit die wenig abweichende Liste in der venezian. Redaktion des ›Liber consuetud. Imperii Romaniae‹, n. 43, p. 507. Es fehlt darin Salona, welches die Türken besetzt hielten.

30 Hopf II, S. 52.

31 »Pacta ... inter nos Nerium Deyaczolli de Florentia militem, dom. Corinti duchatus Athenarum et Neo Patrie ex parte una, et Abertinum Provane condominum Vilarii Almesii et Humbertum Fabri de Chanciaco procuratores ... D. Amedei de Sabaudia princ. Achaye etc. ex altera. – Dat. in civitate Athenarum in capella palatii ipsius civitatis presentib. testib. ... Dimitrio Rendy, Nicolao Macri, ambobus notariis et civib. Athenarum, Leonardo de sancto Petro de Bononya, nobilib. Antonio de Provana de Carniniano et Micaele Belimoti de Pinarolis, sub sigillo mey Nerii supradicti – Dat. ut supra. Ita est. Nicholaus Macri.« Am Pergament das Siegel Nerios mit dem Wappen Acciajoli. Archiv Turin, Principato d'Acaia, mazzo 3, n. 8. Die Kopie verdanke ich dem Präfekten des Archivs, Herm. Bollati de St. Pierre.

32 Er starb 1402. Mit seinem Bruder Louis († 1418) erlosch der Stamm der

savoyischen Fürsten Achaias. Mas Latrie, Princes de Morée, p. 13. Saracino, Regesto dei Principi di casa d'Acaja, Turin 1881, p. 177.
33 Synodalakt vom März 1393, bei Miklosich u. Müller II, n. 435, p. 165. Der Titel des Metropoliten Athens ist: ἔξαρχος πάσης Ἑλλάδος καὶ πρόεδρος Θηβῶν καὶ Νεῶν Πατρῶν.
34 Buchon, N. R. II, p. 223. Das Investiturdiplom (Nr. XLI) dadiert Gaeta 11. Januar 1394. Dem Nerio und seinen Erben wird erteilt »in perpetuum civitas et ducatus Atharum«, und er wird ernannt »in ducem Atharum«. Vom 12. Jan. 1394 das Diplom für Donato.
35 »Instrum. pacis et concordie cellebrate per castellanos Coroni et Mothoni cum ambaxiatorib. et sindicis ill. domini Dispoti pro civit. Argoliensi« – Mothoni a. 1394, Ind. II, 27. Maji. Commem. VIII, p. 180 ff. – »Quietatio facto per D. Nerium d Azaiolis pro pecunia sua danda dispoto ... a. 1394, 2. Junii in Corimpto in camera .. dni Nerii de Az. domini Coriptii« (fol. 181ʳ). – »Quietatio facta per Rev. patrem D. frem. Jacobum procurator. magn. dni Nerii ac episc. Argolicensem de castro Megare sibi assignato et restituito per capitan. dicti loci nomine ducal. Dominii Venetiarum a. 1394, 2. Julii ... in castro Megare in domo habitatoris infrascr. ser Grisoni Grisono« (fol. 186). Nerio wird in diesen Akten nicht Herr von Athen, stets von Korinth genannt.
36 Das Bildnis Nerios und die Porträts seiner Nachfolger in Athen in Francesco Fanellis ›Athene Attica‹ (Venedig 1707) sind mehr als fraglich. Dieser venezianische Jurist widmete sein Buch, den ersten Versuch einer Geschichte der Stadt Athen bis 1687, dem Kardinal Nicola Acciajoli.
37 Text in italien. Sprache, bei Buchon, N. R. II, p. 254 ff. »Nui Nerio Acciaioli, signor di Corinto et del ducato d'Athene ... Datum Corinto, a. D. 1394, die 17. m. Sept. Ind. 3.« Exekutoren: die Duchessa Francesca, Gismonda Acciajoli, eine Schwester Nerios, der Bischof von Argos, Monte Acciajoli, Albizzi, Matteo de Mentona, Kastellan von Athen, Girardo de Viso.
38 Deshalb sagt Chalkokond. L. IV, p. 213, daß Nerio die Stadt Athen den Venezianern überlassen habe.
39 Robert starb kinderlos 1420. Mit ihm und seinen Geschwistern erlosch der Stamm des Niccolo Acciajoli.
40 Der Marstall der Acciajoli muß sehr ansehnlich gewesen sein. Am 6. Nov. 1425 erlaubte Venedig dem damaligen Herzog Antonio seine Rassepferde (ratias equorum) in Zeiten der Gefahr nach Euböa zu schicken (Sathas, Mon. Hist. Hell. I, p. 171).
41 »Item lassamo all' ecclesia di S. Maria di Athene la città di Athene con tutte le sue pertinentie e razioni.«
42 Finlay, Hist. of Greece, IV, p. 159, behauptet ganz widersinnig, daß Athen durch diese Schenkung Nerios nach 14 Jahrhunderten der Sklaverei für einen Moment einen Schein von Freiheit unter dem Schatten des päpstlichen Einflusses erhalten habe.
43 Im Testament heißt es: »Item volemo ... che nostro paese sia in recommis-

sione et in recomandatione dell' eccelsa et illustre ducale signoria di Venetia, et che li essecutori nostri ... debbiano et possano ricorrere alla detta signoria per ajuto et favore.«

44 Protest der Gismonda, des Donato Albizzi, Gerardo de Davicis im Beisein des Erzb. von Athen zu Venedig 1. Sept. 1395 (Buchon, N. R. II, n. LI, p. 264). – Protest in Florenz 16. Sept. 1395 (n. LII, p. 266). Lami Deliciae Eruditor., Flor. 1738, Band, enthaltend Nicetas Heracleensis In Ep. I ad Corinth. (p. CXXI ff.). Als Exekutoren werden genannt Ludovicus de Prato, Erzb. Athens, Stefanus de Roma, erwählter Bisch. von Modon, Gismonda Acciajoli von Florenz und Donatus Albizi de Acciajolis von ebendaselbst.

45 In venezianischen Urkunden wird der Name durchaus Montona, nicht Mentona geschrieben. Es gab in Istrien ein Kastell Montona, von woher Matteo stammen mochte.

46 Navagero, Stor. venet. (Muratori XXIII, p. 1075). Da in dem venezianischen Senatsbeschluß vom 18. März 1395 gesagt wird, daß der Bote des Montona schon seit mehreren Monaten in Venedig sei, so kann die Besetzung Athens durch den Bailo nicht, wie Hopf annimmt, Anfang 1395 geschehen sein.

47 »Intromissio Athenarum« (Archiv Venedig, Deliber. Miste del Senato I, vol. 43, fol. 50^r) »Intromissio« ist soviel als »acceptatio«, und die Negation von »intromittere« ist »dimittere«. Ich habe diese Urkunde veröffentlicht in den Sitzungsberichten der K. Bayer. Akad. 1888.

48 »Quod dominium dicte civitatis Athenarum recipiatur et asumatur gubernandum et regendum per dominationem nostram secundum formam testamenti D. Nerii de Azaiolis.«

49 Auf die Beschwerden Venedigs schickte er dorthin Gesandte. In einem Briefe an den Dogen vom 26. Mai 1396 in »castro S. Georgii de insula mea Cephalonie« nennt er sich »vr. fidelis civis filius et servitor Karolus Dux Lucate et Comes Cephalonie palatinus« (Commem. IX, fol. 14).

50 »Copia litter. apost. obtentar. contra Macaronum archiep. Athenar. Dat. Romae VI. Kal. Junii P. N. a. VII« (Commem. IX, fol. 15).

51 »Scribatur potestati et capitaneo Athenarum« (in einer Person), wird in Erlassen Venedigs gesagt (Sathas, Mon. Hist. Hell. II, n. 212), oder auch einfach »potestas. Ser. Nicolaus Victuri iterum potestas Athenarum« (3. Aug. 1400, ibid., n. 222).

52 Der Bailo Negropontes erhielt jährlich 1000 Hyperpen, mußte einen Sozius haben, dem er jährlich 20 Hyp. und 2 Roben zu geben hatte, ferner 1 Notar und 8 Diener (Arch. Ven., Bifrons fol. 71).

53 »Duo capta ballistariorum«; auch als »castellani« bezeichnet. Am 20. April 1400 befiehlt die Republik dem Podesta Athens an Stelle des entlassenen Joannes Valacho, »unius ex castellanis ... alium castellanum sive caput zu ernennen« (Sathas II, n. 212).

54 Bestallung für Albano Contarini (Misti Vol. 43, cart. 76^r, ohne Datum). Da vorher ein Erlaß vom 27. Juli 1395 steht, mag die Commissio desselben

Datums sein. Am 18. Juli war Contarini schon ernannt, denn da wird vom Senat bestimmt, daß im Falle der auf seinen Posten abgehende Contarini die Galeere Negropontes nicht ausgerüstet finde, ihn nach Athen zu führen habe entweder die Galeere von Candia oder vom Archipel (Misti XLIII, cart. 71).

55 »Considerata paupertate dicte terrae, ut non perveniat ad extremitatem« (Misti XLIII, cart. 155, 6. Oct. 1396, Ind. V).

56 Nach der Chronologie des Chalkokondylas, welcher die Hauptquelle für diesen ersten großen Türkenzug nach Griechenland ist, fand derselbe durchaus vor der Schlacht bei Nikopolis statt.

57 Einige Stellen bei Chalkokond. (lib. II, p. 67ff.) sind verderbt; er nennt ausdrücklich Don Luis als Herrn von Sula und verstorbenen Gemahl Helenas. Was die Chronik von Galaxidi von dem Ende des letzten Grafen Salonas berichtet, ist ganz verworren, zeigt aber immer ein schreckliches Trauerspiel, dessen Heldin ein frevelvolles Weib war.

58 Chalkokond. lib. II, Chron. Breve hinter dem Dukas, und Phrantzes.

59 In einer den Pregadi überreichten Denkschrift der Argiver von 1451 heißt es: »Turchi prexe Argos in 1397 adi 3. zugno, e tolse 14 milia anime e poi bruxo la terra.« (Arch. Ven., Senato, Mar fol. 76ʳ). Das Chron. Breve gibt das Datum richtig an.

60 Corinthiacae Eccl. Memorabilia, Lami, Del. Erud. IV, p. 126.

61 Diesen schimpflichen Handel hat später Theodors Bruder, der Kaiser Manuel, als ein diplomatisches Meisterstück gepriesen. Siehe seine Leichenrede bei Combefis, Hist. haeresis Monolethar. II, p. 1132.

62 Zinkeisen, Gesch. des osman. Reichs I, S. 339, leugnet diese Einnahme, welche Hammer I, S. 206, festhält. Hier ist wohl an die Besetzung Athens durch Timurtasch im Jahre 1395 zu denken.

63 Albano Contarini, der erste venez. Regent Athens, wurde am 18. Juli 1398 Podesta und Kapitän von Argos, wo ihm die Signorie befahl, Albanesen als Kolonisten aufzunehmen (Misti XLIV, fol. 26ʳ, 115ʳ). Die Wahl der athenischen Rektoren Venedigs fand durch ein viermaliges Skrutinium des großen Rates statt. »Vadit pars, quod potestas et capitaneus Sitines fiat per quatuor manus ellectionum in ipso consilio cum salario et condicione quibus erat Ser Hermolaus Contareno ibi defunctus.« (Maggior Consiglio, Leona fol. 105ʳ).

64 Misti XLIV, fol. 33, 30. Jan. 1347.

65 »Cum sicut habetur tam per literas, quam per relationes nuntii potestatis et capitanei ac comunitatis nostre Sethines ... dicta civitas propter insultus crebros Turchorum et continuos stimulos Anthonii de Azaiolis ... magno subjacet periculo.« (Misti XLIV, fol. 102, 16. Mai 1399).

66 Misti XLV, fol. 109, 1401, 20. Sept.

67 »Supervenientibus novis de casu amissionis civitatis Sythines, licet dicatur quod castrum adhuc se tenet.« (Avogaria del Comune: Maggior Consiglio, Delib. 1309–1417, A. 10, fol. 10ʳ).

68 Sathas, Mon. Hist. Hell. II, n. 311.

69 Ibid., n. 310, 22. Aug. 1402. »Et si casus daret, ut est sperandum, quod possit capi ... locus Thebarum, qui est dicti Antonii ... mandetur dicto regimini, quod debeat facere ruinari et destrui totam dictam terram.«
70 Chalkokond. IV, p. 214. Das Ereignis muß am 4. oder 5. Sept. stattgefunden haben, denn am 5. meldeten es die Räte des Bailo aus Negroponte nach Venedig: »intelleximus literas suas datas quinto Septembris, per quas significarunt nobis casum occursum« (Provisionen des Senats, bei Sathas II, p. 101).
71 Provisiones, bei Sathas II, n. 515, 7. u. 8. Okt. 1402. Der Bailo N. Vallaresco wurde später unter Prozeß gestellt (II, n. 324, 7. Juni 1403).
72 »Cum prius comederit equos et omnia alia comestibilia que reperere potuit usque ad urticam.« (Arch. Ven., Grazie lib. XX, alte Numeration XVII, fol. 31). Spätere Gnadensache vom 27. März 1409. Vetturi starb bald nach der Übergabe; seiner Witwe und Tochter wurde eine Pension zugewiesen.
73 Bericht des Ser Giovanni Contarini an die Signorie, Marin Sanudo, Duchi (Muratori XXII, p. 795).
74 »Copia aliquor. capitulor. insertor. in litteris D. Petri Geno domini Andrensis missorum ducali Dominio.« Ein verwirrtes italien. Schriftstück ohne Datum, in Pacta IV, fol. 129.
75 Hopf versteht darunter Lykonia. Die undatierte Urkunde, aus dem Türkischen ins Venezian. übersetzt, im Archiv Ven., Pacta VI, fol. 128ʳ, ist abgedruckt in Mél. Hist. III, p. 178 ff., n. XXII. Der Herausgeber setzt sie zwischen 9. März 1403 (Tod Bajasids) und 1. April 1405 (Tod Timurs). Thomas und Hopf setzen sie ins Jahr 1403; Hammer II, S. 607, irrig ins Jahr 1408. Der Vertrag mit dem Sultan fällt sicher vor 31. März 1405, vor dem Frieden Venedigs mit Antonio, davon weiter unten. Im § 17 heißt es, »che io le debbia render e darli Setines«.
76 Am 30. Okt. 1402 bevollmächtigte der Doge Michel Steno den Provisor Negropontes Tommaso Mocenigo, den Daniele Sexendolo und Marco Polano, »ad tractandum cum egregio Antonio de Azzaiolis domino Thebarum pacem, concordiam vel treugam« (Arch. Ven., Sindicati I, 439ʳ).
77 Commem. X, fol. 3–4ᵗ. Bevollmächtigter Antonios war Francesco Acciajoli, Bastard Donatos; dazu ernannt am 22. Juni 1404 durch Instrument, geschrieben zu Athen vom Kanzler Nikolaus Marori (richtig lautet der Name Makri). Prokuratoren Venedigs: Marco Giustinian und Silvestro Morosini.
78 »De gratia consentientes dicto magnifico Antonio, quod ipse dominetur, habeat et teneat et possideat terram, castrum et locum Athenarum, moderno tempore vocatum Sythines.« Dieser Name stand nunmehr fest; so sagt auch Stefano Magni, Estratti degli Annali (Chron. Gréco-Rom., p. 204): »Antiqua e bella cittade de Greci Atene ... chiamata nel presente Setines.«
79 »Qui stetit in carceribus Venetiarum«; demnach war Makarios daraus entkommen.
80 Sathas, Mon. Hist. Hell. I, p. 1408, 28. Aug. und folgende Urkunden.

Viertes Buch 663

81 Canale, Storia del commercio ... degli Italiani, Genova 1866, p. 169.
82 Am 14. Juni 1404 (Chron. Breve).
83 Den Martino Zaccaria hatten Philipp von Tarent und Katharina am 26. Mai 1325 sogar zum Titularkönig von Kleinasien ernannt und mit Chios, Tenedos, Samos, Ikaria, Lesbos usw. beliehen. Akt bei Camillo Minieri Riccio, Saggio di Cod. dipl. suppl. 2, n. LX, p. 75.
84 Schon mehrmals von den Türken angegriffen und zeitweise besetzt, fiel Bodonitsa am 20. Juni 1414 und wurde gänzlich zerstört (Hopf II, S. 75).
85 Sathas, Mon. Hist. Hell. II, n. 241, p. 30.
86 Misti LI, 48^t, 23. Juli 1415; darin der Brief Examilii 26. Juni eingefügt ist.
87 Phrantzes I, c. 33 ff. Chalkokond. IV, p. 184. Als großartiges Werk und stärkste Schutzwehr preisen es die Zeitgenossen Gemistos Plethon (Ellissen, Anal. IV, 2. Abt., c. 5, p. 44) und Mazaris (Totengespräch; ibid., c. 23, p. 243). Phrantzes verfaßte auch ein Schreiben an Manuel über diese Isthmosmauer (ibid., p. 137).
88 Mazaris, a.a.O., p. 230, und Anmerk. Ellissens, p. 349.
89 Sathas, Mon. Hist. Hell. IV, p. XXXV.
90 »Alma citta Laconica Spartana
   Gloria de Grecia già del mondo exemplo
   D'arme, e de castità ...«
91 Misithra war der Geburtsort des Kopisten Nikolaus (1311), und des namhaftesten Hieronymos Charitonymos, welcher später (1467) nach Rom und Paris flüchtete und Lehrer des Reuchlin, des Erasmus und Budeus wurde (Gardthausen, Griech. Paläographie, S. 412; Egger, L'hellénisme en France, Paris 1869, I, p. 146).
92 Beide Schriften edierte Ellissen, a.a.O. Plethons Hauptwerk war die Lehre vom Staat (Syngraphe der Gesetze), welches Buch sein Gegner, der Patriarch Gennadios verbrannte. Reste davon edierte als ›Traité des lois‹ Alexandre in Paris 1858. – Über Plethon außer Ellissens Einleitung zu den beiden genannten Traktaten, Fritz Schultze, Georgios Gemistos Plethon und seine reformatorischen Bestrebungen, Gesch. der Phil. der Renaissance I, Jena 1874.
93 Kap. 2 und 3 der Denkschrift an Manuel.
94 Λακεδαίμονες, Ἰταλοί, Πελοποννήσιοι, Σθλαβῖνοι, Ἰλλυριοί, Αἰγύπτιοι καὶ Ἰουδαῖοι (Totengespräch, n. 22). Fallmerayer hat dies als Urkunde für seine Slaventheorie benutzt. Ellissen versteht wie Hopf (II, S. 183) unter den Peloponnesiern die griechisch redenden Romäer als Hauptmasse der Bevölkerung der Halbinsel, unter den Slavinen die Slaven am Taygetos. Die Lakedämonier hält Hopf für die Byzantiner, die mit den Strategen und Despoten in den Peloponnes gezogen waren. Besser sind sie als Tschakonen erklärt von H. F. Tozer, A Byzantine Reformer, Journal of Hell. Studies VII, p. 364. – Die Illyrier sind Albanesen und vielleicht auch Wlachen. In seiner Lobrede auf Theodor I. hat der Kaiser Manuel selbst gerühmt, daß derselbe 10000 Illyrier im verödeten Peloponnes ansiedelte (Oratio Manuelis, p. 1086).

95 Von der Wirkung seines Goldes an der türk. Pforte Chalkokond. IV, p. 215.
96 »Cum dominium dicti terreni V milliariorum, libere sit dominationis nostre, vigore donationis nobis facte per Turchum, et confirmate per dn. Antonium. Responsio facta ambasciatori d. Antonii de Azajolis« (Sathas II, n. 420). Antonio wurde von der venez. Signorie niemals »dominus Athenarum«, sondern nur »Thebarum« genannt.
97 Sathas, Mon. Hist. Hell. I, 115, 126, 22. Febr. 1422.
98 Am 22. Mai 1423 (Chron. Breve).
99 Phrantzes I, c. 40, p. 117ff.
100 τὴν χώραν ἄρχων ἀδεῶς τοῦ λοιποῦ διῄτετο. λέγεται μὲν ... καὶ δοκεῖ γενέσθαι ἀνὴρ ... εὐδοκίμων ... So der Zeitgenosse und Athener Chalkokondylas.
101 Phrantzes II, c. 2, p. 132, c. 10, p. 159. Die Melissenoi waren mit den Komnenen verwandt; Maria legte sich daher den Namen Komnene bei und diesen gibt Phrantzes sogar dem Antonio: κὺρ Ἀντώνιος Λαντζιόλης ὁ Κομνηνός.
102 Chalkokond. IV, p. 215. – Origine della fam. Acciajoli, p. 177.
103 »Teneantur ... de frumento Insule subvenire locis nostris ...« Beschluß des Senats (Misti LV, fol. 97).
104 So in Venedig, Akt vom 26. März 1416 (Sathas, Mon. Hist. Hell. I, 52).
105 Nach der Urkunde vom 21. Mai 1421 aus Negroponte (Buchon, N. R. II, n. LXX, p. 292ff.) machte Margareta zum Vormunde ihrer Kinder Nerio und Antonio den Venezianer Giorgio Angeli.
106 Buchon, n. LIII, p. 269. Lorenzo di Palla schreibt ihm aus Arezzo am 17. Febr. 1413, da Nerio am Hofe Antonios war, und bittet ihn um Falken. Nerio hatte eine Tochter des Palla di Nofri Strozzi geheiratet.
107 Noch zur Zeit Spons (1675) galt Athen als sehr gesund, während Theben und Negroponte von der Pest heimgesucht wurden (Voyage de Grèce II, p. 121). Dies hat Spon freilich fast wörtlich dem bekannten Briefe Babins entnommen. In seinem italienisch geschriebenen Brief nennt Antonio Athen »Setines«, Theben »Stivas«, Megara »Megra«.
108 Buchon, N. R. II, p. 271ff., hat aus dem Archiv Ricasoli mehrere Briefe Antonios an Nerio veröffentlicht.
109 Antonio an Nerio, Athen 16. Dez. 1423 (Buchon, n. LX); Giovanni aus Negroponte (März 1424) an Nerio in Athen, gezeichnet »frater Johannes dei gr. archiep. Thebarum« (n. LXI). Briefe des Tocco und seiner Gemahlin an Nerio seit Mai 1424 zeigen, daß dieser damals Athen verlassen hatte und nach Rhodos gegangen war. Im Dez. war er wieder in Florenz (G. Müller, Doc. sulle relaz. delle città Toscane ..., p. 154). Er starb 1430 (p. 155).
110 Fallmerayer, Welchen Einfluß etc., p. 47.
111 Buchon, n. LVII, p. 276.
112 »Tu non vedesti mai el più belo paese che questo ne la più bela forteza.« Nicholo Machiavelli a Setina (16. Dez. 1423). Aufschrift: »nobile e pru-

dente giovine Nerio di messer Donato Acciajoli a S. Maura« (Buchon, n. LVIII, p. 278).

113 Pagnini, Della Decima II, p. 45. Seit 1402 saß ein florentinischer Konsul in London.

114 Siehe das giftige Libell des Florentiners Benedetto Dei gegen einige venezianische Nobili (ibid., II, p. 235 ff.).

115 Buchon, n. LXVIII, p. 289, und daraus bei Miklosich und Müller III, n. XI, p. 251. Ἡμεῖς Ἀντώνιος δὲ Ἀτζαϊόλλης καὶ αὐθέντης Ἀθηνῶν, Θηβῶν, παντὸς δουκιάμου καὶ τῶν ἑξῆς ... ἐν τῇ ἡμετέρᾳ πόλει τῶν Ἀθηνῶν ... ἐν μηνὶ Αὐγούστῳ ἑβδόμῃ, ἰνδικτιόνι 15, ἔτῃ 6930. Es ist auffallend, daß in der Instruktion der florent. Signorie für Tommaso Alderotti (n. LXVII) von Antonio nur als »signore di Corinto in Romania« geredet wird, was er damals nicht einmal war.

116 Man vergaß diese nicht in Spanien, wo die Könige Aragons den Titel fortführten. In Versen des Diego del Castillo auf den Tod Alfonsos V. heißt es unter anderm:

El tu Rosellon, la tu grande Atenas,
La tu Neopatria y tierras tan buenas,
Porque te non prestan salud nin clemencia?

Catalogo de los manoscr. espan. de la Bibl. Real de Paris, ed. Eug. de Ochoa, Paris 1844, p. 434.

117 »Illustr. regem Aragonum investisse quendam dn. Thomam Beraldo Cathalanum de ducatu Athenarum cum dispositione ponendi eum cum suo favore in posses. ipsius ducatus« (Archiv Venedig, Lib. secret. Consilii VIII. fol. 62ʳ, 17. Juli 1422).

118 Am 7. März 1415 befiehlt der Senat dem dortigen Bailo: »Che debbia far osservar queli pati antigi che son tra el ducame di Thenes per una parte e la yxola de Negroponte per l'altra sora gabelle, comerchi, e franchisie; li qual pati son scripti in la cancellaria de Negroponte« (Misti LI, fol. 4ʳ).

119 Venedig erlaubte Antonio, am 26. Nov. 1425 »ponere supra insula nostra ratias suorum equorum«.

120 Quondam fuerat bellator et armis
Consiliisque potens; Teucros et fuderat hostes
Cum Pelopis regnum antiquum ditione tenebat.

So rühmt diesen nachmaligen letzten griechischen Kaiser Ubertinus Pusculus, Constantinopolis II, v. 52 ff. (ed. Ellissen, Anal. III, 1).

121 Hierax, Chron. (Sathas, Bibl. gr. medii aevi, Paris 1872, I, p. 256). Andronikos wurde Mönch auf dem Athos (Phrantzes I, c. 40, p. 122). Am 27. Juli 1423 erhielten Ser Sancti Venerio und Niccolo Georgio den Auftrag, Thessalonike für Venedig anzunehmen (Sathas, Mon. Hist. Hell. I, p. 141).

122 Romanin, Stor. Doc. di Ven. II, p. 233.

123 Diesen Untergang hat Johannes Anagnostes beschrieben (hinter dem Phrantzes).

124 Leonardo hatte Töchter: Maddalena (griech. Theodora genannt), welche

1428 Konstantin, den Despoten Moreas und später letzten Kaiser geheiratet hatte, und Kreusa, die Gemahlin des Centurione (Buchon, N. R. I, p. 318).

125 Über die Eroberung Janinas Spir. Lambros, Istorica Meletemata, Athen 1884, p. 167ff. – An Karl II. Tocco schrieb Cyriacus von Ancona 1436 einen Brief, worin er ihn »inclytus Epirotarum rex« nennt (Buchon, N. R. II, p. 348).

126 Lib. IV, p. 215, 216.

127 Seit dem schwarzen Tode, der 1348 auch in Griechenland schrecklich aufgeräumt hatte, war dort die Pest bis 1431 neunmal wiedergekehrt (Chron. Breve).

128 »Quum certa capita Albanensium ducaminis et diversorum locor. numero familiar. trecentarum intraverunt insulam et illam volunt habitare, quor. adventus summe placere communitati nre Negropontis ...« (Misti LV, fol. 115, 12. Mai 1425). – LVI, fol. 70^t, 21. Jan. 1426, Befehl, dem Widerspruch Antonios Folge zu leisten. Dazu Liber Secretor. IX, 48^t.

129 Misti XLV, fol. 137^t, 10. Febr 1401. Sathas, Mon. Hist. Hell. II, p. 79, 20. April 1402. II, p. 122, 30. Mai 1404: »Angaria del Capinico«. Über die Juden »... cum possessiones, stabilia ac villani Insule nostre Negropontis sint pro majori parte pervente ad manus Judeorum, quae res certe deberent esse abhominabiles omnibus christianis ...« (II, p. 83, April 1402).

130 »Qui consueverunt servis et diviciis habundare ...« (Buchon, N. R. II, p. 145). Diese Stelle bemerkte Finlay, Hist. of Greece, IV, p. 168.

131 In einem Kataster »varie scritture, spettanti a. M. Angiolo, M. Lorenzo etc. Acciajoli«, im Archiv Florenz finden sich oft Formeln wie »N ... habet uxorem, filium, filias duas, bovem unum, oves tres, tenetur solvere ...«

132 V. Lazzari, Del traffico e delle condizioni degli schiavi in Venezia nei tempi di mezzo (Miscellan. di storia italiana I, p. 468). Im allgemeinen: Luigi Cibrario, Della schiavitù e del servaggio, Milano 1868, II.

133 A. Zanelli, Le schiave orientali a Firenze nei secoli XIV. e XV., Flor. 1885.

134 Im Dez. 1424 (Buchon, N. R. II, LXVI).

135 πριβελέγιον Φραγγιτάδες (Buchon, N. R. II, p. 296). Er soll frei sein ἀπὸ πάσης ὑπαροικίας τε δουλοσύνης, ἀπό τε ἐγγαρίας κανισκίων, μουστοφορίων, ἐλαιοπαρουχίων καὶ ἑτέρων ἄλλων τοιούτης ὑπαροικίας. Dieser Grieche war von Antonio zum Φράγγος ἐλεύθερος erklärt worden. Er muß ein beliebter Mann gewesen sein, denn 1431 schenkte demselben der Kanzler, Domherr und Kantor der heil. Metropole Athens, Guillelmus, ein Grundstück. Zeugen waren andere Canonici majoris eccl. Joannes de Bonalma, Bernardus Hamusti etc.; (Buchon, N. R. II, LXIX, p. 290).

136 »Item volemo ... de Maria figlia di Dimitri Rendi sia libera et habbia tutti li beni suoi mobili et stabili la dove si trovano.«

137 Dies lehren Urkunden wie der Handelsvertrag mit Florenz (1422) und der

Brief des Lorenzo di Palla an Nerio (1423) mit der Aufschrift »Athenis, in curia nostri domini Antonii«.

138 Das bemerkt freilich erst Fanelli, Atene Attica III, § 588: »Applicò l'animo suo ... ad accrescere le magnificenze di quella capitale con sontuosi edificii e strade spaziose.«

139 Curtius, Archäol. Zeitg. 1854, S. 203.

140 Ulrichs, Reisen und Forschungen in Griechenl., I, S. 215, fand ihn vollkommen gleichend dem Turm in Tegyrä. Seine Maße bei Burnouf, La ville et l'acropole d'Athènes, p. 75.

141 Dörpfeld, Die Propyläen der Akropolis Athens, Mitteil. des Deutsch. Arch. Inst. 1885, S. 38. Für fränkisch haben den Turm gehalten Finlay (Hist. of G. IV, p. 170), der ihn in die Zeit der La Roche setzt, wie F. Lenormant, Voie Eleusinienne, p. 454. Hopf (Monatsberichte der K. Preuß. Akad. d. W. 1864, S. 213) hält ihn für katalanisch, was unerweisbar ist. Leake, Topogr. Athens, schreibt ihn dem Nerio zu als einen der Wachttürme, die sich durch Attika, Böotien und Phokis verfolgen lassen. Seiner Ansicht folgt A. Bötticher, Die Akropolis von Athen, S. 21. Auch Beulé und Burnouf halten ihn für ein Werk der Acciajoli.

142 Auf Kosten Schliemanns wurde der Turm abgebrochen. Edward Freeman tadelte diesen »Vandalismus« (Klio, Aug. 1877, und The Academy 1885, p. 9). Der Architekt Lysandros Kavtanzoglos suchte hierauf die Athener durch die Behauptung zu entschuldigen, daß der Turm ein schlechtes türkisches Bauwerk gewesen sei (Athenaion VI, 1878, p. 287ff.). Seiner Ansicht folgte Richard Bohn, Die Propyläen der Akropolis in Athen, 1882, S. 7. Beim Abbruch kamen Skulpturfragmente, Quadern aus den Propyläen und Inschriften an den Tag, unter denen eine auf Publius Herennius Dexippos. S. A. Kumanudis im Athenaion IV, 1875, p. 195 ff. Dieser ausgezeichnete Archäologe hat die Zerstörung des Turms zuerst verteidigt.

143 »Capella de S. Barthomeu del palau del Castell de Cetines«, angeführter Erlaß des Königs Pedro IV.

144 Beulé, a.a.O., I, p. 60, hat freilich den Herzog Nerio beschuldigt, die Propyläen arg beschädigt zu haben, indem er in die Marmormauern Türen und Fenster einbrechen und Stockwerke aufsetzen ließ; dagegen hat Burnouf, a.a.O., p. 78, geurteilt, daß die Acciajoli nur die Interkolumnen vermauerten und dort Fenster anlegten. Er hält diese Zwischenmauern, wie sie Wilkens 1816 und Leake 1821 gesehen haben, für unzweifelhaft florentinisch. Siehe dazu Richard Bohn, Die Propyläen ..., S. 7ff.

145 W. Gell, Raccolta delle vedute della Grecia, Rom 1831.

146 Erst 1837 wurden Säule und Bogen entfernt. Buchon, Grèce continentale, p. 127.

147 »Datum in civitate Athenarum in capella palacii ipsius civitatis.«

148 Burnouf, p. 83ff. Beulé I, p. 128ff. bezieht sich dagegen auf die Inschrift (bei Roß, Demen Attikas, S. 35) ἐφ' ὧν καὶ τὸ ἔργον τῆς ἀναβάσεως ἐγένετο, welche in die Zeit zwischen Augustus und Hadrian gehört, und

er hält diese Anabasis für die von den Kaisern erneuerte Treppe. Neuere Forscher halten die Treppenanlage für römisch, etwa aus 38 n. Chr. Ivanoff, Sulla grande scalinata de' Propilei ..., Annal. d. Inst. 1861, p. 275 ff. Richard Bohn, a. a. O., Milchhöfer (Denkm. des klass. Altert. v. Baumeister, Artikel Athen, S. 201).

149 Dies nach dem Wiener Anonymus (Abdruck bei C. Wachsmuth, Stadt Athen, S. 735).

150 A. Mommsen, S. 56 ff. Wachsmuth, Stadt Athen I, p. 22. Juleville, p. 490. – Den Heratempel sah und zeichnete noch Stuart. Die Türken zerstörten ihn im Jahre 1771.

151 Cornelio Magno, Relaz. della città di Atene, p. 49.

152 »Fece mettere in sulla bocca de Porto Pireo due lioni di marmo« (Origine degli Acciajoli, p. 175).

153 Chalkokond. VI, p. 321. Phrantzes II, c. 10, p. 159, gibt das Datum an.

154 Oktob. 1435 »... quid scriptum fuit regimini Negropontis super locis Athenarum et castri que tenebat quond. Antonius de Azaiolis, vid. quod si Turci aut heredes dicti Antonii ipsa intromittant, non se impediant, sed si alii illa acciperent, ipsi potius ea possendo habere accipiant.« (Sathas, Mon. Hist. Hell. I, n. 131, p. 199).

155 Es ist bedeutend, daß sich auch unter Antonio im Jahre 1432 ein Grieche, wohl Athener, als Kanzler der Stadt findet: Χαλκοματᾶς Νικόλαος, νοτάριος καὶ καντζηλιέρης πόλεως τῶν Ἀθηνῶν (Buchon, N. R. II, p. 290).

156 Zesios im Deltion d. hist. u. ethnol. Gesell. II, p. 23.

157 Der Geschichtsschreiber Chalkokond., Sohn jenes Mannes, schreibt: ἥ τε γυνὴ αὐτοῦ ἔπεμπεν ἐς βασιλέα τὴν ἀρχὴν ἐπιτραπῆναι αὐτῇ τε καὶ τῷ τῆς πόλεως ἀμείνονι, ἑαυτῆς δὲ προσήκοντι, πατρὶ δὲ ἡμετέρῳ (VI, p. 320 ff.).

158 Die Ausgabe der ›Historiae Laonici Chalcocondylae Atheniensis‹ des Imm. Becker in Niebuhrs Corpus Scriptor. Hist. Byz. ist bekanntlich sehr fehlerhaft.

159 Nach einer biograph. Notiz des Antonio Kalosynas, eines kretischen Arzts aus dem 16. Jh. (abgedr. von Hopf, Chron. Gréco-Rom., p. 243) waren beide Männer Brüder; doch bezweifelt Legrand, Bibl. Hellénique I, XCIV, die Glaubwürdigkeit des Kalosynas.

160 Chron. Alb. Trium Fontium, Mon. Germ. XXIII, p. 793.

161 »Clergie regne ore à Paris, ensi comme elle fist jadis a Athènes qui sied en Grèce, une citiez de grant noblesse« (Hist. Litt. de la France, T. XXIII, p. 304).

162 Carm. Burana, Bibl. des Lit. Vereins, Stuttg. 1847, XVI, p. 92.

163 Hist. Byz. VIII, 7, p. 326.

164 1339 machte der Priester Kamelos in Athen Abschriften medizinischer Werke des Oribasios und Myrescs (Hopf I, S. 434). 1435 schrieb ein Antonius aus Athen den laurentianischen Polybius (Gardthausen, Griech. Paläogr., S. 412).

Viertes Buch

165 Einleit. zu Leontios Machaira, Publ. de l'école des langues orientales vivantes, II. Serie, vol. II.
166 Die Auffindung der franz. u. griech. Chronik war die glücklichste Tat des verdienten Buchon. Er veröffentlichte den französischen Text des ›Livre de la Conqueste‹ nach dem von ihm 1845 in Brüssel entdeckten Mskr., den griechischen zuerst 1841 nach dem Pariser Mskr., welches schon Du Cange gekannt hatte, und dann nach der vollständigen Kopenhag. Hdschr. Der ›Liv. d. l. Cq.‹ entstand vor 1346. Während die griech. Chronik mit 1292 endigt, schließt jener mit 1304, wozu noch ein chronol. Abriß bis 1322 kommt. Buchon ist für die Priorität des franz. Texts. Im folgt Tozer (The Franks in the Pelop., Journal of Hell. Stud. IV, 1883). Schon Ellissen (Anal. II) bezweifelte die Gründe Buchons. Ein junger amerik. Gelehrter, Dr. John Schmitt, hat dieser Streitfrage eine Dissertation gewidmet: Die Chronik von Morea, eine Untersuchung über das Verhältnis ihrer Handschriften und Versionen zueinander, München 1889, und sich für den griech. Text als Original entschieden. – Die arag. Bearbeitung ist ein Abriß jener Chronik, doch mit Nachrichten aus andern Quellen und bis 1377 fortgeführt. Siehe die Einleitung des Herausgebers Alfred Morel-Fatio.
167 Man lese unsre kriegswissenschaftlichen Bücher. Wenn sich noch in dem großen Werk des deutschen Generalstabes über den Krieg in Frankreich, dem Deutschland seine nationale Wiedergeburt verdankt, zahllose Ausdrücke finden, wie an der »Tete« marschieren, an der »Lisiere« des Waldes usw., so ist das ein sprachliches Kauderwelsch, wie es ähnlich das Griechische des Machäras von Zypern und der Chronik von Morea aufweist.
168 Chalkokond. VI, p. 321, nennt diese Gegenpartei die Vorsteher des Demos.
169 So verstehe ich die dunkle Stelle bei Chalkokondylas. Die Gemahlin Nerios II. war Chiara Giorgio, eine Tochter des Markgrafen Niccolo II. von Bodonitsa; ihre Schwester Maria heiratete Nerios Bruder Antonio (Hopf II, S. 91).
170 Phrantzes II, c. X, p. 158ff. Ihre Mitgift umfaßte dort Astron, Hagios Petros, Hagios Joannes, Platamona, Meligon, Prosastion, Leonidas, Kyparissia, Rheontas und Sitanas.
171 Phrantzes, a.a.O.
172 Lib. VI, p. 322. Die ›Origine della famil. Acciajoli‹, p. 177, sagt nur von Antonio: »sotto inganni gli tolse lo stato«, und schweigt von Florenz. Ein Epigramm des Florentiners Jakobus Gaddi, freilich aus dem 17.Jh. (Corollar. poetica p. 33, in Gaddi, Adlocutiones et Elogia, Flor. 1636), De Nerio II. et Antonio II. Acciaiolis fratribus ducibus Athenarum lautet so:
Nobile par fratrum, Graecos Dux rexit uterque
Non simul, alterno tempore sceptra ferens.
Gesserat haec Nerius, quo pulso Antonius ardens
Rursus at extincto fratre gerit Nerius.
Nimium Pollux et Castor in urbe fuissent,
Si fratrum illis gratia sanctus amor.

173 Hopf II, S. 113, gibt das Ende des Jahres 1439 an, ohne dies Datum zu beurkunden.
174 Am 6. Aug. 1437 bestätigte er zu Athen durch ein griech. Diplom dem Georgios Kamachi das diesem vom Herzog Antonio erteilte Frankenrecht (Buchon, N. R. II, LXXI, p. 297). Sodann gibt es zwei lat. Diplome Nerios, Florenz 24. Febr. und 5. März 1441; er ernannte darin Tommaso Pitti zu seinem Prokurator und trat ihm als Schuldner Güter ab. In beiden Urkunden nennt er sich »Magnif. Dom. Nerius, olim Franchi Domini Donati de Acciaiuolis de Florentia Dominus Athenarum et Thebarum«. Der Herzogstitel fehlt. Im Griechischen wird αὐθέντης Ἀθηνῶν καὶ Θηβῶν καὶ τῶν ἑξῆς gesagt.
175 Lib. II, c. 13, p. 178.
176 Griech. Akt, Florenz Aug. 1439 bei Gius. Müller, Docum. sulle relaz...., p. 175. Vittore Pisano machte in Florenz die Medaille Johanns VIII. Abgebildet in Hertzberg, Gesch. der Byzantiner und des osmanischen Reiches, Berlin 1883, S. 572.
177 ›Commentatio della vita di Agnolo Acciajoli‹ von Vesp. Bisticci (Arch. Stor. Ital. IV, 1843, p. 339ff.). Die Acht schickten ihn nach Kephallenia, »per esser terra di suoi parenti quella, et Atene e Tebe e più terre di Grecia, le quali già aveva avute in governo messer Donato«. Der Verbannung Angelos erwähnt Machiavelli, Stor. Fior. IV, c. 30.
178 Geb. 1428, † 1478. ›Vita di Donato Acciajoli‹ von Angiolo Segni, ediert von Tommaso Tonelli, Flor. 1841.
179 Chalkokond., a. a. O.
180 Als Gegensatz dazu hat die Geschichte der Gegenwart die Abdankung Milans zu verzeichnen, des Königs von Serbien, dem in bescheidenen Verhältnissen wiedererstandenen Lande des Dušan.
181 Francisc. Scalamontius, Vita Kyriaci Anconitani (Colucci, Delle Antichità Picene XV, p. 50ff.). Kyriaci Anc. Itinerarium ... Flor. 1742, ed. Laur. Mehus, Einl. – Teraboschi VI, 1, p. 158. Mazzuchelli, Scrittori d'Italia I, 2, p. 685.
182 Corp. I. Latin. III, XXIIff.; VI, 1 p. XLff. De Rossi, Insc. Chr. Ur. Romae II, pars I, 1888, p. 356ff., dazu Synopsis Vitae et Itin., p. 385ff.
183 Epigrammata reperta per Illyricum a Cyriaco, Rom 1747, p. XXXVII. – Corp. I. Latin. VI, 1, p. 93.
184 »Et ad faucem ingens marmoreus Leo.« Am Hafen stand eben nur dieser eine Löwe.
185 »Eum in Acropoli summa civitatis arce comperimus.« Brief aus Chios, 29. März 1447, bei G. Targioni Tozzetti, Relazioni d'alcuni viaggi fatti in diverse parti della Toscana, Edit. 2, V, 439.
186 »Athenis paucos in Bibliothecas nostras occidentales translatos codices vidimus ...« Montfaucon, Palaeogr. Graeca, p. 111; p. 76 nennt er als Abschreiber eines Florentiner Kodex des Polybius den in Siena beschäftigten Athener Antonios Logothetos im Jahre 1435.
187 Legrand, Bibliogr. Hellén., I, CXXXIII. K. K. Müller, Neue Mitteilungen

über Janos Laskaris und die Mediceische Bibl. (Zentralblatt für Bibliothekwesen 1884, S. 333 ff.).
188 Siehe: Procli commentar. in Remp. Platonis partes ineditae, ed. R. Schöll (Anecd. varia graeca et lat. II, Berol. 1886, p. 4).
189 Von einer ehemaligen Bibliothek des Hauses Nerio Acciajoli hat ein später Cyriacus, der Athener Pittakis, welcher diesen Taufnamen trug, sicherlich nur gefabelt. Er versah daraus, wie er behauptete, Fallmerayer mit dem bekannten, von ihm selbst falsch datierten Briefe der Athener an den Patriarchen (Fallmerayer, Welchen Einfluß ..., S. 29).
190 Epigrammata reperta, p. XIX.
191 Itinerarium, p. 29.
192 Pouqueville IV, p. 76.
193 Ludolfi de Itin. Terrae Sanctae Lib., ed. Deyks, Stuttg., Lit. Verein XXV, 1851, c. 17. »Haec civitas quondam fuit nobilissima, sed nunc quasi deserta. Nam in civitate Januensi non est aliqua columna marmorea vel aliquod opus bonum lapideum sectum, nisi sit de Athenis ibid. deportatum, et totaliter ex Athenis civitas est constructa, sicut Venetia ex lapidibus Troiae est aedificata.« – Kürzer lautet die Stelle in der Ausgabe Ludolfs von Neumann nach der Redaktion des Nicol. de Hude, Arch. de l'Orient Latin 1884, II, p. 331, wo der Zusatz »Pergama« zu »Troya« beweist, daß Ludolf hier nicht an Trau gedacht hat, sondern an das alte Troja. Indes auch Genua leitete sich von den Trojanern ab. »La riche, noble et ancienne cité de Jennes, fondée jadis par Janus, descendu des haultes lignées troyennes.« (Livre des Faits de Jean Bouciquaut II, c. 2, am Ende der Chronik des Froissart, ed. Buchon, Paris 1835).
194 Ambros. Camald. Ep. VIII, p. 35.
195 Poggii Ep. 18, 19, Append. Hist. de Varietate Fortunae.
196 Voyage de Grèce II, p. 219.
197 Babin, p. 778 (Abdruck von Wachsmuth, Stadt Athen I).
198 Von Antonio behauptet Hopf II, S. 90, daß er, wie aus den Reisefragmenten des Cyriacus hervorgehe, die Künste mit lebendigem Sinn für das Altertum hegte und mannigfache Ausgrabungen veranstalten ließ. Wo aber steht das in den Reisefragmenten geschrieben?
199 Er schickte seinen ›Liber Insularum Archipelagi‹ im Jahre 1422 von Rhodos dem Kardinal Orsini nach Rom. Ausgabe von L. Sinner, Berlin 1824.
200 In demselben Jahre 1447, wo er zum zweiten Mal in Athen war, überreichte Flavius Blondus dem Papst Eugen IV. seine ›Roma Instaurata‹.
201 Epigr. rep., p. XXXVII.
202 Andre seiner Briefe haben schon etwas von der Art des modernen Touristen: so die von Tozzetti mitgeteilten: z.B. der über Sardes, p. 451.
203 Sie sind dem Corp. I. Gr. einverleibt.
204 Epigr. reperta n. 91, 110, 117: »ad nova moenia«; n. 124: »ad portam novae civitatis«. Die Stadtmauern Athens beschrieben einen kleinen Umfang, da der Theseustempel »in agro Athenarum« lag (n. 96). »Moenia Athenar. antiquissima magnis condita lapidibus« (n. 74). Von Toren der

Stadt Athen sind bezeichnet das westliche (n. 75), das nördliche (n. 92) und die »porta novae civitatis« (n. 114). Das westliche kann nur das piräische gewesen sein wie zur Zeit Spons.

205 N. 108: »ad portam arcis«. Nicht korrekte Kopie der Inschrift, welche besagt, daß Flavius Sept. Marcellinus Pylonen errichtet habe. Dazu die Erklärung in C.I.Gr., n. 521, und Wachsmuth, Stadt Athen, S. 704. – N. 113: »ad vestibulum arcis«.

206 »Ad praefatae Palladis Templi vestibulum« (n. 72).

207 N. 73: »ad columnam in praefata Palladis aede noviter positam ...« Zwei andere Inschriften: n. 47: »ad urnam in Palladis aede marmoream«; n. 105: »in alio lapide ante magnam Palladis aedem«.

208 N. 69: »ad statuam Gorgonis sub arce ad marmoream et ornatissimam scenam prope incisam rupem et mira ope fabrefactum specus«. Das Haupt der Gorgo an der südlichen Akropolismauer über dem Theater (Pausanias I, 21), welches ein König Antiochos als Apotropaion dort hatte befestigen lassen, beschäftigte vielleicht noch die Phantasie der Antiquare, und die Gorgosage lebte im Namen Gorgopiko fort, welchen die alte Metropolis führte. Die Notiz des Cyriacus aber zwingt, eine wirkliche, Gorgo getaufte Statue anzunehmen.

209 N. 76: »ad ornatissimas scenarum marmoreas cathedras«.

210 Manche Trümmer scheinen als Theater gegolten zu haben; so bezeichnet der Pariser Anonymus (abgedruckt von Wachsmuth, Stadt Athen, S. 742) an der Kallirrhoe eine Szene des Aristophanes.

211 So von Pompejopolis, Anemurion, Keramos, Sebastopolis, Pales, Dia, Sestos, Milet und ein paar von Privatpersonen. Auch an anderen Orten fand er solche vom Olympieion verschleppte Basen. Die vom Hadrianskoloß ist nicht bemerkt. Später fanden Spon, Chandler und Fourmont noch andre hadrianische Weihinschriften in Athen auf. – Cyriacus kopierte vom Propylaion der neuen Agora das Edikt Hadrians wegen des Ölverkaufs, die Inschrift vom Portal der hadrianischen Wasserleitung, das berühmte Epigramm vom Bogen des Eingangs zum Olympieion. Alle auf Hadrian bezüglichen Epigramme umfassen die Nummern 78 bis 93.

212 »Cum ... ad Athenarum Propylaea descripsisses nobis« (Leon. Aretinus, Ep. V, lib. IX, ed. Mehus, II, p. 149).

213 Der Wiener Anon., n. 10, sagt: πρὸς δὲ τὸ βόρειον κλεῖτος ὑπῆρχεν πᾶσα καγγελαρία ἐκ μαρμάρου καὶ κιόνων πεποιημένη λευκῶν. Wachsmuth, Stadt Athen, S. 738, glaubt deshalb, daß im nördlichen Flügel der Propyläen (Pinakothek) die Kanzlei der Herzöge von Athen eingerichtet war, und dieser Ansicht hat sich auch A. Bötticher angeschlossen. Allein das geht aus der Stelle doch nicht hervor. Der Schreiber dachte hier offenbar an das Altertum und fabelte von irgendeiner antiken Kanzlei.

214 Er bemerkt, daß er Nerio »in Acropoli summa civitatis arce« gefunden habe und fährt fort: »cum ejusdem praecellentis aulae nobilissimum opus diligentius adspexissem.« Hier könnte das »ejusdem« syntaktisch auch auf die »arx« bezogen werden, doch ist es richtiger, das Wort auf Nerius selbst

zu beziehen. So nennt Cyriacus auch das Schloß auf der Kadmeia einmal »aula« mit dem Zusatz »regia«.
215 Diese Abbildungen sind phantastisch und unbrauchbar. Der Tempel hat Kuppelform: Kopie aus dem Skizzenbuche des San Gallo in Laborde, Athènes I, p. 33. Faksimile (aus der Sammlung des Herzogs von Hamilton, im Berliner Museum) von Michaelis, Parthenonzeichnungen des Cyriacus, Arch. Zeit. 1882, S. 367ff.
216 Leandro Alberti, Descriptio totius Italiae, Colon. 1567, p. 432.
217 Die wichtigste Ausgabe der ›Inscriptiones‹ ließ der Kardinal Francesco Barberini von Carolus Moronus machen; dann die römische Edition von 1747: ›Inscriptiones seu epigrammata graeca et lat. reperta per Illyricum a Cyriaco Anconitano...‹ Nur diese Sammlung enthält die Athen betreffenden Inschriften und Notizen. In den Commentariorum Cyr. Anc. nova fragmenta notis illus., ed. Hannibal de Abatibus Oliverius, Pisauri 1763, befindet sich nichts von Athen außer der Inschrift vom Bogen Hadrians. Auch aus dem Leben des Cyriacus von Scalamontius erfahren wir sowenig etwas von Athen wie im Itinerarium des Mehus.
218 Bibl. Barberini. L. Roß, Das Zeichenbuch des röm. Architekten Giuliano da S. Gallo, Hellenika I, 1, p. 72, hat zuerst die Herkunft dieser Kopien von Cyriacus dargetan. Siehe auch Michaelis, Parthenon, S. 54, 95, 187. Wachsmuth, Stadt Athen I, S. 10ff.
219 De Rossi entdeckte die Kopien Schedels in dessen Münchner Handschrift. – O. Jahn, Popul. Aufsätze aus der Altertumswissensch., S. 344ff. – Bullettino dell' Inst. Arch. 1861.
220 »Ad domos Hadriani Principis marmoreis et imanibus columnis, sed magna ex parte collapsis.« Epigr. rep., n. 81, und n. 79 nennt er den Tempel »Palatia«; n. 87: »Hadriani aedes«. Der Wiener Anon., n. 6, bezeichnet das Olympieion mit οἶκος βασιλικός. Im Brief des Kabasilas an Crusius (Turcograecia VII, p. 18) ebenso βασίλεια.
221 Babin, § 15, hielt den Tempel für den Palast Hadrians. Erst der Deutsche Joh. Georg Transfeldt um 1674 erkannte richtig die Bestimmung der Reste des Olympieion.
222 »Ayant passé sous les beaux restes du palais de Periclès et auprès de la chapelle du tombeau de Socrate«, Depesche Nointels, Athen 17. Dez. 1674 (Laborde I, p. 122). Der Wiener Anon., § 2, bezeichnet als Didaskaleion des Sokrates den Turm der Winde. Auch die vulgäre Benennung der Felskammern am östlichen Fuße des Museionhügels als Gefängnis des Sokrates ist sicher sehr alt.
223 So noch Babin in seinem Brief an den Abbé Pécoil v. 8. Okt. 1672; Transfeldt gab dem Denkmal zuerst den richtigen Namen.
224 πλησίον δὲ τούτου (Lysikratesdenkmal) ἦν τότε καὶ τοῦ Θουκυδίδου οἴκημα καὶ Σόλωνος (Wien. Anon. 5).
225 πρῶτον ἡ 'Ακαδημία ἐν χωρίῳ τῶν βασιλικῶν (Wien. Anon. § 3).
226 Nach Babin lag die Schule des Plato eine halbe Meile von der Stadt, eine Viertelmeile vom Hymettos in einem Turm bei Ampelokipi. Die dortigen

Gärten haben allein eine Quelle; man fand daselbst Ruinen einer Kirche, die vielleicht auf einem Venustempel erbaut war. Rhangabe versetzt den Kynosarges nach Ampelokipi (Bull. dell' Inst. 1850, p. 132).

227 Wien. Anon. 4.

228 »Ad fauces aquaeductus extra civitatem ad unum mill. quae studia Aristotelis vulgus Atheniensium hodie vocat« (n. 80).

229 Wien. Anon. 3ᵃ. Dazu das Didaskaleion des Sophokles 3ᵇ.

230 Pariser Anon. p. 742.

231 Mit verzeihlicher Eitelkeit zählt er selbst alle seine Beziehungen dieser Art auf, im Briefe an Eugen (Itinerarium, ed. Mehus), und führt ihre Lobeserhebungen in Gedichten und Briefen an.

232 Siehe meine Abhandlung ›Mirabilien der Stadt Athen‹ (Kleine Schriften zur Gesch. und Kultur I, 1887).

233 Die erste Schrift (τὰ θέατρα καὶ διδασκαλεῖα τῶν Ἀθηνῶν) entdeckte Ottfried Müller, und veröffentlichte Ludwig Roß als »Anonymi Viennensis Descripto urbis Athenarum«; ein Beitrag zur Topographie Athens. Besonders abgedr. aus dem XI. Bd. der Jahrb. d. Lit., Wien 1840. Sodann in L. Roß, Archäol. Aufsätze I, p. 259; ferner in Labordes Athènes I. Wieder abgedruckt von C. Wachsmuth, Stadt Athen I. – Das andre sehr geringe Fragment (περὶ τῆς Ἀττικῆς) fand Detlefsen in Paris und druckte es ab in Gerhards Arch. Zeitg., Jahrg. 1862. Zuletzt mit revidiertem Text von Rich. Förster in Mitteil. d. Deutsch. Archäol. Inst. in Athen, 1883. Detlefsen setzt die Handschrift ins 15. Jh., andre setzen sie ins 16. (Mitteil. d. D. A. Inst. in Athen VIII, 1883, p. 30). Jean Psichari verweist sie sogar ins Jahr 1671, wie aus fol. 10ᵃ und 6ᵃ hervorgehen soll (Revue critique 1886, nr. 27, p. 15, Note).

234 De Rossi, Piante Icnografiche e Prospettiche di Roma anteriori al sec. XVI, mit Atlas, Rom 1879.

235 Mit der Aufschrift »Athene nunc Setines«; Laborde I, p. 9ff. Karte am Ende der Schrift Bondelmontes, ed. Sinner (1824).

236 Laborde I, p. 39f. Im Druck der Schedelschen Chronik von 1493 fol. XXVIʳ.

237 Das Panorama Roms von Schedel beruht dagegen im wesentlichen auf Wirklichkeit. In derselben Chronik hat fast jede namhafte Stadt ihr Abbild erhalten.

238 Siehe meine Abhandl. ›Eine Weltchronik in Bildern‹ (Kleine Schriften II, 1888).

239 Chron. Breve zu 1444. Chalkokond. VI, p. 319.

240 Chalkokond. VI, p. 320ff.

241 Chalkokond. VI, p. 343.

242 Dukas, c. 32, schätzt deren Masse auf 60000 Mann.

243 Chalkokond. VII, p. 345. Den 14. Dez. gibt an Joannicus Cartarus (Chron. Gréco-Rom., p. 267). Die Griechen beschuldigten die Albanesen des Verrats (Dukas, c. 32).

244 Ἀφίκετο ἐπὶ Πάτρας τῆς Ἀχαΐας πόλιν εὐδαίμονα (Chalkokond. VII, p. 349).
245 Phrantzes III, c. 1, p. 205.
246 Priamo, Sohn des Antonio Nadalino; Capellari, Il Campidoglio Veneto, Mskr. in Bibl. Marciana vol. I. Von Bartolommeo berichtet er nichts. Chalkokond. nennt den Vater Priamo (IX, p. 453). Buchon, Nouv. Rech. I, p. 187, gibt ihm die Namen Piero Almerio; die richtige Benennung bei Hopf II, S. 128.
247 Chalkokond. IX, p. 453.
248 Brief des Dogen Francesco Foscari an den Bailo Lorenzo Onorati vom Jahre 1453. Canciani, Lib. consuet. Imp. Romanie, Barbaror. leg. antiquae III, p. 497.
249 »Homines et universitas terre et insule Leyene«, Beschluß des Senats, 2. Aug. 1451 (Senato I, Mar. IV, fol. 108ʳ). – Stefano Magno (Annali Veneti Bibl. Marciana, T. VI, a. 1451). Arnà, der Bruder Aliotos und Onkel Antonellos, war schon früher von diesem vertrieben worden (Mar. I, fol. 86, 24. März 1442). Venedig fand ihn mit Renten ab.
250 Die Ansicht der Priester war sicherlich nicht vernünftiger als die der latein. Humanisten, die im Falle Konstantinopels die Strafe für das von den Griechen zerstörte Troja zu sehen glaubten (Chalkokond. VIII, p. 403).
251 »Commissio data Ser Victori Capello oratori ad partes Amoreae«, 16. Juli 1454 (Sathas, Mon. Hist. Hell. I, p. 149). Der Gesandte sollte im Falle der Gefahr auch dahin wirken, daß Clarenza, Patras, Korinth und Vostitsa in den Besitz der Republik kämen.
252 Surmelis, Attika, p. 106. Noch Spon, Voyage II, p. 195, pries Sepolia wegen seiner schönen Gärten. Ein Threnos auf den Fall Athens beklagt die Zerstörung des Fleckens.
253 Damals mag Isidoros griechischer Metropolit gewesen sein (nach Phrantzes II, c. 19, p. 203).
254 Der bezeichnete Threnos spricht von diesen Greueln: ἐνέπρησαν τὰ ὁσπίτια μετὰ τοῦ πλούτου ὅλου ...
255 Franc. Sansovino, Hist. univers. dell' origine et imperio de Turchi, Ven. 1600, p. 120.
256 Befehl an die Rektoren Negropontes 12. Okt. 1456 (Secreti XX, fol. 105): »Significastis nobis ea que nobilis vir Franciscus Georgio miles nobis nuntiavit ... de oblatione facta sibi per Chyr Dimitri Assani de loco Mocli, et de oblatione Johannis Spagnoli de castro Damala, Ligurii et Fanari que sunt sita juxta mare versus sinum Egine. Et de oblatione Contestabilis Athenarum et aliquorum civium deinde pro castro Athenarum ...«
257 Chalkokond. IX, p. 455.
258 Phrantzes spricht von der Einnahme Athens durch den Sultan im Juni, und so auch das Chron. Breve.
259 Θρῆνος τῆς Κωνσταντινωπόλεως, vom Rhodesier Georgillas, (Ellissen, Annal. III, p. 1) und Legrand, Bibl. grecque vulgaire, 1880, vol. X. Unter

den Threni dieser Art hat der meisten historischen Wert die Constantinopolis des Brescianers Ubertinus Pusculus (Ellissen III, 2. Abt.).

260 Περὶ τῆς ἀναλώσεως καὶ τῆς αἰχμαλώσεως ἡ γέγονεν ὑπὸ τῶν Πέρσων εἰς 'Αττικὴν 'Αθῆνα, von Gabriel Destouni in der Petersb. Bibl. gefunden und ediert, Petersb. 1881.

261 Sp. Lambros (Parnassos 1881, p. 251) glaubt das Gedicht abgefaßt nach dem zweiten Erscheinen des Sultans in Athen 1460, allein die darin erwähnten Grausamkeiten gehören eher der Zeit der Belagerung der Akropolis durch Omar an. Destouni bemerkt, daß jenen drei Kirchenvätern die neue Universität Athen im Jahre 1837 geweiht worden ist.

262 Phrantzes IV, c. 15, p. 387.

263 Phrantzes IV, c. 15, p. 387. Chalkokond. IX, p. 452.

264 Das Datum ergibt sich aus dem Folgenden. Φθινοπώρου ἀρχομένου (τὸ γὰρ θέρος ἤδη τετελευτήκει sagt der Zeitgenosse Kritobulos, De reb. gestis Mechemetis II. ab a. 1451–67 (bei C. Müller, Fragm. Hist. Graec. V, pars I, Paris 1870, p. 125).

265 I, p. 93–95.

266 »La città di Atene, la qual è patria de' filosofi«, Seadeddin (übersetzt von Bratutti, p. 192).

267 ὡς σοφός τε καὶ φιλέλλην καὶ μέγας βασιλεὺς τὰ ἀρχαῖα καὶ ἄρτια στοχαζόμενός τε καὶ τεκμαιρόμενος (p. 125).

268 τήν τε πόλιν ταύτην καὶ ἀκρόπολιν πυνθάνομαι βασιλεῖ μάλιστα τῶν ἐν τῇ χώρᾳ αὐτοῦ πόλεων ἐν γνώμῃ γένεσθαι, καὶ τήν τε παλαιὰν τῆς πόλεως μεγαλοπρέπειαν καὶ κατασκευὴν ἀγασθῆναι, ἐπείποντα πόση δὴ χάρις ὀφείλεται ἐν τῷ ἡμετέρῳ νόμῳ Ὁμάρῃ τῷ Τουραχάνεῳ. Lib. IX, 452.

269 Asia et Europa, c. 11.

270 Soviel gibt ihr Surmelis, a. a. O., p. 43, und gleichviel rechnet er für Attika. Im Jahre 1578 gab Kabasylas den Umfang Athens auf 6 oder 7 Millien mit 12000 E. an (Crusius, Turcograecia VII, Ep. 18). Ebenso Cornelio Magni, Relazione della città di Atene, 1674, p. 22.

271 αἰδοῖ τῶν προγόνων, sagt hier wieder Kritobulos.

272 Spon, Voyage de Grèce II, p. 225.

273 Hopf II, S. 143.

274 L. Roß, Archäol. Aufsätze I, S. 245 ff. C.Wachsmuth, Stadt Athen I, S. 13.

275 περὶ δέ γε τοῦ ναοῦ τῆς Θεομήτορος (Wien. Anon., n. 7, n. 8).

276 Πρὸς δὲ νότου τούτων ἔστιν οἶκος βασιλικὸς πλὴν ὡραῖος, εἰς ὃν κατερχόμενος ὁ δοὺξ κατὰ καιρὸν εἰς εὐωχίαν ἐκινεῖτο· ἐκεῖ ἐστι καὶ ἡ Ἐννεάκρουνος πηγὴ ἡ Καλλιρρόη, εἰς ἥν λουόμενος ἀνήρχετο εἰς τέμενος τὸ τῆς Ἥρας λεγόμενον καὶ προσηύχετο· νῦν δὲ μετεποιήθη εἰς ναὸν τῆς ὑπεραγίας Θεοτόκου ὑπὸ τῶν εὐσεβῶν (n. 7). Der betreffende Tempel am Ilissos war entweder jener der Hera oder der Demeter (Panagia 'ς τὴν πέτραν); August Mommsen, Athenae Christianae, p. 57. Wachsmuth I, p. 736, Note.

277 Surmelis, p. 43.

278 Die Zeit gibt Kritobulos an.
279 Kritobulos. – Estratti degli Annali di Stefano Magno, p. 200. Victor Capella bemerkte in seiner Rede an den venezian. Senat (bei Chalkokond. X, p. 547) die Absicht des Sultans, die Lage Negropontes zum Zweck späterer Eroberung zu erforschen, und das war natürlich genug.
280 Das Haus der Palaiologen verkam auf klägliche Weise. Demetrios starb als Mönch zu Adrianopel 1470; Thomas starb zu Rom 1465. Von seinen Söhnen ging Manuel nach Konstantinopel, wo seine Nachkommen Türken wurden, Andreas nach Rom, wo er in Verkommenheit 1502 starb. Von seinen Töchtern starb Helena, die Witwe des Serbenkönigs Lazar, als Nonne in Leukas und vermählte sich Zoe im Jahre 1472 mit dem Großfürsten Ivan III. von Rußland. Hertzberg, Gesch. Griechenlands II, p. 578.
281 G. Voigt, Enea Silvio Piccolomini III, p. 650. Bald darauf, 1462, übergab sich Monembasia der Republik Venedig (Annali di Stef. Magno, p. 204).
282 Zaganus qui patribus ortus
   Illyriis Christi cultoribus, et puer olim
   Moratto turpi Ganymedes junctus amore ...
   Ubert. Pusculus, Constant. III, v. 95 ff.
283 Den Zusammenhang der athenischen Ereignisse mit den Unabhängigkeitsversuchen Serbiens, Albaniens und des Peloponnes deutet sehr dunkel an die ›Cronica di Benedetto Dei‹ bei Pagnini, Della Decima III, p. 251.
284 Origine della famiglia ..., p. 178.
285 Chalkokond. IX, p. 483.
286 Eine romanhafte Geschichte, erzählt in: Hist. Patriarchica post Constantin. a Turcis expugnatam (›Turcograecia‹ des Crusius, lib. II, p. 121 ff.).
287 Spir. Lambros hat solche abgedr. im Deltion der hist. u. ethnol. Gesellschaft Griechenlands II, p. 275 ff.
288 Voyage dans la Grèce IV, p. 70. In Florenz erlosch das Geschlecht der Acciajoli erst 1834.
289 Hopf II, S. 128, setzt diese Verwandlung der Marienkirche schon ins Jahr 1458, ohne bestimmte Gründe dafür anzugeben. Für 1460 sind mit mehr Recht Laborde I, p. 5; A. Mommsen, Athenae Christ., p. 40, wo aber 1459 in 1460 zu verbessern ist; Hertzberg, Gesch. Griech. II, S. 380; Wachsmuth u. Michaelis (Parthenon, p. 35).
290 τὸ ἰσμαΐδ (d.h. ἰσμαγίδιον oder τσαμί) nennt ihn bereits der Pariser Anonymus.
291 Das merkwürdige Institut der Stradioten hat Sathas im Bd. VII und VIII seiner ›Monum. Hist. Hell.‹ dargestellt. In ihren Liedern lebten die Traditionen des Altertums, die Vaterlandsliebe und die Freiheitsglut der Griechen fort.
292 Finlay, Greece under Othoman and Venetian dominat., p. 38, 55.
293 Es scheint, daß sich die Athener dieses Verhältnis zum Serail als Gunst vom Sultan ausgebeten haben. Spon II, p. 242. Heutige Griechen fassen das ohne weiteres von der praktischen Seite auf. Nikolaus Moschobaki, Τὸ ἐν Ἑλλάδι δημόσιον δίκαιον ἐπὶ Τουρκοκρατίας, Athen 1882, p. 115.

294 Ich nenne außer Surmelis vor allem Konstantin Sathas (Τουρκοκρατουμένη Ἑλλάς 1453–1821), Athen 1869; und den Schotten Finlay. Eben erst hat Demetrios Kampuroglu eine Geschichte der Athener unter der Türkenherrschaft zu veröffentlichen begonnen, welche viel Neues zu bringen verspricht.
295 Spandugino, Comment. dell' orig. dei principi Turchi, Flor. 1551, p. 50.
296 »Athene civitas fuit praeclarissima in attica regione. Cujus pauca vestigia quedam manent.« Hartmann Schedel hat das und anderes der Europa des Äneas Sylvius entnommen.
297 Laborde I, p. 49 ff. Die Juden in Athen hat sich Thevet erfunden.
298 Crusius veröffentlichte die Briefe in seiner berühmten ›Turcograecia‹, Lib. VII, p. 10, 18.
299 »Fortuna Attica, sive de Athenar. origine, incremento, magnitudine, potentia, gloria, vario statu, decremento et occasu liber singularis, Lugd. Batav. 1622.
300 Description exacte et curieuse de l'ancienne et nouvelle Grèce composée en Latin par J. Lauremberg et traduite en Français, Amsterd. 1677, p. 99.
301 Athènes anciennes et nouvelles et l'état présent de l'empire des Turcs. Avec le plan de la ville d'Athènes, ed. 3, Paris 1676, in 12.
302 Relaz. della città d'Athene colle provincie dell' Attica, Focia, Beozia e Negroponte von 1674. Parma 1688, p. 36. – Dazu Spon II, p. 130. Zur Zeit Nointels befand sich in Athen ein deutscher Abenteurer vielbewegten Lebens, Georg Transfeldt aus Strasburg in Westpreußen. Fragmente seiner latein. Selbstbiographie hat Adolf Michaelis veröffentlicht: Examen reliquarum antiquitatum Atheniensium (Mitteil. d. D. Arch. Inst. in Athen, 1876).
303 Zesios im Deltion der histor. Gesellschaft II, p. 26 ff. Jene Kirche scheint von Michael Chalkokond. erbaut oder hergestellt gewesen zu sein. Auch während der Türkenzeit bauten fromme Athener noch Kirchen. Das Geschlecht der Chalkokondyloi dauert dort noch heute fort.
304 Flehentliches Bittgesuch der exilierten, vom Patriarchen aus unbekannten Gründen vorher exkommunizierten Athener an diesen: Surmelis, Katastasis, p. 71 ff. Aus dieser dreijährigen Verlassenheit Athens hat bekanntlich Fallmerayer, durch die sogenannten Fragmente aus dem Kloster der Anargyri verführt, eine vierhundertjährige gemacht und sie in die Zeit vom 6. bis 10. Jh. verlegt.
305 Atene Attica descritta da suoi principii sino all' acquisto fatto dall' armi venete nel 1687 con varietà di medaglie, ritratti e disegni, Venezia 1707, 4.
306 Mit diesem Festspiel wurde das Theater in Pest eröffnet; der barocke Text ist von Kotzebue.
307 »Gothorum laus est civilitas custodita. – Turcorum laus est Graecitas custodita.«
308 Im Jahre 1835 wurde diese türkische Bastion entfernt und der Tempel durch Roß und Schaubert aus seinen Bruchstücken glücklich wieder zusammengesetzt.

309 »Homo asiaticus: luridus, melancholicus, rigidus, pelis nigricantibus, oculis fuscis, severus, fastuosus, avarus, tegitur indumentis laxis, regitur opinionibus« (bei F. W. Sieber, Reise nach Kreta, 1817, I, S. 268. Zu dieser etwas heiteren Charakteristik von Linné würde Prokesch-Osten sicherlich noch die Prädikate »dignitosus, religiosus et sincerus« hinzugefügt haben.
310 Dies Verdienst hat Surmelis gefeiert: Ἱστορία τῶν Ἀθηνῶν κατὰ τὸν ὑπὲρ ἐλευθερίας ἀγῶνα, Widmung an den König.
311 In der neuen Pinakothek Münchens befindet sich das Gemälde von Peter Heß, welches diesen Einzug darstellt. Im Hintergrund sieht man den Tempel des Theseus.
312 Die Schilderungen der Reisenden vom damaligen Zustande der Stadt hat A. Meliarakis zusammengestellt in dem Aufsatz: Die großen Häuser Athens vor 50 Jahren (Hestia 19, 1885, Januar).
313 In der Stunde der Wiedergeburt stand das griech. Volk einer Welt von Objekten, Kenntnissen und Begriffen stumm gegenüber (Krumbacher, Griech. Reise, 1886, S. XXVIII).

BIBLIOGRAPHIE

Gregorovius hat, wie zu seiner Zeit üblich, meistens nur verkürzte bibliographische Angaben in den Anmerkungen gemacht. In der vorliegenden Neuausgabe wurde diese Zitierweise meist beibehalten und es wurden nur in Einzelfällen offensichtliche Irrtümer verbessert. Die folgende Bibliographie führt die von Gregorovius genannten Werke auf, soweit sie zu ermitteln waren. Nicht genannt sind jedoch nur einmal und vollständig zitierte Werke, sofern sie nicht unmittelbar zum Gegenstand gehören, sowie Beiträge in Zeitschriften. Ebenso enthält die Bibliographie nicht die zitierten Quellenwerke und Quellensammlungen; hierfür sei verwiesen auf:

Potthast, August: Bibliotheca Historica Medii Aevi, Wegweiser durch die Geschichtswerke des europäischen Mittelalters bis 1500, 2 Bde., Berlin ²1896

Repertorium fontium historiae medii aevi, Bd. 1 ff., Rom 1962 ff. (bis 1976 4 Bände erschienen)

Amari, Michele: La guerra del vespro Siciliano o un periodo delle istorie Siciliane del secolo XIII, 2 Bde., Paris 1843 (dt.: Der sizilianische Vesperkrieg, Leipzig 1851)

Ammirato, Scipione: Istorie Fiorentine, hrsg. von F. Ranalli, 6 Bde., Florenz 1846–1849

Anselme de Sainte-Marie: Histoire généalogique et chronologique de la maison de France, 9 Bde., Paris 1726–1733

Arbois de Jubainville, Henry d': Voyage paléographique dans le département de l'Aube, Troyes/Paris 1855

Arbois de Jubainville, Henry d': Histoire des ducs et des comtes de Champagne, 6 Bde., Paris 1859–1869

Banduri, Anselm: Imperium Orientale sive antiquitates constantinopolitanae, 2 Bde., Venedig 1729

Baumeister, August: Topographische Skizze der Insel Euboia, Lübeck 1864

Bayet, Charles: Recherches pour servir à l'histoire de la peinture et de la sculpture chrétiennes en Orient, Paris 1879

Baumeister, August: Denkmäler des klassischen Altertums, 3 Bde., München/Leipzig 1885–1888

Bayet, Charles: L'Art Byzantin, Paris 1883

Bernhardy, G.: Grundriß der griechischen Literatur, 2 Bde., Halle 1836–1845 (²1852–1859; ³1861)

Beulé, Charles Ernest: L'Acropole d'Athènes, 2 Bde., Paris 1853–1854

Bikélas, Demetrius: Die Griechen des Mittelalters und ihr Einfluß auf die europäische Kultur, Gütersloh 1878

Bötticher, Adolf: Die Akropolis von Athen nach den Berichten der Alten und den neuesten Erforschungen, Berlin 1888

Bötticher, Karl: Bericht über die Untersuchungen auf der Akropolis von Athen im Frühjahr 1862, Berlin 1863

Bofarull, Antonio de: Crónica del Rey de Aragon D. Pedro IV, el Ceremonioso, Barcelona 1850

Bofarull, Antonio de: Historia crítica de Cataluña, 9 Bde., Barcelona 1876–1878

Bohn, Richard: Die Propyläen der Akropolis zu Athen, Berlin/Stuttgart 1882

Bozzo, Stefano Vittorio: Note storiche Siciliane del secolo XIV, Palermo 1882

Brosset jeune: De la poésie géorgienne, Paris 1830

Brosset, Marie Félicité: Additions et éclaircissements à l'histoire de la Géorgie, Petersburg 1851

Buchon, J. A.: Notice sur un atlas en langue catalane de l'an 1374, Paris 1838

Buchon, J. A.: De l'etablissement d'une principauté française en Grèce après la 4e croisade, Paris 1842

Buchon, J. A.: La Grèce continentale et la Morée, Paris 1843

Buchon, J. A.: Nouvelles recherches historiques ..., 2 Bde. mit Atlas, Paris 1843

Buchon, J. A.: Recherches historiques sur la principauté Française de Morée et ses hautes baronies, 2 Bde., Paris 1845

Buchon, J. A.: Histoire des Conquestes et de l'etablissement des Français dans les Etats de l'ancienne Grèce sous les Ville-Hardouin, Paris 1846

Burckhardt, Jakob: Die Zeit Konstantins des Großen, Basel 1853 (2. Aufl. Leipzig 1880)

Burnouf, Emile: La Ville et l'Acropole d'Athènes, Paris 1877

Bursian, Konrad: Geographie von Griechenland, 2 Bde., Leipzig 1862

Capmany, Antonio de: Memorias Historicas sobre la Marina ... de Barcelona, 4 Bde., Madrid 1779–1792

Chandler, Richard: Travels in Greece or an account of a tour made at the expense of the Society of Dilettanti, Oxford 1776

Chappuis-Montlaville: Histoire du Dauphiné, 2 Bde., Paris 1827

Corlieu, A.: Les médecins Grecs depuis la mort de Galien jusqu'a la chute de l'empire d'Orient, Paris 1885

Cornelli, Vincenzo: Memorie istoriografiche delli regni della Morea, e Negroponte e luoghi adiacenti, Venedig 1686

Corsini, Odoardo: Fasti attici, 4 Bde., Florenz 1747–1764

Curtius, Ernst: Griechische Geschichte, 3 Bde., Berlin 1857 (^{5}1878–1880)

Datta, Pietro: Spedizione in oriente di Amedeo VI., conte di Savoia, Turin 1826

Datta, Pietro: Storia dei principi di Savoia del ramo d'Acqia signori del Piemonte, 2 Bde., Turin 1832

Delaville Le Roulx, J.: La France en Orient au XIVe siècle, 2 Bde., Paris 1886

De Rossi, Giovanni Battista: Piante iconografiche e prospettiche di Roma anteriori al secolo XVI, Rom 1879

Diehl, Charles: L'Église et les Mosaïques du Couvent de Saint-Luc en Phocide, Paris 1889

Diez, Friedrich: Leben und Werke der Troubadours, 2. verm. Aufl., Leipzig 1882

Dodwell, Edward: Klassische und typographische Reise nach Griechenland während des Jahres 1801, 2 Bde., Meiningen 1821

Dunlop, John: Geschichte der Prosadichtungen oder Geschichte der Romane, Novellen, Märchen u. s. w., Berlin 1851

Dunod, F. J.: Mémoires pour servir à l'histoire du Comté de Bourgogne, Besançon 1740

Egger, Emile: L'hellénisme en France, 2 Bde., Paris 1869

Ellissen, Adolf: Michael Akominatos von Chonä, Erzbischof von Athen, Nachrichten über sein Leben und seine Schriften, Göttingen 1846

Ellissen, Adolf: Zur Geschichte Athens nach dem Verluste seiner Selbständigkeit, Göttingen 1847

Ellissen, Adolf: Analekten der mittel- und neugriechischen Literatur, 5 Bde., Leipzig 1855–1862

Ersch, Johann Samuel/Johann Gottfried Gruber (Hrsg.): Allgemeine Encyclopädie der Wissenschaften und Künste, 167 Bde., Leipzig 1818–1889

Fabricius, Joannes Albertus: Bibliotheca Graeca, Hamburg 1790–1838

Fallmerayer, Jakob Philipp: Geschichte des Kaisertums Trapezunt, München 1827

Fallmerayer, Jakob Philipp: Geschichte der Halbinsel Morea während des Mittelalters. Ein historischer Versuch, Stuttgart/Tübingen 1830

Fallmerayer, Jakob Philipp: Welchen Einfluß hatte die Besetzung Griechenlands durch die Slaven auf die Schicksale der Stadt Athen, Stuttgart 1835

Fanelli, Francesco: Atene Attica descritta da suoi principii sino all' acquisto fatto dall' armi venete nel 1687 con varietà di medaglie, ritratti et disegni, Venedig 1707

Finlay, George: History of the Byzantine and Greek Empires from 1057 to 1453, London 1854

Finlay, George: The History of Greece under Ottoman and Venetian Domination (1453–1821), Edinburgh/London 1856

Finlay, George: A History of Greece from its conquest by the Romans to the present time, B. C. 146 to A. D. 1864, 7 Bde., Oxford 1877

Fischer, William: Studien zur byzantinischen Geschichte des 11. Jahrhunderts, Plauen 1883

Forchhammer, Peter Wilhelm: Hellenika, Griechenland im neuen das alte, Bd. 1, Berlin 1837

Freeman, Edward A.: The historical Geography of Europe, 2 Bde., London 1881

Gailhabaud, Jules: Monuments anciens et modernes, Paris 1850

Gardthausen, Viktor: Griechische Paläographie, Leipzig 1879

Gfrörer, Aug. Fr.: Byzantinische Geschichten, 3 Bde., Graz 1872

Gibbon, Edward: The history of the decline and fall of the Roman Empire, 8 Bde., Paris 1840

Gregorio Rosario: Considerazioni sopra la storia di Sicilia dai tempi Normanni sino ai presenti, 6 Bde., Palermo 1805–1816

Guichenon, Samuel: Histoire généalogique de la maison de Savoie, 3 Bde., Paris 1660

Guillaume, Jean Baptiste: Histoire des sires de Salins, 2 Bde., Besançon 1757–1758

Guillet de Saint-George, Georges: Athènes ancienne et nouvelle et l'éstat présent de l'empire des Turcs ... Avec le plan de la ville d'Athènes, Paris ³1676

Guldencrone, Diane de: L'Achaïe féodale, Étude sur le moyen-âge en Grèce (1205–1456), Paris 1886

Hammer-Purgstall, Joseph von: Geschichte des Osmanischen Reiches, 10 Bde., Pest 1827–1835

Hartwig, Otto: Die Übersetzungsliteratur Unteritaliens in der normannisch-staufischen Epoche, Leipzig 1886

Hermann, Karl Friedrich: Lehrbuch der griechischen Staatsaltertümer, Heidelberg ³1841

Hertzberg, Gustav Friedrich: Die Geschichte Griechenlands unter der Herrschaft der Römer, Halle 1866

Hertzberg, Gustav Friedrich: Geschichte Griechenlands, 4 Bde., Gotha 1876–1879

Hertzberg, Gustav Friedrich: Geschichte der Byzantiner und des osmanischen Reichs bis gegen Ende des XVI. Jahrhunderts, Berlin 1883

Heyd, Wilhelm: Geschichte des Levantehandels im Mittelalter, 2 Bde., Stuttgart 1879

Hilferding, Alexander: Geschichte der Serben und Bulgaren, 2 Bde., Bautzen 1856–1864

Hopf, Karl: Geschichtlicher Überblick über die Schicksale von Karystos, Sitzungsbericht der k.k. Akademie der Wissenschaften, Wien 1854

Hopf, Karl: Walther VI. von Brienne, Herzog von Athen und Graf von Lecce, in: Raumers Historisches Taschenbuch, Bd. 5, Leipzig 1854

Hopf, Karl: Dissertazione documentata sulla storia di Karystos nell' isola di Negroponte 1205–1470, Venedig 1856

Hopf, Karl: Veneto-Byzantinische Analecten, Wien 1859

Hopf, Karl: Geschichte Griechenlands vom Beginn des Mittelalters bis auf unsere Zeit, in: Ersch/Gruber (Hrsg.), Allgemeine Encyclopädie der Wissenschaften und Künste, Bd. 85, S. 67–465, Bd. 86, S. 1–90, Leipzig 1867, 1868

Hopf, Karl: Bonifaz von Montferrat, der Eroberer von Konstantinopel und der Troubadour Rambaut von Vaqueires, Berlin 1877

Hortis, Attilio: Studj sulle opere latine del Boccaccio, Triest 1879

Jahn, Otto: Aus der Altertumswissenschaft, Populäre Aufsätze, Bonn 1868

Jauna, Dominicus Ritter von: Histoire générale des roiaumes de Chypre, de Jerusalem ..., 2 Bde., Leiden 1785

Jireček, Joseph: Geschichte der Bulgaren, Prag 1876

Jourdain, Amable: Recherches critiques sur l'âge et l'origine des traductions Latines d'Aristote, nouv. ed., Paris 1843

Kállay, Benjamin von: Geschichte der Serben, 2 Bde., Budapest/ Wien/Leipzig 1878
Kiepert, Heinrich: Lehrbuch der alten Geographie, Berlin 1878
Klaproth, Julius von: Reise in den Kaukasus und nach Georgien, 3 Bde., Halle/Berlin 1812–1814
Köhler, Gustav: Die Entwicklung des Kriegswesens und der Kriegsführung in der Ritterzeit, 3 Bde., Breslau 1886–1889 (Registerbde. 1890, 1893)
Krause, Johann Heinrich: Geographie Griechenlands, in: Ersch/ Gruber (Hrsg.): Allgemeine Encyclopädie der Wissenschaften und Künste, Bd. 83, Leipzig 1866, S. 257–444
Krause, Johann Heinrich: Die Byzantiner des Mittelalters in ihrem Staats-, Hof- und Privatleben, Halle 1869
Krumbacher, Karl: Griechische Reise, Blätter aus dem Tagebuche einer Reise in Griechenland und in der Türkei, Berlin 1886
Kuhn, Emil: Die städtische und bürgerliche Verfassung des Römischen Reiches bis auf die Zeiten Justinians, Leipzig 1864–1865
Kunstmann, Friedrich: Studien über Marino Sanudo den Älteren, München 1855

Laborde, Léon: Athènes aux XVe, XVIe et XVIIe siècles, 2 Bde., Paris 1852
La Lumia, Isidoro: Frammento di studj storici sul secolo XIV in Sicilia, Palermo 1859
La Lumia, Isidoro: Storie Siciliane, 4 Bde., Palermo 1881–1883
Lambros, Spiridon: Μιχαὴλ ᾿Ακομινάτου τοῦ Χονιάτου τὰ σωζόμενα, 2 Bde., Athen 1879–1880
Lambros, Spiridon: ῾Ιστορικὰ μελετήματα, Athen 1884
Lambros, Spiridon: ῾Ιστορία τῆς ῾Ελλάδος μετ᾿ εἰκόνων ἀπὸ τῶν ἀρχαιοτάτων χρόνων μέχρι τῆς ἁλώσεως τῆς Κωνσταντινουπόλεως, 6 Bde., Athen 1885–1908
Landau, Markus: Giovanni Boccaccio, sein Leben und seine Werke, Stuttgart 1877
Lasaulx, Ernst von: Der Untergang des Hellenismus und die Einziehung seiner Tempelgüter durch die christlichen Kaiser, München 1854
Leake, William Martin: Travels in the Morea, 3 Bde., London 1830
Leake, William Martin: Travels in Northern Greece, 4 Bde., London 1835
Leake, William Martin: Topographie Athens, Zürich 1844
Leake, William Martin: Peloponnesiaca: a supplement to Travels in the Morea, London 1846
Lebeau, C.: Histoire du Bas-Empire, 21 Bde., Paris 1824–1836
Le Bret, Johann Friderich: Staatsgeschichte der Republik Venedig, 4 Bde., Riga 1769–1777
Legrand, Émile: Bibliothèque grecque vulgaire, Bd. 1–4, Paris 1880–1888 (Bd. 5–10, Paris 1890–1913)
Legrand, Émile: Bibliographie Hellénique, Bd. 1–2, Paris 1885 (Bd. 3–4, Paris 1903–1906)
Lelewel, Joachim: Geographie du Moyen âge, 4 Bde., Breslau 1852–1857
Lenormant, François: Recherches archéologiques à Éleusis, Paris 1862
Lenormant, François: La Grande-

Grèce paysages et histoire, 3 Bde., Paris 1881
Le Quien, Michael: Oriens Christianus, in quatuor patriarchatus digestus, 3 Bde., Paris 1740
Leyser, Polykarp: Historia poetarum et poematum medii aevi, Halle 1721
Litta, Pompeo: Famiglie celebri italiane, 9 Bde., Mailand 1819–1883
Lunzi, Hermann: Della condizione delle isole Ionie, Venedig 1858

Mahn, C. A. F.: Die Werke der Troubadours, 4 Bde., Berlin 1846–1880
Mas Latrie, Louis de: Histoire de l'île de Chypre sous le regne des princes de la maison de Lusignan, 3 Bde., Paris 1852–1861
Mas Latrie, Louis de: Les princes de Morée ou d'Achaie 1203–1461, Venedig 1882
Maßmann, Hans Ferdinand: Der Kaiser und der Kunige buoch oder die sogen. Kaiserchronik, Gedicht des 12. Jahrh., 3 Bde., Quedlinburg 1849–1854
Mayer, Gustav: Essays und Studien zur Sprachgeschichte und Volkskunde, Berlin 1885
Mazzuchelli, Giammaria: Giunte all' opera, Gli Scrittori d'Italia, Rom 1884
Meliarakis, Antonios: Ὑπομήματα περιγραφικὰ τῶν Κυκλάδων νήσων, Athen 1880
Michaelis, Adolf: Der Parthenon, 2 Bde., Leipzig 1871
Miklosich, Franz: Die slavischen Elemente im Neugriechischen, Sitzungsbericht der k.k. Akademie der Wissenschaften, Wien 1869
Minieri Riccio, Camillo: Della dominazioni Angioina nel reame di Sicilia, Studii storici estratti da' registri della cancelleria Angioina di Napoli, Neapel 1876
Minieri Riccio, Camillo: Saggio di Codice diplomatico, 3 Bde., Neapel 1878
Moncada, Francisco de: Expedición de los Catalanes y Aragoneses contre Turcos y Griegos (Barcelona 1653), Madrid 1805
Moland, Louis: Saint-Omer dans la Morée, Esquisse de la Domination française dans la Grèce, au Moyen-Age, Paris 1855
Mommsen, August: Athenae Christianae, Leipzig 1868
Mortreuil, J. A. B.: Histoire du Droit byzantin, 3 Bde., Paris 1843–1847
Müller, August: Die griechischen Philosophen in der arabischen Überlieferung, Halle 1873
Müller, Johannes: Documenti sulle relazioni delle città Toscane coll'oriente, Florenz 1879
Müller, Joseph: Byzantinische Analekten aus der Handschrift der S. Markus-Bibliothek zu Venedig, Wien 1852
Müller, Karl Otfried: Orchomenos und die Minoer, Breslau 1820, ⁴1844
Murray, John: Handbook for Travellers in Greece, London 1872
Mustoxydes, Andreas: Delle cose Corciresi, Bd. 1, Korfu 1848

Neumann, Karl: Griechische Geschichtsschreiber und Geschichtsquellen im 12. Jahrhundert, Leipzig 1888
Nicolai, Rudolf: Griechische Literaturgeschichte, 3 Bde., Magdeburg 1873

Ochoa, Eugenis de: Catálogo razonado de los manuscritos españoles existentes en la biblioteca real de Paris, Paris 1844

Ow, Josef: Die Abstammung der Griechen und die Irrtümer und Täuschungen des Dr. Ph. Fallmerayer, München 1847

Pallmann, Reinhold: Die Geschichte der Völkerwanderung von der Gotenbekehrung bis zum Tod Alarichs, Gotha 1863

Paparregopulos, Konstantin: Ἱστορία τοῦ Ἑλληνικοῦ ἔθνους ἀπὸ τῶν ἀρχαιοτάτων χρόνων μέχρι τῶν νεωτέρων, 5 Bde., Athen 1860–1877

Paparregopulos, Konstantin: Histoire de la civilisation hellénique, Paris 1878

Parisot, Ernest: Histoire de la soie, 2 Bde., Paris 1862ff.

Peruzzi, S. L.: Storia del Commercio e dei Banchieri di Firenze, Florenz 1868

Petersen, Friedrich Christian: Einleitung in das Studium der Archäologie, Leipzig 1829

Pittakis, K. L.: L'ancienne Athènes, ou la Description des antiquités d'Athènes et de ses environs, Athen 1835

Plancher, Urbain: Histoire générale et particulière de Bourgogne, 4 Bde., Dijon 1739–1781

Pouqueville, François: Voyage de la Grèce, 6 Bde., Paris 1826–1827

Prutz, Hans: Kulturgeschichte der Kreuzzüge, Berlin 1883

Rambaud, A.: L'Empire grec au Xe siècle, Paris 1870

Rangabe, Jakob R.: Τὰ Ἑλληνικά, 3 Bde., Athen 1853

Riant, Paul: Expéditions et pelerinages des Scandinaves en Terre Sainte au temps des croisades, Paris 1865

Riant, Paul: Exuviae sacrae Constantinopolitanae, 3 Bde., Genf 1877ff.

Röhricht, R./Heinrich Meisner: Deutsche Pilgerreisen nach dem heiligen Lande, Berlin 1880

Romanin, Samuele: Storia documentata di Venezia, 10 Bde., Venedig 1853–1861

Roß, Ludwig: Urkunden zur Geschichte Griechenlands im Mittelalter, München 1837

Roß, Ludwig: Die Demen von Attika und ihre Verteilung unter die Phylen, hrsg. von M. H. E. Meier, Halle 1846

Roß, Ludwig: Reisen des Königs Otto und der Königin Amalia in Griechenland, 2 Bde., Halle 1848

Roß, Ludwig: Archäologische Aufsätze, 2 Bde., Leipzig 1855–1861

Rubió y Lluch, Antonio: La expedición y dominación de los Catalanos en Oriente jusgadas por los Griegos, Barcelona 1883

Rubió y Lluch, Antonio: Los Navarros en Grecia y el ducado Catalán de Atenas en la época de su invasión, Barcelona 1886

Rubió y Lluch, Antonio: Don Guillermo Ramón Moncada, gran senescal de Cataluña, Barcelona 1886

Safařik, Paul Josef: Slavische Altertümer, hrsg. von Heinrich Wuttke, 2 Bde., Leipzig 1843–1844

Saint-Genois de Grandbreucq, François: Droits primitifs des anciennes terres, 1. Bd., Paris 1782

Sassenay, Fernand de: Les Brienne de Lecce et d'Athènes, Paris 1869

Sathas, Konstantin: Τουρκοκρατουμένη Ἑλλάς 1453–1821, Athen 1869

Saulcy, Félicien de: Numismatique de Croisades, Paris 1874

Schaefer, Heinrich: Geschichte von Spanien, Gotha 1830 (= F. W. Lembke, H. Schaefer, Fr. W. Schirrmacher: Geschichte der europäischen Staaten, Bd. 2–3)

Schlumberger, Gustave: Numismatique de l'Orient latin, Paris 1878

Schlumberger, Gustave: Sigillographie de l'Empire byzantin, Paris 1884

Schmidt, Bernhard: Das Volksleben der Neugriechen und das Hellenische Altertum, Leipzig 1871

Schmidt, E. A.: Geschichte Aragoniens im Mittelalter, Leipzig 1828

Schmitt, John: Die Chronik von Morea, Eine Untersuchung über das Verhältnis ihrer Handschriften und Versionen zueinander, München 1889

Sieber, F. W.: Reise nach der Insel Kreta, 2 Bde., Leipzig 1823

Sievers, Gottlob Reinhold: Aus dem Leben des Libanius, Hamburg 1863

Sievers, Gottlob Reinhold: Studien zur Geschichte der Römischen Kaiser, Berlin 1870

Spon, Jakob: Relation de l'état présent de la ville d'Athènes, ancienne capitale de la Grèce, bâtie depuis 3400 ans, Lyon 1674

Spon, Jakob: Lettres écrites sur une dissertation d'un voyage de Grèce, hrsg. von Georges Guillet de Saint-George, Paris 1679

Spon, Jakob/Georgius Wheler: Italienische, Dalmatische, Griechische und Orientalische Reise-Beschreibung, 2 Bde., Nürnberg 1681

Stamatiadis, Epaminondas: Οἱ Καταλανοί ἐν τῇ Ἀνατολῇ, Athen 1869

Streit, Ludwig: Venedig und die Wendung des vierten Kreuzzuges gegen Konstantinopel, Anklam 1877

Summonte, Antonio Giovanni: Istoria Napoli, 4 Bde., Neapel 1675

Surmelis, Dionysios: Κατάστασις συνοπτικὴ τῆς πόλεως Αθήνων, Athen 1842

Surmelis, Dionysios: Αττικὰ ἢ περὶ τῶν Δήμων 'Αττικῆς, Athen 1855

Sybel, Ludwig von: Katalog der Skulpturen zu Athen, Marburg 1881

Tafel, Gottlieb L. F.: De Thessalonica, Tübingen 1839

Tafel, Gottlieb L. F.: Symbolarum criticarum, geographiam Byzantinam spectantium, 2 Bde., München 1848–1849

Tafel, Gottlieb L. F./Georg Martin Thomas: Urkunden zur Handels- und Staatsgeschichte der Republik Venedig, 3 Bde., Wien 1856–1857

Tanfani, Leopoldo: Niccola Acciainoli, studi storici, Florenz 1803

Targioni-Tozzetti, Giovanni: Relazioni d'alcuni viaggi fatti in diverse parti della Toscana, 12 Bde., Florenz 1768–1779

Testa, F.: De vita et rebus gestis Frederici II. Siciliae regis, Palermo 1775

Thomas, Georg Martin: Diplomatarium Veneto-Levantinum 1300–1350, Venedig 1880

Tournefort, J. de: Relation d'un voyage au Levant, Paris 1717

Ullmann, C.: Gregorius von Nazianz, der Theologe, Gotha 1867

Ulrichs, Heinrich Nikolaus: Reisen und Forschungen in Griechenland, 2 Bde., Berlin 1840–1863

Unger, Friedrich Wilhelm: Christlich-griechische oder byzantinische Kunst, in: Ersch/Gruber (Hrsg.): Allgemeine Encyclopädie der Wissenschaften und der Künste, Bd. 84, S. 291–474, Bd. 85, S. 1–66, Leipzig 1866, 1867

Voigt, Georg: Enea Silvio de' Piccolomini, als Papst Pius der Zweite und sein Zeitalter, 3 Bde., Berlin 1856–1863

Wachsmuth, Kurt: Die Stadt Athen im Altertum, Bd. 1, Leipzig 1874 (Bd. 2, Leipzig 1890)
Weber, Karl Friedrich: De academia literaria Atheniensium seculo secundo post Chr. const., Marburg 1858
Wietersheim, Eduard von: Geschichte der Völkerwanderung, 4 Bde., Leipzig 1859–1864
Wilken, Friedrich: Geschichte der Kreuzzüge, 3 Bde., Leipzig 1807–1817

Zachariä von Lingenthal, Karl Eduard: Jus Graeco-Romanum, 7 Bde., Leipzig 1856–1884
Zachariä von Lingenthal, Karl Eduard: Geschichte des Griechisch-Römischen Privat-Rechtes, Leipzig 1864 (2. Aufl. u. d. Titel: Geschichte des griechisch-römischen Rechts, Berlin 1877, ³1892)
Zanelli, Agostino: Le schiave orientali a Firenze nei secoli XIV e XV, Florenz 1885
Zeller, Eduard: Die Philosophie der Griechen in ihrer geschichtlichen Entwicklung, 6 Bde., 1862–1882
Zeuss, Johann Kaspar: Die Deutschen und die Nachbarstämme, München 1837
Zinkeisen, Johann Wilhelm: Geschichte des osmanischen Reiches in Europa, 7 Bde., Hamburg 1840–1863
Zumpt, Karl Gottlob: Über den Bestand der philosophischen Schulen in Athen, Berlin 1843

Weitere Griechenland-Schriften von Ferdinand Gregorovius:
Geschichte des römischen Kaisers Hadrian und seiner Zeit, Königsberg 1851. 2. umgeschr. Aufl.: Der Kaiser Hadrian, Gemälde der römisch-hellenischen Welt zu seiner Zeit, Stuttgart 1834
Mirabilien der Stadt Athen, München 1881. Auch in: F. G.: Kleine Schriften zur Geschichte und Kultur, Bd. 1, Leipzig 1887
Korfu, Eine ionische Idylle, Leipzig 1881
Athenais, Geschichte einer byzantinischen Kaiserin, Leipzig 1882. 3. durchgearbeitete Aufl.: Leipzig 1892
Hat Alarich die Nationalgötter Griechenlands vernichtet?, München 1886. Auch in: F. G.: Kleine Schriften zur Geschichte und Kultur, Bd. 1, Leipzig 1887
Eine Weltchronik in Bildern, in: F G.: Kleine Schriften zur Geschichte und Kultur, Bd. 2, Leipzig 1888

VERZEICHNISSE DER HERRSCHER*

Das byzantinische Kaiserreich

Konstantin I. 324–337
Konstantios 337–361
Julian Apostata 361–363
Jovian 363–364
Valens 364–378
Theodosios I. 379–395
Arkadios 395–408
Theodosios II. 408–450
Markian 450–457
Leon I. 457–474
Leon II. 474
Zenon 474–475; 476–491
Basiliskos 475–476
Anastasios I. 491–518
Justin I. 518–527
Justinian I. 527–565
Justin II. 565–578
Tiberios I. Konstantinos 578–582
Maurikios 582–602
Phokas 602–610
Herakleios 610–641
Konstantin III. 641
Herakleios II. Heraklonas 641
Konstans II. 641–668
Konstantin IV. Pogonatos 668–685
Justinian II. Rhinotmetos 685–695; 705–711
Leontios 695–698
Tiberios II. Apsimaros 698–705
Philippikos Bardanes 711–713
Anastasios II. 713–715
Theodosios III. 715–716
Leon III. 716–741
Konstantin V. Kopronymos 741–775
Leon IV. Khazar 775–780
Konstantin VI. 780–797
Irene 797–802
Nikephoros I. 802–811
Staurakios 811
Michael I. Rangabe 811–813
Leon V. 813–820
Michael II. 820–829
Theophilos 829–842
Michael III. 842–867
Basileios I. 867–886
Leon VI. 886–912
Alexander 912–913
Konstantin VII. Porphyrogennetos 913–959
Romanos I. Lakapenos 920–944
Romanos II. 959–963
Basileios II. 963; 976–1025
Nikephoros II. Phokas 963–969
Johannes I. Tzimiskes 969–976

* Die Tabellen wurden zusammengestellt auf der Grundlage von: Georg Ostrogorsky, Geschichte des byzantinischen Staates (Byzantinisches Handbuch im Rahmen des Handbuchs der Altertumswissenschaft, I, 1), München ³1963, und: Klaus-Jürgen Matz, Regententabellen zur Weltgeschichte, München 1980 (= dtv 3215). Die Tabellen zu den Herzögen Athens und Fürsten Achaias wurden der Erstausgabe (Gregorovius, Geschichte der Stadt Athen im Mittelalter, Bd. 2, Stuttgart 1889) entnommen.

Konstantin VIII. 1025–1028
Romanos III. Argyros 1028–1034
Michael IV. Paphlagonios 1034–1041
Michael V. Kalaphates 1041–1042
Zoe 1042
Theodora 1042; 1055–1056
Konstantin IX. Monomachos
  1042–1055
Michael VI. Stratiotikos 1056–1057
Isaak I. Komnenos 1057–1059
Konstantin X. Dukas 1059–1067
Eudokia 1067; 1071
Romanos IV. Diogenes 1068–1071
Michael VII. Dukas 1071–1078
Nikephoros III. Botoneiates
  1078–1081
Alexios I. Komnenos 1081–1118
Johannes II. Komnenos 1118–1143
Manuel I. Komnenos 1143–1180
Alexios II. Komnenos 1180–1183
Andronikos I. Komnenos 1183–1185
Isaak II. Angelos 1185–1195;
  1203–1204
Alexios III. Angelos 1195–1203

Alexios IV. Angelos 1203–1204
Alexios V. Murtzuphlos 1204
Theodor I. Laskaris 1204–1222
Johannes III. Dukas Batatzes
  1222–1254
Theodor II. Laskaris 1254–1258
Johannes IV. Laskaris 1258–1261
Michael VIII. Palaiologos 1259–1282
Andronikos II. Palaiologos
  1282–1328
Andronikos III. Palaiologos
  1328–1341
Johannes V. Palaiologos 1341–1376;
  1379–1391
Johannes VI. Kantakuzenos
  1347–1354
Andronikos IV. Palaiologos
  1376–1379
Johannes VII. Palaiologos 1390;
  1399–1402
Manuel II. Palaiologos 1391–1425
Johannes VIII. Palaiologos
  1425–1448
Konstantin XII. Dragases 1449–1453

Das lateinische Kaiserreich von Konstantinopel

Balduin I. von Flandern 1204–1205
Heinrich I. von Flandern 1206–1216
Peter von Courtenay-Auxerre 1217
Jolante 1217–1219

Robert von Courtenay-Auxerre
  1221–1228
Balduin II. 1228–1261
Johannes von Brienne 1231–1237

Das epirotische Reich

Michael I. Angelos 1204–1215
Theodor I. Angelos Dukas Komnenos 1215–1224

Thessalonike:

Theodor I. Angelos Dukas Komnenos 1224–1230
Manuel Angelos 1230–1237/38

Johannes Angelos 1238–1244
Demetrios Angelos 1244–1246

Epiros:

Michael II. Angelos 1231–1271
Nikephoros I. Angelos 1271–1296
Thomas Angelos 1296–1318

(Anna 1296–1313)
Nikolaus Orsini 1318–1323
Johannes Orsini 1323–1335
Nikephoros II. 1335–1340
(Anna 1335–1340)

Thessalien:

Sebastokrator Johannes I. Angelos 1271–1296
Konstantin 1296–1303
Johannes II. Angelos 1303–1318

DIE BULGARISCHEN REICHE

Erstes bulgarisches Reich:

Asparuch 681–702
Tervel 702–718
Sevar 725–739
Kormisoš 739–756
Vinech 756–762
Teletz 762–765
Sabin 765–767
Umar 767
Toktu 767–772
Pagan 772
Telerig 772–777
Kardam 777 – um 803
Krum 803–814
Dokum 814
Dicevg 814
Omurtag 814–831
Malomir 831–836
Presian (vielleicht mit Malomir identisch) 836–852
Boris I. Michael 852–889
Vladimir 889–893
Symeon I. 893–927
Peter 927–969
Boris II. 969–971

Makedonisches Reich:

Samuel 976–1014
Gabriel Radomir 1014–1015
Johannes Vladislav 1015–1018

Zweites bulgarisches Reich:

Asen I. 1186–1196
Peter 1196–1197
Kalojan 1197–1207
Boril 1207–1218
Ivan Asen II. 1218–1241
Koloman Asen 1241–1246
Michael Asen 1246–1256
Konstantin Tich 1257–1277
Ivajlo 1277–1279
Ivan Asen III. 1279–1280
Georg I. Terter 1280–1292
Smiletz 1292–1298
Čaka 1299
Theodor Svetoslav 1300–1322
Georg II. Terter 1322–1323
Michael Šišman 1323–1330
Ivan Stephan 1330–1331
Ivan Alexander 1331–1371
Ivan Šišman 1371–1393
Ivan Stracimir (Despot von Vidin) um 1360–1396

DAS SERBISCHE GROSSREICH VOM 12. BIS 15. JH.

Stephan Nemanja um 1166–1196
Stephan der Erstgekrönte 1196 – um 1228
Stephan Radoslav um 1228 – um 1234

Stephan Vladislav um 1234–1243
Stephan Uroš I. 1243–1276
Stephan Dragutin 1276–1282
Stephan Uroš II. Milutin 1282–1321

Stephan Uroš III. Dečanski
1321–1331
Stephan Dušan 1331–1355 (ab 1346 Zar)
Stephan Uroš (Zar) 1355–1371
Vukašin (König) 1365–1371

Lazar (Fürst) 1371–1389
Stephan Lazarević (Fürst) 1389–1427 (ab 1402 Despot)
Georg Branković (Fürst) 1427–1456 (ab 1429 Despot)
Lazar Branković (Despot) 1456–1458

Die islamischen Reiche in Kleinasien bis zur Eroberung von Konstantinopel

Die Sultane der Rum-Seldschuken (Ikonion):

Suleiman I. 1077/78–1086
Kilidsch Arslan I. 1092–1107
Malik-Schah 1107–1116
Masud I. 1116–1156
Kilidsch Arslan II. 1156–1192
Kaikosru I. 1192–1196; 1204–1210
Suleiman II. 1196–1204
Kilidsch Arslan III. 1204
Kaikaus I. 1210–1220
Kaikubad I. 1220–1237
Kaikosru II. 1237–1245
Kaikaus II. 1246–1257
Kilidsch Arslan IV. 1248–1265

Kaikubad II. 1249–1257
Kaikosru III. 1265–1282
Masud II. 1282–1304
Kaikubad III. 1284–1307
Masud III. 1307–1308

Die osmanischen Sultane:

Osman I. 1288–1326
Urchan 1326–1362
Murad I. 1362–1389
Bajasid I. 1389–1402
Mehmed I. 1402–1421
Suleiman 1402–1410
Musa 1411–1413
Murad II. 1421–1451
Mehmed II. der Eroberer 1451–1481

Die Dogen von Venedig vom 11. bis 15. Jh.

Ottone Orseolo 1008–1026
Pietro Centranico 1026–1032
Domenico Fabiano 1032–1042
Domenico Contarini 1043–1070
Domenico Selvo 1070–1084
Vitale Falier 1084–1096
Vitale Michiel I. 1096–1102
Ordelaffo Falier 1102–1118
Domenico Michiel 1118–1129
Pietro Polani 1130–1148
Domenico Morosini 1148–1156
Vitale Michiel II. 1156–1172
Sebastiano Ziani 1172–1178

Orio Malipiero 1178–1192
Enrico Dandolo 1192–1205
Pietro Ziani 1205–1229
Jacopo Tiepolo 1229–1249
Marino Morosini 1249–1253
Ranieri Zen 1253–1268
Lorenzo Tiepolo 1268–1275
Jacopo Contarini 1275–1280
Giovanni Dandolo 1280–1289
Pietro Gradenigo 1289–1311
Marino Zorzi 1311–1312
Giovanni Soranzo 1312–1328
Francesco Dandolo 1329–1339

Bartolomeo Gradenigo 1339–1342
Andrea Dandolo 1343–1354
Marino Falier 1354–1355
Giovanni Gradenigo 1355–1356
Giovanni Dolfin 1356–1361
Lorenzo Celsi 1361–1365
Marco Corner 1365–1368
Andrea Contarini 1368–1382

Michele Morosini 1382
Antonio Venier 1382–1400
Michele Steno 1400–1413
Tommaso Mocenigo 1414–1423
Francesco Foscari 1423–1457
Pasquale Malipiero 1457–1462
Cristoforo Moro 1462–1471

Die fränkischen Herzöge von Athen

Aus den Häusern de la Roche und Brienne:

Otto de la Roche 1205–1225
Guido I. 1225–1263
Johann I. 1263–1280
Wilhelm I. 1280–1287
Guido II. 1287–1308
Walter I. von Brienne und Lecce 1308–1311

Aus den Häusern Brienne und Enghien (Titularherzöge und Prätendenten):

Walter II. von Brienne 1311–1356
Sohier von Enghien 1356–1366
Walter III. von Enghien 1367–1381
Louis von Enghien 1381–1394

Aus dem Hause Aragon:

Manfred (Infant von Sizilien) 1312–1317

Wilhelm (Infant von Sizilien) 1317–1338
Johann von Randazzo 1338–1348
Friedrich von Randazzo (Infant) 1348–1355
Friedrich III., König von Sizilien, 1355–1377
Maria (Erbtochter Friedrichs III.) 1377–1381
Pedro IV. el Ceremonioso, König von Aragon, 1381–1387

Aus dem Hause Acciajoli:

Nerio I. 1385 (Herr von Athen); 1394 (Herzog von Athen)
Antonio I. 1402 (Herr von Athen); 1405–1435 (Herzog von Athen)
Nerio II. 1435–1439; 1441–1451
Antonio II. 1439–1441
Francesco 1451–1454
Franco 1455–1458

Generalvikare von Athen zur Zeit der Katalanen-Herrschaft

Roger Deslaur 1311
Berengar Estañol 1312–1316
Guillelm Thomas (Kapitän) 1316
Alfonso Fadrique 1317–1330
Nicola Lancia 1330 – ?
Ramon Bernardi ? – 1356
Jayme Fadrique 1356–1359
Gonsalvo Ximenes Arenos ? – ?
Matteo Moncada 1359–1361; 1363–1367

Roger Lauria ? – 1363; 1367–1371
Pedro Puig (Stellvertreter) 1365–1367
Matteo Peralta 1371–1375
Luis Fadrique 1375–1381
Visconde de Rocaberti Felipe Delmau 1381–1385; 1387
Ramon Vilanova (Stellvertreter) 1382–1385
Bernardo Corella 1385

Die Fürsten von Achaia

Wilhelm Champlitte 1205–1209
Gottfried Villehardouin 1210–1218
Gottfried II. Villehardouin 1218–1245
Wilhelm II. Villehardouin 1245–1278
Karl I. von Anjou, König von Neapel, 1278–1285
Karl II. von Neapel 1285–1289
Florenz Avesnes von Hennegau 1289–1297
Isabella Villehardouin 1289–1301
Philipp von Savoyen 1301–1307
Philipp II. von Anjou-Tarent 1307–1313
Louis von Burgund 1313–1316
Ferdinand (Infant von Mallorca) 1315–1316
Mathilde Avesnes von Hennegau 1313–1318
Johann von Gravina 1318–1333
Katharina von Valois 1333–1346
Robert II. von Anjou-Tarent 1346–1364
Maria von Bourbon 1364–1370
Philipp III. von Anjou-Tarent 1370–1373
Johanna I., Königin von Neapel, 1373–1381
Otto von Braunschweig 1376–1381
Giacomo Baux 1380–1383
Karl III., König von Neapel, 1381–1386
Ladislaus, König von Neapel, 1386–1396
Peter Bordo von St. Superan 1396–1402
Maria Zaccaria 1402–1404
Centurione II. Zaccaria 1404–1429
Thomas Palaiologos 1430–1460

NACHWORT

Mit dem Namen Ferdinand Gregorovius ist der Name Rom untrennbar verbunden. Die Geschichte dieser Stadt im Mittelalter war der große Erfolg seines Lebens, mit ihr ist er einer der Klassiker der deutschen Geschichtsschreibung im 19. Jahrhundert geworden, wider Erwarten und trotz Ranke, Droysen und Mommsen. Daneben erinnern sich wohl nicht sehr viele der Tatsache, daß Gregorovius im Jahre 1889, zwei Jahre vor seinem Tod und fast zwanzig Jahre nach Vollendung seiner Geschichte Roms, eine Geschichte der Stadt Athen im Mittelalter veröffentlicht hat, ein Werk, das zwar nicht mehr den Umfang der Geschichte Roms erreichte, in der Erstausgabe immerhin aber zwei Bände mit ca. 1000 Seiten umfaßte.

Was sich hier abgespielt hat, ist eines der interessantesten Kapitel deutscher Wissenschaftsgeschichte in neuerer Zeit. Hier stellt sich die Frage nach einer ganzen Epoche deutscher Gelehrsamkeit, insbesondere nach ihrem Verhältnis zur großen Historiographie des vorausgegangenen Jahrhunderts; die Frage aber auch nach dem Verhältnis zwischen der »Zunft« der Historiker und dem »Laien«, dem Amateur – ein zutiefst deutsches Problem bis in unsere Zeit mit seinen nicht unbedeutenden Auswirkungen auf die Art der Darstellung bis zur »Lesbarkeit«. Und was die Geschichte Athens im besonderen angeht, so verrät ihre Entstehung Erhellendes über den Unterschied zwischen einem Alterswerk und dem eigentlichen Lebenswerk des Verfassers.

Vielleicht ist es von Nutzen, mit einem Vergleich einzusetzen: Als Ferdinand Gregorovius zu Beginn der fünfziger Jahre des 19. Jahrhunderts den Gedanken faßte, eine Geschichte Roms im Mittelalter zu schreiben, stand die Leserschaft, die sich für eine Geschichte des Mittelmeerraumes in den Jahrhunderten nach der klassischen Periode Roms interessierte, immer noch im Banne eines Werkes, das gewiß nicht weniger berühmt war, als es das Werk Gregorovius' werden sollte. Es war ›The history of the decline and fall of the Roman Empire‹ des Briten Edward Gibbon. Noch waren keine siebzig Jahre vergangen, seitdem der letzte Band dieses Riesenwerkes in die Öffentlichkeit gekommen war. Gewiß deckt sich die Geschichte Roms des deutschen Historikers nicht ohne weiteres mit der Reichsgeschichte des Briten. Aber wenn Gibbon auch den Hauptton auf den Osten des alten Reiches legt, d.h. auf das byzantinische Reich, so kann er doch auf die Stadt Rom im Mittelalter nicht verzichten, und Gregorovius kann seine Geschichte Roms nicht schreiben, ohne immer wieder eben dieses byzantinische Reich und seine unleugbare politische Potenz zu berücksichtigen. So treffen sich beide auf dem gleichen historischen Boden, ohne sich über ihn noch verständigen zu können.

Darüber können auch die ersten Emotionen beim Anblick der Ewigen Stadt nicht hinwegtäuschen. Gibbon sowohl wie Gregorovius, und erst recht ihre Biographen, gefallen sich darin: Gibbon, etwas emphatisch-barock, gedankenvoll zwischen den Ruinen des Kapitols sitzend, bewegt von der verfallenen Größe und irritiert zugleich vom Choralgesang der Barfüßermönche in der nahen Kirche, einst einem heidnischen Tempel – das große Thema des Briten, eingefaßt und zusammengedrängt in der Stimmung eines Augenblicks. Gregorovius, etwas weniger pathetisch, doch auch er ergriffen von der Sicht, die ihm die Tiberbrücke zur Insel San Bartolomeo bietet: hüben die Ruinen des Palatin, Zeugen vergangener imperialer Größe, drüben Trastevere, reines Mittelalter mit Basiliken, Madonnen und Mosaiken. Bei Gibbon der fatale Gegensatz zwischen Klassik und Christentum, letzteres verantwortlich für den Ruin der ersteren; bei Gregorovius kein Versuch, Brüche in der Geschichte einer Stadt zu entdecken, die in Wirklichkeit keinen Bruch kennt. Die Temperamente sind verschieden, Erziehung und Lebenserfahrung nicht minder. Vor allem aber liegen zwei Menschenalter dazwischen, während derer der Sinn für Zeit und Geschichte sich gewandelt hat.

Der junge Gibbon, enttäuscht von der geistigen Trägheit des halbklerikalen Oxford seiner Tage, das ebenso bigott wie frivol war, hatte sich im oppositionellen Überschwang seiner Pubertätsjahre Hals über Kopf dem Katholizismus in die Arme geworfen, und dies in einem England, wo der Ruf »No popery« immer noch erstaunlich kräftig war. Einmal die Wahl getroffen, fühlte sich der Junge auch verpflichtet, dabei zu verharren. Es bedurfte der langen und geduldigen Arbeit eines kalvinischen Dieners am Wort in Lausanne, das ihm sein Vater zur »Kur« verordnet hatte, bis er wieder zur Kirche der Reformation zurückfand. Zwar blieb er nun den Erscheinungsformen der englischen Kirche gegenüber, wenn nicht ablehnend, so doch sehr zurückhaltend; aber den Vorwurf der »popery« sollte ihm niemand mehr machen dürfen; und wenn er dann Rom besucht, dann doch nicht, »um die Füße Rezzonicos oder Clemens' des Dreizehnten zu küssen«, und auch nicht, um dem päpstlichen Rom eine Stunde geschichtlicher Besinnung zu widmen.

Schon als Junge hatte Gibbon tausend Dinge angelesen und nicht immer nur Klassisches. Die Völkerwanderung interessierte ihn, Mohammed und der Islam und immer wieder Byzanz. So kam er als Fünfzehnjähriger nach Oxford »mit einem Fundus an Wissen, der einen Doktor hätte in Verlegenheit bringen können, und einem Grad an Ignoranz, deren sich ein Schuljunge geschämt hätte«. In Oxford lernte er nichts, und erbittert kehrte er Magdalen College den Rücken. Er blieb zeit seines Lebens Autodidakt. Doch was immer er an Oxford auszusetzen zu müssen glaubte, die historische Gelehrsamkeit, welche er sich durch seine Lektüre erwarb, war doch geprägt von der englischen Universitätswissenschaft, wie sie in Oxford und Cambridge gepflegt wurde, d.h. durch den englischen Klassizismus, der eine lange Ahnenreihe hatte. Wenn man Gibbon immer wieder unter die typischen Historiker der

Aufklärung einreiht, so hat Christopher Dawson dagegen mit gutem Recht darauf hingewiesen, daß es Gibbon doch ersichtlich gerade an jener »antihistorical quality« mangle, die der Aufklärung nun einmal anhänge, und daß er viel eher den Historikern römischer Größe der italienischen Renaissance zuzuschreiben sei, die ihre Epoche hochstilisieren und zum unerreichten Muster erklären, neben dem die nachfolgenden Jahrhunderte eben nur »decline« bedeuten können, bis eine neue Renaissance anbricht.

Mit Gibbon schrieb der Bürger und Gentleman eines aufstrebenden Empire die Geschichte eines verfallenden Imperiums. Er schrieb seine Geschichte wie in die Toga eines römischen Senators gewandet und wohl auch wie ein solcher gesinnt: ein wenig Politik, hier und da ein öffentliches Amt oder einige Monate zu Pferd an der Spitze eines Landsturms, der nichts zu tun hatte; aber auch das Tusculum in Hampshire, Bücher, Freunde und die Arbeit mit der Feder. Er war ein selbstbewußter »Esquire« im alten Sinn des Wortes, zwar nicht reich, aber wohlhabend genug, um sein Leben nach Lust einrichten zu können. Er wollte zwar in Lausanne, Frankreich und Italien nicht mit seinen reisenden Landsleuten verwechselt werden – auf sein Französisch war er stolz –, aber nach Hause zurückgekehrt, wußte er doch immer wieder die selbstsichere britische Art zu schätzen, und in dieser Art, die sein Maßstab war, schrieb er seine Geschichte: Händel hätte sie orchestrieren können.

Ferdinand Gregorovius, geboren 1821 im ostpreußischen Neidenburg nahe der polnischen Grenze, ist kein Esquire, sondern der Sohn eines Kreisjustizrates; er entstammt also jener preußischen Beamtenschaft, in welcher der Adel des Dienstes am Staat die Kargheit der materiellen Mittel mit Würde aufzuwiegen hat. Zwischen seinem und Gibbons Leben liegt die Französische Revolution, der endgültige Schlußstrich unter die feudale Welt des Mittelalters, liegt ferner der Zusammenbruch eines pseudorömischen Cäsarenwahns gallischer Prägung, der die Unlust am »Empire« schlechthin zur Folge hatte; liegen schließlich deutsche Klassik und deutsche Romantik als die prägenden Kräfte Deutschlands, bevor es sich entschloß, restaurativ und biedermeierlich zu werden. Gregorovius wuchs auf in einem Schloß des Deutschen Ritterordens, das auf Veranlassung seines Vaters für die preußische Justizverwaltung restauriert worden war – im Mittelalter sozusagen, wo es am deutschesten ist. Zugleich aber wuchs er auf in einem Deutschland, das von den Umbrüchen der Jahrhundertwende nachhaltiger betroffen worden war als manches andere europäische Land und nun nicht recht wußte, was es sollte. Auch Gregorovius wußte zunächst nicht recht, was er sollte. Er begann in Königsberg mit dem Studium der protestantischen Theologie, die dort fernab von den großen Bewegungen innerhalb des Luthertums im übrigen Deutschland ihren alten orthodoxen Gang ging. Sie besagte dem schönheitsdurstigen und zugleich wißbegierigen Studenten wenig, ohne daß er darüber in eine konfessionelle Krise geraten wäre. Er machte sogar das theologische Abschlußexamen; doch dann wandte er sich der Philosophie zu, die in Königsberg immer noch vom Ruhme Kants lebte, aber auch Hegel eifrig miteinbezog. Die Königsberger Historiker aber sagten ihm nichts. Gregorovius erfuhr nie eine universitäre historische Schulung und blieb in dieser Beziehung, d.h. als Historiker, Autodidakt wie Gibbon. Dafür las er Hölderlin, Jean Paul, Immermann und natürlich Goethe. Das Geld für seine Studien erwarb er sich als Hauslehrer. Er schloß mit der Promotion in Philosophie ab: Thema seiner Dissertation war die Ästhetik der Neuplatoniker (wovon Gibbon wenig gehalten hätte). Seine erste Veröffentlichung aber war ein Roman ›Werdomar und Wladislaw‹ (1845), ein romantischer Rückblick auf seine Kindheit und zugleich beladen mit dem Problem des Zusammenlebens von Deutschen und Polen – das Problem der Probleme an der deutschen Ostgrenze. Zusammen mit dem Roman vollendete er aber auch seine erste historische Arbeit über den römischen Kaiser Hadrian. Dann aber kam das Revolutionsjahr 1848, das auch am liberalen Königsberg durchaus nicht spurlos vorüberging. Gregorovius begeisterte sich für die neuen Ideen offenbar mehr als für die kleinen Fragen der deutschen Innenpolitik. Wieder ist es die Polenfrage, die ihn besonders berührt und ihn bewegt, grundsätzlich das Selbstbestimmungsrecht der Völker zu verlangen. Für die Freiheit der Polen sowohl wie der Ungarn tritt er in seinen Polen- und Magyarenliedern ein, und sein Versuch, die deutsche Klassik für die Revolution zu interessieren, mündete in die Schrift über die sozialistischen Ideen in Goethes ›Wilhelm Meister‹.

Doch auch diese Revolution gelang den Deutschen nicht, und Preußen gab keinen Boden mehr ab für eine derartige Publizistik. So kehrte Gregorovius zu Kaiser Hadrian zurück, veröffentlichte aber zugleich, als eine Art poetischen Gegengewichts, ein Drama ›Der Tod des Kaisers Tiberius‹. Was sollte aus ihm werden? Ein poetisierender Historiker oder historisierender Poet von der Art eines Felix Dahn oder Emanuel Geibel? Das Schicksal hatte mehr mit ihm vor; sein Schicksal aber hieß nicht Königsberg, sondern Rom.

Während Gibbon von allem Anfang an nichts anderes im Sinne hatte, als Historiker zu werden und sich als solcher einen Namen zu machen, war es trotz aller jugendlichen Versuche erst die Stadt Rom, die Gregorovius Geschichte lehrte und ihn zum Historiker nicht ausbildete, sondern erzog. Als er 1852 zum ersten Mal Italien betrat und nach Rom kam, hatte er gewiß noch nicht die feste Absicht, eine Geschichte Roms zu schreiben. Es ging zunächst um die Erfüllung eines Herzenswunsches. Kaum viel jünger als Gregorovius hatte auch Gibbon diese Reise unternommen; doch es war die Reise eines Gentleman, der von Hof zu Hof, von Botschaft zu Botschaft und von Salon zu Salon gereicht wurde. Gregorovius ging mit dürftigen Ersparnissen auf die Wanderschaft und ist, bis ihm 1860 der preußische Staat finanzielle Hilfe gewährte, lange Jahre von der Armut nicht losgekommen. Es ist die Reise eines Spätromantikers, dem allein die Begeisterung den Reichtum der Eindrücke und Erlebnisse garantiert. Es ist die romantische Reise des Landsmannes jenes Freiherrn Joseph von Eichendorff, der zwar in Pflichttreue einen Schreibtisch der königlich-preußischen Verwaltung besetzt hielt, zugleich aber seinen Taugenichts in ein Traumland Italien ausschwärmen ließ, ins Land der alten deutschen Sehnsucht, einstmals einer imperialen Sehnsucht oder des Wunsches frommer Pilger, die Gräber der Apostelfürsten verehren zu dürfen, jetzt das Land der Sehnsucht nach Poesie und Sonne, nach der blauen Blume und dem vollendeten Marmorbild der Schönheit, »das der trunkene Wasserspiegel zwischen den leise aus dem Grund aufblühenden Sternen widerstrahlt«. Romantik, Gibbon nicht nur zeitlich fern, sondern auch wesensfremd, bleibt zeit seines Lebens ein unverkennbarer Zug im Wesen des deutschen Italienpilgers.

Der Boden für eine unvoreingenommene Würdigung dieses Landes, wie sie Gibbon noch gar nicht möglich war, ist inzwischen längst bereitet worden. Goethe selbst hatte zunächst nicht selten sehr verwundert und sehr kritisch reagiert; bald aber erkannte er, daß sich hinter all den Erscheinungsformen des italienischen Lebens, die so rückständig wirkten, etwas Urtümliches, etwas Homerisches und Biblisches entdecken ließ und daß auch die Römer »unter Pracht und Würde der Religion und der Künste Naturmenschen geblieben sind«. Die in die Augen springende Katholizität des Landes mußte den Ostpreußen denkbar fremdartig anmuten; doch auch hier hatte die Romantik den Boden aufgelockert – Katholizismus gehörte ja durchaus zu den modischen Begleiterscheinungen dieser Bewegung. Es blieb trotzdem noch genug zu verdauen; aber Rom bewährte sich als Magistra und lehrte Gregorovius in langen Jahren eine Gelassenheit der historischen Betrachtung, die dem 18. Jahrhundert noch fremd war und zu der sich auch die deutschen Historiker des 19. Jahrhunderts, die sich mit kurzen Besuchen Italiens begnügen mußten, nur schwer erheben konnten.

Man mag sämtliche Namen anführen, die im Laufe des 19. Jahrhunderts einen Wandel in der historischen Betrachtungsweise herbeigeführt haben, im Grunde war es doch Rom selbst, die ewige Stadt, die Gregorovius jene Größe der Betrachtungsweise vermittelt hat, mit der er unverwechselbar geworden ist.

Gregorovius schrieb die letzten Seiten seiner Geschichte Roms an seinem 50. Geburtstag, am 19. Januar 1871, nachdem er mit Unterbrechungen fast zwanzig Jahre in Rom verlebt hatte. Im Jahre 1874 ließ er sich endgültig in München nieder, wo er bis zu seinem Tod im Jahre 1891 unermüdlich arbeitete. Der größte Teil dieser letzten Jahre war der Abfassung der ›Geschichte der Stadt Athen im Mittelalter‹ gewidmet.

Von einer solchen Geschichte konnte sich der Verfasser nach Lage der Dinge nicht halbwegs den Erfolg erwarten, den ihm die Geschichte Roms eingebracht hatte. Natürlich fehlte es auch dem Namen Athen nicht an Anziehungskraft, und nichts sprach dafür, daß nach den vielen Bänden römischer Geschichte die hohen schriftstellerischen Qualitäten des Autors, die Kraft seiner Darstellung und sein »poetisches« Vermögen zum Versiegen gekommen wären. Aber die Geschichte des mittelalterlichen Rom, die zugleich eine Geschichte der Päpste dieser Zeit war, fiel in eine Zeit, da die westliche Welt von der sogenannten »römischen Frage« bewegt wurde wie kaum von einem anderen Politikum. Wie lange würde der Kirchenstaat noch bestehen und welche Folgen würden mit seinem voraussehbaren Entschwinden für das Papsttum und die katholische Kirche verbunden sein? Wie würde das europäische Intrigenspiel der Großmächte gegenüber dem italienischen Risorgimento ausgehen? Die Publizistik stürzte sich auf dieses Thema, ein Pamphlet jagte das andere, und es waren nicht nur ahnungslose Journalisten, die als Verfasser zeichneten oder hinter dem Anonymus standen. Es ist die hohe Zeit von Ignaz Döllinger, von Lord Acton und von Bischof Hefele, die Zeit der Manning und Hergenröther. Es galt, die Geschichte nach den Rechtstiteln der Päpste zu befragen, und die Darstellung von Gregorovius bot dafür reiches Material, ohne daß er selbst seine Geschichte in dieser Absicht geschrieben hätte. Die historische Information wurde noch gewichtiger, als Papst Pius IX. angesichts des Schwindens seiner Macht sich auf den Plan versteifte, durch ein feierliches allgemeines Konzil sich nicht nur einen allumfassenden Jurisdiktionsprimat über die gesamte katholische Welt und Hierarchie, sondern vor allem auch seine Unfehlbarkeit in Glaubensfragen absichern zu lassen, und kein Mittel unbenützt ließ, um dieses Ziel zu erreichen.

Als Gregorovius seine Geschichte abschloß, hatte der Papst eben die Erfüllung seines Wunsches durchgesetzt, zugleich aber Rom an die Könige von Piemont verloren. Die »römische Frage« war durchgestanden, auch wenn sie, besonders in Deutschland, noch lange Zeit nachgrollte. Lange Jahrhunderte weltlicher päpstlicher Herrschaft waren zu Ende, und ein Großteil davon war das Thema der Geschichte Roms im Mittelalter gewesen.

Es nimmt nicht wunder, daß man trotzdem immer wieder an Gregorovius herantrat, er möge doch die Geschichte Roms bis zum fatalen Jahr 1871 weiterführen. Aber er lehnte ab. Seine Begründung lautete, die Geschichte des päpstlichen Rom in den letzten drei Jahrhunderten biete keine großen, die Welt bewegenden Ideen und Züge mehr; sie sei kein Spiegel mehr der großen Bewegungen innerhalb Europas. Sicher war er sich auch der Tatsache bewußt, daß eine Epoche Vergangenheit geworden war, die für seine besondere Art zu schaffen, für den Dialog mit dem Gegenstand seiner Arbeit von einzigartiger Bedeutung gewesen war. Selbst das schwache Papsttum der Mitte des 19. Jahrhunderts war noch faszinierend genug gewesen, eine pittoreske politische Größe, an deren Gegenwart er immer noch seine historischen Kenntnisse messen konnte, weil sie durch ihre Gegenwart die Vergangenheit immer noch am Leben erhielt. Dies war vorbei, und es kann nicht überraschen, daß ihn zunächst eine wehmütige Abschiedsstimmung, wie er sagt, erfaßte. Freilich folgte darauf bald das Gefühl der Befreiung von einer, wenn auch selbst gestellten, so doch lastenden Aufgabe. Daß die Frage: frei wozu? sich bald aufdrängte, gehört zu den immer wiederkehrenden Erfahrungen großer Gelehrter. Der Eros, Neues zu schaffen, machte sich ungestüm bemerkbar. Und das Neue sollte nicht hinter dem Vollbrachten nachhinken, sollte mehr sein als nur der Beweis, daß man noch nicht aufgegeben hat. Als Gibbon seine Geschichte des ›Decline and Fall‹ fertiggestellt hatte, stand er vor der gleichen Frage. Er trug sich mit dem Plan, eine große Reihe literarischer Porträts bedeutender Briten von Heinrich VIII. bis auf seine Zeit abzufassen. Der Tod hinderte ihn an der Ausführung. Gregorovius aber entschloß sich, eine Geschichte der Stadt Athen im Mittelalter zu schreiben.

Nachwort

Warum gerade Athen? In der Einleitung des Werkes schreibt er, diese zweite Stadtgeschichte sei aus der Geschichte Roms erwachsen, bei deren Abfassung er wiederholt auf Athen gestoßen sei. Letzteres entspricht den Tatsachen; doch muß er wohl sehr viel häufiger als auf Athen auf die Stadt Konstantinopel gestoßen sein – eine Stadt, deren Bedeutung, gemessen an der Dürftigkeit Athens im Mittelalter, geradezu in die Augen springt, für deren Geschichte es schon damals unvergleichlich reicheres Quellenmaterial gab und die es an Dramatik ohne weiteres mit Rom hätte aufnehmen können. Karl Krumbacher in seinem Nachruf auf Ferdinand Gregorovius meint, er habe folgerichtig den Weg der kulturellen Entwicklung der abendländischen Menschheit zurückverfolgt von der »nationalen Periode der Sturm- und Drangzeit im preußischen Grenzland zum römischen Imperium und vom nachahmenden und vermittelnden Römertum« zu den hellenischen Ursprüngen.

Doch vielleicht entschied sich Gregorovius gegen Byzanz und für Athen ganz einfach deshalb, weil er Athen gesehen hatte, Byzanz aber nicht. Er wußte seit Rom, daß eine Stadtgeschichte nicht Fleisch und Blut werden kann, wenn sie rein abstrakt aus Quellen und Büchern rekonstruiert wird. Er brauchte die Gerüche der Gegenwart, um den Duft der Vergangenheit zu atmen. Doch Mut gehörte zu einer Geschichte Athens im Mittelalter, großer Mut sogar. Denn Athen fehlte es an jener zeitgeschichtlichen Aufgewühltheit, die sich mit dem Rom der sechziger und siebziger Jahre verbunden und damit das Interesse ganz Europas wachgerufen hatte.

Bevor es die »Römische Frage« gab, hatte es eine »Griechische Frage« gegeben, die Frage nach dem Ausgang des Befreiungskrieges der griechischen Nation vom Joch der Türken in einem restaurativen Zeitalter, das sehr nachdrücklich darauf bedacht war, auch obsolete Herrschaftsstrukturen nicht in Frage stellen zu lassen. So waren es denn auch nicht eigentlich die Griechen allein, die ihren Kampf gewannen, sondern eine geistige Bewegung, der selbst die reaktionären Kräfte in Rußland, Österreich und anderwärts nicht gewachsen waren: der Philhellenismus. Aber der Philhellenismus hatte inzwischen seine Aufgabe erfüllt, er war ausgeträumt, und die politische Geschichte des neuen Königreichs Griechenland bot ihm kaum noch Nahrung. Gregorovius ließ sich, wie erwähnt, in München nieder, und dies war eines der großen Zentren des Philhellenismus gewesen. Aber König Ludwig I. von Bayern, der Philhellene schlechthin, war seit 1868 tot und schon seit 1848 ohne nennenswerten politischen Einfluß gewesen. 1860 war jener Eirenaios Thyrsios – mit bürgerlichem Namen Friedrich Thiersch – gestorben, dessen Griechenbegeisterung so ansteckend gewirkt hatte. Des Königs Sohn Otto aber, den die europäischen Mächte den Griechen als ihren ersten König verordnet hatten – er war gerade 17 Jahre alt und wußte von Griechenland noch weniger als sein Vater –, mußte 1862 außer Landes gehen und seinen Thron einer dänischen Dynastie überlassen. Seine bayerischen Minister, Berater und Garden hatte er schon früher nach Hause schicken müssen, und ihre Töchter, die sie stolz auf Namen wie Nausikaa und Penelope hatten taufen lassen, machten inzwischen den Brunhilds und Kriemhilds Platz. In München herrschte Ludwig II. und ein wenig auch Richard Wagner.

Und doch steht die Geschichte Athens im Mittelalter nicht als Irrgänger in der Zeit. Zwar wird sie nicht, wie die Geschichte Roms, zur aktuellen Lektüre einer politisch interessierten Leserschaft, wohl aber zu einem bedeutsamen Bindeglied innerhalb eines neuen Geschichtsbegriffes, der dem Bewußtsein Räume erschloß, die man bislang mit einiger Verachtung hatte seitlich liegen lassen. Die Historiographie in Deutschland hat inzwischen aus der im Grunde unhistorisch gesinnten Aufklärung herausgefunden; sie hat auch jenem hegelschen Idealismus den Abschied gegeben, der allzusehr auf den majestätischen Gang des Weltgeistes durch die Geschichte ausgerichtet war. Ein neuer »Realismus« erlaubte es, Kulturbereiche zu entdecken und zu behandeln, die keinem nationalen Pathos und keinem einfältigen Klassizismus schmeichelten. »Nachklassisches« kann nun neben Klassischem bestehen, und im Umgang mit dem Begriff Dekadenz ist man vorsichtiger geworden. Dies ist auch die Zeit, in der nach der philhellenischen Begeisterung, die neben dem Freiheitskampf des 19. Jahrhunderts im Grunde doch nur den »klassischen« Hellenen wollte gelten lassen, nun auch das Interesse am griechischen Mittelalter erwacht und in der folgerichtig auch das von Gibbon geschmähte Byzanz auf Nachsicht rechnen kann. Langsam entsteht eine junge, wenn auch nicht traditionslose Wissenschaft und setzt sich vor allem auch in Deutschland durch: die Byzantinistik.

Es begann, wenn man so sagen darf, mit einem Paukenschlag. Ein ungestümer Freibeuter der Wissenschaft, Jakob Philipp Fallmerayer, war es, der in den dreißiger Jahren die Philhellenen mit der Behauptung vor den Kopf stieß, in den Adern der Griechen, für die sie sich begeisterten, flösse aber auch kein Tropfen hellenischen Blutes mehr. Was man Griechen nenne, sei ein Völkergemisch vor allem aus Slaven, Albanesen und weiteren, vor allem türkischen Ingredienzien. Die Philhellenen waren zutiefst betroffen, man entrüstete sich und ließ den kühnen Südtiroler Haß und Verachtung spüren. Fallmerayer focht dies alles wenig an, auch wenn er seine Behauptungen im Laufe der Jahre etwas einschränkte. Ohne weittragende Folgen aber blieben seine Thesen keinesfalls; denn wer Geschichte ernst nahm, ja selbst wer sein eigenes Philhellenentum ernst nahm, kam nicht mehr um die Beschäftigung mit der Geschichte des mittelalterlichen Griechenlands, vor allem der Ethnographie und der Siedlungsgeschichte herum, und sei es auch nur, um Fallmerayer zu widerlegen. Ein Tor war weit aufgestoßen.

Doch Fallmerayer stand nicht allein, und sein eigenes Verdienst ist nicht dieser Paukenschlag allein. Je länger er an Themen des Ostens interessiert war, desto stärker kam ihm der prägende und damit geschichtsträchtige Eigenwert der byzantinischen Welt zum Bewußtsein. Neben ihm machten sich große Gelehrte daran, in mühseliger Arbeit immer mehr Quellen zur Geschichte des östlichen Mittelalters bekannt werden zu lassen. So G. L. F. Tafel und G. M. Thomas, welche die wichtigsten Urkunden zur Handelsgeschichte Venedigs mit dem östlichen Mittelmeer publizierten; aber auch Adolf Ellissen, in dessen fünf Bänden ›Analekten der mittelgriechischen Literatur‹ sich ein breites Panorama des literarischen Schaffens der Byzantiner auftat: Satiren und Klagelieder, Staatsschriften und Ritterromane. Daneben erschienen umfangreiche Darstellungen der Geschichte Griechenlands, die dem Mittelalter besondere Aufmerksamkeit schenkten; so das Werk des Schotten George Finlay, ›A History of Greece from its conquest by the Romans to the present time‹, das sich sicher nicht mit Gibbon messen konnte – und sich auch nicht messen wollte –, dafür aber das Phänomen Byzanz nüchterner und sachlicher behandelte, als es Gibbon über sich gebracht hatte. Nicht unerwähnt bleiben darf auch die Geschichte Griechenlands von Karl Hopf, auch wenn der bestechende Reichtum seiner Quellenkenntnis noch so ungenießbar dargeboten wurde. Und der patriotische Kontrapunkt: die Geschichte Griechenlands von K. Paparregopulos.

Mit dieser dürren Aufzählung sind nur einige der markantesten wissenschaftlichen Veröffentlichungen zum Thema genannt. Jedenfalls war damit ein Grundwissen bereitgestellt, auf dem die kommenden Großen des Faches um die Wende zum 20. Jahrhundert, ein Spiridon Lambros in Griechenland, ein Karl Krumbacher in Deutschland, ein Charles Diehl in Frankreich und ein V. G. Vasilievskij in Rußland – um wiederum nur eine Auswahl zu nennen –, weiterbauen und die moderne Byzantinistik sozusagen universitätsreif machen konnten, einer zur Selbstgenügsamkeit neigenden Mediävistik ein ärgerliches Kontrastprogramm anbietend.

Genau in der Mitte der Entwicklung dieser jungen Wissenschaft kam die Geschichte der Stadt Athen im Mittelalter zu stehen. Mit Georg Martin Thomas zum Beispiel, der 1887 in München starb und wie Gregorovius Mitglied der Bayerischen Akademie der Wissenschaften war, verband letzteren eine fruchtbare Freundschaft; Spiridon Lambros hat er offenbar in Athen kennen und schätzen gelernt; und noch in den letzten Lebensjahren trat er in Verbindung mit Karl Krumbacher. Seine letzte wissenschaftliche Lektüre scheint dessen Geschichte der byzantinischen Literatur gewesen zu sein.

Der Plan, die Geschichte Athens im Mittelalter zu schreiben, muß bei Gregorovius schon im Laufe der siebziger Jahre Gestalt angenommen haben. Der Besuch Athens im Jahre 1880 ließ das Vorhaben zur Reife kommen. Wiederum die klassische Szene: weltgeschichtliche Betrachtungen inmitten von Ruinen, auch wenn die Szene offensichtlich nachgestellt ist. »Wenn man auf der Akropolis vor dem Tempel der Nike Apteros oder der Parthenos sitzend, in die Betrachtung der Geschichte Griechenlands sich versenkt, so erscheinen dort der erregten Phantasie deutlicher und persönlicher die Gestalten der Vorzeit, und bald ist man, wie Odysseus im Reiche der Schatten, von einem Chor hellenischer Geister umringt, an die man manche Frage richten möchte.«

Zunächst ist es die Erinnerung an Athenais, »jene geniale Athenerin«, die unter dem Namen Eudokia Gattin des byzantinischen Kaisers Theodosios II. wurde. Ihr Name war ihm längst bekannt, denn in seiner Geschichte Roms hatte er es mit ihrer Tochter Eudoxia, der Gemahlin des weströmischen Kaisers Valentinian III., zu tun gehabt. Romanhafte Züge rankten sich um die Biographie dieser Athenerin schon in der frühbyzantinischen Zeit: eine Heidin, Tochter eines athenischen Philosophen, gewinnt, um ihr Erbe in Konstantinopel prozessierend, durch ihre Schönheit das Wohlgefallen der Kaiserschwester Pulcheria und durch sie den Kaiser selbst. Natürlich mußte sie sich taufen lassen, doch sie blieb stolze Athenerin. Die Ehe brach auseinander – die Chronisten genießen die Einzelheiten –, und die Kaiserin zog sich grollend nach Jerusalem zurück und machte Opposition gegen Konstantinopel, nun nicht mehr mit Heidentum und Hellenenstolz, sondern in Verbindung mit heterodox-christlichen Kreisen Palästinas, die sich mit dem konstantinopolitanischen Zentralismus nicht abfinden wollten, auch wenn er im Gewande der Orthodoxie auftrat. Für Gregorovius ist dieses Schicksal der klassische Fall des Übergangs vom Heidentum zum christlichen Byzantinismus, wobei er – dies nicht nur nebenbei bemerkt – unter Byzantinismus nicht jene subalterne Haltung den Mächtigen gegenüber versteht – von der Ära Wilhelms II. hat Gregorovius nur noch wenige Jahre erlebt –, sondern einfach »eine seltsame asiatisch-griechische Schöpfung der Geschichte«.

Die Vorarbeiten an seiner ›Athenais‹ gehen sicher auf die Jahre vor seinem Besuch Athens zurück. Schon 1881 konnte das Werk veröffentlicht werden. Das Thema hatte ihn gereizt, so wie kurz vorher das Thema Lucrezia Borgia. Sein Talent zur Novellistik kam beiden Stoffen zugute, auch wenn es sich in beiden Fällen um historische Werke auf breiter Quellengrundlage handelt.

In den folgenden Jahren arbeitete Gregorovius mit erstaunlicher Hingabe an der Geschichte Athens selbst. Daß er diese acht Jahre durchgehalten hat, spricht für das wissenschaftliche Ethos dieses Mannes. Die meiste Zeit verbrachte er in der Staatsbibliothek München – und München konnte Rom nicht ersetzen! Wäre Gregorovius nur ein belesener Plauderer gewesen, ein Novellist, der es verstand, mit dem Zauber seiner Erzählkunst die fehlenden Reize seines Gegenstandes vergessen zu machen, nur der Liebhaber kühner Kartenhäuser von Hypothesen: er hätte aufgeben müssen. Denn, um es mit einem Wort zu sagen, von Athen gab es zwischen dem 5. und dem 13. Jahrhundert nichts zu erzählen, was sich mit der farbenreichen Geschichte Roms in dieser Zeit hätte messen können. Und wenn nach dem vierten Kreuzzug, im Zeitalter der fränkischen Herren in Griechenland, die Bilder bunter werden, so nicht, weil sich Athen plötzlich auf sich selbst besänne und plastischer in Erscheinung träte, sondern weil Kreuzfahrergeschichten und Kreuzfahrerintrigen sich jetzt plötzlich auf dem Boden Attikas abspielen.

Doch Gregorovius gab nicht auf, noch begnügte er sich damit, nachzuerzählen, was Finlay und Paparregopulos vor ihm erzählt hatten. Wie bei der Geschichte Roms mußten ihm die Ruinen die Schicksale Athens deuten. Er sammelte die kleinsten Nachrichten, die einem archäologischen Bild der Stadt dienen konnten, so wie er, besonders mit Hilfe der Analekten Ellissens, bemüht war, in die »byzantinische« Gedanken- und Vorstellungswelt der Zeit einzudringen. Und wiederum, wie bei der Geschichte Roms, boten ihm die sorgsam gesammelten ›Mirabilia‹ Athens, d. h. die erstaunlich poetischen und erfinderischen Fehldeutungen von Ruinen und alten Denkmälern, ein Mittel, dem historischen Selbstbewußtsein der Stadt auf die Spur zu kommen. Schon bald nach seinem Athenbesuch konnte er der Bayerischen Akademie der Wissenschaften von seinen Funden berichten.

Im Laufe seiner Arbeiten sah er sich immer wieder vor die Aufgabe gestellt, große und wichtige Neuerscheinungen einzubauen, und er hat sich diese Mühe nie verdrießen lassen. Zu einer Zeit, als die Grundlinien seiner Geschichte schon festlagen, machte Spiridon Lambros das umfangreiche Werk eines Athener Erzbischofes des 12./13. Jahrhunderts bekannt, des damals fälschlich Akominatos genannten Michael Choniates. Die beiden Bände der Publikation veranlaßten ihn zu einem erneuten Studium dieser Zeit. Die Darstellung gewann dadurch eine Plastizität, die ohne Kenntnis der Werke des Erzbischofs nicht zu erreichen gewesen wäre. Er ließ es sich auch nicht verdrießen, die ›Sigillographie de l'empire byzantin‹ von G. Schlumberger, die ihm so manchen Siegelfund und damit neues prosopographisches Material vermittelte, sorgfältig durchzuarbeiten, obwohl sie erst im Jahre 1884 erschien. Noch im Vorwort bedauert es Gregorovius, daß er den Band der ›Monumente der griechischen Geschichte‹ von K. Sathas, der im besonderen Athen gewidmet sein sollte, nicht mehr zu Gesicht bekommen hatte.

Doch trotz dieses Sammlerfleißes: Gregorovius wußte es selbst: »Die eigene Wesenheit Athens und Griechenlands in den mittleren Zeiten hält die Schwingen des Historikers nieder und setzt ihn der Gefahr aus, zum Kleinmaler in Mosaik und zum Sammler fragmentarischer Kunden zu werden.« Es war unmöglich, der Gefahr zu entkommen. Und so entstand ein Werk, wo aus weißen Nebelschwaden nur hier und dort Säulenstümpfe und die Umrisse von Ruinen ragen und einzig das Parthenon in der Sonne der Geschichte ragt. Die hohe Kunst des Autors besteht darin, daß er, vorsichtig mit Hypothese handhabend, zwischen diesen Punkten seine Fäden zieht, sie an Fixpunkten an den Rändern der athenischen und griechischen Geschichte festmacht und so ein Koordinatennetz herstellt, innerhalb dessen man mehr von Athens Geschichte vermuten und ahnen kann, als die dürren Fakten der Überlieferung preisgeben.

Eine Geschichte Athens im Mittelalter mußte vor allem deshalb anders ausfallen als die Geschichte Roms, weil in Rom die Stadt selbst, ihre großen Familien und ihre Bürger immer wieder bewußt handelndes Subjekt sind, trotz aller Eroberer, Tyrannen, Tribunen und Päpste und Kaiser. Athen bleibt fast immer Objekt, zunächst der byzantinischen Zentralregierung gegenüber, die sich um die Stadt fast nur kümmert, wenn es um das Steueraufkommen ging; sodann der fränkischen Eroberer, für welche die Stadt und ihre Umgebung ein angenehmes Alibi für die Nichterfüllung ihrer Kreuzfahrergelübde darboten. Es gab in Athen keine Orsini und keine Colonna, keinen Rienzo und kein »Senatus populusque«. Erst kurz vor der türkischen Eroberung hat es den Anschein, als bilde sich ein bewußt athenisches, also griechisches Streben nach Autonomie heraus. Doch der Türke ist längst stark genug, diesen Wünschen ein Ende zu machen. 1458 schließlich geriet Athen endgültig unter eben dieses türkische Joch.

Doch nicht nur die Stadt selbst schweigt; man schweigt auch über sie fast ein Jahrtausend lang. Im Westen führt man zwar die hohe Bildung irgendeines mittelalterlichen Helden auf klassische Studien in Athen zurück, doch die Legende arbeitet hier schlicht mit blassen Erinnerungen an ein Athen, das längst der Vergangenheit angehört. Selten auch, daß die Stadt besucht wird. Sie übt nicht annähernd die Anziehungskraft anderer mittelalterlicher Metropolen aus. In den zwei Jahrhunderten, da man sich in frömmelnder Habsucht um die Reliquienschätze der frühen Christenheit balgte, vom Gürtel der Madonna bis zum Haupt des Täufers, vom wahren Kreuz bis zum wahren Bild Christi, und diese Schätze auf Jerusalem und Konstantinopel, Rom und Edessa usw. verteilte, war das Heidentum in Athen noch viel zu stark, als daß es ein großes Interesse an Extravaganzen christlicher Devotion gegeben hätte. So ging Athen leer aus, und die Tausende von mittelalterlichen Pilgern auf den Straßen der mediterranen Welt hatten keine Veranlassung, die Stadt zu besuchen. Damit fehlen aber auch jene pittoresken Pilgerberichte mit ihren nicht unwichtigen topographischen Angaben, ihren Legenden und Gerüchten, die vom Bild einer mittelalterlichen Stadt nicht selten mehr verraten als eine Reihe nachprüfbarer Daten einer Chronik.

Die Geschichte der Stadt Rom ist in Rom entstanden. Man sollte es nicht vergessen: Die Geschichte der Stadt Athen entstand nicht in Athen, sondern an der Staatsbibliothek in München. Dies gereicht der Bibliothek ohne Zweifel zur Ehre, mußte sich aber im Werk niederschlagen; nicht in einem Verlust an Substanz oder gar im Nachlassen des Interesses des Autors an seinem Gegenstand, wohl aber in dem, was ich das Fehlen des lebendigen Dialogs zwischen dem Autor und seiner Stadt nennen möchte. Die kurze Zeit, die Gregorovius in Athen zubrachte, konnte kein Ersatz sein für die langen Jahre in Rom, wo ihm Kirchen und Paläste, Tempel und Ruinen jeden Tag ein neues Kapitel ihrer Geschichte erzählten und er selbst Mußestunden genug hatte, um aufmerksam zuzuhören und sich einspinnen zu lassen. In der Geschichte der Stadt Rom steckt trotz aller wissenschaftlichen Nachweise und Belege, trotz Urkundenstudiums und der Lektüre zahlloser »Sekundärliteratur« etwas von der lebendigen Poesie dieser Stadt und noch mehr vom Eindruck, den diese Poesie auf den Verfasser gemacht hat. Die Poesie der Geschichte der Stadt Athen ist dagegen zumeist Poesie aus zweiter Hand; auch wenn der tiefe Eindruck, den der Besuch von 1880 gemacht hat, immer spürbar bleibt, ist es in der Hauptsache die etwas melancholische Poesie, die sich aus Pergament und Buch in einer reich ausgestatteten Bibliothek gewinnen läßt, die Melancholie eines Autors, der zwanzig Jahre gewandert ist und sich nun auf den Schreibtisch beschränken muß. Und trotzdem wäre es falsch, daraus zu schließen, es sei ein trostloses Werk ungetrösteter Gelehrsamkeit daraus geworden. Dies ganz gewiß nicht. »Selten«, so urteilt Karl Krumbacher, der gewiß kein Schwärmer war, »ist ein so spröder Stoff so vollständig bemeistert und künstlerisch belebt worden. Das Detail ist so fein um die Hauptpunkte gruppiert, die inneren Zusammenhänge so anschaulich dargelegt, die Beziehungen zur Geschichte der byzantinischen Politik und Kultur so ausgiebig verwertet, daß man das Buch von Anfang bis zu Ende mit wachsender Spannung, mit Genuß und steter Belehrung liest.« Hat nicht schon Mommsen gelegentlich, wenn auch zögernd, vermutet, der Geschichtsschreiber zähle vielleicht doch eher zu den Künstlern als zu den Gelehrten? Nicht wenige haben diese Vermutung bei Gregorovius bestätigt gefunden. Wichtig wäre nur zu wissen, was man unter Poesie und was man unter Gelehrsamkeit versteht. Um noch einmal Krumbacher zu zitieren: Er spricht von einer historischen Methode, die jeden Zeugen »so lange auf der kritischen Folterbank zu drehen und zu wenden versteht, bis sie ihm das letzte Wort abgerungen hat«. Das letzte Wort, auf der Folter abgerungen, muß dies die Wahrheit sein? Warum muß dann so oft der Revision derartiger Prozesse und Prozeßakten, die auf Hunderten solcher »erpreßter« Geständnisse beruhen, stattgegeben werden? Gregorovius kann man lesen, man kann ihn sogar mit Vergnügen lesen, und gerade dies wollen ihm manche nicht verzeihen. Dann wird wieder einmal Tiefe gegen Klarheit ausgespielt, und der Vorwurf mangelnder Gelehrsamkeit stellt sich alsbald ein. Das poetische Element in der Geschichte Roms, vor allem aber auch in der Athens ist unverkennbar. Aber besteht es in etwas anderem als in dem hohen und seltenen Vermögen, Zusammenhänge nicht nur zu sehen, sondern auch zu durchschauen und darüber zu Einsichten zu kommen, die über das historische Wissen zu einer historischen Weisheit führen? Und in dem Vermögen, dafür das Wort zu finden, das es nicht verschleiert, daß auch Gregorovius nur *seine* Geschichte Roms erzählen kann, und nur *seine* Geschichte Athens? Nicht aber in dem Vermögen, mit Lyrismen diese Geschichte zu verfälschen:

Honte à qui peut chanter pendant que Rome brûle.

So entstand ein Werk, das ohne Schaden zu nehmen nun schon fast ein Jahrhundert überdauert hat. Es ist inzwischen weder eingeholt noch gar überholt worden. Wir wissen heute manches genauer, als der Verfasser es wissen konnte; wir können seinen Schlußfolgerungen da oder dort nicht mehr zustimmen; es gibt neue Quellen und Funde. Doch in der Summe wissen wir über das Athen des Mittelalters nicht mehr, als was uns Gregorovius erzählt. Der große Rahmen bleibt, und es bleibt der große, klassische Wurf.

Hans-Georg Beck

ZU DIESER AUSGABE

Diese Neuausgabe beruht auf dem Erstdruck des Werkes: Ferdinand Gregorovius, Geschichte der Stadt Athen im Mittelalter. Von der Zeit Justinians bis zur türkischen Eroberung, 2 Bände. Stuttgart: Cotta 1889, XXII, 490 S. und X, 478 S. Der Text ist vollständig übernommen. Er wurde um der Lesbarkeit willen in der Rechtschreibung den heute üblichen Regeln angeglichen. Ebenso wurde mit den griechischen Personennamen verfahren, die Gregorovius, der Gepflogenheit seiner Zeit gemäß, häufig, aber nicht einheitlich in der latinisierten Form schrieb (z. B. »Nicephorus«, während die heute übliche Schreibweise »Nikephoros« ist). Nur bei den auch im Deutschen gängigen Namen wie Alexander, Nikolaus, Irene oder Johannes wurde die auch bei Gregorovius deutsche Form beibehalten. Bei den Schreibweisen der geographischen Namen wurde in gleicher Weise verfahren. Sämtliche Fußnoten von Gregorovius sind in dieser Ausgabe abgedruckt, jedoch in einem gesonderten Anmerkungsteil. Die bibliographischen Angaben der Anmerkungen sind weitgehend unverändert übernommen; zu ihrer Erschließung wurde die Ausgabe durch eine Bibliographie der von Gregorovius herangezogenen Werke ergänzt. Die von Gregorovius der Erstausgabe beigegebenen Tabellen der Kaiser, Herzöge und Fürsten wurden dem modernen Stand der Forschung entsprechend verbessert. Das Register wurde neu erstellt und gegenüber dem der Erstausgabe erweitert.

Die Abbildungen sind übernommen aus: Ferdinand Gregorovius, Athen und Athenais. Schicksale einer Stadt und einer Kaiserin im byzantinischen Mittelalter, herausgegeben von Fritz Schillmann, Dresden: Jess 1927. Die Erstausgabe enthielt keine Abbildungen.

Der Verlag dankt Herrn Professor Hans-Georg Beck, der auch das Nachwort für diese Ausgabe schrieb, für fachkundigen Rat.

Der Verlag

VERZEICHNIS DER ABBILDUNGEN

Ägina, Zeus-Tempel. Zeichnung von Edward Dodwell, 1806. S. 295.
Argos. Zeichnung von Abel Blouet, gestochen von Lemaître und Aubert, 1831. S. 277.
Athen. Stich von P. Babin, 1674. S. 509.
Athen. Zeichnung von Coronelli, 1686, aufgrund des Plans von Spon, gestochen von Peter van der Aa, um 1700. S. 510.
Athen. Holzschnitt aus: Hartmann Schedel, Liber cronicarum, Nürnberg 1493. S. 520.
Die Akropolis im 18. Jh. Stich nach der Zeichnung von James Stuart, um 1751. S. 31.
Die Akropolis im Jahr 1670 vor der Explosion des Parthenon. Anonyme Zeichnung. S. 545.
Die Akropolis im 17. Jh. Zeichnung des Ingenieurkapitäns Verneda auf Befehl von Francesco Moresini 1687, nach der Pulverexplosion. S. 546.
Die Bibliothek des Hadrian. Gezeichnet und radiert von Josef Thürmer, 1819. S. 338.
Das Denkmal des Lysikrates. Nach einem Stich von C. Mérion radiert von Le Roy, um 1800. S. 140.
Das Denkmal des Lysikrates mit dem Kapuzinerkloster. Stich von A. Walker nach der Zeichnung von James Stuart, um 1751. S. 337.
Das Kloster Daphni bei Athen. Lithographie von Thierry fr. in: J. A. Buchon, Nouvelles recherches historiques sur la principauté française de Morée, Paris 1845. S. 346.
Das Erechtheion. Zeichnung von Edward Dodwell, 1805. S. 68.
Das Hadrianstor. Stich nach einer Zeichnung von James Stuart, 1751. S. 167.
Die Ilissos-Brücke. Stich nach einer Zeichnung von James Stuart, um 1751. S. 32.
Das Olympieion und die Akropolis. Nach einem Gemälde von L. Dupré, Lithographie von C. Motte. S. 36.
Das Olympieion und der Ilissos. Zeichnung von Edward Dodwell, 1805. S. 71.
Die Kapelle der Panagia Chrysospeliotissa, Grotte über dem Dionysos-Theater. Zeichnung von S. Pomardi, gestochen von Charles Heath, 1818. S. 72.

Der Parthenon, Westseite. Zeichnung von Edward Dodwell, 1805. S. 62.
Der Parthenon (innen). Zeichnung von S. Pomardi, gestochen von Charles Heath, 1819. S. 121.
Der Parthenon. Zeichnung von Cyriacus von Ancona, 14. Jh. S. 519.
Der Parthenon (mit Moschee). Stich nach einem Aquarell von William Pears, 1765. S. 540.
Die Propyläen. Lithographie aus dem 19. Jh. S. 35.
Der Theseus-Tempel. Stich nach einer Zeichnung von Nicholas Revett, um 1751. S. 67.
Der Turm der Winde. Stich von A. Walker nach der Zeichnung von James Stuart, um 1751. S. 158.
Jerusalem. Stich von Frederic de Witt, um 1680. S. 187.
Der Kopaissee in Böotien. Zeichnung von S. Pomardi, gestochen von Charles Heath, 1819. S. 328.
Konstantinopel, Hagia Sophia (innen). Stich von Peter van der Aa, um 1700. S. 199.
Konstantinopel, Stadtmauern mit Adrianopel-Tor. Zeichnung von J. B. Hilair, gestochen von Debuygne, um 1820. S. 200.
Konstantinopel. Zeichnung von Melchior Lorichs, 1559. S. 408.
Konstantinopel, Hagia Sophia. Stich nach einem Aquarell von A. Manaraki, 1867. S. 569.
Korfu. Stich von Peter van der Aa, um 1700. S. 270.
Korinth und Akrokorinth. Zeichnung von L. Mayer, 1803. S. 395.
Misithra (Mistra). Zeichnung von Abel Blouet, gestochen von Lemaître, 1831. S. 391.
Misithra (Mistra), Kirche des Peribleptosklosters. Zeichnung von G. Millet, 1895. S. 476.
Nauplia. Zeichnung von Abel Blouet, gestochen von Lemaître und Aubert, 1831. S. 278.
Rhodos. Stich von Giuseppe Rosaccio, 1598. S. 296.
Salona (Amphissa). Zeichnung von Edward Dodwell, gestochen von Radcliffe, 1806. S. 327.
Theben. Zeichnung von Edward Dodwell, gestochen von Charles Heath, 1806. S. 345.
Venedig. Stich von Georg Braun, Köln 1574. S. 215.
Venezianische Galeere. Holzschnitt aus: Bernardus Breydenbach, Opusculum sanctarum peregrinationum ad sepulcrum Christi, Mainz 1486. S. 216.

Acciajoli, Francesco. Stich aus: Francesco Fanelli, Atene Attica, Venedig 1707. S. 452.
Acciajoli, Franco. Stich aus: Francesco Fanelli, Atene Attica, Venedig 1707. S. 539.
Acciajoli, Niccolo. Fresko von Andrea del Castagno (ehemals in der Certosa, Florenz). S. 396.

Verzeichnis der Abbildungen

Bajasid I. Stich von Aliprando Capriolo, um 1600. S. 469.
Basileios II. Miniatur im Psalter mit Kommentaren der griechischen Kirchenväter, für Basileios II. Ende des 10. Jh. geschrieben. S. 122.
Dandolo, Enrico. Stich des 17. Jh. nach einer alten Vorlage. S. 188.
Eudokia (Athenais). Münze. S. 55.
Johannes VI. Kantakuzenos als Kaiser und als Mönch. Miniatur in der Handschrift seiner theologischen Werke, 1375. S. 392.
Johannes VIII. Palaiologos. Medaille von Vittore Pisano. S. 527.
Justinian I. Goldmedaille. S. 61.
Manuel II. Palaiologos mit seiner Familie. Miniatur in den Werken des Dionysios Areopagites, 15. Jh. S. 475.
Mehmed II. Bronzemedaille von Costanzo, 1481. S. 528.
Michael VIII. Palaiologos. Miniatur im Werk des Historikers Gergios Pachymeres, Anfang 14. Jh. S. 269.
Murad I. Miniatur in der Porträtsammlung des Erzherzogs Ferdinand von Tirol, 16. Jh. S. 407.
Nikephoros III. Botoneiates und Kaiserin Maria Dukas. Miniatur aus der 2. Hälfte des 11. Jh. S. 139.
Suleiman I. Stich von Jakob Boissard, 1596. S. 470.
Theodor I. Palaiologos. Fresko im Brontocheion in Misithra. S. 451.
Theodosios II. Münze. S. 56.

REGISTER

Aalsborg 130
Abraham 497
Acciajoli, florent. Geschlecht
Acciajoli, Andrea, Gattin von Carlotto Arto 384
Acciajoli, Angelo, Erzbischof von Florenz und Patras 385, 448, 454, 456, 471
Acciajoli, Angelo, Staatsmann 399f., 503
Acciajoli, Antonio I., Herr von Theben, Herr von Athen (ab 1402), Herzog von Athen (1405–1435) 455, 457, 461, 464, 469, 471, 480–490, 494ff., 501, 512
Acciajoli, Antonio II., Herzog von Athen (1439–1441), 495, 502, 526, 530
Acciajoli, Bartolommea, Tochter von Nerio I. Acciajoli 445, 455, 473
Acciajoli, Benedetto 399
Acciajoli, Benvenuta, Adoptivtochter von Antonio Acciajoli, Gemahlin des Niccolo Giorgio 481
Acciajoli, Donato, Bruder von Nerio I. Acciajoli 400, 448, 454f., 457f., 482, 484, 503
Acciajoli, Francesca, Tochter von Nerio I. Acciajoli 445, 449, 455, 482, 489
Acciajoli, Francesco, Herzog von Athen (1451–1454) 526, 529
Acciajoli, Francesco, Sohn von Donato Acciajoli 482
Acciajoli, Franco, Herzog von Athen (1455–1458) 490, 495, 526, 530, 532–535, 541, 543
Acciajoli, Gabriele, Tochter von Franco Acciajoli 543
Acciajoli, Giacomo 400, 456
Acciajoli, Giovanni 400, 483
Acciajoli, Jacopo, Sohn von Franco Acciajoli 543
Acciajoli, Laudamia 484
Acciajoli, Lorenzo 399
Acciajoli, Matteo, Sohn von Franco Acciajoli 543
Acciajoli, Nerio I., Herr von Korinth, Herr von Athen (1385), Herzog von Athen (1394) 400, 409–412, 417, 426, 431–434, 441ff., 445, 447–450, 453ff., 457–460, 463f., 466, 471, 483, 487, 490, 492ff.
Acciajoli, Nerio II., Herzog von Athen (1435–1439, 1441–1451) 495, 501–504, 506f., 523f., 526, 532, 544
Acciajoli, Nerio di Donato 482ff., 489
Acciajoli, Niccolo, Großseneschall von Sizilien, Kastellan von Korinth 382–385, 397, 399f., 431, 434, 441
Acciajoli, Rainerio s. Acciajoli, Nerio I.
Acciajoli, Robert 456
Achaia (bis 395 röm. Provinz, dann fränk. Fürstentum, s. auch Morea) 44, 47ff., 52, 60, 90, 211ff., 214, 220, 225, 240ff., 246, 248, 251, 253, 255ff., 259f., 262–266, 271ff., 275f., 279f., 283f., 286, 289–292, 294, 297f., 300f., 303, 319, 323, 326, 333f., 342, 349, 352, 359ff., 363–366, 370f., 373, 376f., 382, 384, 409, 412f., 416, 430, 442, 450, 453, 457, 462, 473, 479, 485f., 489, 499, 504, 525
Achill 339
Achrida (Ohrid) 123, 125, 142, 297
Actium 30
Adamnus von Jona s. Arculf
Aderno, Grafschaft 390
Adrianopel (Edirne) 42, 48, 80, 213, 255, 401, 458, 469, 472, 485, 496, 526, 529, 532
Ädepsos 254
Ägidius, Johannes, engl. Arzt 161
Ägina 30, 75, 156, 218, 231, 426, 434, 443, 482, 560
Ägion s. Vostitsa
Ämilius Paullus 196
Ätos 535
Agellianos, Aufständischer gegen Leon III. 94, 103
Agesilaos, spartan. Feldherr 477
Agesilaos von Kolchos 164, 340
Agnes von Courtenay, Tochter von Peter von Courtenay-Auxerre, Gattin von Gottfried II. Villehardouin 245
Agnes von Karystos s. Cicons, Agnes

Register

Agosta 390, 429
Agrippa 30, 66
Ahmed III., Sultan 560
Aidesios, athen. Philosoph 45
Aidin, Fürst von Mentesche 373, 467
Aischylos 41
Ajax, griech. Heerführer vor Troja 154
Akamir, slavischer Fürst in Thessalien 105
Akkon 267
Akominatos s. Michael und Niketas Akominatos
Akowa (Burg) von Mategriffon in Mesarea 220, 251, 279, 394, 535
Akrokorinth (Hohenkorinth) 209, 231, 245, 535
Alaeddin s. Kaikubad
Alagona, Artale, Graf von Mistretta, Generalvikar von Sizilien 429
Alagona, Blasco 319, 389
Alans, Raymbaud 368
Alarich 23, 48–54, 59, 88, 100, 104, 104
Albert von Bayern 404
Alberti, Leon Battista, Architekt 493, 505
Albizzi, Rinaldo 504
Albornoz, Kardinal 397
Alderotti, Tommaso 484
Alexander der Große (336–323) 28, 40, 114, 138, 154, 212ff., 329f., 508, 515, 536, 558f.
Alexander IV., Papst (1254–1261) 256
Alexandria 42, 47, 60, 88, 132, 138, 315, 402, 484, 522
Alexios I. Komnenos, byz. Kaiser (1081–1118) 81, 135f., 138, 141f., 144, 148, 213
Alexios II. (Melissenos) Komnenos, byz. Kaiser (1180–1183) 171
Alexios III. Angelos, byz. Kaiser (1195–1203) 176, 178f., 186, 189f., 201, 203f., 252, 267
Alexios IV. Angelos, byz. Kaiser (1203–1204) 190
Alexios V. Murtzuphlos, byz. Kaiser (1204) 190, 193
Alexios Bryennios Komnenos, Sohn von Nikephoros Bryennios und Anna Komnena 172, 267
Alfama 425
Alfanus von Montecassino 165
Alfons V. von Aragon und Sizilien 484f.
Alhambra, Burg von Granada s. Granada
Alix von Beirut s. De la Roche, Alice
Alkamenes 43, 46
Alkuin, Gelehrter 498
Allakasseos, Stratege von Hellas 127
Allatios, Leon, Verfasser des Gedichts ›Hellas‹ 170

Alliotto, Ludovico, lat. Erzbischof von Athen (um 1392–1399) 454
Almenara, Guillelm, Viger von Levadia 405f., 417
Almeria 361
Almiros 330
Alparslan, Sultan (1063–1072) 137
Amadeus VI. von Savoyen 402, 409
Amadeus VII. von Savoyen 446, 450, 453, 493
Amalfi 141, 383
Ambrosius, lat. Kirchenlehrer 47
Amirutzes, Georg, Protovestiarius in Konstantinopel 543
Amorea s. Morea
Ampelius, Prokonsul 45
Ampelokipoi 101
Amphion 205
Amphissa (s. auch Salona) 58, 204
Amposta 413
Amselfeld 450
Amyklai 114
Anabyso 101
Anakeion 57
Anaklet, Athener, röm. Bischof 42
Anastasios I., byz. Kaiser (491–518) 75
Anastasios, Bischof von Athen 119
Anchialos 81
Ancona 116, 186, 505, 514, 548
Andravida, Hauptstadt des Fürstentums Achaia, Sitz der Villehardouin 230, 240, 242, 244, 250f., 261, 266, 287, 289, 340, 348f., 364f., 371, 384
Andravilla s. Andravida
Andreas, Heiliger 107
Andreas von Ungarn 385
Andromachos 40
Andronikos I. Komnenos, byz. Kaiser (1183–1185) 171, 173ff., 186, 195, 213, 221
Andronikos II. Palaiologos, byz. Kaiser (1282–1328) 175, 289f., 297, 305f., 308f., 321–326, 386
Andronikos III. Palaiologos, byz. Kaiser (1328–1341) 393
Andronikos IV. Palaiologos, byz. Kaiser (1376–1379) 449
Andronikos, Palaiologos, Sohn von Manuel II., Despot 473f., 486
Andronikos von Kyrrhos 30
Angeloi, byz. Familie, s. Alexios, Anna, Demetrios, Helena, Irene, Isaak, Johannes, Michael, Nikephoros, Theodor, Thomas
Angora (Ankara) 466f.
Angoulême, Wilhelm 128
Ankara s. Angora
Anna, Despina von Epiros (1296–1313),

Witwe von Nikephoros I. Angelos, Mutter des Despoten Thomas 148, 266, 300, 303, 324
Anna, Tochter von Kaiser Romanos II., Gattin von Vladimir von Kiew 111
Anna von Savoyen, Mutter von Johannes V. Palaiologos 393
Anna Angela von Hohenstaufen 291
Anna Angela, Gattin von Wilhelm II. Villehardouin und Nikolaus II. von St. Omer 279, 291
Anna Komnena, Tochter von Alexios I. Komnenos, Gattin von Nikephoros Bryennios 162, 172, 198
Anselm von Canterbury 198, 498
Anthemios von Tralles, Architekt 87
Anthimos, bulg. Heerführer 127
Antigone 205
Antigonus 28
Antiochia 229, 247, 262
Antiochos Epiphanes 28
Antiochus, Prokonsul 48
Antiochus, Slavenführer 114
Antonios, russ. Archimandrit 150
Antonius s. Mark Antonius
Aones, Fernand 307
Aosta 130
Apamea 39
Aphusia 106
Apokaukos, Basileios, Großadmiral 114, 393
Apollon, sagenhafter Architekt 87
Apollonios von Tyana, Historiker 157, 169
Appius Claudius Pulcher s. Claudius Pulcher
Apronianos, Philosoph 54
Apros 310, 331
Aquileja s. Venedig
Aragon 294, 359, 417, 419, 424f., 428, 431, 433f., 446, 485, 495
Aragon s. Constanza, Friedrich, Maria, Peter
Aragona s. Fadrique
Arakowa s. Sidirokastron
Aratos, griech. Schriftsteller 410
Archiadas, Philosoph 54, 60
Arculf (Adamnus von Jona), gall. Bischof um 700 129
Ardoino (Ardoyno), Nikolaus 402
Ardoino (Ardoyno), Petrus, katal. Kanzler Athens 369
Arenos, Fernan Ximenes, Feldherr 306, 311f., 323
Arenos, Gonsalvo Ximenes, Generalvikar von Athen 390
Areopagites s. Dionysos Areopagites
Aretino, Leonardo 505, 514

Arezzo 483
Argos 33, 39, 52, 58, 70, 82, 99, 114, 116, 141, 202f., 209f., 231f., 242f., 253, 257, 272, 276, 286, 331, 333, 349, 352, 372, 378, 390, 393, 402, 404, 444, 446–450, 453, 455, 460, 462, 472
Argyropulos, Georgios, griech. Gelehrter in Italien 497, 504, 549
Arianites, alb. Heerführer 532
Ariobartzanes II. Philopator, König von Kappadokien (63–51) 30
Ariost 398
Aristides, Älios, Rhetor 37, 42, 154, 218
Aristides, athen. Staatsmann 441
Aristides, Verf. einer Apologie des Christentums 42, 173
Aristogeiton 175
Ariston, Peripatetiker 231
Aristophanes 518
Aristoteles 42, 64, 86, 89, 158, 160, 162, 164f., 231, 336, 479, 503, 515, 518, 555
Arius, Presbyter in Alexandria 88
Arkadios, byz. Kaiser (395–408) 48, 52–54
Armiro 384
Arnolfo, italien. Künstler 441
Arslan s. Kilidsch Arslan
Arta, Sitz der Despoten von Epiros 211, 213, 232, 263f., 381, 507
Arto, Carlotto, Graf von Monte Oderisio 384
Asen I., bulg. Zar (1186–1196) 176
Asen II. (Ivan Asen II.) bulg. Zar (1218–1241) 248f., 308, 373, 375f., 476
Asen, Demetrios Palaiologos, Despot von Morea (1449–1460) 534f., 541f.
Asen, Matthaios, Schwager von Demetrios Palaiologos 535
Askalon 274
Askra 100
Asmund 128
Asparuch, bulg. Khan (681–702) 98, 123
Atalante s. Kalandri
Athanasios, Erzbischof von Alexandrien 88, 315
Athen (Satines, Setines, Cetines)
Agora 30, 74, 76, 511, 514
Akropolis (Setines, Cetines) 29f., 37, 39, 50f., 69f., 73, 76f., 84, 88, 91, 105, 179, 181, 203, 205ff., 209, 233, 239, 271, 344, 349f., 359, 369, 375, 399, 405, 415, 420, 423f., 427, 432–435, 439, 444, 457, 459–462, 464f., 483f., 490–494, 501, 504, 507, 511, 513f., 518, 521f., 530, 533f., 537f., 541, 543, 547, 551, 553, 559f., 563, 565
Anakeion 57
Areopag 37, 74, 158, 165f., 179, 514

Register

Ares-Tempel 57
Asklepios-Heiligtum 57, 513
Attalos-Stoa 76
Basileios-Stoa 57
Dionysos-Tempel 57, 70
Dionysos-Theater 51, 70, 76, 166, 518
Dioskuren-Heiligtum 57
Dipylon 74
Erechtheion 69, 88, 152, 206, 492, 514
Hadrian-Stoa 517
Hadrian-Tor 166
Haghii Theodori 347
Herodes-(Regilla-)Odeon 76, 116
Johannes Prodromos 73
Kapnikareia 347
Katholikon 344, 347
Kerameikos 30, 76
Lykabettos 75
Lykeion 69, 74, 133
Lysikrates-Denkmal 73, 336, 517, 557
Metroon 74
Nike-Tempel 73, 344, 491, 514, 518, 564
Olympieion 37, 70, 85, 166, 511, 513 f., 516
Panagia Atheniotissa 84
Panagia Chrysospeliotissa 73, 513
Panagia Gorgopiko (Metropolis) 73, 344
Panagia Kandeli 73
Panagia Pyrgiotissa 76
Panagia vom Stein 494
Poikile-(Epikur-)Stoa 57, 166, 513
Parthenon 30, 69 f., 73, 86, 88, 92, 112, 120, 125, 150 ff., 154, 158, 178 f., 206 f., 227, 330, 399, 443, 449, 456 f., 487, 492 f., 513, 515, 537 f., 544, 547, 554, 557, 559, 564 f.
Perikles-Odeon 30
Phaleron 179
Philopappos 514 f.
Pnyx 166
Propyläen 29 f., 66, 73, 76, 169, 206, 344, 491 ff., 514 ff.
Taxiarchos 347
Theseus-Tempel 28, 57, 69, 74, 150, 514
Thrassyllos-Denkmal 73, 513, 515, 518
Thrasykles-Denkmal 513
Tripodenstraße 73, 85
Turm der Winde (Äolus-Tempel) 30, 166, 514 f., 517
Zeus-Tempel 29

Athenä-Diades 254
Athenagoras 42
Athenais (Kaiserin Eudokia) Gattin von Theodosios II., byz. Kaiserin (1067, 1071) 54, 66, 102–105, 108, 130
Athos 336
Attalia 262
Attalos I. von Pergamon 28
Attila 23, 50, 70, 194
Audemar s. St. Omer
Augustus 29 f., 33, 133, 340, 513
Aulis 227, 230
Aurelian, röm. Kaiser (270–275) 40 f.
Autorianos, Michael, Erzbischof von Nikaia (1208–1212) 155, 233
Avalona s. Aulis
Aversa 321
Avesnes von Hennegau (Hainaut), flandr. Geschlecht
Avesnes, Florenz, Gatte von Isabella Villehardouin, Fürst von Achaia (1289–1297) 292, 294, 297, 303, 360
Avesnes, Ida, Schwester von Jacques d'Avesnes, Gattin von Wilhelm von St. Omer 245
Avesnes, Jacques 204 f., 209, 239, 245, 254
Avesnes, Jean, von Hennegau 291 f.
Avesnes, Mathilde (Mahaut), Tochter von Florenz d'Avesnes und Isabella Villehardouin, Fürstin von Achaia (1313–1318), Gattin von Guido II. de la Roche, Louis von Burgund und Johann Gravina 294, 297 f., 303, 313, 315, 320, 330, 360 ff., 364 ff., 366, 371, 374, 429
Avignon 365 f., 385, 397, 402, 424, 440, 463

Babin, Jesuit 511, 517, 557
Bacon, Roger 336
Bagdad 195
Bajan, Avaren-Khan 80 f., 98
Bajasid I., Sultan (1389–1402) 450, 453, 458, 461 f., 466 f., 472, 480
Bakchylides, Schriftsteller 231
Balduin I. von Flandern, lat. Kaiser (1204–1205) 192 ff., 201, 205, 213, 222, 244
Balduin II., lat. Kaiser (1228–1261) 248 f., 266 f., 271, 275 f., 291, 310, 361, 368
Balduin IV., König von Jerusalem (1174–1185) 186
Balduin V., Sohn von Guglielmo Languspada Montferrat, König von Jerusalem (1185–1186) 186, 189
Balduino, Antonio 506
Ballester, Antonio, Erzbischof von Athen 414
Ballester, Berengar 415
Ballester, Bernardo 421 f., 425
Ballester, Pedro, Herr von Kabrena und Parikia 414, 428

Register

Balsch, Georg 532
Balzo s. Baux
Barbaro, Andrea, Bail von Negroponte 371
Barberigo, Paolo 541
Barbo, Pantaleone, Bail von Negroponte 398
Barcelona 307, 311, 356, 372, 390, 433, 505
Bardanes, Georg 234
Bardas, Cäsar 95
Bardas, Hikanatos, Stratege von Hellas und dem Peloponnes 135
Bari 83, 130
Barlaam, Mönch 398
Bartholomäus, Heiliger 424, 453, 493
Basileios I., der Makedonier, byz. Kaiser (867–886) 88, 110, 113, 123, 221
Basileios II., der Bulgarentöter, byz. Kaiser (963; 976–1025) 123, 125–128, 152, 221
Basileios der Große, Bischof von Kaisareia, Kirchenvater 45, 57, 535
Basileios Epeiktos s. Epeiktos
Basileios Kamateros s. Kamateros
Basilika s. Sikyon
Basingestokes, Johannes, Archidiakon von Leicester 162 f.
Bassani, Guillelm 402
Batatzes (Vatatzes) s. Johannes III. Dukas Batatzes
Baux (del Balzo), Giacomo, Titularkaiser von Konstantinopel (1373–1383), Fürst von Achaia (1380–1383) 413, 415 ff., 427, 446
Beatrice von Anjou, Tochter von Karl von Anjou 276, 291
Beatrice von Hohenstaufen 365
Beethoven, Ludwig van 562
Beirut 274, 307, 343
Belarbre, Romeo, Kastellan der Akropolis 418 ff., 422, 427
Belegno, Filippo, Bail von Negroponte 381
Belisar, byz. Feldherr 343
Bembo, Andrea 459
Bembo, Francesco 465
Benedikt, Kardinallegat 227, 239
Benedikt XII., Papst (1334–1342) 388
Benevent 83, 91, 130, 275, 287, 445
Benizelos, Johannes 558
Benjamin von Tudela (Navarra) 146 f., 311, 323
Beraldo, Thomas 485
Berard, lat. Erzbischof von Athen (1206–um 1209) 227 ff., 239
Berengar I. von Friaul, König (Kaiser) von Italien (888, 915) 164, 498
Berengar IV., Graf von Barcelona 307

Berengar s. auch Rocaforte
Bernardi, Ramon, Generalvikar von Athen (?–1356) 389
Berytos 62
Besozzo, Leonardo, Historiker 522
Bessarion, Erzbischof von Nikaia, dann röm. Kardinal 479, 503, 534, 543, 549
Bethume, Conon, Schriftsteller 189, 339
Biandrate, Oberto, lomb. Parteiführer 235
Blandrate 236
Blois, Ludwig 189
Blois, Robert 339
Blondus, Flavius 505, 521, 556
Boccaccio, Giovanni 159, 196, 262, 384 f., 398 f., 423, 441, 503, 549
Bodonitsa (Thermopylä), Baronie der Giorgio 204, 212, 218, 227, 239, 255, 257, 264, 289, 297, 302, 326, 331 ff., 370, 373, 376, 417, 422, 425, 427 f., 442, 450, 472, 474, 480 f., 485, 529
Boemund I., Sohn von Robert Guiscard, Fürst von Antiochia (1099–1111) 142, 181
Boemund III. (VI.) Fürst von Antiochia und Tripolis (1252–1275) 144, 291
Boethius 60
Bogoris s. Boris I. Michael
Bologna 336, 508
Bonaccursio, Mönch 336
Bondelmonte, Cristoforo 522
Bondelmonte, Magdalena 426
Bonifatius, Markgraf von Montferrat, Führer des lat. Kreuzzuges, König von Thessalonike 186, 189, 193 f., 201, 203 ff., 207, 209, 211 f., 214, 223, 230, 235 ff., 245 ff., 253–256
Bonifatius VIII., Papst (1294–1303) 297 f., 302, 310, 366, 423
Bonifatius IX., Papst (1389–1404) 460
Bonifatius von Ägina s. Fadrique, Bonifatius
Bonifatius von Verona s. Carceri, Bonifatius
Bordo de St. Superan s. St. Superan
Borgia, Cesare 171
Boris I. Michael (Bogoris), bulg. Fürst (852–889) 111
Botoneiates s. Nikephoros III.
Boyl, Juan, Bischof von Megara 414, 419, 422, 424
Bracheux, Pierre 189
Braine 291
Branas, General 175
Branković s. Georg und Lazar Branković
Bretagne, Lupa 542
Briareus 271
Brienne, frz. Geschlecht aus der Champagne

Brienne, Gautier, Sohn von Walter V. von Brienne 331
Brienne, Hugo, Graf von Lecce, Regent Athens 260, 287, 292, 294, 313, 319
Brienne, Isabella, Tochter von Walter V. von Brienne, Gattin von Gauthier von Enghien 331, 348, 378, 390, 404
Brienne, Jeannette, Schwester von Walter von Brienne 298, 313, 320, 330
Brienne, Johanna 378
Brienne, Johannes, Titularkönig von Jerusalem, lat. Kaiser (1231–1237) 248f., 266
Brienne, Walter, Titularherzog von Athen (1311–1356), Herr von Argos und Nauplia 352, 366, 368, 378–382, 385, 388, 390, 393
Brienne, Walter IV. 287
Brienne, Walter V., Graf von Lecce, Herzog von Athen (1308–1311) 287, 292, 319ff., 323–326, 329–333, 341, 348, 350, 366ff., 372f., 378, 404
Brindisi 305, 312, 379, 381
Brouchart, Guillaume 302
Brunelleschi, Filippo 493
Bruni 503
Brussa (Bursa), osm. Residenz 38, 287, 401, 467
Brutus 30, 33
Bruyeres, frz. Geschlecht aus der Champagne
Bruyeres, Gottfried, Baron von Karytena und Skorta, Sohn von Hugo de Bruyeres, Gatte von Isabella de la Roche 258, 260, 265, 272ff., 276
Bruyeres, Hugo, Baron von Karytena und Skorta 258
Bryennios s. Alexios, Nikephoros, Theoktistos
Bua, Peter, alb. Heerführer 532
Buchon, J. A., Historiker 21
Buffa, Amadeo 235
Buondelmonte, Cristoforo 512
Bursa s. Brussa
Byron, George 561
Byzanz 39, 42f., 48, 54, 57, 65, 80, 88, 92f., 95, 102f., 106, 108, 110, 117, 127, 131, 142ff., 149, 158f., 174, 185f., 189f., 193, 196f., 202, 210, 213f., 222, 232, 237, 243f., 246, 249, 256, 268, 272, 283, 298, 300, 303, 305, 307, 309ff., 352, 393, 412f., 474, 523, 526, 534, 551, 553, 559, 568, 570

Cäsar, Caius Julius 29f., 33, 50, 133
Cagliari 429
Caligula, röm. Kaiser (37–41) 33, 44, 207
Callipolis s. Gallipoli

Caltabellota 305f., 319
Canossa, Albertino 235, 239
Caopena Fadrique de Aragona, katal. Geschlecht
Caopena, Alioto, Herr von Ägina 482
Caopena, Antonello, Sohn von Alioto Caopena 434, 482, 530
Caopena, Arna, Bruder von Alioto Caopena 482
Capello, Vettore, venez. Generalkapitän 532f.
Capo delle Colonne s. Kap Sunion
Capua 83
Caracalla, röm. Kaiser (211–217) 38
Carbonius, Prokonsul 45
Carceri von Verona, Geschlecht auf Euböa
Carceri, Alice, Gattin von Georg Ghisi 332
Carceri, Bonifatius (von Verona), Sohn von Francesco dalle Carceri, Herr von Karystos, Gardiki, Seliziri und Ägina 257, 261, 293f., 299, 301, 312, 315, 331f., 348, 350, 370ff.
Carceri, Carintana, Erbtochter von Rizzardo dalle Carceri 255
Carceri, Felisa, Schwester von Guglielmo II. dalle Carceri, Gattin von Licario 284
Carceri, Francesco, Bruder von Guglielmo II. dalle Carceri 285, 293f.
Carceri, Giberto, Bruder von Guglielmo II. dalle Carceri 254ff., 285f.
Carceri, Grappella 256
Carceri, Guglielmo I., Dreiherr von Euböa 256, 266, 284, 293, 332
Carceri, Guglielmo II., Dreiherr von Euböa, Erbmarschall von Achaia 258f., 284f.
Carceri, Leone 257
Carceri, Margareta, Tochter von Guglielmo II. dalle Carceri 279
Carceri, Marulla (Maria), Tochter von Bonifatius dalle Carceri, Gattin von Alfonso Fadrique 370, 386
Carceri, Nazotto, Neffe von Rizzardo Carceri 256
Carceri, Nicola, Dreiherr von Euböa 410, 417
Carceri, Pecoraro 254f.
Carceri, Pietro, Dreiherr von Euböa 375, 381
Carceri, Ravano 235f.
Carceri, Rizzardo 255f.
Carceri, Thomas, Sohn von Bonifatius dalle Carceri 370f.
Carl s. Karl
Carlo II. von Leukas 506

Carrey, Jacques 557
Cassiodorus, röm. Senator und Gelehrter 66, 564
Cassius 30
Castri 376
Catania 357, 361
Cato 497
Cavalaroi, athen. Familie 558
Centurione s. Zaccaria
Cepoy, Theobald, Admiral der katal. Kompanie 311f., 314, 321f., 324, 339
Cerdagne 414
Certosa s. Florenz
Cesarini, Julian, Kardinal 524
Cetines s. Athen, Akropolis
Ceuta 147
Chaironea (Kabrena) 100, 329, 428
Chalandritza 220, 473
Chalkedon 58
Chalkis (Euripos, Egripos; s. auch Negroponte) 82, 91, 99f., 142, 146, 156, 209, 227, 230f., 245, 262, 331, 443
Chalkokondylas (Chalkokondyles, Charkokondyles), athen. Politiker, Vater von Laonikos Chalkokondylas 495f., 501
Chalkokondylas, Basileios, Sohn von Demetrios Chalkokondylas 497
Chalkokondylas, Demetrios (1424–1511), griech. Gelehrter in Italien 497, 509
Chalkokondylas, Laonikos, Historiker 40, 93, 445, 487, 490, 494, 496f., 502, 525f., 532, 537
Chalkutzis, Archont auf Euböa 233
Chamaches, Georgios 489
Champenois 211
Champlitte, Eudes II., Bruder von Wilhelm von Champlitte 211f.
Champlitte (Cham), Hugo, Neffe von Wilhelm von Champlitte 241
Champlitte, Robert, Neffe von Wilhelm von Champlitte 241
Champlitte, Wilhelm, Fürst von Achaia (1205–1209) 204f., 211f., 217, 222f., 236, 241, 245, 257, 486, 504
Chandler, Richard, Archäologe 513, 561
Chandrenos, General 322
Chares von Lindos, griech. Bildhauer 70
Charkasdyle, Michael 558
Charkokondyles s. Chalkokondylas
Chase, athen. Beamter 120
Chataignier, frz. Konsul 558
Chatillon, Gauthier, Konnetabel 366
Chatillon, Jeanne, Gattin von Walter V. von Brienne 319, 331, 352
Chaucer, Geoffrey 262, 340, 500
Chaudron, Jean 273, 276, 291
Cherson 105

Chlemitsa 100
Chlemutsi s. Tornese
Choirosphaktos, Konstantin, Stratege von Hellas und dem Peloponnes 135
Chonä 148
Choniates s. Michael und Niketas Akominatos
Chosrau, pers. König 63
Chravati s. Mykenä
Chrétiens de Troyes 339
Christodulos, Thaumaturg 134
Christophoros, Sohn von Kaiser Konstantin V. Kopronymos 105
Chrysippos 42
Chrysolares, Manuel, Philosoph 479
Chrysopolis (Üsküdar) 39, 322
Chrysostomos s. Johannes Chrysostomos
Cicero 29, 33, 118, 164, 497
Cicons, burg. Geschlecht, Herren von Karystos und Ägina
Cicons, Agnes, Gattin von Bonifatius von Verona (Carceri) 293
Cicons, Jacques 245
Cicons, Otto, Sohn von Sibylle de la Roche-Cicons 245, 257, 271
Cinnamus, Historiker 171
Citeaux 205
Cittanuova 460
Claremont, Lord 561
Clarenza (Glarenza, Klarenza), Residenz der Villehardouin 229, 242, 260, 266, 271, 303, 320, 363–366, 374, 384, 486
Claudian 48, 51
Claudius, röm. Kaiser (41–54) 164, 207
Claudius II. Goticus, röm. Kaiser (268–270) 40f.
Claudius Pulcher, Appius 29
Clemens V., Papst (1305–1314) 311, 360, 366, 368
Clemens VI., Papst (1342–1352) 388f.
Clemens VII., Papst (1378–1394) 416
Clemens s. von Alexandria 42
Clermont s. Tornese
Cluny 112
Cocquerel, Mahiot (Majotto), navarres. Kapitän 416, 427, 430, 446
Cölestin, Papst 301
Colemi, Hugo 205
Colonna, Kardinal 240
Columbino, Giacopo 460
Compagni, Dino, Historiker 441
Condulmer, Gabriel s. Eugen IV.
Constanza von Aragon, Gattin von Friedrich III. von Sizilien 414
Contarini, Albano, venez. Regent Athens 460f., 463f.
Contarini, Andrea, Doge (1368–1382) 410
Contarini, Bartolommeo, Gatte von Chia-

ra Acciajoli, der Witwe von Nerio II. Acciajoli 529
Contarini, Donato 410
Contarini, Ermolao, venez. Regent von Athen 463
Contarini, Gianotto 381
Contarini, Michele 449
Contarini, Priamo, Kastellan von Nauplia 529
Conversano, Louis s. Enghien, Louis
Cordoba 147
Corella, Bernardo, Generalvikar von Athen (1385) 431, 433
Cornaro, Andrea 370f., 373, 375f.
Cornaro, Pietro 447, 449
Cornelio Magni 558
Cors, Guisbert 258
Courcey, Jean 522
Courtenay s. Agnes, Katharina, Peter, Philipp, Robert
Cremona, Francesco 411
Crusius, Martin (Martin Kraus), 229, 498, 555, 557, 567
Cupä 283
Cyriacus de' Pizzicolli von Ancona, Gelehrter 477, 490, 505-508, 511-518, 521f.

Dagobert, König von Franken (623-639) 89
Dalphino, Dalphinet s. Daphni
Dalton, Richard 561
Damala (Troizen) 58, 332f., 473
Damaskus 23, 307
Dandolo, Enrico, Doge (1192-1205) 139, 194, 213f., 226, 243, 446, 559
Dandolo, Francesco, Doge (1329-1339) 372
Dandolo, Paolo 381
Danielis aus Patras 109
Dante Alighieri 159, 196, 262f., 441, 549
Daphni (Dalphino, Dalphinet) 136, 230, 240, 315, 331, 347f.
Dares von Phrygien, Schriftsteller 196
Darius, pers. König 467
Daulis (Daulia, Davalia) 227, 331, 425
David II., König von Georgien (1089-1125) 159ff.
David Komnenos, Begründer des Kaiserreichs von Trapezunt 213, 543
Decius, röm. Kaiser (249-251) 40, 42
Dekeleia 134
Deleanos, bulg. Fürst 127
Delmau, Philipp s. Rocaberti
Delphi 34, 44, 204, 347, 506
Demetrias 285, 325, 415, 418, 422
Demetrios Angelos, Despot von Thessalonike (1244-1246) 256

Demetrios Asen Palaiologos s. Asen, Demetrios
Demetrios Palaiologos, Sohn von Johannes VIII. 526, 531f.
Demetrios, Erzbischof von Athen 453f.
Demosthenes 30, 45, 51, 118, 174, 517, 557
Deslaur, Roger, Ritter aus Roussillon 324, 332, 350f., 355, 386, 411
Despou, Thomas 428
Dexileos 151
Dexippos, Publius Herennius 40, 42, 51, 82, 203, 496
Didimoteichos 310, 393
Diktys von Kreta, Schriftsteller 196
Dimatra 290
Dimitre 418
Diogenes 441
Diokletian, röm. Kaiser (284-305) 41
Dionys, griech. Tyrann 504
Dionysos Areopagites 164
Dnjestr 41
Dodona 506
Domingo, Oliveri 424
Domokos 368, 376
Donato s. Acciajoli, Donato
Donatus, Grammatiker 129
Doria, Eduard 310
Dorotheos, Erzbischof von Athen 443
Drimys, Demetrios, Prätor 174, 178
Dschingis-Khan 304, 466
Du Cange, Charles Dufresne, Historiker 560
Dürer, Albrecht 516
Dukas, byz. Familie, s. Helena, Johannes, Konstantin, Michael, Stephan, Theodor
Dulce, Gattin des Bonifatius von Ägina 415
Durazzo (Epidamnos) 80, 105, 130, 138, 218, 247, 262, 264, 275, 382, 384, 472
Dušan, Stephan, serb. König und Zar (1331-1355) 393, 401

Edessa 143
Edirne s. Adrianopel
Edrisi, arab. Geograph 147, 307, 311
Eduard II., König von England (1307-1327) 367
Egripos s. Chalkis
Eleusis 29, 46, 49, 74, 90, 100, 136, 155, 158, 205, 222, 230, 347, 445, 506
Elgin, Thomas 348, 561
Ellissen, Adolf, Historiker 21
Embriaci, genues. Geschlecht 274
Emo, Gabriel, Proveditor von Romanien 449
Enghien, frz. Geschlecht
Enghien, Gauthier, Gatte von Isabella von Brienne 378, 404

Enghien, Guido, Sohn von Gauthier von Enghien, Herr von Argos und Nauplia 402, 404f., 446
Enghien, Louis, Sohn von Gauthier von Enghien, Graf von Conversano, Titularherzog von Athen (1381–1394) 404, 417
Enghien, Maria, Erbtochter von Guido von Enghien 348, 446
Enghien, Sohier, Sohn von Gauthier von Enghien, Titularherzog von Athen (1356–1366) 393, 404
Enghien, Walter III., Sohn von Sohier von Enghien, Titularherzog von Athen (1367–1381) 404, 417, 439, 444
Entenza, Berengar 307–312, 321, 350f.
Epaminondas, theban. Feldherr 205, 410
Eparchos, Antonios, Schriftsteller 170
Epeiktos, Basileios 119
Ephesos 38, 129, 377, 547
Epidamnos s. Durazzo
Epikur 64, 518
Epiros 48, 52, 218, 247f., 444
Eretria 30, 254, 283
Ertogrul, türk. Heerführer 304
Eschire von Baruth, s. de la Roche, Eschive
Estañiol von Ampurias, Berengar, Generalvikar von Athen (1312–1316) 355, 369
Estives s. Theben
Euagrios s. Evagrios
Euböa (s. auch Chalkis, Negroponte) 114, 156, 177, 209, 212, 214, 242, 245
Eudokia s. Athenais
Eudokia, Sklavin von Nerio I. Acciajoli 489
Eugen IV., Papst (1431–1447) 502, 505f., 518, 523
Eugen, Prinz von Savoyen 560
Euklides 158
Eulogios, Architekt 87
Eumenes II. Soter von Pergamon 28
Eunapios von Sardes, Historiker 41, 45, 50f., 63
Euphemios, Grammatiker 116
Euphranor, Maler 57
Euphrosyne, Mutter von Lukas von Sotirion 112, 179
Euripos (Egripos) s. Chalkis
Eusebios 88
Eustache, Gattin von Heinrich I. von Flandern
Eustathios, Erzbischof von Thessalonike 137, 148f., 151, 157, 159, 169, 171f., 174, 176, 180, 198, 208
Euthymios, Erzbischof von Neopaträ 148f., 155

Evagrios (Euagrios), Kirchenhistoriker 81
Evrenos, osman. Feldherr 453, 462, 535
Evreux s. Ludwig von Evreux
Exerica 429

Fabri, Umberto 453
Fadrique de Aragona, katal. Geschlecht; s. auch Caopena
Fadrique, Alfonso, Führer der katal. Kompanie, Generalvikar von Athen (1317–1330) 369–380, 386, 390, 411
Fadrique, Bernarduch, Sohn von Luis Fadrique 429
Fadrique, Bonifatius, Sohn von Alfonso Fadrique, Herr von Karystos, Zeitun und Ägina 386, 403, 411, 415, 434
Fadrique, Guillelm, Kastellan von Levadia 406
Fadrique, Jayme, Sohn von Alfonso Fadrique, Generalvikar von Athen (1356–1359) 307, 310f., 356, 359, 386, 389, 403, 411, 415, 423
Fadrique, Juan, Sohn von Bonifatius Fadrique 389, 403, 415, 425, 434
Fadrique, Leonor 390, 414
Fadrique, Luis, Sohn von Jayme Fadrique, Generalvikar von Athen (1375–1381) 411, 414f., 417–422, 425f., 428f., 432, 434
Fadrique, Maria, Tochter von Luis Fadrique und Helena Kantakuzena 432
Fadrique, Orlando 389
Fadrique, Pedro, Sohn von Alfonso Fadrique, Herr von Lidoriki 386, 390, 411
Fadrique, Pedro, Sohn von Bonifatius Fadrique 415
Fadrique, Simona, Tochter von Alfons Fadrique, Gattin von Giorgio Ghisi 379
Falkenberg s. St. Omer
Fallmerayer, Jakob Philipp, Historiker 18, 20, 97, 100
Famagusta 384, 463, 555
Fanelli, Francesco 560
Fauvel, frz. Konsul 508, 544
Fea, röm. Historiker 65
Federigo von Urbino 505
Felin s. Phyle
Ferdinand von Mallorca, Gatte von Isabella von Sabran und Isabella von Ibelin, Fürst von Achaia (1315–1316) 311, 319, 361–364, 366, 384, 414
Ferrer, Jayme 417
Ficinus, Historiker 479
Finlay, George, Historiker 18, 20f., 39, 561
Flamenc, Anton, Herr von Karditsa 299f., 341
Flavianus 47

Flavius Blondus s. Blondus, Flavius
Flavius Philostratus 37
Flor, Maria 308
Flor, Roger, Führer der katal. Kompanie 305–310, 321, 324, 352
Florenz 116, 378, 382f., 385, 390, 397f., 439ff., 448, 454, 457f., 479, 482, 484, 489, 494, 497, 502ff., 506f.
Foix, Esclaramonde, Mutter von Ferdinand von Mallorca 363
Fontainebleau 360
Fontaines, Alberich von Trois, Historiker 209, 262, 497
Foscari, Francesco, Doge (1423–1457) 472, 531
Foscari, Paolo, Erzbischof von Patras 413, 415, 426
Foscolo, Niccolo, Bail von Negroponte 465
Foucherolles, Gautier 349, 352, 367, 372
Fourmont, Archäologe 513
Francesco von Verona s. Carceri, Francesco
Franziskus von Cremona 403
Franziskus, Erzbischof von Neopaträ 409
Friedrich I. Barbarossa 185
Friedrich II. von Aragon, König von Sizilien (1296–1337) 195, 237, 248, 256, 260, 305f., 310, 314, 352–356, 361ff., 367ff., 371–374, 386, 394, 414, 435
Friedrich III. von Aragon, König von Sizilien (1355–1377), Herzog von Athen (1355–1377) 389f., 402–405, 411f., 414, 417, 419f., 429
Friedrich der Große, preuß. König (1740–1786) 192
Fuster, Guillelm 386, 415, 428

Gaffore, Andrea, Kaufmann 179
Gainas, got. Heerführer 48
Galata 267, 308, 310
Galaxidi (Oianthea) 204, 323, 411
Galenos 158, 336
Gallienus, röm. Kaiser (253–268) 39
Gallipoli (Callipolis, Gelibolu) 309ff., 401, 462, 469, 480
Gardiki (Pelinnaion), Baronie der Fadrique 293f., 299, 376, 411, 418
Gardikis, Bischof 156
Garittos 101
Gasmulen 282
Gattilusi, genues. Geschlecht 274
Gattilusio, Francesco, Herr von Lesbos 410
Gaza, Theodor, griech. Gelehrter in Italien 497, 503, 549
Geiserich 194
Gelibolu s. Gallipoli

Gemistos, Georgios s. Plethon
Genethlios, Philosoph 40
Genf 556
Genua 141, 171, 252, 267, 274, 307, 310, 382f., 388, 394, 409, 412, 427, 440, 446, 448, 454, 472, 484, 505, 508, 553
Georg Kantakuzenos 507
Georg, Heiliger 69, 323, 331, 341, 357, 425
Georg, König von Georgien 160
Georg von Antiochia, siz. Admiral 145
Georg von Trapezunt, griech. Gelehrter in Italien 497
Georgios, Erzbischof von Athen 149
Georgios von Korfu 151
Geraki 220, 271
Gerontius 48, 52
Gervasius von Tilbury 165
Ghisi, Bartolommeo II., Großkonnetabel von Morea, Dreiherr von Euböa 371, 375, 379, 381, 499
Ghisi, Geremia 231
Ghisi, Giorgio, Sohn von Bartolommeo II. Ghisi 322, 332, 370, 379, 380
Gibbon, Edward, Historiker 39, 262
Gilbert, Bischof von Cittanuova 460
Giorgi, Nicola 376
Giorgio, Chiara, Tochter von Niccolo II. Giorgio, Gattin von Nerio II. Acciajoli 495, 526, 529f., 532
Giorgio, Francesco, Markgraf von Bodonitsa 410, 415, 533
Giorgio, Maria 495
Giorgio, Niccolo, Herr von Karystos 415, 474, 481f., 495
Giorgio, Niccolo II. 526
Giotto di Bondone 397, 441
Gipton s. Zeitun
Giraud, engl. Konsul 558
Gislenus, Heiliger 89
Giton s. Zeitun
Giustinian, Pietro 231
Glarenza s. Clarenza
Glogova 100
Gomes, Garcia 313
Gonzaga von Mantua 505
Goritsa 100
Gortys s. Karytena
Gosfried Aversa 165
Gottfried von Bouillon 185, 223f.
Gottfried von Karytena s. Bruyères, Gottfried
Gottfried von Viterbo 164
Gozzo 385
Gradenigo, Marco 258, 271
Gradenigo, Pietro, Doge (1289–1311) 314, 320, 335
Granada 534, 554
Granitsa 100

Register

Gratian, weström. Kaiser (375–383) 46 f.
Gravina 248, 365
Gregor I., der Große, Papst (590–604) 153, 175
Gregor II., Papst (715–731) 94
Gregor VII., Papst (1073–1085) 142, 144, 165
Gregor X., Papst (1271–1276) 276
Gregor XI., Papst (1370–1378) 409, 413, 425
Gregor von Nazianz, Erzbischof von Konstantinopel (379–381) 45, 535
Gregoras, Nikephoros, Historiker 175, 261f., 498
Gregorios, Erzbischof von Korinth 149
Grisoni, venez. Kapitän 455
Gugliarello, Guelfe Brescias 383
Guglielma, Gattin von Niccolo Giorgio 474
Guglielmo von Verona s. Carceri, Guglielmo II.
Guido II. s. de la Roche, Guido II.
Guillaume, Erzbischof von Patras 386
Guillaume, Arzt 197
Guillerma, Tochter von Riccardo von Kephallenia, Gattin von Nikolaus III. von St. Omer 349
Guillet de Saint-George, Georges, Historiker 146, 557

Hadrian, röm. Kaiser (117–138) 37, 42, 66, 70, 474, 514f., 517f.
Hagia Triada 151
Hainaut s. Hennegau und Avesnes
Hal 291
Haliartos 329
Halmyros 311f., 315, 325
Harald, Normannenheld 127f.
Harmodios 175
Harmonios 507
Hawkwood 323
Hegeso 151
Heidelberg 556
Heinrich I. von Flandern, lat. Kaiser (1206–1216) 214, 236–239, 241, 243, 255
Heinrich II., König von Zypern (1285–1324) 363
Heinrich VI., Kaiser (1190–1197) 186, 271
Heinrich, Erzbischof von Athen 320, 388
Helena Angela Komnena, Tochter von Johannes I. Angelos, Gattin von Wilhelm I. de la Roche und Hugo von Brienne 281, 290, 299, 313
Helena Angela von Epiros, Tochter von Michael II. Angelos, Gattin von Manfred von Sizilien 275f., 364, 366
Helena Angela von Thessalonike, Gattin von Guglielmo I. dalle Carceri 256, 263, 282, 299
Helena Kantakuzena, Enkelin von Kaiser Johannes VI. Kantakuzenos, Gattin von Luis Fadrique 411, 429, 432, 461f.
Helena, Tochter von Manfred von Sizilien 264
Helikon 44, 75
Heliodor 339
Hellespont 467
Heloris 504
Hennegau (Hainaut; s. auch Avesnes) 315, 390, 404
Herakleia 213, 239
Herakleios, byz. Kaiser (610–641) 83, 85, 90, 96
Herculius, Präfekt von Illyrien 54
Heredia, Juan Fernandez, Kastellan von Amposta, ab 1377 Großmeister der Johanniter auf Rhodos 413, 417, 424, 426f., 449, 463
Hermione 58, 231
Herodes 33
Herodes Attikus 37, 147, 344, 517
Herodot 97, 336, 496, 507
Hertzberg, Gustav Friedrich, Historiker 18, 21
Hesiod 100
Hestiaia 254
Hieratheios, Philosoph 65
Hilarios 51, 88
Hildebert von Tours, gall. Bischof 170
Hildebrand 144
Himerios, Philosoph 45, 51, 57, 84
Hippokrates 336
Hohenkorinth s. Akrokorinth
Homer 118, 158, 196, 251, 398, 441, 497, 503, 512
Honorius, weström. Kaiser (395–423) 48
Honorius III., Papst (1216–1227) 230, 240, 249
Hopf, Karl, Historiker 20 ff.
Horaz 33, 53, 196, 497
Hugo IV., Herzog von Burgund 260
Hugo V., Herzog von Burgund 360, 368
Hugo I. von der Champagne, Enkel von Wilhelm von Champlitte 211
Hugo von Galiläa, Sohn von Guy von Lusignan und Maria von Bourbon 400
Hugo s. Bruyeres, Hugo
Humbert I. von Vienne, Dauphin, Graf von La Tour du Pin 368
Humbert II. von Vienne 388 f.
Hunyadi, Johannes, ung. Reichsverweser 523
Hymettos (Monte Matto) 74, 179
Hypate 280
Hypatia, Philosophin 53, 62

Iamblichos, Schriftsteller 339
Iatros s. Medici
Ibelin, Grafen von Jaffa, Herren von Beirut 343
Ibelin, Isabella, Tochter von Philipp von Ibelin, Gattin von Ferdinand von Mallorca 363
Ibelin, Jean II. 274, 319
Ibelin, Philipp 363
Ibrahim Pascha 562
Ignatius, athen. Bischof 119
Ikonion (Konya) 137
Iktinos, griech. Architekt 65, 87
Ilion s. Troja
Ingulf von Croyland 129
Innozenz III., Papst (1198–1216) 186, 191, 226ff., 234, 238, 242, 245, 425, 521f.
Innozenz VI., Papst (1352–1362) 413
Innozenz VII., Papst (1404–1406) 471
Inoi 101
Irene, byz. Regentin und Kaiserin (780, 790, 792, 797–802) Gattin von Leon IV. 95, 102–108
Irene, byz. Prinzessin, Gattin von David II. 159
Irene Angela, Tochter von Isaak II. Angelos, Gattin von Philipp von Schwaben 186
Irene Angela, Tochter von Theodor I. von Thessalonike, Gattin von Asen II. 248, 313, 320f.
Irene Palaiologina, Schwester von Andronikos II. Palaiologos, Gattin von Ivan Asen 308
Isaak I. Komnenos, byz. Kaiser (1057–1059) 138, 202
Isaak II. Angelos, byz. Kaiser (1185–1195, 1203–1204) 175f., 186, 190, 193
Isabella, Schwester von Balduin IV. 186
Isidoros von Milet, Architekt 87
Isokrates 27, 174, 497
Isthari, arab. Geograph 165
Ivan Asen II. s. Asen II.
Ivan Šišman, bulg. Zar (1371–1393) 409, 450, 461
Iviron, Athoskloster 86
Ivry, Galeran 288
Izmir s. Smyrna
Izmit s. Nikomedia
Iznik s. Nikaia

Jaffa 274
Jagellos, Vater von Vladislav III. 523
Jakob, Bischof von Argos 455
Jakob, Bischof von Olenos 362
Jakobus, Sekretär von Roger de Flor 310
Jakub, Feldherr Bajasids 462

Janina 486f.
Jason 152
Jayme I. von Aragon s. Fadrique, Jayme
Jayme II. (III.) von Mallorca, Sohn von Ferdinand von Mallorca 363, 366, 384, 414
Jean von Lecce 404
Jean von Yandun 336
Jean s. St. Omer, Jean
Jeanne von Eu 390
Jerusalem 23, 134f., 143, 155, 160, 186, 201f., 223, 225, 237, 248, 250, 256, 544
Joannina s. Janina
Joannisa, bulg. König 212ff.
Johanna I., Königin von Neapel, Fürstin von Achaia (1373–1381) 385, 412f., 416, 430, 484
Johanna Anglica 162
Johannes I. Tzimiskes, byz. Kaiser (969–976) 138, 221
Johannes I. Angelos von Thessalien, Sebastokrator (1271–1296) 280f.
Johannes I., Graf von Zante 445
Johannes II. Komnenos (Kalojohannes), byz. Kaiser (1118–1143) 202, 264
Johannes II. Angelos von Thessalien (1303–1318), Sohn von Konstantin Angelos Dukas 299, 321f., 324
Johann II., König von Frankreich (1350–1364) 402
Johannes III. Dukas Batatzes, byz. Kaiser (1222–1254) 195, 248f., 256, 264, 368
Johannes IV. Laskaris, byz. Kaiser (1258–1261) 264f., 285
Johannes V. Palaiologos, byz. Kaiser (1341–1376, 1379–1391) 393, 400f., 409, 449
Johannes VI. Kantakuzenos, byz. Kaiser (1347–1354) 393, 411, 485f.
Johannes VII. Palaiologos, byz. Kaiser (1390, 1399–1402) 466, 469
Johannes VIII. Palaiologos, byz. Kaiser (1425–1448) 502ff., 526
Johannes XXII., Papst (1316–1334) 365, 371, 377ff., 404
Johannes Angelos, Sohn von Theodoros Angelos Komnenos, Despot von Thessalonike (1237/38–1244) 375
Johannes Asen II. s. Asen, Ivan II.
Johannes Chrysostomos, Kirchenvater, Erzbischof von Konstantinopel (398–404) 88, 154, 535
Johannes Diaconus, Historiker 163f.
Johannes von Gravina, Fürst von Achaia (1318–1333) 365, 371, 377, 381–384
Johannes von Kephallenia, Sohn von Riccardo von Kephallenia, Stiefsohn von Margareta Villehardouin 361f., 381

Johannes von Randazzo 389
Johannes Skotus Eriugena, ir. Theologe und Philosoph 163
Johannes, Bischof von Andros 389
Johannes, Erzbischof von Athen 88
Johannes, Erzbischof von Theben 485
Johannes, Erzbischof von Thessalonike 159
Johannes der Täufer 271
Jolantha, Schwester von Heinrich I., Gattin von Peter von Courtenay 243
Josephus Cartaphilus 163
Jovian, byz. Kaiser (363–364) 47, 49
Juan d' Austria 555
Juanes, Petruzo 428
Juan von Aragon, Sohn von Pedro IV. 431, 433
Juares, Gonsalvo 428
Juba, Sohn von Chase 120
Julian Apostata, byz. Kaiser (361–364) 45f., 49, 158, 478
Julianus, Philosoph 45
Justin I., byz. Kaiser (518–527) 45
Justin II., byz. Kaiser (565–578) 89
Justinian I., byz. Kaiser (527–565) 18, 47, 60, 63ff., 69, 75–80, 84f., 87, 90f., 93, 117, 123, 173, 198, 343, 556
Justinian II. Rhinotmetos, byz. Kaiser (685–695, 705–711) 81

Kabasylas, Symeon 229, 556
Kadmeia, Burg von Theben (s. auch Theben) 49, 91, 100, 127, 203, 205, 236, 252, 259, 291, 312f., 343, 349, 359, 363, 379f., 415, 418, 490
Kadmos, sagenhafter Gründer von Theben 205
Kaikosru I., Sultan (1192–1196), romäischer Kaiser (1204–1210) 213
Kaikubad III., Alaeddin, Sultan (1284–1307) 304f.
Kairouan 195
Kaisariani 74, 538
Kalabryta s. Kalavrita
Kalamata, Baronie der Villehardouin 210, 287, 291, 297, 303
Kalandri (Talanti) 217, 403, 418, 428
Kalavrita, Baronie der Tournay 220, 251, 291, 507, 536
Kallimachos 152
Kalivia 384
Kalixt III., Papst (1455–1458) 534
Kallisthenes (Pseudokallisthenes) 197
Kalojohannes s. Johannes II. Komnenos
Kalomalas, Nikolaus 126
Kalonichi, Konstantin 420
Kaloskopi 349

Kamateros, Basileios, Logothet 179
Kamateros, Epiphanios, Stratege von Hellas und dem Peloponnes 135, 202
Kamenitsa 100
Kamytzes, Manuel 202
Kantakuzenen, byz. Familie, s. Georg, Helena, Johannes, Manuel, Maria, Matthaios
Kap Sunion (Capo delle Colonne) 101, 134
Karaman, Fürst von Mentesche 467
Karditsa 299, 330, 333, 341, 403, 428
Karl der Große 79, 92f., 106, 141, 143, 163, 214, 521
Karl I. von Anjou, König von Neapel (1282–1285), Fürst von Achaia (1278–1285) 275f., 279f., 286–290
Karl II. von Anjou, König von Neapel (1285–1309), Fürst von Achaia (1285–1289) 290, 292, 294, 297f., 302f., 305, 311
Karl II. von Evreux, König von Navarra (1349–1387) 416
Karl III. von Anjou-Durazzo, König von Neapel (1381–1386), Fürst von Achaia (1381–1386) 416, 430
Karl V. von Valois, König von Frankreich (1364–1380) 307, 409, 416, 553f.
Karl VI. von Valois, König von Frankreich (1380–1422) 467
Karl von Kalabrien 378, 385
Karl von Lagonessa s. Lagonessa, Karl
Karl von Tarent, Sohn von Philipp I. von Anjou-Tarent 360
Karl von Valois, Bruder von Philipp dem Schönen, Gatte von Katharina von Courtenay 305, 310–314, 321f., 324, 326, 360
Karlowitz 560
Karthago 42, 522
Karydi 261, 263f.
Karystos 119, 145, 227, 230, 254f., 283, 285, 293f., 371, 374f., 377f., 386, 411, 415, 481, 495, 526
Karytena (Skorta, Gortys), Baronie der Bruyeres 251, 258, 287, 292, 394
Kassander, Diadoche 312
Kassandreia (Potidäa) 312f., 321, 373
Kastoria 112, 227, 425
Kastriota, Georg (Skanderbeg), alb. Heerführer und Fürst 523, 532, 535, 542
Katanangis, Astrologe 136
Katharina von Courtenay, Gattin von Karl von Valois, Titularkaiserin von Konstantinopel (1283–1308) 298, 305, 322, 360
Katharina II. von Courtenay-Valois, Titularkaiserin von Konstantinopel

(1308–1346), Gattin von Philipp II. von Anjou-Tarent, Fürstin von Achaia (1333–1346) 360, 381f., 384f.
Katharina II., russ. Zarin 561
Katharina von Lagonnessa s. De la Roche, Katharina
Kekrops, sagenhafter König 206, 562
Kephallenia 37, 142, 297, 303, 326, 445f., 450, 458, 483, 504
Kephissia 134
Kermian, Fürst von Mentesche 467
Kerullarios, Michael, Erzbischof von Konstantinopel (1043–1058) 131, 143, 172, 174
Khazar s. Leon IV. Khazar
Khlomo 100
Kimon, athen. Staatsmann 131
Kislar Aga 456, 552
Klarenza s. Clarenza
Kleisthenes, athen. Staatsmann 218
Klemens s. Clemens
Kleodamos, griech. Flottenführer 40
Kleopatra 30
Klisura 283
Kochla s. Plataä
Kodinos, Georgios, Historiker 95
Kodros, Philosoph 209, 522
Königsmark, Graf 559
Köprili (Köprülü), Ahmed, türk. Großvesier, Eroberer Kretas 559
Kolossä 148
Komnenen, byz. Familie, s. Alexios, Anna, Andronikos, Helena, Isaak, Johannes, Manuel, Maria
Konon, griech. Staatsmann 179
Konrad III., Stauferkönig (1138–1152) 144
Konradin, König von Sizilien (1254–1258) und von Jerusalem (1254–1268) 276, 306
Konstans II., byz. Kaiser (641–668) 17, 43, 83–86, 88, 91
Konstantin I. der Große, byz. Kaiser (324–337) 42–45, 58, 66, 78, 87, 93, 97, 117, 143, 195, 198, 226, 261f., 268, 472, 526, 530, 536, 548, 570
Konstantin V. Kopronymos, byz. Kaiser (741–775) 64, 96, 102–105, 142
Konstantin VI., byz. Kaiser (780–797) 105f.
Konstantin VII. Porphyrogennetos, byz. Kaiser (913–959) 90, 99, 106, 114f., 130, 140, 221
Konstantin VIII., byz. Kaiser (1025–1028) 127
Konstantin IX. Monomachos, byz. Kaiser (1042–1055) 128, 130
Konstantin X. Dukas, byz. Kaiser (1059–1067) 130
Konstantin XI. Palaiologos, byz. Kaiser (1449–1453), Despot von Morea 300, 501ff., 523–526, 550
Konstantin Angelos Dukas, Sebastokrator, Sohn von Johannes I. Angelos 299
Konstantin Dragases, Bruder von Kaiser Johannes VI. 486
Konstantina, Tochter des Erzbischofs von Athen 162f.
Konstantinopel (Stambul) 17, 23, 42–48, 52, 60, 63, 65, 75, 78–81, 83, 85, 88, 93–96, 103f., 111, 116, 119, 124f., 127–133, 136ff., 141–146, 152, 154, 157, 159ff., 165, 171f., 174f., 178–181, 185f., 189–192, 195ff., 203, 205, 207, 210–214, 225, 227, 232, 234f., 237–240, 243ff., 247ff., 251, 253, 255, 265–268, 271f., 275f., 279f., 283, 286ff., 291, 302, 305, 308ff., 312, 315, 321, 326, 335, 367f., 379, 393, 397, 400f., 409, 413, 416, 446, 454, 456, 461f., 466f., 478, 480f., 485, 489, 496, 502f., 507, 511, 522, 530–534, 536, 541, 543, 548, 551f., 554f., 557, 559f., 568, 570
Konstantios, byz. Kaiser (337–361) 46
Konstanze, Gattin von Kaiser Johannes III. Dukas Batatzes 367
Konya s. Ikonion
Kopaissee 329f.
Kopernikus, Nikolaus 554
Kopronymos s. Konstantin V. Kopronymos
Korfu 145, 151, 190, 264
Korinth 33f., 39, 41f., 44, 46, 51f., 60, 76, 80, 82f., 90, 94, 99ff., 104, 107, 113f., 116, 119f., 123, 125, 130, 141, 145ff., 152, 156, 159, 202f., 208f., 211, 231f., 236, 239, 242, 247, 250, 258f., 298, 302, 331, 336, 340, 379, 385, 390, 393f., 397, 399f., 409f., 417, 431f., 443, 445, 448ff., 453f., 456f., 461, 463, 473, 481, 489, 506, 525, 535f., 542, 565
Koritena 220
Koron 204, 242, 358, 430, 447, 449f., 461, 472, 474, 532, 542, 553
Koroneia 119, 222, 227
Korydallos 49, 74, 101
Kosmas, Aufständischer gegen Leon III. 94, 103
Kosmas II. Attikos, Erzbischof von Konstantinopel (1146–1147) 159
Kosovo 450
Krakova 100
Krates von Chalkis 329
Kraus, Martin s. Crusius
Kreta 47, 217, 559
Krinites, Stratege von Hellas 113, 120
Krissa 146
Kritobulos, Historiker 536f.

Krivitsa 100
Kruja, Burg Skanderbegs 535
Krum, bulg. Khan (803–814) 108, 123
Kütschük Kainardschi 561
Kuluris s. Salamis
Kydones, Demetrios, Schriftsteller und Staatsmann 477
Kynosarges 75
Kyrillos, Erzbischof von Alexandria 111
Kyros 59
Kyros, pers. König 323
Kyrrhestes, Andronikos 514
Kyzikos 39, 72, 308

Laborde, Léon, Historiker 554
Lades 325
Ladislaus von Anjou-Durazzo, König von Neapel (1386–1400), Fürst von Achaia (1386–1396) 348, 453 ff., 463, 471, 473, 482
Lagonessa, Filippo, Vater von Karl von Lagonessa, Bail von Morea (1280–1282) 320
Lagonessa, Karl, Seneschall von Sizilien, Gatte von Katharina de la Roche 274, 319
Lakedaimon s. Sparta
Lamartine, Historiker 565
Lambros, Spiridon, Historiker 20
Lamia s. Zeitun
Lampsakos 265
Lancia, Nikolaus, Herr von Giarratana, Generalvikar von Athen (1330–?) 380, 386
Landau 323
Lanfranc 198, 498
Larissa 204, 239, 461
Larissa-Kremaste, Festung 299
Larmena 283, 374, 377
Laskaris, Janos, gr. Gelehrter in Italien 497, 507, 549
Laskaris, byz. Familie, s. Johannes, Theodor
Lauremberg, Historiker 556 f.
Lauria, katal. Geschlecht
Lauria, Anton, Sohn von Roger I. de Lauria 414, 428, 431 f.
Lauria, Juan, Sohn von Roger I. de Lauria 417 f., 428, 446
Lauria, Nikolaus, Sohn von Juan de Lauria 428
Lauria, Roger I., Marschall und Generalvikar von Athen (?–1363, 1367–1371) 307 f., 365, 394, 402–405, 414, 417 f., 428, 431
Lauria, Roger II., Sohn von Roger I. de Lauria 414, 428, 431

Lausus 52
Lazar, serb. Fürst (1371–1389) 450
Leake, William Martin, Historiker 561
Lebadea s. Levadia
Lecce, it. Grafschaft der Brienne 292, 331, 348, 366, 378, 382
Lehet, Corbaran 307
Leo I. der Große, Papst (440–461) 70
Leo IX., Papst (1049–1054) 143
Leo, neapol. Priester 196
Leon III., der Isaurier, byz. Kaiser (716–741) 91, 93 f., 103
Leon IV. Khazar, byz. Kaiser (775–780) 103
Leon VI., byz. Kaiser (886–912) 90, 110, 119, 130
Leon, Erzbischof von Thessalonike 95
Leonardo von Bologna, Bevollmächtigter des Matteo de Montona 459 f.
Leonardo von Veruli 272, 275
Leonidas, spart. Feldherr 477
Leontios, Philosoph, Vater der Athenais 54
Lepanto 129, 146, 430, 472
Lerida 423
Lettere, Schloß bei Nocera 398
Leuchudes, Konstantin, Staatsmann und Gelehrter, Erzbischof von Konstantinopel (1059–1063) 131
Leukadia (Leukas, S. Maura) 297, 326, 445 f., 450, 482, 484, 506
Leuktra 222, 329
Levadia (Lebadeia) 100, 222, 329 ff., 358, 379, 405 f., 417 ff., 421, 425, 427, 430, 442, 455, 464, 488, 506, 524
Leyena s. Ägina
Libanius 47
Licario, Megas Dux unter Kaiser Michael VIII. 284 ff., 288
Licata 306
Licinius, oström. Kaiser (308–324) 42
Lidoriki 204, 323, 376, 386, 403, 411, 524
Limasol 367
Limbona, athen. Familie 558
Lindos 47
Linné, Karl von 565
Liutprand von Cremona 129
Livadostro 130, 260, 334, 372, 375, 483
Livorno 484
Logran, Martino 307
Loredano, venez. Admiral 480
Louis s. Ludwig
Ludwig I., König von Navarra (1305–1316) 367
Ludwig I. von Anjou-Tarent, König von Sizilien (1342–1355) 382, 384 f., 389, 446
Ludwig I., der Große, König von Ungarn (1342–1382) 385, 410

Ludwig I., König von Bayern (1825–1848) 565

Ludwig VII., König von Frankreich (1137–1180) 144, 185

Ludwig IX., König von Frankreich (1226–1270) 260f., 263, 266

Ludwig XIII. von Bourbon, König von Frankreich (1610–1643) 557

Ludwig der Bayer 378f., 404, 522

Ludwig von Bourbon 446

Ludwig von Burgund, Gatte von Mathilde d'Avesnes, Fürst von Achaia (1313–1316) 360f., 363f., 366, 371

Ludwig von Evreux, Sohn von Philipp IV. von Evreux-Navarra 416

Ludwig (Ludolf) von Sudheim 508

Luis s. Ludwig

Lukan s. Lukian

Lukanes, Nikephoros 535

Lukas von Sotirion, Heiliger 112ff., 118, 120

Lukas, Evangelist 58

Lukaviza 100

Lukian (Lukan) 37, 196, 497

Luna 429

Lunelli, Francesco, Kastellan von Levadia 406, 411f.

Lusignan, Guy, Prätendent von Jerusalem 202, 219, 385, 400

Lusignan, Maria, Gattin von Walter IV. von Brienne 287

Lusignan, Peter I., König von Zypern (1359–1369) 400, 402, 463

Lusignan, Peter II., König von Zypern (1369–1382) 410

Lykonia 376

Lykurg 37, 477, 479

Lyon 276

Lysanias 151

Lysander, spart. Feldherr 259, 477

Lysimachos, Diadoche 508

Lysippos 44, 47

Machiavelli, Niccolo 455, 483, 491

Magni s. Cornelio Magni

Mailand 48, 497

Maina 271

Maisy, Jean, Baron auf Euböa 331, 371

Majorianus, weströll. Kaiser (457–461) 66

Makarios, Erzbischof von Athen 454, 458, 460, 471

Makra 230

Makrembolitis, Demetrios 233

Makri, Nikolaus, griech. Notar 444, 460

Malalas, Johannes, Historiker 60

Malatesta, Pandolfo, Fürst von Patras 486

Malatesta, Sismondo, venez. Heerführer 553

Malik-Schah (Malek-Adel), Sultan (1107–1116) 137, 189

Malpigli, Margareta, Gattin von Francesco Acciajoli 482

Malta 385, 399

Malvasia s. Monembasia

Manasse, Konstantin 148

Manducho 283

Manetti 503, 505

Manfred, König von Sizilien, Sohn von Friedrich II. von Sizilien, Gatte von Helena Angela von Epiros, Herzog von Athen (1312–1317) 264f., 275f., 289, 354f., 364f., 369, 372

Mansura 260

Mantua 548, 556

Manuel I. Komnenos, byz. Kaiser (1143–1180) 144f., 148, 158, 171, 176f., 186, 189, 343

Manuel II. Palaiologos, byz. Kaiser (1391–1425) 449f., 453, 462, 466f., 473f., 477–481, 485f., 506, 551

Manuel Kantakuzenos, Despot von Morea 394, 400f., 409, 445, 477, 532

Manuel, Erzbischof von Theben 207

Manutius, Aldus 556

Marathon 23, 28, 74, 101, 134, 155, 158, 227, 344, 445

Mardonios, pers. General 536

Margarete von Anjou-Tarent, Gattin von Francesco de Baux und Walter von Brienne 378, 382

Margarete von Mategriffon s. Villehardouin, Margareta

Margareta von Passava s. Neuilly, Margarete

Margarete von Savoyen 360

Margaretha von Ungarn, Gattin von Kaiser Isaak II. Angelos und Bonifatius von Montferrat 214, 235, 246

Margareta von Verona s. Carceri, Margareta

Maria von Anjou-Tarent, Tochter von Philipp I. von Anjou-Tarent 382

Maria von Aragon, Erbtochter von Friedrich III. von Sizilien, Herzogin von Athen (1377–1381) 414f., 429

Maria von Antiochia, Gattin von Kaiser Manuel I. 171

Maria von Bourbon, Gattin von Guy von Lusignan und Robert II. von Tarent, Fürstin von Achaia (1364–1370) 385, 400

Maria Kantakuzena 429, 462

Maria Komnena, Tochter von Kaiser Manuel I. Komnenos, Gattin von Rainer von Montferrat 186

Register 729

Maria von Verona, Gattin von Alberto Pallavicini und Andrea Cornaro 373
Maria, Tochter von Asen II. und Irene Palaiologina, Gattin von Roger de Flor 308
Maria, Gattin von Kaiser Michael IX. 321
Maria, Gattin von Ludwig I. von Anjou-Tarent 446
Maria, Mutter Jesu 69, 88, 173, 456, 502
Mark Anton 30, 33
Mark Aurel 38
Markos, Bischof von Ephesos 503
Marseille 334, 505
Martin IV., Papst (1281–1285) 289
Martin, Graf von Exerica und Luna, Sohn von Pedro IV. 429
Marulla von Venedig s. Carceri, Marulla
Marusi 101
Mategriffon, Baronie in Achaia 279
Mathilde von Hennegau s. Avesnes, Mathilde
Matteo, Erzbischof von Neopaträ 414
Matthäus von Paris, Mönch von St. Albans, Historiker 162f., 165
Matthaios Asen s. Asen
Matthaios Kantakuzenos, Sonderfürst in Westthrakien, Mitkaiser von Johannes VI., Despot von Morea (1380–1382) 426, 477
Maurikios, byz. Kaiser (582–602) 81, 175
Maursius s. Meurs
Maximianos, Philosoph 65
Mazaris, Michael, byz. Schriftsteller 477, 479
Mazi 101
Medici (Iatros), flor. Geschlecht
Medici, Cosimo 454, 479, 503 ff.
Medici, Giovanni 454
Medici, Lorenzo 454
Medici, Niccolo 444
Medici, Piero 444
Medicis, Polo 444
Meerbeke, Wilhelm, Erzbischof von Korinth 336
Megara 52, 58, 100, 218, 227, 333, 347, 410ff., 414, 417, 419f., 422, 424f., 431, 442, 448f., 455ff., 483, 506, 530, 532, 536
Mehmed I., Sultan (1402–1421) 472ff., 480
Mehmed II. der Eroberer, Sultan (1451–1481) 526, 530f., 534–538, 548, 550f., 553, 559, 564
Mekka 544
Melazzo 310
Meletios, Heiliger 134ff.
Melfi 385, 399
Melissena, Maria, Tochter von Leon Melissenos, Gattin von Antonio I. Acciajoli 481, 495, 501f.
Melissenos, Alexios Strategopulos 267, 481
Melissenos, Leon, Sebastokrator, Herr von Ithome 481
Melissenos, Stephan, Herr von Demetrias 356
Melissenos s. auch Nikephoros Bryennios; Novelles, Melissenos
Memnon s. Tocco, Memnon
Menania, Ricardo 365
Mendeli 101
Mentesche 373, 467
Merw 137
Mesarea 251
Messene 58
Messina 129, 314, 352, 357, 362, 372
Methodios 111
Methone s. Modon
Meurs (Maursius), Jean 556
Michael I. Rhangabe, byz. Kaiser (811–813) 106, 108
Michael III., byz. Kaiser (842–867) 109
Michael IV. Paphlagonios, byz. Kaiser (1034–1041) 127
Michael VIII. Palaiologos, byz. Kaiser (1259–1282) 264–268, 272, 274ff., 280, 286, 288f., 302, 473
Michael IX. Palaiologos, Mitkaiser von Andronikos II. (1294–1320) 310, 321
Michael I. Angelos Dukas, 1. Despot von Epiros (1204–1215) 202, 213, 218, 232
Michael II. Angelos, Despot von Epiros (1231–1271) 263f., 280
Michael Akominatos (Choniates), Erzbischof von Athen 20, 148f., 151f., 154–158, 161, 163, 166, 170, 172, 176, 178, 180, 196f., 203–208, 211, 227, 230–234, 262, 279, 443, 477, 516f., 521, 534, 537, 565
Michael Kerullarios s. Kerullarios, Michael
Michael Psellos s. Psellos, Michael
Michelozzo, Baumeister 493
Michiel, Domenico, Bail von Negroponte 231, 403
Miklagard 128
Mikon, Maler 57
Milet 133, 547
Miltiades 173, 517
Milutin (Stephan Uroš II. Milutin), serb. König (1282–1321) 297
Minot, Laurence 500
Minyas, sagenhafter König von Böotien 330
Miraka s. Olympia
Misili s. Novelles, Melissenos

Misithra (Mistra; s. auch Sparta) 271f., 384, 393f., 402, 426, 432, 445, 447ff., 461ff., 472ff., 477f., 481, 523, 531
Missolunghi 562
Mistretta 429
Mitra 415, 418, 426, 428
Mitro 418
Mitropolis s. Neopaträ
Mnesikles, Bildhauer 65, 515
Moawija, Eroberer von Rhodos 70
Mocenigo, Tommaso, Doge (1413–1423) 465, 472, 474, 489
Modon (Methone) 149, 210, 242, 358, 430, 447, 449f., 461, 472, 474, 507, 532, 542, 553
Mohammed s. Mehmed
Moncada, katal. Geschlecht
Moncada, Matteo, Graf von Adorno und Agosta, Generalvikar von Athen (1359–1361, 1363–1367) 390, 394, 403f., 429
Moncada, Guglielmo Ramon 429
Monembasia (Napoli di Malvasia) 99, 116, 129, 147, 210, 242, 253, 257, 271, 507, 534, 542, 553
Mongizart 247
Monopoli 130
Montaigne, Michel 39
Montauban s. Tour, Guy de la
Monte Matto s. Hymettos
Montecateno, Burg bei Barcelona 390
Montesquieu, Burg in Korinth 209
Montferrat, oberit. Geschlecht
Montferrat, Agnes, Tochter von Bonifatius von Montferrat und Margaretha von Ungarn, Gattin von Heinrich I. von Flandern 214
Montferrat, Bonifatius s. Bonifatius, Markgraf von Montferrat
Montferrat, Demetrios, Sohn von Bonifatius von Montferrat und Margaretha von Ungarn 235, 247
Montferrat, Irene, Gattin von Kaiser Andronikos II. 300
Montferrat, Konrad, Bruder von Bonifatius von Montferrat 186
Montferrat, Rainer, Bruder von Bonifatius von Montferrat 186
Montferrat, Wilhelm der Alte, Vater von Bonifatius von Montferrat 186
Montferrat, Wilhelm Lunguspada, Bruder von Bonifatius von Montferrat, Vater von König Balduin V. 186
Montferrat, Wilhelm IV., Halbbruder von Demetrios von Montferrat 247
Montona, Matteo 459, 464
Morea (s. auch Achaia) 21, 211, 220, 222, 226, 230, 240f., 258, 261, 263, 271f., 276, 279, 284, 290ff., 294, 299, 300f., 308, 319, 340, 343, 359–365, 368f., 376f., 380, 383f., 389, 397, 400, 417f., 424, 427, 430, 433, 446, 448ff., 453, 462, 473f., 481, 483, 499, 501, 532f., 535f., 541f., 560f.
Morosini, venez. Geschlecht
Morosini, Francesco, Generalkapitän 128, 559f., 562
Morosini, Francesco, Erzbischof von Konstantinopel 226, 240
Morosini, Ludovico 377
Morosini, Michele, venez. Bail 370
Morosini, Niccolo 286
Morosini, Paolo 371
Morosini, Thomas 239
Moses von Chorene, armen. Historiker 60, 161
Mostenitsa 250
Mosypolis 214
Muchlion s. Nikli
Mummius 33, 196
Munichia, Hafen von Athen 180
Muntaner, Ramon, katal. Historiker 263, 282f., 307, 311–314, 323ff., 331ff., 340, 343, 351, 359, 362f., 371
Murad I., Sultan (1362–1389) 401f., 409, 412, 450, 467
Murad II., Sultan (1421–1451) 480f., 486, 496, 523–526
Murtzuphlos s. Alexios V.
Musa, Sultan (1411–1413) 472f.
Musonius, Philosoph 45, 48
Mustafa, Usurpator 480
Musuros, Markos, gr. Gelehrter in Italien 170, 497
Mutalaska 134
Mykenä (Chravati) 100, 245
Myron, Bildhauer 44, 508

Nabis 410
Naillac, Philibert 463
Naissus (Niš) 41
Napoleon I. 562
Napoli di Roma 553
Narzotto, Dreiherr von Euböa 258, 266
Naupaktos 218, 323
Nauplia (Nauplion) 82, 114, 141, 145, 202f., 209ff., 214, 232, 242f., 253, 257, 272, 276, 284, 286, 333f., 349, 352, 372, 378, 393, 404, 444, 446f., 449, 460, 462, 464, 472, 482, 507, 529, 642
Navarino (Pylos) 210, 427
Navarra 416, 430, 433, 453
Neapel 22, 276, 291f., 297f., 302f., 307, 314, 321, 326, 352, 360f., 364ff., 371, 376, 378, 381, 383, 385, 397, 399f.,

412f., 416, 430, 441, 453f., 456, 484f., 488, 567
Negroponte (s. auch Chalkis) 130, 146, 209, 227, 233f., 239, 245, 273, 275, 282, 284, 286, 311ff., 326, 332, 349, 367, 370–375, 377, 379ff., 388f., 402–405, 425, 449, 457, 459f., 464f., 469, 471, 482, 485, 488, 495, 501f., 533, 541, 553, 557
Nektarios, Abt von Casuli 151
Nemanja, Stephan, Großzupan von Raszien (um 1166–1196) 176
Nemea 52
Neopaträ (Mitropolis) 148, 173, 208, 238f., 280ff., 285f., 288, 299, 324, 376, 389f., 414f., 418f., 422, 425f., 428, 431, 443, 453, 461, 480
Neophytos, Mönch 335
Nero, röm. Kaiser (54–68) 30, 33, 37, 44, 70, 207
Nestor 210
Nestorios 54
Nestorios, Hierophant 46
Neuilly, frz. Geschlecht in Passava
Neuilly, Margarete, Tochter von Jean Neuilly, Gattin von Guglielmo II. dalle Carceri 258, 273, 279, 284, 290
Nezero 100
Nicoli 503
Nikagoras, Philosoph 44, 59f.
Nikaia (Iznik) 38, 58, 106, 143, 213f., 230, 232ff., 237, 243, 247f., 262, 264, 268, 305, 386
Nikandros, Arzt und Schriftsteller 158
Nikephoritzes (Nikephoros Bucelarii), Prätor von Hellas und dem Peloponnes 132
Nikephoros I., byz. Kaiser (802–811) 81, 106f., 110
Nikephoros I. Angelos, Despot von Epiros (1271–1296) 280, 298, 300
Nikephoros II. Phokas, byz. Kaiser (963–969) 112, 120, 138, 221
Nikephoros III. Botoneiates, byz. Kaiser (1078–1081) 138
Nikephoros Bryennios Melissenos Cäsar, Historiker, Gatte von Anna Komnena 148, 172, 262, 264, 313, 323, 331
Nikephoros Gregoras s. Gregoras
Nikephoros Uranus, byz. General 123
Niketas, Bischof von Athen 118
Niketas Akominatos (Choniates), Staatsbeamter und Historiker 131, 148, 151, 159, 174, 177, 180, 195f., 203–207, 232ff.
Niketas Rentakios 115f.
Nikli 210, 258f., 272, 340, 535f.

Nikolaus II., Erzbischof von Konstantinopel 81, 135
Nikolaus V., Papst (1447–1455) 505
Nikolaus, Erzbischof von Konstantinopel 367, 389
Nikolaus, Bischof von Methone 149
Nikolaus Hagiotheodorites, Erzbischof von Athen 149
Nikomedia (Izmit) 38, 132, 386
Nikon von Damala 114
Nikopolis 33, 461f., 471
Nikopolita 381
Niš s. Naissus
Nisäa, Hafen von Megara 218
Nissa 523
Nivelet 400
Nocera 365, 398
Nointel, Marquis, frz. Botschafter 557
Noir, Nicole, Herr von Arkadien 362
Novelles, Melissenos (Misili), Herr von Estañol 428
Novelles, Odo, katal. Marschall 376, 380, 386, 411, 415
Noyer, Jean, Herr von Maisy, Baron auf Euböa 312, 375
Nymphaion 268

Octavia, Gattin des Antonius 30
Octavian s. Augustus
Odoaker 59, 309
Ödipus 205
Ohrid s. Achrida
Oianthea s. Galaxidi
Oinoe 101
Olenos 450
Olga, Fürstin von Kiew 111
Olympia (Miraka) 34, 52, 100, 251
Omar Pascha, Sohn von Turahan 524f., 532ff., 536ff., 541
Orcagna 441
Orchan, Sultan (1326–1362) 386f., 393, 400, 559
Orchomenos 100, 222, 329f., 506
Oreos 254ff., 283f., 394
Origenes 42, 88
Oropos 180, 482
Orpheus 441
Orsini, Margarete 445
Orsini, Napoleon, Kardinal 336
Orvieto 289
Osman, Sultan (1288–1326) 305
Otranto 151, 379
Otto von Braunschweig, Gatte von Johanna I. von Neapel, Fürst von Achaia (1376–1381) 413
Otto, griech. König (1833–1862) 344, 565ff.
Ovid 33, 196, 497

Pachymeres, Georgios, Historiker 212, 305
Padua 516, 556
Palaiologen, byz. Familie, s. Andronikos, Asen, Demetrios, Irene, Johannes, Manuel, Matthaios, Michael, Theodor, Thomas
Palamedes, Burg von Nauplia s. Nauplia
Palermo 145, 289, 357
Pallavicini, Alberto, Markgraf von Boconitsa, Sechsherr von Euböa 235f., 322, 370, 376
Pallavicini, Guglielma, Tochter von Maria Pallavicini-Cornaro, Gatte von Bartolommeo Zaccaria und Niccolo Giorgio 376, 415
Pallavicini, Guido, Lehnsherr von Bodonitsa 204
Pallavicini, Ubertino 258
Palisse, Hugo 365
Panormos 105
Pansellinos, Manuel 125
Pantainos, Philosoph 42
Paparrigopulus, Konstantin 20f.
Paris 227, 229, 263, 498, 556
Passarowitz 560
Passava, Baronie der Neuilly 220, 251
Patisia 541
Paträ (Patras) 33, 41, 80ff., 99ff., 107, 109f., 113, 116, 130, 141, 146f., 210, 229, 240, 251, 336, 364, 379, 381, 386, 400, 402, 448, 450, 454, 472, 486, 506, 525, 531f., 536, 559
Patricia 428
Pau, Pedro, katal. Kapitän von Athen 433f.
Paul III., Papst (1534–1549) 491
Paulus, Apostel 34, 49f., 86, 129, 146, 152
Paulus, Erzbischof von Theben 402
Paulus, Rhetor 40
Paulus Iovius, Biograph 131
Pausanias 18, 37, 44, 48, 51f., 57, 74, 134, 152, 252, 330, 440, 505, 512, 516, 521
Pausanias, spart. Feldherr 477
Payens, Hugo 245
Pécoil, Abbé 557
Pedro III. s. Peter III. von Aragon
Pedro IV., el Ceremonioso, König von Aragon, Herzog von Athen (1381–1387) 22, 414f., 418–433, 445, 491, 521
Peisistratos 28, 209
Pelagios, Kardinallegat 240, 335
Pelagonia 265, 272
Pelinnaion s. Gardiki
Pelops, myth. Herrscher des Peloponnes 211, 477
Peralta, siz. Geschlecht

Peralta, Calzerano, Kapitän und Kastellan von Athen 405, 414, 418–421, 427
Peralta, Matteo, Graf von Caltabellota, Generalvikar von Athen (1371–1375) 405f., 410f.
Peralta, Wilhelm, Graf von Caltabellota 405
Pergamon 207
Perikles 23, 37, 60, 82, 131, 154, 164, 174, 217f., 254, 485, 515, 517, 547
Perugia 497
Peter von Courtenay-Auxerre, lat. Kaiser (1217) 243, 245
Peter I. von Aragon, König von Sizilien (1282–1285) 289f.
Peter II. von Aragon, König von Sizilien (1321–1342) 386, 389
Peter III., der Große, König von Aragon (1276–1285) 248, 356, 560f.
Peter IV. s. Pedro IV.
Peter, Könige von Zypern s. Lusignan
Petrarca, Francesco 133, 159, 173, 365, 398, 424, 441, 549
Petrizi, Janne 160
Petrus, Apostel 42, 50, 70, 173, 457
Petrus, Domherr in Theben 335
Petrus Lombardus 198
Pharsala 368, 376, 461
Pharsalos 29, 286
Pherä 204
Phidias 27, 33, 44, 46f., 50ff., 57, 64, 70, 251, 508, 512, 515
Philadelphia 308f.
Philagra 283
Philanthropenos, Admiral unter Johannes V. Palaiologos 281, 285
Philipp I. von Anjou-Tarent, Titularkaiser von Konstantinopel (1313–1331), Fürst von Achaia (1307–1313) 281, 298ff., 303, 322, 326, 359ff., 366, 371, 381f., 384
Philipp I. von Courtenay, Sohn von Balduin II., Titularkaiser von Konstantinopel (1273–1283) 266, 276, 291
Philipp II. von Makedonien (359–336) 212, 508
Philipp II. August von Frankreich (1180–1223) 229
Philipp II. von Anjou-Tarent, Titularkaiser von Konstantinopel (1364–1373), Fürst von Achaia (1370–1373) 382, 400, 417
Philipp IV., der Schöne, König von Frankreich (1285–1314) und von Navarra (1284–1305) 305, 366f., 416
Philipp von Anjou, Sohn von Karl I. von Anjou, Gatte von Isabella Villehardouin 283, 291

Register

Philipp von Savoyen, Fürst von Achaia (1301–1307) 298, 300, 302, 360, 365, 446
Philipp von Schwaben, Gatte von Irene Angela 186, 189
Philippi 30
Philopoimen 410
Philostratus, Flavius 157
Phlios 535
Phokäa 473
Phokas, byz. Kaiser (602–610) 175
Photios, Erzbischof von Konstantinopel (858–867, 877–886) 40, 95, 118, 130, 196
Phrantzes (Sphrantzes), Georgios, Staatsmann und Historiker, 98, 198, 496, 501 ff., 526, 531, 534, 536
Phyle (Felin) 227
Pilato, Leontio, Gräzist 398, 503
Pindar 179, 196, 205, 251, 566
Pipin 457
Piräus (Porto Leone, Sithines) 29, 39f., 42, 83, 91, 101, 127f., 132–135, 142, 151, 155, 158, 179, 202, 218, 334, 355, 369f., 372, 375, 433f., 494, 506, 515, 537, 555, 559, 566
Pisa 141, 171, 307, 383, 440, 484
Pisano, Andrea 441
Pisani, Filippo, Kastellan von Modon und Koron 449
Pisani, Niccola, Kapitän 403
Piso 33
Pittakis, K.L., Historiker 150
Pius II., Papst (1464–1471) 534, 537, 542, 548
Planche, Gilles, Bail von Achaia 331
Platää (Kochla) 58, 76, 100, 222, 329, 541
Platamona 204
Platina, Historiker 522
Platon 23, 42f., 45, 54, 60, 63f., 86, 89, 97, 118, 131, 133, 157, 160, 162, 165, 169, 197, 251, 441, 479, 497, 503, 507, 518, 544, 555
Plethon, Georgios Gemisthos, Philosoph am Hof von Misithra 478f., 495f., 503, 553
Plinius 33, 515
Plotinus, Philosoph 39
Plutarch 29, 37, 45, 48, 54, 86, 205, 424
Podagora 100
Poggio 503, 508
Poitiers 390
Polybios 401
Polygnot 57, 88, 493
Polyklet 33, 70
Pompeius Laetus, ital. Humanist 478, 549
Pompeji 57
Pompejus 29
Pomponius Atticus 29
Pontikos 210

Porcien, Gauthier 378
Porphyrios, Philosoph 479
Porto Leone s. Piräus
Postel, Wilhelm, Historiker 555
Pothos, Stratege des Peloponnes 120
Potidäa s. Kassandreia
Pouqueville, François 544
Prätextatus, Prokonsul von Achaia 44, 49
Prasas 101
Praxagoras, Historiker 40
Praxiteles 33, 44; 46f., 508
Preuloi, athen. Familie 558
Prinitsa 384
Priskos von Panion, Historiker 45, 51
Proairesios, Philosoph 45
Prodikos, Philosoph 231
Prodromos, Theodor 135f.
Proklos, Philosoph 45, 60, 63, 85, 149, 336, 478f., 507
Proklos, athen. Patrizier 57
Prokopia, Schwester von Staurakios, Gattin von Michael I. Rhangabe 108
Prokopios, Historiker 60, 64, 69, 77, 282
Prosuch, Nikephoros, Prätor von Hellas und dem Peloponnes 172, 177f.
Proterios von Kephallenia 51
Protimo, Benevenuta, Gattin von Niccolo Giorgio 482, 495
Protimo, Nikolaus, Erzbischof von Athen (1446–1483) 529, 538
Provana, Albertino 453
Prusa s. Brussa
Psellos, Michael (Konstantin), Staatsmann und Gelehrter, 131–134, 149, 158, 175, 208, 521
Pteleon 376, 381
Ptolemaios, Geograph 522
Ptolemaios Philadelphos 28
Ptolemais 53, 229, 367
Puig (Puigparadines), Pedro, stellvertr. Generalvikar von Athen (1365–1367) 403
Puigparadines, Caleran 428
Puigparadines, Francesco 428
Pujadell, Felix, Erzbischof von Athen 443, 454
Pulcheria, Schwester von Theodosios II. 54, 103
Putheo, Pedro s. Puig
Puyal, Guillelm, Kastellan von Athen 406
Pydna 204
Pylos s. Navarino
Pyrrho, Philosoph 64
Pythagoras 60, 518

Quadratus, Bischof von Athen 42
Quirini, Bartolommeo, Bail von Negroponte 410

Rachova 100
Raginward, Abt 164
Ragusa 96
Ralf, Bischof von Rochester 165
Rama 274
Ramon, Guillermo 390
Ramon Muntaner s. Muntaner
Randazzo, Friedrich, Sohn von Johannes von Randazzo, Herzog von Athen (1348–1355) 389
Randazzo, Johannes, Markgraf, Herzog von Athen (1338–1348) 389
Raphina 101
Rassa 176
Rassanus, Petrus 515
Ravano, Herr auf Euböa (aus dem Geschlecht der Carceri; s. auch Carceri, Ravano) 239, 242, 245, 254 f.
Ravenna 83, 116
Ravennika 236 f., 239 f., 245, 255
Ray, Guy 245
Ray, Isabella, Erbtochter von Guy von Ray, Gattin von Otto de la Roche 245
Regensburg 164
Renaud 319
Rendi, Demetrios, Notar in Athen 411, 418, 420, 444, 455, 490
Rendi, Maria, Tochter von Demetrios Rendi 455, 490
Rentakios s. Niketas Rentakios
Rhaidestos 213
Rhamnos 134
Rhangabe s. Michael I.
Ricasoli, Bartolommea, Gattin von Giacomo Acciajoli 400
Riccardo von Kephallenia 303, 349, 361
Richard Löwenherz 202
Richard von Verdun, Abt 129
Rienzo, Cola, Volkstribun 173, 397, 521
Rimini 553
Robert II. von Courtenay-Auxerre, lat. Kaiser (1221–1228) 243, 248
Robert II. von Anjou-Tarent, Titularkaiser von Konstantinopel (1346–1364), Fürst von Achaia (1346–1364) 382, 384 f., 394, 397, 400, 413, 445 f., 489
Robert der Weise, König von Neapel (1309–1343) 314, 321, 362, 364 ff., 369, 371, 377, 379, 383 ff.
Robert Guiscard, Normannenführer 137, 142, 170, 247
Robert, Bischof von Lincoln 162
Rocaberti, Visconte (Felipe Delmau), Generalvikar von Athen (1381–1385, 1387) 415, 419–422, 425 ff., 429, 431–434
Rocaforte, Berengar, Marschall der katal. Kompanie 307, 310–313, 321, 323, 350 ff., 368

De la Roche sur Lougnon, burg. Geschlecht in Theben und Athen
De la Roche, Alice (Alix), Tochter von Guido I. de la Roche, Gattin von Jean d'Ibelin, Herr von Beirut 298
De la Roche, Bonne, Schwester von Guido I. de la Roche 245, 252
De la Roche, Eschive (Eschire), Dame von Baruth, Gattin von Antfroy de Montfort 319
La Roche, Guido I., 1. Herzog von Athen (1225–1263), Dreiherr von Euböa 219, 223, 230, 246, 249, 251 ff.
De la Roche, Guido II., Herzog von Athen (1287–1308) 258–263, 266, 271, 273, 279, 290, 292 ff., 297–303, 313, 315, 319, 321 f., 324, 326, 330, 334, 336, 339, 341, 360
De la Roche, Isabella, Tochter von Guido I. de la Roche, Gattin von Gottfried de Bruyeres und Hugo von Brienne 287 f., 298, 315, 319, 360
De la Roche, Jacqueline, Gattin von Martin Zaccaria 352, 473
De la Roche, Jakob, Baron von Damala und Veligosti, Kapitän von Argos und Nauplia 286, 289, 332
De la Roche, Johannes I., Sohn von Guido I. de la Roche, Herzog von Athen (1263–1280) 274, 276, 279, 281, 288
De la Roche, Katharina, Gattin von Karl von Lagonessa 277, 298, 320
De la Roche, Otto, Sohn von Pons de la Roche, Herzog von Athen und Theben (1205–1225) 204, 208 f., 214, 217, 219, 223, 227, 229, 236, 238, 240, 242, 245 ff., 260, 262, 265, 347, 351, 355, 357, 447, 504
De la Roche, Pons 209, 245 f., 260
De la Roche, Rainald, Baron von Damala und Veligosti 332
De la Roche, Sibylle, Schwester von Otto de la Roche, Gattin von Jacques de Cicons 245
De la Roche, Wilhelm I., Sohn von Guido I. de la Roche, Baron von Levadia, Herzog von Athen (1280–1287) 256, 274, 279, 281, 290, 298
Rodaja, Berengar 428
Rodonell, Gerald 419, 433
Roger de Flor s. Flor
Roger II., König von Sizilien (1130–1154) 144 ff., 186
Roland 214
Rolle, Richard 500
Rom 23, 33, 42 f., 47–50, 58, 66, 69 f., 79, 84, 91, 93 f., 112, 116 ff., 130, 132–135, 143 f., 146, 150 ff., 165 f., 169 f., 175, 206, 227 ff., 243, 252, 298, 388, 409, 423, 440,

448, 457, 478, 485, 491 ff., 497 f., 506, 508, 511, 518, 521 f., 544, 550 f., 555 f., 565 f., 570
Romania (fränk. Bezeichnung für Griechenland) 192, 211, 250
Romanos I. Lakapenos, byz. Kaiser (920–944) 116, 126, 221
Romanos II., byz. Kaiser (959–963) 111
Romanos IV. Diogenes, byz. Kaiser (1068–1071) 130, 137, 175
Rosières, Gautier 279
Roussillon 324, 351, 414
Rufinus, röm. Staatsmann 48
Rum s. Ikonion
Rustaweli, Šota, georg. Schriftsteller 161

Sabas, Bischof von Athen 119
Sabran, Isabella, Tochter von Margareta Villehardouin und Isnard Sabran, Gattin von Ferdinand von Mallorca 361 f., 364, 384, 414
Sabran, Isnard, Herr von Ariano und Großjustiziar des Königreichs Neapel, Gatte von Margareta Villehardouin 248, 361
Sämundarson, Nikolaus, Abt 130
Säwulf, isl. Pilger 130, 152
Saganos Pascha, General unter Sultan Mehmed II. 542 f.
Saladin 223
Salamis (Kuluris) 28, 114, 124, 218, 560
Salomo 175
Salomono, Nicola, Erzbischof von Athen 380
Salona (Sula; s. auch Amphissa), Baronie der Fadrique 204, 212, 218, 239, 255, 257, 301, 323, 326, 332 f., 351, 355, 359, 373, 386, 403, 411, 415, 417, 419, 421 f., 425 f., 428 f., 434, 442, 461, 469, 480
Saloniki s. Thessalonike
Salutato, Coluccio, it. Schriftsteller 196, 424
Salvianus, Bischof 401
Samarkand 466 f.
Samuel Šišman, bulg. Zar (976–1014) 123
Sancho, Herrscher von Mallorca 361
Sancia, Gattin von Robert von Kalabrien 314
Sandamerion s. St. Omer
San Felice, Ingenieur 560
Sangallo, Giuliano, röm. Architekt 515
Santabarenos, Theodor, Bischof 119
Santa Maura s. Leukadia
Santameri s. St. Omer
Sanudo, venez. Geschlecht auf Naxos und Euböa
Sanudo, Angelo, Herzog von Naxos 271

Sanudo, Fiorenza, Tochter von Giovanni I. Sanudo 400
Sanudo, Giovanni I., Herzog von Naxos 400
Sanudo, Guglielmo I., Herzog von Naxos 255 f., 262, 373
Sanudo, Marin 217, 244, 284, 307, 325, 376
Sanudo, Niccolo, Sohn von Guglielmo I. Sanudo 332, 373, 381
Saraceno, Agnes 432, 448
Saraceno, Pietro 426, 432
Sarantapechos, Konstantin 105
Sarasini, Francesca 449
Sarasini, Sarasin 449
Sardika 262
Sarriano, Jakob, katal. Kanzler 368
Sathas, Konstantin 20
Savoyen s. Margarete, Philipp, Thomas von Savoyen
Scarampo, Kardinal 533
Schedel, Hartmann 516, 522, 554
Schinkel, Friedrich 344
Scordiolo, Priester in Athen 424
Scotus, Michael 336
Seliziri 293 f.
Selvo, Domenico, Doge (1070–1084) 142
Seneca 497
Sepolia 532
Seraphim, Erzbischof von Phokis 461
Sergios, Erzbischof von Konstantinopel 85
Serres (Serrä) 461, 524
Severus, L. Septimius, röm. Kaiser (193–211) 44
Severus Antius, Prokonsul von Hellas 53
Sguros, Leon, Tyrann von Nauplia 177, 202–205, 209 f., 213, 218, 231, 242
Shakespeare, William 262
Sibilla, Schwester und Erbin von Balduin IV., Gattin von Guglielmo Lungaspada 186
Sibilla, Gattin von Pedro IV. 431
Sidirokastron (Arakowa) 376, 422, 429
Siegfried, Bischof von Mainz 129
Siena 432
Sigismund, König von Ungarn 462
Sikyon 400, 456, 506, 525
Silistria 461
Simeon I., bulg. Zar (893–927) 113, 118
Simon, Erzbischof von Theben 414
Simonides, Schriftsteller 231
Sinan Pascha 486
Singidon 81
Šišman s. Ivan und Samuel Šišman
Sithines s. Piräus
Skanderbeg s. Kastriota, Georg
Sklabitsa 100
Skorta s. Karytena

Skotus Eriugena s. Johannes Skotus Eriugena
Skripu 330
S. Maura s. Leukadia
Smyrna (Izmir) 377, 389, 413, 467, 557
Soffred, Legat 230
Sofia 80, 108
Sokrates 37, 51, 63f., 441, 517
Sola 428, 450
Soliman s. Suleiman
Solon, athen. Staatsmann 82, 86, 218, 517, 544
Sopater, Philosoph 44
Sophokles 86, 157, 251, 522, 566
Soranus, Bareas, Prokonsul in Asien 207
Soterichos, athen. Priester 58
Sotirion 113
Spalato (Split) 96
Sparta (Lakedaimon; s. auch Misithra) 46, 52, 58, 75, 83, 90, 114, 116, 250, 279, 393, 401, 463, 477f., 495f., 500f., 526, 553
Spata, Johann, alb. Heerführer 523
Spathar s. Theophylaktos Spathar
Sperchios 124
Sphettos 134
Spini, Margarita, Gattin von Niccolo Acciajoli 383
Spinula 365
Sphrantzes s. Phrantzes
Split s. Spalato
Spon, Jakob, Arzt aus Lyon (1647–1685) 493, 511, 513, 517, 557
St. Audemar s. St. Omer
St. Croix, Guillaume, Kastellan der Kadmeia 205
St. Exupery, Pierre s. St. Superan, Peter
St. More, Benoit 339
St. Omer (Santameri, Sandamerion) Burg von Nikolaus III. von St. Omer 298 300f., 349, 360f.
St. Omer (St. Audemar) und Falkenberg, flandr. Geschlecht
St. Omer, Bela (Abel), Sohn von Jacques St. Omer 246, 252, 290
St. Omer, Gottfried 245
St. Omer, Hugo 245
St. Omer, Jacques, Sohn von Wilhelm und Ida von St. Omer 245, 252
St. Omer, Jean, Sohn von Bela von St. Omer 290
St. Omer, Nikolaus I. 238f., 245
St. Omer, Nikolaus II., Sohn von Bela von St. Omer, Bail von Achaia 258, 290, 293, 343
St. Omer, Nikolaus III. 349
St. Omer, Wilhelm 245, 258
St. Pol, Hugo 189

St. Pol-Porcien, Galcher 319
St. Quentin, Hugo von 339
St. Superan, Peter Bordo (Pierre de St Exupery), Kapitän der navarr. Kompanie, Fürst von Achaia (1396–1402) 289, 430, 433, 446, 448, 454, 462f., 473
Stambul s. Konstantinopel
Staurakios, byz. Kaiser (811) 104f., 107f.
Stephan Dukas, serb. Kleinfürst 432
Stephan Dušan s. Dušan
Stephanos Gabrielopulos Melissenos, thess. Landesfürst 356
Stephan Nemanja s. Nemanja
Stephan Uroš s. Uroš
Stephan Uroš II. Milutin s. Milutin
Stephan Vladislav s. Vladislav
Stephanos, Heerführer gegen Leon III. 94
Stephanos von Alexandria 531
Sterz, Albert 323
Stilicho, röm. Staatsmann 48, 52
Stiri 425
Stirione, Giovanni 177
Stivas s. Theben
Strabo, griech. Geograph 18, 33, 96f., 134, 329
Stratford 340
Stromoncourt, Thomas II., Herr von Salona 204, 217f., 238, 257f., 294, 301, 332, 351
Stryphnos, Michael, Großadmiral 152, 179f.
Stuart, James, Archäologe 513
Stylari 502
Sudheim s. Ludwig von Sudheim
Kallinikos, Suetorios, Philosoph 40
Suidas 40, 497
Sula s. Salona
Suleiman I., Sultan (1078–1086) 137
Suleiman I. Sohn von Bajasid I., Sultan (1402–1410) 468, 472, 474
Suleiman II., Sultan (1196–1204) 304
Suleiman II., (I.) Kanuni, Sultan (1520–1566) 553, 559
Suleiman, Sohn von Orchan 400f.
Sulla 29, 38, 44, 50, 196, 206f., 332, 340
Sunion s. Kap Sunion
Superanzo, Giovanni, Doge 363, 371
Surmelis, Dionysios 19
Sykaminon, Burg bei Oropos 482
Symbulon, Kloster auf dem Myopolis 135f.
Synadenos, Johannes, byz. General 280, 286
Synesios von Kyrene, Rhetor 53, 84, 155, 565
Sypalettos s. Sepolia
Syrakus 83, 91, 129, 429

Syrianos, Philosoph 54, 60
Szegedin 524

Tacitus, röm. Kaiser (275–276) 41, 79
Tagliacozzo 276, 306
Talanti s. Kalandri
Talodiki, Dimitri, Grammatiker von Rhodos 424
Tana 307, 489
Tanagra 222, 329
Tarent 83, 91, 385, 416
Tarsus 34
Tasso, Torquato 398
Tatios 339
Tegea 58
Tegyra 329
Terlizzi 385
Tessarakontapechis, Georg 157
Thales von Milet 441
Thamar, Königin von Georgien (1184–1211) 161
Thamar, Tochter von Nikephoros I. von Epiros, Gattin von Philipp von Tarent 281, 298, 359, 378
Theagenes, Archont von Athen 59f.
Theano 62
Theben (Stivas, Estives; s. auch Kadmeia) 45, 49, 58, 82f., 90, 99f., 104, 116, 119, 127f., 130, 135f., 142, 145, 147, 156, 173f., 177, 180, 203ff., 208f., 219f., 222, 224, 227, 229ff., 236–240, 245f., 252, 254, 256, 258–266, 271ff., 281, 286, 290–294, 299, 301, 303, 313ff., 324, 326, 329ff., 333, 335f., 340, 342f., 349, 352ff., 356f., 359f., 368f., 372, 379f., 388, 394, 402f., 405f., 409–412, 418–422, 424f., 427, 430, 443, 448, 450, 465, 483, 490, 499–502, 506, 524ff., 534, 538, 541, 543
Themistokles 40, 49, 51, 124, 154, 173, 179, 517
Theobald III., Graf der Champagne 186
Theoderich der Große, ostgot. König (493–526) 59, 66
Theodor I. Laskaris, byz. Kaiser von Nikaia (1204–1222) 201, 213, 232, 234, 247
Theodor I. Angelos Dukas Komnenos, Despot von Epiros (1215–1224), Kaiser von Thessalonike (1224–1230) 232ff., 242f., 247f., 313, 320
Theodor I. Palaiologos, Despot von Morea (1384–1407) 445, 447–450, 453ff., 458, 461, 463, 472f., 477
Theodor II. Laskaris, byz. Kaiser von Nikaia (1254–1258) 264
Theodor II. Palaiologos, Despot von Morea (1407–1443) 473f., 478f., 481, 486, 523

Theodor, Bischof von Negroponte (Euripos) 232f.
Theodor Prodromos, byz. Gelehrter 148, 158
Theodora, Gattin von Theophilos, byz. Regentin (842–867) 109
Theodora Kantakuzena, Tochter von Johannes VI., Gattin von Orchan 393
Theodoret, Bischof von Kyros 59
Theodoros, Präfekt von Achaia 48
Theodosios I., byz. Kaiser (379–395) 47ff., 54, 58, 66, 536
Theodosios II., byz. Kaiser (408–450) 52, 54, 59, 70, 103, 196
Theoktistos Bryennios, Stratege des Peloponnes 109
Theopemptos, Bischof von Sparta 114
Theophanes, Historiker 103, 110
Theophano, Gattin von Nikephoros I. 102f., 107f.
Theophilos, byz. Kaiser (829–842) 109, 221
Theophylaktos Spathar 105
Thermopylä s. Bodonitsa
Thermopylen 204, 281, 289, 301, 375, 402, 461, 525
Theseus 174, 503, 522, 552
Thespiä 33, 49, 222, 329
Thessalonike 38, 41, 52, 60, 63, 80, 90, 94, 101, 105, 111, 118, 125, 138, 145, 157, 160, 162, 172ff., 176, 180, 186, 193, 195, 197, 205, 208, 212, 214, 217, 222, 230, 235f., 239, 247f., 253–257, 261, 264, 300, 313, 321, 336, 361, 368, 388, 432, 443, 469, 474, 477, 482, 486, 507
Thevet, Andrée, Kosmograph 555
Thomas Angelos, Despot von Epiros (1296–1318) 300
Thomas Palaiologos, Sohn von Manuel II. Palaiologos, Despot von Achaia (1430–1460) 486
Thomas Palaiologos, Sohn von Johannes VIII. Palaiologos 523, 525f., 531f., 535f., 541f.
Thomas von Savoyen 298
Thomasii, Guillelmus, katal. Kapitän von Athen (1316) 369
Thoriko 101
Thrasybulos, athen. Staatsmann 219
Thukydides 19, 86, 158, 164, 205, 517
Tiberios I. Konstantinos, byz. Kaiser (578–582) 80f.
Tiberius, röm. Kaiser (14–37) 171
Tiepolo, Lorenzo, Doge (1268–1275), Bail von Negroponte 271
Timotheos 154
Timon, athen. Politiker 532
Timur, Mongolenhäuptling 466f.

Timurtasch 458
Tiryns 242
Tocco, Carlo I., Sohn von Leonardo I. Tocco 445 f., 448, 456 ff., 460 f., 482 f., 486, 489
Tocco, Carlo II. 486 f.
Tocco, Guglielmo 445
Tocco, Leonardo I., Sohn von Guglielmo Tocco, Graf von Kephallenia und Zante 410, 445, 543
Tocco, Memnon, Bastard von Carlo Tocco 486 f.
Togrulbeg 137
Topia, Albanesenhäuptling 416
Topoleia 329 f.
Tornese (Burg Chlemutsi, Clermont 251
Tornikis, Demetrios, Logothet 178
Tors, Lambert 423
Tortosa 425
Toucy, Ancelin 265
Tour, Guy de la, Baron von Montauban 368 f., 388
Tournay, frz. Geschlecht in Kalavrita
Tournay, Geoffroi 276, 291
Trabzon s. Trapezunt
Trau 96
Trani 280
Trapani 357
Trapezunt 38, 146, 213, 262, 467, 543
Traversari 503, 505
Trebellius Pollio, Historiker 40
Trikorythos 134
Tripi 306
Tripolitsa (Tripolis) 143
Trnovo 123, 176, 213, 248
Trois s. Fontaines
Troizen s. Damala
Troja (Ilion) 38, 136, 263, 522
Troyes 390
Tudela s. Benjamin von Tudela
Tübingen 498
Turahan Pascha, türk. Heerführer 481 501 f., 524 f., 532, 535
Tyrus 283
Tzetzes, Historiker 148
Tzimiskes s. Johannes I. Tzimiskes
Tzioura 101

Uberto von Arezzo 483
Üsküdar s. Chrysopolis
Umurbeg, Emir von Ajdin 377
Urban II., Papst (1088–1099) 142
Urban IV., Papst (1261–1264) 274 f.
Urban V., Papst (1362–1370) 402, 409
Urban VI., Papst (1378–1389) 416
Urban VIII., Papst (1623–1644) 170
Urchan s. Orchan
Uroš V. 401

Valencia 307, 420
Valens, byz. Kaiser (364–378) 46, 48
Valens, Astrologe 44
Valentinian I., weström. Kaiser (364–375) 47
Valerian, röm. Kaiser (253–259) 38, 42, 76
Valeriis, Bartolommeo 402
Valois s. Karl V., VI. von Valois
Valona 264
Valter, Pedro 421
Vaqueiras, Rambaud 204, 214
Varna 524
Varnabe 100
Varsova 100
Varvassa, Berardo, Hauptmann, 430
Vasiliko 283
Vatatzes s. Johannes III. Batatzes
Vathia 283
Vavonda 283, 286
Vaux, Pierre 272
Vega, Jehan 555
Veligosti 220, 251, 332
Venedig 22, 114, 125, 130, 141 f., 171, 179, 185, 189, 191 ff., 210, 212, 218, 231, 237 f., 241 ff., 254–258, 263, 266 f., 273 f., 282 f., 288, 290, 302, 307, 311, 322, 326, 334 f., 350, 352, 363, 368, 370–378, 380–383, 388 f., 394, 400, 403 f., 409, 411 f., 417, 427, 430 ff., 439 f., 445–450, 453–461, 464 f., 469, 471 f., 474, 480, 482, 484 f., 487 ff., 494, 505, 508, 523, 529, 531 f., 553 ff., 559 f.
Venerianus, Admiral 39
Venier, Antonio, Doge (1382–1400) 449, 457, 460
Venier, Lorenzo 463
Venier, Rainerio 464
Verneda, Ingenieur 493, 560
Verres, Gaius 33
Vetturi, Nicolo 463 ff., 471
Vich (Viki), Bernard, Kapitän von Athen 406
Victoria 47
Vienne 366
Vienne s. Humbert I., II. von Vienne
Viki s. Vich
Vilanova 431
Vilanova, Ramon, stellvertr. Generalvikar von Athen (1382–1385) 428, 430 f.
Villani, Giovanni, florentin. Historiker 332, 382, 441
Villaret, Fulco, Großmeister der Johanniter 336
Villehardouin, frz. Geschlecht aus der Champagne
Villehardouin, Gottfried der Ältere Kreuzfahrer und Historiker 189, 194, 205, 339, 359